内蒙古自治区图书馆
古籍普查登记目录

全国古籍普查登记目录

国家图书馆出版社
National Library of China Publishing House

圖書在版編目（CIP）數據

內蒙古自治區圖書館古籍普查登記目録/本書編委會編. --北京：國家圖書館出版社，2015.5

（全國古籍普查登記目録）

ISBN 978 – 7 – 5013 – 5567 – 9

Ⅰ.①內…　Ⅱ.①本…　Ⅲ.①公共圖書館—古籍—圖書館目録—內蒙古　Ⅳ.①Z838

中國版本圖書館 CIP 數據核字（2015）第 054383 號

書　　名	內蒙古自治區圖書館古籍普查登記目録	
編　　者	本書編委會　編	
索引編製 責任編輯	趙　嫄　　張珂卿	

出　　版　國家圖書館出版社（100034 北京市西城區文津街 7 號）
　　　　　　（原書目文獻出版社　北京圖書館出版社）
發　　行　發行 010 – 66114536　66126153　66151313　66175620
　　　　　　66121706（傳真）,66126156（門市部）
E-mail　　btsfxb@ nlc. gov. cn（郵購）
Website　　www. nlcpress. com ——→投稿中心
經　　銷　新華書店
印　　裝　河北三河弘翰印務有限公司
版　　次　2015 年 5 月第 1 版第 1 次印刷

開　　本　787 × 1092 毫米　1/16
印　　張　48.75
字　　數　950 千字

書　　號　ISBN 978 – 7 – 5013 – 5567 – 9
定　　價　430.00 圓

《全國古籍普查登記目錄》

工作委員會

主　任：周和平

副主任：張永新　詹福瑞　劉小琴　李致忠　張志清

委　員（按姓氏筆畫排序）：

于立仁　王水喬　王　沛　王紅蕾　王筱雯

方自今　尹壽松　包菊香　任　競　全　勤

李西寧　李　彤　李忠昊　李春來　李　培

李曉秋　吳建中　宋志英　努　木　林世田

易向軍　周建文　洪　琰　倪曉建　徐欣禄

徐　蜀　高文華　郭向東　陳荔京　陳紅彥

張　勇　韓　彬　湯旭巖　楊　揚　賈貴榮

趙　嬿　鄭智明　劉洪輝　歷　力　鮑盛華

魏存慶　謝冬榮　謝　林　應長興　鍾海珍

《全國古籍普查登記目録》

序　言

　　全國古籍普查登記工作是"中華古籍保護計劃"的首要任務,是全面開展古籍搶救、保護和利用工作的基礎,也是有史以來第一次由政府組織、參加收藏單位最多的全國性古籍普查登記工作。

　　2007年國務院辦公廳發佈《關於進一步加强古籍保護工作的意見》(國辦發[2007]6號),明確了古籍保護工作的首要任務是對全國公共圖書館、博物館和教育、宗教、民族、文物等系統的古籍收藏和保護狀況進行全面普查,建立中華古籍聯合目録和古籍數字資源庫。2011年12月,文化部下發《文化部辦公廳關於加快推進全國古籍普查登記工作的通知》(文辦發[2011]518號),進一步落實了全國古籍普查登記工作。根據文化部2011年518號文件精神,國家古籍保護中心擬訂了《全國古籍普查登記工作方案》,進一步規範了古籍普查登記工作的範圍、内容、原則、步驟、辦法、成果和經費。目前進行的全國古籍普查登記工作的中心任務是通過每部古籍的身份證——"古籍普查登記編號"和相關信息,建立古籍總臺賬,全面瞭解全國古籍存藏情況,開展全國古籍保護的基礎性工作,加强各級政府對古籍的管理、保護和利用。

　　《全國古籍普查登記工作方案》規定了全國古籍普查登記工作的三個主要步驟:一、開展古籍普查登記工作;二、在古籍普查登記基礎上,編纂出版館藏古籍普查登記目録,形成《全國古籍普查登記目録》;三、在古籍普查登記工作基本完成的前提下,由省級古籍保護中心負責編纂出版本省古籍分類聯合目録《中華古籍總目》分省卷,由國家古籍保護中心負責編纂出版《中華古籍總目》統編卷。

　　在党和政府領導下,在各地區、各有關部門和全社會共同努力下,古籍普查登記工作得以扎實推進。古籍普查已在除臺灣、港澳之外的全國各省級行政區域開展,普查内容除漢文古籍外,還包括各少數民族文字古籍,特别是於2010年分别啓動了新疆古籍保護和西藏古籍保護專項,因地制宜,開展古籍普查登記工作;國家古籍保護中心研製的"全國古籍普查登記平臺"已覆蓋到全國各省級古籍保護中心,並進一步研發了"中華古籍索引庫",爲及時展現古籍普查成果提供有力支持;截至目前,已有11375部古籍進入《國家珍貴古籍名録》,浙江、江蘇、山東、河北等省公佈了省級《珍貴古籍名録》，古籍分級保護機制初步形成。

《全國古籍普查登記目録》是古籍普查工作的階段性成果，旨在摸清家底，揭示館藏，反映古籍的基本信息。原則上每申報單位獨立成冊，館藏量少不能獨立成冊者，則在本省範圍內幾個館目合併成冊。無論獨立成冊還是合併成冊，均編製獨立的書名筆畫索引附於書後。著録的必填基本項目有：古籍普查登記編號、索書號、題名卷數、著者（含著作方式）、版本、冊數及存缺卷數。其他擴展項目有：分類號、批校題跋、版式、裝幀形式、叢書子目、書影、破損狀況等。有條件的收藏單位多著録的一些擴展項目，也反映在《全國古籍普查登記目録》上。目録編排按古籍普查登記編號排序，內在順序給予各古籍收藏單位較大自由度，可按分類排列古籍普查登記編號，也可按排架號、按同書名等排列古籍普查登記編號，以反映各館特色。

此次全國古籍普查登記工作，克服了古籍數量多、普查人員少、普查難度大等各種困難，也得到了全國古籍保護工作者的極大支持。在古籍普查登記過程中，國家古籍保護中心、各省古籍保護中心爲此舉辦了多期古籍普查、古籍鑒定、古籍普查目録審校等培訓班，全國共 1600 餘家單位參加了培訓，爲古籍普查登記工作培養了大量人才。同時在古籍普查登記工作中，也鍛煉了普查員的實踐能力，爲將來古籍保護事業發展奠定了良好的基礎。

《全國古籍普查登記目録》的出版，將摸清我國古籍家底，爲古籍保護和利用工作提供依據，也將是古籍保護長期工作的一個里程碑。

國家古籍保護中心
2013 年 10 月

《全國古籍普查登記目録》

編纂凡例

一、收録範圍爲我國境内各收藏機構或個人所藏，產生於 1912 年以前，具有文物價值、學術價值和藝術價值的文獻典籍，包括漢文古籍和少數民族文字古籍以及甲骨、簡帛、敦煌遺書、碑帖拓本、古地圖等文獻。其中，部分文獻的收録年限適當延伸。

二、以各收藏機構爲分冊依據，篇幅較小者，適當合併出版。

三、一部古籍一條款目，複本亦單獨著録。

四、著録基本要求爲客觀登記、規範描述。

五、著録款目包括古籍普查登記編號、索書號、題名卷數、著者、版本、冊數、存缺卷等。古籍普查登記編號的組成方式是：省級行政區劃代碼—單位代碼—古籍普查登記順序號。

六、以古籍普查登記編號順序排序。

七、編製各館藏目録書名筆畫索引附於書後，以便檢索。

《内蒙古自治區圖書館古籍普查登記目録》
編委會

主　　編：李曉秋

副主編：何遠景

委　　員：何礪礱　馮麗麗　張　靜　閆婷婷　陸慧敏

《内蒙古自治區圖書館古籍普查登記目録》

前　言

内蒙古自治區圖書館(以下簡稱内蒙古圖書館)的歷史最早可追溯到清光緒末年。據清歸化城副都統三多的《奏創辦歸化城圖書館片》中所言,他於光緒三十四年(1908)在歸化城小東街文昌廟内創辦了歸化城圖書館,該館圖書來源於官藏圖書,並調取了浙江官書局的書籍。北洋政府時期,綏遠特別行政區政府就歸化城圖書館的原址和藏書建立了綏遠區立通俗圖書館。1929年初,該館改爲綏遠省立圖書館。抗日戰爭中,綏遠省大部分地區成爲僞蒙疆政府的轄境,原省立圖書館幾經周折,圖書被運往僞蒙疆政府所在地張家口,在戰火中損失過半。1947年,綏遠省政府從張家口取回殘存的原有藏書,重新恢復省立圖書館,改稱綏遠省立歸綏圖書館。1950年,該館改組爲綏遠省人民圖書館。1954年,綏遠省建制被撤銷,原綏遠省轄境劃入内蒙古自治區,綏遠省人民圖書館遂改稱爲内蒙古圖書館,一直延續至今。

一、館藏古籍的來源

綏遠省人民圖書館繼承的舊藏中,綫裝古籍有1萬餘冊,這些古籍以常見書爲主,如《四部備要》《二十四史》,其中有一批金陵刻經處刊刻的佛經,多爲李心源先生的捐贈,其中還有1936年國民政府考試院院長戴傳賢先生捐贈的圖書。

20世紀50年代是内蒙古圖書館古籍激增的時期。内蒙古圖書館的古籍收藏量到1954年已達到5萬餘冊。在50年代早期,許多書是如何進入内蒙古圖書館的,現在已難以詳考,不過從一些書中的藏書章上,如"綏遠省政府圖書館""張家口特別市立圖書館""綏遠區立第一師範學校圖書館""文化教育部圖書館""長白書院""土默特特別旗公署教育科附設圖書室"等,我們有可能猜測一下這些書的來源。

内蒙古圖書館古籍激增的態勢到50年代末達到了頂峰。1958年上海文化局調撥給内蒙古圖書館舊書10餘萬冊,當然古籍綫裝不在少數。上海調撥内蒙古圖書館的古籍以史量才先生琴侶齋的舊藏居多,另外的一些古籍則爲上海文化部門從各方接收的成果,詳細來源沒有記録,從藏書章上看,有些書甚至是上海商業儲蓄銀行的藏書。本館現在藏有六個刻"南通陳氏養廬藏書"的書箱,不知是哪位先賢的舊藏。

1

（一）《大方廣佛華嚴經合論》

此經每版 25 行，行 16 字，版寬 25 厘米，長 48 厘米，每版末尾小字刻"合論四十一"字樣。此經初發現時筆者根據諱字和版刻風格曾把它定爲北宋刻本，後來見到山西省圖書館劉緯毅先生《山西古代刻書考略》一文，纔知道此經與山西省圖書館所藏的金刻本《大方廣佛華嚴經合論》同爲一書。以後筆者又特將此經帶到山西省圖書館與該館所藏校對，證明確爲一經。山西省圖書館所藏《大方廣佛華嚴經合論》亦僅存第六、第四十一兩卷，内蒙古圖書館所存爲該經第四十一卷之一部分。金刻本，尤其是金代民間刻書極爲罕見，故非常珍貴。山西省圖書館所藏此經有金皇統九年（1149）的題記。

《大方廣佛華嚴經合論》現爲經摺裝，從版式上看這種裝幀形式爲後世改裝，它還保持卷軸裝的版刻式樣，因此在研究古籍裝幀形式的發展上也有非常重要的作用。

（二）《妙法蓮華經》

此經僅存卷四，國家圖書館亦有藏本。卷末有元至正丙戌（至正六年，1346）的印經題記。這部佛經的價值在於它的版式字體寬大，版長 63 厘米，寬 32 厘米，每版 16 行，摺爲四個半葉。半葉 4 行，行 12 字。古籍界有"字大如錢"之說，此經字體之大遠遠大於錢，長寬在 1 寸左右，與一般的寸楷碑版字體相仿，可謂"如拳"。張秀民先生《中國印刷史》稱之："每個字大如鷄蛋，字體之大在印本史上可謂是空前的。"

（三）《維摩詰所說經》

此經卷末有元至元三十年（1293）張遵誨的印經題記，是張氏爲五臺山大金界寺捐資刷印《磧砂藏》之零冊。張遵誨之父爲張惠，官至榮禄大夫、平章政事，《元史》有傳，此經可與史傳相印證。

内蒙古圖書館的古籍收藏雖然不能與國内著名的大館收藏相頡頏，與一般館相較，並不算十分落後。由於以往本館的基礎工作較差，各類全國性古籍聯合目録對我館收藏的反映均有缺漏。以《中國叢書綜録》爲例，該書的"收藏情况表"所列内蒙古圖書館收藏的叢書僅四五百種，實際上，内蒙古圖書館的叢書收藏可達 1000 餘種，5 萬餘冊。

内蒙古圖書館的綫裝圖書依財産登録號排架，分類依經、史、子、集、叢五部，在各類屬中，數量較大者有四：

（一）子部醫家類

内蒙古圖書館的醫學著作可達 1000 餘種。《全國中醫圖書聯合目録》所收内蒙古圖書館收藏的中醫著作孤本就有 12 種，如世德堂鈔本《類傷寒四症》、清刻本《驗方摘要》。

(二) 子部佛教類

内蒙古圖書館收藏的佛學著作有 1000 多種,以清末民國間江北刻經處、金陵刻經處、常熟刻經處刊刻的佛經居多。

(三) 集部別集類的清人文集

内蒙古圖書館收藏的清人文集近 2000 種。

(四)《京報》

内蒙古圖書館存清末黃皮《京報》5000 餘冊,目前已經完成編目工作。"京報"也稱"邸報""邸抄""邸鈔",是半官方性質的中文期刊,由官方特許經營的報房投遞。内蒙古圖書館收藏的這批《京報》的價值很高,原因是:第一,數量龐大。5000餘冊比之前公佈的全國總藏量還要多。第二,版種豐富。以一個報房爲一個版種來統計的話,這批《京報》共涉及北京、陝西、甘肅等地的 15 家報房,也就是 15 個版種。第三,時間跨度大。跨越咸豐、同治、光緒、宣統四朝。第四,研究價值高。由於不同報房對發佈内容的去取有細微差別,不同報房的報紙的内容、版刻風格、附加内容都不一樣,從版本學、史料學角度看有很大的研究空間。

内蒙古圖書館古籍收藏學術價值最高的部分當屬地方文獻,有關内蒙古地方的古籍文獻收藏有 600 餘種,5000 餘冊。其中不少文獻係内蒙古圖書館工作人員張萬仁先生(已故)辛苦搜集所得。《中國地方志聯合目録》所收内蒙古地區方志 50 種,内蒙古圖書館所藏近 40 種,國家圖書館收藏也不過 20 餘種。可以說有關内蒙古地方的古籍文獻,内蒙古圖書館的收藏在海内外首屈一指。

内蒙古自治區古籍保護中心的古籍保護和整理工作一直處於全國古籍工作的前列。從 20 世紀 90 年代開始,我館歷時 15 年完成了對全區 51 家古籍收藏單位的古籍普查工作,並於 2004 年由北京圖書館出版社(今國家圖書館出版社)出版了全國第一部省級古籍目録——《内蒙古自治區綫裝古籍聯合目録》。

2012 年底内蒙古古籍保護中心率先完成了古籍普查平臺數據的提交工作。截止2013 年 6 月我們已向古籍普查平臺上傳古籍普查數據 21716 條,涵蓋全區 50 家古籍收藏單位的普查數據。

此次編輯《内蒙自治區圖書館古籍普查登記目録》,我們在《内蒙古自治區綫裝古籍聯合目録》基礎上做了較大的修改,校正了一些訛誤,補充了近年來的發現。

何遠景
2014 年 12 月

本文曾收録於《中國大陸古籍存藏概況》(潘美月、沈津編著,臺北"國立編譯館"2002 年出版)一書中。

目　　録

150000－0601－0000001　40716　經部/易類/傳說之屬

周易九卷　（三國魏）王弼　（晉）韓康伯注（唐）陸德明音義　**周易略例一卷**　（三國魏）王弼撰　明永懷堂刻清同治八年(1869)浙江書局重修十三經古注本　三冊

150000－0601－0000002　170617　經部/易類/傳說之屬

關氏易傳一卷　（北魏）關朗撰　**周易略例二卷**　（三國魏）王弼撰　（唐）邢璹注　**古三墳一卷**　（晉）阮咸注　**汲冢周書十卷**　（晉）孔晁注　清刻增訂漢魏叢書本　二冊

150000－0601－0000003　55720　經部/易類/傳說之屬

易傳十七卷　（唐）李鼎祚集解　清乾隆二十一年(1756)雅雨堂刻本　六冊

150000－0601－0000004　55696　經部/易類/傳說之屬

易經八卷　（宋）程頤傳　清同治五年(1866)金陵書局刻本　三冊

150000－0601－0000005　55930　經部/易類/傳說之屬

易經八卷　（宋）程頤傳　清光緒九年(1883)江南書局刻本　三冊

150000－0601－0000006　55709　經部/易類/傳說之屬

易經八卷　（宋）程頤傳　清光緒九年(1883)江南書局刻本　三冊

150000－0601－0000007　55712　經部/易類/傳說之屬

易經八卷　（宋）程頤傳　清光緒九年(1883)江南書局刻本　三冊

150000－0601－0000008　55690　經部/易類/傳說之屬

周易六卷　（宋）程頤傳　**晦庵先生校正周易繫辭精義二卷**　（宋）呂祖謙編　清光緒九年(1883)影刻古逸叢書本　四冊

150000－0601－0000009　55705　經部/易類/傳說之屬

伊川易傳四卷　（宋）程頤撰　清光緒十八年(1892)劉傳經堂刻本　四冊

150000－0601－0000010　55726　經部/易類/傳說之屬

周易八卷首一卷末一卷　（宋）程頤傳　（宋）朱熹本義　（宋）呂祖謙音訓　清光緒十五年(1889)戶部江南書局刻本　八冊

150000－0601－0000011　765240　經部/易類/傳說之屬

易經八卷　（宋）程頤傳　清宣統元年(1909)學部圖書館石印本　六冊

150000－0601－0000012　62399　經部/易類/傳說之屬

紫巖居士易傳十卷　（宋）張浚撰　清通志堂刻本　八冊

150000－0601－0000013　62419　經部/易類/傳說之屬

易原八卷　（宋）程大昌撰　清刻武英殿聚珍版書本　二冊

150000－0601－0000014　9439　經部/易類/傳說之屬

周易本義啓蒙通刊首一卷　（清）吳世尚更定　清雍正十二年(1734)榮寶堂刻本　八冊

150000－0601－0000015　43461　經部/易類/傳說之屬

周易四卷　（宋）朱熹本義　清康熙四十一年(1702)雲間華氏敬業堂刻本　二冊

150000－0601－0000016　55701　經部/易類/傳說之屬

周易十二卷　（宋）朱熹本義　清乾隆三十三年(1768)寶應獲古堂刻本　二冊

150000－0601－0000017　55928　經部/易類/傳說之屬

周易四卷首一卷　（宋）朱熹本義　清嘉慶七年(1802)金閶書業堂刻本　二冊

150000－0601－0000018　43463　經部/易

類/傳說之屬

周易四卷 （宋）朱熹本義　清道光二十五年(1845)刻本　二冊

150000 – 0601 – 0000019　59402　經部/易類/傳說之屬

周易四卷 （宋）朱熹本義　清咸豐元年(1851)刻本　二冊

150000 – 0601 – 0000020　43459　經部/易類/傳說之屬

易經十二卷首一卷末一卷 （宋）朱熹本義 **周易本義考一卷** （清）劉世讜輯　清同治四年(1865)金陵書局刻本　二冊

150000 – 0601 – 0000021　55694　經部/易類/傳說之屬

易經十二卷首一卷末一卷 （宋）朱熹本義 **周易本義考一卷** （清）劉世讜輯　清同治四年(1865)金陵書局刻本　二冊

150000 – 0601 – 0000022　55699　經部/易類/傳說之屬

周易四卷 （宋）朱熹本義　清同治十一年(1872)山東書局刻本　二冊

150000 – 0601 – 0000023　55686　經部/易類/傳說之屬

周易經二卷傳十卷 （宋）朱熹本義　清光緒十年(1884)影刻本　四冊

150000 – 0601 – 0000024　839699　經部/易類/傳說之屬

周易經二卷傳十卷 （宋）朱熹本義　清光緒十年(1884)影刻本　二冊

150000 – 0601 – 0000025　43488　經部/易類/傳說之屬

周易四卷 （宋）朱熹本義　清光緒十六年(1890)蘭州刻本　二冊

150000 – 0601 – 0000026　39725　經部/易類/傳說之屬

周易四卷 （宋）朱熹本義　清光緒二十八年(1902)刻本　四冊

150000 – 0601 – 0000027　55905　經部/易類/傳說之屬

周易四卷 （宋）朱熹本義　清光緒二十八年(1902)刻本　四冊

150000 – 0601 – 0000028　137673　經部/易類/傳說之屬

周易四卷 （宋）朱熹本義　清刻四書五經讀本本　二冊

150000 – 0601 – 0000029　137675　經部/易類/傳說之屬

周易四卷 （宋）朱熹本義　清刻四書五經讀本本　二冊

150000 – 0601 – 0000030　128749　經部/易類/傳說之屬

易學濫觴一卷 （元）黃澤撰　清光緒四年(1878)刻小萬卷樓叢書本　一冊

150000 – 0601 – 0000031　128377　經部/易類/傳說之屬

易學濫觴一卷 （元）黃澤撰　清光緒四年(1878)刻小萬卷樓叢書本　一冊

150000 – 0601 – 0000032　55788　經部/易類/傳說之屬

來瞿唐先生易注十四卷首一卷 （明）來知德撰　清寧陵符求瑢刻本　八冊

150000 – 0601 – 0000033　43432　經部/易類/傳說之屬

梁山來知德先生周易來注十五卷末一卷 （明）來知德集注　清刻本　十六冊

150000 – 0601 – 0000034　55780　經部/易類/傳說之屬

新刻來瞿唐先生易注十二卷首一卷末一卷 （明）來知德撰　清刻本　八冊

150000 – 0601 – 0000035　43473　經部/易類/傳說之屬

梁山來知德先生周易集注十六卷 （明）來知德撰　清刻本　十一冊

150000 – 0601 – 0000036　55875　經部/易

類/傳說之屬

大成易旨四卷 （明）崔師訓撰　清崔五源刻本　四冊

150000－0601－0000037　55839　經部/易類/傳說之屬

周易古文鈔一卷 （明）劉宗周撰　清初姜希轍刻本　二冊

150000－0601－0000038　55802　經部/易類/傳說之屬

易說醒四卷首一卷 （明）洪守美撰　清同治十一年(1872)新豐士族刻本　三冊

150000－0601－0000039　55889　經部/易類/傳說之屬

新鎸增補周易備旨一見能解六卷 （明）黃淳耀撰　（清）嚴而寬增補　清嘉慶二十二年(1817)刻本　六冊

150000－0601－0000040　55895　經部/易類/傳說之屬

參訂增補周易備旨一見能解六卷 （明）黃淳耀撰　（清）嚴而寬增補　清光緒二十七年(1901)善成堂刻本　六冊

150000－0601－0000041　55813　經部/易類/傳說之屬

易憲四卷 （明）沈泓撰　清光緒十四年(1888)刻本　三冊

150000－0601－0000042　57738　經部/易類/傳說之屬

象數論六卷 （清）黃宗羲撰　清廣雅書局刻本　二冊

150000－0601－0000043　170272　經部/易類/傳說之屬

周易大象解一卷 （清）王夫之撰　清同治四年(1865)湘鄉曾氏金陵節署刻船山遺書本　一冊

150000－0601－0000044　43490　經部/易類/傳說之屬

日講易經解義十八卷 （清）牛鈕等修　（清）傅臘塔等纂　清安徽布政使柯永升、按察使

多弘安刻本　十二冊

150000－0601－0000045　56521　經部/易類/傳說之屬

御纂周易折中二十二卷首一卷 （清）李光地纂修　清康熙五十四年(1715)刻本　十冊

150000－0601－0000046　56531　經部/易類/傳說之屬

御纂周易折中二十二卷首一卷 （清）李光地纂修　清康熙五十四年(1715)刻本　十冊

150000－0601－0000047　40719　經部/易類/傳說之屬

御纂周易折中二十二卷首一卷 （清）李光地纂修　清同治六年(1867)浙江書局刻御纂七經本　十冊

150000－0601－0000048　55754　經部/易類/傳說之屬

御纂周易折中二十二卷首一卷 （清）李光地纂修　清同治六年(1867)浙江書局刻御纂七經本　十冊

150000－0601－0000049　55742　經部/易類/傳說之屬

御纂周易折中二十二卷首一卷 （清）李光地纂修　清同治十年(1871)湖北崇文書局刻御纂七經本　十二冊

150000－0601－0000050　55764　經部/易類/傳說之屬

御纂周易折中二十二卷首一卷 （清）李光地纂修　清刻御纂七經本　十冊

150000－0601－0000051　128418　經部/易類/傳說之屬

御纂周易折中二十二卷首一卷 （清）李光地纂修　清刻御纂七經本　十二冊

150000－0601－0000052　55841　經部/易類/傳說之屬

周易通論四卷 （清）李光地撰　清刻本　二冊

150000－0601－0000053　128035　經部/易

類/傳說之屬

周易通論四卷 （清）李光地撰　清刻本
二冊

150000－0601－0000054　55843　經部/易
類/傳說之屬

周易觀象大指二卷 （清）李光地撰　清刻本
三冊

150000－0601－0000055　55922　經部/易
類/傳說之屬

易義前選一卷 （清）李光地輯　清刻本
三冊

150000－0601－0000056　128734　經部/易
類/傳說之屬

易學管窺一卷 （清）章芝撰　清嘉慶六年
(1801)刻本　一冊

150000－0601－0000057　55879　經部/易
類/傳說之屬

周易洗心十卷 （清）任啓運撰　清道光十一
年(1831)刻本　十冊

150000－0601－0000058　55846　經部/易
類/傳說之屬

易經如話十二卷首一卷 （清）汪烜撰　清同
治十二年(1873)曲水書局活字本　六冊

150000－0601－0000059　55703　經部/易
類/傳說之屬

周易本義辯證五卷 （清）惠棟撰　清省吾堂
刻本　二冊

150000－0601－0000060　55852　經部/易
類/傳說之屬

易漢學八卷 （清）惠棟撰　清刻經訓堂叢書
本　一冊

150000－0601－0000061　59400　經部/易
類/傳說之屬

易漢學八卷 （清）惠棟撰　清刻經訓堂叢書
本　二冊

150000－0601－0000062　128736　經部/易
類/傳說之屬

易漢學八卷 （清）惠棟撰　清末影印經訓堂
叢書本　一冊

150000－0601－0000063　170612　經部/易
類/傳說之屬

讀易漢學私記一卷 （清）陳壽熊撰　**春秋亂
賊考一卷** （清）朱駿聲撰　清貴池劉氏刻聚
學軒叢書本　一冊

150000－0601－0000064　62422　經部/易
類/傳說之屬

陳氏易說五卷 （清）陳壽熊撰　清光緒二十
一年(1895)活字本　二冊

150000－0601－0000065　128764　經部/易
類/傳說之屬

重訂周易二閒記三卷 （清）茹敦和撰　清光
緒十八年(1892)會稽徐氏刻紹興先正遺書本
一冊

150000－0601－0000066　55828　經部/易
類/傳說之屬

御纂周易述義十卷 （清）傅恒等修　（清）吳
鼎等纂　清刻本　八冊

150000－0601－0000067　43465　經部/易
類/傳說之屬

易研八卷首一卷 （清）胡翹元撰　清乾隆五
十七年(1792)刻本　八冊

150000－0601－0000068　53698　經部/易
類/傳說之屬

易說十二卷 （清）郝懿行撰　**易說便蒙一卷**
（清）郝懿行撰　清光緒八年(1882)東路廳
署刻本　四冊

150000－0601－0000069　55734　經部/易
類/傳說之屬

周易虞氏義九卷 （清）張惠言撰　**周易虞氏
消息二卷** （清）張惠言撰　清嘉慶八年
(1803)揚州阮氏琅環仙館刻本　二冊

150000－0601－0000070　170275　經部/易
類/傳說之屬

周易解故一卷 （清）丁晏撰　清光緒十九年
(1893)廣雅書局刻廣雅叢書本　一冊

150000－0601－0000071　55903　經部/易類/傳說之屬

易義無忘錄三卷首一卷　（清）蔣珣撰　清道光二十一年(1841)刻本　二冊

150000－0601－0000072　55736　經部/易類/傳說之屬

周易集解纂疏三十六卷首一卷　（清）李道平撰　清光緒十七年(1891)刻本　六冊

150000－0601－0000073　55805　經部/易類/傳說之屬

河上易注八卷圖說二卷　（清）黎世序撰　清道光元年(1821)刻本　六冊

150000－0601－0000074　128408　經部/易類/傳說之屬

讀易筆記二卷　（清）方宗誠撰　清光緒三年(1877)刻本　一冊

150000－0601－0000075　62407　經部/易類/傳說之屬

知非齋易注三卷首一卷末一卷　（清）陳懋侯撰　清光緒十四年(1888)刻本　三冊

150000－0601－0000076　62410　經部/易類/傳說之屬

知非齋易釋三卷　（清）陳懋侯撰　清光緒十四年(1888)刻本　一冊

150000－0601－0000077　43448　經部/易類/傳說之屬

易經體注合參一卷　（清）來爾繩纂輯　清乾隆三十九年(1774)懷德堂刻本　三冊

150000－0601－0000078　43484　經部/易類/傳說之屬

易經大全會解一卷　（清）來爾繩纂輯　清乾隆五十四年(1789)刻本　四冊

150000－0601－0000079　56104　經部/易類/傳說之屬

易經大全會解一卷　（清）來爾繩纂輯　清嘉慶二十二年(1817)金閶書業堂刻本　四冊

150000－0601－0000080　128414　經部/易類/傳說之屬

易經體注大全合參四卷　（清）李兆賢輯著　清刻本　二冊

150000－0601－0000081　55796　經部/易類/傳說之屬

周易六卷　（清）王肇鼎集義　清光緒二十四年(1898)活字本　六冊

150000－0601－0000082　55811　經部/易類/傳說之屬

周易釋十二卷　（清）鍾晉撰　清光緒三年(1877)永康胡氏退補齋刻本　二冊

150000－0601－0000083　97733　經部/易類/傳說之屬

需時眇言十卷　（清）沈善登撰　清光緒二十八年(1902)刻本　八冊

150000－0601－0000084　98082　經部/易類/傳說之屬

天翼堂周易纂注二卷　（清）朱奇穎撰　清刻本　一冊

150000－0601－0000085　55853　經部/易類/傳說之屬

周易指三十八卷　（清）端木國瑚撰　**易例一卷**　（清）端木國瑚撰　清刻本　二十二冊

150000－0601－0000086　62421　經部/易類/圖說之屬

易圖略八卷　（清）焦循撰　清嘉慶十八年(1813)刻雕菰樓易學本　一冊

150000－0601－0000087　128024　經部/易類/專著之屬

易象闡微一卷　（清）張之銳撰　清宣統二年(1910)排印本　二冊

150000－0601－0000088　128324　經部/易類/文字音義之屬

易音三卷　（清）顧炎武撰　清思賢講舍刻音學五書本　一冊

150000－0601－0000089　61641　經部/易類/文字音義之屬

古易音訓二卷　（宋）呂祖謙撰　（清）宋咸熙輯　清刻本　一冊

150000－0601－0000090　56057　經部/尚書類/正文之屬

寫定尚書一卷　（清）吳汝綸校寫　清光緒十八年(1892)桐城吳氏家塾石印本　一冊

150000－0601－0000091　128956　經部/尚書類/正文之屬

寫定尚書一卷　（清）吳汝綸校寫　清光緒十八年(1892)桐城吳氏家塾石印本　一冊

150000－0601－0000092　128311　經部/尚書類/傳說之屬

尚書大傳四卷補遺一卷續補遺一卷　（漢）伏勝撰　（漢）鄭玄注　尚書大傳考異一卷（清）盧文弨撰　清乾隆二十二年(1757)雅雨堂刻本　一冊

150000－0601－0000093　55995　經部/尚書類/傳說之屬

尚書大傳四卷補遺一卷續補遺一卷　（漢）伏勝撰　（漢）鄭玄注　尚書大傳考異一卷（清）盧文弨撰　清光緒元年(1875)湖北崇文書局刻本　一冊

150000－0601－0000094　128041　經部/尚書類/傳說之屬

尚書大傳四卷補遺一卷續補遺一卷　（漢）伏勝撰　（漢）鄭玄注　尚書大傳考異一卷（清）盧文弨撰　清光緒三年(1877)湖北崇文書局刻本　一冊

150000－0601－0000095　128469　經部/尚書類/傳說之屬

尚書大傳四卷補遺一卷續補遺一卷　（漢）伏勝撰　（漢）鄭玄注　尚書大傳考異一卷（清）盧文弨撰　清光緒三年(1877)湖北崇文書局刻本　一冊

150000－0601－0000096　128310　經部/尚書類/傳說之屬

尚書大傳七卷　（漢）伏勝撰　（漢）鄭玄注王闓運補注　清光緒十一年(1885)刻本（盧

見曾吳中本）　一冊

150000－0601－0000097　40729　經部/尚書類/傳說之屬

書經二十卷　（漢）孔安國傳　（唐）陸德明音義　明永懷堂刻清浙江書局重修十三經古注本　三冊

150000－0601－0000098　56076　經部/尚書類/傳說之屬

三山拙齋林先生尚書全解四十卷　（宋）林之奇撰　清通志堂刻本　十六冊

150000－0601－0000099　43506　經部/尚書類/傳說之屬

書六卷　（宋）蔡沈集傳　清道光十三年(1833)刻本　四冊

150000－0601－0000100　43510　經部/尚書類/傳說之屬

書經六卷　（宋）蔡沈集傳　清咸豐元年(1851)新化鄧氏邵州濂溪講院刻本　四冊

150000－0601－0000101　43514　經部/尚書類/傳說之屬

書經六卷首一卷末一卷　（宋）蔡沈集傳　清同治十一年(1872)湖南省尊經閣刻本　四冊

150000－0601－0000102　56053　經部/尚書類/傳說之屬

書六卷　（宋）蔡沈集傳　清光緒元年(1875)文盛堂刻本　四冊

150000－0601－0000103　55945　經部/尚書類/傳說之屬

書經六卷校刊記一卷　（宋）蔡沈集傳　清光緒五年(1879)山西濬文書局刻本　四冊

150000－0601－0000104　43522　經部/尚書類/傳說之屬

書經六卷首一卷末一卷　（宋）蔡沈集傳　清光緒七年(1881)金陵書局刻本　四冊

150000－0601－0000105　55937　經部/尚書類/傳說之屬

書經六卷首一卷末一卷　（宋）蔡沈集傳　清

光緒七年（1881）金陵書局刻本　　四冊

150000－0601－0000106　43518　　經部/尚書
類/傳說之屬

書經六卷　（宋）蔡沈集傳　清光緒十六年
（1890）蘭州刻本　　四冊

150000－0601－0000107　55933　　經部/尚書
類/傳說之屬

書經六卷　（宋）蔡沈集傳　清光緒十九年
（1893）浙江書局刻本　　四冊

150000－0601－0000108　59404　　經部/尚書
類/傳說之屬

書經六卷　（宋）蔡沈集傳　清刻朱墨套印本
四冊

150000－0601－0000109　137665　　經部/尚
書類/傳說之屬

書經六卷　（宋）蔡沈集傳　清國子監刻五經
四書讀本本　　四冊

150000－0601－0000110　137669　　經部/尚
書類/傳說之屬

書經六卷　（宋）蔡沈集傳　清國子監刻五經
四書讀本本　　四冊

150000－0601－0000111　43526　　經部/尚書
類/傳說之屬

書六卷　（宋）蔡沈集傳　清金陵四美堂刻本
四冊

150000－0601－0000112　56367　　經部/尚書
類/傳說之屬

書經六卷　（宋）蔡沈集傳　清廣陵湯氏文樞
堂刻本　　十二冊

150000－0601－0000113　43502　　經部/尚書
類/傳說之屬

書六卷　（宋）蔡沈集傳　清刻本　　四冊

150000－0601－0000114　55941　　經部/尚書
類/傳說之屬

書經六卷　（宋）蔡沈集傳　清刻本　　四冊

150000－0601－0000115　56049　　經部/尚書
類/傳說之屬

書經六卷　（宋）蔡沈集傳　清刻本　　四冊

150000－0601－0000116　57741　　經部/尚書
類/傳說之屬

融堂書解二十卷　（宋）錢時撰　清刻武英殿
聚珍版書本　　四冊

150000－0601－0000117　62427　　經部/尚書
類/傳說之屬

尚書表注二卷　（宋）金履祥撰　清乾隆二年
（1737）刻本　　一冊

150000－0601－0000118　39718　　經部/尚書
類/傳說之屬

尚書考異六卷　（明）梅鷟撰　清光緒十八年
（1892）浙江書局刻本　　四冊

150000－0601－0000119　43530　　經部/尚書
類/傳說之屬

日講書經解義十三卷　（清）庫勒納　（清）葉
方藹修　（清）格爾古德等纂　清刻本　　十
二冊

150000－0601－0000120　40732　　經部/尚書
類/傳說之屬

欽定書經傳說彙纂二十一卷書序一卷首二卷
（清）王頊齡等纂修　清同治七年（1868）浙
江書局刻御纂七經本　　十二冊

150000－0601－0000121　839198　　經部/尚
書類/傳說之屬

欽定書經傳說彙纂二十一卷書序一卷首二卷
（清）王頊齡等纂修　清廣西刻御纂七經本
二十四冊

150000－0601－0000122　56379　　經部/尚書
類/傳說之屬

欽定書經傳說彙纂二十一卷書序一卷首二卷
（清）王頊齡等纂修　清刻御纂七經本　　十
六冊

150000－0601－0000123　43542　　經部/尚書
類/傳說之屬

書經體注大全合參六卷　（清）錢希祥纂輯
清嘉慶十一年（1806）刻本　　四冊

150000－0601－0000124　56094　經部/尚書類/傳說之屬

書經體注大全合參六卷　（清）錢希祥纂輯　清刻本　四冊

150000－0601－0000125　56001　經部/尚書類/傳說之屬

尚書後案三十卷　（清）王鳴盛撰　**尚書後辨一卷**　（清）王鳴盛撰　清乾隆四十五年（1780）刻本　十六冊

150000－0601－0000126　62436　經部/尚書類/傳說之屬

尚書後案三十卷　（清）王鳴盛撰　**尚書後辨一卷**　（清）王鳴盛撰　清刻本　十六冊

150000－0601－0000127　44039　經部/尚書類/傳說之屬

書說二卷　（清）郝懿行撰　**詩說二卷詩經拾遺一卷汲冢周書輯要二卷**　清光緒八年（1882）東路廳署刻本（棲霞曬書堂原本）六冊

150000－0601－0000128　128318　經部/尚書類/傳說之屬

書經恒解六卷　（清）劉沅撰　清刻本　六冊

150000－0601－0000129　43546　經部/尚書類/傳說之屬

書經離句六卷　（清）錢在培輯解　清刻本四冊

150000－0601－0000130　62426　經部/尚書類/傳說之屬

尚書離句六卷　（清）錢在培輯解　清刻本一冊

150000－0601－0000131　55996　經部/尚書類/傳說之屬

尚書伸孔篇一卷　（清）焦廷琥撰　**禹貢班義述三卷附考一卷**　（清）成蓉鏡撰　清光緒十四年（1888）廣雅書局刻本　一冊

150000－0601－0000132　82534　經部/尚書類/傳說之屬

書古微十二卷　（清）魏源撰　清光緒四年

（1878）淮南書局刻本　四冊

150000－0601－0000133　128308　經部/尚書類/傳說之屬

書傳補義三卷　（清）方宗誠撰　清光緒二年（1876）刻本　一冊

150000－0601－0000134　128315　經部/尚書類/傳說之屬

書傳補義三卷　（清）方宗誠撰　清光緒二年（1876）刻本　二冊

150000－0601－0000135　56017　經部/尚書類/傳說之屬

欽定書經圖說五十卷　（清）孫家鼐等修（清）李希聖等纂　清光緒三十一年（1905）石印本　十六冊

150000－0601－0000136　56033　經部/尚書類/傳說之屬

欽定書經圖說五十卷　（清）孫家鼐等修（清）李希聖等纂　清光緒三十一年（1905）石印本　十六冊

150000－0601－0000137　137677　經部/尚書類/傳說之屬

欽定書經圖說五十卷　（清）孫家鼐等修（清）李希聖等纂　清光緒三十一年（1905）石印本　十六冊

150000－0601－0000138　137693　經部/尚書類/傳說之屬

欽定書經圖說五十卷　（清）孫家鼐等修（清）李希聖等纂　清光緒三十一年（1905）石印本　十六冊

150000－0601－0000139　57365　經部/尚書類/傳說之屬

書經精華六卷　清光緒十六年（1890）刻本三冊

150000－0601－0000140　128309　經部/尚書類/傳說之屬

尚書講義一卷　（清）纂經室口授　（清）黃家辰　（清）黃家岱述　清刻本　一冊

150000－0601－0000141　56070　經部/尚書類/傳說之屬

書經簡明白話解六卷首一卷　（清）陳善撰
清宣統三年（1911）中國圖書公司排印本
六冊

150000－0601－0000142　55997　經部/尚書類/分篇之屬

禹貢指南四卷　（宋）毛晃撰　清刻武英殿聚
珍版書本　二冊

150000－0601－0000143　55990　經部/尚書類/分篇之屬

程尚書禹貢論二卷後論一卷　（宋）程大昌撰
清通志堂刻本　一冊

150000－0601－0000144　55949　經部/尚書類/分篇之屬

禹貢錐指二十卷圖一卷　（清）胡渭撰　清康
熙四十四年（1705）漱六軒刻通志堂經解本
十二冊

150000－0601－0000145　55961　經部/尚書類/分篇之屬

禹貢錐指二十卷圖一卷　（清）胡渭撰　清康
熙四十四年（1705）漱六軒刻通志堂經解本
十冊

150000－0601－0000146　56099　經部/尚書類/分篇之屬

禹貢彙覽四卷總論一卷　（清）夏之芳撰　清
乾隆十二年（1747）夏杏春刻本　四冊

150000－0601－0000147　56103　經部/尚書類/分篇之屬

禹貢正詮四卷　（清）姚彥渠撰　清光緒十一
年（1885）姚丙吉刻本　一冊

150000－0601－0000148　83836　經部/尚書類/分篇之屬

禹貢正解一卷圖表一卷　（清）朱鎮撰　清光
緒三十年（1904）刻本　一冊

150000－0601－0000149　59410　經部/尚書類/分篇之屬

禹貢正字一卷　（清）王筠撰　清道光二十九
年（1849）刻本　一冊

150000－0601－0000150　83838　經部/尚書類/分篇之屬

禹貢易解一卷　（清）鄭大邦撰　清道光二十
六年（1846）活字本　一冊

150000－0601－0000151　83837　經部/尚書類/分篇之屬

禹貢因一卷　（清）沈練集注　清光緒十八年
（1892）溧陽沈氏歸安縣署刻本　一冊

150000－0601－0000152　55989　經部/尚書類/分篇之屬

禹貢古今注通釋六卷　（清）侯楨撰　清咸豐
元年（1851）古杼秋館刻本　一冊

150000－0601－0000153　56093　經部/尚書類/分篇之屬

禹貢班義述三卷　（清）成蓉鏡撰　**漢糜水入
尚龍溪考一卷**　（清）成蓉鏡撰　清光緒十一
年（1885）刻本　一冊

150000－0601－0000154　84031　經部/尚書類/分篇之屬

禹貢班義述三卷　（清）成蓉鏡撰　**漢糜水入
尚龍溪考一卷**　（清）成蓉鏡撰　清光緒十一
年（1885）刻本　三冊

150000－0601－0000155　59409　經部/尚書類/分篇之屬

禹貢九江三江考一卷　（清）榮錫勛集解　**史
漢五嶺脉絡考一卷**　（清）榮錫勛集解　清光
緒二十六年（1900）刻本　一冊

150000－0601－0000156　56000　經部/尚書類/分篇之屬

禹貢讀本二卷　（清）陳士魁撰　清刻本
一冊

150000－0601－0000157　55999　經部/尚書類/分篇之屬

禹貢便讀二卷　（清）顧觀光輯注　清光緒元
年（1875）刻本　一冊

150000－0601－0000158　767805　經部/尚

書類/分篇之屬

禹貢一卷 清光緒七年(1881)錢應桂刻本
一冊

150000－0601－0000159　129372　經部/尚
書類/分篇之屬

禹貢今注一卷 閻寶森撰　清宣統三年
(1911)京師宣元閣排印本　一冊

150000－0601－0000160　92705　經部/尚書
類/分篇之屬

大誓答問一卷 （清）龔自珍撰　清同治六年
(1867)滂喜齋刻本　一冊

150000－0601－0000161　55971　經部/尚書
類/專著之屬

尚書古文疏證八卷 （清）閻若璩撰　**朱子古
文書疑一卷** （清）閻詠輯　清乾隆十年
(1745)眷西堂刻本　十冊

150000－0601－0000162　55981　經部/尚書
類/專著之屬

尚書古文疏證八卷 （清）閻若璩撰　**朱子古
文書疑一卷** （清）閻詠輯　清乾隆十年
(1745)眷西堂刻同治六年(1867)錢塘汪氏振
綺堂重修本　八冊

150000－0601－0000163　62428　經部/尚書
類/專著之屬

古文尚書考二卷 （清）惠棟撰　清乾隆五十
七年(1792)刻本　一冊

150000－0601－0000164　59408　經部/尚書
類/專著之屬

古文尚書釋難二卷 （清）洪良品撰　清光緒
十四年(1888)排印本　一冊

150000－0601－0000165　56092　經部/尚書
類/專著之屬

古文尚書冤詞平議二卷 （清）皮錫瑞撰　清
光緒二十二年(1896)思賢書局刻本　一冊

150000－0601－0000166　56170　經部/詩經
類/傳說之屬

陳氏毛詩五種 （清）陳奐撰　清道光至咸豐
刻本　十三冊

150000－0601－0000167　128049　經部/詩
經類/傳說之屬

陳氏毛詩五種 （清）陳奐撰　清道光至咸豐
刻本　三十冊

150000－0601－0000168　40744　經部/詩經
類/傳說之屬

詩經二十卷 （漢）毛亨傳　（漢）鄭玄箋　明
永懷堂刻清浙江書局補板十三經古注本
三冊

150000－0601－0000169　56117　經部/詩經
類/傳說之屬

詩經二十卷 （漢）毛亨傳　（漢）鄭玄箋　明
永懷堂刻清浙江書局補板十三經古注本
三冊

150000－0601－0000170　56166　經部/詩經
類/傳說之屬

毛詩傳箋三十卷 （漢）毛亨傳　（漢）鄭玄箋
鄭氏詩譜一卷 （漢）鄭玄撰　清道光七年
(1827)刻本　四冊

150000－0601－0000171　56326　經部/詩經
類/傳說之屬

詩說一卷 （宋）張耒撰　**詩疑一卷** （宋）王
柏撰　清通志堂刻本　一冊

150000－0601－0000172　56359　經部/詩經
類/傳說之屬

詩經八卷 （宋）朱熹集傳　清乾隆十五年
(1750)天都黃晟刻本　四冊

150000－0601－0000173　10869　經部/詩經
類/傳說之屬

詩經八卷 （宋）朱熹集傳　清乾隆四十九年
(1784)金閶書業堂刻本　四冊

150000－0601－0000174　43603　經部/詩經
類/傳說之屬

詩經八卷 （宋）朱熹集傳　清嘉慶十九年
(1814)刻本　四冊

150000－0601－0000175　43607　經部/詩經
類/傳說之屬

詩經八卷 （宋）朱熹集傳　清咸豐元年

(1851)新化鄧氏邵州濂溪講院刻本　四冊

150000－0601－0000176　56120　經部/詩經類/傳說之屬

詩經八卷　（宋）朱熹集傳　**詩序辨說一卷**（宋）朱熹撰　清同治五年(1866)金陵書局刻本　五冊

150000－0601－0000177　43558　經部/詩經類/傳說之屬

詩經八卷　（宋）朱熹集傳　**詩序辨說一卷**（宋）朱熹撰　清同治十一年(1872)湖南省城尊經閣刻本　四冊

150000－0601－0000178　56137　經部/詩經類/傳說之屬

詩經八卷　（宋）朱熹集傳　**詩序辨說一卷**（宋）朱熹撰　清同治十一年(1872)山東書局刻光緒十七年(1891)補板本　五冊

150000－0601－0000179　43550　經部/詩經類/傳說之屬

詩經八卷　（宋）朱熹集傳　清同治十三年(1874)刻本　四冊

150000－0601－0000180　43554　經部/詩經類/傳說之屬

詩經八卷　（宋）朱熹集傳　清同治十三年(1874)刻本　四冊

150000－0601－0000181　43598　經部/詩經類/傳說之屬

詩經八卷　（宋）朱熹集傳　**詩序辨說一卷**（宋）朱熹撰　清光緒七年(1881)金陵書局刻本　五冊

150000－0601－0000182　56354　經部/詩經類/傳說之屬

詩經八卷　（宋）朱熹集傳　**詩序辨說一卷**（宋）朱熹撰　清光緒七年(1881)金陵書局刻本　五冊

150000－0601－0000183　56129　經部/詩經類/傳說之屬

詩八卷　（宋）朱熹集傳　**詩序一卷**　（宋）朱熹辨說　清光緒七年(1881)江蘇書局刻本

四冊　缺序

150000－0601－0000184　56214　經部/詩經類/傳說之屬

詩八卷　（宋）朱熹集傳　**詩序一卷**　（宋）朱熹辨說　清光緒七年(1881)江蘇書局刻本　五冊

150000－0601－0000185　56147　經部/詩經類/傳說之屬

詩經八卷首一卷（宋）朱熹集傳　**詩序一卷**（宋）朱熹辨說　**詩集傳考異一卷**　清光緒十三年(1887)刻本　五冊

150000－0601－0000186　43594　經部/詩經類/傳說之屬

詩經八卷　（宋）朱熹集傳　清光緒十四年(1888)天津文美齋刻本　四冊

150000－0601－0000187　43562　經部/詩經類/傳說之屬

詩經八卷　（宋）朱熹集傳　清光緒十六年(1890)蘭州刻本　四冊

150000－0601－0000188　41272　經部/詩經類/傳說之屬

詩經八卷　（宋）朱熹集傳　清光緒十六年(1890)桂垣書局刻本　四冊

150000－0601－0000189　43566　經部/詩經類/傳說之屬

詩八卷　（宋）朱熹集傳　清光緒十九年(1893)刻本　四冊

150000－0601－0000190　56125　經部/詩經類/傳說之屬

詩經八卷　（宋）朱熹集傳　清光緒二十二年(1896)金陵書局刻本　四冊

150000－0601－0000191　56142　經部/詩經類/傳說之屬

詩經八卷　（宋）朱熹集傳　**詩序辨說一卷**（宋）朱熹撰　清光緒二十二年(1896)金陵書局刻本　五冊

150000－0601－0000192　62620　經部/詩經

類/傳說之屬

詩經八卷　（宋）朱熹集傳　清光緒二十三年
（1897）刻本　四冊

150000－0601－0000193　62624　經部/詩經
類/傳說之屬

詩八卷　（宋）朱熹集傳　清光緒善成堂刻本
　四冊

150000－0601－0000194　43570　經部/詩經
類/傳說之屬

詩八卷　（宋）朱熹集傳　清刻本　八冊

150000－0601－0000195　43578　經部/詩經
類/傳說之屬

詩八卷　（宋）朱熹集傳　清刻本　八冊

150000－0601－0000196　43586　經部/詩經
類/傳說之屬

詩八卷　（宋）朱熹集傳　清刻本　八冊

150000－0601－0000197　56133　經部/詩經
類/傳說之屬

詩八卷　（宋）朱熹集傳　清刻本　四冊

150000－0601－0000198　137657　經部/詩
經類/傳說之屬

詩經八卷　（宋）朱熹集傳　清刻本　四冊

150000－0601－0000199　137661　經部/詩
經類/傳說之屬

詩經八卷　（宋）朱熹集傳　清刻本　四冊

150000－0601－0000200　56109　經部/詩經
類/傳說之屬

詩經八卷　（宋）朱熹集傳　清光緒三十四年
（1908）學部圖書局石印本　四冊

150000－0601－0000201　56196　經部/詩經
類/傳說之屬

毛詩要義二十卷　（宋）魏了翁撰　清光緒八
年（1882）莫祥芝上海影刻本　十冊

150000－0601－0000202　767684　經部/詩
經類/傳說之屬

詩經大全□□卷　明刻本　一冊　存二卷
（九至十）

150000－0601－0000203　767685　經部/詩
經類/傳說之屬

重訂詩經疑問□□卷　（明）姚舜牧撰　明刻
本　一冊　存二卷（三至四）

150000－0601－0000204　62461　經部/詩經
類/傳說之屬

新鐫黃維章先生詩經嫏嬛集注八卷　（明）黃
文煥輯著　清道光八年（1828）刻本　四冊

150000－0601－0000205　56363　經部/詩經
類/傳說之屬

初刻黃維章先生詩經嫏嬛體注八卷　（明）黃
文煥輯著　清道光十四年（1834）刻本　四冊

150000－0601－0000206　56158　經部/詩經
類/傳說之屬

初刻黃維章先生詩經嫏嬛體注八卷　（明）黃
文煥輯著　清同治元年（1862）刻本　四冊

150000－0601－0000207　56162　經部/詩經
類/傳說之屬

新鐫黃維章先生詩經嫏嬛集注八卷　（明）黃
文煥輯著　清刻本　四冊

150000－0601－0000208　56291　經部/詩經
類/傳說之屬

詩經說約二十八卷　（明）顧夢麟撰　明崇禎
十五年（1642）織簾居刻本　二十四冊

150000－0601－0000209　56321　經部/詩經
類/傳說之屬

詩所八卷　（清）李光地撰　清雍正六年
（1728）李清植刻本　三冊

150000－0601－0000210　879105　經部/詩
經類/傳說之屬

詩所八卷　（清）李光地撰　清雍正六年
（1728）李清植刻本　三冊

150000－0601－0000211　56206　經部/詩經
類/傳說之屬

毛詩稽古編三十卷　（清）陳啓源撰　毛詩稽
古編附考一卷　（清）費雲倬撰　清嘉慶十八
年（1813）江寧吳永江等刻本　八冊

150000－0601－0000212　56251　經部/詩經類/傳說之屬

欽定詩經傳說彙纂二十一卷首二卷詩序二卷 （清）王鴻緒　（清）揆叙纂修　清雍正五年(1727)刻御纂七經本　十六冊

150000－0601－0000213　40747　經部/詩經類/傳說之屬

欽定詩經傳說彙纂二十一卷首二卷詩序二卷 （清）王鴻緒　（清）揆叙纂修　清同治七年(1868)閩浙總督馬新貽刻御纂七經本　十六冊

150000－0601－0000214　56235　經部/詩經類/傳說之屬

欽定詩經傳說彙纂二十一卷首二卷詩序二卷 （清）王鴻緒　（清）揆叙纂修　清同治七年(1868)閩浙總督馬新貽刻御纂七經本　十六冊

150000－0601－0000215　56152　經部/詩經類/傳說之屬

新增詩經補注備旨精萃八卷 （清）鄒聖脉輯　清光緒十四年(1888)刻本　六冊

150000－0601－0000216　56227　經部/詩經類/傳說之屬

御纂詩義折中二十卷 （清）傅恒等修　（清）陳兆崙　（清）金甡纂　清乾隆二十年(1755)刻本　八冊

150000－0601－0000217　56221　經部/詩經類/傳說之屬

御纂詩義折中二十卷 （清）傅恒等修　（清）陳兆崙　（清）金甡纂　清刻本　六冊

150000－0601－0000218　56338　經部/詩經類/傳說之屬

詩深二十六卷首二卷 （清）許伯政撰　清乾隆十九年(1754)刻本　十六冊

150000－0601－0000219　56324　經部/詩經類/傳說之屬

詩說二卷 （清）郝懿行撰　**詩經拾遺一卷** （清）郝懿行撰　清光緒八年(1882)東路廳署刻郝氏遺書本　二冊

150000－0601－0000220　109815　經部/詩經類/傳說之屬

學詩詳說三十二卷 （清）顧廣譽撰　**學詩正詁五卷補一卷** （清）顧廣譽撰　清光緒三年(1877)刻本　十冊

150000－0601－0000221　128328　經部/詩經類/傳說之屬

詩本誼一卷 （清）龔橙撰　清光緒十五年(1889)刻半厂叢書本　一冊

150000－0601－0000222　128330　經部/詩經類/傳說之屬

詩本誼一卷 （清）龔橙撰　清光緒十五年(1889)刻半厂叢書本　一冊

150000－0601－0000223　128327　經部/詩經類/傳說之屬

詩傳補義三卷 （清）方宗誠撰　清光緒元年(1875)刻本　一冊

150000－0601－0000224　56541　經部/詩經類/傳說之屬

詩經精華十卷 （清）薛嘉穎撰　清道光五年(1825)刻本　三冊

150000－0601－0000225　56315　經部/詩經類/傳說之屬

詩經繹參四卷 （清）鄧翔撰　（清）孔廣陶等校　清同治六年(1867)孔廣陶刻朱墨套印本　四冊

150000－0601－0000226　56319　經部/詩經類/傳說之屬

參校詩傳說存二卷 （清）葛士清等輯　清光緒十五年(1889)刻本　一冊

150000－0601－0000227　128116　經部/詩經類/傳說之屬

遵注義釋詩經離句襯解八卷 （清）朱榛編　清咸豐七年(1857)刻本　四冊

150000－0601－0000228　43611　經部/詩經類/傳說之屬

詩經喈鳳詳解八卷 （清）陳抒孝輯解 （清）
汪基增訂 清光緒十四年（1888）刻本 四冊

150000－0601－0000229 43623 經部/詩經
類/傳說之屬

詩經琅環體注大全八卷 （清）沈世楷輯 清
嘉慶十七年（1812）刻本 四冊

150000－0601－0000230 43615 經部/詩經
類/傳說之屬

詩經體注大全合參八卷 （清）沈世楷輯 清
嘉慶二十一年（1816）三畏堂刻本 四冊

150000－0601－0000231 43619 經部/詩經
類/傳說之屬

詩經體注大全合參八卷 （清）沈世楷輯 清
刻本 四冊

150000－0601－0000232 41268 經部/詩經
類/傳說之屬

詩經融注大全體要八卷 （清）高朝瓔定 清
宣統三年（1911）上海掃葉山房石印本 四冊

150000－0601－0000233 54225 經部/詩經
類/傳說之屬

毛鄭詩斠義一卷 羅振玉撰 清末排印本
一冊

150000－0601－0000234 53697 經部/詩經
類/專著之屬

詩地理考六卷 （宋）王應麟撰 清刻玉海本
一冊

150000－0601－0000235 170273 經部/詩
經類/專著之屬

詩地理考六卷 （宋）王應麟撰 清刻玉海本
一冊

150000－0601－0000236 56219 經部/詩經
類/專著之屬

詩氏族考六卷 （清）李超孫撰 澹庵長短句
一卷 （宋）胡銓撰 箕田考一卷 （清）韓百
謙撰 清道光十五年（1835）刻本 二冊

150000－0601－0000237 170622 經部/詩
經類/專著之屬

毛詩草木鳥獸蟲魚疏二卷 （三國吳）陸璣撰
清刻本 一冊

150000－0601－0000238 128375 經部/詩
經類/專著之屬

陸氏草木鳥獸蟲魚疏疏二卷 （清）焦循撰
清刻南菁書院叢書本 一冊

150000－0601－0000239 128761 經部/詩
經類/專著之屬

毛詩草木鳥獸蟲魚疏校正二卷 （清）趙佑撰
清貴池劉世珩刻聚學軒叢書本 一冊

150000－0601－0000240 9853 經部/詩經
類/文字音義之屬

詩音辯略二卷 （明）楊貞一撰 左傳事緯四
卷 （清）馬驌撰 清刻函海本 一冊 存三
卷（詩音辯略下、左傳事緯一至二）

150000－0601－0000241 128823 經部/詩
經類/文字音義之屬

詩雙聲迭韵譜一卷 （清）鄧廷楨撰 清道光
十八年（1838）刻本 一冊

150000－0601－0000242 56320 經部/詩經
類/詩序之屬

詩序一卷 清儀徵阮氏碧蘿山館刻本 一冊

150000－0601－0000243 170619 經部/詩
經類/詩序之屬

詩傳孔氏傳一卷 （春秋）端木賜撰 詩說一
卷 （漢）申培撰 清刻增訂漢魏叢書本
一冊

150000－0601－0000244 98819 經部/詩經
類/詩譜之屬

詩經古譜二卷 清光緒三十四年（1908）學部
圖書局石印本 一冊

150000－0601－0000245 129689 經部/詩
經類/詩譜之屬

詩經古譜二卷 清光緒三十四年（1908）學部
圖書局石印本 一冊

150000－0601－0000246 128325 經部/詩
經類/逸詩之屬

詩經拾遺一卷　（清）郝懿行撰　清光緒八年
(1882)東路廳署刻本(棲霞曬書堂原本)
一冊

150000－0601－0000247　62465　經部/詩經
類/三家詩之屬

韓詩外傳十卷　（漢）韓嬰撰　清光緒元年
(1875)望三益齋刻本　四冊

150000－0601－0000248　170620　經部/詩
經類/三家詩之屬

韓詩外傳十卷　（漢）韓嬰撰　清刻本　二冊

150000－0601－0000249　170274　經部/詩
經類/三家詩之屬

詩考一卷　（宋）王應麟撰　詩地理考六卷
(宋)王應麟撰　清刻玉海本　一冊

150000－0601－0000250　128770　經部/詩
經類/三家詩之屬

韓詩遺說二卷　（清）臧庸撰　韓詩訂訛一卷
（清）臧庸撰　清光緒二十一年(1895)元和
江氏刻靈鶼閣叢書本　一冊

150000－0601－0000251　765110　經部/詩
經類/三家詩之屬

詩古微上編三卷中編十卷下編二卷首一卷
(清)魏源撰　清光緒十一年(1885)飛青閣楊
氏黃岡學署刻本　七冊

150000－0601－0000252　56327　經部/詩經
類/三家詩之屬

詩古微二卷　（清）魏源撰　清刻本　二冊

150000－0601－0000253　56416　經部/周禮
類/正文之屬

周禮正文三卷　（清）伍兆芳音釋　周禮奇字
一卷　清道光八年(1828)刻本　二冊

150000－0601－0000254　56447　經部/周禮
類/傳說之屬

周禮十二卷　（漢）鄭玄注　重雕嘉靖本校宋
周禮札記一卷　（清）黃丕烈撰　清嘉慶二十
三年(1818)士禮居刻士禮居黃氏叢書本
六冊

150000－0601－0000255　56435　經部/周禮
類/傳說之屬

周禮六卷　（漢）鄭玄注　（唐）陸德明音義
清嘉慶十一年(1806)清芬閣刻本　六冊

150000－0601－0000256　56441　經部/周禮
類/傳說之屬

周禮六卷　（漢）鄭玄注　（唐）陸德明音義
清嘉慶十一年(1806)清芬閣刻本　六冊

150000－0601－0000257　56395　經部/周禮
類/傳說之屬

周禮六卷　（漢）鄭玄注　（唐）陸德明音義
清宣統元年(1909)學部圖書局石印本　六冊

150000－0601－0000258　56401　經部/周禮
類/傳說之屬

周禮六卷　（漢）鄭玄注　（唐）陸德明音義
清宣統元年(1909)學部圖書局石印本　六冊

150000－0601－0000259　40763　經部/周禮
類/傳說之屬

周禮四十二卷　（漢）鄭玄注　（唐）陸德明音
義　明永懷堂刻清同治八年(1869)浙江書局
補刻本　四冊

150000－0601－0000260　43633　經部/周禮
類/傳說之屬

周禮注疏三十卷　（明）王志長輯　明崇禎十
二年(1639)刻本　十六冊

150000－0601－0000261　56548　經部/周禮
類/傳說之屬

宋葉文康公禮經會元四卷　（宋）葉時撰
(清)陸隴其點定　（清）許元淮輯　清黃暹刻
本　四冊

150000－0601－0000262　128123　經部/周
禮類/傳說之屬

項太史纂注周禮奇英二卷　（明）項煜注　清
刻本　二冊

150000－0601－0000263　39665　經部/周禮
類/傳說之屬

欽定周官義疏四十八卷首一卷　（清）鄂爾泰
等修　（清）諸錦等纂　清同治七年(1868)浙

江書局刻御纂七經本　二十四冊

150000－0601－0000264　56453　經部/周禮類/傳說之屬

欽定周官義疏四十八卷首一卷　（清）鄂爾泰等修　（清）諸錦等纂　清刻本　四十冊

150000－0601－0000265　128353　經部/周禮類/傳說之屬

欽定周官義疏四十八卷首一卷　（清）鄂爾泰等修　（清）諸錦等纂　清光緒三十年（1904）上海育文書局石印御纂七經本　三冊　存三十九卷（十至四十八）

150000－0601－0000266　9854　經部/周禮類/傳說之屬

周禮摘箋五卷　（清）李調元撰　儀禮古今考二卷　（清）李調元撰　清刻函海本　一冊

150000－0601－0000267　128406　經部/周禮類/傳說之屬

周官指掌五卷　（清）莊有可撰　清光緒七年（1881）刻正覺樓叢刻本　二冊

150000－0601－0000268　56418　經部/周禮類/傳說之屬

周禮精義六卷首一卷末一卷　（清）黃淦纂清嘉慶十二年（1807）刻本　一冊

150000－0601－0000269　128362　經部/周禮類/傳說之屬

周禮精義六卷首一卷末一卷　（清）黃淦纂清刻本　二冊

150000－0601－0000270　128364　經部/周禮類/傳說之屬

周禮精義六卷首一卷末一卷　（清）黃淦纂清刻本　二冊

150000－0601－0000271　56409　經部/周禮類/傳說之屬

周禮政要二卷　（清）孫詒讓撰　清光緒二十八年（1902）瑞安普通學堂刻本　二冊

150000－0601－0000272　62470　經部/周禮類/傳說之屬

周禮政要二卷　（清）孫詒讓撰　清光緒二十八年（1902）瑞安普通學堂刻本　二冊

150000－0601－0000273　56407　經部/周禮類/傳說之屬

周禮政要二卷　（清）孫詒讓撰　清光緒二十八年（1902）刻本　二冊

150000－0601－0000274　62469　經部/周禮類/傳說之屬

周禮政要二卷　（清）孫詒讓撰　清光緒三十年（1904）上海書局石印本　一冊

150000－0601－0000275　128021　經部/周禮類/傳說之屬

周禮政要二卷　（清）孫詒讓撰　清光緒二十八年（1902）排印本　二冊

150000－0601－0000276　56414　經部/周禮類/傳說之屬

周禮集解節要六卷　（清）鄧愷纂訂　清刻本　二冊

150000－0601－0000277　56412　經部/周禮類/傳說之屬

周禮節訓六卷　（清）黃叔琳撰　清乾隆四十三年（1778）刻本　二冊

150000－0601－0000278　56411　經部/周禮類/傳說之屬

周禮節訓六卷　（清）黃叔琳撰　（清）姚培謙重訂　清乾隆五十五年（1790）刻本　一冊

150000－0601－0000279　10873　經部/周禮類/傳說之屬

周官精義十二卷　（清）連斗山編次　清嘉慶元年（1796）金閶書業堂刻本　六冊

150000－0601－0000280　56425　經部/周禮類/傳說之屬

周官精義十二卷　（清）連斗山編次　清嘉慶十年（1805）刻本　六冊

150000－0601－0000281　43627　經部/周禮類/傳說之屬

周官精義十二卷　（清）連斗山編次　清嘉慶

十八年(1813)經餘堂刻本　六冊

150000-0601-0000282　20306　經部/周禮類/傳說之屬

周官精義十二卷　(清)連斗山編次　掃葉山房刻本　六冊

150000-0601-0000283　20312　經部/周禮類/傳說之屬

周禮精華六卷　(清)陳龍標撰　清嘉慶十三年(1808)刻本　六冊

150000-0601-0000284　56419　經部/周禮類/傳說之屬

周禮精華六卷　(清)陳龍標撰　清嘉慶十六年(1811)刻本　六冊

150000-0601-0000285　56431　經部/周禮類/文字音義之屬

周禮漢讀考六卷　(清)段玉裁撰　清嘉慶元年(1796)刻本　四冊

150000-0601-0000286　56493　經部/儀禮類/正文之屬

儀禮十七卷　清初通志堂刻通志堂經解本二冊

150000-0601-0000287　40767　經部/儀禮類/傳說之屬

儀禮十七卷　(漢)鄭玄注　明永懷堂刻清浙江書局重修十三經古注本　四冊

150000-0601-0000288　56503　經部/儀禮類/傳說之屬

儀禮十七卷　(漢)鄭玄注　**嚴本儀禮鄭氏注校錄一卷續一卷**　(清)黃丕烈撰　清嘉慶二十年(1815)吳門黃氏讀未見書齋影刻士禮居黃氏叢書本　二冊

150000-0601-0000289　56505　經部/儀禮類/傳說之屬

儀禮十七卷　(漢)鄭玄注　**嚴本儀禮鄭氏注校錄一卷續一卷**　(清)黃丕烈撰　清嘉慶二十年(1815)吳門黃氏讀未見書齋影刻士禮居黃氏叢書本　四冊

150000-0601-0000290　56495　經部/儀禮類/傳說之屬

儀禮十七卷　(漢)鄭玄注　(唐)陸德明音義　清同治七年(1868)湖北崇文書局刻本四冊

150000-0601-0000291　56499　經部/儀禮類/傳說之屬

儀禮十七卷　(漢)鄭玄注　(唐)陸德明音義　清光緒十二年(1886)湖北官書處刻本四冊

150000-0601-0000292　56517　經部/儀禮類/傳說之屬

儀禮十七卷　(漢)鄭玄注　(清)張爾岐句讀　**儀禮監本正誤一卷儀禮石本誤字一卷**　清乾隆八年(1743)刻本　四冊

150000-0601-0000293　56509　經部/儀禮類/傳說之屬

儀禮十七卷　(漢)鄭玄注　(清)張爾岐句讀　**儀禮監本正誤一卷儀禮石本誤字一卷**　清同治七年(1868)金陵書局刻本　四冊

150000-0601-0000294　56513　經部/儀禮類/傳說之屬

儀禮十七卷　(漢)鄭玄注　(清)張爾岐句讀　**儀禮監本正誤一卷儀禮石本誤字一卷**　清同治七年(1868)金陵書局刻本　四冊

150000-0601-0000295　128017　經部/儀禮類/傳說之屬

儀禮十七卷　(漢)鄭玄注　(清)張爾岐句讀　**儀禮監本正誤一卷儀禮石本誤字一卷**　清同治七年(1868)金陵書局刻本　四冊

150000-0601-0000296　41283　經部/儀禮類/傳說之屬

儀禮十七卷　(漢)鄭玄注　(清)張爾岐句讀　清光緒十七年(1891)務本書局刻本　六冊

150000-0601-0000297　57750　經部/儀禮類/傳說之屬

儀禮經傳通解三十七卷　(宋)朱熹撰　**儀禮經傳通解續二十九卷**　(宋)黃榦撰　清刻本

二十冊

150000－0601－0000298　59418　經部/儀禮類/傳說之屬

儀禮商二卷附錄一卷　（清）萬斯大撰　**周官辨非一卷**　（清）萬斯大撰　清乾隆二十六年（1761）萬福刻本　一冊

150000－0601－0000299　40771　經部/儀禮類/傳說之屬

欽定儀禮義疏四十八卷首二卷　清刻本　二十八冊

150000－0601－0000300　128348　經部/儀禮類/傳說之屬

欽定儀禮義疏四十八卷首二卷　清光緒三十年（1904）上海育文書局石印本　五冊

150000－0601－0000301　128366　經部/儀禮類/傳說之屬

儀禮精義一卷補編一卷　（清）黃淦纂　清刻本　二冊

150000－0601－0000302　43649　經部/儀禮類/傳說之屬

儀禮易讀十七卷　（清）馬駉輯　清嘉慶二年（1797）刻本　四冊

150000－0601－0000303　56562　經部/儀禮類/傳說之屬

儀禮正義四十卷　（清）胡培翬撰　清同治七年（1868）蘇州湯晉苑局刻本　二十冊

150000－0601－0000304　56582　經部/儀禮類/傳說之屬

儀禮正義四十卷　（清）胡培翬撰　清同治七年（1868）蘇州湯晉苑局刻本　二十冊

150000－0601－0000305　62476　經部/儀禮類/傳說之屬

儀禮十七卷　（清）吳廷華章句　清嘉慶三年（1798）刻本　四冊

150000－0601－0000306　62472　經部/儀禮類/傳說之屬

儀禮十七卷　（清）吳廷華章句　清光緒二十

四年（1898）蘇州書局刻紅印本　四冊

150000－0601－0000307　56608　經部/儀禮類/傳說之屬

禮經校釋二十二卷　曹元弼撰　清光緒十八年（1892）刻本　十二冊

150000－0601－0000308　170278　經部/儀禮類/傳說之屬

儀禮石經校勘記一卷　（清）阮元撰　清光緒十六年（1890）元尚居刻本　一冊

150000－0601－0000309　56794　經部/儀禮類/傳說之屬

儀禮喪服經傳并記一卷　（漢）鄭玄注　（清）張爾岐句讀　清宣統元年（1909）學部圖書局石印本　一冊

150000－0601－0000310　57770　經部/儀禮類/分篇之屬

喪服表一卷　（清）孔繼汾輯　清光緒元年（1875）退補齋刻本　一冊

150000－0601－0000311　56620　經部/儀禮類/專著之屬

儀禮釋官九卷首一卷　（清）胡匡衷撰　清同治八年（1869）刻本　四冊

150000－0601－0000312　128129　經部/儀禮類/圖之屬

儀禮圖六卷　（清）張惠言撰　清嘉慶十年（1805）刻本　三冊

150000－0601－0000313　56602　經部/儀禮類/圖之屬

儀禮圖六卷　（清）張惠言撰　清同治九年（1870）楚北崇文書局刻本　三冊

150000－0601－0000314　56605　經部/儀禮類/圖之屬

儀禮圖六卷　（清）張惠言撰　清同治九年（1870）楚北崇文書局刻本　三冊

150000－0601－0000315　62480　經部/禮記類/正文之屬

禮記六卷　（明）秦鏷訂正　明崇禎錫山秦氏

求古齋刻九經本　六冊

150000－0601－0000316　40799　經部/禮記類/傳說之屬

禮記四十九卷　（漢）鄭玄撰　明永懷堂刻浙江書局重修十三經古注本　八冊

150000－0601－0000317　56829　經部/禮記類/傳說之屬

禮記二十卷　（漢）鄭玄注　撫本禮記鄭注考異二卷　清同治九年(1870)楚北崇文書局刻本　八冊

150000－0601－0000318　56847　經部/禮記類/傳說之屬

禮記二十卷　（漢）鄭玄注　清光緒十七年(1891)陝西味經書院刻本　十冊

150000－0601－0000319　43765　經部/禮記類/傳說之屬

附釋音禮記注疏十二卷校勘記十二卷　（漢）鄭玄注　（唐）孔穎達疏　清光緒二十九年(1903)點石齋印書局石印本　六冊

150000－0601－0000320　59421　經部/禮記類/傳說之屬

禮記纂言三十六卷　（元）吳澄撰　（清）朱軾重校　清光緒二十三年(1897)刻本　十四冊

150000－0601－0000321　43653　經部/禮記類/傳說之屬

禮記十卷　（元）陳澔集說　清咸豐元年(1851)新化鄧氏邵州濂溪講院刻本　十冊

150000－0601－0000322　43707　經部/禮記類/傳說之屬

禮記十卷　（元）陳澔集說　清同治五年(1866)金陵書局刻本　十冊

150000－0601－0000323　56867　經部/禮記類/傳說之屬

禮記十卷　（元）陳澔集說　清同治五年(1866)金陵書局刻本　十冊

150000－0601－0000324　43663　經部/禮記類/傳說之屬

禮記十卷　（元）陳澔集說　清同治十一年(1872)湖南省尊經閣刻本　十冊

150000－0601－0000325　56897　經部/禮記類/傳說之屬

禮記十卷　（元）陳澔集說　清同治十一年(1872)山東書局刻本　十冊

150000－0601－0000326　56907　經部/禮記類/傳說之屬

禮記十卷　（元）陳澔集說　清同治十一年(1872)山東書局刻本　十冊

150000－0601－0000327　43697　經部/禮記類/傳說之屬

禮記十卷　（元）陳澔集說　清光緒十六年(1890)蘭州刻本　十冊

150000－0601－0000328　56837　經部/禮記類/傳說之屬

禮記十卷　（元）陳澔集說　清光緒十九年(1893)浙江書局刻本　十冊

150000－0601－0000329　43673　經部/禮記類/傳說之屬

禮記十卷　（元）陳澔集說　清三多齋刻本　十冊

150000－0601－0000330　43717　經部/禮記類/傳說之屬

禮記十卷　（元）陳澔集說　清金陵敦化堂刻本　十冊

150000－0601－0000331　43727　經部/禮記類/傳說之屬

禮記十卷　（元）陳澔集說　清金陵致和堂刻本　十冊

150000－0601－0000332　43683　經部/禮記類/傳說之屬

禮記十卷　（元）陳澔集說　清善成堂刻本　十冊

150000－0601－0000333　56877　經部/禮記類/傳說之屬

禮記十卷　（元）陳澔集說　清刻本　十冊

150000－0601－0000334　10879　經部/禮記類/傳說之屬

禮記十卷　（元）陳澔集說　清刻本　十冊

150000－0601－0000335　56819　經部/禮記類/傳說之屬

禮記十卷　（元）陳澔集說　清刻本　十冊

150000－0601－0000336　56887　經部/禮記類/傳說之屬

禮記十卷　（元）陳澔集說　清刻本　十冊

150000－0601－0000337　137637　經部/禮記類/傳說之屬

禮記十卷　（元）陳澔集說　清刻本　十冊

150000－0601－0000338　137647　經部/禮記類/傳說之屬

禮記十卷　（元）陳澔集說　清刻本　十冊

150000－0601－0000339　839238　經部/禮記類/傳說之屬

禮記集說大全三十卷　（明）胡廣等纂修　明內府刻本　十八冊

150000－0601－0000340　40807　經部/禮記類/傳說之屬

欽定禮記義疏八十二卷首一卷　清刻本　三十二冊

150000－0601－0000341　128356　經部/禮記類/傳說之屬

欽定禮記義疏八十二卷首一卷　清光緒三十年(1904)上海育文書局石印本　六冊

150000－0601－0000342　56967　經部/禮記類/傳說之屬

禮記訓纂四十九卷　（清）朱彬輯　清咸豐元年(1851)刻本　十冊

150000－0601－0000343　56977　經部/禮記類/傳說之屬

禮記訓纂四十九卷　（清）朱彬輯　清咸豐元年(1851)刻本　八冊

150000－0601－0000344　56957　經部/禮記類/傳說之屬

禮記訓纂四十九卷　（清）朱彬輯　清宣統元年(1909)學部圖書局石印本　十冊

150000－0601－0000345　62628　經部/禮記類/傳說之屬

禮記六十一卷　（清）孫希旦集解　**尚書顧命解一卷**　（清）孫希旦撰　清咸豐十年(1860)瑞安孫氏盤古草堂刻本　二十冊

150000－0601－0000346　43737　經部/禮記類/傳說之屬

禮記箋四十九卷　（清）郝懿行撰　清光緒八年(1882)東路廳署刻本　十冊

150000－0601－0000347　56999　經部/禮記類/傳說之屬

禮記箋四十九卷　（清）郝懿行撰　清光緒八年(1882)東路廳署刻本　十冊

150000－0601－0000348　57009　經部/禮記類/傳說之屬

禮記質疑四十九卷　（清）郭嵩燾撰　清光緒十六年(1890)思賢講舍刻本　十冊

150000－0601－0000349　39982　經部/禮記類/傳說之屬

禮記揭要六卷　清刻本　六冊

150000－0601－0000350　57029　經部/禮記類/傳說之屬

禮記揭要六卷　清刻本　三冊

150000－0601－0000351　42280　經部/禮記類/傳說之屬

禮記節本十卷圖說一卷　（清）汪基鈔撰　清宣統三年(1911)上海江左書林石印本　六冊

150000－0601－0000352　43693　經部/禮記類/傳說之屬

漱芳軒合纂禮記體注四卷　（清）范翔參訂　清乾隆五十五年(1790)刻本　四冊

150000－0601－0000353　56985　經部/禮記類/傳說之屬

漱芳軒合纂禮記體注四卷　（清）范翔參訂　清文成堂刻本　四冊

150000－0601－0000354　57374　經部/禮記
類/傳說之屬

漱芳軒合纂禮記體注四卷　（清）范翔參訂
清文成堂刻本　四冊

150000－0601－0000355　62489　經部/禮記
類/傳說之屬

漱芳軒合纂禮記體注四卷　（清）范翔參訂
清文成堂刻本　一冊

150000－0601－0000356　57745　經部/禮記
類/傳說之屬

漱芳軒合纂禮記體注四卷　（清）范翔參訂
清刻本　四冊

150000－0601－0000357　56989　經部/禮記
類/傳說之屬

全本禮記體注十卷　（清）徐瑄補輯　清刻本
十冊

150000－0601－0000358　10889　經部/禮記
類/傳說之屬

禮記易讀二卷　清光緒二十八年(1902)有益
堂刻本　二冊

150000－0601－0000359　57041　經部/禮記
類/分篇之屬

檀弓二卷　（宋）謝枋得批點　（明）楊慎附注
清初刻本　二冊

150000－0601－0000360　57037　經部/禮記
類/分篇之屬

檀弓二篇　（清）孫濩孫評訂　清康熙六十年
(1721)刻本　四冊

150000－0601－0000361　59419　經部/禮記
類/分篇之屬

檀弓二卷　（清）孫濩孫評訂　清光緒七年
(1881)刻本　二冊

150000－0601－0000362　128371　經部/禮
記類/分篇之屬

深衣考一卷　（清）黃宗羲撰　清刻南菁書院
叢書本　一冊

150000－0601－0000363　97837　經部/禮記

類/專著之屬

禮記天算釋一卷　（清）孔廣牧撰　清光緒七
年(1881)刻詹岱閣學經記本　一冊

150000－0601－0000364　97838　經部/禮記
類/專著之屬

禮記天算釋一卷　（清）孔廣牧撰　清光緒七
年(1881)刻詹岱閣學經記本　一冊

150000－0601－0000365　97839　經部/禮記
類/專著之屬

禮記天算釋一卷　（清）孔廣牧撰　清光緒七
年(1881)刻詹岱閣學經記本　一冊

150000－0601－0000366　56809　經部/大戴
禮記類/傳說之屬

大戴禮記十三卷　（漢）戴德撰　（北周）盧辯
注　清康熙五十七年(1718)刻本　四冊

150000－0601－0000367　62487　經部/大戴
禮記類/傳說之屬

大戴禮記十三卷　（漢）戴德撰　（北周）盧辯
注　清光緒二十三年(1897)刻本　二冊

150000－0601－0000368　56807　經部/大戴
禮記類/傳說之屬

大戴禮記十三卷　（漢）戴德撰　（北周）盧辯
注　清刻增訂漢魏叢書本　二冊

150000－0601－0000369　56806　經部/大戴
禮記類/傳說之屬

大戴禮記十三卷　（漢）戴德撰　（北周）盧辯
注　清刻本　一冊

150000－0601－0000370　56813　經部/大戴
禮記類/傳說之屬

大戴禮記補注十三卷　（清）孔廣森撰　清同
治十三年(1874)淮南書局刻本　四冊

150000－0601－0000371　56817　經部/大戴
禮記類/分篇之屬

夏小正一卷　（清）王筠注　清咸豐二年
(1852)刻本　一冊

150000－0601－0000372　56818　經部/大戴
禮記類/分篇之屬

夏小正箋疏四卷 （清）馬徵麐撰 清思古書堂刻格致新書本 一冊

150000－0601－0000373 57378 經部/大戴禮記類/分篇之屬

夏小正通釋一卷 （清）梁章鉅撰 清光緒十三年（1887）浙江書局刻本 一冊

150000－0601－0000374 140645 經部/三禮總義類/通論之屬

欽定三禮義疏一卷 （清）鄂爾泰等修 （清）諸錦等纂 清乾隆十三年（1748）内府刻御纂七經本 一百二十八冊

150000－0601－0000375 56795 經部/三禮總義類/通論之屬

讀禮叢鈔 （清）李輔耀輯 清光緒十七年（1891）鞠園刻本 六冊

150000－0601－0000376 56544 經部/三禮總義類/通論之屬

禮說十四卷 （清）惠士奇撰 大學說一卷 （清）惠士奇撰 清嘉慶三年（1798）刻本 四冊

150000－0601－0000377 43755 經部/三禮總義類/通論之屬

三禮便讀 （清）王一清訂 清刻本 二冊

150000－0601－0000378 43747 經部/三禮總義類/通論之屬

三禮約編啚鳳 （清）汪基撰 清嘉慶九年（1804）刻本 八冊

150000－0601－0000379 57357 經部/三禮總義類/通論之屬

六禮或問十二卷首一卷末一卷 （清）汪紱撰 清光緒二十一年（1895）刻本 四冊

150000－0601－0000380 57361 經部/三禮總義類/通論之屬

六禮或問十二卷首一卷末一卷 （清）汪紱撰 清光緒二十一年（1895）刻本 四冊

150000－0601－0000381 57771 經部/三禮總義類/通論之屬

三禮從今三卷 （清）黃本驥撰 清道光二十四年（1844）刻本 一冊

150000－0601－0000382 128008 經部/三禮總義類/通論之屬

三禮從今三卷 （清）黃本驥撰 清道光二十四年（1844）刻本 一冊

150000－0601－0000383 128009 經部/三禮總義類/通論之屬

三禮從今三卷 （清）黃本驥撰 清道光二十四年（1844）刻本 一冊

150000－0601－0000384 57320 經部/三禮總義類/通論之屬

禮書通故五十卷 （清）黃以周撰 清光緒十九年（1893）黃氏試館刻本 三十二冊

150000－0601－0000385 128744 經部/三禮總義類/制度名物之屬

四禘通釋三卷 崔適撰 清光緒二十年（1894）刻本 一冊

150000－0601－0000386 58238 經部/三禮總義類/制度名物之屬

群經宮室圖二卷 （清）焦循撰 清嘉慶五年（1800）半九書塾刻本 二冊

150000－0601－0000387 129355 經部/三禮總義類/制度名物之屬

九旗古義述一卷 （清）孫詒讓撰 清光緒二十八年（1902）刻本 一冊

150000－0601－0000388 57043 經部/三禮總義類/圖之屬

新定三禮圖二十卷 （宋）聶崇義集注 清康熙十九年（1680）刻通志堂經解本 一冊

150000－0601－0000389 57044 經部/三禮總義類/圖之屬

新定三禮圖二十卷 （宋）聶崇義集注 清康熙十九年（1680）刻通志堂經解本 四冊

150000－0601－0000390 57252 經部/三禮總義類/通禮之屬

禮書一百五十卷 （宋）陳祥道撰 清嘉慶九

年（1804）福清郭氏刻本　二十冊

150000－0601－0000391　57272　經部/三禮
總義類/通禮之屬

禮書一百五十卷　（宋）陳祥道撰　清嘉慶九
年（1804）福清郭氏刻本　二十四冊

150000－0601－0000392　57379　經部/三禮
總義類/通禮之屬

四禮初稿四卷　（明）宋纁輯　**四禮約言四卷**
（明）呂維祺撰　清刻本　一冊

150000－0601－0000393　57296　經部/三禮
總義類/通禮之屬

禮書綱目八十五卷首三卷又一卷　（清）江永
撰　清嘉慶十五年（1810）刻本　二十四冊

150000－0601－0000394　9503　經部/三禮
總義類/通禮之屬

讀禮通考一百二十卷　（清）徐乾學撰　清康
熙三十五年（1696）刻本　四十冊　存一百十
卷（一至一百十）

150000－0601－0000395　56764　經部/三禮
總義類/通禮之屬

讀禮通考一百二十卷　（清）徐乾學撰　清康
熙三十五年（1696）刻本　三十冊

150000－0601－0000396　56638　經部/三禮
總義類/通禮之屬

讀禮通考一百二十卷　（清）徐乾學撰　清光
緒七年（1881）江蘇書局刻本　三十二冊

150000－0601－0000397　56670　經部/三禮
總義類/通禮之屬

讀禮通考一百二十卷　（清）徐乾學撰　清光
緒七年（1881）江蘇書局刻本　三十冊

150000－0601－0000398　56700　經部/三禮
總義類/通禮之屬

讀禮通考一百二十卷　（清）徐乾學撰　清光
緒七年（1881）江蘇書局刻本　三十二冊

150000－0601－0000399　56732　經部/三禮
總義類/通禮之屬

讀禮通考一百二十卷　（清）徐乾學撰　清光
緒七年（1881）江蘇書局刻本　三十二冊

150000－0601－0000400　89374　經部/三禮
總義類/通禮之屬

讀禮通考一百二十卷　（清）徐乾學撰　清刻
本　二十七冊

150000－0601－0000401　128413　經部/三
禮總義類/通禮之屬

讀禮通考一百二十卷　（清）徐乾學撰　清刻
本　一冊

150000－0601－0000402　57162　經部/三禮
總義類/通禮之屬

五禮通考二百六十二卷總目二卷首四卷
（清）秦蕙田撰　清乾隆二十六年（1761）刻本
九十冊

150000－0601－0000403　89286　經部/三禮
總義類/通禮之屬

五禮通考二百六十二卷總目二卷首四卷
（清）秦蕙田撰　清乾隆二十六年（1761）刻本
八十八冊　存二百六十六卷（一至一百五
十四、一百五十七至二百六十二,總目二卷,
首四卷）

150000－0601－0000404　57062　經部/三禮
總義類/通禮之屬

五禮通考二百六十二卷總目二卷首四卷
（清）秦蕙田撰　清光緒六年（1880）江蘇書局
刻本　一百冊

150000－0601－0000405　57352　經部/三禮
總義類/通禮之屬

四禮榷疑八卷　（清）顧廣譽撰　清光緒十四
年（1888）朱氏槐廬刻槐廬叢書本　二冊

150000－0601－0000406　57553　經部/春秋
左傳類/傳說之屬

春秋經傳集解三十卷　（晉）杜預注　（唐）陸
德明音義　**春秋年表一卷春秋名號歸一圖一
卷**　清刻仿宋相臺五經本　十二冊

150000－0601－0000407　57565　經部/春秋
左傳類/傳說之屬

春秋經傳集解三十卷　（晉）杜預注　（唐）陸

德明音義　**春秋年表一卷春秋名號歸一圖一卷**　清刻仿宋相臺五經本　十二冊

150000－0601－0000408　40839　經部/春秋左傳類/傳說之屬

春秋左傳三十卷　(晉)杜預集解　(唐)陸德明音義　明永懷堂刻清浙江書局重修本　十冊

150000－0601－0000409　57447　經部/春秋左傳類/傳說之屬

春秋左傳三十卷　(晉)杜預集解　(唐)陸德明音義　清宣統二年(1910)學部圖書局石印本　十五冊

150000－0601－0000410　57462　經部/春秋左傳類/傳說之屬

春秋左傳三十卷　(晉)杜預集解　(唐)陸德明音義　清宣統二年(1910)學部圖書局石印本　十五冊

150000－0601－0000411　43797　經部/春秋左傳類/傳說之屬

春秋左傳五十卷　(晉)杜預　(宋)林堯叟注　(唐)陸德明音義　(明)孫鑛等評點　清光緒五年(1879)寶珍堂刻本　十二冊

150000－0601－0000412　137730　經部/春秋左傳類/傳說之屬

春秋左傳五十卷　(晉)杜預　(宋)林堯叟注　(唐)陸德明音義　(明)孫鑛等評點　清光緒二十一年(1895)澹雅局刻本　十六冊

150000－0601－0000413　59457　經部/春秋左傳類/傳說之屬

春秋左傳五十卷　(晉)杜預　(宋)林堯叟注　(唐)陸德明音義　(明)孫鑛等評點　清光緒三十四年(1908)善成堂刻本　十二冊

150000－0601－0000414　62648　經部/春秋左傳類/傳說之屬

春秋左傳五十卷　(晉)杜預　(宋)林堯叟注　(唐)陸德明音義　(明)孫鑛等評點　清聚錦堂刻本　十四冊

150000－0601－0000415　57477　經部/春秋

左傳類/傳說之屬

春秋左傳五十卷　(晉)杜預　(宋)林堯叟注　(唐)陸德明音義　(清)馮李驊集解　清同治七年(1868)楚北崇文書局刻本　十二冊

150000－0601－0000416　57601　經部/春秋左傳類/傳說之屬

春秋左傳五十卷　(晉)杜預　(宋)林堯叟注　(唐)陸德明音義　(清)馮李驊集解　清同治七年(1868)楚北崇文書局刻本　十二冊

150000－0601－0000417　43871　經部/春秋左傳類/傳說之屬

曲江書屋新訂批注左傳快讀十二卷首一卷　(晉)杜預注　(唐)陸德明音義　(宋)林堯叟　(宋)朱申參注　清刻本　八冊

150000－0601－0000418　57398　經部/春秋左傳類/傳說之屬

曲江書屋新訂批注左傳快讀十八卷首一卷　(晉)杜預注　(唐)陸德明音義　(宋)林堯叟　(宋)朱申參注　清宣統元年(1909)上海書局石印本　十一冊　存十七卷(一至十七)

150000－0601－0000419　43925　經部/春秋左傳類/傳說之屬

重訂批點春秋左傳詳節句解六卷首一卷　(宋)朱申注　(明)孫鑛批點　清道光十六年(1836)刻本　六冊

150000－0601－0000420　62514　經部/春秋左傳類/傳說之屬

評點春秋綱目左傳句解彙雋六卷　(清)韓菼重訂　清奎光堂刻本　六冊

150000－0601－0000421　57617　經部/春秋左傳類/傳說之屬

評點春秋綱目左傳句解彙雋六卷　(清)韓菼重訂　清刻本　六冊

150000－0601－0000422　43919　經部/春秋左傳類/傳說之屬

評點春秋綱目左傳句解彙雋六卷　(清)韓菼重訂　清宣統元年(1909)廣益書局等石印本　六冊

150000 – 0601 – 0000423　128410　經部/春秋左傳類/傳說之屬

左傳杜解補正三卷　（清）顧炎武撰　清蓬瀛閣刻亭林遺書本　一冊

150000 – 0601 – 0000424　57639　經部/春秋左傳類/傳說之屬

左傳翼三十八卷　（清）周大璋輯評　清光德堂懷德堂刻本　十五冊

150000 – 0601 – 0000425　81188　經部/春秋左傳類/傳說之屬

左傳分國纂略十六卷　（清）盧元昌撰　清康熙二十八年（1689）刻本　六冊

150000 – 0601 – 0000426　43845　經部/春秋左傳類/傳說之屬

左傳條疏十六卷　（清）周廷華撰　清雍正十二年（1734）光德堂刻本　十六冊

150000 – 0601 – 0000427　128313　經部/春秋左傳類/傳說之屬

左傳補注一卷　（清）姚鼐撰　**公羊補注一卷**（清）姚鼐撰　清刻南菁書院叢書本　一冊

150000 – 0601 – 0000428　43757　經部/春秋左傳類/傳說之屬

春秋左氏古經十二卷　（清）段玉裁輯　**春秋左氏傳五十凡一卷聲韵考四卷**　（清）戴震撰　清道光元年（1821）刻金壇段氏遺書本　二冊

150000 – 0601 – 0000429　62543　經部/春秋左傳類/傳說之屬

左通補釋三十二卷　（清）梁履繩撰　清道光九年（1829）錢唐振綺堂刻光緒元年（1875）重修本　十冊

150000 – 0601 – 0000430　57419　經部/春秋左傳類/傳說之屬

欽定春秋左傳讀本三十卷　（清）英和等纂修　清道光二年（1822）武英殿刻本　十六冊

150000 – 0601 – 0000431　43809　經部/春秋左傳類/傳說之屬

欽定春秋左傳讀本三十卷　（清）英和等纂修

清咸豐元年（1851）邵州濂溪講院刻本　十二冊

150000 – 0601 – 0000432　57409　經部/春秋左傳類/傳說之屬

欽定春秋左傳讀本三十卷　（清）英和等纂修　清刻本　十冊

150000 – 0601 – 0000433　43879　經部/春秋左傳類/傳說之屬

左繡三十卷　（清）馮李驊　（清）陸浩評輯　清嘉慶七年（1802）華川書屋刻本　十二冊

150000 – 0601 – 0000434　41289　經部/春秋左傳類/傳說之屬

左繡三十卷　（清）馮李驊　（清）陸浩評輯　清光緒二十八年（1902）新化三味書屋刻本　十六冊

150000 – 0601 – 0000435　43907　經部/春秋左傳類/傳說之屬

左繡三十卷　（清）馮李驊　（清）陸浩評輯　清華川書屋刻本　十二冊

150000 – 0601 – 0000436　20318　經部/春秋左傳類/傳說之屬

左繡三十卷　（清）馮李驊　（清）陸浩評輯　清金閶步月樓刻本　十六冊

150000 – 0601 – 0000437　43891　經部/春秋左傳類/傳說之屬

左繡三十卷　（清）馮李驊　（清）陸浩評輯　清善成堂刻本　十六冊

150000 – 0601 – 0000438　128262　經部/春秋左傳類/傳說之屬

增補左繡三十卷　（清）馮李驊　（清）陸浩評輯　清乾隆十四年（1749）刻本　十二冊

150000 – 0601 – 0000439　57796　經部/春秋左傳類/傳說之屬

春秋左氏傳賈服注輯述一卷　（清）李貽德撰　清同治五年（1866）刻本　六冊

150000 – 0601 – 0000440　57593　經部/春秋左傳類/傳說之屬

春秋左傳杜注三十卷 （清）姚培謙增輯 清乾隆十一年（1746）小鬱林刻本 八冊

150000－0601－0000441 57585 經部/春秋左傳類/傳說之屬

春秋左傳杜注三十卷 （清）姚培謙增輯 **春秋王朝興廢說一卷春秋王朝列國紀年一卷春秋一百二十四國爵姓一卷** 清嘉慶元年（1796）刻本 八冊

150000－0601－0000442 43821 經部/春秋左傳類/傳說之屬

春秋左傳杜注三十卷 （清）姚培謙增輯 清光緒九年（1883）江南書局刻本 十冊

150000－0601－0000443 57786 經部/春秋左傳類/傳說之屬

春秋左傳杜注三十卷 （清）姚培謙增輯 清光緒九年（1883）江南書局刻本 十冊

150000－0601－0000444 137746 經部/春秋左傳類/傳說之屬

春秋左傳杜注三十卷 （清）姚培謙增輯 清光緒二十二年（1896）新化三味堂刻本 十二冊

150000－0601－0000445 62520 經部/春秋左傳類/傳說之屬

春秋經傳敬繹六卷 （清）曹珍貴注 清同治六年（1867）刻本 六冊

150000－0601－0000446 57704 經部/春秋左傳類/傳說之屬

春秋述義拾遺八卷首一卷 （清）陳熙晉撰 清光緒十七年（1891）廣雅書局刻本 二冊

150000－0601－0000447 57802 經部/春秋左傳類/傳說之屬

春秋規過考信三卷 （清）陳熙晉撰 清光緒十五年（1889）廣雅書局刻本 三冊

150000－0601－0000448 91905 經部/春秋左傳類/專著之屬

東萊博議四卷 （宋）呂祖謙撰 （清）張文炳評點 **虛字注釋備考六卷** （清）張文炳點定 清乾隆九年（1744）刻本 四冊

150000－0601－0000449 91901 經部/春秋左傳類/專著之屬

東萊博議四卷 （宋）呂祖謙撰 （清）朱書（清）張文炳評點 **增補虛字注釋一卷** （清）張文炳點定 清光緒二十七年（1901）李鴻才刻本 四冊

150000－0601－0000450 48100 經部/春秋左傳類/專著之屬

增批輯注東萊博議四卷 （宋）呂祖謙撰 劉鍾英輯注 清光緒三十一年（1905）上海寶善齋書莊排印本 二冊

150000－0601－0000451 57658 經部/春秋左傳類/專著之屬

春秋大事表五十卷輿圖一卷附錄一卷 （清）顧棟高纂輯 清乾隆十三年（1748）刻本 二十四冊

150000－0601－0000452 59492 經部/春秋左傳類/專著之屬

春秋大事表五十卷輿圖一卷附錄一卷 （清）顧棟高纂輯 清同治十二年（1873）平遠丁穉璜少保刻本 二十冊

150000－0601－0000453 43861 經部/春秋左傳類/專著之屬

左傳事緯十二卷 （清）馬驌撰 **左傳字釋一卷** （清）馬驌撰 清乾隆四十九年（1784）刻本 十冊

150000－0601－0000454 128276 經部/春秋左傳類/專著之屬

左傳事緯十二卷 （清）馬驌撰 **左傳字釋一卷** （清）馬驌撰 清光緒二十四年（1898）敏德堂刻本 十冊

150000－0601－0000455 59491 經部/春秋左傳類/專著之屬

春秋世族譜一卷 （清）陳厚耀撰 清雍正三年（1725）刻本 一冊

150000－0601－0000456 59101 經部/春秋左傳類/專著之屬

左傳人名辨異三卷 （清）程廷祚撰 清晦齋

刻本　一冊

150000－0601－0000457　9852　經部/春秋
左傳類/專著之屬

左傳官名考二卷　（清）李調元撰　**春秋三傳
比二卷**　（清）李調元撰　清刻本　一冊

150000－0601－0000458　62490　經部/春秋
左傳類/文字音義之屬

春秋左傳八冊　清刻本　八冊

150000－0601－0000459　837248　經部/春
秋左傳類/摘句之屬

文章練要十卷　（清）王源撰　清刻本　十冊

150000－0601－0000460　40869　經部/春秋
公羊傳類/傳說之屬

春秋公羊傳二十八卷　（漢）何休解詁　（唐）
陸德明音義　明永懷堂刻清浙江書局重修十
三經古注本　三冊

150000－0601－0000461　62558　經部/春秋
公羊傳類/傳說之屬

春秋公羊傳注疏二十八卷　（漢）何休解詁
（唐）陸德明音義　清乾隆四年（1739）刻本
八冊

150000－0601－0000462　62566　經部/春秋
公羊傳類/傳說之屬

春秋公羊傳一卷　（明）閔齊伋裁注　明末唐
錦池文林閣刻本　四冊

150000－0601－0000463　9459　經部/春秋
公羊傳類/專著之屬

董子春秋繁露十七卷附錄一卷　（漢）董仲舒
撰　清光緒二年（1876）浙江書局刻本　二冊

150000－0601－0000464　9461　經部/春秋
公羊傳類/專著之屬

董子春秋繁露十七卷附錄一卷　（漢）董仲舒
撰　清光緒二年（1876）浙江書局刻本　二冊

150000－0601－0000465　59513　經部/春秋
公羊傳類/專著之屬

董子春秋繁露十七卷附錄一卷　（漢）董仲舒
撰　清光緒二年（1876）浙江書局刻本　二冊

150000－0601－0000466　128957　經部/春
秋公羊傳類/專著之屬

春秋繁露□□卷　清末刻本　一冊　存三卷
（四至六）

150000－0601－0000467　128125　經部/春
秋公羊傳類/專著之屬

春秋繁露義證十七卷首一卷考證一卷　蘇輿
撰　清宣統二年（1910）刻本　四冊

150000－0601－0000468　57732　經部/春秋
公羊傳類/專著之屬

春秋董氏學八卷　康有爲撰　清光緒二十四
年（1898）上海大同譯書局刻紅印萬木草堂叢
書本　六冊

150000－0601－0000469　40872　經部/春秋
穀梁傳類/傳說之屬

春秋穀梁傳二十卷　（晉）范寧集解　（唐）陸
德明音義　明永懷堂刻清浙江書局重修十三
經古注本　三冊

150000－0601－0000470　57722　經部/春秋
穀梁傳類/傳說之屬

春秋穀梁傳十二卷考異一卷　（晉）范寧集解
　（唐）陸德明音義　遵義黎氏影刻古逸叢書
本　二冊

150000－0601－0000471　62570　經部/春秋
穀梁傳類/傳說之屬

春秋穀梁傳一卷　（明）閔齊伋裁注　明末唐
錦池文林閣刻本　四冊

150000－0601－0000472　128312　經部/春
秋穀梁傳類/傳說之屬

穀梁傳補注一卷　（清）姚鼐撰　**國語補注一
卷**　（清）姚鼐撰　清刻南菁書院叢書本
一冊

150000－0601－0000473　57724　經部/春秋
穀梁傳類/傳說之屬

春秋穀梁經傳補注二十卷首一卷末一卷
（清）鍾文烝撰　清光緒二十四年（1898）刻本
　八冊

150000－0601－0000474　57772　經部/春秋

總義類/傳說之屬

春秋十六卷首一卷陸氏三傳釋文音義十六卷
清光緒六年(1880)刻本　十四冊

150000－0601－0000475　43831　經部/春秋
總義類/傳說之屬

春秋十六卷首一卷陸氏三傳釋文音義十六卷
清光緒十六年(1890)蘭州刻本　十四冊

150000－0601－0000476　59469　經部/春秋
總義類/傳說之屬

春秋十六卷首一卷　清刻本　二十冊

150000－0601－0000477　765655　經部/春
秋總義類/傳說之屬

春秋三傳合選一卷　抄本　一冊

150000－0601－0000478　62498　經部/春秋
總義類/傳說之屬

春秋四傳三十八卷　(春秋)左丘明等撰　明
嘉靖福建建寧府刻本　十冊

150000－0601－0000479　57698　經部/春秋
總義類/傳說之屬

龍學孫公春秋經解十五卷　(宋)孫覺撰　清
通志堂刻本　六冊

150000－0601－0000480　43775　經部/春秋
總義類/傳說之屬

春秋三十卷　(宋)胡安國傳　清乾隆三十八
年(1773)刻本　六冊

150000－0601－0000481　43781　經部/春秋
總義類/傳說之屬

春秋三十卷　(宋)胡安國傳　清金陵鄭元美
刻本　八冊

150000－0601－0000482　137725　經部/春
秋總義類/傳說之屬

春秋三十卷　(宋)胡安國傳　清刻本　五冊

150000－0601－0000483　62553　經部/春秋
總義類/傳說之屬

春秋胡傳三十卷　(宋)胡安國撰　(宋)林堯
叟音注　明汲古閣刻本　五冊

150000－0601－0000484　43759　經部/春秋

總義類/傳說之屬

春秋三十卷　(宋)胡安國撰　清康熙四十七
年(1708)雲間華氏敬業堂刻本　六冊

150000－0601－0000485　128275　經部/春
秋總義類/傳說之屬

春秋通義一卷　清刻小萬卷樓叢書本　一冊

150000－0601－0000486　57654　經部/春秋
總義類/傳說之屬

清全齋讀春秋編十二卷　(元)陳深撰　清初
通志堂刻本　二冊

150000－0601－0000487　128156　經部/春
秋總義類/傳說之屬

欽定春秋傳說彙纂三十八卷首二卷　(清)
王掞纂修　清康熙六十年(1721)刻本　十
二冊　存十九卷(一至七、十八至二十七,首
二卷)

150000－0601－0000488　40849　經部/春秋
總義類/傳說之屬

欽定春秋傳說彙纂三十八卷首二卷　(清)王
掞纂修　清同治九年(1870)浙江書局刻御纂
七經本　二十冊

150000－0601－0000489　57489　經部/春秋
總義類/傳說之屬

欽定春秋傳說彙纂三十八卷首二卷　(清)王
掞纂修　清同治九年(1870)浙江書局刻御纂
七經本　十九冊　缺

150000－0601－0000490　57508　經部/春秋
總義類/傳說之屬

欽定春秋傳說彙纂三十八卷首二卷　(清)王
掞纂修　清同治九年(1870)浙江書局刻御纂
七經本　十七冊　存三十九卷(一至三十七、
首二卷)

150000－0601－0000491　57525　經部/春秋
總義類/傳說之屬

欽定春秋傳說彙纂三十八卷首二卷　(清)王
掞纂修　清同治九年(1870)浙江書局刻御纂
七經本　十二冊

150000－0601－0000492　839153　經部/春

秋總義類/傳說之屬

欽定春秋傳說彙纂三十八卷首二卷 （清）王
掞纂修　清廣西刻本　二十四冊

150000－0601－0000493　57656　經部/春秋
總義類/傳說之屬

此木軒春秋闕如編八卷 （清）焦袁熹撰　清
嘉慶十二年(1807)刻本　二冊

150000－0601－0000494　167311　經部/春
秋總義類/傳說之屬

半農先生春秋說十五卷 （清）惠士奇撰　清
道光十年(1830)刻本　六冊

150000－0601－0000495　43789　經部/春秋
總義類/傳說之屬

御纂春秋直解一卷 （清）傅恒等修　（清）梁
錫璵纂　清乾隆二十三年(1758)刻本　八冊

150000－0601－0000496　128294　經部/春
秋總義類/傳說之屬

御纂春秋直解一卷 （清）傅恒等修　（清）梁
錫璵纂　清乾隆二十三年(1758)刻本　八冊

150000－0601－0000497　128286　經部/春
秋總義類/傳說之屬

春秋經傳比事二十二卷 （清）林春溥撰　清
咸豐元年(1851)竹柏山房刻本　八冊

150000－0601－0000498　57706　經部/春秋
總義類/傳說之屬

春秋經傳類求十二卷 （清）孫從添　（清）過
臨汾纂輯　清乾隆二十四年(1759)刻本　十
六冊

150000－0601－0000499　91947　經部/春秋
總義類/傳說之屬

春秋比事參義十六卷 （清）桂含章撰　清光
緒八年(1882)金陵刻本　八冊

150000－0601－0000500　43771　經部/春秋
總義類/傳說之屬

春秋體注一卷 （清）徐枚臣纂輯　清乾隆五
十四年(1789)刻本　四冊

150000－0601－0000501　57613　經部/春秋

總義類/傳說之屬

春秋體注大全合參四卷 （清）周熾纂輯　清
刻本　四冊

150000－0601－0000502　57682　經部/春秋
總義類/傳說之屬

春秋四傳刈實十二卷 （清）涂錫禧評輯　清
乾隆十二年(1747)品峰齋刻本　十冊

150000－0601－0000503　53718　經部/春秋
總義類/傳說之屬

春秋提要一卷　清光緒七年(1881)刻本
一冊

150000－0601－0000504　93061　經部/春秋
總義類/專著之屬

讀春秋界說一卷　梁啟超撰　清光緒二十四
年(1898)琳琅山館刻本　一冊

150000－0601－0000505　59541　經部/四書
類/大學之屬/傳說

大學一卷 （宋）朱熹章句　**中庸一卷** （宋）
朱熹章句　清初寧遠堂刻本　一冊

150000－0601－0000506　58704　經部/四書
類/大學之屬/傳說

大學一卷 （宋）朱熹章句　**中庸一卷** （宋）
朱熹章句　清光緒三十三年(1907)學部圖書
局石印本　一冊

150000－0601－0000507　44144　經部/四書
類/大學之屬/傳說

大學一卷 （宋）朱熹章句　**中庸一卷** （宋）
朱熹章句　清光緒三十三年(1907)石印本
二冊

150000－0601－0000508　44146　經部/四書
類/中庸之屬/傳說

中庸一卷 （宋）朱熹章句　清末刻本　一冊

150000－0601－0000509　58714　經部/四書
類/中庸之屬/傳說

中庸一卷 （宋）朱熹章句　清光緒三十三年
(1907)學部圖書局石印本　一冊

150000－0601－0000510　58715　經部/四書

內蒙古自治區圖書館古籍普查登記目録

類/中庸之屬/傳說

中庸一卷 （宋）朱熹章句 清光緒三十三年(1907)學部圖書局石印本 一冊

150000－0601－0000511 59540 經部/四書類/中庸之屬/傳說

中庸直指一卷 （明）釋德清撰 清光緒十年(1884)金陵刻經處刻本 一冊

150000－0601－0000512 59104 經部/四書類/中庸之屬/傳說

四書自課錄中庸一卷 清刻四書自課錄本 一冊

150000－0601－0000513 59567 經部/四書類/論語之屬/正文

論語二卷 （清）吳大澂篆書 清光緒十一年(1885)上海同文書局石印本 二冊

150000－0601－0000514 59114 經部/四書類/論語之屬/正文

論語十卷 清刻本 二冊

150000－0601－0000515 58723 經部/四書類/論語之屬/正文

銅板論語旁音正文二卷 筆耕堂刻本 二冊

150000－0601－0000516 58773 經部/四書類/論語之屬/傳說

論語二卷 （漢）鄭玄注 （清）宋翔鳳輯 孟子一卷 （漢）劉熙注 （清）宋翔鳳輯 清嘉慶七年(1802)樸學齋刻樸學齋叢書本 一冊

150000－0601－0000517 40875 經部/四書類/論語之屬/傳說

論語二十卷 （三國魏）何晏集解 明永懷堂刻清浙江書局重修十三經古注本 一冊

150000－0601－0000518 58761 經部/四書類/論語之屬/傳說

論語注疏解經二十卷 （三國魏）何晏集解 （宋）邢昺疏 論語注疏校勘記二十卷 （清）阮元撰 清嘉慶二十年(1815)江西南昌府學刻本 五冊

150000－0601－0000519 128203 經部/四

書類/論語之屬/傳說

論語注疏解經二十卷 （三國魏）何晏集解 （宋）邢昺疏 論語注疏校勘記二十卷 （清）阮元撰 清嘉慶二十年(1815)江西南昌府學刻本 六冊

150000－0601－0000520 58720 經部/四書類/論語之屬/傳說

論語注疏解經四卷 （三國魏）何晏集解 （宋）邢昺疏 論語注疏校勘記四卷 （清）阮元撰 孝經注疏二卷 （宋）邢昺疏 孝經注疏校勘記二卷 （清）阮元撰 清光緒十三年(1887)點石齋石印本 一冊

150000－0601－0000521 58791 經部/四書類/論語之屬/傳說

論語注疏解經十卷 （三國魏）何晏集解 （宋）邢昺疏 元本論語注疏札記一卷 劉世珩撰 清光緒三十三年(1907)影刻貴池劉氏玉海堂景宋叢書本 二冊

150000－0601－0000522 59542 經部/四書類/論語之屬/傳說

論語十卷 （宋）朱熹集注 清初寧遠堂刻本 二冊

150000－0601－0000523 128256 經部/四書類/論語之屬/傳說

論語十卷校刊記一卷 （宋）朱熹集注 清光緒五年(1879)山西濬文書局刻本 二冊

150000－0601－0000524 55532 經部/四書類/論語之屬/傳說

論語十卷 （宋）朱熹集注 清裊如堂刻本 二冊

150000－0601－0000525 58756 經部/四書類/論語之屬/傳說

論語十卷 （宋）朱熹集注 清文政堂刻本 五冊

150000－0601－0000526 44153 經部/四書類/論語之屬/傳說

論語十卷 （宋）朱熹集注 清刻本 三冊

150000－0601－0000527 44148 經部/四書

類/論語之屬/傳說

論語十卷 （宋）朱熹集注 清光緒三十三年(1907)學部圖書局石印本 五冊

150000－0601－0000528 62664 經部/四書類/論語之屬/傳說

論語十卷 （宋）朱熹集注 清光緒三十二年(1906)上海商務印書館排印四書集注本 二冊

150000－0601－0000529 58766 經部/四書類/論語之屬/傳說

論語集說二十卷 （宋）蔡節撰 清初通志堂刻本 四冊

150000－0601－0000530 58722 經部/四書類/論語之屬/傳說

論語古解十卷 （清）梁廷枏纂 清刻本 一冊

150000－0601－0000531 58725 經部/四書類/論語之屬/傳說

論語溫知錄一卷 （清）崔紀撰 清乾隆五年(1740)刻本 一冊

150000－0601－0000532 58752 經部/四書類/論語之屬/傳說

二論講義正編十卷 （清）史廷煇輯 清乾隆二十八年(1763)刻本 四冊

150000－0601－0000533 39460 經部/四書類/論語之屬/傳說

論語古訓十卷附一卷 （清）陳鱣撰 清光緒九年(1883)浙江書局刻本 二冊

150000－0601－0000534 58787 經部/四書類/論語之屬/傳說

論語古訓十卷附一卷 （清）陳鱣撰 清光緒九年(1883)浙江書局刻本 二冊

150000－0601－0000535 128302 經部/四書類/論語之屬/傳說

論語注參二卷 （清）趙良猷撰 清嘉慶四年(1799)刻本 一冊

150000－0601－0000536 42293 經部/四書

類/論語之屬/傳說

論語後案二十卷 （清）黃式三撰 清光緒九年(1883)浙江書局刻本 十冊

150000－0601－0000537 44156 經部/四書類/論語之屬/傳說

論語後案二十卷 （清）黃式三撰 清光緒九年(1883)浙江書局刻本 十冊

150000－0601－0000538 129117 經部/四書類/論語之屬/傳說

論語孔注辨僞二卷 （清）沈濤撰 清道光元年(1821)刻本 一冊

150000－0601－0000539 128011 經部/四書類/論語之屬/傳說

論語正義二十四卷 （清）劉寶楠撰 清同治五年(1866)刻本 六冊

150000－0601－0000540 59552 經部/四書類/論語之屬/傳說

論語話解十卷 （清）陳澧撰 清廣仁堂刻津河廣仁堂所刻書本 二冊

150000－0601－0000541 59554 經部/四書類/論語之屬/傳說

論語話解十卷 （清）陳澧撰 清廣仁堂刻津河廣仁堂所刻書本 二冊

150000－0601－0000542 58730 經部/四書類/論語之屬/傳說

論語話解十卷 （清）陳澧撰 清光緒五年(1879)陳氏活字本 五冊

150000－0601－0000543 128245 經部/四書類/論語之屬/傳說

論語注二十卷 （清）戴望撰 清刻南菁書院叢書本 一冊

150000－0601－0000544 58770 經部/四書類/論語之屬/傳說

論語發疑四卷 （清）顧成章撰 清光緒十七年(1891)活字本 一冊

150000－0601－0000545 58774 經部/四書類/論語之屬/傳說

論語經正錄二十卷 （清）王肇晉撰 清光緒
二十年（1894）刻本 十冊

150000－0601－0000546 58785 經部/四書
類/論語之屬/傳說

朱子論語集注訓詁考二卷 （清）潘衍桐撰
清光緒十六年（1890）刻本 二冊

150000－0601－0000547 59946 經部/四書
類/論語之屬/傳說

朱子論語集注訓詁考二卷 （清）潘衍桐撰
清光緒十七年（1891）浙江書局刻本 一冊

150000－0601－0000548 128303 經部/四
書類/論語之屬/傳說

增訂二論詳解四卷 （清）劉忠輯 清典盛堂
刻本 三冊

150000－0601－0000549 58726 經部/四書
類/論語之屬/傳說

增訂二論詳解四卷 （清）劉忠輯 清末李光
明家刻本 四冊

150000－0601－0000550 58784 經部/四書
類/論語之屬/傳說

繪圖論語便蒙課本一卷 （清）南洋官書局纂
清光緒三十二年（1906）南洋官書局石印本
一冊

150000－0601－0000551 92500 經部/四書
類/論語之屬/傳說

鄉黨私塾課本一卷 （清）李林松注 清光緒
八年（1882）刻本 一冊

150000－0601－0000552 58796 經部/四書
類/孟子之屬/正文

孟子三卷 （戰國）孟軻撰 清光緒三十年
（1904）學務處刻湖北初等小學堂讀本本
三冊

150000－0601－0000553 40877 經部/四書
類/孟子之屬/傳說

孟子十四卷 （漢）趙岐注 明永懷堂刻清浙
江書局重修十三經古注本 二冊

150000－0601－0000554 765258 經部/四

書類/孟子之屬/傳說

孟子十四卷 （漢）趙岐注 抄本 三冊

150000－0601－0000555 59561 經部/四書
類/孟子之屬/傳說

孟子注疏解經十四卷 （漢）趙岐注 （宋）孫
奭疏 孟子注疏校勘記十四卷 （清）阮元撰
清嘉慶二十年（1815）江西南昌府學刻本
六冊

150000－0601－0000556 62666 經部/四書
類/孟子之屬/傳說

增補蘇批孟子二卷 （宋）蘇洵撰 （清）趙大
浣增補 清同治四年（1865）刻朱墨套印本
二冊

150000－0601－0000557 55534 經部/四書
類/孟子之屬/傳說

孟子七卷 （宋）朱熹集注 清裏如堂刻本
三冊

150000－0601－0000558 58836 經部/四書
類/孟子之屬/傳說

孟子七卷 （宋）朱熹集注 清自怡軒刻本
三冊

150000－0601－0000559 44180 經部/四書
類/孟子之屬/傳說

孟子七卷 （宋）朱熹集注 清刻本 三冊

150000－0601－0000560 44173 經部/四書
類/孟子之屬/傳說

孟子七卷 （宋）朱熹集注 清光緒三十三年
（1907）學部圖書局石印本 七冊

150000－0601－0000561 59116 經部/四書
類/孟子之屬/傳說

孟子讀本十四卷校語一卷 （宋）朱熹集注
讀孟隨筆二卷 王祖畬撰 清施肇曾刻本
四冊

150000－0601－0000562 128472 經部/四
書類/孟子之屬/傳說

孟子要略五卷 （宋）朱熹撰 （清）劉傳瑩輯
（清）曾國藩按 清道光二十九年（1849）漢
陽劉氏刻朱子遺書本 一冊

150000－0601－0000563　58795　經部/四書類/孟子之屬/傳說

孟子要略五卷　（宋）朱熹撰　（清）劉傳瑩輯　（清）曾國藩按　清同治六年（1867）海昌蔣氏衍芬草堂刻本　一冊

150000－0601－0000564　53768　經部/四書類/孟子之屬/傳說

孟子要略五卷　（宋）朱熹撰　（清）劉傳瑩輯　（清）曾國藩按　清同治十三年（1874）傳忠書局刻本　一冊

150000－0601－0000565　58804　經部/四書類/孟子之屬/傳說

孟子集注考證七卷　（宋）金履祥撰　清金律刻本　一冊

150000－0601－0000566　58799　經部/四書類/孟子之屬/傳說

孟子字義疏證二卷附錄一卷　（清）戴震撰　刻本　二冊

150000－0601－0000567　59105　經部/四書類/孟子之屬/傳說

四書自課錄孟子七卷　（清）任時懋纂　清刻四書自課錄本　七冊

150000－0601－0000568　59120　經部/四書類/孟子之屬/傳說

孟子篇叙七卷　（清）姜兆翀撰　**孟子年譜一卷**　（清）姜兆翀撰　清嘉慶五年（1800）刻本　二冊

150000－0601－0000569　128454　經部/四書類/孟子之屬/傳說

讀孟質疑三卷　（清）施彥士撰　清嘉慶十八年（1813）刻本　一冊

150000－0601－0000570　58811　經部/四書類/孟子之屬/傳說

讀孟子札記一卷　（清）羅澤南撰　**周易附說一卷**　（清）羅澤南撰　清咸豐九年（1859）長沙刻本　一冊

150000－0601－0000571　128210　經部/四書類/孟子之屬/傳說

孟子外書四篇一卷　（宋）熙時子撰　（清）林春溥補證　清咸豐四年（1854）竹柏山房刻本　一冊

150000－0601－0000572　165677　經部/四書類/合刻總義之屬/傳說

[篆文四書]一卷　清刻本　十二冊

150000－0601－0000573　137758　經部/四書類/合刻總義之屬/傳說

[四書集注]一卷　（宋）朱熹撰　清刻本　十三冊

150000－0601－0000574　137771　經部/四書類/合刻總義之屬/傳說

[四書集注]一卷　（宋）朱熹撰　清刻本　十四冊

150000－0601－0000575　44207　經部/四書類/合刻總義之屬/傳說

監本四書一卷　（宋）朱熹集注　清嘉慶十四年（1809）刻本　七冊

150000－0601－0000576　58902　經部/四書類/合刻總義之屬/傳說

[四書集注]一卷　（宋）朱熹撰　**四書家塾讀本句讀一卷**　（清）吳英撰　**四書章句集注定本辨一卷**　（清）吳英撰　**四書章句附考四卷**　（清）吳志忠撰　清嘉慶十六年（1811）璜川吳氏真意堂刻本　六冊

150000－0601－0000577　59146　經部/四書類/合刻總義之屬/傳說

新刻批點四書讀本一卷　（宋）朱熹集注　清道光七年（1827）愷元堂刻朱墨套印本　六冊

150000－0601－0000578　58805　經部/四書類/合刻總義之屬/傳說

新刻批點四書讀本一卷　（宋）朱熹集注　清道光七年（1827）愷元堂刻朱墨套印本　六冊

150000－0601－0000579　59134　經部/四書類/合刻總義之屬/傳說

新刻批點四書讀本一卷　（宋）朱熹集注　清道光七年（1827）愷元堂刻朱墨套印本　十二冊

150000－0601－0000580　59128　經部/四書類/合刻總義之屬/傳說

四書集注真本一卷　（宋）朱熹集注　清同治五年(1866)刻本　六冊

150000－0601－0000581　59122　經部/四書類/合刻總義之屬/傳說

四書讀本一卷　（宋）朱熹集注　清光緒二年(1876)刻本　六冊

150000－0601－0000582　59090　經部/四書類/合刻總義之屬/傳說

四書集注一卷　（宋）朱熹集注　清光緒五年(1879)山西濬文書局刻本　九冊

150000－0601－0000583　44191　經部/四書類/合刻總義之屬/傳說

四書章句集注一卷　（宋）朱熹集注　清光緒六年(1880)京都聚文堂刻本　十冊

150000－0601－0000584　44201　經部/四書類/合刻總義之屬/傳說

四書章句集注一卷　（宋）朱熹集注　清光緒六年(1880)京都聚文堂刻本　六冊

150000－0601－0000585　44214　經部/四書類/合刻總義之屬/傳說

[四書集注]一卷　（宋）朱熹撰　清光緒十六年(1890)蘭州刻本　六冊

150000－0601－0000586　58875　經部/四書類/合刻總義之屬/傳說

四書章句一卷　（宋）朱熹撰　清光緒二十九年(1903)刻本　七冊

150000－0601－0000587　62668　經部/四書類/合刻總義之屬/傳說

四書章句一卷　（宋）朱熹撰　清光緒二十九年(1903)刻本　六冊

150000－0601－0000588　59166　經部/四書類/合刻總義之屬/傳說

[四書集注]一卷　（宋）朱熹集注　清遵訓堂刻本　十三冊

150000－0601－0000589　58869　經部/四書

類/合刻總義之屬/傳說

四書讀本一卷　（宋）朱熹集注　清大梁馮氏刻本　六冊

150000－0601－0000590　59152　經部/四書類/合刻總義之屬/傳說

覆宋淳祐本四書一卷　（宋）朱熹集注　壽春孫氏小墨妙亭京師影刻本　十四冊

150000－0601－0000591　129080　經部/四書類/合刻總義之屬/傳說

四書集注　（宋）朱熹集注　刻本　三冊

150000－0601－0000592　44185　經部/四書類/合刻總義之屬/傳說

四書讀本一卷　（宋）朱熹集注　清光緒三十年(1904)鑄記書局排印本　六冊

150000－0601－0000593　20369　經部/四書類/合刻總義之屬/傳說

新增典故四書章句一卷　（宋）朱熹集注　清宣統三年(1911)泊鎮聚元堂刻本　六冊

150000－0601－0000594　20358　經部/四書類/合刻總義之屬/傳說

四書釋文　（宋）朱熹集注　清道光二年(1822)刻本　六冊

150000－0601－0000595　44220　經部/四書類/合刻總義之屬/傳說

朱子四書或問　（宋）朱熹撰　清刻本　十二冊

150000－0601－0000596　59303　經部/四書類/合刻總義之屬/傳說

[朱子四書或問]　（宋）朱熹撰　清刻本　四冊

150000－0601－0000597　92559　經部/四書類/合刻總義之屬/傳說

四書近語六卷　（明）孫應鼇撰　**教秦緒言一卷幽心瑤草一卷**　清刻本　二冊

150000－0601－0000598　59279　經部/四書類/合刻總義之屬/傳說

四書集注闡微直解二十七卷　（明）張居正撰

清宣統元年(1909)學部圖書局石印本 十四冊

150000－0601－0000599 59267 經部/四書類/合刻總義之屬/傳說

四書補注備旨十二卷 （明)鄧林撰 （清)杜定基增訂 清光緒十二年(1886)古香閣刻本 十二冊

150000－0601－0000600 44268 經部/四書類/合刻總義之屬/傳說

新訂四書補注備旨大學一卷中庸一卷論語四卷孟子四卷 （明)鄧林撰 （清)杜定基增訂 清咸豐六年(1856)文發堂刻本 六冊

150000－0601－0000601 44280 經部/四書類/合刻總義之屬/傳說

新訂四書補注備旨大學一卷中庸一卷論語四卷孟子四卷 （明)鄧林撰 （清)杜定基增訂 清咸豐八年(1858)刻本 六冊

150000－0601－0000602 58882 經部/四書類/合刻總義之屬/傳說

新訂四書補注備旨大學一卷中庸一卷論語四卷孟子四卷 （明)鄧林撰 （清)杜定基增訂 清光緒十二年(1886)刻本 六冊

150000－0601－0000603 59243 經部/四書類/合刻總義之屬/傳說

新訂四書補注備旨大學一卷中庸一卷論語四卷孟子四卷 （明)鄧林撰 （清)杜定基增訂 清光緒二十一年(1895)刻本 八冊

150000－0601－0000604 44274 經部/四書類/合刻總義之屬/傳說

新訂四書補注備旨大學一卷中庸一卷論語四卷孟子四卷 （明)鄧林撰 （清)杜定基增訂 清刻本 六冊

150000－0601－0000605 42286 經部/四書類/合刻總義之屬/傳說

新訂四書補注備旨大學一卷中庸一卷論語四卷孟子四卷 （明)鄧林撰 （清)杜定基增訂 **論語最豁集四卷** 清文成堂刻本 七冊 缺

150000－0601－0000606 44343 經部/四書類/合刻總義之屬/傳說

四書反身錄大學一卷中庸一卷論語二卷孟子二卷 （清)李顒撰 （清)王心敬輯 清嘉慶十五年(1810)刻本 四冊

150000－0601－0000607 92547 經部/四書類/合刻總義之屬/傳說

四書改錯二十二卷附錄一卷 （清)毛奇齡撰 清嘉慶十六年(1811)學圃刻西河全集本 六冊

150000－0601－0000608 92553 經部/四書類/合刻總義之屬/傳說

四書改錯二十二卷附錄一卷 （清)毛奇齡撰 清嘉慶十六年(1811)學圃刻西河全集本 六冊

150000－0601－0000609 59393 經部/四書類/合刻總義之屬/傳說

四書解義 （清)李光地撰 清康熙五十九年(1720)刻本 二冊

150000－0601－0000610 44359 經部/四書類/合刻總義之屬/傳說

四書講義困勉錄 （清)陸隴其撰 （清)陸公鏐編次 清乾隆四年(1739)刻本 二十冊

150000－0601－0000611 58976 經部/四書類/合刻總義之屬/傳說

四書集注大全一卷 （清)陸隴其輯 清康熙三十七年(1698)席永恂等刻本 二十四冊

150000－0601－0000612 93029 經部/四書類/合刻總義之屬/傳說

松陽講義十二卷 （清)陸隴其撰 清同治十三年(1874)湖南省城書局刻本 五冊

150000－0601－0000613 93034 經部/四書類/合刻總義之屬/傳說

松陽講義十二卷 （清)陸隴其撰 清光緒十四年(1888)涇陽柏經正堂刻本 四冊

150000－0601－0000614 58789 經部/四書類/合刻總義之屬/傳說

此木軒四書說九卷 （清)焦袁熹撰 清刻本

（有抄補）　二冊

150000－0601－0000615　128211＋128250
經部/四書類/合刻總義之屬/傳說

**四書拾遺大學一卷中庸一卷論語二卷孟子二
卷**　（清）林春溥撰　清道光十四年（1834）刻
本　五冊

150000－0601－0000616　128209　經部/四
書類/合刻總義之屬/傳說

讀論孟筆記三卷補記三卷　（清）方宗誠撰
清光緒三年（1877）刻本　一冊

150000－0601－0000617　44319　經部/四書
類/合刻總義之屬/傳說

**四書會要錄大學二卷中庸四卷論語十卷孟子
十四卷**　（清）黃瑞輯　清刻本　二十四冊

150000－0601－0000618　128132　經部/四
書類/合刻總義之屬/傳說

**四書會要錄大學二卷中庸四卷論語十卷孟子
十四卷**　（清）黃瑞輯　清刻本　二十四冊

150000－0601－0000619　59026　經部/四書
類/合刻總義之屬/傳說

四書述朱大全　（清）周亦魯撰　清康熙六十
一年（1722）刻本　二十二冊

150000－0601－0000620　59569　經部/四書
類/合刻總義之屬/傳說

經學質疑　（清）狄子奇撰　清道光十七年
（1837）刻本　八冊

150000－0601－0000621　44353　經部/四書
類/合刻總義之屬/傳說

**四書述要大學一卷中庸一卷論語十卷孟子七
卷**　（清）楊玉緒撰　清刻本　六冊

150000－0601－0000622　128037　經部/四
書類/合刻總義之屬/傳說

呂晚村先生四書講義四十三卷　（清）呂留良
撰　（清）陳鏦編　清天蓋樓刻本　四冊

150000－0601－0000623　128188　經部/四
書類/合刻總義之屬/傳說

呂晚村先生四書講義四十三卷　（清）呂留良

撰　（清）陳鏦編　清天蓋樓刻本　四冊

150000－0601－0000624　44379　經部/四書
類/合刻總義之屬/傳說

**駁呂留良四書講義大學一卷中庸一卷論語二
卷孟子二卷**　（清）朱軾等撰　清雍正九年
（1731）刻本　八冊

150000－0601－0000625　58942　經部/四書
類/合刻總義之屬/傳說

四書大全一卷　（清）汪份輯　清康熙四十一
年（1702）刻本　二十四冊

150000－0601－0000626　44232　經部/四書
類/合刻總義之屬/傳說

四書朱子本義彙參一卷　（清）王步青輯　清
乾隆十年（1745）文會堂刻本　三十冊

150000－0601－0000627　59179　經部/四書
類/合刻總義之屬/傳說

四書朱子本義彙參一卷　（清）王步青輯　清
乾隆十年（1745）文會堂刻本　二十冊

150000－0601－0000628　44291　經部/四書
類/合刻總義之屬/傳說

四書補義大學中庸二卷論語三卷孟子三卷
（清）陶起庠撰　**四書續考四卷**　（清）陶起庠
撰　清嘉慶十六年（1811）刻本　六冊

150000－0601－0000629　59085　經部/四書
類/合刻總義之屬/傳說

**四書摭餘說論語三卷大學一卷中庸一卷孟子
二卷**　（清）曹之升撰　清嘉慶三年（1798）刻
本　四冊

150000－0601－0000630　58908　經部/四書
類/合刻總義之屬/傳說

**四書經注集證大學一卷中庸一卷論語十卷孟
子七卷**　（清）吳昌宗撰　清嘉慶三年（1798）
刻本　十二冊

150000－0601－0000631　58920　經部/四書
類/合刻總義之屬/傳說

**四書經注集證大學一卷中庸一卷論語十卷孟
子七卷**　（清）吳昌宗撰　清嘉慶三年（1798）
刻本　十四冊

150000－0601－0000632　59000　經部/四書類/合刻總義之屬/傳說

四書纂言四十卷　（清）宋翔鳳撰　清光緒元年(1875)古吳崒嶍山房活字本　十六冊

150000－0601－0000633　59048　經部/四書類/合刻總義之屬/傳說

四書說略四種　清刻本　二冊

150000－0601－0000634　59050　經部/四書類/合刻總義之屬/傳說

四書訓解參證十二卷補遺四卷續補編四卷（清）張定鋈撰　清咸豐二年(1852)刻本　四冊

150000－0601－0000635　59054　經部/四書類/合刻總義之屬/傳說

四書訓解參證十二卷補遺四卷續補編四卷（清）張定鋈撰　清咸豐二年(1852)刻本　四冊

150000－0601－0000636　59084　經部/四書類/合刻總義之屬/傳說

四書訓解參證補遺四卷　（清）張定鋈撰　清同治四年(1865)刻本　一冊

150000－0601－0000637　58934　經部/四書類/合刻總義之屬/傳說

四書味根錄大學一卷中庸二卷論語二十卷首一卷孟子十四卷首一卷　（清）金澂撰　清同治十年(1871)刻本　八冊

150000－0601－0000638　44297　經部/四書類/合刻總義之屬/傳說

四書味根錄大學一卷中庸二卷論語二十卷首一卷孟子十四卷首一卷　（清）金澂撰　清光緒七年(1881)刻本　十六冊

150000－0601－0000639　9557　經部/四書類/合刻總義之屬/傳說

四書注解撮要二卷　（清）林慶炳輯　清光緒十一年(1885)刻本　二冊

150000－0601－0000640　128180　經部/四書類/合刻總義之屬/傳說

四書或問語類集解釋注大全□□卷　　（清）朱

良玉纂輯　清光裕堂刻本　八冊　存七卷（孟子一至七）

150000－0601－0000641　58966　經部/四書類/合刻總義之屬/傳說

四書貫珠講義大學一卷中庸一卷論語十卷孟子七卷　（清）林文竹撰　清同治十一年(1872)兩廣運署刻本　十冊

150000－0601－0000642　44286　經部/四書類/合刻總義之屬/傳說

新刻張相國庭訓四書備旨進學靈捷解八卷（清）張玉書撰　清衣德堂刻本　五冊

150000－0601－0000643　44347　經部/四書類/合刻總義之屬/傳說

新增四書備旨靈捷解八卷　（清）張玉書撰（清）鄒蒼崖增補　清刻本　六冊

150000－0601－0000644　44313　經部/四書類/合刻總義之屬/傳說

漱芳軒合纂四書體注一卷　（清）范翔參訂清道光十九年(1839)刻本　六冊

150000－0601－0000645　53769　經部/四書類/合刻總義之屬/傳說

酌雅齋四書遵注合講一卷　（清）翁復編次清乾隆五十三年(1788)刻本　六冊

150000－0601－0000646　44262　經部/四書類/合刻總義之屬/傳說

經元堂四書遵注合講一卷　（清）翁復編次清刻本　六冊

150000－0601－0000647　10897　經部/四書類/合刻總義之屬/傳說

學源堂四書體注合講□□卷　（清）翁復編次　清善成堂刻本　五冊　缺大學、中庸

150000－0601－0000648　20364　經部/四書類/合刻總義之屬/傳說

學源堂四書體注合講□□卷　（清）翁復編次清善成堂刻本　五冊

150000－0601－0000649　58846　經部/四書類/合刻總義之屬/傳說

論孟精義　清同治十三年（1874）公善堂刻本
　八冊

150000－0601－0000650　59381　經部/四書
類/合刻總義之屬/專著

四書考二十八卷　（明）陳仁錫增定　明末刻
本　十二冊

150000－0601－0000651　128212　經部/四
書類/合刻總義之屬/專著

四書考二十八卷　（明）陳仁錫增定　明末刻
本　十六冊

150000－0601－0000652　59376　經部/四書
類/合刻總義之屬/專著

增訂四書通典人物備考十二卷　（明）陳仁錫
增定　清乾隆五年（1740）三樂齋刻本　五冊

150000－0601－0000653　10915　經部/四書
類/合刻總義之屬/專著

增補四書精綉圖像人物備考十二卷　（明）陳
仁錫增定　清乾隆四十二年（1777）四美堂刻
本　八冊

150000－0601－0000654　59577　經部/四書
類/合刻總義之屬/專著

增補四書精綉圖像人物備考十二卷　（明）陳
仁錫增定　清古吳世榮堂刻本　六冊

150000－0601－0000655　128168　經部/四
書類/合刻總義之屬/專著

四書考輯要二十卷　（清）陳宏謀輯　清乾隆
三十六年（1771）培遠堂刻本　十二冊

150000－0601－0000656　59058　經部/四書
類/合刻總義之屬/專著

四書古人典林十二卷　（清）江永撰　清乾隆
三十九年（1774）刻本　六冊

150000－0601－0000657　103256　經部/四
書類/合刻總義之屬/專著

四書典林三十卷　（清）江永撰　四書古人典
林十二卷　（清）江永撰　清光緒十八年
（1892）鴻寶齋石印本　四冊

150000－0601－0000658　59064　經部/四書

類/合刻總義之屬/專著

四書釋地一卷續一卷又續一卷再續一卷
（清）閻若璩撰　孔廟從祀末議一卷　（清）閻
若璩撰　孟子生卒年月考一卷　（清）閻若璩
撰　清康熙三十七年（1698）刻本　八冊

150000－0601－0000659　58735　經部/四書
類/合刻總義之屬/專著

四書釋地一卷續一卷又續一卷再續一卷
（清）閻若璩撰　清乾隆五十三年（1788）南城
吳氏刻本　四冊

150000－0601－0000660　58716　經部/四書
類/合刻總義之屬/專著

四書釋地重校編次一卷　（清）閻若璩撰
（清）吳元音編次　清嘉慶二十一年（1816）涵
碧樓刻本　四冊

150000－0601－0000661　59395　經部/四書
類/合刻總義之屬/專著

四書釋地補一卷續補一卷又續補一卷三續補
一卷　（清）樊廷枚撰　清嘉慶二十一年
（1816）刻本　四冊

150000－0601－0000662　59293　經部/四書
類/合刻總義之屬/專著

四書考異總考三十六卷條考三十六卷　（清）
翟灝撰　清乾隆三十四年（1769）無不宜齋刻
本　十冊

150000－0601－0000663　59072　經部/四書
類/合刻總義之屬/專著

四書考異總考三十六卷條考三十六卷　（清）
翟灝撰　清乾隆三十四年（1769）無不宜齋刻
本　十二冊

150000－0601－0000664　128232　經部/四
書類/合刻總義之屬/專著

四書圖考一卷　（清）杜炳撰　清道光九年
（1829）刻本　五冊

150000－0601－0000665　128237　經部/四
書類/合刻總義之屬/專著

四書典故辨正二十卷附錄一卷　（清）周柄中
撰　清同治五年（1866）刻本　八冊

150000－0601－0000666　40876　經部/孝經
類/傳說之屬

孝經九卷　（漢）鄭玄注　明永懷堂刻清浙江
書局重修十三經古注本　一冊

150000－0601－0000667　57808　經部/孝經
類/傳說之屬

孝經一卷　（漢）鄭玄注　清光緒二十年
（1894）刻本　一冊

150000－0601－0000668　59515　經部/孝經
類/傳說之屬

孝經一卷　（唐）玄宗李隆基注　清同治九年
（1870）揚州書局刻本　一冊

150000－0601－0000669　57811　經部/孝經
類/傳說之屬

孝經一卷校刊記一卷　（唐）玄宗李隆基注
（唐）陸德明音義　清光緒六年（1880）潗文書
局刻本　一冊

150000－0601－0000670　128416　經部/孝
經類/傳說之屬

孝經一卷　（唐）玄宗李隆基注　（唐）陸德明
音義　清光緒六年（1880）刻本　一冊

150000－0601－0000671　62578　經部/孝經
類/傳說之屬

孝經注疏一卷　（唐）玄宗李隆基注　（唐）陸
德明音義　（宋）邢昺疏　清同治十年（1871）
廣東鍾謙鈞刻本　一冊

150000－0601－0000672　57809　經部/孝經
類/傳說之屬

孝經注疏一卷　（唐）玄宗李隆基注　（宋）邢
昺疏　清刻本　二冊

150000－0601－0000673　43931　經部/孝經
類/傳說之屬

孝經一卷　（明）陳選集注　清同治十年
（1871）刻本　一冊

150000－0601－0000674　879103　經部/孝
經類/傳說之屬

御注孝經一卷　（清）世祖福臨撰　清順治十
三年（1656）內府刻本　一冊

150000－0601－0000675　879104　經部/孝
經類/傳說之屬

御注孝經一卷　（清）世祖福臨撰　清順治十
三年（1656）內府刻本　一冊

150000－0601－0000676　57815　經部/孝經
類/傳說之屬

孝經疏略一卷　（清）張沐注　清康熙十一年
（1672）敦臨堂刻本　一冊

150000－0601－0000677　57806　經部/孝經
類/傳說之屬

孝經一卷　（清）朱軾注　**孝經三本管窺一卷**
　（清）吳隆元撰　清光緒二十三年（1897）刻
本　一冊

150000－0601－0000678　57807　經部/孝經
類/傳說之屬

孝經一卷　（清）任兆麟集注　**弟子職一卷**
（清）任兆麟集注　清乾隆四十五年（1780）刻
本　一冊

150000－0601－0000679　62577　經部/孝經
類/傳說之屬

孝經直解一卷　（清）劉沅注釋　清道光二十
八年（1848）刻本　一冊

150000－0601－0000680　59609　經部/爾雅
類/傳說之屬

爾雅漢注一卷　（清）臧庸輯　清光緒十三年
（1887）朱氏槐廬刻本　二冊

150000－0601－0000681　39210　經部/爾雅
類/傳說之屬

爾雅十一卷　（晉）郭璞注　明永懷堂刻清浙
江書局重修十三經古注本　三冊

150000－0601－0000682　40879　經部/爾雅
類/傳說之屬

爾雅十一卷　（晉）郭璞注　明永懷堂刻清浙
江書局重修十三經古注本　三冊

150000－0601－0000683　59589　經部/爾雅
類/傳說之屬

爾雅三卷　（晉）郭璞注　明刻本　一冊

150000－0601－0000684　59584　經部/爾雅類/傳說之屬

爾雅三卷　（晉）郭璞注　清嘉慶六年（1801）影刻本　三冊

150000－0601－0000685　59587　經部/爾雅類/傳說之屬

爾雅三卷　（晉）郭璞注　清光緒九年（1883）遵義黎氏影刻古逸叢書本　一冊

150000－0601－0000686　59590　經部/爾雅類/傳說之屬

爾雅三卷　（晉）郭璞注　（唐）陸德明音釋　清嘉慶二十二年（1817）刻本　三冊

150000－0601－0000687　128717　經部/爾雅類/傳說之屬

爾雅三卷　（晉）郭璞注　（唐）陸德明音釋　清光緒六年（1880）刻本　三冊

150000－0601－0000688　59593　經部/爾雅類/傳說之屬

爾雅三卷　（晉）郭璞注　（唐）陸德明音釋　清光緒二十一年（1895）金陵書局刻本　三冊

150000－0601－0000689　44433　經部/爾雅類/傳說之屬

爾雅注疏十一卷　（晉）郭璞注　（宋）邢昺疏　清乾隆十年（1745）三樂齋刻本　六冊

150000－0601－0000690　44427　經部/爾雅類/傳說之屬

爾雅注疏十一卷　（晉）郭璞注　（宋）邢昺疏　清刻本　六冊

150000－0601－0000691　59752　經部/爾雅類/傳說之屬

爾雅注疏摘要十一卷　（晉）郭璞注　（宋）邢昺疏　（清）龔雲鵬錄　清嘉慶十三年（1808）刻本　一冊

150000－0601－0000692　59600　經部/爾雅類/傳說之屬

爾雅新義二十卷叙錄一卷　（宋）陸佃撰　清嘉慶十三年（1808）三間草堂刻本　四冊

150000－0601－0000693　59599　經部/爾雅類/傳說之屬

爾雅注一卷　（宋）鄭樵注　清刻本　一冊

150000－0601－0000694　59604　經部/爾雅類/傳說之屬

爾雅補郭二卷　（清）翟灝撰　清光緒十一年（1885）刻本　一冊

150000－0601－0000695　128866　經部/爾雅類/傳說之屬

爾雅補注殘本一卷　（清）劉玉麟撰　**急就章一卷考證一卷王氏音略一卷考證一卷**　清光緒十二年（1886）刻本　一冊

150000－0601－0000696　59742　經部/爾雅類/傳說之屬

爾雅正義二十卷　（清）邵晉涵撰　**爾雅釋文三卷**　（唐）陸德明撰　清乾隆五十三年（1788）刻本　四冊

150000－0601－0000697　59734　經部/爾雅類/傳說之屬

爾雅正義二十卷　（清）邵晉涵撰　**爾雅釋文三卷**　（唐）陸德明撰　清刻本　八冊

150000－0601－0000698　59746　經部/爾雅類/傳說之屬

爾雅正義二十卷　（清）邵晉涵撰　**爾雅釋文三卷**　（唐）陸德明撰　清刻本　六冊

150000－0601－0000699　41317　經部/爾雅類/傳說之屬

爾雅郭注補正三卷　（清）戴鋆撰　清光緒十一年（1885）韓光蕭刻本　六冊

150000－0601－0000700　44439　經部/爾雅類/傳說之屬

爾雅郭注義疏三卷　（清）郝懿行撰　清同治四年（1865）沛上刻光緒七年（1881）刷印本　八冊

150000－0601－0000701　59726　經部/爾雅類/傳說之屬

爾雅郭注義疏三卷　（清）郝懿行撰　清光緒十年（1884）榮縣蜀南閣刻本　八冊

150000－0601－0000702　59606　經部/爾雅類/傳說之屬

爾雅古義二卷　（清）胡承珙撰　清道光十七年（1837）刻本　一冊

150000－0601－0000703　59607　經部/爾雅類/傳說之屬

爾雅經注集證三卷　（清）龍啓瑞撰　清咸豐四年（1854）龍繼棟刻本　一冊

150000－0601－0000704　59608　經部/爾雅類/傳說之屬

爾雅古注斠三卷　（清）葉蕙心撰　清光緒二年（1876）李氏半畝園刻本　一冊

150000－0601－0000705　59605　經部/爾雅類/傳說之屬

爾雅正郭三卷　（清）潘衍桐撰　清光緒十七年（1891）刻本　一冊

150000－0601－0000706　128570　經部/爾雅類/傳說之屬

爾雅正郭三卷　（清）潘衍桐撰　清光緒十七年（1891）刻本　一冊

150000－0601－0000707　59616　經部/爾雅類/傳說之屬

爾雅直音二卷　（清）孫侃撰　清同治九年（1870）刻本　二冊

150000－0601－0000708　61365　經部/爾雅類/傳說之屬

爾雅直音二卷　（清）孫侃撰　清光緒十三年（1887）長沙經濟書局刻本　二冊

150000－0601－0000709　59612　經部/爾雅類/傳說之屬

爾雅直音二卷　（清）孫侃撰　清光緒十八年（1892）上海簡玉山房刻本　二冊

150000－0601－0000710　59614　經部/爾雅類/傳說之屬

爾雅直音二卷　（清）孫侃撰　清光緒十八年（1892）上海簡玉山房刻本　二冊

150000－0601－0000711　59611　經部/爾雅類/傳說之屬

吳縣王仁俊讀爾雅日記一卷　（清）王仁俊撰　清末刻學古堂日記本　一冊

150000－0601－0000712　128709　經部/爾雅類/傳說之屬

爾雅詁二卷　（清）徐孚吉撰　清刻南菁書院叢書本　一冊

150000－0601－0000713　59618　經部/爾雅類/傳說之屬

爾雅蒙求二卷　清同治九年（1870）羅浮精舍刻本　四冊

150000－0601－0000714　148260　經部/群經總義類/正文之屬

仿宋相臺五經附考證　清光緒二年（1876）江南書局刻本　十四冊

150000－0601－0000715　143367　經部/群經總義類/正文之屬

仿宋相臺五經附考證　清末刻本　三十八冊

150000－0601－0000716　165689　經部/群經總義類/正文之屬

篆文六經四書　清光緒九年（1883）上海同文書局石印本　二十冊

150000－0601－0000717　139031　經部/群經總義類/正文之屬

十三經注疏　明崇禎十二年（1639）毛氏汲古閣刻本　一百冊

150000－0601－0000718　764793　經部/群經總義類/正文之屬

十三經注疏　清同治十年（1871）湖南省城尊經閣刻本　一百六十冊

150000－0601－0000719　57980　經部/群經總義類/正文之屬

十三經注疏附考證　清同治十一年（1872）廣東書局刻本　八十六冊

150000－0601－0000720　138856　經部/群經總義類/正文之屬

重刊宋本十三經注疏附校勘記　清嘉慶二十

年(1815)南昌府學刻本　一百七十五冊　缺二十卷(論語一至二十)

150000－0601－0000721　10632　經部/群經總義類/正文之屬

重刊宋本十三經注疏附校勘記　清嘉慶二十年(1815)南昌府學刻道光六年(1826)重印本　一百三十六冊

150000－0601－0000722　10768　經部/群經總義類/正文之屬

重刊宋本十三經注疏附校勘記　清光緒十八年(1892)湖南寶慶務本書局刻本　九十三冊　存七種

150000－0601－0000723　41276　經部/群經總義類/正文之屬

宋本十三經注疏附校勘記　清光緒二十九年(1903)點石齋印書局石印本　七冊　殘存(尚書正義、毛詩正義、周禮注疏零卷)

150000－0601－0000724　39848　經部/群經總義類/正文之屬

重刊宋本十三經注疏附校勘記　清光緒三十年(1904)點石齋石印本　三十二冊

150000－0601－0000725　57819　經部/群經總義類/正文之屬

五經　清嘉慶十年(1805)刻本　三十六冊

150000－0601－0000726　43962　經部/群經總義類/正文之屬

重雕監本五經　清同治十年(1871)刻本　三十四冊

150000－0601－0000727　764953　經部/群經總義類/正文之屬

五經三傳讀本　清咸豐二年(1852)刻朱墨套印本　四十冊

150000－0601－0000728　764993　經部/群經總義類/正文之屬

[十三經讀本]　清末刻本　六十三冊

150000－0601－0000729　128378＋57019＋57623＋59307　經部/群經總義類/傳說之屬

五經四書疏略　(清)張沐撰　清康熙刻本　四十二冊

150000－0601－0000730　162631　經部/群經總義類/傳說之屬

萬充宗先生經學五書　(清)萬斯大撰　清乾隆萬福刻本　四冊

150000－0601－0000731　58296　經部/群經總義類/傳說之屬

萬充宗先生經學五書　(清)萬斯大撰　清乾隆二十三年(1758)刻本　十二冊

150000－0601－0000732　20160　經部/群經總義類/傳說之屬

御纂七經　清光緒十四年(1888)江南書局刻本　一百四十六冊

150000－0601－0000733　135949　經部/群經總義類/傳說之屬

御纂七經　清末湖北崇文書局刻本　一百七十冊

150000－0601－0000734　138502　經部/群經總義類/傳說之屬

御纂七經　清末刻本　一百九十六冊

150000－0601－0000735　157195　經部/群經總義類/傳說之屬

通志堂經解　(清)納蘭性德輯　清康熙十九年(1680)通志堂刻本　三百二十八冊

150000－0601－0000736　142311　經部/群經總義類/傳說之屬

文藻四種　(清)黃暹輯　清道光八年(1828)刻本　十五冊　缺一卷(五經讀三)

150000－0601－0000737　170044　經部/群經總義類/傳說之屬

讀書小記　(清)范爾梅撰　清雍正七年(1729)敬恕堂刻本　五冊　存三種

150000－0601－0000738　23875　經部/群經總義類/傳說之屬

皇清經解　(清)阮元輯　清道光九年(1829)廣東學海堂刻本　二百八十八冊　存二百卷

（一至一百十九、一百七十七至二百十六、二百五十二至二百九十二）

150000－0601－0000739　154699　經部/群經總義類/傳說之屬

皇清經解　（清）阮元輯　清道光九年（1829）廣東學海堂刻本　三百六十冊

150000－0601－0000740　58341　經部/群經總義類/傳說之屬

皇清經解　（清）阮元輯　清道光九年（1829）廣東學海堂刻咸豐十年（1860）補刻本　三百六十冊

150000－0601－0000741　155379　經部/群經總義類/傳說之屬

皇清經解　（清）阮元輯　清光緒十一年（1885）上海點石齋石印本　二十四冊

150000－0601－0000742　155403　經部/群經總義類/傳說之屬

皇清經解一百九十卷首一卷正訛記一卷　（清）阮元輯　清光緒十七年（1891）上洋鴻寶齋石印本　二十四冊

150000－0601－0000743　24163　經部/群經總義類/傳說之屬

皇清經解續編　王先謙輯　清光緒十四年（1888）江蘇南菁書院刻本　三百二十冊

150000－0601－0000744　155059　經部/群經總義類/傳說之屬

皇清經解續編　王先謙輯　清光緒十四年（1888）江蘇南菁書院刻本　三百二十冊

150000－0601－0000745　58126　經部/群經總義類/傳說之屬

十三經札記　（清）朱亦棟撰　清光緒四年（1878）武林竹簡齋刻本　六冊

150000－0601－0000746　58132　經部/群經總義類/傳說之屬

十三經札記　（清）朱亦棟撰　清光緒四年（1878）武林竹簡齋刻本　六冊

150000－0601－0000747　58138　經部/群經總義類/傳說之屬

十三經札記　（清）朱亦棟撰　清光緒四年（1878）武林竹簡齋刻本　六冊

150000－0601－0000748　58144　經部/群經總義類/傳說之屬

十三經札記　（清）朱亦棟撰　清光緒四年（1878）武林竹簡齋刻本　六冊

150000－0601－0000749　139131　經部/群經總義類/傳說之屬

十三經札記　（清）朱亦棟撰　清光緒四年（1878）武林竹簡齋刻本　十冊

150000－0601－0000750　128431　經部/群經總義類/傳說之屬

七經精義　（清）黃淦撰　清書業堂刻本　十四冊

150000－0601－0000751　57966　經部/群經總義類/傳說之屬

七經精義　（清）黃淦撰　清寶寧堂刻本　十三冊

150000－0601－0000752　44061　經部/群經總義類/傳說之屬

重訂七經精義　（清）黃淦撰　清刻本　七冊　存四種

150000－0601－0000753　165047　經部/群經總義類/傳說之屬

蜚雲閣淩氏叢書　（清）淩曙撰　清道光元年（1821）刻本　一冊

150000－0601－0000754　42259　經部/群經總義類/傳說之屬

鄭氏佚書　（漢）鄭玄撰　（清）袁鈞撰　清光緒十四年（1888）浙江書局刻本　十冊

150000－0601－0000755　165810　經部/群經總義類/傳說之屬

鄭氏佚書　（漢）鄭玄撰　（清）袁鈞撰　清光緒十四年（1888）浙江書局刻本　十冊

150000－0601－0000756　44124　經部/群經總義類/傳說之屬

五經旁訓讀本　清乾隆二十一年(1756)刻本
八冊　缺禮記增訂旁訓

150000－0601－0000757　44116　經部/群經
總義類/傳說之屬

五經旁訓讀本　清乾隆五十四年(1789)刻本
八冊　缺禮記增訂旁訓

150000－0601－0000758　43950　經部/群經
總義類/傳說之屬

五經旁訓讀本　清嘉慶五年(1800)崇義書院
刻本　十二冊

150000－0601－0000759　151212　經部/群
經總義類/傳說之屬

經苑　(清)錢儀吉輯　清末刻本　二十四冊
存十種

150000－0601－0000760　58066　經部/群經
總義類/傳說之屬

古經解彙函　(清)鍾謙鈞等輯　清同治十二
年(1873)粵東書局刻本　六十冊

150000－0601－0000761　143617　經部/群
經總義類/傳說之屬

古經解彙函　(清)鍾謙鈞等輯　清同治十二
年(1873)粵東書局刻本　六十六冊

150000－0601－0000762　53447　經部/群經
總義類/傳說之屬

古經解彙函　(清)鍾謙鈞等輯　清光緒十四
年(1888)上海蜚英館石印本　二十冊

150000－0601－0000763　153730　經部/群
經總義類/傳說之屬

省吾堂四種　(清)蔣光弼輯　清刻本(配本)
六冊　存三種

150000－0601－0000764　153979　經部/群
經總義類/傳說之屬

南海桂氏經學　(清)桂文燦輯　清末刻本
三冊

150000－0601－0000765　57855　經部/群
經總義類/傳說之屬

五經備旨　(清)鄒聖脉纂輯　清光緒十五年

(1889)上海積山書局石印本　十二冊

150000－0601－0000766　149917　經部/群
經總義類/傳說之屬

希鄭堂叢書　(清)潘任撰　清光緒二十年
(1894)活字本　二冊

150000－0601－0000767　149919　經部/群
經總義類/傳說之屬

希鄭堂叢書　(清)潘任撰　清光緒二十年
(1894)活字本　二冊

150000－0601－0000768　62430　經部/群
經總義類/傳說之屬

史伯平先生所著書　(清)史致準撰　清光緒
刻本　一冊

150000－0601－0000769　162686　經部/群
經總義類/傳說之屬

孫溪朱氏經學叢書初編　(清)朱記榮輯　清
光緒吳縣朱氏槐廬刻本　十二冊

150000－0601－0000770　8321　經部/群經
總義類/傳說之屬

皮氏經學叢書　(清)皮錫瑞撰　清光緒思賢
書局刻本　十四冊　存九種

150000－0601－0000771　164185　經部/群
經總義類/傳說之屬

漢魏二十一家易注　(清)孫堂輯　清嘉慶四
年(1799)平湖孫氏映雪草堂刻本　六冊

150000－0601－0000772　157812　經部/群
經總義類/傳說之屬

呂涇野經說　(明)呂柟撰　清咸豐八年
(1858)刻惜陰軒叢書本　十冊

150000－0601－0000773　765096　經部/群
經總義類/傳說之屬

漢學堂經解　(清)黃奭輯　清刻漢學堂叢書
本　十一冊　存(易類、詩類、禮類、春秋類、
五經總義類)

150000－0601－0000774　58259　經部/群
經總義類/傳說之屬

群經平議三十五卷　(清)俞樾撰　清同治十

年(1871)刻德清俞蔭甫所著書本　十二冊

150000－0601－0000775　10923　經部/群經總義類/傳說之屬

皇朝五經彙解二百七十卷　清光緒十四年(1888)鴻文書局石印本　三十二冊

150000－0601－0000776　143309　經部/群經總義類/傳說之屬

皇朝五經彙解二百七十卷　清光緒十四年(1888)鴻文書局石印本　十冊

150000－0601－0000777　143237　經部/群經總義類/傳說之屬

皇朝五經彙解二百七十卷　清光緒十九年(1893)上海蜚英館石印本　三十二冊

150000－0601－0000778　57907　經部/群經總義類/傳說之屬

五經揭要　(清)周蕙田輯　清乾隆五十四年(1789)刻本　十二冊

150000－0601－0000779　23699　經部/群經總義類/傳說之屬

經學輯要二十四卷　(清)吳潁炎等輯　清光緒十四年(1888)點石齋石印經策通纂本　三十二冊

150000－0601－0000780　101256　經部/群經總義類/傳說之屬

白虎通德論四卷　(漢)班固撰　明天啟六年(1626)刻本　一冊

150000－0601－0000781　101257　經部/群經總義類/傳說之屬

白虎通疏證十二卷　(清)陳立撰　清光緒元年(1875)淮南書局刻本　四冊

150000－0601－0000782　879108　經部/群經總義類/傳說之屬

程氏經說八卷　(宋)程頤撰　明南陽知府段堅刻本　四冊

150000－0601－0000783　103372　經部/群經總義類/傳說之屬

帝王經世圖譜十六卷附錄一卷　(宋)唐仲友

撰　清同治十二年(1873)刻本　六冊

150000－0601－0000784　97682　經部/群經總義類/傳說之屬

玉海六經天文編二卷　(宋)王應麟撰　清刻玉海本　二冊

150000－0601－0000785　128735　經部/群經總義類/傳說之屬

毅齋經說一卷　(明)查鐸撰　清嘉慶四年(1799)刻涇川叢書本　一冊

150000－0601－0000786　44166　經部/群經總義類/傳說之屬

鄉黨圖考十卷　(清)江永撰　清乾隆五十九年(1794)刻本　四冊

150000－0601－0000787　101789　經部/群經總義類/傳說之屬

讀書瑣記一卷　(清)鳳應韶撰　清光緒十二年(1886)江陰金氏梧州刻本　一冊

150000－0601－0000788　62580　經部/群經總義類/傳說之屬

群經識小八卷　(清)李惇撰　清道光五年(1825)刻本　四冊

150000－0601－0000789　62579　經部/群經總義類/傳說之屬

九經學不分卷　(清)王聘珍撰　清光緒六年(1880)刻本　一冊

150000－0601－0000790　59532　經部/群經總義類/傳說之屬

經義雜記三十卷叙錄一卷　(清)臧琳撰　清嘉慶四年(1799)武進臧氏拜經堂刻本　八冊

150000－0601－0000791　58257　經部/群經總義類/傳說之屬

經傳考證八卷　(清)朱彬撰　清道光十六年(1836)刻本　二冊

150000－0601－0000792　59530　經部/群經總義類/傳說之屬

經傳考證八卷　(清)朱彬撰　清道光十六年(1836)刻本　二冊

150000－0601－0000793　128370　經部/群經總義類/傳說之屬

王氏經說六卷　（清）王紹蘭撰　清刻本　一冊

150000－0601－0000794　58150　經部/群經總義類/傳說之屬

經義述聞三十二卷　（清）王引之撰　清道光七年(1827)京師西江米巷壽藤書屋刻本　十六冊

150000－0601－0000795　18166　經部/群經總義類/傳說之屬

經義述聞三十二卷　（清）王引之撰　清道光七年(1827)京師西江米巷壽藤書屋刻本　二十四冊

150000－0601－0000796　58190　經部/群經總義類/傳說之屬

經義述聞三十二卷　（清）王引之撰　清道光七年(1827)京師西江米巷壽藤書屋刻本　二十四冊

150000－0601－0000797　128772　經部/群經總義類/傳說之屬

安甫遺學三卷　（清）江承之撰　清刻南菁書院叢書本　一冊

150000－0601－0000798　58248　經部/群經總義類/傳說之屬

實事求是之齋經義二卷　（清）朱大韶撰　清光緒九年(1883)刻本　四冊

150000－0601－0000799　114485　經部/群經總義類/傳說之屬

句溪雜著四卷　（清）陳立撰　清光緒十六年(1890)思賢講舍刻本　一冊

150000－0601－0000800　119396　經部/群經總義類/傳說之屬

劉貴陽說經殘稿一卷　（清）劉書年撰　**劉氏遺著不分卷**　（清）劉禧延撰　清吳縣潘氏滂喜齋刻本　一冊

150000－0601－0000801　128326　經部/群經總義類/傳說之屬

群經賸義一卷　（清）俞樾撰　清刻南菁書院叢書本　一冊

150000－0601－0000802　9543　經部/群經總義類/傳說之屬

茶香室經說十六卷　（清）俞樾撰　清光緒十八年(1892)廣東學院刻本　四冊

150000－0601－0000803　128745　經部/群經總義類/傳說之屬

群經說四卷　（清）黃以周撰　清刻儆季雜著本　二冊

150000－0601－0000804　58252　經部/群經總義類/傳說之屬

經學提要十五卷　（清）蔡孔炘撰　清道光五年(1825)刻本　四冊

150000－0601－0000805　118346　經部/群經總義類/傳說之屬

試帖存稿經說二卷　（清）丁午撰　清光緒七年(1881)刻本　一冊

150000－0601－0000806　58256　經部/群經總義類/傳說之屬

經學通論□□卷　（清）皮錫瑞撰　清光緒三十三年(1907)思賢書局刻本　一冊

150000－0601－0000807　58278　經部/群經總義類/傳說之屬

稽古日鈔八卷　（清）郁文等輯　清乾隆二十九年(1764)秋曉山房刻本　四冊

150000－0601－0000808　57964　經部/群經總義類/傳說之屬

七經異文釋六卷　（清）李富孫撰　清嘉慶八年(1803)刻本　二冊　殘破缺頁

150000－0601－0000809　58271　經部/群經總義類/傳說之屬

經學文鈔三卷　梁鼎芬　曹元弼輯　清光緒三十四年(1908)江蘇存古學堂活字本　六冊

150000－0601－0000810　44051　經部/群經總義類/傳說之屬

經義聯珠二十卷　（清）郭楷撰　清嘉慶十八

年(1813)玉軸樓刻本　十冊

150000－0601－0000811　119395　經部/群經總義類/傳說之屬

磨盦雜存一卷 桑宣撰　**補春秋僖公事闕書一卷** 桑宣撰　清光緒三十年(1904)鐵研齋刻鐵研齋叢書本　一冊

150000－0601－0000812　839693　經部/群經總義類/圖之屬

六經圖　(宋)楊甲撰　明萬曆四十三年(1615)衞承芳刻本　六冊

150000－0601－0000813　837063　經部/群經總義類/圖之屬

六經全圖　(清)牟欽元編輯　清道光十一年(1831)張洪範、余鰲刻本　二冊

150000－0601－0000814　57952　經部/群經總義類/圖之屬

六經圖定本一卷　(清)王皓輯　清乾隆五年(1740)向山堂刻本　十二冊

150000－0601－0000815　57928　經部/群經總義類/圖之屬

六經圖十二卷　(清)鄭之僑撰　清乾隆八年(1743)刻本　十二冊

150000－0601－0000816　57940　經部/群經總義類/圖之屬

六經圖十二卷　(清)鄭之僑撰　清乾隆九年(1744)刻本　十二冊

150000－0601－0000817　57920　經部/群經總義類/圖之屬

經義圖說八卷　(清)吳寶謨輯　清嘉慶四年(1799)刻本　八冊

150000－0601－0000818　44132　經部/群經總義類/文字音義之屬

十一經音訓　(清)楊國楨撰　清道光十年(1830)刻本　十二冊

150000－0601－0000819　138837　經部/群經總義類/文字音義之屬

十一經音訓　(清)楊國楨撰　清光緒八年

(1882)湖北崇文書局刻本　十八冊

150000－0601－0000820　58240　經部/群經總義類/文字音義之屬

經典釋文三十卷　(唐)陸德明撰　清初通志堂刻本　八冊

150000－0601－0000821　58214　經部/群經總義類/文字音義之屬

經典釋文三十卷　(唐)陸德明撰　刻本　二十四冊

150000－0601－0000822　59824　經部/群經總義類/文字音義之屬

經典釋文三十卷　(唐)陸德明撰　清同治八年(1869)湖北崇文書局刻本　十冊

150000－0601－0000823　61512　經部/群經總義類/文字音義之屬

經典釋文考證一卷　(清)盧文弨撰　清常州龍城書院刻本　二冊

150000－0601－0000824　128048　經部/群經總義類/文字音義之屬

經典釋文序錄一卷　(唐)陸德明撰　清刻本　一冊

150000－0601－0000825　128578　經部/群經總義類/文字音義之屬

五經文字三卷　(唐)張參撰　**新加九經字樣一卷**　(唐)唐玄度撰　**五經文字疑一卷九經字樣疑一卷**　清乾隆三十三年(1768)紅桐書屋刻本　一冊

150000－0601－0000826　60648　經部/群經總義類/文字音義之屬

五經文字三卷　(唐)張參撰　**新加九經字樣一卷**　(唐)唐玄度撰　清叢書樓刻本　四冊

150000－0601－0000827　57979　經部/群經總義類/文字音義之屬

相臺書塾刊正九經三傳沿革例一卷　(宋)岳珂撰　清光緒三年(1877)崇文書局刻本　一冊

150000－0601－0000828　57905　經部/群經

總義類/文字音義之屬

五經同異三卷 （清）顧炎武撰　清省吾堂刻本　二冊

150000－0601－0000829　59525　經部/群經總義類/文字音義之屬

五經同異三卷 （清）顧炎武撰　清省吾堂刻本　三冊

150000－0601－0000830　128747　經部/群經總義類/文字音義之屬

九經誤字一卷 （清）顧炎武撰　清刻本　一冊

150000－0601－0000831　59820　經部/群經總義類/文字音義之屬

經傳釋詞十卷 （清）王引之撰　清嘉慶二十四年(1819)刻光緒二十一年(1895)王傳忠重修本　四冊

150000－0601－0000832　59818　經部/群經總義類/文字音義之屬

經傳釋詞十卷 （清）王引之撰　清道光二十七年(1847)刻本　二冊

150000－0601－0000833　26840　經部/群經總義類/文字音義之屬

經字正蒙八卷 （清）李文沂撰　清光緒十八年(1892)刻本　八冊

150000－0601－0000834　128563　經部/群經總義類/文字音義之屬

重校十三經不貳字一卷 （清）李鴻藻撰　清光緒元年(1875)刻本　一冊

150000－0601－0000835　128564　經部/群經總義類/文字音義之屬

重校十三經不貳字一卷 （清）李鴻藻撰　清光緒元年(1875)刻本　一冊

150000－0601－0000836　128562　經部/群經總義類/文字音義之屬

重校十三經不貳字一卷 （清）李鴻藻撰　清刻本　一冊

150000－0601－0000837　60666　經部/群經

總義類/文字音義之屬

十三經集字摹本一卷 （清）萬青鈴撰　清道光二十九年(1849)彭玉雯刻本　八冊

150000－0601－0000838　137709　經部/群經總義類/文字音義之屬

十三經集字摹本一卷 （清）萬青鈴撰　清道光二十九年(1849)彭玉雯刻本　八冊

150000－0601－0000839　10861　經部/群經總義類/文字音義之屬

十三經集字摹本一卷 （清）萬青鈴撰　清刻本　八冊

150000－0601－0000840　53564　經部/群經總義類/文字音義之屬

十三經集字摹本一卷 （清）萬青鈴撰　清刻本　七冊

150000－0601－0000841　60674　經部/群經總義類/文字音義之屬

十三經集字摹本一卷 （清）萬青鈴撰　清刻本　八冊

150000－0601－0000842　137717　經部/群經總義類/文字音義之屬

十三經集字摹本一卷 （清）萬青鈴撰　清刻本　八冊

150000－0601－0000843　80138　經部/群經總義類/群經授受源流之屬

傳經表一卷 （清）畢沅撰　**通經表一卷** （清）畢沅撰　清光緒四年(1878)會稽章氏刻本　二冊

150000－0601－0000844　80136　經部/群經總義類/群經授受源流之屬

傳經表一卷 （清）畢沅撰　**通經表一卷** （清）畢沅撰　清光緒九年(1883)松筠書屋刻本　二冊

150000－0601－0000845　58288　經部/群經總義類/群經授受源流之屬

新學偽經考十四卷 康有爲撰　清光緒十七年(1891)廣州康氏萬木草堂刻本　八冊

150000－0601－0000846　59517　經部/群經總義類/群經授受源流之屬

新學僞經考十四卷　康有爲撰　清光緒十七年(1891)武林望雲樓石印本　八冊

150000－0601－0000847　129023　經部/群經總義類/群經授受源流之屬

新學僞經考十四卷　康有爲撰　清光緒十七年(1891)武林望雲樓石印本　八冊

150000－0601－0000848　91284　經部/群經總義類/群經授受源流之屬

今古學考二卷　廖平撰　清宣統三年(1911)上海國學扶輪社排印本　一冊

150000－0601－0000849　128314　經部/群經總義類/群經授受源流之屬

今古學考二卷　廖平撰　清宣統三年(1911)上海國學扶輪社排印本　一冊

150000－0601－0000850　128762　經部/群經總義類/石經之屬/通考

石經考一卷　(清)顧炎武撰　清刻亭林遺書本　一冊

150000－0601－0000851　91699　經部/群經總義類/石經之屬/通考

石經考一卷　(清)萬斯同撰　清省吾堂刻本　一冊

150000－0601－0000852　99824　經部/群經總義類/石經之屬/通考

歷代石經略二卷　(清)桂馥撰　清光緒九年(1883)陳州郡齋刻本　一冊

150000－0601－0000853　141188　經部/小學類

小學鈎沈　(清)任大椿輯　清光緒十年(1884)龍氏刻本　一冊

150000－0601－0000854　142330　經部/小學類

文字存真　(清)饒炯撰　清光緒三十年(1904)達古軒刻本　四冊

150000－0601－0000855　141189　經部/小學類

小學類編　(清)李祖望輯　清末江都李氏半畝園刻本　六冊

150000－0601－0000856　141267　經部/小學類

小學彙函　(清)鍾謙鈞輯　清刻古經解彙函本　三十一冊

150000－0601－0000857　162577　經部/小學類

雷刻四種　清光緒十年(1884)刻本　六冊

150000－0601－0000858　153709　經部/小學類/說文之屬

苗氏說文四種　(清)苗夔輯　清末壽陽祁氏漢磚亭刻本　六冊

150000－0601－0000859　158541　經部/小學類/說文之屬

許學叢刻　(清)許頌鼎　(清)許溎祥輯　清光緒十三年(1887)海寧許氏古均閣刻本　四冊

150000－0601－0000860　62301　經部/小學類/說文之屬/傳說

說文解字十五卷　(漢)許慎撰　(宋)徐鉉校定　明刻本　八冊

150000－0601－0000861　59982　經部/小學類/說文之屬/傳說

說文解字十五卷　(漢)許慎撰　(宋)徐鉉校定　清嘉慶十二年(1807)刻本　六冊

150000－0601－0000862　59976　經部/小學類/說文之屬/傳說

說文解字十五卷　(漢)許慎撰　(宋)徐鉉校定　清同治十年(1871)刻本　六冊

150000－0601－0000863　59966　經部/小學類/說文之屬/傳說

說文解字十五卷　(漢)許慎撰　(宋)徐鉉校定　清同治十二年(1873)刻本　十冊

150000－0601－0000864　60305　經部/小學類/說文之屬/傳說

說文解字繫傳四十卷附錄一卷　(五代)徐鍇

撰 （宋）朱翱反切 清乾隆四十七年（1782）
刻本 八冊

150000－0601－0000865 60048 經部/小學
類/說文之屬/傳說

說文解字繫傳四十卷校勘記三卷 （五代）徐
鍇撰 （宋）朱翱反切 清道光十九年（1839）
刻本 八冊

150000－0601－0000866 60621 經部/小學
類/說文之屬/傳說

說文解字繫傳四十卷校勘記三卷 （五代）徐
鍇撰 （宋）朱翱反切 清道光十九年（1839）
刻本 八冊

150000－0601－0000867 61516 經部/小學
類/說文之屬/傳說

說文解字繫傳四十卷校勘記三卷 （五代）徐
鍇撰 （宋）朱翱反切 清道光十九年（1839）
刻本 八冊

150000－0601－0000868 60056 經部/小學
類/說文之屬/傳說

說文繫傳校錄三十卷附一卷 （清）王筠撰
清咸豐七年（1857）刻本 四冊

150000－0601－0000869 128712 經部/小
學類/說文之屬/傳說

說文繫傳校錄三十卷附一卷 （清）王筠撰
清咸豐七年（1857）刻本 二冊

150000－0601－0000870 60181 經部/小學
類/說文之屬/傳說

說文解字義證五十卷 （清）桂馥撰 清同治
九年（1870）湖北崇文書局刻本 四十八冊

150000－0601－0000871 60229 經部/小學
類/說文之屬/傳說

說文解字義證五十卷 （清）桂馥撰 清同治
九年（1870）湖北崇文書局刻本 三十二冊
缺

150000－0601－0000872 60261 經部/小學
類/說文之屬/傳說

說文解字義證五十卷 （清）桂馥撰 清同治
九年（1870）湖北崇文書局刻本 三十二冊

150000－0601－0000873 62584 經部/小學
類/說文之屬/傳說

說文解字義證五十卷 （清）桂馥撰 清同治
九年（1870）湖北崇文書局刻本 三十二冊

150000－0601－0000874 60103 經部/小學
類/說文之屬/傳說

說文解字十五卷 （漢）許慎撰 （清）段玉裁
注 **說文部目分韵一卷** （清）陳奐編 **六書
音均表五卷** （清）段玉裁撰 清嘉慶十三年
（1808）刻本 八冊

150000－0601－0000875 60111 經部/小學
類/說文之屬/傳說

說文解字十五卷 （漢）許慎撰 （清）段玉裁
注 **說文部目分韵一卷** （清）陳奐編 **六書
音均表五卷** （清）段玉裁撰 清嘉慶十三年
（1808）刻同治六年（1867）蘇州保息局補刻本
十六冊

150000－0601－0000876 28371 經部/小學
類/說文之屬/傳說

說文解字十五卷 （漢）許慎撰 （清）段玉裁
注 **說文部目分韵一卷** （清）陳奐編 **六書
音均表五卷** （清）段玉裁撰 **汲古閣說文訂
一卷** （清）段玉裁撰 清同治十一年（1872）
湖北崇文書局刻本 十二冊 存九卷（七至
十五）

150000－0601－0000877 41323 經部/小學
類/說文之屬/傳說

說文解字十五卷 （漢）許慎撰 （清）段玉裁
注 **說文部目分韵一卷** （清）陳奐編 **六書
音均表五卷** （清）段玉裁撰 **汲古閣說文訂
一卷** （清）段玉裁撰 清同治十一年（1872）
湖北崇文書局刻本 三十二冊

150000－0601－0000878 60069 經部/小學
類/說文之屬/傳說

說文解字十五卷 （漢）許慎撰 （清）段玉裁
注 **說文部目分韵一卷** （清）陳奐編 **六書
音均表五卷** （清）段玉裁撰 **汲古閣說文訂
一卷** （清）段玉裁撰 清同治十一年（1872）
湖北崇文書局刻本 十八冊

150000－0601－0000879　60127　經部/小學類/說文之屬/傳說

段氏說文注訂八卷 （清）鈕樹玉撰　清同治五年(1866)刻本　二冊

150000－0601－0000880　60129　經部/小學類/說文之屬/傳說

段氏說文注訂八卷 （清）鈕樹玉撰　清同治五年(1866)刻本　二冊

150000－0601－0000881　60131　經部/小學類/說文之屬/傳說

段氏說文注訂八卷 （清）鈕樹玉撰　清同治十三年(1874)湖北崇文書局刻本　二冊

150000－0601－0000882　128513　經部/小學類/說文之屬/傳說

段氏說文注訂八卷 （清）鈕樹玉撰　清同治十三年(1874)湖北崇文書局刻本　二冊

150000－0601－0000883　60145　經部/小學類/說文之屬/傳說

說文段注訂補十四卷 （清）王紹蘭撰　清光緒十四年(1888)胡燏芬刻本　八冊

150000－0601－0000884　60153　經部/小學類/說文之屬/傳說

說文段注訂補十四卷 （清）王紹蘭撰　清光緒十四年(1888)胡燏芬刻本　八冊

150000－0601－0000885　128520　經部/小學類/說文之屬/傳說

說文段注撰要九卷 （清）馬壽齡撰　清光緒九年(1883)金陵胡氏禹園刻本　四冊

150000－0601－0000886　60161　經部/小學類/說文之屬/傳說

說文解字注匡謬八卷 （清）徐承慶撰　清歸安姚氏刻蘇州振新書社刷印本　四冊

150000－0601－0000887　60369　經部/小學類/說文之屬/傳說

說文統釋自序一卷 （清）錢大昭撰　**音同義異辨一卷** （清）畢沅撰　清光緒八年(1882)刻本　一冊

150000－0601－0000888　60065　經部/小學類/說文之屬/傳說

說文校議十五卷 （清）姚文田　（清）嚴可均撰　清同治十三年(1874)歸安姚氏刻本　四冊

150000－0601－0000889　60018　經部/小學類/說文之屬/傳說

說文校議十五卷 （清）姚文田　（清）嚴可均撰　清刻四錄堂類集本　一冊

150000－0601－0000890　128691　經部/小學類/說文之屬/傳說

說文釋例二卷 （清）江沅撰　清咸豐元年(1851)李氏半畝園刻小學類編本　一冊

150000－0601－0000891　128497　經部/小學類/說文之屬/傳說

說文管見三卷 （清）胡秉虔撰　清光緒七年(1881)申江望益山房書局刻本　一冊

150000－0601－0000892　143131　經部/小學類/說文之屬/傳說

說文解字句讀三十卷 （清）王筠撰　**說文釋例二十卷補正二十卷** （清）王筠撰　**說文繫傳校錄三十卷** （清）王筠撰　清同治四年(1865)刻本　二十八冊

150000－0601－0000893　60543　經部/小學類/說文之屬/傳說

說文解字句讀三十卷補正三十卷 （清）王筠撰　清同治四年(1865)刻本　十四冊

150000－0601－0000894　60346　經部/小學類/說文之屬/傳說

說文釋例二十卷 （清）王筠撰　清道光十七年(1837)刻本　十冊

150000－0601－0000895　60356　經部/小學類/說文之屬/傳說

說文釋例二十卷補正二十卷 （清）王筠撰　清同治四年(1865)刻本　十三冊

150000－0601－0000896　128714　經部/小學類/說文之屬/傳說

句讀補正一卷 （清）王筠撰　清咸豐九年

(1859)刻本　一冊

150000－0601－0000897　61269　經部/小學
類/說文之屬/傳說

文字蒙求四卷　（清）王筠撰　清光緒五年
(1879)虞山鮑氏後知不足齋刻本　一冊

150000－0601－0000898　61483　經部/小學
類/說文之屬/傳說

文字蒙求四卷　（清）王筠撰　清光緒十三年
(1887)信述堂刻本　一冊

150000－0601－0000899　61270　經部/小學
類/說文之屬/傳說

文字蒙求四卷　（清）王筠撰　清光緒十三年
(1887)刻本　二冊

150000－0601－0000900　61272　經部/小學
類/說文之屬/傳說

文字蒙求廣義四卷　（清）王筠撰　（清）䎡光
典補注　清光緒二十七年(1901)江楚書局刻
本　五冊

150000－0601－0000901　60427　經部/小學
類/說文之屬/傳說

說文通訓定聲十八卷　（清）朱駿聲撰　**說雅**
一卷廣韵二百六部準古韵十八部一卷說文通
訓定聲分部檢韵一卷　清刻本　二十四冊

150000－0601－0000902　60451　經部/小學
類/說文之屬/傳說

說文通訓定聲十八卷　（清）朱駿聲撰　**說雅**
一卷廣韵二百六部準古韵十八部一卷說文通
訓定聲分部檢韵一卷　清刻本　二十四冊

150000－0601－0000903　60475　經部/小學
類/說文之屬/傳說

說文通訓定聲十八卷　（清）朱駿聲撰　**說雅**
一卷廣韵二百六部準古韵十八部一卷說文通
訓定聲分部檢韵一卷　清刻本　二十五冊

150000－0601－0000904　20375　經部/小學
類/說文之屬/傳說

說文通訓定聲十八卷　（清）朱駿聲撰　**說雅**
一卷廣韵二百六部準古韵十八部一卷說文通
訓定聲分部檢韵一卷　清光緒十三年(1887)

上海積山書局石印本　八冊

150000－0601－0000905　60370　經部/小學
類/說文之屬/傳說

唐寫本說文解字木部箋異一卷　（清）莫友芝
撰　**仿唐寫本說文解字木部一卷**　清同治三
年(1864)刻本　一冊

150000－0601－0000906　128519　經部/小
學類/說文之屬/傳說

唐寫本說文解字木部箋異一卷　（清）莫友芝
撰　**仿唐寫本說文解字木部一卷**　清同治三
年(1864)刻本　一冊

150000－0601－0000907　60379　經部/小學
類/說文之屬/傳說

說文外編十六卷　（清）雷浚撰　**劉氏碎金一**
卷　（清）劉禧延撰　清光緒二年(1876)刻本
六冊

150000－0601－0000908　60385　經部/小學
類/說文之屬/傳說

說文外編十六卷　（清）雷浚撰　**劉氏碎金一**
卷　（清）劉禧延撰　清光緒二年(1876)刻本
六冊

150000－0601－0000909　60391　經部/小學
類/說文之屬/傳說

說文外編十六卷　（清）雷浚撰　**劉氏碎金一**
卷　（清）劉禧延撰　清光緒二年(1876)刻本
四冊

150000－0601－0000910　128686　經部/小
學類/說文之屬/傳說

說文解字索隱一卷　（清）張度撰　**說文補例**
一卷　（清）張度撰　靈鶼閣刻本　一冊

150000－0601－0000911　60519　經部/小學
類/說文之屬/傳說

說文本經答問二卷　（清）鄭知同撰　清光緒
十六年(1890)廣雅書局刻本　一冊

150000－0601－0000912　60015　經部/小學
類/說文之屬/傳說

說文發疑六卷　（清）張行孚撰　清光緒九年
(1883)刻本　三冊

150000－0601－0000913　60317　經部/小學類/說文之屬/傳說

說文楬原二卷　(清)張行孚撰　清光緒十年(1884)後知不足齋刻本　二冊

150000－0601－0000914　128516　經部/小學類/說文之屬/傳說

說文楬原二卷　(清)張行孚撰　清光緒十一年(1885)維揚識小居刻本　一冊

150000－0601－0000915　60293　經部/小學類/說文之屬/傳說

說文辨字正俗八卷　(清)李富孫撰　清嘉慶二十一年(1816)刻本　四冊

150000－0601－0000916　60019　經部/小學類/說文之屬/傳說

說文解字斠詮十四卷　(清)錢坫撰　清嘉慶十二年(1807)刻本　十四冊

150000－0601－0000917　9559　經部/小學類/說文之屬/傳說

說文字辨十四卷　(清)林慶炳撰　清同治四年(1865)刻本　四冊

150000－0601－0000918　60325　經部/小學類/說文之屬/專著

說文解字五百四十部目一卷　(清)胡澍書　清同治五年(1866)刻本　一冊

150000－0601－0000919　128538　經部/小學類/說文之屬/專著

說文部首一卷　漯溝小學校影刻紅印本　一冊

150000－0601－0000920　128517　經部/小學類/說文之屬/專著

說文建首字讀一卷　(清)苗夔點定　清光緒九年(1883)江西泰和丞署刻本　一冊

150000－0601－0000921　60336　經部/小學類/說文之屬/專著

說文提要一卷　清光緒元年(1875)湖北崇文書局刻本　一冊

150000－0601－0000922　60335　經部/小學類/說文之屬/專著

說文提要一卷　民國元年(1912)鄂官書局刻本　一冊

150000－0601－0000923　60333　經部/小學類/說文之屬/專著

說文部首讀本十四卷　嘯雲主人編　武昌嘯雲書屋刻本　一冊

150000－0601－0000924　60334　經部/小學類/說文之屬/專著

說文部首讀本十四卷　嘯雲主人編　武昌嘯雲書屋刻本　一冊

150000－0601－0000925　128504　經部/小學類/說文之屬/專著

說文部首均語一卷　清刻本　一冊

150000－0601－0000926　60316　經部/小學類/說文之屬/專著

說文字原韵表二卷　(清)胡重編　清嘉慶十六年(1811)刻菊園十種本　一冊

150000－0601－0000927　128515　經部/小學類/說文之屬/專著

說文字原韵表二卷　(清)胡重編　清嘉慶十六年(1811)刻菊園十種本　一冊

150000－0601－0000928　128680　經部/小學類/說文之屬/專著

說文字原考略六卷　(清)吳照撰　清乾隆五十七年(1792)南城吳氏刻本　四冊

150000－0601－0000929　60867　經部/小學類/說文之屬/專著

六書正訛五卷　(元)周伯琦撰　清光緒十二年(1886)刻本　四冊

150000－0601－0000930　128582　經部/小學類/說文之屬/專著

六書說一卷　(清)江聲撰　**轉注古義考一卷**　(清)曹仁虎撰　清光緒十五年(1889)蔣氏求實齋刻本　一冊

150000－0601－0000931　60521　經部/小學類/說文之屬/專著

說文解字韵譜十卷　（五代）徐鍇撰　清同治三年（1864）馮桂芬影刻本　二冊

150000－0601－0000932　60523　經部/小學類/說文之屬/專著

說文解字篆韵譜五卷附錄一卷　（五代）徐鍇撰　清刻小學彙函本　一冊

150000－0601－0000933　128813　經部/小學類/說文之屬/專著

說文解字篆韵譜五卷附錄一卷　（五代）徐鍇撰　清刻小學彙函本　二冊

150000－0601－0000934　128684　經部/小學類/說文之屬/專著

說文解字舊音一卷　（清）畢沅撰　清末影印經訓堂叢書本　一冊

150000－0601－0000935　128687　經部/小學類/說文之屬/專著

說文舊音補注三卷附一卷　（清）胡玉縉撰　清光緒十三年（1887）刻南菁書院叢書本　一冊

150000－0601－0000936　59988　經部/小學類/說文之屬/專著

許氏說文解字雙聲疊韵譜一卷　（清）鄧廷楨撰　清光緒七年（1881）刻後知不足齋叢書本　二冊

150000－0601－0000937　59990　經部/小學類/說文之屬/專著

許氏說文解字雙聲疊韵譜一卷　（清）鄧廷楨撰　清光緒七年（1881）刻後知不足齋叢書本　一冊

150000－0601－0000938　60637　經部/小學類/說文之屬/專著

許氏說文解字雙聲疊韵譜一卷　（清）鄧廷楨撰　清光緒七年（1881）刻後知不足齋叢書本　一冊

150000－0601－0000939　128822　經部/小學類/說文之屬/專著

許氏說文解字雙聲疊韵譜一卷　（清）鄧廷楨撰　清光緒七年（1881）刻後知不足齋叢書本　一冊

150000－0601－0000940　60314　經部/小學類/說文之屬/專著

說文聲讀表七卷　（清）苗夔撰　清福山王氏刻天壤閣叢書本　二冊

150000－0601－0000941　128827　經部/小學類/說文之屬/專著

說文韵譜校五卷　（清）王筠撰　清道光十三年（1833）歸安姚氏咫進齋刻咫進齋叢書本　四冊

150000－0601－0000942　60524　經部/小學類/說文之屬/專著

說文分韵易知錄五卷　（清）許巽行編　部首重文五卷說文分畫易知錄一卷　清光緒五年（1879）刻本　十冊

150000－0601－0000943　60373　經部/小學類/說文之屬/專著

說文新附考六卷　（清）鈕樹玉撰　說文續考一卷　（清）鈕樹玉撰　清非石居刻同治七年（1868）碧螺山館補刻本　二冊

150000－0601－0000944　60375　經部/小學類/說文之屬/專著

說文新附考六卷　（清）鈕樹玉撰　說文續考一卷　（清）鈕樹玉撰　清非石居刻同治七年（1868）碧螺山館補刻本　二冊

150000－0601－0000945　60377　經部/小學類/說文之屬/專著

說文新附考六卷　（清）鈕樹玉撰　說文續考一卷　（清）鈕樹玉撰　清非石居刻同治七年（1868）碧螺山館補刻本　二冊

150000－0601－0000946　60371　經部/小學類/說文之屬/專著

說文新附考六卷　（清）鈕樹玉撰　說文續考一卷　（清）鈕樹玉撰　清同治十三年（1874）湖北崇文書局刻本　二冊

150000－0601－0000947　128511　經部/小學類/說文之屬/專著

說文新附考六卷　（清）鈕樹玉撰　說文續考一卷　（清）鈕樹玉撰　清同治十三年（1874）

湖北崇文書局刻本　二冊

150000－0601－0000948　128688　經部/小學類/說文之屬/專著

說文逸字二卷 （清）鄭珍撰　**說文逸字附錄一卷** （清）鄭知同撰　清山東福山王氏刻天壤閣叢書本　一冊

150000－0601－0000949　60629　經部/小學類/說文之屬/專著

說文古本考十四卷 （清）沈濤撰　清吳縣潘氏滂喜齋刻本　八冊

150000－0601－0000950　60503　經部/小學類/說文之屬/專著

說文引經考二卷補遺一卷 （清）吳玉搢撰　清刻咫進齋叢書本　二冊

150000－0601－0000951　128695　經部/小學類/說文之屬/專著

說文解字群經正字二十八卷 （清）邵瑛撰　清嘉慶二十一年(1816)刻本　十冊

150000－0601－0000952　60505　經部/小學類/說文之屬/專著

說文引經考證八卷 （清）陳瑑撰　清同治十三年(1874)湖北崇文書局刻本　二冊

150000－0601－0000953　60507　經部/小學類/說文之屬/專著

說文引經考證八卷 （清）陳瑑撰　清同治十三年(1874)湖北崇文書局刻本　二冊

150000－0601－0000954　60509　經部/小學類/說文之屬/專著

說文引經考證八卷 （清）陳瑑撰　清同治十三年(1874)湖北崇文書局刻本　二冊

150000－0601－0000955　61388　經部/小學類/說文之屬/專著

說文引經考證八卷 （清）陳瑑撰　清同治十三年(1874)湖北崇文書局刻本　二冊

150000－0601－0000956　128509　經部/小學類/說文之屬/專著

說文引經考證八卷 （清）陳瑑撰　清同治十

三年(1874)湖北崇文書局刻本　二冊

150000－0601－0000957　60502　經部/小學類/說文之屬/專著

說文經典異字釋一卷 （清）高翔麟撰　清光緒九年(1883)萬卷樓刻本　一冊

150000－0601－0000958　60511　經部/小學類/說文之屬/專著

說文引經考異十六卷 （清）柳榮宗撰　清咸豐二年(1852)刻本　四冊

150000－0601－0000959　60515　經部/小學類/說文之屬/專著

說文引經考異十六卷 （清）柳榮宗撰　清咸豐二年(1852)刻本　四冊

150000－0601－0000960　60500　經部/小學類/說文之屬/專著

說文經字正誼四卷 （清）郭慶藩撰　清光緒二十年(1894)湘陰郭氏刻本　二冊

150000－0601－0000961　60539　經部/小學類/說文之屬/專著

說文檢字二卷十二集 （清）毛謨輯　清嘉慶二十一年(1816)四川督學使署刻本　二冊

150000－0601－0000962　60535　經部/小學類/說文之屬/專著

說文通檢十四卷首一卷末一卷 （清）黎永椿編　清光緒二年(1876)崇文書局刻本　二冊

150000－0601－0000963　765262　經部/小學類/說文之屬/專著

說文通檢十四卷首一卷末一卷 （清）黎永椿編　清光緒二年(1876)崇文書局刻本　一冊

150000－0601－0000964　60537　經部/小學類/說文之屬/專著

說文通檢十四卷首一卷末一卷 （清）黎永椿編　民國元年(1912)鄂官書處刻本　二冊

150000－0601－0000965　60520　經部/小學類/字書之屬/通論

小學問答一卷 章炳麟撰　清宣統元年(1909)刻本　一冊

150000－0601－0000966　128532　經部/小學類/字書之屬/通論

小學問答一卷　章炳麟撰　清宣統元年(1909)刻本　一冊

150000－0601－0000967　128738　經部/小學類/字書之屬/通論

中國文字來源及變遷一卷　李天根撰　李氏念劬堂刻本　一冊

150000－0601－0000968　61247　經部/小學類/字書之屬/通論

文字源流一卷　胡棣華撰　**論文要略一卷**　胡棣華撰　民國二年(1913)湖南官書報局排印桑園雜著本　一冊

150000－0601－0000969　59999　經部/小學類/字書之屬/古文

說文古籀疏證六卷　（清）莊述祖撰　清光緒十一年(1885)刻本　三冊

150000－0601－0000970　60557　經部/小學類/字書之屬/古文

說文古籀疏證六卷　（清）莊述祖撰　清光緒二十年(1894)刻本　二冊

150000－0601－0000971　60060　經部/小學類/字書之屬/古文

說文古籀補十四卷附錄一卷　（清）吳大澂撰　清光緒二十四年(1898)刻本　二冊

150000－0601－0000972　128539　經部/小學類/字書之屬/古文

名原二卷　（清）孫詒讓撰　清光緒三十一年(1905)刻本　一冊

150000－0601－0000973　60879　經部/小學類/字書之屬/古文

字說一卷　（清）吳大澂撰　清光緒十九年(1893)思賢講舍刻本　一冊

150000－0601－0000974　128526　經部/小學類/字書之屬/古文

字說一卷　（清）吳大澂撰　清光緒十九年(1893)思賢講舍刻本　一冊

150000－0601－0000975　128742　經部/小學類/字書之屬/古文

字說一卷　（清）吳大澂撰　清光緒十九年(1893)思賢講舍刻本　一冊

150000－0601－0000976　128748　經部/小學類/字書之屬/古文

字說一卷　（清）吳大澂撰　清光緒十九年(1893)思賢講舍刻本　一冊

150000－0601－0000977　60880　經部/小學類/字書之屬/古文

字說一卷　（清）吳大澂撰　清刻本　一冊

150000－0601－0000978　128529　經部/小學類/字書之屬/字典

字林考逸補本一卷　（清）陶方琦輯　龔道耕校補　**字林一卷**　（宋）呂忱撰　**字林考逸校誤一卷補一卷**　龔道耕撰　木刻民國二十三年(1934)渭南嚴氏補刻本　一冊

150000－0601－0000979　60646　經部/小學類/字書之屬/字典

玉篇一卷　（南朝梁）顧野王撰　清光緒十年(1884)遵義黎氏影刻古逸叢書本　二冊

150000－0601－0000980　61174　經部/小學類/字書之屬/字典

大廣益會玉篇三十卷　（南朝梁）顧野王撰（唐）孫强增字　（宋）陳彭年等重修　清康熙四十三年(1704)吳郡張士俊刻澤存堂五種本　三冊

150000－0601－0000981　60690　經部/小學類/字書之屬/字典

類篇十五卷　（宋）司馬光纂　清光緒二年(1876)川東官舍刻本　十五冊

150000－0601－0000982　60871　經部/小學類/字書之屬/字典

龍龕手鑑四卷　（遼）釋行均撰　清張丹鳴刻本　六冊

150000－0601－0000983　767674　經部/小學類/字書之屬/字典

三台館仰止子考古詳訂遵韻海篇正宗二十卷

明萬曆二十六年(1598)余文臺刻本 一冊 存五卷(十六至二十)

150000－0601－0000984 39988 經部/小學類/字書之屬/字典

字彙十二集首一卷末一卷 （明）梅膺祚撰 **韻法直圖一卷橫圖一卷** （明）梅膺祚撰 清書林簡庵氏關西刻本 十三冊

150000－0601－0000985 61142 經部/小學類/字書之屬/字典

字彙十二集首一卷末一卷 （明）梅膺祚撰 **韻法直圖一卷橫圖一卷** （明）梅膺祚撰 清刻本 十三冊

150000－0601－0000986 61095 經部/小學類/字書之屬/字典

考正字彙二卷 清光緒三十二年(1906)石印本 一冊

150000－0601－0000987 60804 經部/小學類/字書之屬/字典

正字通十二卷字彙舊本首卷一卷 （明）張自烈 （清）廖文英輯 清康熙十年(1671)弘文書院刻本 十三冊

150000－0601－0000988 61390 經部/小學類/字書之屬/字典

正字通十二卷字彙舊本首卷一卷 （明）張自烈 （清）廖文英輯 清康熙二十四年(1685)清畏堂刻本 三十五冊

150000－0601－0000989 61052 經部/小學類/字書之屬/字典

康熙字典十二集備考十二集補遺十二集 (清)張玉書 （清)陳廷敬修 （清)凌紹雯纂 清光緒六年(1880)昭陵玉光堂刻本 四十三冊

150000－0601－0000990 60946 經部/小學類/字書之屬/字典

康熙字典十二集備考十二集補遺十二集 (清)張玉書 （清)陳廷敬修 （清)凌紹雯纂 清刻本 四十冊

150000－0601－0000991 68514 經部/小學

類/字書之屬/字典

康熙字典十二集備考十二集補遺十二集 (清)張玉書 （清)陳廷敬修 （清)凌紹雯纂 清刻本 四十冊

150000－0601－0000992 44463 經部/小學類/字書之屬/字典

康熙字典十二集備考十二集補遺十二集 (清)張玉書 （清)陳廷敬修 （清)凌紹雯纂 清刻本 四十冊

150000－0601－0000993 60900 經部/小學類/字書之屬/字典

康熙字典十二集備考十二集補遺十二集 (清)張玉書 （清)陳廷敬修 （清)凌紹雯纂 民國二年(1913)鄂官書局刻本 四十六冊

150000－0601－0000994 39304 經部/小學類/字書之屬/字典

康熙字典十二集備考十二集補遺十二集 (清)張玉書 （清)陳廷敬修 （清)凌紹雯纂 清光緒九年(1883)上海同文書局石印本 六冊

150000－0601－0000995 61046 經部/小學類/字書之屬/字典

康熙字典十二集備考十二集補遺十二集 (清)張玉書 （清)陳廷敬修 （清)凌紹雯纂 清光緒十一年(1885)上海同文書局石印本 六冊

150000－0601－0000996 61040 經部/小學類/字書之屬/字典

康熙字典十二集備考十二集補遺十二集 (清)張玉書 （清)陳廷敬修 （清)凌紹雯纂 清光緒十三年(1887)上海同文書局石印本 六冊

150000－0601－0000997 60986 經部/小學類/字書之屬/字典

康熙字典十二集備考十二集補遺十二集 (清)張玉書 （清)陳廷敬修 （清)凌紹雯纂 清光緒二十年(1894)上海同文書局石印本 十二冊

150000 - 0601 - 0000998　765417　經部/小學類/字書之屬/字典

康熙字典十二集備考十二集補遺十二集
(清)張玉書　(清)陳廷敬修　(清)凌紹雯纂　清光緒二十年(1894)上海同文書局石印本　六冊

150000 - 0601 - 0000999　40001　經部/小學類/字書之屬/字典

康熙字典十二集備考十二集補遺十二集
(清)張玉書　(清)陳廷敬修　(清)凌紹雯纂　清光緒二十年(1894)上海點石齋石印本　六冊

150000 - 0601 - 0001000　170714　經部/小學類/字書之屬/字典

康熙字典十二集備考十二集補遺十二集
(清)張玉書　(清)陳廷敬修　(清)凌紹雯纂　清末上海商務印書館石印本　六冊

150000 - 0601 - 0001001　61425　經部/小學類/字書之屬/字典

字典考證十二集　(清)王引之撰　清光緒二年(1876)崇文書局刻本　六冊

150000 - 0601 - 0001002　61183　經部/小學類/字書之屬/字典

字典考證十二集　(清)王引之撰　清光緒十二年(1886)崇文書局刻本　六冊

150000 - 0601 - 0001003　61177　經部/小學類/字書之屬/字典

字典考證十二集　(清)王引之撰　清刻本　六冊

150000 - 0601 - 0001004　61189　經部/小學類/字書之屬/字典

字典考證十二集　(清)王引之撰　清刻本　八冊

150000 - 0601 - 0001005　61160　經部/小學類/字書之屬/字典

字類標韵六卷　(清)華綱輯　清光緒八年(1882)肆江王氏刻本　二冊

150000 - 0601 - 0001006　61249　經部/小學

類/字書之屬/字體

字學七種二卷　(清)李秘園撰　清道光十三年(1833)刻本　四冊

150000 - 0601 - 0001007　60682　經部/小學類/字書之屬/字體

汗簡箋正七卷　(五代)郭忠恕撰　(清)鄭珍箋正　清光緒十五年(1889)廣雅書局刻廣雅書局叢書本　四冊

150000 - 0601 - 0001008　60686　經部/小學類/字書之屬/字體

汗簡箋正七卷　(五代)郭忠恕撰　(清)鄭珍箋正　清光緒十五年(1889)廣雅書局刻廣雅書局叢書本　四冊

150000 - 0601 - 0001009　60718　經部/小學類/字書之屬/字體

復古編二卷附錄一卷　(宋)張有撰　**復古編校正一卷**　(清)葛鳴陽撰　**曾樂軒稿一卷**　(宋)張維撰　**安陸集一卷**　(宋)張先撰　清乾隆四十六年(1781)安邑葛氏刻本　三冊

150000 - 0601 - 0001010　60714　經部/小學類/字書之屬/字體

復古編二卷附錄一卷續錄一卷首一卷　(宋)張有撰　清光緒十八年(1892)香山劉氏小蘇齋刻本　四冊

150000 - 0601 - 0001011　60721　經部/小學類/字書之屬/字體

續復古編四卷　(元)曹本撰　清光緒十二年(1886)歸安姚氏影刻紅印思進齋叢書本　四冊

150000 - 0601 - 0001012　60847　經部/小學類/字書之屬/字體

六書分類十二卷首一卷　(清)傅世垚撰　清康熙四十四年(1705)周天健燕詒堂刻本　十四冊

150000 - 0601 - 0001013　8303　經部/小學類/字書之屬/字體

六書分類十二卷首一卷　(清)傅世垚撰　清康熙四十四年(1705)周天健刻本　十四冊

150000－0601－0001014　60835　經部/小學類/字書之屬/字體

六書分類十二卷　（清）傅世垚撰　清傅應奎刻本　十二冊

150000－0601－0001015　128743　經部/小學類/字書之屬/字體

壘字編一卷　（清）汪汲撰　清乾隆五十九年(1794)刻本　一冊

150000－0601－0001016　128550　經部/小學類/字書之屬/字體

字林古今正俗異同通考四卷　（清）湯容煟撰　**六書辨異二卷補遺一卷**　（清）湯容煟撰　清嘉慶三年(1798)刻本　六冊

150000－0601－0001017　60882　經部/小學類/字書之屬/字體

字學舉隅一卷　（清）龍啓瑞撰　清道光二十六年(1846)刻本　一冊

150000－0601－0001018　60885　經部/小學類/字書之屬/字體

字學舉隅一卷　（清）龍啓瑞撰　清道光二十六年(1846)刻本　一冊

150000－0601－0001019　60883　經部/小學類/字書之屬/字體

字學舉隅一卷　（清）龍啓瑞撰　清光緒五年(1879)刻本　一冊

150000－0601－0001020　60884　經部/小學類/字書之屬/字體

字學舉隅一卷　（清）龍啓瑞撰　清光緒八年(1882)刻本　一冊

150000－0601－0001021　61232　經部/小學類/字書之屬/字體

字學舉隅續編一卷　（清）王維珍撰　清光緒二年(1876)京都琉璃廠懿文齋刻本　二冊

150000－0601－0001022　128567　經部/小學類/字書之屬/字體

字學舉隅續編一卷　（清）汪叙疇撰　清光緒二年(1876)刻本　一冊

150000－0601－0001023　61259　經部/小學類/字書之屬/字體

文字辨訛一卷　（清）吳省蘭撰　清乾隆五十四年(1789)刻本　一冊

150000－0601－0001024　61480　經部/小學類/字書之屬/字體

增訂臨文便覽一卷　（清）怡雲僊館主人編　清光緒二年(1876)刻本　二冊

150000－0601－0001025　128715　經部/小學類/字書之屬/字體

偏旁舉略一卷　（清）姚文田輯　清刻本　一冊

150000－0601－0001026　128577　經部/小學類/字書之屬/字體

正字略定本一卷　清道光十三年(1833)刻本　一冊

150000－0601－0001027　61287　經部/小學類/字書之屬/字體

字畫便覽一卷　（清）姚湘　（清）姚淮輯　**韵義便覽一卷**　（清）姚湘　（清）姚淮輯　清嘉慶十年(1805)刻本　一冊

150000－0601－0001028　61239　經部/小學類/字書之屬/字體

他山字學二卷　（清）錢邦芑纂　（清）陳聖謨訂　清康熙十一年(1672)刻本　一冊

150000－0601－0001029　128767　經部/小學類/字書之屬/字體

重刻四庫全書辨正通俗文字一卷　（清）王朝梧撰　清刻本　一冊

150000－0601－0001030　61208　經部/小學類/字書之屬/字體

篆法偏旁點畫辨一卷　（清）陳紀書　（清）鄭漢音釋　清刻本　一冊

150000－0601－0001031　765717　經部/小學類/字書之屬/字體

篆字彙十二集　（清）佟世南編　清刻本　十二冊

150000－0601－0001032　61136　經部/小學類/字書之屬/字體

篆林肆考十五卷　（清）鄭大郁輯　清晶潭居刻本　四冊

150000－0601－0001033　59947　經部/小學類/字書之屬/蒙學

倉頡篇三卷　（清）陳其榮輯　清光緒十八年（1892）石埭徐氏觀自得齋刻觀自得齋叢書本　一冊

150000－0601－0001034　128533　經部/小學類/字書之屬/蒙學

倉頡篇校證三卷補遺一卷　（清）梁章鉅撰　清光緒五年（1879）梁恭辰刻本　二冊

150000－0601－0001035　59948　經部/小學類/字書之屬/蒙學

急就篇四卷　（唐）顏師古注　（宋）王應麟補注　清末刻玉海本　二冊

150000－0601－0001036　59950　經部/小學類/字書之屬/蒙學

急就篇四卷　（唐）顏師古注　（宋）王應麟補注　清末刻玉海本　二冊

150000－0601－0001037　170270　經部/小學類/字書之屬/蒙學

急就篇四卷　（唐）顏師古注　（宋）王應麟補注　清末刻玉海本　二冊

150000－0601－0001038　128750　經部/小學類/字書之屬/蒙學

急就章一卷　（漢）史游撰　清元和江氏刻本　一冊

150000－0601－0001039　61294　經部/小學類/字書之屬/蒙學

養蒙針度五卷首一卷　（清）潘子聲撰　清同治十二年（1873）刻本　二冊

150000－0601－0001040　61296　經部/小學類/字書之屬/蒙學

養蒙針度五卷首一卷　（清）潘子聲撰　清光緒三年（1877）刻本　二冊

150000－0601－0001041　53613　經部/小學類/字書之屬/蒙學

養蒙針度五卷首一卷　（清）潘子聲撰　清光緒六年（1880）刻本　二冊

150000－0601－0001042　61292　經部/小學類/字書之屬/蒙學

養蒙針度五卷首一卷　（清）潘子聲撰　清光緒十一年（1885）刻本　二冊

150000－0601－0001043　61339　經部/小學類/字書之屬/蒙學

澄衷蒙學堂字課圖說四卷　清光緒二十七年（1901）石印本　八冊

150000－0601－0001044　61355　經部/小學類/字書之屬/蒙學

澄衷蒙學堂字課圖說四卷　清光緒二十七年（1901）石印本　八冊

150000－0601－0001045　61347　經部/小學類/字書之屬/蒙學

澄衷蒙學堂字課圖說四卷　清光緒三十一年（1905）石印本　八冊

150000－0601－0001046　61333　經部/小學類/字書之屬/蒙學

千字文一卷　（南朝梁）周興嗣撰　清刻本　一冊

150000－0601－0001047　128460　經部/小學類/字書之屬/蒙學

千字文一卷　（南朝梁）周興嗣撰　續千字文一卷廣千字文一卷廣千字文注一卷　清解梁書院刻本　一冊

150000－0601－0001048　61498　經部/小學類/字書之屬/蒙學

同文千字文二卷　（南朝梁）周興嗣撰　（明）汪以成輯字　清道光三十年（1850）刻本　四冊

150000－0601－0001049　61332　經部/小學類/字書之屬/蒙學

四體千字文一卷　（南朝梁）周興嗣撰　（清）文士英書　清京都宏文閣刻本　一冊

150000－0601－0001050　61502　經部/小學
類/字書之屬/蒙學

歷代聖賢篆書百體千文一卷　（南朝梁）周興
嗣撰　（清）孫枝秀集篆　清嘉慶十一年
(1806)吳元譜刻本　二冊

150000－0601－0001051　128462　經部/小
學類/字書之屬/蒙學

千字文釋義一卷　（南朝梁）周興嗣撰　（清）
汪嘯尹纂輯　（清）孫謙益參注　清道光三年
(1823)觀生閣刻本　一冊

150000－0601－0001052　61335　經部/小學
類/字書之屬/蒙學

千字文釋義一卷　（南朝梁）周興嗣撰　（清）
汪嘯尹纂輯　（清）孫謙益參注　清刻本
一冊

150000－0601－0001053　128480　經部/小
學類/字書之屬/蒙學

千字文釋義一卷　（南朝梁）周興嗣撰　（清）
汪嘯尹纂輯　（清）孫謙益參注　清刻本
一冊

150000－0601－0001054　61334　經部/小學
類/字書之屬/蒙學

千字文一卷　（清）何丹溪撰　清桂林唐九如
堂刻本　一冊

150000－0601－0001055　61505　經部/小學
類/字書之屬/蒙學

三言雜字一卷　京都泰山堂刻本　一冊

150000－0601－0001056　879297　經部/小
學類/字書之屬/蒙學

三言雜字一卷　抄本　一冊

150000－0601－0001057　61338　經部/小學
類/字書之屬/蒙學

繪圖買賣雜字一卷　清末石印本　一冊

150000－0601－0001058　53560　經部/小學
類/字書之屬/蒙學

創業雜字一卷　清三義堂刻本　一冊

150000－0601－0001059　61504　經部/小學

類/字書之屬/蒙學

童蒙急就篇一卷　（清）賀汝田編輯　清嘉慶
十七年(1812)刻本　一冊

150000－0601－0001060　53550　經部/小學
類/字書之屬/蒙學

課蒙造句捷訣初集一卷　周本培編輯　清光
緒二十八年（1902）上海日新書所排印本
一冊

150000－0601－0001061　53551　經部/小學
類/字書之屬/蒙學

課蒙易曉一卷　（清）張官德撰　清光緒五年
(1879)信述堂刻本　一冊

150000－0601－0001062　53552　經部/小學
類/字書之屬/蒙學

課蒙易曉一卷　（清）張官德撰　清光緒五年
(1879)信述堂刻本　一冊

150000－0601－0001063　53553　經部/小學
類/字書之屬/蒙學

課蒙易曉一卷　（清）張官德撰　清光緒五年
(1879)信述堂刻本　一冊

150000－0601－0001064　765659　經部/小
學類/字書之屬/蒙學

小兒必讀底本一卷　（清）賀蘭山王訂　稿本
一冊

150000－0601－0001065　153336　經部/小
學類/音韵之屬

音韵日月燈　（明）呂維祺撰　明崇禎六年
(1633)刻本　八冊

150000－0601－0001066　153319　經部/小
學類/音韵之屬

音學五書　（清）顧炎武撰　清康熙刻本　十
二冊

150000－0601－0001067　128942　經部/小
學類/音韵之屬

音學五書　（清）顧炎武撰　清觀稼樓刻本
十一冊

150000－0601－0001068　167746　經部/小

學類/音韵之屬

澤存堂五種 （清）張士俊輯　清光緒十四年(1888)上海蜚英館石印本　八冊

150000－0601－0001069　61596　經部/小學類/音韵之屬/韵書

唐韵考五卷 （清）紀容舒撰　清光緒六年(1880)定州王氏括齋刻畿輔叢書本　二冊

150000－0601－0001070　61542　經部/小學類/音韵之屬/韵書

大宋重修廣韵五卷 （宋）陳彭年等撰　清康熙四十三年(1704)吳郡張氏澤存堂刻澤存堂五種本　四冊

150000－0601－0001071　61550　經部/小學類/音韵之屬/韵書

集韵十卷 （宋）丁度等撰　**附釋文互注禮部韵略五卷**　清光緒二年(1876)川東官舍刻本　十冊

150000－0601－0001072　128967　經部/小學類/音韵之屬/韵書

韵補五卷 （宋）吳棫撰　**韵補正一卷** （清）顧炎武撰　清光緒九年(1883)邵武徐氏刻邵武徐氏叢書本　二冊

150000－0601－0001073　170445　經部/小學類/音韵之屬/韵書

韵補正一卷 （清）顧炎武撰　**昌平山水記二卷** （清）顧炎武撰　**謫觚十事一卷** （清）顧炎武撰　**顧氏譜系考一卷** （清）顧炎武撰　清末刻亭林遺書本　一冊

150000－0601－0001074　128846　經部/小學類/音韵之屬/韵書

韵補正一卷 （清）顧炎武撰　清刻本　一冊

150000－0601－0001075　61612　經部/小學類/音韵之屬/韵書

古今韵會舉要三十卷 （元）熊忠撰　**禮部韵略七音三十六字母通考一卷** （元）熊忠撰　清光緒九年(1883)淮南書局刻本　十冊

150000－0601－0001076　61600　經部/小學類/音韵之屬/韵書

康熙甲子史館新刊古今通韵十二卷 （清）毛奇齡纂　清康熙二十三年(1684)史館刻本　十二冊

150000－0601－0001077　61546　經部/小學類/音韵之屬/韵書

類音八卷 （清）潘耒撰　清刻本　四冊

150000－0601－0001078　128873　經部/小學類/音韵之屬/韵書

古今韵略五卷 （清）邵長蘅撰　清康熙三十五年(1696)刻本　五冊

150000－0601－0001079　61570　經部/小學類/音韵之屬/韵書

古今韵略五卷 （清）邵長蘅撰　清康熙三十五年(1696)刻本　五冊

150000－0601－0001080　61575　經部/小學類/音韵之屬/韵書

古今韵略五卷 （清）邵長蘅撰　清康熙三十五年(1696)刻本　五冊

150000－0601－0001081　61580　經部/小學類/音韵之屬/韵書

韵歧五卷 （清）江昱輯　清乾隆二十六年(1761)湘東署齋刻本　二冊

150000－0601－0001082　61582　經部/小學類/音韵之屬/韵書

韵歧五卷 （清）江昱輯　清光緒七年(1881)刻本　三冊

150000－0601－0001083　61585　經部/小學類/音韵之屬/韵書

韵歧五卷 （清）江昱輯　清光緒七年(1881)刻本　二冊

150000－0601－0001084　61587　經部/小學類/音韵之屬/韵書

韵歧五卷 （清）江昱輯　清光緒七年(1881)刻本　二冊

150000－0601－0001085　61591　經部/小學類/音韵之屬/韵書

韵辨附文五卷 （清）沈兆霖撰　清同治十二

年（1873）刻本　五冊

150000－0601－0001086　51847　經部/小學類/音韵之屬/韵書

佩文詩韵五卷　清刻本　一冊

150000－0601－0001087　61705　經部/小學類/音韵之屬/韵書

佩文詩韵五卷　清刻本　一冊

150000－0601－0001088　61706　經部/小學類/音韵之屬/韵書

佩文詩韵釋要五卷　（清）周兆基輯　清光緒十八年（1892）浙江書局刻本　一冊

150000－0601－0001089　128868　經部/小學類/音韵之屬/韵書

佩文詩韵釋要五卷　（清）周兆基輯　（清）朱蘭重輯　清光緒元年（1875）湖北崇文書局刻本　一冊

150000－0601－0001090　61590　經部/小學類/音韵之屬/韵書

詩韵辯字增注五卷　清光緒七年（1881）刻本　一冊

150000－0601－0001091　128766　經部/小學類/音韵之屬/韵書

詩韵辯字增注五卷　清光緒七年（1881）刻本　一冊

150000－0601－0001092　51780　經部/小學類/音韵之屬/韵書

詩韵集成□□卷　（清）余照輯　清道光十八年（1838）刻本　一冊　存四卷（一至四）

150000－0601－0001093　39697　經部/小學類/音韵之屬/韵書

詩韵集成十卷　（清）余照輯　清咸豐十一年（1861）刻本　四冊

150000－0601－0001094　61711　經部/小學類/音韵之屬/韵書

詩韵集成十卷　（清）余照輯　清光緒八年（1882）刻本　四冊

150000－0601－0001095　61709　經部/小學

類/音韵之屬/韵書

詩韵集成十卷　（清）余照輯　清刻本　二冊

150000－0601－0001096　26836　經部/小學類/音韵之屬/韵書

詩韵集成十卷　（清）余照輯　清光緒三年（1877）上海三元堂排印本　四冊

150000－0601－0001097　10382　經部/小學類/音韵之屬/韵書

詩韵合璧五卷　（清）湯文潞輯　清同治十二年（1873）文善堂刻本　六冊

150000－0601－0001098　61721　經部/小學類/音韵之屬/韵書

詩韵合璧五卷　（清）湯文潞輯　清光緒四年（1878）刻本　五冊

150000－0601－0001099　61715　經部/小學類/音韵之屬/韵書

詩韵全璧五卷虚字韵藪一卷　（清）潘維城輯　**初學檢韵袖珍十二集**　清光緒十五年（1889）上海點石齋石印本　六冊

150000－0601－0001100　61753　經部/小學類/音韵之屬/韵書

重校增訂初學檢韵十二集　（清）姚文登輯　清光緒九年（1883）排印本　四冊

150000－0601－0001101　61159　經部/小學類/音韵之屬/韵書

均目表一卷　（清）錢學嘉撰　清光緒七年（1881）歸安錢氏刻本　一冊

150000－0601－0001102　44450　經部/小學類/音韵之屬/韵書

韵辨附文五卷　（清）沈兆霖撰　清同治十三年（1874）竹素書局刻本　五冊

150000－0601－0001103　129147　經部/小學類/音韵之屬/音說

古韵標準四卷　（清）江永撰　清咸豐二年（1852）刻粤雅堂叢書本　二冊

150000－0601－0001104　129143　經部/小學類/音韵之屬/音說

聲類四卷 （清）錢大昕撰 清咸豐二年(1852)刻粵雅堂叢書本 三冊

150000－0601－0001105 128780 經部/小學類/音韵之屬/音說

聲類四卷 （清）錢大昕撰 清光緒十年(1884)長沙龍氏家塾刻本 二冊

150000－0601－0001106 128825 經部/小學類/音韵之屬/音說

六書音均表五卷 （清）段玉裁撰 清同治十一年(1872)湖北崇文書局刻本 二冊

150000－0601－0001107 61158 經部/小學類/音韵之屬/音說

六書音均表五卷 （清）段玉裁撰 清刻本 一冊

150000－0601－0001108 61515 經部/小學類/音韵之屬/音說

六書音均表五卷 （清）段玉裁撰 清刻本 一冊

150000－0601－0001109 61598 經部/小學類/音韵之屬/音說

漢魏音四卷 （清）洪亮吉撰 清光緒三年(1877)授經堂刻本 一冊

150000－0601－0001110 765651 經部/小學類/音韵之屬/音說

十駕齋養新錄雙聲迭韵一卷 抄本 一冊

150000－0601－0001111 128831 經部/小學類/音韵之屬/音說

古韵論三卷 （清）胡秉虔撰 清光緒二年(1876)世澤樓刻本 一冊

150000－0601－0001112 128832 經部/小學類/音韵之屬/音說

古韵論三卷 （清）胡秉虔撰 清光緒二年(1876)世澤樓刻本 一冊

150000－0601－0001113 61777 經部/小學類/音韵之屬/音說

切韵考六卷外篇三卷 （清）陳澧撰 清刻番禺陳氏東塾叢書本 三冊

切韵考六卷外篇三卷 （清）陳澧撰 清刻番禺陳氏東塾叢書本 二冊

150000－0601－0001114 128816 經部/小學類/音韵之屬/音說

150000－0601－0001115 128819 經部/小學類/音韵之屬/音說

切韵考外篇三卷 （清）陳澧撰 清光緒五年(1879)刻本 一冊

150000－0601－0001116 61634 經部/小學類/音韵之屬/音說

五方元音二卷 （清）樊騰鳳撰 （清）年希堯增補 清咸豐六年(1856)刻本 一冊

150000－0601－0001117 128865 經部/小學類/音韵之屬/音說

五方元音二卷 （清）樊騰鳳撰 （清）年希堯增補 清光緒刻本 一冊

150000－0601－0001118 61630 經部/小學類/音韵之屬/音說

五方元音二卷 （清）樊騰鳳撰 （清）年希堯增補 清宣統元年(1909)掃葉山房石印本 四冊

150000－0601－0001119 61628 經部/小學類/音韵之屬/音說

五方元音二卷 （清）樊騰鳳撰 （清）年希堯增補 清京都文成堂石印本 一冊

150000－0601－0001120 61637 經部/小學類/音韵之屬/音說

經韵集字析解二卷 （清）彭良敞集注 清道光二年(1822)刻本 二冊

150000－0601－0001121 61639 經部/小學類/音韵之屬/音說

經韵集字析解二卷 （清）彭良敞集注 清道光二年(1822)刻本 二冊

150000－0601－0001122 61635 經部/小學類/音韵之屬/音說

經韵集字析解二卷 （清）彭良敞集注 清道光十年(1830)刻本 二冊

150000－0601－0001123　128720　經部/小學類/音韵之屬/音說

古韵溯源八卷　（清）安念祖　（清）華湛恩撰　清道光十九年(1839)親仁堂刻本　四冊

150000－0601－0001124　128724　經部/小學類/音韵之屬/音說

韵徵十六卷　（清）安吉撰　清道光十八年(1838)華湛恩刻本　八冊

150000－0601－0001125　128809　經部/小學類/音韵之屬/音說

韵籟四卷　（清）華長忠撰　清光緒十五年(1889)松竹齋刻本　二冊

150000－0601－0001126　128848　經部/小學類/音韵之屬/音說

唐韵目一卷　（清）王植撰　**吳才老古韵一卷臆說一卷十三字首之群字一卷**　清刻本　一冊

150000－0601－0001127　128800　經部/小學類/音韵之屬/等韵

切韵指掌圖一卷　（宋）司馬光撰　清光緒九年(1883)刻本　一冊

150000－0601－0001128　128802　經部/小學類/音韵之屬/等韵

切韵指掌圖一卷　（宋）司馬光撰　清宣統二年(1910)豐城熊氏舊補史堂刻紅印本　一冊

150000－0601－0001129　128847　經部/小學類/音韵之屬/等韵

元韵譜一卷釋目一卷　（明）喬中和撰　清光緒五年(1879)刻西郭草堂合刊本　一冊

150000－0601－0001130　129146　經部/小學類/音韵之屬/等韵

四聲切韵表一卷　（清）江永撰　清咸豐二年(1852)刻粵雅堂叢書本　一冊

150000－0601－0001131　128850　經部/小學類/音韵之屬/等韵

四聲切韵表一卷　（清）江永撰　清刻本　一冊

150000－0601－0001132　170449　經部/小學類/音韵之屬/等韵

五韵論二卷　（清）鄒漢勛撰　**顓頊曆考二卷**　（清）鄒漢勛撰　清刻學藝齋叢書本　一冊

150000－0601－0001133　61622　經部/小學類/音韵之屬/等韵

李氏音鑑六卷首一卷　（清）李汝珍撰　清刻同治七年(1868)重修本　四冊

150000－0601－0001134　61772　經部/小學類/音韵之屬/等韵

四音定切四卷首一卷　（清）劉熙載撰　（清）黃晉參輯　清光緒四年(1878)刻本　二冊

150000－0601－0001135　61774　經部/小學類/音韵之屬/等韵

四音定切四卷首一卷　（清）劉熙載撰　（清）黃晉參輯　清光緒四年(1878)刻本　二冊

150000－0601－0001136　61776　經部/小學類/音韵之屬/等韵

切音捷訣一卷　（清）酈珩撰　**幼學切音便讀一卷**　清光緒六年(1880)刻本　一冊

150000－0601－0001137　128807　經部/小學類/音韵之屬/等韵

重訂空谷傳聲一卷　（清）汪鋆撰　清光緒八年(1882)李光明莊刻本　一冊

150000－0601－0001138　61747　經部/小學類/音韵之屬/等韵

詩韵釋音五卷　（清）陳錦撰　清光緒十三年(1887)刻本　二冊

150000－0601－0001139　128815　經部/小學類/音韵之屬/等韵

切韵考四卷　（清）李鄴撰　清刻本　一冊

150000－0601－0001140　128841　經部/小學類/音韵之屬/簡字拼音

簡字全譜一卷　勞乃宣撰　清光緒三十三年(1907)金陵刻本　一冊

150000－0601－0001141　61211　經部/小學類/音韵之屬/簡字拼音

增訂合聲簡字譜一卷　勞乃宣撰　清光緒三十二年(1906)江寧刻本　一冊

150000－0601－0001142　128852　經部/小學類/音韵之屬/簡字拼音

傳音快字一卷　(清)蔡錫勇撰　清光緒二十二年(1896)武昌刻本　一冊

150000－0601－0001143　128840　經部/小學類/音韵之屬/簡字拼音

京音簡字述略一卷　勞乃宣撰　清光緒三十三年(1907)金陵刻本　一冊

150000－0601－0001144　128845　經部/小學類/音韵之屬/簡字拼音

新字甌文七音鐸一卷　(清)陳虬撰　甌諺略一卷　(清)陳虬撰　清刻利濟叢書·音聲語言文字學十種本　一冊

150000－0601－0001145　128808　經部/小學類/音韵之屬/簡字拼音

甌文音彙一卷　(清)陳虬撰　刻利濟叢書·音聲語言文字學十種本　一冊

150000－0601－0001146　128835　經部/小學類/音韵之屬/簡字拼音

重刊官話合聲字母序例及關係論說一卷　清光緒二十九年(1903)刻本　一冊

150000－0601－0001147　128581　經部/小學類/音韵之屬/簡字拼音

拼音字譜□□卷　(清)王炳耀撰　清光緒二十七年(1901)刻本　一冊　存一卷(一)

150000－0601－0001148　128579　經部/小學類/音韵之屬/簡字拼音

拼音識字表一卷　(清)孔繁祉撰　清光緒三十年(1904)文升齋刻本　一冊

150000－0601－0001149　128707　經部/小學類/訓詁之屬/群雅

小爾雅疏八卷　(清)王煦撰　清光緒十一年(1885)邵武徐氏刻邵武徐氏叢書本　二冊

150000－0601－0001150　59813　經部/小學類/訓詁之屬/群雅

小爾雅訓纂六卷　(清)宋翔鳳撰　清光緒十六年(1890)廣雅書局刻本　一冊

150000－0601－0001151　59642　經部/小學類/訓詁之屬/群雅

釋名疏證八卷補遺一卷　(清)畢沅撰　續釋名一卷　(清)畢沅撰　清乾隆五十四年(1789)刻本　二冊

150000－0601－0001152　59640　經部/小學類/訓詁之屬/群雅

釋名疏證八卷補遺一卷　(清)畢沅撰　續釋名一卷　(清)畢沅撰　清乾隆五十五年(1790)刻經訓堂叢書本　二冊

150000－0601－0001153　59644　經部/小學類/訓詁之屬/群雅

釋名疏證八卷補遺一卷　(清)畢沅撰　續釋名一卷　(清)畢沅撰　清乾隆五十五年(1790)刻經訓堂叢書本　四冊

150000－0601－0001154　59638　經部/小學類/訓詁之屬/群雅

釋名疏證八卷補遺一卷附錄一卷　(清)畢沅撰　續釋名一卷　(清)畢沅撰　釋名疏證校議一卷　清光緒二十年(1894)廣雅書局刻本　二冊

150000－0601－0001155　61509　經部/小學類/訓詁之屬/群雅

釋名疏證補八卷附一卷　王先謙撰　續釋名一卷釋名補遺一卷　清光緒二十二年(1896)刻本　三冊

150000－0601－0001156　59648　經部/小學類/訓詁之屬/群雅

廣雅三卷　(三國魏)張揖撰　清刻本　一冊

150000－0601－0001157　59671　經部/小學類/訓詁之屬/群雅

廣雅疏證十卷　(清)王念孫撰　博雅音十卷　(隋)曹憲撰　(清)王念孫校　清光緒五年(1879)淮南書局刻本　八冊

150000－0601－0001158　59679　經部/小學類/訓詁之屬/群雅

廣雅疏證十卷　（清）王念孫撰　**博雅音十卷**
（隋）曹憲撰　（清）王念孫校　清光緒五年
(1879)淮南書局刻本　八冊

150000－0601－0001159　59649　經部/小學
類/訓詁之屬/群雅

埤雅二十卷　（宋）陸佃撰　清刻本　四冊

150000－0601－0001160　59653　經部/小學
類/訓詁之屬/群雅

埤雅二十卷　（宋）陸佃撰　清刻本　十冊

150000－0601－0001161　59663　經部/小學
類/訓詁之屬/群雅

埤雅二十卷　（宋）陸佃撰　清刻本　八冊

150000－0601－0001162　59695　經部/小學
類/訓詁之屬/群雅

駢雅訓纂十六卷補遺十六卷　（清）魏茂林撰
清道光二十五年(1845)刻咸豐元年(1851)
補刻本　七冊

150000－0601－0001163　59702　經部/小學
類/訓詁之屬/群雅

駢雅訓纂十六卷補遺十六卷　（清）魏茂林撰
清道光二十五年(1845)刻咸豐元年(1851)
補刻本　八冊

150000－0601－0001164　59687　經部/小學
類/訓詁之屬/群雅

駢雅訓纂十六卷補遺十六卷　（清）魏茂林撰
清光緒二十年(1894)上海積山書局石印本
八冊

150000－0601－0001165　128775　經部/小
學類/訓詁之屬/群雅

別雅五卷　（清）吳玉搢撰　清乾隆七年
(1742)新安程氏督經堂刻本　五冊

150000－0601－0001166　59753　經部/小學
類/訓詁之屬/群雅

拾雅二十卷　（清）夏味堂撰　清嘉慶二十五
年(1820)刻本　十冊

150000－0601－0001167　59763　經部/小學
類/訓詁之屬/群雅

拾雅二十卷　（清）夏味堂撰　清道光二年
(1822)刻本　十二冊

150000－0601－0001168　104026　經部/小
學類/訓詁之屬/群雅

稱謂錄三十二卷　（清）梁章鉅撰　清光緒十
年(1884)梁恭辰刻本　八冊

150000－0601－0001169　104034　經部/小
學類/訓詁之屬/群雅

稱謂錄三十二卷　（清）梁章鉅撰　清光緒十
年(1884)梁恭辰刻本　八冊

150000－0601－0001170　104102　經部/小
學類/訓詁之屬/群雅

稱謂錄三十二卷　（清）梁章鉅撰　清光緒十
年(1884)梁恭辰刻本　八冊

150000－0601－0001171　104110　經部/小
學類/訓詁之屬/群雅

稱謂錄三十二卷　（清）梁章鉅撰　清光緒十
年(1884)梁恭辰刻本　八冊

150000－0601－0001172　170446　經部/小
學類/訓詁之屬/群雅

親屬記二卷　（清）鄭珍撰　清光緒十八年
(1892)廣雅書局刻本　一冊

150000－0601－0001173　104957　經部/小
學類/訓詁之屬/群雅

江湖切要二卷　（清）東海卓亭子輯　清光緒
十一年(1885)上海江則山房刻本　二冊

150000－0601－0001174　128774　經部/小
學類/訓詁之屬/字詁

匡謬正俗八卷　（唐）顏師古撰　清乾隆二十
一年(1756)雅雨堂刻本　一冊

150000－0601－0001175　128992　經部/小
學類/訓詁之屬/字詁

刊謬正俗八卷　（唐）顏師古撰　清光緒三年
(1877)湖北崇文書局刻本　一冊

150000－0601－0001176　60877　經部/小學
類/訓詁之屬/字詁

班馬字類二卷　（宋）婁機撰　清光緒九年

(1883)後知不足齋刻本　二冊

150000－0601－0001177　128535　經部/小學類/訓詁之屬/字詁

班馬字類二卷　（宋）婁機撰　清光緒九年（1883）後知不足齋刻本　二冊

150000－0601－0001178　60802　經部/小學類/訓詁之屬/字詁

班馬字類五卷　（宋）婁機撰　清揚州馬氏小玲瓏山館影刻本　二冊

150000－0601－0001179　128576　經部/小學類/訓詁之屬/字詁

增訂金壺字考一卷　（宋）釋適之撰　清光緒元年（1875）刻本　一冊

150000－0601－0001180　61524　經部/小學類/訓詁之屬/字詁

增訂金壺字考□□卷　（宋）釋適之撰　（清）田朝恒增訂　清刻本　一冊　存十卷（十至十九）

150000－0601－0001181　61525　經部/小學類/訓詁之屬/字詁

金壺字考二集二十一卷補注一卷補錄一卷　(清)田朝恒撰　清刻本　二冊

150000－0601－0001182　60573　經部/小學類/訓詁之屬/字詁

經籍纂詁一百〇六卷首一卷　（清）阮元撰　清儀徵阮氏琅環仙館刻本　四十八冊

150000－0601－0001183　59882　經部/小學類/訓詁之屬/字詁

經籍纂詁一百〇六卷補遺一百〇六卷首一卷　（清）阮元撰　清揚州阮氏琅環仙館刻本　六十四冊

150000－0601－0001184　44068　經部/小學類/訓詁之屬/字詁

經籍纂詁一百〇六卷補遺一百〇六卷首一卷　（清）阮元撰　清嘉慶十七年（1812）刻本　四十八冊

150000－0601－0001185　59834　經部/小學

類/訓詁之屬/字詁

經籍纂詁一百〇六卷補遺一百〇六卷首一卷　（清）阮元撰　清嘉慶十七年（1812）刻本　四十八冊

150000－0601－0001186　60563　經部/小學類/訓詁之屬/字詁

經籍纂詁五卷補遺五卷　（清）阮元撰　清光緒九年（1883）上海點石齋石印本　十冊

150000－0601－0001187　128574　經部/小學類/訓詁之屬/字詁

字詁一卷　（清）黃生撰　清光緒三年（1877）歙西黃氏刻本　一冊

150000－0601－0001188　128575　經部/小學類/訓詁之屬/字詁

字詁一卷　（清）黃生撰　清光緒三年（1877）歙西黃氏刻本　一冊

150000－0601－0001189　61260　經部/小學類/訓詁之屬/字詁

增補虛字注釋一卷　（清）張文炳撰　清光緒二十年（1894）鄭寶珩活字本　一冊

150000－0601－0001190　61261　經部/小學類/訓詁之屬/字詁

繪圖速通虛字法一卷　（清）施崇恩撰　清光緒二十九年（1903）石印本　一冊

150000－0601－0001191　104011　經部/小學類/訓詁之屬/字詁

普通百科新大詞典一卷　黃人編　清宣統三年（1911）上海國學扶輪社排印本　十五冊

150000－0601－0001192　103999　經部/小學類/訓詁之屬/字詁

文科大詞典一卷　國學扶輪社編　清宣統三年（1911）上海國學扶輪社排印本　十二冊

150000－0601－0001193　170276　經部/小學類/訓詁之屬/方言

輶軒使者絕代語釋別國方言十三卷校正補遺一卷　（漢）揚雄撰　（晉）郭璞注　清乾隆四十九年（1784）杭州刻本　一冊

150000－0601－0001194　60886　經部/小學類/訓詁之屬/方言

輶軒使者絕代語釋別國方言十三卷首一卷
（漢）揚雄撰　（晉）郭璞注　清光緒十七年
(1891)思賢講舍刻本　二冊

150000－0601－0001195　59628　經部/小學類/訓詁之屬/方言

輶軒使者絕代語釋別國方言箋疏十三卷
（清）錢繹撰　清光緒十六年(1890)紅蝠山房刻本　六冊

150000－0601－0001196　60888　經部/小學類/訓詁之屬/方言

續方言二卷　（清）杭世駿撰　**續方言補一卷**
　（清）程際盛撰　清末思賢講舍刻本　一冊

150000－0601－0001197　128528　經部/小學類/訓詁之屬/方言

續方言又補二卷　徐乃昌撰　清光緒二十一年(1895)南陵徐氏刻本　一冊

150000－0601－0001198　61468　經部/小學類/訓詁之屬/方言

通俗編三十八卷　（清）翟灝撰　清乾隆十六年(1751)無不宜齋刻本　十二冊

150000－0601－0001199　61460　經部/小學類/訓詁之屬/方言

通俗編三十八卷　（清）翟灝撰　清無不宜齋刻本　八冊

150000－0601－0001200　837232　經部/小學類/訓詁之屬/方言

通俗編三十八卷　（清）翟灝撰　清無不宜齋刻本　八冊

150000－0601－0001201　59634　經部/小學類/訓詁之屬/方言

新方言十一卷　章炳麟撰　**嶺外三州語一卷**
　章炳麟撰　浙江圖書館刻本　二冊

150000－0601－0001202　D1076　經部/小學類/訓詁之屬/譯文

華夷譯語一卷　（明）火源潔譯　抄本　一冊

150000－0601－0001203　128842　經部/小學類/訓詁之屬/譯文

清漢對音字式一卷　清光緒十六年(1890)京都隆福寺東口內路南聚珍堂刻本　一冊

150000－0601－0001204　61262　經部/小學類/訓詁之屬/譯文

欽定清漢對音字式一卷　清刻本　一冊

150000－0601－0001205　26897　經部/小學類/訓詁之屬/譯文

欽定同文韵統六卷　（清）允祿等修　（清）章嘉胡土克圖等纂　清宣統二年(1910)理藩部刻朱墨套印本　五冊

150000－0601－0001206　26902　經部/小學類/訓詁之屬/譯文

欽定同文韵統六卷　（清）允祿等修　（清）章嘉胡土克圖等纂　清宣統二年(1910)理藩部刻朱墨套印本　五冊

150000－0601－0001207　26907　經部/小學類/訓詁之屬/譯文

欽定同文韵統六卷　（清）允祿等修　（清）章嘉胡土克圖等纂　清宣統二年(1910)理藩部刻朱墨套印本　五冊

150000－0601－0001208　26912　經部/小學類/訓詁之屬/譯文

欽定同文韵統六卷　（清）允祿等修　（清）章嘉胡土克圖等纂　清宣統二年(1910)理藩部刻朱墨套印本　五冊

150000－0601－0001209　128557　經部/小學類/訓詁之屬/譯文

東文典問答六章　丁福保編　清光緒二十七年(1901)石印疇隱廬叢書本　一冊

150000－0601－0001210　60899　經部/小學類/訓詁之屬/譯文

英文舉隅一卷　（清）汪芝房撰　清光緒五年(1879)同文館排印本　一冊

150000－0601－0001211　765631　經部/小學類/訓詁之屬/譯文

天方字母解義一卷　（清）劉智撰　清同治二

年(1863)刻本　一冊

150000－0601－0001212　765632　經部/小學類/訓詁之屬/譯文

天方字母解義一卷　（清）劉智撰　清光緒五年(1879)刻本　一冊

150000－0601－0001213　765640　經部/小學類/訓詁之屬/譯文

回文課本(高級第三冊)一卷　刻本　一冊

150000－0601－0001214　55836　經部/讖緯類/總錄之屬

易緯略義三卷　（清）張惠言撰　清廣雅書局刻本　一冊

150000－0601－0001215　2501　史部/正史類/彙編之屬

二十四史　清同治八年(1869)嶺南菊古堂刻本　八百五十冊

150000－0601－0001216　15512　史部/正史類/彙編之屬

二十四史　清同治八年(1869)嶺南菊古堂刻本　八百五十冊

150000－0601－0001217　62674　史部/正史類/彙編之屬

二十四史　清同治八年(1869)嶺南菊古堂刻本　八百五十冊

150000－0601－0001218　63524　史部/正史類/彙編之屬

二十四史　清末五省官書局刻本　五百四十六冊

150000－0601－0001219　66210　史部/正史類/彙編之屬

二十四史　清末五省官書局刻本　五百四十四冊

150000－0601－0001220　66754　史部/正史類/彙編之屬

二十四史　清末五省官書局刻本　五百七十一冊

150000－0601－0001221　67341　史部/正史

類/彙編之屬

四史　清同治十一年(1872)成都書局刻本　一百冊

150000－0601－0001222　839256　史部/正史類/分編之屬/史記

史記一百三十卷　（漢）司馬遷撰　（南朝宋）裴駰集解　（唐）司馬貞索隱　明萬曆二十六年(1598)國子監刻本　二十六冊

150000－0601－0001223　67627　史部/正史類/分編之屬/史記

史記一百三十卷　（漢）司馬遷撰　（南朝宋）裴駰集解　（唐）司馬貞索隱　清同治九年(1870)金陵書局刻本　二十冊

150000－0601－0001224　67647　史部/正史類/分編之屬/史記

史記一百三十卷　（漢）司馬遷撰　（南朝宋）裴駰集解　（唐）司馬貞索隱　清同治九年(1870)金陵書局刻本　二十冊

150000－0601－0001225　67667　史部/正史類/分編之屬/史記

史記一百三十卷　（漢）司馬遷撰　（南朝宋）裴駰集解　（唐）司馬貞索隱　清同治九年(1870)金陵書局刻本　二十冊

150000－0601－0001226　67687　史部/正史類/分編之屬/史記

史記一百三十卷　（漢）司馬遷撰　（南朝宋）裴駰集解　（唐）司馬貞索隱　清同治九年(1870)金陵書局刻本　二十冊

150000－0601－0001227　67707　史部/正史類/分編之屬/史記

古香齋鑒賞袖珍史記一百三十卷　（漢）司馬遷撰　（南朝宋）裴駰集解　（唐）司馬貞索隱　清光緒八年(1882)刻本　二十四冊

150000－0601－0001228　67489　史部/正史類/分編之屬/史記

史記一百三十卷　（漢）司馬遷撰　（南朝宋）裴駰集解　（唐）司馬貞索隱　清影刻本　二十四冊

150000－0601－0001229　67513　史部/正史類/分編之屬/史記

史記一百三十卷　（漢）司馬遷撰　（南朝宋）裴駰集解　（唐）司馬貞索隱　清影刻本　二十四冊

150000－0601－0001230　67569　史部/正史類/分編之屬/史記

史記一百三十卷考證一百三十卷　（漢）司馬遷撰　（南朝宋）裴駰集解　（唐）司馬貞索隱　清同治十一年(1872)成都書局刻四史本　三十二冊

150000－0601－0001231　67601　史部/正史類/分編之屬/史記

史記一百三十卷考證一百三十卷　（漢）司馬遷撰　（南朝宋）裴駰集解　（唐）司馬貞索隱　清同治十一年(1872)成都書局刻四史本　二十六冊

150000－0601－0001232　44503　史部/正史類/分編之屬/史記

史記一百三十卷考證一百三十卷　（漢）司馬遷撰　（南朝宋）裴駰集解　（唐）司馬貞索隱　清末刻本　三十二冊

150000－0601－0001233　41363　史部/正史類/分編之屬/史記

史記一百三十卷考證一百三十卷　（漢）司馬遷撰　（南朝宋）裴駰集解　（唐）司馬貞索隱　清光緒二十八年(1902)武林竹簡齋石印本　八冊

150000－0601－0001234　69493　史部/正史類/分編之屬/史記

史記一百三十卷首一卷　（漢）司馬遷撰　（明）陳子龍　（明）徐孚遠測議　明崇禎十三年(1640)刻本　三十二冊

150000－0601－0001235　78215　史部/正史類/分編之屬/史記

史記一百三十卷　（漢）司馬遷撰　（南朝宋）裴駰集解　（唐）司馬貞索隱　清初光裕堂刻本　二十四冊

150000－0601－0001236　839665　史部/正史類/分編之屬/史記

史記萃寶評林三卷　（明）焦竑輯　（明）李廷機注　（明）李光縉彙評　明萬曆十八年(1590)余紹崼自新齋刻本　六冊

150000－0601－0001237　67755　史部/正史類/分編之屬/史記

史記一百三十卷　（漢）司馬遷撰　（明）歸有光評點　**方望溪平點史記四卷**　（清）方苞撰　清光緒二年(1876)武昌張氏刻本　十六冊

150000－0601－0001238　67771　史部/正史類/分編之屬/史記

史記一百三十卷　（漢）司馬遷撰　（明）歸有光評點　**方望溪平點史記四卷**　（清）方苞撰　清光緒二年(1876)武昌張氏刻本　二十冊

150000－0601－0001239　78199　史部/正史類/分編之屬/史記

史記一百三十卷　（漢）司馬遷撰　（明）鍾惺批評　明天啟五年(1625)大來堂刻本　十六冊

150000－0601－0001240　67901　史部/正史類/分編之屬/史記

史記半解一卷　（清）湯諧評注　清康熙五十四年(1715)刻朱墨套印本　四冊

150000－0601－0001241　67925　史部/正史類/分編之屬/史記

史記志疑三十六卷　（清）梁玉繩撰　清光緒十三年(1887)廣雅書局刻本　十四冊

150000－0601－0001242　67905　史部/正史類/分編之屬/史記

校刊史記集解索隱正義札記五卷　（清）張文虎撰　清同治十一年(1872)金陵書局刻本　二冊

150000－0601－0001243　67907　史部/正史類/分編之屬/史記

校刊史記集解索隱正義札記五卷　（清）張文虎撰　清同治十一年(1872)金陵書局刻本　二冊

150000－0601－0001244　67923　史部/正史類/分編之屬/史記

史記正訛三卷　（清）王元啓撰　清光緒十六年(1890)廣雅書局刻本　一冊

150000－0601－0001245　67924　史部/正史類/分編之屬/史記

史記正訛三卷　（清）王元啓撰　清光緒十六年(1890)廣雅書局刻本　一冊

150000－0601－0001246　67939　史部/正史類/分編之屬/漢書

漢書一百卷　（漢）班固撰　（唐）顏師古注明崇禎十五年(1642)琴川毛氏汲古閣刻本二十冊

150000－0601－0001247　67977　史部/正史類/分編之屬/漢書

漢書一百卷　（漢）班固撰　（唐）顏師古注明崇禎十五年(1642)琴川毛氏汲古閣刻本二十四冊

150000－0601－0001248　68001　史部/正史類/分編之屬/漢書

漢書一百卷　（漢）班固撰　（唐）顏師古注明崇禎十五年(1642)琴川毛氏汲古閣刻本二十二冊

150000－0601－0001249　68103　史部/正史類/分編之屬/漢書

漢書一百卷　（漢）班固撰　（唐）顏師古注清同治八年(1869)金陵書局刻本　十六冊

150000－0601－0001250　68119　史部/正史類/分編之屬/漢書

漢書一百卷　（漢）班固撰　（唐）顏師古注清同治八年(1869)金陵書局刻本　十六冊

150000－0601－0001251　68982　史部/正史類/分編之屬/漢書

漢書一百卷　（漢）班固撰　（唐）顏師古注清同治八年(1869)金陵書局刻本　十六冊

150000－0601－0001252　766525　史部/正史類/分編之屬/漢書

漢書一百卷　（漢）班固撰　（唐）顏師古注

清同治八年(1869)金陵書局刻本　十六冊

150000－0601－0001253　68087　史部/正史類/分編之屬/漢書

漢書一百卷　（漢）班固撰　（唐）顏師古注清同治十二年(1873)嶺東使署刻本　十六冊

150000－0601－0001254　69031　史部/正史類/分編之屬/漢書

漢書一百卷　（漢）班固撰　（唐）顏師古注清光緒十三年(1887)金陵書局刻本　十六冊

150000－0601－0001255　67959　史部/正史類/分編之屬/漢書

漢書一百卷　（漢）班固撰　（唐）顏師古注清溪三讓堂刻本　十八冊

150000－0601－0001256　68023　史部/正史類/分編之屬/漢書

前漢書一百卷考證一百卷　（漢）班固撰（唐）顏師古注　清同治十年(1871)成都書局刻本　三十二冊

150000－0601－0001257　68055　史部/正史類/分編之屬/漢書

前漢書一百卷考證一百卷　（漢）班固撰（唐）顏師古注　清同治十年(1871)成都書局刻本　三十二冊

150000－0601－0001258　69047　史部/正史類/分編之屬/漢書

前漢書一百卷考證一百卷　（漢）班固撰（唐）顏師古注　清刻本　四十冊

150000－0601－0001259　41371　史部/正史類/分編之屬/漢書

前漢書一百卷考證一百卷　（漢）班固撰（唐）顏師古注　清光緒十四年(1888)上海圖書集成印書局排印本　二十冊

150000－0601－0001260　68183　史部/正史類/分編之屬/漢書

前漢書一百卷考證一百卷　（漢）班固撰（唐）顏師古注　清光緒十四年(1888)上海圖書集成印書局排印本　二十冊

150000－0601－0001261　9605　史部/正史類/分編之屬/漢書

漢書一百卷首一卷　（漢）班固撰　（唐）顏師古注　王先謙補注　清光緒二十六年(1900)長沙王氏刻本　三十二冊

150000－0601－0001262　68998　史部/正史類/分編之屬/漢書

漢書一百卷首一卷　（漢）班固撰　（唐）顏師古注　王先謙補注　清光緒二十六年(1900)長沙王氏刻本　三十二冊

150000－0601－0001263　78263　史部/正史類/分編之屬/漢書

漢書評林一百卷　（漢）班固撰　（明）凌稚隆輯校　清光緒十七年(1891)養翯書齋刻本　四十冊

150000－0601－0001264　110160　史部/正史類/分編之屬/漢書

漢書一卷　（清）姚鼐撰　清經德堂刻本　一冊

150000－0601－0001265　110163　史部/正史類/分編之屬/漢書

姚惜抱先生前漢書評點一卷　（清）吳汝綸輯　清光緒十六年(1890)天津石印本　一冊

150000－0601－0001266　68754　史部/正史類/分編之屬/漢書

漢書注校補五十六卷　（清）周壽昌撰　清光緒十年(1884)小對竹軒刻本　十四冊

150000－0601－0001267　69030　史部/正史類/分編之屬/漢書

漢書蒙拾三卷　（清）杭世駿撰　清光緒十年(1884)上海同文書局石印本　一冊

150000－0601－0001268　68236　史部/正史類/分編之屬/後漢書

後漢書九十卷　（南朝宋）范曄撰　（唐）李賢注　續漢志三十卷　（晉）司馬彪撰　（南朝梁）劉昭注補　明崇禎十六年(1643)琴川毛氏汲古閣刻本　二十八冊

150000－0601－0001269　68280　史部/正史類/分編之屬/後漢書

後漢書九十卷　（南朝宋）范曄撰　（唐）李賢注　續漢志三十卷　（晉）司馬彪撰　（南朝梁）劉昭注補　明崇禎十六年(1643)琴川毛氏汲古閣刻本　十二冊　殘

150000－0601－0001270　767690　史部/正史類/分編之屬/後漢書

後漢書九十卷　（南朝宋）范曄撰　（唐）李賢注　續漢志三十卷　（晉）司馬彪撰　（南朝梁）劉昭注補　明崇禎十六年(1643)琴川毛氏汲古閣刻本　十七冊

150000－0601－0001271　766086　史部/正史類/分編之屬/後漢書

後漢書九十卷　（南朝宋）范曄撰　（唐）李賢注　續漢志三十卷　（晉）司馬彪撰　（南朝梁）劉昭注補　明崇禎十六年(1643)琴川毛氏汲古閣刻本　十三冊　存八十四卷(帝紀一至十、列傳一至四十四、志一至三十)

150000－0601－0001272　68292　史部/正史類/分編之屬/後漢書

後漢書九十卷　（南朝宋）范曄撰　（唐）李賢注　續漢志三十卷　（晉）司馬彪撰　（南朝梁）劉昭注補　清同治八年(1869)金陵書局刻本　十六冊

150000－0601－0001273　68352　史部/正史類/分編之屬/後漢書

後漢書九十卷　（南朝宋）范曄撰　（唐）李賢注　續漢志三十卷　（晉）司馬彪撰　（南朝梁）劉昭注補　清同治十二年(1873)嶺東使署刻本　十四冊

150000－0601－0001274　44615　史部/正史類/分編之屬/後漢書

後漢書九十卷　（南朝宋）范曄撰　（唐）李賢注　續漢志三十卷　（晉）司馬彪撰　（南朝梁）劉昭注補　清光緒十三年(1887)金陵書局刻本　十二冊

150000－0601－0001275　68308　史部/正史類/分編之屬/後漢書

後漢書九十卷　（南朝宋）范曄撰　（唐）李賢

注　續漢志三十卷　（晉）司馬彪撰　（南朝梁）劉昭注補　清光緒十三年（1887）金陵書局刻本　十六冊

150000－0601－0001276　69087　史部/正史類/分編之屬/後漢書

後漢書九十卷　（南朝宋）范曄撰　（唐）李賢注　續漢志三十卷　（晉）司馬彪撰　（南朝梁）劉昭注補　清光緒十三年（1887）金陵書局刻本　十六冊

150000－0601－0001277　68264　史部/正史類/分編之屬/後漢書

後漢書九十卷　（南朝宋）范曄撰　（唐）李賢注　續漢志三十卷　（晉）司馬彪撰　（南朝梁）劉昭注補　清刻本　十六冊

150000－0601－0001278　68324　史部/正史類/分編之屬/後漢書

後漢書一百二十卷考證一百二十卷　（南朝宋）范曄撰　（唐）李賢注　清同治十年（1871）成都書局刻本　二十八冊

150000－0601－0001279　68366　史部/正史類/分編之屬/後漢書

後漢書一百二十卷考證一百二十卷　（南朝宋）范曄撰　（唐）李賢注　清光緒十二年（1886）廣州澹吟館刻本　二十五冊

150000－0601－0001280　44535　史部/正史類/分編之屬/後漢書

後漢書一百二十卷考證一百二十卷　（南朝宋）范曄撰　（唐）李賢注　清刻本　四十冊

150000－0601－0001281　9675　史部/正史類/分編之屬/後漢書

後漢書一百二十卷考證一百二十卷　（南朝宋）范曄撰　（唐）李賢注　清光緒二十八年（1902）史學會社石印本　八冊

150000－0601－0001282　41391　史部/正史類/分編之屬/後漢書

後漢書一百二十卷考證一百二十卷　（南朝宋）范曄撰　（唐）李賢注　清光緒二十八年（1902）武林竹簡齋石印本（配本）　十九冊

150000－0601－0001283　44595　史部/正史類/分編之屬/後漢書

後漢書一百二十卷考證一百二十卷　（南朝宋）范曄撰　（唐）李賢注　清光緒十四年（1888）上海圖書集成印書局排印本　十二冊

150000－0601－0001284　81347　史部/正史類/分編之屬/後漢書

後漢書補注續一卷　（清）侯康撰　清光緒十七年（1891）廣雅書局刻本　一冊

150000－0601－0001285　68513　史部/正史類/分編之屬/後漢書

續漢書辨疑九卷　（清）錢大昭撰　清光緒十四年（1888）廣雅書局刻本　一冊

150000－0601－0001286　81401　史部/正史類/分編之屬/後漢書

續漢書辨疑九卷　（清）錢大昭撰　清光緒十四年（1888）廣雅書局刻本　一冊

150000－0601－0001287　68453　史部/正史類/分編之屬/後漢書

後漢書疏證三十六卷　（清）沈欽韓撰　清光緒二十六年（1900）浙江官書局刻本　二十四冊

150000－0601－0001288　68477　史部/正史類/分編之屬/後漢書

後漢書疏證三十六卷　（清）沈欽韓撰　清光緒二十六年（1900）浙江官書局刻本　二十四冊

150000－0601－0001289　68768　史部/正史類/分編之屬/後漢書

後漢書注補正八卷　（清）周壽昌撰　清光緒八年（1882）刻思益堂史學三種本　一冊

150000－0601－0001290　839671　史部/正史類/分編之屬/後漢書

兩漢萃寶評林三卷　（明）焦竑撰　（明）李廷機注　（明）李光縉彙評　明萬曆十九年（1591）自新齋余明吾刻本　六冊

150000－0601－0001291　68501　史部/正史類/分編之屬/後漢書

兩漢刊誤補遺十卷附錄一卷　（宋）吳仁傑撰
清同治七年（1868）金陵書局活字本　二冊

150000－0601－0001292　68503　史部/正史
類/分編之屬/後漢書

兩漢刊誤補遺十卷附錄一卷　（宋）吳仁傑撰
清同治七年（1868）金陵書局活字本　二冊

150000－0601－0001293　82117　史部/正史
類/分編之屬/後漢書

兩漢刊誤補遺十卷附錄一卷　（宋）吳仁傑撰
清光緒十八年（1892）寄傲軒刻本　二冊

150000－0601－0001294　68505　史部/正史
類/分編之屬/後漢書

兩漢書辨疑四十二卷　（清）錢大昭撰　清光
緒十三年（1887）廣雅書局刻本　八冊

150000－0601－0001295　D0764　史部/正史
類/分編之屬/後漢書

三史拾遺五卷　（清）錢大昕撰　清嘉慶十二
年（1807）嘉興郡齋刻本　一冊

150000－0601－0001296　92163　史部/正史
類/分編之屬/後漢書

三史拾遺五卷　（清）錢大昕撰　清嘉慶十二
年（1807）嘉興郡齋刻本　一冊

150000－0601－0001297　767806　史部/正
史類/分編之屬/後漢書

史漢標新六卷　（清）王鳳岐輯　抄本　一冊

150000－0601－0001298　766099　史部/正
史類/分編之屬/三國志

三國志六十五卷　（晉）陳壽撰　（南朝宋）裴
松之注　明萬曆二十四年（1596）南京國子監
刻本　十二冊

150000－0601－0001299　766111　史部/正
史類/分編之屬/三國志

三國志六十五卷　（晉）陳壽撰　（南朝宋）裴
松之注　明萬曆二十四年（1596）南京國子監
刻清康熙三十九年（1700）遞修本　十一冊

150000－0601－0001300　68554　史部/正史
類/分編之屬/三國志

三國志六十五卷　（晉）陳壽撰　（南朝宋）裴
松之注　清同治九年（1870）金陵書局刻本
八冊

150000－0601－0001301　68562　史部/正史
類/分編之屬/三國志

三國志六十五卷　（晉）陳壽撰　（南朝宋）裴
松之注　清同治九年（1870）金陵書局刻本
八冊

150000－0601－0001302　44607　史部/正史
類/分編之屬/三國志

三國志六十五卷　（晉）陳壽撰　（南朝宋）裴
松之注　清光緒十三年（1887）江南書局刻本
八冊

150000－0601－0001303　44627　史部/正史
類/分編之屬/三國志

三國志六十五卷　（晉）陳壽撰　（南朝宋）裴
松之注　清光緒十三年（1887）江南書局刻本
八冊

150000－0601－0001304　68570　史部/正史
類/分編之屬/三國志

三國志六十五卷　（晉）陳壽撰　（南朝宋）裴
松之注　清光緒十三年（1887）江南書局刻本
八冊

150000－0601－0001305　68578　史部/正史
類/分編之屬/三國志

三國志六十五卷　（晉）陳壽撰　（南朝宋）裴
松之注　清光緒十三年（1887）江南書局刻本
十六冊

150000－0601－0001306　73540　史部/正史
類/分編之屬/三國志

三國志六十五卷　（晉）陳壽撰　（南朝宋）裴
松之注　清光緒十三年（1887）江南書局刻本
八冊

150000－0601－0001307　92121　史部/正史
類/分編之屬/三國志

三國志辨疑三卷　（清）錢大昭撰　清光緒十
五年（1889）廣雅書局刻本　一冊

150000－0601－0001308　170643　史部/正

史類/分編之屬/三國志

三國志辨疑三卷 （清）錢大昭撰 清光緒十五年（1889）廣雅書局刻本 一冊

150000－0601－0001309 68721 史部/正史類/分編之屬/三國志

三國志考證八卷 （清）潘眉撰 清光緒十五年（1889）廣雅書局刻本 二冊

150000－0601－0001310 92117 史部/正史類/分編之屬/三國志

三國志注證遺四卷補四卷 （清）周壽昌撰 清光緒八年（1882）刻本 二冊

150000－0601－0001311 68720 史部/正史類/分編之屬/三國志

三國志證聞三卷 （清）錢儀吉撰 清光緒十一年（1885）江蘇書局刻本 一冊

150000－0601－0001312 92119 史部/正史類/分編之屬/三國志

三國志證聞三卷 （清）錢儀吉撰 清光緒十一年（1885）江蘇書局刻本 二冊

150000－0601－0001313 x1 史部/正史類/分編之屬/晉書

晉書一卷 （唐）太宗李世民撰 元刻明刷印本 十二冊

150000－0601－0001314 765956 史部/正史類/分編之屬/晉書

晉書□□卷 （唐）太宗李世民撰 明南京國子監刻清康熙三十九年（1700）遞修本 八冊 十行二十字 存二十二卷（一至二十二）

150000－0601－0001315 766122 史部/正史類/分編之屬/晉書

晉書一百三十卷 （唐）太宗李世民撰 明萬曆二十四年（1596）國子監刻本 三十冊 十行二十一字

150000－0601－0001316 44635 史部/正史類/分編之屬/晉書

晉書一百三十卷 （唐）太宗李世民撰 **晉書音義三卷** （唐）何超撰 清同治十年（1871）金陵書局刻本 十六冊

150000－0601－0001317 68799 史部/正史類/分編之屬/晉書

晉書一百三十卷 （唐）太宗李世民撰 **晉書音義三卷** （唐）何超撰 清同治十年（1871）金陵書局刻本 二十冊

150000－0601－0001318 68819 史部/正史類/分編之屬/晉書

晉書一百三十卷 （唐）太宗李世民撰 **晉書音義三卷** （唐）何超撰 清同治十年（1871）金陵書局刻本 二十冊

150000－0601－0001319 68839 史部/正史類/分編之屬/晉書

晉書一百三十卷 （唐）太宗李世民撰 **晉書音義三卷** （唐）何超撰 清同治十年（1871）金陵書局刻本 二十冊

150000－0601－0001320 9667 史部/正史類/分編之屬/晉書

晉書一百三十卷考證一百三十卷 （唐）太宗李世民撰 **晉書音義三卷** （唐）何超撰 清光緒二十八年（1902）史學會社石印本 八冊

150000－0601－0001321 81394 史部/正史類/分編之屬/晉書

晉書校勘記四卷 （清）周雲撰 **宋州郡志校勘記一卷** （清）成孺撰 清光緒十四年（1888）廣雅書局刻本 一冊

150000－0601－0001322 68859 史部/正史類/分編之屬/晉書

晉書校勘記四卷 （清）周雲撰 **宋州郡志校勘記一卷** （清）成孺撰 清光緒十四年（1888）廣雅書局刻本 一冊

150000－0601－0001323 92274 史部/正史類/分編之屬/晉書

晉書校文五卷 丁國鈞撰 清光緒二十年（1894）活字常塾丁氏叢書本 二冊

150000－0601－0001324 766152 史部/正史類/分編之屬/宋書

宋書一百卷 （南朝梁）沈約撰 明萬曆二十六年（1598）國子監刻本 二十二冊

150000－0601－0001325　44651　史部/正史類/分編之屬/宋書

宋書一百卷　（南朝梁）沈約撰　清同治十一年(1872)金陵書局刻本　十二冊

150000－0601－0001326　68922　史部/正史類/分編之屬/宋書

宋書一百卷　（南朝梁）沈約撰　清同治十一年(1872)金陵書局刻本　十六冊

150000－0601－0001327　9683　史部/正史類/分編之屬/宋書

宋書一百卷考證一百卷　（南朝梁）沈約撰　清光緒二十八年(1902)史學會社石印本　六冊

150000－0601－0001328　766174　史部/正史類/分編之屬/南齊書

南齊書五十九卷　（南朝梁）蕭子顯撰　明萬曆三十三年(1605)國子監刻本　十冊

150000－0601－0001329　44663　史部/正史類/分編之屬/南齊書

南齊書五十九卷　（南朝梁）蕭子顯撰　清同治十三年(1874)金陵書局刻本　四冊

150000－0601－0001330　68946　史部/正史類/分編之屬/南齊書

南齊書五十九卷　（南朝梁）蕭子顯撰　清同治十三年(1874)金陵書局刻本　六冊

150000－0601－0001331　68952　史部/正史類/分編之屬/南齊書

南齊書五十九卷　（南朝梁）蕭子顯撰　清刻本　六冊

150000－0601－0001332　9689　史部/正史類/分編之屬/南齊書

南齊書五十九卷考證五十九卷　（南朝梁）蕭子顯撰　清光緒二十八年(1902)史學會社石印本　二冊

150000－0601－0001333　766188　史部/正史類/分編之屬/梁書

梁書五十六卷　（唐）姚思廉撰　明萬曆三十三年(1605)國子監刻本　十冊

150000－0601－0001334　766184　史部/正史類/分編之屬/梁書

梁書五十六卷　（唐）姚思廉撰　明末汲古閣刻本　四冊

150000－0601－0001335　44667　史部/正史類/分編之屬/梁書

梁書五十六卷　（唐）姚思廉撰　清同治十三年(1874)金陵書局刻本　四冊

150000－0601－0001336　9691　史部/正史類/分編之屬/梁書

梁書五十六卷考證五十六卷　（唐）姚思廉撰　清光緒二十八年(1902)史學會社石印本　二冊

150000－0601－0001337　44671　史部/正史類/分編之屬/陳書

陳書三十六卷　（唐）姚思廉撰　清同治十一年(1872)金陵書局刻本　二冊

150000－0601－0001338　68974　史部/正史類/分編之屬/陳書

陳書三十六卷　（唐）姚思廉撰　清同治十一年(1872)金陵書局刻本　四冊

150000－0601－0001339　68978　史部/正史類/分編之屬/陳書

陳書三十六卷　（唐）姚思廉撰　清同治十一年(1872)金陵書局刻本　四冊

150000－0601－0001340　9693　史部/正史類/分編之屬/陳書

陳書三十六卷考證三十六卷　（唐）姚思廉撰　清光緒二十八年(1902)史學會社石印本　一冊

150000－0601－0001341　766228　史部/正史類/分編之屬/魏書

魏書一百十四卷　（北齊）魏收撰　明萬曆二十四年(1596)南京國子監刻本　二十四冊　十行二十一字

150000－0601－0001342　766198　史部/正史類/分編之屬/魏書

魏書一百十四卷　（北齊）魏收撰　明萬曆二

十四年(1596)國子監刻本　三十冊　十行二十一字

150000－0601－0001343　44673　史部/正史類/分編之屬/魏書

魏書一百十四卷　(北齊)魏收撰　清同治十一年(1872)金陵書局刻本　十六冊

150000－0601－0001344　69123　史部/正史類/分編之屬/魏書

魏書一百十四卷　(北齊)魏收撰　清同治十一年(1872)金陵書局刻本　二十冊

150000－0601－0001345　766252　史部/正史類/分編之屬/北齊書

北齊書五十卷　(唐)李百藥撰　明萬曆三十四年(1606)國子監刻本　八冊

150000－0601－0001346　44689　史部/正史類/分編之屬/北齊書

北齊書五十卷　(唐)李百藥撰　清同治十三年(1874)金陵書局刻本　四冊

150000－0601－0001347　9694　史部/正史類/分編之屬/北齊書

北齊書五十卷考證五十卷　(唐)李百藥撰　清光緒二十八年(1902)史學會社石印本　二冊

150000－0601－0001348　766260　史部/正史類/分編之屬/周書

周書五十卷　(唐)令狐德棻等撰　明萬曆十六年(1588)南京國子監刻清康熙二十五年(1686)重修本　八冊　九行十八字

150000－0601－0001349　44693　史部/正史類/分編之屬/周書

周書五十卷　(唐)令狐德棻等撰　清同治十三年(1874)金陵書局刻本　四冊

150000－0601－0001350　69179　史部/正史類/分編之屬/周書

周書五十卷　(唐)令狐德棻等撰　清同治十三年(1874)金陵書局刻本　四冊

150000－0601－0001351　9696　史部/正史

類/分編之屬/周書

周書五十卷考證五十卷　(唐)令狐德棻等撰　清光緒二十八年(1902)史學會社石印本　二冊

150000－0601－0001352　766268　史部/正史類/分編之屬/隋書

隋書八十五卷　(唐)魏徵撰　明萬曆二十六年(1598)國子監刻本　二十冊

150000－0601－0001353　765964　史部/正史類/分編之屬/隋書

隋書八十五卷　(唐)魏徵撰　明南京國子監刻清康熙三十九年(1700)遞修本　十六冊　存七十三卷(一至二十三、三十六至八十五)

150000－0601－0001354　44697　史部/正史類/分編之屬/隋書

隋書八十五卷　(唐)魏徵撰　清同治十年(1871)淮南書局刻本　十冊

150000－0601－0001355　69195　史部/正史類/分編之屬/隋書

隋書八十五卷　(唐)魏徵撰　清同治十年(1871)淮南書局刻本　十六冊

150000－0601－0001356　9698　史部/正史類/分編之屬/隋書

隋書八十五卷考證八十五卷　(唐)魏徵撰　清光緒二十八年(1902)史學會社石印本　六冊

150000－0601－0001357　766318　史部/正史類/分編之屬/南史

南史八十卷　(唐)李延壽撰　明萬曆三十一年(1603)國子監刻本　二十冊

150000－0601－0001358　69211　史部/正史類/分編之屬/南史

南史八十卷　(唐)李延壽撰　清古吳書業趙氏刻本　十二冊

150000－0601－0001359　44707　史部/正史類/分編之屬/南史

南史八十卷　(唐)李延壽撰　清同治十一年(1872)金陵書局刻本　十冊

150000－0601－0001360　9704　史部/正史類/分編之屬/南史

南史八十卷考證八十卷 （唐)李延壽撰　清光緒二十八年(1902)史學會社石印本　六冊

150000－0601－0001361　766338　史部/正史類/分編之屬/北史

北史一百卷 （唐)李延壽撰　明南京國子監刻清順治十六年(1659)遞修本　七冊　存十九卷(七十至八十八)

150000－0601－0001362　766288　史部/正史類/分編之屬/北史

北史一百卷 （唐)李延壽撰　明萬曆二十六年(1598)國子監刻本　三十冊

150000－0601－0001363　766345　史部/正史類/分編之屬/北史

北史一百卷 （唐)李延壽撰　明末汲古閣刻本　六冊　殘

150000－0601－0001364　44717　史部/正史類/分編之屬/北史

北史一百卷 （唐)李延壽撰　清同治十一年(1872)金陵書局刻本　十六冊

150000－0601－0001365　69267　史部/正史類/分編之屬/北史

北史一百卷 （唐)李延壽撰　清同治十一年(1872)金陵書局刻本　二十冊

150000－0601－0001366　9710　史部/正史類/分編之屬/北史

北史一百卷考證一百卷 （唐)李延壽撰　清光緒二十八年(1902)史學會社石印本　八冊

150000－0601－0001367　53775　史部/正史類/分編之屬/舊唐書

舊唐書二百卷 （五代)劉昫撰　清同治十一年(1872)浙江書局刻本　三十冊

150000－0601－0001368　45215　史部/正史類/分編之屬/舊唐書

舊唐書二百卷考證二百卷 （五代)劉昫撰　清光緒二十八年(1902)史學會社石印本　十六冊

150000－0601－0001369　69323　史部/正史類/分編之屬/舊唐書

舊唐書二百卷考證二百卷 （五代)劉昫撰　清光緒二十八年(1902)上海文瀾書局石印本　十冊

150000－0601－0001370　69333　史部/正史類/分編之屬/舊唐書

舊唐書疑義四卷 （清)張道撰　清光緒七年(1881)刻本　二冊

150000－0601－0001371　69335　史部/正史類/分編之屬/舊唐書

舊唐書疑義四卷 （清)張道撰　清光緒七年(1881)刻本　二冊

150000－0601－0001372　766351　史部/正史類/分編之屬/新唐書

唐書二百二十五卷 （宋)歐陽修撰　**唐書釋音二十五卷** （宋)董衝撰　明萬曆二十三年(1595)國子監刻本　四十七冊　存二百十一卷(一至九十七、一百〇一至一百三十七、一百四十九至二百二十五)

150000－0601－0001373　766398　史部/正史類/分編之屬/新唐書

唐書二百二十五卷 （宋)歐陽修撰　**唐書釋音二十五卷** （宋)董衝撰　明刻本(殘,用明南北監本配)　六冊

150000－0601－0001374　69369　史部/正史類/分編之屬/新唐書

唐書二百二十五卷 （宋)歐陽修撰　明崇禎二年(1629)琴川毛氏刻本　三十冊

150000－0601－0001375　9718　史部/正史類/分編之屬/新唐書

唐書二百二十五卷考證二百二十五卷 （宋)歐陽修撰　**唐書釋音二十五卷** （宋)董衝撰　清光緒二十八年(1902)史學會社石印本　十六冊

150000－0601－0001376　44733　史部/正史類/分編之屬/舊五代史

舊五代史一百五十卷目錄二卷 （宋)薛居正

內蒙古自治區圖書館古籍普查登記目錄

079

等撰　清同治十一年（1872）湖北崇文書局刻本　十冊

150000－0601－0001377　82653　史部/正史類/分編之屬/舊五代史

舊五代史一百五十卷考證一百五十卷目錄二卷　（宋）薛居正等撰　清刻本　二十冊

150000－0601－0001378　9736　史部/正史類/分編之屬/舊五代史

舊五代史一百五十卷考證一百五十卷目錄二卷　（宋）薛居正等撰　清光緒二十八年（1902）史學會社石印本　六冊

150000－0601－0001379　69399　史部/正史類/分編之屬/舊五代史

舊五代史一百五十卷考證一百五十卷目錄二卷　（宋）薛居正等撰　清光緒二十八年（1902）上海文瀾書局石印本　四冊

150000－0601－0001380　766404　史部/正史類/分編之屬/新五代史

五代史記七十四卷　（宋）歐陽修撰　（宋）徐無黨注　明萬曆四年（1576）南京國子監刻本　六冊　十行二十一字

150000－0601－0001381　69421　史部/正史類/分編之屬/新五代史

五代史七十四卷　（宋）歐陽修撰　（宋）徐無黨注　清同治十一年（1872）湖北崇文書局刻本　八冊

150000－0601－0001382　69429　史部/正史類/分編之屬/新五代史

五代史七十四卷　（宋）歐陽修撰　（宋）徐無黨注　清同治十一年（1872）湖北崇文書局刻本　八冊

150000－0601－0001383　69437　史部/正史類/分編之屬/新五代史

五代史七十四卷考證七十四卷　（宋）歐陽修撰　（宋）徐無黨注　清光緒十七年（1891）陝甘味經書院刻本　十六冊

150000－0601－0001384　9734　史部/正史類/分編之屬/新五代史

五代史七十四卷考證七十四卷　（宋）歐陽修撰　（宋）徐無黨注　清光緒二十八年（1902）史學會社石印本　二冊

150000－0601－0001385　92269　史部/正史類/分編之屬/新五代史

五代史纂誤三卷　（宋）吳縝撰　清刻知不足齋叢書本　一冊

150000－0601－0001386　765980　史部/正史類/分編之屬/宋史

宋史四百九十六卷目錄三卷　（元）脫脫等修　明成化兩廣總督朱英刻南京國子監遞修本　一百冊

150000－0601－0001387　766080　史部/正史類/分編之屬/宋史

宋史四百九十六卷目錄三卷　（元）脫脫等修　明成化兩廣總督朱英刻南京國子監遞修本　六冊　殘

150000－0601－0001388　44747　史部/正史類/分編之屬/宋史

宋史四百九十六卷目錄三卷　（元）脫脫等修　清光緒元年（1875）浙江書局刻本　六十八冊

150000－0601－0001389　69619　史部/正史類/分編之屬/宋史

宋史翼四十卷　（清）陸心源輯　清光緒三十二年（1906）刻本　十冊

150000－0601－0001390　766410　史部/正史類/分編之屬/遼史

遼史一百十六卷　（元）脫脫等修　明嘉靖八年（1529）南京國子監刻本　八冊

150000－0601－0001391　766418　史部/正史類/分編之屬/遼史

遼史一百十六卷　（元）脫脫等修　明萬曆三十四年（1606）國子監刻本　七冊　存七十六卷（十至二十、五十二至一百十六）

150000－0601－0001392　D0635　史部/正史類/分編之屬/遼史

遼史一百十五卷　（元）脫脫等修　清道光四

年(1824)刻本　十六冊

150000－0601－0001393　138094　史部/正史類/分編之屬/遼史

遼史一百十五卷　（元）脫脫等修　清道光四年(1824)刻本　二十八冊

150000－0601－0001394　138122　史部/正史類/分編之屬/遼史

遼史一百十五卷　（元）脫脫等修　清道光四年(1824)刻本　二十八冊

150000－0601－0001395　44815　史部/正史類/分編之屬/遼史

遼史一百十五卷　（元）脫脫等修　清同治十二年(1873)江蘇書局刻本　八冊

150000－0601－0001396　D0651　史部/正史類/分編之屬/遼史

遼史一百十五卷　（元）脫脫等修　清光緒二十九年(1903)上海點石齋石印本　六冊

150000－0601－0001397　44823　史部/正史類/分編之屬/遼史

遼史拾遺二十四卷　（清）厲鶚撰　**遼史紀年表一卷西遼紀年表一卷**　清光緒元年(1875)江蘇書局刻本　六冊

150000－0601－0001398　69647　史部/正史類/分編之屬/遼史

遼史拾遺二十四卷　（清）厲鶚撰　**遼史紀年表一卷西遼紀年表一卷**　清光緒元年(1875)江蘇書局刻本　六冊

150000－0601－0001399　69637　史部/正史類/分編之屬/遼史

遼史拾遺二十四卷　（清）厲鶚撰　**遼史拾遺補五卷**　（清）楊復吉撰　**遼史紀年表一卷西遼紀年表一卷**　清振綺堂刻本　十冊

150000－0601－0001400　D0661　史部/正史類/分編之屬/遼史

遼史拾遺補五卷　（清）楊復吉撰　清光緒三年(1877)江蘇書局刻本　二冊

150000－0601－0001401　44829　史部/正史

類/分編之屬/遼史

遼史拾遺補五卷　（清）楊復吉撰　清光緒三年(1877)江蘇書局刻本　一冊　存二卷(一至二)

150000－0601－0001402　D1079　史部/正史類/分編之屬/遼史

欽定遼史語解十卷欽定金史語解十二卷欽定元史語解二十四卷　清光緒四年(1878)江蘇書局刻本　八冊

150000－0601－0001403　44876　史部/正史類/分編之屬/遼史

欽定遼史語解十卷欽定金史語解十二卷欽定元史語解二十四卷　清光緒四年(1878)江蘇書局刻本　六冊

150000－0601－0001404　766449　史部/正史類/分編之屬/金史

金史一百三十五卷　（元）脫脫等修　明嘉靖八年(1529)南京國子監刻清康熙二十五年(1686)遞修本　十五冊　存一百〇三卷(三十三至一百三十五)

150000－0601－0001405　766425　史部/正史類/分編之屬/金史

金史一百三十五卷　（元）脫脫等修　明萬曆三十四年(1606)國子監刻本　二十四冊

150000－0601－0001406　138150　史部/正史類/分編之屬/金史

金史一百三十五卷　（元）脫脫等修　**欽定金國語解一卷**　清道光四年(1824)刻本　五十二冊

150000－0601－0001407　138202　史部/正史類/分編之屬/金史

金史一百三十五卷　（元）脫脫等修　**欽定金國語解一卷**　清道光四年(1824)刻本　五十二冊

150000－0601－0001408　44830　史部/正史類/分編之屬/金史

金史一百三十五卷　（元）脫脫等修　**欽定金國語解一卷**　清同治十三年(1874)江蘇書局

刻本　十六冊

150000－0601－0001409　44882　史部/正史類/分編之屬/金史

金史一百三十五卷　（元）脫脫等修　欽定金國語解一卷　清同治十三年（1874）江蘇書局刻本　二十冊

150000－0601－0001410　69673　史部/正史類/分編之屬/金史

金史一百三十五卷　（元）脫脫等修　欽定金國語解一卷　清同治十三年（1874）江蘇書局刻本　二十冊

150000－0601－0001411　D0667　史部/正史類/分編之屬/金史

金源札記二卷　（清）施國祁撰　清嘉慶十七年（1812）刻本　一冊

150000－0601－0001412　92157　史部/正史類/分編之屬/金史

史論五答一卷　（清）施國祁撰　清刻湖州叢書本　一冊

150000－0601－0001413　766514　史部/正史類/分編之屬/元史

元史二百十卷目錄二卷　（明）宋濂等修　明洪武三年（1370）南京國子監刻明萬曆遞修本　十一冊　存六十七卷（一至五、六十至六十三、七十四至七十八、一百三十五至一百七十九、一百八十七至一百九十四）

150000－0601－0001414　766464　史部/正史類/分編之屬/元史

元史二百十卷目錄二卷　（明）宋濂等修　明萬曆三十年（1602）國子監刻本　五十冊

150000－0601－0001415　138254　史部/正史類/分編之屬/元史

元史二百十卷目錄二卷　（明）宋濂等修　清道光四年（1824）刻本　八十四冊

150000－0601－0001416　44902　史部/正史類/分編之屬/元史

元史二百十卷目錄二卷　（明）宋濂等修　欽定元史語解二十四卷　清道光四年（1824）刻

本　六十四冊

150000－0601－0001417　44846　史部/正史類/分編之屬/元史

元史二百十卷目錄二卷　（明）宋濂等修　清同治十三年（1874）江蘇書局刻本　三十冊

150000－0601－0001418　D0549　史部/正史類/分編之屬/元史

元史譯文證補三十卷　（清）洪鈞撰　清光緒二十三年（1897）刻本（原缺卷七至八、十三、十六至十七、十九至二十一、二十五、二十八）　四冊

150000－0601－0001419　D0553　史部/正史類/分編之屬/元史

元史譯文證補三十卷　（清）洪鈞撰　清光緒二十三年（1897）刻本（原缺卷七至八、十三、十六至十七、十九至二十一、二十五、二十八）　四冊

150000－0601－0001420　D0557　史部/正史類/分編之屬/元史

元史譯文證補三十卷　（清）洪鈞撰　清光緒二十三年（1897）刻本（原缺卷七至八、十三、十六至十七、十九至二十一、二十五、二十八）　四冊

150000－0601－0001421　41410　史部/正史類/分編之屬/元史

元史譯文證補三十卷　（清）洪鈞撰　清光緒二十三年（1897）刻本（原缺卷七至八、十三、十六至十七、十九至二十一、二十五、二十八）　四冊

150000－0601－0001422　76667　史部/正史類/分編之屬/元史

元史譯文證補三十卷　（清）洪鈞撰　清光緒二十三年（1897）刻本（原缺卷七至八、十三、十六至十七、十九至二十一、二十五、二十八）　四冊

150000－0601－0001423　D0541　史部/正史類/分編之屬/元史

元史譯文證補三十卷　（清）洪鈞撰　清光緒

二十六年（1900）廣雅書局刻本（原缺卷七至八、十三、十六至十七、十九至二十一、二十五、二十八）　四冊

150000－0601－0001424　D0545　史部/正史類/分編之屬/元史

元史譯文證補三十卷　（清）洪鈞撰　清光緒二十六年（1900）廣雅書局刻本（原缺卷七至八、十三、十六至十七、十九至二十一、二十五、二十八）　四冊

150000－0601－0001425　76671　史部/正史類/分編之屬/元史

元史譯文證補三十卷　（清）洪鈞撰　清光緒二十九年（1903）史學齋編譯石印書局排印本（原缺卷七至八、十三、十六至十七、十九至二十一、二十五、二十八）　四冊

150000－0601－0001426　D1020　史部/正史類/分編之屬/元史

元史補傳一卷　抄本　一冊

150000－0601－0001427　46068　史部/正史類/分編之屬/新元史

新元史二百五十七卷　柯劭忞撰　清光緒排印本　五十九冊

150000－0601－0001428　69693　史部/正史類/分編之屬/新元史

新元史二百五十七卷　柯劭忞撰　清光緒排印本　五十九冊

150000－0601－0001429　75129　史部/正史類/分編之屬/明史

明史三百三十二卷目錄四卷　（清）張廷玉等纂修　清乾隆四年（1739）刻本　一百十二冊

150000－0601－0001430　69864　史部/正史類/分編之屬/明史

明史三百三十二卷目錄四卷　（清）張廷玉等纂修　清光緒三年（1877）湖北崇文書局刻本　八十冊

150000－0601－0001431　69944　史部/正史類/分編之屬/明史

明史三百三十二卷目錄四卷　（清）張廷玉等

纂修　清光緒三年（1877）湖北崇文書局刻本　四十五冊　存三百十五卷（一至二十四、三十七至一百七十、一百七十九至一百九十一）

150000－0601－0001432　138698　史部/別史類

七家後漢書　（清）汪文臺輯　清光緒八年（1882）刻本　六冊

150000－0601－0001433　149679　史部/別史類

宋遼金元別史　（清）席世臣輯　清刻本　四十六冊

150000－0601－0001434　84753　史部/別史類

建康實錄二十卷校勘一卷　（唐）許嵩撰　清光緒二十八年（1902）刻本　六冊

150000－0601－0001435　45958　史部/別史類

弘簡錄二百五十四卷　（明）邵經邦撰　**續弘簡錄元史類編四十二卷**　（清）邵遠平撰　清康熙二十七年（1688）邵遠平刻本　八十冊

150000－0601－0001436　75388　史部/別史類

弘簡錄二百五十四卷　（明）邵經邦撰　**續弘簡錄元史類編四十二卷**　（清）邵遠平撰　清康熙二十七年（1688）邵遠平刻本　六十四冊

150000－0601－0001437　838639　史部/別史類

藏書六十八卷　（明）李贄撰　明萬曆二十七年（1599）刻本　三十二冊

150000－0601－0001438　82244　史部/別史類

世本五卷　（漢）宋衷注　（清）張澍補注　清刻二酉堂叢書本　一冊

150000－0601－0001439　75302　史部/別史類

路史前紀九卷後紀十三卷國名紀七卷發揮六卷餘論十卷　（宋）羅泌撰　（宋）羅苹注　（明）喬可傳校　清同治四年（1865）刻本　十六冊

150000－0601－0001440　75344　史部/别史類

路史前紀九卷後紀十三卷國名紀七卷發揮六卷餘論十卷　（宋）羅泌撰　（宋）羅苹注　（明）喬可傳校　清光緒二年（1876）刻本　十六冊

150000－0601－0001441　9770　史部/别史類

路史前紀九卷後紀十三卷國名紀七卷發揮六卷餘論十卷　（宋）羅泌撰　（宋）羅苹注　（明）喬可傳校　清刻本　二十冊

150000－0601－0001442　75318　史部/别史類

重訂路史全本前紀九卷後紀十三卷國名紀八卷發揮六卷餘論十卷　（宋）羅泌撰　（宋）羅苹注　（明）吳弘基等訂　明刻本　十四冊

150000－0601－0001443　75286　史部/别史類

重訂路史全本前紀九卷後紀十三卷國名紀八卷發揮六卷餘論十卷　（宋）羅泌撰　（宋）羅苹注　（明）吳弘基等訂　清刻本　十六冊

150000－0601－0001444　81390　史部/别史類

路史節讀十卷　（宋）羅泌撰　（清）廖文錦節訂　清光緒二十七年（1901）刻本　四冊

150000－0601－0001445　75360　史部/别史類

尚史世系圖一卷本紀五卷世家十三卷列傳三十八卷年表四卷志十卷序傳一卷　（清）李鍇撰　清乾隆三十八年（1773）刻本　二十八冊

150000－0601－0001446　56098　史部/别史類

周書十卷　（晉）孔晁注　明刻本　一冊　存八卷（一至八）

150000－0601－0001447　55991　史部/别史類

周書十卷　（清）朱右曾集訓校釋　**周書逸文一卷**　（清）朱右曾輯訓　清道光二十六年

（1846）刻本　二冊

150000－0601－0001448　89508　史部/别史類

王會篇箋釋三卷　（清）何秋濤撰　清光緒十七年（1891）江蘇書局刻本　三冊

150000－0601－0001449　68449　史部/别史類

續後漢書四十二卷義例一卷音義四卷　（宋）蕭常撰　**重刻續後漢書札記一卷**　（清）郁松年撰　清道光二十一年至二十二年（1841－1842）刻宜稼堂叢書本　四冊

150000－0601－0001450　170279　史部/别史類

續後漢書四十二卷義例一卷音義四卷　（宋）蕭常撰　**重刻續後漢書札記一卷**　（清）郁松年撰　清道光二十一年至二十二年（1841－1842）刻宜稼堂叢書本　六冊

150000－0601－0001451　68433　史部/别史類

續後漢書九十卷　（元）郝經撰　**續後漢書札記四卷**　（清）郁松年撰　清道光二十一年（1841）刻宜稼堂叢書本　十六冊

150000－0601－0001452　81792　史部/别史類

續後漢書九十卷　（元）郝經撰　**續後漢書札記四卷**　（清）郁松年撰　清道光二十一年（1841）刻宜稼堂叢書本　二十六冊

150000－0601－0001453　170285　史部/别史類

續後漢書九十卷　（元）郝經撰　**續後漢書札記四卷**　（清）郁松年撰　清道光二十一年（1841）刻宜稼堂叢書本　二十四冊

150000－0601－0001454　81818　史部/别史類

續後漢書九十卷　（元）郝經撰　清刻本　二十三冊　存八十七卷（四至九十）

150000－0601－0001455　78303　史部/别史類

季漢書三十卷載記三卷雜傳一卷　（明）謝陛
撰　明刻本　三十冊

150000－0601－0001456　82629　史部/別
史類

季漢書六十六卷　（清）湯成烈撰　抄本　二
十四冊

150000－0601－0001457　68860　史部/別
史類

晉略本紀六卷表五卷列傳三十六卷圖傳十一
卷彙傳十卷序目一卷　（清）周濟撰　清光緒
二年(1876)味雋齋刻本　十冊

150000－0601－0001458　81348　史部/別
史類

西魏書二十四卷　（清）謝啓昆撰　清乾隆六
十年(1795)刻本　四冊

150000－0601－0001459　75278　史部/別
史類

東都事略一百三十卷　（宋）王稱撰　清光緒
九年(1883)淮南書局刻本　八冊

150000－0601－0001460　69605　史部/別
史類

南宋書六十八卷　（明）錢士升撰　清掃葉山
房刻本　十四冊

150000－0601－0001461　D0669　史部/別
史類

契丹國志二十七卷　（宋）葉隆禮撰　清嘉慶
二年(1797)刻本　二冊

150000－0601－0001462　D0671　史部/別
史類

契丹國志二十七卷　（宋）葉隆禮撰　清嘉慶
二年(1797)刻本　二冊

150000－0601－0001463　D0664　史部/別
史類

大金國志四十卷　（宋）宇文懋昭撰　清嘉慶
二年(1797)刻本　三冊

150000－0601－0001464　75452　史部/別
史類

續弘簡錄元史類編四十二卷　（清）邵遠平撰
清康熙四十五年(1706)刻本　十二冊

150000－0601－0001465　D0959　史部/別
史類

元史類編四十二卷　（清）邵遠平撰　清乾隆
六十年(1795)掃葉山房刻本　十三冊

150000－0601－0001466　D0429　史部/別
史類

元史九十五卷校勘節略一卷　（清）魏源撰
清光緒三十一年(1905)邵陽魏氏慎微堂刻本
三十二冊

150000－0601－0001467　D0461　史部/別
史類

元書一百〇二卷首一卷　曾廉撰　清宣統三
年(1911)刻本　二十冊

150000－0601－0001468　70256　史部/別
史類

元書一百〇二卷首一卷　曾廉撰　清宣統三
年(1911)刻本　二十冊

150000－0601－0001469　81766　史部/別
史類

蒙兀兒史記一百六十卷首一卷　屠寄撰　結
一宧刻本　八冊

150000－0601－0001470　53805　史部/別
史類

明史稿本紀十九卷表九卷志七十七卷列傳二
百〇五卷目錄三卷史例議二卷　（清）王鴻緒
撰　清雍正敬慎堂刻光緒元年(1875)補修本
八十冊

150000－0601－0001471　69989　史部/別
史類

明史稿本紀十九卷表九卷志七十七卷列傳二
百〇五卷目錄三卷史例議二卷　（清）王鴻緒
撰　清雍正敬慎堂刻光緒元年(1875)補修本
七十三冊　缺

150000－0601－0001472　70062　史部/別
史類

明史稿列傳二百〇八卷　（清）王鴻緒撰　清

敬慎堂刻本　四十冊

150000－0601－0001473　163060　史部/編年類

資治通鑑大全　（明）陳仁錫輯　明刻本　一百四十四冊

150000－0601－0001474　x2　史部/編年類

資治通鑑一卷　（宋）司馬光撰　（元）胡三省注　元興文署刻明嘉靖二十一年（1542）遞修本　三十八冊

150000－0601－0001475　70325　史部/編年類

資治通鑑二百九十四卷　（宋）司馬光撰（元）胡三省音注　**通鑑釋文辯誤十二卷**（元）胡三省撰　清胡克家刻同治八年（1869）江蘇書局補修本　一百冊

150000－0601－0001476　70425　史部/編年類

資治通鑑二百九十四卷　（宋）司馬光撰（元）胡三省音注　**通鑑釋文辯誤十二卷**（元）胡三省撰　清胡克家刻同治八年（1869）江蘇書局補修本　一百冊

150000－0601－0001477　70525　史部/編年類

資治通鑑二百九十四卷　（宋）司馬光撰（元）胡三省音注　**通鑑釋文辯誤十二卷**（元）胡三省撰　清胡克家刻同治八年（1869）江蘇書局補修本　一百冊

150000－0601－0001478　70625　史部/編年類

資治通鑑二百九十四卷　（宋）司馬光撰（元）胡三省音注　**通鑑釋文辯誤十二卷**（元）胡三省撰　清胡克家刻同治八年（1869）江蘇書局補修本　一百冊

150000－0601－0001479　70725　史部/編年類

資治通鑑二百九十四卷　（宋）司馬光撰（元）胡三省音注　**通鑑釋文辯誤十二卷**（元）胡三省撰　清胡克家刻同治八年（1869）

江蘇書局補修本　一百冊

150000－0601－0001480　70825　史部/編年類

資治通鑑二百九十四卷　（宋）司馬光撰（元）胡三省音注　**通鑑釋文辯誤十二卷**（元）胡三省撰　清胡克家刻同治八年（1869）江蘇書局補修本　九十八冊　存二百七十八卷（一至一百五十九、一百六十三至二百七十三、二百七十七至二百九十四）

150000－0601－0001481　73612　史部/編年類

資治通鑑二百九十四卷　（宋）司馬光撰（元）胡三省音注　**通鑑釋文辯誤十二卷**（元）胡三省撰　清胡克家刻同治八年（1869）江蘇書局補修本　一百〇二冊

150000－0601－0001482　81502　史部/編年類

資治通鑑二百九十四卷　（宋）司馬光撰（元）胡三省音注　**通鑑釋文辯誤十二卷**（元）胡三省撰　清胡克家刻同治八年（1869）江蘇書局補修本　一百冊

150000－0601－0001483　73715　史部/編年類

資治通鑑二百九十四卷　（宋）司馬光撰（元）胡三省音注　**通鑑前編十八卷舉要二卷**（宋）金履祥撰　（明）路進校輯　**宋元資治通鑑六十四卷**　（明）王宗沐撰　（明）路進校輯　清刻本　一百十九冊　缺

150000－0601－0001484　25183　史部/編年類

資治通鑑二百九十四卷　（宋）司馬光撰（元）胡三省音注　**資治通鑑目錄三十卷**（宋）司馬光撰　**通鑑釋文辯誤十二卷**　（元）胡三省撰　**資治通鑑外紀十卷目錄五卷**（宋）劉恕撰　清朝邑相國閣文介公長沙刻本　一百〇八冊　存二百六十卷（一至九十四、一百〇五至一百五十五、一百七十七至二百〇五、二百〇九至二百九十四）

150000－0601－0001485　71238　史部/編年類

資治通鑑二百九十四卷 （宋）司馬光撰　資治通鑑目錄三十卷 （宋）司馬光撰　清光緒二十六年（1900）圖書集成局排印本　四十四冊

150000－0601－0001486　71310　史部/編年類

資治通鑑考異三十卷 （宋）司馬光撰　清光緒十四年（1888）長沙楊氏刻通鑑全書本　八冊

150000－0601－0001487　44966　史部/編年類

資治通鑑目錄三十卷 （宋）司馬光撰　清同治八年（1869）江蘇書局刻本　十冊

150000－0601－0001488　71318　史部/編年類

資治通鑑目錄三十卷 （宋）司馬光撰　清同治八年（1869）江蘇書局刻本　十冊

150000－0601－0001489　71332　史部/編年類

資治通鑑刊本識誤三卷 （清）張敦仁撰　清光緒十二年（1886）新陽趙氏刻本（校著吳勉學本）　三冊

150000－0601－0001490　78550　史部/編年類

通鑑宋本校勘記一卷 （清）張瑛撰　通鑑元本校勘記二卷 （清）張瑛撰　清光緒八年（1882）江蘇書局刻本　一冊

150000－0601－0001491　81395　史部/編年類

通鑑宋本校勘記一卷 （清）張瑛撰　通鑑元本校勘記二卷 （清）張瑛撰　清光緒八年（1882）江蘇書局刻本　二冊

150000－0601－0001492　39213　史部/編年類

通鑑地理通釋十四卷 （宋）王應麟撰　清刻玉海本　三冊

150000－0601－0001493　72193　史部/編年類

資治通鑑地理今釋十六卷 （清）吳熙載撰　清光緒八年（1882）江蘇書局刻本　三冊

150000－0601－0001494　72196　史部/編年類

資治通鑑地理今釋十六卷 （清）吳熙載撰　清光緒八年（1882）江蘇書局刻本　三冊

150000－0601－0001495　83851　史部/編年類

資治通鑑地理今釋十六卷 （清）吳熙載撰　清光緒八年（1882）江蘇書局刻本　三冊

150000－0601－0001496　83854　史部/編年類

資治通鑑地理今釋十六卷 （清）吳熙載撰　清光緒八年（1882）江蘇書局刻本　三冊

150000－0601－0001497　83857　史部/編年類

資治通鑑地理今釋十六卷 （清）吳熙載撰　清光緒八年（1882）江蘇書局刻本　三冊

150000－0601－0001498　71775　史部/編年類

資治通鑑補二百九十四卷 （宋）司馬光撰 （元）胡三省音注 （明）嚴衍補　清光緒二年（1876）思補樓刻本　八十冊

150000－0601－0001499　71855　史部/編年類

資治通鑑補二百九十四卷 （宋）司馬光撰 （元）胡三省音注 （明）嚴衍補　清光緒二年（1876）思補樓刻本　八十冊

150000－0601－0001500　71935　史部/編年類

資治通鑑補二百九十四卷 （宋）司馬光撰 （元）胡三省音注 （明）嚴衍補　清光緒二年（1876）思補樓刻本　八十冊

150000－0601－0001501　78551　史部/編年類

嚴永思先生通鑑補正略三卷 （清）張敦仁彙鈔　趙氏峭帆樓刻本　三冊

150000－0601－0001502　10955　史部/編年類

資治通鑑綱目五十九卷　（宋）朱熹撰　（明）陳仁錫評閱　資治通鑑綱目前編二十五卷（明）南軒撰　（明）陳仁錫評閱　續資治通鑑綱目二十七卷　（明）商輅撰　（明）陳仁錫評閱　清康熙四十年(1701)王公行刻本　一百二十冊

150000－0601－0001503　73951　史部/編年類

資治通鑑綱目五十九卷　（宋）朱熹撰（明）陳仁錫評閱　資治通鑑綱目前編二十五卷　（明）南軒撰　（明）陳仁錫評閱　續資治通鑑綱目二十七卷　（明）商輅撰（明）陳仁錫評閱　清嘉慶八年(1803)敬書堂刻本　一百冊

150000－0601－0001504　25400　史部/編年類

資治通鑑綱目五十九卷　（宋）朱熹撰　（明）陳仁錫評閱　資治通鑑綱目前編二十五卷（明）南軒撰　（明）陳仁錫評閱　續資治通鑑綱目二十七卷　（明）商輅撰　（明）陳仁錫評閱　清嘉慶九年(1804)姑蘇聚文堂刻本　七十二冊

150000－0601－0001505　72015　史部/編年類

資治通鑑綱目五十九卷　（宋）朱熹撰　（明）陳仁錫評閱　資治通鑑綱目前編二十五卷（明）南軒撰　（明）陳仁錫評閱　續資治通鑑綱目二十七卷　（明）商輅撰　（明）陳仁錫評閱　清嘉慶九年(1804)姑蘇聚文堂刻本　八十冊

150000－0601－0001506　72095　史部/編年類

資治通鑑綱目五十九卷　（宋）朱熹撰　（明）陳仁錫評閱　資治通鑑綱目前編二十五卷（明）南軒撰　（明）陳仁錫評閱　續資治通鑑綱目二十七卷　（明）商輅撰　（明）陳仁錫評閱　清嘉慶十三年(1808)刻本　六十八冊

150000－0601－0001507　55412　史部/編年類

資治通鑑綱目五十九卷　（宋）朱熹撰　（明）陳仁錫評閱　資治通鑑綱目前編二十五卷（明）南軒撰　（明）陳仁錫評閱　續資治通鑑綱目二十七卷　（明）商輅撰　（明）陳仁錫評閱　清刻本　一百二十冊

150000－0601－0001508　45143　史部/編年類

御批資治通鑑綱目五十九卷首一卷　（宋）朱熹撰　（清）聖祖玄燁批　御批資治通鑑綱目前編十八卷首一卷舉要三卷　（宋）金履祥撰（清）聖祖玄燁批　御批續資治通鑑綱目二十七卷　（明）商輅撰　（清）聖祖玄燁批　清康熙四十六年(1707)宋犖刻本　五十冊

150000－0601－0001509　81452　史部/編年類

御批資治通鑑綱目五十九卷首一卷　（宋）朱熹撰　（清）聖祖玄燁批　御批資治通鑑綱目前編十八卷首一卷舉要三卷　（宋）金履祥撰（清）聖祖玄燁批　御批續資治通鑑綱目二十七卷　（明）商輅撰　（清）聖祖玄燁批　清康熙四十六年(1707)宋犖刻本　五十冊

150000－0601－0001510　72298　史部/編年類

資治通鑑綱目發明五十九卷　（宋）尹起莘撰　清雍正刻同治十三年(1874)補修本　六冊

150000－0601－0001511　838575　史部/編年類

資治通鑑綱目發明五十九卷　（宋）尹起莘撰（宋）劉友益書法　（元）王幼學集覽　明弘治十四年(1501)書林日新堂刻本　六十四冊

150000－0601－0001512　72297　史部/編年類

綱目志疑一卷續一卷　（清）華湛恩撰　清刻本　一冊

150000－0601－0001513　78526　史部/編年類

讀通鑑綱目條記二十卷首一卷　（清）李述來

撰　清光緒八年(1882)刻本　六冊

150000－0601－0001514　78532　史部/編年類

讀通鑑綱目條記二十卷首一卷　(清)李述來撰　清光緒八年(1882)刻本　六冊

150000－0601－0001515　78517　史部/編年類

讀通鑑綱目札記二十卷　(清)章邦元撰　清光緒十八年(1892)刻本　九冊

150000－0601－0001516　78507　史部/編年類

讀通鑑綱目札記二十卷　(清)章邦元撰　**翰馨書屋賦餘二卷**　(清)章邦元撰　清光緒十八年(1892)刻本　十冊

150000－0601－0001517　40020　史部/編年類

資治通鑑綱目前編十八卷外紀卷首一卷舉要三卷　(宋)金履祥撰　清光緒七年(1881)山東書局刻本　十六冊

150000－0601－0001518　25391　史部/編年類

資治通鑑綱目前編二十五卷　(明)陳仁錫評閱　清刻本　九冊　存七卷(十八至二十、二十二至二十五)

150000－0601－0001519　40106　史部/編年類

續資治通鑑綱目二十七卷　(明)商輅撰　清光緒七年(1881)山東書局刻本　二十八冊

150000－0601－0001520　838711　史部/編年類

續資治通鑑綱目廣義十七卷　(明)張時泰撰　明弘治二年(1489)刻本　十二冊

150000－0601－0001521　72163　史部/編年類

御批續資治通鑑綱目二十七卷　(明)商輅撰　(清)聖祖玄燁批　清刻本　二十七冊

150000－0601－0001522　45231　史部/編年類

綱鑑會纂三十九卷首一卷　(明)王世貞撰　**御撰資治通鑑綱目三編二十卷**　(清)張廷玉等纂修　清刻本　四十八冊

150000－0601－0001523　45279　史部/編年類

重訂王鳳洲先生綱鑑會纂四十六卷續宋元二十三卷　(明)王世貞撰　清刻本　五十六冊

150000－0601－0001524　73132　史部/編年類

重訂王鳳洲先生綱鑑會纂四十六卷續宋元二十三卷　(明)王世貞撰　**御撰資治通鑑綱目三編二十卷**　(清)張廷玉等纂修　清光緒十八年(1892)上海點石齋石印本　十六冊

150000－0601－0001525　78455　史部/編年類

鼎鍥趙田了凡袁先生編纂古本歷史大方綱鑑補三十九卷首一卷　(明)袁黃撰　**御撰資治通鑑綱目三編二十卷**　(清)張廷玉等纂修　清光緒二十九年(1903)益元書局刻本　三十六冊

150000－0601－0001526　73148　史部/編年類

鼎鍥趙田了凡袁先生編纂古本歷史大方綱鑑補三十九卷首一卷　(明)袁黃撰　**御撰資治通鑑綱目三編二十卷**　(清)張廷玉等纂修　清興賢堂書鋪刻本　二十四冊

150000－0601－0001527　72199　史部/編年類

鼎鍥鍾伯敬訂正資治綱鑑正史大全七十四卷　(明)鍾惺訂正　**鼎鍥鍾伯敬訂正皇明紀要三卷**　(明)陳建輯著　明末刻本　八十冊

150000－0601－0001528　45452　史部/編年類

御撰資治通鑑綱目三編二十卷　(清)張廷玉等纂修　清刻本　六冊

150000－0601－0001529　45458　史部/編年類

御撰資治通鑑綱目三編二十卷　(清)張廷玉

等纂修　清刻本　五冊

150000 – 0601 – 0001530　40134　史部/編年類

御撰資治通鑑綱目三編四十卷　（清）舒赫德等修　（清）朱珪等纂　清光緒六年（1880）山東書局刻本　十二冊

150000 – 0601 – 0001531　72304　史部/編年類

御撰資治通鑑綱目三編四十卷　（清）舒赫德等修　（清）朱珪等纂　清江西書局刻本　十二冊

150000 – 0601 – 0001532　81602　史部/編年類

御撰資治通鑑綱目三編四十卷　（清）舒赫德等修　（清）朱珪等纂　清刻本　二十冊

150000 – 0601 – 0001533　45034　史部/編年類

御批歷代通鑑輯覽一百二十卷　（清）傅恒等修　（清）楊述曾等纂　清同治十年（1871）潯陽萬氏竿栗園刻本　一百〇九冊

150000 – 0601 – 0001534　41139　史部/編年類

御批歷代通鑑輯覽一百二十卷　（清）傅恒等修　（清）楊述曾等纂　清同治十年（1871）浙江書局刻朱墨套印本　四十八冊

150000 – 0601 – 0001535　72372　史部/編年類

御批歷代通鑑輯覽一百二十卷　（清）傅恒等修　（清）楊述曾等纂　清同治十年（1871）浙江書局刻朱墨套印本　四十八冊

150000 – 0601 – 0001536　72484　史部/編年類

御批歷代通鑑輯覽一百二十卷　（清）傅恒等修　（清）楊述曾等纂　清同治十一年（1872）湖北崇文書局刻本　六十冊

150000 – 0601 – 0001537　44976　史部/編年類

御批歷代通鑑輯覽一百二十卷　（清）傅恒等

修　（清）楊述曾等纂　清光緒五年（1879）刻朱墨套印本　五十八冊

150000 – 0601 – 0001538　72550　史部/編年類

御批歷代通鑑輯覽一百二十卷　（清）傅恒等修　（清）楊述曾等纂　清光緒五年（1879）刻朱墨套印本　五十八冊

150000 – 0601 – 0001539　72420　史部/編年類

御批歷代通鑑輯覽一百二十卷　（清）傅恒等修　（清）楊述曾等纂　清光緒二十五年（1899）新化三味書屋刻本　六十四冊

150000 – 0601 – 0001540　73835　史部/編年類

御批歷代通鑑輯覽一百二十卷　（清）傅恒等修　（清）楊述曾等纂　清刻本　七十八冊

150000 – 0601 – 0001541　9800　史部/編年類

御批歷代通鑑輯覽一百二十卷　（清）傅恒等修　（清）楊述曾等纂　清光緒二十八年（1902）上海文林書局石印本　二十冊

150000 – 0601 – 0001542　81682　史部/編年類

御批歷代通鑑輯覽一百二十卷　（清）傅恒等修　（清）楊述曾等纂　清光緒二十九年（1903）上海廣益書局石印本　二十四冊

150000 – 0601 – 0001543　26631　史部/編年類

御批歷代通鑑輯覽一百二十卷　（清）傅恒等修　（清）楊述曾等纂　清光緒三十年（1904）上海經藝書局石印本　二十四冊

150000 – 0601 – 0001544　72828　史部/編年類

御批歷代通鑑輯覽一百二十卷　（清）傅恒等修　（清）楊述曾等纂　清光緒三十年（1904）上海錦章圖書局石印本　二十八冊

150000 – 0601 – 0001545　81402　史部/編年類

尺木堂綱鑑易知錄九十二卷　（清）吳乘權等撰　尺木堂明鑑易知錄十五卷　（清）吳乘權等撰　清京都文貴堂刻本　五十冊

150000－0601－0001546　73456　史部/編年類

綱鑑易知錄九十二卷　（清）吳乘權等撰　明鑑易知錄十五卷　（清）吳乘權等撰　清刻本　四十八冊

150000－0601－0001547　45383　史部/編年類

尺木堂綱鑑易知錄九十二卷　（清）吳乘權等撰　尺木堂明鑑易知錄十五卷　（清）吳乘權等撰　清光緒二十七年（1901）商務印書館排印本　十六冊

150000－0601－0001548　73416　史部/編年類

尺木堂綱鑑易知錄九十二卷　（清）吳乘權等撰　尺木堂明鑑易知錄十五卷　（清）吳乘權等撰　清光緒三十年（1904）上海圖書集成印書局排印本　十六冊

150000－0601－0001549　73304　史部/編年類

尺木堂綱鑑易知錄九十二卷　（清）吳乘權等撰　御撰資治通鑑綱目三編二十卷　（清）張廷玉等纂修　清暨陽聚珍堂刻本　六十四冊

150000－0601－0001550　45335　史部/編年類

尺木堂綱鑑易知錄九十二卷　（清）吳乘權等撰　御撰資治通鑑綱目三編二十卷　（清）張廷玉等纂修　清刻本　四十八冊

150000－0601－0001551　71349　史部/編年類

資治通鑑外紀十卷目錄五卷　（宋）劉恕撰　(清)胡克家注補　清同治十年（1871）江蘇書局刻本　十冊

150000－0601－0001552　72279　史部/編年類

資治通鑑外紀十卷目錄五卷　（宋）劉恕撰

（清）胡克家注補　清同治十年（1871）江蘇書局刻本　十冊

150000－0601－0001553　72289　史部/編年類

資治通鑑外紀十卷目錄五卷　（宋）劉恕撰　(清)胡克家注補　清同治十年（1871）江蘇書局刻本　八冊

150000－0601－0001554　71359　史部/編年類

資治通鑑外紀目錄五卷　（宋）劉恕撰　明刻本　四冊

150000－0601－0001555　40952　史部/編年類

續資治通鑑長編五百二十卷目錄二卷　（宋）李燾撰　清光緒七年（1881）浙江書局刻本　一百二十冊

150000－0601－0001556　41072　史部/編年類

續資治通鑑長編拾補六十卷　（清）黃以周等輯　清光緒九年（1883）浙江書局刻本　十六冊

150000－0601－0001557　45399　史部/編年類

宋元通鑑一百五十七卷　（明）薛應旂撰　(明)陳仁錫評閱　明天啟六年（1626）刻本　三十冊

150000－0601－0001558　D0563　史部/編年類

宋元資治通鑑六十一卷　（明）王宗沐撰　明刻本　二十冊

150000－0601－0001559　41088　史部/編年類

資治通鑑後編一百八十四卷　（清）徐乾學撰　資治通鑑後編校勘記十五卷　（清）夏振武撰　清光緒二十四年（1898）刻本　五十一冊

150000－0601－0001560　71363　史部/編年類

續資治通鑑二百二十卷　（清）畢沅撰　清鎮

洋畢氏刻同治八年(1869)江蘇書局補修本
六十冊

150000－0601－0001561　71423　史部/編
年類

續資治通鑑二百二十卷　（清）畢沅撰　清鎮
洋畢氏刻同治八年(1869)江蘇書局補修本
六十冊

150000－0601－0001562　71483　史部/編
年類

續資治通鑑二百二十卷　（清）畢沅撰　清鎮
洋畢氏刻同治八年(1869)江蘇書局補修本
六十冊

150000－0601－0001563　71543　史部/編
年類

續資治通鑑二百二十卷　（清）畢沅撰　清鎮
洋畢氏刻同治八年(1869)江蘇書局補修本
六十冊

150000－0601－0001564　71603　史部/編
年類

續資治通鑑二百二十卷　（清）畢沅撰　清鎮
洋畢氏刻同治八年(1869)江蘇書局補修本
四十八冊

150000－0601－0001565　71651　史部/編
年類

續資治通鑑二百二十卷　（清）畢沅撰　清鎮
洋畢氏刻同治八年(1869)江蘇書局補修本
六十冊

150000－0601－0001566　81622　史部/編
年類

續資治通鑑二百二十卷　（清）畢沅撰　清鎮
洋畢氏刻同治八年(1869)江蘇書局補修本
六十冊

150000－0601－0001567　71282　史部/編
年類

續資治通鑑二百二十卷　（清）畢沅撰　清光
緒二十六年(1900)圖書集成局排印本　二十
八冊

150000－0601－0001568　81373　史部/編年類

元經薛氏傳十卷　（隋）王通撰　（唐）薛收傳
（宋）阮逸注　清刻本　四冊

150000－0601－0001569　71341　史部/編
年類

司馬溫公稽古錄二十卷　（宋）司馬光撰　清
同治十一年(1872)湖北崇文書局刻本　四冊

150000－0601－0001570　82190　史部/編
年類

司馬溫公稽古錄二十卷　（宋）司馬光撰　清
同治十一年(1872)湖北崇文書局刻本　四冊

150000－0601－0001571　71345　史部/編
年類

司馬溫公稽古錄二十卷校勘記一卷　（宋）司
馬光撰　清光緒五年(1879)江蘇書局刻本
四冊

150000－0601－0001572　71335　史部/編
年類

司馬溫公稽古錄二十卷　（宋）司馬光撰　清
刻本　二冊

150000－0601－0001573　71337　史部/編
年類

司馬溫公稽古錄二十卷　（宋）司馬光撰　清
刻本　四冊

150000－0601－0001574　73548　史部/編
年類

大事記十二卷通釋二卷解題十二卷　（宋）呂
祖謙撰　清刻本　十二冊

150000－0601－0001575　839689　史部/編
年類

歷代通鑑纂要九十二卷　（明）李東陽等纂修
明正德二年(1507)内府刻本　四冊　存七
卷(一至七)

150000－0601－0001576　81087　史部/編
年類

綱鑑正史約三十六卷　（明）顧錫疇編　（清）
陳宏謀增訂　清乾隆二年(1737)刻本　二
十冊

150000－0601－0001577　81107　史部／編年類

綱鑑正史約三十六卷　（明）顧錫疇編　（清）陳宏謀增訂　清光緒十七年（1891）雲南書局刻本　二十冊

150000－0601－0001578　838723　史部／編年類

新刻世史類編四十五卷　明萬曆刻本（有抄補）　二十冊

150000－0601－0001579　74051　史部／編年類

史存三十卷　（清）劉沅撰　清道光二十七年（1847）刻本　十六冊

150000－0601－0001580　78491　史部／編年類

史存三十卷　（清）劉沅撰　清光緒二年（1876）刻本　十六冊

150000－0601－0001581　45193　史部／編年類

通鑑攬要前編二卷正編十九卷續編八卷附錄一卷　（清）姚培謙撰　（清）張景星撰　**明史攬要八卷**　（清）姚培謙撰　（清）張景星撰　清嘉慶二十三年（1818）刻本　二十二冊

150000－0601－0001582　72316　史部／編年類

通鑑攬要前編二卷正編十九卷續編八卷附錄一卷　（清）姚培謙撰　（清）張景星撰　**明史攬要八卷**　（清）姚培謙撰　（清）張景星撰　清同治十二年（1873）刻本　十冊

150000－0601－0001583　147702　史部／編年類

竹書紀年六卷　（南朝梁）沈約注　（清）雷學淇校　**竹書紀年辨誤一卷**　（清）雷學淇撰　**竹書紀年考證一卷**　（清）雷學淇撰　**帝堯以來甲子年表一卷周元王后列國年表一卷紀年曆法天象圖一卷紀年世系名號圖二卷**　清刻本　四冊

150000－0601－0001584　9794　史部／編年類

竹書紀年統箋十二卷前編一卷雜述一卷　（清）徐文靖撰　清光緒三年（1877）浙江書局刻本　四冊

150000－0601－0001585　70296　史部／編年類

竹書紀年統箋十二卷前編一卷雜述一卷　（清）徐文靖撰　清光緒三年（1877）浙江書局刻本　四冊

150000－0601－0001586　70300　史部／編年類

竹書紀年統箋十二卷前編一卷雜述一卷　（清）徐文靖撰　清光緒三年（1877）浙江書局刻本　四冊

150000－0601－0001587　70304　史部／編年類

竹書紀年統箋十二卷前編一卷雜述一卷　（清）徐文靖撰　清光緒三年（1877）浙江書局刻本　一冊

150000－0601－0001588　70305　史部／編年類

竹書紀年統箋十二卷前編一卷雜述一卷　（清）徐文靖撰　清光緒三年（1877）浙江書局刻本　四冊

150000－0601－0001589　76345　史部／編年類

竹書紀年統箋十二卷前編一卷雜述一卷　（清）徐文靖撰　清光緒三年（1877）浙江書局刻本　三冊　存十一卷（一至七、十至十二，前編一卷）

150000－0601－0001590　81397　史部／編年類

竹書紀年統箋十二卷前編一卷雜述一卷　（清）徐文靖撰　清光緒三年（1877）浙江書局刻本　四冊

150000－0601－0001591　82241　史部／編年類

竹書紀年補證四卷本末一卷後案一卷　（清）林春溥撰　清道光二十年（1840）刻竹柏山房

十五種本　二冊

150000－0601－0001592　76642　史部/編年類

汲冢紀年存真二卷　（清）朱右曾撰　清刻本
　　二冊

150000－0601－0001593　42311　史部/編年類

周季編略九卷　（清）黃式三撰　清同治十二年(1873)浙江書局刻儆居遺書本　四冊

150000－0601－0001594　81194　史部/編年類

周季編略九卷　（清）黃式三撰　清同治十二年(1873)浙江書局刻儆居遺書本　四冊

150000－0601－0001595　70309　史部/編年類

前漢紀三十卷　（漢）荀悅撰　清刻本　八冊

150000－0601－0001596　170424　史部/編年類

後漢紀三十卷　（晉）袁宏撰　清光緒二年(1876)嶺南學海堂刻兩漢紀本　七冊

150000－0601－0001597　70317　史部/編年類

後漢紀三十卷　（晉）袁宏撰　清刻本　八冊

150000－0601－0001598　91909　史部/編年類

唐鑑十二卷　（宋）范祖禹撰　（宋）呂祖謙音注　唐鑑音注考異一卷　（清）胡鳳丹撰　清同治十年(1871)退補齋刻金華叢書本　六冊

150000－0601－0001599　91915　史部/編年類

東萊先生音注唐鑑二十四卷　（宋）范祖禹撰　（宋）呂祖謙音注　清光緒十八年(1892)浙江書局影刻本　四冊

150000－0601－0001600　91919　史部/編年類

東萊先生音注唐鑑二十四卷　（宋）范祖禹撰　（宋）呂祖謙音注　清光緒十八年(1892)浙江書局影刻本　四冊

150000－0601－0001601　D1039　史部/編年類

王先謙蒙古通鑑長編（太祖朝）七卷　王先謙撰　抄本　二冊

150000－0601－0001602　767675　史部/編年類

皇明通紀法傳全錄□□卷　（明）陳建撰　明刻本　二冊　存九卷(一至四、八至十二)

150000－0601－0001603　767677　史部/編年類

皇明續紀三朝法傳錄□□卷　（明）高汝栻輯　明刻本　二冊　存九卷(八至十六)

150000－0601－0001604　767682　史部/編年類

皇明從信錄□□卷　（明）沈國元撰　明刻本　一冊　存二卷(三十五至三十六)

150000－0601－0001605　129049　史部/編年類

欽定明鑑二十四卷首一卷　（清）托津等修　（清）胡敬纂　（清）陳用光纂　清嘉慶二十三年(1818)內府刻本　十二冊

150000－0601－0001606　11091　史部/編年類

欽定明鑑二十四卷首一卷　（清）托津等修　（清）胡敬纂　（清）陳用光纂　清同治九年(1870)湖北崇文書局刻本　十冊

150000－0601－0001607　91923　史部/編年類

欽定明鑑二十四卷首一卷　（清）托津等修　（清）胡敬纂　（清）陳用光纂　清同治九年(1870)湖北崇文書局刻本　十冊

150000－0601－0001608　91933　史部/編年類

欽定明鑑二十四卷首一卷　（清）托津等修　（清）胡敬纂　（清）陳用光纂　清兩淮鹽政刻本　八冊

150000 – 0601 – 0001609　73080　史部/編年類

新鎸朱青岩擬編明紀輯略十六卷　（清）朱璘撰　清康熙三十五年（1696）刻本　八冊

150000 – 0601 – 0001610　73040　史部/編年類

明紀六十卷　（清）陳鶴撰　清同治十年（1871）江蘇書局刻本　二十冊

150000 – 0601 – 0001611　73060　史部/編年類

明紀六十卷　（清）陳鶴撰　清同治十年（1871）江蘇書局刻本　二十冊

150000 – 0601 – 0001612　45444　史部/編年類

明紀六十卷　（清）陳鶴撰　清光緒十六年（1890）上海積山書局石印本　六冊

150000 – 0601 – 0001613　72936　史部/編年類

明通鑑九十卷前編四卷附編六卷首一卷　（清）夏燮撰　清光緒二十三年（1897）湖北官書處刻本　四十冊

150000 – 0601 – 0001614　72984　史部/編年類

明通鑑九十卷前編四卷附編六卷首一卷　（清）夏燮撰　清光緒二十三年（1897）湖北官書處刻本　四十冊

150000 – 0601 – 0001615　81714　史部/編年類

明通鑑九十卷前編四卷附編六卷首一卷　（清）夏燮撰　清光緒二十三年（1897）湖北官書處刻本　四十冊

150000 – 0601 – 0001616　45429　史部/編年類

明通鑑九十卷前編四卷附編六卷首一卷　（清）夏燮撰　清光緒二十九年（1903）上海點石齋石印本　十五冊

150000 – 0601 – 0001617　73024　史部/編年類

明通鑑九十卷前編四卷附編六卷首一卷　（清）夏燮撰　清光緒二十九年（1903）上海點石齋石印本　十六冊

150000 – 0601 – 0001618　72976　史部/編年類

明通鑑目錄二十卷　清光緒二十五年（1899）湖北官書處刻本　八冊

150000 – 0601 – 0001619　81706　史部/編年類

明通鑑目錄二十卷　清光緒二十五年（1899）湖北官書處刻本　八冊

150000 – 0601 – 0001620　76824　史部/編年類

光緒政要三十四卷　沈桐生輯　清宣統元年（1909）上海崇義堂石印本　三十冊

150000 – 0601 – 0001621　765657　史部/編年類

大清聖祖仁皇帝實錄□□卷　抄本　一冊　存二卷（一百八十至一百八十一）

150000 – 0601 – 0001622　76150　史部/編年類

東華錄天命四卷天聰十一卷崇德八卷順治三十六卷康熙一百十卷雍正二十六卷　王先謙撰　清光緒十七年（1891）上海廣百宋齋排印本　三十一冊　缺九卷（康熙九十一至九十九）

150000 – 0601 – 0001623　75820　史部/編年類

東華錄天命四卷天聰十一卷崇德八卷順治三十六卷康熙一百十卷雍正二十六卷　王先謙撰　**東華續錄乾隆一百二十卷嘉慶五十卷道光六十卷**　王先謙撰　清光緒十年（1884）刻本　一百冊

150000 – 0601 – 0001624　45760　史部/編年類

東華錄天命四卷天聰十一卷崇德八卷順治三十六卷康熙一百十卷雍正二十六卷　王先謙撰　**東華續錄乾隆一百二十卷嘉慶五十卷道**

光六十卷　王先謙撰　清光緒十七年(1891)
上海廣百宋齋排印本　七十六冊

150000－0601－0001625　75920　史部/編
年類

東華錄天命四卷天聰十一卷崇德八卷順治三
十六卷康熙一百十卷雍正二十六卷　王先謙
撰　東華續錄乾隆一百二十卷嘉慶五十卷道
光六十卷咸豐一百卷同治一百卷　王先謙撰
　清光緒十七年(1891)上海廣百宋齋排印本
一百二十五冊

150000－0601－0001626　45596　史部/編
年類

東華全錄天命四卷天聰十一卷崇德八卷順治
三十六卷康熙一百十卷雍正二十六卷乾隆一
百二十卷嘉慶五十卷道光六十卷　王先謙撰
　清光緒十三年(1887)刻本　一百六十四冊

150000－0601－0001627　21861　史部/編
年類

東華全錄天命四卷天聰十一卷崇德八卷順治
三十六卷康熙一百十卷雍正二十六卷乾隆一
百二十卷嘉慶五十卷道光六十卷　王先謙撰
　東華續錄咸豐六十九卷　(清)潘頤福撰
清光緒十三年(1887)刻本　一百八十八冊

150000－0601－0001628　22049　史部/編
年類

東華續錄乾隆一百二十卷　王先謙撰　清光
緒五年(1879)刻本　四十八冊

150000－0601－0001629　76181　史部/編
年類

東華續錄嘉慶五十卷　王先謙撰　清末廣百
宋齋排印本　八冊

150000－0601－0001630　76189　史部/編
年類

東華續錄嘉慶五十卷　王先謙撰　清末廣百
宋齋排印本　八冊

150000－0601－0001631　76197　史部/編
年類

東華續錄道光六十卷　王先謙撰　清光緒十

七年(1891)上海廣百宋齋排印本　八冊

150000－0601－0001632　21837　史部/編
年類

同治東華續錄一百卷　王先謙撰　清光緒二
十四年(1898)文瀾書局石印本　二十四冊

150000－0601－0001633　76106　史部/編
年類

同治東華續錄一百卷　王先謙撰　清光緒二
十四年(1898)文瀾書局石印本　二十四冊

150000－0601－0001634　76205　史部/編
年類

東華續錄同治一百卷　王先謙撰　清光緒二
十五年(1899)公記書莊石印本　二十四冊

150000－0601－0001635　76229　史部/編
年類

東華續錄同治一百卷　王先謙撰　清宣統三
年(1911)存古齋排印十一朝東華錄本　二十
八冊　存一百〇三卷(一至五十九、六十四至
八十七、九十一至一百)

150000－0601－0001636　21780　史部/編
年類

十朝東華錄　王先謙編　清光緒二十五年
(1899)石印本　五十七冊

150000－0601－0001637　76045　史部/編
年類

十朝東華錄　王先謙編　清光緒二十五年
(1899)石印本　四十六冊

150000－0601－0001638　82450　史部/編
年類

十朝東華錄　王先謙編　清光緒二十五年
(1899)石印本　六十四冊

150000－0601－0001639　76142　史部/編
年類

東華錄八卷　(清)蔣良騏編　清末翻刻本
八冊

150000－0601－0001640　45572　史部/編
年類

東華錄三十二卷　（清）蔣良騏編　清末刻本　八冊

150000－0601－0001641　45580　史部/編年類

東華錄三十二卷　（清）蔣良騏編　清末刻本　十六冊

150000－0601－0001642　76130　史部/編年類

東華錄三十二卷　（清）蔣良騏編　清末刻本　十二冊

150000－0601－0001643　45836　史部/編年類

東華續錄咸豐六十九卷　（清）潘頤福編　清光緒十八年（1892）上海圖書集成印書局排印本　十六冊

150000－0601－0001644　76091　史部/編年類

東華續錄咸豐六十九卷　（清）潘頤福編　清光緒十八年（1892）上海圖書集成印書局排印本　十六冊

150000－0601－0001645　76257　史部/編年類

東華續錄光緒朝二百二十卷　（清）朱壽朋編　清宣統元年（1909）上海集成圖書公司排印本　五十冊

150000－0601－0001646　46578　史部/編年類

閣鈔彙編（光緒二十八年十一月）一卷　清末排印本　四冊

150000－0601－0001647　46582　史部/編年類

閣鈔彙編（光緒二十八年十二月）一卷　清末排印本　三冊

150000－0601－0001648　46573　史部/編年類

閣鈔彙編（光緒二十九年正月）一卷　清末排印本　五冊

150000－0601－0001649　77483　史部/編年類

諭摺彙存（同治十三年至光緒二十七年）二十二卷　清光緒二十九年（1903）上海慎記書莊石印本　二十四冊

150000－0601－0001650　77507　史部/編年類

諭摺彙存（光緒十九年六月）一卷　清末排印本　六冊

150000－0601－0001651　77513　史部/編年類

諭摺彙存（光緒十九年八月）一卷　清末排印本　六冊

150000－0601－0001652　46403　史部/編年類

諭摺彙存（光緒二十年二月）一卷　清末排印本　六冊

150000－0601－0001653　46409　史部/編年類

諭摺彙存（光緒二十年三月）一卷　清末排印本　六冊

150000－0601－0001654　77519　史部/編年類

諭摺彙存（光緒二十年三月）一卷　清末排印本　六冊

150000－0601－0001655　46415　史部/編年類

諭摺彙存（光緒二十年四月）一卷　清末排印本　六冊

150000－0601－0001656　46421　史部/編年類

諭摺彙存（光緒二十年五月）一卷　清末排印本　六冊

150000－0601－0001657　46427　史部/編年類

諭摺彙存（光緒二十年六月）一卷　清末排印本　六冊

150000－0601－0001658　46433　史部/編年類

諭摺彙存(光緒二十年七月)一卷　清末排印本　六冊

150000－0601－0001659　46439　史部/編年類

諭摺彙存(光緒二十年八月)一卷　清末排印本　六冊

150000－0601－0001660　46445　史部/編年類

諭摺彙存(光緒二十年九月)一卷　清末排印本　六冊

150000－0601－0001661　46451　史部/編年類

諭摺彙存(光緒二十年十月)一卷　清末排印本　六冊

150000－0601－0001662　46457　史部/編年類

諭摺彙存(光緒二十年十一月)一卷　清末排印本　六冊

150000－0601－0001663　46463　史部/編年類

諭摺彙存(光緒二十年十二月)一卷　清末排印本　八冊

150000－0601－0001664　46471　史部/編年類

諭摺彙存(光緒二十一年正月)一卷　清末排印本　六冊

150000－0601－0001665　46477　史部/編年類

諭摺彙存(光緒二十一年三月)一卷　清末排印本　六冊

150000－0601－0001666　46483　史部/編年類

諭摺彙存(光緒二十一年五月)一卷　清末排印本　六冊

150000－0601－0001667　46489　史部/編年類

諭摺彙存(光緒二十一年閏五月)一卷　清末排印本　六冊

150000－0601－0001668　46495　史部/編年類

諭摺彙存(光緒二十一年八月)一卷　清末排印本　六冊

150000－0601－0001669　46501　史部/編年類

諭摺彙存(光緒二十一年九月)一卷　清末排印本　六冊

150000－0601－0001670　46507　史部/編年類

諭摺彙存(光緒二十一年十一月)一卷　清末排印本　六冊

150000－0601－0001671　46513　史部/編年類

諭摺彙存(光緒三十一年七月)一卷　清末排印本　六冊

150000－0601－0001672　46519　史部/編年類

諭摺彙存(光緒三十一年八月)一卷　清末排印本　六冊

150000－0601－0001673　46525　史部/編年類

諭摺彙存(光緒三十一年九月)一卷　清末排印本　六冊

150000－0601－0001674　46531　史部/編年類

諭摺彙存(光緒三十一年十月)一卷　清末排印本　六冊

150000－0601－0001675　46537　史部/編年類

諭摺彙存(光緒三十一年十一月)一卷　清末排印本　六冊

150000－0601－0001676　46543　史部/編年類

諭摺彙存(光緒三十一年十二月)一卷　清末

排印本　六册

150000 - 0601 - 0001677　46561　史部/编年類

諭摺彙存(光緒三十二年二月)一卷　清末排印本　六册

150000 - 0601 - 0001678　46567　史部/编年類

諭摺彙存(光緒三十二年三月)一卷　清末排印本　六册

150000 - 0601 - 0001679　21414　史部/编年類

華制存考(宣統元年正月)一卷　清末擷華書局排印本　五册

150000 - 0601 - 0001680　21419　史部/编年類

華制存考(宣統元年二月)一卷　清末擷華書局排印本　七册

150000 - 0601 - 0001681　21426　史部/编年類

華制存考(宣統元年閏二月)一卷　清末擷華書局排印本　七册

150000 - 0601 - 0001682　21433　史部/编年類

華制存考(宣統元年四月)一卷　清末擷華書局排印本　五册

150000 - 0601 - 0001683　21438　史部/编年類

華制存考(宣統元年五月)一卷　清末擷華書局排印本　五册

150000 - 0601 - 0001684　21443　史部/编年類

華制存考(宣統元年六月)一卷　清末擷華書局排印本　五册

150000 - 0601 - 0001685　21448　史部/编年類

華制存考(宣統元年七月)一卷　清末擷華書局排印本　五册

150000 - 0601 - 0001686　21453　史部/编年類

華制存考(宣統元年八月)一卷　清末擷華書局排印本　五册

150000 - 0601 - 0001687　21458　史部/编年類

華制存考(宣統元年九月)一卷　清末擷華書局排印本　五册

150000 - 0601 - 0001688　21463　史部/编年類

華制存考(宣統元年十月)一卷　清末擷華書局排印本　六册

150000 - 0601 - 0001689　21469　史部/编年類

華制存考(宣統元年十一月)一卷　清末擷華書局排印本　五册

150000 - 0601 - 0001690　21474　史部/编年類

華制存考(宣統元年十二月)一卷　清末擷華書局排印本　六册

150000 - 0601 - 0001691　21480　史部/编年類

華制存考(宣統二年正月)一卷　清末擷華書局排印本　五册

150000 - 0601 - 0001692　21485　史部/编年類

華制存考(宣統二年二月)一卷　清末擷華書局排印本　七册

150000 - 0601 - 0001693　21492　史部/编年類

華制存考(宣統二年三月)一卷　清末擷華書局排印本　三册　缺

150000 - 0601 - 0001694　21498　史部/编年類

華制存考(宣統二年四月)一卷　清末擷華書局排印本　七册

150000 - 0601 - 0001695　21505　史部/编年類

華制存考（宣統二年五月）一卷　清末撷華書局排印本　六冊

150000－0601－0001696　21511　史部/編年類

華制存考（宣統二年六月）一卷　清末撷華書局排印本　五冊

150000－0601－0001697　21514　史部/編年類

華制存考（宣統二年七月）一卷　清末撷華書局排印本　七冊

150000－0601－0001698　21521　史部/編年類

華制存考（宣統二年八月）一卷　清末撷華書局排印本　六冊

150000－0601－0001699　21527　史部/編年類

華制存考（宣統二年十月）一卷　清末撷華書局排印本　五冊

150000－0601－0001700　21532　史部/編年類

華制存考（宣統二年十一月）一卷　清末撷華書局排印本　五冊

150000－0601－0001701　21537　史部/編年類

華制存考（宣統三年正月）一卷　清末撷華書局排印本　五冊

150000－0601－0001702　21542　史部/編年類

華制存考（宣統三年二月）一卷　清末撷華書局排印本　五冊

150000－0601－0001703　21547　史部/編年類

華制存考（宣統三年三月）一卷　清末撷華書局排印本　六冊

150000－0601－0001704　21553　史部/編年類

華制存考（宣統三年四月）一卷　清末撷華書局排印本　五冊

150000－0601－0001705　21558　史部/編年類

華制存考（宣統三年五月）一卷　清末撷華書局排印本　五冊

150000－0601－0001706　21563　史部/編年類

華制存考（宣統三年六月）一卷　清末撷華書局排印本　五冊

150000－0601－0001707　21568　史部/編年類

華制存考（宣統三年閏六月）一卷　清末撷華書局排印本　五冊

150000－0601－0001708　21573　史部/編年類

華制存考（宣統三年七月）一卷　清末撷華書局排印本　五冊

150000－0601－0001709　21495　史部/編年類

華制存考（宣統三年八月）一卷　清末撷華書局排印本　一冊

150000－0601－0001710　21578　史部/編年類

華制存考（宣統三年九月）一卷　清末撷華書局排印本　五冊

150000－0601－0001711　46549　史部/編年類

官書局彙報（光緒二十三年正月）一卷　清末活字本　四冊

150000－0601－0001712　46553　史部/編年類

官書局彙報（光緒二十三年二月）一卷　清末活字本　四冊

150000－0601－0001713　46557　史部/編年類

官書局彙報（光緒二十三年三月）一卷　清末活字本　四冊

150000－0601－0001714　74112　史部/紀事本末類

通鑑紀事本末二百三十九卷　（宋）袁樞撰（明）張溥論正　清同治十二年（1873）江西書局刻本　八十冊

150000－0601－0001715　74192　史部/紀事本末類

通鑑紀事本末二百三十九卷　（宋）袁樞撰（明）張溥論正　清同治十二年（1873）江西書局刻本　八十冊

150000－0601－0001716　81774　史部/紀事本末類

通鑑紀事本末二百三十九卷　（宋）袁樞撰（明）張溥論正　清光緒二十八年（1902）上海捷記書局石印本　十九冊

150000－0601－0001717　11241　史部/紀事本末類

繹史一百六十卷　（清）馬驌撰　清康熙九年（1670）刻本　四十冊

150000－0601－0001718　75007　史部/紀事本末類

繹史一百六十卷　（清）馬驌撰　清康熙九年（1670）刻本　四十八冊

150000－0601－0001719　75055　史部/紀事本末類

繹史一百六十卷　（清）馬驌撰　清光緒三十年（1904）浙江書局刻本　五十冊

150000－0601－0001720　74983　史部/紀事本末類

繹史一百六十卷　（清）馬驌撰　清光緒二十三年（1897）尚友齋石印本　二十四冊

150000－0601－0001721　74387　史部/紀事本末類

左傳紀事本末五十三卷　（清）高士奇撰　清同治十二年（1873）江西書局刻本　十二冊

150000－0601－0001722　74375　史部/紀事本末類

左傳紀事本末五十三卷　（清）高士奇撰　清

光緒二十四年（1898）湖南思賢書局刻本　十二冊

150000－0601－0001723　82574　史部/紀事本末類

左傳紀事本末五十三卷　（清）高士奇撰　清光緒二十八年（1902）上海捷記書局石印本　三冊

150000－0601－0001724　82163　史部/紀事本末類

左傳紀事本末五十三卷　（清）高士奇撰　清光緒十四年（1888）上海書業公所崇德堂排印本　五冊

150000－0601－0001725　74288　史部/紀事本末類

宋史紀事本末一百〇九卷　（明）馮琦撰（明）陳邦瞻增訂　（明）張溥論正　清同治十三年（1874）江西書局刻本　二十冊

150000－0601－0001726　74308　史部/紀事本末類

宋史紀事本末一百〇九卷　（明）馮琦撰（明）陳邦瞻增訂　（明）張溥論正　清同治十三年（1874）江西書局刻本　二十冊

150000－0601－0001727　74272　史部/紀事本末類

宋史紀事本末一百〇九卷　（明）馮琦撰（明）陳邦瞻增訂　（明）張溥論正　清光緒十三年（1887）廣雅書局刻本　十六冊

150000－0601－0001728　25078　史部/紀事本末類

三朝北盟會編二百五十卷　（宋）徐夢莘撰清光緒三十四年（1908）許涵度刻本　四十冊

150000－0601－0001729　D2579　史部/紀事本末類

遼史紀事本末四十卷首一卷末一卷　（清）李有棠撰　清光緒十九年（1893）萍鄉李氏杉鄂樓刻本　八冊

150000－0601－0001730　9742　史部/紀事本末類

遼史紀事本末四十卷首一卷末一卷 （清）李有棠撰　清光緒十九年（1893）萍鄉李氏㭋鄂樓刻本　八冊

150000－0601－0001731　D0657　史部/紀事本末類

遼史紀事本末四十卷首一卷 （清）李有棠撰　清光緒十九年（1893）同文書局石印本　四冊

150000－0601－0001732　D2587　史部/紀事本末類

金史紀事本末五十二卷首一卷末一卷 （清）李有棠撰　清光緒十九年（1893）萍鄉李氏㭋鄂樓刻本　十二冊

150000－0601－0001733　9750　史部/紀事本末類

金史紀事本末五十二卷首一卷末一卷 （清）李有棠撰　清光緒十九年（1893）萍鄉李氏㭋鄂樓刻本　十二冊

150000－0601－0001734　D0295　史部/紀事本末類

西夏紀事本末三十六卷年表一卷 （清）張鑑撰　清光緒十年（1884）江蘇書局刻本　四冊

150000－0601－0001735　D0299　史部/紀事本末類

西夏紀事本末三十六卷首二卷 （清）張鑑撰　清光緒二十四年（1898）上海文瀾書局石印本　二冊

150000－0601－0001736　74354　史部/紀事本末類

元史紀事本末二十七卷 （明）陳邦瞻撰（明）張溥論正　清同治十三年（1874）江西書局刻本　四冊

150000－0601－0001737　74358　史部/紀事本末類

元史紀事本末二十七卷 （明）陳邦瞻撰（明）張溥論正　清同治十三年（1874）江西書局刻本　四冊

150000－0601－0001738　74362　史部/紀事本末類

元史紀事本末二十七卷 （明）陳邦瞻撰（明）張溥論正　清同治十三年（1874）江西書局刻本　四冊

150000－0601－0001739　74366　史部/紀事本末類

元史紀事本末二十七卷 （明）陳邦瞻撰（明）張溥論正　清同治十三年（1874）江西書局刻本　四冊

150000－0601－0001740　21663　史部/紀事本末類

元史紀事本末二十七卷 （明）陳邦瞻撰（明）張溥論正　清光緒十三年（1887）廣雅書局刻本　三冊

150000－0601－0001741　D0481　史部/紀事本末類

元史紀事本末二十七卷 （明）陳邦瞻撰（明）張溥論正　清刻本　四冊

150000－0601－0001742　82565　史部/紀事本末類

元史紀事本末二十七卷 （明）陳邦瞻撰（明）張溥論正　清光緒二十八年（1902）捷記書局石印本　一冊

150000－0601－0001743　D0181　史部/紀事本末類

前蒙古紀事本末二卷 （清）韓善徵撰　**後蒙古紀事本末二卷** （清）韓善徵撰　清光緒三十一年（1905）上海春記石印本　四冊

150000－0601－0001744　74765　史部/紀事本末類

明史紀事本末八十卷 （清）谷應泰撰　清初刻本　十六冊

150000－0601－0001745　74745　史部/紀事本末類

明史紀事本末八十卷 （清）谷應泰撰　清同治十二年（1873）江西書局刻本　二十冊

150000－0601－0001746　82566　史部/紀事本末類

明史紀事本末八十卷 （清）谷應泰撰 清光緒二十八年（1902）上海捷記書局石印本 八冊

150000－0601－0001747 767863 史部/紀事本末類

皇明北虜考一卷 （明）鄭曉撰 明嘉靖刻本 一冊

150000－0601－0001748 81254 史部/紀事本末類

國朝事略五卷 清光緒三十三年（1907）廣東學務公所印刷處排印本 一冊

150000－0601－0001749 D0228 史部/紀事本末類

聖武記十四卷 （清）魏源撰 清道光二十二年(1842)刻本 十二冊

150000－0601－0001750 D0260 史部/紀事本末類

聖武記十四卷 （清）魏源撰 清道光二十二年(1842)刻本 八冊

150000－0601－0001751 D0240 史部/紀事本末類

聖武記十四卷 （清）魏源撰 清道光二十二年(1842)刻本 十二冊

150000－0601－0001752 74844 史部/紀事本末類

聖武記十四卷 （清）魏源撰 清道光二十二年(1842)刻本 二冊

150000－0601－0001753 74846 史部/紀事本末類

聖武記十四卷 （清）魏源撰 清道光二十二年(1842)刻本 八冊

150000－0601－0001754 74854 史部/紀事本末類

聖武記十四卷 （清）魏源撰 清道光二十二年(1842)刻本 八冊

150000－0601－0001755 74892 史部/紀事本末類

聖武記十四卷 （清）魏源撰 清道光二十二年(1842)刻本 十二冊

150000－0601－0001756 D0252 史部/紀事本末類

聖武記十四卷 （清）魏源撰 清道光二十二年(1842)刻本 八冊

150000－0601－0001757 74922 史部/紀事本末類

聖武記十四卷 （清）魏源撰 清道光二十二年(1842)刻本 十四冊

150000－0601－0001758 82514 史部/紀事本末類

聖武記十四卷 （清）魏源撰 清光緒二十八年（1902）山東書局石印本 八冊

150000－0601－0001759 74912 史部/紀事本末類

聖武記十四卷 （清）魏源撰 清光緒四年(1878)申報館排印申報館叢書本 十冊

150000－0601－0001760 D0280 史部/紀事本末類

皇朝武功紀盛四卷 （清）趙翼撰 清乾隆五十七年(1792)刻本 二冊

150000－0601－0001761 D0282 史部/紀事本末類

皇朝武功紀盛四卷 （清）趙翼撰 清乾隆五十七年(1792)刻本 一冊

150000－0601－0001762 D0276 史部/紀事本末類

皇朝武功紀盛四卷簷曝雜記一卷 （清）趙翼撰 清刻本 四冊

150000－0601－0001763 D0733 史部/紀事本末類

皇清開國方略三十二卷首一卷 （清）阿桂等修 （清）伯麟等纂 清乾隆五十一年（1786）內府刻本 十二冊

150000－0601－0001764 137785 史部/紀事本末類

皇清開國方略三十二卷首一卷 （清）阿桂等
修 （清）伯麟等纂 清乾隆五十一年（1786）
內府刻本 十四冊

150000－0601－0001765 D0726 史部／紀事
本末類
皇清開國方略三十二卷首二卷 （清）阿桂等
修 （清）伯麟等纂 清光緒十三年（1887）廣
百宋齋排印本 六冊

150000－0601－0001766 D0863 史部／紀事
本末類
親征平定朔漠方略四十八卷 （清）溫達等修
（清）覺霍和等纂 清康熙四十七年（1708）
刻本 十二冊

150000－0601－0001767 129399 史部／紀
事本末類
平臺紀略一卷 （清）藍鼎元撰 清刻本
一冊

150000－0601－0001768 45511 史部／紀事
本末類
欽定平定教匪紀略四十二卷首一卷 （清）托
津等修 （清）姚祖同等纂 清刻本 四十
四冊

150000－0601－0001769 74601 史部／紀事
本末類
欽定剿平粵匪方略四百二十卷首一卷 （清）
奕訢等修 （清）朱學勤等纂 清同治十一年
（1872）排印本 一百三十二冊

150000－0601－0001770 74501 史部／紀事
本末類
欽定剿平捻匪方略三百二十卷 （清）奕訢等
修 （清）朱學勤等纂 清同治十一年（1872）
排印本 一百冊

150000－0601－0001771 22778 史部／紀事
本末類
欽定平定陝甘新疆回匪方略三百二十卷首一
卷 （清）奕訢等修 （清）陳邦瑞等纂 清光
緒二十二年（1896）排印本 三百二十二冊

150000－0601－0001772 74421 史部／紀事

本末類
欽定平定陝甘新疆回匪方略三百二十卷首一
卷 （清）奕訢等修 （清）陳邦瑞等纂 清光
緒二十二年（1896）排印本 八十冊

150000－0601－0001773 22687 史部／紀事
本末類
欽定平定雲南回匪方略五十卷首一卷 （清）
奕訢等修 （清）陳邦瑞等纂 欽定平定貴州
苗匪紀略四十卷 （清）奕訢等修 （清）陳邦
瑞等纂 清光緒二十二年（1896）排印本 九
十一冊

150000－0601－0001774 74399 史部／紀事
本末類
欽定平定雲南回匪方略五十卷首一卷 （清）
奕訢等修 （清）陳邦瑞等纂 欽定平定貴州
苗匪紀略四十卷 （清）奕訢等修 （清）陳邦
瑞等纂 清光緒二十二年（1896）排印本 十
二冊

150000－0601－0001775 74968 史部／紀事
本末類
平定關隴紀略十三卷 （清）易孔昭等撰 清
光緒十三年（1887）刻本 十二冊

150000－0601－0001776 D2417 史部／紀事
本末類
平定教匪紀事一卷 清抄本 一冊

150000－0601－0001777 D2169 史部／紀事
本末類
征西紀略四卷 （清）曾毓瑜撰 清光緒二十
年（1894）京師官書局排印本 一冊

150000－0601－0001778 157004 史部／雜
史類／彙編之屬
荊駝逸史 （清）陳湖逸士輯 清道光古槐山
房活字本 三十二冊

150000－0601－0001779 157036 史部／雜
史類／彙編之屬
荊駝逸史 （清）陳湖逸士輯 清道光古槐山
房活字本 三十二冊

150000－0601－0001780 157068 史部／雜

史類/彙編之屬

荊駝逸史 （清）陳湖逸士輯 清宣統三年（1911）中國圖書館石印本 十六冊

150000－0601－0001781 157084 史部/雜史類/彙編之屬

荊駝逸史 （清）陳湖逸士輯 清刻本 二十四冊

150000－0601－0001782 157108 史部/雜史類/彙編之屬

荊駝逸史 （清）陳湖逸士輯 清刻本 二十四冊

150000－0601－0001783 151467 史部/雜史類/彙編之屬

明季稗史彙編 （清）留雲居士輯 清都城琉璃廠刻本 十冊

150000－0601－0001784 76742 史部/雜史類/彙編之屬

明季稗史彙編 （清）留雲居士輯 清光緒十三年（1887）上海圖書集成印書局排印本 六冊

150000－0601－0001785 151477 史部/雜史類/彙編之屬

明季稗史彙編 （清）留雲居士輯 清光緒十三年（1887）上海圖書集成印書局排印本 六冊

150000－0601－0001786 26861 史部/雜史類/彙編之屬

明季稗史彙編 （清）留雲居士輯 清光緒二十二年（1896）上海圖書集成印書局排印本 六冊

150000－0601－0001787 156866 史部/雜史類/彙編之屬

秘籍彙函 揚州古舊書店輯 抄本 十二冊

150000－0601－0001788 165928 史部/雜史類/彙編之屬

緣督廬秘乘十五種一卷 葉昌熾輯 抄本 三冊

150000－0601－0001789 41355 史部/雜史類/事實之屬

國語國策合編 清光緒二十七年（1901）上海鴻寶齋石印本 八冊

150000－0601－0001790 82134 史部/雜史類/事實之屬

國語國策合編 清光緒二十七年（1901）上海鴻寶齋石印本 七冊

150000－0601－0001791 11149 史部/雜史類/事實之屬

國語校注本三種 （清）汪遠孫撰 清道光二十六年（1846）振綺堂刻振綺堂遺書本 五冊

150000－0601－0001792 76394 史部/雜史類/事實之屬

國語二十一卷 明萬曆四十七年（1619）閔齊伋刻本 四冊

150000－0601－0001793 76410 史部/雜史類/事實之屬

國語二十一卷 （三國吳）韋昭解 （清）孔傳鐸校 清乾隆三十一年（1766）詩禮堂刻本 四冊

150000－0601－0001794 76402 史部/雜史類/事實之屬

國語二十一卷 （三國吳）韋昭解 （宋）宋庠補音 清刻本 四冊

150000－0601－0001795 76414 史部/雜史類/事實之屬

國語二十一卷 （三國吳）韋昭解 校刊明道本韋氏解國語札記一卷 （清）黃丕烈撰 清嘉慶五年（1800）讀未見書齋刻本 四冊

150000－0601－0001796 128042 史部/雜史類/事實之屬

國語二十一卷 （三國吳）韋昭解 校刊明道本韋氏解國語札記一卷 （清）黃丕烈撰 清嘉慶五年（1800）讀未見書齋刻本 六冊

150000－0601－0001797 76384 史部/雜史類/事實之屬

國語二十一卷 （三國吳）韋昭解 校刊明道

本韋氏解國語札記一卷 （清）黃丕烈撰　國
語明道本考異四卷　（清）汪遠孫撰　清同治
八年(1869)湖北崇文書局刻本　五冊

150000－0601－0001798　76389　史部/雜史
類/事實之屬

國語二十一卷　（三國吳）韋昭解　校刊明道
本韋氏解國語札記一卷　（清）黃丕烈撰　國
語明道本考異四卷　（清）汪遠孫撰　清同治
八年(1869)湖北崇文書局刻本　五冊

150000－0601－0001799　76379　史部/雜史
類/事實之屬

國語二十一卷　（三國吳）韋昭解　校刊明道
本韋氏解國語札記一卷　（清）黃丕烈撰　國
語明道本考異四卷　（清）汪遠孫撰　清光緒
三年(1877)永康退補齋刻本　五冊

150000－0601－0001800　76398　史部/雜史
類/事實之屬

國語二十一卷　（三國吳）韋昭解　校刊明道
本韋氏解國語札記一卷　（清）黃丕烈撰　國
語明道本考異四卷　（清）汪遠孫撰　清光緒
三年(1877)永康退補齋刻本　四冊

150000－0601－0001801　76406　史部/雜史
類/事實之屬

國語二十一卷　（三國吳）韋昭解　校刊明道
本韋氏解國語札記一卷　（清）黃丕烈撰　國
語明道本考異四卷　（清）汪遠孫撰　清光緒
三年(1877)永康退補齋刻本　四冊

150000－0601－0001802　76424　史部/雜史
類/事實之屬

國語正義二十一卷　（清）董增齡撰　清光緒
六年(1880)會稽章氏式訓堂刻本　八冊

150000－0601－0001803　76517　史部/雜史
類/事實之屬

戰國策三十三卷　（漢）高誘注　清乾隆二十
一年(1756)刻雅雨堂叢書本　十冊

150000－0601－0001804　82101　史部/雜史
類/事實之屬

戰國策三十三卷　（漢）高誘注　清乾隆二十

一年(1756)刻雅雨堂叢書本　五冊

150000－0601－0001805　76481　史部/雜史
類/事實之屬

戰國策三十三卷　（漢）高誘注　重刻剡川姚
氏本戰國策札記三卷　（清）黃丕烈撰　清同
治八年(1869)湖北崇文書局刻本　五冊

150000－0601－0001806　76486　史部/雜史
類/事實之屬

戰國策三十三卷　（漢）高誘注　重刻剡川姚
氏本戰國策札記三卷　（清）黃丕烈撰　清同
治八年(1869)湖北崇文書局刻本　五冊

150000－0601－0001807　76491　史部/雜史
類/事實之屬

戰國策三十三卷　（漢）高誘注　重刻剡川姚
氏本戰國策札記三卷　（清）黃丕烈撰　清同
治八年(1869)湖北崇文書局刻本　五冊

150000－0601－0001808　76512　史部/雜史
類/事實之屬

戰國策三十三卷　（漢）高誘注　重刻剡川姚
氏本戰國策札記三卷　（清）黃丕烈撰　清同
治八年(1869)湖北崇文書局刻本　五冊

150000－0601－0001809　76541　史部/雜史
類/事實之屬

戰國策三十三卷　（漢）高誘注　重刻剡川姚
氏本戰國策札記三卷　（清）黃丕烈撰　清同
治八年(1869)湖北崇文書局刻本　五冊

150000－0601－0001810　76496　史部/雜史
類/事實之屬

戰國策三十三卷　（漢）高誘注　重刻剡川姚
氏本戰國策札記三卷　（清）黃丕烈撰　清光
緒三年(1877)永康退補齋刻本　六冊

150000－0601－0001811　76502　史部/雜史
類/事實之屬

戰國策三十三卷　（漢）高誘注　重刻剡川姚
氏本戰國策札記三卷　（清）黃丕烈撰　清光
緒三年(1877)永康退補齋刻本　五冊

150000－0601－0001812　76507　史部/雜史
類/事實之屬

戰國策三十三卷　（漢）高誘注　重刻剡川姚
氏本戰國策札記三卷　（清）黃丕烈撰　清光
緒三年(1877)永康退補齋刻本　五冊

150000－0601－0001813　76440　史部/雜史
類/事實之屬

戰國策三十三卷　（漢）高誘注　重刻剡川姚
氏本戰國策札記三卷　（清）黃丕烈撰　清刻
本　六冊

150000－0601－0001814　76432　史部/雜史
類/事實之屬

戰國策十卷　（宋）鮑彪注　（元）吳師道重校
　清刻本　八冊

150000－0601－0001815　76535　史部/雜史
類/事實之屬

戰國策十二卷　（明）閔齊伋輯注　明萬曆四
十七年(1619)閔齊伋刻本　六冊

150000－0601－0001816　76546　史部/雜史
類/事實之屬

戰國策十八卷　（清）張星徽評點　清雍正七
年(1729)刻本　八冊

150000－0601－0001817　76554　史部/雜史
類/事實之屬

重刻剡川姚氏本戰國策札記三卷　（清）黃丕
烈撰　清嘉慶八年(1803)吳門黃氏讀未見書
齋刻本　一冊

150000－0601－0001818　765658　史部/雜
史類/事實之屬

漢史考一卷　施文勉撰　稿本　一冊

150000－0601－0001819　76651　史部/雜史
類/事實之屬

貞觀政要十卷　（唐）吳競撰　清光緒六年
(1880)刻本　四冊

150000－0601－0001820　82238　史部/雜史
類/事實之屬/宋

建炎進退志四卷　（宋）李綱撰　清邵武徐氏
刻本　一冊

150000－0601－0001821　82237　史部/雜史

類/事實之屬/宋

建炎時政記三卷　（宋）李綱撰　清邵武徐氏
刻本　一冊

150000－0601－0001822　D0765　史部/雜史
類/事實之屬/宋

靖康孤臣泣血錄二卷　（宋）丁特起撰　清光
緒三十二年(1906)國學保存會排印國粹叢書
本　一冊

150000－0601－0001823　D2150　史部/雜史
類/事實之屬/遼金

松漠紀聞一卷續一卷補遺一卷考異一卷
(宋)洪皓撰　清同治十二年(1873)涇縣洪氏
三瑞堂刻本　一冊

150000－0601－0001824　D5273　史部/雜史
類/事實之屬/遼金

松漠紀聞一卷續一卷補遺一卷考異一卷
(宋)洪皓撰　清同治十二年(1873)涇縣洪氏
三瑞堂刻本　一冊

150000－0601－0001825　D0491　史部/雜史
類/事實之屬/元

蒙韃備錄箋證一卷　（宋）孟珙撰　王國維箋
注　抄本　一冊

150000－0601－0001826　D0225　史部/雜史
類/事實之屬/元

三河創業記五卷　（清）范壽金撰　清光緒三
十三年(1907)石印本　二冊

150000－0601－0001827　D1113　史部/雜史
類/事實之屬/元

黑韃事略箋證一卷　（宋）彭大雅撰　王國維
箋證　抄本　一冊

150000－0601－0001828　D0124　史部/雜史
類/事實之屬/元

元朝秘史十卷續集二卷　清光緒三十四年
(1908)葉氏觀古堂刻本　六冊

150000－0601－0001829　D0120　史部/雜史
類/事實之屬/元

元朝秘史十五卷　清道光二十七年(1847)靈
石楊氏刻連筠簃叢書本　四冊

150000－0601－0001830　D0159　史部/雜史類/事實之屬/元

元朝秘史十五卷　（清）李文田注　清光緒二十九年（1903）上海文瑞樓石印皇朝藩屬輿地叢書本　四冊

150000－0601－0001831　D0163　史部/雜史類/事實之屬/元

元朝秘史十五卷　（清）李文田注　清光緒二十九年（1903）上海文瑞樓石印皇朝藩屬輿地叢書本　四冊

150000－0601－0001832　76675　史部/雜史類/事實之屬/元

元朝秘史十五卷　（清）李文田注　清光緒二十九年（1903）上海文瑞樓石印皇朝藩屬輿地叢書本　四冊

150000－0601－0001833　76679　史部/雜史類/事實之屬/元

元朝秘史十五卷　（清）李文田注　清光緒二十九年（1903）上海文瑞樓石印皇朝藩屬輿地叢書本　四冊

150000－0601－0001834　D0140　史部/雜史類/事實之屬/元

元朝秘史十五卷首一卷　（清）李文田注　清光緒二十二年（1896）通隱堂刻漸西村舍彙刊本　四冊

150000－0601－0001835　D0144　史部/雜史類/事實之屬/元

元朝秘史十五卷首一卷　（清）李文田注　清光緒二十二年（1896）通隱堂刻漸西村舍彙刊本　四冊

150000－0601－0001836　170672　史部/雜史類/事實之屬/元

元朝秘史十五卷首一卷　（清）李文田注　清光緒二十二年（1896）通隱堂刻漸西村舍彙刊本　四冊

150000－0601－0001837　D0154　史部/雜史類/事實之屬/元

元朝秘史十五卷首一卷　（清）李文田注　清

光緒二十九年（1903）史學齋編譯石印書局影印漸西村舍彙刊本　六冊

150000－0601－0001838　76683　史部/雜史類/事實之屬/元

元朝秘史十五卷首一卷　（清）李文田注　清光緒二十九年（1903）史學齋編譯石印書局影印漸西村舍彙刊本　六冊

150000－0601－0001839　76689　史部/雜史類/事實之屬/元

元朝秘史十五卷首一卷　（清）李文田注　清光緒二十九年（1903）史學齋編譯石印書局影印漸西村舍彙刊本　六冊

150000－0601－0001840　81754　史部/雜史類/事實之屬/元

元朝秘史十五卷首一卷　（清）李文田注　清光緒二十九年（1903）史學齋編譯石印書局影印漸西村舍彙刊本　六冊

150000－0601－0001841　81760　史部/雜史類/事實之屬/元

元朝秘史十五卷首一卷　（清）李文田注　清光緒二十九年（1903）史學齋編譯石印書局影印漸西村舍彙刊本　六冊

150000－0601－0001842　D0175　史部/雜史類/事實之屬/元

元秘史譯音用字考一卷　陳垣撰　抄本一冊

150000－0601－0001843　D0171　史部/雜史類/事實之屬/元

元秘史山川地名考十二卷　（清）施世杰撰清光緒二十三年（1897）許鄭學廬刻本　一冊

150000－0601－0001844　D0177　史部/雜史類/事實之屬/元

校正元親征錄一卷　（清）何秋濤撰　清光緒二十年（1894）刻本　一冊

150000－0601－0001845　D0178　史部/雜史類/事實之屬/元

校正元親征錄一卷　（清）何秋濤撰　清光緒二十年（1894）刻本　一冊

150000－0601－0001846　D0179　史部/雜史類/事實之屬/元

校正元親征錄一卷　（清）何秋濤撰　清光緒二十年(1894)刻本　一冊

150000－0601－0001847　76700　史部/雜史類/事實之屬/元

校正元親征錄一卷　（清）何秋濤撰　清光緒二十年(1894)刻本　一冊

150000－0601－0001848　D0176　史部/雜史類/事實之屬/元

校正元親征錄一卷刊誤一卷　（清）何秋濤撰　清光緒二十年(1894)刻本　一冊

150000－0601－0001849　76699　史部/雜史類/事實之屬/元

校正元親征錄一卷刊誤一卷　（清）何秋濤撰　清光緒二十年(1894)刻本　一冊

150000－0601－0001850　D0180　史部/雜史類/事實之屬/元

聖武親征錄校注一卷　王國維校　抄本　一冊

150000－0601－0001851　D0086　史部/雜史類/事實之屬/元

欽定蒙古源流八卷　清刻本　四冊

150000－0601－0001852　D0090　史部/雜史類/事實之屬/元

欽定蒙古源流八卷　清刻本　四冊

150000－0601－0001853　76695　史部/雜史類/事實之屬/元

欽定蒙古源流八卷　清刻本　四冊

150000－0601－0001854　D0084　史部/雜史類/事實之屬/元

欽定蒙古源流八卷　抄本　二冊

150000－0601－0001855　D0080　史部/雜史類/事實之屬/元

蒙古源流八卷　蕅楷書室抄本　四冊

150000－0601－0001856　D0561　史部/雜史類/事實之屬/元

元代蒙古人與中國文化一卷　顧康伯編　抄本　一冊

150000－0601－0001857　D0187　史部/雜史類/事實之屬/元

蒙古史二卷　（日本）河野元三撰　歐陽瑞驊譯　清宣統三年(1911)江南圖書館排印本　二冊

150000－0601－0001858　D0189　史部/雜史類/事實之屬/元

蒙古史二卷　（日本）河野元三撰　歐陽瑞驊譯　清宣統三年(1911)江南圖書館排印本　二冊

150000－0601－0001859　D0191　史部/雜史類/事實之屬/元

蒙古史二卷　（日本）河野元三撰　歐陽瑞驊譯　清宣統三年(1911)江南圖書館排印本　二冊

150000－0601－0001860　767956　史部/雜史類/事實之屬/明

弇州史料後集□□卷　（明）王世貞撰　明刻本　四冊　存十七卷(四十一至四十五、五十一至五十六、六十一至六十四、六十九至七十)

150000－0601－0001861　767930　史部/雜史類/事實之屬/明

建文朝野彙編□□卷　（明）屠叔方撰　明刻本　二冊　存二卷(二、十五)

150000－0601－0001862　82531　史部/雜史類/事實之屬/明

平定交南錄一卷　（明）丘濬撰　清道光二十五年(1845)南海伍氏粵雅堂刻嶺南遺書本　一冊

150000－0601－0001863　767735　史部/雜史類/事實之屬/明

復辟錄一卷靖難功臣錄一卷備遺錄一卷　明刻說纂本　一冊

150000－0601－0001864　82382　史部/雜史類/事實之屬/明

東林本末三卷　（明）吳應箕撰　清光緒二十

五年(1899)刻貴池先哲遺書本　一冊

150000－0601－0001865　76748　史部/雜史類/事實之屬/明/崇禎

烈皇小識八卷　(明)文秉撰　清都城琉璃廠留雲居士刻本　六冊

150000－0601－0001866　81377　史部/雜史類/事實之屬/明/崇禎

烈皇小識八卷　(明)文秉撰　清都城琉璃廠留雲居士刻本　七冊

150000－0601－0001867　82220　史部/雜史類/事實之屬/明/崇禎

東江始末一卷　(明)柏起宗撰　清光緒三十二年(1906)上海國學保存會排印國粹叢書本　一冊

150000－0601－0001868　129376　史部/雜史類/事實之屬/明/崇禎

平叛記二卷　(清)毛霦撰　清刻本　二冊殘破

150000－0601－0001869　74803　史部/雜史類/事實之屬/明/崇禎

綏寇紀略十二卷補遺三卷　(清)吳偉業撰清末申報館排印本　八冊

150000－0601－0001870　74811　史部/雜史類/事實之屬/明/崇禎

續編綏寇紀略五卷　(清)葉夢珠撰　清末申報館排印本　二冊

150000－0601－0001871　82212　史部/雜史類/事實之屬/明/崇禎

蜀難敘略一卷　(清)沈荀蔚撰　清刻知不足齋叢書本　一冊

150000－0601－0001872　76703　史部/雜史類/事實之屬/明/崇禎

蜀碧四卷　(清)彭遵泗撰　清刻本　二冊

150000－0601－0001873　128985　史部/雜史類/事實之屬/明/崇禎

蜀碧四卷附記一卷　(清)彭遵泗撰　清刻本　一冊

150000－0601－0001874　82224　史部/雜史類/事實之屬/明/崇禎

甲申傳信錄十卷　(明)錢馨撰　清光緒三十二年(1906)上海國學保存會排印國粹叢書本　一冊

150000－0601－0001875　767826　史部/雜史類/事實之屬/明/晚明通紀

鹿樵紀聞三卷　(清)梅村野史編　抄本四冊

150000－0601－0001876　76586　史部/雜史類/事實之屬/明/晚明通紀

小腆紀年附考二十卷　(清)徐鼒撰　清咸豐十一年(1861)刻本　十二冊

150000－0601－0001877　76598　史部/雜史類/事實之屬/明/晚明通紀

小腆紀年附考二十卷　(清)徐鼒撰　清咸豐十一年(1861)刻本　十二冊

150000－0601－0001878　76562　史部/雜史類/事實之屬/明/晚明通紀

明季北略二十四卷　(清)計六奇撰　清京都琉璃廠半松居士刻本　八冊

150000－0601－0001879　76570　史部/雜史類/事實之屬/明/晚明通紀

明季北略二十四卷　(清)計六奇撰　清京都琉璃廠半松居士刻本　十六冊

150000－0601－0001880　39300　史部/雜史類/事實之屬/明/南明

西南紀事十二卷　(清)邵廷采撰　東南紀事十二卷　(清)邵廷采撰　清邵武徐氏刻本四冊

150000－0601－0001881　82274　史部/雜史類/事實之屬/明/南明

聖安紀事二卷　(清)顧炎武撰　清刻本一冊

150000－0601－0001882　82273　史部/雜史類/事實之屬/明/南明

聖安皇帝本紀二卷　(清)顧炎武撰　清刻本一冊

150000－0601－0001883　82221　史部/雜史類/事實之屬/明/南明

湖西遺事一卷　（清）彭孫貽撰　清光緒三十二年(1906)上海國學保存會排印國粹叢書本　一冊

150000－0601－0001884　82219　史部/雜史類/事實之屬/明/南明

劫灰錄一卷　（明）珠江寓舫撰　清光緒三十二年(1906)上海國學保存會排印國粹叢書本　一冊

150000－0601－0001885　94251　史部/雜史類/事實之屬/清

國朝柔遠記一卷　（清）王之春撰　清光緒十一年(1885)刻本　一冊

150000－0601－0001886　129411　史部/雜史類/事實之屬/清

丁酉北闈大獄記略一卷　清宣統三年(1911)上海商務印書館排印痛史本　一冊

150000－0601－0001887　76781　史部/雜史類/事實之屬/清

康熙政要二十四卷　章梫纂　清宣統二年(1910)排印本　十二冊

150000－0601－0001888　82528　史部/雜史類/事實之屬/清

平定羅刹方略四卷　清刻本　一冊

150000－0601－0001889　170434　史部/雜史類/事實之屬/清

聖駕五幸江南恭錄（康熙四十四年歲次乙酉正月）一卷　清宣統二年(1910)泉唐汪氏京師排印振綺堂叢書本　一冊

150000－0601－0001890　764666　史部/雜史類/事實之屬/清

靖逆記六卷　（清）蘭簃外史纂　抄本　二冊

150000－0601－0001891　75271　史部/雜史類/事實之屬/清

中西紀事二十四卷首一卷　（清）夏燮撰　清同治七年(1868)刻本　六冊

150000－0601－0001892　75265　史部/雜史類/事實之屬/清

中西紀事二十四卷首一卷　（清）夏燮撰　清光緒七年(1881)慧香簃活字本　六冊

150000－0601－0001893　74964　史部/雜史類/事實之屬/清

淮軍平捻記十二卷　（清）周世澄撰　清末刻本　四冊

150000－0601－0001894　46058　史部/雜史類/事實之屬/清

山東軍興紀略二十二卷　清末上海申報館排印申報館叢書本　十冊

150000－0601－0001895　74981　史部/雜史類/事實之屬/清

蒙寇志略一卷　（清）胡壽昌撰　清光緒十四年(1888)成都刻本　一冊

150000－0601－0001896　75277　史部/雜史類/事實之屬/清

守蒙紀略一卷　（清）賀緒蕃撰　抄本　一冊

150000－0601－0001897　45560　史部/雜史類/事實之屬/清/光緒

中日戰輯六卷　（清）王炳耀撰　清光緒二十二年(1896)上海書局石印本　四冊

150000－0601－0001898　82141　史部/雜史類/事實之屬/清/光緒

中東戰紀本末八卷續編四卷　（美國）林樂知著譯　蔡爾康纂輯　清光緒二十二年(1896)上海廣學會排印本　十二冊

150000－0601－0001899　82280　史部/雜史類/事實之屬/清/光緒

中東戰紀本末八卷續編四卷　（美國）林樂知著譯　蔡爾康纂輯　清光緒二十二年(1896)上海廣學會排印本　十二冊

150000－0601－0001900　102552　史部/雜史類/事實之屬/清/光緒

客韓筆記一卷　（清）許寅輝撰　清光緒三十二年(1906)長沙刻本　一冊

150000－0601－0001901　82355　史部/雜史類/事實之屬/清/光緒

津門奉使紀聞一卷　（清）曹和濟撰　清刻本
一冊

150000－0601－0001902　26414　史部/雜史類/事實之屬/清/光緒

拳匪紀事六卷　（日本）佐原篤介輯　（清）浙西漚隱輯　清光緒二十七年（1901）排印本
六冊

150000－0601－0001903　76817　史部/雜史類/事實之屬/清/光緒

拳匪紀事六卷　（日本）佐原篤介輯　（清）浙西漚隱輯　清光緒二十七年（1901）排印本
四冊　存四卷（二、四至六）

150000－0601－0001904　76810　史部/雜史類/事實之屬/清/光緒

庚子海外紀事四卷　呂海寰纂　清光緒二十七年（1901）上海辦理商約行轅排印本　四冊

150000－0601－0001905　103121　史部/雜史類/事實之屬/清/光緒

張文襄幕府紀聞二卷　（清）漢濱讀易者撰
清宣統二年（1910）排印本　二冊

150000－0601－0001906　46701　史部/雜史類/事實之屬/清/光緒

勞薪錄四卷　（清）黃雲撰　（清）易抱一編
清光緒二十九年（1903）蘭州官書局排印本
四冊

150000－0601－0001907　74954　史部/雜史類/事實之屬/太平天國

平定粵匪紀略十八卷附記四卷　（清）杜文瀾
撰　清同治十年（1871）京都聚珍齋刻本
十冊

150000－0601－0001908　74948　史部/雜史類/事實之屬/太平天國

平定粵匪紀略十八卷附記四卷　（清）杜文瀾
撰　清光緒七年（1881）刻本　六冊

150000－0601－0001909　75241　史部/雜史類/事實之屬/太平天國

江南北大營紀事本末二卷　（清）杜文瀾撰
清同治八年（1869）排印本　一冊

150000－0601－0001910　75259　史部/雜史類/事實之屬/太平天國

湘軍志十六卷　王闓運撰　清刻本　四冊

150000－0601－0001911　75263　史部/雜史類/事實之屬/太平天國

湘軍志十六卷　王闓運撰　清刻本　二冊

150000－0601－0001912　75243　史部/雜史類/事實之屬/太平天國

湘軍記二十卷　（清）王定安撰　清光緒十五年（1889）江南書局刻本　八冊

150000－0601－0001913　75251　史部/雜史類/事實之屬/太平天國

湘軍記二十卷　（清）王定安撰　清光緒十五年（1889）江南書局刻本　八冊

150000－0601－0001914　82356　史部/雜史類/事實之屬/太平天國

金壇守城日記一卷　（清）李淮撰　清光緒七年（1881）刻本　一冊

150000－0601－0001915　82524　史部/雜史類/事實之屬/太平天國

嘉應平寇紀略一卷　（清）謝國珍撰　清光緒六年（1880）仁和葛氏刻嘯園叢書本　一冊

150000－0601－0001916　82522　史部/雜史類/事實之屬/太平天國

繡像剿逆圖考二卷　清光緒十八年（1892）上海書局石印本　二冊

150000－0601－0001917　102534　史部/雜史類/事實之屬/太平天國

菰蘆筆記不分卷　（清）驪背逸民撰　清刻本
一冊

150000－0601－0001918　103177　史部/雜史類/瑣記之屬

涑水記聞十六卷補遺一卷　（宋）司馬光撰
清光緒三年（1877）湖北崇文書局刻本　四冊

150000－0601－0001919　53899　史部/雜史

類/瑣記之屬

史餘萃覽四卷 （清）楊家麟撰　清光緒四年(1878)申報館排印申報館叢書本　二冊

150000－0601－0001920　76737　史部/雜史類/瑣記之屬

九朝野記四卷 （明）祝允明撰　清宣統三年(1911)時中書局排印本　二冊

150000－0601－0001921　767736　史部/雜史類/瑣記之屬

眉公見聞錄□□卷 （明）陳繼儒撰　明刻本　一冊　存三卷(六至八)

150000－0601－0001922　76705　史部/雜史類/瑣記之屬

野獲編三十卷補遺四卷 （明）沈德符撰　清道光七年(1827)扶荔山房刻本　十六冊

150000－0601－0001923　76721　史部/雜史類/瑣記之屬

野獲編三十卷補遺四卷 （明）沈德符撰　清道光七年(1827)扶荔山房刻本　十六冊

150000－0601－0001924　53901　史部/雜史類/瑣記之屬

二申野錄八卷 （清）孫之騄輯　吟香館刻本　四冊

150000－0601－0001925　103163　史部/雜史類/瑣記之屬

西清筆記□□卷 （清）沈初撰　清刻本　一冊　存二卷(一至二)

150000－0601－0001926　42546　史部/雜史類/瑣記之屬

嘯亭雜錄八卷續錄二卷 （清）昭槤撰　清光緒六年(1880)九思堂刻本　十冊

150000－0601－0001927　101749　史部/雜史類/瑣記之屬

嘯亭雜錄八卷續錄二卷 （清）昭槤撰　清光緒六年(1880)九思堂刻本　十二冊

150000－0601－0001928　101767　史部/雜史類/瑣記之屬

嘯亭雜錄八卷續錄二卷 （清）昭槤撰　清光緒六年(1880)九思堂刻本　六冊

150000－0601－0001929　101761　史部/雜史類/瑣記之屬

嘯亭雜錄八卷續錄二卷 （清）昭槤撰　清光緒二十七年(1901)掃葉山房石印本　六冊

150000－0601－0001930　101745　史部/雜史類/瑣記之屬

嘯亭雜錄十卷續錄三卷 （清）昭槤撰　清宣統元年(1909)中國圖書公司排印本　四冊

150000－0601－0001931　50473　史部/雜史類/瑣記之屬

甕牖餘談八卷 （清）王韜撰　清末上海申報館排印本　四冊

150000－0601－0001932　50467　史部/雜史類/瑣記之屬

熙朝新語十六卷 （清）余金撰　清道光二年(1822)刻本　六冊

150000－0601－0001933　D2377　史部/雜史類/瑣記之屬

竹葉亭雜記八卷 （清）姚元之撰　清光緒十九年(1893)刻本　二冊

150000－0601－0001934　103051　史部/雜史類/瑣記之屬

竹葉亭雜記八卷 （清）姚元之撰　清光緒十九年(1893)刻本　二冊

150000－0601－0001935　82243　史部/載記類

吳越春秋校勘記一卷 （清）顧觀光撰　吳越春秋逸文一卷　清末刻本　一冊

150000－0601－0001936　82589　史部/載記類

吳疆域圖說三卷 （清）范本禮撰　清刻南菁書院叢書本(有事表)　二冊

150000－0601－0001937　47524　史部/載記類

越絕書十五卷 （漢）袁康撰　清刻廣漢魏叢

書本　一冊

150000－0601－0001938　81323　史部/載記類

十六國春秋一百卷　（北魏）崔鴻撰　清光緒十二年(1886)湖北官書處刻本　十二冊

150000－0601－0001939　46892　史部/載記類

十六國春秋二卷　（北魏）崔鴻撰　清刻廣漢魏叢書本　二冊

150000－0601－0001940　84676　史部/載記類

西河記一卷　（晉）喻歸撰　（清）張澍輯　清道光元年(1821)刻本　一冊

150000－0601－0001941　767732　史部/載記類

南陳纂□□卷　（明）錢岱纂　清初刻本　一冊　存一卷(一)

150000－0601－0001942　81256　史部/載記類

十國春秋一百十四卷　（清）吳任臣撰　清康熙十七年(1678)彙賢齋刻本　十二冊

150000－0601－0001943　81268　史部/載記類

十國春秋一百十六卷　（清）吳任臣撰　清乾隆五十八年(1793)周昂刻本　十二冊

150000－0601－0001944　81304　史部/載記類

十國春秋一百十六卷　（清）吳任臣撰　清乾隆五十八年(1793)周昂刻嘉慶四年(1799)增修本　十九冊　存六卷(一百〇九至一百十四)

150000－0601－0001945　81280　史部/載記類

十國春秋一百十六卷　（清）吳任臣撰　清乾隆五十八年(1793)周昂刻光緒十二年(1886)海虞陳氏重修本　二十四冊

150000－0601－0001946　81360　史部/載記類

南唐書十八卷　（宋）陸游撰　**南唐書音釋一卷**　（元）戚光撰　清嘉慶十五年(1810)沈慈種石山房活字本　二冊

150000－0601－0001947　81352　史部/載記類

南漢書十八卷　（清）梁廷柟撰　**南漢書考異十八卷**　（清）梁廷柟撰　**南漢書叢錄二卷**　（清）梁廷柟撰　**南漢書文字略四卷**　（清）梁廷柟撰　清道光九年(1829)順德梁氏藤花亭刻藤花亭十七種本　八冊

150000－0601－0001948　D0663　史部/載記類

西遼史考證　丁謙撰　抄本　一冊

150000－0601－0001949　76610　史部/載記類

小腆紀傳六十五卷補遺一卷　（清）徐鼒撰　清光緒十三年(1887)金陵刻本　十六冊

150000－0601－0001950　76626　史部/載記類

小腆紀傳六十五卷補遺一卷　（清）徐鼒撰　清光緒十三年(1887)金陵刻本　十六冊

150000－0601－0001951　73560　史部/史表類

甲子會記五卷　（明）薛應旂編　（明）陳仁錫評閱　明末刻本　四冊

150000－0601－0001952　839660　史部/史表類

甲子會記五卷　（明）薛應旂編　（明）陳仁錫評閱　明末刻本　四冊

150000－0601－0001953　767687　史部/史表類

甲子會記□□卷　（明）薛應旂編　明刻本　一冊　存一卷(三)

150000－0601－0001954　82712　史部/史表類

歷代史表五十九卷　（清）萬斯同撰　清光緒二十九年(1903)上海古香閣石印本　八冊

150000 - 0601 - 0001955　74093　史部/史表類

歷代帝王年表一卷　（清）齊召南撰　（清）阮福續　**帝王廟諡年諱譜一卷**　（清）陸費墀撰　清道光四年（1824）小琅嬛館刻本　四冊

150000 - 0601 - 0001956　82683　史部/史表類

歷代帝王年表一卷　（清）齊召南撰　（清）阮福續　**帝王廟諡年諱譜一卷**　（清）陸費墀撰　清道光四年（1824）小琅嬛館刻本　四冊

150000 - 0601 - 0001957　765824　史部/史表類

歷代帝王年表一卷　黃大華編　**紀元同異考略一卷**　黃大華編　清光緒二十六年（1900）刻本　一冊

150000 - 0601 - 0001958　74091　史部/史表類

歷代統系錄六卷　（清）黃本驥編　清道光二十八年（1848）刻本　二冊

150000 - 0601 - 0001959　74103　史部/史表類

歷代古人世系譜六卷　（清）傅傳編　清光緒十三年（1887）刻本　四冊

150000 - 0601 - 0001960　74090　史部/史表類

歷代帝王世系圖一卷　清宣統二年（1910）陸軍部印刷處石印本　一冊

150000 - 0601 - 0001961　73564　史部/史表類

史鑑年表彙編十四卷　（清）蕭承笋輯　清光緒十年（1884）養雲書屋刻本　八冊

150000 - 0601 - 0001962　839664　史部/史表類

甲子紀年表一卷　（清）徐壽基編　清光緒十四年（1888）刻本　一冊

150000 - 0601 - 0001963　82692　史部/史表類

甲子紀年表一卷　（清）郭容光編　清光緒十

年（1884）刻本　一冊

150000 - 0601 - 0001964　68203　史部/史表類

楚漢帝月表一卷　（清）吳非撰　清劉氏唐石簃刻貴池先哲遺書本　一冊

150000 - 0601 - 0001965　81344　史部/史表類

後漢書補表八卷　（清）錢大昭撰　清光緒十七年（1891）廣雅書局刻本　三冊

150000 - 0601 - 0001966　79833　史部/史表類

唐蕃鎮指掌二卷　（明）張玄羽撰　清峭帆樓刻峭帆樓叢書本　一冊

150000 - 0601 - 0001967　D0492　史部/史表類

元史氏族表三卷　（清）錢大昕撰　清嘉慶十一年（1806）黃鍾刻本　一冊

150000 - 0601 - 0001968　D1328　史部/史表類

宗室王公世職章京爵秩襲次全表十卷　（清）牟其汶編　清光緒三十二年（1906）石印本　十冊

150000 - 0601 - 0001969　D0716　史部/史表類

皇朝藩部世系表四卷　（清）祁韵士纂　清刻本　一冊

150000 - 0601 - 0001970　8691　史部/史表類

四裔編年表四卷　（美國）林樂知譯　（清）嚴良勛譯　（清）李鳳苞彙編　清末江南製造局刻本　四冊

150000 - 0601 - 0001971　82708　史部/史表類

四裔編年表四卷　（美國）林樂知譯　（清）嚴良勛譯　（清）李鳳苞彙編　清末江南製造局刻本　四冊

150000 -0601 - 0001972　41766　史部/史表類

四裔編年表四卷 （美國）林樂知譯 （清）嚴良勛譯 （清）李鳳苞彙編 清光緒二十三年（1897）石印本 四冊

150000－0601－0001973 82687 史部/史表類

四裔編年表四卷 （美國）林樂知譯 （清）嚴良勛譯 （清）李鳳苞彙編 清光緒二十三年（1897）石印本 四冊

150000－0601－0001974 104593 史部/史鈔類

慈溪黃氏日抄分類古今紀要十九卷 （宋）黃震撰 清影刻本 六冊

150000－0601－0001975 80134 史部/史鈔類

黃氏日抄古今紀要逸編一卷 （宋）黃震撰 清刻知不足齋叢書本 一冊

150000－0601－0001976 92102 史部/史鈔類

史學提要箋釋五卷 （宋）黃繼善撰 （清）楊錫祐釋 清刻本 四冊

150000－0601－0001977 46705 史部/史鈔類

史緯三百三十卷 （清）陳允錫刪修 （清）羅大春刊補 清同治九年（1870）刻本 一百五十冊

150000－0601－0001978 81035 史部/史鈔類

史略八十七卷 （清）朱墅輯 清同治五年（1866）刻本 十六冊

150000－0601－0001979 82409 史部/史鈔類

史略八十七卷 （清）朱墅輯 清光緒二十五年（1899）善本書局刻朱墨套印本 十二冊

150000－0601－0001980 81059 史部/史鈔類

雪廬讀史快編六十卷 （明）趙維寰編 明天啟四年（1624）刻本 二十冊·

150000－0601－0001981 82185 史部/史鈔類

廿二史纂略六卷 （清）郭衷恒輯 清乾隆三十四年（1769）汾源堂刻本 二冊

150000－0601－0001982 82721 史部/史鈔類

史筌一卷 （清）楊銘柱編 清道光二十六年（1846）刻本 一冊

150000－0601－0001983 46855 史部/史鈔類

廿一史約編八卷首一卷 （清）鄭元慶撰 清同治七年（1868）刻本 八冊

150000－0601－0001984 11075 史部/史鈔類

廿一史約編八卷首一卷 （清）鄭元慶撰 清刻本 十二冊

150000－0601－0001985 81079 史部/史鈔類

廿一史約編八卷首一卷 （清）鄭元慶撰 清初刻本 八冊

150000－0601－0001986 46863 史部/史鈔類

廿一史約編八卷首一卷 （清）鄭元慶撰 清刻本 八冊

150000－0601－0001987 25791 史部/史鈔類

廿一史約編八卷首一卷 （清）鄭元慶撰 清光緒十三年（1887）上海鴻文書局石印本 四冊

150000－0601－0001988 81157 史部/史鈔類

史漢合鈔 （清）高梅亭集評 清乾隆五十三年（1788）刻本 十冊

150000－0601－0001989 67887 史部/史鈔類

史記菁華錄六卷 （清）姚苧田輯 清道光四年（1824）刻朱墨套印本 六冊

150000－0601－0001990　67893　史部/史鈔類

史記菁華錄六卷　（清）姚苧田輯　清道光四年（1824）刻朱墨套印本　八冊

150000－0601－0001991　67881　史部/史鈔類

史記菁華錄六卷　（清）姚苧田輯　清光緒二十二年（1896）新化三昧堂刻本　六冊

150000－0601－0001992　78333　史部/史鈔類

漢雋十卷　（宋）林鉞輯　清道光十年（1830）刻本　四冊

150000－0601－0001993　92295　史部/史鈔類

南朝史精語十卷札一卷　（宋）洪邁撰　清光緒三十一年（1905）江陰繆氏刻對雨樓叢書本　一冊

150000－0601－0001994　81171　史部/史鈔類

南史識小錄十四卷　（清）沈名蓀輯　（清）朱昆田輯　（清）張應昌補正　**北史識小錄十四卷**　（清）沈名蓀輯　（清）朱昆田輯　（清）張應昌補正　清同治十年（1871）武林吳氏清來堂刻本　四冊

150000－0601－0001995　92278　史部/史鈔類

北史識小錄十四卷　（清）沈名蓀輯　（清）朱昆田輯　（清）張應昌補正　清刻本　六冊

150000－0601－0001996　78447　史部/史鈔類

南北史捃華八卷　（清）周嘉猷輯　清同治四年（1865）鑑止水齋刻本　八冊

150000－0601－0001997　81167　史部/史鈔類

歐陽文忠公五代史抄二十卷　（明）茅坤評　清刻本　四冊

150000－0601－0001998　D2373　史部/史鈔類

宋遼金元菁華錄　（清）納蘭常安選譯　清光緒二十六年（1900）上海書局石印本　四冊

150000－0601－0001999　108383　史部/史鈔類

宋遼金元菁華錄　（清）納蘭常安選譯　清光緒二十六年（1900）上海書局石印本　四冊

150000－0601－0002000　839909　史部/史鈔類

通鑑總類二十卷　（宋）沈樞輯　明萬曆二十三年（1595）刻本　二十冊

150000－0601－0002001　72370　史部/史鈔類

朱子綱目輯略四卷　（清）周宗濂撰　清嘉慶十九年（1814）刻本　二冊

150000－0601－0002002　46871　史部/史鈔類

綱鑑擇抄二卷　（清）羅曰璧撰　清光緒七年（1881）刻本　一冊

150000－0601－0002003　72326　史部/史鈔類

正續資治通鑑纂要二十七卷　（清）魏裔介纂　清兩浙新書翻譯書局石印本　四冊

150000－0601－0002004　46872　史部/史鈔類

增定課兒鑑略妥注讀本五卷　（明）李廷機撰　（清）鄒聖脉訂　清刻本　五冊

150000－0601－0002005　46877　史部/史鈔類

增定課兒鑑略妥注讀本五卷　（明）李廷機撰　（清）鄒聖脉訂　清刻本　五冊

150000－0601－0002006　81223　史部/史鈔類

十年讀書之廬重刊韵史二卷　（清）許逎翁編　清光緒元年（1875）十年讀書之廬刻本　一冊

150000－0601－0002007　81224　史部/史鈔類

慕善近君子廬重刊韵史二卷 （清）許遁翁編
清光緒二年（1876）慕善近君子廬刻本
一冊

150000 － 0601 － 0002008　81225　史部/史
鈔類

韵史一卷　（清）許遁翁編　清光緒五年
（1879）刻本　一冊

150000 － 0601 － 0002009　92126　史部/史
鈔類

史略歌論十二卷　（清）裘曰和撰　清道光二
十一年（1841）聰訓堂活字本　四冊　存十卷
（一至四、七至十二）

150000 － 0601 － 0002010　91941　史部/史
鈔類

增定二十一史韵四卷續四卷首一卷末一卷
（明）趙南星撰　（清）仲弘道續增　清康熙三
十年（1691）刻本　六冊

150000 － 0601 － 0002011　81202　史部/史
鈔類

史鑑節要便讀六卷　（清）鮑東里撰　清同治
六年（1867）姑胥刻本　二冊

150000 － 0601 － 0002012　48141　史部/史
鈔類

史鑑節要便讀六卷　（清）鮑東里撰　清光緒
二十二年（1896）書業德刻本　二冊

150000 － 0601 － 0002013　81204　史部/史
鈔類

史鑑節要便讀六卷　（清）鮑東里撰　清光緒
二十二年（1896）書業德刻本　三冊

150000 － 0601 － 0002014　48139　史部/史
鈔類

史鑑節要便讀六卷　（清）鮑東里撰　清刻本
二冊

150000 － 0601 － 0002015　81199　史部/史
鈔類

史鑑節要便讀六卷　（清）鮑東里撰　清光緒
二十五年（1899）上海昌記書局石印本　二冊

150000 － 0601 － 0002016　81201　史部/史
鈔類

史鑑節要便讀六卷　（清）鮑東里撰　清光緒
二十五年（1899）上海昌記書局石印本　一冊

150000 － 0601 － 0002017　84771　史部/史
鈔類

鑑略四字書一卷　清光緒三十年（1904）刻本
一冊

150000 － 0601 － 0002018　81051　史部/史
鈔類

歷代史略六卷　清末江楚書局刻本　八冊

150000 － 0601 － 0002019　81175　史部/史
鈔類

古今史略三卷　（清）李漁輯　清光緒十四年
（1888）梟曇同人刻本　一冊

150000 － 0601 － 0002020　81255　史部/史
鈔類

皇朝掌故二卷　（清）張一鵬撰　（清）陳蔚文
注　清光緒二十八年（1902）浙省貢院西橋杞
廬刻本　一冊

150000 － 0601 － 0002021　81249　史部/史
鈔類

皇朝掌故讀本二卷　（清）寳士鏞撰　清光緒
三十二年（1906）上海文明書局排印本　二冊

150000 － 0601 － 0002022　81253　史部/史
鈔類

本朝史講義第二編（全盛時期）一卷　（清）京
師譯學館編　清京師學務處官書局排印本
一冊

150000 － 0601 － 0002023　53546　史部/史
鈔類

最新中國歷史教科書四卷　（清）姚祖義纂輯
清光緒三十一年（1905）上海商務印書館排
印本　四冊

150000 － 0601 － 0002024　81245　史部/史
鈔類

中國歷史課本□□卷　（清）常堉璋　（清）劉
乃晟編　清光緒三十一年（1905）北京華新書

局排印本　四冊　存(一至二編、三編下)

150000－0601－0002025　765142　史部/史鈔類

中國歷史課本一卷　（清）常堉璋　（清）劉乃晟編　清光緒三十二年(1906)北京華新書局排印本　二冊

150000－0601－0002026　765140　史部/史鈔類

中國歷史課本□□卷　（清）常堉璋　（清）劉乃晟編　清光緒三十四年(1908)北京華新書局排印本　二冊　存(一至二編、三編下)

150000－0601－0002027　48079　史部/史鈔類

中國史要一卷　（日本）日本普通教育研究會編　羅福成譯　清末石印本　一冊

150000－0601－0002028　81238　史部/史鈔類

支那通史四卷　（日本）那珂通世撰　清光緒二十五年(1899)東文學社石印本　五冊

150000－0601－0002029　D0697　史部/史鈔類

[**北方民族史雜抄**]一卷　抄本　一冊

150000－0601－0002030　144720　史部/史評類/義法之屬

古今史學萃珍　（清）余肇鈞輯　清同治七年(1868)余氏明辨齋刻本　三冊　缺(史鑑撮要、歷代通論)

150000－0601－0002031　D4310　史部/史評類/義法之屬

史學叢書　清光緒二十五年(1899)文瀾書局石印本　三十二冊

150000－0601－0002032　146116　史部/史評類/義法之屬

史學叢書　清光緒二十八年(1902)上海煥文書局石印本　三十二冊

150000－0601－0002033　170043　史部/史評類/義法之屬

讀史要覽　（清）朱調陽輯　清道光二十三年(1843)刻本　一冊

150000－0601－0002034　92193　史部/史評類/義法之屬

史通通釋二十卷附錄一卷　（清）浦起龍撰　清乾隆十七年(1752)刻本　六冊

150000－0601－0002035　92199　史部/史評類/義法之屬

史通通釋二十卷附錄一卷　（清）浦起龍撰　清光緒十一年(1885)刻本　八冊

150000－0601－0002036　92227　史部/史評類/義法之屬

史通削繁四卷　（清）紀昀撰　浦起龍注　清道光十三年(1833)兩廣節署刻朱墨套印本　四冊

150000－0601－0002037　92231　史部/史評類/義法之屬

史通削繁四卷　（清）紀昀撰　浦起龍注　清道光十三年(1833)兩廣節署刻朱墨套印本　四冊

150000－0601－0002038　92235　史部/史評類/義法之屬

史通削繁四卷　（清）紀昀撰　浦起龍注　清道光十三年(1833)兩廣節署刻朱墨套印本　四冊

150000－0601－0002039　92239　史部/史評類/義法之屬

史通削繁四卷　（清）紀昀撰　浦起龍注　清道光十三年(1833)兩廣節署刻朱墨套印本　四冊

150000－0601－0002040　92243　史部/史評類/義法之屬

史通削繁四卷　（清）紀昀撰　浦起龍注　清光緒元年(1875)刻本　四冊

150000－0601－0002041　11087　史部/史評類/義法之屬

史通削繁四卷　（清）紀昀撰　浦起龍注　清光緒二十一年(1895)寶慶澹雅書局刻本　四冊

150000 – 0601 – 0002042　92276　史部/史評類/義法之屬

唐書直筆四卷　（宋）呂夏卿撰　清刻小萬卷樓叢書本　一冊

150000 – 0601 – 0002043　92277　史部/史評類/義法之屬

唐書直筆四卷　（宋）呂夏卿撰　清刻小萬卷樓叢書本　一冊

150000 – 0601 – 0002044　91970　史部/史評類/義法之屬

文史通義八卷　（清）章學誠撰　**校讎通義三卷**　（清）章學誠撰　清道光十二年至十三年（1832 – 1833）刻章氏叢書本　五冊

150000 – 0601 – 0002045　91979　史部/史評類/義法之屬

文史通義八卷　（清）章學誠撰　**校讎通義三卷**　（清）章學誠撰　清道光十二年至十三年（1832 – 1833）刻章氏叢書本　五冊

150000 – 0601 – 0002046　91975　史部/史評類/義法之屬

文史通義八卷　（清）章學誠撰　**校讎通義三卷**　（清）章學誠撰　清光緒三年（1877）貴陽刻本　四冊

150000 – 0601 – 0002047　91984　史部/史評類/義法之屬

文史通義八卷　（清）章學誠撰　**校讎通義三卷**　（清）章學誠撰　清光緒二十八年（1902）湖南勸學書舍刻本　八冊

150000 – 0601 – 0002048　91969　史部/史評類/義法之屬

文史通義補編一卷　（清）章學誠撰　清光緒二十三年（1897）元和江氏靈鶼閣刻本　一冊

150000 – 0601 – 0002049　82699　史部/史評類/義法之屬

史目表正史一卷逸史一卷　（清）洪飴孫編　清光緒四年（1878）啓秀書房刻本　一冊

150000 – 0601 – 0002050　765715　史部/史評類/義法之屬

史目表正史一卷逸史一卷　（清）洪飴孫編　清光緒四年（1878）啓秀書房刻本　一冊

150000 – 0601 – 0002051　129354　史部/史評類/義法之屬

[國史館纂辦儒林文苑循吏孝友列傳公文]一卷　清末刻本　一冊

150000 – 0601 – 0002052　839222　史部/史評類/議論之屬

廿一史論贊輯要三十六卷　（明）彭以明輯　（明）歐陽照評　明歐陽照刻本　十六冊

150000 – 0601 – 0002053　92173　史部/史評類/議論之屬

司馬溫公通鑑論一卷　（宋）司馬光撰　清兩湖書院活字本　二冊

150000 – 0601 – 0002054　92162　史部/史評類/議論之屬

稽古錄歷代論一卷　（宋）司馬光撰　（清）季亮時編輯　清常昭排印局活字本　一冊

150000 – 0601 – 0002055　92112　史部/史評類/議論之屬

重刻定宇陳先生增廣通略一卷　（元）陳櫟撰　明末刻本　四冊

150000 – 0601 – 0002056　92249　史部/史評類/議論之屬

歷代史論十二卷　（明）張溥撰　**左傳史論二卷**　（清）高士奇撰　**宋史論三卷**　（明）張溥撰　**元史論一卷**　（明）張溥撰　**明史論四卷**　（清）谷應泰撰　清光緒九年（1883）都城蒼松山房刻朱墨套印本　六冊

150000 – 0601 – 0002057　92261　史部/史評類/議論之屬

歷代史論十二卷　（明）張溥撰　**左傳史論二卷**　（清）高士奇撰　**宋史論三卷**　（明）張溥撰　**元史論一卷**　（明）張溥撰　**明史論四卷**　（清）谷應泰撰　清光緒十二年（1886）刻本　八冊

150000 – 0601 – 0002058　48086　史部/史評類/議論之屬

歷代史論十二卷 （明）張溥撰 左傳史論二卷 （清）高士奇撰 宋史論三卷 （明）張溥撰 元史論一卷 （明）張溥撰 明史論四卷 （清）谷應泰撰 清文餘堂刻本 十冊

150000－0601－0002059 92256 史部/史評類/議論之屬

歷代史論十二卷 （明）張溥撰 左傳史論二卷 （清）高士奇撰 宋史論三卷 （明）張溥撰 元史論一卷 （明）張溥撰 明史論四卷 （清）谷應泰撰 清光緒二十四年(1898)上海書局石印本 五冊

150000－0601－0002060 82591 史部/史評類/議論之屬

歷代史論十二卷 （明）張溥撰 清刻本 四冊

150000－0601－0002061 92247 史部/史評類/議論之屬

歷代史論一編四卷 （明）張溥撰 清刻本 二冊

150000－0601－0002062 92255 史部/史評類/議論之屬

歷代史論一編四卷 （明）張溥撰 清光緒二十七年(1901)上海書局石印本 一冊

150000－0601－0002063 91875 史部/史評類/議論之屬

史論彙函甲編 （清）述古齋主人編 清光緒二十九年(1903)申江開文書局石印本 十六冊

150000－0601－0002064 81137 史部/史評類/議論之屬

史綱要領三十六卷 （明）姚舜牧輯 明萬曆三十八年(1610)刻本 八冊

150000－0601－0002065 91955 史部/史評類/議論之屬

于文定公讀史漫錄二十卷 （明）于慎行撰 清道光二十六年(1846)刻本 八冊

150000－0601－0002066 84041 史部/史評類/議論之屬

寰宇分合志八卷 （明）徐樞編輯 寰宇分合志增輯一卷 （清）鄭元慶述 （清）楊超冶編 清光緒二十八年(1902)湘潭楊氏家塾刻本 八冊

150000－0601－0002067 81127 史部/史評類/議論之屬

史懷二十卷 （明）鍾惺撰 明刻本 十冊

150000－0601－0002068 129034 史部/史評類/議論之屬

讀通鑑論三十卷末一卷 （清）王夫之撰 清光緒二十八年(1902)志古堂刻船山遺書本 六冊

150000－0601－0002069 92006 史部/史評類/議論之屬

讀通鑑論三十卷末一卷 （清）王夫之撰 宋論十五卷 （清）王夫之撰 清光緒二十二年(1896)廣州新寧明善社刻本 二十冊

150000－0601－0002070 92183 史部/史評類/議論之屬

一草亭讀史漫筆二卷 （清）吳孟堅撰 劉氏唐石簃刻貴池先哲遺書本 二冊

150000－0601－0002071 128984 史部/史評類/議論之屬

閱史郤視四卷續一卷 （清）李塨撰 清刻畿輔叢書本 一冊

150000－0601－0002072 92169 史部/史評類/議論之屬

讀史論略一卷 （清）杜詔撰 清光緒元年(1875)刻本 一冊

150000－0601－0002073 92171 史部/史評類/議論之屬

讀史論略一卷 （清）杜詔撰 清光緒三年(1877)京都敬業堂刻本 一冊

150000－0601－0002074 92170 史部/史評類/議論之屬

讀史論略二卷 （清）杜詔撰 清光緒二十八年(1902)大學堂刻本 一冊

150000－0601－0002075　92130　史部/史評類/議論之屬

讀史論略一卷　（清）杜詔撰　清刻本　一冊

150000－0601－0002076　92158　史部/史評類/議論之屬

讀史論略增注二卷　（清）杜詔撰　（清）唐桂注　（清）傅傳增注　清光緒七年(1881)刻本　一冊

150000－0601－0002077　92159　史部/史評類/議論之屬

讀史論略增注二卷　（清）杜詔撰　（清）唐桂注　（清）傅傳增注　清光緒七年(1881)刻本　二冊

150000－0601－0002078　39456　史部/史評類/議論之屬

欽定古今儲貳金鑑六卷　清刻本　四冊

150000－0601－0002079　129403　史部/史評類/議論之屬

約言二卷　（清）夏勤墉撰　清光緒七年(1881)刻本　一冊

150000－0601－0002080　92106　史部/史評類/議論之屬

史案二十卷首一卷　（清）吳裕垂撰　清光緒六年(1880)刻本　六冊

150000－0601－0002081　92164　史部/史評類/議論之屬

讀史札記一卷　（清）王承陵撰　清光緒三十三年(1907)刻本　一冊

150000－0601－0002082　92086　史部/史評類/議論之屬

讀史大略六十卷附一卷　（清）沙張白撰　**小沙子史略一卷**　（清）沙晉撰　清道光二十六年(1846)刻本　十六冊

150000－0601－0002083　92074　史部/史評類/議論之屬

讀史大略六十卷附一卷　（清）沙張白撰　**小沙子史略一卷**　（清）沙晉撰　清咸豐七年(1857)刻本　十二冊

150000－0601－0002084　767791　史部/史評類/議論之屬

讀史論略一卷　稿本　一冊

150000－0601－0002085　92135　史部/史評類/議論之屬

史論彙選甲編八卷　呂景瑞輯　清光緒二十四年(1898)刻本　四冊

150000－0601－0002086　48102　史部/史評類/議論之屬

史事論甲編十卷乙編六卷丙編四卷丁編四卷　雷瑨編　清宣統三年(1911)掃葉山房石印本　十六冊

150000－0601－0002087　48096　史部/史評類/議論之屬

二十四史論新編二十三卷　（清）朱鈞輯　清光緒二十七年(1901)煥文書局石印本　四冊　存十三卷(一至十、二十一至二十三)

150000－0601－0002088　79985　史部/史評類/議論之屬

增廣古今人物論三十六卷　（明）鄭賢輯　**增廣古今人物論續編十二卷**　（清）願學齋同人續輯　清光緒二十八年(1902)墨耕山房石印本　十二冊

150000－0601－0002089　128465　史部/史評類/議論之屬

西漢節義論二卷　（清）李鄴嗣撰　**竹林答問一卷**　（清）陳僅撰　清光緒十一年(1885)刻本　一冊

150000－0601－0002090　767525　史部/史評類/議論之屬

明史論□□卷　（清）谷應泰論正　清刻本　一冊　存三卷(二至四)

150000－0601－0002091　92296　史部/史評類/考訂之屬

十七史商榷一百卷　（清）王鳴盛撰　清乾隆五十二年(1787)刻本　二十四冊

150000－0601－0002092　92320　史部/史評類/考訂之屬

十七史商榷一百卷　（清）王鳴盛撰　清乾隆
五十二年（1787）刻本　二十五冊

150000－0601－0002093　92051　史部/史評
類/考訂之屬

廿二史札記三十六卷補遺一卷　（清）趙翼撰
清嘉慶五年（1800）刻本　十二冊

150000－0601－0002094　92063　史部/史評
類/考訂之屬

廿二史札記三十六卷補遺一卷　（清）趙翼撰
清嘉慶五年（1800）刻本　十一冊　缺

150000－0601－0002095　42303　史部/史評
類/考訂之屬

廿二史札記三十六卷補遺一卷　（清）趙翼撰
清光緒二十六年（1900）上海書局石印本
八冊

150000－0601－0002096　92165　史部/史評
類/考訂之屬

諸史拾遺五卷　（清）錢大昕撰　清刻本
一冊

150000－0601－0002097　92180　史部/史評
類/考訂之屬

諸史考異十八卷　（清）洪頤煊撰　清光緒十
五年（1889）廣雅書局刻本　三冊

150000－0601－0002098　92161　史部/史評
類/考訂之屬

史說略四卷　（清）黃以周撰　清刻本　一冊

150000－0601－0002099　92270　史部/史評
類/考訂之屬

國史考異六卷　（清）潘檉章撰　清刻功順堂
叢書本　四冊

150000－0601－0002100　124699　史/史
評類/詠史之屬

樹經堂咏史詩八卷　（清）謝啓昆撰　清刻本
四冊

150000－0601－0002101　125889　史部/史
評類/詠史之屬

靜娛樓咏史詩一卷　劉咸榮撰　清光緒三十

年（1904）刻本　一冊

150000－0601－0002102　121948　史部/史
評類/詠史之屬

全史宮詞二十卷　（清）史夢蘭輯　清光緒六
年（1880）刻本　四冊

150000－0601－0002103　138022　史部/史
評類/詠史之屬

御製全史詩一卷　（清）仁宗顒琰撰　清內府
刻本　四冊

150000－0601－0002104　138026　史部/史
評類/詠史之屬

御製全史詩一卷　（清）仁宗顒琰撰　清內府
刻本　四冊

150000－0601－0002105　84781　史部/史評
類/詠史之屬

寄鷗館讀史六百韵一卷　（清）任道鎔注
（清）崔嘉霱注　清同治六年（1867）刻本
一冊

150000－0601－0002106　126852　史部/史
評類/詠史之屬

和李西涯先生擬古樂府一卷　（清）胡亦堂撰
清光緒十八年（1892）刻慈溪文徵本　一冊

150000－0601－0002107　126344　史部/史
評類/詠史之屬

冬青館古宮詞三卷　（清）張鑑撰　清刻本
一冊

150000－0601－0002108　127366　史部/史
評類/詠史之屬

十六國宮詞二卷　（清）周升撰注　清道光十
四年（1834）刻本　一冊

150000－0601－0002109　113855　史部/史
評類/詠史之屬

十國宮詞一百首一卷　（清）吳省蘭撰　（清）
范重榮注　清乾隆五十八年（1793）刻本
一冊

150000－0601－0002110　122071　史部/史
評類/詠史之屬

南宋雜事詩七卷　（清）沈嘉轍等撰　清同治
十一年(1872)淮南書局刻本　二冊

150000－0601－0002111　122168　史部/史
評類/詠史之屬

南宋雜事詩七卷　（清）沈嘉轍等撰　清同治
十一年(1872)淮南書局刻本　二冊

150000－0601－0002112　122262　史部/史
評類/詠史之屬

南宋雜事詩七卷　（清）沈嘉轍等撰　清武林
芹香齋刻本　二冊

150000－0601－0002113　D0951　史部/史評
類/詠史之屬

金源紀事詩八卷　（清）湯運泰撰　（清）湯顯
業　（清）湯顯榦注　清嘉慶十八年(1813)刻
本　四冊

150000－0601－0002114　D0954　史部/史評
類/詠史之屬

金源紀事詩八卷　（清）湯運泰撰　（清）湯顯
業　（清）湯顯榦注　清嘉慶十八年(1813)刻
本　四冊

150000－0601－0002115　122042　史部/史
評類/詠史之屬

擬明史樂府一卷　（清）尤侗撰　（清）尤珍注
　清刻本　一冊

150000－0601－0002116　122043　史部/史
評類/詠史之屬

擬明史樂府一卷　（清）尤侗撰　（清）尤珍注
　清刻本　一冊

150000－0601－0002117　122041　史部/史
評類/詠史之屬

明宮雜咏四卷　（清）毛遇順撰　清道光十九
年(1839)刻本　一冊

150000－0601－0002118　126261　史部/史
評類/詠史之屬

勝朝宮詞便讀一卷　（清）趙炳藜撰　清光緒
八年(1882)刻本　一冊

150000－0601－0002119　138019　史部/史

評類/詠史之屬

御製嗣統述聖詩二卷　（清）仁宗顒琰撰　清
內府刻本　二冊

150000－0601－0002120　138021　史部/史
評類/詠史之屬

御製嗣統述聖詩二卷　（清）仁宗顒琰撰　清
內府刻本　存一冊

150000－0601－0002121　125436　史部/史
評類/詠史之屬

長安宮詞一卷　（清）胡延撰　清光緒二十八
年(1902)刻本　一冊

150000－0601－0002122　128983　史部/傳
記類/傳錄之屬

陳壽祺王星誠孫廷璋三子傳一卷　（清）李慈
銘撰　清同治十一年(1872)滂喜齋刻本
一冊

150000－0601－0002123　78559　史部/傳
記類/傳錄之屬

孔子世家補訂一卷　（清）林春溥撰　孟子列
傳纂一卷　（清）林春溥撰　清道光十四年
(1834)刻本　一冊

150000－0601－0002124　80243　史部/傳
記類/傳錄之屬

宗聖志[曾參]二十卷　（清）曾國荃重修
(清)王定安編　清光緒十六年(1890)金陵刻
本　六冊

150000－0601－0002125　9857　史部/傳記
類/傳錄之屬

重纂三遷志十卷首一卷　（清）張耀　（清）梁
耀樞修　（清）孟廣均等纂　清光緒十三年
(1887)山東書局刻本　六冊

150000－0601－0002126　79222　史部/傳記
類/傳錄之屬

鄭學錄四卷　（清）鄭珍撰　清同治四年
(1865)刻本　一冊

150000－0601－0002127　126402　史部/傳
記類/傳錄之屬

紹陶錄[陶淵明]二卷　（宋）王質撰　清刻十

萬卷樓叢書本　一册

150000 - 0601 - 0002128　80253　史部/傳記
類/傳錄之屬

魏文貞公[魏徵]故事拾遺二卷　(清)王先恭
撰　魏文貞公[魏徵]年譜一卷　(清)王先恭
撰　清光緒九年(1883)長沙王氏刻王益吾所
刻書本　二册

150000 - 0601 - 0002129　80255　史部/傳記
類/傳錄之屬

唐書魏鄭公[魏徵]傳注一卷　王先謙注　清
光緒九年(1883)長沙王氏刻本　一册

150000 - 0601 - 0002130　78597　史部/傳記
類/傳錄之屬

宋侍郎胡忠佑公[胡則]事迹錄一卷　(清)程
鳳山輯　清刻本　一册

150000 - 0601 - 0002131　78609　史部/傳記
類/傳錄之屬

范文正公[范仲淹]言行錄三卷　(清)崔廷璋
撰　范文正公年譜言行摘錄一卷　(清)崔廷
璋撰　清光緒十三年(1887)刻本　一册

150000 - 0601 - 0002132　80398　史部/傳記
類/傳錄之屬

崔清獻公[崔與之]言行錄三卷　(宋)李百龍
撰　清道光三十年(1850)粵雅堂刻嶺南叢書
本　一册

150000 - 0601 - 0002133　76655　史部/傳記
類/傳錄之屬

鄂國金佗粹編二十八卷續編三十卷　(宋)岳
珂撰　清光緒九年(1883)浙江書局刻本　十
二册

150000 - 0601 - 0002134　84777　史部/傳記
類/傳錄之屬

潛溪錄[宋濂]六卷首一卷　丁立中編　(清)
孫鏘增補　清宣統三年(1911)四明七千卷樓
孫氏成都刻本　四册

150000 - 0601 - 0002135　82849　史部/傳記
類/傳錄之屬

歷仕錄[王之垣]一卷　(明)王之垣撰　清王

氏家塾刻本　一册

150000 - 0601 - 0002136　129013　史部/傳
記類/傳錄之屬

汪忠烈[汪喬年]文行錄二卷　(清)洪錫光
(清)方夢麟輯　(清)丁樾編次　清咸豐元年
(1851)刻本　三册

150000 - 0601 - 0002137　80848　史部/傳記
類/傳錄之屬

亭林先生神道表一卷　(清)全祖望撰　(清)
沈岱瞻纂　同志贈言一卷　清光緒十一年
(1885)吳縣孫溪槐廬家塾上海刻本　一册

150000 - 0601 - 0002138　46630　史部/傳記
類/傳錄之屬

青銅君[俞益謨]傳一卷　(清)黎宗周撰
(清)王基續撰　清康熙三十五年(1696)刻本
　一册

150000 - 0601 - 0002139　78591　史部/傳記
類/傳錄之屬

陸清獻公[陸隴其]莅嘉遺迹三卷　(清)黃維
玉編輯　清同治六年(1867)上海道署刻本
一册

150000 - 0601 - 0002140　80256　史部/傳記
類/傳錄之屬

陸清獻公[陸隴其]莅嘉遺迹三卷　(清)黃維
玉編輯　清同治六年(1867)上海道署刻本
一册

150000 - 0601 - 0002141　78592　史部/傳記
類/傳錄之屬

庸閒老人[陳其元]自叙一卷　(清)陳其元撰
　清末刻本　一册

150000 - 0601 - 0002142　128912　史部/傳
記類/傳錄之屬

敕授文林郎誥封奉直大夫宗蓉舫君[宗于瀛]
傳一卷　(清)劉秉琳撰　清刻本　一册

150000 - 0601 - 0002143　80257　史部/傳記
類/傳錄之屬

劉襄勤[劉錦棠]史傳稿一卷　清宣統二年
(1910)石印本　一册

150000－0601－0002144　170442　史部/傳記類/傳録之屬

[陶在寬傳記資料]一卷　清末刻本　一冊

150000－0601－0002145　92714　史部/傳記類/傳録之屬

求可堂自記一卷　（清）廖冀亨撰　求可堂家訓一卷　清咸豐二年（1852）刻本　一冊

150000－0601－0002146　48078　史部/傳記類/傳録之屬

先繼姚顔扎太夫人行述一卷　（清）榮禄撰　清刻本　一冊

150000－0601－0002147　6348　史部/傳記類/傳録之屬

釋迦譜十卷　（南朝梁）釋僧佑撰　清光緒三十四年（1908）武昌刻本　四冊

150000－0601－0002148　82832　史部/傳記類/傳録之屬

大慈恩寺三藏法師[玄奘]傳十卷　（唐）釋慧立撰　（唐）釋彦悰箋　清宣統元年（1909）常州天寧寺刻本　三冊

150000－0601－0002149　80854　史部/傳記類/雜録之屬

褒忠録[李誠之]四卷　（清）李繼彪重輯　清道光四年（1824）刻本　二冊

150000－0601－0002150　48074　史部/傳記類/雜録之屬

總制傅大司馬榮哀録一卷　清康熙三十三年（1694）刻本　四冊

150000－0601－0002151　80953　史部/傳記類/雜録之屬

懷忠録[湯貽汾]五卷　清刻本　一冊　存三卷（一至三）

150000－0601－0002152　82254　史部/傳記類/雜録之屬

孤忠録[吳可讀]二卷　（清）袁祖志編　清光緒六年（1880）新報館排印本　二冊

150000－0601－0002153　80852　史部/傳記類/雜録之屬

榮哀録[曾國藩]一卷　清同治十一年（1872）刻本　一冊

150000－0601－0002154　80853　史部/傳記類/雜録之屬

榮哀録[曾國藩]一卷　清同治十一年（1872）刻本　一冊

150000－0601－0002155　80857　史部/傳記類/雜録之屬

宜堂類編[丁丙]二十五卷　清光緒二十六年（1900）嘉惠堂丁氏刻本　八冊

150000－0601－0002156　84748　史部/傳記類/雜録之屬

韜厂蹈海録[陸仁熙]四卷　清宣統二年（1910）排印本　二冊

150000－0601－0002157　39722　史部/傳記類/年譜之屬

孔孟編年　（清）狄子奇撰　清光緒十三年（1887）浙江書局刻本　二冊

150000－0601－0002158　139246　史部/傳記類/年譜之屬

十五家年譜叢書　（清）楊希閔撰　清光緒三年（1877）揚州陳履恒刻本　十六冊

150000－0601－0002159　80271　史部/傳記類/年譜之屬

豫章先賢九家年譜　（清）楊希閔撰　清光緒四年（1878）刻本　十冊

150000－0601－0002160　128929　史部/傳記類/年譜之屬

豫章先賢九家年譜　（清）楊希閔撰　清光緒四年（1878）刻本　十一冊

150000－0601－0002161　128922　史部/傳記類/年譜之屬

四朝先賢六家年譜七卷　（清）楊希閔撰　清光緒四年（1878）福州刻本　七冊

150000－0601－0002162　128915　史部/傳記類/年譜之屬

延平四先生年譜　（清）毛念詩撰　清乾隆十年(1745)刻本　二冊

150000－0601－0002163　78555　史部/傳記類/年譜之屬

孔子年譜綱目一卷　（明）夏洪基撰　清刻本　二冊

150000－0601－0002164　78557　史部/傳記類/年譜之屬

孔子編年四卷　（清）狄子奇撰　清光緒十三年(1887)浙江書局刻本　一冊

150000－0601－0002165　78558　史部/傳記類/年譜之屬

孔子編年四卷　（清）狄子奇撰　清光緒十三年(1887)浙江書局刻本　一冊

150000－0601－0002166　80937　史部/傳記類/年譜之屬

孔子編年四卷　（清）狄子奇撰　清光緒十三年(1887)浙江書局刻本　一冊

150000－0601－0002167　765648　史部/傳記類/年譜之屬

董子[董仲舒]年表一卷　（清）蘇輿撰　稿本　一冊

150000－0601－0002168　765654　史部/傳記類/年譜之屬

太史公行年考一卷　抄本　一冊

150000－0601－0002169　80311　史部/傳記類/年譜之屬

陸放翁先生[陸游]年譜一卷　（清）錢大昕撰　清長沙龍氏家塾刻本　一冊

150000－0601－0002170　39444　史部/傳記類/年譜之屬

朱子[朱熹]年譜四卷考異四卷　（清）王懋竑撰　朱子論學切要語二卷　清乾隆十七年(1752)刻本　四冊

150000－0601－0002171　80288　史部/傳記類/年譜之屬

朱子[朱熹]年譜四卷考異四卷附錄二卷校勘

記三卷校勘存疑二卷　（清）王懋竑撰　清同治七年(1868)刻本　六冊

150000－0601－0002172　80294　史部/傳記類/年譜之屬

朱子[朱熹]年譜四卷考異四卷附錄二卷校勘記三卷　（清）王懋竑撰　清光緒九年(1883)武昌書局刻本　四冊

150000－0601－0002173　80310　史部/傳記類/年譜之屬

深寧先生[王應麟]年譜一卷　（清）錢大昕撰　清長沙龍氏家塾刻本　一冊

150000－0601－0002174　80312　史部/傳記類/年譜之屬

弇州山人[王世貞]年譜一卷　（清）錢大昕撰　清長沙龍氏家塾刻本　一冊

150000－0601－0002175　46618　史部/傳記類/年譜之屬

戚少保年譜耆編十二卷首一卷　（明）戚祚國彙纂　清道光二十七年(1847)刻清光緒四年(1878)補刻本　十二冊

150000－0601－0002176　113475　史部/傳記類/年譜之屬

黃忠端公[黃尊素]年譜二卷　（清）黃炳垕撰　忠端公[黃尊素]年譜舊本一卷黃梨洲先生[黃宗羲]年譜二卷　（清）黃炳垕撰　清光緒二十五年(1899)刻留書種閣集本　一冊

150000－0601－0002177　80339　史部/傳記類/年譜之屬

徵君孫先生[孫奇逢]年譜二卷　（清）趙御眾等撰　清吳維垣刻本　二冊

150000－0601－0002178　80314　史部/傳記類/年譜之屬

自撰年譜[葉紹袁]一卷　（明）葉紹袁撰　年譜續纂[葉紹袁]一卷　（明）葉紹袁撰　天寮年譜別記(半不軒留事)一卷　（明）葉紹袁撰　清光緒三十三年(1907)國學保存會排印國粹叢書本　一冊

150000－0601－0002179　80318　史部/傳記

類/年譜之屬

黃梨洲先生［黃宗羲］年譜三卷　（清）黃炳垕撰　清同治十二年(1873)餘姚黃氏留書種閣刻留書種閣集本　一冊

150000－0601－0002180　80320　史部/傳記類/年譜之屬

顧亭林先生［顧炎武］年譜一卷　（清）吳映奎輯　清光緒四年(1878)嘉興金吳瀾刻本　一冊

150000－0601－0002181　80321　史部/傳記類/年譜之屬

顧亭林先生［顧炎武］年譜一卷　（清）吳映奎輯　清光緒十一年(1885)吳縣孫溪槐廬家塾掃葉山房上海刻本　一冊

150000－0601－0002182　80317　史部/傳記類/年譜之屬

歸玄恭先生［歸莊］年譜一卷　趙經達撰　趙氏又滿樓刻又滿樓叢書本　一冊

150000－0601－0002183　80322　史部/傳記類/年譜之屬

王船山先生［王夫之］年譜二卷　（清）劉毓崧撰　清光緒十二年(1886)江南書局刻本　一冊

150000－0601－0002184　80325　史部/傳記類/年譜之屬

陸清獻先生［陸隴其］年譜原本一卷　（清）楊開基訂　清嘉慶二十五年(1820)刻本　一冊

150000－0601－0002185　80324　史部/傳記類/年譜之屬

陸清獻公［陸隴其］年譜一卷補遺一卷　（清）吳光酉撰　清涇陽柏經正堂刻本　一冊

150000－0601－0002186　80323　史部/傳記類/年譜之屬

稼書先生［陸隴其］年譜一卷　（清）陸宸徵撰　（清）李鋐撰　清刻本　一冊

150000－0601－0002187　80334　史部/傳記類/年譜之屬

華野郭公［郭琇］年譜一卷　清道光二十一年

(1841)柳樹芳刻本　一冊

150000－0601－0002188　80326　史部/傳記類/年譜之屬

李恕谷先生［李塨］年譜五卷　（清）馮辰撰　清道光十六年(1836)蠹吾李誥刻本　四冊

150000－0601－0002189　82525　史部/傳記類/年譜之屬

李恕谷先生［李塨］年譜五卷　（清）馮辰撰　清光緒三十四年(1908)國學保存會排印國粹叢書本　一冊

150000－0601－0002190　54321　史部/傳記類/年譜之屬

周漁潢先生［周起渭］年譜一卷　陳田撰　刻本　一冊

150000－0601－0002191　80351　史部/傳記類/年譜之屬

文端公［錢陳群］年譜三卷　（清）錢儀吉撰　（清）錢志澄增訂　清光緒二十年(1894)刻本　三冊

150000－0601－0002192　767548　史部/傳記類/年譜之屬

先文恭公［陳宏謀］年譜十二卷　（清）陳鍾珂輯　清刻本　五冊　存九卷(四至十二)

150000－0601－0002193　46631　史部/傳記類/年譜之屬

阿文成公［阿桂］年譜三十四卷　（清）那彥成撰　清嘉慶十八年(1813)刻本　三十二冊

150000－0601－0002194　46663　史部/傳記類/年譜之屬

阿文成公［阿桂］年譜三十四卷　（清）那彥成撰　清嘉慶十八年(1813)刻本　三十二冊

150000－0601－0002195　80389　史部/傳記類/年譜之屬

阿文成公［阿桂］年譜三十四卷　（清）那彥成撰　清嘉慶十八年(1813)刻本　五冊

150000－0601－0002196　102622　史部/傳記類/年譜之屬

夢痕餘錄[汪輝祖]一卷　（清）汪輝祖撰　清
咸豐元年(1851)刻本　一冊

150000－0601－0002197　80337　史部/傳記
類/年譜之屬

皇清敕授修職郎誥封朝議大夫顯考警石府君
[錢泰吉]年譜一卷　（清）錢應溥撰　四水子
遺稿一卷邠農偶吟稿一卷　（清）錢炳森撰
清同治十一年(1872)刻本　一冊

150000－0601－0002198　128917　史部/傳記
類/年譜之屬

定盦先生[龔自珍]年譜一卷　吳昌綬撰　清
光緒三十四年(1908)刻紅印龔禮部集本
一冊

150000－0601－0002199　80336　史部/傳記
類/年譜之屬

吳竹如先生[吳廷棟]年譜一卷　（清）方宗誠
撰　清光緒十一年(1885)刻本　一冊

150000－0601－0002200　80345　史部/傳記
類/年譜之屬

駱文忠公[駱秉章]年譜二卷　（清）駱秉章撰
清光緒二十一年(1895)都門刻本　二冊

150000－0601－0002201　80347　史部/傳記
類/年譜之屬

駱文忠公[駱秉章]年譜二卷　（清）駱秉章撰
清光緒二十一年(1895)都門刻本　二冊

150000－0601－0002202　128909　史部/傳
記類/年譜之屬

趙文恪公[趙光]自訂年譜一卷　（清）趙光撰
清活字本　一冊

150000－0601－0002203　128910　史部/傳
記類/年譜之屬

趙文恪公[趙光]自訂年譜一卷　（清）趙光撰
清活字本　一冊

150000－0601－0002204　80356　史部/傳記
類/年譜之屬

王清毅公[王懿德]年譜二卷　（清）王家勤撰
王清毅公列傳一卷先清毅公行述一卷
（清）王文謙等撰　公餘瑣言一卷　（清）王懿

德撰　鄉會試朱卷一卷　（清）王懿德撰　清
刻本　六冊

150000－0601－0002205　80330　史部/傳記
類/年譜之屬

皇清誥封中議大夫工部屯田司郎中前同知衛
江蘇婁縣知縣顯考黼山府君[余龍光]年譜一
卷　（清）余香祖　（清）余家鼎撰　清光緒二
十二年(1896)刻本　一冊

150000－0601－0002206　53909　史部/傳記
類/年譜之屬

曾文正公[曾國藩]年譜十二卷首一卷　（清）
黎庶昌撰　清光緒二年(1876)傳忠書局刻本
四冊

150000－0601－0002207　80341　史部/傳記
類/年譜之屬

曾文正公[曾國藩]年譜十二卷首一卷　（清）
黎庶昌撰　清光緒二年(1876)傳忠書局刻本
四冊

150000－0601－0002208　53906　史部/傳記
類/年譜之屬

曾文正公[曾國藩]年譜十二卷　（清）黎庶昌
撰　清末申報館排印申報館叢書本　三冊

150000－0601－0002209　80397　史部/傳記
類/年譜之屬

吳太夫人年譜三卷續一卷　（清）董金鑑撰
清光緒三十三年(1907)董氏取斯家塾刻本
一冊

150000－0601－0002210　128918　史部/傳
記類/年譜之屬

自訂年譜[龔易圖]一卷　（清）龔易圖撰
（清）龔晉義等續　清刻本　一冊

150000－0601－0002211　82860　史部/傳記
類/年譜之屬

文廷式年譜一卷　錢萼孫輯　抄本　二冊

150000－0601－0002212　D2128　史部/地理
類/總志之屬

客杭日記一卷　（元）郭畀撰　清刻知不足齋
叢書本　一冊

150000－0601－0002213　101482　史部/傳記類/日記之屬

志學錄一卷 （清）陸世儀撰　清道光十五年(1835)刻桴亭先生遺書本　一冊

150000－0601－0002214　80740　史部/傳記類/日記之屬

陸清獻公日記十卷 （清）陸隴其撰　清道光二十一年(1841)柳樹芳刻本　四冊

150000－0601－0002215　80744　史部/傳記類/日記之屬

陸清獻公日記十卷又一卷 （清）陸隴其撰　清道光二十一年(1841)柳樹芳刻本　四冊

150000－0601－0002216　80572　史部/傳記類/日記之屬

曾文正公手書日記一卷 （清）曾國藩撰　清宣統元年(1909)上海中國圖書公司影印本　四十冊

150000－0601－0002217　80612　史部/傳記類/日記之屬

曾文正公手書日記一卷 （清）曾國藩撰　清宣統元年(1909)上海中國圖書公司影印本　四十冊

150000－0601－0002218　837859　史部/傳記類/通錄之屬/歷代

人鏡陽秋一卷 （明）汪廷訥編　明萬曆二十七年(1599)刻本　十六冊

150000－0601－0002219　839683　史部/傳記類/通錄之屬/歷代

古今宗藩懿行考十卷 （明）朱常澇撰　明崇禎八年(1635)潞藩刻本　六冊　存六卷(一至五、十)

150000－0601－0002220　79686　史部/傳記類/通錄之屬/歷代

漢事會最人物志三卷 （清）惠棟撰　清光緒二十一年(1895)刻本　二冊

150000－0601－0002221　80076　史部/傳記類/通錄之屬/歷代

史外八卷 （清）汪有典撰　清同治四年

(1865)刻本　八冊

150000－0601－0002222　80084　史部/傳記類/通錄之屬/歷代

史外八卷 （清）汪有典撰　清同治四年(1865)刻本　八冊

150000－0601－0002223　11281　史部/傳記類/通錄之屬/歷代

八旗滿洲氏族通譜八十卷目錄二卷 （清）鄂爾泰等修　（清）呂熾等纂　清乾隆九年(1744)刻本　二十五冊

150000－0601－0002224　80098　史部/傳記類/通錄之屬/歷代

盛世人文初集四卷 （清）鄭士範編　清光緒二十七年(1901)鳳翔周正誼堂刻本　四冊

150000－0601－0002225　80020　史部/傳記類/通錄之屬/歷代

文獻徵存錄十卷 （清）錢林輯　清咸豐八年(1858)有嘉樹軒刻本　十冊

150000－0601－0002226　80030　史部/傳記類/通錄之屬/歷代

文獻徵存錄十卷 （清）錢林輯　清咸豐八年(1858)有嘉樹軒刻本　十冊

150000－0601－0002227　80040　史部/傳記類/通錄之屬/歷代

文獻徵存錄十卷 （清）錢林輯　清咸豐八年(1858)有嘉樹軒刻本　十冊

150000－0601－0002228　80156　史部/傳記類/通錄之屬/歷代

文獻徵存錄十卷 （清）錢林輯　清咸豐八年(1858)有嘉樹軒刻本　十冊

150000－0601－0002229　80166　史部/傳記類/通錄之屬/歷代

文獻徵存錄十卷 （清）錢林輯　清咸豐八年(1858)有嘉樹軒刻本　十冊

150000－0601－0002230　102836　史部/傳記類/通錄之屬/歷代

敏求軒述記十六卷 （清）陳世箴輯　清道光

二十八年(1848)刻本　八冊

150000－0601－0002231　79237　史部/傳記類/通録之屬/郡邑

大清畿輔先哲傳四十卷列女傳六卷　徐世昌撰　天津徐氏刻本　二十二冊

150000－0601－0002232　24957　史部/傳記類/通録之屬/郡邑

海岱史略一百四十卷　（清）王馭超撰　清光緒二十三年(1897)王彥佶刻本　二十四冊

150000－0601－0002233　79696　史部/傳記類/通録之屬/郡邑

江表忠略二十卷　陳澹然撰　清光緒二十六年(1900)長沙刻本　四冊

150000－0601－0002234　82854　史部/傳記類/通録之屬/郡邑

江表忠略二十卷　陳澹然撰　清光緒二十六年(1900)長沙刻本　四冊

150000－0601－0002235　80152　史部/傳記類/通録之屬/郡邑

吳門耆舊記一卷　（清）顧承撰　清刻本一冊

150000－0601－0002236　79567　史部/傳記類/通録之屬/郡邑

兩浙名賢録六十二卷　（明）徐象梅撰　清光緒二十六年(1900)浙江書局刻本　六十二冊

150000－0601－0002237　80135　史部/傳記類/通録之屬/郡邑

浦陽人物志二卷　（明）宋濂撰　清刻知不足齋叢書本　一冊

150000－0601－0002238　79690　史部/傳記類/通録之屬/郡邑

練川名人畫像四卷附卷二卷引首一卷續編三卷　（清）程祖慶編　清道光二十九年至三十年(1849－1850)嘉定程氏刻本　六冊

150000－0601－0002239　879099　史部/傳記類/通録之屬/郡邑

婺書八卷　（明）吳之器撰　明崇禎十四年(1641)刻本　四冊

150000－0601－0002240　79704　史部/傳記類/通録之屬/郡邑

金山衛佚史一卷　姚光撰　清末排印本一冊

150000－0601－0002241　79649　史部/傳記類/通録之屬/郡邑

楚寶四十卷外篇五卷　（明）周聖楷撰　清道光九年(1829)刻本　二十四冊

150000－0601－0002242　80116　史部/傳記類/通録之屬/郡邑

廣州人物傳二十四卷　（明）黃佐撰　文字歡娛室刻嶺南叢書本　四冊

150000－0601－0002243　25709　史部/傳記類/通録之屬/郡邑

各國名人略二十卷　雷瑨輯　清光緒三十一年(1905)硯耕山莊石印本　六冊

150000－0601－0002244　82314　史部/傳記類/通録之屬/郡邑

地球一百名人傳一卷　（英國）李提摩太譯（清）林朝圻達旨　清光緒二十七年(1901)圖書集成局排印本　一冊

150000－0601－0002245　80824　史部/傳記類/通録之屬/氏族

應氏先型録六卷首一卷　（清）應正禄撰　清同治五年(1866)上海道署刻本　一冊

150000－0601－0002246　80856　史部/傳記類/通録之屬/氏族

哀烈録[南海康氏]一卷　張伯楨刻張氏叢書本　一冊

150000－0601－0002247　46695　史部/傳記類/通録之屬/氏族

魯氏世譜一卷　（清）魯紀勛撰　清刻本二冊

150000－0601－0002248　46697　史部/傳記類/通録之屬/氏族

魯氏世譜一卷　（清）魯紀勛撰　清刻本
二冊

150000－0601－0002249　46699　史部/傳記
類/通錄之屬/氏族

魯氏世譜一卷　（清）魯紀勛撰　清刻本
二冊

150000－0601－0002250　80865　史部/傳記
類/通錄之屬/氏族

志乘輯要［馮氏］一卷　馮肇偉輯　清道光二
十年（1840）馮肇偉活字本　一冊

150000－0601－0002251　80847　史部/傳記
類/通錄之屬/氏族

顧氏譜系考一卷　（清）顧炎武撰　清刻本
一冊

150000－0601－0002252　80850　史部/傳記
類/通錄之屬/氏族

竹橋黃氏世德傳贊一卷　（清）黃炳垕輯著
　竹橋黃氏誥敕一卷新建竹橋黃氏忠獻義
塾記一卷　清光緒十六年（1890）刻本
一冊

150000－0601－0002253　80943　史部/傳記
類/通錄之屬/氏族

胡氏三烈志言二卷　清光緒二十八年（1902）
刻本　一冊

150000－0601－0002254　879274　史部/傳
記類/通錄之屬/氏族

秦氏叢譚六卷　（清）秦焕撰　稿本　四冊

150000－0601－0002255　119465　史部/傳
記類/通錄之屬/氏族

牧齋晚年家乘文一卷　（清）錢謙益撰　清宣
統三年（1911）國學扶輪社石印本　一冊

150000－0601－0002256　D2672　史部/傳記
類/通錄之屬/氏族

蒙古博爾濟吉忒氏族譜一卷　（清）羅密撰
（清）博清額重纂　抄本　一冊

150000－0601－0002257　D2671　史部/傳記
類/通錄之屬/氏族

蒙古世譜圖考一卷　（清）博清額撰　稿本
一冊

150000－0601－0002258　D2670　史部/傳記
類/通錄之屬/氏族

格勒博羅特譜傳一卷　（清）德坤撰　稿本
一冊

150000－0601－0002259　170268　史部/傳
記類/通錄之屬/姓名

姓氏急就篇二卷　（宋）王應麟撰　清刻玉海
本　一冊

150000－0601－0002260　103158　史部/傳
記類/通錄之屬/姓名

百家姓考略一卷　（清）王相撰　清刻本
一冊

150000－0601－0002261　61336　史部/傳記
類/通錄之屬/姓名

百家姓考略一卷　（清）王相撰　清刻本
一冊

150000－0601－0002262　128463　史部/傳
記類/通錄之屬/姓名

百家姓考略一卷　（清）王相撰　清刻本
一冊

150000－0601－0002263　61331　史部/傳記
類/通錄之屬/姓名

百家姓考略一卷　（清）王相撰　清末李光明
莊刻本　一冊

150000－0601－0002264　82815　史部/傳記
類/通錄之屬/姓名

新纂氏族箋釋八卷　（清）熊峻運撰　清末文
秀堂刻本　六冊

150000－0601－0002265　104042　史部/傳
記類/通錄之屬/姓名

姓氏辯誤三十卷　（清）張澍撰　清刻本
十冊

150000－0601－0002266　78719　史部/傳記
類/通錄之屬/姓名

聖門名字纂詁二卷　（清）洪恩波撰　清光緒

二十三年(1897)刻本　二册

150000－0601－0002267　79811　史部/傳記類/通録之屬/姓名
歷代同姓名録二十三卷　（清）劉長華纂輯
清光緒二十五年(1899)刻本　八册

150000－0601－0002268　82847　史部/傳記類/通録之屬/姓名
宮閨小名録五卷　（清）尤侗撰　清刻本
一册

150000－0601－0002269　104499　史部/傳記類/通録之屬/姓名
異號類編二十卷　（清）史夢蘭撰　清光緒三年(1877)刻本　六册

150000－0601－0002270　79834　史部/傳記類/通録之屬/人表
校正古今人表一卷　（漢）班固撰　（唐）顔師古注　（清）翟云升校　清道光十五年(1835)刻本　一册

150000－0601－0002271　82696　史部/傳記類/通録之屬/人表
疑年録四卷　（清）錢大昕撰　清嘉慶二十三年(1818)刻本　一册

150000－0601－0002272　82697　史部/傳記類/通録之屬/人表
續疑年録四卷　（清）吳修撰　清嘉慶二十三年(1818)刻本　一册

150000－0601－0002273　80265　史部/傳記類/通録之屬/人表
歷代名人年譜十卷　（清）吳榮光撰　清光緒二年(1876)京都寶經書坊刻本　六册

150000－0601－0002274　79787　史部/傳記類/通録之屬/人表
尚友録二十二卷補遺一卷　（明）廖用賢編纂　（清）張伯琮補輯　清光緒九年(1883)福瀛書局排印本　十二册

150000－0601－0002275　8722　史部/傳記類/通録之屬/人表

150000－0601－0002276　39880　史部/傳記類/通録之屬/人表
增廣尚友録統編二十二卷　（清）應祖錫（清）韓卿甫編輯　清光緒二十八年(1902)鴻寶齋石印本　十二册

150000－0601－0002277　79841　史部/傳記類/通録之屬/人表
新輯二十四史尚友録二十二卷　（明）廖用賢編　（清）張伯琮補輯　（清）思退主人續編　清光緒二十五年(1899)上海富强齋石印本　十二册

150000－0601－0002278　79753　史部/傳記類/通録之屬/人表
歷代名賢列女氏姓譜一百五十卷　（清）蕭智漢纂　清乾隆五十七年(1792)刻本　一百二十册

150000－0601－0002279　79738　史部/傳記類/通録之屬/人表
重訂排韵男女氏族合璧合譜十集二十八卷
清乾隆五十九年(1794)四香書屋刻本　十四册

150000－0601－0002280　40365　史部/傳記類/通録之屬/人表
史姓韵編六十四卷　（清）汪輝祖編　清刻本　十五册　存六十三卷(一至七、九至六十四)

150000－0601－0002281　79771　史部/傳記類/通録之屬/人表
史姓韵編六十四卷　（清）汪輝祖編　清同治五年(1866)金陵書局活字本　二十四册

150000－0601－0002282　82348　史部/傳記類/通録之屬/人表
史姓韵編六十四卷　（清）汪輝祖編　清光緒十年(1884)上海中西書局石印本　四册

150000－0601－0002283　80008　史部/傳記類/通録之屬/人表

史姓韵编六十四卷　（清）汪輝祖編　清光緒十年(1884)石印本　六冊

150000－0601－0002284　79767　史部/傳記類/通録之屬/人表

史姓韵編二十四卷　（清）汪輝祖編　清光緒二十九年(1903)上海文瀾書局石印本　四冊

150000－0601－0002285　40349　史部/傳記類/通録之屬/人表

史姓韵編六十四卷　（清）汪輝祖編　清光緒十年(1884)耕餘樓書局排印本　十六冊

150000－0601－0002286　82429　史部/傳記類/通録之屬/人表

史姓韵編六十四卷　（清）汪輝祖編　清光緒十年(1884)耕餘樓書局排印本　十六冊

150000－0601－0002287　82839　史部/傳記類/通録之屬/人表/登科録

明貢舉考略二卷　（清）黃崇蘭撰　國朝貢舉考略三卷補一卷　（清）黃崇蘭撰　清道光二十四年(1844)刻本　四冊

150000－0601－0002288　80146　史部/傳記類/通録之屬/人表/登科録

明狀元圖考三卷　（明）顧鼎臣彙編　（明）黃應澄繪圖　國朝三元題咏一卷　清咸豐六年(1856)福元書室刻本　四冊

150000－0601－0002289　D2490　史部/傳記類/通録之屬/人表/登科録

清秘述聞十六卷　（清）法式善編　清秘述聞續十六卷　（清）王家相編　清秘述聞補一卷　（清）錢維福編　清光緒十三年(1887)刻本　八冊

150000－0601－0002290　82724　史部/傳記類/通録之屬/人表/登科録

清秘述聞十六卷　（清）法式善編　清秘述聞續十六卷　（清）王家相編　清秘述聞補一卷　（清）錢維福編　清光緒十三年(1887)刻本　八冊

150000－0601－0002291　82835　史部/傳記類/通録之屬/人表/登科録

國朝歷科題名碑録初集一卷　清刻本　四冊

150000－0601－0002292　80214　史部/傳記類/通録之屬/人表/登科録

國朝歷科館選録一卷　（清）沈廷芳輯　清乾隆三十一年(1766)刻本　一冊

150000－0601－0002293　82865　史部/傳記類/通録之屬/人表/登科録

宗室貢舉備考一卷　清光緒十三年(1887)刻本　二冊

150000－0601－0002294　128908　史部/傳記類/通録之屬/人表/登科録

光緒十九年癸巳恩科河南武鄉試録一卷　清末刻本　一冊

150000－0601－0002295　82127　史部/傳記類/通録之屬/人表/登科録

光緒甲午恩科會試登科官職録[光緒二十年]一卷　清末刻本　一冊

150000－0601－0002296　128888　史部/傳記類/通録之屬/人表/登科録

陝西鄉試題名録[光緒二十年]一卷　清末刻本　一冊

150000－0601－0002297　79837　史部/傳記類/通録之屬/人表/登科録

各省選拔同年明經通譜[光緒二十三年]一卷　清末刻本　四冊

150000－0601－0002298　82119　史部/傳記類/通録之屬/人表/登科録

丁酉科十八省選拔貢同年全録[光緒二十三年]□□卷　清末刻本　一冊　存下冊

150000－0601－0002299　128890　史部/傳記類/通録之屬/人表/登科録

甘肅鄉試同年齒録[光緒二十三年]一卷　清末刻本　一冊

150000－0601－0002300　128914　史部/傳記類/通録之屬/人表/登科録

光緒二十八年補行庚子辛丑恩正并科浙江鄉試[題名録]一卷　清末刻本　一冊

150000－0601－0002301　128891　史部/傳記類/通錄之屬/人表/登科錄

光緒二十九年癸卯恩科河南鄉試題名錄一卷
　　清末刻本　一冊

150000－0601－0002302　80140　史部/傳記類/通錄之屬/人表/登科錄

宣統二年庚戌科直省舉貢會考齒錄一卷　清
宣統二年（1910）京都文奎齋刻本　四冊

150000－0601－0002303　129346　史部/傳記類/專錄之屬

**滿洲軍機大臣題名一卷漢軍機大臣題名一卷
滿洲軍機章京題名一卷漢軍機章京題名一卷**
　　清道光十三年（1833）刻本　一冊

150000－0601－0002304　80201　史部/傳記類/專錄之屬

大清縉紳全書[道光二十六年]丙午四卷　清
道光二十六年（1846）京都榮福堂刻本　一冊
　　存一卷（一）

150000－0601－0002305　170418　史部/傳記類/專錄之屬

**大清縉紳全書[道光三十年]庚戌秋季四卷大
清中樞備覽[道光三十年]庚戌秋季二卷**　清
道光三十年（1850）文華堂刻本　六冊

150000－0601－0002306　170414　史部/傳記類/專錄之屬

大清縉紳全書[光緒七年]辛巳秋季四卷　清
光緒七年（1881）文蔚堂刻本　四冊

150000－0601－0002307　80188　史部/傳記類/專錄之屬

大清縉紳全書[光緒十八年]壬辰春季四卷
清光緒十八年（1892）京都榮錄堂刻本　四冊

150000－0601－0002308　80182　史部/傳記類/專錄之屬

大清中樞備覽[光緒二十八年]壬寅春季二卷
　　清光緒二十八年（1902）京都榮錄堂刻本
一冊　存一卷（上）

150000－0601－0002309　80187　史部/傳記類/專錄之屬

大清縉紳全書[光緒三十年]甲辰春季四卷
清光緒三十年（1904）京都榮錄堂刻本　一冊
　　存一卷（三）

150000－0601－0002310　80192　史部/傳記類/專錄之屬

大清縉紳全書[光緒三十一年]乙巳冬季四卷
　　清光緒三十一年（1905）京都榮錄堂刻本
三冊　存三卷（一、三至四）

150000－0601－0002311　80183　史部/傳記類/專錄之屬

大清縉紳全書[宣統元年]己酉春季四卷　清
宣統元年（1909）京都榮錄堂刻本　四冊

150000－0601－0002312　80176　史部/傳記類/專錄之屬

大清中樞備覽[宣統元年]己酉春季二卷　清
宣統元年（1909）京都榮錄堂刻本　二冊

150000－0601－0002313　80207　史部/傳記類/專錄之屬

**憲政增補最新職官全錄[宣統元年]己酉春季
四卷**　清光緒三十三年（1907）京都榮寶齋刻
本　一冊

150000－0601－0002314　80202　史部/傳記類/專錄之屬

大清縉紳全書[宣統元年]己酉夏季四卷　清
宣統元年（1909）京都榮寶齋刻本　三冊　存
三卷（一、三至四）

150000－0601－0002315　80195　史部/傳記類/專錄之屬

大清縉紳全書[宣統元年]己酉夏季四卷　清
宣統元年（1909）京都榮寶齋刻本　二冊　缺

150000－0601－0002316　80178　史部/傳記類/專錄之屬

大清中樞備覽[宣統元年]己酉夏季二卷　清
宣統元年（1909）京都榮寶齋刻本　二冊

150000－0601－0002317　80205　史部/傳記類/專錄之屬

大清縉紳全書[宣統元年]己酉秋季四卷　清
宣統元年（1909）京都榮寶齋刻本　二冊　缺

150000－0601－0002318　80197　史部/傳記類/專録之屬

大清縉紳全書[宣統二年]庚戌冬季四卷　清
宣統二年(1910)京都榮録堂刻本　二冊　存
二卷(二至三)

150000－0601－0002319　80180　史部/傳記類/專録之屬

大清中樞備覽[宣統二年]庚戌冬季二卷　清
宣統二年(1910)京都榮録堂刻本　二冊

150000－0601－0002320　80199　史部/傳記類/專録之屬

憲政最新縉紳全書[宣統三年]辛亥春季四卷
清宣統三年(1911)京都榮寶齋刻本　二冊
存二卷(三至四)

150000－0601－0002321　80208　史部/傳記類/專録之屬

爵秩全覽[光緒五年]己卯夏季□□卷　清末
刻本　二冊　缺

150000－0601－0002322　x3　史部/傳記類/專録之屬

爵秩全覽[光緒十五年]己丑春季□□卷　清
末刻本　一冊

150000－0601－0002323　80213　史部/傳記類/專録之屬

爵秩全覽[光緒十六年]庚寅春季□□卷　清
末刻本　一冊　缺

150000－0601－0002324　82121　史部/傳記類/專録之屬

爵秩全覽[光緒二十年]甲午春季□□卷　清
末刻本　三冊　缺

150000－0601－0002325　80212　史部/傳記類/專録之屬

爵秩全覽[光緒二十一年]乙未□□卷　清末
刻本　一冊　缺

150000－0601－0002326　80210　史部/傳記類/專録之屬

爵秩全覽[宣統元年]己酉春季□□卷　清末
刻本　一冊　缺

150000－0601－0002327　80211　史部/傳記類/專録之屬

爵秩全覽[宣統三年]辛亥秋季□□卷　清末
刻本　一冊　缺

150000－0601－0002328　82120＋82124　史部/傳記類/專録之屬

爵秩全覽□□卷　清末刻本　四冊

150000－0601－0002329　128886　史部/傳記類/專録之屬

江右同官録一卷　清同治十二年(1873)刻本
一冊

150000－0601－0002330　46593　史部/傳記類/專録之屬/仕宦

宋名臣言行録　明崇禎十一年(1638)古吳聚
錦堂刻本　二十冊

150000－0601－0002331　8367　史部/傳記類/專録之屬/仕宦

宋名臣言行録　清道光十年(1830)刻本　二
十冊

150000－0601－0002332　79159　史部/傳記類/專録之屬/仕宦

宋名臣言行録　清同治七年(1868)臨川桂氏
刻本　十二冊

150000－0601－0002333　78968＋79205　史部/傳記類/專録之屬/仕宦

歴代名臣傳三十五卷首一卷續編五卷首一卷
(清)朱軾　(清)蔡世遠編　(清)張江纂
清同治三年(1864)刻本　十六冊

150000－0601－0002334　78940　史部/傳記類/專録之屬/仕宦

歴代名臣傳三十五卷首一卷續編五卷首一卷
(清)朱軾　(清)蔡世遠編　(清)張江纂
清光緒二十三年(1897)刻本　十八冊

150000－0601－0002335　78958　史部/傳記類/專録之屬/仕宦

歴代名臣傳三十五卷首一卷續編五卷首一卷
(清)朱軾　(清)蔡世遠編　(清)張江纂
清光緒二十三年(1897)刻本　十冊

150000－0601－0002336　78976　史部/傳記類/專録之屬/仕宦

歷代名臣傳節録三十卷　（清）蕭培元　（清）崇厚增輯　清同治九年（1870）雲蔭堂刻本　十册

150000－0601－0002337　78986　史部/傳記類/專録之屬/仕宦

歷代名臣言行録二十四卷　（清）朱桓編　清嘉慶二年（1797）刻本　三十二册

150000－0601－0002338　79018　史部/傳記類/專録之屬/仕宦

歷代名臣言行録二十四卷　（清）朱桓編　清嘉慶二年（1797）刻本　三十一册　存二十四卷（一、二下至二十四）

150000－0601－0002339　79061　史部/傳記類/專録之屬/仕宦

歷代名臣言行録二十四卷　（清）朱桓編　清光緒二十五年（1899）求新書局石印本　八册

150000－0601－0002340　9840　史部/傳記類/專録之屬/仕宦

歷代名臣言行録二十四卷　（清）朱桓編　清光緒二十八年（1902）上海鴻寶書局石印本　十二册

150000－0601－0002341　79049　史部/傳記類/專録之屬/仕宦

歷代名臣言行録二十四卷　（清）朱桓編　清光緒二十八年（1902）上海鴻寶書局石印本　十二册

150000－0601－0002342　79522　史部/傳記類/專録之屬/仕宦

歷代節義名臣録十卷　（清）陳炳恭纂　清光緒十二年（1886）金陵刻本　十册

150000－0601－0002343　79187　史部/傳記類/專録之屬/仕宦

歷代循吏傳八卷　（清）朱軾輯　（清）蔡世遠輯　清同治三年（1864）刻本　四册

150000－0601－0002344　79183　史部/傳記類/專録之屬/仕宦

歷代循吏傳八卷　（清）朱軾輯　（清）蔡世遠輯　清光緒二十三年（1897）刻本　四册

150000－0601－0002345　79182　史部/傳記類/專録之屬/仕宦

皇朝名臣言行續録八卷　（宋）李幼武纂　清同治七年（1868）臨川桂氏刻宋名臣言行録本　一册

150000－0601－0002346　48707　史部/傳記類/專録之屬/仕宦

政蹟彙覽十四卷　（清）糜奇瑜撰　清道光十年（1830）京都吳芝庭雕藻齋刻本　三册

150000－0601－0002347　79688　史部/傳記類/專録之屬/仕宦

百將圖傳二卷　（清）丁日昌撰　清同治八年（1869）江蘇書局刻本　二册

150000－0601－0002348　82245　史部/傳記類/專録之屬/仕宦

元祐黨籍碑考一卷　（明）海瑞撰　清道光二十五年（1845）南海伍氏刻嶺南叢書本　一册

150000－0601－0002349　79701　史部/傳記類/專録之屬/仕宦

元祐黨人傳十卷　（清）陸心源撰　清光緒十五年（1889）刻本　二册

150000－0601－0002350　79171　史部/傳記類/專録之屬/仕宦

元朝名臣事略十五卷　（元）蘇天爵撰　清刻本　五册

150000－0601－0002351　D0993　史部/傳記類/專録之屬/仕宦

遼金元守令録三卷　王沜纂　抄本　一册

150000－0601－0002352　D0592　史部/傳記類/專録之屬/仕宦

欽定外藩蒙古回部王公表傳一百二十卷首一卷　清内府刻本　十六册

150000－0601－0002353　D0699　史部/傳記類/專録之屬/仕宦

鄂爾多斯部總傳一卷　抄本　一册

150000－0601－0002354　D1338　史部/傳記
類/專録之屬/仕宦

欽定續纂外藩蒙古回部王公表十二卷　（清）
彭藴章等纂　清咸豐九年（1859）刻本　十
二冊

150000－0601－0002355　D1350　史部/傳記
類/專録之屬/仕宦

欽定續纂外藩蒙古回部王公表十二卷　（清）
彭藴章等纂　清咸豐九年（1859）刻本　十
二冊

150000－0601－0002356　79077　史部/傳記
類/專録之屬/仕宦

國朝先正事略六十卷　（清）李元度撰　清同
治五年（1866）循陔草堂刻本　二十四冊

150000－0601－0002357　79101　史部/傳記
類/專録之屬/仕宦

國朝先正事略六十卷　（清）李元度撰　清同
治五年（1866）循陔草堂刻本　十八冊

150000－0601－0002358　79961　史部/傳記
類/專録之屬/仕宦

國朝先正事略六十卷　（清）李元度撰　清同
治五年（1866）循陔草堂刻本　二十四冊

150000－0601－0002359　158103　史部/傳
記類/專録之屬/仕宦

國朝先正事略六十卷　（清）李元度撰　清同
治五年（1866）循陔草堂刻本　二十四冊

150000－0601－0002360　46585　史部/傳記
類/專録之屬/仕宦

國朝先正事略六十卷　（清）李元度撰　清光
緒二十四年（1898）上海書局石印本　八冊

150000－0601－0002361　79119　史部/傳記
類/專録之屬/仕宦

國朝先正事略六十卷　（清）李元度撰　清光
緒二十五年（1899）上海圖書集成印書局排印
本　八冊

150000－0601－0002362　79176　史部/傳記
類/專録之屬/仕宦

國朝名臣言行録十六卷　（清）王炳燮撰　清

光緒十一年（1885）津河廣仁堂刻本　六冊

150000－0601－0002363　79264　史部/傳記
類/專録之屬/仕宦

碑傳集一百六十卷首二卷　（清）錢儀吉撰
清光緒十九年（1893）江蘇書局刻本　六十冊

150000－0601－0002364　79324　史部/傳記
類/專録之屬/仕宦

續碑傳集八十六卷　繆荃孫撰　清末刻本
二十二冊　存七十八卷（四至六十六、七十二
至八十六）

150000－0601－0002365　27776　史部/傳記
類/專録之屬/仕宦

**國朝耆獻類徵初編四百八十四卷首二百〇四
卷總目二十卷通檢十卷**　（清）李桓編　**國朝
賢媛類徵初編十二卷**　（清）李桓編　清光緒
十六年（1890）刻本　二百六十四冊

150000－0601－0002366　82843　史部/傳記
類/專録之屬/仕宦

熙朝宰輔録一卷　（清）潘世恩撰　（清）沈桂
芬續　清光緒三年（1877）刻本　二冊

150000－0601－0002367　765767　史部/傳
記類/專録之屬/仕宦

熙朝宰輔録一卷　（清）潘世恩撰　（清）沈桂
芬續　清光緒三年（1877）刻本　一冊

150000－0601－0002368　79127　史部/傳記
類/專録之屬/仕宦

漢名臣傳三十二卷　清刻本　三十二冊

150000－0601－0002369　80967　史部/傳記
類/專録之屬/仕宦

貳臣傳十二卷　（清）國史館編　清末都城琉
璃廠半松居士刻本　八冊

150000－0601－0002370　80975　史部/傳記
類/專録之屬/仕宦

貳臣傳十二卷　（清）國史館編　**逆臣傳四卷**
　（清）國史館編　清末都城琉璃廠半松居士
刻本　十一冊

150000－0601－0002371　80986　史部/傳記

類/專録之屬/仕宦

貳臣傳十二卷 （清）國史館編　**逆臣傳四卷**
（清）國史館編　清末都城琉璃廠半松居士
刻本　六冊

150000－0601－0002372　80957　史部/傳記
類/專録之屬/仕宦

貳臣傳八卷　（清）國史館編　**逆臣傳二卷**
（清）國史館編　清末都城琉璃廠榮錦書坊刻
本　十冊

150000－0601－0002373　80992　史部/傳記
類/專録之屬/仕宦

逆臣傳四卷　清末都城琉璃廠半松居士刻本
二冊

150000－0601－0002374　80994　史部/傳記
類/專録之屬/仕宦

逆臣傳四卷　清末都城琉璃廠半松居士刻本
二冊

150000－0601－0002375　80996　史部/傳記
類/專録之屬/仕宦

逆臣傳四卷　清末都城琉璃廠半松居士刻本
二冊

150000－0601－0002376　78798　史部/傳記
類/專録之屬/學林

聖學宗傳十八卷　（明）周汝登編　明萬曆三
十四年（1606）刻清順治十七年（1660）補刻本
八冊

150000－0601－0002377　78790　史部/傳記
類/專録之屬/學林

聖宗集要八卷　（清）費緯裪輯　清康熙四十
九年（1710）依庸堂刻本　八冊

150000－0601－0002378　79191　史部/傳記
類/專録之屬/學林

道學淵源録一百卷補録補傳一卷　（清）黄嗣
東撰　清光緒三十四年（1908）鳳山學舍排印
本　十四冊

150000－0601－0002379　78806　史部/傳記
類/專録之屬/學林

理學宗傳二十六卷　（清）孫奇逢撰　清康熙

六年（1667）刻本　十二冊

150000－0601－0002380　42504　史部/傳記
類/專録之屬/學林

理學宗傳二十六卷　（清）孫奇逢撰　清光緒
六年（1880）浙江書局刻本　十二冊

150000－0601－0002381　78818　史部/傳記
類/專録之屬/學林

理學宗傳二十六卷　（清）孫奇逢撰　清光緒
二十九年（1903）刻本　十二冊

150000－0601－0002382　78721　史部/傳記
類/專録之屬/學林

儒林宗派十六卷　（清）萬斯同撰　清宣統三
年（1911）浙江圖書館刻本　二冊

150000－0601－0002383　78744　史部/傳記
類/專録之屬/學林

儒林宗派十六卷　（清）萬斯同撰　清宣統三
年（1911）浙江圖書館刻本　二冊

150000－0601－0002384　78830　史部/傳記
類/專録之屬/學林

學統五十三卷　（清）熊賜履撰　清康熙二十
四年（1685）刻本　十八冊

150000－0601－0002385　78928　史部/傳記
類/專録之屬/學林

歷代名儒傳八卷　（清）李清植撰　清同治三
年（1864）刻本　四冊

150000－0601－0002386　78932　史部/傳記
類/專録之屬/學林

歷代名儒傳八卷首一卷　（清）李清植撰　清
光緒二十一年（1895）江蘇書局刻本　四冊

150000－0601－0002387　78936　史部/傳記
類/專録之屬/學林

歷代名儒傳八卷首一卷　（清）李清植撰　清
光緒二十三年（1897）刻本　四冊

150000－0601－0002388　89481　史部/傳記
類/專録之屬/學林

文廟通考六卷首一卷　清同治十一年（1872）
浙江書局刻本　二冊

150000－0601－0002389　93071　史部/傳記類/專錄之屬/學林

正學編八卷　（清）潘世恩輯　（清）潘瑋疏解　清同治六年(1867)刻本　四冊

150000－0601－0002390　93075　史部/傳記類/專錄之屬/學林

正學編八卷　（清）潘世恩輯　（清）潘瑋疏解　清同治六年(1867)刻本　四冊

150000－0601－0002391　78715　史部/傳記類/專錄之屬/學林

孔子門人考一卷　（清）費崇朱撰　清光緒二十二年(1896)刻本　一冊

150000－0601－0002392　78716　史部/傳記類/專錄之屬/學林

孔門弟子傳略二卷　（明）夏洪基撰　清道光九年(1829)刻本　二冊

150000－0601－0002393　78718　史部/傳記類/專錄之屬/學林

孔門弟子傳略二卷　（明）夏洪基撰　清道光九年(1829)刻本　一冊

150000－0601－0002394　78611　史部/傳記類/專錄之屬/學林

宋元學案一百卷首一卷　（清）黃宗羲撰　清光緒五年(1879)長沙寄廬刻本　四十冊

150000－0601－0002395　78651　史部/傳記類/專錄之屬/學林

宋元學案一百卷首一卷　（清）黃宗羲撰　清光緒五年(1879)長沙寄廬刻本　四十冊

150000－0601－0002396　78691　史部/傳記類/專錄之屬/學林

明儒學案六十二卷　（清）黃宗羲撰　清乾隆四年(1739)刻本　二十冊

150000－0601－0002397　78761　史部/傳記類/專錄之屬/學林

明儒學案講義一卷　（清）范鎧撰　清光緒三十三年(1907)山東高等學堂石印本　一冊

150000－0601－0002398　80952　史部/傳記

類/專錄之屬/學林

明賢蒙正錄二卷　（清）彭定求撰　清光緒八年(1882)津河廣仁堂刻本　一冊

150000－0601－0002399　128457　史部/傳記類/專錄之屬/學林

明賢蒙正錄二卷　（清）彭定求撰　清刻本　一冊

150000－0601－0002400　79221　史部/傳記類/專錄之屬/學林

皇朝儒行所知錄六卷首一卷　（清）范臺輯　清刻本　一冊

150000－0601－0002401　78711　史部/傳記類/專錄之屬/學林

國朝漢學師承記八卷　（清）江藩撰　國朝經師經義目錄一卷國朝宋學淵源記二卷附記一卷　清光緒九年(1883)山西書局刻本　四冊

150000－0601－0002402　78751　史部/傳記類/專錄之屬/學林

國朝漢學師承記八卷　（清）江藩撰　國朝經師經義目錄一卷國朝宋學淵源記二卷附記一卷　清光緒十二年(1886)刻本　四冊

150000－0601－0002403　78762　史部/傳記類/專錄之屬/學林

學案小識十四卷首一卷末一卷　（清）唐鑑撰　清光緒十年(1884)刻本　十二冊

150000－0601－0002404　78774　史部/傳記類/專錄之屬/學林

學案小識十四卷首一卷末一卷　（清）唐鑑撰　清光緒十年(1884)刻本　十六冊

150000－0601－0002405　78723　史部/傳記類/專錄之屬/學林

洛學編五卷　（清）湯斌撰　清乾隆三年(1738)刻本　一冊

150000－0601－0002406　79218　史部/傳記類/專錄之屬/學林

洛學編六卷　（清）湯斌撰　國朝洛學文徵二卷　（清）李翰華輯　清光緒二年(1876)有不爲齋刻本　三冊

150000－0601－0002407　79223　史部/傳記類/專録之屬/學林

皖學編十三卷首三卷　（清）徐定文撰　清宣統元年（1909）春明萬卷樓刻本　六册

150000－0601－0002408　82598　史部/傳記類/專録之屬/學林

船山師友記十七卷首一卷　（清）羅正鈞纂　清光緒三十三年（1907）刻本　四册

150000－0601－0002409　79799　史部/傳記類/專録之屬/學林

疇人傳五十二卷　（清）阮元撰　（清）羅士琳續補　清光緒八年（1882）海鹽張氏常惺齋刻本　十二册

150000－0601－0002410　97865　史部/傳記類/專録之屬/學林

疇人傳三編七卷　（清）諸可寶纂　清光緒十二年（1886）刻南菁書院叢書本　一册

150000－0601－0002411　79707　史部/傳記類/專録之屬/文苑

涵芬樓古今文鈔小傳四卷首一卷附一卷　商務印書館編譯所編　清宣統三年（1911）商務印書館排印本　一册

150000－0601－0002412　765646　史部/傳記類/專録之屬/文苑

涵芬樓古今文鈔小傳四卷首一卷附一卷　商務印書館編譯所編　清宣統三年（1911）商務印書館排印本　一册

150000－0601－0002413　10275　史部/傳記類/專録之屬/文苑

國朝詩人徵略六十卷　（清）張維屏撰　清道光十年（1830）刻本　十册

150000－0601－0002414　80050　史部/傳記類/專録之屬/文苑

國朝詩人徵略六十卷　（清）張維屏撰　清道光十年（1830）刻本　十册

150000－0601－0002415　80060　史部/傳記類/專録之屬/文苑

國朝詩人徵略六十卷　（清）張維屏撰　清道光十年（1830）刻本　十六册

150000－0601－0002416　79998　史部/傳記類/專録之屬/文苑

漁洋感舊集小傳四卷補遺一卷　（清）盧見曾撰　清宣統二年（1910）國學扶輪社排印本　二册

150000－0601－0002417　80102　史部/傳記類/專録之屬/文苑

鶴徵録八卷首一卷　（清）李集輯　（清）李富孫　（清）李遇孫續輯　清嘉慶二年（1797）刻本　二册

150000－0601－0002418　80104　史部/傳記類/專録之屬/文苑

鶴徵後録十二卷首一卷　（清）李富孫輯　清嘉慶十四年（1809）刻本　四册

150000－0601－0002419　79708　史部/傳記類/專録之屬/文苑

本朝名家詩鈔小傳二卷　（清）鄭方坤撰　清刻本　二册

150000－0601－0002420　98398　史部/傳記類/專録之屬/藝術/書畫

歐鉢羅室書畫過目考四卷首一卷附一卷　（清）李玉棻編　清光緒二十三年（1897）京都琉璃廠興盛齋刻本　四册

150000－0601－0002421　98402　史部/傳記類/專録之屬/藝術/書畫

歐鉢羅室書畫過目考四卷首一卷附一卷　（清）李玉棻編　清光緒二十三年（1897）京都琉璃廠興盛齋刻本　四册

150000－0601－0002422　98406　史部/傳記類/專録之屬/藝術/書畫

歐鉢羅室書畫過目考四卷首一卷附一卷　（清）李玉棻編　清宣統三年（1911）晉華書局石印本　四册

150000－0601－0002423　98758　史部/傳記類/專録之屬/藝術/書畫

皇宋書録三卷　（宋）董史撰　清刻知不足齋叢書本　一册

150000－0601－0002424　98516　史部/傳記
類/專錄之屬/藝術/書畫

國朝書人輯略十二卷首一卷　震鈞輯　清光
緒三十四年(1908)金陵刻本　八冊

150000－0601－0002425　98678　史部/傳記
類/專錄之屬/藝術/書畫

宣和畫譜二十卷　明末汲古閣刻津逮秘書本
十冊

150000－0601－0002426　98388　史部/傳記
類/專錄之屬/藝術/書畫

圖繪寶鑑八卷　(元)夏文彥撰　清借綠草堂
刻本　八冊

150000－0601－0002427　839740　史部/傳
記類/專錄之屬/藝術/書畫

圖繪寶鑑補遺一卷　清抄本　一冊

150000－0601－0002428　98752　史部/傳記
類/專錄之屬/藝術/書畫

玉臺畫史五卷別錄一卷　(清)湯漱玉輯　清
道光十七年(1837)錢塘汪氏振綺堂刻本
一冊

150000－0601－0002429　98787　史部/傳記
類/專錄之屬/藝術/書畫

玉臺畫史五卷別錄一卷　(清)湯漱玉輯　清
道光十七年(1837)錢塘汪氏振綺堂刻本
一冊

150000－0601－0002430　98910　史部/傳記
類/專錄之屬/藝術/書畫

無聲詩史七卷　(明)姜紹書輯　清宣統二年
(1910)杭州雲林閣石印本　六冊

150000－0601－0002431　98582　史部/傳記
類/專錄之屬/藝術/書畫

墨林今話十八卷　(清)蔣寶齡撰　**墨林今話
續編一卷**　(清)蔣茝生撰　清咸豐二年
(1852)刻本　一冊

150000－0601－0002432　98583　史部/傳記
類/專錄之屬/藝術/書畫

墨林今話十八卷　(清)蔣寶齡撰　**墨林今話
續編一卷**　(清)蔣茝生撰　清咸豐二年

(1852)刻本　六冊

150000－0601－0002433　98564　史部/傳記
類/專錄之屬/藝術/書畫

墨林今話十八卷　(清)蔣寶齡撰　**墨林今話
續編一卷**　(清)蔣茝生撰　清同治十一年
(1872)刻本　六冊

150000－0601－0002434　98738　史部/傳記
類/專錄之屬/藝術/書畫

國朝畫徵錄三卷附錄一卷　(清)張庚撰　清
刻本　一冊

150000－0601－0002435　98747　史部/傳記
類/專錄之屬/藝術/書畫

國朝畫徵錄三卷附錄一卷　(清)張庚撰　清
刻本　一冊

150000－0601－0002436　98737　史部/傳記
類/專錄之屬/藝術/書畫

國朝畫徵錄三卷附錄一卷　(清)張庚撰　清
刻本　一冊

150000－0601－0002437　99769　史部/傳記
類/專錄之屬/藝術/書畫

國朝畫徵錄三卷附錄一卷　(清)張庚撰　清
刻本　一冊

150000－0601－0002438　129086　史部/傳
記類/專錄之屬/藝術/書畫

國朝畫徵錄四卷　(清)張庚撰　清道光十一
年(1831)雪岩居士抄本　四冊

150000－0601－0002439　99770　史部/傳記
類/專錄之屬/藝術/書畫

國朝畫徵續錄二卷　(清)張庚撰　清刻本
一冊

150000－0601－0002440　98530　史部/傳記
類/專錄之屬/藝術/書畫

國朝畫識十七卷　(清)馮金伯輯　清道光十
一年(1831)刻本　四冊

150000－0601－0002441　78736　史部/傳記
類/專錄之屬/列女

列女傳二卷　(漢)劉向撰　(明)汪氏增輯

(明)仇英補圖　清光緒十二年(1886)上海同文書局石印本　二冊

150000－0601－0002442　78724　史部/傳記類/專錄之屬/列女

列女傳八卷　(漢)劉向撰　(清)梁端校注　清道光十七年(1837)錢塘汪氏振綺堂刻本　二冊

150000－0601－0002443　78726　史部/傳記類/專錄之屬/列女

列女傳八卷　(漢)劉向撰　(清)梁端校注　清道光十七年(1837)錢塘汪氏振綺堂刻本　四冊

150000－0601－0002444　78730　史部/傳記類/專錄之屬/列女

列女傳八卷　(漢)劉向撰　(清)梁端校注　清道光十七年(1837)錢塘汪氏振綺堂刻本　二冊

150000－0601－0002445　82264　史部/傳記類/專錄之屬/列女

列女傳八卷　(漢)劉向撰　(清)梁端校注　清道光十七年(1837)錢塘汪氏振綺堂刻本　二冊

150000－0601－0002446　82266　史部/傳記類/專錄之屬/列女

列女傳補注八卷叙錄一卷校正一卷　(清)王照圓撰　**列仙傳校正本二卷贊一卷**　(漢)劉向撰　(清)王照圓校　清郝氏曬書堂刻郝氏遺書本　五冊

150000－0601－0002447　128895　史部/傳記類/專錄之屬/列女

婦人集注一卷　(清)陳維崧撰　(清)冒褒注　**婦人集補一卷**　(清)冒丹書撰　清刻冒氏叢書本　一冊

150000－0601－0002448　6460　史部/傳記類/專錄之屬/宗教

高僧傳初集十五卷首一卷　(南朝梁)釋慧皎撰　清光緒十年(1884)金陵刻經處刻本　四冊

150000－0601－0002449　79714　史部/傳記類/專錄之屬/宗教

高僧傳初集十五卷首一卷　(南朝梁)釋慧皎撰　清光緒十年(1884)金陵刻經處刻本　四冊

150000－0601－0002450　79718　史部/傳記類/專錄之屬/宗教

高僧傳二集四十卷　(唐)釋道宣撰　清光緒十六年(1890)江北刻經處刻本　十冊

150000－0601－0002451　79728　史部/傳記類/專錄之屬/宗教

高僧傳三集三十卷　(宋)釋贊寧撰　清光緒十三年(1887)江北刻經處刻本　八冊

150000－0601－0002452　79736　史部/傳記類/專錄之屬/宗教

高僧傳四集六卷　(明)釋如惺撰　清光緒十八年(1892)江北刻經處刻本　二冊

150000－0601－0002453　6251　史部/傳記類/專錄之屬/宗教

神僧傳九卷　清宣統元年(1909)常州天寧寺刻本　四冊

150000－0601－0002454　6256　史部/傳記類/專錄之屬/宗教

比丘尼傳四卷　(晉)釋寶唱撰　清光緒十一年(1885)金陵刻經處刻本　一冊

150000－0601－0002455　6347　史部/傳記類/專錄之屬/宗教

比丘尼傳四卷　(晉)釋寶唱撰　清光緒十一年(1885)金陵刻經處刻本　一冊

150000－0601－0002456　80238　史部/傳記類/專錄之屬/宗教

居士傳五十六卷　(清)彭際清撰　清乾隆四十年(1775)刻本　四冊

150000－0601－0002457　6352　史部/傳記類/專錄之屬/宗教

禪林僧寶傳三十卷附一卷　(宋)釋惠洪撰　**補禪林僧寶傳一卷**　(宋)釋慶老撰　清光緒六年(1880)常熟刻經處刻本　三冊

150000－0601－0002458　6625　史部/傳記類/專錄之屬/宗教

法界宗五祖略記一卷　（清）釋續法撰　**賢首五教儀開蒙一卷**　（清）釋續法撰　清光緒二十二年(1896)金陵刻經處刻本　一冊

150000－0601－0002459　129096　史部/傳記類/專錄之屬/宗教

列仙傳校正本二卷　（漢）劉向撰　（清）王照圓校　**夢書一卷**　（清）王照圓輯　清嘉慶十七年(1812)刻本　一冊

150000－0601－0002460　103417　史部/傳記類/專錄之屬/宗教

列仙傳校正本二卷贊一卷　（漢）劉向撰（清）王照圓校　**夢書一卷**　（清）王照圓輯　清刻本　一冊

150000－0601－0002461　50614　史部/傳記類/專錄之屬/宗教

白雲仙表一卷　清道光二十八年(1848)刻本　一冊

150000－0601－0002462　50615　史部/傳記類/專錄之屬/宗教

白雲仙表一卷　清道光二十八年(1848)刻本　一冊

150000－0601－0002463　99730　史部/傳記類/專錄之屬/宗教

三教源流搜神大全一卷　清宣統元年(1909)郋園刻本　二冊

150000－0601－0002464　D0698　史部/傳記類/專錄之屬/宗教

列位司鐸小史一卷　稿本　存第二冊

150000－0601－0002465　99718　史部/傳記類/專錄之屬/宗教

清真先正言行略初集□□卷　李蓮航撰　清刻本　一冊　存一卷（下）

150000－0601－0002466　84743　史部/傳記類/專錄之屬/雜傳

高士傳三卷　（晉）皇甫謐撰　清康熙二十七年(1688)刻本　一冊

150000－0601－0002467　78742　史部/傳記類/專錄之屬/雜傳

高士傳三卷　（晉）皇甫謐撰　清光緒三年(1877)湖北崇文書局刻本　一冊

150000－0601－0002468　80000　史部/傳記類/專錄之屬/雜傳

高士傳三卷　（晉）皇甫謐撰　清光緒三年(1877)湖北崇文書局刻本　一冊

150000－0601－0002469　80001　史部/傳記類/專錄之屬/雜傳

高士傳三卷　（晉）皇甫謐撰　清光緒三年(1877)湖北崇文書局刻本　一冊

150000－0601－0002470　82596　史部/傳記類/專錄之屬/雜傳

歷代都江堰功小傳二卷　（清）王人文等撰　清宣統三年(1911)成都刻本　二冊

150000－0601－0002471　128904　史部/傳記類/專錄之屬/雜傳

歷代都江堰功小傳二卷　（清）王人文等撰　清宣統三年(1911)成都刻本　一冊

150000－0601－0002472　139570　史部/政書類/通制之屬

三通　清乾隆內府刻本　二百四十二冊

150000－0601－0002473　139270　史部/政書類/通制之屬

三通　清活字本　三百冊

150000－0601－0002474　140125　史部/政書類/通制之屬

九通　清光緒二十二年(1896)浙江書局刻本　五百二十冊　缺（通典、通志、續通志五百十三至六百四十、續文獻通考一至九十二、皇朝文獻通考十一至三百）

150000－0601－0002475　139812　史部/政書類/通制之屬

九通　清光緒二十七年(1901)上海圖書集成局排印本　三百十三冊

150000－0601－0002476　42229　史部/政書

三通考輯要 湯壽潛輯 清光緒二十五年（1899）上海圖書集成局排印本 三十冊

150000－0601－0002477 88834 史部/政書類/通制之屬

三通考輯要 湯壽潛輯 清光緒二十五年（1899）上海圖書集成局排印本 三十冊

150000－0601－0002478 88864 史部/政書類/通制之屬

三通考輯要 湯壽潛輯 清光緒二十五年（1899）上海圖書集成局排印本 三十冊

150000－0601－0002479 89060 史部/政書類/通制之屬

九通分類總纂二百四十卷 （清）汪鍾霖纂輯 清光緒二十八年（1902）上海文瀾書局石印本 八十冊

150000－0601－0002480 90771 史部/政書類/通制之屬

九通提要十二卷 （清）柴紹炳纂 清光緒二十八年（1902）上海排印本 六冊

150000－0601－0002481 89282 史部/政書類/通制之屬

六通訂誤一卷 （清）席裕福撰 清末上海圖書集成局排印本 二冊

150000－0601－0002482 89284 史部/政書類/通制之屬

六通訂誤一卷 （清）席裕福撰 清末上海圖書集成局排印本 二冊

150000－0601－0002483 90759 史部/政書類/通制之屬

正三通目錄十二卷 （清）席裕福編 **欽定續三通目錄十四卷皇朝三通目錄十四卷** 清光緒二十九年（1903）上海圖書集成局石印本 十二冊

150000－0601－0002484 88932 史部/政書類/通制之屬

三通序一卷 （清）康綸鈞輯 清道光十三年（1833）刻本 四冊

150000－0601－0002485 19567 史部/政書類/通制之屬

通典二百卷 （唐）杜佑撰 清咸豐九年（1859）崇仁謝氏刻本 三十六冊

150000－0601－0002486 88415 史部/政書類/通制之屬

通典二百卷 （唐）杜佑撰 清咸豐九年（1859）崇仁謝氏刻本 四十七冊 存一百九十五卷（一至二十五、三十一至二百）

150000－0601－0002487 23134 史部/政書類/通制之屬

通典二百卷考證一卷 （唐）杜佑撰 清光緒二十八年（1902）上海鴻寶書局石印本 十二冊

150000－0601－0002488 19411 史部/政書類/通制之屬

通典二百卷考證一卷 （唐）杜佑撰 清光緒二十七年（1901）上海圖書集成局排印本 十六冊

150000－0601－0002489 41852 史部/政書類/通制之屬

通典二百卷考證一卷 （唐）杜佑撰 清光緒二十七年（1901）上海圖書集成局排印本 十六冊

150000－0601－0002490 19427 史部/政書類/通制之屬

欽定續通典一百五十卷 （清）嵇璜等修 （清）曹仁虎等纂 清光緒二十七年（1901）上海圖書集成局排印本 十二冊

150000－0601－0002491 41880 史部/政書類/通制之屬

欽定續通典一百五十卷 （清）嵇璜等修 （清）曹仁虎等纂 清光緒二十七年（1901）上海圖書集成局排印本 十二冊

150000－0601－0002492 19439 史部/政書類/通制之屬

皇朝通典一百卷 （清）嵇璜等修 （清）曹仁虎等纂 清光緒二十七年（1901）上海圖書集

成局排印本　十二冊

150000－0601－0002493　41868　史部/政書
類/通制之屬

皇朝通典一百卷　（清）嵇璜等修　（清）曹仁
虎等纂　清光緒二十七年(1901)上海圖書集
成局排印本　十二冊

150000－0601－0002494　19603　史部/政書
類/通制之屬

通志二百卷　（宋）鄭樵撰　清崇仁謝氏刻本
一百五冊　存一百八十五卷（一至一百〇
九、一百十五下至二百）

150000－0601－0002495　88462　史部/政書
類/通制之屬

通志二百卷　（宋）鄭樵撰　清崇仁謝氏刻本
一百二十冊

150000－0601－0002496　11306　史部/政書
類/通制之屬

通志二百卷考證三卷　（宋）鄭樵撰　清光緒
二十七年(1901)上海圖書集成局排印本　六
十冊

150000－0601－0002497　41892　史部/政書
類/通制之屬

通志二百卷考證三卷　（宋）鄭樵撰　清光緒
二十七年(1901)上海圖書集成局排印本　六
十冊

150000－0601－0002498　767437　史部/政
書類/通制之屬

[通志略]一卷　（宋）鄭樵撰　明刻本（首卷
抄補）　二十冊

150000－0601－0002499　88626　史部/政書
類/通制之屬

通志略一卷　（宋）鄭樵撰　清乾隆十四年
(1749)刻本　十六冊

150000－0601－0002500　88582　史部/政書
類/通制之屬

通志略□□卷　（宋）鄭樵撰　（明）陳宗虁校
清初刻本　二十八冊

150000－0601－0002501　19451　史部/政書
類/通制之屬

欽定續通志六百四十卷　（清）嵇璜等修
（清）曹仁虎等纂　清光緒二十七年(1901)上
海圖書集成局排印本　六十冊

150000－0601－0002502　41964　史部/政書
類/通制之屬

欽定續通志六百四十卷　（清）嵇璜等修
（清）曹仁虎等纂　清光緒二十七年(1901)上
海圖書集成局排印本　五十九冊　存六百三
十二卷（一至一百三十七、三百二十六至六百
四十）

150000－0601－0002503　19511　史部/政書
類/通制之屬

皇朝通志一百二十六卷　（清）嵇璜等修
（清）曹仁虎等纂　清光緒二十七年(1901)上
海圖書集成局排印本　十二冊

150000－0601－0002504　41952　史部/政書
類/通制之屬

皇朝通志一百二十六卷　（清）嵇璜等修
（清）曹仁虎等纂　清光緒二十七年(1901)上
海圖書集成局排印本　十二冊

150000－0601－0002505　42057　史部/政書
類/通制之屬

文獻通考三百四十八卷　（元）馬端臨撰　清
咸豐九年(1859)崇仁謝氏刻本　二十六冊

150000－0601－0002506　19523　史部/政書
類/通制之屬

文獻通考三百四十八卷　（元）馬端臨撰　欽
定通考考證三卷　清光緒二十七年(1901)上
海圖書集成局排印本　四十四冊

150000－0601－0002507　42023　史部/政書
類/通制之屬

文獻通考三百四十八卷　（元）馬端臨撰　欽
定通考考證三卷　清光緒二十七年(1901)上
海圖書集成局排印本　三十四冊　存二百八
十一卷（六十八至三百四十八）

150000－0601－0002508　88894　史部/政書

類/通制之屬

文獻通考纂二十三卷　（明）胡震亨纂　清康熙三年(1664)刻本　六冊

150000－0601－0002509　88642　史部/政書類/通制之屬

文獻通考二十二卷　（元）馬端臨撰　（清）郎星等定　續文獻通考二十二卷　（明）王圻撰　（清）郎星等定　清康熙三年(1664)刻本　十六冊

150000－0601－0002510　88658　史部/政書類/通制之屬

文獻通考鈔二十四卷　（元）馬端臨撰　（清）史以遇鈔　續文獻通考鈔三十卷　（明）王圻撰　（清）史以甲鈔　清康熙二年(1663)刻本　十六冊

150000－0601－0002511　88914　史部/政書類/通制之屬

文獻通考詳節二十四卷　（清）嚴虞惇錄　清刻本　十冊

150000－0601－0002512　88900　史部/政書類/通制之屬

文獻通考詳節二十四卷　（清）嚴虞惇錄　清光緒二十五年(1899)上海著易堂書局排印本　六冊

150000－0601－0002513　88930　史部/政書類/通制之屬

文獻通考紀要二卷　清刻本　二冊

150000－0601－0002514　42167　史部/政書類/通制之屬

欽定續文獻通考二百五十卷　（清）嵇璜等修　（清）曹仁虎等纂　清光緒二十七年(1901)上海圖書集成局排印本　三十六冊

150000－0601－0002515　42203　史部/政書類/通制之屬

欽定續文獻通考二百五十卷　（清）嵇璜等修　（清）曹仁虎等纂　清光緒二十七年(1901)上海圖書集成局排印本　二十六冊　存一百八十二卷(一至一百一十三、一百二十一至一百八十九)

150000－0601－0002516　47809　史部/政書類/通制之屬

欽定續文獻通考二百五十卷　（清）嵇璜等修　（清）曹仁虎等纂　清光緒二十七年(1901)上海圖書集成局排印本　三冊　存二十二卷(二百二十九至二百五十)

150000－0601－0002517　88924　史部/政書類/通制之屬

文獻通考正續彙纂十二卷　（清）周宗濂纂　（清）楊守仁重訂　清道光二年(1822)刻本　六冊

150000－0601－0002518　88674　史部/政書類/通制之屬

皇朝文獻通考三百卷　（清）嵇璜等修　（清）曹仁虎等纂　清光緒八年(1882)浙江書局刻本　一百六十冊

150000－0601－0002519　42083　史部/政書類/通制之屬

皇朝文獻通考三百卷　（清）嵇璜等修　（清）曹仁虎等纂　清光緒二十七年(1901)上海圖書集成局排印本　四十六冊　存二百九十卷(一至二百五十四、二百六十四至三百)

150000－0601－0002520　42129　史部/政書類/通制之屬

皇朝文獻通考三百卷　（清）嵇璜等修　（清）曹仁虎等纂　清光緒二十七年(1901)上海圖書集成局排印本　三十八冊　存二百三十六卷(一至一百二十四、一百八十八至三百)

150000－0601－0002521　88972　史部/政書類/通制之屬

皇朝續文獻通考三百二十卷　劉錦藻撰　清光緒三十一年(1905)堅匏盦排印本　八十八冊

150000－0601－0002522　89140　史部/政書類/儀制之屬

秦會要二十六卷　（清）孫楷撰　清光緒三十一年(1905)湘潭孫氏刻本　四冊

150000－0601－0002523　170269　史部/政書類/儀制之屬

漢制考四卷　（宋）王應麟撰　**踐阼篇集解一卷**　（宋）王應麟撰　清刻玉海本　一冊

150000－0601－0002524　89186　史部/政書類/儀制之屬

西漢會要七十卷　（宋）徐天麟撰　清光緒五年(1879)嶺南學海堂刻本　十冊

150000－0601－0002525　89144　史部/政書類/儀制之屬

西漢會要七十卷　（宋）徐天麟撰　清光緒十年(1884)江蘇書局刻本　十冊

150000－0601－0002526　89154　史部/政書類/儀制之屬

西漢會要七十卷　（宋）徐天麟撰　清光緒十年(1884)江蘇書局刻本　十冊

150000－0601－0002527　89196　史部/政書類/儀制之屬

東漢會要四十卷　（宋）徐天麟撰　清光緒五年(1879)嶺南學海堂刻本　八冊

150000－0601－0002528　89170　史部/政書類/儀制之屬

東漢會要四十卷　（宋）徐天麟撰　清光緒十年(1884)江蘇書局刻本　八冊

150000－0601－0002529　89178　史部/政書類/儀制之屬

東漢會要四十卷　（宋）徐天麟撰　清光緒十年(1884)江蘇書局刻本　八冊

150000－0601－0002530　89164　史部/政書類/儀制之屬

東漢會要三十二卷　（宋）徐天麟撰　清道光二年(1822)端溪精舍刻本　六冊

150000－0601－0002531　89204　史部/政書類/儀制之屬

三國會要三十二卷首一卷　楊晨撰　清光緒二十六年(1900)江蘇書局刻本　六冊

150000－0601－0002532　69287　史部/政書

類/儀制之屬

南北史補志十四卷補志贊一卷　（清）汪士鐸撰　清光緒四年(1878)淮南書局刻本　六冊

150000－0601－0002533　89210　史部/政書類/儀制之屬

唐會要一百卷　（宋）王溥撰　清光緒十年(1884)江蘇書局刻蘇州振新書局刷印本　二十四冊

150000－0601－0002534　89234　史部/政書類/儀制之屬

五代會要三十卷　（宋）王溥撰　清光緒十二年(1886)江蘇書局刻本　六冊

150000－0601－0002535　81384　史部/政書類/儀制之屬

宋朝事實二十卷　（宋）李攸撰　清刻武英殿聚珍版書本　六冊

150000－0601－0002536　89240　史部/政書類/儀制之屬

大元聖政國朝典章六十卷大元聖政典章新集至治條例(至治二年新集)一卷　清光緒三十四年(1908)刻本　二十二冊

150000－0601－0002537　D0493　史部/政書類/儀制之屬

大元聖政國朝典章六十卷大元聖政典章新集至治條例(至治二年新集)一卷沈刻元典章校補札記六卷闕文三卷表格一卷首一卷　陳垣撰　**元典章校補釋例六卷**　陳垣撰　清光緒三十四年(1908)刻古籍出版社刷印本　二十五冊

150000－0601－0002538　D0984　史部/政書類/儀制之屬

元朝典故編年考十卷　（清）孫承澤撰　抄本　四冊

150000－0601－0002539　89262　史部/政書類/儀制之屬

明會要八十卷　（清）龍文彬撰　清光緒十三年(1887)刻本　二十冊

150000－0601－0002540　88359　史部/政書

類/儀制之屬

欽定大清會典一百卷 （清）允祹等修 （清）文保纂 （清）顧汝修等纂 清江南省刻本 二十四冊

150000－0601－0002541　88383　史部/政書類/儀制之屬

欽定大清會典一百卷 （清）允祹等修 （清）文保纂 （清）顧汝修等纂 清江南省刻本 二十四冊

150000－0601－0002542　39448　史部/政書類/儀制之屬

欽定大清會典一百卷 （清）允祹等修 （清）文保纂 （清）顧汝修等纂 清光緒二十八年（1902）著易堂書局排印本　八冊

150000－0601－0002543　88323　史部/政書類/儀制之屬

欽定大清會典一百卷首一卷 （清）崑岡等修 （清）吳樹梅等纂 清光緒二十五年（1899）京師官書局石印本　二十四冊

150000－0601－0002544　20931　史部/政書類/儀制之屬

欽定大清會典一百卷首一卷 （清）崑岡等修 （清）吳樹梅等纂 清光緒二十五年（1899）石印本　三十六冊

150000－0601－0002545　4062　史部/政書類/儀制之屬

欽定大清會典一百卷首一卷 （清）崑岡等修 （清）吳樹梅等纂 清光緒二十五年（1899）石印本　三十四冊

150000－0601－0002546　87809　史部/政書類/儀制之屬

欽定大清會典一百卷首一卷 （清）崑岡等修 （清）吳樹梅等纂 清光緒二十五年（1899）石印本　三十六冊

150000－0601－0002547　88347　史部/政書類/儀制之屬

欽定大清會典一百卷首一卷 （清）崑岡等修 （清）吳樹梅等纂 清宣統元年（1909）南洋官書局石印本　十二冊

150000－0601－0002548　22097　史部/政書類/儀制之屬

欽定大清會典一百卷首一卷 （清）崑岡等修 （清）吳樹梅等纂 清宣統三年（1911）上海商務印書館石印本　十冊

150000－0601－0002549　88407　史部/政書類/儀制之屬

大清會典四卷　清湖北崇文書局刻本　四冊

150000－0601－0002550　88411　史部/政書類/儀制之屬

大清會典四卷　清湖北崇文書局刻本　四冊

150000－0601－0002551　4096　史部/政書類/儀制之屬

欽定大清會典事例一千二百二十卷目錄八卷　清光緒二十五年（1899）石印本　三百七十八冊

150000－0601－0002552　20967　史部/政書類/儀制之屬

欽定大清會典事例一千二百二十卷目錄八卷　清光緒二十五年（1899）石印本　三百七十三冊

150000－0601－0002553　43334　史部/政書類/儀制之屬

欽定大清會典事例一千二百二十卷目錄八卷　清光緒二十五年（1899）石印本　六十九冊

150000－0601－0002554　87845　史部/政書類/儀制之屬

欽定大清會典事例一千二百二十卷目錄八卷　清光緒二十五年（1899）石印本　三百八十四冊

150000－0601－0002555　22107　史部/政書類/儀制之屬

欽定大清會典事例一千二百二十卷目錄八卷　清宣統元年（1909）上海商務印書館石印本　一百五十冊

150000－0601－0002556　4474　史部/政書

類/儀制之屬

欽定大清會典圖二百七十卷首一卷 （清）崑岡等修 （清）劉啓端等纂 清末石印本 七十二冊

150000－0601－0002557 21340 史部/政書類/儀制之屬

欽定大清會典圖二百七十卷首一卷 （清）崑岡等修 （清）劉啓端等纂 清末石印本 七十四冊

150000－0601－0002558 88229 史部/政書類/儀制之屬

欽定大清會典圖二百七十卷首一卷 （清）崑岡等修 （清）劉啓端等纂 清末石印本 七十三冊

150000－0601－0002559 89511 史部/政書類/儀制之屬

吾學錄初編二十四卷 （清）吳榮光撰 清同治九年(1870)江蘇書局刻本 六冊

150000－0601－0002560 103348 史部/政書類/儀制之屬

吾學錄初編二十四卷 （清）吳榮光撰 清同治九年(1870)江蘇書局刻本 六冊

150000－0601－0002561 103354 史部/政書類/儀制之屬

吾學錄初編二十四卷 （清）吳榮光撰 清同治九年(1870)江蘇書局刻本 六冊

150000－0601－0002562 89517 史部/政書類/儀制之屬

吾學錄初編二十四卷 （清）吳榮光撰 清同治七年(1868)金陵書局活字本 四冊

150000－0601－0002563 39739 史部/政書類/儀制之屬

皇朝政典類纂五百卷目錄六卷 清光緒二十八年(1902)上海圖書集成局排印本 一百〇九冊 存四百五十四卷(一至一百六十二、一百九十七至二百、二百十至四百七十六、四百八十至五百)

150000－0601－0002564 5211 史部/政書

類/儀制之屬

分類時務通纂三百卷 （清）陳昌紳纂 清光緒二十八年(1902)上海文瀾書局石印本 五十四冊 存二百五十卷(一至十一、十七至五十、六十至一百十、一百十六至二百〇三、二百三十五至三百)

150000－0601－0002565 D0185 史部/政書類/儀制之屬

蒙古由元迄今之概要一卷 抄本 一冊

150000－0601－0002566 47780 史部/政書類/儀制之屬

治平略增定全書三十五卷 （清）朱健 （清）朱徽撰 清康熙三年(1664)刻本 六冊 存三十三卷(一至三十三)

150000－0601－0002567 92819 史部/政書類/儀制之屬

治平略增定全書三十五卷 （清）朱健 （清）朱徽撰 清康熙三年(1664)刻本 十六冊

150000－0601－0002568 129348 史部/政書類/儀制之屬/典禮

明宮史八卷 （明）劉若愚撰 清宣統二年(1910)上海國學扶輪社排印本 二冊

150000－0601－0002569 89429 史部/政書類/儀制之屬/典禮

慶典章程内務府三卷工部一卷禮部一卷 清刻本 五冊

150000－0601－0002570 89401 史部/政書類/儀制之屬/典禮

幸魯盛典四十卷 （清）孔毓圻 （清）金居敬等纂 清康熙二十八年(1689)刻本 二十冊

150000－0601－0002571 89421 史部/政書類/儀制之屬/典禮

南巡盛典一百二十卷 （清）高晉等纂修 清光緒八年(1882)上海點石齋石印本 八冊

150000－0601－0002572 88936 史部/政書類/儀制之屬/典禮

大清通禮五十四卷 （清）來保等修 （清）李玉鳴等纂 （清）穆克登額等續修 清光緒九

年（1883）江蘇書局刻本　十二冊

150000－0601－0002573　88948　史部/政書
類/儀制之屬/典禮

大清通禮五十四卷　（清）來保等修　（清）李
玉鳴等纂　（清）穆克登額等續修　清光緒九
年（1883）江蘇書局刻本　十二冊

150000－0601－0002574　88960　史部/政書
類/儀制之屬/典禮

大清通禮五十四卷　（清）來保等修　（清）李
玉鳴等纂　（清）穆克登額等續修　清光緒九
年（1883）江蘇書局刻本　十二冊

150000－0601－0002575　89434　史部/政書
類/儀制之屬/典禮

皇朝禮器圖式十八卷　（清）隆福安等修
（清）彭元瑞等纂　清乾隆三十一年（1766）刻
本　二十冊

150000－0601－0002576　47633　史部/政書
類/儀制之屬/典禮

太常紀要十五卷　（清）江蘩編　清康熙四十
一年（1702）刻本　四冊

150000－0601－0002577　89471　史部/政書
類/儀制之屬/典禮

皇朝祭器樂舞錄二卷　（清）徐暢達編　關帝
廟典禮一卷文昌廟典禮一卷　清同治十年
（1871）湖北崇文書局刻本　三冊

150000－0601－0002578　89494　史部/政書
類/儀制之屬/典禮

文廟丁祭譜四卷　（清）藍鍾瑞等撰　清道光
二十六年（1846）刻本　八冊

150000－0601－0002579　89485　史部/政書
類/儀制之屬/典禮

文廟祀典考五十卷首一卷　（清）龐鍾璐纂輯
　清光緒四年（1878）刻本　八冊

150000－0601－0002580　10566　史部/政書
類/儀制之屬/典禮

直省釋奠禮樂記六卷首一卷末一卷　（清）應
寶時等撰　清同治十二年（1873）刻本　六冊

150000－0601－0002581　89474　史部/政書
類/儀制之屬/典禮

直省釋奠禮樂記六卷首一卷末一卷　（清）應
寶時等撰　清同治十二年（1873）刻本　四冊

150000－0601－0002582　53948　史部/政書
類/儀制之屬/典禮

黌宮敬事錄四卷　（清）桂良撰　清道光十七
年（1837）刻本　四冊

150000－0601－0002583　59440　史部/政書
類/儀制之屬/雜禮

司馬氏書儀十卷　（宋）司馬光撰　清雍正二
年（1724）刻本　四冊

150000－0601－0002584　48341　史部/政書
類/儀制之屬/雜禮

朱子家禮十卷首一卷　（明）丘濬輯　（清）楊
廷筠補　清嘉慶六年（1801）寶寧堂刻本
六冊

150000－0601－0002585　59435　史部/政書
類/儀制之屬/雜禮

朱子家禮八卷首一卷　（明）丘濬輯　（清）楊
廷筠補　清刻本　五冊

150000－0601－0002586　57354　史部/政書
類/儀制之屬/雜禮

四禮翼四卷　（明）呂坤撰　清嘉慶十二年
（1807）盛灝元刻本　一冊

150000－0601－0002587　128122　史部/政
書類/儀制之屬/雜禮

四禮翼四卷　（明）呂坤撰　清道光二十五年
（1845）刻本　一冊

150000－0601－0002588　59444　史部/政書
類/儀制之屬/雜禮

呂叔簡先生四禮翼一卷　（明）呂坤撰　清同
治二年（1863）刻本　一冊

150000－0601－0002589　89464　史部/政書
類/儀制之屬/雜禮

四禮翼一卷　（明）呂坤撰　清光緒八年
（1882）津河廣仁堂刻本　一冊

150000－0601－0002590　149945　史部/政書類/儀制之屬/雜禮

呂氏四禮翼四卷　（明）呂坤撰　（清）朱軾評點　清光緒二十三年（1897）刻朱文端公藏書本　一冊

150000－0601－0002591　128450　史部/政書類/儀制之屬/雜禮

人家冠昏喪祭考四卷　（清）林伯桐撰　清刻本　一冊

150000－0601－0002592　56804　史部/政書類/儀制之屬/雜禮

讀禮小事記前編一卷後編一卷　（清）唐鑑撰　清咸豐五年（1855）湘西黃氏刻本　二冊

150000－0601－0002593　56802　史部/政書類/儀制之屬/雜禮

制服成誦編一卷　（清）周保珪撰　**制服表一卷喪服通釋一卷**　清光緒十三年（1887）武林紅蝠山房刻本　一冊

150000－0601－0002594　56803　史部/政書類/儀制之屬/雜禮

制服成誦編一卷　（清）周保珪撰　**制服表一卷喪服通釋一卷**　清光緒十三年（1887）武林紅蝠山房刻本　一冊

150000－0601－0002595　56801　史部/政書類/儀制之屬/雜禮

制服成誦編一卷　（清）周保珪撰　**制服表一卷喪服通釋一卷**　清光緒二十一年（1895）武林王氏紅蝠山房石印本　一冊

150000－0601－0002596　D1137　史部/政書類/儀制之屬/雜禮

綏遠區婚喪禮俗記一卷　抄本　一冊

150000－0601－0002597　128461　史部/政書類/儀制之屬/雜禮

四禮從宜四卷　（清）蘇惇元撰　清道光二十二年（1842）刻本　一冊

150000－0601－0002598　104989　史部/政書類/儀制之屬/雜禮

家禮會通二卷　（清）張汝誠輯　清文林堂刻本　二冊

150000－0601－0002599　84772　史部/政書類/儀制之屬/雜禮

傳恭堂祭儀二卷　（清）潘德輿撰　清光緒三十四年（1908）江楚書局排印本　一冊

150000－0601－0002600　74086　史部/政書類/儀制之屬/專志/紀元

紀元編三卷末一卷　（清）李兆洛撰　清同治十年（1871）合肥李氏刻本　三冊

150000－0601－0002601　82691　史部/政書類/儀制之屬/專志/紀元

紀元編三卷末一卷　（清）李兆洛撰　清同治十年（1871）合肥李氏刻本　一冊

150000－0601－0002602　74083　史部/政書類/儀制之屬/專志/紀元

紀元編三卷末一卷　（清）李兆洛撰　清刻本　三冊

150000－0601－0002603　74082　史部/政書類/儀制之屬/專志/紀元

紀元編三卷末一卷　（清）李兆洛撰　清末石印本　一冊

150000－0601－0002604　74089　史部/政書類/儀制之屬/專志/紀元

歷代紀元表一卷　（清）黃本驥編　**年號分韵錄一卷**　（清）黃本驥編　清道光二十八年（1848）刻本　一冊

150000－0601－0002605　82693　史部/政書類/儀制之屬/專志/紀元

歷代年號紀略一卷　（清）亦園撰　清末鄂局排印本　一冊

150000－0601－0002606　74097　史部/政書類/儀制之屬/專志/紀元

歷代帝系年號考二十卷　（清）劉宗魏編　清乾隆二十八年（1763）刻本　六冊

150000－0601－0002607　82673　史部/政書類/儀制之屬/專志/紀元

歷代帝系年號考二十卷　（清）劉宗魏編　清

乾隆二十八年(1763)刻本　六冊

150000－0601－0002608　82679　史部/政書
類/儀制之屬/專志/紀元

紀元通考十二卷　(清)葉維庚撰　清道光八
年(1828)刻本　四冊

150000－0601－0002609　40344　史部/政書
類/儀制之屬/專志/謚諱

歷代名臣謚法彙考　(清)劉長華輯　清咸豐
五年(1855)刻本　五冊

150000－0601－0002610　170661　史部/政
書類/儀制之屬/專志/謚諱

國朝謚法考一卷　(清)王士禎撰　清刻本
二冊

150000－0601－0002611　89462　史部/政書
類/儀制之屬/專志/謚諱

皇朝謚法考五卷續編一卷　(清)鮑康輯　清
同治三年(1864)刻增修本　二冊

150000－0601－0002612　89461　史部/政書
類/儀制之屬/專志/謚諱

皇朝謚法考五卷續編一卷補編一卷　(清)鮑
康輯　清同治三年(1864)刻增修本　一冊

150000－0601－0002613　82694　史部/政書
類/儀制之屬/專志/謚諱

**皇朝謚法考五卷續編一卷補編一卷續補編一
卷**　(清)鮑康輯　清同治三年(1864)刻增修
本　二冊

150000－0601－0002614　143364　史部/政
書類/儀制之屬/專志/科舉

五種科場異聞錄　(清)呂相燮編　清光緒二
十四年(1898)順成書局石印本　三冊　缺

150000－0601－0002615　103175　史部/政
書類/儀制之屬/專志/科舉

摭言十五卷　(五代)王定保撰　清乾隆二十
一年(1756)雅雨堂刻本　二冊

150000－0601－0002616　90083　史部/政書
類/儀制之屬/專志/科舉

欽定學政全書八十六卷　(清)王杰等修

(清)廣興等纂　清刻本(配本)　十六冊

150000－0601－0002617　D2478　史部/政書
類/儀制之屬/專志/科舉

槐廳載筆二十卷　(清)法式善編　清刻本
六冊

150000－0601－0002618　47795　史部/政書
類/儀制之屬/專志/科舉

欽定科場條例四卷欽定翻譯考試條例一卷
清刻本　五冊

150000－0601－0002619　90112　史部/政書
類/儀制之屬/專志/科舉

科場條約□□卷　清刻本　一冊　卷首殘

150000－0601－0002620　90115　史部/政書
類/儀制之屬/專志/科舉

欽定磨勘條例四卷　清刻本　一冊

150000－0601－0002621　90114　史部/政書
類/儀制之屬/專志/科舉

欽定磨勘條例四卷續增一卷　清刻本　一冊

150000－0601－0002622　48085　史部/政書
類/儀制之屬/專志/科舉

**貼例須知一卷磨勘條例摘要一卷抬寫格式一
卷**　清光緒元年(1875)蘭州府署刻本　一冊

150000－0601－0002623　90110　史部/政書
類/儀制之屬/專志/科舉

鎖院事宜一卷　清刻本　一冊

150000－0601－0002624　90111　史部/政書
類/儀制之屬/專志/科舉

山西鄉試儀注一卷　清刻本　一冊

150000－0601－0002625　126462　史部/政
書類/儀制之屬/專志/科舉

春闈雜咏一卷　(清)李德炳撰　清光緒二十
一年(1895)刻本　一冊

150000－0601－0002626　129186　史部/政
書類/儀制之屬/專志/學校

太學十咏一卷　(清)王雲廷等撰　清刻本
一冊

150000－0601－0002627　90104　史部/政書

類/儀制之屬/專志/學校
奏定學堂章程一卷　(清)張百熙等纂修　清末湖北學務處刻本　五冊

150000－0601－0002628　90099　史部/政書類/儀制之屬/專志/學校
奏定學堂章程一卷　(清)張百熙等纂修　清末山東官印書局排印本　五冊

150000－0601－0002629　47792　史部/政書類/儀制之屬/專志/學校
奏定學堂章程一卷　(清)張百熙等纂修　清末排印本　二冊

150000－0601－0002630　48081　史部/政書類/儀制之屬/專志/學校
奏定學堂章程　清末排印本　一冊

150000－0601－0002631　92495　史部/政書類/儀制之屬/專志/學校
長興縣學文牘己丑一卷庚寅一卷辛卯一卷　清光緒十六年(1890)山陰許純模刻本　一冊

150000－0601－0002632　47790　史部/政書類/儀制之屬/專志/學校
甘肅武備學堂章程一卷　清末蘭州官書局排印本　一冊

150000－0601－0002633　92501　史部/政書類/儀制之屬/專志/學校
令德堂章程一卷　清末刻本　一冊

150000－0601－0002634　92502　史部/政書類/儀制之屬/專志/學校
令德堂章程一卷　清末刻本　一冊

150000－0601－0002635　92503　史部/政書類/儀制之屬/專志/學校
令德堂章程一卷　清末刻本　一冊

150000－0601－0002636　92504　史部/政書類/儀制之屬/專志/學校
令德堂章程一卷　清末刻本　一冊

150000－0601－0002637　767809　史部/政書類/儀制之屬/專志/學校
兩湖旅甘兩等小學堂試辦章程一卷　清末官報書局排印本　一冊

150000－0601－0002638　92498　史部/政書類/儀制之屬/專志/學校
算學書院章程一卷　清刻本　一冊

150000－0601－0002639　92499　史部/政書類/儀制之屬/專志/學校
東蒙鄉校芻議一卷　清末上海時中書局排印本　一冊

150000－0601－0002640　92497　史部/政書類/儀制之屬/專志/學校
學校制度一卷　(日本)隈本繁吉講　(清)程家檉達恉　清光緒三十二年(1906)京師學部編譯書局排印本　一冊

150000－0601－0002641　93751　史部/政書類/儀制之屬/專志/學校
日本陸軍大學校論略□□卷　(日本)東條英教口述　(日本)川島浪速譯　(清)張滄(清)查雙綏點定　**日本各校紀略二卷附存一卷**　(清)張大鏞撰　**日本武學兵隊紀略一卷**　(清)張大鏞撰　清光緒二十四年(1898)浙江書局刻本　一冊

150000－0601－0002642　92513　史部/政書類/儀制之屬/專志/學校
教育學一卷　商務印書館編譯所編　清光緒三十二年(1906)商務印書館排印本　一冊

150000－0601－0002643　158608　史部/政書類/儀制之屬/專志/學校
教育叢書初集　清末刻本　八冊

150000－0601－0002644　82823　史部/政書類/職官之屬/官制/通制
欽定歷代職官表六卷　(清)黄本驥　(清)王廷學校　清光緒八年(1882)上海王氏刻本　三冊

150000－0601－0002645　128986　史部/政書類/職官之屬/官制/通制
漢官舊儀二卷補遺一卷　(漢)衛宏撰　**鄴中記一卷**　(晉)陸翽撰　清刻武英殿聚珍版書本　一冊

150000－0601－0002646　90007　史部/政書
類/職官之屬/官制/專志

[京內各衙門官制清單]□□卷　清末刻本
一冊　卷首殘

150000－0601－0002647　82720　史部/政書
類/職官之屬/官制/專志

軍機故事二卷補遺一卷　姚文棟撰　清謨觴
室刻本　一冊

150000－0601－0002648　137801　史部/政
書類/職官之屬/官制/專志

樞垣記略二十八卷　(清)梁章鉅撰　(清)朱
智等續纂　清光緒元年(1875)排印本　六冊

150000－0601－0002649　137807　史部/政
書類/職官之屬/官制/專志

樞垣記略二十八卷　(清)梁章鉅撰　(清)朱
智等續纂　清光緒元年(1875)排印本　六冊

150000－0601－0002650　90040　史部/政書
類/職官之屬/官制/專志

欽定臺規四十卷首一卷　(清)松筠纂修　清
道光二十七年(1847)刻本　十六冊

150000－0601－0002651　124930　史部/政
書類/職官之屬/官制/專志

南省公餘錄八卷　(清)梁章鉅撰　清乾隆五
十四年(1789)刻本　二冊

150000－0601－0002652　47631　史部/政書
類/職官之屬/官制/專志

景運門現行事宜一卷　清末活字本　二冊

150000－0601－0002653　26848　史部/政書
類/職官之屬/官制/專志

農工商部現行章程二十一種　清宣統元年
(1909)排印本　十三冊

150000－0601－0002654　93998　史部/政書
類/職官之屬/官制/專志

資政院會奏改訂資政院院章摺一卷　清末排
印本　一冊

150000－0601－0002655　47794　史部/政書
類/職官之屬/官制/專志

直省文武官員相見禮一卷　清刻本　一冊

150000－0601－0002656　47587　史部/政書
類/職官之屬/官制/專志

本朝則例類編目錄二卷吏部二卷戶部二卷禮
部二卷兵部二卷刑部二卷工部一卷續增新例
一卷　清康熙四十三年(1704)慶宜堂刻本
十四冊

150000－0601－0002657　137813　史部/政
書類/職官之屬/官制/專志

欽定宮中現行則例四卷　清末排印本　四冊

150000－0601－0002658　137817　史部/政
書類/職官之屬/官制/專志

欽定宮中現行則例四卷　清末排印本　四冊

150000－0601－0002659　47621　史部/政書
類/職官之屬/官制/專志

欽定宗人府則例三十一卷　(清)奕諒修　(清)
鍾泰等纂　清同治七年(1868)刻本　十冊

150000－0601－0002660　47555　史部/政書
類/職官之屬/官制/專志

欽定續纂六部處分則例四十六卷　清京都刻
嘉慶十年(1805)增修本　三十二冊

150000－0601－0002661　47531　史部/政書
類/職官之屬/官制/專志

欽定增修六部處分則例五十二卷　清同治十
年(1871)刻本　二十四冊

150000－0601－0002662　22472　史部/政書
類/職官之屬/官制/專志

欽定吏部銓選漢官則例八卷欽定吏部銓選漢
官品級考四卷　清刻本　十四冊

150000－0601－0002663　47525　史部/政書
類/職官之屬/官制/專志

欽定吏部續纂簡明則例八卷　清乾隆五十八
年(1793)刻本　六冊

150000－0601－0002664　47601　史部/政書
類/職官之屬/官制/專志

欽定吏部處分則例五十二卷　清刻本　二
十冊

150000－0601－0002665　22510　史部/政書類/職官之屬/官制/專志

欽定吏部文選司章程三十二卷　清刻本　十二冊

150000－0601－0002666　47947　史部/政書類/職官之屬/官制/專志

欽定中樞政考[八旗]三十二卷　(清)明亮等修　(清)納蘇泰等纂　清道光五年(1825)刻本　二十四冊

150000－0601－0002667　25579　史部/政書類/職官之屬/官制/專志

欽定中樞政考[八旗]三十二卷　(清)明亮等修　(清)納蘇泰等纂　清道光五年(1825)刻本　三十一冊　存三十一卷(一至十八、二十至三十二)

150000－0601－0002668　765182　史部/政書類/職官之屬/官制/專志

欽定中樞政考[八旗]三十二卷　(清)明亮等修　(清)納蘇泰等纂　清道光五年(1825)刻本　十二冊　存十六卷(一至十六)

150000－0601－0002669　765194　史部/政書類/職官之屬/官制/專志

欽定中樞政考[八旗]□□卷欽定五軍道里表一卷　清刻本　七冊　存八卷(二十五至三十二)

150000－0601－0002670　765201　史部/政書類/職官之屬/官制/專志

欽定中樞政考[綠營]□□卷　清刻本　十一冊　存十卷(三十一至四十)

150000－0601－0002671　89871　史部/政書類/職官之屬/官制/專志

欽定理藩院則例六十三卷通例二卷總目二卷　(清)托津等修　(清)岳禧等纂　(清)托津等續修　清道光六年(1826)刻本　二十冊　存四十九卷(二至九、十二至三十四、三十八至四十七、五十六至六十三)

150000－0601－0002672　47729　史部/政書類/職官之屬/官制/專志

欽定理藩院則例六十三卷通例二卷總目二卷　(清)托津等修　(清)岳禧等纂　(清)賽尚阿等續修　清道光二十二年(1842)刻本　五十一冊

150000－0601－0002673　47275　史部/政書類/職官之屬/官制/專志

欽定理藩院則例六十三卷通例二卷總目二卷　清刻本　四十五冊

150000－0601－0002674　47376　史部/政書類/職官之屬/官制/專志

欽定理藩院則例六十三卷通例二卷總目二卷　清刻本　四十八冊

150000－0601－0002675　47352　史部/政書類/職官之屬/官制/專志

欽定理藩院則例六十三卷通例二卷總目二卷　清刻本　二十四冊

150000－0601－0002676　D5430　史部/政書類/職官之屬/官制/專志

欽定理藩院則例六十四卷通例二卷總目二卷　(清)托津等修　(清)岳禧等纂　(清)松森等續修　清光緒十七年(1891)刻本　三十二冊

150000－0601－0002677　47320　史部/政書類/職官之屬/官制/專志

欽定理藩院則例六十四卷通例二卷總目二卷　(清)托津等修　(清)岳禧等纂　(清)松森等續修　清光緒十七年(1891)刻本　三十二冊

150000－0601－0002678　22522　史部/政書類/職官之屬/官制/專志

欽定理藩部則例六十四卷通例二卷總目二卷　(清)托津等修　(清)岳禧等纂　(清)松森等續修　清光緒三十四年(1908)排印本　十六冊

150000－0601－0002679　22538　史部/政書類/職官之屬/官制/專志

欽定理藩部則例六十四卷通例二卷總目二卷　(清)托津等修　(清)岳禧等纂　(清)松

森等續修　清光緒三十四年（1908）排印本
十六冊

150000－0601－0002680　22554　史部/政書
類/職官之屬/官制/專志
欽定理藩部則例六十四卷通例二卷總目二卷
　（清）托津等修　（清）岳禧等纂　（清）松
森等續修　清光緒三十四年（1908）排印本
十六冊

150000－0601－0002681　22570　史部/政書
類/職官之屬/官制/專志
欽定理藩部則例六十四卷通例二卷總目二卷
　（清）托津等修　（清）岳禧等纂　（清）松
森等續修　清光緒三十四年（1908）排印本
十六冊

150000－0601－0002682　22586　史部/政書
類/職官之屬/官制/專志
欽定理藩部則例六十四卷通例二卷總目二卷
　（清）托津等修　（清）岳禧等纂　（清）松
森等續修　清光緒三十四年（1908）排印本
十六冊

150000－0601－0002683　22602　史部/政書
類/職官之屬/官制/專志
欽定理藩部則例六十四卷通例二卷總目二卷
　（清）托津等修　（清）岳禧等纂　（清）松
森等續修　清光緒三十四年（1908）排印本
十六冊

150000－0601－0002684　22618　史部/政書
類/職官之屬/官制/專志
欽定理藩部則例六十四卷通例二卷總目二卷
　（清）托津等修　（清）岳禧等纂　（清）松
森等續修　清光緒三十四年（1908）排印本
十六冊

150000－0601－0002685　22634　史部/政書
類/職官之屬/官制/專志
欽定理藩部則例六十四卷通例二卷總目二卷
　（清）托津等修　（清）岳禧等纂　（清）松
森等續修　清光緒三十四年（1908）排印本
十六冊

150000－0601－0002686　22650　史部/政書
類/職官之屬/官制/專志
欽定理藩部則例六十四卷通例二卷總目二卷
　（清）托津等修　（清）岳禧等纂　（清）松
森等續修　清光緒三十四年（1908）排印本
十六冊

150000－0601－0002687　153716　史部/政
書類/職官之屬/官箴
爲政忠告　（元）張養浩撰　清道光十三年
（1833）芸葉軒刻本　二冊

150000－0601－0002688　153715　史部/政
書類/職官之屬/官箴
爲政忠告　（元）張養浩撰　清道光二十八年
（1848）徐澤醇刻本　一冊

150000－0601－0002689　47804　史部/政書
類/職官之屬/官箴
宦海指南　（清）許乃普輯　清刻本　五冊

150000－0601－0002690　48154　史部/政書
類/職官之屬/官箴
四種遺規　（清）陳宏謀輯　清乾隆五十五年
（1790）刻本　六冊

150000－0601－0002691　879244　史部/政
書類/職官之屬/官箴
御製人臣儆心錄一卷　（清）世祖福臨撰　清
順治十二年（1655）刻本　一冊

150000－0601－0002692　879245　史部/政
書類/職官之屬/官箴
御製人臣儆心錄一卷　（清）世祖福臨撰　清
順治十二年（1655）刻本　一冊

150000－0601－0002693　93066　史部/政書
類/職官之屬/官箴
學仕遺規四卷　（清）陳宏謀輯　清光緒五年
（1879）江蘇書局刻本　五冊

150000－0601－0002694　94008　史部/政書
類/職官之屬/官箴
莅政摘要二卷　（清）陸隴其撰　清光緒八年
（1882）津河廣仁堂刻本　一冊

150000－0601－0002695　47661　史部/政書類/職官之屬/官箴

牧令須知六卷　（清）剛毅撰　清光緒十八年（1892）剛毅刻本　二冊

150000－0601－0002696　129369　史部/政書類/邦計之屬/通紀

中國度支考一卷　（英國）哲美森撰　（美國）林樂知譯　清光緒二十三年（1897）廣學會排印本　一冊

150000－0601－0002697　94259　史部/政書類/邦計之屬/通紀

中國度支考一卷　（英國）哲美森撰　（美國）林樂知譯　清光緒二十九年（1903）廣學會排印本　一冊

150000－0601－0002698　94261　史部/政書類/邦計之屬/通紀

中國財政紀略一卷　（日本）東邦協會撰　（清）吳銘譯　清光緒二十五年（1899）上海廣智書局排印本　一冊

150000－0601－0002699　94260　史部/政書類/邦計之屬/通紀

光緒會計錄三卷　（清）李希聖編　清光緒二十二年（1896）上海時務報館石印本　一冊

150000－0601－0002700　D0009　史部/政書類/邦計之屬/通紀

蒙古各項利源之概略一卷　抄本　一冊

150000－0601－0002701　D0079　史部/政書類/邦計之屬/通紀

蒙務編輯成案一卷　抄本　一冊

150000－0601－0002702　D0062　史部/政書類/邦計之屬/通紀

蒙旗政策關係舊檔案選輯一卷　抄本　六冊

150000－0601－0002703　D0047　史部/政書類/邦計之屬/通紀

鄂托克富源調查記一卷　周頌堯撰　抄本　一冊

150000－0601－0002704　25751　史部/政書類/邦計之屬/通紀

列國歲計政要十二卷表一卷　（英國）麥丁富得力撰　（美國）林樂知譯　（清）鄭昌棪筆述　清光緒元年（1875）江南製造總局刻本　六冊

150000－0601－0002705　80222　史部/政書類/邦計之屬/義田

同善錄一卷　清同治十二年（1873）培善粥廠刻本　一冊

150000－0601－0002706　93222　史部/政書類/邦計之屬/義田

[鄉約]□□卷　清同治六年（1867）刻本　一冊　卷首殘

150000－0601－0002707　92740　史部/政書類/邦計之屬/義田

得一錄十六卷　（清）余治輯　清同治八年（1869）刻本　八冊

150000－0601－0002708　D0037　史部/政書類/邦計之屬/賦稅

熱河整理蒙租簡章（民十三年五月）一卷熱河開魯縣墾務局辦理阿旗續墾章程（民十一年）一卷林西縣售放巴林墾務案一卷林西縣售放巴林左旗蒙荒簡章一卷林西縣巴林左旗墾局造送支出預算書一卷巴林右旗墾局造送支出預算書一卷　抄本　一冊

150000－0601－0002709　47828　史部/政書類/邦計之屬/貿易

榷政須知一卷　（清）彭英甲撰　清光緒三十二年（1906）蘭州官書局排印本　一冊

150000－0601－0002710　83010　史部/政書類/邦計之屬/貿易

萬國商業歷史一卷　（英國）基賓斯撰　商務印書館譯　清光緒二十九年（1903）商務印書館排印本　一冊

150000－0601－0002711　D0043　史部/政書類/邦計之屬/貿易

洮南開關商埠調查報告（民三）一卷　吳在章撰　遼源縣情形之調查一卷葫蘆島情形之調

查一卷　抄本　一冊

150000－0601－0002712　D0044　史部/政書類/邦計之屬/貿易

多倫諾爾商埠開闢之調查一卷　劉駒賓撰

赤峰商埠開闢之調查一卷　徐致善撰　抄本一冊

150000－0601－0002713　89709　史部/政書類/邦計之屬/鹽法

欽定重修兩浙鹽法志三十卷首一卷　（清）阮元撰　（清）馮培　（清）潘庭筠纂修　清同治十三年(1874)刻本　二十四冊

150000－0601－0002714　89757　史部/政書類/邦計之屬/鹽法

兩浙鹽法續纂備考十二卷　楊昌濬等纂修清同治十三年(1874)刻本　十二冊

150000－0601－0002715　89784　史部/政書類/邦計之屬/鹽法

續纂兩浙鹽法備考一卷　清光緒二十五年(1899)刻本　八冊

150000－0601－0002716　89657　史部/政書類/邦計之屬/鹽法

兩淮鹽法志五十六卷首四卷　（清）佶山修（清）單渠纂　清嘉慶十一年(1806)刻本　三十二冊

150000－0601－0002717　89792　史部/政書類/邦計之屬/鹽法

淮北票鹽續略十二卷　（清）許寶書編　清同治九年(1870)刻本　四冊

150000－0601－0002718　89776　史部/政書類/邦計之屬/鹽法

敕修河東鹽法志十二卷　清雍正五年(1727)刻本　八冊

150000－0601－0002719　89769　史部/政書類/邦計之屬/鹽法

福建鹽法志二十二卷首一卷　清刻本　七冊
　存十九卷(一至十九)

150000－0601－0002720　89733　史部/政書類/邦計之屬/鹽法

山東鹽法志二十二卷附編十卷　（清）崇福修（清）宋湘纂　清嘉慶十四年(1809)刻本二十四冊

150000－0601－0002721　89689　史部/政書類/邦計之屬/鹽法

四川鹽法志四十卷首一卷　（清）丁寶楨纂修清光緒八年(1882)刻本　二十冊

150000－0601－0002722　9856　史部/政書類/邦計之屬/鹽法

東陽隨筆一卷　（清）林慶炳輯　清光緒十一年(1885)刻本　一冊

150000－0601－0002723　9855　史部/政書類/邦計之屬/鹽法

東關紀略二卷　（清）林慶炳輯　清光緒九年(1883)刻本　一冊

150000－0601－0002724　94270　史部/政書類/邦計之屬/貨幣

內國公債庫券彙編一卷　交通銀行總管理處券務部編　清光緒十八年(1892)上海市光華印刷公司排印本　三冊

150000－0601－0002725　42698　史部/政書類/邦計之屬/救荒

欽定康濟錄四卷　（清）倪國璉撰　清同治三年(1864)刻本　三冊

150000－0601－0002726　90074　史部/政書類/邦計之屬/救荒

欽定康濟錄四卷　（清）倪國璉撰　清同治三年(1864)刻本　三冊

150000－0601－0002727　90077　史部/政書類/邦計之屬/救荒

欽定康濟錄四卷　（清）倪國璉撰　清刻本六冊

150000－0601－0002728　94175　史部/政書類/邦計之屬/救荒

荒政輯要九卷首一卷　（清）汪志伊撰　清嘉慶十一年(1806)刻本(配本)　二冊

150000－0601－0002729　48748　史部/政書類/邦計之屬/救荒

荒政輯要九卷首一卷　（清）汪志伊撰　安瀾紀要二卷　（清）徐端撰　回瀾紀要二卷（清）徐端撰　清刻本　六冊

150000－0601－0002730　90068　史部/政書類/邦計之屬/救荒

籌濟編三十二卷首一卷　（清）楊景仁撰　清光緒四年（1878）刻本　六冊

150000－0601－0002731　D0011　史部/政書類/邦計之屬/墾務

奏辦東路蒙旗墾務公司章程□□卷　（清）貽穀撰　清末活字本　一冊

150000－0601－0002732　D5354　史部/政書類/邦計之屬/墾務

奏辦東路蒙旗墾務公司章程一卷　清末活字本　一冊

150000－0601－0002733　D0027　史部/政書類/邦計之屬/墾務

貽案文件一卷　抄本　一冊

150000－0601－0002734　D0046　史部/政書類/邦計之屬/墾務

歸化城副都統文哲琿奏特參墾務大員敗壞邊局欺朦取巧據實直陳摺一卷　李靜庵抄本一冊

150000－0601－0002735　D0025　史部/政書類/邦計之屬/墾務

具呈山西候補知府陳時雋爲情願身代已革墾務大臣綏遠將軍貽穀發往新疆效力贖罪懇請據情代奏請旨事摺一卷　陳時雋撰　抄本一冊　經摺裝

150000－0601－0002736　D0028　史部/政書類/邦計之屬/墾務

蒙墾資料一卷　抄本　一冊

150000－0601－0002737　D0030　史部/政書類/邦計之屬/墾務

墾務調查局謹造呈調查雜項墾務表冊一卷抄本　一冊

150000－0601－0002738　D0031　史部/政書類/邦計之屬/墾務

墾務調查局謹造呈東路公司款項暨公積表說冊一卷　抄本　一冊

150000－0601－0002739　D0032　史部/政書類/邦計之屬/墾務

墾務調查局謹造呈調查察哈爾左右兩翼墾務各局所墾務行轄總局收支文案等處丈放地畝收支款項詳細表冊一卷　抄本　一冊

150000－0601－0002740　D0050　史部/政書類/邦計之屬/墾務

清代東北之屯墾與移民一卷　蕭一山撰　抄本　二冊

150000－0601－0002741　82180　史部/政書類/邦交之屬

乙巳年交涉要覽下篇□□卷　（清）北洋洋務局編　清末排印本　一冊　存一卷（一）

150000－0601－0002742　765181　史部/政書類/邦交之屬

乙巳年交涉要覽下篇□□卷　（清）北洋洋務局編　清末排印本　一冊　存一卷（一）

150000－0601－0002743　89958＋89994　史部/政書類/邦交之屬

約章成案彙覽甲編十卷乙編四十二卷　（清）北洋洋務局編　清光緒三十一年（1905）上海點石齋排印本　四十六冊

150000－0601－0002744　25690　史部/政書類/邦交之屬

各國約章纂要六卷附錄一卷首一卷　勞乃宣等輯　清光緒十八年（1892）上海圖書集成印書局排印本　四冊

150000－0601－0002745　23100　史部/政書類/邦交之屬

通商各國條約一卷　清末排印本　二十冊

150000－0601－0002746　47854　史部/政書類/邦交之屬

通商各國條約類編十八卷首一卷末一卷　清光緒三年（1877）畿輔通志局排印本　六冊

150000－0601－0002747　90260　史部/政書類/邦交之屬

中外條約易檢錄一卷　（清）褚蘭生編　清光緒元年(1875)排印本　三冊

150000－0601－0002748　90253　史部/政書類/邦交之屬

辛丑和約文件匯錄一卷　清光緒二十七年(1901)上海新聞報館排印本　一冊

150000－0601－0002749　47851　史部/政書類/邦交之屬

辛丑各國和約一卷附件一卷　清末刻本　一冊

150000－0601－0002750　47853　史部/政書類/邦交之屬

中日議和紀略　清末刻本　一冊

150000－0601－0002751　47852　史部/政書類/邦交之屬

與伊藤陸奧往來文件一卷　清末刻本　一冊

150000－0601－0002752　D1117　史部/政書類/邦交之屬

中俄約章會要三卷續編一卷　清末總理衙門排印本　四冊

150000－0601－0002753　8614　史部/政書類/邦交之屬

各國交涉公法論十六卷　（英國）費利摩羅巴德撰　（英國）傅蘭雅口述　（清）俞世爵筆述　清光緒二十四年(1898)江南機器製造總局排印本　十六冊

150000－0601－0002754　8630　史部/政書類/邦交之屬

各國交涉便法論一卷　（英國）費利摩羅巴德撰　（英國）傅蘭雅譯　清光緒二十四年(1898)江南機器製造總局排印本　六冊

150000－0601－0002755　664544　史部/政書類/軍政之屬/兵制

八旗通志初集二百五十卷目錄二卷　（清）鄂爾泰等修　（清）涂天相等纂　清乾隆四年(1739)內府刻本　九十六冊

150000－0601－0002756　39729　史部/政書類/軍政之屬/兵制

杭州八旗駐防營志略二十五卷　（清）張大昌輯　清光緒十九年(1893)浙江書局刻本　六冊

150000－0601－0002757　47972　史部/政書類/軍政之屬/兵制

欽定軍需則例　（清）阿桂等纂修　清刻本　四冊

150000－0601－0002758　47976　史部/政書類/軍政之屬/兵制

欽定軍需則例　（清）阿桂等纂修　清刻本　三冊　存九卷(一至九)

150000－0601－0002759　94255　史部/政書類/軍政之屬/兵制

保甲書輯要四卷　（清）徐棟撰　清同治七年(1868)江蘇書局刻本　一冊

150000－0601－0002760　20880　史部/政書類/軍政之屬/兵制

武備輯要續編一卷　清道光二十九年(1849)刻京華文華堂書坊刷印本　二冊

150000－0601－0002761　93619　史部/政書類/軍政之屬/兵制

德國陸軍考四卷　（法國）歐盟撰　吳宗濂譯　清光緒二十七年(1901)江南製造局排印本　四冊

150000－0601－0002762　93617　史部/政書類/軍政之屬/兵制

世界海軍現狀一卷　清宣統二年(1910)排印本　一冊

150000－0601－0002763　8708　史部/政書類/軍政之屬/兵制

英國水師律例四卷　（英國）德麟　（英國）極福德纂　（英國）舒高第譯　（清）鄭昌棪譯　清末江南製造總局排印本　二冊

150000－0601－0002764　20864　史部/政書類/軍政之屬/兵制

水師章程續編六卷　（英國）英國水師兵部編

（美國）林樂知譯　（清）鄭昌棪筆述　清末
刻本　四冊

150000－0601－0002765　93614　史部/政書
類/軍政之屬/兵制

德國擴充海軍條議一卷　（清）徐建寅譯　清
光緒十三年(1887)天津石印本　一冊

150000－0601－0002766　93615　史部/政書
類/軍政之屬/兵制

美國水師考一卷　（英國）巴那比　（美國）克
理撰　（英國）傅蘭雅　（清）鍾天緯譯　清末
江南製造總局排印本　一冊

150000－0601－0002767　84389　史部/政書
類/軍政之屬/江海防

中國江海險要圖志二十二卷補編五卷　（英
國）英國海軍海圖官局撰　（清）陳壽彭譯
清光緒三十三年(1907)廣雅書局石印本　十
五冊

150000－0601－0002768　9825　史部/政書
類/軍政之屬/江海防

中國江海險要圖志二十二卷補編五卷　（英
國）英國海軍海圖官局撰　（清）陳壽彭譯
清光緒二十七年(1901)經世文社石印本　十
五冊

150000－0601－0002769　93695　史部/政書
類/軍政之屬/江海防

洋防輯要二十四卷　清刻本　十九冊　存二
十三卷(一至十、十二至二十四)

150000－0601－0002770　48551　史部/政書
類/軍政之屬/江海防

防海輯要十八卷首一卷約言一卷　（清）俞昌
會撰　清光緒十一年(1885)星沙明遠書局刻
本　十冊

150000－0601－0002771　93851　史部/政書
類/軍政之屬/江海防

籌海初集四卷　（清）關天培撰　清道光十六
年(1836)刻本　八冊

150000－0601－0002772　D0774　史部/政書
類/軍政之屬/邊政

邊事彙鈔十二卷續鈔八卷　（清）朱克敬編輯
清光緒六年(1880)長沙刻本　八冊

150000－0601－0002773　82393　史部/政書
類/軍政之屬/邊政

邊事續鈔八卷　（清）朱克敬編輯　清光緒六
年(1880)長沙刻本　四冊

150000－0601－0002774　D0782　史部/政書
類/軍政之屬/邊政

歷代籌邊略八十四卷目錄類編三卷　（清）陳
麟閣輯注　清光緒二十三年(1897)四川廣安
學署刻本　三十七冊　存七十五卷(一至四
十四、五十四至八十四)

150000－0601－0002775　D0708　史部/政書
類/軍政之屬/邊政

皇朝藩部要略十八卷　（清）祁韻士纂　**皇朝
藩部世系表四卷**　（清）祁韻士纂　清道光二
十六年(1846)筠淥山房刻本　八冊

150000－0601－0002776　81335　史部/政書
類/軍政之屬/邊政

皇朝藩部要略十八卷　（清）祁韻士纂　**皇朝
藩部世系表四卷**　（清）祁韻士纂　清道光二
十六年(1846)筠淥山房刻本　八冊

150000－0601－0002777　D0700　史部/政書
類/軍政之屬/邊政

皇朝藩部要略十八卷　（清）祁韻士纂　**皇朝
藩部世系表四卷**　（清）祁韻士纂　清光緒十
年(1884)浙江書局刻本　八冊

150000－0601－0002778　19782　史部/政書
類/軍政之屬/邊政

皇朝藩部要略十八卷　（清）祁韻士纂　**皇朝
藩部世系表四卷**　（清）祁韻士纂　清光緒十
年(1884)浙江書局刻本　八冊

150000－0601－0002779　170335　史部/政
書類/軍政之屬/邊政

皇朝藩部要略十八卷　（清）祁韻士纂　**皇朝
藩部世系表四卷**　（清）祁韻士纂　清光緒十
年(1884)浙江書局刻本　八冊

150000－0601－0002780　84683　史部/政書

類/軍政之屬/邊政

集思廣益編□□卷　清刻本　一冊　存二卷
(一至二)

150000－0601－0002781　D1815　史部/政書
類/軍政之屬/邊政

秦邊紀略五卷附錄一卷　抄本　五冊

150000－0601－0002782　48071　史部/政書
類/軍政之屬/邊政

帕米爾圖說一卷　(清)許景澄撰　帕米爾輯
略一卷　(清)胡祥鑅撰　澳大利亞洲志譯本
一卷　沈恩孚輯　清光緒二十三年(1897)漸
學廬石印漸學廬叢書本　一冊

150000－0601－0002783　22666　史部/政書
類/軍政之屬/邊政

欽定回疆則例八卷首一卷　(清)賽尚阿等纂
修　清光緒三十四年(1908)排印本　三冊

150000－0601－0002784　22669　史部/政書
類/軍政之屬/邊政

欽定回疆則例八卷首一卷　(清)賽尚阿等纂
修　清光緒三十四年(1908)排印本　三冊

150000－0601－0002785　22672　史部/政書
類/軍政之屬/邊政

欽定回疆則例八卷首一卷　(清)賽尚阿等纂
修　清光緒三十四年(1908)排印本　三冊

150000－0601－0002786　22675　史部/政書
類/軍政之屬/邊政

欽定回疆則例八卷首一卷　(清)賽尚阿等纂
修　清光緒三十四年(1908)排印本　三冊

150000－0601－0002787　22678　史部/政書
類/軍政之屬/邊政

欽定回疆則例八卷首一卷　(清)賽尚阿等纂
修　清光緒三十四年(1908)排印本　三冊

150000－0601－0002788　22681　史部/政書
類/軍政之屬/邊政

欽定回疆則例八卷首一卷　(清)賽尚阿等纂
修　清光緒三十四年(1908)排印本　三冊

150000－0601－0002789　22684　史部/政書

類/軍政之屬/邊政

欽定回疆則例八卷首一卷　(清)賽尚阿等
纂修　清光緒三十四年(1908)排印本
三冊

150000－0601－0002790　89891　史部/政書
類/軍政之屬/邊政

欽定回疆則例八卷首一卷　(清)賽尚阿等纂
修　清光緒三十四年(1908)排印本　三冊

150000－0601－0002791　89894　史部/政書
類/軍政之屬/邊政

欽定回疆則例八卷首一卷　(清)賽尚阿等纂
修　清光緒三十四年(1908)排印本　二冊
存八卷(一至八)

150000－0601－0002792　D2268　史部/政書
類/軍政之屬/邊政

朔方備乘六十八卷首十二卷　(清)何秋濤撰
　清光緒七年(1881)刻本　二十四冊

150000－0601－0002793　47222　史部/政書
類/軍政之屬/邊政

朔方備乘六十八卷首十二卷　(清)何秋濤撰
　清光緒七年(1881)刻本　二十六冊

150000－0601－0002794　D2300　史部/政書
類/軍政之屬/邊政

朔方備乘札記一卷　(清)李文田撰　清光緒
二十一年(1895)刻靈鶼閣叢書本　一冊

150000－0601－0002795　D2301　史部/政書
類/軍政之屬/邊政

朔方備乘札記一卷　(清)李文田撰　清光緒
二十一年(1895)刻靈鶼閣叢書本　一冊

150000－0601－0002796　D0285　史部/政書
類/軍政之屬/邊政

籌蒙芻議二卷　(清)姚錫光撰　清光緒三十
四年(1908)京師寓齋石印本　二冊

150000－0601－0002797　D1101　史部/政書
類/軍政之屬/邊政

籌蒙芻議二卷　(清)姚錫光撰　清光緒三十
四年(1908)京師寓齋石印本　二冊

150000－0601－0002798　D0686　史部/政書類/軍政之屬/邊政

中俄界記上編一卷下編一卷首編一卷　鄒代鈞撰　曾寅校訂補圖　清宣統三年（1911）湖北武昌亞新地學社排印本　一冊

150000－0601－0002799　D1115　史部/政書類/軍政之屬/邊政

中俄界記上編一卷下編一卷首編一卷　鄒代鈞撰　曾寅校訂補圖　清宣統三年（1911）湖北武昌亞新地學社排印本　二冊

150000－0601－0002800　82587　史部/政書類/軍政之屬/邊政

中俄界記上編一卷下編一卷首編一卷　鄒代鈞撰　曾寅校訂補圖　清宣統三年（1911）湖北武昌亞新地學社排印本　二冊

150000－0601－0002801　D0687　史部/政書類/軍政之屬/邊政

中俄界約斟注七卷首一卷　錢恂撰　清光緒二十年（1894）刻本　一冊

150000－0601－0002802　94037　史部/政書類/刑法之屬/刑律

臨民要略　（清）葛元煦輯　清光緒六年（1880）仁和葛氏刻嘯園叢書本　四冊

150000－0601－0002803　25695　史部/政書類/刑法之屬/刑律

故唐律疏議三十卷　（唐）長孫無忌等撰　**律音義一卷**　（宋）孫奭撰　**宋提刑洗冤集錄五卷**　（宋）宋慈撰　**聖朝頒降新例一卷**　清光緒十七年（1891）刻本　八冊

150000－0601－0002804　94068　史部/政書類/刑法之屬/刑律

律音義一卷　（宋）孫奭撰　清咸豐十一年（1861）刻本　一冊

150000－0601－0002805　90006　史部/政書類/刑法之屬/刑律

[奏定刑律]一卷　清末排印本　一冊

150000－0601－0002806　90008　史部/政書類/刑法之屬/刑律

删除律例一卷　清光緒三十一年（1905）刻本　一冊

150000－0601－0002807　90004　史部/政書類/刑法之屬/刑律

大清刑律草案二編　清光緒三十三年至三十四年（1907－1908）浙江官書局刻本　二冊

150000－0601－0002808　90020　史部/政書類/刑法之屬/刑律

大清律纂修條例五卷　清道光二年（1822）刻本　五冊

150000－0601－0002809　89807　史部/政書類/刑法之屬/刑律

大清律例彙輯便覽四十卷督捕則例附纂二卷五軍道里表一卷三流道里表一卷　清光緒二十九年（1903）京都刻本　三十二冊

150000－0601－0002810　89896　史部/政書類/刑法之屬/刑律

大清律例增修統纂集成四十卷　（清）陶駿（清）陶念霖增修　**督捕則例附纂二卷**　（清）陶駿　（清）陶念霖增修　清光緒二十年（1894）刻本　二十四冊

150000－0601－0002811　90009　史部/政書類/刑法之屬/刑律

名法指掌新纂四卷　（清）黃魯溪撰　清同治五年（1866）刻本　四冊

150000－0601－0002812　10443　史部/政書類/刑法之屬/刑律

比照加減一卷續增兩歧比照加減一卷　清抄本　三十八冊

150000－0601－0002813　48025　史部/政書類/刑法之屬/刑律

律例便覽八卷　（清）蔡逢年撰　**處分則例圖要六卷**　（清）蔡逢年撰　清刻同治八年（1869）增修本　六冊

150000－0601－0002814　94035　史部/政書類/刑法之屬/刑律

大清律七言集成二卷　（清）程熙春撰　清光緒四年（1878）刻本　二冊

150000－0601－0002815　94065　史部/政書類/刑法之屬/刑律

讀律心得三卷　（清）劉衡撰　**蜀僚問答二卷**　（清）劉衡撰　清同治七年(1868)楚北崇文書局刻本　一冊

150000－0601－0002816　94064　史部/政書類/刑法之屬/刑律

讀律心得一卷　（清）劉衡撰　清光緒六年(1880)戴杰刻本　一冊

150000－0601－0002817　89920　史部/政書類/刑法之屬/刑律

讀例存疑五十四卷　（清）薛允升撰　清光緒三十一年(1905)京師刻本　三十八冊　存五十卷(一至十四、十八至二十六、二十八至五十四)

150000－0601－0002818　90026　史部/政書類/刑法之屬/刑律

三流道里表一卷　清同治十一年(1872)湖北讞局刻本　二冊

150000－0601－0002819　94003　史部/政書類/刑法之屬/刑律

審辦上控自理各案章程一卷　清刻本　一冊

150000－0601－0002820　94006　史部/政書類/刑法之屬/刑律

提牢備考四卷　（清）趙舒翹撰　清光緒十一年(1885)刻本　二冊

150000－0601－0002821　129149　史部/政書類/刑法之屬/刑律

軍臺議一卷官司出入人罪唐明律比較說一卷再醮婦主婚人說一卷現行刑律五刑議一卷　清末修訂法律館排印本　一冊

150000－0601－0002822　93957　史部/政書類/刑法之屬/檢驗

補注洗冤錄集證四卷　（清）王又槐輯　（清）阮其新補注　清道光二十三年(1843)鍾淮刻三色套印本　二冊

150000－0601－0002823　93959　史部/政書類/刑法之屬/檢驗

補注洗冤錄集證四卷　（清）王又槐輯　（清）阮其新補注　清道光二十三年(1843)鍾淮刻三色套印本　三冊

150000－0601－0002824　93952　史部/政書類/刑法之屬/檢驗

重刊補注洗冤錄集證六卷　（清）王又槐輯（清）李觀瀾補輯　（清）阮其新補注　清道光二十四年(1844)刻三色套印本　五冊

150000－0601－0002825　90014　史部/政書類/刑法之屬/檢驗

重刊補注洗冤錄集證五卷　（清）王又槐輯（清）李觀瀾補輯　（清）阮其新補注　清同治四年(1865)刻四色套印本　六冊

150000－0601－0002826　90013　史部/政書類/刑法之屬/檢驗

洗冤錄解一卷　（清）姚德豫撰　清道光十一年(1831)刻映雪樓叢鈔本　一冊

150000－0601－0002827　93962　史部/政書類/刑法之屬/檢驗

洗冤錄解一卷　（清）姚德豫撰　清同治九年(1870)孫熹刻本　一冊

150000－0601－0002828　93965　史部/政書類/刑法之屬/檢驗

洗冤錄詳義四卷首一卷　（清）許槤編校　清光緒十二年(1886)刻本　四冊

150000－0601－0002829　93964　史部/政書類/刑法之屬/檢驗

洗冤錄撫遺二卷　（清）葛元煦撰　清光緒二年(1876)刻本　一冊

150000－0601－0002830　93963　史部/政書類/刑法之屬/檢驗

洗冤錄撫遺二卷　（清）葛元煦撰　清刻本　一冊

150000－0601－0002831　93951　史部/政書類/刑法之屬/檢驗

部定驗屍圖格一卷　清末浙江官紙刷印局石印本　一冊

150000－0601－0002832　97476　史部/政書類/刑法之屬/檢驗

檢驗集證一卷　（清）郎錦騏撰　**檢驗合參一卷**　（清）郎錦騏撰　清道光十六年（1836）古北平羅煜、羅炤刻本　二冊

150000－0601－0002833　94069　史部/政書類/刑法之屬/治獄

律法須知二卷　（清）呂芝田撰　清光緒十三年（1887）廣州刻本　二冊

150000－0601－0002834　94004　史部/政書類/刑法之屬/治獄

折獄龜鑑八卷首一卷　（宋）鄭克撰　（清）趙時棻續纂　清光緒八年（1882）刻本　二冊

150000－0601－0002835　93972　史部/政書類/刑法之屬/治獄

棠陰比事一卷　（宋）桂萬榮撰　清道光二十九年（1849）上元朱氏影刻本　一冊

150000－0601－0002836　93971　史部/政書類/刑法之屬/治獄

棠陰比事一卷　（宋）桂萬榮撰　清同治六年（1867）木樨山房活字本　一冊

150000－0601－0002837　94061　史部/政書類/刑法之屬/治獄

鹿洲公案二卷　（清）藍鼎元撰　清刻鹿洲全集本　二冊

150000－0601－0002838　48710　史部/政書類/刑法之屬/判牘

駁案成編一卷　（清）洪彬纂輯　清乾隆三十二年（1767）刻本　八冊

150000－0601－0002839　48673　史部/政書類/刑法之屬/判牘

駁案新編三十二卷續編七卷　（清）全士潮等纂輯　清刻本　三十冊

150000－0601－0002840　48593　史部/政書類/刑法之屬/判牘

刑案匯覽六十卷首一卷末一卷拾遺備考一卷　清道光十四年（1834）刻本　六十四冊

150000－0601－0002841　41786　史部/政書類/刑法之屬/判牘

刑案匯覽六十卷首一卷末一卷拾遺備考一卷　清末上海圖書集成局排印本　二十八冊

150000－0601－0002842　41814　史部/政書類/刑法之屬/判牘

新增刑案匯覽十六卷首一卷　清末上海圖書集成局排印本　四冊

150000－0601－0002843　48657　史部/政書類/刑法之屬/判牘

續增刑案匯覽十六卷　清道光二十年（1840）刻本　十六冊

150000－0601－0002844　41818　史部/政書類/刑法之屬/判牘

續增刑案匯覽十六卷　清末上海圖書集成局排印本　八冊

150000－0601－0002845　39925　史部/政書類/刑法之屬/判牘

樊山政書二十卷　樊增祥撰　清宣統二年（1910）政學社石印本　十冊

150000－0601－0002846　94247　史部/政書類/刑法之屬/法律

歐美政治要義十八章　（清）戴鴻慈　（清）端方撰　清光緒三十四年（1908）上海商務印書館石印本　四冊

150000－0601－0002847　47984　史部/政書類/刑法之屬/法律

萬國憲法比較一卷　（日本）辰巳小二郎撰　（清）戢翼翬譯　清光緒二十八年（1902）排印本　一冊

150000－0601－0002848　94000　史部/政書類/刑法之屬/法律

比較國法學一卷　（日本）末岡精一撰　商務印書館編譯所譯　清光緒三十二年（1906）上海商務印書館排印本　一冊

150000－0601－0002849　93992　史部/政書類/刑法之屬/法律

憲法古義三卷　（清）衛石生撰　清光緒三十

一年(1905)通州翰墨林書局排印本　一冊

150000－0601－0002850　8695　史部/政書類/刑法之屬/法律

美國憲法纂釋二十一卷　（美國）海麗生撰（英國）舒高第口譯　（清）鄭昌棪筆述　**美國憲法一卷美國續增憲法一卷**　清光緒三十三年(1907)江南製造局刻本　二冊

150000－0601－0002851　47986　史部/政書類/刑法之屬/法律

日本憲政略論一卷　（日本）金子堅太郎撰　清末政治官報局排印本　一冊

150000－0601－0002852　93996　史部/政書類/刑法之屬/法律

日本帝國憲法義解一卷　（日本）伊藤博文撰　清光緒二十七年(1901)排印本　一冊

150000－0601－0002853　93997　史部/政書類/刑法之屬/法律

日本帝國憲法義解一卷　（日本）伊藤博文撰　清光緒三十一年(1905)商務印書館排印本　一冊

150000－0601－0002854　47987　史部/政書類/刑法之屬/法律

日本憲法疏證四卷　清光緒三十四年(1908)政府官報局排印本　二冊

150000－0601－0002855　47989　史部/政書類/刑法之屬/法律

日本憲法說明書一卷　（日本）穗積八束撰　清光緒三十三年(1907)政府官報局排印本　一冊

150000－0601－0002856　93990　史部/政書類/刑法之屬/法律

憲政編查館會奏遵議憲法大綱暨議院選舉各法并逐年籌備事宜摺一卷　清末排印本　一冊

150000－0601－0002857　93991　史部/政書類/刑法之屬/法律

憲政編查館會奏各省諮議局章程及案語并議員選舉章程摺單一卷　清末排印本　一冊

150000－0601－0002858　93915　史部/政書類/刑法之屬/法律

新刑律修正案彙錄一卷　清宣統二年(1910)京師京華印書局排印本　一冊

150000－0601－0002859　93916　史部/政書類/刑法之屬/法律

現行刑律簡明圖說一卷　清宣統三年(1911)排印本　一冊

150000－0601－0002860　94031　史部/政書類/刑法之屬/法律

萬國公法四卷　（美國）丁韙良譯　清同治三年(1864)刻本　四冊

150000－0601－0002861　93973　史部/政書類/刑法之屬/法律

萬國公法要略四卷　（英國）勞麟賜撰　（美國）林樂知譯　蔡爾康達辭　清光緒二十九年(1903)商務印書館排印本　一冊

150000－0601－0002862　94025　史部/政書類/刑法之屬/法律

公使便覽四卷續一卷　（美國）丁韙良譯　清光緒三年(1877)排印本　六冊

150000－0601－0002863　47990　史部/政書類/刑法之屬/法律

非常國際法論一卷　（日本）花井卓藏撰　（清）黃皋瑞譯　清光緒三十年(1904)北京官書局排印本　一冊

150000－0601－0002864　90169　史部/政書類/刑法之屬/法律

日本法規大全二十五類　南洋公學譯書院初譯　商務印書館編譯所補譯校訂　**日本法規大全解字一卷**　錢恂　董鴻禕編　清光緒三十三年(1907)上海商務印書館排印本　八十一冊

150000－0601－0002865　94310　史部/政書類/考工之屬/營造

工程致富論略十三卷首一卷附圖一卷　（英國）瑪體生撰　（英國）傅蘭雅　（清）鍾天緯譯　清末排印本　八冊

150000－0601－0002866　90300　史部/政書類/考工之屬/營造

工程做法則例七十四卷　（清）允禮等纂修　清刻本　二十冊

150000－0601－0002867　82749　史部/政書類/考工之屬/雜志

船政奏議彙編五十四卷　清光緒十四年（1888）本衙刻本　二十二冊

150000－0601－0002868　47836　史部/政書類/考工之屬/雜志

中國電報新編一卷　清末排印本　一冊

150000－0601－0002869　47837　史部/政書類/考工之屬/雜志

中國電報新編一卷　清末排印本　一冊

150000－0601－0002870　48063　史部/政書類/考工之屬/雜志

各國鐵路圖考四卷　（清）劉啓彤譯　清光緒二十四年（1898）上海書局石印本　八冊

150000－0601－0002871　82733　史部/政書類/掌故瑣記之屬

獨斷二卷　（漢）蔡邕撰　清乾隆五十五年（1790）刻本　一冊

150000－0601－0002872　89493　史部/政書類/掌故瑣記之屬

文昌雜錄六卷補遺一卷　（宋）龐元英撰　清乾隆二十一年（1756）雅雨堂刻本　一冊

150000－0601－0002873　128496　史部/政書類/掌故瑣記之屬

燕翼貽謀錄五卷　（宋）王栐撰　清照曠閣刻本　一冊　存二卷(一至二)

150000－0601－0002874　89455　史部/政書類/掌故瑣記之屬

朝野類要五卷　（宋）趙升撰　清刻知不足齋叢書本(武英殿聚珍版原本)　一冊

150000－0601－0002875　D2418　史部/政書類/掌故瑣記之屬

玉堂嘉話八卷　（元）王惲撰　清刻守山閣叢書本　一冊

150000－0601－0002876　D2392　史部/政書類/掌故瑣記之屬

恩福堂筆記二卷　（清）英和撰　清道光十七年（1837）刻本　一冊

150000－0601－0002877　D2394　史部/政書類/掌故瑣記之屬

恩福堂筆記二卷　（清）英和撰　清道光十七年（1837）刻本　一冊

150000－0601－0002878　103069　史部/政書類/掌故瑣記之屬

行素齋雜記二卷　（清）李佳繼昌撰　清光緒二十七年（1901）湖南臬署刻本　二冊

150000－0601－0002879　39284　史部/政書類/郡邑之屬

福惠全書三十二卷　（清）黃六鴻撰　清康熙三十三年（1694）刻本　十二冊

150000－0601－0002880　47717　史部/政書類/郡邑之屬

福惠全書三十二卷　（清）黃六鴻撰　清康熙三十三年（1694）刻本　十二冊

150000－0601－0002881　47820　史部/政書類/郡邑之屬

錢穀備要十卷　（清）王又槐撰　清嘉慶十九年（1814）刻本　八冊

150000－0601－0002882　90056　史部/政書類/郡邑之屬

錢穀備要十卷　（清）王又槐撰　清嘉慶十九年（1814）刻本　八冊

150000－0601－0002883　47800　史部/政書類/郡邑之屬

刑錢必覽十卷　（清）王又槐撰　清乾隆五十八年（1793）刻本　四冊

150000－0601－0002884　48031　史部/政書類/郡邑之屬

增訂刑錢指掌四卷　（清）沈莘田撰　清乾隆九年（1744）京都榮錦堂刻本　四冊

150000－0601－0002885　78098　史部/政書類/郡邑之屬

安順書牘摘抄三卷　（清）易佩紳撰　貴東書牘節鈔四卷　（清）易佩紳撰　清光緒四年(1878)刻本　二冊

150000－0601－0002886　78170　史部/政書類/郡邑之屬

雅州公牘一卷　（清）黃雲鵠撰　清光緒十二年(1886)刻本　一冊

150000－0601－0002887　78160　史部/政書類/郡邑之屬

柳州文牘二卷　楊道霖撰　清宣統二年(1910)排印本　一冊

150000－0601－0002888　94059　史部/政書類/郡邑之屬

出山草譜八卷　（清）湯肇熙撰　清光緒十年(1884)昆陽縣署刻本　二冊　殘

150000－0601－0002889　114758　史部/政書類/郡邑之屬

出山草譜八卷　（清）湯肇熙撰　清光緒十年(1884)昆陽縣署刻本　六冊

150000－0601－0002890　129020　史部/政書類/郡邑之屬

浙游續識一卷　（清）梅啓照撰　清末刻本　一冊

150000－0601－0002891　94057　史部/政書類/郡邑之屬

南屏贅語八卷　（清）董沛撰　清光緒十二年(1886)刻本　二冊

150000－0601－0002892　84536　史部/政書類/郡邑之屬

桐溪紀略一卷　（清）戴槃撰　清同治七年(1868)刻本　一冊

150000－0601－0002893　102368　史部/政書類/郡邑之屬

宦游紀實二卷　（清）周樂撰　清光緒二十三年(1897)刻本　二冊

150000－0601－0002894　102371　史部/政書類/郡邑之屬

宦游紀略二卷　高廷瑤撰　清光緒九年(1883)資中官廨刻本　一冊

150000－0601－0002895　102372　史部/政書類/郡邑之屬

宦游紀略二卷　高廷瑤撰　清光緒九年(1883)資中官廨刻本　一冊

150000－0601－0002896　94066　史部/政書類/郡邑之屬

求牧芻言八卷　（清）阮本焱撰　清光緒十三年(1887)刻本　二冊

150000－0601－0002897　90160　史部/政書類/郡邑之屬

天津自治局文件錄要一卷　清末排印本　一冊

150000－0601－0002898　90162　史部/政書類/郡邑之屬

甘肅諮議局第二屆報告書一卷　清末排印本　一冊

150000－0601－0002899　90156　史部/政書類/郡邑之屬

山東諮議局籌辦處第一次報告書一卷　清末排印本　一冊

150000－0601－0002900　77539　史部/政書類/詔令之屬

大清太祖承天廣運聖德神功肇紀立極仁孝睿武端毅欽安弘文定業高皇帝聖訓四卷　清乾隆四年(1739)刻本　四冊

150000－0601－0002901　46127　史部/政書類/詔令之屬

大清太祖承天廣運聖德神功肇紀立極仁孝睿武端毅欽安弘文定業高皇帝聖訓四卷　清刻本　二冊

150000－0601－0002902　47424　史部/政書類/詔令之屬

大清太祖承天廣運聖德神功肇紀立極仁孝睿武端毅欽安弘文定業高皇帝聖訓四卷　清末

石印本　一冊

150000－0601－0002903　136741　史部/政
書類/詔令之屬

**大清太祖承天廣運聖德神功肇紀立極仁孝睿
武端毅欽安弘文定業高皇帝聖訓四卷**　清排
印本　四冊

150000－0601－0002904　136751　史部/政
書類/詔令之屬

**大清太祖承天廣運聖德神功肇紀立極仁孝睿
武端毅欽安弘文定業高皇帝聖訓四卷**　清排
印本　四冊

150000－0601－0002905　77007　史部/政書
類/詔令之屬

**大清太祖承天廣運聖德神功肇紀立極仁孝睿
武端毅欽安弘文定業高皇帝聖訓四卷**　清排
印本　一冊

150000－0601－0002906　46129　史部/政書
類/詔令之屬

**大清太宗應天興國弘德彰武寬溫仁聖睿孝敬
敏昭定隆道顯功文皇帝聖訓六卷**　清刻本
三冊

150000－0601－0002907　47425　史部/政書
類/詔令之屬

**大清太宗應天興國弘德彰武寬溫仁聖睿孝敬
敏昭定隆道顯功文皇帝聖訓六卷**　清末石印
本　一冊

150000－0601－0002908　136745　史部/政
書類/詔令之屬

**大清太宗應天興國弘德彰武寬溫仁聖睿孝敬
敏昭定隆道顯功文皇帝聖訓六卷**　清排印本
六冊

150000－0601－0002909　136755　史部/政
書類/詔令之屬

**大清太宗應天興國弘德彰武寬溫仁聖睿孝敬
敏昭定隆道顯功文皇帝聖訓六卷**　清排印本
六冊

150000－0601－0002910　77008　史部/政書
類/詔令之屬

**大清太宗應天興國弘德彰武寬溫仁聖睿孝敬
敏昭定隆道顯功文皇帝聖訓六卷**　清排印本
二冊　存四卷(一至四)

150000－0601－0002911　77543　史部/政書
類/詔令之屬

**大清世祖體天隆運定統建極英睿欽文顯武大
德弘功至仁純孝章皇帝聖訓六卷**　清乾隆四
年(1739)刻本　六冊

150000－0601－0002912　46132　史部/政書
類/詔令之屬

**大清世祖體天隆運定統建極英睿欽文顯武大
德弘功至仁純孝章皇帝聖訓六卷**　清刻本
三冊

150000－0601－0002913　47426　史部/政書
類/詔令之屬

**大清世祖體天隆運定統建極英睿欽文顯武大
德弘功至仁純孝章皇帝聖訓六卷**　清末石印
本　一冊

150000－0601－0002914　136761　史部/政
書類/詔令之屬

**大清世祖體天隆運定統建極英睿欽文顯武大
德弘功至仁純孝章皇帝聖訓六卷**　清排印本
六冊

150000－0601－0002915　136767　史部/政
書類/詔令之屬

**大清世祖體天隆運定統建極英睿欽文顯武大
德弘功至仁純孝章皇帝聖訓六卷**　清排印本
六冊

150000－0601－0002916　77010　史部/政書
類/詔令之屬

**大清世祖體天隆運定統建極英睿欽文顯武大
德弘功至仁純孝章皇帝聖訓六卷**　清排印本
一冊　存二卷(三至四)

150000－0601－0002917　46135　史部/政書
類/詔令之屬

**大清聖祖合天弘運文武睿哲恭儉寬裕孝敬誠
信中和功德大成仁皇帝聖訓六十卷**　清刻本
十二冊

150000 – 0601 – 0002918　47427　史部/政書
類/詔令之屬

大清聖祖合天弘運文武睿哲恭儉寬裕孝敬誠
信中和功德大成仁皇帝聖訓六十卷　清末石
印本　六冊

150000 – 0601 – 0002919　137133　史部/政
書類/詔令之屬

大清聖祖合天弘運文武睿哲恭儉寬裕孝敬誠
信中和功德大成仁皇帝聖訓六十卷　清排印
本　二十四冊

150000 – 0601 – 0002920　137157　史部/政
書類/詔令之屬

大清聖祖合天弘運文武睿哲恭儉寬裕孝敬誠
信中和功德大成仁皇帝聖訓六十卷　清排印
本　二十四冊

150000 – 0601 – 0002921　77011　史部/政書
類/詔令之屬

大清聖祖合天弘運文武睿哲恭儉寬裕孝敬誠
信中和功德大成仁皇帝聖訓六十卷　清排印
本　十二冊

150000 – 0601 – 0002922　46147　史部/政書
類/詔令之屬

大清世宗敬天昌運建中表正文武英明寬仁信
毅大孝至誠憲皇帝聖訓三十六卷　清刻本
十冊

150000 – 0601 – 0002923　47433　史部/政書
類/詔令之屬

大清世宗敬天昌運建中表正文武英明寬仁信
毅大孝至誠憲皇帝聖訓三十六卷　清末石印
本　三冊

150000 – 0601 – 0002924　136773　史部/政
書類/詔令之屬

大清世宗敬天昌運建中表正文武英明寬仁信
毅大孝至誠憲皇帝聖訓三十六卷　清末排印
本　二十冊

150000 – 0601 – 0002925　136793　史部/政
書類/詔令之屬

大清世宗敬天昌運建中表正文武英明寬仁信

毅大孝至誠憲皇帝聖訓三十六卷　清末排印
本　二十冊

150000 – 0601 – 0002926　77023　史部/政書
類/詔令之屬

大清世宗敬天昌運建中表正文武英明寬仁信
毅大孝至誠憲皇帝聖訓三十六卷　清末排印
本　十冊

150000 – 0601 – 0002927　46157　史部/政書
類/詔令之屬

大清高宗法天隆運至誠先覺體元立極敷文奮
武孝慈神聖純皇帝聖訓三百卷　清刻本　七
十二冊

150000 – 0601 – 0002928　47436　史部/政書
類/詔令之屬

大清高宗法天隆運至誠先覺體元立極敷文奮
武孝慈神聖純皇帝聖訓三百卷　清末石印本
三十冊

150000 – 0601 – 0002929　136813　史部/政
書類/詔令之屬

大清高宗法天隆運至誠先覺體元立極敷文奮
武孝慈神聖純皇帝聖訓三百卷　清末排印本
一百六十冊

150000 – 0601 – 0002930　136973　史部/政
書類/詔令之屬

大清高宗法天隆運至誠先覺體元立極敷文奮
武孝慈神聖純皇帝聖訓三百卷　清末排印本
一百六十冊

150000 – 0601 – 0002931　77033　史部/政書
類/詔令之屬

大清高宗法天隆運至誠先覺體元立極敷文奮
武孝慈神聖純皇帝聖訓三百卷　清末排印本
六十三冊　存二百六十卷(一至五十一、九
十二至三百)

150000 – 0601 – 0002932　46229　史部/政書
類/詔令之屬

大清仁宗受天興運敷化綏猷崇文經武孝恭勤
儉端敏英哲睿皇帝聖訓一百十卷　清刻本
四十冊

150000－0601－0002933　47466　史部/政書類/詔令之屬

大清仁宗受天興運敷化綏猷崇文經武孝恭勤儉端敏英哲睿皇帝聖訓一百十卷　清末石印本　十四冊

150000－0601－0002934　137181　史部/政書類/詔令之屬

大清仁宗受天興運敷化綏猷崇文經武孝恭勤儉端敏英哲睿皇帝聖訓一百十卷　清末排印本　八十冊

150000－0601－0002935　137261　史部/政書類/詔令之屬

大清仁宗受天興運敷化綏猷崇文經武孝恭勤儉端敏英哲睿皇帝聖訓一百十卷　清末排印本　八十冊

150000－0601－0002936　77096　史部/政書類/詔令之屬

大清仁宗受天興運敷化綏猷崇文經武孝恭勤儉端敏英哲睿皇帝聖訓一百十卷　清末排印本　四十冊

150000－0601－0002937　46269　史部/政書類/詔令之屬

大清宣宗效天符運立中體正至文聖武智勇仁慈儉勤孝敏成皇帝聖訓一百三十卷　清刻本　三十六冊

150000－0601－0002938　47480　史部/政書類/詔令之屬

大清宣宗效天符運立中體正至文聖武智勇仁慈儉勤孝敏成皇帝聖訓一百三十卷　清末石印本　十八冊

150000－0601－0002939　137341　史部/政書類/詔令之屬

大清宣宗效天符運立中體正至文聖武智勇仁慈儉勤孝敏成皇帝聖訓一百三十卷　清末排印本　一百冊

150000－0601－0002940　137441　史部/政書類/詔令之屬

大清宣宗效天符運立中體正至文聖武智勇仁

慈儉勤孝敏成皇帝聖訓一百三十卷　清末排印本　一百冊

150000－0601－0002941　77136　史部/政書類/詔令之屬

大清宣宗效天符運立中體正至文聖武智勇仁慈儉勤孝敏成皇帝聖訓一百三十卷　清末排印本　四十八冊

150000－0601－0002942　46353　史部/政書類/詔令之屬

大清文宗協天翊運執中垂謨懋德振武聖孝淵恭端仁寬敏顯皇帝聖訓一百十卷　清刻本　二十四冊

150000－0601－0002943　47498　史部/政書類/詔令之屬

大清文宗協天翊運執中垂謨懋德振武聖孝淵恭端仁寬敏顯皇帝聖訓一百十卷　清末石印本　十冊

150000－0601－0002944　137541　史部/政書類/詔令之屬

大清文宗協天翊運執中垂謨懋德振武聖孝淵恭端仁寬敏顯皇帝聖訓一百十卷　清末排印本　四十八冊

150000－0601－0002945　137589　史部/政書類/詔令之屬

大清文宗協天翊運執中垂謨懋德振武聖孝淵恭端仁寬敏顯皇帝聖訓一百十卷　清末排印本　四十八冊

150000－0601－0002946　46305　史部/政書類/詔令之屬

大清穆宗繼天開運受中居正保大定功聖智誠孝信敏恭寬毅皇帝聖訓一百六十卷　清刻本　四十八冊

150000－0601－0002947　47508　史部/政書類/詔令之屬

大清穆宗繼天開運受中居正保大定功聖智誠孝信敏恭寬毅皇帝聖訓一百六十卷　清末石印本　十六冊

150000－0601－0002948　767514　史部/政

書類/詔令之屬

朱批諭旨一卷　清刻朱墨套印本　　六冊

150000－0601－0002949　77204　史部/政書類/詔令之屬

朱批諭旨一卷　清刻朱墨套印本　一百十二冊

150000－0601－0002950　77316　史部/政書類/詔令之屬

朱批諭旨一卷　清活字朱墨套印本　一百十一冊

150000－0601－0002951　135029　史部/政書類/詔令之屬

朱批諭旨一卷　清活字朱墨套印本　一百十二冊

150000－0601－0002952　77427　史部/政書類/詔令之屬

憲廟朱批諭旨一卷　清光緒十三年（1887）上海廣百宋齋排印朱墨套印本　五十六冊

150000－0601－0002953　46379　史部/政書類/詔令之屬

上諭內閣一卷　（清）允祥等編　清刻本　十五冊

150000－0601－0002954　42365　史部/政書類/詔令之屬

世宗憲皇帝諭旨一卷　（清）允祥等編　清光緒二十一年（1895）浙江書局刻本　三十二冊

150000－0601－0002955　46394　史部/政書類/詔令之屬

上諭八旗[康熙六十一年至雍正十年]一卷　（清）允祿等編　清刻本　九冊

150000－0601－0002956　77525　史部/政書類/詔令之屬

上諭八旗[康熙六十一年至雍正十三年]不分卷　清刻本　九冊　缺雍正七年

150000－0601－0002957　55385　史部/政書類/詔令之屬

[雍正元年至十三年]諭行旗務奏議一卷　清刻本　十三冊

150000－0601－0002958　77534　史部/政書類/詔令之屬

[雍正元年至十三年]諭行旗務奏議一卷　清刻本　五冊

150000－0601－0002959　137799　史部/政書類/詔令之屬

上諭[咸豐三年正月]附疏議條款一卷　清末刻本　一冊

150000－0601－0002960　137800　史部/政書類/詔令之屬

上諭[咸豐三年正月]附疏議條款一卷　清末刻本　一冊

150000－0601－0002961　108650　史部/政書類/詔令之屬

內閣撰擬文字二卷　（清）鮑康輯　清刻本　二冊

150000－0601－0002962　42323＋55537　史部/政書類/奏議之屬

歷代名臣奏議三百五十卷　（明）張溥刪正　明崇禎八年（1635）刻本　四十八冊

150000－0601－0002963　77763　史部/政書類/奏議之屬

荊川先生右編四十卷　（明）唐順之編　（明）劉日寧補　明末刻本　十八冊

150000－0601－0002964　77981　史部/政書類/奏議之屬

同治中興京外奏議約編八卷　（清）陳弢編　清光緒元年（1875）篋劍囊琴之室刻本　八冊

150000－0601－0002965　78097　史部/政書類/奏議之屬

同治中興京外奏議約編八卷　（清）陳弢編　清光緒元年（1875）篋劍囊琴之室刻本　一冊

150000－0601－0002966　82737　史部/政書類/奏議之屬

同治中興京外奏議約編八卷　（清）陳弢編　清光緒元年（1875）篋劍囊琴之室刻本　八冊

150000－0601－0002967　128996　史部/政
書類/奏議之屬

諫止中東和議奏疏四卷　（清）文廷式等撰
清光緒二十四年(1898)香港書局石印本
一冊

150000－0601－0002968　78048　史部/政書
類/奏議之屬

魏鄭公諫錄五卷　（唐）魏徵撰　（唐）王方慶
輯　魏鄭公諫續錄一卷　（唐）魏徵撰　（元）
翟思忠輯　清光緒九年(1883)長沙王氏刻本
　三冊

150000－0601－0002969　9820　史部/政書
類/奏議之屬

魏鄭公諫錄五卷　（唐）魏徵撰　（唐）王方慶
輯　魏鄭公諫續錄二卷　（唐）魏徵撰　（元）
翟思忠輯　魏文貞公故事拾遺三卷　（清）王
先恭撰　魏文貞公年譜一卷　（清）王先恭撰
清光緒九年(1883)長沙王氏刻本　五冊

150000－0601－0002970　77736　史部/政書
類/奏議之屬

注陸宣公奏議十五卷　（唐）陸贄撰　唐陸宣
公制誥十卷別集一卷　（唐）陸贄撰　清光緒
十一年(1885)淮南書局刻本　四冊

150000－0601－0002971　77740　史部/政書
類/奏議之屬

注陸宣公奏議十五卷　（唐）陸贄撰　唐陸宣
公制誥十卷別集一卷　（唐）陸贄撰　清光緒
十一年(1885)淮南書局刻朱印本　四冊

150000－0601－0002972　9798　史部/政書
類/奏議之屬

唐陸宣公奏議讀本四卷首一卷　（唐）陸贄撰
　（清）汪銘謙編　（清）馬傳庚評點　清光緒
二十六年(1900)石印本　二冊

150000－0601－0002973　77744　史部/政書
類/奏議之屬

唐陸宣公奏議讀本四卷首一卷　（唐）陸贄撰
　（清）汪銘謙編　（清）馬傳庚評點　清光緒
二十六年(1900)石印本　二冊

150000－0601－0002974　77746　史部/政書
類/奏議之屬

唐陸宣公奏議讀本四卷首一卷　（唐）陸贄撰
　（清）汪銘謙編　（清）馬傳庚評點　清光緒
二十六年(1900)石印本　二冊

150000－0601－0002975　77748　史部/政書
類/奏議之屬

唐陸宣公奏議讀本四卷首一卷　（唐）陸贄撰
　（清）汪銘謙編　（清）馬傳庚評點　清光緒
二十六年(1900)石印本　二冊

150000－0601－0002976　111026　史部/政
書類/奏議之屬

唐陸宣公奏議讀本四卷首一卷　（唐）陸贄撰
　（清）汪銘謙編　（清）馬傳庚評點　清光緒
二十六年(1900)石印本　二冊

150000－0601－0002977　77750　史部/政書
類/奏議之屬

蘇東坡先生上神宗書注一卷　（宋）蘇軾撰
（清）蔡焯注　清刻本　一冊

150000－0601－0002978　8361　史部/政書
類/奏議之屬

石林奏議十五卷　（宋）葉夢得撰　清光緒十
一年(1885)吳興陸氏皕宋樓影刻本　六冊

150000－0601－0002979　77751　史部/政書
類/奏議之屬

石林奏議十五卷　（宋）葉夢得撰　清光緒十
一年(1885)吳興陸氏皕宋樓影刻本　四冊

150000－0601－0002980　78177　史部/政書
類/奏議之屬

伯仲諫臺疏草二卷　（明）鄭欽撰　（明）鄭劍
撰　清嘉慶五年(1800)刻本　一冊

150000－0601－0002981　879240　史部/政
書類/奏議之屬

表忠錄一卷　（明）楊繼盛撰　清順治十三年
(1656)內府刻本　一冊

150000－0601－0002982　879241　史部/政
書類/奏議之屬

表忠錄一卷　（明）楊繼盛撰　清順治十三年

(1656)內府刻本　一冊

150000－0601－0002983　78176　史部/政書類/奏議之屬

玉城奏疏一卷　（明）黃永盛撰　清嘉慶六年(1801)刻本　一冊

150000－0601－0002984　78178　史部/政書類/奏議之屬

制府疏草二卷　（明）蕭彥撰　清嘉慶六年(1801)刻本　一冊

150000－0601－0002985　78175　史部/政書類/奏議之屬

西臺摘疏一卷　（明）吳尚默撰　清嘉慶六年(1801)刻本　一冊

150000－0601－0002986　46615　史部/政書類/奏議之屬

周忠毅公奏議四卷　（明）周宗健撰　明末熊開元刻本　三冊

150000－0601－0002987　113196　史部/政書類/奏議之屬

太常遺草一卷附一卷　（明）洪文衡撰　清刻本　一冊

150000－0601－0002988　46613　史部/政書類/奏議之屬

御筆御授攝政王洪大經略奏對日鈔筆記二卷　（清）洪承疇撰　清光緒十六年(1890)刻本　一冊

150000－0601－0002989　77781　史部/政書類/奏議之屬

御筆御授攝政王洪大經略奏對日鈔筆記二卷　（清）洪承疇撰　清光緒二十四年(1898)宏文閣石印本　一冊

150000－0601－0002990　50796　史部/政書類/奏議之屬

于山奏牘八卷　（清）于成龍撰　清康熙二十四年(1685)刻本　六冊

150000－0601－0002991　78165　史部/政書類/奏議之屬

裘文達公奏議一卷　（清）裘曰修撰　清嘉慶八年(1803)刻本　二冊

150000－0601－0002992　118921　史部/政書類/奏議之屬

潘文勤公奏疏一卷　（清）潘祖蔭撰　清刻初印本　一冊

150000－0601－0002993　77783　史部/政書類/奏議之屬

林文忠公奏議六卷　（清）林則徐撰　清光緒二年(1876)思補樓刻本　六冊

150000－0601－0002994　77819　史部/政書類/奏議之屬

林文忠公政書甲集東河一卷江蘇八卷乙集湖廣五卷使粵八卷兩廣四卷丙集陝甘一卷雲貴十卷　（清）林則徐撰　清光緒二十三年(1897)刻本　十六冊

150000－0601－0002995　77803　史部/政書類/奏議之屬

林文忠公政書甲集東河一卷江蘇八卷乙集湖廣五卷使粵八卷兩廣四卷丙集陝甘一卷雲貴十卷　（清）林則徐撰　清光緒二十三年(1897)刻本　十六冊

150000－0601－0002996　8519　史部/政書類/奏議之屬

林文忠公政書甲集東河一卷江蘇八卷乙集湖廣五卷使粵八卷兩廣四卷丙集陝甘一卷雲貴十卷　（清）林則徐撰　清光緒二十四年(1898)天津文德堂石印本　六冊

150000－0601－0002997　77946　史部/政書類/奏議之屬

駱文忠公奏稿十卷　（清）駱秉章撰　清光緒十七年(1891)刻本　十冊

150000－0601－0002998　77958　史部/政書類/奏議之屬

張大司馬奏稿四卷　（清）張亮基撰　清光緒十七年(1891)刻本　四冊

150000－0601－0002999　78002　史部/政書類/奏議之屬

水流雲在館奏議二卷 （清）宋晉撰　清光緒
十三年(1887)刻本　二冊

150000－0601－0003000　879268　史部/政
書類/奏議之屬

興闥奏稿一卷 （清）興闥撰　抄本　六冊

150000－0601－0003001　77795　史部/政書
類/奏議之屬

曾文正公奏議八卷補選一卷 （清）曾國藩撰
　清末思補樓刻本　八冊

150000－0601－0003002　77843　史部/政書
類/奏議之屬

曾文正公奏議十卷首一卷末一卷 （清）曾
國藩撰　清同治十二年(1873)蘇郡刻本
十冊

150000－0601－0003003　77912　史部/政書
類/奏議之屬

沈文肅公政書七卷首一卷 （清）沈葆楨撰
清光緒六年(1880)吳門節署刻本　十冊

150000－0601－0003004　77922　史部/政書
類/奏議之屬

沈文肅公政書七卷首一卷 （清）沈葆楨撰
清光緒六年(1880)吳門節署刻本　十一冊

150000－0601－0003005　77933　史部/政書
類/奏議之屬

沈文肅公政書七卷首一卷 （清）沈葆楨撰
清光緒六年(1880)吳門節署刻本　八冊

150000－0601－0003006　78057　史部/政書
類/奏議之屬

沈文肅公政書七卷首一卷 （清）沈葆楨撰
清光緒六年(1880)吳門節署刻本　八冊

150000－0601－0003007　77857　史部/政書
類/奏議之屬

**左文襄公奏疏初編三十八卷續編七十六卷三
編六卷** （清）左宗棠撰　清光緒十六年
(1890)上海圖書集成局排印本　二十冊

150000－0601－0003008　77962　史部/政書
類/奏議之屬

劉中丞奏議二十卷 （清）劉蓉撰　清光緒十
一年(1885)思賢講舍刻本　十冊

150000－0601－0003009　77972　史部/政書
類/奏議之屬

劉中丞奏議二十卷 （清）劉蓉撰　清光緒十
一年(1885)思賢講舍刻本　二冊

150000－0601－0003010　77881　史部/政書
類/奏議之屬

彭剛直公奏議八卷詩集八卷 （清）彭玉麟撰
　清光緒十七年(1891)吳下刻本　八冊

150000－0601－0003011　77877　史部/政書
類/奏議之屬

彭剛直公奏稿八卷 （清）彭玉麟撰　清末排
印本　四冊

150000－0601－0003012　78077　史部/政書
類/奏議之屬

郭侍郎奏疏十二卷 （清）郭嵩燾撰　清光緒
十八年(1892)刻本　十一冊

150000－0601－0003013　119001　史部/政
書類/奏議之屬

郭侍郎奏疏十二卷 （清）郭嵩燾撰　清光緒
十八年(1892)刻本　十二冊

150000－0601－0003014　77989　史部/政書
類/奏議之屬

許尚書文御史奏摺一卷 （清）許應騤　（清）
文悌撰　清末刻本　一冊

150000－0601－0003015　78040　史部/政書
類/奏議之屬

陳侍郎奏稿八卷書札八卷 （清）陳士杰撰
清光緒三十二年(1906)衡陽刻本　八冊

150000－0601－0003016　78124　史部/政書
類/奏議之屬

李肅毅伯奏議二十卷 （清）李鴻章撰　清光
緒二十五年(1899)上海鴻文書局石印本　二
十冊

150000－0601－0003017　77889　史部/政書
類/奏議之屬

南皮張宮保政書十二卷 （清）張之洞撰 清
光緒二十七年（1901）上海圖書集成印書局排
印本 六冊

150000－0601－0003018 77990 史部/政書
類/奏議之屬

長白先生奏議一卷 （清）寶廷撰 清末排印
本 一冊

150000－0601－0003019 77896 史部/政書
類/奏議之屬

劉文莊公奏議八卷 （清）劉秉璋撰 清末排
印本 八冊

150000－0601－0003020 77904 史部/政書
類/奏議之屬

劉文莊公奏議八卷 （清）劉秉璋撰 清末排
印本 八冊

150000－0601－0003021 77991 史部/政書
類/奏議之屬

許竹簣先生奏疏錄存二卷 （清）許景澄撰
清末排印本 一冊

150000－0601－0003022 82734 史部/政書
類/奏議之屬

袁太常戊戌條陳一卷 （清）袁昶撰 清光緒
二十八年（1902）平原村舍排印本 一冊

150000－0601－0003023 82735 史部/政書
類/奏議之屬

袁太常戊戌條陳一卷 （清）袁昶撰 清光緒
二十八年（1902）平原村舍排印本 一冊

150000－0601－0003024 82736 史部/政書
類/奏議之屬

袁太常戊戌條陳一卷 （清）袁昶撰 清光緒
二十八年（1902）平原村舍排印本 一冊

150000－0601－0003025 90109 史部/政書
類/奏議之屬

袁太常戊戌條陳一卷 （清）袁昶撰 清光緒
二十八年（1902）平原村舍排印本 一冊

150000－0601－0003026 77994 史部/政書
類/奏議之屬

南海先生戊戌奏稿一卷 康有爲撰 清宣統
三年（1911）排印本 一冊

150000－0601－0003027 77995 史部/政書
類/奏議之屬

南海先生戊戌奏稿一卷 康有爲撰 清宣統
三年（1911）排印本 一冊

150000－0601－0003028 128490 史部/政
書類/奏議之屬

語冰閣奏議□□卷 （清）鄧承修撰 **中越勘
界往來電稿一卷** （清）鄧承修撰 清末排印
本 五冊 存六卷（三至八）

150000－0601－0003029 78179 史部/政書
類/公牘之屬

北洋公牘類纂二十五卷 （清）甘厚慈輯 清
光緒三十三年（1907）京城益森印刷有限公司
排印本 十一冊 存十五卷（六至七、十三至
二十五）

150000－0601－0003030 53952 史部/政書
類/公牘之屬

曾文正公批牘六卷 （清）曾國藩撰 清光緒
二年（1876）傳忠書局刻本 六冊

150000－0601－0003031 120730 史部/政
書類/公牘之屬

胡文忠公手翰二卷 （清）胡林翼撰 清光緒
十九年（1893）江陰金氏刻本 二冊

150000－0601－0003032 121176 史部/政
書類/公牘之屬

李文忠公朋僚函稿二十四卷 （清）李鴻章撰
清光緒二十八年（1902）蓮池書社排印本
十一冊

150000－0601－0003033 78158 史部/政書
類/公牘之屬

李文忠公海軍函稿四卷 （清）李鴻章撰
清光緒二十八年（1902）蓮池書社排印本
二冊

150000－0601－0003034 78148 史部/政書
類/公牘之屬

出使公牘十卷 （清）薛福成撰 清光緒二十

四年(1898)刻本　十冊

150000－0601－0003035　78198　史部/政書類/公牘之屬

樊山公牘四卷　樊增祥撰　清宣統三年(1911)廣益書局石印本　一冊

150000－0601－0003036　78167　史部/政書類/公牘之屬

程中丞庚子函牘鈔略一卷　程德全撰　(清)李遜編　清宣統元年(1909)排印本　一冊

150000－0601－0003037　104487　史部/時令類

歲時廣記四十卷首一卷末一卷　(宋)陳元靚撰　清刻本　十二冊

150000－0601－0003038　97725　史部/時令類

月令廣義二十四卷首一卷　(明)馮應京撰　(明)戴任注　明萬曆二十九年(1601)刻本　八冊

150000－0601－0003039　838504　史部/時令類

月令廣義二十四卷首一卷附錄一卷　(明)馮應京撰　(明)戴任注　明萬曆三十年(1602)刻本　八冊

150000－0601－0003040　97670　史部/時令類

月令粹編二十四卷圖說一卷　(清)秦嘉謨撰　清嘉慶十七年(1812)江都秦氏琳琅仙館刻本　四冊

150000－0601－0003041　97674　史部/時令類

月令粹編二十四卷圖說一卷　(清)秦嘉謨撰　清嘉慶十七年(1812)江都秦氏琳琅仙館刻本　八冊

150000－0601－0003042　97706　史部/時令類

月令粹編二十四卷圖說一卷　(清)秦嘉謨撰　清光緒九年(1883)皖省聚文書坊刻本　八冊

150000－0601－0003043　103328　史部/時令類

月旦紀古十二卷　(清)蕭智漢纂輯　清道光二十八年(1848)經元堂刻本　十二冊

150000－0601－0003044　97724　史部/時令類

七十二候表一卷　(清)羅以智撰　清光緒八年(1882)海昌羊氏刻本　一冊

150000－0601－0003045　149474　史部/地理類/叢編之屬

李氏五種　(清)李兆洛撰　清同治九年(1870)合肥李氏刻本　十二冊

150000－0601－0003046　149486　史部/地理類/叢編之屬

李氏五種　(清)李兆洛撰　清同治九年(1870)合肥李氏刻本　十二冊

150000－0601－0003047　149498　史部/地理類/叢編之屬

李氏五種　(清)李兆洛撰　清光緒二十四年(1898)掃葉山房石印本　八冊

150000－0601－0003048　D4099　史部/地理類/叢編之屬

皇朝藩屬輿地叢書　清光緒二十九年(1903)金匱浦氏靜寄東軒石印本　四十八冊

150000－0601－0003049　D5494　史部/地理類/叢編之屬

皇朝藩屬輿地叢書　清光緒二十九年(1903)金匱浦氏靜寄東軒石印本　四十七冊　缺

150000－0601－0003050　157147　史部/地理類/叢編之屬

皇朝藩屬輿地叢書　清光緒二十九年(1903)金匱浦氏靜寄東軒石印本　四十八冊

150000－0601－0003051　D4149　史部/地理類/叢編之屬

問影樓輿地叢書第一集　胡思敬輯　清光緒三十四年(1908)京師排印本　十冊

150000－0601－0003052　D4096　史部/地理

類/叢編之屬

小方壺齋叢鈔六卷 王錫祺輯 清光緒六年(1880)南清河王氏刻本 六冊

150000－0601－0003053 D4092 史部/地理類/叢編之屬

小方壺齋叢鈔 王錫祺輯 清光緒五年(1879)排印本 一冊 存一卷(一)

150000－0601－0003054 D4001 史部/地理類/叢編之屬

小方壺齋輿地叢鈔十二帙續編十二帙再補編十二帙 王錫祺輯 清末南清河王氏排印本 八十四冊

150000－0601－0003055 D4085 史部/地理類/叢編之屬

小方壺齋輿地叢鈔第二帙 王錫祺輯 清末南清河王氏排印本 一冊

150000－0601－0003056 D5467 史部/地理類/叢編之屬

舟車所至 (清)鄭光祖輯 清刻本 二冊缺

150000－0601－0003057 D4349 史部/地理類/叢編之屬

大興徐氏三種 (清)徐松撰 清刻本 六冊

150000－0601－0003058 D4355 史部/地理類/叢編之屬

大興徐氏三種 (清)徐松撰 清光緒十九年(1893)寶善書局石印本 八冊

150000－0601－0003059 158517 史部/地理類/叢編之屬

得一齋雜著四種 (清)黃楙林撰 清光緒十二年(1886)刻新陽趙氏叢刊本 一冊

150000－0601－0003060 83518 史部/地理類/總志之屬

歷代地理沿革表四十七卷 (清)陳芳績撰 清光緒二十一年(1895)廣雅書局刻本 二十冊

150000－0601－0003061 83396 史部/地理

類/總志之屬

歷代地理志韵編今釋二十卷 皇朝輿地韵編二卷 (清)李兆洛輯 清光緒元年(1875)羊城馬氏集益堂刻本 十二冊

150000－0601－0003062 42315 史部/地理類/總志之屬

歷代地理志韵編今釋二十卷 (清)李兆洛輯 清末掃葉山房刻李氏五種合刊本 八冊 存十五卷(一至十五)

150000－0601－0003063 83395 史部/地理類/總志之屬

歷代地理沿革圖一卷 清同治十一年(1872)金陵刻本 一冊

150000－0601－0003064 83363 史部/地理類/總志之屬

歷代輿地沿革險要圖一卷 楊守敬撰 饒敦秩撰 清光緒五年(1879)東湖饒氏刻朱墨套印本 一冊

150000－0601－0003065 83364 史部/地理類/總志之屬

歷代輿地沿革險要圖一卷 楊守敬撰 饒敦秩撰 清光緒五年(1879)東湖饒氏刻朱墨套印本 一冊

150000－0601－0003066 D1367 史部/地理類/總志之屬

歷代輿地沿革險要圖一卷 楊守敬撰 清光緒三十二年(1906)觀海堂楊氏刻朱墨套印本 三十四冊

150000－0601－0003067 83362 史部/地理類/總志之屬

歷代輿地沿革險要圖注一卷 清光緒二十二年(1896)石印本 一冊

150000－0601－0003068 D2148 史部/地理類/總志之屬

中國歷代疆域沿革考一卷 (日本)河田羆撰 (日本)重野安 (清)滌庵居士譯 清光緒二十八年(1902)商務印書館排印本 一冊

150000－0601－0003069 84526 史部/地理

類/總志之屬

七國地理考七卷 （清）顧觀光撰 清光緒五
年(1879)刻本 二冊

150000－0601－0003070 84528 史部/地理
類/總志之屬

七國地理考七卷 （清）顧觀光撰 清光緒五
年(1879)刻本 二冊

150000－0601－0003071 84530 史部/地理
類/總志之屬

七國地理考七卷 （清）顧觀光撰 清光緒五
年(1879)刻本 二冊

150000－0601－0003072 83860 史部/地理
類/總志之屬

新斠注地理志十六卷 （清）錢坫撰 （清）徐
松集釋 清同治十三年(1874)會稽章氏刻本
八冊

150000－0601－0003073 20454 史部/地理
類/總志之屬

漢書地理志校本二卷 （清）汪遠孫撰 清道
光二十八年(1848)刻振綺堂叢書本 二冊

150000－0601－0003074 83474 史部/地理
類/總志之屬

漢志水道疏證四卷 （清）洪頤煊撰 清光緒
十三年(1887)蔣鳳藻刻本 二冊

150000－0601－0003075 129018 史部/地
理類/總志之屬

漢書地理志水道圖說七卷 （清）陳澧撰 考
正德清胡氏禹貢圖一卷 （清）陳宗誼撰 清
廣東省城西湖街富文齋刻本 二冊

150000－0601－0003076 83408 史部/地理
類/總志之屬

三國郡縣表一卷 （清）吳增僅撰 清光緒二
十一年(1895)活字本 四冊

150000－0601－0003077 84525 史部/地理
類/總志之屬

王隱晉書地道記一卷 （清）畢沅輯 晉太康
三年地記一卷 （清）畢沅輯 晉書地理志新
補正五卷 （清）畢沅撰 清末影印經訓堂叢

書本 一冊

150000－0601－0003078 86577 史部/地理
類/總志之屬

宋州郡志校勘記一卷 （清）成孺撰 清光緒
十三年(1887)廣雅書局刻本 一冊

150000－0601－0003079 86565 史部/地理
類/總志之屬

十三州志一卷 （北魏）闞駰撰 （清）張澍輯
清道光元年(1821)刻二酉堂叢書本 一冊

150000－0601－0003080 8347 史部/地理
類/總志之屬

元和郡縣圖志四十卷 （唐）李吉甫撰 元和
郡縣圖志闕卷逸文一卷元和郡縣補志九卷
（清）嚴觀撰 清光緒六年至八年(1880－
1882)金陵書局刻本 八冊

150000－0601－0003081 84049 史部/地理
類/總志之屬

元和郡縣圖志四十卷 （唐）李吉甫撰 元和
郡縣圖志闕卷逸文一卷元和郡縣補志九卷
（清）嚴觀撰 清光緒六年至八年(1880－
1882)金陵書局刻本 八冊

150000－0601－0003082 83850 史部/地理
類/總志之屬

元和郡縣圖志闕卷逸文三卷 （唐）李吉甫撰
繆荃孫輯 雲自在龕刻本 一冊

150000－0601－0003083 83079 史部/地理
類/總志之屬

太平寰宇記二百卷目錄二卷 （宋）樂史撰
清刻本 三十六冊

150000－0601－0003084 83115 史部/地理
類/總志之屬

太平寰宇記二百卷目錄二卷 （宋）樂史撰
清樂之簏、樂蕤賓刻本 二十冊

150000－0601－0003085 83135 史部/地理
類/總志之屬

太平寰宇記二百卷目錄二卷 （宋）樂史撰
太平寰宇記補闕一卷 （清）陳蘭森輯 清嘉
慶八年(1803)刻本 四十冊

150000－0601－0003086　83039　史部/地理類/總志之屬

太平寰宇記二百卷目錄二卷　（宋）樂史撰

太平寰宇記補闕一卷　（清）陳蘭森輯　清樂之籛、樂蕤賓刻本　四十冊

150000－0601－0003087　83422　史部/地理類/總志之屬

輿地廣記三十八卷　（宋）歐陽忞撰　**校勘輿地廣記札記二卷**　（清）黃丕烈撰　清光緒六年（1880）金陵書局刻本　四冊

150000－0601－0003088　83426　史部/地理類/總志之屬

輿地廣記三十八卷　（宋）歐陽忞撰　**校勘輿地廣記札記二卷**　（清）黃丕烈撰　清光緒六年（1880）金陵書局刻本　四冊

150000－0601－0003089　83878　史部/地理類/總志之屬

輿地紀勝二百卷首一卷　（宋）王象之撰　清粵雅堂刻本（原缺三十二卷）　二十四冊

150000－0601－0003090　838671　史部/地理類/總志之屬

天下一統志九十卷　（明）李賢等修　（明）萬安等纂　明萬壽堂刻本　四十冊

150000－0601－0003091　83442　史部/地理類/總志之屬

廣輿記二十四卷　（明）陸應陽輯　明末刻本　六冊

150000－0601－0003092　83448　史部/地理類/總志之屬

廣輿記二十四卷　（明）陸應陽輯　（清）蔡方炳增輯　清康熙二十五年（1686）吳郡寶翰樓刻本　十四冊

150000－0601－0003093　83430　史部/地理類/總志之屬

廣輿記二十四卷　（明）陸應陽輯　（清）蔡方炳增輯　清康熙二十五年（1686）吳郡寶翰樓刻本　十二冊

150000－0601－0003094　46914　史部/地理類/總志之屬

廣輿記二十四卷　（明）陸應陽輯　（清）蔡方炳增輯　清康熙二十五年（1686）吳郡寶翰樓刻本　十二冊

150000－0601－0003095　83462　史部/地理類/總志之屬

廣輿記二十四卷　（明）陸應陽輯　（清）蔡方炳增輯　清乾隆九年（1744）四美堂刻本　十冊

150000－0601－0003096　46904　史部/地理類/總志之屬

廣輿記二十四卷　（明）陸應陽輯　（清）蔡方炳增輯　清嘉慶七年（1802）刻本　十冊

150000－0601－0003097　767646　史部/地理類/總志之屬

廣輿記二十四卷　（明）陸應陽輯　（清）蔡方炳增輯　清刻本（配本）　十三冊

150000－0601－0003098　D2302　史部/地理類/總志之屬

地圖綜要總一卷內一卷外一卷　（明）朱國達等編　明崇禎十六年（1643）刻本　六冊

150000－0601－0003099　839713　史部/地理類/總志之屬

輿圖要覽四卷　抄本　四冊

150000－0601－0003100　83758　史部/地理類/總志之屬

天下郡國利病書一百二十卷　（清）顧炎武撰　清道光十四年（1834）山東省城雅鑒齋刻本　六十冊

150000－0601－0003101　83722　史部/地理類/總志之屬

天下郡國利病書一百二十卷　（清）顧炎武撰　清光緒二十九年（1903）上海益吾齋石印本　十冊

150000－0601－0003102　83732　史部/地理類/總志之屬

天下郡國利病書一百二十卷　（清）顧炎武撰　清光緒二十九年（1903）上海益吾齋石印本

二十六冊

150000－0601－0003103　10604　史部/地理
類/總志之屬

天下郡國利病書一百二十卷　（清）顧炎武撰
清光緒二十七年（1901）上海圖書集成局排
印本　二十八冊

150000－0601－0003104　83670　史部/地理
類/總志之屬

天下郡國利病書一百二十卷　（清）顧炎武撰
清光緒二十七年（1901）上海圖書集成局排
印本　二十八冊

150000－0601－0003105　26103　史部/地理
類/總志之屬

讀史方輿紀要一百三十卷輿圖要覽四卷
（清）顧祖禹撰　清敷文閣刻光緒五年（1879）
桐華書屋重修本　五十四冊

150000－0601－0003106　93532　史部/地理
類/總志之屬

讀史方輿紀要一百三十卷輿圖要覽四卷
（清）顧祖禹撰　清敷文閣刻光緒五年（1879）
桐華書屋重修本　八十冊

150000－0601－0003107　93424　史部/地理
類/總志之屬

讀史方輿紀要一百三十卷輿圖要覽四卷
（清）顧祖禹撰　清刻本　四十八冊

150000－0601－0003108　93472　史部/地理
類/總志之屬

讀史方輿紀要一百三十卷輿圖要覽四卷
（清）顧祖禹撰　清光緒二十五年（1899）新化
三味書屋刻本　六十冊

150000－0601－0003109　41414　史部/地理
類/總志之屬

讀史方輿紀要一百三十卷輿圖要覽四卷
（清）顧祖禹撰　清光緒二十五年（1899）上海
慎記書莊石印本　三十二冊

150000－0601－0003110　93332　史部/地理
類/總志之屬

讀史方輿紀要一百三十卷輿圖要覽四卷

（清）顧祖禹撰　清光緒二十五年（1899）上海
慎記書莊石印本　三十二冊

150000－0601－0003111　93364　史部/地理
類/總志之屬

讀史方輿紀要一百三十卷輿圖要覽四卷
（清）顧祖禹撰　清光緒二十五年（1899）上海
慎記書莊石印本　三十二冊

150000－0601－0003112　10572　史部/地理
類/總志之屬

讀史方輿紀要一百三十卷　（清）顧祖禹撰
清光緒二十七年（1901）上海圖書集成局排印
本　二十八冊

150000－0601－0003113　93396　史部/地理
類/總志之屬

讀史方輿紀要一百三十卷　（清）顧祖禹撰
清光緒二十七年（1901）上海圖書集成局排印
本　二十八冊

150000－0601－0003114　83902　史部/地理
類/總志之屬

方輿紀要簡覽三十四卷　（清）顧祖禹撰
（清）潘鐸輯錄　清咸豐八年（1858）紅杏書屋
刻本　十六冊

150000－0601－0003115　838743　史部/地
理類/總志之屬

大清一統志三百五十六卷　（清）蔣廷錫等修
（清）王安國等纂　清道光二十九年（1849）
薛子瑜活字本　一百六十冊

150000－0601－0003116　21698　史部/地理
類/總志之屬

大清一統志四百二十四卷　（清）和珅等纂修
清光緒二十八年（1902）上海寶善齋石印本
五十八冊

150000－0601－0003117　83412　史部/地理
類/總志之屬

乾隆府廳州縣圖志五十卷　（清）洪亮吉撰
清嘉慶八年（1803）刻本　十冊

150000－0601－0003118　83307　史部/地理
類/總志之屬

輿地總論注釋一卷　（清）謝蘭生注　清謝昌霖刻本　一冊

150000－0601－0003119　10600　史部/地理類/總志之屬

方輿全圖總說五卷　（清）顧祖禹輯　清光緒二十五年（1899）上海二林齋石印本　四冊

150000－0601－0003120　128998　史部/地理類/總志之屬

皇朝輿地略一卷皇朝輿地韵編一卷皇朝內府輿地圖縮摹本一卷　（清）六承如繪　清道光二十一年（1841）辨志書塾刻本　一冊

150000－0601－0003121　83306　史部/地理類/總志之屬

皇朝輿地略一卷　清刻本　一冊

150000－0601－0003122　83311　史部/地理類/總志之屬

皇朝輿地韵編二卷　（清）李兆洛輯　（清）六嚴等編　皇朝輿地韵編校勘記一卷　（清）馬貞榆撰　地志韵編唐志補闕正誤考異一卷　清末刻本　一冊

150000－0601－0003123　83365　史部/地理類/總志之屬

皇清地理圖一卷　清咸豐六年（1856）胡錫燕廣州刻本　二冊

150000－0601－0003124　D2318　史部/地理類/總志之屬

皇朝中外壹統輿圖中一卷南十卷北二十卷首一卷　清同治二年（1863）刻本　十冊

150000－0601－0003125　83324　史部/地理類/總志之屬

皇朝中外壹統輿圖中一卷南十卷北二十卷首一卷　清同治二年（1863）刻本　三十二冊

150000－0601－0003126　83367　史部/地理類/總志之屬

皇朝中外壹統輿圖中一卷南十卷北二十卷首一卷　清同治二年（1863）刻本　二十冊

150000－0601－0003127　83323　史部/地理類/總志之屬

皇朝一統輿地全圖□□卷　（清）欸乃軒主人編　五大洲圖說一卷簡明萬國公法一卷　清光緒二十四年（1898）上海順成書局石印本　一冊

150000－0601－0003128　46926　史部/地理類/總志之屬

新鐫周行備覽三卷　（清）武林翼聖堂輯　清乾隆三年（1738）刻本　六冊

150000－0601－0003129　767749　史部/地理類/總志之屬

現行行政區域一覽表一卷　抄本　一冊

150000－0601－0003130　140918　史部/地理類/方志之屬

三志合編　（清）黃本驥輯　清道光二十七年（1847）刻三長物齋叢書本　二冊

150000－0601－0003131　19833　史部/地理類/方志之屬/直轄/北京

[光緒]順天府志一百三十卷附錄一卷　（清）萬青黎　（清）周家楣修　（清）張之洞　繆荃孫纂　清光緒十二年（1886）刻本　五十六冊

150000－0601－0003132　87340　史部/地理類/方志之屬/直轄/上海

[嘉慶]松江府志八十四卷首二卷圖一卷　（清）宋如林修　（清）孫星衍　（清）莫晉纂　清嘉慶二十三年（1818）松江府學明倫堂刻本　十冊　殘

150000－0601－0003133　87350　史部/地理類/方志之屬/直轄/上海

[嘉慶]松江府志八十四卷首二卷圖一卷　（清）宋如林修　（清）孫星衍　（清）莫晉纂　清嘉慶二十三年（1818）松江府學明倫堂刻本　三冊　殘

150000－0601－0003134　87022　史部/地理類/方志之屬/直轄/上海

[光緒]川沙廳志十四卷首一卷末一卷　（清）陳方瀛修　（清）俞樾纂　清光緒五年（1879）刻本　六冊

150000－0601－0003135　86553　史部/地理類/方志之屬/直轄/上海

干巷志六卷首一卷　（清）朱棟撰　清嘉慶六年(1801)柘湖丁氏種松山房刻本　二冊

150000－0601－0003136　D1733　史部/地理類/方志之屬/華北/河北

[乾隆]口北三廳志十六卷首一卷　（清）黃可潤纂修　清乾隆二十三年(1758)刻本　十五冊

150000－0601－0003137　D5364　史部/地理類/方志之屬/華北/河北

[乾隆]宣化府志□□卷　清乾隆二十二年(1757)刻本　一冊　存宣化府全圖

150000－0601－0003138　D1714　史部/地理類/方志之屬/華北/河北

[同治]赤城縣續志十卷　（清）玉珩　（清）王充修　（清）林牟貽纂　清光緒七年(1881)刻本　二冊

150000－0601－0003139　D1739　史部/地理類/方志之屬/華北/河北

[光緒]蔚州志二十卷首一卷　（清）王袞修（清）慶之金　（清）楊篤纂　清光緒三年(1877)蘿川公廨刻本　八冊

150000－0601－0003140　86566　史部/地理類/方志之屬/華北/河北

蔚州志□□卷　清刻本　一冊　存二卷(十六至十七)

150000－0601－0003141　D1907　史部/地理類/方志之屬/華北/河北

[道光]承德府志六十卷首二十六卷　（清）成格等修　（清）海忠纂　清光緒十三年(1887)刻本　二十四冊

150000－0601－0003142　46932　史部/地理類/方志之屬/華北/河北

[道光]承德府志六十卷首二十六卷　（清）成格等修　（清）海忠纂　清光緒十三年(1887)刻本　二十三冊　存八十三卷(一至四、八至六十,首二十六卷)

150000－0601－0003143　85050　史部/地理類/方志之屬/華北/河北

[同治]深州風土記二十二卷附表五卷　（清）吳汝綸纂　清光緒二十六年(1900)文瑞書院刻本　六冊

150000－0601－0003144　86109　史部/地理類/方志之屬/華北/山西

[乾隆]山西志輯要十卷首一卷　（清）雅德修（清）汪本直纂　清凉山志輯要二卷　（清）雅德修　（清）汪本直纂　清乾隆四十五年(1780)刻本　十二冊

150000－0601－0003145　46955　史部/地理類/方志之屬/華北/山西

[光緒]山西通志一百八十四卷首一卷　（清）曾國荃等修　（清）王軒等纂　清光緒十八年(1892)刻本　九十六冊

150000－0601－0003146　87105　史部/地理類/方志之屬/華北/山西

[光緒]山西通志一百八十四卷首一卷　（清）曾國荃等修　（清）王軒等纂　清光緒十八年(1892)刻本　三十二冊　殘

150000－0601－0003147　86245　史部/地理類/方志之屬/華北/山西

[萬曆]太原府志二十六卷　（明）關廷訪修（明）張慎言纂　明萬曆四十年(1612)刻本　七冊

150000－0601－0003148　86252　史部/地理類/方志之屬/華北/山西

[順治]太原府志四卷　清順治十一年(1654)刻本　四冊

150000－0601－0003149　D1637　史部/地理類/方志之屬/華北/山西

[乾隆]大同府志三十二卷首一卷　（清）吳輔宏纂修　清乾隆四十七年(1782)刻本　十六冊

150000－0601－0003150　41447　史部/地理類/方志之屬/華北/山西

[乾隆]大同府志三十二卷首一卷　（清）吳輔

宏纂修　清乾隆四十七年（1782）刻本　十六冊

150000－0601－0003151　837258　史部/地理類/方志之屬/華北/山西

[乾隆]廣靈縣志十卷首一卷末一卷　（清）郭磊纂修　清乾隆十九年(1754)刻本　四冊

150000－0601－0003152　D1675　史部/地理類/方志之屬/華北/山西

[乾隆]渾源州志十卷　（清）桂敬順纂修　清乾隆二十八年(1763)刻本　五冊

150000－0601－0003153　D1680　史部/地理類/方志之屬/華北/山西

[光緒]渾源州續志十卷　（清）賀澍恩修（清）程續纂　清光緒七年(1881)刻本　六冊

150000－0601－0003154　D1752　史部/地理類/方志之屬/華北/山西

[雍正]朔平府志十二卷　（清）劉士銘修（清）王陽纂　清雍正十一年(1733)刻本（卷一至二抄配）　十一冊

150000－0601－0003155　87787　史部/地理類/方志之屬/華北/山西

[雍正]朔平府志十二卷　（清）劉士銘修（清）王陽纂　清雍正十一年(1733)刻本　五冊　存五卷(八至十二)

150000－0601－0003156　86256　史部/地理類/方志之屬/華北/山西

[光緒]忻州志四十二卷　（清）方戊昌修（清）方淵如纂　清光緒六年（1880）刻本　八冊

150000－0601－0003157　879246　史部/地理類/方志之屬/華北/山西

[萬曆]代州志二卷　（明）周弘禴纂修　明萬曆十四年(1586)刻本　一冊　存一卷(一)

150000－0601－0003158　D1653　史部/地理類/方志之屬/華北/山西

[光緒]代州志十二卷首一卷　（清）俞廉三修（清）楊篤纂　清光緒八年(1882)代山書院刻本　六冊

150000－0601－0003159　D1659　史部/地理類/方志之屬/華北/山西

[光緒]代州志十二卷首一卷　（清）俞廉三修（清）楊篤纂　清光緒八年（1882）代山書院刻本　六冊

150000－0601－0003160　D5307　史部/地理類/方志之屬/華北/山西

三關志一卷　（明）廖希顔修　（明）孫繼魯纂　抄本　一冊

150000－0601－0003161　D1192　史部/地理類/方志之屬/華北/内蒙

蒙古游牧記十六卷　（清）張穆撰　（清）何秋濤校　清同治六年(1867)壽陽祁氏刻本　四冊

150000－0601－0003162　D1204　史部/地理類/方志之屬/華北/内蒙

蒙古游牧記十六卷　（清）張穆撰　（清）何秋濤校　清同治六年(1867)壽陽祁氏刻本　四冊

150000－0601－0003163　16837　史部/地理類/方志之屬/華北/内蒙

蒙古游牧記十六卷　（清）張穆撰　（清）何秋濤校　清同治六年(1867)壽陽祁氏刻本　四冊

150000－0601－0003164　19790　史部/地理類/方志之屬/華北/内蒙

蒙古游牧記十六卷　（清）張穆撰　（清）何秋濤校　清同治六年(1867)壽陽祁氏刻本　四冊

150000－0601－0003165　19794　史部/地理類/方志之屬/華北/内蒙

蒙古游牧記十六卷　（清）張穆撰　（清）何秋濤校　清同治六年(1867)壽陽祁氏刻本　四冊

150000－0601－0003166　19798　史部/地理類/方志之屬/華北/内蒙

蒙古游牧記十六卷　（清）張穆撰　（清）何秋濤校　清同治六年(1867)壽陽祁氏刻本　四冊

150000－0601－0003167　25671　史部/地理類/方志之屬/華北/內蒙

蒙古游牧記十六卷　（清）張穆撰　（清）何秋濤校　清同治六年（1867）壽陽祁氏刻本
四冊

150000－0601－0003168　84796　史部/地理類/方志之屬/華北/內蒙

蒙古游牧記十六卷　（清）張穆撰　（清）何秋濤校　清同治六年（1867）壽陽祁氏刻本
四冊

150000－0601－0003169　84800　史部/地理類/方志之屬/華北/內蒙

蒙古游牧記十六卷　（清）張穆撰　（清）何秋濤校　清同治六年（1867）壽陽祁氏刻本
四冊

150000－0601－0003170　84804　史部/地理類/方志之屬/華北/內蒙

蒙古游牧記十六卷　（清）張穆撰　（清）何秋濤校　清同治六年（1867）壽陽祁氏刻本
四冊

150000－0601－0003171　84808　史部/地理類/方志之屬/華北/內蒙

蒙古游牧記十六卷　（清）張穆撰　（清）何秋濤校　清同治六年（1867）壽陽祁氏刻本
四冊

150000－0601－0003172　84812　史部/地理類/方志之屬/華北/內蒙

蒙古游牧記十六卷　（清）張穆撰　（清）何秋濤校　清同治六年（1867）壽陽祁氏刻本
四冊

150000－0601－0003173　84816　史部/地理類/方志之屬/華北/內蒙

蒙古游牧記十六卷　（清）張穆撰　（清）何秋濤校　清同治六年（1867）壽陽祁氏刻本
四冊

150000－0601－0003174　84820　史部/地理類/方志之屬/華北/內蒙

蒙古游牧記十六卷　（清）張穆撰　（清）何秋

濤校　清同治六年（1867）壽陽祁氏刻本
四冊

150000－0601－0003175　D1196　史部/地理類/方志之屬/華北/內蒙

蒙古游牧記十六卷　（清）張穆撰　（清）何秋濤校　清同治六年（1867）壽陽祁氏刻本
四冊

150000－0601－0003176　D1200　史部/地理類/方志之屬/華北/內蒙

蒙古游牧記十六卷　（清）張穆撰　（清）何秋濤校　清同治六年（1867）壽陽祁氏刻本
四冊

150000－0601－0003177　84793　史部/地理類/方志之屬/華北/內蒙

蒙古游牧記十六卷　（清）張穆撰　（清）何秋濤校　清光緒二十六年（1900）上海掃葉山房石印本　三冊

150000－0601－0003178　D1577　史部/地理類/方志之屬/華北/內蒙

[乾隆]河套志六卷　（清）陳履中纂　抄本
二冊

150000－0601－0003179　D1525　史部/地理類/方志之屬/華北/內蒙

[光緒]綏遠志十卷首一卷　（清）貽穀修　高賡恩纂　清光緒三十四年（1908）刻本　六冊

150000－0601－0003180　D1531　史部/地理類/方志之屬/華北/內蒙

[光緒]綏遠志十卷首一卷　（清）貽穀修　高賡恩纂　清光緒三十四年（1908）刻本　六冊

150000－0601－0003181　D1537　史部/地理類/方志之屬/華北/內蒙

[光緒]綏遠志十卷首一卷　（清）貽穀修　高賡恩纂　清光緒三十四年（1908）刻本　六冊

150000－0601－0003182　D1543　史部/地理類/方志之屬/華北/內蒙

[光緒]綏遠志十卷首一卷　（清）貽穀修　高賡恩纂　清光緒三十四年（1908）刻本　六冊

150000－0601－0003183　D5370　史部/地理類/方志之屬/華北/內蒙

[光緒]綏遠志十卷首一卷　（清）貽穀修　高賡恩纂　清光緒三十四年(1908)刻本　六冊

150000－0601－0003184　D1518　史部/地理類/方志之屬/華北/內蒙

綏乘□□卷　張鼎彝纂　抄本　一冊　存一卷(疆域考下)

150000－0601－0003185　D1506　史部/地理類/方志之屬/華北/內蒙

[咸豐]古豐識略四十卷　（清）鍾秀纂（清）張曾纂　抄本　十冊

150000－0601－0003186　D1559　史部/地理類/方志之屬/華北/內蒙

包頭市志十卷　包頭市修志委員會纂修　抄本　五冊

150000－0601－0003187　D1571　史部/地理類/方志之屬/華北/內蒙

[光緒]新修清水河廳志二十卷首一卷　（清）文秀修　（清）盧夢蘭纂　抄本　四冊

150000－0601－0003188　D1936　史部/地理類/方志之屬/東北/遼寧

[乾隆]盛京通志四十八卷　（清）呂耀曾等修　（清）魏樞等纂　清乾隆元年(1736)刻本　十九冊　存四十五卷(一至二十四、二十八至四十八)

150000－0601－0003189　D1975　史部/地理類/方志之屬/東北/吉林

[道光]吉林外紀十卷　（清）薩英額纂　清光緒二十六年(1900)廣雅書局刻本　二冊

150000－0601－0003190　D1934　史部/地理類/方志之屬/東北/吉林

[光緒]吉林輿地略二卷　清光緒二十四年(1898)石印本　二冊

150000－0601－0003191　D1121　史部/地理類/方志之屬/東北/黑龍江

[嘉慶]黑龍江外紀八卷　（清）西清纂　清末漸西村舍刻漸西村舍彙刊本　二冊

150000－0601－0003192　D1123　史部/地理類/方志之屬/東北/黑龍江

[嘉慶]黑龍江外紀八卷　（清）西清纂　清末漸西村舍刻漸西村舍彙刊本　二冊

150000－0601－0003193　D1125　史部/地理類/方志之屬/東北/黑龍江

[光緒]黑龍江述略六卷　（清）徐宗亮纂　清光緒二十七年(1901)石埭徐氏觀自得齋刻觀自得齋叢書本　二冊

150000－0601－0003194　47067　史部/地理類/方志之屬/西北/陝西

[康熙]陝西通志三十二卷　（清）賈漢復修　（清）李楷纂　清康熙六年(1667)刻本　三十冊

150000－0601－0003195　85762　史部/地理類/方志之屬/西北/陝西

[雍正]陝西通志一百卷首一卷　（清）劉於義修　（清）沈青崖纂　清雍正十三年(1735)刻本　十九冊　存四十八卷(一至十一、三十四至四十七、八十七至一百)

150000－0601－0003196　85500　史部/地理類/方志之屬/西北/陝西

[道光]陝西志輯要六卷首一卷　（清）王志沂纂　秦疆治略一卷　（清）盧坤撰　關中漢唐存碑跋一卷　（清）王志沂撰　清道光七年(1827)賜書堂刻本　六冊

150000－0601－0003197　85734　史部/地理類/方志之屬/西北/陝西

[乾隆]西安府志八十卷首一卷　（清）舒其紳修　（清）嚴長明纂　清乾隆四十四年(1779)刻本　二十八冊　存五十卷(十六至三十六、五十一至八十)

150000－0601－0003198　85730　史部/地理類/方志之屬/西北/陝西

[熙寧]長安志二十卷圖三卷　（宋）宋敏求纂　（元）李好文繪圖　（清）畢沅校　清乾隆四十九年(1784)刻本　四冊

150000－0601－0003199　85632　史部/地理

類/方志之屬/西北/陝西

[乾隆]興平縣志二十五卷續志三卷　（清）顧聲雷修　（清）張塤纂　清光緒二年(1876)刻本　七冊

150000－0601－0003200　85667　史部/地理類/方志之屬/西北/陝西

[嘉靖]高陵縣志七卷　（明）呂柟纂　清嘉慶三年(1798)刻本　四冊

150000－0601－0003201　85609　史部/地理類/方志之屬/西北/陝西

[宣統]重修涇陽縣志十六卷首一卷末一卷（清）劉懋官修　（清）周斯億纂　清宣統三年(1911)天津華新印刷局排印本　四冊

150000－0601－0003202　85711　史部/地理類/方志之屬/西北/陝西

[光緒]三原縣新志八卷　（清）焦雲龍修（清）賀瑞麟纂　清光緒六年(1880)刻本　四冊

150000－0601－0003203　85715　史部/地理類/方志之屬/西北/陝西

[光緒]三原縣新志八卷　（清）焦雲龍修（清）賀瑞麟纂　清光緒六年(1880)刻本　四冊

150000－0601－0003204　85566　史部/地理類/方志之屬/西北/陝西

[乾隆]醴泉縣志十四卷　（清）蔣騏昌修（清）孫星衍纂　清乾隆四十八年(1783)刻本　四冊

150000－0601－0003205　85580　史部/地理類/方志之屬/西北/陝西

[宣統]長武縣志十二卷　（清）沈錫榮修（清）王錫璋纂　（清）魚獻珍纂　清宣統二年(1910)學務公所印刷局排印本　四冊

150000－0601－0003206　85546　史部/地理類/方志之屬/西北/陝西

[光緒]乾州志稿十四卷別錄四卷首一卷（清）周銘旂纂　清光緒十年(1884)刻本　六冊

150000－0601－0003207　85526　史部/地理類/方志之屬/西北/陝西

[光緒]富平縣志稿十卷首一卷　樊增祥（清）劉鋙修　（清）譚麐纂　清光緒十七年(1891)刻本　十冊

150000－0601－0003208　85621　史部/地理類/方志之屬/西北/陝西

[乾隆]臨潼縣志九卷　（清）史傳達纂修　清乾隆四十一年(1776)刻本　六冊

150000－0601－0003209　47097　史部/地理類/方志之屬/西北/陝西

[乾隆]同州府志六十卷首一卷　（清）閔鑑修　（清）吳泰來纂　清乾隆四十六年(1781)刻本　二十二冊

150000－0601－0003210　85677　史部/地理類/方志之屬/西北/陝西

[咸豐]同州府志三十四卷首二卷　（清）李恩繼　（清）文廉修　（清）蔣湘南纂　清咸豐二年(1852)刻本　二十四冊

150000－0601－0003211　85657　史部/地理類/方志之屬/西北/陝西

[光緒]同州府續志十六卷首一卷　（清）饒應祺修　（清）馬先登纂　清光緒七年(1881)刻本　六冊

150000－0601－0003212　85574　史部/地理類/方志之屬/西北/陝西

[道光]大荔縣志十六卷首一卷足徵錄四卷（清）熊兆麟纂修　清道光三十年(1850)刻本　六冊

150000－0601－0003213　47119　史部/地理類/方志之屬/西北/陝西

[正德]朝邑縣志二卷　（明）王道修　（明）韓邦靖纂　清康熙五十一年(1712)王兆鰲刻本　一冊

150000－0601－0003214　85785　史部/地理類/方志之屬/西北/陝西

[正德]校正朝邑志一卷　（明）王道修（明）韓邦靖纂　（清）王元啓校訂　清乾隆四

十年（1775）楊志梁刻本　一冊

150000－0601－0003215　47120　史部/地理類/方志之屬/西北/陝西

[萬曆]續朝邑縣志八卷　（明）郭實修（明）王學謨纂　清康熙五十一年（1712）王兆鼇刻本　二冊

150000－0601－0003216　47122　史部/地理類/方志之屬/西北/陝西

[康熙]朝邑縣後志八卷　（清）王兆鼇修（清）王鵬翼纂　清康熙五十一年（1712）王兆鼇刻本　三冊

150000－0601－0003217　85707　史部/地理類/方志之屬/西北/陝西

[乾隆]朝邑縣志十一卷首一卷　（清）金嘉炎（清）朱廷模修　（清）錢坫纂　清乾隆四十五年（1780）刻本　四冊

150000－0601－0003218　53938　史部/地理類/方志之屬/西北/陝西

[咸豐]朝邑縣志三卷　（清）李元春纂　清咸豐元年（1851）刻本　二冊

150000－0601－0003219　85605　史部/地理類/方志之屬/西北/陝西

[乾隆]郃陽縣全志四卷　（清）席奉乾修（清）孫景烈纂　清乾隆三十四年（1769）刻本　四冊

150000－0601－0003220　85570　史部/地理類/方志之屬/西北/陝西

[乾隆]澄城縣志二十卷　（清）戴治修（清）洪亮吉　（清）孫星衍纂　清乾隆四十九年（1784）刻本　四冊

150000－0601－0003221　85671　史部/地理類/方志之屬/西北/陝西

[乾隆]韓城縣志十六卷首一卷　（清）傅應奎修　（清）錢坫纂　清乾隆四十九年（1784）刻本　六冊

150000－0601－0003222　85506　史部/地理類/方志之屬/西北/陝西

[隆慶]華州志二十四卷　（明）李可久修

（清）張光孝纂　清光緒八年（1882）刻本四冊

150000－0601－0003223　85510　史部/地理類/方志之屬/西北/陝西

[康熙]續華州志四卷　（清）馮昌奕修（清）劉遇奇纂　清光緒八年（1882）刻本四冊

150000－0601－0003224　85514　史部/地理類/方志之屬/西北/陝西

[乾隆]再續華州志十二卷　（清）汪以誠修（清）史蕚纂　清光緒八年（1882）刻本　二冊

150000－0601－0003225　85516　史部/地理類/方志之屬/西北/陝西

[光緒]三續華州志十二卷　（清）吳炳南修（清）劉域纂　清光緒八年（1882）刻本　六冊

150000－0601－0003226　85613　史部/地理類/方志之屬/西北/陝西

[嘉靖]耀州志十一卷　（明）李廷寶修（明）喬世寧纂　五臺山志一卷　（明）喬世寧纂　清乾隆二十七年（1762）汪灝刻本　二冊

150000－0601－0003227　85615　史部/地理類/方志之屬/西北/陝西

[乾隆]續耀州志十一卷　（清）汪灝修（清）鍾麟書纂　清乾隆二十七年（1762）刻本二冊

150000－0601－0003228　85653　史部/地理類/方志之屬/西北/陝西

[康熙]潼關志三卷　（清）康咨伯修　（清）楊端本纂　清康熙二十四年（1685）刻本二冊

150000－0601－0003229　85655　史部/地理類/方志之屬/西北/陝西

[嘉慶]續潼關廳志三卷　（清）向淮修（清）王森文纂　清嘉慶二十二年（1817）刻本二冊

150000－0601－0003230　85597　史部/地理類/方志之屬/西北/陝西

[乾隆]鳳翔縣志八卷首一卷　（清）羅鰲修

（清）周方炯纂　（清）劉震纂　清乾隆三十二年(1767)刻本　八冊

150000－0601－0003231　47125　史部/地理類/方志之屬/西北/陝西

[乾隆]郿縣志十八卷首一卷　（清）李帶雙修（清）張若纂　清乾隆四十三年(1778)刻本　四冊

150000－0601－0003232　85593　史部/地理類/方志之屬/西北/陝西

[嘉慶]扶風縣志十八卷首一卷　（清）宋世犖修　（清）吳鵬翱　（清）王樹棠纂　清嘉慶二十三年(1818)刻本　四冊

150000－0601－0003233　85663　史部/地理類/方志之屬/西北/陝西

[光緒]麟游縣新志草十卷首一卷　（清）彭洵纂修　清光緒九年(1883)刻本　四冊

150000－0601－0003234　85540　史部/地理類/方志之屬/西北/陝西

[道光]重修汧陽縣志十四卷首一卷　（清）羅曰璧纂修　清道光二十一年(1841)刻本　六冊

150000－0601－0003235　85781　史部/地理類/方志之屬/西北/陝西

[正德]武功縣志四卷首一卷　（明）康海纂（清）孫景烈評注　清道光八年(1828)黨金衡刻本　四冊

150000－0601－0003236　85729　史部/地理類/方志之屬/西北/陝西

[正德]武功縣志三卷首一卷　（明）康海纂（清）孫景烈評注　清同治十二年(1873)湖北崇文書局刻本　一冊

150000－0601－0003237　85639　史部/地理類/方志之屬/西北/陝西

[光緒]鳳縣志十卷首一卷　（清）朱子春修（清）段澍霖纂　清光緒十八年(1892)刻本四冊

150000－0601－0003238　D1843　史部/地理類/方志之屬/西北/陝西

[康熙]延綏鎮志六卷　（清）許占魁　（清）高光祉修　（清）譚吉璁纂　清康熙十二年(1673)刻本　八冊

150000－0601－0003239　D1836　史部/地理類/方志之屬/西北/陝西

[道光]榆林府志五十卷首一卷　（清）富呢揚阿等修　（清）李熙齡纂　清道光二十一年(1841)刻本　六冊　存二十四卷(一至二十四)

150000－0601－0003240　D1763　史部/地理類/方志之屬/西北/陝西

神木鄉土志四卷　抄本　一冊

150000－0601－0003241　85584　史部/地理類/方志之屬/西北/陝西

[光緒]米脂縣志十二卷　（清）高照煦纂　清光緒三十三年(1907)公記印字局排印本四冊

150000－0601－0003242　85536　史部/地理類/方志之屬/西北/陝西

[康熙]城固縣志十卷　（清）王穆纂修　清光緒四年(1878)徐懷德刻本　四冊

150000－0601－0003243　85588　史部/地理類/方志之屬/西北/陝西

[光緒]重修寧羌州志五卷　（清）馬毓華修（清）鄭書香　（清）曹良模纂　清光緒十四年(1888)刻本　五冊

150000－0601－0003244　85701　史部/地理類/方志之屬/西北/陝西

[光緒]定遠廳志二十六卷首一卷　（清）俞修鳳纂　清光緒五年(1879)刻本　六冊

150000－0601－0003245　85631　史部/地理類/方志之屬/西北/陝西

[光緒]佛坪廳志二卷　（清）劉焜纂　清光緒九年(1883)刻本　一冊

150000－0601－0003246　85556　史部/地理類/方志之屬/西北/陝西

[道光]留壩廳志十卷　（清）賀仲瑊修（清）蔣湘南纂　清道光二十二年(1842)刻本四冊

150000－0601－0003247　85560　史部/地理類/方志之屬/西北/陝西

[嘉慶]漢陰廳志十卷首一卷　（清）錢鶴年修（清）董詔纂　清嘉慶二十三年(1818)刻本六冊

150000－0601－0003248　85645　史部/地理類/方志之屬/西北/陝西

[乾隆]洵陽縣志十四卷　（清）鄧夢琴纂修清乾隆四十八年(1783)刻本　四冊

150000－0601－0003249　85552　史部/地理類/方志之屬/西北/陝西

[光緒]白河縣志十三卷　（清）顧騄修（清）王賢輔　（清）李宗麟纂　清光緒十九年(1893)刻本　四冊

150000－0601－0003250　85522　史部/地理類/方志之屬/西北/陝西

[道光]紫陽縣志八卷首一卷　（清）陳僅等修（清）楊家坤等纂　清刻光緒八年(1882)補刻本　四冊

150000－0601－0003251　85643　史部/地理類/方志之屬/西北/陝西

[道光]石泉縣志四卷　（清）舒鈞纂修　清道光二十九年(1849)刻本　二冊

150000－0601－0003252　86203　史部/地理類/方志之屬/西北/甘肅

[道光]蘭州府志十二卷　（清）陳士楨修（清）涂鴻儀纂　清道光十三年(1833)刻本八冊

150000－0601－0003253　86211　史部/地理類/方志之屬/西北/甘肅

[乾隆]皋蘭縣志二十卷　（清）吳鼎新修（清）黃建中纂　清乾隆四十三年(1778)刻本四冊

150000－0601－0003254　D1894　史部/地理類/方志之屬/西北/甘肅

[道光]會寧縣志十二卷首一卷　（清）畢光堯纂修　清道光十一年(1831)刻本　四冊

150000－0601－0003255　86229　史部/地理類/方志之屬/西北/甘肅

[光緒]重修通渭縣新志十二卷首一卷　（清）高蔚霞　（清）苟廷誠纂修　清光緒十九年(1893)刻本　四冊

150000－0601－0003256　86233　史部/地理類/方志之屬/西北/甘肅

[光緒]重纂秦州直隸州新志二十四卷首一卷　（清）余澤春修　（清）王權　（清）任其昌纂　清光緒十五年(1889)刻本　八冊

150000－0601－0003257　86241　史部/地理類/方志之屬/西北/甘肅

[嘉靖]秦安志九卷　（明）胡纘宗纂　抄本四冊

150000－0601－0003258　47133　史部/地理類/方志之屬/西北/甘肅

[康熙]河州志一卷　（清）王全臣纂修　清康熙四十六年(1707)刻本　五冊

150000－0601－0003259　D1851　史部/地理類/方志之屬/西北/寧夏

[乾隆]寧夏府志二十二卷首一卷　（清）張金城修　（清）楊浣雨纂　清乾隆四十五年(1780)刻本　十五冊

150000－0601－0003260　D1882　史部/地理類/方志之屬/西北/寧夏

[道光]續修中衛縣志十卷　（清）鄭元吉修（清）余懋官纂　清道光二十一年(1841)刻本八冊

150000－0601－0003261　D1890　史部/地理類/方志之屬/西北/寧夏

[道光]續修中衛縣志十卷　（清）鄭元吉修（清）余懋官纂　清道光二十一年(1841)刻本八冊

150000－0601－0003262　D2606　史部/地理類/方志之屬/西北/青海

[乾隆]西寧府新志四十卷　（清）楊應琚纂修清乾隆十二年(1747)刻新印本　十二冊

150000－0601－0003263　D4798　史部/地理類/方志之屬/西北/青海

[乾隆]西寧府新志四十卷　（清）楊應琚纂修
　清乾隆十二年(1747)刻後印本　十二冊

150000－0601－0003264　D2015　史部/地理
類/方志之屬/西北/新疆

[乾隆]欽定皇輿西域圖志四十八卷首四卷
（清）傅恒等修　（清）褚廷璋等纂　清光緒十
九年(1893)杭州便益書局石印本　十二冊

150000－0601－0003265　D2027　史部/地理
類/方志之屬/西北/新疆

[乾隆]欽定皇輿西域圖志四十八卷首四卷
（清）傅恒等修　（清）褚廷璋等纂　清末排印
本　二十四冊

150000－0601－0003266　21756　史部/地理
類/方志之屬/西北/新疆

[乾隆]欽定皇輿西域圖志四十八卷首四卷
（清）傅恒等修　（清）褚廷璋等纂　清末排印
本　二十四冊

150000－0601－0003267　87792　史部/地理
類/方志之屬/西北/新疆

[乾隆]欽定皇輿西域圖志四十八卷首四卷
（清）傅恒等修　（清）褚廷璋等纂　清末排印
本　十五冊　殘

150000－0601－0003268　D5290　史部/地理
類/方志之屬/西北/新疆

西域聞見錄八卷　（清）七十一纂　抄本
二冊

150000－0601－0003269　D1177　史部/地理
類/方志之屬/西北/新疆

西域瑣談四卷　（清）七十一纂　抄本　六冊

150000－0601－0003270　D2059　史部/地理
類/方志之屬/西北/新疆

[乾隆]西陲總統事略十二卷　（清）松筠修
（清）汪廷楷原輯　（清）祁韵士纂　綏服紀略
圖詩一卷　（清）松筠撰　西陲竹枝詞一卷
（清）祁韵士撰　清嘉慶十四年(1809)程振甲
刻本　八冊

150000－0601－0003271　D2067　史部/地理
類/方志之屬/西北/新疆

[乾隆]西陲總統事略十二卷　（清）松筠修
（清）汪廷楷原輯　（清）祁韵士纂　綏服紀略
圖詩一卷　（清）松筠撰　西陲竹枝詞一卷
（清）祁韵士撰　清嘉慶十四年(1809)程振甲
刻本　八冊

150000－0601－0003272　D2240　史部/地理
類/方志之屬/西北/新疆

[乾隆]欽定新疆識略十二卷首一卷　（清）松
筠纂　清道光元年(1821)武英殿修書處刻本
十冊

150000－0601－0003273　D2250　史部/地理
類/方志之屬/西北/新疆

[乾隆]欽定新疆識略十二卷首一卷　（清）松
筠纂　清道光元年(1821)武英殿修書處刻本
十冊

150000－0601－0003274　D0947　史部/地理
類/方志之屬/西北/新疆

西域考古錄十八卷　（清）俞浩纂　清刻海月
樓雜著本　四冊

150000－0601－0003275　D2200　史部/地理
類/方志之屬/西北/新疆

[宣統]新疆圖志一百十六卷首一卷　袁大化
修　王樹柟　王學曾纂　清宣統三年(1911)
活字本　四十冊

150000－0601－0003276　84270　史部/地理
類/方志之屬/西北/新疆

新疆山脉志六卷　王樹柟纂　清宣統元年
(1909)刻本　四冊　存四卷(一至四)

150000－0601－0003277　85040　史部/地理
類/方志之屬/華東/山東

[道光]重修平度州志二十七卷　（清）保忠
（清）吳慈修　（清）李圖　（清）王大鑰纂
清道光二十八年(1848)刻本　八冊

150000－0601－0003278　87353　史部/地理
類/方志之屬/華東/山東

[康熙]鄒縣志三卷　（清）婁一均修　（清）
周翼纂　清康熙五十五年(1716)刻本　二冊
存二卷(二至三)

150000－0601－0003279　86074　　史部/地理類/方志之屬/華東/山東

濟寧直隸州志□□卷　清刻本　一冊　存一卷(九)

150000－0601－0003280　84856　　史部/地理類/方志之屬/華東/江蘇

[康熙]江南通志七十六卷首一卷　(清)于成龍等修　(清)張九徵　(清)陳焯纂　清刻本　五冊　存九卷(二至三、十七至十九、二十六至二十九)

150000－0601－0003281　85367　　史部/地理類/方志之屬/華東/江蘇

[嘉慶]重刊江寧府志五十六卷　(清)呂燕昭修　(清)姚鼐纂　清光緒六年(1880)刻本　十二冊

150000－0601－0003282　85907　　史部/地理類/方志之屬/華東/江蘇

[嘉慶]重刊江寧府志五十六卷　(清)呂燕昭修　(清)姚鼐纂　清光緒六年(1880)刻本　十二冊

150000－0601－0003283　85355　　史部/地理類/方志之屬/華東/江蘇

[同治]續纂江寧府志十五卷首一卷　(清)蔣啓勛　(清)趙佑宸修　(清)汪士鐸等纂　清光緒六年(1880)刻本　十二冊

150000－0601－0003284　86567　　史部/地理類/方志之屬/華東/江蘇

吳地記一卷後集一卷　(唐)陸廣微纂　清嘉慶十二年(1807)刻學津討原本　一冊

150000－0601－0003285　84737　　史部/地理類/方志之屬/華東/江蘇

吳地記一卷後集一卷　(唐)陸廣微纂　清同治十二年(1873)江蘇書局刻本　一冊

150000－0601－0003286　47166　　史部/地理類/方志之屬/華東/江蘇

[乾隆]蘇州府志八十卷首一卷　(清)雅爾哈善　(清)傅椿修　(清)習寯　(清)王峻纂　清乾隆十三年(1748)刻本　四十冊

150000－0601－0003287　87334　　史部/地理類/方志之屬/華東/江蘇

[乾隆]蘇州府志八十卷首一卷　(清)雅爾哈善　(清)傅椿修　(清)習寯　(清)王峻纂　清乾隆十三年(1748)刻本　六冊　殘

150000－0601－0003288　85885　　史部/地理類/方志之屬/華東/江蘇

[咸豐]壬癸志稿二十八卷　(清)錢寶琛撰　清光緒六年(1880)刻本　四冊

150000－0601－0003289　84850　　史部/地理類/方志之屬/華東/江蘇

錫金識小錄十二卷　(清)黃卬纂　清光緒二十二年(1896)活字本　六冊

150000－0601－0003290　84960　　史部/地理類/方志之屬/華東/江蘇

[光緒]丹徒縣志六十卷首四卷　(清)何紹章　(清)馮壽鏡修　(清)呂耀斗等纂　清光緒五年(1879)刻本　三十二冊

150000－0601－0003291　86684　　史部/地理類/方志之屬/華東/江蘇

[光緒]高淳縣志二十八卷首一卷　(清)楊福鼎修　(清)陳嘉謀纂　清光緒七年(1881)學山書院刻本　十冊

150000－0601－0003292　87708　　史部/地理類/方志之屬/華東/江蘇

[光緒]續纂句容縣志二十卷首一卷末一卷　(清)張紹棠修　(清)蕭穆等纂　清光緒三十年(1904)刻本　十九冊

150000－0601－0003293　86967　　史部/地理類/方志之屬/華東/江蘇

[同治]續纂揚州府志二十四卷　(清)方濬頤修　(清)晏端書等纂　清同治十三年(1874)刻本　八冊

150000－0601－0003294　87406　　史部/地理類/方志之屬/華東/江蘇

[嘉慶]高郵州志十二卷首一卷　(清)楊宜侖修　(清)夏之蓉　(清)沈之本纂　(清)馮馨增修　清道光二十五年(1845)刻本　十二冊

150000－0601－0003295　85919＋87418　史部/地理類/方志之屬/華東/江蘇

[道光]續增高郵州志一卷　（清）左輝春等纂修　清道光二十三年(1843)刻本　六冊

150000－0601－0003296　85921　史部/地理類/方志之屬/華東/江蘇

[光緒]再續高郵州志八卷首一卷　（清）金元烺　（清）龔定瀛修　（清）夏子錫纂　清光緒九年(1883)刻本　六冊

150000－0601－0003297　86908　史部/地理類/方志之屬/華東/江蘇

[道光]泰州府志三十六卷首一卷　（清）王有慶等修　（清）陳世鎔等纂　泰州新志刊謬二卷首一卷　（清）任鈺等纂　清道光七年(1827)刻本　十二冊

150000－0601－0003298　86079　史部/地理類/方志之屬/華東/江蘇

[光緒]通州直隸州志十六卷首一卷末一卷　（清）梁悅馨　（清）莫祥芝修　（清）季念詒　（清）沈鍠纂　清光緒元年(1875)刻本　十六冊

150000－0601－0003299　85984　史部/地理類/方志之屬/華東/江蘇

[同治]徐州志二十五卷　（清）吳世熊　（清）朱忻修　（清）劉庠　（清）方駿謨纂　清同治十三年(1874)刻本　十六冊

150000－0601－0003300　86075　史部/地理類/方志之屬/華東/江蘇

[咸豐]邳州志二十卷首一卷　（清）董用威　（清）馬軼群修　（清）魯一同纂　清咸豐元年(1851)刻本　四冊

150000－0601－0003301　85208　史部/地理類/方志之屬/華東/浙江

[康熙]浙江通志五十卷首一卷　（清）施維翰修　（清）黃宗羲纂　清康熙刻本　三十一冊　存四十六卷(一至六、八至十、十二至三十六、三十八至四十、四十二至五十)

150000－0601－0003302　39546　史部/地理

類/方志之屬/華東/浙江

[雍正]浙江通志二百八十卷首三卷　（清）李衛等修　（清）沈翼機等纂　清光緒二十五年(1899)浙江書局刻本　一百十九冊

150000－0601－0003303　85960　史部/地理類/方志之屬/華東/浙江

[咸淳]臨安志一百卷　（宋）潛說友纂　清道光十年(1830)錢塘汪氏振綺堂刻本　二十四冊

150000－0601－0003304　85006　史部/地理類/方志之屬/華東/浙江

[光緒]海鹽縣志二十二卷首一卷末一卷　（清）王彬修　（清）徐用儀纂　清光緒三年(1877)刻本　十四冊　存十九卷(三至二十、二十二)

150000－0601－0003305　87727　史部/地理類/方志之屬/華東/浙江

[同治]湖州府志九十六卷　（清）宗源瀚　（清）郭式昌修　（清）周學濬　（清）陸心源纂　清刻本　二十三冊　存五十八卷(十至十二、二十三至二十五、三十一至三十三、四十八至九十六)

150000－0601－0003306　84992　史部/地理類/方志之屬/華東/浙江

[光緒]歸安縣志五十二卷　（清）李昱修　（清）陸心源纂　清光緒八年(1882)刻本　十四冊　存四十八卷(一至四十八)

150000－0601－0003307　86574　史部/地理類/方志之屬/華東/浙江

長興志拾遺二卷首一卷　（清）朱鎮纂　清光緒二十二年(1896)刻本　一冊

150000－0601－0003308　87750　史部/地理類/方志之屬/華東/浙江

[同治]安吉縣志十八卷　（清）汪榮　（清）劉蘭敏修　（清）張行孚　（清）丁寶書纂　清同治十三年(1874)刻本　十二冊　存十五卷(二至十六)

150000－0601－0003309　86637　史部/地理

類/方志之屬/華東/浙江

[光緒]餘姚縣志二十七卷首一卷末一卷
(清)周炳麟修　(清)邵友濂　(清)孫德祖
纂　清光緒二十五年(1899)刻本　十六冊

150000－0601－0003310　86653　史部/地理
類/方志之屬/華東/浙江

[光緒]餘姚縣志二十七卷首一卷末一卷
(清)周炳麟修　(清)邵友濂　(清)孫德祖
纂　清光緒二十五年(1899)刻本　十六冊

150000－0601－0003311　86619　史部/地理
類/方志之屬/華東/浙江

[光緒]諸暨縣志六十一卷首一卷　陳遹聲修
　(清)蔣鴻藻纂　清宣統二年(1910)刻民國
補刻本　十八冊

150000－0601－0003312　85139　史部/地理
類/方志之屬/華東/浙江

[光緒]諸暨縣志六十一卷首一卷　陳遹聲修
　(清)蔣鴻藻纂　清宣統二年(1910)刻民國
補刻本　十八冊

150000－0601－0003313　84888　史部/地理
類/方志之屬/華東/浙江

[光緒]上虞縣志校續五十卷首一卷末一卷
(清)儲家藻修　(清)徐致靖纂　清光緒二十
五年(1899)刻本　二十冊

150000－0601－0003314　84908　史部/地理
類/方志之屬/華東/浙江

[光緒]上虞縣志校續五十卷首一卷末一卷
(清)儲家藻修　(清)徐致靖纂　清光緒二十
五年(1899)刻本　二十冊

150000－0601－0003315　84775　史部/地理
類/方志之屬/華東/浙江

[嘉定]剡錄十卷　(宋)史安之修　(宋)高
似孫纂　清同治九年(1870)刻本　二冊

150000－0601－0003316　85787　史部/地理
類/方志之屬/華東/浙江

[光緒]玉環廳志十六卷首一卷　(清)杜冠英
　(清)胥壽榮修　(清)呂鴻壽纂　清光緒六
年(1880)刻本　八冊

150000－0601－0003317　85305　史部/地理
類/方志之屬/華東/浙江

[道光]婺志粹十四卷　(清)盧標纂　清道光
二十年(1840)刻本(配本)　十二冊

150000－0601－0003318　86994　史部/地理
類/方志之屬/華東/浙江

[光緒]蘭溪縣志八卷首一卷補遺一卷　(清)
秦簧　(清)邵秉經修　(清)唐壬森纂　清光
緒十五年(1889)刻本　十冊

150000－0601－0003319　87004　史部/地理
類/方志之屬/華東/浙江

[光緒]蘭溪縣志八卷首一卷補遺一卷　(清)
秦簧　(清)邵秉經修　(清)唐壬森纂　清光
緒十五年(1889)刻本　十冊

150000－0601－0003320　84864　史部/地理
類/方志之屬/華東/浙江

[光緒]永康縣志十六卷首一卷　(清)李汝爲
　(清)郭文翹修　(清)潘樹棠等纂　清光緒
十八年(1892)刻本　十二冊

150000－0601－0003321　84876　史部/地理
類/方志之屬/華東/浙江

[光緒]永康縣志十六卷首一卷　(清)李汝爲
　(清)郭文翹修　(清)潘樹棠等纂　清光緒
十八年(1892)刻本　十二冊

150000－0601－0003322　86533　史部/地理
類/方志之屬/華東/浙江

[嘉慶]義烏縣志二十二卷首一卷　(清)諸自
穀修　(清)程瑜　(清)李錫齡纂　清嘉慶七
年(1802)刻本(配本)　十冊

150000－0601－0003323　86048　史部/地理
類/方志之屬/華東/浙江

[光緒]浦江縣志十五卷首一卷　(清)善廣修
　(清)張景春纂　清刻光緒三十一年(1905)
金國瑞等增修本(用活字板補缺續增)　十
四冊

150000－0601－0003324　84952　史部/地理
類/方志之屬/華東/浙江

[同治]江山縣志十二卷首一卷末一卷　(清)

王彬　（清）孫晉梓修　（清）朱寶慈等纂　清
同治十二年(1873)文溪書院刻本　八冊

150000－0601－0003325　87769　史部/地理
類/方志之屬/華東/浙江

[乾隆]溫州府志三十卷　（清）李琬修
（清）齊召南　（清）汪沆纂　清乾隆二十七年
(1762)刻同治四年(1865)補刻本　十一冊
存二十八卷(一至二十、二十三至三十)

150000－0601－0003326　87780　史部/地理
類/方志之屬/華東/浙江

[乾隆]溫州府志三十卷　（清）李琬修
（清）齊召南　（清）汪沆纂　清乾隆二十七年
(1762)刻同治四年(1865)補刻本　三冊　殘

150000－0601－0003327　87422　史部/地理
類/方志之屬/華東/浙江

[光緒]處州府志三十卷首一卷末一卷　（清）
潘紹詒修　（清）周榮椿等纂　清光緒三年
(1877)刻本　二十七冊　存三十卷(一至七、
十至三十,首一卷,末一卷)

150000－0601－0003328　85239　史部/地理
類/方志之屬/華東/安徽

[光緒]續修廬州府志一百卷首一卷末一卷
（清）黃雲修　（清）林之望　（清）汪宗沂纂
清光緒十一年(1885)刻本　四十八冊

150000－0601－0003329　86016　史部/地理
類/方志之屬/華東/安徽

[嘉慶]寧國府志三十六卷首一卷末一卷
（清）魯銓　（清）鍾英修　（清）洪亮吉
（清）施晉纂　清嘉慶二十年(1815)刻本　三
十二冊

150000－0601－0003330　84934　史部/地理
類/方志之屬/華東/江西

[同治]崇仁縣志十卷首一卷附編一卷　（清）
盛全等修　（清）黃炳奎纂　清同治十二年
(1873)刻本　十八冊　存十一卷(二至十、首
一卷、附編一卷)

150000－0601－0003331　86728　史部/地理
類/方志之屬/華東/福建

[道光]重纂福建通志二百七十八卷首六卷
（清）孫爾準等修　（清）陳壽祺纂　（清）程
祖洛等續修　清同治七年(1868)刻本　一百
八十冊

150000－0601－0003332　87449　史部/地理
類/方志之屬/華中/湖北

[光緒]德安府志二十卷首一卷末一卷　（清）
賡音布修　（清）劉國光　（清）李春澤纂　清
光緒十四年(1888)刻本　二十冊

150000－0601－0003333　86694　史部/地理
類/方志之屬/華中/湖北

[光緒]黃州府志四十卷首一卷　（清）英啓修
（清）鄧琛纂　清光緒十年(1884)刻本　三
十四冊

150000－0601－0003334　86127　史部/地理
類/方志之屬/華中/湖北

[同治]宜昌府志十六卷首一卷　（清）聶光鑾
修　（清）王柏心　（清）雷春沼纂　清同治四
年(1865)刻本　十五冊

150000－0601－0003335　85719　史部/地理
類/方志之屬/華中/湖南

[同治]醴陵縣志十四卷首一卷末一卷　（清）
徐淦修　（清）江普光等纂　清同治十年
(1871)刻本　六冊

150000－0601－0003336　87762　史部/地理
類/方志之屬/華中/湖南

[康熙]永州府志二十四卷　（清）姜承基修
（清）常在纂　清康熙三十三年(1694)刻本
七冊　存十一卷(一至十一)

150000－0601－0003337　86095　史部/地理
類/方志之屬/華南/廣東

[光緒]嘉應州志三十二卷首一卷　（清）吳宗
焯　（清）李慶榮修　（清）溫仲和纂　清光緒
二十四年(1898)刻本　十四冊

150000－0601－0003338　87576　史部/地理
類/方志之屬/華南/廣東

[乾隆]潮州府志四十二卷首一卷　（清）周碩
勳纂修　清光緒十九年(1893)潮州保安總局

刻本　二十五冊

150000－0601－0003339　87395　史部/地理類/方志之屬/華南/廣東

[乾隆]澳門記略二卷　（清）印光任纂（清）張汝霖纂　清乾隆十六年(1751)刻本一冊

150000－0601－0003340　47138　史部/地理類/方志之屬/西南/四川

[康熙]四川總志三十六卷　（清）蔡毓榮等修（清）錢受祺纂　清康熙十二年(1673)刻康熙四十八年(1709)殷道正增修本　二十八冊

150000－0601－0003341　86557　史部/地理類/方志之屬/西南/四川

蜀典十二卷　（清）張澍纂　清道光十四年(1834)刻本　六冊

150000－0601－0003342　87783　史部/地理類/方志之屬/西南/四川

蜀典十二卷　（清）張澍纂　清光緒二年(1876)四川尊經書院刻本　四冊

150000－0601－0003343　84700　史部/地理類/方志之屬/西南/四川

蜀故二十七卷　（清）彭遵泗纂　清光緒二年(1876)刻本　六冊

150000－0601－0003344　85815　史部/地理類/方志之屬/西南/貴州

[道光]遵義府志四十八卷首一卷　（清）平翰等修　（清）鄭珍（清）莫友芝纂　清道光二十一年(1841)刻本　二十冊

150000－0601－0003345　87552　史部/地理類/方志之屬/西南/貴州

[乾隆]鎮遠府志二十八卷　（清）蔡宗建修（清）龔傳紳纂　抄本　六冊

150000－0601－0003346　87277　史部/地理類/方志之屬/西南/雲南

[光緒]續雲南通志稿一百九十四卷首六卷（清）王文韶　（清）魏光燾修　（清）唐炯纂　清光緒二十七年(1901)刻本　十冊　存二十一卷(二十三至二十五、四十四至四十五、五十八至六十二、八十四至八十五、一百〇七至一百〇八、一百二十一、一百二十三、一百二十六至一百二十七、一百三十二、一百三十四至一百三十五)

150000－0601－0003347　D2004　史部/地理類/方志之屬/西南/西藏

[乾隆]西藏志一卷　抄本　三冊

150000－0601－0003348　D1989　史部/地理類/方志之屬/西南/西藏

[光緒]西藏圖考八卷首一卷　（清）黃沛翹纂　清光緒十二年(1886)李培榮刻本　四冊

150000－0601－0003349　D1997　史部/地理類/方志之屬/西南/西藏

[光緒]西藏圖考八卷首一卷　（清）黃沛翹纂　清光緒十二年(1886)李培榮刻本　四冊

150000－0601－0003350　D1993　史部/地理類/方志之屬/西南/西藏

[光緒]西藏圖考八卷首一卷　（清）黃沛翹纂　清光緒二十三年(1897)刻本　四冊

150000－0601－0003351　D5324　史部/地理類/方志之屬/西南/西藏

[光緒]西藏圖考八卷首一卷　（清）黃沛翹纂　清光緒二十三年(1897)刻本　四冊

150000－0601－0003352　83918　史部/地理類/雜志之屬

日下舊聞四十二卷　（清）朱彝尊撰　清康熙二十七年(1688)刻本　十二冊

150000－0601－0003353　83930　史部/地理類/雜志之屬

日下舊聞四十二卷　（清）朱彝尊撰　（清）朱昆田補遺　清康熙二十七年(1688)刻本　十二冊

150000－0601－0003354　83942　史部/地理類/雜志之屬

欽定日下舊聞考一百六十卷　（清）于敏中（清）竇光鼐撰　清刻本　四十冊

150000－0601－0003355　83982　史部/地理

類/雜志之屬

欽定日下舊聞考一百六十卷 （清）于敏中
（清）竇光鼐撰　清刻本　四十七冊

150000－0601－0003356　103111　史部/地
理類/雜志之屬

藤陰雜記十二卷 （清）戴璐撰　清光緒三年
(1877)刻本　二冊

150000－0601－0003357　53923　史部/地理
類/雜志之屬

宸垣識略十六卷 （清）吳長元輯　清同治二
年(1863)文英堂刻本　八冊

150000－0601－0003358　84430　史部/地理
類/雜志之屬

宸垣識略十六卷 （清）吳長元輯　清光緒二
年(1876)刻本　八冊

150000－0601－0003359　84029　史部/地理
類/雜志之屬

日下舊聞錄五卷 清咸豐二年(1852)刻本
二冊

150000－0601－0003360　84672　史部/地理
類/雜志之屬

鳳臺祇謁筆記一卷 （清）董恂撰　清同治九
年(1870)刻本　一冊

150000－0601－0003361　84673　史部/地理
類/雜志之屬

鳳臺祇謁筆記一卷 （清）董恂撰　清同治九
年(1870)刻本　一冊

150000－0601－0003362　84674　史部/地理
類/雜志之屬

鳳臺祇謁筆記一卷 （清）董恂撰　清同治九
年(1870)刻本　一冊

150000－0601－0003363　84463　史部/地理
類/雜志之屬

都門紀略 清同治三年(1864)伴花齋刻本
三冊

150000－0601－0003364　53931　史部/地理
類/雜志之屬

都門紀略四卷 清同治十三年(1874)榮錄堂
刻本　四冊

150000－0601－0003365　84625　史部/地理
類/雜志之屬

新增都門紀略 清宣統元年(1909)刻本
七冊

150000－0601－0003366　84581　史部/地理
類/雜志之屬

都門彙纂一卷 （清）楊靜亭編輯　（清）李靜
山增補　清同治十二年(1873)刻本　四冊

150000－0601－0003367　84455　史部/地理
類/雜志之屬

朝市叢載八卷 （清）李虹若編　清光緒十七
年(1891)刻本　八冊

150000－0601－0003368　84679　史部/地理
類/雜志之屬

瀛壖雜志六卷 （清）王韜撰　清光緒元年
(1875)刻本　二冊

150000－0601－0003369　84681　史部/地理
類/雜志之屬

瀛壖雜志六卷 （清）王韜撰　清光緒元年
(1875)刻本　二冊

150000－0601－0003370　84634　史部/地理
類/雜志之屬

淞南夢影錄四卷 （清）晚香留夢室撰　清末
申報館排印本　一冊

150000－0601－0003371　53935　史部/地理
類/雜志之屬

津門雜記三卷 （清）張燾撰　清光緒十年
(1884)刻本　三冊

150000－0601－0003372　D5306　史部/地理
類/雜志之屬

調查察哈爾左翼四旗兩群報告一卷 關雲
寶石撰　抄本　一冊

150000－0601－0003373　D2142　史部/地理
類/雜志之屬

塞外見聞錄一卷 抄本　一冊

150000－0601－0003374　D1401　史部/地理類/雜志之屬

晉政輯要四十卷　（清）剛毅重修　（清）安頤纂　清光緒十四年(1888)刻本　三十二冊

150000－0601－0003375　765056＋765801　史部/地理類/雜志之屬

晉政輯要四十卷　（清）高崇基修　（清）安頤纂　清光緒十五年(1889)刻本　二十六冊

150000－0601－0003376　D1104　史部/地理類/雜志之屬

蒙古地理概說一卷　黃成垬撰　抄本　一冊

150000－0601－0003377　D0762　史部/地理類/雜志之屬

內蒙古自治區行政區劃變更概況一卷　抄本　一冊

150000－0601－0003378　D0849　史部/地理類/雜志之屬

蒙古沿革志二卷附一卷　沈宗衍撰　抄本　四冊

150000－0601－0003379　D0294　史部/地理類/雜志之屬

[綏蒙雜記八種]　抄本　一冊

150000－0601－0003380　D0006　史部/地理類/雜志之屬

奏請將晉邊理事廳員改爲撫民同知摺一卷　(清)張之洞撰　抄本　一冊

150000－0601－0003381　D1582　史部/地理類/雜志之屬

黑水瑣拾錄一卷　金啓孮撰　嫩江耳食錄一卷　金啓孮撰　抄本　一冊

150000－0601－0003382　D1564　史部/地理類/雜志之屬

綏遠古迹一卷　抄本　一冊

150000－0601－0003383　D2107　史部/地理類/雜志之屬

蒙古調查旅行記八卷　（日本）鳥居龍藏撰　抄本　四冊

150000－0601－0003384　D1138　史部/地理類/雜志之屬

西蒙阿拉善旗社會一卷　抄本　一冊

150000－0601－0003385　D0007　史部/地理類/雜志之屬

呼倫貝爾問題一卷　郭道甫撰　抄本　一冊

150000－0601－0003386　D0614　史部/地理類/雜志之屬

欽定滿洲源流考二十卷　清乾隆六十年(1795)翰林院抄本　八冊

150000－0601－0003387　76779　史部/地理類/雜志之屬

欽定滿洲源流考二十卷首一卷　（清）阿桂等修　（清）平恕等撰　清光緒三十年(1904)中西書局石印本　二冊

150000－0601－0003388　D0324　史部/地理類/雜志之屬

東三省政略十二卷　徐世昌撰　清宣統三年(1911)排印本　四十冊

150000－0601－0003389　47860　史部/地理類/雜志之屬

東三省政略十二卷　徐世昌撰　清宣統三年(1911)排印本　四十冊

150000－0601－0003390　D2138　史部/地理類/雜志之屬

啓東錄六卷　（清）林壽圖撰　清光緒五年(1879)黃鵠山人歐齋刻本　二冊

150000－0601－0003391　89465　史部/地理類/雜志之屬

盛京典制備考八卷　（清）特慎庵撰　（清）崇厚增輯　清光緒四年(1878)刻本　六冊

150000－0601－0003392　D2406　史部/地理類/雜志之屬

御製盛京賦一卷　（清）高宗弘曆撰　（清）鄂爾泰等注　清刻朱墨套印本　二冊

150000－0601－0003393　26689　史部/地理類/雜志之屬

御製盛京賦一卷　（清）高宗弘曆撰　（清）鄂
爾泰等注　清刻朱墨套印本　二冊

150000－0601－0003394　D2407　史部／地理
類／雜志之屬

御製巡幸盛京詩一卷　（清）宣宗旻寧撰　清
內府刻本　一冊

150000－0601－0003395　137872　史部／地
理類／雜志之屬

御製巡幸盛京詩一卷　（清）宣宗旻寧撰　清
內府刻本　一冊

150000－0601－0003396　137873　史部／地
理類／雜志之屬

御製巡幸盛京詩一卷　（清）宣宗旻寧撰　清
內府刻本　一冊

150000－0601－0003397　D1021　史部／地理
類／雜志之屬

吉林紀事詩四卷首一卷末一卷　沈兆褆撰注
清宣統三年（1911）金陵湯明林聚珍書局排
印本　二冊

150000－0601－0003398　84537　史部／地理
類／雜志之屬

三秦記一卷　（清）張澍撰　清道光元年
（1821）刻本　一冊

150000－0601－0003399　84442　史部／地理
類／雜志之屬

三輔舊事一卷　（清）張澍撰　清道光元年
（1821）刻本　一冊

150000－0601－0003400　84441　史部／地理
類／雜志之屬

三輔故事一卷　（清）張澍撰　清道光元年
（1821）刻本　一冊

150000－0601－0003401　84738　史部／地理
類／雜志之屬

西河舊事一卷　（清）張澍撰　清道光元年
（1821）刻本　一冊

150000－0601－0003402　84579　史部／地理
類／雜志之屬

兩京新記一卷　（唐）韋述撰　清光緒七年
（1881）刻本　一冊

150000－0601－0003403　84740　史部／地理
類／雜志之屬

涼州異物志一卷　（清）張澍輯　清刻二酉堂
叢書本　一冊

150000－0601－0003404　84736　史部／地理
類／雜志之屬

沙州記一卷　（南朝宋）段國撰　（清）張澍輯
清道光元年（1821）刻二酉堂叢書本　一冊

150000－0601－0003405　D5302　史部／地理
類／雜志之屬

塞外紀聞一卷　（清）洪亮吉撰　外家紀聞一
卷天山客話一卷遣戍伊犁日記一卷　清咸豐
四年（1854）刻本　一冊

150000－0601－0003406　D0994　史部／地理
類／雜志之屬

撫夏奏議二卷　抄本　二冊

150000－0601－0003407　D0766　史部／地理
類／雜志之屬

平番奏議四卷　（清）那彥成撰　清咸豐三年
（1853）刻本　四冊

150000－0601－0003408　D2086　史部／地理
類／雜志之屬

新疆賦一卷　（清）徐松撰　讀有用書齋刻本
一冊

150000－0601－0003409　D0680　史部／地理
類／雜志之屬

新疆招用回隊理由一卷　新疆官報局石印本
一冊

150000－0601－0003410　100512　史部／地
理類／雜志之屬

山東考古錄一卷　（清）顧炎武撰　清光緒十
一年（1885）吳縣孫溪槐廬家塾上海掃葉山房
書坊刻本　一冊

150000－0601－0003411　84841　史部／地理
類／雜志之屬

江蘇全省輿地圖一卷　（清）曾國藩纂修　（清）丁日昌纂修　清同治七年(1868)刻本　五冊

150000－0601－0003412　84829　史部/地理類/雜志之屬

江蘇全省輿圖一卷　清光緒二十一年(1895)書局刻本　三冊

150000－0601－0003413　84443　史部/地理類/雜志之屬

六朝事迹編類二卷　（宋）張敦頤撰　清光緒十三年(1887)刻本　四冊

150000－0601－0003414　84447　史部/地理類/雜志之屬

六朝事迹編類二卷　（宋）張敦頤撰　清光緒十三年(1887)刻本　四冊

150000－0601－0003415　84451　史部/地理類/雜志之屬

六朝事迹編類二卷　（宋）張敦頤撰　清光緒十三年(1887)刻本　四冊

150000－0601－0003416　84438　史部/地理類/雜志之屬

秣陵集六卷　（清）陳文述撰　清光緒十年(1884)淮南書局刻本　三冊

150000－0601－0003417　102381　史部/地理類/雜志之屬

桃溪客語五卷　（清）吳騫撰　清刻本　一冊

150000－0601－0003418　85301　史部/地理類/雜志之屬

松陵見聞錄十卷首一卷　（清）王鯤撰　清道光九年(1829)刻本　四冊

150000－0601－0003419　126524　史部/地理類/雜志之屬

常州賦一卷　（清）褚邦慶編注　清光緒四年(1878)刻本　一冊

150000－0601－0003420　82222　史部/地理類/雜志之屬

湖隱外史一卷　（明）葉紹袁撰　清光緒三十三年(1907)上海國學保存會排印國粹叢書本　一冊

150000－0601－0003421　82223　史部/地理類/雜志之屬

湖隱外史一卷　（明）葉紹袁撰　清光緒三十三年(1907)上海國學保存會排印國粹叢書本　一冊

150000－0601－0003422　127422　史部/地理類/雜志之屬

勝溪竹枝詞一卷　（清）柳樹芳撰　清道光元年(1821)刻本　一冊

150000－0601－0003423　85294　史部/地理類/雜志之屬

揚州畫舫錄十八卷　（清）李斗撰　清乾隆六十年(1795)刻本　四冊

150000－0601－0003424　84767　史部/地理類/雜志之屬

揚州歷史教科書一卷　（清）湯寅臣編　清光緒三十四年(1908)刻本　四冊

150000－0601－0003425　84663　史部/地理類/雜志之屬

廣陵事略七卷　（清）姚文田撰　清嘉慶十七年(1812)開封節署刻邃雅堂全書本　四冊

150000－0601－0003426　86563　史部/地理類/雜志之屬

廣陵通典十卷　（清）汪中撰　清同治八年(1869)揚州書局刻本　二冊

150000－0601－0003427　122207　史部/地理類/雜志之屬

潤州事迹詩鈔一卷　（清）解爲幹編　清同治七年(1868)刻本　十冊

150000－0601－0003428　86573　史部/地理類/雜志之屬

官書錄二卷　（清）志書局輯　清光緒六年(1880)志書局刻本　一冊

150000－0601－0003429　126417　史部/地理類/雜志之屬

淮流一勺二卷　（清）范以煦撰　清道光二十五年（1845）刻本　一冊

150000－0601－0003430　84706　史部/地理類/雜志之屬

太平三書十二卷　（清）張萬選編注　清順治五年（1648）刻康熙三十六年（1697）重修本　六冊

150000－0601－0003431　84128　史部/地理類/雜志之屬

湖墅小志四卷　高鵬年撰　清光緒二十二年（1896）石印本　一冊

150000－0601－0003432　126233　史部/地理類/雜志之屬

越中百咏一卷　（清）周晉鑅撰　清道光二十九年（1849）蘇城湯晉苑局刻本　一冊

150000－0601－0003433　84668　史部/地理類/雜志之屬

北隅掌錄二卷　（清）黃士洵撰　清道光二十五年（1845）錢塘汪氏刻本　二冊

150000－0601－0003434　84667　史部/地理類/雜志之屬

吳興山墟名一卷　（晉）張元之撰　清光緒十七年（1891）刻雲自在龕叢書本　一冊

150000－0601－0003435　84730　史部/地理類/雜志之屬

吳興記一卷　（宋）山謙之撰　繆荃孫輯　清光緒十七年（1891）雲自在龕刻本　一冊

150000－0601－0003436　84739　史部/地理類/雜志之屬

吳興記一卷　（宋）山謙之撰　繆荃孫輯　清光緒十七年（1891）雲自在龕刻本　一冊

150000－0601－0003437　125979　史部/地理類/雜志之屬

句餘土音三卷　（清）全祖望撰　全謝山先生遺詩一卷　（清）全祖望撰　清宣統三年（1911）國學扶輪社排印張氏適園叢書本　一冊

150000－0601－0003438　84670　史部/地理類/雜志之屬

會稽三賦一卷　（宋）王十朋撰　（明）南逢吉注　清刻本　二冊

150000－0601－0003439　879238　史部/地理類/雜志之屬

重刻會稽三賦四卷　（宋）王十朋撰　（明）南逢吉注　（明）尹壇補注　明刻本　一冊

150000－0601－0003440　84750　史部/地理類/雜志之屬

明州繫年錄七卷　（清）董沛撰　清光緒四年（1878）刻本　三冊

150000－0601－0003441　102572　史部/地理類/雜志之屬

甌江逸志一卷　（清）勞大與撰　清刻說鈴本　一冊

150000－0601－0003442　128994　史部/地理類/雜志之屬

河南省圖一卷　（清）劉恂繪　清同治九年（1870）刻本　一冊

150000－0601－0003443　82541　史部/地理類/雜志之屬

光緒湖北輿地記二十四卷　（清）湖北輿圖局編　清光緒二十年（1894）刻本　二十四冊

150000－0601－0003444　168321　史部/地理類/雜志之屬

襄陽四略　（清）吳慶燾撰　清末刻本　九冊

150000－0601－0003445　84824　史部/地理類/雜志之屬

湖南全省地輿圖□□卷　清同治四年（1865）刻本　一冊　存一卷（二）

150000－0601－0003446　84386　史部/地理類/雜志之屬

湖南全省水陸驛里圖記一卷　抄本　一冊

150000－0601－0003447　128977　史部/地理類/雜志之屬

岳陽風土記一卷　（宋）范致明撰　朝邑志一

卷　（明）韓邦靖撰　**吳門耆舊記一卷**　（清）顧承撰　清刻本　一冊

150000－0601－0003448　84699　史部/地理類/雜志之屬

岳陽風土記一卷　（宋）范致明撰　清刻小石山房叢書本　一冊

150000－0601－0003449　84839　史部/地理類/雜志之屬

廣東全圖一卷　清光緒二十三年（1897）石印本　二冊

150000－0601－0003450　84678　史部/地理類/雜志之屬

嶺表錄異三卷　（唐）劉恂撰　清刻武英殿聚珍版書本　一冊

150000－0601－0003451　84687　史部/地理類/雜志之屬

嶺外代答一卷　（宋）周去非撰　清刻知不足齋叢書本　三冊

150000－0601－0003452　10289　史部/地理類/雜志之屬

嶺外叢述六十卷　（清）鄧淳編輯　清道光十年（1830）鄧氏刻本　十八冊

150000－0601－0003453　125720　史部/地理類/雜志之屬

瓊州雜事詩一卷　（清）程秉釗撰　清光緒十三年（1887）元和江氏刻績溪程庶常遺書本　一冊

150000－0601－0003454　84837　史部/地理類/雜志之屬

廣西全圖一卷　（清）北洋機器總局算學堂重繪　清光緒二十一年（1895）石印本　二冊

150000－0601－0003455　84718　史部/地理類/雜志之屬

赤雅三卷　（明）鄺露纂　清光緒四年（1878）刻嘯園叢書本　二冊

150000－0601－0003456　86555　史部/地理類/雜志之屬

粵西筆述一卷　（清）張祥河輯　清光緒二十二年（1896）刻本　一冊

150000－0601－0003457　170653　史部/地理類/雜志之屬

隴蜀餘聞一卷　（清）王士禎撰　清刻本　一冊

150000－0601－0003458　765360　史部/地理類/雜志之屬

金川瑣記六卷　（清）李心衡纂　清刻藝海珠塵本　一冊

150000－0601－0003459　85048　史部/地理類/雜志之屬

黔書二卷　（清）田雯撰　清刻本　一冊

150000－0601－0003460　85049　史部/地理類/雜志之屬

續黔書八卷　（清）張澍撰　清光緒十五年（1889）刻本　一冊

150000－0601－0003461　47249　史部/地理類/雜志之屬

黔記四卷　（清）李宗昉撰　清道光十四年（1834）刻本　一冊

150000－0601－0003462　765378　史部/地理類/雜志之屬

增訂南詔野史二卷　（明）楊慎撰　金溪李氏自怡堂刻本　一冊

150000－0601－0003463　D5322　史部/地理類/雜志之屬

西藏賦一卷　（清）和寧撰　清光緒八年（1882）元尚居刻本　一冊

150000－0601－0003464　D2188　史部/地理類/雜志之屬

康輶紀行十六卷　（清）姚瑩撰　清刻本　十二冊

150000－0601－0003465　765362　史部/地理類/雜志之屬

西藏考一卷　清刻本　一冊

150000－0601－0003466　765354　史部/地

理類/雜志之屬

西藏小識四卷 （清）單毓年撰 抄本 四冊

150000－0601－0003467 D1149 史部/地理
類/雜志之屬

西藏宗教源流考一卷 （清）張其勤撰 清宣
統二年(1910)官印刷局排印本 一冊

150000－0601－0003468 765372 史部/地
理類/雜志之屬

三省入藏程站紀一卷 （清）范壽金編輯 清
光緒三十三年(1907)石印本 一冊

150000－0601－0003469 765375 史部/地
理類/雜志之屬

籌藏芻議一卷 （清）姚錫光撰 清光緒三十
四年(1908)京師寓齋排印本 一冊

150000－0601－0003470 765376 史部/地
理類/雜志之屬

籌藏芻議一卷 （清）姚錫光撰 清光緒三十
四年(1908)京師寓齋排印本 一冊

150000－0601－0003471 129160 史部/地
理類/雜志之屬

譎觚十事一卷 （清）顧炎武撰 清刻本
一冊

150000－0601－0003472 129161 史部/地
理類/雜志之屬

譎觚十事一卷 （清）顧炎武撰 清刻本
一冊

150000－0601－0003473 D5308 史部/地理
類/雜志之屬

甘肅省城自蘭泉驛起至新疆路程一卷 刻本
一冊

150000－0601－0003474 170625 史部/地
理類/專志之屬/宮殿

三輔黃圖六卷 （漢）桑欽撰 水經二卷
（漢）桑欽撰 清刻本 一冊

150000－0601－0003475 84580 史部/地理
類/專志之屬/宮殿

故宮遺錄一卷 （明）蕭洵撰 清刻知不足齋

叢書本 一冊

150000－0601－0003476 84570 史部/地理
類/專志之屬/宮殿

御製圓明園詩二卷 （清）高宗弘曆撰 清光
緒十三年(1887)天津石印書屋石印本 二冊

150000－0601－0003477 84572 史部/地理
類/專志之屬/宮殿

御製圓明園詩二卷 （清）高宗弘曆撰 清光
緒十三年(1887)天津石印書屋石印本 二冊

150000－0601－0003478 123286 史部/地
理類/專志之屬/園亭

竹居錄存一卷 （清）張士珩輯 清光緒二十
三年(1897)冶山竹居刻本 一冊

150000－0601－0003479 84691 史部/地理
類/專志之屬/園亭

平山堂圖志十卷 （清）趙之璧撰 清光緒九
年(1883)刻本 四冊

150000－0601－0003480 84695 史部/地理
類/專志之屬/園亭

平山堂圖志十卷 （清）趙之璧撰 清光緒九
年(1883)刻本 四冊

150000－0601－0003481 84250 史部/地理
類/專志之屬/園亭

新刻黃鶴樓銘楹聯詩賦一卷 清光緒四年
(1878)自修山人刻本 二冊

150000－0601－0003482 84466 史部/地理
類/專志之屬/祠墓

歷代陵寢備考五十卷 （清）朱孔陽撰 歷代
宗廟附考八卷 （清）朱孔陽撰 清末申報館
排印申報館叢書本 十四冊

150000－0601－0003483 84480 史部/地理
類/專志之屬/祠墓

歷代陵寢備考五十卷 （清）朱孔陽撰 歷代
宗廟附考八卷 （清）朱孔陽撰 清末申報館
排印申報館叢書本 十三冊

150000－0601－0003484 84773 史部/地理
類/專志之屬/祠墓

兩浙防護陵寢祠墓錄一卷 （清）阮元輯 清光緒十五年（1889）浙江書局刻本 二冊

150000－0601－0003485 84538 史部/地理類/專志之屬/祠墓

文廟移建志一卷 清道光二十一年（1841）刻本 一冊

150000－0601－0003486 92510 史部/地理類/專志之屬/祠墓

學宮紀事一卷 清光緒七年（1881）刻本 二冊

150000－0601－0003487 84522 史部/地理類/專志之屬/祠墓

曹江孝女廟志八卷首一卷末一卷 （清）金廷棟編輯 清光緒八年（1882）刻本 二冊

150000－0601－0003488 170477 史部/地理類/專志之屬/祠墓

崔府君祠錄一卷 （清）鄭烺撰 清宣統元年（1909）徐乃昌刻懷幽雜俎本 一冊

150000－0601－0003489 84524 史部/地理類/專志之屬/祠墓

昭利廟志六卷 （明）杜翔鳳撰 清宣統二年（1910）活字本 一冊

150000－0601－0003490 D1576 史部/地理類/專志之屬/祠墓

青冢志十二卷 （清）胡鳳丹編 清光緒三年（1877）永康胡氏退補齋刻本 一冊

150000－0601－0003491 8515 史部/地理類/專志之屬/祠墓

忠武祠墓志七卷首一卷末一卷 （清）虛白道人輯 清同治九年（1870）刻本 四冊

150000－0601－0003492 84210 史部/地理類/專志之屬/祠墓

汪王廟志略一卷 （清）孫文炳輯 清光緒三十一年（1905）刻本 一冊

150000－0601－0003493 84511 史部/地理類/專志之屬/祠墓

岳廟志略十卷首一卷 （清）馮培編 清光緒

五年（1879）浙江書局刻本 四冊

150000－0601－0003494 80944 史部/地理類/專志之屬/祠墓

紀事續編一卷 清光緒二十五年（1899）活字本 二冊

150000－0601－0003495 84785 史部/地理類/專志之屬/書院

東林書院志二十二卷 清乾隆元年（1736）刻本 八冊

150000－0601－0003496 8681 史部/地理類/專志之屬/雜錄

江南製造局記十卷首一卷附一卷 （清）魏允恭編 清光緒三十一年（1905）上海文寶書局石印本 十冊

150000－0601－0003497 84328 史部/地理類/山水之屬/合志

寰瀛山水略四卷 （清）葛銘撰 清光緒五年（1879）活字本 二冊

150000－0601－0003498 84330 史部/地理類/山水之屬/合志

寰瀛山水略四卷 （清）葛銘撰 清光緒五年（1879）活字本 二冊

150000－0601－0003499 84269 史部/地理類/山水之屬/合志

昌平山水記二卷 （清）顧炎武撰 清刻亭林遺書本 一冊

150000－0601－0003500 84159 史部/地理類/山水之屬/山

天下名山圖咏四卷 （清）沈錫齡輯 清光緒二十一年（1895）瀘中沈氏石印本 四冊

150000－0601－0003501 47259 史部/地理類/山水之屬/山

清凉山志一卷 （明）釋鎮澄撰 明萬曆二十四年（1596）刻清順治十八年（1661）重修本 四冊

150000－0601－0003502 16843 史部/地理類/山水之屬/山

清凉山志一卷　（明）釋鎮澄撰　清乾隆二十年(1755)淮陰聞思寺刻本　四冊

150000－0601－0003503　767738　史部/地理類/山水之屬/山

清凉山志輯要□□卷　抄本　一冊　存一卷(上)

150000－0601－0003504　47255　史部/地理類/山水之屬/山

華嶽志八卷首一卷　（清）李榕撰　清道光十一年(1831)刻光緒九年(1883)增修本　四冊

150000－0601－0003505　47263　史部/地理類/山水之屬/山

華嶽志八卷首一卷　（清）李榕撰　清道光十一年(1831)刻光緒九年(1883)增修本　四冊

150000－0601－0003506　84311　史部/地理類/山水之屬/山

泰山道里記一卷　（清）聶欽撰　清光緒四年(1878)雨山堂刻本　一冊

150000－0601－0003507　84312　史部/地理類/山水之屬/山

泰山道里記一卷　（清）聶欽撰　清刻光緒二十四年(1898)增修本　一冊

150000－0601－0003508　84183　史部/地理類/山水之屬/山

長白山錄一卷補遺一卷　（清）王士禛撰　清刻本　一冊

150000－0601－0003509　170652　史部/地理類/山水之屬/山

長白山錄一卷補遺一卷　（清）王士禛撰　清刻本　一冊

150000－0601－0003510　84192　史部/地理類/山水之屬/山

焦山志二十六卷首一卷　（清）吳雲輯　清同治十三年(1874)刻京口三山志本　八冊

150000－0601－0003511　84200　史部/地理類/山水之屬/山

焦山志二十六卷首一卷　（清）吳雲輯　清同治十三年(1874)刻京口三山志本　八冊

150000－0601－0003512　84208　史部/地理類/山水之屬/山

焦山續志八卷　（清）陳任暘撰　清光緒三十一年(1905)刻本　二冊

150000－0601－0003513　84245　史部/地理類/山水之屬/山

九華紀勝二十三卷首一卷　（清）陳蔚撰　清道光七年(1827)刻本　四冊

150000－0601－0003514　41463　史部/地理類/山水之屬/山

廣雁蕩山志二十八卷首一卷末一卷　（清）曾唯撰　清乾隆五十五年(1790)刻本　八冊

150000－0601－0003515　84171　史部/地理類/山水之屬/山

廣雁蕩山志二十八卷首一卷末一卷　（清）曾唯撰　清乾隆五十五年(1790)刻嘉慶十三年(1808)增修本　六冊

150000－0601－0003516　84177　史部/地理類/山水之屬/山

爛柯山志四冊十三卷　（清）鄭永禧纂　清光緒三十三年(1907)刻本　一冊

150000－0601－0003517　47250　史部/地理類/山水之屬/山

南海普陀山志十五卷首一卷　（清）陳璿等撰　清雍正十三年(1735)刻本　四冊

150000－0601－0003518　84313　史部/地理類/山水之屬/山

南海普陀山志十五卷首一卷　（清）陳璿等撰　清雍正十三年(1735)刻本　四冊

150000－0601－0003519　84317　史部/地理類/山水之屬/山

重修南海普陀山志二十卷首一卷　（清）秦耀曾編　清道光十二年(1832)刻本　四冊

150000－0601－0003520　47254　史部/地理類/山水之屬/山

南海勝境普陀山志一卷　清刻本　一冊

150000－0601－0003521　84274　史部/地理類/山水之屬/山

武夷山志二十四卷首一卷　（清）董天工撰　清道光二十六年(1846)刻本　十二冊

150000－0601－0003522　84286　史部/地理類/山水之屬/山

武夷山志二十四卷首一卷　（清）董天工撰　清道光二十六年(1846)刻本　八冊

150000－0601－0003523　84252　史部/地理類/山水之屬/山

黃鵠山志十二卷首一卷　（清）胡鳳丹撰　清同治十三年(1874)退補齋刻本　六冊

150000－0601－0003524　84221　史部/地理類/山水之屬/山

南嶽志八卷　（清）高自位重編　清乾隆十八年(1753)刻本　六冊

150000－0601－0003525　84215　史部/地理類/山水之屬/山

南嶽志八卷　（清）高自位重編　清乾隆十八年(1753)刻本　六冊

150000－0601－0003526　84227　史部/地理類/山水之屬/山

重修南嶽志二十六卷　（清）李元度撰　清光緒六年(1880)刻本　十二冊

150000－0601－0003527　84306　史部/地理類/山水之屬/山

蓮峰志五卷　（清）王夫之撰　清同治四年(1865)湘鄉曾氏金陵節署刻船山遺書本　一冊

150000－0601－0003528　84188　史部/地理類/山水之屬/山

祠山志十卷首一卷　（清）周秉秀編　（清）周憲敬重編　清光緒十二年(1886)刻本　四冊

150000－0601－0003529　126234　史部/地理類/山水之屬/山

廬山詩錄一卷　易順鼎撰　清光緒三十四年(1908)影印本　一冊

150000－0601－0003530　83223　史部/地理類/山水之屬/水

水經二卷　（漢）桑欽撰　清刻增訂漢魏叢書本　一冊

150000－0601－0003531　170379　史部/地理類/山水之屬/水

水經二卷　（漢）桑欽撰　清刻本　一冊

150000－0601－0003532　170628　史部/地理類/山水之屬/水

水經二卷　（漢）桑欽撰　**星經二卷**　（漢）甘公撰　（漢）石申撰　清刻本　一冊

150000－0601－0003533　83175　史部/地理類/山水之屬/水

水經注四十卷首一卷　（北魏）酈道元撰　清光緒元年(1875)湖北崇文書局刻本　十冊

150000－0601－0003534　83612　史部/地理類/山水之屬/水

水經四十卷　（漢）桑欽撰　（北魏）酈道元注　清乾隆十八年(1753)黃晟刻本　十冊

150000－0601－0003535　83622　史部/地理類/山水之屬/水

水經四十卷　（漢）桑欽撰　（北魏）酈道元注　清乾隆十八年(1753)黃晟刻本　十二冊

150000－0601－0003536　83654　史部/地理類/山水之屬/水

水經注釋四十卷首一卷附錄二卷　（清）趙一清撰　**水經注箋刊誤十二卷**　（清）趙一清撰　清乾隆十九年(1754)小山堂刻本　十六冊

150000－0601－0003537　83634　史部/地理類/山水之屬/水

水經注釋四十卷首一卷附錄二卷　（清）趙一清撰　**水經注箋刊誤十二卷**　（清）趙一清撰　清乾隆十九年(1754)小山堂刻本　二十冊

150000－0601－0003538　47210　史部/地理類/山水之屬/水

水經注釋四十卷首一卷附錄二卷　（清）趙一清撰　**水經注箋刊誤十二卷**　（清）趙一清撰　清光緒六年(1880)蛟川花雨樓張氏

刻本 十二冊

150000－0601－0003539　83246　史部/地理
類/山水之屬/水

**水經注釋四十卷首一卷附錄二卷　（清）趙一
清撰　水經注箋刊誤十二卷　（清）趙一清撰**
清光緒六年(1880)蛟川花雨樓張氏刻本
二十冊

150000－0601－0003540　83228　史部/地理
類/山水之屬/水

**水經注釋四十二卷首一卷附錄二卷　（清）趙
一清撰**　清光緒六年(1880)會稽章氏刻本
十四冊

150000－0601－0003541　83283　史部/地理
類/山水之屬/水

**水經注匯校四十卷　（北魏）酈道元撰　水經
注釋附錄二卷　（清）趙一清撰**　清光緒七年
(1881)福州刻本(江西新城楊希閔臥雲校本)
十冊

150000－0601－0003542　83185　史部/地理
類/山水之屬/水

**水經注四十卷首一卷末一卷　（北魏）酈道元
撰　王先謙校　水經注釋附錄二卷　（清）趙
一清撰**　清光緒二十三年(1897)新化三味書
屋刻本(長沙王氏校本)　二十冊

150000－0601－0003543　83205　史部/地理
類/山水之屬/水

**水經注四十卷首一卷末一卷　（北魏）酈道元
撰　王先謙校　水經注釋附錄二卷　（清）趙
一清撰**　清光緒二十三年(1897)新化三味書
屋刻本(長沙王氏校本)　十六冊

150000－0601－0003544　83225　史部/地理
類/山水之屬/水

水經釋地八卷　（清）孔繼涵撰　清光緒六年
(1880)會稽章氏刻本　二冊

150000－0601－0003545　83224　史部/地理
類/山水之屬/水

**補水經注洛水一卷　（清）謝鍾英撰　補水經
注涇水一卷武陵五溪考一卷**　清刻南菁書院

叢書本　一冊

150000－0601－0003546　83277　史部/地理
類/山水之屬/水

水經注疏要刪四十卷　楊守敬撰　清光緒三
十一年(1905)觀海堂刻本　六冊

150000－0601－0003547　83266　史部/地理
類/山水之屬/水

水經注疏要刪四十卷補遺一卷　楊守敬撰
清光緒三十一年(1905)觀海堂刻本　十
一冊

150000－0601－0003548　765652　史部/地
理類/山水之屬/水

王國維跋水經注六篇一卷　抄本　一冊

150000－0601－0003549　83227　史部/地理
類/山水之屬/水

水經注圖說殘稿四卷　（清）董祐誠撰　清光
緒六年(1880)會稽章氏刻本　一冊

150000－0601－0003550　83242　史部/地理
類/山水之屬/水

水經注圖一卷附錄一卷　（清）汪士鐸撰　清
同治元年(1862)刻本　一冊

150000－0601－0003551　83243　史部/地理
類/山水之屬/水

水經注圖一卷附錄一卷　（清）汪士鐸撰　清
同治元年(1862)刻本　一冊

150000－0601－0003552　83222　史部/地理
類/山水之屬/水

今水經一卷　（清）黃宗羲撰　民國元年
(1912)鄂官書處刻本(黃氏續鈔原本)　一冊

150000－0601－0003553　84359　史部/地理
類/山水之屬/水

水道提綱二十八卷　（清）齊召南撰　清光緒
四年(1878)霞城郡署刻本　八冊

150000－0601－0003554　84367　史部/地理
類/山水之屬/水

水道提綱二十八卷　（清）齊召南撰　清光緒
四年(1878)霞城郡署刻本　八冊

150000－0601－0003555　84353　史部/地理類/山水之屬/水

水道提綱二十八卷　（清）齊召南撰　清光緒五年(1879)宏達堂刻宏達堂叢書本　六冊

150000－0601－0003556　84345　史部/地理類/山水之屬/水

水道提綱二十八卷　（清）齊召南撰　清光緒十七年(1891)湖南崇德書局刻本　八冊

150000－0601－0003557　83482　史部/地理類/山水之屬/水

行水金鑑一百七十五卷　（清）傅澤洪撰　清雍正三年(1725)刻本　三十六冊

150000－0601－0003558　84387　史部/地理類/山水之屬/水

五省溝洫圖說一卷　（清）沈夢蘭撰　清光緒六年(1880)江蘇書局刻本　一冊

150000－0601－0003559　84375　史部/地理類/山水之屬/水

河防志十二卷　清刻本　十一冊　存十一卷（一至十一）

150000－0601－0003560　84332　史部/地理類/山水之屬/水

黃運河口古今圖說一卷　（清）麟慶撰　清道光二十一年(1841)刻本　一冊

150000－0601－0003561　94193　史部/地理類/山水之屬/水

安瀾紀要二卷　（清）徐端撰　清豫省聚文齋朱刻本　一冊

150000－0601－0003562　94203　史部/地理類/山水之屬/水

回瀾紀要二卷　（清）徐端撰　清豫省聚文齋朱刻本　二冊

150000－0601－0003563　90326　史部/地理類/山水之屬/水

鄭工新例一卷　清刻本　一冊

150000－0601－0003564　89459　史部/地理類/山水之屬/水

鄭工新例一卷　清末刻本　一冊

150000－0601－0003565　D0052　史部/地理類/山水之屬/水

治河方略十卷首一卷　（清）靳輔撰　清嘉慶四年(1799)刻本　十冊

150000－0601－0003566　84832　史部/地理類/山水之屬/水

長江圖說十二卷　（清）馬徵麟撰　清同治十年(1871)湖北崇文書局刻本　五冊

150000－0601－0003567　84420　史部/地理類/山水之屬/水

峽江圖考一卷　清光緒十五年(1889)石印本　二冊

150000－0601－0003568　84422　史部/地理類/山水之屬/水

峽江救生船志二卷圖一卷　清光緒三年(1877)水師新副中營刻本　三冊

150000－0601－0003569　48733　史部/地理類/山水之屬/水

畿輔水利議一卷　（清）林則徐撰　清光緒二年(1876)三山林氏刻本　一冊

150000－0601－0003570　94195　史部/地理類/山水之屬/水

燕趙水利論一卷　白月恒撰　清末地學會排印本　一冊

150000－0601－0003571　84333　史部/地理類/山水之屬/水

永定河續志十六卷首一卷補錄一卷　（清）蔣廷皋修　清光緒八年(1882)刻本　十二冊

150000－0601－0003572　48734　史部/地理類/山水之屬/水

上撫軍言渠務書一卷　（清）王全臣撰　浚渠條款一卷　（清）楊應琚撰　清光緒二十三年(1897)祝維城刻本　一冊

150000－0601－0003573　48735　史部/地理類/山水之屬/水

上撫軍言渠務書一卷　（清）王全臣撰　浚渠

條款一卷　（清）楊應琚撰　清光緒二十三年
（1897）祝維城刻本　一冊

150000－0601－0003574　84425　史部/地理
類/山水之屬/水

西域水道記五卷　（清）徐松撰　清道光三年
（1823）刻本　五冊

150000－0601－0003575　84130　史部/地理
類/山水之屬/水

莫愁湖志六卷首一卷　（清）馬士圖纂　清光
緒八年（1882）刻本　二冊

150000－0601－0003576　84132　史部/地理
類/山水之屬/水

莫愁湖志六卷首一卷　（清）馬士圖纂　清光
緒八年（1882）刻本　二冊

150000－0601－0003577　84129　史部/地理
類/山水之屬/水

莫愁湖楹聯便覽一卷　（清）釋壽安輯　清光
緒五年（1879）刻本　一冊

150000－0601－0003578　128958　史部/地
理類/山水之屬/水

浙西水利備考一卷　清道光四年（1824）刻本
四冊

150000－0601－0003579　39693　史部/地理
類/山水之屬/水

浙西水利備考一卷　（清）王鳳生撰　清光緒
四年（1878）浙江書局刻本　四冊

150000－0601－0003580　126389　史部/地
理類/山水之屬/水

鴛央湖櫂歌一百首一卷　（清）朱彝尊撰　鴛
央湖櫂歌八十八首和韵一卷　（清）譚吉璁撰
　　續鴛央湖櫂歌三十首一卷　（清）譚吉璁撰
　　　鴛央湖櫂歌一百首次朱太史竹垞原韵一卷
　　（清）陸以誠撰　鴛央湖櫂歌一百首一卷
（清）張燕昌撰　清乾隆四十年（1775）刻本
二冊

150000－0601－0003581　879112　史部/地
理類/山水之屬/水

鴛央湖櫂歌一百首一卷　（清）朱彝尊撰　鴛

央湖櫂歌八十八首和韵一卷　（清）譚吉璁撰
　　續鴛央湖櫂歌三十首一卷　（清）譚吉璁撰
　　　鴛央湖櫂歌一百首次朱太史竹垞原韵一卷
　　（清）陸以誠撰　鴛央湖櫂歌一百首一卷
（清）張燕昌撰　清乾隆四十年（1775）刻本
一冊

150000－0601－0003582　126387　史部/地
理類/山水之屬/水

鴛央湖櫂歌一百首一卷　（清）朱彝尊撰　鴛
央湖櫂歌八十八首和韵一卷　（清）譚吉璁撰
　　續鴛央湖櫂歌三十首一卷　（清）譚吉璁撰
　　　鴛央湖櫂歌一百首次朱太史竹垞原韵一卷
　　（清）陸以誠撰　鴛央湖櫂歌一百首一卷
（清）張燕昌撰　清刻本　二冊

150000－0601－0003583　879113　史部/地
理類/山水之屬/水

鴛央湖櫂歌一百首一卷　（清）張燕昌撰　續
鴛央湖櫂歌三十首一卷　（清）譚吉璁撰　清
刻本　一冊

150000－0601－0003584　84084　史部/地理
類/山水之屬/水

西湖志四十八卷　（清）李衛　（清）程元章修
　　（清）傅王露纂　清雍正十二年（1734）刻本
二十冊

150000－0601－0003585　39390　史部/地理
類/山水之屬/水

西湖志四十八卷　（清）李衛　（清）程元章修
　　（清）傅王露纂　清光緒四年（1878）浙江書
局刻本　二十冊

150000－0601－0003586　84064　史部/地理
類/山水之屬/水

西湖志四十八卷　（清）李衛　（清）程元章修
　　（清）傅王露纂　清光緒四年（1878）浙江書
局刻本　二十冊

150000－0601－0003587　8486　史部/地理
類/山水之屬/水

西湖志四十八卷　（清）李衛　（清）程元章修
　　（清）傅王露纂　清刻本　二十四冊

150000－0601－0003588　126317　史部/地理類/山水之屬/水

待輶集一卷　（清）石方洛撰　清光緒三十年（1904）刻本　一冊

150000－0601－0003589　39702　史部/地理類/山水之屬/水

湖山便覽十二卷　（清）翟灝　（清）翟瀚輯清光緒元年（1875）槐蔭堂王氏刻本　六冊

150000－0601－0003590　84147　史部/地理類/山水之屬/水

湖山便覽十二卷　（清）翟灝　（清）翟瀚輯清光緒元年（1875）槐蔭堂王氏刻本　六冊

150000－0601－0003591　84153　史部/地理類/山水之屬/水

湖山便覽十二卷　（清）翟灝　（清）翟瀚輯清光緒元年（1875）槐蔭堂王氏刻本　六冊

150000－0601－0003592　84061　史部/地理類/山水之屬/水

西湖雜咏一卷　（清）陳若蓮撰　錢唐丁氏刻本　一冊

150000－0601－0003593　84059　史部/地理類/山水之屬/水

西湖雜咏三十首一卷　（清）劉鼎撰　西湖續咏三十首用前韵一卷　（清）劉鼎撰　清光緒十三年（1887）宗唐刻本　一冊

150000－0601－0003594　126610　史部/地理類/山水之屬/水

泖水鄉歌一卷　（清）俞金鼎撰　清宣統三年（1911）華雲閣排印本　一冊

150000－0601－0003595　94200　史部/地理類/山水之屬/水

上虞五鄉水利紀實一卷　（清）金鼎撰　清光緒三十四年（1908）刻本　一冊

150000－0601－0003596　94201　史部/地理類/山水之屬/水

上虞五鄉水利紀實一卷　（清）金鼎撰　清光緒三十四年（1908）刻本　一冊

150000－0601－0003597　94202　史部/地理類/山水之屬/水

上虞五鄉水利紀實一卷　（清）金鼎撰　清光緒三十四年（1908）刻本　一冊

150000－0601－0003598　86576　史部/地理類/山水之屬/水

上虞塘工紀略二卷續一卷三續一卷　（清）連仲愚撰　清光緒四年（1878）刻本　一冊

150000－0601－0003599　84539　史部/地理類/山水之屬/水

重修通濟堰志二卷　清宣統元年（1909）敦倫齋活字本　二冊

150000－0601－0003600　84118　史部/地理類/山水之屬/水

洞庭湖志十四卷　（清）陶雲汀修　（清）沈筠堂纂　（清）夏大觀輯　清道光五年（1825）刻本　十冊

150000－0601－0003601　84388　史部/地理類/山水之屬/水

浯溪考二卷　（清）王士禎撰　清刻本　一冊

150000－0601－0003602　170654　史部/地理類/山水之屬/水

浯溪考二卷　（清）王士禎撰　清刻本　一冊

150000－0601－0003603　84324　史部/地理類/山水之屬/水

蜀水考四卷　（清）陳登龍撰　（清）朱錫穀補注　（清）陳一津分疏　清道光五年（1825）刻本　四冊

150000－0601－0003604　94192　史部/地理類/山水之屬/水

測海蠡言一卷　（清）馮道立撰　清同治五年（1866）刻本　一冊

150000－0601－0003605　20794　史部/地理類/山水之屬/水

海道圖說十五卷　（英國）金約翰輯　（英國）傅蘭雅口譯　（清）王德均筆述　長江圖說一卷　（英國）金約翰輯　（英國）傅蘭雅口譯（清）王德均筆述　清末刻本　十冊

150000－0601－0003606　43403　史部/地理類/山水之屬/水

海道圖說十五卷　（英國）金約翰輯　（英國）傅蘭雅口譯　（清）王德均筆述　**長江圖說一卷**　（英國）金約翰輯　（英國）傅蘭雅口譯（清）王德均筆述　清末刻本　九冊　存十四卷（一至十四）

150000－0601－0003607　53940　史部/地理類/遊記之屬/記勝

游記十冊　（明）徐宏祖撰　**游記續編一卷**（清）葉廷甲輯　清光緒三十四年（1908）集成圖書公司排印本　八冊

150000－0601－0003608　84601　史部/地理類/遊記之屬/記勝

游記十冊　（明）徐宏祖撰　**游記續編一卷**（清）葉廷甲輯　清光緒三十四年（1908）集成圖書公司排印本　八冊

150000－0601－0003609　84633　史部/地理類/遊記之屬/記勝

漫游紀略（瓠園集）四卷　（清）黃澐撰　清末申報館排印本　一冊

150000－0601－0003610　84163　史部/地理類/遊記之屬/記勝

天下名山記鈔十六卷　（清）吳秋士選　清康熙三十六年（1697）寶翰樓刻本　八冊

150000－0601－0003611　84617　史部/地理類/遊記之屬/記勝

滬游雜記四卷　（清）葛元煦撰　清光緒二年（1876）武林葛氏嘯園刻本　四冊

150000－0601－0003612　126401　史部/地理類/遊記之屬/記勝

西湖秋柳詞一卷　（清）楊鳳苞撰　清光緒十年（1884）湖州楊氏春及軒刻本　一冊

150000－0601－0003613　84639　史部/地理類/遊記之屬/記勝

廣州游覽小志一卷　（清）王士禎撰　清刻本　一冊

150000－0601－0003614　120124　史部/地

理類/遊記之屬/記勝

蜀游日記一卷題詞一卷　（清）黃勤業撰　清咸豐元年（1851）刻本　二冊

150000－0601－0003615　82211　史部/地理類/遊記之屬/記行

入蜀記六卷　（宋）陸游撰　清刻知不足齋叢書本　一冊

150000－0601－0003616　D2179　史部/地理類/遊記之屬/記行

西游錄注一卷　（元）耶律楚材撰　（清）李文田注　清光緒二十三年（1897）江標刻本　一冊

150000－0601－0003617　84635　史部/地理類/遊記之屬/記行

長春真人西游記二卷　（元）李志常撰　清末石印連筠簃叢書本　一冊

150000－0601－0003618　D1173　史部/地理類/遊記之屬/記行

長春真人西游記二卷　（元）李志常撰　王國維注　抄本　一冊

150000－0601－0003619　D4793　史部/地理類/遊記之屬/記行

塞北紀行一卷　（元）張德輝撰　**西北域記一卷**　（清）謝濟世撰　**寧古塔紀略一卷**　（清）吳桭臣撰　**西游記金山以東釋一卷**　（清）沈垚撰　清光緒二十三年（1897）石印漸學廬叢書本　一冊

150000－0601－0003620　78599　史部/地理類/遊記之屬/記行

尋親紀程一卷　（清）黃向堅撰　**滇還日記一卷**　（清）黃向堅撰　清刻知不足齋叢書本　一冊

150000－0601－0003621　170666　史部/地理類/遊記之屬/記行

蜀道驛程記二卷　（清）王士禎撰　清刻本　一冊

150000－0601－0003622　170667　史部/地理類/遊記之屬/記行

蜀道驛程記二卷 （清）王士禎撰 清刻本
二冊

150000－0601－0003623 84783 史部/地理
類/遊記之屬/記行

皇華紀聞四卷 （清）王士禎撰 清刻本
二冊

150000－0601－0003624 170663 史部/地
理類/遊記之屬/記行

皇華紀聞四卷 （清）王士禎撰 清刻本
三冊

150000－0601－0003625 170655 史部/地
理類/遊記之屬/記行

粵行三志 （清）王士禎撰 清刻本 二冊

150000－0601－0003626 84641 史部/地理
類/遊記之屬/記行

南來志一卷 （清）王士禎撰 清刻本 一冊

150000－0601－0003627 84642 史部/地理
類/遊記之屬/記行

北歸志一卷 （清）王士禎撰 清刻本 一冊

150000－0601－0003628 84643 史部/地理
類/遊記之屬/記行

秦蜀驛程後記二卷 （清）王士禎撰 清刻本
一冊

150000－0601－0003629 84644 史部/地理
類/遊記之屬/記行

秦蜀驛程後記二卷 （清）王士禎撰 清刻本
一冊

150000－0601－0003630 84645 史部/地理
類/遊記之屬/記行

秦蜀驛程後記二卷 （清）王士禎撰 清刻本
一冊

150000－0601－0003631 129359 史部/地
理類/遊記之屬/記行

秦蜀驛程後記二卷 （清）王士禎撰 清刻本
一冊

150000－0601－0003632 170659 史部/地
理類/遊記之屬/記行

秦蜀驛程後記二卷 （清）王士禎撰 清刻本
二冊

150000－0601－0003633 D2174 史部/地理
類/遊記之屬/記行

塞外紀程一卷 （清）陳法撰 抄本 一冊

150000－0601－0003634 84649 史部/地理
類/遊記之屬/記行

蜀輶日記四卷 （清）陶澍撰 清刻本 二冊

150000－0601－0003635 8576 史部/地理
類/遊記之屬/記行

鴻雪因緣圖記三集 （清）麟慶撰 清道光二
十七年(1847)揚州刻本 六冊

150000－0601－0003636 80818 史部/地理
類/遊記之屬/記行

鴻雪因緣圖記三集 （清）麟慶撰 清道光二
十七年(1847)揚州刻本 六冊

150000－0601－0003637 80815 史部/地理
類/遊記之屬/記行

鴻雪因緣圖記三集 （清）麟慶撰 清光緒十
二年(1886)上海同文書局石印本 三冊

150000－0601－0003638 84597 史部/地理
類/遊記之屬/記行

二樵樵者壯游圖記四冊 （清）黃璟撰 清光
緒二十二年(1896)上海點石齋石印本 四冊

150000－0601－0003639 103113 史部/地
理類/遊記之屬/記行

漫游隨錄一卷 （清）王韜撰 淞隱漫錄一卷
淞隱續錄一卷 清光緒十三年(1887)石印本
二冊

150000－0601－0003640 102386 史部/地
理類/遊記之屬/記行

壬子秋試行記一卷 （清）宗廷輔撰 趙園觀
梅記一卷 （清）宗廷輔撰 清末刻宗月鋤先
生遺著八種本 一冊

150000－0601－0003641 D2149 史部/地理
類/遊記之屬/記行

辛卯侍行記六卷 陶保廉撰 清光緒二十三

年(1897)養樹山房刻本　六冊

150000－0601－0003642　84499　史部/地理
類/遊記之屬/記行

辛卯侍行記六卷　陶保廉撰　清光緒二十三
年(1897)養樹山房刻本　三冊

150000－0601－0003643　84502　史部/地理
類/遊記之屬/記行

辛卯侍行記六卷　陶保廉撰　清光緒二十三
年(1897)養樹山房刻本　六冊

150000－0601－0003644　102539　史部/地
理類/遊記之屬/記行

辛卯侍行記六卷　陶保廉撰　清光緒二十三
年(1897)養樹山房刻本　六冊

150000－0601－0003645　84651　史部/地理
類/遊記之屬/記行

鴻泥續錄四卷　清刻本　二冊　卷首殘

150000－0601－0003646　D2075　史部/地理
類/遊記之屬/記行

河海崑崙錄四卷　裴景福撰　清宣統元年
(1909)上海文明書局排印本　四冊

150000－0601－0003647　D5311　史部/地理
類/遊記之屬/記行

西征日記一卷　(清)汪振聲撰　清光緒二十
六年(1900)夢花軒刻本　一冊

150000－0601－0003648　D2125　史部/地理
類/遊記之屬/記行

奉使三音諾彥記程草一卷　(清)寶鋆撰　**塞
上吟一卷**　(清)寶鋆撰　清刻本　一冊

150000－0601－0003649　D2381　史部/地理
類/遊記之屬/記行

奉使車臣汗記程詩□□卷　(清)延清撰　清
宣統元年(1909)排印本　一冊　存一卷(一)

150000－0601－0003650　D2382　史部/地理
類/遊記之屬/記行

奉使車臣汗記程詩一卷　(清)延清撰　**贈行
詩詞彙存一卷**　清宣統元年(1909)排印本
一冊

150000－0601－0003651　D2383　史部/地理
類/遊記之屬/記行

奉使車臣汗記程詩一卷　(清)延清撰　**贈行
詩詞彙存一卷**　清宣統元年(1909)排印本
一冊

150000－0601－0003652　D2166　史部/地理
類/遊記之屬/記行

使喀爾喀紀程草一卷　(清)昇寅撰　清道光
元年(1821)刻本　一冊

150000－0601－0003653　D2143　史部/地理
類/遊記之屬/記行

西征續錄二卷　孫希孟撰　抄本　二冊

150000－0601－0003654　D2155　史部/地理
類/遊記之屬/記行

塞外游記　錢海若撰　抄本　一冊

150000－0601－0003655　D2173　史部/地理
類/遊記之屬/記行

游蒙雜記一卷　羅韵珊撰　抄本　一冊

150000－0601－0003656　D2162　史部/地理
類/遊記之屬/記行

庫倫旅行日記一卷　梁掌卿撰　**張家口游記
一卷**　匡熙民撰　**張家口游記一卷**　訥庵撰
抄本　一冊

150000－0601－0003657　84621　史部/地理
類/遊記之屬/記行

乘查筆記二卷　(清)斌椿撰　清同治十三年
(1874)刻本　一冊

150000－0601－0003658　84508　史部/地理
類/遊記之屬/記行

乘查筆記一卷　(清)斌椿撰　**海國勝游草一
卷**　(清)斌椿撰　**天外歸帆草一卷**　(清)斌
椿撰　清光緒八年(1882)刻本　三冊

150000－0601－0003659　82367　史部/地理
類/遊記之屬/記行

出使英法義比四國日記六卷　(清)薛福成撰
清光緒二十年(1894)校經堂刻本　六冊

150000－0601－0003660　82357　史部/地理

類/遊記之屬/記行

出使日記續刻十卷 （清）薛福成撰 清光緒二十四年(1898)傳經樓刻庸庵全集本 十冊

150000－0601－0003661 80811 史部/地理類/遊記之屬/記行

曾惠敏公使西日記二卷 （清）曾紀澤撰 清光緒十三年(1887)江南製造總局排印本 一冊

150000－0601－0003662 D2168 史部/地理類/遊記之屬/記行

西輶日記四冊 （清）黃楙林撰 清光緒二十二年(1896)刻本 一冊

150000－0601－0003663 93986 史部/地理類/遊記之屬/記行

考察政治日記一卷 （清）載澤撰 清光緒三十四年(1908)政治官報局排印本 一冊

150000－0601－0003664 82354 史部/地理類/遊記之屬/記行

五使行程記一卷 清末排印本 一冊

150000－0601－0003665 84653 史部/地理類/遊記之屬/記行

游歷圖經餘記十五卷 （清）傅雲龍撰 清光緒十五年(1889)排印本 四冊

150000－0601－0003666 80812 史部/地理類/遊記之屬/記行

使德日記一卷 （清）李鳳苞撰 清汪氏刻本 一冊

150000－0601－0003667 80813 史部/地理類/遊記之屬/記行

使德日記一卷 （清）李鳳苞撰 清汪氏刻本 一冊

150000－0601－0003668 84662 史部/地理類/遊記之屬/記行

斐洲游記四卷 （英國）施登萊撰 清光緒二十六年(1900)上海中西書室排印本 一冊

150000－0601－0003669 D2055 史部/地理類/中外雜記之屬

漢西域圖考七卷圖一卷 （清）李光廷撰 清同治九年(1870)刻本 四冊

150000－0601－0003670 8592 史部/地理類/中外雜記之屬

漢西域圖考七卷圖一卷 （清）李光廷撰 清同治九年(1870)刻本 四冊

150000－0601－0003671 D2051 史部/地理類/中外雜記之屬

漢西域圖考七卷圖一卷 （清）李光廷撰 清同治九年(1870)刻本 四冊

150000－0601－0003672 D1153 史部/地理類/中外雜記之屬

大唐西域記十二卷 （唐）釋玄奘譯 （唐）釋辯機撰 清宣統元年(1909)天寧寺刻本 一冊

150000－0601－0003673 D0319 史部/地理類/中外雜記之屬

唐書西域傳注一卷 沈惟賢撰 清光緒二十四年(1898)刻本 一冊

150000－0601－0003674 879239 史部/地理類/中外雜記之屬

星槎勝覽四卷 （明）費信撰 明正統元年(1436)刻說選本 一冊

150000－0601－0003675 767864 史部/地理類/中外雜記之屬

皇明四夷考二卷 （明）鄭曉撰 明嘉靖刻本 一冊

150000－0601－0003676 126239 史部/地理類/中外雜記之屬

外國竹枝詞一卷 （清）尤侗撰 清刻本 一冊

150000－0601－0003677 84712 史部/地理類/中外雜記之屬

西事類編十六卷 （清）沈純輯 清光緒十三年(1887)申報館排印本 六冊

150000－0601－0003678 46897 史部/地理類/中外雜記之屬

地球韵言四卷　（清）張士瀛撰　清光緒二十五年(1899)刻本　二冊

150000－0601－0003679　129150　史部/地理類/中外雜記之屬

地球韵言四卷　（清）張士瀛撰　清光緒二十五年(1899)刻本　二冊

150000－0601－0003680　46899　史部/地理類/中外雜記之屬

地球韵言四卷　（清）張士瀛撰　清光緒二十八年(1902)刻本　二冊

150000－0601－0003681　46895　史部/地理類/中外雜記之屬

地球韵言四卷　（清）張士瀛撰　清光緒二十七年(1901)滬江書局石印本　二冊

150000－0601－0003682　82580　史部/地理類/中外雜記之屬

蒙學課本地球歌韵四卷　（清）張之洞編　清光緒二十九年(1903)上海書局石印本　二冊

150000－0601－0003683　82582　史部/地理類/中外雜記之屬

蒙學課本地球歌韵四卷　（清）張之洞編　清光緒二十九年(1903)上海書局石印本　二冊

150000－0601－0003684　48080　史部/地理類/中外雜記之屬

括地略一卷各國路程日記一卷　（清）李圭撰　萬國公法一卷　（清）朱克敬撰　清末石印本　一冊

150000－0601－0003685　25665　史部/地理類/中外雜記之屬

瀛環志略十卷　（清）徐繼畬撰　清道光二十八年(1848)刻本　六冊

150000－0601－0003686　83356　史部/地理類/中外雜記之屬

瀛環志略十卷　（清）徐繼畬撰　清同治五年(1866)刻本　六冊

150000－0601－0003687　83538　史部/地理類/中外雜記之屬

海國圖志一百卷首一卷　（清）魏源撰　清光緒二年(1876)平慶涇固道署刻本　三十二冊

150000－0601－0003688　83312　史部/地理類/中外雜記之屬

五洲地理志略三十六卷首一卷　王先謙撰　清宣統二年(1910)湖南學務公所刻本　十一冊　存二十七卷(一至二十二、二十六至三十)

150000－0601－0003689　83310　史部/地理類/中外雜記之屬

地理全志一卷　（英國）慕維廉撰　清光緒九年(1883)益智書局排印本　一冊

150000－0601－0003690　83297　史部/地理類/中外雜記之屬

五洲圖考一卷　（清）龔柴等撰　清光緒二十八年(1902)上海徐家匯印書館排印本　四冊

150000－0601－0003691　83301　史部/地理類/中外雜記之屬

五洲圖考一卷　（清）龔柴等撰　清光緒二十八年(1902)上海徐家匯印書館排印本　四冊

150000－0601－0003692　83305　史部/地理類/中外雜記之屬

五洲圖考一卷　（清）龔柴等撰　清光緒二十八年(1902)上海徐家匯印書館排印本　一冊

150000－0601－0003693　83308　史部/地理類/中外雜記之屬

坤輿撮要問答四卷　（清）孫文楨譯　清光緒二十四年(1898)上海土山灣書館排印本　一冊

150000－0601－0003694　46901　史部/地理類/中外雜記之屬

外國地志一卷　（清）編譯處編　天津官報局排印本　一冊

150000－0601－0003695　83295　史部/地理類/中外雜記之屬

世界地理統計表二卷　（清）鄒興覺撰　清宣統元年(1909)武昌亞新地學社刻本　二冊

150000 – 0601 – 0003696　25781　史部/地理類/中外雜記之屬

西史綱目二十卷　（清）周維翰撰　清光緒二十七年（1901）石印本　十冊

150000 – 0601 – 0003697　82990　史部/地理類/中外雜記之屬

萬國史記二十卷　（日本）岡本監輔撰　清光緒二十三年（1897）上海六先書局排印本　八冊

150000 – 0601 – 0003698　46882　史部/地理類/中外雜記之屬

萬國史記二十卷　（日本）岡本監輔撰　清末上海申報館排印本　十冊

150000 – 0601 – 0003699　82972　史部/地理類/中外雜記之屬

西洋史要一卷　（日本）小川銀次郎撰　樊炳清　（清）薩端譯　清光緒二十九年（1903）金粟齋譯書社排印本　二冊

150000 – 0601 – 0003700　82974　史部/地理類/中外雜記之屬

西洋史要一卷　（日本）小川銀次郎撰　樊炳清　（清）薩端譯　清光緒二十九年（1903）金粟齋譯書社排印本　二冊

150000 – 0601 – 0003701　8734　史部/地理類/中外雜記之屬

埏紘外乘二十五卷續編一卷　（美國）林樂知　（清）嚴良勛譯　埏紘外乘補遺一卷　（美國）衛理譯　（清）汪振聲述　清光緒二十七年（1901）上海製造局刻本　八冊

150000 – 0601 – 0003702　11154　史部/地理類/中外雜記之屬

萬國通鑑四卷　（美國）謝衛樓撰　清光緒八年（1882）刻本　六冊

150000 – 0601 – 0003703　83006　史部/地理類/中外雜記之屬

列國變通興盛記四卷　（英國）李提摩太撰　清光緒二十四年（1898）上海廣學會排印本　一冊

150000 – 0601 – 0003704　82966　史部/地理類/中外雜記之屬

天下五洲各大國志要一卷　（英國）李提摩太撰　清光緒二十三年（1897）刻本　一冊

150000 – 0601 – 0003705　82967　史部/地理類/中外雜記之屬

天下五洲各大國志要一卷　（英國）李提摩太撰　清光緒二十三年（1897）刻本　一冊

150000 – 0601 – 0003706　82978　史部/地理類/中外雜記之屬

節本泰西新史攬要八卷　（英國）李提摩太譯　周慶雲節錄　清光緒二十七年（1901）夢坡室刻本　二冊

150000 – 0601 – 0003707　20727　史部/地理類/中外雜記之屬

西國近事彙編□□卷　（美國）金楷理等譯　清末上海機器製造局排印本　六十七冊　缺一卷（丙子一）,己亥三殘

150000 – 0601 – 0003708　82316　史部/地理類/中外雜記之屬

列國政要一百三十二卷首一卷　（清）戴鴻慈　（清）端方撰　清光緒三十三年（1907）上海商務印書館石印本　三十二冊

150000 – 0601 – 0003709　82933　史部/地理類/中外雜記之屬

列國政要續編九十四卷首一卷　（清）戴鴻慈　（清）端方撰　清宣統三年（1911）商務印書館石印本　三十二冊

150000 – 0601 – 0003710　83004　史部/地理類/中外雜記之屬

東洋史要二卷　（日本）桑原隲藏撰　樊炳清譯　清末東文學社石印本　二冊

150000 – 0601 – 0003711　82976　史部/地理類/中外雜記之屬

東亞史要一卷　（日本）開成館撰　（清）陸鏊譯　清末學校司排印局排印本　一冊

150000 – 0601 – 0003712　47267　史部/地理類/中外雜記之屬

東藩紀要十二卷補錄一卷　（清）薛培榕撰
清末上海申報館排印本　四冊

150000－0601－0003713　82986　史部/地理
類/中外雜記之屬

東藩紀要十二卷補錄一卷　（清）薛培榕撰
清末上海申報館排印本　四冊

150000－0601－0003714　765359　史部/地
理類/中外雜記之屬

朝鮮志二卷　清刻藝海珠塵本　一冊

150000－0601－0003715　161533　史部/地
理類/中外雜記之屬

奧籹朝鮮三種　（清）周家祿撰　清末刻本
一冊

150000－0601－0003716　76317　史部/地理
類/中外雜記之屬

日本國志四十卷首一卷　（清）黃遵憲撰　清
光緒十六年(1890)羊城富文齋刻本　十四冊

150000－0601－0003717　76331　史部/地理
類/中外雜記之屬

日本國志四十卷首一卷　（清）黃遵憲撰　清
光緒十六年(1890)羊城富文齋刻本　十四冊

150000－0601－0003718　76307　史部/地理
類/中外雜記之屬

日本國志四十卷首一卷　（清）黃遵憲撰　清
光緒二十四年(1898)上海圖書集成印書局排
印本　十冊

150000－0601－0003719　82998　史部/地理
類/中外雜記之屬

日本維新史十二編附表一卷　（日本）東京博
文館編　清末排印本　六冊

150000－0601－0003720　93984　史部/地理
類/中外雜記之屬

日本明治法制史三編　（日本）清浦奎吾撰
商務印書館譯　清光緒二十九年(1903)商務
印書館排印本　一冊

150000－0601－0003721　84722　史部/地理
類/中外雜記之屬

扶桑雜咏一卷　（清）蕭鴻鈞撰　日本政俗擷
要題詞一卷　（清）蕭鴻鈞撰　清光緒三十三
年(1907)排印本　一冊

150000－0601－0003722　D2385　史部/地理
類/中外雜記之屬

張家口至烏里雅蘇台竹枝詞一卷　（清）廓軒
撰　清宣統二年(1910)石印本　一冊

150000－0601－0003723　D2386　史部/地理
類/中外雜記之屬

張家口至烏里雅蘇台竹枝詞一卷　（清）廓軒
撰　清宣統二年(1910)石印本　一冊

150000－0601－0003724　D2158　史部/地理
類/中外雜記之屬

外蒙游記一卷　張鈍初撰　內蒙耕收問題一
卷　路級三撰　抄本　一冊

150000－0601－0003725　D2159　史部/地理
類/中外雜記之屬

西部蒙古游歷談一卷　（俄）拔杜耶甫撰　抄
本　一冊

150000－0601－0003726　84727　史部/地理
類/中外雜記之屬

越南輯略一卷　（清）徐延旭撰　清光緒三年
(1877)梧州郡署刻本　二冊

150000－0601－0003727　84725　史部/地理
類/中外雜記之屬

新嘉坡風土記一卷　（清）李鍾珏撰　清光緒
二十一年(1895)長沙使院刻本　一冊

150000－0601－0003728　84720　史部/地理
類/中外雜記之屬

土耳基國志一卷　吳宗濂　（清）郭家驥譯
羅馬尼亞國志一卷塞爾維亞國志一卷布加利
亞國志一卷門德內各羅國志一卷希臘國志一
卷　清光緒十八年(1892)石印本　一冊

150000－0601－0003729　84726　史部/地理
類/中外雜記之屬

土耳基國志一卷　（清）學部編譯圖書局編
土耳基新志一卷　（清）學部編譯圖書局編
清光緒三十三年(1907)學部編譯圖書局排印

本　一冊

150000－0601－0003730　47272　史部/地理類/中外雜記之屬

歐洲史略十三卷　清光緒十二年（1886）總稅務司刻本　一冊

150000－0601－0003731　82968　史部/地理類/中外雜記之屬

歐羅巴通史一卷　（日本）箕作元八撰　（日本）峰岸米造撰　（清）徐有成譯　清光緒二十六年（1900）東亞譯書局排印本　四冊

150000－0601－0003732　84724　史部/地理類/中外雜記之屬

英軺私記一卷　（清）劉錫鴻撰　清光緒二十一年（1895）江氏刻本　一冊

150000－0601－0003733　47273　史部/地理類/中外雜記之屬

希臘志略一卷年表一卷　清光緒十七年（1891）總稅務司刻本　一冊

150000－0601－0003734　83009　史部/地理類/中外雜記之屬

希臘獨立史一卷　（日本）柳井絅齋撰　（清）秦嗣宗譯　清光緒二十八年（1902）廣智書局排印本　一冊

150000－0601－0003735　47274　史部/地理類/中外雜記之屬

羅馬志略十三卷年表一卷　清光緒十二年（1886）總稅務司刻本　一冊

150000－0601－0003736　D4761　史部/地理類/中外雜記之屬

北徼彙編六卷　（清）何秋濤輯　清同治四年（1865）刻本　六冊

150000－0601－0003737　82980　史部/地理類/中外雜記之屬

俄史輯譯四記　（英國）闞斐迪　（清）徐景羅譯　清光緒十四年（1888）刻本　四冊

150000－0601－0003738　83007　史部/地理類/中外雜記之屬

義大利獨立戰史六卷附錄一卷　（清）東京留學生譯　清光緒二十八年（1902）商務印書館排印本　一冊

150000－0601－0003739　83013　史部/地理類/中外雜記之屬

重訂法國志略二十四卷　（清）王韜撰　清光緒十六年（1890）淞隱廬排印本　十冊

150000－0601－0003740　83023　史部/地理類/中外雜記之屬

普法戰紀二十卷　（清）張宗良口譯　（清）王韜輯撰　清光緒十二年（1886）弢園王氏活字本　十冊

150000－0601－0003741　93985　史部/地理類/中外雜記之屬

德國議院章程一卷　（清）徐建寅譯　清光緒二十一年（1895）湘中使院刻本　一冊

150000－0601－0003742　83011　史部/地理類/中外雜記之屬

亞斐利加洲志一卷　（清）前編書局編　清宣統元年（1909）學部編譯圖書局排印本　一冊

150000－0601－0003743　83008　史部/地理類/中外雜記之屬

埃及近世史一卷　（日本）柴四郎撰　（清）麥鼎華譯　清光緒二十八年（1902）廣智書局排印本　一冊

150000－0601－0003744　83012　史部/地理類/中外雜記之屬

亞美利加洲通史十編　（清）戴彬編譯　清光緒二十八年（1902）商務印書館排印本　二冊

150000－0601－0003745　82965　史部/地理類/中外雜記之屬

美西戰史一卷　（清）陸軍部編譯局譯　清宣統元年（1909）陸軍部編譯局排印本　一冊

150000－0601－0003746　8742　史部/地理類/中外雜記之屬

一八九八年之西美戰史一卷　（法國）勃利德撰　（清）李景鎬譯　清末江南製造局排印本　二冊

150000 – 0601 – 0003747　54379　史部/地理
類/中外雜記之屬

游歷巴西圖經十卷　（清）傅雲龍撰　清光緒
二十七年(1901)石印本　二冊　缺

150000 – 0601 – 0003748　54372　史部/地理
類/中外雜記之屬

游歷秘魯圖經四卷　（清）傅雲龍撰　清光緒
二十七年(1901)石印本　二冊

150000 – 0601 – 0003749　54375　史部/地理
類/中外雜記之屬

游歷加納大圖經八卷　（清）傅雲龍撰　清光
緒二十八年(1902)石印本　四冊

150000 – 0601 – 0003750　84723　史部/地理
類/中外雜記之屬

澳大利亞洲新志一卷　吳宗濂　（清）趙元益
譯　清光緒二十三年(1897)元和江氏長沙刻
本　一冊

150000 – 0601 – 0003751　147535　史部/目
錄類/叢編之屬

江刻書目三種　（清）江標輯　清末刻本
一冊

150000 – 0601 – 0003752　160077　史部/目
錄類/叢編之屬

黃顧遺書　王大隆輯　秀水王氏學禮齋刻本
六冊

150000 – 0601 – 0003753　160083　史部/目
錄類/叢編之屬

黃顧遺書　王大隆輯　秀水王氏學禮齋刻本
六冊

150000 – 0601 – 0003754　91234　史部/目錄
類/叢編之屬

葉氏存古叢書　葉銘輯　清宣統二年(1910)
西泠印社排印本　二冊

150000 – 0601 – 0003755　163207　史部/目
錄類/叢編之屬

葉氏存古叢書　葉銘輯　清宣統二年(1910)
西泠印社排印本　二冊

150000 – 0601 – 0003756　90847　史部/目錄
類/通論之屬/義例

欽定四庫全書總目提要四部類叙一卷　清光
緒二十一年(1895)元和江氏刻本　一冊

150000 – 0601 – 0003757　91014　史部/目錄
類/通論之屬/義例

四庫全書表文箋釋四卷　（清）林鶴年撰　清
宣統元年(1909)吳興劉氏求恕齋刻求恕齋叢
書本　一冊

150000 – 0601 – 0003758　91273　史部/目錄
類/通論之屬/義例

東西學書錄提要總叙二卷　沈桐生撰　清光
緒二十三年(1897)讀有用書齋刻本　二冊

150000 – 0601 – 0003759　91275　史部/目錄
類/通論之屬/義例

東西學書錄提要總叙二卷　沈桐生撰　清光
緒二十三年(1897)讀有用書齋刻本　二冊

150000 – 0601 – 0003760　91277　史部/目錄
類/通論之屬/義例

東西學書錄提要總叙二卷　沈桐生撰　清光
緒二十三年(1897)讀有用書齋刻本　二冊

150000 – 0601 – 0003761　25687　史部/目錄
類/通論之屬/考訂

古今偽書考一卷　（清）姚際恒撰　清光緒三
年(1877)排印本　二冊

150000 – 0601 – 0003762　91289　史部/目錄
類/通論之屬/考訂

古今偽書考一卷　（清）姚際恒撰　清光緒三
年(1877)排印本　二冊

150000 – 0601 – 0003763　91784　史部/目錄
類/通論之屬/藏書

藏書紀事詩七卷　葉昌熾撰　清宣統二年
(1910)刻本　六冊

150000 – 0601 – 0003764　91778　史部/目錄
類/通論之屬/藏書

藏書紀事詩七卷　葉昌熾撰　清宣統二年
(1910)刻朱印本　六冊

150000－0601－0003765　91283　史部/目録類/通論之屬/藏書

藏書十約一卷 葉德輝撰　**游藝卮言二卷**
葉德輝撰　長沙葉氏觀古堂刻本　一冊

150000－0601－0003766　91334　史部/目録類/通論之屬/藏書

皕宋樓藏書源流考一卷 （日本）島田翰撰
清光緒三十三年(1907)京師刻紅印本　一冊

150000－0601－0003767　765909　史部/目録類/通論之屬/藏書

日本圖書館調查叢記一卷 黃嗣艾撰　清光緒三十一年(1905)排印本　一冊

150000－0601－0003768　91749　史部/目録類/通論之屬/瑣記

曝書雜記三卷 （清）錢泰吉撰　清同治七年(1868)刻甘泉鄉人稿本　一冊

150000－0601－0003769　91750　史部/目録類/通論之屬/瑣記

曝書雜記三卷 （清）錢泰吉撰　清同治七年(1868)刻甘泉鄉人稿本　一冊

150000－0601－0003770　91751　史部/目録類/通論之屬/瑣記

曝書雜記三卷 （清）錢泰吉撰　清同治七年(1868)刻甘泉鄉人稿本　一冊

150000－0601－0003771　767801　史部/目録類/通論之屬/瑣記

華嚴疏鈔編印會會議錄□□卷 稿本　一冊
　存第二冊

150000－0601－0003772　D4716　史部/目録類/總志之屬/史志

八史經籍志 清光緒八年(1882)刻本　十冊

150000－0601－0003773　91554　史部/目録類/總志之屬/史志

漢書藝文志考證十卷 （宋）王應麟撰　清刻玉海本　二冊

150000－0601－0003774　91556　史部/目録類/總志之屬/史志

漢書藝文志考證十卷 （宋）王應麟撰　清刻玉海本　二冊

150000－0601－0003775　91563　史部/目録類/總志之屬/史志

宋史藝文志補一卷 （清）倪燦撰　清光緒十七年(1891)廣雅書局刻本　一冊

150000－0601－0003776　91562　史部/目録類/總志之屬/史志

補遼金元藝文志三卷 清光緒十八年(1892)徐氏鑄學齋刻本　一冊

150000－0601－0003777　D1043　史部/目録類/總志之屬/史志

元史藝文志四卷 （清）錢大昕撰　清嘉慶五年(1800)刻本　四冊

150000－0601－0003778　70184　史部/目録類/總志之屬/史志

元史藝文志四卷 （清）錢大昕撰　清嘉慶五年(1800)刻本　一冊

150000－0601－0003779　91543　史部/目録類/總志之屬/史志

皇朝經籍志□□卷 清道光二十五年(1845)刻三長物齋叢書本　一冊　存四卷(一至四)

150000－0601－0003780　91225　史部/目録類/總志之屬/公藏

七略別録一卷 （漢）劉向撰　漢洲張氏刻受經堂叢書本　一冊

150000－0601－0003781　90783　史部/目録類/總志之屬/公藏

欽定天祿琳琅書目十卷續編二十卷 （清）于敏中等纂修　清光緒十年(1884)長沙王氏刻本　十冊

150000－0601－0003782　90793　史部/目録類/總志之屬/公藏

欽定天祿琳琅書目十卷續編二十卷 （清）于敏中等纂修　清光緒十年(1884)長沙王氏刻本　十冊

150000－0601－0003783　90384　史部/目録

欽定四庫全書總目二百卷首一卷 （清）永瑢修 （清）紀昀等纂 清光緒七年(1881)廣東書局刻本 一百二十冊

150000－0601－0003784 90504 史部/目錄類/總志之屬/公藏

欽定四庫全書總目二百卷首一卷 （清）永瑢修 （清）紀昀等纂 清光緒七年(1881)廣東書局刻本 一百十三冊

150000－0601－0003785 90723 史部/目錄類/總志之屬/公藏

欽定四庫全書簡明目錄二十卷 （清）永瑢修 （清）紀昀等纂 清同治七年(1868)廣東書局刻本 十二冊

150000－0601－0003786 91000 史部/目錄類/總志之屬/公藏

欽定四庫全書簡明目錄二十卷 （清）永瑢修 （清）紀昀等纂 清末刻本 十二冊

150000－0601－0003787 90708 史部/目錄類/總志之屬/公藏

四庫簡明目錄標注二十卷附錄一卷 （清）邵懿辰撰 清宣統三年(1911)刻半巖廬所著書本 十冊

150000－0601－0003788 91322 史部/目錄類/總志之屬/公藏

關中書院志學齋藏書總目一卷志學齋續購書目一卷 清光緒十七年(1891)關中書院刻本 一冊

150000－0601－0003789 91477 史部/目錄類/總志之屬/家藏

昭德先生郡齋讀書志五卷後志二卷 （宋）晁公武撰 清康熙六十一年(1722)陳師曾刻本 五冊

150000－0601－0003790 91236 史部/目錄類/總志之屬/家藏

遂初堂書目一卷 （宋）尤袤撰 清道光二十六年(1846)刻海山仙館叢書本 一冊

150000－0601－0003791 91237 史部/目錄

世善堂藏書目錄二卷 （明）陳第撰 清刻知不足齋叢書本 二冊

150000－0601－0003792 90781 史部/目錄類/總志之屬/家藏

讀書敏求記四卷 （清）錢曾撰 清乾隆六十年(1795)刻本 一冊

150000－0601－0003793 90857 史部/目錄類/總志之屬/家藏

平津館鑒藏書籍記三卷補遺一卷續編一卷 （清）孫星衍編 清光緒十一年(1885)木犀軒刻本 四冊

150000－0601－0003794 91116 史部/目錄類/總志之屬/家藏

五桂樓書目四卷 （清）黃澄量編 清光緒二十一年(1895)刻本 二冊

150000－0601－0003795 91298 史部/目錄類/總志之屬/家藏

鐵琴銅劍樓藏書目錄二十四卷 （清）瞿鏞編 清光緒二十四年(1898)常熟瞿氏罟里家塾刻本 十冊

150000－0601－0003796 91308 史部/目錄類/總志之屬/家藏

鐵琴銅劍樓藏書目錄二十四卷 （清）瞿鏞編 清光緒二十四年(1898)常熟瞿氏罟里家塾刻本 十冊

150000－0601－0003797 90868 史部/目錄類/總志之屬/家藏

海源閣藏書目一卷 （清）楊紹和編 清光緒十四年(1888)元和江氏師鄦堂刻本 一冊

150000－0601－0003798 90869 史部/目錄類/總志之屬/家藏

海源閣藏書目一卷 （清）楊紹和編 清光緒十四年(1888)元和江氏師鄦堂刻本 一冊

150000－0601－0003799 91721 史部/目錄類/總志之屬/家藏

楹書隅錄五卷續編四卷 （清）楊紹和編 清光緒二十年(1894)聊城楊氏海源閣刻本 八冊

150000－0601－0003800　91729　史部/目録類/總志之屬/家藏

楹書隅錄五卷續編四卷　（清）楊紹和編　清光緒二十年（1894）聊城楊氏海源閣刻本　八冊

150000－0601－0003801　91381　史部/目錄類/總志之屬/家藏

持靜齋書目五卷　（清）丁日昌編　**持靜齋藏書紀要二卷**　（清）莫友芝撰　刻本　六冊

150000－0601－0003802　91405　史部/目錄類/總志之屬/家藏

皕宋樓藏書志一百二十卷　（清）陸心源撰　清光緒八年（1882）刻本　四十冊

150000－0601－0003803　90919　史部/目錄類/總志之屬/家藏

善本書室藏書志四十卷附錄一卷　（清）丁丙撰　清光緒二十七年（1901）錢塘丁氏嘉惠堂刻本　十六冊

150000－0601－0003804　90935　史部/目錄類/總志之屬/家藏

善本書室藏書志四十卷附錄一卷　（清）丁丙撰　清光緒二十七年（1901）錢塘丁氏嘉惠堂刻本　十五冊　缺

150000－0601－0003805　91760　史部/目錄類/總志之屬/家藏

藝風藏書記八卷　繆荃孫撰　清光緒二十七年（1901）刻本　二冊

150000－0601－0003806　91193　史部/目錄類/總志之屬/治學

經籍舉要一卷　（清）龍啓瑞撰　**家塾課程一卷中江講院添設季課示一卷尊經閣募捐藏書章程一卷祀典錄一卷藏書目一卷中江講院建立經誼治事兩齋章程一卷**　清光緒十九年（1893）中江講院刻本　一冊

150000－0601－0003807　91194　史部/目錄類/總志之屬/治學

經籍舉要一卷　（清）龍啓瑞撰　**家塾課程一卷中江講院添設季課示一卷尊經閣募捐藏書**

章程一卷祀典錄一卷藏書目一卷中江講院建立經誼治事兩齋章程一卷**　清光緒十九年（1893）中江講院刻本　一冊

150000－0601－0003808　91195　史部/目錄類/總志之屬/治學

經籍舉要一卷　（清）龍啓瑞撰　**家塾課程一卷中江講院添設季課示一卷尊經閣募捐藏書章程一卷祀典錄一卷藏書目一卷中江講院建立經誼治事兩齋章程一卷**　清光緒十九年（1893）中江講院刻本　一冊

150000－0601－0003809　90803　史部/目錄類/總志之屬/治學

書目答問一卷　（清）張之洞撰　清光緒四年（1878）上海淞隱閣刻本　四冊

150000－0601－0003810　91196　史部/目錄類/總志之屬/治學

書目答問一卷　（清）張之洞撰　清末刻本　二冊

150000－0601－0003811　90839　史部/目錄類/總志之屬/治學

書目答問一卷　（清）張之洞撰　清末刻本　一冊

150000－0601－0003812　90837　史部/目錄類/總志之屬/治學

書目答問一卷　（清）張之洞撰　清光緒十四年（1888）上海蜚英館石印本　二冊

150000－0601－0003813　90807　史部/目錄類/總志之屬/治學

書目答問一卷　（清）張之洞撰　清光緒四年（1878）上海淞隱閣排印本　四冊

150000－0601－0003814　91272　史部/目錄類/總志之屬/治學

讀書舉要二卷　（清）楊希閔撰　清光緒八年（1882）津河廣仁堂刻本　一冊

150000－0601－0003815　92706　史部/目錄類/總志之屬/治學

初學宜讀諸書要略一卷　葉瀚撰　**初學稍進讀書要略一卷讀譯書須知一卷論格致理法綱**

要一卷　清光緒二十四年（1898）味經刊書處刻本　一冊

150000－0601－0003816　91228　史部/目錄類/總志之屬/治學

買書記事珠一卷　（清）點梅齋輯　清光緒十三年（1887）廣平堂刻本　一冊

150000－0601－0003817　162583　史部/目錄類/總志之屬/禁毀

銷毀抽毀書目禁書總目違礙書目奏繳咨禁書目合刻　清光緒三十三年（1907）國學保存會排印國粹叢書本　一冊

150000－0601－0003818　91103　史部/目錄類/總志之屬/善本

徵刻唐宋秘本書目一卷　（清）黃虞稷　（清）周在浚編　張英川抄本　一冊

150000－0601－0003819　91336　史部/目錄類/總志之屬/善本

宋元舊本書經眼錄三卷附錄二卷　（清）莫友芝撰　清刻本　一冊

150000－0601－0003820　91495　史部/目錄類/總志之屬/善本

宋元舊本書經眼錄三卷附錄二卷　（清）莫友芝撰　清刻本　一冊

150000－0601－0003821　90856　史部/目錄類/總志之屬/刊刻

汲古閣校刻書目一卷　（明）毛晉撰　（清）顧湘校　汲古閣校刻書目補遺一卷　（清）滎陽悔道人輯　（清）顧湘校　汲古閣刻板存亡考一卷　（清）滎陽悔道人撰　（清）顧湘校　清刻本　一冊

150000－0601－0003822　91012　史部/目錄類/總志之屬/刊刻

汲古閣校刻書目補遺一卷　（清）滎陽悔道人輯　（清）顧湘校　清道光二十一年（1841）刻本　一冊

150000－0601－0003823　91318　史部/目錄類/總志之屬/刊刻

家刻書目［金山錢氏］十卷　（清）錢培蓀輯

清光緒四年（1878）刻本　四冊

150000－0601－0003824　91330　史部/目錄類/總志之屬/刊刻

家刻書目［金山錢氏］十卷　（清）錢培蓀輯　清光緒四年（1878）刻本　四冊

150000－0601－0003825　91224　史部/目錄類/總志之屬/雜錄

徵訪明季遺書目一卷　劉世珩輯　清宣統二年（1910）排印本　一冊

150000－0601－0003826　90952　史部/目錄類/總志之屬/雜錄

續溪金紫胡氏所著書目二卷　（清）胡培系編　清光緒十年（1884）世澤樓刻本　一冊

150000－0601－0003827　9463　史部/目錄類/專錄之屬/經部

經義考二百九十八卷目錄二卷　（清）朱彝尊撰　清光緒二十三年（1897）浙江書局刻本　四十冊

150000－0601－0003828　40902　史部/目錄類/專錄之屬/經部

經義考二百九十八卷目錄二卷　（清）朱彝尊撰　清光緒二十三年（1897）浙江書局刻本　五十冊

150000－0601－0003829　91015　史部/目錄類/專錄之屬/經部

經義考二百九十八卷目錄二卷　（清）朱彝尊撰　清光緒二十三年（1897）浙江書局刻本　五十冊

150000－0601－0003830　58340　史部/目錄類/專錄之屬/經部

皇清經解提要二卷續編一卷　（清）沈豫撰　皇清經解淵源錄一卷外編一卷皇清經解總目一卷　清末刻峨術堂集本　一冊

150000－0601－0003831　90755　史部/目錄類/專錄之屬/經部

皇清經解敬修堂編目十六卷　（清）陶治元編　清光緒十二年（1886）石印本　四冊

150000－0601－0003832　90751　史部/目録
類/專錄之屬/經部

皇清經解橫直縮編目十六卷　（清）凌忠照編
　清光緒十八年（1892）上海古香閣石印本
四冊

150000－0601－0003833　91104　史部/目録
類/專錄之屬/經部

小學考五十卷　（清）謝啓昆撰　清咸豐二年
（1852）刻本　十冊

150000－0601－0003834　40882　史部/目録
類/專錄之屬/經部

小學考五十卷　（清）謝啓昆撰　清光緒十四
年（1888）浙江書局刻本　二十冊

150000－0601－0003835　61443　史部/目録
類/專錄之屬/經部

小學考五十卷　（清）謝啓昆撰　清光緒十四
年（1888）浙江書局刻本　十七冊

150000－0601－0003836　91337　史部/目録
類/專錄之屬/史部

［全史目録］一卷　清抄本　八冊

150000－0601－0003837　97206　史部/目録
類/專錄之屬/子部

醫官玄稿三卷　（日本）鹿門山人撰　刻本
二冊

150000－0601－0003838　91171　史部/目録
類/專錄之屬/子部

算學書目提要三卷附一卷　丁福保撰　清光
緒二十五年（1899）無錫俟實學堂刻疇隱廬叢
書本　一冊

150000－0601－0003839　91172　史部/目録
類/專錄之屬/子部

算學書目提要三卷附一卷　丁福保撰　清光
緒二十五年（1899）無錫俟實學堂刻疇隱廬叢
書本　一冊

150000－0601－0003840　6090　史部/目録
類/專錄之屬/子部

閱藏知津四十四卷總目四卷　（清）釋智旭撰
清光緒十八年（1892）金陵刻經處刻本　十冊

150000－0601－0003841　90953　史部/目録
類/專錄之屬/集部

西諦所藏善本戲曲目録一卷補遺一卷　鄭振
鐸編　刻藍印本　一冊

150000－0601－0003842　91482　史部/目録
類/專錄之屬/叢部

行素堂目睹書録十編　（清）朱記榮輯　汲古
閣珍藏秘本書目一卷　（清）毛扆撰　清光緒
十年至十一年（1884－1885）刻本　十冊
（有抄補）

150000－0601－0003843　91492　史部/目録
類/專錄之屬/叢部

行素堂目睹書録十編　（清）朱記榮輯　汲古
閣珍藏秘本書目一卷　（清）毛扆撰　清光緒
十年至十一年（1884－1885）刻本（有抄補）
二冊　殘

150000－0601－0003844　170607　史部/目
録類/書志之屬

南江書録一卷　（清）邵晉涵撰　清末貴池劉
氏刻聚學軒叢書本　一冊

150000－0601－0003845　91747　史部/目録
類/書志之屬

知聖道齋讀書跋二卷　（清）彭元瑞撰　清刻
本　一冊

150000－0601－0003846　91790　史部/目録
類/書志之屬

士禮居藏書題跋記六卷　（清）黃丕烈撰　清
光緒十年（1884）吳興潘氏滂喜齋刻本　二冊

150000－0601－0003847　91792　史部/目録
類/書志之屬

士禮居藏書題跋記六卷　（清）黃丕烈撰　清
光緒十年（1884）吳興潘氏滂喜齋刻本　四冊

150000－0601－0003848　91756　史部/目録
類/書志之屬

士禮居藏書題跋記續一卷　（清）黃丕烈撰
清末元和江氏刻本　二冊

150000－0601－0003849　91766　史部/目録
類/書志之屬

儀顧堂題跋十六卷續跋十六卷　（清）陸心源
撰　清光緒十六年至十八年（1890–1892）刻
本　八冊

150000–0601–0003850　91774　史部/目錄
類/書志之屬
儀顧堂題跋十六卷　（清）陸心源撰　清光緒
十六年（1890）刻本　四冊

150000–0601–0003851　91713　史部/目錄
類/書志之屬
華延年室題跋三卷　（清）傅以禮撰　殘明大
統曆一卷殘明宰輔年表一卷　清宣統元年
（1909）排印本　三冊

150000–0601–0003852　91716　史部/目錄
類/書志之屬
華延年室題跋三卷　（清）傅以禮撰　殘明大
統曆一卷殘明宰輔年表一卷　清宣統元年
（1909）排印本　三冊

150000–0601–0003853　91461　史部/目錄
類/書志之屬
開有益齋讀書志六卷　（清）朱緒曾撰　開有
益齋金石文字記一卷　（清）朱緒曾撰　清光
緒六年（1880）金陵翁氏茹古閣刻本　六冊

150000–0601–0003854　91752　史部/目錄
類/書志之屬
［王謨書跋］一卷　（清）王謨撰　清刻本
一冊

150000–0601–0003855　91818　史部/目錄
類/版刻之屬/書影
留真譜初編一卷　楊守敬輯　清光緒二十七
年（1901）宜都楊氏刻本　十二冊

150000–0601–0003856　147562　史部/金
石類/叢編之屬
行素草堂金石叢書　（清）朱記榮輯　清光緒
十四年（1888）行素草堂刻本　四十冊

150000–0601–0003857　167210　史部/金
石類/叢編之屬
學古齋金石叢書四集十二種　（清）葛元煦輯
清末崇川葛氏學古齋刻本　十冊　存五種

150000–0601–0003858　99982　史部/金石
類/總志之屬/目錄
金石錄三十卷札記一卷存目一卷　（宋）趙明
誠撰　清光緒三十一年（1905）仁和朱氏刻朱
氏結一廬賸餘叢書本　四冊

150000–0601–0003859　100453　史部/金
石類/總志之屬/圖像
求古精舍金石圖四卷　（清）陳經輯　清嘉慶
十八年（1813）說劍樓刻本　三冊

150000–0601–0003860　129238　史部/金
石類/總志之屬/圖像
金石剠一卷　（清）馮承輝撰　清刻本　一冊

150000–0601–0003861　99936　史部/金石
類/總志之屬/圖像
金石索金索六卷石索六卷首一卷　（清）馮雲
鵬　（清）馮雲鵷撰　清道光元年（1821）刻本
十二冊

150000–0601–0003862　100152　史部/金
石類/總志之屬/圖像
金石索金索六卷石索六卷首一卷　（清）馮雲
鵬　（清）馮雲鵷撰　清光緒三十二年（1906）
上海文新局石印本　二十四冊

150000–0601–0003863　99932　史部/金
石類/總志之屬/圖像
金石屑四冊附編一卷　（清）鮑昌熙摹　清光
緒二年（1876）刻本　四冊

150000–0601–0003864　99999　史部/金石
類/總志之屬/文字
小蓬萊閣金石文字一卷　（清）黃易撰　清道
光十四年（1834）刻本　五冊

150000–0601–0003865　99995　史部/金石
類/總志之屬/文字
隨軒金石文字一卷　（清）徐渭仁輯　清同治
七年（1868）徐渭仁雙鈎刻本　四冊

150000–0601–0003866　99948　史部/金石
類/總志之屬/文字
二銘草堂金石聚十六卷首一卷　（清）張德容
撰　清同治十一年（1872）刻本　十六冊

150000－0601－0003867　60779　史部/金石類/總志之屬/文字

隸釋二十七卷　（宋）洪适撰　清乾隆四十二年(1777)刻本　六冊

150000－0601－0003868　60785　史部/金石類/總志之屬/文字

隸釋二十七卷　（宋）洪适撰　清乾隆四十二年(1777)刻本　八冊

150000－0601－0003869　60797　史部/金石類/總志之屬/文字

汪本隸釋刊誤一卷　（清）黃丕烈撰　清同治十一年(1872)皖南洪氏晦木齋刻本　一冊

150000－0601－0003870　60798　史部/金石類/總志之屬/文字

隸續二十一卷　（宋）洪适撰　清康熙四十五年(1706)揚州使院刻本　三冊　存十五卷（一至五、十二至二十一）

150000－0601－0003871　60793　史部/金石類/總志之屬/文字

隸續二十一卷　（宋）洪适撰　清乾隆四十三年(1778)汪曰秀刻本　四冊　存十九卷（一至八、十一至二十一）

150000－0601－0003872　99964　史部/金石類/總志之屬/文字

兩漢金石記二十二卷　（清）翁方綱撰　清乾隆五十四年(1789)南昌使院刻本　四冊

150000－0601－0003873　99968　史部/金石類/總志之屬/文字

兩漢金石記二十二卷　（清）翁方綱撰　清乾隆五十四年(1789)南昌使院刻本　四冊

150000－0601－0003874　100446　史部/金石類/總志之屬/文字

兩漢金石記二十二卷　（清）翁方綱撰　清乾隆五十四年(1789)南昌使院刻本　七冊　存十八卷(一至十八)

150000－0601－0003875　100012　史部/金石類/總志之屬/文字

金石文鈔八卷續二卷　（清）趙紹祖輯　清光緒二年(1876)刻本　十冊

150000－0601－0003876　100022　史部/金石類/總志之屬/文字

金石文鈔八卷續二卷　（清）趙紹祖輯　清光緒二年(1876)刻本　十冊

150000－0601－0003877　100282　史部/金石類/總志之屬/文字

金石萃編一百六十卷　（清）王昶撰　清嘉慶十年(1805)刻本　六十四冊

150000－0601－0003878　100218　史部/金石類/總志之屬/文字

金石萃編一百六十卷　（清）王昶撰　清嘉慶十年(1805)刻本　六十四冊

150000－0601－0003879　100176　史部/金石類/總志之屬/文字

金石萃編一百六十卷　（清）王昶撰　金石續編二十一卷首一卷　（清）陸耀遹纂　清光緒十九年(1893)上海寶善書局石印本　二十四冊

150000－0601－0003880　100466　史部/金石類/總志之屬/文字

金石續編二十一卷首一卷　（清）陸耀遹纂　清同治十三年(1874)毗陵雙白燕堂刻本　十六冊

150000－0601－0003881　99890　史部/金石類/總志之屬/文字

十二硯齋金石過眼錄十八卷續錄六卷　（清）汪鋆撰　清光緒元年(1875)刻本　八冊

150000－0601－0003882　26047　史部/金石類/總志之屬/題跋

金石文字記六卷　（清）顧炎武撰　清遂初堂刻亭林遺書本　六冊

150000－0601－0003883　99991　史部/金石類/總志之屬/題跋

金石文字記六卷　（清）顧炎武撰　清遂初堂刻亭林遺書本　二冊

150000－0601－0003884　100568　史部/金

石類/總志之屬/題跋

金石文字記六卷 （清）顧炎武撰 清遂初堂刻亭林遺書本 一冊 殘

150000－0601－0003885 99986 史部/金石類/總志之屬/題跋

金石錄補二十七卷續跋七卷 （清）葉奕苞撰 清光緒十三年(1887)刻本 五冊

150000－0601－0003886 99902 史部/金石類/總志之屬/題跋

潛研堂金石文跋尾續七卷 （清）錢大昕撰 清刻本 一冊

150000－0601－0003887 99810 史部/金石類/總志之屬/題跋

清儀閣題跋一卷 （清）張廷濟撰 清刻本 四冊

150000－0601－0003888 99900 史部/金石類/總志之屬/題跋

香南精舍金石契一卷 （清）覺羅崇恩撰 清光緒二十六年(1900)石印本 二冊

150000－0601－0003889 100540 史部/金石類/總志之屬/題跋

香南精舍金石契一卷 （清）覺羅崇恩撰 清光緒二十六年(1900)石印本 存一冊

150000－0601－0003890 60822 史部/金石類/總志之屬/字書

六書通十卷 （明）閔齊伋撰 （清）畢宏述篆訂 清刻本 五冊

150000－0601－0003891 60827 史部/金石類/總志之屬/字書

六書通十卷 （明）閔齊伋撰 （清）畢宏述篆訂 清刻本 八冊

150000－0601－0003892 765747 史部/金石類/總志之屬/字書

金石文字辨異十二卷 （清）邢澍撰 歲星表一卷 （清）朱駿聲撰 清刻聚學軒叢書本 八冊 存十卷(三至十二)

150000－0601－0003893 100536 史部/金

石類/總志之屬/雜著

金玉瑣碎二卷 （清）謝堃撰 清光緒六年(1880)刻本 一冊

150000－0601－0003894 103137 史部/金石類/總志之屬/雜著

金玉瑣碎二卷 （清）謝堃撰 清光緒六年(1880)刻本 一冊

150000－0601－0003895 103161 史部/金石類/總志之屬/雜著

天壤閣雜記一卷 （清）王懿榮撰 清光緒二十一年(1895)長沙使院刻本 一冊

150000－0601－0003896 103162 史部/金石類/總志之屬/雜著

天壤閣雜記一卷 （清）王懿榮撰 清光緒二十一年(1895)長沙使院刻本 一冊

150000－0601－0003897 99972 史部/金石類/總志之屬/雜著

金石摘一卷 （清）陳善墀輯 清同治十二年(1873)瀏陽縣學之不求甚解齋刻本 十冊

150000－0601－0003898 91683 史部/金石類/金之屬/目錄

積古齋藏器目一卷 （清）阮元撰 平安館藏器目一卷 （清）葉志詵撰 清儀閣藏器目一卷 （清）張廷濟撰 懷米山房藏器目一卷 （清）曹載奎撰 兩罍軒藏器目一卷 （清）吳雲撰 木庵藏器目一卷 （清）程振甲撰 梅花草庵藏器目一卷 （清）丁彥臣撰 簠齋藏器目一卷 （清）陳介祺撰 愙齋藏器目一卷 （清）吳大澂撰 師許室刻本 一冊

150000－0601－0003899 100699 史部/金石類/金之屬/圖像

陶齋吉金錄八卷 （清）端方輯 清光緒三十四年(1908)金陵石印本 八冊

150000－0601－0003900 100707 史部/金石類/金之屬/圖像

陶齋吉金錄八卷 （清）端方輯 清光緒三十四年(1908)金陵石印本 八冊

150000－0601－0003901 837328 史部/金

石類/金之屬/圖像

泊如齋重修宣和博古圖錄三十卷 （宋）王黼撰　明萬曆十六年（1588）刻本　十冊

150000－0601－0003902　40203　史部/金石類/金之屬/圖像

亦政堂重修宣和博古圖錄三十卷 （宋）王黼撰　清乾隆十七年（1752）刻本　十八冊

150000－0601－0003903　40197　史部/金石類/金之屬/圖像

亦政堂重修考古圖十卷 （宋）呂大臨撰　清乾隆十七年（1752）刻三古圖本　五冊

150000－0601－0003904　100043　史部/金石類/金之屬/圖像

長安獲古編二卷補一卷 （清）劉喜海輯　清刻光緒三十一年（1905）劉鐵雲補刻本　二冊

150000－0601－0003905　100045　史部/金石類/金之屬/圖像

長安獲古編二卷補一卷 （清）劉喜海輯　清刻光緒三十一年（1905）劉鐵雲補刻本　二冊

150000－0601－0003906　100346　史部/金石類/金之屬/圖像

西清續鑒甲編二十卷附錄一卷 （清）王杰等纂修　清宣統三年（1911）上海商務印書館影印本　四十二冊

150000－0601－0003907　99868　史部/金石類/金之屬/圖像

吉金志存四卷 （清）李光庭輯　清咸豐九年（1859）刻本　四冊

150000－0601－0003908　60713　史部/金石類/金之屬/文字

歷代鐘鼎彝器款識法帖二十卷 （宋）薛尚功輯　清嘉慶二年（1797）刻本　一冊

150000－0601－0003909　100037　史部/金石類/金之屬/文字

歷代鐘鼎彝器款識法帖二十卷 （宋）薛尚功輯　清光緒二十九年（1903）貴池劉氏玉海堂武昌刻本　四冊

150000－0601－0003910　767486　史部/金石類/金之屬/文字

歷代鐘鼎彝器款識法帖二十卷 （宋）薛尚功輯　清光緒二十九年（1903）貴池劉氏玉海堂武昌刻本　四冊

150000－0601－0003911　49390　史部/金石類/金之屬/文字

積古齋鐘鼎彝器款識十卷 （清）阮元編　清嘉慶九年（1804）刻本　四冊

150000－0601－0003912　60893　史部/金石類/金之屬/文字

積古齋鐘鼎彝器款識十卷 （清）阮元編　清嘉慶九年（1804）刻本　四冊

150000－0601－0003913　60709　史部/金石類/金之屬/文字

積古齋鐘鼎彝器款識十卷 （清）阮元編　清光緒九年（1883）常熟鮑氏刻後知不足齋叢書本　四冊

150000－0601－0003914　60705　史部/金石類/金之屬/文字

積古齋鐘鼎彝器款識十卷 （清）阮元編　清刻本　四冊

150000－0601－0003915　100051　史部/金石類/金之屬/文字

積古齋鐘鼎彝器款識稿本四卷附一卷 （清）阮元編　清光緒三十二年（1906）石印本　二冊

150000－0601－0003916　60006　史部/金石類/金之屬/文字

古籀拾遺三卷 （清）孫詒讓撰　**宋政和禮器考一卷** （清）孫詒讓撰　清光緒十六年（1890）刻本　二冊

150000－0601－0003917　60062　史部/金石類/金之屬/文字

古籀拾遺三卷 （清）孫詒讓撰　**宋政和禮器考一卷** （清）孫詒讓撰　清光緒十六年（1890）刻本　一冊

150000－0601－0003918　128556　史部/金

石類/金之屬/文字

古籀拾遺三卷　（清）孫詒讓撰　**宋政和禮器
考一卷**　（清）孫詒讓撰　清光緒十六年
(1890)刻本　一冊

150000 – 0601 – 0003919　100456　史部/金
石類/金之屬/文字

奇觚室吉金文述二十卷　（清）劉心源撰　清
光緒二十八年(1902)石印本　十冊

150000 – 0601 – 0003920　767811　史部/金
石類/金之屬/文字

商器款識一卷周器款識一卷秦器款識一卷漢
器款識一卷晉器款識一卷　抄本　一冊

150000 – 0601 – 0003921　100557　史部/金
石類/金之屬/雜著

鼎錄一卷　（南朝梁）虞荔撰　清刻本（漢魏
叢書本）　一冊

150000 – 0601 – 0003922　89604　史部/金石
類/錢幣之屬/圖像

泉志十五卷　（宋）洪遵撰　（明）胡震亨
(明)毛晉訂　抄本　四冊

150000 – 0601 – 0003923　89525　史部/金石
類/錢幣之屬/圖像

欽定錢錄十六卷　（清）梁詩正等纂修　清刻
本　四冊

150000 – 0601 – 0003924　89546　史部/金石
類/錢幣之屬/圖像

欽定錢錄十六卷　（清）梁詩正等纂修　清刻
本　二冊

150000 – 0601 – 0003925　89529　史部/金石
類/錢幣之屬/圖像

古今錢略三十二卷首一卷末一卷　（清）倪模
撰　清光緒三年(1877)望江倪氏兩强勉齋刻
本　十六冊

150000 – 0601 – 0003926　89583　史部/金石
類/錢幣之屬/圖像

泉布統志九卷首一卷附一卷　（清）孟麟撰
清道光十三年(1833)刻本　八冊

150000 – 0601 – 0003927　89521　史部/金石
類/錢幣之屬/圖像

錢志新編二十卷　（清）張崇懿輯　清道光十
年(1830)刻本　四冊

150000 – 0601 – 0003928　89622　史部/金石
類/錢幣之屬/圖像

泉史十六卷　（清）盛大士編　清道光十四年
(1834)金陵鄧文進齋淮安舊城刻本　四冊

150000 – 0601 – 0003929　89620　史部/金石
類/錢幣之屬/圖像

古泉叢話三卷又一卷　（清）戴熙撰　清同治
十一年(1872)潯喜齋刻本　二冊

150000 – 0601 – 0003930　89618　史部/金石
類/錢幣之屬/圖像

古泉叢話三卷又一卷　（清）戴熙撰　清同治
十一年(1872)潯喜齋刻蘇州振新書社刷印本
　一冊

150000 – 0601 – 0003931　89619　史部/金石
類/錢幣之屬/圖像

古泉叢話三卷又一卷　（清）戴熙撰　清同治
十一年(1872)潯喜齋刻蘇州振新書社刷印本
　一冊

150000 – 0601 – 0003932　100543　史部/金
石類/錢幣之屬/圖像

古泉叢話三卷又一卷　（清）戴熙撰　清同治
十一年(1872)潯喜齋刻蘇州振新書社刷印本
　一冊

150000 – 0601 – 0003933　40271　史部/金石
類/錢幣之屬/圖像

古泉匯元集十四卷亨集十四卷利集十八卷貞
集十四卷首四卷　（清）李佐賢撰　清同治三
年(1864)刻本　十六冊

150000 – 0601 – 0003934　89591　史部/金石
類/錢幣之屬/圖像

古泉匯元集十四卷亨集十四卷利集十八卷貞
集十四卷首四卷　（清）李佐賢撰　清同治三
年(1864)刻本　十冊

150000 – 0601 – 0003935　40287　史部/金石

類/錢幣之屬/圖像

續泉匯元集三卷亨集三卷利集三卷貞集五卷補遺二卷首一卷 （清）鮑康 （清）李佐賢撰 清光緒元年(1875)刻本 四冊

150000－0601－0003936 89613 史部/金石類/錢幣之屬/雜著

觀古閣泉說一卷 （清）鮑康撰 清同治十二年(1873)歙縣鮑氏刻本 一冊

150000－0601－0003937 89611 史部/金石類/錢幣之屬/雜著

癖泉臆說六卷 （清）高煥文撰 清宣統三年(1911)商務印書館石印本 一冊

150000－0601－0003938 8525 史部/金石類/錢幣之屬/雜著

錢神志七卷 （清）李世熊撰 清道光六年(1826)活字本 七冊

150000－0601－0003939 89569 史部/金石類/錢幣之屬/雜著

錢神志七卷 （清）李世熊撰 清同治十年(1871)縣署活字本 七冊

150000－0601－0003940 89576 史部/金石類/錢幣之屬/雜著

錢神志七卷 （清）李世熊撰 清同治十年(1871)縣署活字本 七冊

150000－0601－0003941 55398 史部/金石類/璽印之屬/文字

凝清室古官印存一卷 鈐印本 一冊

150000－0601－0003942 99774 史部/金石類/璽印之屬/文字

封泥考略十卷 （清）吳式芬輯 （清）陳介祺輯 清光緒三十年(1904)滬上石印本 十冊

150000－0601－0003943 99788 史部/金石類/石之屬/目錄

寰宇訪碑錄十二卷 （清）孫星衍 （清）邢澍撰 **寰宇訪碑錄刊謬一卷** 羅振玉撰 清光緒十一年(1885)吳縣朱記榮刻本 六冊

150000－0601－0003944 99794 史部/金石

類/石之屬/目錄

補寰宇訪碑錄五卷失編一卷 （清）趙之謙撰 清光緒十二年(1886)吳縣朱氏刻金石叢書本 二冊

150000－0601－0003945 100560 史部/金石類/石之屬/目錄

補寰宇訪碑錄五卷失編一卷 （清）趙之謙撰 清光緒十二年(1886)吳縣朱氏刻金石叢書本 二冊

150000－0601－0003946 120259 史部/金石類/石之屬/目錄

補寰宇訪碑錄五卷失編一卷 （清）趙之謙撰 清光緒十二年(1886)吳縣朱氏刻金石叢書本 二冊

150000－0601－0003947 100084 史部/金石類/石之屬/目錄

集古錄目十卷原目一卷 （宋）歐陽棐撰 清光緒十年(1884)雲自在龕刻本 二冊

150000－0601－0003948 100034 史部/金石類/石之屬/文字

思古齋雙鉤漢碑篆額一卷 （清）何澂輯 清光緒九年(1883)刻本 三冊

150000－0601－0003949 98731 史部/金石類/石之屬/文字

篆存一卷 （清）丁彥臣輯 清同治十一年(1872)丁氏梅花草堂刻本 三冊

150000－0601－0003950 99825 史部/金石類/石之屬/文字

古志石華一卷 （清）黃本驥編 清刻三長物齋叢書本 八冊

150000－0601－0003951 99818 史部/金石類/石之屬/文字

石鼓文定本一卷釋音一卷辯證一卷叙記一卷析執一卷叙記一卷地名考一卷 （清）古華山農撰 清光緒十六年(1890)刻本 四冊

150000－0601－0003952 61205 史部/金石類/石之屬/文字

石鼓文音訓考正一卷 （清）潘迪音訓 （清）

馮承輝考正　清光緒十九年(1893)蒼溪石印
本　一冊

150000－0601－0003953　54519　史部/金石
類/石之屬/文字

華陽觀王先生碑文一卷　清宣統元年(1909)
影印本　一冊

150000－0601－0003954　54520　史部/金石
類/石之屬/文字

華陽觀王先生碑文一卷　清宣統元年(1909)
影印本　一冊

150000－0601－0003955　100066　史部/金
石類/石之屬/通考

語石十卷　葉昌熾撰　清宣統元年(1909)刻
本　四冊

150000－0601－0003956　100070　史部/金
石類/石之屬/通考

語石十卷　葉昌熾撰　清宣統元年(1909)刻
本　四冊

150000－0601－0003957　98275　史部/金石
類/石之屬/通考

漢碑引經考六卷　(清)皮錫瑞撰　**漢碑引緯
考一卷**　(清)皮錫瑞撰　清光緒三十年
(1904)刻本　四冊

150000－0601－0003958　91754　史部/金石
類/石之屬/題跋

砥齋題跋一卷　(清)王宏撰撰　清刻本
一冊

150000－0601－0003959　91755　史部/金石
類/石之屬/題跋

虛舟題跋原三卷　(清)王澍撰　清乾隆五十
三年(1788)刻本　一冊

150000－0601－0003960　99815　史部/金石
類/石之屬/題跋

竹雲題跋四卷　(清)王澍撰　清道光二十七
年(1847)刻海山仙館叢書本　一冊

150000－0601－0003961　91759　史部/金石
類/石之屬/題跋

隱綠軒題識一卷　(清)陳奕禧撰　清刻本
一冊

150000－0601－0003962　90853　史部/金石
類/石之屬/題跋

義門題跋一卷　(清)何焯撰　清刻本　一冊

150000－0601－0003963　90854　史部/金石
類/石之屬/題跋

義門題跋一卷　(清)何焯撰　清刻本　一冊

150000－0601－0003964　99809　史部/金石
類/石之屬/題跋

芳堅館題跋三卷　(清)郭尚先撰　清刻本
一冊

150000－0601－0003965　100049　史部/金
石類/石之屬/題跋

退庵題跋二卷　(清)梁章鉅撰　清福州梁氏
刻本　一冊

150000－0601－0003966　100050　史部/金
石類/石之屬/題跋

退庵題跋二卷　(清)梁章鉅撰　清福州梁氏
刻本　一冊

150000－0601－0003967　152756　史部/金
石類/石之屬/義例

金石三例　(清)盧見曾輯　清乾隆二十年
(1755)盧氏雅雨堂刻本　四冊

150000－0601－0003968　152760　史部/金
石類/石之屬/義例

金石三例　(清)盧見曾輯　清乾隆二十年
(1755)盧氏雅雨堂刻本　八冊

150000－0601－0003969　152741　史部/金
石類/石之屬/義例

金石全例　(清)朱記榮輯　清刻光緒十八年
(1892)吳縣朱氏彙印本　十五冊

150000－0601－0003970　110232　史部/金
石類/石之屬/義例

蒼崖先生金石例十卷　(元)潘昂霄撰　**金石
例札記一卷**　繆荃孫輯　清光緒三十四年
(1908)刻本　二冊

150000 – 0601 – 0003971　110230　史部/金石類/石之屬/義例

碑版文廣例十卷　（清）王芑孫撰　清道光二十一年(1841)刻本　二冊

150000 – 0601 – 0003972　60725　史部/金石類/石之屬/字書

漢隸字源五卷碑目一卷　（宋）婁機輯　明末毛氏汲古閣刻本　六冊

150000 – 0601 – 0003973　60739　史部/金石類/石之屬/字書

隸辨八卷　（清）顧藹吉撰　清乾隆八年(1743)黃晟刻本　八冊

150000 – 0601 – 0003974　60747　史部/金石類/石之屬/字書

隸辨八卷　（清）顧藹吉撰　清乾隆八年(1743)黃晟刻本　八冊

150000 – 0601 – 0003975　60755　史部/金石類/石之屬/字書

隸辨八卷　（清）顧藹吉撰　清乾隆八年(1743)黃晟刻本　八冊

150000 – 0601 – 0003976　60763　史部/金石類/石之屬/字書

隸辨八卷　（清）顧藹吉撰　清乾隆八年(1743)黃晟刻本　八冊

150000 – 0601 – 0003977　60771　史部/金石類/石之屬/字書

隸辨八卷　（清）顧藹吉撰　清乾隆八年(1743)黃晟刻本　八冊

150000 – 0601 – 0003978　98363　史部/金石類/石之屬/字書

隸法彙纂十卷字錄一卷　（清）項懷述撰　清乾隆四十五年(1780)刻本　一冊

150000 – 0601 – 0003979　128540　史部/金石類/石之屬/字書

隸篇十五卷續十五卷再續十五卷　（清）翟云升撰　清光緒十八年(1892)刻本　十冊

150000 – 0601 – 0003980　128716　史部/金

石類/石之屬/字書

隸篇十五卷續十五卷再續十五卷　（清）翟云升撰　清光緒十八年(1892)刻本　一冊　殘

150000 – 0601 – 0003981　98325　史部/金石類/石之屬/字書

楷法溯源十四卷古碑目錄一卷集帖目錄一卷　（清）潘存輯　楊守敬編　清光緒三年(1877)刻本　八冊

150000 – 0601 – 0003982　40202　史部/金石類/玉之屬/圖像

亦政堂重考古玉圖二卷　（元）朱德潤撰　清乾隆十七年(1752)刻本　一冊

150000 – 0601 – 0003983　99833　史部/金石類/玉之屬/圖像

寶古堂重考古玉圖二卷　（元）朱德潤撰　清道光十年(1830)刻本　一冊

150000 – 0601 – 0003984　100078　史部/金石類/玉之屬/圖像

宋淳熙敕編古玉圖譜三十六卷　（宋）龍大淵編纂　清刻本　六冊

150000 – 0601 – 0003985　99834　史部/金石類/玉之屬/圖像

古玉圖考一卷　（清）吳大澂輯　清光緒十五年(1889)上海同文書局影印本　四冊

150000 – 0601 – 0003986　99838　史部/金石類/玉之屬/圖像

古玉圖考一卷　（清）吳大澂輯　清光緒十五年(1889)上海同文書局影印本　四冊

150000 – 0601 – 0003987　99842　史部/金石類/玉之屬/圖像

古玉圖考一卷　（清）吳大澂輯　清光緒十五年(1889)上海同文書局影印本　四冊

150000 – 0601 – 0003988　99846　史部/金石類/玉之屬/圖像

古玉圖考一卷　（清）吳大澂輯　清光緒十五年(1889)上海同文書局影印本　四冊

150000 – 0601 – 0003989　765447　史部/金

石類/玉之屬/圖像

古玉圖考一卷 （清）吳大澂輯　清光緒十五年(1889)上海同文書局影印本　四冊

150000－0601－0003990　765451　史部/金石類/玉之屬/圖像

古玉圖考一卷 （清）吳大澂輯　清光緒十五年(1889)上海同文書局影印本　四冊

150000－0601－0003991　765476＋765455＋765456＋765457　史部/金石類/玉之屬/圖像

古玉圖考一卷 （清）吳大澂輯　清光緒十五年(1889)上海同文書局影印本　四冊

150000－0601－0003992　54256　史部/金石類/甲骨之屬/通考

殷商貞卜文字考一卷　羅振玉撰　清宣統二年(1910)玉簡齋石印本　一冊

150000－0601－0003993　54257　史部/金石類/甲骨之屬/通考

殷商貞卜文字考一卷　羅振玉撰　清宣統二年(1910)玉簡齋石印本　一冊

150000－0601－0003994　61214　史部/金石類/甲骨之屬/通考

殷商貞卜文字考一卷　羅振玉撰　清宣統二年(1910)玉簡齋石印本　一冊

150000－0601－0003995　54233　史部/金石類/甲骨之屬/義例

契文舉例二卷 （清）孫詒讓撰　清光緒三十年(1904)影印本　二冊

150000－0601－0003996　100565　史部/金石類/郡邑之屬/目錄

京畿金石考二卷 （清）孫星衍撰　清光緒十年(1884)吳縣朱記榮刻槐廬叢書本　一冊

150000－0601－0003997　100566　史部/金石類/郡邑之屬/目錄

山右金石錄目錄一卷跋尾一卷校語一卷 （清）夏寶晉撰　清光緒八年(1882)歸安石氏刻本　一冊

150000－0601－0003998　91682　史部/金石

類/郡邑之屬/目錄

山左南北朝石刻存目一卷 （清）尹彭壽撰　清末江氏刻本　一冊

150000－0601－0003999　91681　史部/金石類/郡邑之屬/目錄

江寧金石待訪目二卷 （清）嚴觀撰　清光緒二十二年(1896)刻本　一冊

150000－0601－0004000　100558　史部/金石類/郡邑之屬/目錄

吳郡金石目一卷 （清）程祖慶撰　清光緒三年(1877)八囍齋刻本　一冊

150000－0601－0004001　100559　史部/金石類/郡邑之屬/目錄

吳郡金石目一卷 （清）程祖慶撰　清光緒三年(1877)八囍齋刻本　一冊

150000－0601－0004002　100562　史部/金石類/郡邑之屬/目錄

蜀碑記十卷首一卷 （宋）王象之編　**蜀碑記辨訛考異一卷** （清）胡鳳丹撰　清同治八年(1869)退補齋刻本　一冊

150000－0601－0004003　99850　史部/金石類/郡邑之屬/文字

山右石刻叢編四十卷 （清）胡聘之撰　清光緒二十七年(1901)刻本　十八冊

150000－0601－0004004　99898　史部/金石類/郡邑之屬/文字

江寧金石記八卷待訪目二卷 （清）嚴觀輯　清宣統二年(1910)江楚編譯書局刻本　二冊

150000－0601－0004005　100538　史部/金石類/郡邑之屬/文字

淮陰金石僅存錄一卷附編一卷補遺一卷　羅振玉錄　清光緒十年(1884)排印本　一冊

150000－0601－0004006　99920　史部/金石類/郡邑之屬/文字

兩浙金石志十八卷補遺一卷 （清）阮元輯　清光緒十六年(1890)浙江書局刻本　十二冊

150000－0601－0004007　98227　史部/金石

類/郡邑之屬/文字

墨妙亭碑目考二卷附考一卷 （清）張鑑撰
清光緒十年(1884)江蘇書局刻本　二冊

150000－0601－0004008　54476　史部/金石類/郡邑之屬/文字

芒洛冢墓遺文四編六卷補遺一卷　羅振玉輯
刻本　六冊

150000－0601－0004009　8636　史部/金石類/郡邑之屬/題跋

山右金石記十卷 （清）張煦修　清末刻本
十冊

150000－0601－0004010　99993　史部/金石類/郡邑之屬/題跋

關中金石記八卷 （清）畢沅撰　清刻本
二冊

150000－0601－0004011　8963　子部/周秦諸子類/諸子叢編之屬

諸子彙函二十六卷 （明）歸有光輯　明天啟五年(1625)達古堂刻本　二十三冊　存二十卷(一至二十)

150000－0601－0004012　167447　子部/周秦諸子類/諸子叢編之屬

諸子彙函二十六卷 （明）歸有光輯　清刻本
十四冊

150000－0601－0004013　167461　子部/周秦諸子類/諸子叢編之屬

諸子彙函二十六卷 （明）歸有光輯　清刻本
二十三冊

150000－0601－0004014　138776　子部/周秦諸子類/諸子叢編之屬

十子全書 （清）王子興輯　清嘉慶九年(1804)刻本　二十四冊

150000－0601－0004015　138800　子部/周秦諸子類/諸子叢編之屬

十子全書 （清）王子興輯　清刻本　三十七冊

150000－0601－0004016　9863　子部/周秦

諸子類/諸子叢編之屬

子書百家 （清）崇文書局輯　清光緒元年(1875)湖北崇文書局刻本　一百〇六冊

150000－0601－0004017　10102　子部/周秦諸子類/諸子叢編之屬

子書百家 （清）崇文書局輯　清光緒元年(1875)湖北崇文書局刻本　七十三冊　缺

150000－0601－0004018　141044　子部/周秦諸子類/諸子叢編之屬

子書百家 （清）崇文書局輯　清光緒元年(1875)湖北崇文書局刻本　六十冊

150000－0601－0004019　147801　子部/周秦諸子類/諸子叢編之屬

子書百家 （清）崇文書局輯　清光緒元年(1875)湖北崇文書局刻本　一百十冊

150000－0601－0004020　140934　子部/周秦諸子類/諸子叢編之屬

子書百家 （清）崇文書局輯　民國元年(1912)鄂官書處刻本　一百十冊

150000－0601－0004021　9969　子部/周秦諸子類/諸子叢編之屬

二十二子 （清）浙江書局輯　清末浙江書局刻本　一百三十三冊

150000－0601－0004022　138338　子部/周秦諸子類/諸子叢編之屬

二十二子 （清）浙江書局輯　清末浙江書局刻本　八十三冊

150000－0601－0004023　156619　子部/周秦諸子類/諸子叢編之屬

桐城吳先生點勘諸子七種 （清）吳汝綸點勘
清宣統二年(1910)衍星社排印本　十冊

150000－0601－0004024　167435　子部/周秦諸子類/諸子叢編之屬

諸子平議三十五卷 （清）俞樾撰　清光緒二十五年(1899)刻春在堂全書本　十二冊

150000－0601－0004025　101306　子部/周秦諸子類/諸子叢編之屬

删定管荀 （清）方苞删定 清乾隆元年（1736）刻本 六册

150000－0601－0004026 103281 子部/周秦诸子类/诸子丛编之属

子品金函六十二卷 （明）陈仁锡辑 （清）李有芳增订 清刻本 六册

150000－0601－0004027 838532 子部/周秦诸子类/儒家之属

孔子家语十卷 （晉）王肃注 明末汲古阁刻本 六册

150000－0601－0004028 93095 子部/周秦诸子类/儒家之属

孔子家语十卷 （晉）王肃注 清光绪二十三年（1897）新化三味书屋刻本 二册

150000－0601－0004029 128453 子部/周秦诸子类/儒家之属

集语二卷 （宋）薛据纂 孟子外书集证五卷 （清）施彦士撰 清刻本 一册

150000－0601－0004030 92460 子部/周秦诸子类/儒家之属

孔子集语十七卷 （清）孙星衍撰 清光绪三年（1877）浙江书局刻本（平津馆原本） 四册

150000－0601－0004031 92464 子部/周秦诸子类/儒家之属

孔子集语十七卷 （清）孙星衍撰 清光绪三年（1877）浙江书局刻本（平津馆原本） 四册

150000－0601－0004032 128455 子部/周秦诸子类/儒家之属

孔子集语□□卷 （清）孙星衍撰 清刻本 一册 存四卷（十四至十七）

150000－0601－0004033 92480 子部/周秦诸子类/儒家之属

曾子十篇四卷 （清）阮元注释 清嘉庆三年（1798）刻本 二册

150000－0601－0004034 78581 子部/周秦诸子类/儒家之属

晏子春秋七卷 （春秋）晏婴撰 （清）孙星衍

校 清乾隆五十三年（1788）刻本 一册

150000－0601－0004035 78579 子部/周秦诸子类/儒家之属

晏子春秋八卷 （春秋）晏婴撰 清光绪元年（1875）湖北崇文书局刻本 二册

150000－0601－0004036 78565 子部/周秦诸子类/儒家之属

晏子春秋七卷 （春秋）晏婴撰 晏子春秋音义二卷 （清）孙星衍撰 晏子春秋校勘记二卷 （清）黄以周撰 清光绪元年（1875）浙江书局刻本 四册

150000－0601－0004037 78569 子部/周秦诸子类/儒家之属

晏子春秋七卷 （春秋）晏婴撰 晏子春秋音义二卷 （清）孙星衍撰 晏子春秋校勘记二卷 （清）黄以周撰 清光绪元年（1875）浙江书局刻本 四册

150000－0601－0004038 78573 子部/周秦诸子类/儒家之属

晏子春秋七卷 （春秋）晏婴撰 晏子春秋音义二卷 （清）孙星衍撰 晏子春秋校勘记二卷 （清）黄以周撰 清光绪元年（1875）浙江书局刻本 六册

150000－0601－0004039 101423 子部/周秦诸子类/儒家之属

荀子二十卷校勘补遗一卷 （戰國）荀况撰 （唐）杨倞注 清乾隆五十一年（1786）刻本 六册

150000－0601－0004040 101441 子部/周秦诸子类/儒家之属

荀子二十卷首一卷 （唐）杨倞注 王先谦集解 清光绪十七年（1891）思贤讲舍刻本 六册

150000－0601－0004041 767589 子部/周秦诸子类/儒家之属

荀子二十卷首一卷 （唐）杨倞注 王先谦集解 清光绪十七年（1891）思贤讲舍刻本 五册 存十九卷（二至二十）

150000－0601－0004042　101147　子部/周秦諸子類/道家之屬

鬻子一卷　（周）鬻熊撰　（唐）逢行珪注　**補鬻子七則一卷**　（明）楊之森輯　清光緒元年(1875)湖北崇文書局刻本　一冊

150000－0601－0004043　100907　子部/周秦諸子類/道家之屬

老子河上公注二篇　（漢）河上公注　清道光二十五年(1845)刻本　四冊

150000－0601－0004044　100901　子部/周秦諸子類/道家之屬

老子道德經二篇　（三國魏）王弼注　**老子道德經音義一卷**　（唐）陸德明音義　清光緒元年(1875)浙江書局刻本（華亭張氏原本）　一冊

150000－0601－0004045　100902　子部/周秦諸子類/道家之屬

老子道德經二篇　（三國魏）王弼注　**老子道德經音義一卷**　（唐）陸德明音義　清光緒元年(1875)浙江書局刻本（華亭張氏原本）　一冊

150000－0601－0004046　100905　子部/周秦諸子類/道家之屬

老子道德經二篇　（三國魏）王弼注　**老子道德經音義一卷**　（唐）陸德明音義　清光緒元年(1875)浙江書局刻本（華亭張氏原本）　一冊

150000－0601－0004047　100896　子部/周秦諸子類/道家之屬

太上混元道德真經一卷　（□）孚祐上帝闡義（□）八洞仙祖注　清同治二年(1863)刻本　二冊

150000－0601－0004048　100878　子部/周秦諸子類/道家之屬

道德真經集解四卷　（金）趙秉文撰　清咸豐二年(1852)刻小萬卷樓叢書本　二冊

150000－0601－0004049　100887　子部/周秦諸子類/道家之屬

道德真經集解四卷　（金）趙秉文撰　清咸豐二年(1852)刻小萬卷樓叢書本　一冊

150000－0601－0004050　50172　子部/周秦諸子類/道家之屬

道德真經注一卷　（元）吳澄撰　清乾隆三年(1738)刻本　二冊

150000－0601－0004051　100917　子部/周秦諸子類/道家之屬

道德真經注一卷　（元）吳澄撰　清乾隆三年(1738)刻本　一冊

150000－0601－0004052　100918　子部/周秦諸子類/道家之屬

道德真經注一卷　（元）吳澄撰　清光緒元年(1875)湖北崇文書局刻本　一冊

150000－0601－0004053　100916　子部/周秦諸子類/道家之屬

老子翼評點一卷　（明）董懋策撰　**莊子翼評點一卷**　（明）董懋策撰　清光緒三十二年(1906)董氏取斯家塾刻本　一冊

150000－0601－0004054　879253　子部/周秦諸子類/道家之屬

御注道德經二篇　清順治十三年(1656)內府刻本　二冊

150000－0601－0004055　879255　子部/周秦諸子類/道家之屬

御注道德經二篇　清順治十三年(1656)內府刻本　二冊

150000－0601－0004056　100892　子部/周秦諸子類/道家之屬

老子說略二卷附錄一卷　（清）張爾岐撰　清道光十九年(1839)姜氏宗祠刻本　一冊

150000－0601－0004057　100893　子部/周秦諸子類/道家之屬

老子章義二卷　（清）姚鼐撰　清同治九年(1870)邗上刻本　一冊

150000－0601－0004058　100880　子部/周秦諸子類/道家之屬

老子本義二卷　（清）魏源撰　清光緒二十六年（1900）刻二十八年（1902）補刻本　二冊

150000 – 0601 – 0004059　100931　子部/周秦諸子類/道家之屬

通玄真經十二卷　（唐）徐靈府注　清光緒九年（1883）長州蔣氏影刻本　三冊

150000 – 0601 – 0004060　879249　子部/周秦諸子類/道家之屬

莊子南華真經四卷　（戰國）莊周撰　明末閔氏刻朱墨套印本　四冊

150000 – 0601 – 0004061　101036　子部/周秦諸子類/道家之屬

莊子南華經八卷　（戰國）莊周撰　（清）胡文煥校　清刻本　四冊

150000 – 0601 – 0004062　50584　子部/周秦諸子類/道家之屬

南華真經旁注五卷　（戰國）莊周撰　（晉）向秀注　（晉）郭象評　清初大盛堂刻本　六冊

150000 – 0601 – 0004063　50578　子部/周秦諸子類/道家之屬

南華真經旁注五卷　（戰國）莊周撰　（晉）向秀注　（晉）郭象評　清嘉慶十一年（1806）刻本　六冊

150000 – 0601 – 0004064　8902　子部/周秦諸子類/道家之屬

南華真經十卷　（戰國）莊周撰　（晉）郭象注　（唐）陸德明音義　清光緒二年（1876）浙江書局刻本　四冊

150000 – 0601 – 0004065　100979　子部/周秦諸子類/道家之屬

南華真經十卷　（戰國）莊周撰　（晉）郭象注　（唐）陸德明音義　清光緒二年（1876）浙江書局刻本　四冊

150000 – 0601 – 0004066　100983　子部/周秦諸子類/道家之屬

南華真經十卷　（戰國）莊周撰　（晉）郭象注　（唐）陸德明音義　清光緒二年（1876）浙江書局刻本　四冊

150000 – 0601 – 0004067　100987　子部/周秦諸子類/道家之屬

南華真經十卷　（戰國）莊周撰　（晉）郭象注　（唐）陸德明音義　清光緒二年（1876）浙江書局刻本　四冊

150000 – 0601 – 0004068　100964　子部/周秦諸子類/道家之屬

南華真經注疏十卷　（戰國）莊周撰　（晉）郭象注　（唐）成玄英疏　清末遵義黎氏影印古逸叢書本　十冊

150000 – 0601 – 0004069　839653　子部/周秦諸子類/道家之屬

莊子南華經內篇一卷外篇一卷雜篇一卷　（晉）郭象注　（明）孫鑛批點　明末刻本　三冊

150000 – 0601 – 0004070　101024　子部/周秦諸子類/道家之屬

莊子因六卷　（清）林雲銘評述　清康熙五十五年（1716）刻本　四冊

150000 – 0601 – 0004071　101020　子部/周秦諸子類/道家之屬

莊子因六卷　（清）林雲銘評述　清光緒六年（1880）刻本　四冊

150000 – 0601 – 0004072　20459　子部/周秦諸子類/道家之屬

南華真經解三卷　（清）宣穎撰　清經綸堂刻本　五冊

150000 – 0601 – 0004073　101003　子部/周秦諸子類/道家之屬

莊子獨見三十三卷　（清）胡文英評釋　清乾隆十七年（1752）刻本　四冊

150000 – 0601 – 0004074　100997　子部/周秦諸子類/道家之屬

莊子獨見三十三卷　（清）胡文英評釋　清乾隆十七年（1752）刻本　六冊

150000 – 0601 – 0004075　8906　子部/周秦諸子類/道家之屬

莊子獨見三十三卷　（清）胡文英評釋　清同

德堂刻本　四冊

150000－0601－0004076　101028　子部/周秦諸子類/道家之屬

莊子集釋十卷　（清）郭慶藩撰　清光緒二十年（1894）思賢講舍刻本　八冊

150000－0601－0004077　101007　子部/周秦諸子類/道家之屬

莊子雪三卷　（清）陸樹芝輯注　清嘉慶四年（1799）刻本　三冊

150000－0601－0004078　101086　子部/周秦諸子類/道家之屬

莊子集解八卷　王先謙撰　清宣統元年（1909）上海涵芬樓影印本　三冊

150000－0601－0004079　101089　子部/周秦諸子類/道家之屬

莊子集解八卷　王先謙撰　清宣統元年（1909）上海涵芬樓影印本　三冊

150000－0601－0004080　101092　子部/周秦諸子類/道家之屬

莊子集解八卷　王先謙撰　清宣統元年（1909）上海掃葉山房石印本　四冊

150000－0601－0004081　101117　子部/周秦諸子類/道家之屬

列子二卷　（戰國）列禦寇撰　清光緒元年（1875）湖北崇文書局刻本　一冊

150000－0601－0004082　25657　子部/周秦諸子類/道家之屬

沖虛至德真經八卷　（戰國）列禦寇撰　（晉）張湛注　清嘉慶九年（1804）刻本　二冊

150000－0601－0004083　101113　子部/周秦諸子類/道家之屬

列子八卷　（戰國）列禦寇撰　（晉）張湛注　（唐）殷敬順釋文　清光緒二年（1876）浙江書局刻本　二冊

150000－0601－0004084　101115　子部/周秦諸子類/道家之屬

列子八卷　（戰國）列禦寇撰　（晉）張湛注

（唐）殷敬順釋文　清光緒二年（1876）浙江書局刻本　二冊

150000－0601－0004085　101122　子部/周秦諸子類/道家之屬

列子八卷　（戰國）列禦寇撰　（晉）張湛注（唐）殷敬順釋文　清光緒二年（1876）浙江書局刻本　二冊

150000－0601－0004086　101124　子部/周秦諸子類/道家之屬

列子八卷　（戰國）列禦寇撰　（晉）張湛注（唐）殷敬順釋文　清光緒二年（1876）浙江書局刻本　二冊

150000－0601－0004087　101126　子部/周秦諸子類/道家之屬

沖虛至德真經八卷　（戰國）列禦寇撰　（晉）張湛注　（唐）殷敬順釋文　清刻本　四冊

150000－0601－0004088　101130　子部/周秦諸子類/道家之屬

列子八卷　（唐）盧重元解　**列子盧注考證一卷**　（清）秦恩復撰　清嘉慶八年（1803）江都秦氏石研齋刻本　四冊

150000－0601－0004089　839656　子部/周秦諸子類/道家之屬

列子沖虛經一卷　（明）孫鑛批點　明末刻本　一冊

150000－0601－0004090　101140　子部/周秦諸子類/道家之屬

鶡冠子三卷　（宋）陸佃解　清光緒元年（1875）湖北崇文書局刻本　一冊

150000－0601－0004091　101141　子部/周秦諸子類/道家之屬

鶡冠子三卷　（宋）陸佃解　清光緒元年（1875）湖北崇文書局刻本　一冊

150000－0601－0004092　101139　子部/周秦諸子類/道家之屬

鶡冠子三卷　（宋）陸佃解　清刻榕園叢書本　一冊

150000－0601－0004093　101336　子部/周秦諸子類/法家之屬

管子二十四卷　（春秋）管仲撰　（唐）房玄齡注　清光緒二年(1876)浙江書局刻本(明吳郡趙氏本)　六冊

150000－0601－0004094　101342　子部/周秦諸子類/法家之屬

管子二十四卷　（春秋）管仲撰　（唐）房玄齡注　清光緒二年(1876)浙江書局刻本(明吳郡趙氏本)　六冊

150000－0601－0004095　101348　子部/周秦諸子類/法家之屬

管子二十四卷　（春秋）管仲撰　（唐）房玄齡注　清光緒二年(1876)浙江書局刻本(明吳郡趙氏本)　六冊

150000－0601－0004096　101324　子部/周秦諸子類/法家之屬

管子二十四卷　（春秋）管仲撰　（唐）房玄齡注　清光緒五年(1879)影刻本　四冊

150000－0601－0004097　101316　子部/周秦諸子類/法家之屬

管子校正二十四卷　（清）戴望撰　清同治十一年(1872)刻本　四冊

150000－0601－0004098　101320　子部/周秦諸子類/法家之屬

管子十二卷　（清）王念孫注　清刻讀書雜志本　四冊

150000－0601－0004099　128763　子部/周秦諸子類/法家之屬

弟子職正音一卷　（清）王筠撰　**毛詩重言一卷毛詩雙聲迭韵說一卷**　清鄉寧賀惠等刻本　一冊

150000－0601－0004100　101408　子部/周秦諸子類/法家之屬

商君書五卷附考一卷　（戰國）商鞅撰　清光緒二年(1876)浙江書局刻本　一冊

150000－0601－0004101　101410　子部/周秦諸子類/法家之屬

商君書五卷附考一卷　（戰國）商鞅撰　清光緒二年(1876)浙江書局刻本　一冊

150000－0601－0004102　101411　子部/周秦諸子類/法家之屬

商君書五卷附考一卷　（戰國）商鞅撰　清光緒二年(1876)浙江書局刻本　一冊

150000－0601－0004103　101365　子部/周秦諸子類/法家之屬

韓非子二十卷　（戰國）韓非撰　**韓非子識誤三卷**　（清）顧廣圻撰　清光緒元年(1875)浙江書局刻本　六冊

150000－0601－0004104　101371　子部/周秦諸子類/法家之屬

韓非子二十卷　（戰國）韓非撰　**韓非子識誤三卷**　（清）顧廣圻撰　清光緒元年(1875)浙江書局刻本　六冊

150000－0601－0004105　101377　子部/周秦諸子類/法家之屬

韓非子二十卷　（戰國）韓非撰　**韓非子識誤三卷**　（清）顧廣圻撰　清光緒元年(1875)浙江書局刻本　六冊

150000－0601－0004106　839657　子部/周秦諸子類/法家之屬

韓非子四卷　（明）孫鑛批點　明末刻本　三冊

150000－0601－0004107　101397　子部/周秦諸子類/法家之屬

韓非子識誤三卷　（清）顧廣圻撰　清刻本　一冊

150000－0601－0004108　101398　子部/周秦諸子類/法家之屬

韓非子識誤三卷　（清）顧廣圻撰　清刻本　一冊

150000－0601－0004109　101399　子部/周秦諸子類/法家之屬

韓非子集解二十卷首一卷　（清）王先慎撰　清光緒二十二年(1896)刻本　四冊

150000－0601－0004110　49449　子部/周秦諸子類/墨家之屬

墨子十六卷篇目考一卷　（戰國）墨翟撰（清）畢沅注　清乾隆四十九年(1784)刻本　四冊

150000－0601－0004111　101197　子部/周秦諸子類/墨家之屬

墨子十六卷篇目考一卷　（戰國）墨翟撰（清）畢沅注　清乾隆四十九年(1784)刻本　四冊

150000－0601－0004112　101201　子部/周秦諸子類/墨家之屬

墨子十六卷篇目考一卷　（戰國）墨翟撰（清）畢沅注　清光緒元年(1875)湖北崇文書局刻本　四冊

150000－0601－0004113　101219　子部/周秦諸子類/墨家之屬

墨子經說解二卷　（清）張惠言撰　清宣統元年(1909)國學保存會石印本　一冊

150000－0601－0004114　101220　子部/周秦諸子類/墨家之屬

墨子經說解二卷　（清）張惠言撰　清宣統元年(1909)國學保存會石印本　一冊

150000－0601－0004115　101189　子部/周秦諸子類/墨家之屬

墨子閒詁十五卷附錄一卷後語二卷　（清）孫詒讓撰　清光緒三十三年(1907)刻本　八冊

150000－0601－0004116　101215　子部/周秦諸子類/墨家之屬

墨子七十一篇二卷佚文一卷　（戰國）墨翟撰　王闓運注　清光緒三十年(1904)江西官書局刻本　二冊

150000－0601－0004117　101217　子部/周秦諸子類/墨家之屬

墨子七十一篇二卷佚文一卷　（戰國）墨翟撰　王闓運注　清光緒三十年(1904)江西官書局刻本　二冊

150000－0601－0004118　101176　子部/周秦諸子類/雜家之屬

尸子二卷　（清）孫星衍輯　清嘉慶十一年(1806)平津館刻本　一冊

150000－0601－0004119　101177　子部/周秦諸子類/雜家之屬

尸子二卷存疑一卷　（清）汪繼培輯　清光緒三年(1877)浙江書局刻本（湖海樓刻本）　一冊

150000－0601－0004120　101178　子部/周秦諸子類/雜家之屬

尸子二卷存疑一卷　（清）汪繼培輯　清光緒三年(1877)浙江書局刻本（湖海樓刻本）　一冊

150000－0601－0004121　101148　子部/周秦諸子類/雜家之屬

子華子二卷　（春秋）程本撰　清光緒元年(1875)湖北崇文書局刻本　一冊

150000－0601－0004122　101240　子部/周秦諸子類/雜家之屬

呂氏春秋二十六卷附考一卷　（秦）呂不韋撰（漢）高誘注　清光緒元年(1875)浙江書局刻本　六冊

150000－0601－0004123　83839　子部/周秦諸子類/小說家之屬

山海經十八卷　（晉）郭璞傳（清）畢沅校正　清光緒三年(1877)浙江書局刻本　三冊

150000－0601－0004124　839717　子部/周秦諸子類/小說家之屬

山海經釋義十八卷　（晉）郭璞傳（明）王崇慶釋義　明刻本　二冊　存十卷(一至十)

150000－0601－0004125　83842　子部/周秦諸子類/小說家之屬

山海經廣注十八卷圖五卷　（清）吳任臣注　清刻本　四冊

150000－0601－0004126　84034　子部/周秦諸子類/小說家之屬

山海經廣注十八卷圖五卷　（清）吳任臣注　清刻本　七冊

150000－0601－0004127　50248　子部/周秦諸子類/小說家之屬

山海經四卷　（清）吳任臣注　清刻本　四冊

150000－0601－0004128　83846　子部/周秦諸子類/小說家之屬

山海經十八卷圖贊一卷訂訛一卷　（清）郝懿行箋疏　清嘉慶十四年(1809)刻本　四冊

150000－0601－0004129　83818　子部/周秦諸子類/小說家之屬

山海經十八卷圖贊一卷訂訛一卷　（清）郝懿行箋疏　清光緒十七年(1891)上海仿古齋石印本　六冊

150000－0601－0004130　50244　子部/周秦諸子類/小說家之屬

穆天子傳六卷首一卷末一卷　（晉）郭璞注（清）檀萃疏　清石渠閣刻本　四冊

150000－0601－0004131　53963　子部/儒學類/叢編之屬

關中道脉四種書　（清）李元春輯　清道光十年(1830)蒙天麻刻本　六冊

150000－0601－0004132　148681　子部/儒學類/叢編之屬

沈余遺書　（清）趙舒翹輯　清光緒二十二年(1896)江蘇書局刻本　三冊　缺

150000－0601－0004133　92435　子部/儒學類/叢編之屬

性理正宗　（清）王之樞輯　清康熙四十一年(1702)刻本　二冊

150000－0601－0004134　48148　子部/儒學類/叢編之屬

增補五子性理四書六卷　（清）華希閔輯注　清康熙五十四年(1715)雲林大盛堂刻本　六冊

150000－0601－0004135　92782　子部/儒學類/經濟之屬

新書十卷　（漢）賈誼撰　清光緒元年(1875)浙江書局刻本(抱經堂校定本)　二冊

150000－0601－0004136　92784　子部/儒學類/經濟之屬

新書十卷　（漢）賈誼撰　清光緒元年(1875)浙江書局刻本(抱經堂校定本)　二冊

150000－0601－0004137　92786　子部/儒學類/經濟之屬

鹽鐵論十卷　（漢）桓寬撰　清光緒十七年(1891)思賢講舍刻本　二冊

150000－0601－0004138　92788　子部/儒學類/經濟之屬

鹽鐵論十卷　（漢）桓寬撰　清光緒十七年(1891)思賢講舍刻本　二冊

150000－0601－0004139　103418　子部/儒學類/經濟之屬

鹽鐵論十卷　（漢）桓寬撰　清光緒十七年(1891)思賢講舍刻本　二冊

150000－0601－0004140　92779　子部/儒學類/經濟之屬

新序十卷　（漢）劉向撰　清光緒元年(1875)湖北崇文書局刻本　一冊

150000－0601－0004141　129100　子部/儒學類/經濟之屬

新序十卷　（漢）劉向撰　清刻本　一冊

150000－0601－0004142　92775　子部/儒學類/經濟之屬

新序十卷　（漢）劉向撰　（明）鍾惺評　明刻本　四冊

150000－0601－0004143　92770　子部/儒學類/經濟之屬

說苑二十卷　（漢）劉向撰　清光緒元年(1875)湖北崇文書局刻本　四冊

150000－0601－0004144　92762　子部/儒學類/經濟之屬

說苑二十卷　（漢）劉向撰　（明）鍾惺評　明刻本　八冊

150000－0601－0004145　92802　子部/儒學類/經濟之屬

揚子法言十三卷音義一卷　（漢）揚雄撰
（晉）李軌注　清嘉慶二十三年（1818）石研齋
秦氏影刻本　二冊

150000－0601－0004146　92804　子部/儒學
類/經濟之屬

揚子法言十三卷音義一卷　（漢）揚雄撰
（晉）李軌注　清嘉慶二十三年（1818）石研齋
秦氏影刻本　二冊

150000－0601－0004147　92806　子部/儒學
類/經濟之屬

揚子法言十三卷音義一卷　（漢）揚雄撰
（晉）李軌注　清嘉慶二十三年（1818）石研齋
秦氏影刻本　一冊

150000－0601－0004148　92799　子部/儒學
類/經濟之屬

揚子法言十三卷音義一卷　（漢）揚雄撰
（晉）李軌注　清光緒二年（1876）浙江書局刻
本　一冊

150000－0601－0004149　92800　子部/儒學
類/經濟之屬

揚子法言十三卷音義一卷　（漢）揚雄撰
（晉）李軌注　清光緒二年（1876）浙江書局刻
本　一冊

150000－0601－0004150　92801　子部/儒學
類/經濟之屬

揚子法言十三卷音義一卷　（漢）揚雄撰
（晉）李軌注　清光緒二年（1876）浙江書局刻
本　一冊

150000－0601－0004151　92790　子部/儒學
類/經濟之屬

法言疏證十三卷校補一卷　（漢）揚雄撰　汪
榮寶疏證　清宣統三年（1911）金薤琳琅齋排
印本　四冊

150000－0601－0004152　92794　子部/儒學
類/經濟之屬

法言疏證十三卷校補一卷　（漢）揚雄撰　汪
榮寶疏證　清宣統三年（1911）金薤琳琅齋排
印本　四冊

150000－0601－0004153　92780　子部/儒學
類/經濟之屬

潛夫論十卷　（漢）王符撰　清光緒元年
（1875）湖北崇文書局刻本　二冊

150000－0601－0004154　92679　子部/儒學
類/經濟之屬

中論二卷札記一卷　（漢）徐幹撰　清刻小萬
卷樓叢書本　一冊

150000－0601－0004155　128470　子部/儒
學類/經濟之屬

漢儒通義七卷　（清）陳澧撰　清咸豐六年
（1856）刻番禺陳氏東塾叢書本　二冊

150000－0601－0004156　92546　子部/儒學
類/經濟之屬

中說十卷　（隋）王通撰　（宋）阮逸注　清嘉
慶九年（1804）刻本　一冊

150000－0601－0004157　92542　子部/儒學
類/經濟之屬

文中子中說十卷　（隋）王通撰　（宋）阮逸注
　清光緒二年（1876）浙江書局刻本　二冊

150000－0601－0004158　92544　子部/儒學
類/經濟之屬

文中子中說十卷　（隋）王通撰　（宋）阮逸注
　清光緒二年（1876）浙江書局刻本　二冊

150000－0601－0004159　93234　子部/儒學
類/經濟之屬

伸蒙續孟子（枚庵漫士古歡堂秘冊）二卷
（唐）林慎思撰　清長塘鮑氏刻知不足齋叢書
本　一冊

150000－0601－0004160　93228　子部/儒學
類/經濟之屬

伸蒙子三卷　（唐）林慎思撰　清刻知不足齋
叢書本　一冊

150000－0601－0004161　92683　子部/儒學
類/經濟之屬

儒志編一卷　（宋）王開祖撰　清刻永嘉詩人
祠堂叢刻本　一冊

150000 – 0601 – 0004162　92684　子部/儒學類/經濟之屬

儒志編一卷　（宋）王開祖撰　清刻永嘉詩人祠堂叢刻本　一冊

150000 – 0601 – 0004163　92872　子部/儒學類/經濟之屬

大學衍義四十三卷　（宋）真德秀撰　清刻本　十六冊

150000 – 0601 – 0004164　92888　子部/儒學類/經濟之屬

大學衍義四十三卷　（宋）真德秀撰　清刻本　十冊

150000 – 0601 – 0004165　9447　子部/儒學類/經濟之屬

大學衍義四十三卷　（宋）真德秀撰　（明）陳仁錫評閱　明崇禎五年(1632)刻本　十二冊

150000 – 0601 – 0004166　838496　子部/儒學類/經濟之屬

大學衍義四十三卷　（宋）真德秀撰　（明）陳仁錫評閱　明崇禎五年(1632)刻本　八冊

150000 – 0601 – 0004167　92918　子部/儒學類/經濟之屬

大學衍義輯要四卷　（宋）真德秀撰　（清）陳宏謀纂輯　清道光二十二年(1842)寶恕堂刻本　三冊

150000 – 0601 – 0004168　838472　子部/儒學類/經濟之屬

大學衍義補一百六十卷首一卷　（明）丘濬撰　明嘉靖巡按福建監察御史吉澄刻本　二十四冊

150000 – 0601 – 0004169　92921　子部/儒學類/經濟之屬

大學衍義補輯要十二卷首一卷　（明）丘濬撰　（清）陳宏謀纂輯　清道光二十年(1840)寶恕堂刻本　十一冊

150000 – 0601 – 0004170　115975　子部/儒學類/經濟之屬

契元公論草一卷　（明）于鎰撰　清光緒四年(1878)刻本　一冊

150000 – 0601 – 0004171　41618　子部/儒學類/經濟之屬

繹志十九卷　（清）胡承諾撰　清同治十一年(1872)浙江書局刻本　八冊

150000 – 0601 – 0004172　93097　子部/儒學類/經濟之屬

繹志十九卷　（清）胡承諾撰　清同治十一年(1872)浙江書局刻本　八冊

150000 – 0601 – 0004173　93105　子部/儒學類/經濟之屬

繹志十九卷　（清）胡承諾撰　清同治十一年(1872)浙江書局刻本　八冊

150000 – 0601 – 0004174　129083　子部/儒學類/經濟之屬

明夷待訪錄一卷　（清）黃宗羲撰　清光緒五年(1879)晉華書局京師刻本　一冊

150000 – 0601 – 0004175　129084　子部/儒學類/經濟之屬

明夷待訪錄一卷　（清）黃宗羲撰　清光緒五年(1879)晉華書局京師刻本　一冊

150000 – 0601 – 0004176　129085　子部/儒學類/經濟之屬

明夷待訪錄一卷　（清）黃宗羲撰　清光緒五年(1879)晉華書局京師刻本　一冊

150000 – 0601 – 0004177　94275　子部/儒學類/經濟之屬

明夷待訪錄一卷　（清）黃宗羲撰　清光緒五年(1879)五桂樓刻本　一冊

150000 – 0601 – 0004178　94273　子部/儒學類/經濟之屬

明夷待訪錄一卷　（清）黃宗羲撰　清光緒二十三年(1897)上海鴻文局石印本　二冊

150000 – 0601 – 0004179　128481　子部/儒學類/經濟之屬

明夷待訪錄一卷　（清）黃宗羲撰　北洋官報局排印本　一冊

150000－0601－0004180　137836　子部/儒學類/經濟之屬

御製資政要覽三卷　（清）世祖福臨撰　清順治十二年(1655)刻本　三冊

150000－0601－0004181　137839　子部/儒學類/經濟之屬

御製資政要覽三卷　（清）世祖福臨撰　清順治十二年(1655)刻本　三冊

150000－0601－0004182　137850　子部/儒學類/經濟之屬

御製資政要覽三卷　（清）世祖福臨撰　清順治十二年(1655)刻本　三冊

150000－0601－0004183　137853　子部/儒學類/經濟之屬

御製資政要覽三卷　（清）世祖福臨撰　清順治十二年(1655)刻本　三冊　包背裝

150000－0601－0004184　25575　子部/儒學類/經濟之屬

御製資政要覽一卷　（清）世祖福臨撰　清刻本　四冊

150000－0601－0004185　119930　子部/儒學類/經濟之屬

齊民四術十二卷　（清）包世臣撰　清刻安吳四種本　五冊　存九卷(四至十二)

150000－0601－0004186　92634　子部/儒學類/經濟之屬

論孟卮言一卷　江瀚撰　清光緒二十八年(1902)排印本　一冊

150000－0601－0004187　92482　子部/儒學類/經濟之屬

四書論二卷　（清）王伊輯　清光緒二十七年(1901)上海文瑞樓石印本　二冊

150000－0601－0004188　92573　子部/儒學類/經濟之屬

演孔卮說一卷　（清）吳壽瑲撰　清光緒二十七年(1901)刻本　一冊

150000－0601－0004189　92599　子部/儒學

類/經濟之屬

翼教叢編六卷　（清）蘇輿編　清光緒二十四年(1898)武昌刻本　三冊

150000－0601－0004190　92633　子部/儒學類/經濟之屬

願學編一卷　（清）顧文翰編　清宣統元年(1909)洗翠軒排印本　一冊

150000－0601－0004191　80748　子部/儒學類/經濟之屬

守己草廬日記五卷　（清）丁逢辰撰　清宣統二年(1910)刻本　三冊

150000－0601－0004192　166919　子部/儒學類/性理之屬

濂洛關聞書　（清）張伯行集解　清正誼堂刻本　五冊

150000－0601－0004193　129120　子部/儒學類/性理之屬

周子通書講義一卷　（清）方宗誠撰　清光緒十年(1884)刻本　一冊

150000－0601－0004194　92659　子部/儒學類/性理之屬

周子全書四卷　（宋）周敦頤撰　清光緒十三年(1887)刻本　一冊

150000－0601－0004195　128452　子部/儒學類/性理之屬

西銘講義一卷　（清）羅澤南撰　**人極衍義一卷**　（清）羅澤南撰　清咸豐七年(1857)長沙刻本　一冊

150000－0601－0004196　92582　子部/儒學類/性理之屬

正蒙二卷　（宋）張載撰　（清）李光地注　清刻本　一冊

150000－0601－0004197　92583　子部/儒學類/性理之屬

正蒙二卷　（宋）張載撰　（清）李光地注　清刻本　二冊

150000－0601－0004198　138478　子部/儒

學類/性理之屬

河南程氏遺書二十五卷附錄一卷 （宋）程頤（宋）程顥撰 （宋）朱熹輯 清呂氏寶誥堂刻二程全書本 四冊

150000－0601－0004199 138474 子部/儒學類/性理之屬

二程子遺書纂二卷 （清）李光地輯 二程子外書纂一卷 （清）李光地輯 清刻本 四冊

150000－0601－0004200 92580 子部/儒學類/性理之屬

胡子知言六卷附錄一卷疑義一卷 （宋）胡宏撰 明末刻本 二冊

150000－0601－0004201 92401 子部/儒學類/性理之屬

性理吟一卷 （宋）朱熹撰 後性理吟一卷（清）尤侗撰 清刻本 一冊

150000－0601－0004202 92843 子部/儒學類/性理之屬

近思錄十四卷 （宋）朱熹撰 （宋）呂祖謙輯 清刻本 一冊

150000－0601－0004203 92844 子部/儒學類/性理之屬

近思錄十四卷 （宋）朱熹撰 （宋）呂祖謙輯 清光緒十年(1884)刻本 四冊

150000－0601－0004204 48306 子部/儒學類/性理之屬

朱子原訂近思錄十四卷 （清）江永集注 清同治四年(1865)刻五年(1866)續刻本 六冊

150000－0601－0004205 48320 子部/儒學類/性理之屬

近思錄十四卷校勘記一卷 （清）江永集注 考訂朱子世家一卷 （清）江永撰 清同治八年(1869)江蘇書局刻本 四冊

150000－0601－0004206 48330 子部/儒學類/性理之屬

近思錄集注十四卷 （清）江永撰 清光緒元年(1875)何璟刻本 五冊

150000－0601－0004207 48324 子部/儒學類/性理之屬

五子近思錄十四卷 （清）汪祐編 清敦化堂刻本 六冊

150000－0601－0004208 8958 子部/儒學類/性理之屬

五子近思錄發明十四卷 （清）施璜纂注 清康熙四十一年(1702)刻本 五冊

150000－0601－0004209 48312 子部/儒學類/性理之屬

五子近思錄發明十四卷 （清）施璜纂注 清康熙四十一年(1702)刻本 八冊

150000－0601－0004210 48335 子部/儒學類/性理之屬

分類經進近思錄集解十四卷 （宋）葉采撰 明刻本 六冊

150000－0601－0004211 48233 子部/儒學類/性理之屬

淵鑒齋御纂朱子全書六十六卷 （宋）朱熹撰 （清）李光地等輯 清康熙五十三年(1714)刻本 二十五冊

150000－0601－0004212 112471 子部/儒學類/性理之屬

淵鑒齋御纂朱子全書六十六卷 （宋）朱熹撰 （清）李光地等輯 清康熙五十三年(1714)刻本 二十四冊

150000－0601－0004213 48258 子部/儒學類/性理之屬

淵鑒齋御纂朱子全書六十六卷 （宋）朱熹撰 （清）李光地等輯 清嘉慶二十二年(1817)刻本 四十八冊

150000－0601－0004214 112495 子部/儒學類/性理之屬

淵鑒齋御纂朱子全書六十六卷 （宋）朱熹撰 （清）熊賜履等輯 清刻本 三十二冊

150000－0601－0004215 112527 子部/儒學類/性理之屬

淵鑒齋御纂朱子全書六十六卷 （宋）朱熹撰

（清）熊賜履等輯　清刻本　二十四冊

150000－0601－0004216　92352　子部/儒學類/性理之屬

朱子語類一百四十卷正訛一卷記疑一卷
（宋）朱熹撰　清光緒二年(1876)刻本　四十八冊

150000－0601－0004217　92437　子部/儒學類/性理之屬

朱子文語纂編十四卷　（清）嚴鴻達編　清康熙五十九年(1720)金陵顧子英刻本　八冊

150000－0601－0004218　92673　子部/儒學類/性理之屬

北溪先生四書字義二卷　（宋）陳淳撰　清初刻本　一冊

150000－0601－0004219　92685　子部/儒學類/性理之屬

北溪先生字義二卷補遺一卷附一卷　（宋）陳淳撰　清光緒八年(1882)津河廣仁堂刻本二冊

150000－0601－0004220　92691　子部/儒學類/性理之屬

北溪先生字義二卷附錄一卷　（宋）陳淳撰清光緒九年(1883)學海堂刻本　二冊

150000－0601－0004221　92689　子部/儒學類/性理之屬

字義二卷補遺一卷附一卷　（宋）陳淳撰　清光緒二十一年(1895)味道腴軒刻本　二冊

150000－0601－0004222　92687　子部/儒學類/性理之屬

北溪先生字義二卷補遺一卷附一卷　（宋）陳淳撰　清光緒二十三年(1897)雲間活字本一冊

150000－0601－0004223　92688　子部/儒學類/性理之屬

北溪先生字義二卷補遺一卷附一卷　（宋）陳淳撰　清光緒二十三年(1897)雲間活字本一冊

150000－0601－0004224　92609　子部/儒學類/性理之屬

準齋雜說一卷　（宋）吳如愚撰　清刻墨海金壺本　一冊

150000－0601－0004225　92602　子部/儒學類/性理之屬

至書一卷　（宋）蔡沈撰　清刻本　一冊

150000－0601－0004226　112246　子部/儒學類/性理之屬

潛室陳先生木鐘集十一卷　（宋）陳埴撰　清同治六年(1867)東甌郡齋刻本　四冊

150000－0601－0004227　137832　子部/儒學類/性理之屬

心經一卷　（宋）真德秀撰　**真文忠公政經一卷**　（宋）真德秀撰　清光緒二十二年(1896)武英殿影刻本　二冊

150000－0601－0004228　137834　子部/儒學類/性理之屬

心經一卷　（宋）真德秀撰　**真文忠公政經一卷**　（宋）真德秀撰　清光緒二十二年(1896)武英殿影刻本　二冊

150000－0601－0004229　92403　子部/儒學類/性理之屬

理學簡言一卷　（宋）區仕衡撰　清道光二十五年(1845)南海伍氏刻嶺南叢書本　一冊

150000－0601－0004230　837691　子部/儒學類/性理之屬

新刊性理大全七十卷　（明）胡廣等纂修　明建邑書林安正堂劉蓮台刻本　四十八冊

150000－0601－0004231　93200　子部/儒學類/性理之屬

讀書錄十一卷續錄十二卷　（明）薛瑄撰　清刻本　四冊

150000－0601－0004232　93196　子部/儒學類/性理之屬

薛文清公讀書錄八卷　（明）薛瑄撰　清咸豐三年(1853)鄢陵書院刻本　四冊

150000 – 0601 – 0004233　93173　子部/儒學
類/性理之屬

讀讀書錄二卷　(清)汪紱撰　清光緒二十一
年(1895)刻本　二冊

150000 – 0601 – 0004234　92610　子部/儒學
類/性理之屬

白沙語要一卷　(明)陳獻章撰　清道光二十
五年(1845)南海伍氏刻嶺南叢書本　一冊

150000 – 0601 – 0004235　92736　子部/儒學
類/性理之屬

居業錄四卷　(明)胡居仁撰　清康熙四十九
年(1710)咏虞堂刻本　四冊

150000 – 0601 – 0004236　92735　子部/儒學
類/性理之屬

居業錄摘要二卷　(明)胡居仁撰　清刻本
一冊　卷首殘

150000 – 0601 – 0004237　93079　子部/儒學
類/性理之屬

金華章楓山先生正學編一卷　(明)章懋撰
清乾隆十年(1745)刻本　一冊

150000 – 0601 – 0004238　92608　子部/儒學
類/性理之屬

甘泉新論一卷　(明)湛若水撰　清道光二十
五年(1845)南海伍氏刻嶺南遺書本　一冊

150000 – 0601 – 0004239　53989　子部/儒學
類/性理之屬

王陽明集要理學編四卷　(明)施邦耀輯　清
乾隆五十二年(1787)濟美堂刻本　四冊

150000 – 0601 – 0004240　93116　子部/儒學
類/性理之屬

**學蔀通辨前編三卷後編三卷續編三卷終編三
卷**　(明)陳建撰　清刻本　二冊

150000 – 0601 – 0004241　128732　子部/儒
學類/性理之屬

學測一卷　(明)蕭良榦撰　清嘉慶五年
(1800)刻本　一冊

150000 – 0601 – 0004242　129126　子部/儒

學類/性理之屬

呻吟語六卷　(明)呂坤撰　明萬曆二十一年
(1593)刻本　八冊

150000 – 0601 – 0004243　838544　子部/儒
學類/性理之屬

呻吟語六卷　(明)呂坤撰　明萬曆二十一年
(1593)刻本　八冊

150000 – 0601 – 0004244　93142　子部/儒學
類/性理之屬

呻吟語六卷補遺一卷　(明)呂坤撰　清道光
七年(1827)開封府署刻本　六冊

150000 – 0601 – 0004245　93136　子部/儒學
類/性理之屬

呻吟語六卷　(明)呂坤撰　清道光十年
(1830)凝瑞堂刻本　六冊

150000 – 0601 – 0004246　93130　子部/儒學
類/性理之屬

呻吟語六卷　(明)呂坤撰　清同治七年
(1868)刻本　六冊

150000 – 0601 – 0004247　93122　子部/儒學
類/性理之屬

呻吟語節錄六卷　(明)呂坤撰　清同治八年
(1869)武林刻本　二冊

150000 – 0601 – 0004248　93126　子部/儒學
類/性理之屬

呂子節錄四卷補遺二卷　(明)呂坤撰　(清)
陳宏謀評　清乾隆元年(1736)刻本　四冊

150000 – 0601 – 0004249　93124　子部/儒學
類/性理之屬

呂子節錄六卷　(明)呂坤撰　(清)陳宏謀評
清同治九年(1870)刻本　二冊

150000 – 0601 – 0004250　93120　子部/儒學
類/性理之屬

呂語集粹四卷首一卷　(明)呂坤撰　(清)陳
宏謀評　清光緒五年(1879)龍城官廨刻本
二冊

150000 – 0601 – 0004251　129119　子部/儒

學類/性理之屬

羅近溪先生語要一卷 （明）陶望齡輯 清光緒二十年(1894)江寧府城刻本 一冊

150000－0601－0004252 92621 子部/儒學類/性理之屬

明孫石臺先生質疑稿三卷 （明）孫揚撰 清乾隆二十年(1755)刻本 一冊

150000－0601－0004253 92677 子部/儒學類/性理之屬

明東陽孫石臺先生定志編一卷崇祀錄一卷 （明）孫揚撰 清盧衍仁刻本 一冊

150000－0601－0004254 93259 子部/儒學類/性理之屬

麈談一卷 （明）鹿善繼撰 清刻本 一冊

150000－0601－0004255 128733 子部/儒學類/性理之屬

讀書些子會心一卷 （明）朱苞撰 清嘉慶五年(1800)刻本 一冊

150000－0601－0004256 93216 子部/儒學類/性理之屬

思辨錄輯要二十二卷後集十三卷 （清）陸世儀撰 清道光十七年(1837)刻本 六冊

150000－0601－0004257 170452 子部/儒學類/性理之屬

楊園先生全集 （清）張履祥撰 清員來刻本 一冊

150000－0601－0004258 92682 子部/儒學類/性理之屬

荊園小語一卷 （清）申涵光撰 荊園進語一卷 （清）申涵光撰 清同治十三年(1874)刻本 一冊

150000－0601－0004259 92681 子部/儒學類/性理之屬

荊園小語一卷 （清）申涵光撰 荊園進語一卷 （清）申涵光撰 清刻本 一冊

150000－0601－0004260 92642 子部/儒學類/性理之屬

二曲粹言四卷 （清）吳鳳藻輯 清同治五年(1866)刻本 一冊

150000－0601－0004261 93028 子部/儒學類/性理之屬

松陽鈔存二卷 （清）陸隴其撰 （清）楊開荃編次 清刻本 一冊

150000－0601－0004262 114016 子部/儒學類/性理之屬

三魚堂賸言十二卷 （清）陸隴其撰 清同治七年(1868)武林薇署刻本 一冊

150000－0601－0004263 26923 子部/儒學類/性理之屬

習齋語要二卷 （清）顏元撰 天津徐世昌刻顏李學本 一冊

150000－0601－0004264 118759 子部/儒學類/性理之屬

榕村語錄續集二十卷 （清）李光地撰 清光緒二十年(1894)傅氏藏園刻本 六冊

150000－0601－0004265 101519 子部/儒學類/性理之屬

御纂性理精義十二卷 （清）李光地等纂修 清康熙五十六年(1717)刻本 四冊

150000－0601－0004266 837749 子部/儒學類/性理之屬

御纂性理精義十二卷 （清）李光地等纂修 清康熙五十六年(1717)刻本 十冊

150000－0601－0004267 48227 子部/儒學類/性理之屬

御纂性理精義十二卷 （清）李光地等纂修 清刻本 六冊

150000－0601－0004268 92404 子部/儒學類/性理之屬

御纂性理精義十二卷 （清）李光地等纂修 清刻本 六冊

150000－0601－0004269 48222 子部/儒學類/性理之屬

御纂性理精義十二卷 （清）李光地等纂修

清刻本　五册

150000－0601－0004270　92410　子部/儒學
類/性理之屬

御纂性理精義十二卷　（清）李光地等纂修
清刻本　四册

150000－0601－0004271　92414　子部/儒學
類/性理之屬

御纂性理精義十二卷　（清）李光地等纂修
清刻本　八册

150000－0601－0004272　92493　子部/儒學
類/性理之屬

儒門法語一卷　（清）彭定求撰　（清）湯金釗
輯要　清光緒元年（1875）江蘇政學署刻本
一册

150000－0601－0004273　92698　子部/儒學
類/性理之屬

儒門法語輯要一卷　（清）彭定求撰　（清）湯
金釗輯要　清光緒八年（1882）山東書局刻本
一册

150000－0601－0004274　92541　子部/儒學
類/性理之屬

姚江釋毀錄一卷　（清）彭定求撰　清光緒七
年（1881）刻本　一册

150000－0601－0004275　129139　子部/儒
學類/性理之屬

緒言三卷　（清）戴震撰　清道光三十年
（1850）刻粵雅堂叢書本　一册

150000－0601－0004276　128464　子部/儒
學類/性理之屬

懺摩錄一卷　（清）彭兆蓀撰　清道光十六年
（1836）刻本　一册

150000－0601－0004277　99621　子部/儒學
類/性理之屬

懺摩錄一卷　（清）彭兆蓀撰　清光緒五年
（1879）刻本　一册

150000－0601－0004278　42437　子部/儒學
類/性理之屬

漢學商兌三卷　（清）方東樹撰　清光緒二十
六年（1900）浙江書局刻本　四册

150000－0601－0004279　129113　子部/儒
學類/性理之屬

漢學商兌三卷　（清）方東樹撰　清光緒二十
六年（1900）浙江書局刻本　四册

150000－0601－0004280　101514　子部/儒
學類/性理之屬

槐軒約言一卷　（清）劉沅撰　清刻本　一册

150000－0601－0004281　129103　子部/儒
學類/性理之屬

藥言二卷　（清）李惺撰　清光緒二十七年
（1901）劉養晦堂上海刻本　二册

150000－0601－0004282　92640　子部/儒學
類/性理之屬

藥言四卷　（清）李惺撰　清光緒三十三年
（1907）江蘇提學署刻本　一册

150000－0601－0004283　92641　子部/儒學
類/性理之屬

藥言賸稿四卷　（清）李惺撰　清光緒三十三
年（1907）江蘇提學署刻本　一册

150000－0601－0004284　129101　子部/儒
學類/性理之屬

冰言十卷補錄十卷　（清）李惺撰　清光緒二
十七年（1901）劉養晦堂上海刻本　二册

150000－0601－0004285　92639　子部/儒學
類/性理之屬

冰言十卷　（清）李惺撰　清光緒三十三年
（1907）江蘇提學署刻本　一册

150000－0601－0004286　92637　子部/儒學
類/性理之屬

冰言補錄十卷　（清）李惺撰　清光緒三十三
年（1907）江蘇提學署刻本　一册

150000－0601－0004287　92638　子部/儒學
類/性理之屬

冰言補錄十卷　（清）李惺撰　清光緒三十三
年（1907）江蘇提學署刻本　一册

150000－0601－0004288　80249　子部/儒學類/性理之屬

述朱質疑十六卷　（清）夏炘撰　清咸豐二年(1852)刻本　四冊

150000－0601－0004289　92644　子部/儒學類/性理之屬

忼行錄一卷　（清）邵懿辰撰　清同治五年(1866)錢唐丁氏當歸草堂刻當歸草堂叢書本　一冊

150000－0601－0004290　92533　子部/儒學類/性理之屬

持志塾言二卷　（清）劉熙載撰　清同治六年(1867)刻本　一冊

150000－0601－0004291　92750　子部/儒學類/性理之屬

志學錄八卷　（清）方宗誠撰　清光緒三年(1877)刻本　二冊

150000－0601－0004292　92752　子部/儒學類/性理之屬

志學續錄三卷　（清）方宗誠撰　清光緒十年(1884)刻本　一冊

150000－0601－0004293　93114　子部/儒學類/性理之屬

俟命錄十卷　（清）方宗誠撰　清刻本　二冊

150000－0601－0004294　93113　子部/儒學類/性理之屬

輔仁錄四卷　（清）方宗誠撰　清光緒十二年(1886)刻本　一冊

150000－0601－0004295　92643　子部/儒學類/性理之屬

庭聞憶略二卷　（清）寶廷撰　**竹坡先生遺文附刻一卷**　（清）寶廷撰　清光緒二十二年(1896)刻本　一冊

150000－0601－0004296　92402　子部/儒學類/性理之屬

性理翼二卷　（清）張鴻撰　清道光二十五年(1845)刻本　一冊

150000－0601－0004297　118488　子部/儒學類/性理之屬

楊愧庵先生集要五卷　（清）楊甲仁撰　清刻本　一冊

150000－0601－0004298　119251　子部/儒學類/性理之屬

鄧先生遺書擇錄六卷　（清）鄧逢光撰　清刻本　六冊

150000－0601－0004299　48354　子部/儒學類/性理之屬

豫養編六卷　（清）薛于瑛編　清光緒七年(1881)刻本　一冊

150000－0601－0004300　92635　子部/儒學類/性理之屬

道一錄五卷　（清）張沐撰　清康熙五年(1666)刻本　二冊

150000－0601－0004301　92748　子部/儒學類/性理之屬

學道六書六卷　（清）張沐撰　**六諭敷言通俗六卷**　（清）張沐撰　清康熙三十四年(1695)刻本　二冊

150000－0601－0004302　170440　子部/儒學類/性理之屬

圖書秘典一卷　（清）張沐撰　**游梁書院講話二十卷**　（清）張沐撰　清康熙三十九年(1700)刻本　一冊

150000－0601－0004303　48160　子部/儒學類/性理之屬

五種遺規　（清）陳宏謀撰　清乾隆八年(1743)南昌李安民刻本　九冊

150000－0601－0004304　143319　子部/儒學類/性理之屬

五種遺規　（清）陳宏謀撰　清光緒二十一年(1895)浙江書局刻本　十冊

150000－0601－0004305　143329　子部/儒學類/性理之屬

五種遺規　（清）陳宏謀撰　清光緒二十一年(1895)浙江書局刻本　十冊

150000－0601－0004306　92619　子部/儒學類/性理之屬

先正遺規四卷　（清）汪正集錄　清道光二十四年(1844)刻本　一冊

150000－0601－0004307　93038　子部/儒學類/禮教之屬/鑒戒

帝範四卷　（唐）太宗李世民撰　清刻本　一冊

150000－0601－0004308　137856　子部/儒學類/禮教之屬/鑒戒

欽定元王惲承華事略補圖六卷　（清）徐郙撰　清內府刻本　二冊

150000－0601－0004309　137858　子部/儒學類/禮教之屬/鑒戒

欽定元王惲承華事略補圖六卷　（清）徐郙撰　清內府刻本　二冊

150000－0601－0004310　767520　子部/儒學類/禮教之屬/鑒戒

欽定元王惲承華事略補圖六卷　（清）徐郙撰　清內府刻本　二冊

150000－0601－0004311　20387　子部/儒學類/禮教之屬/鑒戒

帝鑑圖說一卷後一卷　（明）張居正撰　清刻本　四冊

150000－0601－0004312　838512　子部/儒學類/禮教之屬/鑒戒

帝鑑圖說一卷後一卷　（明）張居正撰　清刻本　四冊

150000－0601－0004313　101493　子部/儒學類/禮教之屬/鑒戒

帝鑑圖說一卷　（明）張居正撰　清光緒六年(1880)點石齋石印本　四冊

150000－0601－0004314　137826　子部/儒學類/禮教之屬/鑒戒

聖祖仁皇帝庭訓格言一卷　清雍正八年(1730)內府刻本　一冊

150000－0601－0004315　137827　子部/儒學類/禮教之屬/鑒戒

聖祖仁皇帝庭訓格言一卷　清雍正八年(1730)內府刻本　一冊

150000－0601－0004316　25677　子部/儒學類/禮教之屬/鑒戒

聖祖仁皇帝庭訓格言一卷　清同治四年(1865)署理湖北布政使事按察使唐際盛刻本　二冊

150000－0601－0004317　92671　子部/儒學類/禮教之屬/鑒戒

聖祖仁皇帝庭訓格言一卷　清末江蘇書局刻本　一冊

150000－0601－0004318　25610　子部/儒學類/禮教之屬/鑒戒

聖祖仁皇帝庭訓格言一卷　清末刻本　二冊

150000－0601－0004319　92585　子部/儒學類/禮教之屬/鑒戒

欽定執中成憲八卷　清乾隆元年(1736)刻本　四冊

150000－0601－0004320　93080　子部/儒學類/禮教之屬/鑒戒

日知薈說四卷　（清）高宗弘曆撰　清乾隆元年(1736)刻本　四冊

150000－0601－0004321　93084　子部/儒學類/禮教之屬/鑒戒

日知薈說四卷　（清）高宗弘曆撰　清乾隆元年(1736)刻本　四冊

150000－0601－0004322　129356　子部/儒學類/禮教之屬/鑒戒

古鏡錄一卷　抄本　一冊

150000－0601－0004323　92668　子部/儒學類/禮教之屬/家訓

顏氏家訓二卷　（北齊）顏之推撰　清光緒元年(1875)湖北崇文書局刻本　一冊

150000－0601－0004324　92669　子部/儒學類/禮教之屬/家訓

顏氏家訓二卷　（北齊）顏之推撰　清光緒元

年(1875)湖北崇文書局刻本　一冊

150000－0601－0004325　129105　子部/儒學類/禮教之屬/家訓

顔氏家訓二卷　（北齊）顔之推撰　清光緒元年(1875)湖北崇文書局刻本　一冊

150000－0601－0004326　92666　子部/儒學類/禮教之屬/家訓

顔氏家訓二卷　（北齊）顔之推撰　刻本　一冊

150000－0601－0004327　170626　子部/儒學類/禮教之屬/家訓

顔氏家訓二卷　（北齊）顔之推撰　刻本　一冊

150000－0601－0004328　170627　子部/儒學類/禮教之屬/家訓

顔氏家訓二卷　（北齊）顔之推撰　刻本　一冊

150000－0601－0004329　92667　子部/儒學類/禮教之屬/家訓

顔氏家訓二卷　（北齊）顔之推撰　（清）朱軾評點　清康熙五十八年(1719)刻本　一冊

150000－0601－0004330　92670　子部/儒學類/禮教之屬/家訓

顔氏家訓二卷　（北齊）顔之推撰　（清）朱軾評點　清康熙五十八年(1719)刻本　一冊

150000－0601－0004331　92664　子部/儒學類/禮教之屬/家訓

顔氏家訓二卷　（北齊）顔之推撰　（清）朱軾評點　清光緒二十三年(1897)刻本　二冊

150000－0601－0004332　92660　子部/儒學類/禮教之屬/家訓

顔氏家訓七卷考證一卷　（北齊）顔之推撰　湖南藝文書局刻本　一冊

150000－0601－0004333　93039　子部/儒學類/禮教之屬/家訓

家範十卷　（宋）司馬光撰　（清）朱軾注　清光緒二十三年(1897)刻本　二冊

150000－0601－0004334　80851　子部/儒學類/禮教之屬/家訓

浦江鄭氏旌義編二卷　（明）鄭大和撰　明萬曆三十一年(1603)鄭元善刻本　一冊

150000－0601－0004335　128447　子部/儒學類/禮教之屬/家訓

楊椒山公家訓一卷　（明）楊繼盛撰　清同治元年(1862)刻本　一冊

150000－0601－0004336　92657　子部/儒學類/禮教之屬/家訓

[楊忠愍公傳家寶訓]一卷　（明）楊繼盛撰　清道光二十三年(1843)仁和楊嗣烈刻本　一冊

150000－0601－0004337　92656　子部/儒學類/禮教之屬/家訓

楊忠愍公傳家寶訓全集一卷　（明）楊繼盛撰　清咸豐九年(1859)種德堂刻本　一冊

150000－0601－0004338　113785　子部/儒學類/禮教之屬/家訓

明楊忠愍公傳家寶書一卷　（明）楊繼盛撰　清同治六年(1867)刻本　一冊

150000－0601－0004339　113784　子部/儒學類/禮教之屬/家訓

楊氏寶訓□□卷　（明）楊繼盛撰　清光緒二十七年(1901)刻本　一冊　卷首殘

150000－0601－0004340　92620　子部/儒學類/禮教之屬/家訓

了凡四訓一卷　（明）袁黃撰　清光緒十三年(1887)趙田袁氏刻本　一冊

150000－0601－0004341　48352　子部/儒學類/禮教之屬/家訓

朱子治家格言一卷　抄本　一冊

150000－0601－0004342　92567　子部/儒學類/禮教之屬/家訓

治家格言繹義二卷首一卷　（清）戴翊清撰　清光緒二十四年(1898)儀許廬刻本　一冊

150000－0601－0004343　43934　子部/儒學

類/禮教之屬/家訓

孝經衍義一百卷首二卷 （清）葉方藹 （清）張英修 （清）韓菼纂 清康熙二十九年（1690）刻本 十六冊

150000－0601－0004344 126517 子部/儒學類/禮教之屬/家訓

篤素堂集鈔三卷 （清）張英撰 清光緒十七年（1891）江蘇書局刻本 一冊

150000－0601－0004345 48356 子部/儒學類/禮教之屬/家訓

聰訓齋語一卷 （清）張英撰 清光緒二十四年（1898）京都聚文齋刻本 一冊

150000－0601－0004346 48357 子部/儒學類/禮教之屬/家訓

聰訓齋語一卷 （清）張英撰 清光緒二十四年（1898）京都聚文齋刻本 一冊

150000－0601－0004347 129118 子部/儒學類/禮教之屬/家訓

聰訓齋語一卷 （清）張英撰 清宣統三年（1911）石印本 一冊

150000－0601－0004348 92607 子部/儒學類/禮教之屬/家訓

澄懷園語四卷 （清）張廷玉撰 清乾隆十一年（1746）刻本 一冊

150000－0601－0004349 54047 子部/儒學類/禮教之屬/家訓

曾文正公家訓二卷 （清）曾國藩撰 清末申報館排印本 一冊

150000－0601－0004350 125935 子部/儒學類/禮教之屬/家訓

示兒詩一卷 （清）徐琪撰 清光緒三十二年（1906）刻香海盦叢書本 一冊

150000－0601－0004351 92492 子部/儒學類/禮教之屬/家訓

紀氏敬義堂家訓述錄一卷 （清）紀大奎輯
書紳錄一卷枕上銘一卷 清嘉慶二年（1797）刻本 一冊

150000－0601－0004352 92569 子部/儒學類/禮教之屬/家訓

治家略八卷 （清）胡煒撰 清乾隆二十六年（1761）刻本 二冊

150000－0601－0004353 92658 子部/儒學類/禮教之屬/家訓

家庭直講三卷 （清）陸起鯤撰 清刻本 一冊

150000－0601－0004354 92654 子部/儒學類/禮教之屬/家訓

增訂傳家格言十一卷圖說一卷 （清）陳研樓撰 （清）馮芳緝重編 清光緒九年（1883）存疢室排印本 一冊

150000－0601－0004355 92655 子部/儒學類/禮教之屬/家訓

庭趨述訓四卷 （清）徐心繹訓 （清）徐石麒述 清光緒十四年（1888）刻本 一冊

150000－0601－0004356 92696 子部/儒學類/禮教之屬/家訓

裕昆要錄一卷 （清）陳延益輯 清光緒十一年（1885）刻本 一冊

150000－0601－0004357 125813 子部/儒學類/禮教之屬/家訓

石蘿軒訓子詩稿一卷 （清）張鑑撰 清宣統三年（1911）排印本 一冊

150000－0601－0004358 141438 子部/儒學類/禮教之屬/婦女

女四書 （明）王相箋注 清光緒二十一年（1895）滬上務本堂刻本 二冊

150000－0601－0004359 44411 子部/儒學類/禮教之屬/婦女

女四書集注 （明）王相箋注 清奎壁齋刻本 二冊

150000－0601－0004360 44413 子部/儒學類/禮教之屬/婦女

女四書集注 （明）王相箋注 清奎壁齋刻本 四冊

150000－0601－0004361　44417　子部/儒學
類/禮教之屬/婦女

女四書集注　(明)王相箋注　清奎璧齋刻本
　五冊

150000－0601－0004362　170485　子部/儒
學類/禮教之屬/婦女

曹大家女誡一卷　(漢)班昭撰　(清)王相注
　　女論語一卷　(唐)宋若昭撰　(清)王相注
　清末石印本　一冊

150000－0601－0004363　92611　子部/儒學
類/禮教之屬/婦女

內訓一卷　(明)仁孝文皇后撰　清刻墨海金
壺本　一冊

150000－0601－0004364　48206　子部/儒學
類/禮教之屬/婦女

內則衍義十六卷　(清)世祖福臨撰　清順治
十三年(1656)刻本　十六冊

150000－0601－0004365　25573　子部/儒學
類/禮教之屬/婦女

內政輯要一卷　(清)世祖福臨撰　清順治十
二年(1655)刻本　二冊

150000－0601－0004366　92529　子部/儒學
類/禮教之屬/蒙學

童蒙訓二卷　(宋)呂本中撰　清同治二年
(1863)錢塘丁氏刻本　一冊

150000－0601－0004367　92996　子部/儒學
類/禮教之屬/蒙學

小學六卷　(宋)朱熹撰　**近思錄十四卷**
(宋)朱熹　(宋)呂祖謙輯　清刻本　七冊

150000－0601－0004368　137821　子部/儒
學類/禮教之屬/蒙學

小學六卷附一卷　(宋)朱熹撰　(明)吳訥集
解　清同治八年(1869)江蘇書局刻本　二冊

150000－0601－0004369　48169　子部/儒學
類/禮教之屬/蒙學

小學集注六卷　(明)陳選撰　清嘉慶十七年
(1812)致和堂刻本　五冊

150000－0601－0004370　92428　子部/儒學
類/禮教之屬/蒙學

小學集注六卷　(明)陳選撰　清光緒十三年
(1887)金陵書局刻本　二冊

150000－0601－0004371　92430　子部/儒學
類/禮教之屬/蒙學

小學集注校勘記六卷首一卷校語一卷　清刻
本　一冊

150000－0601－0004372　53997　子部/儒學
類/禮教之屬/蒙學

小學發蒙集四卷　(清)殷承爵纂輯　清康熙
三十八年(1699)光啓堂刻本　二冊

150000－0601－0004373　137823　子部/儒
學類/禮教之屬/蒙學

小學集解六卷　(清)張伯行輯注　清同治六
年(1867)楚北崇文書局刻本　三冊

150000－0601－0004374　48185　子部/儒學
類/禮教之屬/蒙學

小學集解六卷　(清)張伯行輯注　清同治十
一年(1872)刻本　四冊

150000－0601－0004375　48194　子部/儒學
類/禮教之屬/蒙學

小學集解六卷　(清)張伯行輯注　清同治十
一年(1872)江西撫署刻本　四冊

150000－0601－0004376　92992　子部/儒學
類/禮教之屬/蒙學

小學集解六卷　(清)張伯行輯注　清同治十
一年(1872)江西撫署刻本　四冊

150000－0601－0004377　48190　子部/儒學
類/禮教之屬/蒙學

小學集解六卷　(清)張伯行輯注　清光緒十
三年(1887)陝西布政司刻本　四冊

150000－0601－0004378　92449　子部/儒學
類/禮教之屬/蒙學

小學集解六卷　(清)張伯行輯注　清光緒二
十七年(1901)廣雅書局刻本　四冊

150000－0601－0004379　48177　子部/儒學

類/禮教之屬/蒙學

小學集解六卷 （清）張伯行輯注　清琉璃廠東路路北義善堂刻本　四冊

150000－0601－0004380　48181　子部/儒學類/禮教之屬/蒙學

小學集解六卷 （清）張伯行輯注　清琉璃廠東路路北義善堂刻本　四冊

150000－0601－0004381　48174　子部/儒學類/禮教之屬/蒙學

小學六卷 （宋）朱熹撰　（清）高愈纂注　清乾隆四十六年(1781)刻本　三冊

150000－0601－0004382　92445　子部/儒學類/禮教之屬/蒙學

小學六卷 （宋）朱熹撰　（清）高愈纂注　清同治八年(1869)江蘇書局刻本　二冊

150000－0601－0004383　92447　子部/儒學類/禮教之屬/蒙學

小學六卷 （宋）朱熹撰　（清）高愈纂注　清同治八年(1869)江蘇書局刻本　二冊

150000－0601－0004384　48198　子部/儒學類/禮教之屬/蒙學

小學六卷 （宋）朱熹撰　（清）高愈纂注　清光緒元年(1875)成都書室刻本　四冊

150000－0601－0004385　143012　子部/儒學類/禮教之屬/蒙學

尹氏小學大全 （清）尹嘉銓撰　清光緒二十五年(1899)刻本　五冊

150000－0601－0004386　143017　子部/儒學類/禮教之屬/蒙學

尹氏小學大全 （清）尹嘉銓撰　清光緒二十五年(1899)刻本　五冊

150000－0601－0004387　48189　子部/儒學類/禮教之屬/蒙學

小學韻語一卷 （清）羅澤南撰　清光緒十六年(1890)劉氏傳經堂刻本　一冊

150000－0601－0004388　128760　子部/儒學類/禮教之屬/蒙學

少儀外傳二卷 （宋）呂祖謙撰　清嘉慶十三年(1808)張海鵬刻墨海金壺本(四庫全書原本)　一冊

150000－0601－0004389　62616　子部/儒學類/禮教之屬/蒙學

六藝綱目二卷字原一卷附錄一卷 （元）舒天民撰　（元）舒恭注　清咸豐三年(1853)楊氏海源閣刻本　二冊

150000－0601－0004390　62618　子部/儒學類/禮教之屬/蒙學

六藝綱目二卷附錄二卷 （元）舒天民撰　（元）舒恭注　（明）趙宜中附注　**重刻六藝綱目札記一卷** （清）管禮耕撰　清光緒七年(1881)汪鳴鑾籀書簃刻本　二冊

150000－0601－0004391　137864＋137860　子部/儒學類/禮教之屬/蒙學

養正圖解一卷 （明）焦竑撰　**御題養正圖詩一卷** （清）高宗弘曆撰　**御製養正圖贊一卷** （清）仁宗顒琰撰　清光緒二十一年(1895)武英殿刻本　六冊

150000－0601－0004392　137868＋137862　子部/儒學類/禮教之屬/蒙學

養正圖解一卷 （明）焦竑撰　**御題養正圖詩一卷** （清）高宗弘曆撰　**御製養正圖贊一卷** （清）仁宗顒琰撰　清光緒二十一年(1895)武英殿刻本　六冊

150000－0601－0004393　53993　子部/儒學類/禮教之屬/蒙學

課子隨筆節抄六卷 （清）張師載撰　（清）徐桐節鈔　**課子隨筆續編一卷** （清）徐桐輯　清同治十年(1871)刻本　四冊

150000－0601－0004394　48360　子部/儒學類/禮教之屬/蒙學

人範六卷 （清）蔣元輯　清光緒十六年(1890)守拙軒刻本　二冊

150000－0601－0004395　48362　子部/儒學類/禮教之屬/蒙學

人範六卷 （清）蔣元輯　清光緒十六年

(1890)守拙軒刻本　一冊

150000－0601－0004396　92494　子部/儒
學類/禮教之屬/蒙學

教童子法一卷　（清）王筠撰　清末江氏靈鶼
閣刻本　一冊

150000－0601－0004397　101513　子部/儒
學類/禮教之屬/蒙學

童蒙須知韵語一卷　（清）萬斛泉撰　清光緒
七年（1881）津河廣仁堂刻本　一冊

150000－0601－0004398　767798　子部/儒
學類/禮教之屬/蒙學

三字經一卷　抄本　一冊

150000－0601－0004399　128474　子部/儒
學類/禮教之屬/蒙學

三字經注解備要二卷　（宋）王應麟撰　（清）
賀興思注解　清光緒二十二年（1896）京都打
磨廠文成堂書坊刻本　一冊

150000－0601－0004400　61325　子部/儒
學類/禮教之屬/蒙學

三字經注解備要四卷　（宋）王應麟撰　（清）
賀興思注解　清光緒二十四年（1898）佛山鎮
福祿街文光樓刻本　二冊

150000－0601－0004401　61327　子部/儒
學類/禮教之屬/蒙學

三字經訓詁一卷　（宋）王應麟撰　（清）王相
訓詁　清歙西徐士業刻本　一冊

150000－0601－0004402　128459　子部/儒
學類/禮教之屬/蒙學

廣三字經一卷　（清）蕉軒氏撰　（清）王晉之
（清）張諧之重訂　清津河廣仁堂刻本　一冊

150000－0601－0004403　61328　子部/儒
學類/禮教之屬/蒙學

增訂發蒙三字經一卷　（宋）王應麟撰　（清）
許印芳增訂　清刻本　一冊

150000－0601－0004404　767741　子部/儒
學類/禮教之屬/蒙學

增補三字經一卷　抄本　一冊

150000－0601－0004405　123179　子部/儒
學類/禮教之屬/蒙學

新刻續千家詩二卷　清咸豐二年（1852）刻本
一冊

150000－0601－0004406　128456　子部/儒
學類/禮教之屬/蒙學

小學千家詩人生必讀二卷　清光緒十六年
（1890）李光明莊刻本　一冊

150000－0601－0004407　92528　子部/儒
學類/禮教之屬/蒙學

訓蒙詩選二卷　（清）賈履上詮次　清同治三
年（1864）刻本　一冊

150000－0601－0004408　61300　子部/儒學
類/禮教之屬/蒙學

童歌養正一卷　清光緒九年（1883）武昌書局
刻本　一冊

150000－0601－0004409　92566　子部/儒學
類/禮教之屬/蒙學

家庭談話一卷　清光緒三十三年（1907）學部
圖書局石印本　一冊

150000－0601－0004410　92531　子部/儒學
類/禮教之屬/蒙學

修身約言一卷　胡元倓輯　清光緒三十三年
（1907）排印本　一冊

150000－0601－0004411　53559　子部/儒學
類/禮教之屬/蒙學

最新學堂歌一卷　（清）張之洞撰　清合群圖
書局石印本　一冊

150000－0601－0004412　91267　子部/儒學
類/禮教之屬/勸學

中西學門徑書　梁啟超輯　清光緒二十四年
（1898）刻本　一冊

150000－0601－0004413　92728　子部/儒學
類/禮教之屬/勸學

程氏家塾讀書分年日程三卷綱領一卷　（元）
程端禮撰　清同治八年（1869）江蘇書局刻本
一冊

150000－0601－0004414　92726　子部/儒學類/禮教之屬/勸學

程氏家塾讀書分年日程三卷綱領一卷　（元）程端禮撰　清光緒八年(1882)津河廣仁堂刻本　二冊

150000－0601－0004415　879242　子部/儒學類/禮教之屬/勸學

勸學文一卷　（清）世祖福臨輯　清順治十三年(1656)刻本　一冊　包背裝

150000－0601－0004416　879243　子部/儒學類/禮教之屬/勸學

勸學文一卷　（清）世祖福臨輯　清順治十三年(1656)刻本　一冊　包背裝

150000－0601－0004417　48347　子部/儒學類/禮教之屬/勸學

御製訓飭士子文一卷上諭十六條一卷　清康熙四十四年(1705)刻本　一冊

150000－0601－0004418　48348　子部/儒學類/禮教之屬/勸學

御製訓飭士子文一卷上諭十六條一卷　清康熙四十四年(1705)刻本　一冊

150000－0601－0004419　48349　子部/儒學類/禮教之屬/勸學

御製訓飭士子文一卷上諭十六條一卷　清康熙四十四年(1705)刻本　一冊

150000－0601－0004420　48350　子部/儒學類/禮教之屬/勸學

御製訓飭士子文一卷上諭十六條一卷　清康熙四十四年(1705)刻本　一冊

150000－0601－0004421　92710　子部/儒學類/禮教之屬/勸學

弟子箴言十六卷　（清）胡達源撰　清道光十五年(1835)刻本　四冊

150000－0601－0004422　92719　子部/儒學類/禮教之屬/勸學

輶軒語一卷　（清）張之洞撰　清光緒二年(1876)退補齋刻本　一冊

150000－0601－0004423　92720　子部/儒學類/禮教之屬/勸學

輶軒語一卷　（清）張之洞撰　清光緒二年(1876)退補齋刻本　一冊

150000－0601－0004424　92716　子部/儒學類/禮教之屬/勸學

輶軒語一卷　（清）張之洞撰　清光緒四年(1878)刻本　一冊

150000－0601－0004425　92717　子部/儒學類/禮教之屬/勸學

輶軒語一卷　（清）張之洞撰　清光緒九年(1883)刻本　一冊

150000－0601－0004426　48358　子部/儒學類/禮教之屬/勸學

輶軒語一卷　（清）張之洞撰　清光緒九年(1883)信述堂刻本　一冊

150000－0601－0004427　48359　子部/儒學類/禮教之屬/勸學

輶軒語一卷　（清）張之洞撰　清光緒九年(1883)信述堂刻本　一冊

150000－0601－0004428　50868　子部/儒學類/禮教之屬/勸學

輶軒語一卷　（清）張之洞撰　清光緒九年(1883)信述堂刻本　一冊

150000－0601－0004429　50869　子部/儒學類/禮教之屬/勸學

輶軒語一卷　（清）張之洞撰　清光緒九年(1883)信述堂刻本　一冊

150000－0601－0004430　92718　子部/儒學類/禮教之屬/勸學

輶軒語一卷　（清）張之洞撰　清光緒二十年(1894)福建學署石印本　一冊

150000－0601－0004431　92715　子部/儒學類/禮教之屬/勸學

輶軒語一卷　（清）張之洞撰　清光緒三年(1877)排印本　一冊

150000－0601－0004432　170486　子部/儒

學類/禮教之屬/勸學

勸學篇二卷 （清）張之洞撰　清光緒二十四年（1898）慎始基齋刻慎始基齋叢書本　二冊

150000－0601－0004433　92704　子部/儒學類/禮教之屬/勸學

勸學篇二卷 （清）張之洞撰　清光緒二十四年（1898）文興堂刻本　一冊

150000－0601－0004434　92703　子部/儒學類/禮教之屬/勸學

勸學篇二卷 （清）張之洞撰　清光緒二十四年（1898）兩湖書院石印本　一冊　鈐"上洋鴻文書局石印"朱印

150000－0601－0004435　102375　子部/儒學類/禮教之屬/勸學

讀書燈一卷 鄒福保纂　清宣統元年（1909）江蘇第一監獄排印本　一冊

150000－0601－0004436　110235　子部/儒學類/禮教之屬/勸學

讀書作文譜一卷 （清）唐彪撰　**父師善誘法一卷** （清）唐彪撰　清嘉慶十九年（1814）刻本　四冊

150000－0601－0004437　93268　子部/儒學類/禮教之屬/俗訓

人譜三卷 （明）劉宗周撰　**人譜類記六卷** （明）劉宗周撰　清同治七年（1868）吳興丁氏濟南公廨刻本　二冊

150000－0601－0004438　93265　子部/儒學類/禮教之屬/俗訓

人譜三卷 （明）劉宗周撰　（清）傅彩（清）傅超補輯　**人譜類記增訂六卷** （明）劉宗周撰　（清）傅彩　（清）傅超補輯　清道光二十四年（1844）刻本　一冊

150000－0601－0004439　93266　子部/儒學類/禮教之屬/俗訓

人譜類記增訂六卷 （明）劉宗周撰　清光緒三年（1877）湖北崇文書局刻本　二冊

150000－0601－0004440　839741　子部/儒學類/禮教之屬/俗訓

範行恒言一卷 清順治十二年（1655）刻本　一冊　包背裝

150000－0601－0004441　839742　子部/儒學類/禮教之屬/俗訓

範行恒言一卷 清順治十二年（1655）刻本　一冊　包背裝

150000－0601－0004442　92653　子部/儒學類/禮教之屬/俗訓

陸清獻公治嘉格言一卷 （清）陸隴其撰　清同治七年（1868）上海道署刻本　一冊

150000－0601－0004443　92672　子部/儒學類/禮教之屬/俗訓

陸清獻公治嘉格言一卷 （清）陸隴其撰　清同治七年（1868）上海道署刻本　一冊

150000－0601－0004444　46377　子部/儒學類/禮教之屬/俗訓

聖諭廣訓一卷 清福建臺澎總兵武隆阿刻本　一冊

150000－0601－0004445　93224　子部/儒學類/禮教之屬/俗訓

聖諭廣訓一卷 清前署台州府臨海縣知縣唐濟刻本　二冊

150000－0601－0004446　93226　子部/儒學類/禮教之屬/俗訓

聖諭廣訓一卷 清前署台州府臨海縣知縣唐濟刻本　二冊

150000－0601－0004447　137908　子部/儒學類/禮教之屬/俗訓

聖諭廣訓一卷 清刻本　一冊

150000－0601－0004448　46378　子部/儒學類/禮教之屬/俗訓

聖諭廣訓注解一卷 清道光元年（1821）順天府尹申啓賢刻本　一冊

150000－0601－0004449　92604　子部/儒學類/禮教之屬/俗訓

六事箴言一卷 （清）葉玉屏輯　清咸豐二年（1852）刻宜稼堂叢書本　一冊

150000－0601－0004450　92605　子部/儒學類/禮教之屬/俗訓

六事箴言續錄一卷　（清）伍孚尹輯　清咸豐二年(1852)刻宜稼堂叢書本　一冊

150000－0601－0004451　92606　子部/儒學類/禮教之屬/俗訓

六事箴言續錄一卷　（清）伍孚尹輯　清咸豐二年(1852)刻宜稼堂叢書本　一冊

150000－0601－0004452　54132　子部/儒學類/禮教之屬/俗訓

曾文正公雜著四卷首一卷　（清）曾國藩撰　清同治十三年(1874)傳忠書局刻本　二冊

150000－0601－0004453　117925　子部/儒學類/禮教之屬/俗訓

曾文正公雜著四卷首一卷　（清）曾國藩撰　清同治十三年(1874)傳忠書局刻本　四冊

150000－0601－0004454　53983　子部/儒學類/禮教之屬/俗訓

續心影集四卷　（清）李士麟編輯　清光緒二年(1876)蘭州郡署刻本　四冊

150000－0601－0004455　92530　子部/儒學類/禮教之屬/俗訓

務本錄一卷　清刻本　一冊

150000－0601－0004456　146345　子部/兵書類/兵法之屬

石室秘笈兵書　（清）王廷學輯　清光緒十二年(1886)文海堂刻本　四冊

150000－0601－0004457　93748　子部/兵書類/兵法之屬

孫子吳子司馬法合刻　清羊城富文齋刻本　一冊

150000－0601－0004458　48365　子部/兵書類/兵法之屬

重刊武經七書彙解七卷首一卷末一卷　（清）朱墉纂輯　清光緒二年(1876)古經閣書坊刻本　十冊

150000－0601－0004459　93795　子部/兵書類/兵法之屬

武經七書擇要二卷　（清）朱煌漫輯　清道光二十三年(1843)刻本　二冊

150000－0601－0004460　93762　子部/兵書類/兵法之屬

汪氏兵學三書　（清）汪宗沂輯　清光緒二十年(1894)避舍蓋公堂刻漸西村舍叢書本　一冊

150000－0601－0004461　48379　子部/兵書類/兵法之屬

武經體注　抄本　四冊

150000－0601－0004462　48375　子部/兵書類/兵法之屬

武經　抄本　四冊

150000－0601－0004463　93671　子部/兵書類/兵法之屬

孫子十家注十三卷遺說一卷　（宋）吉天保輯　孫子敘錄一卷　（清）畢以珣撰　清光緒三年(1877)浙江書局刻本　六冊

150000－0601－0004464　93677　子部/兵書類/兵法之屬

孫子十家注十三卷遺說一卷　（宋）吉天保輯　孫子敘錄一卷　（清）畢以珣撰　清光緒三年(1877)浙江書局刻本　六冊

150000－0601－0004465　48363　子部/兵書類/兵法之屬

孫子一卷　（清）王晳集注　清刻武經團鏡本　二冊

150000－0601－0004466　49485　子部/兵書類/兵法之屬

黃石公素書一卷　（漢）黃石公撰　清道光十九年(1839)刻本　一冊

150000－0601－0004467　128475　子部/兵書類/兵法之屬

黃石公素書一卷　（漢）黃石公撰　清同治十年(1871)刻本　一冊

150000－0601－0004468　93829　子部/兵書類/兵法之屬

虎鈐經二十卷　（宋）許洞撰　清刻本　八冊

150000－0601－0004469　767689　子部/兵
書類/兵法之屬

備邊屯田車銃議一卷　（明）趙士楨撰　車銃
圖一卷　（明）趙士楨撰　倭情屯田議一卷
（明）趙士楨撰　番社采風圖考一卷　（清）六
十七撰　維西見聞記一卷　（清）余慶遠撰
清刻藝海珠塵本　一冊

150000－0601－0004470　93797　子部/兵書
類/兵法之屬

唐荊川先生纂輯武前編六卷　（明）唐順之撰
清活字本　九冊

150000－0601－0004471　93763　子部/兵書
類/兵法之屬

陣記四卷　（明）何良臣撰　清新昌莊肇麟刻
本　一冊

150000－0601－0004472　48500　子部/兵書
類/兵法之屬

紀效新書練兵實紀全刻　（明）戚繼光撰　清
嘉慶二十四年(1819)吳之勳刻本　十二冊

150000－0601－0004473　93837　子部/兵書
類/兵法之屬

練兵實紀九卷雜集六卷　（明）戚繼光撰　清
道光二十八年(1848)瓶花書屋刻本　八冊

150000－0601－0004474　93683　子部/兵書
類/兵法之屬

紀效新書十八卷首一卷　（明）戚繼光撰　清
刻本　六冊

150000－0601－0004475　26627　子部/兵書
類/兵法之屬

草廬經略十二卷　清光緒七年(1881)成都刻
本　四冊

150000－0601－0004476　93736　子部/兵書
類/兵法之屬

草廬經略十二卷　清末排印本　二冊

150000－0601－0004477　93730　子部/兵書
類/兵法之屬

草廬經略六卷　（明）黃元瑞撰　（清）骨仙刪
定　清康熙二十二年(1683)抄本　六冊

150000－0601－0004478　48396　子部/兵書
類/兵法之屬

登壇必究四十卷　（明）王鳴鶴撰　清末刻本
四十冊

150000－0601－0004479　48436　子部/兵書
類/兵法之屬

登壇必究四十卷　（明）王鳴鶴撰　清活字本
四十冊

150000－0601－0004480　837819　子部/兵
書類/兵法之屬

登壇必究四十卷　（明）王鳴鶴撰　清活字本
四十冊

150000－0601－0004481　D0875　子部/兵書
類/兵法之屬

武備志二百四十卷　（明）茅元儀撰　明天啟
元年(1621)刻本　七十二冊　存一百七十一
卷(一至三十六、五十四至九十五、一百四十
八至二百四十)

150000－0601－0004482　48528　子部/兵書
類/兵法之屬

武備地利四卷水火攻一卷　（明）施永圖撰
清刻本　八冊

150000－0601－0004483　93812　子部/兵書
類/兵法之屬

戊笈談兵十卷首一卷　（清）汪紱撰　四翼附
編四卷　（清）戴彭撰　清光緒二十年至二十
一年(1894－1895)刻汪雙池先生叢書本
九冊

150000－0601－0004484　93821　子部/兵書
類/兵法之屬

戊笈談兵十卷首一卷　（清）汪紱撰　四翼附
編四卷　（清）戴彭撰　清光緒二十年至二十
一年(1894－1895)刻汪雙池先生叢書本
八冊

150000－0601－0004485　48512　子部/兵書
類/兵法之屬

洴澼百金方十四卷首一卷 （清）惠麓酒民編次 清道光二十年（1840）陳階平刻本 五冊

150000－0601－0004486 93806 子部/兵書類/兵法之屬

洴澼百金方十四卷首一卷 （清）惠麓酒民編次 （清）玉厄居士重訂 清刻本 六冊

150000－0601－0004487 48476 子部/兵書類/兵法之屬

武備輯要六卷 清道光十二年（1832）廣州刻本 六冊

150000－0601－0004488 93624 子部/兵書類/兵法之屬

百戰略一卷 （清）呢瑪善輯 清道光十四年（1834）刻本 一冊

150000－0601－0004489 48517 子部/兵書類/兵法之屬

練勇芻言五卷 （清）王鑫撰 操練洋槍淺言一卷 （清）馮國士 （清）葛道殷撰 用礮要言一卷 （清）葛道殷撰 借箸籌防論略一卷 （德國）來春石泰撰 沈敦和譯 礮概淺說一卷 清光緒二十七年（1901）上海六藝書局刻中西武備新書本 一冊

150000－0601－0004490 48518 子部/兵書類/兵法之屬

知古錄三卷 （清）恒秌纂輯 韜鈐拾慧錄一卷 （清）恒秌纂輯 清同治二年（1863）避熱窩刻本 四冊

150000－0601－0004491 93629 子部/兵書類/兵法之屬

臨陣管見六卷 （德國）斯拉弗司撰 （德國）金楷理口譯 （清）趙元益筆述 清末刻本 四冊

150000－0601－0004492 93738 子部/兵書類/兵法之屬

揭子宣兵法百言三卷 （清）揭暄撰 （清）侯榮釋證 清末排印本 一冊

150000－0601－0004493 93300 子部/兵書類/兵法之屬

讀史兵略四十六卷 （清）胡林翼撰 清咸豐十一年（1861）武昌節署刻本 十六冊

150000－0601－0004494 93316 子部/兵書類/兵法之屬

讀史兵略四十六卷 （清）胡林翼撰 清咸豐十一年（1861）武昌節署刻本 十六冊

150000－0601－0004495 82607 子部/兵書類/兵法之屬

讀史兵略綴言四卷 （清）蔣廷黻撰 清宣統三年（1911）京師刻本 一冊

150000－0601－0004496 93770 子部/兵書類/兵法之屬

讀史兵略綴言四卷 （清）蔣廷黻撰 清宣統三年（1911）京師刻本 一冊

150000－0601－0004497 48539 子部/兵書類/兵法之屬

夷夏用兵鑑古錄四十卷 （清）錢響杲撰 清光緒二十年（1894）活字本 六冊

150000－0601－0004498 93749 子部/兵書類/兵法之屬

馬隊戰史（黑溝臺會戰日俄兩軍馬隊之行動）一卷 軍官學堂石印本 一冊

150000－0601－0004499 93616 子部/兵書類/兵法之屬

日俄戰史概觀筆記一卷 （日本）櫻井文雄講 （清）江壽祺口譯 （清）劉文翰筆記 清末陸軍預備大學堂石印本 一冊

150000－0601－0004500 93978 子部/兵書類/兵法之屬

權制八卷 陳澹然撰 清光緒二十六年（1900）長沙刻本 六冊

150000－0601－0004501 93740 子部/兵書類/技巧之屬

射藝津梁二卷 清光緒六年（1880）衢州鎮署林鑒泉刻本 一冊

150000－0601－0004502 93741 子部/兵書類/新軍之屬

陸操新義四卷 （德國）康貝撰 （清）李鳳苞譯 清光緒十年（1884）刻本 二冊

150000－0601－0004503 48536 子部/兵書類/新軍之屬

陸操新義四卷 （德國）康貝撰 （清）李鳳苞譯 清末著易堂排印本 一冊 存二卷（一至二）

150000－0601－0004504 93754 子部/兵書類/新軍之屬

步兵操典一卷 （日本）日本陸軍省撰 孟森譯述 清光緒三十年（1904）南洋公學譯書院排印本 二冊

150000－0601－0004505 93739 子部/兵書類/新軍之屬

陸軍步兵操法二編 清光緒三十三年（1907）北洋陸軍編譯局石印本 一冊

150000－0601－0004506 93612 子部/兵書類/新軍之屬

工兵暫行操法一卷 （清）練兵處軍學司撰 清光緒三十二年（1906）北洋武備翻譯局排印本 一冊

150000－0601－0004507 8675 子部/兵書類/新軍之屬

礮乘新法三卷首一卷圖一卷 （英國）英國製造局撰 （英國）舒高第譯 （清）鄭昌棪筆述 清末江南製造總局排印本 六冊

150000－0601－0004508 93618 子部/兵書類/新軍之屬

礮法畫譜一卷 （清）丁乃文撰 清光緒十四年（1888）江南製造總局排印本 一冊

150000－0601－0004509 93635 子部/兵書類/新軍之屬

克虜伯礮說四卷 （德國）軍政局撰 （美國）金楷理口譯 （清）李鳳苞筆述 克虜伯礮準心法一卷 （德國）軍政局撰 （美國）金楷理口譯 （清）李鳳苞筆述 克虜伯礮表八卷附一卷 清末刻本 三冊

150000－0601－0004510 8704 子部/兵書

類/新軍之屬

克虜伯礮準心法一卷 （德國）軍政局撰 （美國）金楷理口譯 （清）李鳳苞筆述 清末刻本 二冊

150000－0601－0004511 8697 子部/兵書類/新軍之屬

營城揭要二卷 （英國）儲意比撰 （英國）傅蘭雅口譯 （清）徐壽筆述 清末江南製造局刻本 二冊

150000－0601－0004512 93627 子部/兵書類/新軍之屬

營城揭要二卷 （英國）儲意比撰 （英國）傅蘭雅口譯 （清）徐壽筆述 清末江南製造局刻本 二冊

150000－0601－0004513 93623 子部/兵書類/新軍之屬

營壘圖說一卷 （比利時）伯里牙芒撰 （美國）金楷理口譯 （清）李鳳苞筆述 清末刻本 一冊

150000－0601－0004514 48545 子部/兵書類/新軍之屬

防海新論十八卷 （德國）希理哈撰 （英國）傅蘭雅口譯 （清）華蘅芳筆述 清末刻本 六冊

150000－0601－0004515 93689 子部/兵書類/新軍之屬

防海新論十八卷 （德國）希理哈撰 （英國）傅蘭雅口譯 （清）華蘅芳筆述 清末刻本 六冊

150000－0601－0004516 8706 子部/兵書類/新軍之屬

行軍測繪十卷首一卷 （英國）連提撰 （英國）傅蘭雅口譯 （清）趙元益筆述 清末刻本 二冊

150000－0601－0004517 93625 子部/兵書類/新軍之屬

行軍測繪十卷首一卷 （英國）連提撰 （英國）傅蘭雅口譯 （清）趙元益筆述 清末刻

本　二冊

150000－0601－0004518　93638　子部/兵書
類/新軍之屬

開地道轟藥法三卷附圖一卷　（英國）武備工
程學堂撰　（英國）傅蘭雅口譯　（清）汪振聲
筆述　清末刻本　二冊

150000－0601－0004519　93640　子部/兵書
類/新軍之屬

開地道轟藥法三卷附圖一卷　（英國）武備工
程學堂撰　（英國）傅蘭雅口譯　（清）汪振聲
筆述　清末刻本　二冊

150000－0601－0004520　93642　子部/兵書
類/新軍之屬

製火藥法三卷　（英國）利稼孫　（英國）華得
斯輯　（英國）傅蘭雅口譯　（清）丁樹棠筆述
　清末刻本　一冊

150000－0601－0004521　93633　子部/兵書
類/新軍之屬

輪船布陣十二卷首一卷　（英國）裴路撰
（英國）傅蘭雅口譯　（清）徐建寅筆述　清末
刻本　二冊

150000－0601－0004522　20919　子部/兵書
類/新軍之屬

海軍調度要言三卷圖一卷　（英國）拏核甫等
撰　（英國）舒高第　（清）鄭昌棪譯　清末排
印本　二冊

150000－0601－0004523　8699　子部/兵書
類/新軍之屬

水師操練十八卷首一卷附一卷　（英國）英國
戰船部撰　（英國）傅蘭雅口譯　（清）徐建寅
筆述　清末刻本　三冊

150000－0601－0004524　8702　子部/兵書
類/新軍之屬

鐵甲叢譚五卷　（英國）黎特撰　（英國）舒高
第　（清）鄭昌棪譯　清末排印本　二冊

150000－0601－0004525　D2161　子部/兵書
類/新軍之屬

蒙古戈壁行軍一卷　抄本　一冊

150000－0601－0004526　D1364　子部/兵書
類/新軍之屬

［滿蒙八旗裝備圖］一卷　抄本　一冊

150000－0601－0004527　93756　子部/兵書
類/新軍之屬

軍語一卷　清光緒三十二年（1906）浙江參謀
處石印所石印本　一冊

150000－0601－0004528　39957　子部/農家
類/叢編之屬

農學叢書一卷　清末石印本　十冊

150000－0601－0004529　39947　子部/農家
類/叢編之屬

農學叢書第六集一卷　上海農學會輯　清末
江南總農會石印本　十冊

150000－0601－0004530　41499　子部/農家
類/總論之屬

齊民要術十卷　（北魏）賈思勰撰　清光緒元
年（1875）湖北崇文書局刻本　四冊

150000－0601－0004531　94148　子部/農家
類/總論之屬

齊民要術十卷　（北魏）賈思勰撰　清光緒元
年（1875）湖北崇文書局刻本　四冊

150000－0601－0004532　94152　子部/農家
類/總論之屬

齊民要術十卷　（北魏）賈思勰撰　清光緒二
十二年（1896）中江權署刻本　四冊

150000－0601－0004533　94144　子部/農家
類/總論之屬

齊民要術十卷　（北魏）賈思勰撰　民國元年
（1912）鄂官書處刻本　四冊

150000－0601－0004534　39216　子部/農家
類/總論之屬

農桑輯要七卷　（元）司農司撰　**蠶事要略一
卷**　（清）張行孚撰　清光緒二十一年（1895）
中江權署刻本　二冊

150000－0601－0004535　94177　子部/農家
類/總論之屬

農桑輯要七卷　（元）司農司撰　蠶事要略一卷　（清）張行孚撰　清光緒二十一年（1895）中江榷署刻本　二冊

150000－0601－0004536　94170　子部/農家類/總論之屬

農桑衣食撮要二卷　（元）魯明善撰　清光緒十五年（1889）清風室刻本（珠叢別錄本）一冊

150000－0601－0004537　94167　子部/農家類/總論之屬

種樹書一卷　（元）俞宗本撰　清光緒二十三年（1897）漸西村舍刻本　一冊

150000－0601－0004538　94072　子部/農家類/總論之屬

農政全書六十卷　（明）徐光啓撰　清道光二十三年（1843）刻本　二十四冊

150000－0601－0004539　94096　子部/農家類/總論之屬

農政全書六十卷　（明）徐光啓撰　清道光二十三年（1843）刻本　二十四冊

150000－0601－0004540　48754　子部/農家類/總論之屬

農政全書六十卷　（明）徐光啓撰　清同治十三年（1874）山東書局刻本　二十冊

150000－0601－0004541　879267　子部/農家類/總論之屬

御製耕織圖耕一卷織一卷　（清）焦秉貞繪（清）聖祖玄燁題詩　清刻本　一冊　經摺裝

150000－0601－0004542　94168　子部/農家類/總論之屬

御製耕織圖耕一卷織一卷　（清）焦秉貞繪（清）聖祖玄燁題詩　清光緒十二年（1886）上海點石齋影印本　二冊　經摺裝

150000－0601－0004543　97514　子部/農家類/總論之屬

欽定授時通考七十八卷　（清）鄂爾泰　（清）張廷玉修　（清）蔣溥纂　清乾隆七年（1742）江西刻本　十二冊

150000－0601－0004544　48736　子部/農家類/總論之屬

三農紀二十四卷　（清）張宗法撰　清刻本　十二冊

150000－0601－0004545　48725　子部/農家類/總論之屬

續富國策四卷　（清）瑤林館主撰　清光緒二十四年（1898）上海飛鴻書莊石印本　四冊

150000－0601－0004546　53999　子部/農家類/總論之屬

農學一卷　（清）編譯處編纂　清末天津官報局石印本　一冊

150000－0601－0004547　94171　子部/農家類/總論之屬

農林蠶說一卷　（清）葉向榮撰　清宣統三年（1911）衢城正新書局石印本　一冊

150000－0601－0004548　94185　子部/農家類/總論之屬

農話十章　（清）陳啓謙編　清光緒三十三年（1907）商務印書館排印本　一冊

150000－0601－0004549　94197　子部/農家類/總論之屬

農務實業新編一卷　（清）王上達編　清宣統二年（1910）浙杭萬春農務局刻本　二冊

150000－0601－0004550　39715　子部/農家類/總論之屬

農學初階一卷　（英國）黑球華來思撰　（清）吳治儉譯　清末北洋官報局石印本　三冊

150000－0601－0004551　20869　子部/農家類/總論之屬

農學津梁一卷　（英國）恒里湯納耳撰　（美國）衛理譯　（清）汪振聲述　清光緒二十八年（1902）刻本　一冊

150000－0601－0004552　94182　子部/農家類/總論之屬

農學津梁一卷　（英國）恒里湯納耳撰　（美國）衛理譯　（清）汪振聲述　清光緒二十八年（1902）刻本　一冊

150000－0601－0004553　20868　子部/農家類/總論之屬

農學初級一卷　（英國）旦爾恒理等撰　（英國）秀耀春譯　（清）范熙庸筆述　清光緒二十四年（1898）上海製造局刻本　一冊

150000－0601－0004554　97702　子部/農家類/時序之屬

相雨書一卷　（唐）黃子發撰　清漸西村舍刻本　一冊

150000－0601－0004555　97758　子部/農家類/時序之屬

農候雜占四卷　（清）梁章鉅撰　清同治十二年（1873）浙江書局刻本　二冊

150000－0601－0004556　124932　子部/農家類/時序之屬

農候雜占四卷　（清）梁章鉅撰　清同治十二年（1873）浙江書局刻本　二冊

150000－0601－0004557　20915　子部/農家類/時序之屬

測候叢談四卷　（美國）金楷理口譯　（清）華蘅芳筆述　清末江南製造局刻本　二冊

150000－0601－0004558　97705　子部/農家類/時序之屬

測候叢談四卷　（美國）金楷理口譯　（清）華蘅芳筆述　清末江南製造局刻本　一冊

150000－0601－0004559　20888　子部/農家類/耕作土壤之屬

農務土質論三卷　（美國）金福蘭格令希蘭撰　（美國）衛理口譯　（清）范熙庸筆述　清光緒二十六年（1900）製造局刻本　三冊

150000－0601－0004560　94184　子部/農家類/作物之屬

竹譜一卷　（晉）戴凱之撰　清刻本（漢魏叢書原本）　一冊

150000－0601－0004561　39946　子部/農家類/作物之屬

製茶篇二卷　（日本）高桔樹編　（日本）田谷九橋譯　清末石印本　一冊

150000－0601－0004562　95580　子部/農家類/作物之屬

人參考一卷　（清）唐秉鈞撰　清末元和江氏刻本　一冊

150000－0601－0004563　95581　子部/農家類/作物之屬

人參圖說一卷　清嘉慶七年（1802）刻本　一冊

150000－0601－0004564　114168　子部/農家類/作物之屬

士邦補釋一卷　（清）張義澍撰　清光緒二十三年（1897）楊氏香海閣刻本　一冊

150000－0601－0004565　114169　子部/農家類/作物之屬

士邦補釋一卷　（清）張義澍撰　清光緒二十三年（1897）楊氏香海閣刻本　一冊

150000－0601－0004566　114170　子部/農家類/作物之屬

士邦補釋一卷　（清）張義澍撰　清光緒二十三年（1897）楊氏香海閣刻本　一冊

150000－0601－0004567　114171　子部/農家類/作物之屬

士邦補釋一卷　（清）張義澍撰　清光緒二十三年（1897）楊氏香海閣刻本　一冊

150000－0601－0004568　114172　子部/農家類/作物之屬

士邦補釋一卷　（清）張義澍撰　清光緒二十三年（1897）楊氏香海閣刻本　一冊

150000－0601－0004569　114173　子部/農家類/作物之屬

士邦補釋一卷　（清）張義澍撰　清光緒二十三年（1897）楊氏香海閣刻本　一冊

150000－0601－0004570　114174　子部/農家類/作物之屬

士邦補釋一卷　（清）張義澍撰　清光緒二十三年（1897）楊氏香海閣刻本　一冊

150000－0601－0004571　114175　子部/農

家類/作物之屬

士郉補釋一卷 （清）張義澍撰　清光緒二十三年(1897)楊氏香海閣刻本　一冊

150000－0601－0004572　114176　子部/農家類/作物之屬

士郉補釋一卷 （清）張義澍撰　清光緒二十三年(1897)楊氏香海閣刻本　一冊

150000－0601－0004573　114177　子部/農家類/作物之屬

士郉補釋一卷 （清）張義澍撰　清光緒二十三年(1897)楊氏香海閣刻本　一冊

150000－0601－0004574　94164　子部/農家類/蠶桑之屬

廣蠶桑說輯補二卷 （清）沈練撰　（清）仲學輅輯補　清光緒二十三年(1897)漸西村舍刻本　一冊

150000－0601－0004575　94179　子部/農家類/蠶桑之屬

蠶桑說一卷 （清）趙敬如撰　清光緒二十三年(1897)漸西村舍刻本　一冊

150000－0601－0004576　94165　子部/農家類/蠶桑之屬

蠶桑實濟六卷　清光緒八年(1882)津河廣仁堂刻本　二冊

150000－0601－0004577　41770　子部/農家類/蠶桑之屬

蠶桑萃編十五卷首一卷 （清）衛杰纂　清光緒二十六年(1900)浙江書局刻本　八冊

150000－0601－0004578　94156　子部/農家類/蠶桑之屬

蠶桑萃編十五卷首一卷 （清）衛杰纂　清光緒二十六年(1900)浙江書局刻本　八冊

150000－0601－0004579　94180　子部/農家類/蠶桑之屬

桑蠶說一卷 （清）江毓昌撰　清東陽縣署活字本　一冊

150000－0601－0004580　94181　子部/農家

類/蠶桑之屬

桑蠶說一卷 （清）江毓昌撰　清東陽縣署活字本　一冊

150000－0601－0004581　94187　子部/農家類/蠶桑之屬

蠶桑備要一卷 （清）思補樓主人輯　清光緒二年(1876)思補樓活字本　一冊

150000－0601－0004582　39942　子部/農家類/蠶桑之屬

蠶體病理一卷 （日本）河野次郎撰　**淡水養魚法一卷** （日本）片野宇吉撰　（日本）田谷九橋譯　清末石印本　一冊

150000－0601－0004583　90321　子部/農家類/園藝之屬

華隱籬四卷 （□）李皋撰　**圃花小說一卷花歷一卷牡丹志一卷梅花志一卷白雲處士傳一卷**　抄本　二冊

150000－0601－0004584　129090　子部/農家類/園藝之屬

水蜜桃譜一卷 褚華撰　清末北洋官報局石印本　一冊

150000－0601－0004585　49394　子部/農家類/園藝之屬

秘傳花鏡六卷 （清）陳淏子輯　清藻文堂刻本　四冊

150000－0601－0004586　94120　子部/農家類/園藝之屬

秘傳花鏡六卷 （清）陳淏子輯　清金閶書業堂刻本　六冊

150000－0601－0004587　49398　子部/農家類/園藝之屬

秘傳花鏡六卷 （清）陳淏子輯　清金閶文業堂刻本　六冊

150000－0601－0004588　94194　子部/農家類/園藝之屬

種蘭法六卷福建省至延平府水陸路程一卷　志善書屋抄本　一冊

150000－0601－0004589　97498　子部/農家類/畜牧之屬

新刊纂圖元亨療馬集六卷　（明）喻本元（明）喻本亨撰　清刻本　六冊

150000－0601－0004590　55379　子部/農家類/畜牧之屬

新輯纂圖元亨療馬集六卷　（明）喻本元（明）喻本亨撰　圖像水黃牛經合幷大全二卷駝經一卷　清光緒三十四年（1908）上海文海閣石印本　四冊

150000－0601－0004591　48960　子部/農家類/畜牧之屬

新輯纂圖元亨療馬集六卷　（明）喻本元（明）喻本亨撰　圖像水黃牛經合幷大全二卷駝經一卷　清宣統元年（1909）上海章福記石印本　四冊

150000－0601－0004592　49068　子部/農家類/畜牧之屬

圖像水黃牛經合幷大全二卷駝經一卷　清刻本　一冊

150000－0601－0004593　97496　子部/農家類/畜牧之屬

圖像水黃牛經合幷大全二卷　（明）喻本元（明）喻本亨撰　清善成堂刻本　二冊

150000－0601－0004594　103983　子部/農家類/生物之屬

二如亭群芳譜天譜三卷歲譜四卷穀譜一卷蔬譜二卷果譜四卷茶譜一卷竹譜一卷桑麻葛譜一卷棉譜一卷藥譜三卷木譜二卷花譜四卷卉譜二卷鶴魚譜一卷　（明）王象晉撰　明刻本　十六冊

150000－0601－0004595　98478　子部/農家類/生物之屬

二如亭群芳譜天譜三卷歲譜四卷穀譜一卷蔬譜二卷果譜四卷茶譜一卷竹譜一卷桑麻葛譜一卷棉譜一卷藥譜三卷木譜二卷花譜四卷卉譜二卷鶴魚譜一卷　（明）王象晉撰　清刻本　二十三冊　缺一卷（花譜二）

150000－0601－0004596　49406　子部/農家類/生物之屬

二如亭群芳譜天譜三卷歲譜四卷穀譜一卷蔬譜二卷果譜四卷茶譜一卷竹譜一卷桑麻葛譜一卷棉譜一卷藥譜三卷木譜二卷花譜四卷卉譜二卷鶴魚譜一卷　（明）王象晉撰　清刻本　二十四冊

150000－0601－0004597　104118　子部/農家類/生物之屬

佩文齋廣群芳譜一百卷目錄二卷　（清）汪灝纂修　清康熙四十七年（1708）劉灝刻本　三十六冊

150000－0601－0004598　104154　子部/農家類/生物之屬

佩文齋廣群芳譜一百卷目錄二卷　（清）汪灝纂修　清康熙四十七年（1708）劉灝刻本　三十二冊

150000－0601－0004599　839435　子部/農家類/生物之屬

佩文齋廣群芳譜一百卷目錄二卷　（清）汪灝纂修　清康熙四十七年（1708）劉灝刻本　四十六冊　存八十八卷（一至八十八）

150000－0601－0004600　90347　子部/農家類/生物之屬

植物名實圖考三十八卷長編二十二卷　（清）吳其濬撰　清道光二十八年（1848）陸應穀刻本　三十七冊　存三十七卷（一至三十七）

150000－0601－0004601　104288　子部/農家類/生物之屬

植物名實圖考三十八卷長編二十二卷　（清）吳其濬撰　清道光二十八年（1848）陸應穀刻本　二十冊

150000－0601－0004602　104308　子部/農家類/生物之屬

植物名實圖考三十八卷長編二十二卷　（清）吳其濬撰　清道光二十八年（1848）陸應穀刻本　二十冊

150000－0601－0004603　104328　子部/農

家類/生物之屬

植物名實圖考三十八卷長編二十二卷 （清）
吳其濬撰　清道光二十八年(1848)陸應穀刻
本　二十二冊

150000－0601－0004604　94196　子部/農家
類/生物之屬

植物圖說四卷 （英國）傅蘭雅撰　清光緒二
十一年(1895)刻本　一冊

150000－0601－0004605　49405　子部/農家
類/生物之屬

植物學一卷　清末天津官報局排印本　一冊

150000－0601－0004606　49430　子部/農家
類/生物之屬

植物學啓蒙一卷　清光緒十二年(1886)總稅
務司署刻本　一冊

150000－0601－0004607　49404　子部/農家
類/生物之屬

動物學一卷　清末天津官報局排印本　一冊

150000－0601－0004608　49431　子部/農家
類/生物之屬

動物學啓蒙八卷　清光緒十二年(1886)總稅
務司署刻本　一冊

150000－0601－0004609　39944　子部/農家
類/生物之屬

日本昆蟲學二卷 （日本）松村松年撰　羅振
常譯　清末石印本　一冊

150000－0601－0004610　39945　子部/農家
類/生物之屬

寄生蟲學一卷 （日本）生駒藤太郎撰　樊炳
清譯　**蜈蟲驅除法一卷** （日本）小林傳四郎
撰　徐繼祖譯　清末石印本　一冊

150000－0601－0004611　93287　子部/農家
類/生物之屬

天演論二卷 （英國）赫胥黎撰　嚴復譯　清
光緒二十七年(1901)富文書局刻本　一冊

150000－0601－0004612　93274　子部/農家
類/生物之屬

吳京卿節本天演論一卷 （清）吳汝綸節編
清末排印本　一冊

150000－0601－0004613　93288　子部/農家
類/生物之屬

天演論書後一卷 （清）李春生撰　清光緒三
十三年(1907)福州美華書局排印本　一冊

150000－0601－0004614　100823　子部/工
藝類/日用器物之屬

陽羨茗壺系一卷 （明）周高起撰　**洞山岕茶
系一卷** （明）周高起撰　清光緒十四年
(1888)江陰金氏梧州刻粟香室叢書本　一冊

150000－0601－0004615　100876　子部/工
藝類/日用器物之屬

陽羨茗壺系一卷 （明）周高起撰　**洞山岕茶
系一卷** （明）周高起撰　**江陰李氏得月樓書
目摘錄一卷** （明）李鶚翀撰　清光緒十四年
(1888)江陰金氏梧州刻粟香室叢書本　一冊

150000－0601－0004616　879286　子部/工
藝類/日用器物之屬

古陶考釋一卷　黃釁因撰　抄本　一冊

150000－0601－0004617　98342　子部/工藝
類/文房器物之屬

文房肆考圖說八卷 （清）唐秉鈞纂　清乾隆
四十三年(1778)刻本　四冊

150000－0601－0004618　98807　子部/工藝
類/文房器物之屬

墨表一卷 （清）萬年少撰　松陵影刻紅印本
　一冊

150000－0601－0004619　100838　子部/工
藝類/文房器物之屬

論墨絕句詩一卷 （清）謝崧岱撰　清光緒十
九年(1893)湘鄉研經樹謝氏刻本　一冊

150000－0601－0004620　98801　子部/工藝
類/文房器物之屬

寶硯堂硯辨一卷 （清）何傳瑤撰　清道光十
七年(1837)刻本　一冊

150000－0601－0004621　100836　子部/工

藝類/文房器物之屬

端溪硯史三卷圖一卷　（清）吳蘭修撰　清道光三十年（1850）南海伍氏刻嶺南遺書本二冊

150000－0601－0004622　98802　子部/工藝類/文房器物之屬

端石擬三卷　（清）陳齡撰　清同治十二年（1873）刻本　一冊

150000－0601－0004623　99784　子部/工藝類/文房器物之屬

硯小史四卷　（清）朱棟編　清嘉慶五年（1800）刻本　二冊

150000－0601－0004624　49507　子部/工藝類/工業之屬

商部呈驗中西電化製造圖說二卷附卷一卷　清光緒三十一年（1905）孔顏樂處排印本一冊

150000－0601－0004625　90345　子部/工藝類/工業之屬

探礦取金六卷續編一卷附編一卷　（英國）密拉撰　（英國）舒高第譯　（清）汪振聲筆述清光緒三十年（1904）江南製造局譯書館刻本二冊

150000－0601－0004626　90330　子部/工藝類/工業之屬

煉金新語一卷圖一卷　（英國）奧斯吞撰（英國）舒高第　（清）鄭昌棪譯　清末排印本三冊

150000－0601－0004627　90329　子部/工藝類/工業之屬

銀礦指南一卷圖一卷　（美國）亞倫撰　（英國）傅蘭雅譯　（清）應祖錫筆述　清末江南製造總局刻本　一冊

150000－0601－0004628　90339　子部/工藝類/工業之屬

開煤要法十二卷　（英國）士密德輯　（英國）傅蘭雅口譯　（清）王德均筆述　清末刻本二冊

150000－0601－0004629　90341　子部/工藝類/工業之屬

開煤要法十二卷　（英國）士密德輯　（英國）傅蘭雅口譯　（清）王德均筆述　清末刻本二冊

150000－0601－0004630　20909　子部/工藝類/工業之屬

煉石編三卷首一卷　（英國）亨利黎特撰（英國）舒高第　（清）鄭昌棪譯　清末江南機器製造總局排印本　二冊

150000－0601－0004631　90343　子部/工藝類/工業之屬

煉石編三卷首一卷　（英國）亨利黎特撰（英國）舒高第　（清）鄭昌棪譯　清末江南機器製造總局排印本　二冊

150000－0601－0004632　90272　子部/工藝類/工業之屬

冶金錄三卷　（美國）阿發滿撰　（英國）傅蘭雅口譯　（清）趙元益筆述　清末刻本　一冊

150000－0601－0004633　20911　子部/工藝類/工業之屬

製屢金法二卷　（日本）橋本奇策撰　（清）王季點譯　清光緒二十七年（1901）上海製造局刻本　二冊

150000－0601－0004634　20871　子部/工藝類/工業之屬

船塢論略一卷圖一卷　（英國）傅蘭雅譯（清）鍾天緯筆述　清末江南製造局排印本一冊

150000－0601－0004635　90273　子部/工藝類/工業之屬

船塢論略一卷圖一卷　（英國）傅蘭雅譯（清）鍾天緯筆述　清末江南製造局排印本一冊

150000－0601－0004636　20921　子部/工藝類/工業之屬

鑄錢工藝三卷圖一卷　（英國）傅蘭雅譯（清）鍾天緯譯　清末排印本　二冊

150000－0601－0004637　20874　子部/工藝類/工業之屬

航海簡法四卷　(英國)那麗撰　(美國)金楷理口譯　(清)王德均筆述　清末上海江南機器製造總局刻暨排印本　二冊

150000－0601－0004638　90271　子部/工藝類/工業之屬

航海簡法四卷　(英國)那麗撰　(美國)金楷理口譯　(清)王德均筆述　清末上海江南機器製造總局刻暨排印本　一冊

150000－0601－0004639　20870　子部/工藝類/工業之屬

航海章程一卷　(美國)弗蘭克林撰　(清)鳳儀口譯　(清)徐家寶筆述　清末刻本　一冊

150000－0601－0004640　93845　子部/工藝類/工業之屬

測海繪圖全法八卷附一卷　(英國)華爾敦撰　(英國)傅蘭雅口譯　(清)趙元益筆述　清光緒二十五年(1899)江南製造局刻本　六冊

150000－0601－0004641　39943　子部/工藝類/工業之屬

日本製紙論一卷附圖一卷　(日本)吉井源太撰　沈紘譯　清末石印本　一冊

150000－0601－0004642　49502　子部/工藝類/工業之屬

工學一卷　(清)編譯處編　清末天津官報局排印本　一冊

150000－0601－0004643　39901　子部/工藝類/格致之屬

傅蘭雅叢書　(英國)傅蘭雅撰　清末刻本　二十四冊

150000－0601－0004644　765730　子部/工藝類/格致之屬

格致彙編(第一年)春一卷夏一卷秋一卷冬一卷　(英國)傅蘭雅輯　清光緒二年(1876)排印本　一冊

150000－0601－0004645　765746　子部/工藝類/格致之屬

格致彙編(第一年)春一卷　(英國)傅蘭雅輯　清光緒二年(1876)排印本　一冊

150000－0601－0004646　765731　子部/工藝類/格致之屬

格致彙編(第二年)春一卷夏一卷秋一卷冬一卷　(英國)傅蘭雅輯　清光緒三年(1877)排印本　一冊

150000－0601－0004647　765745　子部/工藝類/格致之屬

格致彙編(第四年九月)一卷　(英國)傅蘭雅輯　清光緒七年(1881)排印本　一冊

150000－0601－0004648　765732　子部/工藝類/格致之屬

格致彙編(第五年)春一卷夏一卷秋一卷冬一卷　(英國)傅蘭雅輯　清光緒十六年(1890)排印本　四冊

150000－0601－0004649　765736　子部/工藝類/格致之屬

格致彙編(第五年)春一卷夏一卷秋一卷冬一卷　(英國)傅蘭雅輯　清光緒十六年(1890)排印本　一冊

150000－0601－0004650　765737　子部/工藝類/格致之屬

格致彙編(第七年)春一卷夏一卷秋一卷冬一卷　(英國)傅蘭雅輯　清光緒十八年(1892)排印本　四冊

150000－0601－0004651　765744　子部/工藝類/格致之屬

格致彙編(第七年)春一卷夏一卷秋一卷冬一卷　(英國)傅蘭雅輯　清光緒十八年(1892)排印本　一冊

150000－0601－0004652　765740　子部/工藝類/格致之屬

格致彙編(第七年)秋一卷　(英國)傅蘭雅輯　清末排印本　一冊

150000－0601－0004653　765742　子部/工藝類/格致之屬

格致彙編一卷　(英國)傅蘭雅輯　清末排印

本 一冊

150000－0601－0004654　90267　子部/工藝
類/格致之屬/總論

格致古微六卷 （清）王仁俊撰　清光緒二十
二年（1896）吳縣王氏籒許廔刻本　二冊

150000－0601－0004655　11160　子部/工藝
類/格致之屬/總論

格物入門六卷 （美國）丁韙良撰　清同治七
年（1868）刻本　七冊

150000－0601－0004656　49501　子部/工藝
類/格致之屬/總論

格物啓蒙□□卷 （英國）司都藿纂 （美國）
林樂知 （清）鄭昌棪譯　清末石印本　一冊
存一卷（二）

150000－0601－0004657　20884　子部/工藝
類/格致之屬/總論

格致啓蒙四卷 （美國）林樂知 （清）鄭昌棪
譯　清末刻本　四冊

150000－0601－0004658　49509　子部/工藝
類/格致之屬/總論

格致總學啓蒙三卷　清光緒十二年（1886）總
稅務司署刻本　一冊

150000－0601－0004659　90266　子部/工藝
類/格致之屬/總論

格物小引一卷 （英國）赫胥黎撰 （英國）羅
亨利譯 （清）瞿昂來譯　清刻本　一冊

150000－0601－0004660　90269　子部/工藝
類/格致之屬/總論

博物新編三集 （英國）合信撰　清刻本
一冊

150000－0601－0004661　90270　子部/工藝
類/格致之屬/總論

物理推原一卷　清光緒二十二年（1896）上海
徐匯書館石印本　一冊

150000－0601－0004662　93753　子部/工藝
類/格致之屬/總論

夢湖樓外編一卷 （清）吳乃斌纂　清光緒二

十一年（1895）皖江寓廬刻本　一冊

150000－0601－0004663　103410　子部/工
藝類/格致之屬/總論

西學列表二卷 （比利時）赫師慎爾瞻撰　清
光緒二十九年（1903）鴻寶齋石印本　二冊

150000－0601－0004664　103094　子部/工
藝類/格致之屬/總論

泰西事物叢考八卷　上海徐匯報館教士譯
清光緒二十九年（1903）鴻寶齋石印本　八冊

150000－0601－0004665　49510　子部/工藝
類/格致之屬/總論

西學略述十卷 （英國）艾約瑟譯　清光緒十
二年（1886）總稅務司署刻本　一冊

150000－0601－0004666　99655　子部/工藝
類/格致之屬/總論

性學觕述八卷 （意大利）艾儒略撰　清同治
十二年（1873）上海慈母堂刻本　二冊

150000－0601－0004667　49717　子部/工藝
類/格致之屬/總論

西學大成十二編 （清）王西青等編　清光緒
二十一年（1895）上海醉六堂書坊石印本　十
二冊

150000－0601－0004668　49729　子部/工藝
類/格致之屬/總論

西學大成十二編 （清）王西青等編　清光緒
二十一年（1895）上海醉六堂書坊石印本　十
二冊

150000－0601－0004669　20891　子部/工藝
類/格致之屬/理化

物理學上編四卷中編四卷 （日本）飯盛挺造
編 （日本）藤田豐八譯　王季烈重編　清光
緒二十六年（1900）製造局刻本　八冊

150000－0601－0004670　49503　子部/工藝
類/格致之屬/理化

物理學一卷 （清）編譯處編纂　清末天津官
報局排印本　一冊

150000－0601－0004671　161240　子部/工

藝類/格致之屬/理化

重學二十卷 （英國）艾約瑟口譯 （清）李善蘭筆述 清同治五年（1866）刻本 五冊

150000－0601－0004672 97720 子部/工藝類/格致之屬/理化

光論一卷 （清）張福僖譯 清末江氏刻本 一冊

150000－0601－0004673 20913 子部/工藝類/格致之屬/理化

光學二卷附一卷 （英國）田大里輯 （德國）金楷理譯 （清）趙元益筆述 清同治九年（1870）江南機器製造總局刻本 二冊

150000－0601－0004674 20917 子部/工藝類/格致之屬/理化

物體遇熱改易說四卷 （英國）瓦特斯輯（英國）傅蘭雅口譯 （清）徐壽筆述 清光緒二十五年（1899）江南製造局刻本 二冊

150000－0601－0004675 49511 子部/工藝類/格致之屬/理化

化學啓蒙一卷 清光緒十二年（1886）總稅務司署刻本 一冊

150000－0601－0004676 49504 子部/工藝類/格致之屬/理化

化學啓蒙一卷 （英國）羅斯古纂 （美國）林樂知 （清）鄭昌棪譯 清末石印本 一冊

150000－0601－0004677 94300 子部/工藝類/格致之屬/理化

化學鑑原六卷 （英國）韋而司撰 （英國）傅蘭雅口譯 （清）徐壽筆述 清刻本 四冊

150000－0601－0004678 20923 子部/工藝類/格致之屬/理化

化學鑑原補編六卷附一卷 （英國）傅蘭雅口譯 （清）徐壽筆述 清末江南製造總局刻本 六冊

150000－0601－0004679 94304 子部/工藝類/格致之屬/理化

化學鑑原續編二十四卷 （英國）蒲陸田撰

（英國）傅蘭雅口譯 （清）徐壽筆述 清刻本 六冊

150000－0601－0004680 46894 子部/工藝類/格致之屬/地學

地理質學啓蒙七卷 清光緒十二年（1886）總稅務司署刻本 一冊

150000－0601－0004681 48870 子部/工藝類/格致之屬/地學

地志啓蒙四卷 清光緒十二年（1886）總稅務司署刻本 一冊

150000－0601－0004682 48871 子部/工藝類/格致之屬/地學

地學啓蒙七卷 清光緒十二年（1886）總稅務司署刻本 一冊

150000－0601－0004683 53558 子部/工藝類/格致之屬/地學

地文學一卷 （清）編譯處編纂 清末天津官報局排印本 一冊

150000－0601－0004684 103412 子部/工藝類/格致之屬/地學

地文學一卷 （清）編譯處編纂 清末山東印書局石印本 一冊

150000－0601－0004685 128993 子部/工藝類/格致之屬/地學

測繪章程一卷 清光緒十六年（1890）刻本 一冊

150000－0601－0004686 90333 子部/工藝類/格致之屬/地學

金石識別十二卷 （美國）代那撰 （美國）瑪高溫口述 （清）華蘅芳筆述 清末刻本 六冊

150000－0601－0004687 94906 子部/醫家類/醫經之屬

補注黃帝內經素問二十四卷 （唐）王冰撰 **素問遺篇一卷黃帝內經靈樞十二卷** 清光緒三年（1877）浙江書局刻本 十二冊

150000－0601－0004688 94846 子部/醫家

273

類/醫經之屬

黃帝內經素問注證發微九卷 （明）馬蒔撰
清刻本　六冊　存八卷(二至九)

150000－0601－0004706　9002　子部/醫家
類/醫經之屬

黃帝內經素問二十四卷 （明）吳崑纂注　明
萬曆三十七年(1609)刻本　八冊

150000－0601－0004707　96224　子部/醫家
類/醫經之屬

黃帝內經素問九卷 （清）高世杙注　清光緒
十三年(1887)浙江書局刻本　八冊

150000－0601－0004708　94918　子部/醫家
類/醫經之屬

黃帝素問宣明論方十五卷 （金）劉完素撰
明萬曆十三年(1585)金陵吳諫刻本　四冊

150000－0601－0004709　94944　子部/醫家
類/醫經之屬

黃帝內經素問校義一卷 （清）胡澍撰　清光
緒五年(1879)績溪胡氏世澤樓刻績溪胡氏叢
書本　一冊

150000－0601－0004710　96207　子部/醫家
類/醫經之屬

黃帝內經靈樞十二卷 清刻本　二冊

150000－0601－0004711　94946　子部/醫家
類/醫經之屬

新刊黃帝內經靈樞二十四卷 明末繡谷書林
周曰校刻本　一冊

150000－0601－0004712　48913　子部/醫家
類/醫經之屬

靈樞經九卷 （清）張志聰集注　清刻本
八冊

150000－0601－0004713　94968　子部/醫家
類/醫經之屬/難經

圖注八十一難經辨真四卷 （明）張世賢注
清刻本　二冊

150000－0601－0004714　95334　子部/醫家
類/醫經之屬/難經

圖注八十一難經辨真四卷 （明）張世賢注
脉訣附方一卷 （明）張世賢編　清刻本
二冊

150000－0601－0004715　95347　子部/醫家
類/醫經之屬/難經

圖注八十一難經辨真四卷 （明）張世賢注
脉訣附方一卷 （明）張世賢編　清刻本
二冊

150000－0601－0004716　95349　子部/醫家
類/醫經之屬/難經

圖注八十一難經辨真四卷 （明）張世賢注
脉訣附方一卷 （明）張世賢編　清刻本
二冊

150000－0601－0004717　94948　子部/醫家
類/醫經之屬/難經

圖注八十一難經辨真四卷 （明）張世賢注
脉訣附方一卷 （明）張世賢編　清刻本
二冊

150000－0601－0004718　94954　子部/醫家
類/醫經之屬/難經

圖注八十一難經辨真四卷 （明）張世賢注
圖注脉訣辨真四卷 （明）張世賢注　**瀕湖脉
學一卷奇經八脉考一卷** （明）李時珍輯　清
光緒九年(1883)刻本　五冊

150000－0601－0004719　94959　子部/醫家
類/醫經之屬/難經

圖注八十一難經辨真四卷 （明）張世賢注
圖注脉訣辨真四卷 （明）張世賢注　**脉訣附
方一卷** （明）張世賢編　清刻本　四冊

150000－0601－0004720　94963　子部/醫家
類/醫經之屬/難經

圖注八十一難經辨真四卷 （明）張世賢注
圖注脉訣辨真四卷 （明）張世賢注　**脉訣附
方一卷** （明）張世賢編　**瀕湖脉學一卷奇經
八脉考一卷** （明）李時珍輯　清刻本　五冊

150000－0601－0004721　48876　子部/醫家
類/醫經之屬/難經

難經經釋二卷 （清）徐大椿撰　清光緒四年

（1878）刻本　一冊

150000－0601－0004722　95661　子部/醫家類/基礎理論之屬

中藏經八卷附一卷　（漢）華佗撰　清光緒六年（1880）江左書林刻本　二冊

150000－0601－0004723　49043　子部/醫家類/基礎理論之屬

醫林改錯二卷　（清）王清任撰　清咸豐三年（1853）刻本　一冊

150000－0601－0004724　95665　子部/醫家類/基礎理論之屬

醫林改錯二卷　（清）王清任撰　清咸豐三年（1853）刻本　二冊

150000－0601－0004725　48982　子部/醫家類/基礎理論之屬

醫林改錯二卷　（清）王清任撰　清末刻本一冊

150000－0601－0004726　48894　子部/醫家類/基礎理論之屬

身理啓蒙十章　清光緒十二年（1886）總稅務司署刻本　一冊

150000－0601－0004727　54000　子部/醫家類/基礎理論之屬

全體學一卷　（清）編譯處編　清末天津官報局排印本　一冊

150000－0601－0004728　97471　子部/醫家類/基礎理論之屬

全體須知一卷　（英國）傅蘭雅撰　清光緒二十年（1894）刻本　一冊

150000－0601－0004729　95734　子部/醫家類/基礎理論之屬

重刊巢氏諸病源候總論五十卷　（隋）巢元方撰　清光緒元年（1875）湖北崇文書局刻本八冊

150000－0601－0004730　95726　子部/醫家類/基礎理論之屬

重刊巢氏諸病源候總論五十卷　（隋）巢元方

撰　清光緒十二年（1886）湖北官書處刻本八冊

150000－0601－0004731　148274　子部/醫家類/傷寒金匱之屬

仲景全書　（漢）張機撰　清光緒二十年（1894）成都鄧氏崇文齋刻本　十冊

150000－0601－0004732　95160　子部/醫家類/傷寒金匱之屬/傷寒論

注解傷寒論十卷圖一卷　（漢）張機撰　（晉）王叔和編　（金）成無己注　清同治九年（1870）刻本　四冊

150000－0601－0004733　49066　子部/醫家類/傷寒金匱之屬/傷寒論

尚論後篇四卷　（清）喻昌撰　清光緒二十六年（1900）老校經山房石印本　一冊

150000－0601－0004734　95164　子部/醫家類/傷寒金匱之屬/傷寒論

傷寒論注四卷　（清）柯琴撰　清刻本　四冊

150000－0601－0004735　95025　子部/醫家類/傷寒金匱之屬/傷寒論

傷寒論翼二卷　（清）柯琴撰　清刻本　一冊

150000－0601－0004736　95128　子部/醫家類/傷寒金匱之屬/傷寒論

傷寒論三注十六卷　（清）周揚俊輯　清光緒十三年（1887）刻本　八冊

150000－0601－0004737　95146　子部/醫家類/傷寒金匱之屬/傷寒論

張仲景傷寒論貫珠集八卷　（清）尤怡注　清嘉慶十五年（1810）二然朱陶性活字本　四冊

150000－0601－0004738　95150　子部/醫家類/傷寒金匱之屬/傷寒論

張仲景傷寒論貫珠集八卷　（清）尤怡注　清嘉慶十五年（1810）二然朱陶性活字本　四冊

150000－0601－0004739　95032　子部/醫家類/傷寒金匱之屬/傷寒論

增注類證活人書二十二卷　（宋）朱肱撰　明刻本　四冊

150000－0601－0004740　95040　子部/醫家類/傷寒金匱之屬/傷寒論

增注類證活人書二十二卷　（宋）朱肱撰　清光緒十年（1884）江南機器製造總局刻本　四冊

150000－0601－0004741　96305　子部/醫家類/傷寒金匱之屬/傷寒論

活人書二十卷　（宋）朱肱撰　清光緒二十三年（1897）刻本　六冊

150000－0601－0004742　95036　子部/醫家類/傷寒金匱之屬/傷寒論

增注類證活人書二十二卷　（宋）朱肱撰　刻本　四冊

150000－0601－0004743　95082　子部/醫家類/傷寒金匱之屬/傷寒論

傷寒明理論四卷　（金）成無己撰　**醫學發明一卷**　明末刻本　四冊

150000－0601－0004744　95086　子部/醫家類/傷寒金匱之屬/傷寒論

傷寒明理論四卷　（金）成無己撰　清刻本　二冊

150000－0601－0004745　95088　子部/醫家類/傷寒金匱之屬/傷寒論

傷寒明理論四卷　（金）成無己撰　清刻本　四冊

150000－0601－0004746　96641　子部/醫家類/傷寒金匱之屬/傷寒論

東垣先生此事難知集二卷　（元）王好古撰　明吳勉學刻本　一冊

150000－0601－0004747　95663　子部/醫家類/傷寒金匱之屬/傷寒論

海藏老人陰證略例一卷　（元）王好古撰　清刻本　一冊

150000－0601－0004748　95154　子部/醫家類/傷寒金匱之屬/傷寒論

陶節庵傷寒全生集四卷　（明）陶華撰　清眉壽堂刻本　四冊

150000－0601－0004749　95168　子部/醫家類/傷寒金匱之屬/傷寒論

傷寒補天石二卷續二卷　（明）戈維城撰　清汲綆齋刻本　四冊

150000－0601－0004750　162425　子部/醫家類/傷寒金匱之屬/傷寒論

傷寒大成　（清）張璐等撰　清金閶書業堂刻本　十冊

150000－0601－0004751　96601　子部/醫家類/傷寒金匱之屬/傷寒論

醫效秘傳三卷　（清）葉桂撰　**温病贅言一卷**　清道光十一年（1831）刻本　一冊

150000－0601－0004752　95026　子部/醫家類/傷寒金匱之屬/傷寒論

傷寒說意十卷首一卷　（清）黃元御撰　清燮龢精舍刻本　四冊

150000－0601－0004753　48893　子部/醫家類/傷寒金匱之屬/傷寒論

傷寒說意十卷首一卷　（清）黃元御撰　清光緒二十年（1894）上海圖書集成印書局排印本　一冊

150000－0601－0004754　48889　子部/醫家類/傷寒金匱之屬/傷寒論

傷寒懸解十四卷首一卷末一卷　（清）黃元御撰　清光緒二十年（1894）上海圖書集成印書局排印本　三冊

150000－0601－0004755　49062　子部/醫家類/傷寒金匱之屬/傷寒論

傷寒醫訣串解六卷　（清）陳念祖撰　清光緒十五年（1889）江左書林上海刻本　一冊

150000－0601－0004756　95549　子部/醫家類/傷寒金匱之屬/傷寒論

金鏡內臺方議十二卷　（明）許宏集　清乾隆五十九年（1794）心導樓刻本　四冊

150000－0601－0004757　95158　子部/醫家類/傷寒金匱之屬/傷寒論

傷寒附翼二卷　（清）柯琴撰　清刻本　二冊

150000－0601－0004758　95144　子部/醫家
類/傷寒金匱之屬/傷寒論

傷寒論類方一卷　（清）徐大椿編輯　清刻本
二冊

150000－0601－0004759　48874　子部/醫家
類/傷寒金匱之屬/傷寒論

傷寒論類方一卷　（清）徐大椿編輯　清末刻
本　一冊

150000－0601－0004760　49061　子部/醫家
類/傷寒金匱之屬/傷寒論

傷寒真方歌括六卷　（清）陳念祖撰　清光緒
十五年(1889)江左書林刻本　一冊

150000－0601－0004761　94988　子部/醫家
類/傷寒金匱之屬/金匱要略

金匱玉函經二注二十二卷補方一卷　（元）趙
以德衍義　（清）周揚俊補注　清道光十八年
(1838)刻本　八冊

150000－0601－0004762　95009　子部/醫家
類/傷寒金匱之屬/金匱要略

金匱要略方論本義二十二卷　（清）魏荔彤釋
義　清刻本　四冊

150000－0601－0004763　129168　子部/醫
家類/傷寒金匱之屬/金匱要略

金匱心典三卷　（漢）張機撰　（清）尤怡集注
清刻本　三冊

150000－0601－0004764　94996　子部/醫家
類/傷寒金匱之屬/金匱要略

金匱懸解二十二卷　（清）黃元御撰　清變穌
精舍刻本　四冊

150000－0601－0004765　48886　子部/醫家
類/傷寒金匱之屬/金匱要略

金匱懸解二十二卷　（清）黃元御撰　清光緒
二十年(1894)上海圖書集成印書局排印本
三冊

150000－0601－0004766　48950　子部/醫家
類/傷寒金匱之屬/金匱要略

金匱方歌括六卷　（清）陳念祖定　清刻本
一冊

150000－0601－0004767　95371　子部/醫家
類/傷寒金匱之屬/診法

四診抉微八卷　（清）林之翰撰　**管窺附餘一
卷**　（清）林之翰撰　清雍正四年(1726)刻本
四冊

150000－0601－0004768　95406　子部/醫家
類/傷寒金匱之屬/診法

脉經十卷　（晉）王叔和撰　清道光二十九年
(1849)刻本　四冊

150000－0601－0004769　95353　子部/醫家
類/傷寒金匱之屬/診法

脉經十卷　（晉）王叔和撰　清光緒十九年
(1893)景蘇園影刻本　四冊

150000－0601－0004770　95338　子部/醫家
類/傷寒金匱之屬/診法

醫燈續焰一卷　清抄本　一冊

150000－0601－0004771　95357　子部/醫家
類/傷寒金匱之屬/診法

脉訣彙辨十卷　（清）李延昰撰　清康熙六十
一年(1722)刻本　十冊

150000－0601－0004772　95343　子部/醫家
類/傷寒金匱之屬/診法

刪注脉訣規正二卷　（清）沈鏡刪注　清光緒
十七年(1891)金溪三讓堂刻本　二冊

150000－0601－0004773　95345　子部/醫家
類/傷寒金匱之屬/診法

刪注脉訣規正二卷　（清）沈鏡刪注　清刻本
二冊

150000－0601－0004774　95567　子部/醫家
類/傷寒金匱之屬/診法

診家正眼二卷　（明）李中梓撰　清刻本
一冊

150000－0601－0004775　95375　子部/醫家
類/傷寒金匱之屬/診法

學古診則四帙　（明）盧之頤撰　清乾隆三十
五年(1770)刻本　八冊

150000－0601－0004776　95339　子部/醫家

類/傷寒金匱之屬/診法

三指禪三卷 （清）周學霆撰　清同治十三年(1874)撫會堂刻本　四冊

150000－0601－0004777　95424　子部/醫家類/傷寒金匱之屬/診法

脉理存真三卷 （元）滑壽撰　清光緒二年(1876)刻本　二冊

150000－0601－0004778　48986　子部/醫家類/傷寒金匱之屬/診法

脉理求真三卷　清刻本　一冊

150000－0601－0004779　152345　子部/醫家類/傷寒金匱之屬/診法

脉學四種 （清）周學海撰　清光緒二十一年(1895)刻周氏醫學叢書本　八冊

150000－0601－0004780　156338　子部/醫家類/傷寒金匱之屬/診法

脉學四種 （清）周學海撰　清光緒二十一年(1895)刻周氏醫學叢書本　八冊

150000－0601－0004781　97099　子部/醫家類/針灸推拿之屬

針灸甲乙經十二卷 （晉）皇甫謐撰　（明）吳勉學校　明刻本　六冊

150000－0601－0004782　97105　子部/醫家類/針灸推拿之屬

針灸甲乙經十二卷 （晉）皇甫謐撰　（明）吳勉學校　明刻本　四冊　殘

150000－0601－0004783　97110　子部/醫家類/針灸推拿之屬

新鐫太醫院參訂徐氏針灸大全六卷 （明）徐鳳撰　銅人腧穴針灸圖經三卷　清刻本　四冊

150000－0601－0004784　97134　子部/醫家類/針灸推拿之屬

經絡全書一卷 （清）尤乘重輯　清汪錫碬抄本　一冊

150000－0601－0004785　97133　子部/醫家類/針灸推拿之屬

太乙神針一卷　清光緒四年(1878)南陽氏刻本　一冊

150000－0601－0004786　96784　子部/醫家類/針灸推拿之屬

新刻小兒推拿方脉活嬰秘旨全書三卷 （明）龔雲林撰　清三善堂刻本　二冊

150000－0601－0004787　96787　子部/醫家類/針灸推拿之屬

推拿廣義三卷 （清）熊應雄撰　清光緒十四年(1888)刻本　一冊

150000－0601－0004788　96788　子部/醫家類/針灸推拿之屬

推拿廣義三卷 （清）熊應雄撰　清刻本　二冊

150000－0601－0004789　48958　子部/醫家類/針灸推拿之屬

推拿廣義三卷 （清）熊應雄撰　清書業德刻本　二冊

150000－0601－0004790　95562　子部/醫家類/針灸推拿之屬

推拿廣義三卷 （清）熊應雄撰　清刻本　二冊

150000－0601－0004791　96786　子部/醫家類/針灸推拿之屬

小兒推拿廣義三卷首一卷 （清）熊應雄撰　清光緒三十三年(1907)上海醉經堂石印本　一冊

150000－0601－0004792　97352　子部/醫家類/針灸推拿之屬

理瀹駢文一卷略言一卷續增略言二卷 （清）吳師機撰　清同治三年(1864)刻本　四冊

150000－0601－0004793　95673　子部/醫家類/針灸推拿之屬

理瀹駢文一卷略言一卷續增略言二卷 （清）吳師機撰　清光緒五年(1879)刻本　四冊

150000－0601－0004794　95547　子部/醫家類/針灸推拿之屬

理瀹駢文摘要一卷　（清）吳師機撰　清光緒
三年(1877)吳縣潘敏德堂刻本　一冊

150000 - 0601 - 0004795　95546　子部/醫家
類/針灸推拿之屬

理瀹駢文摘要一卷　（清）吳師機撰　清光緒
十三年(1887)融經館刻本　一冊

150000 - 0601 - 0004796　95548　子部/醫家
類/針灸推拿之屬

理瀹駢文摘要一卷　（清）吳師機撰　清光緒
十三年(1887)融經館刻本　一冊

150000 - 0601 - 0004797　48877　子部/醫家
類/本草之屬

神農本草經百種錄一卷　（清）徐大椿撰　清
末刻本　一冊

150000 - 0601 - 0004798　48866　子部/醫家
類/本草之屬

神農本草經百種錄一卷　（清）徐大椿撰　清
末刻本　一冊

150000 - 0601 - 0004799　94800　子部/醫家
類/本草之屬

本經疏證十二卷　（清）鄒澍撰　本經續疏六
卷　（清）鄒澍撰　本經序疏要八卷　（清）鄒
澍撰　清道光二十九年(1849)刻本　十六冊

150000 - 0601 - 0004800　94816　子部/醫家
類/本草之屬

本經疏證十二卷　（清）鄒澍撰　本經續疏六
卷　（清）鄒澍撰　本經序疏要八卷　（清）鄒
澍撰　清道光二十九年(1849)刻本　十二冊

150000 - 0601 - 0004801　94726　子部/醫家
類/本草之屬

本草三家合注六卷　（清）郭汝聰集注　清刻
本　六冊

150000 - 0601 - 0004802　48867　子部/醫家
類/本草之屬

本草三家合注六卷　（清）郭汝聰集注　清刻
本　二冊

150000 - 0601 - 0004803　94722　子部/醫家

類/本草之屬

本草崇原集說三卷附錄一卷　（清）仲學輅撰
　清宣統二年(1910)刻本　四冊

150000 - 0601 - 0004804　94615　子部/醫家
類/本草之屬

經史證類大觀本草三十一卷　（宋）唐慎微撰
　清光緒三十年(1904)武昌柯氏影刻本　十
四冊

150000 - 0601 - 0004805　94720　子部/醫家
類/本草之屬

本草衍義二十卷　（宋）寇宗奭撰　清光緒三
年(1877)陸心源刻本　二冊

150000 - 0601 - 0004806　94786　子部/醫家
類/本草之屬

湯液本草三卷　（元）王好古撰　清刻本
八冊

150000 - 0601 - 0004807　94451　子部/醫家
類/本草之屬

本草綱目五十二卷圖三卷　（明）李時珍撰
瀕湖脉學一卷脉訣考證一卷奇經八脉考一卷
本草萬方針綫八卷　（清）蔡烈先輯　本草綱
目拾遺十卷　（清）趙學敏撰　清乾隆四十九
年(1784)金閶書業堂刻本　四十八冊

150000 - 0601 - 0004808　94318　子部/醫家
類/本草之屬

本草綱目五十二卷圖三卷　（明）李時珍撰
瀕湖脉學一卷脉訣考證一卷奇經八脉考一卷
本草萬方針綫八卷　（清）蔡烈先輯　本草綱
目拾遺十卷　（清）趙學敏撰　清光緒十一年
(1885)合肥張氏味古齋刻本　四十冊

150000 - 0601 - 0004809　94358　子部/醫家
類/本草之屬

本草綱目五十二卷圖三卷　（明）李時珍撰
瀕湖脉學一卷脉訣考證一卷奇經八脉考一卷
本草萬方針綫八卷　（清）蔡烈先輯　本草綱
目拾遺十卷　（清）趙學敏撰　清同人堂刻本
五十冊

150000 - 0601 - 0004810　94509　子部/醫家

類/本草之屬

本草綱目五十二卷圖三卷 （明）李時珍撰

瀕湖脉學一卷脉訣考證一卷奇經八脉考一卷

本草萬方針綫八卷 （清）蔡烈先輯 清刻本
五十冊

150000－0601－0004811 94408 子部/醫家
類/本草之屬

本草綱目五十二卷圖三卷 （明）李時珍撰
清書業堂刻本 四十三冊

150000－0601－0004812 94748 子部/醫家
類/本草之屬

本草原始十二卷 （明）李中立撰 清道光二
十四年(1844)信元堂刻本 四冊

150000－0601－0004813 94613 子部/醫家
類/本草之屬

本草備要八卷 清道光二十五年(1845)瓶花
書屋刻本 二冊

150000－0601－0004814 48983 子部/醫家
類/本草之屬

增訂本草備要四卷 （清）汪昂撰 清光緒七
年(1881)刻本 二冊

150000－0601－0004815 48954 子部/醫家
類/本草之屬

增訂本草備要四卷 （清）汪昂撰 清刻本
四冊

150000－0601－0004816 94840 子部/醫家
類/本草之屬

本草逢原四卷 （清）張璐撰 清嘉慶六年
(1801)刻本 六冊

150000－0601－0004817 48892 子部/醫家
類/本草之屬

長沙藥解四卷 （清）黃元御撰 清光緒二十
年(1894)上海圖書集成印書局排印本 一冊

150000－0601－0004818 94639 子部/醫家
類/本草之屬

本草從新十八卷 （清）吳儀洛撰 清同治九
年(1870)瓶花書屋刻本 四冊

150000－0601－0004819 94629 子部/醫家
類/本草之屬

本草從新十八卷 （清）吳儀洛撰 清光緒二
十年(1894)刻本 六冊

150000－0601－0004820 94635 子部/醫家
類/本草之屬

本草從新十八卷 （清）吳儀洛撰 清刻吳氏
醫學述本 四冊

150000－0601－0004821 94559 子部/醫家
類/本草之屬

本草綱目拾遺十卷正誤一卷 （清）趙學敏撰
清同治十年(1871)吉心堂刻本 十冊

150000－0601－0004822 94774 子部/醫家
類/本草之屬

本草求真十二卷圖一卷 （清）黃宮綉撰 清
刻本 十二冊

150000－0601－0004823 94607 子部/醫家
類/本草之屬

本草輯要六卷 （清）林玉友撰 清道光十一
年(1831)刻本 六冊

150000－0601－0004824 94700 子部/醫家
類/本草之屬

本草述鈎元三十二卷 （清）楊時泰輯 清同
治十一年(1872)活字本 十冊

150000－0601－0004825 94718 子部/醫家
類/本草之屬

本草分經一卷 （清）姚瀾編 清光緒十五年
(1889)刻本 二冊

150000－0601－0004826 94796 子部/醫家
類/本草之屬

本草思辨錄四卷首一卷 （清）周巖撰 清光
緒三十年(1904)山陰周氏微尚室刻本 四冊

150000－0601－0004827 95687 子部/醫家
類/本草之屬

珍珠囊指掌補遺藥性賦四卷 （金）李杲編

雷公炮製藥性解六卷 （明）李中梓編 清乾
隆四十一年(1776)刻本 六冊

150000－0601－0004828　95556　子部/醫家類/本草之屬

珍珠囊指掌補遺藥性賦四卷　（金）李杲編
雷公炮製藥性解六卷　（明）李中梓編　清上海文淵山房刻本　四冊

150000－0601－0004829　95693　子部/醫家類/本草之屬

珍珠囊指掌補遺藥性賦四卷　（金）李杲編
雷公炮製藥性解六卷　（明）李中梓編　清光緒三十三年（1907）錦文堂石印本　二冊

150000－0601－0004830　95695　子部/醫家類/本草之屬

珍珠囊指掌補遺藥性賦四卷　（金）李杲編
雷公炮製藥性解六卷　（明）李中梓編　清光緒三十三年（1907）錦文堂石印本　二冊

150000－0601－0004831　95697　子部/醫家類/本草之屬

珍珠囊指掌補遺藥性賦四卷　（金）李杲編
雷公炮製藥性解六卷　（明）李中梓編　清光緒三十三年（1907）錦文堂石印本　二冊

150000－0601－0004832　95582　子部/醫家類/本草之屬

藥能一卷　清同治三年（1864）抄本　一冊

150000－0601－0004833　95776　子部/醫家類/本草之屬

西藥略釋四卷　（清）孔繼良撰譯　清光緒十二年（1886）刻本　四冊

150000－0601－0004834　95683　子部/醫家類/本草之屬

增補珍珠囊藥性全書十卷　清刻本　四冊

150000－0601－0004835　48864　子部/醫家類/本草之屬

太醫院增補珍珠囊藥性賦直解一卷　清刻本　一冊

150000－0601－0004836　94744　子部/醫家類/本草之屬

本草詩箋十卷　（清）朱鑰撰　清乾隆二十二年（1757）刻本　四冊

150000－0601－0004837　94740　子部/醫家類/本草之屬

本草便讀二卷又二卷　（清）張秉成集選　清光緒二十二年（1896）毗陵張氏刻本　四冊

150000－0601－0004838　48878　子部/醫家類/本草之屬

食物本草會纂十二卷圖十卷　（清）沈李龍纂輯　清乾隆四十八年（1783）刻本　六冊

150000－0601－0004839　49024　子部/醫家類/本草之屬

食物本草會纂十二卷圖十卷　（清）沈李龍纂輯　清乾隆四十八年（1783）刻本　八冊

150000－0601－0004840　94732　子部/醫家類/本草之屬

食物本草會纂十二卷圖十卷　（清）沈李龍纂輯　清乾隆四十八年（1783）刻本　八冊

150000－0601－0004841　96037　子部/醫家類/方劑之屬

千金翼方三十卷　（唐）孫思邈撰　清光緒三十四年（1908）上海久敬齋書莊排印本　六冊

150000－0601－0004842　96402　子部/醫家類/方劑之屬

唐王燾先生外臺秘要方四十卷　（唐）王燾撰　明崇禎十三年（1640）程衍道經餘居刻本　二十四冊

150000－0601－0004843　96426　子部/醫家類/方劑之屬

唐王燾先生外臺秘要四十卷　（唐）王燾撰　清光緒二十四年（1898）圖書集成印書局排印本　十六冊

150000－0601－0004844　96069　子部/醫家類/方劑之屬

蘇沈內翰良方十卷　（宋）蘇軾　（宋）沈括撰　加減靈秘十八方一卷　（清）胡嗣廉纂　清刻本　四冊

150000－0601－0004845　96043　子部/醫家類/方劑之屬

類證普濟本事方十卷　（宋）許叔微撰　（清）

葉桂釋義　清刻本　六冊

150000－0601－0004846　95756　子部/醫家類/方劑之屬

醫方考八卷　（明）吳崑撰　明萬曆十四年(1586)刻本　五冊

150000－0601－0004847　48865　子部/醫家類/方劑之屬

醫方捷徑指南全書二卷　（明）王宗顯輯　清光緒十八年(1892)四和堂刻本　一冊

150000－0601－0004848　49064　子部/醫家類/方劑之屬

醫方捷徑指南全書二卷　（明）王宗顯輯　清務本堂刻本　二冊

150000－0601－0004849　96107　子部/醫家類/方劑之屬

醫方集解一卷　（清）汪昂撰　清光緒十三年(1887)姑蘇掃葉山房刻本　五冊

150000－0601－0004850　95767　子部/醫家類/方劑之屬

醫方集解□□卷　（清）汪昂撰　清刻本　三冊　殘

150000－0601－0004851　95921　子部/醫家類/方劑之屬

孫真人千金方衍義三十卷　（清）張璐撰　清嘉慶五年(1800)掃葉山房刻本　二十冊

150000－0601－0004852　95743　子部/醫家類/方劑之屬

絳雪園古方選注一卷　（清）王子接注　清掃葉山房刻本　四冊

150000－0601－0004853　96057　子部/醫家類/方劑之屬

絳雪園古方選注一卷　（清）王子接注　清掃葉山房刻本　四冊

150000－0601－0004854　96232　子部/醫家類/方劑之屬

醫林纂要探源十卷附錄一卷　（清）汪紱輯　清光緒二十三年(1897)江蘇書局刻本　十冊

150000－0601－0004855　96242　子部/醫家類/方劑之屬

醫林纂要探源十卷附錄一卷　（清）汪紱輯　清光緒二十三年(1897)江蘇書局刻本　十冊

150000－0601－0004856　96103　子部/醫家類/方劑之屬

吳氏醫學述第四種成方切用十二卷首一卷末一卷　（清）吳儀洛輯　清乾隆二十六年(1761)刻本　四冊

150000－0601－0004857　96177　子部/醫家類/方劑之屬

景岳新方砭四卷　（清）陳念祖撰　清光緒三年(1877)葛元煦刻本　四冊

150000－0601－0004858　49056　子部/醫家類/方劑之屬

景岳新方砭四卷　（清）陳念祖撰　清光緒十五年(1889)江左書林刻本　二冊

150000－0601－0004859　95647　子部/醫家類/方劑之屬

醫方論四卷　（清）費伯雄撰　清光緒三年(1877)刻本　二冊

150000－0601－0004860　97350　子部/醫家類/方劑之屬

醫方論四卷　（清）費伯雄撰　清光緒三年(1877)刻本　二冊

150000－0601－0004861　96374　子部/醫家類/方劑之屬

不知醫必要四卷　（清）梁廉夫撰　清光緒七年(1881)桂林蔣存遠刻本　十二冊

150000－0601－0004862　95542　子部/醫家類/方劑之屬

重校舊本湯頭歌訣一卷　（清）汪昂編輯　**重校舊本經絡歌訣一卷**　（清）汪昂編輯　清光緒二十九年(1903)觀瀾閣書局石印本　一冊

150000－0601－0004863　95541　子部/醫家類/方劑之屬

醫方湯頭歌訣一卷　（清）汪昂編輯　清光緒三十年(1904)上海章福記書局石印本　一冊

150000－0601－0004864　95793　子部/醫家類/方劑之屬

時方歌括二卷　（清）陳念祖撰　清光緒十五年(1889)江左書林刻本　二冊

150000－0601－0004865　95886　子部/醫家類/方劑之屬

奇方類編二卷　（清）吳半千輯　清康熙五十八年(1719)鄂奇善刻本　四冊

150000－0601－0004866　96181　子部/醫家類/方劑之屬

同壽錄四卷尾一卷　清嘉慶二十一年(1816)刻本　十冊

150000－0601－0004867　95677　子部/醫家類/方劑之屬

回生集二卷　（清）陳杰集　清乾隆五十四年(1789)刻本　四冊

150000－0601－0004868　96132　子部/醫家類/方劑之屬

增輯普濟應驗良方八卷達生篇一卷福幼篇一卷痘證經驗遂生編一卷時疫白喉捷要一卷　清光緒二十一年(1895)刻本　一冊

150000－0601－0004869　96061　子部/醫家類/方劑之屬

驗方摘要三集　（清）史達善輯　清刻本八冊

150000－0601－0004870　49063　子部/醫家類/方劑之屬

急救經驗良方一卷　（清）陳念祖評　清光緒十四年(1888)上洋彩衣街掃葉山房北市江左書林刻本　一冊

150000－0601－0004871　95816　子部/醫家類/方劑之屬

小蓬萊山館方鈔二卷　（清）竹林寺僧撰　清道光十七年(1837)刻本　二冊

150000－0601－0004872　96137　子部/醫家類/方劑之屬

四科簡效方四集　（清）王士雄撰　清光緒十一年(1885)越州徐氏刻本　四冊

150000－0601－0004873　156493　子部/醫家類/方劑之屬

良方集腋二卷　（清）謝元慶編　良方合璧二卷附錄一卷　（清）謝元慶編　婦嬰至寶六卷　清光緒八年(1882)刻本　五冊

150000－0601－0004874　96191　子部/醫家類/方劑之屬

驗方新編二十四卷　（清）鮑相璈編輯　清刻光緒四年(1878)撫浙使者梅增刻本　十六冊

150000－0601－0004875　95765　子部/醫家類/方劑之屬

驗方新編十八卷　清光緒二十三年(1897)上海廣百宋齋排印本　一冊

150000－0601－0004876　96049　子部/醫家類/方劑之屬

醫方易簡新編六卷　（清）龔自璋輯　清咸豐四年(1854)刻本　四冊

150000－0601－0004877　95766　子部/醫家類/方劑之屬

行軍方便便方三卷　（清）羅世瑤撰　清咸豐二年(1852)刻本　一冊

150000－0601－0004878　96097　子部/醫家類/方劑之屬

易簡方便醫書六卷　（清）周茂五輯　清咸豐十一年(1861)刻本　六冊

150000－0601－0004879　95747　子部/醫家類/方劑之屬

救急驗方一卷　（清）吏隱山房主人輯　清同治十二年(1873)刻本　一冊

150000－0601－0004880　95753　子部/醫家類/方劑之屬

信驗良方一卷眼科摘要一卷　清光緒十年(1884)抄本　一冊

150000－0601－0004881　94713　子部/醫家類/方劑之屬

本草萬方針綫八卷　（清）蔡烈先撰　清金閶書業堂刻本　五冊

150000－0601－0004882　95836　子部/醫家類/方劑之屬

古今名醫萬方類編三十二卷　（清）曹繩彥輯　清光緒三十年（1904）南洋中西醫學會社刻本　三十二冊

150000－0601－0004883　95876　子部/醫家類/方劑之屬

萬方類纂六集　（清）宋穆輯　清嘉慶二十二年（1817）刻本　六冊

150000－0601－0004884　49044　子部/醫家類/方劑之屬

同仁堂虔修諸門應症丸散膏丹一卷　清光緒十五年（1889）京都同仁堂刻本　一冊

150000－0601－0004885　95798　子部/醫家類/方劑之屬

同仁堂虔修諸門應症丸散膏丹一卷　清光緒十五年（1889）京都同仁堂刻本　一冊

150000－0601－0004886　95799　子部/醫家類/方劑之屬

同仁堂虔修諸門應症丸散膏丹一卷　清光緒十五年（1889）京都同仁堂刻本　一冊

150000－0601－0004887　95800　子部/醫家類/方劑之屬

同仁堂虔修諸門應症丸散膏丹一卷　清光緒十五年（1889）京都同仁堂刻本　一冊

150000－0601－0004888　95802　子部/醫家類/方劑之屬

同仁堂虔修諸門應症丸散膏丹一卷　清光緒十五年（1889）京都同仁堂刻本　一冊

150000－0601－0004889　95803　子部/醫家類/方劑之屬

同仁堂虔修諸門應症丸散膏丹一卷　清光緒十五年（1889）京都同仁堂刻本　一冊

150000－0601－0004890　95801　子部/醫家類/方劑之屬

藥目一卷　清刻本　一冊

150000－0601－0004891　48951　子部/醫家類/方劑之屬

濟生堂虔修諸門應症丸散一卷　（清）濟生堂主人編　清同治十一年（1872）刻本　二冊

150000－0601－0004892　95811　子部/醫家類/方劑之屬

胡慶餘堂丸散膏丹全集一卷　（清）胡光墉編　清光緒三年（1877）胡慶餘堂雪記刻本　一冊

150000－0601－0004893　95797　子部/醫家類/方劑之屬

普太和號揀選上藥精製各項蠟丸一卷　（清）普太和編　清光緒十八年（1892）廣東普太和藥房排印本　一冊

150000－0601－0004894　48953　子部/醫家類/方劑之屬

西近仁堂虔修諸門應症丸散一卷　清刻本　一冊

150000－0601－0004895　96317　子部/醫家類/臨證各科之屬/臨證綜合

扁鵲心書三卷　（戰國）秦越人撰　**扁鵲心書神方一卷**　（戰國）秦越人撰　清刻本　四冊

150000－0601－0004896　95241　子部/醫家類/臨證各科之屬/臨證綜合

儒門事親十五卷　（宋）張從正撰　明步月樓刻本　四冊

150000－0601－0004897　95245　子部/醫家類/臨證各科之屬/臨證綜合

儒門事親十五卷　（宋）張從正撰　明步月樓刻本　五冊

150000－0601－0004898　839705　子部/醫家類/臨證各科之屬/臨證綜合

儒門事親十五卷　（宋）張從正撰　明刻本　八冊

150000－0601－0004899　48810　子部/醫家類/臨證各科之屬/臨證綜合

玉機微義五十卷　（明）徐彥純撰　（明）劉純續增　清刻本　十二冊

150000－0601－0004900　142467　子部/醫家類/臨證各科之屬/臨證綜合

丹溪心法附餘二十四卷首一卷　（明）方廣輯　清福建寶章堂刻本　二十冊

150000－0601－0004901　96311　子部/醫家類/臨證各科之屬/臨證綜合

訂補明醫指掌十卷　（明）皇甫中撰　（明）王肯堂訂補　明末刻本　六冊

150000－0601－0004902　95641　子部/醫家類/臨證各科之屬/臨證綜合

醫林繩墨大全九卷　（明）方穀撰　清康熙十六年(1677)向山堂刻本　四冊

150000－0601－0004903　96624　子部/醫家類/臨證各科之屬/臨證綜合

新刊萬病回春原本八卷　（明）龔廷賢編　清乾隆七年(1742)刻本　七冊

150000－0601－0004904　96481　子部/醫家類/臨證各科之屬/臨證綜合

新刊萬病回春原本八卷　（明）龔廷賢編　清同治九年(1870)刻本　八冊

150000－0601－0004905　96618　子部/醫家類/臨證各科之屬/臨證綜合

新刊增補萬病回春原本八卷　（明）龔廷賢編　清刻本　六冊

150000－0601－0004906　49045　子部/醫家類/臨證各科之屬/臨證綜合

新刊醫林狀元壽世保元十卷　（明）龔廷賢撰　清光緒十四年(1888)刻本　十冊

150000－0601－0004907　49033　子部/醫家類/臨證各科之屬/臨證綜合

新刊醫林狀元壽世保元十卷　（明）龔廷賢撰　清刻本　十冊

150000－0601－0004908　95618　子部/醫家類/臨證各科之屬/臨證綜合

丹臺玉案六卷　（明）孫文胤撰　明刻本　六冊

150000－0601－0004909　96277　子部/醫家

類/臨證各科之屬/臨證綜合

醫鏡十二卷　（明）王肯堂撰　清抄本　十二冊

150000－0601－0004910　97513　子部/醫家類/臨證各科之屬/臨證綜合

醫門法律六卷　（清）喻昌撰　清光緒二十年(1894)上海圖書集成印書局排印本　一冊

150000－0601－0004911　48988　子部/醫家類/臨證各科之屬/臨證綜合

醫門法律六卷　（清）喻昌撰　**尚論二卷首一卷後四卷**　（清）喻昌撰　**寓意草一卷**　（清）喻昌撰　清同文堂刻本　十二冊

150000－0601－0004912　96330　子部/醫家類/臨證各科之屬/臨證綜合

醫宗說約四卷　（清）蔣示吉撰　清文奎堂刻本　六冊

150000－0601－0004913　96475　子部/醫家類/臨證各科之屬/臨證綜合

石室秘錄六卷　（清）陳士鐸撰　清刻本　六冊

150000－0601－0004914　99733　子部/醫家類/臨證各科之屬/臨證綜合

辯證錄十四卷　（清）陳士鐸撰　**洞垣全書脉闡微一卷胎産秘書二卷**　清光緒三十年(1904)刻本　十六冊

150000－0601－0004915　160100　子部/醫家類/臨證各科之屬/臨證綜合

男科二卷　（清）傅山撰　清光緒十三年(1887)湖北官書處刻本　二冊

150000－0601－0004916　96442　子部/醫家類/臨證各科之屬/臨證綜合

男科二卷　（清）傅山撰　**女科補遺一卷**　（清）傅山撰　清光緒七年(1881)刻本　二冊

150000－0601－0004917　48872　子部/醫家類/臨證各科之屬/臨證綜合

男科二卷　（清）傅山撰　**女科補遺一卷**　（清）傅山撰　清光緒十年(1884)刻本　二冊

150000－0601－0004918　48976　子部/醫家類/臨證各科之屬/臨證綜合

男科二卷　（清）傅山撰　女科補遺一卷（清）傅山撰　清光緒十年(1884)刻本　二冊

150000－0601－0004919　96766　子部/醫家類/臨證各科之屬/臨證綜合

傅青主男科二卷　（清）傅山撰　傅青主女科二卷　（清）傅山撰　傅青主女科產後編二卷　（清）傅山撰　清光緒三十三年(1907)上海書局石印本　二冊

150000－0601－0004920　96252　子部/醫家類/臨證各科之屬/臨證綜合

張氏醫通十六卷　（清）張璐纂述　清康熙四十八年(1709)寶翰樓刻本　十四冊

150000－0601－0004921　95214　子部/醫家類/臨證各科之屬/臨證綜合

醫家心法一卷　（清）高鼓峰撰　（清）胡珽評　清雍正三年(1725)刻本　一冊

150000－0601－0004922　95229　子部/醫家類/臨證各科之屬/臨證綜合

醫學心悟五卷　（清）程國彭撰　清乾隆五十六年(1791)書粟軒刻本　四冊

150000－0601－0004923　96133　子部/醫家類/臨證各科之屬/臨證綜合

增刪醫方一盤珠全集十卷首一卷　（清）洪金鼎撰　清同治三年(1864)恒盛堂刻本　四冊

150000－0601－0004924　48885　子部/醫家類/臨證各科之屬/臨證綜合

四聖懸樞五卷　（清）黃元御撰　清光緒二十年(1894)上海圖書集成印書局排印本　一冊

150000－0601－0004925　95250　子部/醫家類/臨證各科之屬/臨證綜合

蘭臺軌範六卷　（清）徐大椿撰　清乾隆二十九年(1764)刻本　三冊

150000－0601－0004926　96516　子部/醫家類/臨證各科之屬/臨證綜合

醫醫偶錄二卷　（清）陳念祖撰　清蜀川蓬萊友善堂刻本　二冊

150000－0601－0004927　95681　子部/醫家類/臨證各科之屬/臨證綜合

醫學三字經四卷　（清）陳念祖撰　清光緒十五年(1889)孫溪逸士刻本　二冊

150000－0601－0004928　96489　子部/醫家類/臨證各科之屬/臨證綜合

醫徹四卷　（清）懷遠撰　清道光十年(1830)刻本　二冊

150000－0601－0004929　48949　子部/醫家類/臨證各科之屬/臨證綜合

醫學實在易八卷　（清）陳念祖撰　清咸豐五年(1855)重慶閏書業堂刻本　一冊

150000－0601－0004930　96325　子部/醫家類/臨證各科之屬/臨證綜合

醫學實在易八卷　（清）陳念祖撰　清光緒三十三年(1907)巴蜀善成堂刻本　四冊

150000－0601－0004931　95224　子部/醫家類/臨證各科之屬/臨證綜合

醫宗備要三卷　（清）曾鼎撰　清同治八年(1869)刻本　三冊

150000－0601－0004932　96358　子部/醫家類/臨證各科之屬/臨證綜合

醫學從眾八卷　（清）陳念祖撰　清道光二十五年(1845)刻本　四冊

150000－0601－0004933　96348　子部/醫家類/臨證各科之屬/臨證綜合

類證治裁八卷首一卷附一卷　（清）林佩琴撰　刻本　十冊

150000－0601－0004934　96268　子部/醫家類/臨證各科之屬/臨證綜合

醫學金針八卷　（清）陳念祖撰　（清）潘霨增輯　清光緒三年(1877)刻本　四冊

150000－0601－0004935　96593　子部/醫家類/臨證各科之屬/臨證綜合

醫門補要三卷附載一卷　（清）趙濂撰　清光緒九年(1883)刻本　四冊

150000－0601－0004936　96173　子部/醫家

類/臨證各科之屬/臨證綜合

醫方簡義六卷 （清）王清源撰　清光緒九年（1883）刻本　四冊

150000－0601－0004937　95583　子部/醫家類/臨證各科之屬/臨證綜合

醫門小學本草快讀貫注四卷首一卷末一卷 （清）趙亮采撰　清光緒十三年（1887）鹿門慎業齋刻本　四冊

150000－0601－0004938　96301　子部/醫家類/臨證各科之屬/臨證綜合

簡易醫訣四卷 （清）周雲章撰　清宣統元年（1909）刻本　四冊

150000－0601－0004939　95669　子部/醫家類/臨證各科之屬/臨證綜合

醫學篇首卷四卷二卷四卷 （清）曾懿撰　清光緒三十三年（1907）長沙刻本　二冊

150000－0601－0004940　95233　子部/醫家類/臨證各科之屬/臨證綜合

醫學四言發蒙解惑三卷 （清）方崟運撰　清光緒二十八年（1902）刻本　四冊

150000－0601－0004941　95470　子部/醫家類/臨證各科之屬/溫病

溫病條辨六卷首一卷 （清）吳瑭撰　清粵東惠濟倉刻本　四冊

150000－0601－0004942　95474　子部/醫家類/臨證各科之屬/溫病

溫病條辨六卷首一卷 （清）吳瑭撰　（清）朱武曹點評　清寧波群玉山房刻本　四冊

150000－0601－0004943　95466　子部/醫家類/臨證各科之屬/溫病

溫熱經緯五卷 （清）王士雄撰　（清）楊照藜（清）汪曰楨評　清同治十三年（1874）湖北崇文書局刻本　四冊

150000－0601－0004944　95490　子部/醫家類/臨證各科之屬/溫病

溫熱經緯五卷 （清）王士雄撰　（清）楊照藜（清）汪曰楨評　清光緒二十九年（1903）刻本　四冊

150000－0601－0004945　95498　子部/醫家類/臨證各科之屬/溫病

廣溫疫論四卷 （清）戴天章撰　清道光八年（1828）刻本　二冊

150000－0601－0004946　95607　子部/醫家類/臨證各科之屬/溫病

廣溫疫論四卷末一卷附刻一卷 （清）戴天章撰　天津金鉞刻本　二冊

150000－0601－0004947　95464　子部/醫家類/臨證各科之屬/溫病

溫毒病論一卷 （清）邵登瀛編　清嘉慶二十年（1815）刻本　二冊

150000－0601－0004948　162539　子部/醫家類/臨證各科之屬/溫病

傳症彙編 （清）熊立品撰　清乾隆四十二年（1777）刻本　六冊

150000－0601－0004949　95603　子部/醫家類/臨證各科之屬/溫病

補注瘟疫論四卷 （明）吳有性撰　（清）洪天錫補注　（清）尚友山人補注　清咸豐四年（1854）刻本　四冊

150000－0601－0004950　95478　子部/醫家類/臨證各科之屬/溫病

瘟疫條辨摘要一卷 （清）陳良佐晰義　（清）楊璿條辨　（清）魯田集錄　清光緒十一年（1885）刻本　二冊

150000－0601－0004951　95599　子部/醫家類/臨證各科之屬/溫病

痢證匯參十卷 （清）吳道源纂輯　清乾隆三十八年（1773）刻本　四冊

150000－0601－0004952　95752　子部/醫家類/臨證各科之屬/溫病

橄欖治痢奇驗方一卷 （清）陳熊撰　清光緒十九年（1893）刻本　一冊

150000－0601－0004953　96894　子部/醫家類/臨證各科之屬/溫病

痧脹玉衡書三卷後一卷 （清）郭志邃撰　清康熙十七年（1678）刻本　四冊

150000－0601－0004954　95508　子部/醫家類/臨證各科之屬/溫病

痧脹玉衡書三卷後一卷　（清）郭志邃撰　清刻本　一冊

150000－0601－0004955　96960　子部/醫家類/臨證各科之屬/溫病

吊腳急痧方論一卷　（清）徐子默定　仙傳白喉治法忌表抉微一卷　（清）耐修子錄　清光緒二十七年(1901)上海圖書集成印書局排印本　一冊

150000－0601－0004956　96606　子部/醫家類/臨證各科之屬/溫病

經驗瘟痧新編二卷　（清）韓凌霄撰　清宣統三年(1911)排印本　二冊

150000－0601－0004957　97487　子部/醫家類/臨證各科之屬/溫病

鼠疫約編一卷　（清）吳宣崇撰　羅汝蘭增輯　清光緒二十八年(1902)雙江袖海廬刻本　一冊

150000－0601－0004958　97488　子部/醫家類/臨證各科之屬/溫病

鼠疫良方彙編一卷　清宣統二年(1910)上海中國公立醫院排印本　一冊

150000－0601－0004959　95367　子部/醫家類/臨證各科之屬/內科

丹溪朱氏脉因證治二卷　（元）朱震亨撰（清）湯望久校輯　清乾隆四十年(1775)刻本　四冊

150000－0601－0004960　96492　子部/醫家類/臨證各科之屬/內科

證治彙補八卷　（清）李用粹撰　清光緒九年(1883)刻本　八冊

150000－0601－0004961　96500　子部/醫家類/臨證各科之屬/內科

證治彙補八卷　（清）李用粹撰　清光緒十八年(1892)簡玉山房刻本　八冊

150000－0601－0004962　95592　子部/醫家類/臨證各科之屬/內科

活人方彙編七卷　（清）林開燧編　清同治八年(1869)刻本　七冊

150000－0601－0004963　96512　子部/醫家類/臨證各科之屬/內科

醫醇賸義四卷　（清）費伯雄撰　清光緒三年(1877)刻本　四冊

150000－0601－0004964　96545　子部/醫家類/臨證各科之屬/內科

內科新說二卷　（英國）合信氏著　（清）管茂材撰　清咸豐八年(1858)刻本　二冊

150000－0601－0004965　96539　子部/醫家類/臨證各科之屬/內科

內科理法前編六卷後編六卷　（英國）虎伯撰（英國）舒高第口譯　（清）趙元益筆述　清末江南製造總局刻本　六冊

150000－0601－0004966　95664　子部/醫家類/臨證各科之屬/內科

慎柔五書五卷　（明）釋住想撰　（清）周學海評注　清刻本　一冊

150000－0601－0004967　95805　子部/醫家類/臨證各科之屬/內科

驅蠱燃犀錄一卷　（清）燃犀道人撰　清光緒十九年(1893)刻本　一冊

150000－0601－0004968　96725　子部/醫家類/臨證各科之屬/婦產科

婦人良方二十四卷　（宋）陳自明撰　（明）薛己注　明刻薛氏醫案本　八冊

150000－0601－0004969　96750　子部/醫家類/臨證各科之屬/婦產科

萬氏女科一卷　（明）萬全撰　清同治二年(1863)刻本　二冊

150000－0601－0004970　96668　子部/醫家類/臨證各科之屬/婦產科

濟陰綱目十四卷　（明）武之望撰　（清）汪淇箋釋　清善成堂刻本　六冊　存十二卷(一至十二)

150000－0601－0004971　48895　子部/醫家

類/臨證各科之屬/婦產科

濟陰綱目十四卷 （明）武之望撰 （清）汪淇
箋釋 清經綸堂刻本 四冊

150000－0601－0004972 96674 子部/醫家
類/臨證各科之屬/婦產科

濟陰綱目十四卷 （明）武之望撰 （清）汪淇
箋釋 清刻本 八冊

150000－0601－0004973 49004 子部/醫家
類/臨證各科之屬/婦產科

濟陰綱目十四卷 （明）武之望撰 （清）汪淇
箋釋 清光緒三十三年（1907）上海文瑞樓石
印本 六冊

150000－0601－0004974 96715 子部/醫家
類/臨證各科之屬/婦產科

女科經綸八卷 （清）蕭壎撰 清康熙二十三
年（1684）燕貽堂刻本 六冊

150000－0601－0004975 96721 子部/醫家
類/臨證各科之屬/婦產科

女科經綸八卷 （清）蕭壎撰 清光緒十六年
（1890）掃葉山房刻本 四冊

150000－0601－0004976 49020 子部/醫家
類/臨證各科之屬/婦產科

女科二卷 （清）傅山撰 **產後編二卷** （清）
傅山撰 清道光七年（1827）刻三色套印本
四冊

150000－0601－0004977 160102 子部/醫
家類/臨證各科之屬/婦產科

女科二卷 （清）傅山撰 **產後編二卷** （清）
傅山撰 清光緒元年（1875）湖北崇文書局刻
本 二冊

150000－0601－0004978 49000 子部/醫家
類/臨證各科之屬/婦產科

女科二卷 （清）傅山撰 **產後編二卷** （清）
傅山撰 清光緒十一年（1885）文成堂刻本
四冊

150000－0601－0004979 96658 子部/醫家
類/臨證各科之屬/婦產科

新編女科指掌五卷 （清）葉其蓁輯 清光緒

十五年（1889）刻本 四冊

150000－0601－0004980 96739 子部/醫家
類/臨證各科之屬/婦產科

新編女科指掌五卷 清光緒元年（1875）海左
書局石印本 二冊

150000－0601－0004981 96666 子部/醫家
類/臨證各科之屬/婦產科

女科輯要二卷 （清）沈堯封輯 清同治元年
（1862）刻本 二冊

150000－0601－0004982 96662 子部/醫家
類/臨證各科之屬/婦產科

女科切要八卷 （清）吳道源纂輯 清乾隆三
十八年（1773）刻本 四冊

150000－0601－0004983 96711 子部/醫家
類/臨證各科之屬/婦產科

竹林女科證治四卷 清光緒九年（1883）當塗
黃氏刻本 四冊

150000－0601－0004984 96707 子部/醫家
類/臨證各科之屬/婦產科

竹林女科證治四卷 清光緒二十一年（1895）
錫山邊氏海上刻本 四冊

150000－0601－0004985 96783 子部/醫家
類/臨證各科之屬/婦產科

一壺天和集婦科一卷兒科一卷 （清）楊體仁
纂輯 清刻本 一冊

150000－0601－0004986 96761 子部/醫家
類/臨證各科之屬/婦產科

丹溪先生胎產秘書三卷 清光緒元年（1875）
刻本 一冊

150000－0601－0004987 48978 子部/醫家
類/臨證各科之屬/婦產科

達生編一卷 （清）亟齋居士撰 清刻本
一冊

150000－0601－0004988 96771 子部/醫家
類/臨證各科之屬/婦產科

達生編一卷 （清）亟齋居士撰 清刻本
一冊

150000－0601－0004989　96760　子部/醫家
類/臨證各科之屬/婦產科

達生編一卷　（清）亟齋居士撰　清刻本
一冊

150000－0601－0004990　48979　子部/醫家
類/臨證各科之屬/婦產科

達生編一卷　（清）亟齋居士撰　清光緒三十
三年（1907）蘭州官書局排印本　一冊

150000－0601－0004991　96762　子部/醫家
類/臨證各科之屬/婦產科

產寶一卷附錄一卷　（清）倪枝維撰　清光緒
十八年（1892）刻本　一冊

150000－0601－0004992　96642　子部/醫家
類/臨證各科之屬/婦產科

胎產心法三卷目錄三卷　（清）閻純璽撰　清
同治十年（1871）武林刻本　十冊

150000－0601－0004993　96652　子部/醫家
類/臨證各科之屬/婦產科

閻誠齋先生胎產心法三卷目錄三卷　（清）閻
純璽撰　清光緒九年（1883）敬慎堂刻本
六冊

150000－0601－0004994　96752　子部/醫家
類/臨證各科之屬/婦產科

大生要旨五卷　清同治七年（1868）刻本
四冊

150000－0601－0004995　96700　子部/醫家
類/臨證各科之屬/婦產科

產科心法二集　（清）汪喆撰　清道光十四年
（1834）上洋王氏曙海樓刻本　二冊

150000－0601－0004996　96702　子部/醫家
類/臨證各科之屬/婦產科

產科心法二卷附方一卷　（清）汪喆撰　清光
緒元年（1875）刻湖城黃沙路小市巷口王文光
齋刻字店刷印本　二冊

150000－0601－0004997　96763　子部/醫家
類/臨證各科之屬/婦產科

竹林寺產科一卷　清光緒五年（1879）杭省盛
錦成綢莊刻本　一冊

150000－0601－0004998　96704　子部/醫家
類/臨證各科之屬/婦產科

產孕集二卷　（清）張耀孫撰　清光緒二十四
年（1898）刻本　二冊

150000－0601－0004999　96706　子部/醫家
類/臨證各科之屬/婦產科

胎產集要三卷　（清）黃惕齋輯　清刻本
一冊

150000－0601－0005000　96741　子部/醫家
類/臨證各科之屬/婦產科

續廣達生篇五卷首二卷　（清）周登庸輯　清
光緒二年（1876）同志人刻本　六冊

150000－0601－0005001　96770　子部/醫家
類/臨證各科之屬/婦產科

胎產全書一卷　清刻本　一冊

150000－0601－0005002　96813　子部/醫家
類/臨證各科之屬/婦產科

廣生編一卷　（清）包誠撰　**十劑表二卷**
（清）包誠撰　清同治七年（1868）刻本　二冊

150000－0601－0005003　96774　子部/醫家
類/臨證各科之屬/婦產科

廣生編一卷　（清）包誠撰　**十劑表二卷**
（清）包誠撰　清同治七年（1868）刻本　一冊

150000－0601－0005004　95253　子部/醫家
類/臨證各科之屬/兒科/通論

錢氏小兒直訣四卷　（宋）錢乙撰　（明）薛鎧
注　陳氏小兒痘疹方論一卷　（明）薛己注
保嬰金鏡錄一卷　（明）薛己撰　明刻本
四冊

150000－0601－0005005　96799　子部/醫家
類/臨證各科之屬/兒科/通論

保嬰撮要二十卷　（明）薛鎧集　清刻薛氏醫
案本　十四冊

150000－0601－0005006　96816　子部/醫家
類/臨證各科之屬/兒科/通論

幼科醫學指南四卷　（明）周震撰　清乾隆五
十四年（1789）刻本　八冊

150000－0601－0005007　96824　子部/醫家類/臨證各科之屬/兒科/通論

幼科鐵鏡六卷　（清）夏鼎撰　清道光二十九年（1849）刻本　二冊

150000－0601－0005008　96829　子部/醫家類/臨證各科之屬/兒科/通論

幼科鐵鏡六卷　（清）夏鼎撰　清宣統元年（1909）海豐吳氏刻本　二冊

150000－0601－0005009　48899　子部/醫家類/臨證各科之屬/兒科/通論

幼科三種　清宣統元年（1909）上海廣益書局石印本　六冊

150000－0601－0005010　96844　子部/醫家類/臨證各科之屬/兒科/通論

鼎鍥幼幼集成六卷　（清）陳復正輯　清吳三讓信記刻本　六冊

150000－0601－0005011　96850　子部/醫家類/臨證各科之屬/兒科/通論

鼎鍥幼幼集成六卷　（清）陳復正輯　清光緒二十一年（1895）石印本　六冊

150000－0601－0005012　96775　子部/醫家類/臨證各科之屬/兒科/通論

養兒寶□□卷　清刻本　一冊　存六卷（一至六）

150000－0601－0005013　96884　子部/醫家類/臨證各科之屬/兒科/通論

醫林枕秘保赤存真十卷　（清）余含棻輯　清光緒二年（1876）刻本　十冊

150000－0601－0005014　96950　子部/醫家類/臨證各科之屬/兒科/痘疹

萬氏秘傳片玉痘疹十三卷　（明）萬全撰　清初刻本　一冊

150000－0601－0005015　96815　子部/醫家類/臨證各科之屬/兒科/痘疹

增補秘傳痘疹玉髓金鏡錄真本四卷圖像一卷　（明）翁仲仁撰　清嘉慶二十一年（1816）姑蘇講德齋刻本　一冊

150000－0601－0005016　96922　子部/醫家類/臨證各科之屬/兒科/痘疹

增補秘傳痘疹玉髓金鏡錄真本四卷圖像一卷　（明）翁仲仁撰　清刻本　二冊

150000－0601－0005017　96934　子部/醫家類/臨證各科之屬/兒科/痘疹

痘疹慈航二卷　（明）聶尚恒撰　清嘉慶二十四年（1819）石産瑚等刻本　二冊

150000－0601－0005018　96924　子部/醫家類/臨證各科之屬/兒科/痘疹

摘星樓治痘全書十八卷　（明）朱一麟撰　清道光六年（1826）耕樂堂刻本　十冊

150000－0601－0005019　96826　子部/醫家類/臨證各科之屬/兒科/痘疹

救偏瑣言五卷備用良方一卷　（清）費啓泰撰　清道光二十一年（1841）刻本　三冊

150000－0601－0005020　95649　子部/醫家類/臨證各科之屬/兒科/痘疹

馮氏錦囊秘錄痘疹全集十五卷　（清）馮兆張纂輯　清康熙四十一年（1702）刻本　六冊

150000－0601－0005021　96906　子部/醫家類/臨證各科之屬/兒科/痘疹

種痘新書十二卷　（清）張琰編　清刻本　六冊

150000－0601－0005022　96951　子部/醫家類/臨證各科之屬/兒科/痘疹

麻科活人全書四卷　（清）謝玉瓊撰　**邵氏痘科一卷福幼編一卷**　清光緒十七年（1891）崔文峰堂刻本　二冊

150000－0601－0005023　96918　子部/醫家類/臨證各科之屬/兒科/痘疹

麻科活人全書四卷　（清）謝玉瓊撰　清刻本　四冊

150000－0601－0005024　96831　子部/醫家類/臨證各科之屬/兒科/痘疹

鄭氏痘科保赤金丹四卷　（清）謝玉瓊撰　清光緒二十六年（1900）刻本　四冊

150000－0601－0005025　96835　子部/醫家類/臨證各科之屬/兒科/痘疹

鄭氏痘科保赤金丹四卷　（清）謝玉瓊撰　清光緒二十六年（1900）刻本　四冊

150000－0601－0005026　96912　子部/醫家類/臨證各科之屬/兒科/痘疹

天花精言六卷　（清）袁句撰　清嘉慶三年（1798）萱茂堂刻本　四冊

150000－0601－0005027　96902　子部/醫家類/臨證各科之屬/兒科/痘疹

痘症精言四卷　（清）袁句撰　清刻本　四冊

150000－0601－0005028　96948　子部/醫家類/臨證各科之屬/兒科/痘疹

引痘略一卷　（清）邱熺撰　清咸豐七年（1857）刻本　二冊

150000－0601－0005029　96612　子部/醫家類/臨證各科之屬/兒科/痘疹

軒轅逸典十四卷　清嘉慶十四年（1809）山陰楊文錦抄本　四冊

150000－0601－0005030　48975　子部/醫家類/臨證各科之屬/兒科/痘疹

重刊引痘新書一卷　清光緒六年（1880）甘凉道署刻本　一冊

150000－0601－0005031　96898　子部/醫家類/臨證各科之屬/兒科/痘疹

痧疹輯要四卷　（清）葉霖撰　清光緒十六年（1890）刻本　四冊

150000－0601－0005032　96916　子部/醫家類/臨證各科之屬/兒科/痘疹

麻疹彙要二卷　清光緒二十六年（1900）刻本　二冊

150000－0601－0005033　170049　子部/醫家類/臨證各科之屬/兒科/痘疹

驚風辨證必讀書　（清）劉德馨撰　清乾隆二十七年（1762）上元江氏刻本　一冊

150000－0601－0005034　96976　子部/醫家類/臨證各科之屬/外科

衛濟寶書二卷　清光緒四年（1878）當歸草堂刻本　一冊

150000－0601－0005035　96995　子部/醫家類/臨證各科之屬/外科

立齋外科發揮八卷　（明）薛己撰　明刻薛氏醫按本　四冊

150000－0601－0005036　97048　子部/醫家類/臨證各科之屬/外科

瘡瘍經驗全書六卷　（宋）竇漢卿撰　清刻本　六冊

150000－0601－0005037　97018　子部/醫家類/臨證各科之屬/外科

重訂外科正宗一卷　（明）陳實功撰　（清）張驚翼重訂　清刻本　四冊

150000－0601－0005038　97004　子部/醫家類/臨證各科之屬/外科

外科大成四卷　（清）祁坤撰　清善成堂刻本　八冊

150000－0601－0005039　96547　子部/醫家類/臨證各科之屬/外科

洞天奧旨十六卷　（清）陳士鐸撰　（清）陶式玉評　清刻本　六冊

150000－0601－0005040　96983　子部/醫家類/臨證各科之屬/外科

王洪緒先生外科證治全生一卷　（清）王維德撰　清咸豐十一年（1861）武昌節署刻本　一冊

150000－0601－0005041　97149　子部/醫家類/臨證各科之屬/外科

王洪緒先生證治全生一卷　（清）王維德撰　清光緒十六年（1890）刻本　一冊

150000－0601－0005042　97012　子部/醫家類/臨證各科之屬/外科

外科正宗十二卷附錄一卷　（明）陳實功撰　（清）徐大椿評　清咸豐十年（1860）刻本　六冊

150000－0601－0005043　49014　子部/醫家

類/臨證各科之屬/外科

徐批外科正宗十二卷　（明）陳實功撰　（清）
徐大椿評　清末上洋珍藝書局排印本　六冊

150000－0601－0005044　97310　子部/醫家
類/臨證各科之屬/外科

外證醫案彙編四卷　（清）余景和編輯　清光
緒二十年（1894）刻本　四冊

150000－0601－0005045　96988　子部/醫家
類/臨證各科之屬/外科

割症全書七卷　（美國）嘉約翰譯　清光緒十
六年（1890）刻本　七冊

150000－0601－0005046　96999　子部/醫家
類/臨證各科之屬/外科

增訂治疗彙要二卷　（清）過鑄撰　**近診醫案
一卷**　（清）過鑄撰　清光緒二十四年（1898）
武林刻本　五冊

150000－0601－0005047　96981　子部/醫家
類/臨證各科之屬/外科

黴瘡秘錄二卷　（明）陳司成撰　清光緒十一
年（1885）刻本　二冊

150000－0601－0005048　9010　子部/醫家
類/臨證各科之屬/傷科

臨陣傷科捷要四卷圖一卷　（英國）帕脫編
（英國）舒高第　（清）鄭昌棪譯　清末排印本
四冊

150000－0601－0005049　96984　子部/醫家
類/臨證各科之屬/傷科

臨陣傷科捷要四卷圖一卷　（英國）帕脫編
（英國）舒高第　（清）鄭昌棪譯　清末排印本
四冊

150000－0601－0005050　97094　子部/醫家
類/臨證各科之屬/眼科

銀海精微四卷　（唐）孫思邈輯　清金閶耕讀
堂刻本　二冊

150000－0601－0005051　97076　子部/醫家
類/臨證各科之屬/眼科

秘傳眼科龍木醫書十卷眼科龍木論一卷　清
刻本　四冊

150000－0601－0005052　97066　子部/醫家
類/臨證各科之屬/眼科

傅氏眼科審視瑤函六卷首一卷　（明）傅仁宇
撰　清刻本　六冊

150000－0601－0005053　97054　子部/醫家
類/臨證各科之屬/眼科

傅氏眼科審視瑤函六卷首一卷　（明）傅仁宇
撰　清刻本　六冊

150000－0601－0005054　97060　子部/醫家
類/臨證各科之屬/眼科

傅氏眼科審視瑤函六卷首一卷　（明）傅仁宇
撰　清姑蘇二友堂刻本　六冊

150000－0601－0005055　97136　子部/醫家
類/臨證各科之屬/眼科

異授眼科一卷　清乾隆二十九年（1764）刻本
二冊

150000－0601－0005056　97097　子部/醫家
類/臨證各科之屬/眼科

異授眼科一卷　清劉繼禮刻本　一冊

150000－0601－0005057　97092　子部/醫家
類/臨證各科之屬/眼科

一草亭目科全書一卷　（清）鄧苑撰　清乾隆
二十九年（1764）刻本　一冊

150000－0601－0005058　97093　子部/醫家
類/臨證各科之屬/眼科

林氏眼科簡便驗方□□卷　（清）林士綸撰
清光緒十九年（1893）殷少師比干公九十八世
孫敬堂氏刻本　一冊　存一卷（上）

150000－0601－0005059　96980　子部/醫家
類/臨證各科之屬/咽喉口齒科

咽喉脉證通論一卷　清道光二十一年（1841）
刻本　一冊

150000－0601－0005060　97046　子部/醫家
類/臨證各科之屬/咽喉口齒科

重樓玉鑰二卷　（清）鄭梅澗撰　**洞主仙師白
喉忌表抉微一卷**　（清）耐修子注　清光緒二
十六年（1900）刻朱墨套印本　二冊

150000 – 0601 – 0005061　96955　子部/醫家類/臨證各科之屬/咽喉口齒科

喉科秘鑰二卷補編一卷　（清）鄭氏撰　（清）許佐廷增訂　清光緒十年(1884)刻本　一冊

150000 – 0601 – 0005062　96959　子部/醫家類/臨證各科之屬/咽喉口齒科

洞主仙師白喉治法忌表抉微一卷　（清）耐修子注　清光緒二十五年(1899)楊國治石印本　一冊

150000 – 0601 – 0005063　95221　子部/醫家類/養生之屬

頤身集　清咸豐二年(1852)廣東撫署刻本　一冊

150000 – 0601 – 0005064　97475　子部/醫家類/養生之屬

養病庸言一卷別錄後記一卷附錄一卷　（清）沈嘉樹撰　清光緒三十四年(1908)雲間夏昕蕖排印本　一冊

150000 – 0601 – 0005065　95220　子部/醫家類/養生之屬

修崑崙證驗一卷　（清）天休子撰　清道光二十七年(1847)刻本　一冊

150000 – 0601 – 0005066　95815　子部/醫家類/養生之屬

服氣祛病圖說一卷　清道光二十九年(1849)粵東糧署刻本　一冊

150000 – 0601 – 0005067　97482　子部/醫家類/養生之屬

衛生要術一卷　（清）潘霨編　清咸豐八年(1858)刻本　一冊

150000 – 0601 – 0005068　98688　子部/醫家類/養生之屬

[頤養十五種]　明刻本　一冊

150000 – 0601 – 0005069　96491　子部/醫家類/醫案之屬/醫案

寓意草一卷　（清）喻昌撰　明崇禎十六年(1643)刻本　一冊

150000 – 0601 – 0005070　48987　子部/醫家類/醫案之屬/醫案

寓意草一卷　（清）喻昌撰　清光緒二十六年(1900)老校經山房石印本　一冊

150000 – 0601 – 0005071　97289　子部/醫家類/醫案之屬/醫案

評選靜香樓醫案二卷首一卷　（清）尤怡撰　（清）柳寶詒選評　**評選繼志堂醫案二卷**　（清）曹存心撰　（清）柳寶詒選評　**評選環溪草堂醫案三卷**　（清）王泰林撰　（清）柳寶詒選評　**評選愛廬醫案一卷**　（清）張大曦撰　（清）柳寶詒選評　清光緒三十年(1904)惜餘小舍刻江陰柳氏醫學叢書本　六冊

150000 – 0601 – 0005072　97162　子部/醫家類/醫案之屬/醫案

臨證指南醫案十卷　（清）葉桂撰　清乾隆三十三年(1768)刻本　二十冊

150000 – 0601 – 0005073　97144　子部/醫家類/醫案之屬/醫案

洄溪醫案一卷　（清）徐大椿撰　（清）王士雄編　清咸豐七年(1857)海昌蔣氏衍芬草堂刻本　一冊

150000 – 0601 – 0005074　97225　子部/醫家類/醫案之屬/醫案

續名醫類案三十六卷　（清）魏之琇編　清光緒十二年(1886)刻本　三十六冊

150000 – 0601 – 0005075　144600　子部/醫家類/醫案之屬/醫案

古今醫案按十卷　（清）俞震撰　清光緒九年(1883)吳江李氏刻本　十冊

150000 – 0601 – 0005076　97271　子部/醫家類/醫案之屬/醫案

古今醫案按十卷　（清）俞震撰　清光緒九年(1883)刻本　十冊

150000 – 0601 – 0005077　97143　子部/醫家類/醫案之屬/醫案

醫案輯錄一卷　（清）程文囿撰　刻本　一冊

150000 – 0601 – 0005078　140920　子部/醫

家類/醫案之屬/醫案

三家醫案合刻三卷 （清）吳金壽輯　醫效秘
傳三卷 （清）葉桂撰　温熱贅言一卷 （清）
寄瓢子撰　清刻本　六冊

150000－0601－0005079　97190　子部/醫家
類/醫案之屬/醫案

王氏醫案二卷續編八卷 （清）王士雄撰　霍
亂論二卷 （清）王士雄撰　清咸豐元年
(1851)吟香書屋刻本　四冊

150000－0601－0005080　97194　子部/醫家
類/醫案之屬/醫案

王氏醫案二卷續編八卷 （清）王士雄撰　霍
亂論二卷 （清）王士雄撰　清咸豐元年
(1851)吟香書屋刻本　四冊

150000－0601－0005081　97198　子部/醫家
類/醫案之屬/醫案

王氏醫案二卷續編八卷 （清）王士雄撰　霍
亂論二卷 （清）王士雄撰　清咸豐元年
(1851)吟香書屋刻本　四冊

150000－0601－0005082　97202　子部/醫家
類/醫案之屬/醫案

王氏醫案二卷續編八卷 （清）王士雄撰　霍
亂論二卷 （清）王士雄撰　清咸豐元年
(1851)吟香書屋刻本　四冊

150000－0601－0005083　97328　子部/醫家
類/醫案之屬/醫案

醫案夢記二卷附案一卷 （清）徐守愚撰　清
刻民國九年(1920)補刻本　四冊

150000－0601－0005084　97441　子部/醫家
類/醫案之屬/醫話醫論

醫經正本書一卷 （宋）程迥撰　清刻本
一冊

150000－0601－0005085　95784　子部/醫家
類/醫案之屬/醫話醫論

醫經正本書一卷札記一卷 （宋）程迥撰　清
刻小萬卷樓叢書本　一冊

150000－0601－0005086　95699　子部/醫家
類/醫案之屬/醫話醫論

太醫局諸科程文九卷 （宋）太醫局編　清光
緒三十一年（1905)上海六藝書局石印本
五冊

150000－0601－0005087　95781　子部/醫家
類/醫案之屬/醫話醫論

醫經溯洄集一卷 （元）王履撰　清刻本
一冊

150000－0601－0005088　48981　子部/醫家
類/醫案之屬/醫話醫論

醫學源流論二卷 （清）徐大椿撰　清刻本
一冊

150000－0601－0005089　95724　子部/醫家
類/醫案之屬/醫話醫論

醫學源流論二卷 （清）徐大椿撰　清刻本
二冊

150000－0601－0005090　48875　子部/醫家
類/醫案之屬/醫話醫論

醫貫砭二卷 （清）徐大椿撰　清末刻本
一冊

150000－0601－0005091　96631　子部/醫家
類/醫案之屬/醫話醫論

吳醫彙講十一卷 （清）唐大烈輯　清刻嘉慶
元年(1796)補刻本　六冊

150000－0601－0005092　96602　子部/醫家
類/醫案之屬/醫話醫論

冷廬醫話五卷 （清）陸以湉撰　清光緒二十
三年(1897)刻本　四冊

150000－0601－0005093　95785　子部/醫家
類/醫案之屬/醫話醫論

醫法心傳一卷 （清）程芝田撰　清光緒十三
年(1887)養鶴山房刻本　一冊

150000－0601－0005094　95783　子部/醫家
類/醫案之屬/醫話醫論

慎疾芻言一卷 （清）徐大椿撰　清道光二十
八年(1848)刻本　一冊

150000－0601－0005095　49032　子部/醫家
類/醫案之屬/醫話醫論

慎疾芻言一卷 （清）徐大椿撰 **洄溪醫案一卷** （清）徐大椿撰 清咸豐七年(1857)蔣氏衍芬草堂刻本 一冊

150000－0601－0005096 95782 子部/醫家類/醫案之屬/醫話醫論

慎疾芻言一卷 （清）徐大椿撰 清同治十三年(1874)費廷釐刻本 一冊

150000－0601－0005097 97435 子部/醫家類/醫案之屬/醫話醫論

重慶堂隨筆二卷 （清）王學權撰 清光緒三十一年(1905)浙紹奎照樓石印本 二冊

150000－0601－0005098 96329 子部/醫家類/醫史之屬

醫學考辨十二卷 （清）羅紹芳編纂 （清）羅文溥編次 清咸豐五年(1855)刻本 一冊

150000－0601－0005099 767881 子部/醫家類/通論之屬

東醫寶鑑一卷 （朝鮮）許浚等撰 明萬曆四十一年(1613)朝鮮內醫院刻本 二十冊

150000－0601－0005100 767901 子部/醫家類/通論之屬

東醫寶鑑一卷 （朝鮮）許浚等撰 明萬曆四十一年(1613)朝鮮內醫院刻本 四冊

150000－0601－0005101 97372 子部/醫家類/通論之屬

東醫寶鑑內景篇四卷外形篇四卷雜病篇十一卷湯液篇三卷針灸篇一卷目錄二卷 （朝鮮）許浚等撰 清道光十一年(1831)刻本 三十二冊

150000－0601－0005102 160470 子部/醫家類/通論之屬

景岳全書六十四卷 （明）張介賓撰 清康熙五十年(1711)刻本 二十四冊

150000－0601－0005103 48774 子部/醫家類/通論之屬

景岳全書六十四卷 （明）張介賓撰 清嘉慶二十四年(1819)刻本 三十六冊

150000－0601－0005104 96336 子部/醫家類/通論之屬

醫宗必讀十卷 （明）李中梓撰 清光緒二十四年(1898)常郡千秋坊宛委山莊刻本 六冊

150000－0601－0005105 96342 子部/醫家類/通論之屬

群玉山房重校醫宗必讀十卷 （明）李中梓撰 清刻本 六冊

150000－0601－0005106 97302 子部/醫家類/通論之屬

古今名醫彙粹八卷 （清）羅美輯 清道光三年(1823)刻本 八冊

150000－0601－0005107 96297 子部/醫家類/通論之屬

景岳全書發揮四卷 （清）葉桂撰 清光緒五年(1879)吳氏醉六堂刻本 四冊

150000－0601－0005108 96581 子部/醫家類/通論之屬

醫書匯參輯成二十四卷首一卷 （清）蔡宗玉輯 清嘉慶十二年(1807)次知齋刻本 八冊 存十二卷(一至十二)

150000－0601－0005109 96447 子部/醫家類/通論之屬

素仙簡要四卷 （清）奎瑛輯 清道光二十四年(1844)刻本 四冊

150000－0601－0005110 166349 子部/醫家類/通論之屬

劉河間傷寒三書 （金）劉完素撰 清刻本 四冊

150000－0601－0005111 166353 子部/醫家類/通論之屬

劉河間傷寒六書 （金）劉完素撰 清刻本 六冊

150000－0601－0005112 151518 子部/醫家類/通論之屬

東垣十書 明刻本 十二冊

150000－0601－0005113 168694 子部/醫

家類/通論之屬

醫學十書　清光緒七年(1881)羊城雲林閣刻本　十六冊

150000－0601－0005114　148983　子部/醫家類/通論之屬

赤水玄珠□□卷　(明)孫一奎撰　醫旨緒餘二卷新都醫案一卷宜興醫案一卷　清刻本(配本)　二十七冊　存二十七卷(一至二十七)

150000－0601－0005115　168551　子部/醫家類/通論之屬

醫統正脉全書　(明)王肯堂輯　清刻光緒三十三年(1907)京師醫局刷印本　七十八冊

150000－0601－0005116　142138　子部/醫家類/通論之屬

[六科證治準繩]　(明)王肯堂輯　清乾隆五十八年(1793)刻本　六十四冊

150000－0601－0005117　837875　子部/醫家類/通論之屬

六科證治準繩　(明)王肯堂輯　清帶月樓刻本　四十冊

150000－0601－0005118　149506　子部/醫家類/通論之屬

李仕材先生三書八卷　(明)李中梓撰　清光緒十三年(1887)刻本　六冊

150000－0601－0005119　149512　子部/醫家類/通論之屬

李仕材先生三書八卷　(明)李中梓撰　清光緒十三年(1887)刻本　八冊

150000－0601－0005120　95610　子部/醫家類/通論之屬

重鐫本草醫方合編　(清)汪昂撰　清刻本　六冊

150000－0601－0005121　95426　子部/醫家類/通論之屬

馮氏錦囊秘錄　(清)馮兆張撰　清刻本　三十二冊

150000－0601－0005122　168668　子部/醫家類/通論之屬

醫林指月　(清)王琦輯　清刻本　六冊

150000－0601－0005123　168686　子部/醫家類/通論之屬

醫林指月　(清)王琦輯　清光緒二十二年(1896)上海圖書集成印書局排印本　八冊

150000－0601－0005124　168680　子部/醫家類/通論之屬

醫宗己任編　(清)楊乘六編　清刻本　四冊

150000－0601－0005125　48964　子部/醫家類/通論之屬

徐氏醫書八種　(清)徐大椿撰　清光緒十九年(1893)上海圖書集成印書局排印本　十一冊

150000－0601－0005126　156798　子部/醫家類/通論之屬

徐氏醫書八種　(清)徐大椿撰　清光緒十九年(1893)上海圖書集成印書局排印本　八冊

150000－0601－0005127　168710　子部/醫家類/通論之屬

御纂醫宗金鑑九十卷首一卷　(清)吳謙(清)劉裕鐸修　(清)李毓青纂　清末刻本　四十八冊

150000－0601－0005128　765926　子部/醫家類/通論之屬

御纂醫宗金鑑九十卷首一卷　(清)吳謙(清)劉裕鐸修　(清)李毓青纂　清末刻本　三十冊　存四卷(六十一至六十四)

150000－0601－0005129　158492　子部/醫家類/通論之屬

婦嬰至寶　(清)徐忕忓輯　清同治五年(1866)刻本　三冊

150000－0601－0005130　159994　子部/醫家類/通論之屬

黃氏醫書八種　(清)黃元御撰　清刻本　七冊

150000 – 0601 – 0005131　160073　子部/醫家類/通論之屬

黃氏醫書八種　（清）黃元御撰　清刻本　四冊　缺四種

150000 – 0601 – 0005132　148660　子部/醫家類/通論之屬

沈氏尊生書　（清）沈金鰲撰　清同治十三年(1874)湖北崇文書局刻本　二十一冊

150000 – 0601 – 0005133　162585　子部/醫家類/通論之屬

達生遂生福幼三編合刻　清光緒二十九年(1903)圖書集成局排印本　一冊

150000 – 0601 – 0005134　142202　子部/醫家類/通論之屬

六醴齋醫書　（清）程永培輯　清光緒十七年(1891)廣州藏修堂刻本　二十四冊

150000 – 0601 – 0005135　166316　子部/醫家類/通論之屬

潛齋醫書五種　（清）王士雄撰　清光緒十八年(1892)刻本　六冊

150000 – 0601 – 0005136　166312　子部/醫家類/通論之屬

潛齋醫書五種　（清）王士雄撰　清末上海廣益書局石印本　四冊

150000 – 0601 – 0005137　142526　子部/醫家類/通論之屬

公餘醫錄六卷　（清）陳念祖撰　清刻本　四冊

150000 – 0601 – 0005138　23563　子部/醫家類/通論之屬

南雅堂公餘十六種醫學全書　（清）陳念祖撰　清善成堂刻本　四十八冊

150000 – 0601 – 0005139　158393　子部/醫家類/通論之屬

南雅堂醫書全集　（清）陳念祖撰　清光緒十八年(1892)上海圖書集成印書局排印本　二十冊

150000 – 0601 – 0005140　48921＋49055　子部/醫家類/通論之屬

南雅堂醫書全集二十一種　（清）陳念祖撰　清光緒二十二年(1896)珍藝書局排印本　十二冊

150000 – 0601 – 0005141　48932　子部/醫家類/通論之屬

南雅堂醫書全集　（清）陳念祖撰　清光緒十八年(1892)上海經香閣書莊石印本　十七冊　缺

150000 – 0601 – 0005142　158367　子部/醫家類/通論之屬

陳修園七十種　（清）陳念祖撰　清光緒三十四年(1908)上海章福記書局石印本　二十六冊

150000 – 0601 – 0005143　49058　子部/醫家類/通論之屬

陳修園先生晚餘三書　（清）陳念祖撰　清光緒十五年(1889)江左書林刻本　三冊

150000 – 0601 – 0005144　168663　子部/醫家類/通論之屬

醫學五則　（清）廖雲溪撰　清光緒十三年(1887)刻本　五冊

150000 – 0601 – 0005145　146401　子部/醫家類/通論之屬

世補齋醫書前集　（清）陸懋修撰　清光緒十年(1884)刻十二年(1886)山左書局重印本　八冊

150000 – 0601 – 0005146　95213　子部/醫家類/通論之屬

壽世彙編　（清）祝韵梅輯　清光緒元年(1875)雨梅書屋金氏刻本　一冊

150000 – 0601 – 0005147　141219　子部/醫家類/通論之屬

小耕石齋醫書　（清）金德鑑輯　清同治七年(1868)刻本　一冊

150000 – 0601 – 0005148　141220　子部/醫家類/通論之屬

小耕石齋醫書 （清）金德鑒輯 清同治七年（1868）刻本 一冊

150000－0601－0005149 162435 子部/醫家類/通論之屬

當歸草堂醫學叢書初編 （清）丁丙輯 清光緒四年（1878）錢塘丁氏當歸草堂刻本 十冊

150000－0601－0005150 169872 子部/醫家類/通論之屬

韡園醫學六種 （清）潘霨輯 清光緒九年（1883）江西書局刻本 十二冊

150000－0601－0005151 142492 子部/醫家類/通論之屬

中西匯通醫書五種 （清）唐宗海撰 清光緒三十四年（1908）上海千頃堂書局石印本 十二冊

150000－0601－0005152 142504 子部/醫家類/通論之屬

中西匯通醫書五種 （清）唐宗海撰 清光緒三十四年（1908）上海千頃堂書局石印本 十二冊

150000－0601－0005153 153815 子部/醫家類/通論之屬

述古齋幼科新書 （清）張振鋆撰 清光緒十八年（1892）上海思求闓齋刻本 六冊

150000－0601－0005154 152430 子部/醫家類/通論之屬

周氏醫學叢書 （清）周學海輯 清末刻本 六十冊

150000－0601－0005155 166866 子部/醫家類/通論之屬

豫醫雙璧 （清）吳重熹輯 清宣統元年（1909）排印本 八冊

150000－0601－0005156 168674 子部/醫家類/通論之屬

醫學三書 （清）雷豐輯 清末雷氏慎修堂刻本 六冊

150000－0601－0005157 96444 子部/醫家

類/通論之屬

重刊太原傅科并驗方總目 清光緒三十年（1904）京師同人刻本 三冊

150000－0601－0005158 148228 子部/醫家類/通論之屬

西醫五種 （英國）合信氏撰 清咸豐八年（1858）上海仁濟醫館排印本 五冊

150000－0601－0005159 767642 子部/醫家類/雜編之屬

[中醫雜鈔]一卷 清乾隆二十七年（1762）抄本 一冊

150000－0601－0005160 765825 子部/曆算類/天文之屬

律曆淵源 清雍正元年（1723）刻本 六十二冊

150000－0601－0005161 49076 子部/曆算類/天文之屬

高厚蒙求 （清）徐朝俊撰 清同治五年（1866）刻本 五冊

150000－0601－0005162 97687 子部/曆算類/天文之屬

漢太初秝考一卷 （清）成蓉鏡撰 清刻南菁書院叢書本 一冊

150000－0601－0005163 97695 子部/曆算類/天文之屬

曆學問答一卷 （清）梅文鼎撰 清刻兼濟堂纂刻梅勿庵先生曆算全書本 二冊

150000－0601－0005164 97688 子部/曆算類/天文之屬

交會管見一卷 （清）梅文鼎撰 交食蒙求訂補一卷 （清）梅文鼎撰 清刻兼濟堂纂刻梅勿庵先生曆算全書本 一冊

150000－0601－0005165 97721 子部/曆算類/天文之屬

授時平立定三差詳說一卷 （清）梅文鼎撰 清刻兼濟堂纂刻梅勿庵先生曆算全書本 一冊

150000－0601－0005166　97691　子部/曆算類/天文之屬

高弧細草一卷　（清）張作楠　（清）江臨泰撰　清刻本　二冊

150000－0601－0005167　20872　子部/曆算類/天文之屬

躔離引蒙一卷　（清）賈步緯撰　清光緒十八年(1892)江南製造局排印本　二冊

150000－0601－0005168　97718　子部/曆算類/天文之屬

天文步天歌一卷　清康熙五十八年(1719)刻本　一冊

150000－0601－0005169　97703　子部/曆算類/天文之屬

不得已二卷　（清）楊光先撰　抄本　一冊

150000－0601－0005170　113476　子部/曆算類/天文之屬

五緯捷算四卷　（清）黃炳垕撰　清光緒四年(1878)刻本　一冊

150000－0601－0005171　97689　子部/曆算類/天文之屬

星土釋三卷首一卷　（清）李林松編　清光緒十年(1884)刻本　二冊

150000－0601－0005172　97686　子部/曆算類/天文之屬

新測中星圖表一卷　（清）張作楠撰　清刻本　一冊

150000－0601－0005173　97722　子部/曆算類/天文之屬

捷緯探驪一卷　（清）王子誠撰　清光緒十二年(1886)刻本　一冊

150000－0601－0005174　49069　子部/曆算類/天文之屬

天文啓蒙七卷首一卷　清光緒十二年(1886)總稅務司署刻本　　冊

150000－0601－0005175　97719　子部/曆算類/天文之屬

浙江更漏中星表一卷　清刻本　一冊

150000－0601－0005176　20876　子部/曆算類/天文之屬

談天十八卷首一卷附表一卷　（英國）侯失勒撰　（英國）偉烈亞力口譯　（清）李善蘭刪述　清光緒九年(1883)江南製造總局刻本　四冊

150000－0601－0005177　97662　子部/曆算類/天文之屬

談天十八卷首一卷附表一卷　（英國）侯失勒撰　（英國）偉烈亞力口譯　（清）李善蘭刪述　清光緒九年(1883)江南製造總局刻本　四冊

150000－0601－0005178　97666　子部/曆算類/天文之屬

談天十八卷首一卷附表一卷　（英國）侯失勒撰　（英國）偉烈亞力口譯　（清）李善蘭刪述　清光緒九年(1883)江南製造總局刻本　四冊

150000－0601－0005179　767615　子部/曆算類/天文之屬

談天十八卷首一卷附表一卷　（英國）侯失勒撰　（英國）偉烈亞力口譯　（清）李善蘭刪述　清刻本　二冊　存四卷(十一至十四)

150000－0601－0005180　765766　子部/曆算類/天文之屬

歷朝年號不分卷　清刻本　一冊　存一冊

150000－0601－0005181　8582　子部/曆算類/天文之屬

御纂歷代三元甲子編年一卷御定萬年書一卷　清咸豐刻本　二冊

150000－0601－0005182　97704　子部/曆算類/天文之屬

御定七政四餘萬年書[乾隆四十一年至嘉慶四年]一卷　清刻本　一冊

150000－0601－0005183　49074　子部/曆算類/天文之屬

國朝萬年書二卷　清光緒十三年(1887)刻本　二冊

150000－0601－0005184　D0859　子部/曆算類/天文之屬

宋遼金元四史朔閏考二卷　（清）錢大昕撰　清咸豐二年(1852)刻粵雅堂叢書本　一冊

150000－0601－0005185　D5270　子部/曆算類/天文之屬

宋遼金元四史朔閏考二卷　（清）錢大昕撰　清咸豐二年(1852)刻粵雅堂叢書本　一冊

150000－0601－0005186　129400　子部/曆算類/天文之屬

宋遼金元四史朔閏考二卷　（清）錢大昕撰　清咸豐二年(1852)刻粵雅堂叢書本　一冊

150000－0601－0005187　161113　子部/曆算類/算書之屬

兼濟堂纂刻梅勿庵先生曆算全書　（清）梅文鼎撰　清光緒十一年(1885)敦懷書屋刻本　二十四冊

150000－0601－0005188　158512　子部/曆算類/算書之屬

梅氏叢書輯要　（清）梅文鼎撰　清刻本　五冊　存十五卷(三十四至四十八)

150000－0601－0005189　165068　子部/曆算類/算書之屬

翠薇山房數學　（清）張作楠撰　清光緒五年(1879)刻本　二十四冊

150000－0601－0005190　165039　子部/曆算類/算書之屬

翠薇山房數學　（清）張作楠撰　清光緒二十三年(1897)上海鴻寶齋石印本　八冊

150000－0601－0005191　54001　子部/曆算類/算書之屬

李氏遺書　（清）李銳撰　清道光三年(1823)儀徵阮氏刻本　二冊

150000－0601－0005192　153736　子部/曆算類/算書之屬

則古昔齋算學　（清）李善蘭撰　清同治六年(1867)刻本　六冊

150000－0601－0005193　161246　子部/曆算類/算書之屬

則古昔齋算學　（清）李善蘭撰　清同治六年(1867)刻本　六冊

150000－0601－0005194　162456　子部/曆算類/算書之屬

董方立遺書　（清）董祐誠撰　清同治八年(1869)董氏成都刻本　六冊

150000－0601－0005195　162462　子部/曆算類/算書之屬

董方立遺書　（清）董祐誠撰　清同治八年(1869)董氏成都刻本　六冊

150000－0601－0005196　49097　子部/曆算類/算書之屬

董方立算書　（清）董祐誠撰　清光緒二十三年(1897)自强齋石印算書本　一冊

150000－0601－0005197　147317　子部/曆算類/算書之屬

白芙堂算學叢書　（清）丁取忠輯　清末長沙古荷花池精舍刻本　二十七冊　缺

150000－0601－0005198　156372　子部/曆算類/算書之屬

矩齋籌算六種　勞乃宣撰　清末刻本　二十二冊

150000－0601－0005199　156654　子部/曆算類/算書之屬

徐氏算學三種　（清）徐有壬撰　清刻鄒徵君遺書本　一冊

150000－0601－0005200　49098　子部/曆算類/算書之屬

算經十書　（清）孔繼涵輯　清光緒十六年(1890)滬上刻微波榭叢書本　十二冊

150000－0601－0005201　164553　子部/曆算類/算書之屬

算經十書　（清）孔繼涵輯　清刻微波榭叢書本　五冊

150000－0601－0005202　97798　子部/曆算

類/算書之屬

詳解九章算法一卷 （宋）楊輝撰 **詳解九章算法札記一卷** （清）宋景昌撰 **詳解九章算法纂類一卷** （宋）楊輝撰 清道光二十二年(1842)刻宜稼堂叢書本 二冊

150000－0601－0005203 97864 子部/曆算類/算書之屬

詳解九章算法一卷 （宋）楊輝撰 **詳解九章算法札記一卷** （清）宋景昌撰 **詳解九章算法纂類一卷** （宋）楊輝撰 清道光二十二年(1842)刻宜稼堂叢書本 一冊

150000－0601－0005204 97814 子部/曆算類/算書之屬

海島算經一卷 （晉）劉徽撰 （唐）李淳風等注釋 **孫子算經三卷** （唐）李淳風等注釋 清微波榭刻算經十書本 一冊

150000－0601－0005205 97813 子部/曆算類/算書之屬

五曹算經五卷 （北周）甄鸞注 （唐）李淳風等注釋 清微波榭刻算經十書本 一冊

150000－0601－0005206 97802 子部/曆算類/算書之屬

夏侯陽算經一卷 （□）夏侯陽撰 清光緒十六年(1890)滬上刻本 一冊

150000－0601－0005207 97804 子部/曆算類/算書之屬

緝古算經一卷 （唐）王孝通撰注 清微波榭刻算經十書本 一冊

150000－0601－0005208 97846 子部/曆算類/算書之屬

數書九章十八卷 （宋）秦九韶撰 **數書九章札記四卷** （清）宋景昌撰 清道光二十二年(1842)刻宜稼堂叢書本 七冊

150000－0601－0005209 97853 子部/曆算類/算書之屬

數書九章十八卷 （宋）秦九韶撰 **數書九章札記四卷** （清）宋景昌撰 清道光二十二年(1842)刻宜稼堂叢書本 五冊

150000－0601－0005210 97858 子部/曆算類/算書之屬

數書九章十八卷 （宋）秦九韶撰 **數書九章札記四卷** （清）宋景昌撰 清道光二十二年(1842)刻宜稼堂叢書本 六冊

150000－0601－0005211 97800 子部/曆算類/算書之屬

楊輝算法 （宋）楊輝撰 清道光二十二年(1842)刻宜稼堂叢書本 一冊

150000－0601－0005212 97807 子部/曆算類/算書之屬

新編算學啓蒙三卷識誤一卷 （元）朱世杰撰 清道光十九年(1839)刻本 二冊

150000－0601－0005213 25715 子部/曆算類/算書之屬

四元玉鑑細草三卷附一卷附增一卷 （清）羅士琳撰 清光緒二十二年(1896)鴻寶齋書局石印本 六冊

150000－0601－0005214 97816 子部/曆算類/算書之屬

增刪算法統宗十一卷 （明）程大位撰 （清）梅毅成增刪 清光緒二十二年(1896)上海古香閣石印本 六冊

150000－0601－0005215 97792 子部/曆算類/算書之屬

古算衍略一卷 （清）梅文鼎撰 清刻兼濟堂纂刻梅勿庵先生曆算全書本 一冊

150000－0601－0005216 97806 子部/曆算類/算書之屬

籌算七卷 （清）梅文鼎撰 清刻本 一冊

150000－0601－0005217 97762 子部/曆算類/算書之屬

御製數理精蘊上編五卷下編四十卷表八卷 （清）聖祖玄燁撰 清刻本 三十冊

150000－0601－0005218 97866 子部/曆算類/算書之屬

數學精詳十一卷首一卷末一卷 （清）屈曾發撰 清乾隆三十八年(1773)刻同治十一年

(1872)重修本　六冊

150000－0601－0005219　97872　子部/曆算類/算書之屬

數學精詳十一卷首一卷末一卷　（清）屈曾發撰　清光緒八年(1882)蜀南黃氏刻本　六冊

150000－0601－0005220　49110　子部/曆算類/算書之屬

筆算便覽五卷　（清）紀大奎撰　清光緒二十二年(1896)上海六先書局石印本　二冊

150000－0601－0005221　97842　子部/曆算類/算書之屬

弧三角舉隅一卷　（清）江臨泰撰　清刻本　一冊

150000－0601－0005222　97844　子部/曆算類/算書之屬

續對數簡法一卷　清刻本　一冊

150000－0601－0005223　97741　子部/曆算類/算書之屬

測地志要四卷　（清）黃炳垕撰　清同治六年(1867)刻本　一冊

150000－0601－0005224　113477　子部/曆算類/算書之屬

測地志要四卷　（清）黃炳垕撰　**誦芬詩略三卷**　（清）黃炳垕撰　清同治六年(1867)刻本　一冊

150000－0601－0005225　97811　子部/曆算類/算書之屬

學計一得二卷　（清）鄒伯奇撰　清同治十二年(1873)刻南海鄒氏遺書本　一冊

150000－0601－0005226　156653　子部/曆算類/算書之屬

致曲術一卷　（清）夏鸞翔撰　清刻鄒徵君遺書・夏氏算學四種本　一冊

150000－0601－0005227　170448　子部/曆算類/算書之屬

致曲圖解一卷　（清）夏鸞翔撰　清同治十二年(1873)粵東省城雙門拾芳園刻鄒徵君遺書

・夏氏算學四種本　一冊

150000－0601－0005228　97794　子部/曆算類/算書之屬

學算筆談十二卷　（清）華蘅芳撰　清光緒十一年(1885)金匱華氏刻行素軒算稿本　四冊

150000－0601－0005229　97822　子部/曆算類/算書之屬

算草叢存八卷　（清）華蘅芳撰　清光緒二十二年(1896)文海書局石印行素軒算稿本　四冊

150000－0601－0005230　97843　子部/曆算類/算書之屬

開方用表簡術一卷　（清）程之驥撰　清刻南菁書院叢書本　一冊

150000－0601－0005231　97832　子部/曆算類/算書之屬

新刊校正銅陵算法二卷　清道光二十年(1840)打磨廠文成堂刻本　一冊

150000－0601－0005232　20844　子部/曆算類/算書之屬

簡易庵算稿四卷　（清）劉彝程撰　清光緒二十六年(1900)江南製造局刻本　四冊

150000－0601－0005233　97894　子部/曆算類/算書之屬

數學上編十三卷答數一卷附卷二卷　（清）曹汝英撰　清光緒二十九年(1903)羊城刻直方大齋算稿本　六冊

150000－0601－0005234　97900　子部/曆算類/算書之屬

數學上編十三卷答數一卷附卷二卷　（清）曹汝英撰　清光緒二十九年(1903)羊城刻直方大齋算稿本　六冊

150000－0601－0005235　97831　子部/曆算類/算書之屬

量法問答七章　（清）佘賓王撰　清光緒三十年(1904)上海徐匯印書館排印本　一冊

150000－0601－0005236　53541　子部/曆算

類/算書之屬

最新初等小學筆算教科書五冊 （清）徐寯編
清光緒三十一年（1905）商務印書館排印本
五冊

150000－0601－0005237　97836　子部/曆算
類/算書之屬

普通珠算課本一卷 （清）誦芬主人編　清光
緒二十八年（1902）商務印書館排印本　一冊

150000－0601－0005238　97845　子部/曆算
類/算書之屬

新代數一卷 清刻本　一冊

150000－0601－0005239　97886　子部/曆算
類/算書之屬

幾何原本十五卷 （意大利）利瑪竇口譯
（明）徐光啓筆受　清同治四年（1865）金陵刻
本　八冊

150000－0601－0005240　161232　子部/曆
算類/算書之屬

幾何原本十五卷 （意大利）利瑪竇口譯
（明）徐光啓筆受　清同治四年（1865）金陵刻
本　八冊

150000－0601－0005241　20820　子部/曆算
類/算書之屬

算式集要四卷 （英國）哈司韋撰　（英國）傅
蘭雅口譯　（清）江衡筆述　江南製造局刻本
二冊

150000－0601－0005242　97809　子部/曆算
類/算書之屬

算式集要四卷 （英國）哈司韋撰　（英國）傅
蘭雅口譯　（清）江衡筆述　江南製造局刻本
二冊

150000－0601－0005243　20824　子部/曆算
類/算書之屬

代數術二十五卷首一卷 （英國）華里司輯
（英國）傅蘭雅譯　（清）華蘅芳筆述　清同治
十二年（1873）江南製造總局刻本　六冊

150000－0601－0005244　97880　子部/曆算
類/算書之屬

代數術二十五卷首一卷 （英國）華里司輯
（英國）傅蘭雅譯　（清）華蘅芳筆述　清同治
十二年（1873）江南製造總局刻本　六冊

150000－0601－0005245　20848　子部/曆算
類/算書之屬

微積溯源八卷 （英國）華里司輯　（英國）傅
蘭雅口譯　（清）華蘅芳筆述　清光緒十三年
（1887）刻本　六冊

150000－0601－0005246　20830　子部/曆算
類/算書之屬

代數難題解法十六卷 （英國）倫德輯　（英
國）傅蘭雅譯　（清）華蘅芳筆述　清末江南
製造總局刻本　六冊

150000－0601－0005247　97826　子部/曆算
類/算書之屬

形學備旨習題詳草八卷 （清）徐樹勛選輯
清光緒三十一年（1905）石印本　四冊

150000－0601－0005248　97878　子部/曆算
類/算書之屬

代數備旨一卷 （美國）狄考文選譯　（清）鄒
立文筆述　（清）生福維筆述　清光緒三十三
年（1907）上海美華書館排印本　一冊

150000－0601－0005249　97879　子部/曆算
類/算書之屬

代數備旨一卷 （美國）狄考文選譯　（清）鄒
立文筆述　（清）生福維筆述　清光緒三十三
年（1907）上海美華書館排印本　一冊

150000－0601－0005250　20822　子部/曆算
類/算書之屬

算式解法十四卷 （美國）好敦司撰　（美國）
開奈利撰　（英國）傅蘭雅口譯　（清）華蘅芳
筆述　清光緒二十五年（1899）江南製造局刻
本　二冊

150000－0601－0005251　97815　子部/曆算
類/算書之屬

圓錐曲綫說三卷 （英國）艾約瑟譯　（清）李
善蘭筆述　清末刻本　一冊

150000－0601－0005252　161245　子部/曆

算類/算書之屬

圓錐曲綫說三卷 （英國）艾約瑟譯 （清）李善蘭筆述 清末刻本 一冊

150000－0601－0005253 97801 子部/曆算類/算書之屬

中西度量權衡表一卷 清末湖南節署刻本 一冊

150000－0601－0005254 97830 子部/曆算類/算書之屬

量法須知一卷 （英國）傅蘭雅撰 清光緒十三年(1887)刻本 一冊

150000－0601－0005255 97812 子部/曆算類/算書之屬

運規約指三卷 （英國）白起德輯 （英國）傅蘭雅口譯 （清）徐建寅筆述 清末刻本 一冊

150000－0601－0005256 97906 子部/曆算類/算書之屬

數表一卷度數表一卷 清末刻朱墨套印本 三冊

150000－0601－0005257 20854 子部/曆算類/算書之屬

對數表四卷對數表說一卷 清光緒二十四年(1898)刻暨排印算學本 四冊

150000－0601－0005258 49169 子部/術數類/叢編之屬

尹一勺子四秘全書十二種 清刻本 十冊

150000－0601－0005259 100929 子部/術數類/數法之屬

集注太玄十卷 （漢）揚雄撰 （宋）司馬光注 清宣統元年(1909)湖北崇文書局刻本 二冊

150000－0601－0005260 100925 子部/術數類/數法之屬

太玄闡秘十卷首一卷附編一卷外編一卷 （清）陳本禮撰 清刻聚學軒叢書本 四冊

150000－0601－0005261 170637 子部/術

數類/數法之屬

太玄解一卷 （清）焦袁熹撰 潛虛解一卷 （清）焦袁熹撰 素履子一卷 （唐）張弧撰 握奇經解一卷 （□）風后纂 （漢）公孫弘解 黃帝授三子玄女經一卷冒繁錄一卷 （宋）趙叔向撰 東皋雜鈔三卷 （清）董潮撰 清刻藝海珠塵本 一冊

150000－0601－0005262 49112 子部/術數類/數法之屬

皇極經世書傳八卷 （宋）邵雍撰 （明）黃畿傳 清嘉慶十五年(1810)刻嶺海樓叢書本 八冊

150000－0601－0005263 49120 子部/術數類/數法之屬

皇極經世十卷 抄本 十冊

150000－0601－0005264 59411 子部/術數類/數法之屬

洪範皇極內篇九疇數解三卷外篇九卷 （宋）蔡沈撰 （清）熊宗立解 清雍正三年(1725)張文炳刻本 六冊

150000－0601－0005265 55824 子部/術數類/易占之屬

焦氏易林四卷 （漢）焦贛撰 明末汲古閣刻本 四冊

150000－0601－0005266 170613 子部/術數類/易占之屬

焦氏易林四卷 （漢）焦贛撰 易傳三卷 （漢）京房撰 清乾隆五十六年(1791)刻增訂漢魏叢書本 四冊

150000－0601－0005267 62411 子部/術數類/易占之屬

焦氏易林校略十六卷 （清）翟云升撰 清道光二十八年(1848)刻本 八冊

150000－0601－0005268 128409 子部/術數類/易占之屬

易林釋文二卷 （清）丁晏撰 清咸豐五年(1855)刻本 一冊

150000－0601－0005269 49190 子部/術數

火珠林一卷　（□）麻衣道者撰　清刻百二漢鏡齋秘書四種本　一冊

150000－0601－0005270　49191　子部/術數類/易占之屬

火珠林一卷　（□）麻衣道者撰　清刻百二漢鏡齋秘書四種本　一冊

150000－0601－0005271　98106　子部/術數類/易占之屬

易隱八卷首一卷　（□）曹九錫輯　清本堂刻本　二冊　鈐"上海千頃堂發兌"朱印

150000－0601－0005272　49192　子部/術數類/易占之屬

卜筮正宗十四卷　（清）王維德輯　清英德堂刻本　四冊

150000－0601－0005273　98108　子部/術數類/易占之屬

易冒十卷　（清）程良玉撰　清光緒十二年(1886)滬上刻本　六冊

150000－0601－0005274　49179　子部/術數類/易占之屬

增删卜易十二卷　（□）野鶴老人撰　（□）李文輝增删　清康熙三十年(1691)刻本　十冊

150000－0601－0005275　98087　子部/術數類/易占之屬

增删卜易六卷　（□）野鶴老人撰　（□）李文輝增删　清刻本　四冊

150000－0601－0005276　98101　子部/術數類/易占之屬

增删卜易六卷　（□）野鶴老人撰　（□）李文輝增删　清刻本　四冊

150000－0601－0005277　98105　子部/術數類/易占之屬

鼎鍥卜筮鬼谷便讀易課源流大全三卷　清刻本　一冊　首尾缺頁

150000－0601－0005278　49189　子部/術數類/易占之屬

八宮卦序歌一卷　抄本　一冊

150000－0601－0005279　170633　子部/術數類/占候之屬

星經二卷　（漢）甘公　（漢）石申撰　荆楚歲時記一卷　（北周）宗懍撰　清刻本　一冊

150000－0601－0005280　98047　子部/術數類/占候之屬

乙巳占十卷　（唐）李淳風撰　清光緒三年(1877)刻本　五冊

150000－0601－0005281　97700　子部/術數類/占候之屬

風雨匯編一卷白猿風雨圖一卷　清光緒二十年(1894)寒江垂釣子笠仙抄本　二冊

150000－0601－0005282　97526　子部/術數類/占候之屬

管窺輯要八十卷　（清）黃鼎纂　清順治十年(1653)刻本　三十二冊

150000－0601－0005283　97558　子部/術數類/占候之屬

管窺輯要八十卷　（清）黃鼎纂　清刻本　三十二冊

150000－0601－0005284　97590　子部/術數類/占候之屬

管窺輯要八十卷　（清）黃鼎纂　清刻本　三十六冊

150000－0601－0005285　97626　子部/術數類/占候之屬

管窺輯要八十卷　（清）黃鼎纂　清刻本　三十六冊

150000－0601－0005286　98032　子部/術數類/六壬之屬

六壬神定經二卷　（宋）楊惟德撰　清刻本　一冊

150000－0601－0005287　49288　子部/術數類/六壬之屬

秘藏大六壬大全善本十三卷　清同治三年

(1864)刻本　十三冊

150000 - 0601 - 0005288　49327　子部/術數類/六壬之屬

秘藏大六壬大全善本十三卷　清康熙四十三年(1704)刻本　十三冊

150000 - 0601 - 0005289　98052　子部/術數類/六壬之屬

六壬經緯六卷　(清)毛志道撰　清雍正三年(1725)刻本　一冊

150000 - 0601 - 0005290　49276　子部/術數類/六壬之屬

六壬粹言六卷　(清)劉赤江編　清咸豐十年(1860)刻本　六冊

150000 - 0601 - 0005291　49282　子部/術數類/六壬之屬

六壬粹言六卷　(清)劉赤江編　清咸豐十年(1860)刻本　六冊

150000 - 0601 - 0005292　98041　子部/術數類/六壬之屬

六壬粹言六卷　(清)劉赤江編　清咸豐十年(1860)刻本　六冊

150000 - 0601 - 0005293　49301　子部/術數類/六壬之屬

大六壬尋原四卷　清同治七年(1868)刻本　四冊

150000 - 0601 - 0005294　49305　子部/術數類/六壬之屬

大六壬尋原四卷　清同治七年(1868)刻本　四冊

150000 - 0601 - 0005295　49344　子部/術數類/六壬之屬

神課金口訣七卷　清金陵三多齋刻本　四冊

150000 - 0601 - 0005296　49309　子部/術數類/六壬之屬

神課金口訣七卷　清致盛堂刻本　三冊

150000 - 0601 - 0005297　97913 + 765226 + 767765　子部/術數類/六壬之屬

六壬兵占七百二十課一卷　清寫本　二十四冊

150000 - 0601 - 0005298　129162　子部/術數類/雜占之屬

靈棋經二卷　(晉)顏幼明　(宋)何承天注　(元)陳世凱　(明)劉基解　清嘉慶十三年(1808)張海鵬刻本　一冊

150000 - 0601 - 0005299　97919　子部/術數類/雜占之屬

太乙統宗寶鑑二十卷　清抄本　二十一冊

150000 - 0601 - 0005300　49348　子部/術數類/雜占之屬

太乙數統宗大全四十卷　清刻本　三十二冊

150000 - 0601 - 0005301　48524　子部/術數類/雜占之屬

白猿奇書秘本兵要望江南詞一卷　(□)易靜撰　清抄本　四冊

150000 - 0601 - 0005302　98028　子部/術數類/堪輿之屬

楊曾地理元文　(清)端木國瑚注　清刻本　四冊

150000 - 0601 - 0005303　98024　子部/術數類/堪輿之屬

乾坤法竅三卷　(清)范宜賓輯　清乾隆三十一年(1766)刻本　四冊

150000 - 0601 - 0005304　98018　子部/術數類/堪輿之屬

重鎸官板陽宅大全十卷　清同治八年(1869)善成堂刻本　六冊

150000 - 0601 - 0005305　49130　子部/術數類/堪輿之屬

新刻東海王先生纂輯陽宅十書四卷　(明)王君榮撰　清刻本　四冊

150000 - 0601 - 0005306　98015　子部/術數類/堪輿之屬

陽宅三要四卷　(清)趙廷棟撰　清刻本　二冊

150000－0601－0005307　98017　子部/術數類/堪輿之屬

陽宅三要四卷　（清）趙廷棟撰　清刻本　一冊　存二卷(一至二)

150000－0601－0005308　98013　子部/術數類/堪輿之屬

陽宅三要四卷　（清）趙廷棟撰　清刻本　二冊

150000－0601－0005309　97994　子部/術數類/堪輿之屬

陽宅三要四卷　（清）趙廷棟撰　清刻本　一冊　存二卷(一至二)

150000－0601－0005310　98067　子部/術數類/堪輿之屬

陽宅要覽三卷　（清）弁山念道人輯　清刻本　一冊

150000－0601－0005311　98066　子部/術數類/堪輿之屬

陽宅鏡二卷　（清）陳澤泰輯　清刻本　一冊

150000－0601－0005312　98076　子部/術數類/堪輿之屬

葬經內篇一卷　（晉）郭璞撰　**黃帝宅經二卷**　清光緒元年（1875）湖北崇文書局刻本　一冊

150000－0601－0005313　98078　子部/術數類/堪輿之屬

葬經內篇一卷　（晉）郭璞撰　**黃帝宅經二卷**　清光緒三年（1877）湖北崇文書局刻本　一冊

150000－0601－0005314　98079　子部/術數類/堪輿之屬

葬經內篇一卷　（晉）郭璞撰　**黃帝宅經二卷**　清光緒三年（1877）湖北崇文書局刻本　一冊

150000－0601－0005315　98077　子部/術數類/堪輿之屬

葬經內篇一卷　（晉）郭璞撰　**黃帝宅經二卷**　民國元年（1912）鄂官書處刻本　一冊

150000－0601－0005316　129108　子部/術數類/堪輿之屬

葬經內篇一卷　（晉）郭璞撰　**黃帝宅經二卷　人譜正篇一卷續篇一卷三篇一卷**　（明）劉宗周撰　**人譜類記增訂六卷**　（明）劉宗周撰　清光緒三年（1877）湖北崇文書局刻本　一冊

150000－0601－0005317　98069　子部/術數類/堪輿之屬

新刊地理五經四書解義郭樸葬經□□卷　（元）吳澄刪定　（元）鄭謐注釋　清刻本　一冊　存一卷(一)

150000－0601－0005318　98068　子部/術數類/堪輿之屬

地理葬書集注一卷　（元）吳澄刪定　（元）鄭謐注釋　清刻本　一冊

150000－0601－0005319　97998　子部/術數類/堪輿之屬

疑龍經批注校補三卷　（唐）楊益撰　（清）高其倬批點　（清）寇宗集注　清光緒十八年（1892）刻本　一冊

150000－0601－0005320　49134　子部/術數類/堪輿之屬

撼龍疑龍經批注校補合刻　（唐）楊益撰　（清）榮錫勳校補　清宣統二年（1910）上海掃葉山房石印本　四冊

150000－0601－0005321　98001　子部/術數類/堪輿之屬

雪心賦正解四卷　（唐）卜應天撰　（清）孟浩注　**辯論三十篇一卷**　（清）孟浩撰　清刻本　二冊

150000－0601－0005322　49144　子部/術數類/堪輿之屬

入地眼全書一卷　（宋）釋靜道撰　清光緒三十二年（1906）校經山房石印本　四冊

150000－0601－0005323　49142　子部/術數類/堪輿之屬

新刻玉函平砂玉尺經全書真機六卷　（元）劉秉忠撰　（明）劉基解　**新刊地理五經四書解**

義郭璞葬經二卷　（元）鄭謐注　清宣統二年(1910)上海廣益書局石印本　二冊

150000－0601－0005324　98075　子部/術數類/堪輿之屬

玉尺經一卷　（明）張九錫輯　青田劉氏心書一卷　（明）張九錫輯　明末刻本(劉氏傳本)　一冊

150000－0601－0005325　49165　子部/術數類/堪輿之屬

地理錄要四卷　（清）蔣平階撰　清同治十一年(1872)刻本　四冊

150000－0601－0005326　54005　子部/術數類/堪輿之屬

新鐫徐氏家藏羅經頂門針二卷　（明）徐之鏌撰　清宣統二年(1910)上海掃葉山房石印本　一冊　存一卷(上)

150000－0601－0005327　49154　子部/術數類/堪輿之屬

地理五訣八卷　（清）趙廷棟撰　陽宅三要四卷　（清）趙廷棟撰　清二讓堂刻本　七冊

150000－0601－0005328　98072　子部/術數類/堪輿之屬

蜀山葬書二卷　（清）范鯤撰　喪葬雜說一卷　（清）張朝晉撰　清刻本　一冊

150000－0601－0005329　97992　子部/術數類/堪輿之屬

羅經指南撥霧集三卷　（清）吳天洪批點　清益元堂刻本　二冊

150000－0601－0005330　98070　子部/術數類/堪輿之屬

陰宅鏡四卷　（清）陳澤泰撰　百穴圖一卷　清乾隆六十年(1795)刻本　二冊

150000－0601－0005331　49161　子部/術數類/堪輿之屬

地理辨正疏五卷首一卷末一卷　（清）張心言撰　清道光九年(1829)刻本　四冊

150000－0601－0005332　49138　子部/術數

類/堪輿之屬

地理辨正疏五卷首一卷末一卷　（清）張心言撰　清同治十年(1871)刻本　四冊

150000－0601－0005333　98197　子部/術數類/堪輿之屬

辯論三十篇一卷　（清）孟浩撰　清刻本　一冊

150000－0601－0005334　98055　子部/術數類/堪輿之屬

陽明按索五卷首一卷　（明）陳復心撰　（清）陳漢卿補注　清乾隆五十五年(1790)樂真堂刻朱墨套印本　一冊

150000－0601－0005335　97989　子部/術數類/堪輿之屬

山洋指迷原本四卷　（清）周景一撰　清乾隆五十二年(1787)刻本　三冊

150000－0601－0005336　97997　子部/術數類/堪輿之屬

風鑒易解一卷地理闡真一卷　清刻本　一冊

150000－0601－0005337　98065　子部/術數類/堪輿之屬

理氣三訣四卷　（清）葉泰撰　清刻本　一冊

150000－0601－0005338　98137　子部/術數類/堪輿之屬

鬼靈經二卷　清刻本　一冊

150000－0601－0005339　49340　子部/術數類/遁甲之屬

奇門遁甲統宗十二卷　（三國蜀）諸葛亮撰　清刻本　四冊

150000－0601－0005340　98165　子部/術數類/遁甲之屬

奇門遁甲啓悟一卷　（清）朱榮璪撰　清光緒二十一年(1895)皖江別墅刻本　一冊

150000－0601－0005341　49254　子部/術數類/遁甲之屬

奇門遁甲大全三十卷諸葛武侯行兵遁甲金函玉鏡六卷　清刻本　十二冊

150000－0601－0005342　49319　子部/術數類/遁甲之屬

新刻天元奇門遁甲句解烟波釣叟歌一卷
(宋)趙普撰　新編日用涓吉奇門五總龜四卷
清道光二十六年(1846)刻本　四冊

150000－0601－0005343　49323　子部/術數類/遁甲之屬

新刻天元奇門遁甲句解烟波釣叟歌一卷
(宋)趙普撰　新編日用涓吉奇門五總龜四卷
清道光二十六年(1846)刻本　四冊

150000－0601－0005344　98081　子部/術數類/命相之屬

新刻看命一掌金一卷　(唐)釋一行撰　清書
林陸氏刻本　一冊

150000－0601－0005345　49211　子部/術數類/命相之屬

新刻合并十八飛星策天紫微斗數合集六卷
(宋)陳搏撰　清經國堂刻本　四冊

150000－0601－0005346　49199　子部/術數類/命相之屬

三命通會十二卷　(□)育吾山人撰　清刻本
十二冊

150000－0601－0005347　98198　子部/術數類/命相之屬

三命通會十二卷　清刻本　十二冊

150000－0601－0005348　49242　子部/術數類/命相之屬

神機妙算鐵板數十四集　清刻本　十二冊

150000－0601－0005349　98133　子部/術數類/命相之屬

新刊合并官板音義評注淵海子平五卷　(宋)
徐升編　清刻本　二冊

150000－0601－0005350　98135　子部/術數類/命相之屬

新刊合并官板音義評注淵海子平五卷　(宋)
徐升編　清善成堂刻本　二冊

150000－0601－0005351　49221　子部/術數

類/命相之屬

新刊合并官板音義評注淵海子平五卷　(宋)
徐升編　清友于堂刻本　一冊

150000－0601－0005352　98091　子部/術數類/命相之屬

新刊合并官板音義評注淵海子平五卷　(宋)
徐升編　清末杭州錦文堂石印本　一冊

150000－0601－0005353　98097　子部/術數類/命相之屬

子平四言集腋六卷　(清)廖冀亨撰　清道光
三十年(1850)刻本　四冊

150000－0601－0005354　98178　子部/術數類/命相之屬

增補星平會海命學全書十卷首一卷　(□)水
中龍輯　清光緒三年(1877)刻本　六冊

150000－0601－0005355　49215　子部/術數類/命相之屬

增補星平會海命學全書十卷首一卷　(□)水
中龍輯　清刻本　六冊

150000－0601－0005356　98096　子部/術數類/命相之屬

增訂五星集腋續編□□卷　清道光二十一年
(1841)刻本　一冊　首尾殘

150000－0601－0005357　49313　子部/術數類/命相之屬

秘授命理須知滴天髓二卷　(□)京圖撰
(明)劉基注　**靈棋經一卷**　清刻本　二冊

150000－0601－0005358　98189　子部/術數類/命相之屬

人倫大統賦二卷　(金)張行簡撰　(元)薛延
年注　清光緒三年(1877)吳興陸氏十萬卷樓
刻本　一冊

150000－0601－0005359　98116＋98192　子
部/術數類/命相之屬

水鏡集約篇四卷　(□)右髻道人撰　清乾隆
二十八年(1763)刻本　四冊

150000－0601－0005360　97684　子部/術數

類/命相之屬

星命須知一卷欽定萬年書(乾隆三十六年至民國三十年)一卷　李光明莊刻本　二冊

150000－0601－0005361　49222　子部/術數類/命相之屬

相理衡真十卷　(清)陳釗撰　清刻本　六冊

150000－0601－0005362　98159　子部/術數類/命相之屬

相理衡真十卷首一卷　(清)陳釗撰　清刻本　六冊

150000－0601－0005363　98158　子部/術數類/命相之屬

袁柳莊先生神相全編三卷　(明)袁忠徹秘傳　清刻本　一冊

150000－0601－0005364　98172　子部/術數類/命相之屬

袁柳莊先生神相全編三卷　(明)袁忠徹秘傳　清無錫日升山房刻本　二冊

150000－0601－0005365　98166　子部/術數類/命相之屬

新刊校正增釋合幷麻衣先生人相編五卷圖一卷　(清)陸位崇編　清光緒八年(1882)刻本　二冊

150000－0601－0005366　98174　子部/術數類/命相之屬

神相彙編四卷續集一卷附一卷　(清)高鼎玉輯　上海千頃堂刻本　四冊

150000－0601－0005367　50634　子部/術數類/雜術之屬

關聖帝君萬應靈籤二卷　清道光十年(1830)刻本　二冊

150000－0601－0005368　49380　子部/術數類/雜術之屬

測字秘牒一卷　(清)程省撰　清刻本　一冊

150000－0601－0005369　98184　子部/術數類/雜術之屬

新刻增定邵康節先生梅花觀梅拆字數全集五

卷　(宋)邵雍撰　清刻本　五冊

150000－0601－0005370　49381　子部/術數類/雜術之屬

夢占類考一卷　抄本　一冊

150000－0601－0005371　129092　子部/術數類/雜術之屬

工師雕斲正式魯班木經匠家鏡二卷首一卷　(明)午榮彙編　清刻本　二冊

150000－0601－0005372　49505　子部/術數類/雜術之屬

新鐫工師雕斲正式魯班木經匠家鏡□□卷　(明)午榮彙編　清刻本　一冊　存一卷(一)

150000－0601－0005373　49506　子部/術數類/雜術之屬

新鐫工師雕斲正式魯班木經匠家鏡四卷　(明)午榮彙編　清末上海錦章圖書局石印本　一冊

150000－0601－0005374　97910　子部/術數類/陰陽五行之屬

元經十卷　(晉)郭璞撰　(晉)趙載注　(明)江之棟輯　清初刻本　三冊

150000－0601－0005375　838552　子部/術數類/陰陽五行之屬

欽定選擇曆書十卷　(清)安泰等撰　清刻本　十八冊

150000－0601－0005376　838570　子部/術數類/陰陽五行之屬

欽定選擇曆書十卷　(清)安泰等撰　清刻本　五冊

150000－0601－0005377　98064　子部/術數類/陰陽五行之屬

太古演禽一卷　清光緒二年(1876)葛氏嘯園滬上刻本　一冊

150000－0601－0005378　49234　子部/術數類/陰陽五行之屬

新刻劉伯溫萬化仙禽八卷　(明)朱國祥撰　明文林閣唐錦池刻本　八冊

150000－0601－0005379　98210　子部/術數類/陰陽五行之屬

新鐫許真君玉匣記增補諸家選擇日用通書二卷　清光緒二十年（1894）京都文成堂刻本　一冊

150000－0601－0005380　49312　子部/術數類/陰陽五行之屬

諏吉便覽□□卷寶鏡圖一卷　清嘉慶四年（1799）刻朱墨套印本　一冊

150000－0601－0005381　98080　子部/術數類/陰陽五行之屬

董公選秘訣要覽一卷　（明）董潛撰　清光緒十九年（1893）刻本　一冊

150000－0601－0005382　98138　子部/術數類/陰陽五行之屬

董公選要覽一卷附錄一卷　（明）董潛撰　清光緒二十四年（1898）浙江官書局刻本　一冊

150000－0601－0005383　98073　子部/術數類/陰陽五行之屬

參星秘要諏吉便覽一卷　清同治四年（1865）刻朱墨套印本　一冊

150000－0601－0005384　98074　子部/術數類/陰陽五行之屬

擇日便覽一卷　（清）湯榮撰　清光緒十七年（1891）刻本　一冊

150000－0601－0005385　49315　子部/術數類/陰陽五行之屬

選擇捷要一卷　（清）賀汝田輯　清光緒二十三年（1897）刻本　一冊

150000－0601－0005386　49316　子部/術數類/陰陽五行之屬

選擇捷要一卷　（清）賀汝田輯　清光緒二十三年（1897）刻本　一冊

150000－0601－0005387　49317　子部/術數類/陰陽五行之屬

選擇捷要一卷　（清）賀汝田輯　清光緒二十三年（1897）刻本　一冊

150000－0601－0005388　49318　子部/術數類/陰陽五行之屬

選擇捷要一卷　（清）賀汝田輯　清光緒二十三年（1897）刻本　一冊

150000－0601－0005389　97940　子部/術數類/陰陽五行之屬

欽定協記辨方書三十六卷　（清）允祿修（清）李廷耀等纂　清刻本　二十四冊

150000－0601－0005390　49070　子部/術數類/陰陽五行之屬

推測易知一卷　（清）陳松麗輯　清光緒十三年（1887）刻本　四冊

150000－0601－0005391　20899　子部/術數類/陰陽五行之屬

三才發秘天部二卷地部三卷人部四卷　（清）陳雯編　清康熙三十六年（1697）刻本　十冊

150000－0601－0005392　165915　子部/藝術類/叢編之屬

賞奇軒合編　清刻本　四冊

150000－0601－0005393　165919　子部/藝術類/叢編之屬

賞奇軒合編　清刻本　四冊

150000－0601－0005394　165923　子部/藝術類/叢編之屬

賞奇軒合編　清刻本　三冊

150000－0601－0005395　165926　子部/藝術類/叢編之屬

賞奇軒合編　清刻本　二冊

150000－0601－0005396　49382　子部/藝術類/叢編之屬

賞奇軒合編　清光緒十二年（1886）上海同文書局石印本　五冊

150000－0601－0005397　99804　子部/藝術類/總論之屬

東觀餘論二卷附錄一卷　（宋）黃伯思撰　清邵武徐氏刻本　二冊

150000－0601－0005398　98736　子部/藝術

類/總論之屬

雲烟過眼錄二卷　（宋）周密撰　雲烟過眼錄
續集一卷　（元）湯允謨撰　清光緒十三年
（1887）陸氏十萬卷樓刻本　一冊

150000－0601－0005399　767950　子部/藝
術類/總論之屬

新增格古要論□□卷　（明）曹昭撰　明刻本
二冊　存九卷（四、六至十三）

150000－0601－0005400　98757　子部/藝術
類/總論之屬

清秘藏二卷　（明）張應文撰　南陽名畫表一
卷清河秘篋書畫表一卷法書名畫見聞表一卷
南陽法書表一卷　清刻本　一冊

150000－0601－0005401　100824　子部/藝
術類/總論之屬

前塵夢影錄二卷　（清）徐康撰　清光緒二十
三年（1897）刻元和江氏叢書本　二冊

150000－0601－0005402　98396　子部/藝術
類/書畫之屬/總錄

畫禪室隨筆四卷　（明）董其昌撰　清乾隆三
十三年（1768）雲間余文達刻本　二冊

150000－0601－0005403　98777　子部/藝術
類/書畫之屬/總錄

畫禪室隨筆四卷　（明）董其昌撰　清乾隆三
十三年（1768）刻本　一冊

150000－0601－0005404　91575　子部/藝術
類/書畫之屬/總錄

董華亭書畫錄一卷　（明）董其昌撰　（清）青
浮山人輯　清光緒二十二年（1896）刻靈鶼閣
叢書本　一冊

150000－0601－0005405　91576　子部/藝術
類/書畫之屬/總錄

董華亭書畫錄一卷　（明）董其昌撰　（清）青
浮山人輯　清光緒二十二年（1896）刻靈鶼閣
叢書本　一冊

150000－0601－0005406　839677　子部/藝
術類/書畫之屬/總錄

庚子銷夏記八卷　（清）孫承澤撰　清乾隆二

十六年（1761）刻本　四冊

150000－0601－0005407　91607　子部/藝術
類/書畫之屬/總錄

江村銷夏錄三卷　（清）高士奇輯　清康熙三
十二年（1693）刻本　六冊

150000－0601－0005408　98599　子部/藝術
類/書畫之屬/總錄

江村銷夏錄三卷　（清）高士奇輯　清康熙三
十二年（1693）刻本　三冊

150000－0601－0005409　837086　子部/藝
術類/書畫之屬/總錄

佩文齋書畫譜一百卷　（清）孫岳頒等纂修
清康熙四十七年（1708）內府刻本　六十二冊
存九十六卷（三至二十五、二十八至一百）

150000－0601－0005410　98414　子部/藝
術類/書畫之屬/總錄

佩文齋書畫譜一百卷　（清）孫岳頒等纂修
清刻本　六十四冊

150000－0601－0005411　98637　子部/藝術
類/書畫之屬/總錄

佩文齋書畫譜一百卷　（清）孫岳頒等纂修
清光緒九年（1883）上海同文書局石印本　十
六冊

150000－0601－0005412　98364　子部/藝術
類/書畫之屬/總錄

墨緣彙觀　（清）安岐撰　清光緒十六年
（1890）排印本　六冊

150000－0601－0005413　98602　子部/藝術
類/書畫之屬/總錄

辛丑消夏記五卷　（清）吳榮光撰　清光緒三
十一年（1905）長沙郎園刻本　一冊

150000－0601－0005414　98759　子部/藝術
類/書畫之屬/總錄

書畫所見錄一卷　（清）謝堃撰　清宣統二年
（1910）掃葉山房刻本　二冊

150000－0601－0005415　98501　子部/藝術
類/書畫之屬/總錄

書畫鑑影二十四卷　（清）李佐賢撰　清同治十年(1871)刻石泉書屋全集本　八冊　缺

150000－0601－0005416　91602　子部/藝術類/書畫之屬/總錄

嶽雪樓書畫錄五卷　（清）孔廣陶編　清光緒十五年(1889)三十有三萬卷堂刻本　五冊

150000－0601－0005417　98323　子部/藝術類/書畫之屬/總錄

過雲樓書畫記六卷　（清）顧麟士撰　清光緒八年(1882)蘇州閶門内鐵瓶巷本宅刻本　二冊

150000－0601－0005418　118897　子部/藝術類/書畫之屬/總錄

澄蘭室古緣萃錄十八卷　（清）邵松年撰　清光緒三十年(1904)上海鴻文書局石印本　六冊

150000－0601－0005419　98333　子部/藝術類/書畫之屬/總錄

書畫同珍二刻一卷　（清）鄒聖脉輯　清刻本　一冊

150000－0601－0005420　110134　子部/藝術類/書畫之屬/題跋

東坡題跋二卷　（宋）蘇軾撰　（清）溫一貞錄　清同治十一年(1872)刻本　二冊

150000－0601－0005421　98745　子部/藝術類/書畫之屬/題跋

山谷題跋四卷　（宋）黃庭堅撰　明末黃嘉惠刻本　一冊

150000－0601－0005422　91758　子部/藝術類/書畫之屬/題跋

墨井題跋一卷　（清）吳歷撰　清刻本　一冊

150000－0601－0005423　90851　子部/藝術類/書畫之屬/題跋

湛園題跋一卷　（清）姜宸英撰　清乾隆三年(1738)刻本　一冊

150000－0601－0005424　90852　子部/藝術類/書畫之屬/題跋

湛園題跋一卷　（清）姜宸英撰　清乾隆三年(1738)刻本　一冊

150000－0601－0005425　170436　子部/藝術類/書畫之屬/題跋

板橋題畫一卷　（清）鄭燮撰　清刻本　一冊

150000－0601－0005426　100826　子部/藝術類/書畫之屬/題跋

天瓶齋書畫題跋二卷　（清）張照撰　清乾隆三十八年(1773)刻本　一冊

150000－0601－0005427　98350　子部/藝術類/書畫之屬/題跋

習苦齋畫絮十卷　（清）戴熙撰　（清）惠年編輯　清光緒十九年(1893)刻本　四冊

150000－0601－0005428　98378　子部/藝術類/書畫之屬/題跋

習苦齋畫絮十卷　（清）戴熙撰　（清）惠年編輯　清光緒十九年(1893)刻本　四冊

150000－0601－0005429　98725　子部/藝術類/書畫之屬/題跋

習苦齋畫絮十卷　（清）戴熙撰　（清）惠年編輯　清光緒十九年(1893)刻本　四冊

150000－0601－0005430　98382　子部/藝術類/書畫之屬/題跋

習苦齋畫絮十卷　（清）戴熙撰　（清）惠年編輯　清光緒十九年(1893)刻景文齋刷印本　四冊

150000－0601－0005431　98360　子部/藝術類/書畫之屬/書/通論

書法正傳十卷　（清）馮武輯　清道光八年(1828)刻本　二冊　存七卷(一至七)

150000－0601－0005432　98804　子部/藝術類/書畫之屬/書/通論

書法正傳一卷　（清）蔣和撰　清光緒六年(1880)刻本　一冊

150000－0601－0005433　98791　子部/藝術類/書畫之屬/書/通論

增補分部書法正傳一卷　（清）蔣和撰　清光

緒十年(1884)上洋校經山房刻本　一冊

150000－0601－0005434　98792　子部/藝術類/書畫之屬/書/通論

增補分部書法正傳一卷　(清)蔣和撰　清光緒十年(1884)上洋校經山房刻本　一冊

150000－0601－0005435　98805　子部/藝術類/書畫之屬/書/通論

增補分部書法正傳一卷　(清)蔣和撰　清光緒十三年(1887)刻本　一冊

150000－0601－0005436　98513　子部/藝術類/書畫之屬/書/通論

書學捷要二卷　(清)朱履貞纂　清刻知不足齋叢書本　一冊

150000－0601－0005437　98916　子部/藝術類/書畫之屬/書/通論

安吳先生藝舟雙楫六卷　(清)包世臣撰　清咸豐十一年(1861)觀樂堂刻本　二冊

150000－0601－0005438　98800　子部/藝術類/書畫之屬/書/通論

安吳論書一卷　(清)包世臣撰　清刻咫進齋叢書本　一冊

150000－0601－0005439　98776　子部/藝術類/書畫之屬/書/通論

書法通文便解一卷　(清)許鳳翥撰　清咸豐六年(1856)刻本　一冊

150000－0601－0005440　61508　子部/藝術類/書畫之屬/書/通論

摘錄書法通文便解一卷　(清)許鳳翥撰　清刻本　一冊

150000－0601－0005441　98358　子部/藝術類/書畫之屬/書/通論

漢溪書法通解八卷　(清)戈守智撰　清乾隆十五年(1750)刻本　二冊

150000－0601－0005442　129074　子部/藝術類/書畫之屬/書/通論

漢溪書法通解八卷　(清)戈守智撰　清乾隆十五年(1750)刻本　六冊

150000－0601－0005443　100033　子部/藝術類/書畫之屬/書/通論

君子館論書絕句一百二十首一卷　(清)邊成撰　(清)袁照注　清光緒十年(1884)君子館刻本　一冊

150000－0601－0005444　98813　子部/藝術類/書畫之屬/書/通論

書學南針六卷　清道光元年(1821)刻本　二冊

150000－0601－0005445　61108　子部/藝術類/書畫之屬/書/通論

草字彙十二卷　(清)石梁編　清刻本　五冊

150000－0601－0005446　61113　子部/藝術類/書畫之屬/書/通論

草字彙十二卷　(清)石梁編　清刻本　六冊

150000－0601－0005447　98219　子部/藝術類/書畫之屬/書/法帖

淳化秘閣法帖考正十二卷　(清)王澍撰　清光緒十九年(1893)虞山鮑氏後知不足齋刻本　八冊

150000－0601－0005448　98229　子部/藝術類/書畫之屬/書/法帖

御刻三希堂石渠寶笈法帖(釋文)十六卷首一卷　(清)陳焯撰　清光緒二十九年(1903)上海鴻寶齋石印本　六冊

150000－0601－0005449　98235　子部/藝術類/書畫之屬/書/法帖

御刻三希堂石渠寶笈法帖(釋文)十六卷首一卷　(清)陳焯撰　清光緒二十九年(1903)上海鴻寶齋石印本　八冊

150000－0601－0005450　98215　子部/藝術類/書畫之屬/書/法帖

南村帖考四卷　(清)程文榮撰　**開方之分邊原術一卷**　(清)宋景昌撰　清刻聚學軒叢書本　四冊

150000－0601－0005451　170603　子部/藝術類/書畫之屬/書/法帖

南村帖考四卷　(清)程文榮撰　**開方之分邊**

原術一卷 （清）宋景昌撰 清刻聚學軒叢書本 四冊

150000 – 0601 – 0005452 100974 子部/藝術類/書畫之屬/書/法帖
老子一卷 （元）趙孟頫書 （清）劉世安臨 清光緒十九年（1893）石印本 一冊

150000 – 0601 – 0005453 838032 子部/藝術類/書畫之屬/畫/通論
聲畫集八卷 （宋）孫紹遠撰 清康熙四十五年（1706）揚州使院刻本 八冊

150000 – 0601 – 0005454 98761 子部/藝術類/書畫之屬/畫/通論
畫筌一卷 （清）笪重光撰 清刻本 一冊

150000 – 0601 – 0005455 98751 子部/藝術類/書畫之屬/畫/通論
松壺畫贅二卷 （清）錢杜撰 松壺畫憶二卷 （清）錢杜撰 清光緒十四年（1888）榆園刻本 一冊

150000 – 0601 – 0005456 98754 子部/藝術類/書畫之屬/畫/通論
松壺畫憶二卷 （清）錢杜撰 清刻本 一冊

150000 – 0601 – 0005457 98784 子部/藝術類/書畫之屬/畫/通論
青霞館論畫絕句一百首一卷 （清）吳修撰 清刻本 一冊

150000 – 0601 – 0005458 98753 子部/藝術類/書畫之屬/畫/通論
南薰殿圖像考二卷 （清）胡敬撰 清嘉慶二十一年（1816）刻本 一冊

150000 – 0601 – 0005459 98739 子部/藝術類/書畫之屬/畫/通論
醉蘇齋畫訣一卷 （清）戴以恒撰 清光緒十七年（1891）刻本 一冊

150000 – 0601 – 0005460 98665 子部/藝術類/書畫之屬/畫/通論
桐陰論畫二卷首一卷附一卷二編二卷三編二卷 （清）秦祖永撰 桐陰畫訣二卷 （清）秦祖永撰 清同治三年至光緒八年（1864 – 1882）刻朱墨套印本 一冊

150000 – 0601 – 0005461 98666 子部/藝術類/書畫之屬/畫/通論
桐陰論畫二卷首一卷附一卷二編二卷三編二卷 （清）秦祖永撰 桐陰畫訣二卷 （清）秦祖永撰 清同治三年至光緒八年（1864 – 1882）刻朱墨套印本 四冊

150000 – 0601 – 0005462 98346 子部/藝術類/書畫之屬/畫/通論
懷古田舍梅統十三卷 （清）徐榮輯 清咸豐五年（1855）活字本 四冊

150000 – 0601 – 0005463 125533 子部/藝術類/書畫之屬/畫/通論
趙季梅畫友詩一卷 （清）趙彥修撰 清師許刻本 一冊

150000 – 0601 – 0005464 125534 子部/藝術類/書畫之屬/畫/通論
趙季梅畫友詩一卷 （清）趙彥修撰 清師許刻本 一冊

150000 – 0601 – 0005465 98689 子部/藝術類/書畫之屬/畫/通論
虛齋名畫錄十六卷續錄四卷 龐元濟撰 清宣統元年（1909）烏程龐氏申江刻本 二十冊

150000 – 0601 – 0005466 98709 子部/藝術類/書畫之屬/畫/通論
虛齋名畫錄十六卷續錄四卷 龐元濟撰 清宣統元年（1909）烏程龐氏申江刻本 十六冊 缺續

150000 – 0601 – 0005467 98782 子部/藝術類/書畫之屬/畫/通論
師二雲居畫贅四卷 顧綸卿撰 清光緒三十二年（1906）石印本 一冊

150000 – 0601 – 0005468 98786 子部/藝術類/書畫之屬/畫/通論
味笋軒藏顧畫錄一卷 （清）鄧元鏵輯 清光緒二十二年（1896）刻本 一冊

150000－0601－0005469　767667　子部/藝術類/書畫之屬/畫/畫譜

十竹齋書畫譜一卷　清刻餖版套印本　七冊　包背裝

150000－0601－0005470　767666　子部/藝術類/書畫之屬/畫/畫譜

精選畫譜采新初集一卷　清光緒十九年(1893)石印本　一冊

150000－0601－0005471　767661　子部/藝術類/書畫之屬/畫/畫譜

盼雲軒畫傳□□卷　清刻本　三冊　包背裝　存三卷(二至四)

150000－0601－0005472　767707　子部/藝術類/書畫之屬/畫/畫譜

吳友如畫寶十二集　(清)吳友如繪　清宣統元年(1909)石印本　二十五冊

150000－0601－0005473　767660　子部/藝術類/書畫之屬/畫/畫譜

圖畫新聞一卷　清宣統元年(1909)時事報館石印本　一冊

150000－0601－0005474　98837　子部/藝術類/音樂之屬/樂論

聖門樂志一卷　(清)孔尚任纂　清光緒十三年(1887)刻本　一冊

150000－0601－0005475　837052　子部/藝術類/音樂之屬/樂論

律學新說四卷　(明)朱載堉撰　**樂學新說一卷**　(明)朱載堉撰　**算學新說一卷**　(明)朱載堉撰　明萬曆三十四年(1606)鄭藩刻樂律全書本　六冊

150000－0601－0005476　44422　子部/藝術類/音樂之屬/樂論

御製律呂正義上編二卷下編二卷續編一卷　清刻律曆淵源本　五冊

150000－0601－0005477　128404　子部/藝術類/音樂之屬/樂論

律呂新義四卷附錄一卷　(清)江永撰　清光緒七年(1881)刻本　二冊

150000－0601－0005478　98827　子部/藝術類/音樂之屬/樂論

虞和錄二卷　(清)何夢瑤撰　清道光三十年(1850)南海伍氏刻嶺南遺書本　二冊

150000－0601－0005479　839177　子部/藝術類/音樂之屬/樂論

欽定詩經樂譜全書三十卷　(清)永瑢等修　(清)鄒奕孝纂　**欽定樂律正俗一卷**　清武英殿活字朱墨套印武英殿聚珍版書本　二十一冊

150000－0601－0005480　128851　子部/藝術類/音樂之屬/樂論

晉泰始笛律匡謬一卷　(清)凌廷堪撰　清刻聚學軒叢書本　一冊

150000－0601－0005481　128373　子部/藝術類/音樂之屬/樂論

律呂古誼六卷　(清)錢塘撰　清刻南菁書院叢書本　二冊

150000－0601－0005482　128820　子部/藝術類/音樂之屬/樂論

聲律通考十卷　(清)陳澧撰　清光緒十年(1884)粵東省城富文齋刻本　二冊

150000－0601－0005483　129140　子部/藝術類/音樂之屬/樂論

燕樂考原六卷　(清)凌廷堪撰　清咸豐元年(1851)刻粵雅堂叢書本　三冊

150000－0601－0005484　98904　子部/藝術類/音樂之屬/琴學

琴學入門二卷　(清)張鶴輯　清同治三年(1864)刻本　二冊

150000－0601－0005485　98894　子部/藝術類/音樂之屬/樂譜

大還閣琴譜六卷　(清)徐祺撰　**學琴說一卷**　**谿山琴況一卷**　清康熙十二年(1673)大還閣刻本　六冊

150000－0601－0005486　98889　子部/藝術類/音樂之屬/樂譜

自遠堂琴譜□□卷　(清)吳灯彙輯　清自遠

堂刻本　五冊　存六卷(七至十二)

150000－0601－0005487　98830　子部/藝術類/音樂之屬/樂譜

誠一堂琴譜□□卷　清刻本　三冊　存五卷(二至六)

150000－0601－0005488　767796　子部/藝術類/音樂之屬/樂譜

亦樂山房琴譜□□卷　抄本　二冊　存二卷(二至三)

150000－0601－0005489　98822　子部/藝術類/音樂之屬/樂譜

重訂擬瑟譜一卷　(清)段仔文編　(清)張懋賞編　清光緒七年(1881)刻本　一冊

150000－0601－0005490　98815　子部/藝術類/音樂之屬/樂譜

琴瑟合譜二卷　(清)憨道人纂輯　清光緒四年(1878)古敦州之蝶栩山房刻本　二冊

150000－0601－0005491　98834　子部/藝術類/音樂之屬/樂譜

小詩譜一卷　(英國)李提摩太撰　清光緒二十七年(1901)上海廣學會石印本　一冊

150000－0601－0005492　100534　子部/藝術類/篆刻之屬/論印

三十五舉一卷　(元)吾邱衍撰　續三十五舉一卷　(清)桂馥撰　再續三十五舉一卷(清)姚晏撰　清刻咫進齋叢書本　一冊

150000－0601－0005493　100535　子部/藝術類/篆刻之屬/論印

三十五舉一卷　(元)吾邱衍撰　續三十五舉一卷　(清)桂馥撰　再續三十五舉一卷(清)姚晏撰　安吳論書一卷　(清)包世臣撰　清刻咫進齋叢書本　一冊

150000－0601－0005494　100531　子部/藝術類/篆刻之屬/論印

三十五舉一卷　(元)吾邱衍撰　清光緒三年(1877)刻本　一冊

150000－0601－0005495　100532　子部/藝

術類/篆刻之屬/論印

續三十五舉一卷　(清)黃子高撰　清刻學海堂叢刻本　一冊

150000－0601－0005496　100533　子部/藝術類/篆刻之屬/論印

續三十五舉一卷　(清)黃子高撰　清刻學海堂叢刻本　一冊

150000－0601－0005497　100513　子部/藝術類/篆刻之屬/印譜

稽古山房印譜一卷　(清)宋侃篆　清嘉慶十八年(1813)稽古山房鈐印本　一冊

150000－0601－0005498　100514　子部/藝術類/篆刻之屬/印譜

青琅玕館印存五卷　(清)胡之森鐫　清道光二十一年(1841)鈐印本　五冊

150000－0601－0005499　98263　子部/藝術類/篆刻之屬/印譜

寶善堂印譜　(清)程得壽摹篆　(清)戴文燦書釋　清道光二十五年(1845)鈐印本　四冊

150000－0601－0005500　98056　子部/藝術類/篆刻之屬/印譜

陰騭文印存一卷　清光緒二十六年(1900)鈐印本　一冊

150000－0601－0005501　100494　子部/藝術類/篆刻之屬/印譜

銘雀硯齋印存一卷　清光緒二十一年(1895)鈐印本　一冊

150000－0601－0005502　100487　子部/藝術類/篆刻之屬/印譜

春雨堂印存一卷　仁和朱氏鈐印本　一冊

150000－0601－0005503　100482　子部/藝術類/篆刻之屬/印譜

印譜一卷　鈐印本　一冊

150000－0601－0005504　100497　子部/藝術類/篆刻之屬/印譜

南雅堂印譜一卷　鈐印本　一冊

150000－0601－0005505　100488　子部/藝

術類/篆刻之屬/印譜

餘慶堂圖書譜一卷 鈐印本 一冊

150000－0601－0005506　25797　子部/藝術
類/篆刻之屬/印譜

朱柏廬治家格言印譜一卷 適安草堂藏印
鈐印本 二冊

150000－0601－0005507　129068　子部/藝
術類/篆刻之屬/印譜

小石山房印譜四卷歸去來辭一卷集名刻一卷
（清）顧湘 （清）顧浩編 清道光十二年
（1832）刻暨鈐印本 六冊

150000－0601－0005508　99749　子部/藝術
類/遊藝之屬/棋

石室仙機五卷 （明）許穀撰 明刻本 四冊

150000－0601－0005509　879259　子部/藝
術類/遊藝之屬/棋

仙機武庫八集 明崇禎二年（1629）刻本
八冊

150000－0601－0005510　99753　子部/藝術
類/遊藝之屬/棋

寄青霞館奕選八卷續編八卷 （清）譚其文
（清）徐文淵選 清光緒二十三年（1897）廣州
刻本 十六冊

150000－0601－0005511　98859　子部/藝術
類/遊藝之屬/棋

桃花泉奕譜二卷 （清）范世勛撰 清乾隆三
十年（1765）刻本 二冊

150000－0601－0005512　98861　子部/藝
術類/遊藝之屬/棋

桃花泉奕譜二卷 （清）范世勛撰 清同治十
二年（1873）敦仁堂刻本 二冊

150000－0601－0005513　98863　子部/藝術
類/遊藝之屬/棋

四子譜二卷 （清）過文年撰 清刻本 二冊

150000－0601－0005514　98844　子部/藝術
類/遊藝之屬/棋

四子譜二卷 （清）過文年撰 清宣統三年

（1911）上海千頃堂書局石印本 二冊

150000－0601－0005515　49387　子部/藝術
類/遊藝之屬/棋

新選韜略元機象棋譜六卷 （清）王相 （清）
張自文彙選 （清）涂國璽等纂 清文錦堂刻
本 三冊

150000－0601－0005516　51775　子部/藝術
類/遊藝之屬/聯語

韵對典考二卷 （清）車萬育撰 （清）趙宜績
補釋 清刻本 一冊

150000－0601－0005517　26786　子部/藝
術類/遊藝之屬/聯語

韵料麗句合參二卷 清道光四年（1824）刻本
二冊

150000－0601－0005518　110325　子部/藝
術類/遊藝之屬/聯語

楹聯叢話十二卷續話四卷 （清）梁章鉅撰
楹聯雜記一卷 （清）呂淇恩續輯 清道光二
十二年（1842）刻本 六冊

150000－0601－0005519　110296　子部/藝
術類/遊藝之屬/聯語

楹聯叢話十二卷 （清）梁章鉅撰 清道光二
十年（1840）桂林署齋刻本 四冊

150000－0601－0005520　110290　子部/藝
術類/遊藝之屬/聯語

楹聯叢話十二卷 （清）梁章鉅撰 清道光二
十六年（1846）刻宜稼堂叢書本 二冊

150000－0601－0005521　110292　子部/藝
術類/遊藝之屬/聯語

楹聯叢話十二卷 （清）梁章鉅撰 清光緒十
六年（1890）醉六堂刻宜稼堂叢書本 四冊

150000－0601－0005522　110300　子部/藝
術類/遊藝之屬/聯語

楹聯續話四卷 （清）梁章鉅撰 清道光二十
三年（1843）南浦寓齋刻本 一冊

150000－0601－0005523　110301　子部/藝
術類/遊藝之屬/聯語

楹聯續話四卷　（清）梁章鉅撰　清刻本
二冊

150000－0601－0005524　53624　子部/藝術
類/遊藝之屬/聯語

增補古今集聯一卷　（清）莫友芝輯　清光緒
二十九年（1903）刻本　四冊

150000－0601－0005525　53623　子部/藝術
類/遊藝之屬/聯語

雲林別墅纂輯酬世錦囊對聯雋句續編五卷
清光緒十五年（1889）古果海清書屋刻本
一冊

150000－0601－0005526　110307　子部/藝
術類/遊藝之屬/聯語

腋裝集一卷　黃基集　清宣統三年（1911）石
印本　一冊

150000－0601－0005527　110318　子部/藝
術類/遊藝之屬/聯語

楹聯集帖一卷　（清）顧翰集　清刻本　一冊

150000－0601－0005528　110317　子部/藝
術類/遊藝之屬/聯語

楹聯錄存三卷　（清）俞樾輯　清刻本　一冊

150000－0601－0005529　125879　子部/藝
術類/遊藝之屬/聯語

集千字文楹帖一卷　（清）許正綏撰　清末排
印重桂堂外集本　一冊

150000－0601－0005530　110319　子部/藝
術類/遊藝之屬/聯語

連鬚閣楹帖一卷　（清）黎素心選　清光緒十
二年（1886）刻本　一冊

150000－0601－0005531　110313　子部/藝
術類/遊藝之屬/聯語

聖教對聯一卷　清光緒三十年（1904）刻本
一冊

150000－0601－0005532　110312　子部/藝
術類/遊藝之屬/聯語

聖教對聯選集一卷　清光緒十四年（1888）刻
本　一冊

150000－0601－0005533　123200　子部/藝
術類/遊藝之屬/詩鐘

詩夢鐘聲錄一卷　清末刻本　一冊

150000－0601－0005534　98927　子部/藝術
類/遊藝之屬/謎語

玉荷隱語二卷　（清）費源撰　**群珠集二卷**
（清）費源撰　清刻本　四冊

150000－0601－0005535　98933　子部/藝
術類/遊藝之屬/謎語

新鎸春燈謎一卷　清光緒三年（1877）刻本
二冊

150000－0601－0005536　98938　子部/藝術
類/遊藝之屬/謎語

燈謎心裁一卷　（清）寶謙編　清光緒七年
（1881）刻本　一冊

150000－0601－0005537　98937　子部/藝
術類/遊藝之屬/謎語

二十四家隱語□□卷　（清）陳應禧編輯　清
光緒八年（1882）刻本　一冊　存一卷（下）

150000－0601－0005538　128372　子部/藝
術類/遊藝之屬/投壺

投壺考原一卷　（清）丁晏撰　清咸豐六年
（1856）刻本　一冊

150000－0601－0005539　98925　子部/藝術
類/遊藝之屬/酒令

酒令叢鈔四卷　（清）俞敦培輯　清光緒四年
（1878）藝雲軒刻本　二冊

150000－0601－0005540　128969　子部/藝
術類/遊藝之屬/博戲

漢官儀三卷　（宋）劉攽撰　清道光四年
（1824）影刻本　一冊

150000－0601－0005541　128970　子部/藝
術類/遊藝之屬/博戲

漢官儀三卷　（宋）劉攽撰　清道光四年
（1824）影刻本　一冊

150000－0601－0005542　98852　子部/藝術
類/遊藝之屬/博戲

重訂宣和牙牌彙集一卷　（清）河上漁人輯
清光緒十四年（1888）刻本　一冊

150000－0601－0005543　98853　子部/藝術類/遊藝之屬/博戲

重訂宣和牙牌彙集一卷　（清）河上漁人輯
清光緒十四年（1888）刻本　二冊

150000－0601－0005544　98855　子部/藝術類/遊藝之屬/博戲

重訂宣和牙牌彙集一卷　（清）河上漁人輯
清光緒十四年（1888）刻本　二冊

150000－0601－0005545　98940　子部/藝術類/遊藝之屬/博戲

朋簪雅聚二卷　（清）三然主人撰　清光緒二十年（1894）奉天彩盛字局刻本　一冊

150000－0601－0005546　98858　子部/藝術類/遊藝之屬/雜藝

七巧書譜二卷　（清）嚴恒撰　清光緒十八年（1892）浙寧鋤經齋刻本　一冊

150000－0601－0005547　98922　子部/藝術類/遊藝之屬/雜藝

改良游戲益智圖二卷　（清）童葉庚撰　清宣統元年（1909）蘇州振新書社刻本　一冊　存一卷（上）

150000－0601－0005548　100827　子部/藝術類/飲食之屬

山家清供一卷　（宋）林洪撰　清刻本　一冊

150000－0601－0005549　100539　子部/藝術類/觀賞之屬

骨董十三說一卷　（明）董其昌撰　玉紀一卷
（清）陳性撰　清光緒二十三年（1897）香海閣刻本　一冊

150000－0601－0005550　98589　子部/藝術類/觀賞之屬

考槃餘事一卷　（明）屠隆撰　清刻龍威秘書本　二冊

150000－0601－0005551　101518　子部/藝術類/觀賞之屬

清窬齋心賞編一卷　（明）王象晉撰　明刻本　一冊

150000－0601－0005552　101271　子部/雜學類/雜論之屬

淮南子二十一卷　（漢）劉安撰　（漢）高誘注　清光緒二年（1876）浙江書局刻本　六冊

150000－0601－0005553　101277　子部/雜學類/雜論之屬

淮南子二十一卷　（漢）劉安撰　（漢）高誘注　清光緒二年（1876）浙江書局刻本　六冊

150000－0601－0005554　101298　子部/雜學類/雜論之屬

淮南子二十一卷　（漢）劉安撰　（漢）高誘注　清光緒二年（1876）浙江書局刻本　六冊

150000－0601－0005555　101292　子部/雜學類/雜論之屬

淮南鴻烈解二十一卷　（漢）劉安撰　（漢）高誘注　清刻本　六冊

150000－0601－0005556　92813　子部/雜學類/雜論之屬

論衡三十卷　（漢）王充撰　清光緒元年（1875）湖北崇文書局刻本　六冊

150000－0601－0005557　838538　子部/雜學類/雜論之屬

論衡三十卷　（漢）王充撰　（明）劉光斗評
明天啟六年（1626）刻本　六冊

150000－0601－0005558　837495　子部/雜學類/雜論之屬

天祿閣外史八卷　（漢）黃憲撰　清刻本　二冊

150000－0601－0005559　92603　子部/雜學類/雜論之屬

人物志三卷　（三國魏）劉邵撰　清刻增訂漢魏叢書本　一冊

150000－0601－0005560　101149　子部/雜學類/雜論之屬

金樓子六卷首一卷　（南朝梁）元帝蕭繹撰

清光緒元年(1875)湖北崇文書局刻本　二冊

150000－0601－0005561　101151　子部/雜
學類/雜論之屬

金樓子六卷首一卷　（南朝梁）元帝蕭繹撰
民國元年(1912)鄂官書處刻本　二冊

150000－0601－0005562　101153　子部/雜
學類/雜論之屬

劉子二卷　（北齊）劉晝撰　清光緒元年
(1875)湖北崇文書局刻本　一冊

150000－0601－0005563　101154　子部/雜
學類/雜論之屬

劉子二卷　（北齊）劉晝撰　清光緒元年
(1875)湖北崇文書局刻本　一冊

150000－0601－0005564　128468　子部/雜
學類/雜論之屬

劉子二卷　（北齊）劉晝撰　清光緒元年
(1875)湖北崇文書局刻本　一冊

150000－0601－0005565　103136　子部/雜
學類/雜論之屬

化書六卷　（五代）譚峭撰　清刻本　一冊

150000－0601－0005566　837246　子部/雜
學類/雜論之屬

草木子四卷　（明）葉子奇撰　清光緒四年
(1878)刻本　二冊

150000－0601－0005567　101157　子部/雜
學類/雜論之屬

叔苴子內篇六卷外篇二卷　（明）莊元臣撰
清光緒元年(1875)湖北崇文書局刻本　二冊

150000－0601－0005568　113245　子部/雜
學類/雜論之屬

鴻苞節錄十卷　（明）屠隆撰　清咸豐七年
(1857)章邱縣署刻本　十冊

150000－0601－0005569　113255　子部/雜
學類/雜論之屬

鴻苞節錄十卷　（明）屠隆撰　清咸豐七年
(1857)章邱縣署刻本　十冊

150000－0601－0005570　119840　子部/雜
學類/雜論之屬

魏叔子日錄三卷　（清）魏禧撰　清初刻本
一冊

150000－0601－0005571　92571　子部/雜學
類/雜論之屬

王志二卷　王闓運撰　清光緒三十三年
(1907)刻本　一冊

150000－0601－0005572　101246　子部/雜
學類/雜論之屬

浮邱子十二卷　（清）湯鵬撰　清同治四年
(1865)刻本　四冊

150000－0601－0005573　92133　子部/雜學
類/雜論之屬

東社讀史隨筆二卷　獨醒主人撰　清光緒三
十一年(1905)鑄記書局石印本　二冊

150000－0601－0005574　77979　子部/雜學
類/雜論之屬

校邠廬抗議二卷　（清）馮桂芬撰　清光緒十
年(1884)豫章刻本　二冊

150000－0601－0005575　77977　子部/雜學
類/雜論之屬

校邠廬抗議二卷　（清）馮桂芬撰　清光緒十
八年(1892)敏德堂潘刻本　二冊

150000－0601－0005576　77975　子部/雜學
類/雜論之屬

校邠廬抗議二卷　（清）馮桂芬撰　清光緒二
十四年(1898)刻本　二冊

150000－0601－0005577　116459　子部/雜
學類/雜論之屬

校邠廬抗議二卷　（清）馮桂芬撰　清廣仁堂
刻本　一冊　存一卷(一)

150000－0601－0005578　116460　子部/雜
學類/雜論之屬

校邠廬抗議二卷　（清）馮桂芬撰　清廣仁堂
刻本　一冊　存一卷(一)

150000－0601－0005579　116461　子部/雜
學類/雜論之屬

校邠廬抗議二卷 （清）馮桂芬撰 清廣仁堂刻本 二冊

150000－0601－0005580 53958 子部/雜學類/雜論之屬

校邠廬抗議二卷 （清）馮桂芬撰 清光緒二十三年（1897）弢園老民排印本 二冊

150000－0601－0005581 53960 子部/雜學類/雜論之屬

校邠廬抗議二卷 （清）馮桂芬撰 清光緒二十三年（1897）弢園老民排印本 二冊

150000－0601－0005582 47839 子部/雜學類/雜論之屬

盛世危言六卷 （清）鄭觀應撰 盛世危言續編四卷 （清）杞憂生撰 清光緒二十二年（1896）上海書局石印本 十冊

150000－0601－0005583 90064 子部/雜學類/雜論之屬

庸書內篇二卷外篇二卷 （清）陳次亮撰 清光緒二十二年（1896）刻本 四冊

150000－0601－0005584 54006 子部/雜學類/雜論之屬

理氣源流三卷 （清）黃光耀撰 清光緒十八年（1892）太華蓮華峰刻本 一冊

150000－0601－0005585 54007 子部/雜學類/雜論之屬

理氣源流三卷 （清）黃光耀撰 清光緒十八年（1892）太華蓮華峰刻本 一冊

150000－0601－0005586 99576 子部/雜學類/雜論之屬

說教一卷 （清）彭光譽撰 清光緒二十八年（1902）上海書局石印本 一冊

150000－0601－0005587 93999 子部/雜學類/雜論之屬

憲政管見錄一卷 錢文選撰 清光緒三十四年（1908）京師京華印書局排印本 一冊

150000－0601－0005588 92496 子部/雜學類/雜論之屬

國民教育資料二卷 （日本）峰是三郎撰 沈紘譯 清刻本 一冊

150000－0601－0005589 94019 子部/雜學類/雜論之屬

佐治芻言一卷 （英國）傅蘭雅口譯 （清）應祖錫筆述 清末江南製造局排印本 三冊

150000－0601－0005590 94022 子部/雜學類/雜論之屬

佐治芻言一卷 （英國）傅蘭雅口譯 （清）應祖錫筆述 清末江南製造局排印本 三冊

150000－0601－0005591 93277 子部/雜學類/社科之屬

哲學提綱一卷 清光緒三十三年至宣統三年（1907－1911）上海土山灣印書局排印本 三冊

150000－0601－0005592 93275 子部/雜學類/社科之屬

哲學論綱一卷 （法國）李奇若撰 陳鵬譯 清光緒二十八年（1902）上海廣智書局排印本 一冊

150000－0601－0005593 93289 子部/雜學類/社科之屬

名學部甲八篇首一卷 （英國）穆勒約翰撰 嚴復譯 清光緒二十八年（1902）金粟齋排印本 二冊

150000－0601－0005594 93291 子部/雜學類/社科之屬

名學部甲八篇首一卷 （英國）穆勒約翰撰 嚴復譯 清光緒二十八年（1902）金粟齋排印本 二冊

150000－0601－0005595 49488 子部/雜學類/社科之屬

辨學啓蒙一卷 （英國）哲分斯撰 （英國）艾約瑟譯 清光緒十二年（1886）總稅務司署刻本 一冊

150000－0601－0005596 94277 子部/雜學類/社科之屬

原富五部 （英國）斯密亞丹撰 嚴復譯 清

末刻本　八冊

150000 – 0601 – 0005597　94285　子部/雜學類/社科之屬

原富五部　（英國）斯密亞丹撰　嚴復譯　清末南洋公學譯書院排印本　八冊

150000 – 0601 – 0005598　94292　子部/雜學類/社科之屬

原富五部　（英國）斯密亞丹撰　嚴復譯　清末南洋公學譯書院排印本　八冊

150000 – 0601 – 0005599　47838　子部/雜學類/社科之屬

富國養民策十六章　（英國）哲分斯撰　清光緒十二年(1886)總稅務司署刻本　一冊

150000 – 0601 – 0005600　94252　子部/雜學類/社科之屬

國家學五卷　（德國）伯侖知理撰　清光緒三十四年(1908)排印韜吾精舍叢書本　二冊

150000 – 0601 – 0005601　93297　子部/雜學類/社科之屬

群學肆言十六卷　（英國）斯賓塞爾撰　嚴復譯　清光緒二十九年(1903)上海文明編譯書局排印本　二冊

150000 – 0601 – 0005602　93987　子部/雜學類/社科之屬

議會政黨論一卷　（日本）菊池學而撰　商務印書館譯　清光緒二十九年(1903)商務印書館排印本　一冊

150000 – 0601 – 0005603　101142　子部/雜學類/雜說之屬

風俗通義十卷　（漢）應劭撰　清光緒元年(1875)湖北崇文書局刻本　二冊

150000 – 0601 – 0005604　101144　子部/雜學類/雜說之屬

風俗通義十卷　（漢）應劭撰　清光緒元年(1875)湖北崇文書局刻本　二冊

150000 – 0601 – 0005605　101155　子部/雜學類/雜說之屬

風俗通義十卷　（漢）應劭撰　清光緒元年(1875)湖北崇文書局刻本　二冊

150000 – 0601 – 0005606　49742　子部/雜學類/雜說之屬

風俗通義十卷　（漢）應劭撰　**人物志三卷**（三國魏）劉邵撰　清刻增訂漢魏叢書本　二冊

150000 – 0601 – 0005607　110995　子部/雜學類/雜說之屬

讒書五卷　（唐）羅隱撰　清嘉慶十二年(1807)刻本　一冊

150000 – 0601 – 0005608　110994　子部/雜學類/雜說之屬

讒書五卷附校一卷　（唐）羅隱撰　清邵武徐氏刻本　一冊

150000 – 0601 – 0005609　103165　子部/雜學類/雜說之屬

東原錄一卷　（宋）龔鼎臣撰　清光緒三年(1877)陸氏十萬卷樓刻本　一冊

150000 – 0601 – 0005610　92678　子部/雜學類/雜說之屬

東萊呂紫微師友雜志一卷　（宋）呂本中撰
東萊呂紫微雜說一卷　（宋）呂本中撰　清光緒二年至三年(1876 – 1877)吳興陸氏十萬卷樓刻本　一冊

150000 – 0601 – 0005611　103139　子部/雜學類/雜說之屬

南窗紀談一卷　清刻知不足齋叢書本　一冊

150000 – 0601 – 0005612　767737　子部/雜學類/雜說之屬

避暑錄話□□卷　（宋）張舜民撰　**畫墁錄一卷**　（宋）張舜民撰　明刻本　一冊　存一卷（下）

150000 – 0601 – 0005613　92680　子部/雜學類/雜說之屬

元城語錄三卷附錄一卷　（宋）馬永卿編　清刻本　一冊

150000－0601－0005614　101677　子部/雜學類/雜說之屬

容齋隨筆十六卷首一卷續筆十六卷三筆十六卷四筆十六卷五筆十卷　（宋）洪邁撰　清同治十一年(1872)刻光緒九年(1883)刷印本　十四冊

150000－0601－0005615　129198　子部/雜學類/雜說之屬

老學庵筆記十卷　（宋）陸游撰　清光緒三年(1877)湖北崇文書局刻本　一冊

150000－0601－0005616　103085　子部/雜學類/雜說之屬

宜齋野乘一卷　（宋）吳枋撰　清光緒十四年(1888)江陰金氏刻粟香室叢書本　一冊

150000－0601－0005617　39218　子部/雜學類/雜說之屬

輟耕錄三十卷　（元）陶宗儀撰　明刻本　十冊

150000－0601－0005618　102145　子部/雜學類/雜說之屬

輟耕錄三十卷　（元）陶宗儀撰　明刻本　八冊

150000－0601－0005619　102153　子部/雜學類/雜說之屬

輟耕錄三十卷　（元）陶宗儀撰　明刻本　八冊

150000－0601－0005620　102161　子部/雜學類/雜說之屬

輟耕錄三十卷　（元）陶宗儀撰　明刻本　九冊

150000－0601－0005621　102170　子部/雜學類/雜說之屬

輟耕錄三十卷　（元）陶宗儀撰　明刻本　八冊

150000－0601－0005622　102178　子部/雜學類/雜說之屬

輟耕錄三十卷　（元）陶宗儀撰　明刻本　八冊

150000－0601－0005623　102186　子部/雜學類/雜說之屬

輟耕錄三十卷　（元）陶宗儀撰　明刻本　八冊

150000－0601－0005624　D2539　子部/雜學類/雜說之屬

輟耕錄三十卷　（元）陶宗儀撰　明末刻津逮秘書本　六冊

150000－0601－0005625　102236　子部/雜學類/雜說之屬

七修類稿五十一卷續稿七卷　（明）郎瑛撰　廣州翰墨園刻本　十二冊

150000－0601－0005626　54048　子部/雜學類/雜說之屬

七修類稿五十一卷　（明）郎瑛撰　清耕烟草堂刻本　十四冊

150000－0601－0005627　102964　子部/雜學類/雜說之屬

紫桃軒雜綴四卷又綴四卷　（明）李日華撰　明刻本　二冊

150000－0601－0005628　142989　子部/雜學類/雜說之屬

少室山房筆叢四十八卷　（明）胡應麟撰　詩藪內編六卷外編四卷雜編六卷　（明）胡應麟撰　清光緒二十二年(1896)廣雅書局刻本　七冊

150000－0601－0005629　102555　子部/雜學類/雜說之屬

蒿庵閑話二卷　（清）張爾岐撰　談龍錄一卷　（清）趙執信撰　清刻本　一冊

150000－0601－0005630　102571　子部/雜學類/雜說之屬

分甘餘話二卷　（清）王士禎撰　清刻本　一冊

150000－0601－0005631　170657　子部/雜學類/雜說之屬

分甘餘話四卷　（清）王士禎撰　清刻本　二冊

150000 – 0601 – 0005632　102514　子部/雜
學類/雜說之屬

池北偶談二十六卷　（清）王士禛撰　清刻本
十二冊

150000 – 0601 – 0005633　102526　子部/雜
學類/雜說之屬

池北偶談二十六卷　（清）王士禛撰　清刻本
八冊

150000 – 0601 – 0005634　54062　子部/雜學
類/雜說之屬

池北偶談二十六卷　（清）王士禛撰　清刻本
六冊

150000 – 0601 – 0005635　102216　子部/雜
學類/雜說之屬

居易錄三十四卷　（清）王士禛撰　清博文堂
刻本　十二冊

150000 – 0601 – 0005636　102228　子部/雜
學類/雜說之屬

居易錄三十四卷　（清）王士禛撰　清刻本
八冊

150000 – 0601 – 0005637　102948　子部/雜
學類/雜說之屬

香祖筆記十二卷　（清）王士禛撰　清康熙四
十四年（1705）刻本　六冊

150000 – 0601 – 0005638　102954　子部/雜
學類/雜說之屬

香祖筆記十二卷　（清）王士禛撰　清康熙四
十四年（1705）刻本　六冊

150000 – 0601 – 0005639　102628　子部/雜
學類/雜說之屬

香祖筆記十二卷　（清）王士禛撰　清刻本
二冊

150000 – 0601 – 0005640　101948　子部/雜
學類/雜說之屬

堅瓠集四卷二集四卷三集四卷四集四卷五
集四卷六集四卷七集四卷八集四卷九集四
卷十集四卷續集四卷廣集六卷補集六卷秘
集六卷餘集四卷　（清）褚人穫撰　清康熙

刻本　三十二冊

150000 – 0601 – 0005641　103234　子部/雜
學類/雜說之屬

景船齋雜記二卷　（清）章有謨撰　清末申報
館排印本　一冊

150000 – 0601 – 0005642　101629　子部/雜
學類/雜說之屬

廣陽雜記五卷　（清）劉獻廷撰　清刻本
五冊

150000 – 0601 – 0005643　102829　子部/雜
學類/雜說之屬

人海記二卷　（清）查慎行撰　清光緒七年
（1881）刻本　二冊

150000 – 0601 – 0005644　115115　子部/雜
學類/雜說之屬

此木軒雜著八卷　（清）焦袁熹撰　清嘉慶九
年（1804）刻本　四冊

150000 – 0601 – 0005645　102851　子部/雜
學類/雜說之屬

隨園隨筆二十八卷　（清）袁枚撰　清刻本
八冊

150000 – 0601 – 0005646　102379　子部/雜
學類/雜說之屬

寒夜叢談三卷　（清）沈赤然撰　清光緒十一
年（1885）新陽趙氏刻本　一冊

150000 – 0601 – 0005647　102380　子部/雜
學類/雜說之屬

寒夜叢談三卷　（清）沈赤然撰　清光緒十一
年（1885）新陽趙氏刻本　一冊

150000 – 0601 – 0005648　102296　子部/雜
學類/雜說之屬

履園叢話二十四卷　（清）錢泳撰　清道光五
年（1825）刻同治九年（1870）重修本　十二冊

150000 – 0601 – 0005649　102308　子部/雜
學類/雜說之屬

履園叢話二十四卷　（清）錢泳撰　清道光五
年（1825）刻同治九年（1870）重修本　十冊

150000 – 0601 – 0005650　39689　子部/雜學類/雜說之屬

定香亭筆談四卷　（清）阮元撰　清光緒二十五年(1899)浙江書局刻本　四冊

150000 – 0601 – 0005651　102630　子部/雜學類/雜說之屬

定香亭筆談四卷　（清）阮元撰　清光緒二十五年(1899)浙江書局刻本　四冊

150000 – 0601 – 0005652　102634　子部/雜學類/雜說之屬

定香亭筆談四卷　（清）阮元撰　清光緒二十五年(1899)浙江書局刻本　四冊

150000 – 0601 – 0005653　158478　子部/雜學類/雜說之屬

梁氏筆記　（清）梁章鉅撰　清宣統三年(1911)上海掃葉山房石印本　八冊

150000 – 0601 – 0005654　102741　子部/雜學類/雜說之屬

退庵隨筆二十二卷　（清）梁章鉅撰　清道光十七年(1837)刻本　八冊

150000 – 0601 – 0005655　124936　子部/雜學類/雜說之屬

退庵隨筆二十二卷　（清）梁章鉅撰　清刻同治十一年(1872)梁恭辰補刻本　一冊　存二卷(二十一至二十二)

150000 – 0601 – 0005656　170515　子部/雜學類/雜說之屬

退庵隨筆二十二卷　（清）梁章鉅撰　清光緒元年(1875)刻本　八冊　存二十卷(一至二十)

150000 – 0601 – 0005657　103126　子部/雜學類/雜說之屬

浪跡三談六卷　（清）梁章鉅撰　清咸豐七年(1857)福州梁氏刻本　二冊

150000 – 0601 – 0005658　102545　子部/雜學類/雜說之屬

歸田瑣記八卷　（清）梁章鉅撰　清道光二十五年(1845)刻本　四冊

150000 – 0601 – 0005659　102608　子部/雜學類/雜說之屬

思補齋筆記八卷　（清）潘世恩撰　清刻本　二冊

150000 – 0601 – 0005660　102610　子部/雜學類/雜說之屬

思補齋筆記八卷　（清）潘世恩撰　清刻本　一冊

150000 – 0601 – 0005661　103057　子部/雜學類/雜說之屬

交翠軒筆記四卷　（清）沈濤撰　清道光八年(1828)刻本　四冊

150000 – 0601 – 0005662　101797　子部/雜學類/雜說之屬

吹網錄六卷　（清）葉廷琯撰　清同治八年(1869)刻本　三冊

150000 – 0601 – 0005663　102248　子部/雜學類/雜說之屬

鷗陂漁話六卷　（清）葉廷琯撰　清同治九年(1870)姑蘇謝文翰齋刻本　三冊

150000 – 0601 – 0005664　102251　子部/雜學類/雜說之屬

鷗陂漁話六卷　（清）葉廷琯撰　清同治九年(1870)姑蘇謝文翰齋刻本　二冊

150000 – 0601 – 0005665　102253　子部/雜學類/雜說之屬

鷗陂漁話六卷　（清）葉廷琯撰　清同治九年(1870)姑蘇謝文翰齋刻本　二冊

150000 – 0601 – 0005666　103360　子部/雜學類/雜說之屬

重論文齋筆錄十二卷　（清）王端履輯　清道光二十六年(1846)刻本　十二冊

150000 – 0601 – 0005667　102257　子部/雜學類/雜說之屬

冷廬雜識八卷　（清）陸以湉撰　清咸豐六年(1856)刻本　八冊

150000 – 0601 – 0005668　101624　子部/雜

學類/雜說之屬

寒秀草堂筆記四卷 （清）姚衡撰　清歸安姚
氏刻咫進齋叢書本　一冊

150000－0601－0005669　53913　子部/雜學
類/雜說之屬

求闕齋日記類鈔二卷 （清）曾國藩撰　（清）
王啓原編　清光緒二年(1876)傳忠書局刻本
　二冊

150000－0601－0005670　115177　子部/雜
學類/雜說之屬

求闕齋日記類鈔二卷 （清）曾國藩撰　（清）
王啓原編　清光緒二年(1876)傳忠書局刻本
　二冊

150000－0601－0005671　101623　子部/雜
學類/雜說之屬

無事爲福齋隨筆二卷 （清）韓泰華撰　清刻
本　一冊

150000－0601－0005672　50452　子部/雜學
類/雜說之屬

思益堂日札五卷 （清）周壽昌撰　清末申報
館排印本　二冊

150000－0601－0005673　50454　子部/雜學
類/雜說之屬

夢園叢說內篇八卷 （清）方濬頤撰　清末申
報館排印本　一冊

150000－0601－0005674　102685　子部/雜
學類/雜說之屬

茶香室叢鈔二十三卷續鈔二十五卷 （清）俞
樾撰　清光緒九年(1883)吳下春在堂刻本
十二冊

150000－0601－0005675　102679　子部/雜
學類/雜說之屬

茶香室叢鈔二十三卷 （清）俞樾撰　清光緒
九年(1883)吳下春在堂刻本　六冊

150000－0601－0005676　102535　子部/雜
學類/雜說之屬

止園筆談八卷 （清）史夢蘭撰　清光緒四年
(1878)刻本　四冊

150000－0601－0005677　101717　子部/雜
學類/雜說之屬

郎潛紀聞十四卷二筆十六卷三筆十二卷
（清）陳康祺撰　清光緒六年至十一年(1880－
1885)琴川刻本　十二冊

150000－0601－0005678　92574　子部/雜學
類/雜說之屬

太史冉蟬庵先生語錄類編五卷 （清）冉永光
撰　清乾隆十七年(1752)刻本　六冊

150000－0601－0005679　103160　子部/雜
學類/雜說之屬

寄龕甲志四卷 （清）宛委山民撰　清光緒二
十一年(1895)刻寄龕雜著本　一冊

150000－0601－0005680　102574　子部/雜
學類/雜說之屬

雨堂偶筆一卷　清刻本　一冊

150000－0601－0005681　103149　子部/雜
學類/雜說之屬

泖東草堂筆記二十卷 （清）沈宗祉撰　清宣
統二年(1910)上海時中書局松江明新書局排
印本　四冊

150000－0601－0005682　103153　子部/雜
學類/雜說之屬

查浦輯聞二卷 （清）查嗣瑮撰　清刻本
四冊

150000－0601－0005683　103188　子部/雜
學類/雜說之屬

楚庭稗珠錄六卷 （清）檀萃撰　清乾隆三十
八年(1773)刻本　六冊

150000－0601－0005684　50490　子部/雜學
類/雜說之屬

花間笑語五卷 （清）釀花使者撰　清嘉慶十
一年(1806)刻本　二冊

150000－0601－0005685　103206　子部/雜
學類/雜說之屬

花間笑語四卷 （清）釀花使者撰　清咸豐九
年(1859)刻本　三冊

150000－0601－0005686　50492　子部/雜學類/雜說之屬

餘墨偶談八卷續集八卷　（清）孫橒撰　清刻本　十冊　存七卷（二至八）

150000－0601－0005687　50512　子部/雜學類/雜說之屬

常談叢錄九卷　（清）李元復撰　清刻本　六冊

150000－0601－0005688　92166　子部/雜學類/雜說之屬

求己錄三卷　（清）盧涇遁士撰　清光緒二十六年（1900）刻本　三冊

150000－0601－0005689　10285　子部/雜學類/雜說之屬

豈有此理四卷　清嘉慶四年（1799）刻本　四冊

150000－0601－0005690　102974　子部/雜學類/雜說之屬

豈有此理四卷　清刻本　五冊

150000－0601－0005691　102982　子部/雜學類/雜說之屬

更豈有此理四卷　清嘉慶五年（1800）刻本　四冊

150000－0601－0005692　102978　子部/雜學類/雜說之屬

更豈有此理四卷　清嘉慶十九年（1814）醒目齋刻本　四冊

150000－0601－0005693　149913　子部/雜學類/雜說之屬

阮盦筆記五種　況周儀撰　清光緒三十三年（1907）白門刻蕙風叢書本　二冊

150000－0601－0005694　102563　子部/雜學類/雜說之屬

蘭雲菱夢樓筆記一卷　況周儀撰　刻本　一冊

150000－0601－0005695　102559　子部/雜學類/雜說之屬

蕙風簃隨筆二卷二筆二卷　況周儀撰　清末刻本　一冊

150000－0601－0005696　102560　子部/雜學類/雜說之屬

蕙風簃隨筆二卷二筆二卷　況周儀撰　清末刻本　一冊　缺

150000－0601－0005697　102561　子部/雜學類/雜說之屬

蕙風簃隨筆二卷二筆二卷　況周儀撰　清末刻本　一冊　缺

150000－0601－0005698　102562　子部/雜學類/雜說之屬

蕙風簃隨筆二卷二筆二卷　況周儀撰　清末刻本　一冊　缺

150000－0601－0005699　169884　子部/雜學類/雜考之屬

讀書雜志十卷餘二卷　（清）王念孫撰　清同治十年（1871）金陵書局刻本　二十四冊

150000－0601－0005700　169908　子部/雜學類/雜考之屬

讀書雜志十卷餘二卷　（清）王念孫撰　清同治十年（1871）金陵書局刻本　二十三冊

150000－0601－0005701　169955　子部/雜學類/雜考之屬

讀書雜志十卷餘二卷　（清）王念孫撰　清同治十年（1871）金陵書局刻本　二十四冊

150000－0601－0005702　169979　子部/雜學類/雜考之屬

讀書雜志十卷餘二卷　（清）王念孫撰　清同治十年（1871）金陵書局刻本　二十四冊

150000－0601－0005703　54019　子部/雜學類/雜考之屬

讀書雜志十卷餘二卷　（清）王念孫撰　清刻本　二十四冊

150000－0601－0005704　169931　子部/雜學類/雜考之屬

讀書雜志十卷餘二卷　（清）王念孫撰　清刻

本　二十四冊

150000－0601－0005705　170003　子部/雜學類/雜考之屬

讀書雜志十卷餘二卷　（清）王念孫撰　清刻本　二十四冊

150000－0601－0005706　170027　子部/雜學類/雜考之屬

讀書雜志十卷餘二卷　（清）王念孫撰　清光緒二十年(1894)上海醉六堂石印本　八冊

150000－0601－0005707　170035　子部/雜學類/雜考之屬

讀書雜志十卷餘二卷　（清）王念孫撰　清光緒二十年(1894)上海醉六堂石印本　八冊

150000－0601－0005708　49741　子部/雜學類/雜考之屬

古今注一卷　（晉）崔豹撰　**博物志十卷**（晉）張華撰　清刻本　一冊

150000－0601－0005709　170624　子部/雜學類/雜考之屬

古今注一卷　（晉）崔豹撰　**博物志十卷**（晉）張華撰　清刻本　一冊

150000－0601－0005710　101691　子部/雜學類/雜考之屬

夢溪筆談二十六卷首一卷末一卷補筆談三卷續筆談十一篇校字記一卷　（宋）沈括撰　清光緒三十二年(1906)番禺陶氏愛廬刻本　四冊

150000－0601－0005711　102750　子部/雜學類/雜考之屬

考古質疑六卷　（宋）葉大慶撰　清刻武英殿聚珍版書本　二冊

150000－0601－0005712　101886　子部/雜學類/雜考之屬

困學紀聞二十卷　（宋）王應麟撰　清乾隆三年(1738)馬氏叢書樓刻本　八冊

150000－0601－0005713　838516　子部/雜學類/雜考之屬

困學紀聞二十卷　（宋）王應麟撰　清乾隆三年(1738)馬氏叢書樓刻本　十六冊

150000－0601－0005714　101912　子部/雜學類/雜考之屬

校訂困學紀聞集證二十卷　（宋）王應麟撰（清）閻若璩等箋　清嘉慶十二年(1807)刻本　十二冊

150000－0601－0005715　101924　子部/雜學類/雜考之屬

校訂困學紀聞集證二十卷　（宋）王應麟撰（清）閻若璩等箋　清嘉慶十二年(1807)刻本　十二冊

150000－0601－0005716　101908　子部/雜學類/雜考之屬

困學紀聞二十卷　（宋）王應麟撰　（清）閻若璩等箋　清同治九年(1870)揚州書局刻本　四冊

150000－0601－0005717　8950　子部/雜學類/雜考之屬

校訂困學紀聞五箋二十卷　（宋）王應麟撰（清）閻若璩等箋　（清）萬希槐集證　清經正堂刻本　八冊

150000－0601－0005718　49473　子部/雜學類/雜考之屬

校訂困學紀聞五箋二十卷　（宋）王應麟撰（清）閻若璩等箋　（清）萬希槐集證　清經正堂刻本　十二冊

150000－0601－0005719　101894　子部/雜學類/雜考之屬

困學紀聞二十卷　（宋）王應麟撰　（清）閻若璩箋　（清）何焯箋　清刻本　六冊

150000－0601－0005720　101936　子部/雜學類/雜考之屬

困學紀聞注二十卷　（清）翁元圻撰　清道光五年(1825)刻本　十二冊

150000－0601－0005721　92848　子部/雜學類/雜考之屬

慈溪黃氏日鈔分類九十七卷　（宋）黃震撰

清乾隆三十二年(1767)汪氏刻本　二十四冊

150000 – 0601 – 0005722　113353　子部/雜學類/雜考之屬

升庵外集一百卷　(明)楊慎撰　清道光二十四年(1844)刻本　二十四冊

150000 – 0601 – 0005723　59775　子部/雜學類/雜考之屬

通雅五十二卷首三卷　(清)方以智撰　清康熙五年(1666)刻本　十二冊

150000 – 0601 – 0005724　59787　子部/雜學類/雜考之屬

通雅五十二卷首三卷　(清)方以智撰　清光緒六年(1880)桐城方氏刻本　十冊

150000 – 0601 – 0005725　59797　子部/雜學類/雜考之屬

通雅五十二卷首三卷　(清)方以智撰　清光緒六年(1880)桐城方氏刻本　十六冊

150000 – 0601 – 0005726　101816　子部/雜學類/雜考之屬

日知錄三十二卷　(清)顧炎武撰　清康熙三十四年(1695)刻本　八冊

150000 – 0601 – 0005727　101824　子部/雜學類/雜考之屬

日知錄三十二卷　(清)顧炎武撰　清康熙三十四年(1695)刻本　十二冊

150000 – 0601 – 0005728　49453　子部/雜學類/雜考之屬

日知錄三十二卷　(清)顧炎武撰　**日知錄之餘四卷**　(清)顧炎武撰　清乾隆六十年(1795)刻本　二十冊

150000 – 0601 – 0005729　101868　子部/雜學類/雜考之屬

日知錄之餘四卷　(清)顧炎武撰　清宣統元年(1909)吳中刻本　二冊

150000 – 0601 – 0005730　101852　子部/雜學類/雜考之屬

日知錄集釋三十二卷刊誤二卷續刊誤二卷

(清)顧炎武撰　(清)黃汝成集釋　清道光十四年至十八年(1834 – 1838)嘉定黃氏西溪草廬刻本　十六冊

150000 – 0601 – 0005731　101870　子部/雜學類/雜考之屬

日知錄集釋三十二卷刊誤二卷續刊誤二卷
(清)顧炎武撰　(清)黃汝成集釋　清同治十一年(1872)湖北崇文書局刻本　十六冊

150000 – 0601 – 0005732　101836　子部/雜學類/雜考之屬

日知錄集釋三十二卷刊誤二卷續刊誤二卷
(清)顧炎武撰　(清)黃汝成集釋　清光緒三年(1877)刻本　十六冊

150000 – 0601 – 0005733　8986　子部/雜學類/雜考之屬

日知錄集釋三十二卷刊誤二卷續刊誤二卷
(清)顧炎武撰　(清)黃汝成集釋　民國元年(1912)鄂官書處刻本　十六冊

150000 – 0601 – 0005734　42540　子部/雜學類/雜考之屬

日知錄集釋三十二卷刊誤二卷續刊誤二卷
(清)顧炎武撰　(清)黃汝成集釋　清光緒二十一年(1895)上海點石齋石印本　六冊

150000 – 0601 – 0005735　101639　子部/雜學類/雜考之屬

菰中隨筆一卷　(清)顧炎武撰　清道光十二年(1832)長白鄂山刻本　一冊

150000 – 0601 – 0005736　101640　子部/雜學類/雜考之屬

菰中隨筆一卷　(清)顧炎武撰　清光緒十一年(1885)吳縣孫溪槐廬家塾上海掃葉山房刻本　一冊

150000 – 0601 – 0005737　102556　子部/雜學類/雜考之屬

湛園札記四卷　(清)姜宸英撰　清刻本　一冊

150000 – 0601 – 0005738　102557　子部/雜學類/雜考之屬

湛園札記四卷 （清）姜宸英撰 清刻本
二冊

150000 - 0601 - 0005739 101615 子部/雜
學類/雜考之屬

潛邱札記六卷 （清）閻若璩撰 **左汾近稿一
卷** （清）閻詠撰 清乾隆十年(1745)刻本
三冊

150000 - 0601 - 0005740 93176 子部/雜學
類/雜考之屬

義門讀書記一卷 （清）何焯撰 清乾隆十六
年(1751)光緒六年(1880)重修本 十六冊

150000 - 0601 - 0005741 102573 子部/雜
學類/雜考之屬

掌錄二卷 （清）陳祖范撰 清刻本 一冊

150000 - 0601 - 0005742 839681 子部/雜
學類/雜考之屬

訂訛雜錄十卷 （清）胡鳴玉撰 清乾隆二十
三年(1758)刻本 二冊

150000 - 0601 - 0005743 93064 子部/雜學
類/雜考之屬

全謝山先生經史問答十卷 （清）全祖望撰
清乾隆三十一年(1766)刻本 二冊

150000 - 0601 - 0005744 92597 子部/雜學
類/雜考之屬

龍城札記三卷 （清）盧文弨撰 清末刻式訓
堂叢書本 一冊

150000 - 0601 - 0005745 101773 子部/雜
學類/雜考之屬

陔餘叢考四十三卷 （清）趙翼撰 清乾隆五
十五年(1790)刻本 十六冊

150000 - 0601 - 0005746 D2555 子部/雜學
類/雜考之屬

陔餘叢考四十三卷 （清）趙翼撰 清乾隆五
十六年(1791)刻本 十二冊

150000 - 0601 - 0005747 41626 子部/雜學
類/雜考之屬

十駕齋養新錄二十卷餘錄三卷 （清）錢大昕

撰 清光緒二年(1876)浙江書局刻本 八冊

150000 - 0601 - 0005748 102356 子部/雜
學類/雜考之屬

十駕齋養新錄二十卷餘錄三卷 （清）錢大昕
撰 清光緒二年(1876)浙江書局刻本 八冊

150000 - 0601 - 0005749 103071 子部/雜
學類/雜考之屬

讀書脞錄七卷 （清）孫志祖撰 清嘉慶四年
(1799)刻本 二冊

150000 - 0601 - 0005750 101645 子部/雜
學類/雜考之屬

札樸十卷 （清）桂馥撰 清嘉慶十八年
(1813)小李山房刻本 六冊

150000 - 0601 - 0005751 101651 子部/雜
學類/雜考之屬

札樸十卷 （清）桂馥撰 清嘉慶十八年
(1813)小李山房刻本 十冊

150000 - 0601 - 0005752 101661 子部/雜
學類/雜考之屬

札樸十卷 （清）桂馥撰 清光緒九年(1883)
長洲蔣氏心矩齋刻本 八冊

150000 - 0601 - 0005753 93204 子部/雜學
類/雜考之屬

群書札記十六卷 （清）朱亦棟撰 清光緒四
年(1878)武林竹簡齋刻本 六冊

150000 - 0601 - 0005754 93210 子部/雜學
類/雜考之屬

群書札記十六卷 （清）朱亦棟撰 清光緒四
年(1878)武林竹簡齋刻本 六冊

150000 - 0601 - 0005755 101597 子部/雜
學類/雜考之屬

群書札記十六卷 （清）朱亦棟撰 清光緒四
年(1878)武林竹簡齋刻本 六冊

150000 - 0601 - 0005756 101603 子部/雜
學類/雜考之屬

群書札記十六卷 （清）朱亦棟撰 清光緒四
年(1878)武林竹簡齋刻本 六冊

150000 – 0601 – 0005757　101609　子部/雜
學類/雜考之屬

群書札記十六卷　（清）朱亦棟撰　清光緒四
年(1878)武林竹簡齋刻本　六冊

150000 – 0601 – 0005758　91323　子部/雜學
類/雜考之屬

小學盦遺書四卷　（清）錢馥撰　清光緒二十
一年(1895)清風室什邡刻本　一冊

150000 – 0601 – 0005759　102764　子部/雜
學類/雜考之屬

禮耕堂叢說一卷　（清）施國祁撰　清道光二
十五年(1845)刻本　一冊

150000 – 0601 – 0005760　101622　子部/雜
學類/雜考之屬

炳燭編四卷　（清）李賡芸撰　清同治十一年
(1872)滂喜齋刻本　一冊

150000 – 0601 – 0005761　128479　子部/雜
學類/雜考之屬

半氈齋題跋二卷　（清）江藩撰　清刻本
一冊

150000 – 0601 – 0005762　103168　子部/雜
學類/雜考之屬

鄭堂札記五卷　（清）周中孚撰　清刻本
一冊

150000 – 0601 – 0005763　116717　子部/雜
學類/雜考之屬

癸巳類稿十五卷　（清）俞正燮撰　清道光十
三年(1833)求日益齋刻本　十二冊

150000 – 0601 – 0005764　116729　子部/雜
學類/雜考之屬

癸巳類稿十五卷　（清）俞正燮撰　清道光十
三年(1833)求日益齋刻本　七冊

150000 – 0601 – 0005765　116736　子部/雜
學類/雜考之屬

癸巳類稿十五卷　（清）俞正燮撰　清道光十
三年(1833)求日益齋刻本　八冊

150000 – 0601 – 0005766　101695　子部/雜

學類/雜考之屬

癸巳存稿十五卷　（清）俞正燮撰　清光緒十
年(1884)刻本　六冊

150000 – 0601 – 0005767　92595　子部/雜學
類/雜考之屬

箓友臆說一卷　（清）王筠撰　清光緒二十一
年(1895)長沙使院元和江氏師鄶刻本　一冊

150000 – 0601 – 0005768　102723　子部/雜
學類/雜考之屬

懷小編二十卷　（清）沈濂撰　清咸豐四年
(1854)刻本　六冊

150000 – 0601 – 0005769　93157　子部/雜學
類/雜考之屬

東塾讀書記□□卷　（清）陳澧撰　清廣州林
記書莊刻本（原存卷一至十二、十五至十六、
二十一）　六冊

150000 – 0601 – 0005770　93163　子部/雜學
類/雜考之屬

東塾讀書記□□卷　（清）陳澧撰　清刻本
(原存卷一至十二、十五至十六、二十一)
五冊

150000 – 0601 – 0005771　93168　子部/雜學
類/雜考之屬

東塾讀書記□□卷　（清）陳澧撰　清刻本
(原存卷一至十二、十五至十六、二十一)
五冊

150000 – 0601 – 0005772　54043　子部/雜學
類/雜考之屬

求闕齋讀書録十卷　（清）曾國藩撰　（清）王
啓原編　清光緒二年(1876)傳忠書局刻本
四冊

150000 – 0601 – 0005773　102382　子部/雜
學類/雜考之屬

求闕齋讀書録十卷　（清）曾國藩撰　（清）王
定安編　清光緒二年(1876)都門刻本　四冊

150000 – 0601 – 0005774　93192　子部/雜學
類/雜考之屬

讀書雜識十二卷　（清）勞格撰　清同治四年

(1865)吳興丁氏刻月河精舍叢書本　四冊

150000－0601－0005775　128483　子部/雜學類/雜考之屬

古書疑義舉例七卷　（清）俞樾撰　清刻弟一樓叢書本　二冊

150000－0601－0005776　102762　子部/雜學類/雜考之屬

湖樓筆談七卷　（清）俞樾撰　清刻弟一樓叢書本　二冊

150000－0601－0005777　92589　子部/雜學類/雜考之屬

無邪堂答問五卷　（清）朱一新撰　清光緒二十一年(1895)廣雅書局刻本　五冊

150000－0601－0005778　120816　子部/雜學類/雜考之屬

義烏朱氏論學遺札一卷　（清）朱一新撰　清光緒二十四年(1898)刻本　一冊

150000－0601－0005779　120817　子部/雜學類/雜考之屬

義烏朱氏論學遺札一卷　（清）朱一新撰　清光緒二十四年(1898)刻本　一冊

150000－0601－0005780　161207　子部/雜學類/雜考之屬

援鶉堂筆記五十卷刊誤一卷刊誤補遺一卷
（清）姚範撰　清道光十五年(1835)刻本　十六冊

150000－0601－0005781　102617　子部/雜學類/雜考之屬

淮南雜識四卷　（清）聞益撰　清同治七年(1868)刻本　四冊

150000－0601－0005782　102330　子部/雜學類/雜考之屬

麗廔薈錄十四卷　（清）蔣超伯撰　**爽鳩要錄二卷**　（清）蔣超伯撰　清同治五年(1866)刻本　八冊

150000－0601－0005783　102318　子部/雜學類/雜考之屬

蕉軒隨錄十二卷　（清）方濬師撰　清同治十一年(1872)退一步齋刻本　十二冊

150000－0601－0005784　98148　子部/雜學類/雜考之屬

燕在閣知新錄十卷　（清）王棠撰　清康熙五十六年(1717)刻本　十冊

150000－0601－0005785　92693　子部/雜學類/雜考之屬

群書辨疑九卷　（清）萬斯同纂　清嘉慶二十一年(1816)刻本　三冊

150000－0601－0005786　162591　子部/雜學類/雜考之屬

蛾術編八十二卷　（清）王鳴盛撰　清道光二十一年(1841)刻本　十六冊

150000－0601－0005787　102256　子部/雜學類/雜考之屬

讀有用書齋雜著二卷　（清）韓應陛撰　清同治九年(1870)古婁韓氏刻本　一冊

150000－0601－0005788　103055　子部/雜學類/雜考之屬

儉德堂讀書隨筆二卷　（清）劉庠撰　清宣統二年(1910)排印本　二冊

150000－0601－0005789　103102　子部/雜學類/雜考之屬

東望望閣隨筆一卷　（清）丙塘居士撰　清刻本　一冊

150000－0601－0005790　92944　子部/雜學類/雜考之屬

濼源問答十二卷　（清）沈可培撰　清嘉慶二十年(1815)刻本　四冊

150000－0601－0005791　92948　子部/雜學類/雜考之屬

濼源問答十二卷　（清）沈可培撰　清嘉慶二十年(1815)刻本　六冊

150000－0601－0005792　113833　子部/雜學類/雜考之屬

一鐙精舍甲部稿五卷　（清）何秋濤撰　清光

緒五年(1879)淮南書局刻本　一冊

150000－0601－0005793　113834　子部/雜學類/雜考之屬

一鐙精舍甲部稿五卷　(清)何秋濤撰　清光緒五年(1879)淮南書局刻本　一冊

150000－0601－0005794　113835　子部/雜學類/雜考之屬

一鐙精舍甲部稿五卷　(清)何秋濤撰　清光緒五年(1879)淮南書局刻本　一冊

150000－0601－0005795　114058　子部/雜學類/雜考之屬

三冬識餘二卷　(清)劉希向撰　清咸豐八年(1858)刻本　二冊

150000－0601－0005796　114285　子部/雜學類/雜考之屬

六九齋饌述稿五卷　(清)陳璲撰　清刻蘇州文學山房刷印本　一冊

150000－0601－0005797　114350　子部/雜學類/雜考之屬

心巢文錄二卷　(清)成蓉鏡撰　清刻南菁書院叢書本　一冊

150000－0601－0005798　116257　子部/雜學類/雜考之屬

食舊德齋雜著一卷　(清)劉嶽雲撰　清光緒八年(1882)刻本　一冊

150000－0601－0005799　115169　子部/雜學類/雜考之屬

吳門銷夏記三卷　江瀚撰　清光緒二十一年(1895)刻本　一冊

150000－0601－0005800　118247　子部/雜學類/雜考之屬

黃學廬雜述三卷　(清)陳士芑撰　清宣統元年(1909)排印本　一冊

150000－0601－0005801　126510　子部/雜學類/雜考之屬

洺民叢稿一卷　(清)孫傳鳳撰　清光緒二十二年(1896)味經廬刻本　一冊

150000－0601－0005802　92596　子部/雜學類/雜考之屬

洺民遺文一卷　(清)孫傳鳳撰　清光緒二十一年(1895)元和江氏師鄆室刻本　一冊

150000－0601－0005803　170476　子部/雜學類/雜考之屬

眼學偶得一卷　羅振玉撰　清光緒十七年(1891)刻啻庽叢書本　一冊

150000－0601－0005804　50629　子部/雜學類/善書之屬

金科玉律　清光緒七年(1881)刻本　一冊

150000－0601－0005805　879257　子部/雜學類/善書之屬

御製勸善要言一卷　(清)世祖福臨撰　清順治十二年(1655)刻本　一冊　包背裝

150000－0601－0005806　879258　子部/雜學類/善書之屬

御製勸善要言一卷　(清)世祖福臨撰　清順治十二年(1655)刻本　一冊　包背裝

150000－0601－0005807　54017　子部/雜學類/善書之屬

御製勸善要言一卷　(清)世祖福臨撰　清光緒十八年(1892)刻藍印本　一冊

150000－0601－0005808　54018　子部/雜學類/善書之屬

御製勸善要言一卷　(清)世祖福臨撰　清光緒十八年(1892)刻藍印本　一冊

150000－0601－0005809　102196　子部/雜學類/善書之屬

勸誡近錄六卷續錄六卷三錄六卷四錄六卷五錄六卷七錄六卷八錄六卷九錄六卷　(清)梁恭辰撰　清光緒十四年(1888)刻本　二十冊

150000－0601－0005810　92729　子部/雜學類/善書之屬

西園遺囑彙鈔二卷　(清)劉東貴撰　清光緒三年(1877)刻本　六冊

150000－0601－0005811　53975　子部/雜學

類/善書之屬

寶鑑篇四卷 （清）王懿德輯　清道光二十五年（1845）刻本　四冊

150000－0601－0005812　53969　子部/雜學類/善書之屬

宣講拾遺六卷首一卷　清光緒八年（1882）刻本　六冊　存五卷（一、三至六）

150000－0601－0005813　93249　子部/雜學類/善書之屬

宣講拾遺六卷首一卷　清光緒二十年（1894）蘭省城刻本　六冊

150000－0601－0005814　50632　子部/雜學類/善書之屬

暗室燈一卷　清道光三十年（1850）振一齋刻本　一冊

150000－0601－0005815　50688　子部/雜學類/善書之屬

暗室燈一卷　清道光三十年（1850）振一齋刻本　二冊

150000－0601－0005816　50690　子部/雜學類/善書之屬

暗室燈一卷　清道光三十年（1850）振一齋刻本　二冊

150000－0601－0005817　50692　子部/雜學類/善書之屬

暗室燈二卷　清光緒十四年（1888）刻本　二冊

150000－0601－0005818　96599　子部/雜學類/善書之屬

幾希錄一卷幾希錄良方合璧一卷　清同治八年（1869）刻姑蘇得見齋刷印本　二冊

150000－0601－0005819　92697　子部/雜學類/善書之屬

良言瑣記一卷　（清）鐵珊輯　清光緒五年（1879）甘涼道署刻本　一冊

150000－0601－0005820　50638　子部/雜學類/善書之屬

同善錄十卷首一卷前一卷末一卷　（清）李承福輯　清咸豐八年（1858）刻本　二十冊

150000－0601－0005821　50658　子部/雜學類/善書之屬

增訂敬信錄一卷　清嘉慶二十五年（1820）肅親王府刻本　一冊

150000－0601－0005822　50694　子部/雜學類/善書之屬

增訂敬信錄一卷　清同治十二年（1873）刻本　一冊

150000－0601－0005823　50660　子部/雜學類/善書之屬

感應類鈔一卷　（清）史潔珵輯　清道光二十年（1840）陶大垣刻本　四冊

150000－0601－0005824　48351　子部/雜學類/善書之屬

傳家必讀一卷　（清）王正朋輯　清咸豐九年（1859）刻本　一冊

150000－0601－0005825　93016　子部/雜學類/善書之屬

人範須知六卷　（清）盛隆編　清同治二年（1863）刻本　六冊

150000－0601－0005826　99624　子部/雜學類/善書之屬

惕吉錄一卷　（清）程廷耀編　清光緒五年（1879）刻本　一冊

150000－0601－0005827　99588　子部/雜學類/善書之屬

增訂衆善錄一卷　清咸豐六年（1856）杭城文鑒齋、寧城鐵耕齋刻朱墨套印本　一冊

150000－0601－0005828　99732　子部/雜學類/善書之屬

勸戒鴉片烟十二圖詞一卷　清光緒十九年（1893）漢口聖教書局刻本　一冊

150000－0601－0005829　101506　子部/雜學類/善書之屬

古史感應錄一卷　劉咸榮撰　清刻本　一冊

150000－0601－0005830　50633　子部/雜學類/善書之屬

石印玉曆至寶鈔一卷　清光緒二十八年(1902)高博學刻本　一冊

150000－0601－0005831　92598　子部/雜學類/善書之屬

學古日記故事圖說一卷　清光緒四年(1878)刻本　一冊

150000－0601－0005832　767907　子部/雜學類/雜編之屬/雜編

刻徐文長先生秘集□□卷　明刻本　二冊
存五卷(一至二、十至十二)

150000－0601－0005833　48729　子部/雜學類/雜編之屬/雜編

重訂增補陶朱公致富全書四卷　(清)鍾山石岩逸叟增定　清乾隆四十四年(1779)刻本　四冊

150000－0601－0005834　50502　子部/雜學類/雜編之屬/雜編

本立堂重梓燕居筆記藻學情林十卷　(清)閩潭龍鍾道人編輯　清本立堂刻本　八冊

150000－0601－0005835　49512　子部/雜學類/雜編之屬/雜編

重刻添補傳家寶俚言新本八卷首一卷二集八卷三集八卷四集八卷　(清)石成金撰　清刻本　三十二冊

150000－0601－0005836　54074　子部/雜學類/雜編之屬/雜錄

衛濟餘編十八卷　(清)王纕堂編　清道光二十二年(1842)寶善堂刻本　六冊

150000－0601－0005837　54068　子部/雜學類/雜編之屬/雜錄

衛濟餘編十八卷　(清)王纕堂編　清道光二十三年(1843)四教堂刻本　六冊

150000－0601－0005838　102986　子部/雜學類/雜編之屬/雜錄

衛濟餘編十八卷　(清)王纕堂編　清道光二十三年(1843)刻本　六冊

150000－0601－0005839　44455　子部/雜學類/雜編之屬/雜錄

經餘必讀八卷　(清)雷琳等輯　清嘉慶八年(1803)刻本　四冊

150000－0601－0005840　92753　子部/雜學類/雜編之屬/雜錄

經餘必讀八卷　(清)雷琳等輯　清嘉慶八年(1803)刻本　四冊

150000－0601－0005841　42688　子部/雜學類/雜編之屬/雜錄

經餘必讀八卷　(清)雷琳等輯　清嘉慶十二年(1807)刻本　四冊

150000－0601－0005842　44459　子部/雜學類/雜編之屬/雜錄

經餘必讀續編八卷　(清)雷琳等輯　清嘉慶十一年(1806)致和堂刻本　四冊

150000－0601－0005843　92757　子部/雜學類/雜編之屬/雜錄

經餘必讀續編八卷　(清)雷琳等輯　清道光元年(1821)掃葉山房刻本　四冊

150000－0601－0005844　104076　子部/雜學類/雜編之屬/雜錄

新鐫分類評注文武合編百子金丹十卷　(明)郭偉選注　經國堂刻本　十二冊

150000－0601－0005845　767581　子部/雜學類/雜編之屬/彙編

新民叢報彙編(甲辰年)一卷　清光緒三十二年(1906)文會書社石印本　七冊

150000－0601－0005846　767588　子部/雜學類/雜編之屬/彙編

新民叢報彙編(乙巳年)一卷　清光緒三十二年(1906)文會書社石印本　一冊

150000－0601－0005847　765633　子部/雜學類/雜編之屬/彙編

匯報□□卷　清光緒二十九年(1903)排印本　二冊　存四百五十一至四百七十號

150000－0601－0005848　765157　子部/雜

學類/雜編之屬/彙編

游戲世界□□卷　寅半生編　杭州太平坊崇實齋刻本　五冊　存五期(三、十一至十二、十六至十七)

150000－0601－0005849　117252　子部/雜學類/雜編之屬/應酬

憑山閣增輯留青新集三十卷　(清)陳枚輯　(清)陳德裕增輯　清積秀堂刻本　二十三冊　存二十八卷(一至十四、十七至三十)

150000－0601－0005850　765090　子部/雜學類/雜編之屬/應酬

憑山閣增輯留青新集□□卷　清刻本　六冊　存八卷(七至十四)

150000－0601－0005851　121109　子部/雜學類/雜編之屬/應酬

增廣留青新集二十四卷　清光緒十九年(1893)石印本　十二冊

150000－0601－0005852　48035　子部/雜學類/雜編之屬/應酬

應酬彙選新集八卷　(清)潘文光輯　清嘉慶十年(1805)啓元堂刻本　四冊

150000－0601－0005853　48039　子部/雜學類/雜編之屬/應酬

叩鉢齋纂行厨集十八卷　(清)李之澎輯　(清)汪建樹輯　(清)汪志瑞注釋　清乾隆九年(1744)清畏堂刻本　二十四冊

150000－0601－0005854　53677　子部/雜學類/雜編之屬/應酬

鄉黨應酬六卷　(清)鄧炳震編輯　清光緒二十二年(1896)刻本　六冊

150000－0601－0005855　51787　子部/雜學類/雜編之屬/應酬

雲林別墅新輯酬世錦囊書啓合編初集八卷二集七卷三集二卷四集二卷　(清)鄒景陽輯　清乾隆三十六年(1771)刻本　十冊

150000－0601－0005856　102804　子部/雜學類/雜編之屬/應酬

藜照堂臨池新編四卷　(清)劉昭輯　清刻本　一冊

150000－0601－0005857　49713　子部/雜學類/雜編之屬/應酬

江湖輯要四卷　(清)茹古齋主人編　清光緒十九年(1893)四明茹古齋排印本　四冊

150000－0601－0005858　101250　子部/典故類/雜纂之屬/纂言

意林五卷　(唐)馬驄輯　意林補遺一卷　(清)張海鵬增訂　清光緒元年(1875)湖北崇文書局刻本　二冊

150000－0601－0005859　101252　子部/典故類/雜纂之屬/纂言

意林五卷　(唐)馬驄輯　意林補遺一卷　(清)張海鵬增訂　清光緒三年(1877)湖北崇文書局刻本　二冊

150000－0601－0005860　101254　子部/典故類/雜纂之屬/纂言

意林五卷　(唐)馬驄輯　意林補遺一卷　(清)張海鵬增訂　清光緒三年(1877)湖北崇文書局刻本　二冊

150000－0601－0005861　129107　子部/典故類/雜纂之屬/纂言

意林五卷　(唐)馬驄輯　意林補遺一卷　(清)張海鵬增訂　清光緒三年(1877)湖北崇文書局刻本　一冊

150000－0601－0005862　170599　子部/典故類/雜纂之屬/纂言

意林注五卷逸文一卷附編一卷　(清)周廣業撰　清貴池劉世珩刻聚學軒叢書本　四冊

150000－0601－0005863　92532　子部/典故類/雜纂之屬/纂言

古今藥石一卷　(明)宋纁輯　清刻本　一冊

150000－0601－0005864　92721　子部/典故類/雜纂之屬/纂言

讀書止觀錄五卷　(明)吳應箕輯　清光緒二十八年(1902)貴池劉氏唐石簃刻雙忠錄本　一冊

150000 - 0601 - 0005865　837338　　子部/典
故類/雜纂之屬/纂言

悅心集□□卷　（清）世宗胤禛輯　清刻本
四冊　存四卷(一至四)

150000 - 0601 - 0005866　128254　子部/典
故類/雜纂之屬/纂言

古書拾遺四卷　（清）林春溥輯　清咸豐三年
(1853)竹柏山房刻本　二冊

150000 - 0601 - 0005867　124934　　子部/典
故類/雜纂之屬/纂言

古格言十二卷　（清）梁章鉅撰　清刻本
二冊

150000 - 0601 - 0005868　53987　　子部/典故
類/雜纂之屬/纂言

格言聯璧一卷　（清）金纓輯　清同治六年
(1867)刻本　二冊

150000 - 0601 - 0005869　92707　　子部/典故
類/雜纂之屬/纂言

格言聯璧一卷　（清）金纓輯　清光緒三年
(1877)刻本　一冊

150000 - 0601 - 0005870　92708　　子部/典故
類/雜纂之屬/纂言

格言聯璧□□卷　（清）金纓輯　清光緒七年
(1881)京都永盛齋刻本　一冊　缺封面

150000 - 0601 - 0005871　92709　　子部/典故
類/雜纂之屬/纂言

格言聯璧一卷　（清）金纓輯　清光緒十六年
(1890)刻本　一冊

150000 - 0601 - 0005872　110239　子部/典
故類/雜纂之屬/纂言

初學行文語類四卷　（清）孫埏編　清嘉慶十
一年(1806)刻本　四冊

150000 - 0601 - 0005873　767800　　子部/典
故類/雜纂之屬/纂言

格言彙鈔一卷　抄本　一冊

150000 - 0601 - 0005874　101508　　子部/典
故類/雜纂之屬/纂言

新刻增正明心寶鑒二卷　清刻本　一冊

150000 - 0601 - 0005875　49744　子部/典故
類/雜纂之屬/纂事

玉芝堂談薈三十六卷　（明）徐應秋輯　清康
熙四十二年(1703)刻本　二十冊

150000 - 0601 - 0005876　103181　　子部/典
故類/雜纂之屬/纂事

初潭集三十卷　（明）李贄撰　明末刻本
六冊

150000 - 0601 - 0005877　54116　子部/典故
類/雜纂之屬/纂事

智囊補二十八卷　（明）馮夢龍撰　清刻本
十二冊

150000 - 0601 - 0005878　48355　子部/典故
類/雜纂之屬/纂事

福壽全書一卷　（明）陳繼儒纂輯　明刻本
一冊

150000 - 0601 - 0005879　81145　　子部/典故
類/雜纂之屬/纂事

左國類函二十四卷　（明）鄭元勛　（明）王光
魯纂　明末刻本　十二冊

150000 - 0601 - 0005880　53915　子部/典故
類/雜纂之屬/纂事

學史一卷　（清）王希廉輯　清光緒二年
(1876)申報館排印本　八冊

150000 - 0601 - 0005881　50423　子部/典故
類/雜纂之屬/纂事

續同書八卷　（清）福申輯　清道光七年
(1827)黃觀刻本　四冊

150000 - 0601 - 0005882　104571　子部/典
故類/雜纂之屬/纂事

古事比五十二卷　（清）方中德撰　清光緒三
十年(1904)通時書局石印本　六冊

150000 - 0601 - 0005883　104577　子部/典
故類/雜纂之屬/纂事

古事比五十二卷　（清）方中德撰　清光緒三
十一年(1905)上海點石齋石印本　六冊

150000－0601－0005884　81182　子部/典故類/雜纂之屬/纂事

分類歷史揭要十二卷　（清）蕭雨春編　清宣統二年(1910)石印本　六冊

150000－0601－0005885　72330　子部/典故類/雜纂之屬/纂事

通鑑類纂一卷　（清）松椿編　清光緒二十四年(1898)長白馬氏督曹節署刻本　四十冊

150000－0601－0005886　92932　子部/典故類/雜纂之屬/纂事

讀史鏡古編三十二卷　（清）潘世恩撰　清同治十三年(1874)冶城飛霞閣刻本　六冊

150000－0601－0005887　92938　子部/典故類/雜纂之屬/纂事

讀史鏡古編三十二卷　（清）潘世恩撰　清同治十三年(1874)冶城飛霞閣刻本　六冊

150000－0601－0005888　53615　子部/典故類/雜纂之屬/纂事

訓蒙四字經龍文鞭影初集二卷　（明）蕭良有纂輯　（明）楊臣諍增訂　**訓蒙四字經龍文鞭影二集二卷**　（清）李暉吉　（清）徐瓚輯　清光緒三年(1877)刻本　四冊

150000－0601－0005889　128445　子部/典故類/雜纂之屬/纂事

龍文鞭影二卷　（明）蕭良有纂輯　（明）楊臣諍增訂　（明）來集之音注　清光緒四年(1878)刻本　二冊

150000－0601－0005890　53619　子部/典故類/雜纂之屬/纂事

龍文鞭影二卷　（明）蕭良有纂輯　（明）楊臣諍增訂　（明）來集之音注　清光緒七年(1881)刻本　二冊

150000－0601－0005891　128940　子部/典故類/雜纂之屬/纂事

龍文鞭影二卷　（明）蕭良有纂輯　（明）楊臣諍增訂　（明）來集之音注　清刻本　二冊

150000－0601－0005892　61315　子部/典故類/雜纂之屬/纂事

龍文鞭影四卷　（明）蕭良有纂輯　（明）楊臣諍增訂　（清）李恩綬校補　清光緒十一年(1885)李光明莊刻本　四冊

150000－0601－0005893　61319　子部/典故類/雜纂之屬/纂事

龍文鞭影初集二卷　（明）蕭良有纂輯　（明）楊臣諍增訂　**龍文鞭影二集二卷**　（清）李暉吉　（清）徐瓚輯　**龍文鞭影三集三卷**　（清）賀鳴鸞　（清）賀緒蕃注　清末刻本　六冊

150000－0601－0005894　53621　子部/典故類/雜纂之屬/纂事

訓蒙四字經龍文鞭影二集二卷　（清）李暉吉　（清）徐瓚輯　清刻本　二冊

150000－0601－0005895　103416　子部/典故類/雜纂之屬/纂物

博物志十卷　（晉）張華撰　清刻本　一冊

150000－0601－0005896　50489　子部/典故類/雜纂之屬/纂物

博物志十卷　（晉）張華撰　民國元年(1912)鄂官書處刻本　一冊

150000－0601－0005897　97356　子部/典故類/雜纂之屬/纂物

弦雪居重訂遵生八箋十九卷　（明）高濂編　明末刻本　十六冊

150000－0601－0005898　97451　子部/典故類/雜纂之屬/纂物

弦雪居重訂遵生八箋十九卷　（明）高濂編　清刻本　二十冊

150000－0601－0005899　5385　子部/典故類/類書之屬/匯考

北堂書鈔一百六十卷　（唐）虞世南撰　（清）孔廣陶校注　清光緒十四年(1888)南海孔氏三十有三萬卷堂刻本　二十冊

150000－0601－0005900　104656　子部/典故類/類書之屬/匯考

北堂書鈔一百六十卷　（唐）虞世南撰　（清）孔廣陶校注　清光緒十四年(1888)南海孔氏三十有三萬卷堂刻本　二十冊

150000 – 0601 – 0005901　104646　子部/典故類/類書之屬/匯考

北堂書鈔一百六十卷　（唐）虞世南撰　（清）孔廣陶校注　清光緒十四年（1888）南海孔氏三十有三萬卷堂刻本　十冊　存七十卷（九十一至一百六十）

150000 – 0601 – 0005902　838201　子部/典故類/類書之屬/匯考

初學記三十卷　（唐）徐堅撰　明萬曆十五年（1587）徐守銘寧壽堂刻本　六冊

150000 – 0601 – 0005903　104553　子部/典故類/類書之屬/匯考

初學記三十卷校勘記三十卷校勘記補遺一卷　（唐）徐堅撰　清刻本　十二冊

150000 – 0601 – 0005904　839749　子部/典故類/類書之屬/匯考

太平御覽一千卷　（宋）李昉等纂　明萬曆二年（1574）銅活字本　一百六十冊

150000 – 0601 – 0005905　27445　子部/典故類/類書之屬/匯考

太平御覽一千卷目錄十五卷　（宋）李昉等纂　清嘉慶十七年（1812）刻本　六十六冊　存八百九十三卷（一至二百六十九、三百七十三至八百三十六、九百十八至一千）

150000 – 0601 – 0005906　837489　子部/典故類/類書之屬/匯考

事類賦三十卷　（宋）吳淑撰注　清初刻本　六冊

150000 – 0601 – 0005907　103378　子部/典故類/類書之屬/匯考

事類賦三十卷　（宋）吳淑撰注　清乾隆二十九年（1764）刻本　六冊

150000 – 0601 – 0005908　49776　子部/典故類/類書之屬/匯考

事類賦三十卷　（宋）吳淑撰注　清乾隆五十八年（1793）刻本　四冊

150000 – 0601 – 0005909　20719　子部/典故類/類書之屬/匯考

廣事類賦四十卷　（清）華希閔撰　清康熙三十八年（1699）刻本　八冊

150000 – 0601 – 0005910　103384　子部/典故類/類書之屬/匯考

廣事類賦四十卷　（清）華希閔撰　清乾隆二十九年（1764）刻本　十冊

150000 – 0601 – 0005911　49780　子部/典故類/類書之屬/匯考

廣事類賦四十卷　（清）華希閔撰　清乾隆五十九年（1794）刻本　八冊

150000 – 0601 – 0005912　54144　子部/典故類/類書之屬/匯考

廣事類賦四十卷　（清）華希閔撰　清刻本　十冊

150000 – 0601 – 0005913　54154　子部/典故類/類書之屬/匯考

續廣事類賦三十卷　（清）王鳳喈撰注　清宏道堂刻本　十二冊

150000 – 0601 – 0005914　104052　子部/典故類/類書之屬/匯考

增補事類統編九十三卷首一卷　（清）黃葆真增輯　清道光二十六年（1846）丹陽黃氏敦好堂刻本　二十四冊

150000 – 0601 – 0005915　104206　子部/典故類/類書之屬/匯考

增補事類統編九十三卷首一卷　（清）黃葆真增輯　清敦好堂刻本　四十八冊

150000 – 0601 – 0005916　102767　子部/典故類/類書之屬/匯考

清異錄二卷　（宋）陶穀撰　清刻本　四冊

150000 – 0601 – 0005917　765817　子部/典故類/類書之屬/匯考

清異錄二卷　（宋）陶穀撰　清刻本　二冊

150000 – 0601 – 0005918　81219　子部/典故類/類書之屬/匯考

王先生十七史蒙求十六卷　（宋）王令撰　清康熙五十二年（1713）刻本　二冊

150000－0601－0005919　81209　子部/典故類/類書之屬/匯考

王先生十七史蒙求十六卷　（宋）王令撰　**李氏蒙求補注六卷**　（清）金三俊輯　清道光九年(1829)刻本　四冊

150000－0601－0005920　81213　子部/典故類/類書之屬/匯考

王先生十七史蒙求十六卷　（宋）王令撰　**李氏蒙求補注六卷**　（清）金三俊輯　清道光二十八年(1848)大文堂刻本　六冊

150000－0601－0005921　47711　子部/典故類/類書之屬/匯考

王先生十七史蒙求十六卷　（宋）王令撰　**李氏蒙求補注六卷**　（清）金三俊輯　清道光二十八年(1848)刻本　六冊

150000－0601－0005922　81221　子部/典故類/類書之屬/匯考

十七史蒙求補編十六卷　（清）高鉞輯　清刻本　二冊

150000－0601－0005923　103307　子部/典故類/類書之屬/匯考

東萊先生詩律武庫十五卷　（宋）呂祖謙編　清康熙五十四年(1715)刻本　十二冊

150000－0601－0005924　104350　子部/典故類/類書之屬/匯考

新編古今事文類聚前集六十卷後集五十卷續集二十八卷　（宋）祝穆撰　**新編古今事文類聚新集三十六卷**　（元）富大用輯　明天順書林明實堂刻本　六十八冊

150000－0601－0005925　61676　子部/典故類/類書之屬/匯考

新增說文韵府群玉二十卷　（元）陰時夫撰（元）陰中夫注　清康熙二十一年(1682)刻本　十四冊

150000－0601－0005926　61689　子部/典故類/類書之屬/匯考

新增說文韵府群玉二十卷　（元）陰時夫撰（元）陰中夫注　清康熙二十一年(1682)刻本

十六冊

150000－0601－0005927　61666　子部/典故類/類書之屬/匯考

新增說文韵府群玉二十卷　（元）陰時夫撰（元）陰中夫注　清文盛堂天德堂刻本　十冊

150000－0601－0005928　61646　子部/典故類/類書之屬/匯考

新增說文韵府群玉二十卷　（元）陰時夫撰（元）陰中夫注　清文秀堂刻本　二十冊

150000－0601－0005929　839481　子部/典故類/類書之屬/匯考

群書集事淵海四十七卷　明刻本　一百冊

150000－0601－0005930　42644　子部/典故類/類書之屬/匯考

山堂肆考宮集四十八卷商集四十八卷角集四十八卷徵集四十八卷羽集四十八卷　（明）彭大翼纂著（明）張幼學編輯　明刻本　三十冊　殘

150000－0601－0005931　839581　子部/典故類/類書之屬/匯考

山堂肆考宮集四十八卷商集四十八卷角集四十八卷徵集四十八卷羽集四十八卷　（明）彭大翼纂著（明）張幼學編輯　明刻本　七十二冊

150000－0601－0005932　839719　子部/典故類/類書之屬/匯考

新刻古今原始十五卷　（明）趙鈜撰　明嘉靖四十二年(1563)刻本　三冊

150000－0601－0005933　879172　子部/典故類/類書之屬/匯考

經濟類編一百卷　（明）馮琦纂　明萬曆三十二年(1604)刻本　五十冊　存九十一卷(一至九十一)

150000－0601－0005934　767686　子部/典故類/類書之屬/匯考

圖書編□□卷　刻本　一冊　存二卷(八十五至八十六)

150000 – 0601 – 0005935 103157 子部/典
故類/類書之屬/匯考

表異錄一卷 (明)王志堅輯 清刻本 一冊

150000 – 0601 – 0005936 765819 子部/典
故類/類書之屬/匯考

表異錄一卷 (明)王志堅輯 清刻本 二冊

150000 – 0601 – 0005937 767573 子部/典
故類/類書之屬/匯考

廣博物志五十卷 (明)董斯張纂 明刻本
八冊 存十三卷(二十八至四十)

150000 – 0601 – 0005938 104676 子部/典
故類/類書之屬/匯考

廣博物志五十卷 (明)董斯張纂 清光緒五
年(1879)學海堂刻本 二十四冊

150000 – 0601 – 0005939 49838 子部/典故
類/類書之屬/匯考

**三才圖會天文四卷地理十六卷人物十四卷時
令四卷宮室四卷器用十二卷身體七卷衣服三
卷人事十卷儀制八卷珍寶二卷文史四卷鳥獸
六卷草木十二卷** (明)王圻輯 明刻本 六
十冊

150000 – 0601 – 0005940 104460 子部/典
故類/類書之屬/匯考

劉氏鴻書一百〇八卷 (明)劉仲達輯 明萬
曆三十九年(1611)刻本 二十七冊

150000 – 0601 – 0005941 106735 子部/典
故類/類書之屬/匯考

增訂二三場群書備考四卷 (明)袁黃撰
(明)袁儼注 明崇禎五年(1632)刻本 四冊

150000 – 0601 – 0005942 D2520 子部/典故
類/類書之屬/匯考

袁了凡增訂群書備考四卷 (明)袁黃撰
(明)袁儼評 明崇禎十五年(1642)刻本
八冊

150000 – 0601 – 0005943 40263 子部/典故
類/類書之屬/匯考

重訂袁了凡注釋群書備考八卷 (明)袁黃撰
(明)葉世僑增注 清康熙二年(1663)吳門

344

鳴鳳堂刻本 八冊

150000 – 0601 – 0005944 104700 子部/典
故類/類書之屬/匯考

潛確居類書一百二十卷 (明)陳仁錫纂 明
末刻本 五十五冊

150000 – 0601 – 0005945 767734 子部/典
故類/類書之屬/匯考

皇明經世全書□□卷 (明)李呈芬撰 明刻
本 一冊 存一卷(兵部·經武彙編二)

150000 – 0601 – 0005946 879132 子部/典
故類/類書之屬/匯考

唐類函二百卷目錄二卷 (明)俞安期纂 明
萬曆三十一年(1603)刻本 四十冊

150000 – 0601 – 0005947 104645 子部/典
故類/類書之屬/匯考

精選黃眉故事十卷 (明)鄧志謨纂 清刻本
一冊

150000 – 0601 – 0005948 103319 子部/典
故類/類書之屬/匯考

蘭雪堂古事苑定本十二卷 (明)鄧志謨纂
清刻本 四冊

150000 – 0601 – 0005949 839953 子部/典
故類/類書之屬/匯考

淵鑑類函四百五十卷目錄四卷 (清)張英等
修 (清)徐秉義等纂 清康熙四十年(1701)
刻本 二百冊

150000 – 0601 – 0005950 103420 子部/典
故類/類書之屬/匯考

淵鑑類函四百五十卷目錄四卷 (清)張英等
修 (清)徐秉義等纂 清同治九年(1870)刻
本 一百六十冊

150000 – 0601 – 0005951 11101 子部/典故
類/類書之屬/匯考

淵鑑類函四百五十卷目錄四卷 (清)張英等
修 (清)徐秉義等纂 清光緒十三年(1887)
上海同文書局石印本 四十八冊

150000 – 0601 – 0005952 41187 子部/典故

類/類書之屬/匯考

淵鑑類函四百五十卷目錄四卷 （清）張英等修 （清）徐秉義等纂 清光緒十八年(1892)上海同文書局石印本 六十冊

150000 - 0601 - 0005953　103580　子部/典故類/類書之屬/匯考

淵鑑類函四百五十卷目錄四卷 （清）張英等修 （清）徐秉義等纂 清光緒十八年(1892)上海同文書局石印本 六十冊

150000 - 0601 - 0005954　103688　子部/典故類/類書之屬/匯考

淵鑑類函四百五十卷目錄四卷 （清）張英等修 （清）徐秉義等纂 清光緒二十一年(1895)上海點石齋石印本 十冊

150000 - 0601 - 0005955　129985　子部/典故類/類書之屬/匯考

欽定古今圖書集成乾象典一百卷歲功典一百十六卷曆法典一百四十卷庶徵典一百八十八卷坤輿典一百四十卷職方典一千五百四十四卷山川典三百二十卷邊裔典一百四十卷皇極典三百卷宮闈典一百四十卷官常典八百卷家範典一百十六卷交誼典一百二十卷氏族典六百四十卷人事典一百十二卷閨媛典三百七十六卷藝術典八百二十四卷神異典三百二十卷禽蟲典一百九十二卷草木典三百二十卷經籍典五百卷學行典三百卷文學典二百六十卷字學典一百六十卷選舉典一百三十六卷銓衡典一百二十卷食貨典三百六十卷禮儀典三百四十八卷樂律典一百三十六卷戎政典三百卷祥刑典一百八十卷考工典二百五十二卷目錄四十卷 （清）蔣廷錫纂修 清光緒十五年(1889)石印本 五千四十四冊

150000 - 0601 - 0005956　767905＋767909子部/典故類/類書之屬/匯考

[古今圖書集成圖彙]□□卷 清刻本 十冊

150000 - 0601 - 0005957　103757　子部/典故類/類書之屬/匯考

子史精華一百六十卷 （清）允祿 （清）允禮修 （清）吳襄等纂 清雍正五年(1727)刻本四十八冊

150000 - 0601 - 0005958　103805　子部/典故類/類書之屬/匯考

子史精華一百六十卷 （清）允祿 （清）允禮修 （清）吳襄等纂 清雍正五年(1727)刻本 三十四冊

150000 - 0601 - 0005959　39342　子部/典故類/類書之屬/匯考

子史精華一百六十卷 （清）允祿 （清）允禮修 （清）吳襄等纂 清刻本 四十八冊

150000 - 0601 - 0005960　42481　子部/典故類/類書之屬/匯考

子史精華一百六十卷 （清）允祿 （清）允禮修 （清）吳襄等纂 清刻本 二十三冊 存一百〇八卷(二十六至五十四、八十二至一百六十)

150000 - 0601 - 0005961　103855　子部/典故類/類書之屬/匯考

子史精華一百六十卷 （清）允祿 （清）允禮修 （清）吳襄等纂 清刻本 四十八冊

150000 - 0601 - 0005962　103729　子部/典故類/類書之屬/匯考

格致鏡原一百卷 （清）陳元龍撰 清雍正十三年(1735)刻本 二十四冊

150000 - 0601 - 0005963　103698　子部/典故類/類書之屬/匯考

格致鏡原一百卷 （清）陳元龍撰 清刻本 三十一冊 存九十八卷(一至三十二、三十五至一百)

150000 - 0601 - 0005964　104280　子部/典故類/類書之屬/匯考

讀書紀數略五十四卷 （清）宮夢仁撰 清康熙四十八年(1709)刻本 八冊

150000 - 0601 - 0005965　10203　子部/典故類/類書之屬/匯考

讀書紀數略五十四卷 （清）宮夢仁撰 清康熙五十年(1711)刻本 十二冊

150000－0601－0005966　49764　子部/典故類/類書之屬/匯考

讀書紀數略五十四卷　（清）宮夢仁撰　清光緒六年(1880)懺花盦刻本　十二冊

150000－0601－0005967　104254　子部/典故類/類書之屬/匯考

讀書紀數略五十四卷　（清）宮夢仁撰　清光緒六年(1880)懺花盦刻本　四冊

150000－0601－0005968　104258　子部/典故類/類書之屬/匯考

讀書紀數略五十四卷　（清）宮夢仁撰　清光緒六年(1880)懺花盦刻本　十二冊

150000－0601－0005969　104270　子部/典故類/類書之屬/匯考

讀書紀數略五十四卷　（清）宮夢仁撰　清光緒六年(1880)懺花盦刻本　十冊

150000－0601－0005970　91872　子部/典故類/類書之屬/匯考

鑄史駢言十二卷　（清）孫玉田編　清光緒二年(1876)排印本　三冊

150000－0601－0005971　54134　子部/典故類/類書之屬/匯考

靈檀碎金六十八卷　（清）郎玉銘撰　清光緒八年(1882)申報館排印本　十冊

150000－0601－0005972　103287　子部/典故類/類書之屬/匯考

記事珠十卷　（清）張以謙撰　（清）王燮廷（清）王剛校訂　清嘉慶二十年(1815)刻本　十冊

150000－0601－0005973　103103　子部/典故類/類書之屬/匯考

小知錄十二卷　（清）陸鳳藻輯　清同治十二年(1873)淮南書局刻本　四冊

150000－0601－0005974　103340　子部/典故類/類書之屬/匯考

省軒考古類編十二卷　（清）柴紹炳撰　（清）姚培謙評　清雍正四年(1726)刻本　四冊

150000－0601－0005975　50934　子部/典故類/類書之屬/匯考

類林新咏三十六卷　（清）姚之駰撰　清康熙四十六年(1707)刻本　十六冊

150000－0601－0005976　104418　子部/典故類/類書之屬/匯考

類林新咏三十六卷　（清）姚之駰撰　清康熙四十七年(1708)刻本　十二冊

150000－0601－0005977　10215　子部/典故類/類書之屬/匯考

類林新咏三十六卷　（清）姚之駰撰　清刻本　十六冊

150000－0601－0005978　104186　子部/典故類/類書之屬/匯考

類書纂要三十三卷　（清）周魯撰　清康熙三年(1664)刻本　二十冊

150000－0601－0005979　104430　子部/典故類/類書之屬/匯考

穀玉類編五十卷　（清）汪兆舒輯　清乾隆二十三年(1758)刻本　六冊

150000－0601－0005980　D5309　子部/典故類/類書之屬/匯考

角山樓增補類腋地部□□卷　（清）趙克宜增輯　清刻本　一冊　存四卷(二十一至二十四)

150000－0601－0005981　104436　子部/典故類/類書之屬/匯考

事物異名錄四十卷　（清）厲荃輯　（清）關槐增補　清乾隆五十三年(1788)刻本　十二冊

150000－0601－0005982　104448　子部/典故類/類書之屬/匯考

事物異名錄四十卷　（清）厲荃輯　（清）關槐增補　清粵東刻本　十二冊

150000－0601－0005983　57883　子部/典故類/類書之屬/匯考

五經類編二十八卷　（清）周世樟編輯　清乾隆四十四年(1779)刻本　六冊

150000-0601-0005984　57889　子部/典故類/類書之屬/匯考

五經類編二十八卷 （清）周世樟編輯　清康熙二十二年(1683)刻本　十六冊

150000-0601-0005985　44027　子部/典故類/類書之屬/匯考

五經類編二十八卷 （清）周世樟編輯　清乾隆五十年(1785)刻本　十二冊

150000-0601-0005986　25703　子部/典故類/類書之屬/匯考

四書典制類聯音注三十三卷 （清）閻其淵輯　清光緒五年(1879)刻本　六冊　存十八卷（一至十八）

150000-0601-0005987　103323　子部/典故類/類書之屬/匯考

世守拙齋識小編十卷 （清）范濂輯　清光緒二十二年(1896)刻本　五冊

150000-0601-0005988　104589　子部/典故類/類書之屬/匯考

子史輯要詩賦題解四卷續編四卷 （清）胡本淵編　**夏小正全編四卷** （清）任兆麟編　清道光二十二年(1842)天德堂刻本　四冊

150000-0601-0005989　10413　子部/典故類/類書之屬/匯考

文料大成四十卷 （清）冷香子撰　清光緒五年(1879)刻本　十二冊

150000-0601-0005990　104583　子部/典故類/類書之屬/匯考

三字錦九卷末一卷 （清）趙暄編　清刻本　六冊

150000-0601-0005991　61288　子部/典故類/類書之屬/匯考

家塾蒙求五卷 （清）康基淵纂輯　清道光六年(1826)一枝山房刻本　四冊

150000-0601-0005992　53600　子部/典故類/類書之屬/匯考

增補幼學瓊林四卷 （清）程允升撰　（清）鄒聖脉增補　清光緒六年(1880)京都隆福寺路南聚珍堂書坊刻本　四冊

150000-0601-0005993　53604　子部/典故類/類書之屬/匯考

增補幼學瓊林四卷 （清）程允升撰　（清）鄒聖脉增補　清光緒六年(1880)京都隆福寺路南聚珍堂書坊刻本　四冊

150000-0601-0005994　53608　子部/典故類/類書之屬/匯考

增補幼學瓊林四卷 （清）程允升撰　（清）鄒聖脉增補　清光緒六年(1880)京都隆福寺路南聚珍堂書坊刻本　四冊

150000-0601-0005995　61311　子部/典故類/類書之屬/匯考

新增幼學故事瓊林四卷 （清）程允升撰（清）鄒聖脉增補　清光緒二十九年(1903)善成堂刻本　四冊

150000-0601-0005996　61305　子部/典故類/類書之屬/匯考

寄傲山房塾課新增幼學故事瓊林四卷首一卷 （清）程允升撰　（清）鄒聖脉增補　清末李光明莊刻本　四冊

150000-0601-0005997　53580　子部/典故類/類書之屬/匯考

寄傲山房塾課新增幼學故事瓊林四卷首一卷 （清）程允升撰　（清）鄒聖脉增補　清刻本四冊

150000-0601-0005998　61309　子部/典故類/類書之屬/匯考

上海煥文書局精校新增繪圖幼學故事瓊林四卷首一卷 （清）程允升撰　（清）鄒聖脉增補（清）石韞玉重校　清光緒三十二年(1906)上海煥文書局石印本　一冊

150000-0601-0005999　61301　子部/典故類/類書之屬/匯考

重訂幼學須知句解四卷　清光緒十六年(1890)李光明莊刻本　四冊

150000-0601-0006000　53596　子部/典故類/類書之屬/匯考

重訂幼學須知句解四卷　清京江錢恕齋刻本
四冊

150000－0601－0006001　53588　子部/典故
類/類書之屬/匯考

善成堂重訂幼學須知句解四卷　清同治五年
(1866)刻本　四冊

150000－0601－0006002　53592　子部/典故
類/類書之屬/匯考

善成堂重訂幼學須知句解四卷　清京江錢恕
齋刻本　四冊

150000－0601－0006003　53584　子部/典故
類/類書之屬/匯考

掄秀堂重訂幼學須知句解四卷　刻本　四冊

150000－0601－0006004　61298　子部/典故
類/類書之屬/匯考

幼學歌五卷　(清)王用臣編　續幼學歌一卷
清光緒十一年(1885)深澤王氏刻本　二冊

150000－0601－0006005　80002　子部/典故
類/類書之屬/匯考

人壽金鑑二十二卷　(清)程得齡輯　清嘉慶
二十五年(1820)刻本　六冊

150000－0601－0006006　79819　子部/典故
類/類書之屬/匯考

歷代名賢齒譜九卷　(清)易宗涒輯　歷代名
媛齒譜三卷　(清)易宗涒輯　清雍正三年
(1725)刻本　十冊

150000－0601－0006007　107545　子部/典
故類/類書之屬/匯考

十科策略箋釋十卷　(明)劉定之撰　(清)孫
作梁注釋　清雍正七年(1729)刻本　八冊

150000－0601－0006008　54011　子部/典故
類/類書之屬/匯考

十科策略箋釋十卷　(明)劉定之撰　(清)孫
作梁注釋　清乾隆二十一年(1756)古吳三樂
齋刻本　六冊

150000－0601－0006009　23651　子部/典故
類/類書之屬/匯考

策學備纂三十二卷目錄三十二卷首一卷
(清)蔡啓盛　(清)吳潁炎輯　清光緒十四年
(1888)上海點石齋石印本　四十八冊

150000－0601－0006010　103276　子部/典
故類/類書之屬/匯考

策學備纂續集四卷首一卷　(清)宋徵獻輯
清光緒二十年(1894)上海點石齋石印本
五冊

150000－0601－0006011　61780　子部/典故
類/類書之屬/摘錦

均藻五卷　(明)楊慎輯　清刻本　一冊

150000－0601－0006012　110070　子部/典
故類/類書之屬/摘錦

新刊校正增補圓機詩韵活法全書十四卷
(明)王世貞增校　清刻本　六冊

150000－0601－0006013　110080＋110076
子部/典故類/類書之屬/摘錦

新刻重校增補圓機活法詩學全書二十四卷
(明)王世貞增校　清刻本　十冊

150000－0601－0006014　24776　子部/典故
類/類書之屬/摘錦

佩文韵府一百〇六卷　(清)蔡升元等纂修
韵府拾遺一百〇六卷　(清)汪灝等纂修　清
康熙五十年至五十九年(1711－1720)刻本
一百十五冊

150000－0601－0006015　61787　子部/典故
類/類書之屬/摘錦

佩文韵府一百〇六卷　(清)蔡升元等纂修
韵府拾遺一百〇六卷　(清)汪灝等纂修　清
康熙五十年至五十九年(1711－1720)刻本
一百十五冊

150000－0601－0006016　62122　子部/典故
類/類書之屬/摘錦

佩文韵府一百〇六卷　(清)蔡升元等纂修
韵府拾遺一百〇六卷　(清)汪灝等纂修　清
康熙五十年至五十九年(1711－1720)刻本
一百十五冊

150000－0601－0006017　839330　子部/典

故類/類書之屬/摘錦

佩文韵府一百〇六卷 （清）蔡升元等纂修
韵府拾遺一百〇六卷 （清）汪灝等纂修 清
康熙五十年至五十九年（1711－1720）刻本
一百五冊 缺

150000－0601－0006018 61962 子部/典故
類/類書之屬/摘錦

佩文韵府一百〇六卷 （清）蔡升元等纂修
韵府拾遺一百〇六卷 （清）汪灝等纂修 清
刻本 一百六十冊

150000－0601－0006019 61902 子部/典故
類/類書之屬/摘錦

佩文韵府一百〇六卷 （清）蔡升元等纂修
韵府拾遺一百〇六卷 （清）汪灝等纂修 清
光緒十二年（1886）上海同文書局石印本 六
十冊

150000－0601－0006020 62237 子部/典故
類/類書之屬/摘錦

佩文韵府一百〇六卷 （清）蔡升元等纂修
韵府拾遺一百〇六卷 （清）汪灝等纂修 清
光緒十二年（1886）上海同文書局石印本 六
十冊

150000－0601－0006021 104755 子部/典
故類/類書之屬/摘錦

佩文韵府一百〇六卷 （清）蔡升元等纂修
韵府拾遺一百〇六卷 （清）汪灝等纂修 清
光緒十八年（1892）上海鴻寶齋石印本 二
百冊

150000－0601－0006022 104505 子部/典
故類/類書之屬/摘錦

御定駢字類編二百四十卷 清光緒十三年
（1887）上海同文書局石印本 四十八冊

150000－0601－0006023 49788 子部/典故
類/類書之屬/摘錦

分類字錦六十四卷 （清）何焯等纂修 清刻
本 五十冊

150000－0601－0006024 25675 子部/典故
類/類書之屬/摘錦

金壺精粹一卷 清光緒二年（1876）京師松竹
齋刻本 二冊

150000－0601－0006025 9563 子部/典故
類/類書之屬/摘錦

韵海駕鴦十六卷 （清）尋樂居士編輯 清咸
豐十年（1860）集賢齋刻本 六冊

150000－0601－0006026 61766 子部/典故
類/類書之屬/摘錦

詩韵瑤林八卷 清乾隆五十二年（1787）刻本
四冊

150000－0601－0006027 9569 子部/典故
類/類書之屬/摘錦

詩句題解韵編全集十二卷 （清）陳維屏編
清光緒八年（1882）刻本 十二冊

150000－0601－0006028 103260 子部/典
故類/類書之屬/摘錦

增廣詩句題解彙編四卷 清光緒十九年
（1893）寶文書局石印本 四冊

150000－0601－0006029 51842 子部/典故
類/類書之屬/摘錦

分韵詩賦題解統編一百〇六卷 清光緒十四
年（1888）石印本 五冊 缺

150000－0601－0006030 51828 子部/典故
類/類書之屬/摘錦

分韵詩賦題解統編一百〇六卷 清光緒二十
年（1894）上海寶善書局石印本 六冊

150000－0601－0006031 114394 子部/典
故類/類書之屬/摘錦

分韵詩賦題解統編一百〇六卷 清光緒二十
年（1894）上海寶善書局石印本 六冊

150000－0601－0006032 103297 子部/典
故類/類書之屬/摘錦

增訂詩料備覽詳解八卷 （清）秦照 （清）郭
一經輯 （清）陳風 （清）周梁增解 清文英
堂刻本 二冊

150000－0601－0006033 53667 子部/典故
類/類書之屬/摘錦

分類緘腋四卷　（清）涂謙撰　清道光二十六年（1846）刻本　四冊

150000－0601－0006034　53663　子部/典故類/類書之屬/摘錦

分類緘腋四卷　（清）涂謙撰　清道光二十九年（1849）經綸堂刻本　四冊

150000－0601－0006035　41778　子部/典故類/類書之屬/摘錦

分類緘腋四卷　（清）涂謙撰　清同治二年（1863）刻本　八冊

150000－0601－0006036　53659　子部/典故類/類書之屬/摘錦

分類緘腋四卷　（清）涂謙撰　清刻本　四冊

150000－0601－0006037　53653　子部/典故類/類書之屬/摘錦

分類緘腋六卷　（清）涂謙撰　清刻本　六冊

150000－0601－0006038　26867　子部/典故類/類書之屬/摘錦

文科大全四卷　（清）黃子成纂　清光緒二年（1876）善成堂刻本　四冊

150000－0601－0006039　51855　子部/典故類/類書之屬/摘錦

御選唐詩題解類編二十八卷　（清）黃承煦編　清刻本　八冊

150000－0601－0006040　103344　子部/典故類/類書之屬/摘錦

唐詩金粉十卷　（清）沈炳震撰　清雍正二年（1724）刻本　四冊

150000－0601－0006041　103303　子部/典故類/類書之屬/摘錦

杜韓詩句集韵三卷　（清）汪文柏輯　清康熙三十五年（1696）刻本　四冊

150000－0601－0006042　121172　子部/典故類/類書之屬/摘錦

尺牘摘艷四卷　清光緒六年（1880）刻本　四冊

150000－0601－0006043　169714　子部/小

說類/叢編之屬

顧氏明朝四十家小說　（明）顧元慶輯　清宣統三年（1911）上海國學扶輪社排印本　八冊

150000－0601－0006044　162980　子部/小說類/叢編之屬

稗海　（明）商濬輯　明刻清重修本　八十冊

150000－0601－0006045　767506　子部/小說類/叢編之屬

稗海第六函　（明）商濬輯　清刻本　八冊

150000－0601－0006046　26291　子部/小說類/叢編之屬

唐人百家一百種　清刻五朝小說本　十五冊　缺十種

150000－0601－0006047　144299　子部/小說類/叢編之屬

古今說部叢書　國學扶輪社輯　清宣統二年（1910）上海國學扶輪社排印本　六十冊

150000－0601－0006048　144359　子部/小說類/叢編之屬

古今說部叢書　國學扶輪社輯　清宣統二年（1910）上海國學扶輪社排印本　六十冊

150000－0601－0006049　155576　子部/小說類/叢編之屬

唐代叢書　（清）王文誥輯　清嘉慶十一年（1806）刻本　十一冊

150000－0601－0006050　155587　子部/小說類/叢編之屬

唐代叢書　（清）王文誥輯　清同治三年（1864）刻本　十六冊

150000－0601－0006051　154264　子部/小說類/叢編之屬

香艷小品　沈宗畸輯　清宣統元年（1909）番禺沈氏石印本　五冊

150000－0601－0006052　50524　子部/小說類/叢編之屬

金壺七墨　（清）黃鈞宰撰　清同治十二年（1873）松江普照寺西首蕭隆盛刻本　八冊

150000－0601－0006053　102587　子部/小說類/雜錄之屬

西京雜記二卷　（漢）劉歆撰　清刻本　一冊

150000－0601－0006054　767928　子部/小說類/雜錄之屬

世說新語□□卷　明末刻三色套印本　一冊
　殘存一卷(八)

150000－0601－0006055　102077　子部/小說類/雜錄之屬

世說新語六卷首一卷　（南朝宋）劉義慶撰（南朝梁）劉孝標注　清光緒三年(1877)湖北崇文書局刻本　四冊

150000－0601－0006056　102081　子部/小說類/雜錄之屬

世說新語六卷首一卷　（南朝宋）劉義慶撰（南朝梁）劉孝標注　清光緒三年(1877)湖北崇文書局刻本　四冊

150000－0601－0006057　129191　子部/小說類/雜錄之屬

世說新語六卷首一卷　（南朝宋）劉義慶撰（南朝梁）劉孝標注　清光緒三年(1877)湖北崇文書局刻本　四冊

150000－0601－0006058　129205　子部/小說類/雜錄之屬

世說新語六卷首一卷　（南朝宋）劉義慶撰（南朝梁）劉孝標注　清光緒三年(1877)湖北崇文書局刻本　一冊

150000－0601－0006059　102071　子部/小說類/雜錄之屬

世說新語三卷引用書目一卷佚文一卷校勘小識一卷補一卷考證一卷　（南朝宋）劉義慶撰（南朝梁）劉孝標注　清光緒十七年(1891)思賢講舍刻本　六冊

150000－0601－0006060　102024　子部/小說類/雜錄之屬

世說新語三卷　（南朝宋）劉義慶撰（南朝梁）劉孝標注　清光緒二十二年(1896)長沙刻惜陰軒叢書本　六冊

150000－0601－0006061　102031　子部/小說類/雜錄之屬

世說新語三卷　（南朝宋）劉義慶撰（南朝梁）劉孝標注　**世說新語補四卷**　（明）何良俊撰　（明）張文柱注　清康熙十五年(1676)刻本　十冊

150000－0601－0006062　102041　子部/小說類/雜錄之屬

世說新語補二十卷　（南朝宋）劉義慶撰（南朝梁）劉孝標注　（明）何良俊增　清乾隆二十七年(1762)茂清書屋刻本　十六冊

150000－0601－0006063　102057　子部/小說類/雜錄之屬

世說新語補二十卷　（南朝宋）劉義慶撰（南朝梁）劉孝標注　（明）何良俊增　清乾隆二十七年(1762)茂清書屋刻本　七冊

150000－0601－0006064　102030　子部/小說類/雜錄之屬

世說新語補二十卷　（南朝宋）劉義慶撰（南朝梁）劉孝標注　（明）何良俊增　清刻本　一冊

150000－0601－0006065　129203　子部/小說類/雜錄之屬

酉陽雜俎二十卷續集十卷　（唐）段成式撰　清光緒三年(1877)湖北崇文書局刻本　二冊

150000－0601－0006066　102588　子部/小說類/雜錄之屬

酉陽雜俎二十卷　（唐）段成式撰　民國元年(1912)鄂官書處刻本　四冊

150000－0601－0006067　82210　子部/小說類/雜錄之屬

御覽闕史二卷　（唐）參寥子撰　清刻龍威秘書本　一冊

150000－0601－0006068　102592　子部/小說類/雜錄之屬

鑑誡錄十卷　（五代）何光遠撰　清光緒三年(1877)湖北崇文書局刻本　一冊

150000－0601－0006069　129202　子部/小

說類/雜録之屬

鑑誡録十卷 （五代）何光遠撰 **高士傳三卷**
（晉）皇甫謐撰 清光緒三年(1877)湖北崇
文書局刻本 一冊

150000－0601－0006070 23186 子部/小說
類/雜録之屬

太平廣記五百卷目録十卷 （宋）李昉等纂
清嘉慶元年(1796)黄晟刻本 六十四冊

150000－0601－0006071 42588 子部/小說
類/雜録之屬

太平廣記五百卷目録十卷 （宋）李昉等纂
清道光二十六年(1846)刻本 六十四冊

150000－0601－0006072 112995 子部/小
說類/雜録之屬

友會談叢二卷 （宋）上官融撰 清光緒六年
(1880)刻本 一冊

150000－0601－0006073 102564 子部/小
說類/雜録之屬

仇池筆記二卷 （宋）蘇軾撰 明刻本 一冊

150000－0601－0006074 101790 子部/小
說類/雜録之屬

五總志一卷 （宋）吳炯撰 清刻知不足齋叢
書本 一冊

150000－0601－0006075 103164 子部/小
說類/雜録之屬

可書一卷 （宋）張知甫撰 清光緒三年
(1877)陸氏十萬卷樓刻本 一冊

150000－0601－0006076 49900 子部/小說
類/雜録之屬

桯史十五卷附録一卷 （宋）岳珂撰 清光緒
四年(1878)申報館排印本 四冊

150000－0601－0006077 102364 子部/小
說類/雜録之屬

游宦紀聞十卷 （宋）張世南撰 清刻知不足
齋叢書本 二冊

150000－0601－0006078 102366 子部/小
說類/雜録之屬

游宦紀聞十卷 （宋）張世南撰 清刻知不足
齋叢書本 二冊

150000－0601－0006079 D0292 子部/小說
類/雜録之屬

靜齋至正直記四卷 （元）孔齊撰 清刻粵雅
堂叢書本 二冊

150000－0601－0006080 103159 子部/小
說類/雜録之屬

涇林續記一卷 （明）周元暐撰 清光緒十年
(1884)刻本 一冊

150000－0601－0006081 103235 子部/小
說類/雜録之屬

冷賞八卷 （明）鄭仲夔撰 清硯雲書屋刻本
一冊

150000－0601－0006082 129425 子部/小
說類/雜録之屬

板橋雜記一卷附録一卷 （清）余懷撰 清沈
宗畸刻本 一冊

150000－0601－0006083 102703 子部/小
說類/雜録之屬

觚賸八卷續編四卷 （清）鈕琇撰 清臨野堂
刻本 三冊

150000－0601－0006084 102697 子部/小
說類/雜録之屬

觚賸八卷續編四卷 （清）鈕琇撰 清宣統三
年(1911)上海國學扶輪社排印本 六冊

150000－0601－0006085 102500 子部/小
說類/雜録之屬

寄園寄所寄十二卷 （清）趙吉士撰 清刻本
十四冊

150000－0601－0006086 102484 子部/小
說類/雜録之屬

寄園寄所寄十二卷 （清）趙吉士撰 清刻本
十六冊

150000－0601－0006087 103219 子部/小
說類/雜録之屬

寄園寄所寄十二卷 （清）趙吉士撰 清文德

堂刻本　十二冊

150000－0601－0006088　164344　子部/小說類/雜録之屬

說部精華十二卷　（清）王士禎撰　（清）劉堅類次　清光緒五年(1879)仁和葛元煦刻本十二冊

150000－0601－0006089　105774　子部/小說類/雜録之屬

六合內外瑣言二十卷　（清）黍餘裔孫編　清宣統三年(1911)上海國學扶輪社石印本六冊

150000－0601－0006090　50377　子部/小說類/雜録之屬

六合內外瑣言二十卷　（清）黍餘裔孫編　清末申報館排印本　八冊

150000－0601－0006091　50367　子部/小說類/雜録之屬

諧鐸四卷　（清）沈起鳳撰　清刻本　四冊

150000－0601－0006092　50340　子部/小說類/雜録之屬

小豆棚十六卷　（清）曾衍東撰　清末上海申報館排印本　六冊

150000－0601－0006093　50363　子部/小說類/雜録之屬

鏡花水月八卷　（清）羽衣客撰　清末上海申報館排印本　四冊

150000－0601－0006094　102831　子部/小說類/雜録之屬

客窗二筆一卷　（清）金捧閶撰　（清）趙翼評　清同治十二年(1873)刻本　一冊

150000－0601－0006095　103138　子部/小說類/雜録之屬

客窗二筆一卷　（清）金捧閶撰　（清）趙翼評　清光緒十六年(1890)刻粟香室叢書本一冊

150000－0601－0006096　50397　子部/小說類/雜録之屬

蕉軒摭錄十二卷　（清）俞夢蕉撰　清末上海申報館排印本　四冊

150000－0601－0006097　102998　子部/小說類/雜録之屬

秦淮畫舫錄二卷　（清）捧花生撰　畫舫餘譚一卷三十六春小譜一卷　清同治十三年(1874)排印本　三冊

150000－0601－0006098　50268　子部/小說類/雜録之屬

耳食錄十二卷二編　（清）樂鈞撰　清道光元年(1821)刻本　八冊

150000－0601－0006099　103209　子部/小說類/雜録之屬

北東園筆錄初編六卷二編六卷三編六卷四編六卷　（清）梁恭辰撰　清同治五年(1866)刻本　八冊

150000－0601－0006100　102992　子部/小說類/雜録之屬

咫聞錄十二卷　（清）慵訥居士撰　清道光十二年(1832)刻本　六冊

150000－0601－0006101　50481　子部/小說類/雜録之屬

兩般秋雨盦隨筆八卷　（清）梁紹壬撰　清光緒四年(1878)敦仁堂刻本　八冊

150000－0601－0006102　102798　子部/小說類/雜録之屬

兩般秋雨盦隨筆八卷　（清）梁紹壬撰　清宣統元年(1909)上海掃葉山房石印本　四冊

150000－0601－0006103　103115　子部/小說類/雜録之屬

右台仙館筆記十六卷　（清）俞樾撰　清末刻本　六冊

150000－0601－0006104　102890　子部/小說類/雜録之屬

薈蕞編二十卷　（清）俞樾撰　清末上海申報館排印本　八冊

150000－0601－0006105　50359　子部/小說

類／雜録之屬

遁窟讕言十二卷　（清）王韜撰　清光緒六年(1880)排印本　四冊

150000－0601－0006106　50518　子部／小說類／雜録之屬

對山書屋墨餘録十六卷　（清）毛祥麟撰　清同治九年(1870)刻本　六冊

150000－0601－0006107　102882　子部／小說類／雜録之屬

對山書屋墨餘録十六卷　（清）毛祥麟撰　清同治九年(1870)刻本　八冊

150000－0601－0006108　102873　子部／小說類／雜録之屬

對山書屋墨餘録十六卷　（清）毛祥麟撰　清同治九年(1870)刻本　六冊

150000－0601－0006109　26796　子部／小說類／雜録之屬

里乘十卷　（清）許奉恩撰　清光緒五年(1879)刻本　十冊

150000－0601－0006110　102342　子部／小說類／雜録之屬

庸閒齋筆記十二卷　（清）陳其元撰　清同治十三年(1874)吳下刻本　六冊

150000－0601－0006111　54128　子部／小說類／雜録之屬

庸閒齋筆記十二卷　（清）陳其元撰　清末上海申報館排印申報館叢書本　四冊

150000－0601－0006112　50336　子部／小說類／雜録之屬

續客窗閒話八卷　（清）吳熾昌撰　清光緒元年(1875)刻本　四冊

150000－0601－0006113　50477　子部／小說類／雜録之屬

壺天録三卷　（清）百一居士撰　清末上海申報館排印本　四冊

150000－0601－0006114　50395　子部／小說類／雜録之屬

解醒語四卷　（清）蘭月樓主人輯　清末申報館排印本　二冊

150000－0601－0006115　103001　子部／小說類／雜録之屬

吹影編四卷　（清）垣赤道人撰　清嘉慶二年(1797)刻本　四冊

150000－0601－0006116　50401　子部／小說類／雜録之屬

春泉聞見録四卷　（清）劉壽眉撰　清嘉慶五年(1800)刻本　四冊

150000－0601－0006117　50405　子部／小說類／雜録之屬

見聞隨筆二十六卷　（清）齊學裘撰　清同治十年(1871)天空海闊之居刻本　六冊

150000－0601－0006118　50411　子部／小說類／雜録之屬

見聞隨筆二十六卷　（清）齊學裘撰　清同治十年(1871)天空海闊之居刻本　六冊

150000－0601－0006119　103013　子部／小說類／雜録之屬

見聞隨筆二十六卷　（清）齊學裘撰　清同治十年(1871)天空海闊之居刻本　八冊

150000－0601－0006120　50417　子部／小說類／雜録之屬

見聞續筆二十四卷　（清）齊學裘撰　清光緒二年(1876)天空海闊之居刻本　六冊

150000－0601－0006121　103236　子部／小說類／雜録之屬

池上草堂筆記八卷　（清）梁恭辰撰　清同治十二年(1873)金陵刻本　八冊

150000－0601－0006122　50455　子部／小說類／雜録之屬

池上草堂筆記近録六卷續録六卷三録六卷四録六卷　（清）梁恭辰撰　清刻本　十二冊

150000－0601－0006123　50276　子部／小說類／雜録之屬

閒談消夏録十二卷　（清）朱翊清撰　清翠筠

山房刻本　十二冊

150000－0601－0006124　50346　子部/小說類/雜錄之屬

異談可信錄二十三卷　（清）鄧旭撰　清嘉慶元年(1796)刻本　十二冊

150000－0601－0006125　102348　子部/小說類/雜錄之屬

夜談隨錄八卷　（清）霽園主人撰　（清）蘭岩評　清嘉慶二年(1797)步雲閣刻本　八冊

150000－0601－0006126　50427　子部/小說類/雜錄之屬

夜談隨錄十二卷　（清）霽園主人撰　（清）蘭岩　（清）雨聰評　清刻本　十二冊

150000－0601－0006127　50385　子部/小說類/雜錄之屬

想當然耳八卷　（清）鄒鐘撰　清光緒四年(1878)京都聚珍書坊活字本　四冊

150000－0601－0006128　50320　子部/小說類/雜錄之屬

凉棚夜話四卷續編二卷　清道光三年（1823）綠蔭堂刻本　六冊

150000－0601－0006129　50326　子部/小說類/雜錄之屬

凉棚夜話四卷續編二卷　清刻本　六冊

150000－0601－0006130　170634　子部/小說類/志怪之屬

神異經一卷　（漢）東方朔撰　海內十洲記一卷　（漢）東方朔撰　述異記二卷　（南朝梁）任昉撰　續齊諧記一卷　（南朝梁）吳均撰　還冤記一卷　（北齊）顏之推撰　清刻本　一冊

150000－0601－0006131　170635　子部/小說類/志怪之屬

神異經一卷　（漢）東方朔撰　海內十洲記一卷　（漢）東方朔撰　別國洞冥記四卷　（漢）郭憲撰　枕中書一卷　（晉）葛洪撰　佛國記一卷　（晉）釋法顯撰　清刻本　一冊

150000－0601－0006132　103233　子部/小說類/志怪之屬

洞冥記四卷　（漢）郭憲撰　清刻龍威秘書本　一冊

150000－0601－0006133　102803　子部/小說類/志怪之屬

搜神記八卷　（晉）干寶撰　清刻龍威秘書本(漢魏叢書原本)　一冊

150000－0601－0006134　102584　子部/小說類/志怪之屬

拾遺記十卷　（晉）王嘉撰　清光緒元年(1875)湖北崇文書局刻本　一冊

150000－0601－0006135　767840　子部/小說類/志怪之屬

拾遺記十卷　（晉）王嘉撰　清刻本　一冊存七卷(一至七)

150000－0601－0006136　839701　子部/小說類/志怪之屬

異苑十卷　（南朝宋）劉敬叔撰　明汲古閣刻津逮秘書本　四冊

150000－0601－0006137　102582　子部/小說類/志怪之屬

述異記二卷　（南朝梁）任昉撰　清光緒元年(1875)湖北崇文書局刻本　一冊

150000－0601－0006138　102583　子部/小說類/志怪之屬

述異記二卷　（南朝梁）任昉撰　清光緒元年(1875)湖北崇文書局刻本　一冊

150000－0601－0006139　170631　子部/小說類/志怪之屬

述異記二卷　（南朝梁）任昉撰　續齊諧記一卷　（南朝梁）吳均撰　搜神記八卷　（晉）干寶撰　搜神後記二卷　（晉）陶潛撰　清刻本　一冊

150000－0601－0006140　170630　子部/小說類/志怪之屬

續齊諧記一卷　（南朝梁）吳均撰　搜神記八卷　（晉）干寶撰　搜神後記二卷　（晉）陶潛

撰　清刻本　一冊

150000－0601－0006141　170632　子部/小
說類/志怪之屬
續齊諧記一卷　（南朝梁）吳均撰　**搜神記八
卷**　（晉）干寶撰　**搜神後記二卷**　（晉）陶潛
撰　**還冤記一卷**　（北齊）顏之推撰　清刻本
　一冊

150000－0601－0006142　102101　子部/小
說類/志怪之屬
夷堅志十集　（宋）洪邁撰　清乾隆四十三年
(1778)耕烟草堂刻本　二十冊

150000－0601－0006143　102085　子部/小
說類/志怪之屬
夷堅志五十卷　（宋）洪邁撰　清宣統三年
(1911)上海蔾光社石印本　十六冊

150000－0601－0006144　102123　子部/小
說類/志怪之屬
**夷堅甲志二十卷乙志二十卷丙志二十卷丁志
二十卷**　（宋）洪邁撰　清光緒五年(1879)歸
安陸氏十萬卷樓刻本　十二冊

150000－0601－0006145　767772　子部/小
說類/志怪之屬
琅嬛記三卷　（元）伊世珍輯　明末汲古閣刻
本　一冊

150000－0601－0006146　103005　子部/小
說類/志怪之屬
獪園十六卷　（明）錢希言撰　清刻本　八冊

150000－0601－0006147　102565　子部/小
說類/志怪之屬
曠園雜志二卷　（清）吳陳琰撰　清刻說鈴本
　一冊

150000－0601－0006148　50296　子部/小說
類/志怪之屬
新齊諧二十四卷　（清）袁枚撰　清嘉慶二十
年(1815)刻本　十二冊

150000－0601－0006149　50308　子部/小說
類/志怪之屬

新齊諧二十四卷　（清）袁枚撰　清嘉慶二十
年(1815)刻本　十二冊

150000－0601－0006150　102844　子部/小
說類/志怪之屬
新齊諧二十四卷　（清）袁枚撰　清刻本
七冊

150000－0601－0006151　50288　子部/小說
類/志怪之屬
新齊諧二十四卷　（清）袁枚撰　清刻本
八冊

150000－0601－0006152　165820　子部/小
說類/志怪之屬
閱微草堂筆記　（清）紀昀撰　清嘉慶五年
(1800)刻本　十六冊

150000－0601－0006153　50258　子部/小說
類/志怪之屬
閱微草堂筆記五種　（清）紀昀撰　清道光二
十七年(1847)小蓬萊山館刻本　十冊

150000－0601－0006154　102944　子部/小
說類/志怪之屬
閱微草堂筆記　（清）紀昀撰　清刻本　四冊
存七卷(一至七)

150000－0601－0006155　102604　子部/小
說類/志怪之屬
閱微草堂筆記摘要二卷　（清）紀昀撰　（清）
籜園居士選訂　清泉唐沈氏刻本　二冊

150000－0601－0006156　102925　子部/小
說類/志怪之屬
紀氏嘉言四卷　（清）紀昀撰　（清）徐琇摘錄
　清光緒二十八年(1902)刻本　四冊

150000－0601－0006157　102940　子部/小
說類/志怪之屬
灤陽消夏錄十二卷　（清）紀昀撰　清在園草
堂刻本　四冊

150000－0601－0006158　102921　子部/小
說類/志怪之屬
槐西雜志四卷　（清）紀昀撰　刻本　四冊

150000－0601－0006159　102808　子部/小說類/志怪之屬

槐西雜志四卷　（清）紀昀撰　清末刻閱微草堂筆記本　二冊

150000－0601－0006160　102933　子部/小說類/志怪之屬

槐西雜志四卷　（清）紀昀撰　**姑妄聽之四卷**（清）紀昀撰　**灤陽續錄六卷**　（清）紀昀撰　清末刻閱微草堂筆記本　七冊

150000－0601－0006161　102929　子部/小說類/志怪之屬

姑妄聽之四卷　（清）紀昀撰　清刻本　四冊

150000－0601－0006162　102732　子部/小說類/志怪之屬

信徵隨筆前集二卷增集二卷復集二卷又集二卷別集二卷閏集二卷廣集二卷緒集二卷紀集二卷　（清）段永源撰　清同治九年(1870)刻本　九冊

150000－0601－0006163　50332　子部/小說類/志怪之屬

坐花誌果八卷　（清）汪道鼎撰　清同治十二年(1873)刻本　四冊

150000－0601－0006164　102879　子部/小說類/志怪之屬

妄妄錄十二卷　（清）朱海撰　清道光十年(1830)刻本　三冊

150000－0601－0006165　50371　子部/小說類/志怪之屬

秋坪新語十二卷　（清）天漢浮槎散人撰　清乾隆六十年(1795)刻本　六冊

150000－0601－0006166　50358　子部/小說類/傳奇之屬

劍俠傳四卷　清康熙七年(1668)刻本　一冊

150000－0601－0006167　105948　子部/小說類/傳奇之屬

劍俠傳四卷　（清）鄭官應輯　**續劍俠傳一卷**（清）鄭官應輯　刻本　二冊

150000－0601－0006168　767773　子部/小說類/傳奇之屬

劇談錄二卷　（唐）康駢撰　明汲古閣刻本　一冊

150000－0601－0006169　102749　子部/小說類/傳奇之屬

劇談錄二卷　（唐）康駢撰　**泊宅編一卷**（宋）方勺撰　清光緒四年(1878)葛氏嘯園刻本　一冊

150000－0601－0006170　103174　子部/小說類/傳奇之屬

劇談錄二卷　（唐）康駢撰　清光緒二十九年(1903)劉氏唐石簃刻貴池先哲遺書本　一冊

150000－0601－0006171　50389　子部/小說類/傳奇之屬

剪燈叢話　清乾隆三十六年(1771)刻本　六冊

150000－0601－0006172　105877　子部/小說類/傳奇之屬

燕山外史注二卷　（清）陳球撰　（清）若駿子輯注　清末石印本　二冊

150000－0601－0006173　105682　子部/小說類/傳奇之屬

情史類略二十四卷　（明）馮猶龍撰　（清）詹詹外史評　清刻本　十二冊

150000－0601－0006174　105694　子部/小說類/傳奇之屬

情史類略二十四卷　（明）馮猶龍撰　（清）詹詹外史評　清刻本　十六冊

150000－0601－0006175　767814　子部/小說類/諧謔之屬

新鎸笑林廣記十二卷　（□）游戲主人纂輯　清乾隆五十六年(1791)三德堂刻本　一冊　存二卷(一至二)

150000－0601－0006176　837427　子部/小說類/諧謔之屬

廣諧史十卷　清刻本　六冊

150000－0601－0006177　50510　子部/小說類/諧謔之屬

增補一夕話六卷　（□）咄咄夫撰　清刻本　二冊

150000－0601－0006178　103753　子部/小說類/諧謔之屬

增訂一夕話新集六卷　（□）咄咄夫撰　嘻嘻子增訂　清刻本　四冊

150000－0601－0006179　54096　子部/小說類/諧謔之屬

新訂解人頤廣集八卷　（清）錢德蒼重訂　清善成堂刻本　四冊

150000－0601－0006180　837485　子部/小說類/話本之屬

新刊宣和遺事前集一卷後集一卷　抄本　四冊

150000－0601－0006181　767751　子部/小說類/話本之屬

醒世恒言四十卷　（□）可一居士評　清藝林衍慶堂刻本　八冊　存二十卷（一至六、九至十八、二十六至二十七、三十五至三十六）

150000－0601－0006182　767816　子部/小說類/話本之屬

今古奇觀□□卷　清刻本　十冊　存二十一卷（十三至十五、二十一至二十七、三十至四十）

150000－0601－0006183　767759　子部/小說類/話本之屬

拍案驚奇三十六卷　清刻本　六冊　存二十八卷（一至五、十至二十三、二十八至三十六）

150000－0601－0006184　105584　子部/小說類/話本之屬

西湖二集三十四卷　（明）濟用子纂　明末刻本　八冊　存十六卷（一至十六）

150000－0601－0006185　879278　子部/小說類/話本之屬

西湖佳話古今遺迹十六卷　（清）墨浪子輯　清康熙十二年(1673)刻本　八冊

150000－0601－0006186　105592　子部/小說類/話本之屬

西湖佳話古今遺迹十六卷　（清）墨浪子輯　清康熙十二年(1673)刻本　八冊

150000－0601－0006187　105600　子部/小說類/話本之屬

西湖佳話古今遺迹十六卷　（清）墨浪子輯　清同治四年(1865)刻本　六冊

150000－0601－0006188　103045　子部/小說類/話本之屬

豆棚閑話十二卷　（清）艾納居士撰　清乾隆三十四年(1769)寶仁堂刻本　六冊

150000－0601－0006189　49949　子部/小說類/章回之屬/講史

東周列國全志二十三卷一百八回　（清）蔡元放評點　清刻本　十五冊　存十八卷（六至二十三）

150000－0601－0006190　105131　子部/小說類/章回之屬/講史

東周列國全志二十三卷一百八回　（清）蔡元放評點　清刻本　二十冊

150000－0601－0006191　40554　子部/小說類/章回之屬/講史

東周列國全志二十三卷一百八回　（清）蔡元放評點　清光緒三十一年(1905)上海章福記書局石印本　八冊

150000－0601－0006192　49964　子部/小說類/章回之屬/講史

孫龐演義四卷二十四回新編批評繡像後七國樂田演義四卷十八回　清積善堂刻本　八冊

150000－0601－0006193　105919　子部/小說類/章回之屬/講史

鬼谷四友志三卷　（清）楊景淐撰　清咸豐十一年(1861)刻本　一冊

150000－0601－0006194　49972　子部/小說類/章回之屬/講史

新編批評繡像後七國樂田演義十八回　明古

吳陳長卿刻本　六冊

150000－0601－0006195　49982　子部/小說類/章回之屬/講史

綉像西漢演義八卷一百回綉像東漢演義十卷一百二十六回　清光緒十八年(1892)上海廣百宋齋排印本　六冊

150000－0601－0006196　105162　子部/小說類/章回之屬/講史

新刻劍嘯閣批評西漢演義傳八卷　清刻本七冊　存七卷(二至八)

150000－0601－0006197　767541　子部/小說類/章回之屬/講史

新刻劍嘯閣批評西漢演義傳八卷　清刻本七冊　存七卷(二至八)

150000－0601－0006198　49978　子部/小說類/章回之屬/講史

新刻劍嘯閣批評東漢演義傳十卷　清刻本四冊

150000－0601－0006199　105152　子部/小說類/章回之屬/講史

新刻劍嘯閣批評東漢演義傳十卷　清刻本四冊

150000－0601－0006200　105156　子部/小說類/章回之屬/講史

新刻劍嘯閣批評東漢演義傳十卷　清刻本六冊

150000－0601－0006201　50230　子部/小說類/章回之屬/講史

玉茗堂綉像昭君和番雙奇緣傳八卷八十回清芥子園刻本　六冊

150000－0601－0006202　105896　子部/小說類/章回之屬/講史

玉茗堂綉像昭君和番雙奇緣傳八卷八十回清芥子園刻本　六冊

150000－0601－0006203　49988　子部/小說類/章回之屬/講史

四大奇書第一種六十卷一百二十回　清雍正

七年(1729)致遠堂、啓盛堂刻本　二十四冊

150000－0601－0006204　50012　子部/小說類/章回之屬/講史

四大奇書第一種五十一卷一百二十回　清刻本　十六冊

150000－0601－0006205　105345　子部/小說類/章回之屬/講史

四大奇書第一種二十卷首一卷一百二十回清刻聖嘆外書本　二十冊

150000－0601－0006206　40568　子部/小說類/章回之屬/講史

第一才子書十九卷首一卷一百二十回　清刻本　二十冊

150000－0601－0006207　105191　子部/小說類/章回之屬/講史

綉像三國演義續編西晉四卷東晉八卷　(明)陳氏尺蠖齋評釋　清光緒十九年(1893)上海廣百宋齋排印本　八冊

150000－0601－0006208　50028　子部/小說類/章回之屬/講史

新鍥重訂出像注釋西晉志傳通俗演義題評四卷　(明)陳氏評釋　**新鍥重訂出像注釋東晉志傳演義題評八卷**　(明)陳氏評釋　清尺蠖齋刻本　十冊

150000－0601－0006209　879288　子部/小說類/章回之屬/講史

新鍥重訂出像注釋通俗演義東晉志傳題評□□卷　(明)陳氏尺蠖齋評釋　明周氏大業堂刻本　七冊　存七卷(一至六、八)

150000－0601－0006210　105169　子部/小說類/章回之屬/講史

北史演義六十四卷　(清)杜綱編　(清)許寶善評　清嘉慶二年(1797)刻本　十二冊

150000－0601－0006211　50038　子部/小說類/章回之屬/講史

北史演義六十四卷　(清)杜綱編　(清)許寶善評　清道光二十二年(1842)敬業山房刻本　十二冊

150000－0601－0006212　26079　子部/小說類/章回之屬/講史

新鐫全像通俗演義隋煬帝艷史二十二卷四十回　（清）齊東野人編演　（清）不經先生批評　清英秀堂刻本　十二冊

150000－0601－0006213　50050　子部/小說類/章回之屬/講史

四雪草堂重訂通俗隋唐演義二十卷一百回　（清）齊東野人撰　（清）沒世農夫彙編　清乾隆五十八年（1793）刻本　十冊　缺二十卷（一至二十）

150000－0601－0006214　105181　子部/小說類/章回之屬/講史

重刻繡像說唐演義後傳五十五回　清乾隆四十八年（1783）觀文書屋刻本　十冊

150000－0601－0006215　50070　子部/小說類/章回之屬/講史

異說後唐傳三集薛丁山征西樊梨花全傳十卷八十八回　清三讓堂刻本　五冊　存九卷（一至三、五至十）

150000－0601－0006216　26041　子部/小說類/章回之屬/講史

鐫李卓吾批點殘唐五代史演義傳八卷　（元）羅貫中撰　（明）李贄批評　明末刻本　六冊

150000－0601－0006217　50088　子部/小說類/章回之屬/講史

鐫玉茗堂批點殘唐五代史演義傳六卷　（元）羅貫中撰　（明）湯顯祖批評　清刻本　四冊

150000－0601－0006218　105710　子部/小說類/章回之屬/講史

新編五代史平話梁一卷唐二卷晉二卷漢一卷周二卷　清宣統三年（1911）董氏誦芬室影印本　四冊

150000－0601－0006219　40626　子部/小說類/章回之屬/講史

增訂繪圖精忠說岳全傳八卷八十回　清光緒二十九年（1903）石印本　八冊

150000－0601－0006220　11474　子部/小說類/章回之屬/講史

檮杌閑評五十卷五十回　清刻本　二十六冊

150000－0601－0006221　837407　子部/小說類/章回之屬/講史

新刻全像三寶太監西洋記通俗演義二十卷一百回　（明）羅懋登撰　明萬曆二十五年（1597）步月樓刻本　二十冊

150000－0601－0006222　106058　子部/小說類/章回之屬/講史

聖朝鼎盛萬年清七十回　清末上海大一統書局石印本　八冊

150000－0601－0006223　25953　子部/小說類/章回之屬/煙粉

皋鶴堂批評第一奇書金瓶梅一百回　清康熙三十四年（1695）刻本　三十六冊

150000－0601－0006224　105016　子部/小說類/章回之屬/煙粉

紅樓夢一百二十回　（清）曹霑撰　清刻本　二十四冊

150000－0601－0006225　105082　子部/小說類/章回之屬/煙粉

紅樓夢一百二十卷一百二十回　（清）曹霑撰　（清）王希廉評　清刻本　六冊　殘

150000－0601－0006226　26075　子部/小說類/章回之屬/煙粉

紅樓夢圖咏一卷　（清）改琦繪　清光緒十年（1884）淮浦居士刻本　四冊

150000－0601－0006227　105102　子部/小說類/章回之屬/煙粉

後紅樓夢一卷　清刻本　二冊

150000－0601－0006228　105114　子部/小說類/章回之屬/煙粉

續紅樓夢三十卷　（清）秦子忱撰　清光緒八年（1882）抱甕軒刻本　十六冊

150000－0601－0006229　105092　子部/小說類/章回之屬/煙粉

紅樓夢補四十八回　（清）歸鋤子撰　清末上

海申報館排印本　十冊

150000－0601－0006230　105104　子部/小說類/章回之屬/煙粉

紅樓夢補四十八回　（清）歸鋤子撰　清末上海申報館排印本　十冊

150000－0601－0006231　105088　子部/小說類/章回之屬/煙粉

紅樓夢影二十回　（清）西湖散人撰　清光緒三年(1877)京都聚珍堂活字本　四冊

150000－0601－0006232　25931　子部/小說類/章回之屬/煙粉

林蘭香八卷六十四回　（清）隨緣下士編（清）寄旅散人批點　清道光十八年(1838)刻本　十二冊

150000－0601－0006233　105817　子部/小說類/章回之屬/煙粉

林蘭香八卷六十四回　（清）隨緣下士編（清）寄旅散人批點　清道光十八年(1838)刻本　十二冊

150000－0601－0006234　50236　子部/小說類/章回之屬/煙粉

林蘭香六十回　（清）隨緣下士編　（清）寄旅散人批點　清光緒三年(1877)申報館排印本　八冊

150000－0601－0006235　25757　子部/小說類/章回之屬/煙粉

品花寶鑑六十回　（清）陳森撰　清末刻本二十四冊

150000－0601－0006236　50174　子部/小說類/章回之屬/煙粉

繪芳錄八十回　（清）西泠野樵撰　清末申報館排印本　十六冊

150000－0601－0006237　50198　子部/小說類/章回之屬/煙粉

新刻天花藏批評玉嬌梨四卷二十回　（清）荻岸散人編次　清刻本　四冊

150000－0601－0006238　50162　子部/小說

類/章回之屬/煙粉

義俠好逑傳十八回　（清）名教中人編次（清）游方外客批評　清初刻本　六冊

150000－0601－0006239　50168　子部/小說類/章回之屬/煙粉

義俠好逑傳十八回　（清）名教中人編次（清）游方外客批評　清聚文堂刻本　四冊

150000－0601－0006240　54166　子部/小說類/章回之屬/煙粉

玉樓春十二回　清綉花齋刻本　四冊

150000－0601－0006241　50146　子部/小說類/章回之屬/煙粉

快心編初集十回三集十二回　（清）天花才子編輯　（清）四橋居士評點　清刻本　八冊

150000－0601－0006242　50224　子部/小說類/章回之屬/煙粉

水石緣六卷三十段　（清）李春榮編輯　清刻本　六冊

150000－0601－0006243　105531　子部/小說類/章回之屬/煙粉

雪月梅傳十卷五十回　（清）陳朗撰　（清）董孟汾評釋　清乾隆四十年(1775)刻本　十二冊

150000－0601－0006244　105525　子部/小說類/章回之屬/煙粉

雪月梅傳奇十卷五十回　（清）陳朗撰　（清）董孟汾評釋　清聚珍堂刻本　六冊

150000－0601－0006245　50190　子部/小說類/章回之屬/煙粉

雪月梅傳五十回　（清）陳朗撰　（清）董孟汾評釋　清末上海申報館排印本　八冊

150000－0601－0006246　50202　子部/小說類/章回之屬/煙粉

回文傳十六卷　（清）笠翁先生撰　（清）鐵華山人重輯　清刻本　八冊

150000－0601－0006247　105906　子部/小說類/章回之屬/煙粉

聽月樓二十回　清忠恕堂刻本　四冊

150000－0601－0006248　50154　子部/小說類/章回之屬/煙粉

英雲夢傳八卷　（清）九容樓主人撰　（清）掃花頭陀評　清嘉慶三年（1798）鼎翰樓刻本　四冊

150000－0601－0006249　50158　子部/小說類/章回之屬/煙粉

英雲夢傳八卷　（清）九容樓主人撰　（清）掃花頭陀評　清寶華順刻本　四冊

150000－0601－0006250　106066　子部/小說類/章回之屬/煙粉

野叟曝言一百五十四回　（清）夏敬渠撰　清光緒八年（1882）石印本　二十冊

150000－0601－0006251　105485　子部/小說類/章回之屬/煙粉

嶺南逸史二十八回　（清）花溪逸士編　（清）醉園狂客評點　清刻本　十四冊

150000－0601－0006252　26306　子部/小說類/章回之屬/煙粉

兒女英雄傳評話四十回首一回　（清）文康撰　（清）還讀我書室主人評　清光緒六年（1880）京都隆福寺路南聚珍書坊活字本　二十冊

150000－0601－0006253　50252　子部/小說類/章回之屬/靈怪

映旭齋增訂北宋三遂平妖全傳十八卷四十回　清文聚堂刻本　六冊

150000－0601－0006254　40596　子部/小說類/章回之屬/靈怪

增像全圖加批西游記八卷一百回　（明）吳承恩撰　（清）陳士斌詮解　清宣統元年（1909）上海錦章圖書局石印本　八冊

150000－0601－0006255　25995　子部/小說類/章回之屬/靈怪

西游真詮一百回　（清）陳士斌撰　清刻本　二十冊

150000－0601－0006256　26015　子部/小說類/章回之屬/靈怪

西游真詮一百回　（清）陳士斌撰　清刻本　二十冊

150000－0601－0006257　49934　子部/小說類/章回之屬/靈怪

新刻鍾伯敬先生批評封神演義十九卷一百回　清刻本　十冊　存九卷（十一至十九）

150000－0601－0006258　49904　子部/小說類/章回之屬/靈怪

新刻鍾伯敬先生批評封神演義二十一卷一百回　清刻本　二十冊

150000－0601－0006259　105872　子部/小說類/章回之屬/靈怪

濟顛全傳二十回　（清）天花藏主人撰　清抄本　四冊

150000－0601－0006260　105746　子部/小說類/章回之屬/靈怪

綠野仙踪八十回　清道光十年（1830）刻本　二十四冊

150000－0601－0006261　105606　子部/小說類/章回之屬/靈怪

希夷夢四十卷四十回　（清）王寄撰　清嘉慶十四年（1809）刻本　二十冊

150000－0601－0006262　105626　子部/小說類/章回之屬/靈怪

希夷夢四十卷四十回　（清）王寄撰　清嘉慶十四年（1809）刻本　二十冊

150000－0601－0006263　105505　子部/小說類/章回之屬/靈怪

鏡花緣二十卷一百回　（清）李汝珍撰　清刻本　二十冊

150000－0601－0006264　105499　子部/小說類/章回之屬/靈怪

圖像鏡花緣全傳二十卷一百回　（清）李汝珍撰　清光緒三十年（1904）上海書局石印本　六冊

150000－0601－0006265　105890　子部/小說類/章回之屬/靈怪

草木春秋三十二回　（清）江洪撰　清最樂堂刻本　六冊

150000－0601－0006266　106014　子部/小說類/章回之屬/靈怪

歷代神仙通鑑三集二十二卷　清刻本　二十四冊

150000－0601－0006267　26053　子部/小說類/章回之屬/公案

水滸後傳十卷四十回　（清）雁宕山樵輯　清刻本　十冊

150000－0601－0006268　105199　子部/小說類/章回之屬/公案

結水滸全傳七十卷末一卷　（清）俞萬春撰　清咸豐七年(1857)刻本　二十四冊

150000－0601－0006269　26091　子部/小說類/章回之屬/公案

禪真逸史四十回　（清）清溪真人編次　（清）心心仙侶評訂　清文新堂刻本　十二冊

150000－0601－0006270　26035　子部/小說類/章回之屬/公案

龍圖公案八卷　清同人堂刻本　六冊

150000－0601－0006271　50220　子部/小說類/章回之屬/公案

警富新書四十回　清嘉慶十四年(1809)敏齋居士刻本　四冊

150000－0601－0006272　26269　子部/小說類/章回之屬/諷諭

醒世姻緣傳一百回　（清）西周生撰　清同治九年(1870)刻本　二十二冊

150000－0601－0006273　50126　子部/小說類/章回之屬/諷諭

醒世姻緣傳一百回　（清）西周生撰　清刻本　二十冊

150000－0601－0006274　105560　子部/小說類/章回之屬/諷諭

醒世姻緣傳一百回　（清）西周生撰　清同德堂刻本　二十四冊

150000－0601－0006275　105920　子部/小說類/章回之屬/諷諭

上下古今談四卷二十回　吳敬恒撰　清宣統三年(1911)上海文明書局排印本　四冊

150000－0601－0006276　50210　子部/小說類/章回之屬/諷諭

海國春秋四十卷　清光緒三十年(1904)上海書局石印本　十冊

150000－0601－0006277　105947　子部/小說類/章回之屬/域外

巴黎茶花女遺事一卷　（法國）小仲馬著　（清）冷紅生譯　清光緒二十五年(1899)夏素隱書屋排印本　一冊

150000－0601－0006278　39724　子部/小說類/章回之屬/域外

稽者傳十卷　（法國）麥爾香撰　朱樹人譯
鄂省西北部農業視察記一卷　（日本）美代清彥撰　（清）朱承慶譯　清末石印本　一冊

150000－0601－0006279　767750　子部/小說類/章回之屬/域外

毒蛇牙一卷　清光緒三十二年(1906)抄本　一冊

150000－0601－0006280　162708　子部/道教類

重刊道藏輯要　（清）彭定求輯　（清）閻永和增　清光緒三十二年(1906)成都二仙庵刻本　二百四十三冊

150000－0601－0006281　9014　子部/道教類

盼瞻子道書三種　（清）劉琇峰撰　清光緒十四年至十八年(1888－1892)刻本　六冊

150000－0601－0006282　154664　子部/道教類

盼瞻子道書三種　（清）劉琇峰撰　清光緒十四年至十八年(1888－1892)刻本　三冊

150000－0601－0006283　100898　子部/道教類

讀陰符經一卷　（清）汪紱撰　**讀參同契三卷**　（清）汪紱撰　清光緒二十一年(1895)刻本　一冊

150000－0601－0006284　100882　子部/道教類

陰符經發隱一卷　（清）楊文會撰　**道德經發隱一卷**　（清）楊文會撰　**沖虛經發隱一卷**　（清）楊文會撰　**南華經發隱一卷**　（清）楊文會撰　清光緒二十二年(1896)刻本　一冊

150000－0601－0006285　99575　子部/道教類

黃庭經注解　清西湖慧空經房刻本　一冊

150000－0601－0006286　99627　子部/道教類

黃庭經注解　清西湖慧空經房刻本　一冊

150000－0601－0006287　99578　子部/道教類

重鎸清靜經圖注一卷　陳唵噆刻本　一冊

150000－0601－0006288　128417　子部/道教類

文昌帝君孝經一卷　抄本　一冊

150000－0601－0006289　54170　子部/道教類

文昌孝經增注一卷　清光緒二十三年(1897)湖北儒林講舍刻本　一冊

150000－0601－0006290　54171　子部/道教類

文昌孝經增注一卷　清光緒二十三年(1897)湖北儒林講舍刻本　一冊

150000－0601－0006291　879247　子部/道教類

御注太上感應篇一卷　（清）世祖福臨撰　清順治十二年(1655)刻本　一冊　包背裝

150000－0601－0006292　879248　子部/道教類

御注太上感應篇一卷　（清）世祖福臨撰　清順治十二年(1655)刻本　一冊　包背裝

150000－0601－0006293　137828　子部/道教類

太上感應篇一卷　（清）惠棟注　清同治六年(1867)刻本　二冊

150000－0601－0006294　137830　子部/道教類

太上感應篇一卷　（清）惠棟注　清同治六年(1867)刻本　二冊

150000－0601－0006295　50636　子部/道教類

感應篇贅言一卷太上感應篇靈驗記一卷　清同治五年(1866)刻本　一冊

150000－0601－0006296　767739　子部/道教類

太上感應篇圖說一卷　（□）許纘曾彙輯　清刻本　一冊

150000－0601－0006297　50676　子部/道教類

太上感應篇增訂圖說一卷　（清）朱日豐輯　（清）鐵珊增訂　清同治十三年(1874)蘭州官署刻光緒七年(1881)補刻本　十二冊

150000－0601－0006298　99205　子部/道教類

太上感應篇增訂圖說一卷　（清）朱日豐輯　（清）鐵珊增訂　清同治十三年(1874)蘭州官署刻光緒七年(1881)補刻本　十一冊　缺

150000－0601－0006299　101507　子部/道教類

太上感應篇詩義一卷　劉咸榮撰　清刻本　一冊

150000－0601－0006300　99197　子部/道教類

太上寶筏一卷　（清）黃正元撰　清光緒十八年(1892)鴻文書局石印本　八冊

150000－0601－0006301　99582　子部/道教類

文昌帝君陰騭文詩一卷　清嘉慶十五年
(1810)刻本　一冊

150000－0601－0006302　50700　子部/道
教類

文昌帝君陰騭文注案四卷　(清)顏正撰　清
道光十三年(1833)田鳳儀刻本　四冊

150000－0601－0006303　50704　子部/道
教類

陰騭文圖說一卷　(清)黃正元纂輯　帝君戒
士子文一卷欲海慈航一卷儆虛階功過格一卷
性天真境一卷　清道光十七年(1837)刻本
八冊

150000－0601－0006304　99568　子部/道
教類

陰騭文圖說一卷　清光緒七年(1881)刻本
五冊

150000－0601－0006305　50606　子部/道
教類

悟真篇三注三卷外集一卷　(宋)張伯端撰
(宋)薛道光等注　(清)傅金銓批點　周易參
同契分章注解三卷　(漢)魏伯陽撰　(元)陳
致虛注解　(清)傅金銓批點　頂批金丹真傳
六卷　(明)孫汝忠撰　(清)張崇烈注
(清)李堪疏　清道光三十年(1850)刻本
六冊

150000－0601－0006306　101159　子部/道
教類

至游子二卷　清光緒元年(1875)湖北崇文書
局刻本　一冊

150000－0601－0006307　101160　子部/道
教類

至游子二卷　清光緒元年(1875)湖北崇文書
局刻本　一冊

150000－0601－0006308　170636　子部/道
教類

至游子二卷　清刻藝海珠塵本　一冊

150000－0601－0006309　99407　子部/道
教類

最上一乘慧命經一卷　(清)柳華陽撰　清同
治五年(1866)刻本　一冊

150000－0601－0006310　170623　子部/道
教類

參同契一卷　(漢)魏伯陽撰　陰符經一卷
(漢)張良注　風后握奇經一卷　(漢)公孫弘
解　清刻本　一冊

150000－0601－0006311　100883　子部/道
教類

參同契直指箋注三篇　(漢)魏伯陽撰　(清)
劉一明解　清光緒六年(1880)上海翼化堂刻
本　一冊

150000－0601－0006312　100884　子部/道
教類

參同契直指箋注三篇　(漢)魏伯陽撰　(清)
劉一明解　清光緒六年(1880)上海翼化堂刻
本　一冊

150000－0601－0006313　99513　子部/佛教
類/總錄之屬

諸經集要二十卷　(唐)釋道世撰　刻本
十冊

150000－0601－0006314　99574　子部/道
教類

玄微心印二卷　(清)趙兩弼等撰　丹經示讀
一卷　(清)傅金銓撰　刻本　一冊

150000－0601－0006315　99563　子部/道
教類

敬竈全書一卷　清光緒元年(1875)刻本
一冊

150000－0601－0006316　99581　子部/道
教類

濬性淵源一卷　(□)涵谷子撰　刻本　一冊

150000－0601－0006317　101165　子部/道
教類

子午針一卷　(□)涵谷子撰　清末刻本
一冊

150000－0601－0006318　99579　子部/道教類

破迷宗旨一卷　儒童老人撰　清咸豐四年(1854)刻本　一冊

150000－0601－0006319　50613　子部/道教類

紫光朝謝科儀一卷　（□）林復科輯　（唐）呂嵒靈籤　清咸豐九年(1859)京都琉璃廠精華齋刻本　一冊

150000－0601－0006320　50670　子部/道教類

丹桂籍四卷首一卷末一卷　清咸豐二年(1852)刻本　六冊

150000－0601－0006321　40326　子部/道教類

丹桂籍四卷首一卷末一卷　清咸豐二年(1852)刻本　六冊

150000－0601－0006322　50664　子部/道教類

增訂丹桂籍一卷　清嘉慶二十三年(1818)楊運昌刻本　六冊

150000－0601－0006323　50612　子部/道教類

孚佑帝君純陽祖師三世因果說一卷　清道光二十九年(1849)西安蔭福堂刻本　一冊

150000－0601－0006324　50696　子部/道教類

關帝寶訓像注四卷　清雍正九年(1731)刻道光三年(1823)京都文采齋甘家刻字鋪刷印本　四冊

150000－0601－0006325　99625　子部/道教類

通關文二卷　（清）劉一明撰　清光緒六年(1880)刻本　二冊

150000－0601－0006326　99584　子部/道教類

紀九行氣煉形圖一卷　（明）張文斗撰　清咸豐七年(1857)刻本　一冊

150000－0601－0006327　99613　子部/道教類/扶乩之屬

覺世新新集八卷　公善社編　清光緒十三年(1887)蓬城公善社刻本　八冊

150000－0601－0006328　50659　子部/道教類/扶乩之屬

蕭相國文終侯語錄一卷　清同治五年(1866)刻本　一冊

150000－0601－0006329　5840　子部/佛教類/叢編之屬

佛祖心髓十卷　（清）釋達如輯　清光緒十三年(1887)刻本　五冊

150000－0601－0006330　98990　子部/佛教類/叢編之屬

釋氏四書　清末刻本　四冊

150000－0601－0006331　5454　子部/佛教類/叢編之屬

雲棲法彙　（明）釋袾宏撰輯　清光緒二十三年(1897)刻本　三十四冊

150000－0601－0006332　99086　子部/佛教類/叢編之屬

雲棲法彙　（明）釋袾宏撰輯　清光緒二十三年(1897)刻本　三十四冊

150000－0601－0006333　5845　子部/佛教類/經之屬

大慧普覺禪師宗門武庫一卷　清光緒七年(1881)常熟刻經處刻本　一冊

150000－0601－0006334　5878　子部/佛教類/經之屬

大慧普覺禪師宗門武庫一卷　清光緒七年(1881)常熟刻經處刻本　一冊

150000－0601－0006335　6444　子部/佛教類/經之屬

佛說樓炭經六卷　（晉）釋法立　（晉）釋法炬譯　清末刻本　二冊

150000－0601－0006336　6597　子部/佛教類/經之屬

佛說四諦經一卷　（漢）釋安世高譯　佛說恒

水經一卷　（晉）釋法炬譯　佛說瞻婆比丘經一卷　（晉）釋法炬譯　佛說本相倚致經一卷　（漢）釋安世高譯　佛說緣本致經一卷　佛說頂生王故事經一卷　（晉）釋法炬譯　佛說文陀竭王經一卷　（北涼）釋曇無讖譯　清光緒六年（1880）金陵刻經處刻本　一冊

150000 - 0601 - 0006337　5808　子部/佛教類/經之屬

雜阿含經五十卷　（南朝宋）釋求那跋陀羅譯　清光緒十年至十四年（1884 - 1888）常熟刻經處刻本　十二冊

150000 - 0601 - 0006338　5787　子部/佛教類/經之屬

六度集經八卷　（三國吳）釋康僧會譯　清光緒五年（1879）金陵刻經處刻本　二冊

150000 - 0601 - 0006339　6249　子部/佛教類/經之屬

大方便佛報恩經七卷　清同治十一年（1872）金陵刻經處刻本　二冊

150000 - 0601 - 0006340　6439　子部/佛教類/經之屬

悲華經十卷　（北涼）釋曇無讖譯　清光緒四年（1878）金陵刻經處刻本　三冊

150000 - 0601 - 0006341　6243　子部/佛教類/經之屬

大乘本生心地觀經八卷　（唐）釋般若譯　清刻本　二冊

150000 - 0601 - 0006342　99430　子部/佛教類/經之屬

過去現在因果經四卷　（南朝宋）釋求那跋陀羅譯　清光緒十年（1884）江北刻經處刻本　一冊

150000 - 0601 - 0006343　6247　子部/佛教類/經之屬

勝天王般若波羅蜜經七卷　（南朝陳）釋月婆首那譯　清光緒二年（1876）江北刻經處刻本　二冊

150000 - 0601 - 0006344　6286　子部/佛教類/經之屬

金剛般若經六譯本　清同治十一年（1872）金陵刻經處刻本　一冊

150000 - 0601 - 0006345　98996　子部/佛教類/經之屬

金剛般若經六譯本　清同治十一年（1872）金陵刻經處刻本　一冊

150000 - 0601 - 0006346　6540　子部/佛教類/經之屬

仁王護國般若波羅蜜多經二卷　（唐）釋不空譯　清同治九年（1870）金陵刻經處刻本　一冊

150000 - 0601 - 0006347　99280　子部/佛教類/經之屬

仁王護國般若波羅蜜多經二卷　（唐）釋不空譯　清同治九年（1870）金陵刻經處刻本　一冊

150000 - 0601 - 0006348　6528　子部/佛教類/經之屬

摩訶般若波羅蜜大明咒經一卷　（後秦）釋鳩摩羅什譯　般若波羅密多心經一卷　（唐）釋玄奘譯　實相般若波羅蜜經一卷　（唐）釋菩提流志等譯　文殊師利所說摩訶般若波羅蜜經一卷　（南朝梁）釋曼陀羅仙譯　清同治十年至光緒元年（1871 - 1875）金陵刻經處江北刻經處刻本　一冊

150000 - 0601 - 0006349　50553　子部/佛教類/經之屬

摩訶般若波羅蜜多心經一卷　清同治二年（1863）刻振一齋刻字鋪刷印本　一冊

150000 - 0601 - 0006350　6245　子部/佛教類/經之屬

大乘理趣六波羅蜜多經十卷　（唐）釋般若譯　清光緒十九年（1893）金陵刻經處刻本　二冊

150000 - 0601 - 0006351　99461　子部/佛教類/經之屬

大乘理趣六波羅蜜多經十卷　（唐）釋般若譯

清光緒十九年（1893）金陵刻經處刻本
二冊

150000－0601－0006352　x4　子部/佛教類/
經之屬
妙法蓮華經一卷　元刻至正六年（1346）刷印
本　一冊　經摺裝

150000－0601－0006353　50532　子部/佛教
類/經之屬
妙法蓮華經七卷　（後秦）釋鳩摩羅什譯　明
景泰元年（1450）刻清康熙五十三年（1714）顧
秉仁刷印本　七冊　經摺裝

150000－0601－0006354　5642　子部/佛教
類/經之屬
妙法蓮華經七卷　（後秦）釋鳩摩羅什譯　清
乾隆二十九年（1764）刻道光二十二年（1842）
重修本　三冊

150000－0601－0006355　100871　子部/佛
教類/經之屬
妙法蓮華經七卷　（後秦）釋鳩摩羅什譯　常
州天寧寺刻本　四冊

150000－0601－0006356　99333　子部/佛教
類/經之屬
妙法蓮華經七卷直音一卷　（後秦）釋鳩摩羅
什譯　清刻本　四冊

150000－0601－0006357　6233　子部/佛教
類/經之屬
妙法蓮華經七卷　（後秦）釋鳩摩羅什譯　清
末刻本　三冊

150000－0601－0006358　6511　子部/佛教
類/經之屬
妙法蓮華經七卷　（後秦）釋鳩摩羅什譯　清
末刻本　三冊

150000－0601－0006359　6539　子部/佛教
類/經之屬
妙法蓮華經觀世音菩薩普門品一卷　清末徐
怡德刻本　一冊

150000－0601－0006360　6038　子部/佛教

類/經之屬
金剛三昧經一卷　清同治十二年（1873）金陵
刻經處刻本　一冊

150000－0601－0006361　6193　子部/佛教
類/經之屬
無量義經一卷　（南朝齊）釋曇摩伽陀耶舍譯
　佛說觀普賢菩薩行法經一卷　（南朝宋）釋
曇摩蜜多譯　清光緒三年至七年（1877－
1881）金陵刻經處江北刻經處刻本　一冊

150000－0601－0006362　6510　子部/佛教
類/經之屬
無量義經一卷　（南朝齊）釋曇摩伽陀耶舍譯
　佛說觀普賢菩薩行法經一卷　（南朝宋）釋
曇摩蜜多譯　清光緒三年至七年（1877－
1881）金陵刻經處江北刻經處刻本　一冊

150000－0601－0006363　100875　子部/佛
教類/經之屬
無量義經一卷　（南朝齊）釋曇摩伽陀耶舍譯
　法華三昧經一卷　（宋）釋智嚴譯　**薩曇芬
陀利經一卷　妙法蓮華經觀世音菩薩普門品
一卷**　（後秦）釋鳩摩羅什譯　刻本　一冊

150000－0601－0006364　x5　子部/佛教類/
經之屬
大方廣佛華嚴經□□卷　北宋刻毗盧藏本
零冊　經摺裝

150000－0601－0006365　5488　子部/佛教
類/經之屬
大方廣佛華嚴經六十卷　（晉）釋佛陀跋陀羅
等譯　清光緒七年（1881）常熟刻經處刻本
十六冊

150000－0601－0006366　x6　子部/佛教類/
經之屬
大方廣佛華嚴經合論□□卷　北宋刻本　一
冊　經摺裝

150000－0601－0006367　5635　子部/佛教
類/經之屬
大方廣如來不思議境界經一卷　（唐）釋實叉
難陀譯　**大方廣佛華嚴經修慈分一卷**　（唐）

釋提雲般若譯 佛華嚴入如來德智不思議境界經一卷 (隋)釋闍那崛多譯 清同治十三年(1874)鷄園刻經處刻本 一冊

150000－0601－0006368 6178 子部/佛教類/經之屬

大方廣如來不思議境界經一卷 (唐)釋實叉難陀譯 大方廣佛華嚴經修慈分一卷 (唐)釋提雲般若譯 佛華嚴入如來德智不思議境界經一卷 (隋)釋闍那崛多譯 清同治十三年(1874)鷄園刻經處刻本 一冊

150000－0601－0006369 99392 子部/佛教類/經之屬

大方廣入如來智德不思議經一卷大方廣佛華嚴經修慈分一卷顯無邊佛土功德經一卷 (唐)釋玄奘譯 大方廣佛華嚴經不思議境界分一卷大方廣如來不思議境界經一卷 (唐)釋實叉難陀譯 大方廣普賢所說經一卷 (唐)釋實叉難陀譯 莊嚴菩提心經一卷 (後秦)釋鳩摩羅什譯 佛說菩薩本業經一卷 (三國吳)支謙譯 大方廣佛華嚴經續入法界品一卷 (唐)釋地婆訶羅譯 佛說兜沙經一卷 (漢)釋支婁迦讖譯 大方廣菩薩十地經一卷 (北魏)釋吉迦夜 (北魏)釋曇唯譯 清宣統二年(1910)常州天寧寺刻本 一冊

150000－0601－0006370 5683 子部/佛教類/經之屬

大寶積經一百二十卷 (唐)釋菩提流志等譯 清末刻本 二十四冊

150000－0601－0006371 5747 子部/佛教類/經之屬

大寶積經一百二十卷 (唐)釋菩提流志等譯 清末刻本 二十四冊

150000－0601－0006372 6195 子部/佛教類/經之屬

佛說阿閦佛國經三卷 (漢)釋支婁迦讖譯 清末刻本 一冊

150000－0601－0006373 99501 子部/佛教類/經之屬

菩薩藏經二十卷 (唐)釋玄奘譯 清刻本

六冊

150000－0601－0006374 5641 子部/佛教類/經之屬

善住意天子所問經三卷 (北魏)釋毗目智仙等譯 清光緒六年(1880)常熟刻經處刻本 一冊

150000－0601－0006375 6181 子部/佛教類/經之屬

善住意天子所問經三卷 (北魏)釋毗目智仙等譯 清光緒六年(1880)常熟刻經處刻本 一冊

150000－0601－0006376 6141 子部/佛教類/經之屬

慧上菩薩問大善權經二卷 (晉)釋竺法護譯 大乘顯識經二卷 (唐)釋地婆訶羅等譯 清光緒六年(1880)常熟刻經處刻本 一冊

150000－0601－0006377 6238 子部/佛教類/經之屬

勝鬘師子吼一乘大方便方廣經二卷 (南朝宋)釋求那跋陀羅譯 清光緒二十二年(1896)金陵刻經處刻本 一冊

150000－0601－0006378 6276 子部/佛教類/經之屬

入法界體性經一卷 (隋)釋闍那崛多譯 佛說如來智印經一卷 清光緒四年(1878)金陵刻經處刻本 一冊

150000－0601－0006379 99482 子部/佛教類/經之屬

佛說無量壽經二卷 (三國魏)釋康僧鎧譯 無量壽如來會二卷 (唐)釋菩提流志譯 佛說大乘無量壽莊嚴經一卷 (宋)釋法賢譯 清光緒十年(1884)金陵刻經處刻本 一冊

150000－0601－0006380 6201 子部/佛教類/經之屬

佛說無量壽經二卷 (三國魏)釋康僧鎧譯 佛說觀無量壽佛經一卷 (南朝宋)釋畺良耶舍譯 佛說阿彌陀經一卷 (後秦)釋鳩摩羅什譯 大方廣佛華嚴經入不思議解脫境界普

賢行願品一卷　（唐）釋般若譯　清同治十三年(1874)金陵刻經處刻本　一冊

150000－0601－0006381　6188　子部/佛教類/經之屬

佛說無量壽經二卷　（三國魏）釋康僧鎧譯　清同治十三年(1874)金陵刻經處刻本　一冊

150000－0601－0006382　5992　子部/佛教類/經之屬

佛說清淨平等覺經三卷　（漢）釋支婁迦讖譯　清同治十年(1871)金陵刻經處刻本　一冊

150000－0601－0006383　6278　子部/佛教類/經之屬

佛說阿彌陀經二卷　（三國吳）支謙譯　清光緒五年(1879)常熟刻經處刻本　一冊

150000－0601－0006384　6504　子部/佛教類/經之屬

佛說阿彌陀經二卷　（三國吳）支謙譯　清光緒五年(1879)常熟刻經處刻本　一冊

150000－0601－0006385　6285　子部/佛教類/經之屬

佛說大乘無量壽莊嚴經一卷　（宋）釋法賢譯　清光緒十年(1884)金陵刻經處刻本　一冊

150000－0601－0006386　6508　子部/佛教類/經之屬

佛說大乘無量壽莊嚴經一卷　（宋）釋法賢譯　清光緒十年(1884)金陵刻經處刻本　一冊

150000－0601－0006387　6509　子部/佛教類/經之屬

佛說大乘無量壽莊嚴經一卷　（宋）釋法賢譯　佛說觀無量壽佛經一卷　（南朝宋）釋畺良耶舍譯　佛說阿彌陀經一卷　（後秦）釋鳩摩羅什譯　稱贊淨土佛攝受經一卷　（唐）釋玄奘譯　拔一切業障根本得生淨土神咒一卷（南朝宋）釋求那跋陀羅譯　阿彌陀經不思議神力傳一卷後出阿彌陀佛偈經一卷阿彌陀鼓音聲王陀羅尼經一卷觀世音菩薩得大勢菩薩受記經一卷　（南朝宋）釋曇無竭譯　無量壽經優波提舍一卷　（□）婆藪槃豆菩薩造

370

（北魏）釋菩提留支譯　佛說阿彌陀經疏一卷　（唐）釋元曉撰　清光緒十年(1884)金陵刻經處刻本　一冊

150000－0601－0006388　6218　子部/佛教類/經之屬

無量壽如來會二卷　（唐）釋菩提流志譯　清光緒二十二年(1896)金陵刻經處刻本　一冊

150000－0601－0006389　6507　子部/佛教類/經之屬

無量壽如來會二卷　（唐）釋菩提流志譯　佛說大乘無量壽莊嚴經一卷　（宋）釋法賢譯　清光緒二十二年(1896)金陵刻經處刻本　一冊

150000－0601－0006390　6538　子部/佛教類/經之屬

佛說觀無量壽佛經一卷　（南朝宋）釋畺良耶舍譯　清同治十年(1871)金陵刻經處刻本　一冊

150000－0601－0006391　6537　子部/佛教類/經之屬

佛說觀無量壽佛經一卷　（南朝宋）釋畺良耶舍譯　佛說阿彌陀經一卷　（後秦）釋鳩摩羅什譯　稱贊淨土佛攝受經一卷　（唐）釋玄奘譯　拔一切業障根本得生淨土神咒一卷（南朝宋）釋求那跋陀羅譯　阿彌陀經不思議神力傳一卷後出阿彌陀佛偈經一卷阿彌陀鼓音聲王陀羅尼經一卷觀世音菩薩得大勢菩薩受記經一卷　（南朝宋）釋曇無竭譯　無量壽經優波提舍一卷　（□）婆藪槃豆菩薩造（北魏）釋菩提留支譯　佛說阿彌陀經疏一卷　（唐）釋元曉撰　清同治十年(1871)金陵刻經處刻本　一冊

150000－0601－0006392　99305　子部/佛教類/經之屬

稱贊淨土佛攝受經一卷　（唐）釋玄奘譯　清同治十年(1871)金陵刻經處刻本　一冊

150000－0601－0006393　6122　子部/佛教類/經之屬

大般涅槃經四十卷　（北涼）釋曇無讖譯　大

般涅槃經後分二卷 　(唐)釋若那跋陀羅等譯
清光緒五年(1879)善成妙湛刻本 　十一冊

150000 – 0601 – 0006394 　6175 　子部/佛教
類/經之屬

大方等大集月藏經十卷 　(隋)釋那連提耶舍
譯 　清光緒八年(1882)常熟刻經處刻本
三冊

150000 – 0601 – 0006395 　6145 　子部/佛教
類/經之屬

阿差末菩薩經七卷 　(晉)釋竺法護譯 　清宣
統三年(1911)常州天寧寺刻本 　二冊

150000 – 0601 – 0006396 　99332 　子部/佛教
類/經之屬

地藏菩薩本願經三卷 　(唐)釋實叉難陀譯
清陳錫永等刻本 　一冊

150000 – 0601 – 0006397 　5783 　子部/佛教
類/經之屬

佛說菩薩念佛三昧經六卷 　(南朝宋)釋功德
直等譯 　清同治十一年(1872)常熟刻經處刻
本 　二冊

150000 – 0601 – 0006398 　6142 　子部/佛教
類/經之屬

大方等大集賢護經四卷 　(隋)釋闍那崛多等
譯 　(清)彭際清重校 　清同治十二年(1873)
江北刻經處刻本 　一冊

150000 – 0601 – 0006399 　6564 　子部/佛教
類/經之屬

大方等大集賢護經四卷 　(隋)釋闍那崛多等
譯 　(清)彭際清重校 　清同治十二年(1873)
江北刻經處刻本 　一冊

150000 – 0601 – 0006400 　6565 　子部/佛教
類/經之屬

大方等大集賢護經五卷 　(隋)釋闍那崛多等
譯 　清同治十二年(1873)江北刻經處刻本
一冊

150000 – 0601 – 0006401 　25799 　子部/佛教
類/經之屬

[三劫三千佛名]三卷 　明刻清康熙六十一年

(1722)刷印本 　三冊

150000 – 0601 – 0006402 　5638 　子部/佛教
類/經之屬

[三千諸佛名經]三卷 　清光緒元年(1875)金
陵刻經處刻康熙六十一年(1722)刷印本
一冊

150000 – 0601 – 0006403 　6191 　子部/佛教
類/經之屬

佛說觀彌勒菩薩上生兜率陀天經一卷 　(南
朝宋)釋沮渠京聲譯 　清光緒三年(1877)金
陵刻經處刻本 　一冊

150000 – 0601 – 0006404 　x7 　子部/佛教類/
經之屬

維摩詰所說經□□卷 　宋刻元至元三十年
(1293)刷印磧砂藏本 　一冊 　經摺裝

150000 – 0601 – 0006405 　99485 　子部/佛教
類/經之屬

維摩詰所說經三卷 　(後秦)釋鳩摩羅什譯
清同治九年(1870)金陵刻經處刻本 　一冊

150000 – 0601 – 0006406 　6271 　子部/佛教
類/經之屬

阿難問事佛吉凶經一卷 　(漢)釋安世高譯
十二緣生祥瑞經二卷 　(宋)釋施護譯 　清同
治九年至光緒三年(1870 – 1877)如皋刻經處
江北刻經處刻本 　一冊

150000 – 0601 – 0006407 　6478 　子部/佛教
類/經之屬

佛說巨力長者所問大乘經三卷 　(宋)釋智吉
祥譯 　清光緒元年(1875)江北刻經處刻本
一冊

150000 – 0601 – 0006408 　6576 　子部/佛教
類/經之屬

思益梵天所問經四卷 　(後秦)釋鳩摩羅什譯
清光緒五年(1879)金陵刻經處刻本 　一冊

150000 – 0601 – 0006409 　6179 　子部/佛教
類/經之屬

佛說海龍王經四卷 　(晉)釋竺法護譯 　清宣
統三年(1911)常州天寧寺刻本 　一冊

150000－0601－0006410　5879　子部/佛教類/經之屬

坐禪三昧法門經二卷　僧伽羅剎造　（晉）釋羅什譯　清末刻本　一冊

150000－0601－0006411　99590　子部/佛教類/經之屬

坐禪三昧法門經二卷　僧伽羅剎造　（晉）釋羅什譯　清末刻本　一冊

150000－0601－0006412　6558　子部/佛教類/經之屬

觀佛三昧海經十卷　（晉）釋佛陀跋陀羅譯　清光緒十七年(1891)金陵刻經處刻本　二冊

150000－0601－0006413　99345　子部/佛教類/經之屬

觀佛三昧海經十卷　（晉）釋佛陀跋陀羅譯　清光緒十七年(1891)金陵刻經處刻本　二冊

150000－0601－0006414　6180　子部/佛教類/經之屬

諸法無行經二卷　（後秦）釋鳩摩羅什譯　常州天寧寺刻本　一冊

150000－0601－0006415　98950　子部/佛教類/經之屬

諸法無行經二卷　（後秦）釋鳩摩羅什譯　常州天寧寺刻本　一冊

150000－0601－0006416　5771　子部/佛教類/經之屬

菩薩瓔珞經二十卷　（後秦）釋竺佛念譯　清光緒十八年(1892)江北刻經處刻本　四冊

150000－0601－0006417　99411　子部/佛教類/經之屬

金光明經四卷　（北涼）釋曇無讖譯　清同治八年(1869)古株刻昭慶寺慧空經房刷印本　一冊

150000－0601－0006418　6043　子部/佛教類/經之屬

金光明經一卷　（北涼）釋曇無讖譯　清同治十年(1871)金陵刻經處刻本　一冊

150000－0601－0006419　99278　子部/佛教類/經之屬

金光明經一卷　（北涼）釋曇無讖譯　清同治十年(1871)金陵刻經處刻本　一冊

150000－0601－0006420　6560　子部/佛教類/經之屬

金光明最勝王經五卷　（唐）釋義淨譯　清同治十年(1871)常熟刻經處刻本　二冊

150000－0601－0006421　6194　子部/佛教類/經之屬

大方等如來藏經一卷　（晉）釋佛陀跋陀羅譯　**莊嚴菩提心經一卷**　（後秦）釋鳩摩羅什譯　**寶授菩薩菩提行經一卷**　（宋）釋法賢譯　**佛說長者女庵提遮師子吼了義經一卷佛說老女人經一卷**　（三國吳）支謙譯　**稱讚大乘功德經一卷**　（唐）釋玄奘譯　**佛說長者法志妻經一卷佛說堅固女經一卷**　（隋）釋那連提耶舍譯　清光緒二十二年(1896)金陵刻經處刻本　一冊

150000－0601－0006422　6034　子部/佛教類/經之屬

楞伽阿跋多羅寶經四卷　（南朝宋）釋求那跋陀羅譯　清同治九年(1870)金陵刻經處刻本　二冊

150000－0601－0006423　6086　子部/佛教類/經之屬

楞伽阿跋多羅寶經會譯四卷　（南朝宋）釋求那跋陀羅初譯　（北魏）釋菩提留支再譯　（唐）釋實叉難陀後譯　清光緒三十四年(1908)金陵刻經處刻本　四冊

150000－0601－0006424　6241　子部/佛教類/經之屬

大乘入楞伽經七卷　（唐）釋實叉難陀譯　清光緒三十四年(1908)金陵刻經處刻本　二冊

150000－0601－0006425　6150　子部/佛教類/經之屬

解深密經五卷　（唐）釋玄奘譯　清同治十年(1871)金陵刻經處刻本　一冊

150000－0601－0006426　99402　子部/佛教類/經之屬

解深密經五卷　（唐）釋玄奘譯　清同治十年(1871)金陵刻經處刻本　一冊

150000－0601－0006427　6574　子部/佛教類/經之屬

大乘密嚴經三卷　（唐）釋不空譯　清光緒二十三年(1897)金陵刻經處刻本　一冊

150000－0601－0006428　99605　子部/佛教類/經之屬

大乘密嚴經三卷　（唐）釋不空譯　清光緒二十三年(1897)金陵刻經處刻本　一冊

150000－0601－0006429　5790　子部/佛教類/經之屬

孝子經一卷佛說五王經一卷五母子經一卷（三國吳）支謙譯　**分別經一卷**　（晉）釋竺法護譯　**佛說越難經一卷**　（晉）釋聶承遠譯　**佛說羅雲忍辱經一卷**　（晉）釋法炬譯　**佛說淨意優婆塞所問經一卷**　（宋）釋施護譯　清末刻本　一冊

150000－0601－0006430　6598　子部/佛教類/經之屬

大乘造像功德經二卷　（唐）釋提曇般若譯　**佛說作佛形像經一卷佛說造立形像福報經一卷佛說灌佛經一卷**　（晉）釋法炬譯　**佛說灌洗佛經一卷**　（西秦）釋聖堅譯　**佛說浴像功德經一卷**　（唐）釋寶思惟譯　**浴像功德經一卷**　（唐）釋義淨譯　**佛說校量數珠功德經一卷**　（唐）釋寶思惟譯　**曼殊室利咒藏中校量數珠功德經一卷**　（唐）釋義淨譯　**佛說龍施女經一卷**　（三國吳）支謙譯　**佛說龍施菩薩本起經一卷**　（晉）釋竺法護譯　**佛說八吉祥神咒經一卷**　（三國吳）支謙譯　**佛說八陽神咒經一卷**　（晉）釋竺法護譯　**佛說八吉祥經一卷**　（南朝梁）釋僧伽婆羅譯　**佛說八佛名號經一卷**　（隋）釋闍那崛多譯　**佛說盂蘭盆經一卷**　（晉）釋竺法護譯　**佛說報恩奉盆經一卷佛說觀藥王藥上二菩薩經一卷**　（南朝宋）釋畺良耶舍譯　清同治十一年(1872)常熟刻經處刻本　一冊

150000－0601－0006431　6272　子部/佛教類/經之屬

佛說造塔功德經一卷　（唐）釋地婆訶羅譯　**右繞佛塔功德經一卷**　（唐）釋實叉難陀譯　**佛說不增不減經一卷**　（北魏）釋菩提流支譯　**佛說金剛三昧本性清淨不壞不滅經一卷**　**佛說妙色王因緣經一卷**　（唐）釋義淨譯　清末刻本　一冊

150000－0601－0006432　6602　子部/佛教類/經之屬

佛說貝多樹下思惟十二因緣經一卷　（三國吳）支謙譯　**佛說緣起聖道經一卷**　（唐）釋玄奘譯　**佛說稻秆經一卷大乘舍黎娑擔摩經一卷**　（宋）釋施護譯　清末刻本　一冊

150000－0601－0006433　99387　子部/佛教類/經之屬

佛說五苦章句經一卷　（晉）釋竺曇無蘭譯　**佛說孛經一卷**　（三國吳）支謙譯　清光緒十一年(1885)昭慶慧空經房刻本　一冊

150000－0601－0006434　6037　子部/佛教類/經之屬

佛說四十二章經一卷　（漢）釋迦葉摩騰（漢）釋竺法蘭譯　**佛說遺教經一卷**　（後秦）釋鳩摩羅什譯　**八大人覺經一卷**　（漢）釋安世高譯　清末刻本　一冊

150000－0601－0006435　6040　子部/佛教類/經之屬

諸佛要集經二卷　（晉）釋竺法護譯　**佛說菩薩投身飼餓虎起塔因緣經一卷**　（北涼）釋法盛譯　**不思議光菩薩所說經一卷**　（後秦）釋鳩摩羅什譯　清光緒二十一年(1895)刻本　一冊

150000－0601－0006436　6189　子部/佛教類/經之屬

佛說大淨法門品經一卷　（晉）釋竺法護譯　清光緒元年(1875)江北刻經處刻本　一冊

150000－0601－0006437　6185　子部/佛教類/經之屬

佛說諸法勇王經一卷　（南朝宋）釋曇摩蜜多

譯　順權方便經二卷　（晉）釋竺法護譯　**佛說樂瓔珞莊嚴方便經二卷**　（後秦）釋曇摩耶舍譯　**菩薩睒子經一卷佛說睒子經一卷**（西秦）釋聖堅譯　**佛說九色鹿經一卷**　（三國吳）支謙譯　**佛說太子沐魄經一卷**　（晉）釋竺法護譯　清宣統元年（1909）刻本　一冊

150000－0601－0006438　6526　子部/佛教類/經之屬

大方廣圓覺修多羅了義經一卷　（唐）釋佛陀多羅譯　清同治八年（1869）金陵刻經處刻本　一冊

150000－0601－0006439　99374　子部/佛教類/經之屬

大方廣圓覺修多羅了義經一卷　（唐）釋佛陀多羅譯　清同治八年（1869）金陵刻經處刻本　一冊

150000－0601－0006440　50631　子部/佛教類/經之屬

佛說大聖末劫真經一卷　清光緒二十一年（1895）刻本　一冊

150000－0601－0006441　50637　子部/佛教類/經之屬

佛說大聖末劫真經一卷　清光緒七年（1881）刻本　一冊

150000－0601－0006442　26992　子部/佛教類/律之屬

四分律藏六十卷　（後秦）釋佛陀耶舍　（後秦）釋竺佛念等譯　清末刻本　二十冊

150000－0601－0006443　6332　子部/佛教類/律之屬

四分戒本一卷　（後秦）釋佛陀耶舍　（後秦）釋竺佛念等譯　（清）釋讀體重錄　清光緒十八年（1892）金陵刻經處刻本　一冊

150000－0601－0006444　6333　子部/佛教類/律之屬

四分比丘尼戒本一卷　（後秦）釋佛陀耶舍（後秦）釋竺佛念等譯　（清）釋讀體重錄　清光緒二十一年（1895）金陵刻經處刻本

一冊

150000－0601－0006445　99486　子部/佛教類/律之屬

佛說梵網經二卷　（後秦）釋鳩摩羅什譯　清光緒十年（1884）金陵刻經處刻本　一冊

150000－0601－0006446　99487　子部/佛教類/律之屬

佛說梵網經二卷　（後秦）釋鳩摩羅什譯　清光緒十年（1884）金陵刻經處刻本　一冊

150000－0601－0006447　6334　子部/佛教類/律之屬

大乘三聚懺悔經一卷　（隋）釋闍那崛多等譯　**佛說迦葉禁戒經一卷**　（南朝宋）釋沮渠京聲譯　**佛說犯戒罪輕重經一卷**　（漢）釋安世高譯　**佛說戒消災經一卷**　（三國吳）支謙譯　**佛說優婆塞五戒相經一卷**　（南朝宋）釋求那跋摩譯　清同治十年（1871）常熟刻經處刻本　一冊

150000－0601－0006448　99330　子部/佛教類/律之屬

授三歸五戒八戒正範一卷授居家二衆三皈正範一卷授居家二衆五戒正範一卷授八戒正範一卷授幽冥戒正範一卷　清刻本　一冊

150000－0601－0006449　5429　子部/佛教類/論之屬

大智度論一百卷　（□）龍樹菩薩造　（後秦）釋鳩摩羅什譯　清光緒九年（1883）姑蘇刻經處刻本　二十五冊

150000－0601－0006450　6583　子部/佛教類/論之屬

無量壽經優婆提舍願生偈一卷　（□）婆藪槃頭菩薩造　（北魏）釋菩提流支譯　**無量壽經優婆提舍願生偈注一卷**　（北魏）釋曇鸞撰　**略論安樂淨土義一卷**　（北魏）釋曇鸞撰　**贊阿彌陀佛偈一卷**　（北魏）釋曇鸞撰　金陵刻經處刻本　一冊

150000－0601－0006451　6413　子部/佛教類/論之屬

阿毗達磨俱舍論三十卷 （□）世親菩薩造
（唐）釋玄奘譯 清宣統三年（1911）常州天寧
寺刻本 六冊

150000－0601－0006452 6027 子部/佛教
類/論之屬

般若燈論十五卷 （□）龍樹菩薩偈本 （□）
分別明菩薩釋論 （唐）釋波羅頗密多羅譯
清光緒二十四年（1898）金陵刻經處刻本
三冊

150000－0601－0006453 6376 子部/佛教
類/論之屬

大乘中觀釋論十卷 （□）安慧菩薩造 （宋）
釋惟淨譯 清光緒三十四年（1908）金陵刻經
處刻本 二冊

150000－0601－0006454 6567 子部/佛教
類/論之屬

十二門論一卷 （□）龍樹菩薩造 （後秦）釋
鳩摩羅什譯 清光緒二十一年（1895）金陵刻
經處刻本 一冊

150000－0601－0006455 99344 子部/佛教
類/論之屬

十二門論一卷 （□）龍樹菩薩造 （後秦）釋
鳩摩羅什譯 清光緒二十一年（1895）金陵刻
經處刻本 一冊

150000－0601－0006456 6158 子部/佛教
類/論之屬

成唯識論十卷 （唐）釋玄奘譯 清光緒二十
二年（1896）金陵刻經處刻本 二冊

150000－0601－0006457 99261 子部/佛教
類/論之屬

成唯識論十卷 （唐）釋玄奘譯 清光緒二十
二年（1896）金陵刻經處刻本 二冊

150000－0601－0006458 6344 子部/佛教
類/論之屬

大乘阿毗達磨雜集論十六卷 （□）安慧菩薩
糅 （唐）釋玄奘譯 清宣統三年（1911）常州
天寧寺刻本 三冊

150000－0601－0006459 5820 子部/佛教

類/論之屬

釋摩訶衍論十卷 （□）龍樹菩薩釋論 （後
秦）釋筏提摩多譯 金陵刻經處刻本 四冊

150000－0601－0006460 6621 子部/佛教
類/論之屬

釋摩訶衍論十卷 （□）龍樹菩薩釋論 （後
秦）釋筏提摩多譯 金陵刻經處刻本 四冊

150000－0601－0006461 6366 子部/佛教
類/秘密之屬

藥師琉璃光王七佛本願功德經念誦儀軌二卷
（元）釋沙羅巴譯 藥師琉璃光王七佛本願
功德經念誦儀軌供養法一卷 （元）釋沙羅巴
譯 清末刻本 一冊

150000－0601－0006462 6562 子部/佛教
類/秘密之屬

大佛頂如來密因修證了義諸菩薩萬行首楞嚴
經十卷 （唐）釋般刺密帝譯 清同治八年
（1869）金陵刻經處刻本 二冊

150000－0601－0006463 99338 子部/佛教
類/秘密之屬

大佛頂如來密因修證了義諸菩薩萬行首楞嚴
經十卷 （唐）釋般刺密帝譯 清光緒元年
（1875）壽安寺融和刻本 三冊

150000－0601－0006464 50539 子部/佛教
類/秘密之屬

佛母大孔雀明王經三卷 （唐）釋不空譯 明
萬曆四十六年（1618）內府刻天啟七年（1627）
李壽年刷印本 三冊 經摺裝

150000－0601－0006465 6600 子部/佛教
類/秘密之屬

佛母大孔雀明王經三卷 （唐）釋不空譯 清
光緒十四年（1888）常熟刻經處刻本 一冊

150000－0601－0006466 6036 子部/佛教
類/秘密之屬

大雲輪請雨經二卷 （唐）釋不空譯 清同治
十三年（1874）如皋刻經處刻本 一冊

150000－0601－0006467 6279 子部/佛教
類/秘密之屬

佛說守護大千國土經三卷　（宋）釋施護譯
清同治十三年（1874）雞園刻經處刻本　一冊

150000－0601－0006468　6200　子部/佛教
類/秘密之屬

佛說七俱胝佛母準提大明陀羅尼經一卷
（唐）釋金剛智譯　千手千眼觀世音菩薩廣大
圓滿無礙大悲心陀羅尼經一卷　（唐）釋伽梵
達摩譯　佛頂尊勝陀羅尼經一卷　（唐）釋佛
陀波利譯　穢迹金剛說神通大滿陀羅尼法術
靈要門經一卷　（唐）釋无能勝譯　清同治十
年（1871）金陵刻經處刻本　一冊

150000－0601－0006469　6570　子部/佛教
類/秘密之屬

楞嚴咒疏　清末刻本　一冊

150000－0601－0006470　99049　子部/佛教
類/秘密之屬

文殊五字根本真言念誦法一卷　刻本　一冊

150000－0601－0006471　6164　子部/佛教
類/秘密之屬

顯密圓通成佛心要集二卷　（遼）釋道㪌撰
清同治十一年（1872）金陵刻經處刻本　一冊

150000－0601－0006472　99419　子部/佛教
類/秘密之屬

顯密圓通成佛心要集二卷　（遼）釋道㪌撰
清同治十一年（1872）金陵刻經處刻本　一冊

150000－0601－0006473　6522　子部/佛教
類/秘密之屬

瑜伽焰口施食要集一卷　清光緒三年（1877）
金陵刻經處刻本　一冊

150000－0601－0006474　99546　子部/佛教
類/秘密之屬

瑜伽焰口施食要集一卷　清光緒三十四年
（1908）江蘇常州府天寧寺刻本　一冊

150000－0601－0006475　99543　子部/佛教
類/秘密之屬

焰口施食儀詮次香乳記二卷　（清）釋登法撰
　（清）釋靈㷊注　清康熙二十二年（1683）刻
本　二冊

150000－0601－0006476　6603　子部/佛教
類/秘密之屬

佛說造像量度經一卷　（清）工布查布譯　佛
說造像量度經解一卷　（清）工布查布撰　造
像量度經續補一卷　（清）工布查布撰　造像
量度經圖樣一卷　清同治十三年（1874）金陵
刻經處刻本　一冊

150000－0601－0006477　53427　子部/佛教
類/經疏之屬

釋氏十三經注疏　金陵刻經處刻本　二十冊

150000－0601－0006478　100864　子部/佛
教類/經疏之屬

般若真詮　（清）徐澤醇撰　清道光二十六年
（1846）刻本　四冊

150000－0601－0006479　6228　子部/佛教
類/經疏之屬

金剛般若經疏一卷　（隋）釋智者大師說
（唐）釋顯宗會　般若波羅密多心經疏一卷
（唐）釋靖邁撰　清光緒二十三年至三十三年
（1897－1907）金陵刻經處刻本　一冊

150000－0601－0006480　6227　子部/佛教
類/經疏之屬

佛說金剛般若波羅密經略疏二卷　（唐）釋智
儼撰　般若波羅密多心經略疏一卷　（唐）釋
法藏撰　清同治八年（1869）金陵刻經處刻本
　一冊

150000－0601－0006481　6275　子部/佛教
類/經疏之屬

金剛決疑一卷　（明）釋德清撰　般若波羅蜜
多心經直說一卷　（明）釋德清撰　清刻本
一冊

150000－0601－0006482　99607　子部/佛教
類/經疏之屬

金剛決疑一卷　（明）釋德清撰　般若波羅蜜
多心經直說一卷　（明）釋德清撰　清刻本
一冊

150000－0601－0006483　99288　子部/佛教
類/經疏之屬

金剛決疑一卷 （明）釋德清撰 般若波羅蜜
多心經直說一卷 （明）釋德清撰 清刻本
一冊

150000－0601－0006484 6169 子部/佛教
類/經疏之屬

金剛般若波羅蜜經宗通九卷 （明）曾鳳儀撰
清光緒十一年(1885)金陵刻經處刻本
二冊

150000－0601－0006485 6569 子部/佛教
類/經疏之屬

金剛般若波羅密經破空論一卷 （清）釋智旭
撰 清末刻本 一冊

150000－0601－0006486 99000 子部/佛教
類/經疏之屬

金剛般若波羅蜜經一卷關聖帝君明聖經一卷
清刻本 一冊

150000－0601－0006487 99484 子部/佛教
類/經疏之屬

仁王護國般若經疏五卷 （隋）釋智凱撰 清
光緒十一年(1885)江北刻經處刻本 一冊

150000－0601－0006488 6284 子部/佛教
類/經疏之屬

般若波羅密多心經疏一卷 （唐）釋靖邁撰
般若波羅密多心經略疏一卷 （唐）釋法藏撰
般若波羅密多心經注解一卷 （明）釋宗泐
（明）釋如玘注 般若波羅密多心經直說一
卷 （明）釋德清撰 般若波羅密多心經釋要
一卷 （明）釋德清撰 紫柏心經說一卷 清
光緒二十三年(1897)金陵刻經處刻本 一冊

150000－0601－0006489 50554 子部/佛教
類/經疏之屬

摩訶般若波羅蜜多心經解注一卷 明嘉靖十
五年(1536)刻本 一冊 包背裝

150000－0601－0006490 50556 子部/佛教
類/經疏之屬

觀音心經真解一卷 （清）覺真子注 清咸豐
三年(1853)刻本 一冊

150000－0601－0006491 50555 子部/佛教

類/經疏之屬

般若波羅蜜多心經注解二卷 清嘉慶六年
(1801)刻本 一冊

150000－0601－0006492 99400 子部/佛教
類/經疏之屬

妙法蓮華經玄義節要二卷 （清）釋智旭輯
刻本 二冊

150000－0601－0006493 5963 子部/佛教
類/經疏之屬

法華玄義釋籤四十卷 （唐）釋湛然撰 清刻
清光緒七年(1881)昭慶律寺經坊刷印本 二
十冊

150000－0601－0006494 5677 子部/佛教
類/經疏之屬

妙法蓮華經要解七卷 （宋）釋戒環解 清光
緒三十四年(1908)金陵刻經處刻本 六冊

150000－0601－0006495 5672 子部/佛教
類/經疏之屬

妙法蓮華經通義二十卷 （明）釋德清撰 清
光緒三十四年(1908)金陵刻經處刻本 五冊

150000－0601－0006496 5534 子部/佛教
類/經疏之屬

大方廣佛華嚴經疏鈔會本二百二十卷 （唐）
釋澄觀撰 清光緒九年(1883)常昭刻經處刻
本 五十九冊

150000－0601－0006497 25118 子部/佛教
類/經疏之屬

大方廣佛華嚴經疏鈔會本二百二十卷 （唐）
釋澄觀撰 清光緒九年(1883)常昭刻經處刻
本 四十八冊

150000－0601－0006498 6226 子部/佛教
類/經疏之屬

大華嚴經略策一卷 （唐）釋澄觀撰 答順宗
心要法門一卷 （唐）釋澄觀撰 （唐）釋宗密
注 三聖圓融觀門一卷 （唐）釋澄觀撰 原
人論一卷 （唐）釋宗密撰 華嚴念佛三昧論
一卷 （清）彭際清撰 清光緒二十一年
(1895)金陵刻經處刻本 一冊

150000 – 0601 – 0006499　5621　　子部/佛教
類/經疏之屬

略釋新華嚴經修行次第決疑論一卷　　（唐）李
通玄撰　清同治九年（1870）如皋刻經處刻本
　二冊

150000 – 0601 – 0006500　5623　　子部/佛教
類/經疏之屬

大方廣佛華嚴經普賢行願品別行疏鈔十五卷
　（唐）釋宗密撰　清光緒三十二年（1906）金
陵刻經處刻本　　五冊

150000 – 0601 – 0006501　5593　　子部/佛教
類/經疏之屬

大方廣佛華嚴經懸談二十八卷　　（唐）釋澄觀
撰　清光緒三十三年（1907）金陵刻經處刻本
　八冊

150000 – 0601 – 0006502　6288　　子部/佛教
類/經疏之屬

大方廣佛華嚴經要解一卷　（宋）釋戒環集
清同治十一年（1872）金陵刻經處刻本　　一冊

150000 – 0601 – 0006503　6527　　子部/佛教
類/經疏之屬

大方廣佛華嚴經吞海集三卷　（宋）釋道通撰
　清光緒十三年（1887）金陵刻經處刻本
一冊

150000 – 0601 – 0006504　6419　　子部/佛教
類/經疏之屬

勝鬘經寶窟十五卷　（唐）釋吉藏撰　清光緒
二十六年（1900）金陵刻經處刻本　　四冊

150000 – 0601 – 0006505　6236　　子部/佛教
類/經疏之屬

佛說無量壽經義疏六卷　（隋）釋慧遠撰　清
光緒二十年（1894）金陵刻經處刻本　　二冊

150000 – 0601 – 0006506　6219　　子部/佛教
類/經疏之屬

無量壽經宗要一卷　（唐）釋元曉撰　清末刻
本　一冊

150000 – 0601 – 0006507　98951　　子部/佛教
類/經疏之屬

無量壽經起信論三卷　（清）彭際清撰　**觀無
量壽佛經約論一卷**　（清）彭際清撰　阿彌陀
經約論一卷　（清）彭際清撰　清同治十一年
（1872）如皋刻經處刻本　　一冊

150000 – 0601 – 0006508　99481　　子部/佛教
類/經疏之屬

無量壽經起信論三卷　（清）彭際清撰　**觀無
量壽佛經約論一卷**　（清）彭際清撰　阿彌陀
經約論一卷　（清）彭際清撰　清同治十一年
（1872）如皋刻經處刻本　　一冊

150000 – 0601 – 0006509　99432　　子部/佛教
類/經疏之屬

佛說觀無量壽佛經疏妙宗鈔四卷　（宋）釋知
禮鈔　清刻本　　二冊

150000 – 0601 – 0006510　6631　　子部/佛教
類/經疏之屬

佛說觀無量壽佛經疏四卷　（唐）釋善導集記
　清光緒二十年（1894）金陵刻經處刻本
二冊

150000 – 0601 – 0006511　6566　　子部/佛教
類/經疏之屬

佛說觀無量壽佛經略論一卷　（清）楊文會撰
　清末刻本　　一冊

150000 – 0601 – 0006512　5900　　子部/佛教
類/經疏之屬

佛說阿彌陀經義疏一卷　（宋）釋元照撰　清
光緒二十四年（1898）金陵刻經處刻本　　一冊

150000 – 0601 – 0006513　6100　　子部/佛教
類/經疏之屬

佛說阿彌陀經疏鈔五卷　（明）釋袾宏撰　清
光緒十八年（1892）金陵刻經處刻雲棲法彙本
　五冊

150000 – 0601 – 0006514　99388　　子部/佛教
類/經疏之屬

佛說阿彌陀經疏鈔擷一卷　（明）釋袾宏疏鈔
　（清）徐槐廷擷　清光緒二年（1876）昭慶慧
空經房刻本　　一冊

150000 – 0601 – 0006515　99389　　子部/佛教

類/經疏之屬

佛說阿彌陀經疏鈔擷一卷 （明）釋袾宏疏鈔
（清）徐槐廷擷 清光緒二年（1876）昭慶慧空經房刻本 一冊

150000－0601－0006516 6221 子部/佛教類/經疏之屬

修西定課一卷 （清）鄭澄德 （清）鄭澄源撰
清光緒二十四年（1898）金陵刻經處刻本
一冊

150000－0601－0006517 6398 子部/佛教類/經疏之屬

無量壽三經論 （清）彭際清撰 清同治十一年（1872）如皋刻經處刻本 一冊

150000－0601－0006518 6152 子部/佛教類/經疏之屬

大般涅槃經玄義二卷 （隋）釋灌頂撰 清光緒八年（1882）金陵刻經處刻本 一冊

150000－0601－0006519 6147 子部/佛教類/經疏之屬

維摩詰所說經注八卷 （後秦）釋僧肇撰 清光緒十三年（1887）金陵刻經處刻本 二冊

150000－0601－0006520 99403 子部/佛教類/經疏之屬

維摩詰所說經注八卷 （後秦）釋僧肇撰 清光緒十三年（1887）金陵刻經處刻本 二冊

150000－0601－0006521 6160 子部/佛教類/經疏之屬

入楞伽心玄義一卷 （唐）釋法藏撰 清光緒十八年（1892）金陵刻經處刻本 一冊

150000－0601－0006522 6257 子部/佛教類/經疏之屬

楞伽阿跋多羅寶經玄義一卷 （清）釋智旭撰
楞伽阿跋多羅寶經義疏一卷 （清）釋智旭撰 清宣統元年（1909）常州天寧寺刻本
五冊

150000－0601－0006523 99483 子部/佛教類/經疏之屬

楞伽經句義通說要旨四卷 （明）陸西星撰

金陵刻經處刻本 一冊

150000－0601－0006524 6519 子部/佛教類/經疏之屬

佛說盂蘭盆經疏一卷 （唐）釋宗密撰 清光緒三十二年（1906）金陵刻經處刻本 一冊

150000－0601－0006525 6612 子部/佛教類/經疏之屬

佛說盂蘭盆經疏并序孝衡鈔二卷 （宋）釋遇榮鈔 **佛說盂蘭盆經一卷** **佛說盂蘭盆經疏科文一卷** 清末刻本 二冊

150000－0601－0006526 6364 子部/佛教類/經疏之屬

佛說四十二章經注一卷 （明）釋了童補注
佛遺教經注一卷 （明）釋了童補注 清光緒十六年（1890）金陵刻經處刻本 一冊

150000－0601－0006527 99279 子部/佛教類/經疏之屬

佛說四十二章經注一卷 （明）釋了童補注
佛遺教經注一卷 （明）釋了童補注 清光緒十六年（1890）金陵刻經處刻本 一冊

150000－0601－0006528 99390 子部/佛教類/經疏之屬

佛說四十二章經注一卷 （明）釋了童補注
佛遺教經注一卷 （明）釋了童補注 清光緒十六年（1890）金陵刻經處刻本 一冊

150000－0601－0006529 6042 子部/佛教類/經疏之屬

佛說四十二章經解一卷 （清）釋智旭撰 **佛遺教經解一卷** （清）釋智旭撰 **八大人覺經略解一卷** （清）釋智旭撰 清光緒十一年（1885）金陵刻經處刻本 一冊

150000－0601－0006530 6606 子部/佛教類/經疏之屬

占察善惡業報經疏二卷 （清）釋智旭撰 **占察善惡業報經行法一卷** （清）釋智旭撰 **占察善惡業報經玄義一卷** （清）釋智旭撰 清同治七年（1868）清芬堂刻本 二冊

150000－0601－0006531 6171 子部/佛教

類/經疏之屬

大方廣圓覺經大疏十六卷 （唐）釋宗密撰
清宣統元年（1909）金陵刻經處刻本 四冊

150000－0601－0006532 6239 子部/佛教
類/經疏之屬

大方廣圓覺修多羅了義經近釋六卷 （明）釋
通潤撰 清光緒十二年（1886）金陵刻經處刻
本 二冊

150000－0601－0006533 6451 子部/佛教
類/經疏之屬

大佛頂如來密因修證了義諸菩薩萬行首楞嚴
經要解一卷 （宋）釋戒環解 清宣統三年
（1911）金陵刻經處刻本 五冊

150000－0601－0006534 6301 子部/佛教
類/經疏之屬

大佛頂如來密因修證了義諸菩薩萬行首楞嚴
經通議十卷 （明）釋德清撰 清光緒三十四
年（1908）金陵刻經處刻本 六冊

150000－0601－0006535 6112 子部/佛教
類/經疏之屬

大佛頂如來密因修證了義諸菩薩萬行首楞嚴
經玄義二卷 （清）釋智旭撰 清末刻本
一冊

150000－0601－0006536 99283 子部/佛教
類/經疏之屬

大佛頂如來密因修證了義諸菩薩萬行首楞嚴
經玄義二卷 （清）釋智旭撰 清末刻本
一冊

150000－0601－0006537 6113 子部/佛教
類/經疏之屬

大佛頂如來密因修證了義諸菩薩萬行首楞嚴
經文句十卷 （清）釋智旭撰 清同治十三年
（1874）金陵刻經處刻本 九冊

150000－0601－0006538 6307 子部/佛教
類/經疏之屬

大佛頂如來密因修證了義諸菩薩萬行首楞嚴
經纂注十卷 （明）釋真界撰 清光緒三十四
年（1908）金陵刻經處刻本 五冊

150000－0601－0006539 99120 子部/佛教
類/經疏之屬

大佛頂首楞嚴經疏解六十卷首一卷 （明）釋
蒙叟撰 清光緒六年（1880）蓬園刻本 二
十冊

150000－0601－0006540 50695 子部/佛教
類/經疏之屬

觀世音菩薩三寶救生經解義一卷 清光緒九
年（1883）刻本 一冊

150000－0601－0006541 6330 子部/佛教
類/律疏之屬

梵網經菩薩戒本疏十卷 （唐）釋法藏撰 清
光緒二十五年（1899）金陵刻經處刻本 二冊

150000－0601－0006542 99606 子部/佛教
類/律疏之屬

菩薩戒本經箋要一卷 （北涼）釋曇無讖譯
（清）釋智旭箋 清光緒六年（1880）金陵刻經
處刻本 一冊

150000－0601－0006543 6323 子部/佛教
類/律疏之屬

佛說梵網經菩薩心地品合注八卷 （清）釋智
旭撰 佛說梵網經菩薩心地品玄義一卷
（清）釋智旭撰 菩薩戒羯磨文釋一卷 （清）
釋智旭撰 重定授菩薩戒法一卷 （清）釋智
旭撰 菩薩戒本經一卷 （北涼）釋曇無讖譯
梵網經懺悔行法一卷 （清）釋智旭撰 毗
尼後集問辯一卷 （清）釋智旭撰 清同治十
三年（1874）金陵刻經處刻本 五冊

150000－0601－0006544 99532 子部/佛教
類/律疏之屬

往生論注二卷 （北魏）釋曇鸞注解 無量壽
經優婆提舍願生偈一卷 （□）婆藪槃頭菩薩
造 （北魏）釋菩提流支譯 略論安樂淨土義
一卷 （北魏）釋曇鸞撰 贊阿彌陀佛偈一卷
（北魏）釋曇鸞撰 清光緒十九年（1893）金
陵刻經處刻本 一冊

150000－0601－0006545 6521 子部/佛教
類/論疏之屬

十二門論宗致義記三卷 （唐）釋法藏撰 清

光緒二十一年(1895)金陵刻經處刻本　一冊

150000－0601－0006546　6373　子部/佛教類/論疏之屬

大乘掌珍論疏□□卷　清末刻本　一冊　存一卷(下)

150000－0601－0006547　5929　子部/佛教類/論疏之屬

成唯識論述記六十卷　(唐)釋窺基撰　清光緒二十六年(1900)金陵刻經處刻本　二十冊

150000－0601－0006548　6382　子部/佛教類/論疏之屬

成唯識論觀心法要十卷　(清)釋智旭撰　清光緒二十六年(1900)揚州藏經院刻本　十冊

150000－0601－0006549　6375　子部/佛教類/論疏之屬

大乘法界無差別論疏二卷　(唐)釋法藏撰　清光緒二十一年(1895)金陵刻經處刻本　一冊

150000－0601－0006550　6084　子部/佛教類/論疏之屬

因明入正理論疏八卷　(唐)釋窺基撰　清光緒二十二年(1896)金陵刻經處刻本　二冊

150000－0601－0006551　99030　子部/佛教類/論疏之屬

因明入正理論疏八卷　(唐)釋窺基撰　清光緒二十二年(1896)金陵刻經處刻本　二冊

150000－0601－0006552　99032　子部/佛教類/論疏之屬

因明入正理論疏八卷　(唐)釋窺基撰　清光緒二十二年(1896)金陵刻經處刻本　二冊

150000－0601－0006553　99034　子部/佛教類/論疏之屬

因明入正理論疏八卷　(唐)釋窺基撰　清光緒二十二年(1896)金陵刻經處刻本　二冊

150000－0601－0006554　6480　子部/佛教類/論疏之屬

大乘起信論疏記會本六卷　(唐)釋元曉撰

清光緒二十五年(1899)金陵刻經處刻本　二冊

150000－0601－0006555　6379　子部/佛教類/論疏之屬

大乘起信論義記七卷別記一卷　(唐)釋法藏撰　清光緒二十三年至二十四年(1897－1898)金陵刻經處刻本　二冊

150000－0601－0006556　99488　子部/佛教類/論疏之屬

大乘起信論義記七卷別記一卷　(唐)釋法藏撰　清光緒二十三年至二十四年(1897－1898)金陵刻經處刻本　二冊

150000－0601－0006557　99355　子部/佛教類/論疏之屬

大乘起信論疏筆削記會閱十卷　(唐)釋法藏疏　(宋)釋子璿修記　(清)釋續法會編　大乘起信論疏科文一卷法界宗五祖略記一卷論主馬鳴菩薩略錄一卷起信論法相一卷起信論釋教義中詮真妄生滅法相之圖一卷　清光緒五年(1879)刻本　十冊

150000－0601－0006558　6482　子部/佛教類/論疏之屬

大乘起信論疏二卷　(唐)釋法藏撰　(唐)釋宗密錄注　(明)釋袾宏重次　清光緒三年(1877)長沙刻經處刻本　二冊

150000－0601－0006559　99527　子部/佛教類/論疏之屬

大乘起信論疏二卷　(唐)釋法藏撰　(唐)釋宗密錄注　(明)釋袾宏重次　清光緒三年(1877)長沙刻經處刻本　二冊

150000－0601－0006560　6399　子部/佛教類/論疏之屬

大乘起信論裂綱疏六卷　(清)釋智旭撰　金陵書局甘國有刻本　一冊

150000－0601－0006561　6378　子部/佛教類/論疏之屬

大乘起信論直解二卷　(明)釋德清撰　清光緒十六年(1890)金陵刻經處刻本　一冊

150000－0601－0006562　99370　子部/佛教類/論疏之屬

大宗地玄文本論略注四卷　（清）楊文會撰
清光緒三十二年（1906）金陵刻經處刻本
一冊

150000－0601－0006563　6639　子部/佛教類/諸宗之屬/通論

十宗略說一卷　（清）楊文會撰　清末刻本
一冊

150000－0601－0006564　6635　子部/佛教類/諸宗之屬/三論宗

三論玄義二卷　（唐）釋吉藏撰　清光緒二十五年（1899）刻本　一冊

150000－0601－0006565　6557　子部/佛教類/諸宗之屬/三論宗

肇論一卷　（後秦）釋僧肇撰　**寶藏論一卷**
（後秦）釋僧肇撰　清同治九年（1870）杭省刻經處刻本　一冊

150000－0601－0006566　6581　子部/佛教類/諸宗之屬/三論宗

肇論略注六卷　（明）釋德清撰　清光緒十四年（1888）金陵刻經處刻本　二冊

150000－0601－0006567　6630　子部/佛教類/諸宗之屬/法相宗

性相通說一卷　（明）釋德清撰　清同治十二年（1873）金陵刻經處刻本　一冊

150000－0601－0006568　98953　子部/佛教類/諸宗之屬/法相宗

性相通說一卷　（明）釋德清撰　清同治十二年（1873）金陵刻經處刻本　一冊

150000－0601－0006569　99266　子部/佛教類/諸宗之屬/法相宗

唯識開蒙問答二卷　（元）釋雲峰集　清宣統三年（1911）揚州藏經禪院刻本　二冊

150000－0601－0006570　6339　子部/佛教類/諸宗之屬/法相宗

相宗八要解　（明）釋明昱撰　清光緒二十八年（1902）金陵刻經處刻本　三冊

150000－0601－0006571　6342　子部/佛教類/諸宗之屬/法相宗

相宗八要直解　（清）釋智旭撰　清同治九年（1870）金陵刻經處刻本　二冊

150000－0601－0006572　99028　子部/佛教類/諸宗之屬/法相宗

相宗八要直解　（清）釋智旭撰　清同治九年（1870）金陵刻經處刻本　二冊

150000－0601－0006573　6155　子部/佛教類/諸宗之屬/法相宗

法相諸論叙合刊一卷　歐陽漸撰　金陵刻經處刻本　一冊

150000－0601－0006574　6230　子部/佛教類/諸宗之屬/華嚴宗

華嚴一乘教義分齊章四卷　（唐）釋法藏撰
清末刻本　一冊

150000－0601－0006575　6524　子部/佛教類/諸宗之屬/華嚴宗

華嚴一乘十玄門一卷　（唐）釋智儼撰　**華嚴五十要問答一卷**　（唐）釋智儼撰　清光緒二十二年（1896）金陵刻經處刻本　一冊

150000－0601－0006576　5631　子部/佛教類/諸宗之屬/華嚴宗

華嚴經旨歸一卷　（唐）釋法藏撰　**華嚴經義海百門一卷**　（唐）釋法藏撰　**修華嚴奧旨妄盡還源觀一卷**　（唐）釋法藏撰　清同治九年（1870）如皋刻經處刻本　一冊

150000－0601－0006577　5633　子部/佛教類/諸宗之屬/華嚴宗

華嚴金師子章一卷　（唐）釋法藏撰　（宋）釋淨源解　**華嚴經明法品内立三寶章一卷流轉章一卷法界緣起章一卷圓音章一卷法身章一卷十世章一卷玄義章一卷**　（唐）釋法藏撰
清同治九年（1870）如皋刻經處刻本　一冊

150000－0601－0006578　5634　子部/佛教類/諸宗之屬/華嚴宗

華嚴法界玄鏡三卷　（唐）釋澄觀撰　**注華嚴法界觀門一卷**　（唐）釋宗密注　清光緒二十

一年（1895）金陵刻經處刻本　一冊

150000－0601－0006579　99414　子部/佛教類/諸宗之屬/華嚴宗

原人論一卷　（唐）釋宗密撰　清同治十三年（1874）雞園刻經處刻本　一冊

150000－0601－0006580　99415　子部/佛教類/諸宗之屬/華嚴宗

原人論一卷　（唐）釋宗密撰　清同治十三年（1874）雞園刻經處刻本　一冊

150000－0601－0006581　6229　子部/佛教類/諸宗之屬/華嚴宗

解迷顯智成悲十明論一卷　（唐）李通玄撰　清同治八年（1869）如皋刻經處刻本　一冊

150000－0601－0006582　5998　子部/佛教類/諸宗之屬/華嚴宗

普勸僧俗發菩提心文一卷　（唐）裴休撰　清末刻本　一冊

150000－0601－0006583　6568　子部/佛教類/諸宗之屬/華嚴宗

一乘決疑論一卷　（清）彭際清撰　清同治八年（1869）如皋刻經處刻本　一冊

150000－0601－0006584　6525　子部/佛教類/諸宗之屬/華嚴宗

華嚴念佛三昧論一卷　（清）彭際清撰　清末刻本　一冊

150000－0601－0006585　5994　子部/佛教類/諸宗之屬/律宗

毗尼日用切要一卷　（清）釋讀體彙集　沙彌律儀要略一卷　（明）釋袾宏輯　清光緒十八年（1892）金陵刻經處刻本　一冊

150000－0601－0006586　5995　子部/佛教類/諸宗之屬/律宗

毗尼日用切要一卷　（清）釋讀體彙集　沙彌律儀要略一卷　（明）釋袾宏輯　清光緒十八年（1892）金陵刻經處刻本　一冊

150000－0601－0006587　5886　子部/佛教類/諸宗之屬/律宗

三壇傳戒正範四卷　（清）釋讀體撰　清末刻本　三冊

150000－0601－0006588　6204　子部/佛教類/諸宗之屬/律宗

慈悲梁皇寶懺十卷　清光緒十五年（1889）金陵刻經處刻本　三冊

150000－0601－0006589　6361　子部/佛教類/諸宗之屬/律宗

慈悲水懺法二卷　清同治十二年（1873）江北刻經處刻本　一冊

150000－0601－0006590　128710　子部/佛教類/諸宗之屬/天台宗

止觀輔行傳宏決十卷　（唐）釋湛然撰　（清）胡澍輯　清同治八年（1869）刻本　一冊

150000－0601－0006591　6166　子部/佛教類/諸宗之屬/天台宗

修習止觀坐禪法要二卷　（隋）釋智顗撰　六妙法門一卷　（隋）釋智顗撰　清光緒十八年（1892）金陵刻經處刻本　一冊

150000－0601－0006592　98960　子部/佛教類/諸宗之屬/天台宗

修習止觀坐禪法要二卷　（隋）釋智顗撰　六妙法門一卷　（隋）釋智顗撰　清光緒十八年（1892）金陵刻經處刻本　一冊

150000－0601－0006593　99397　子部/佛教類/諸宗之屬/天台宗

修習止觀坐禪法要二卷　（隋）釋智顗撰　六妙法門一卷　（隋）釋智顗撰　清光緒十八年（1892）金陵刻經處刻本　一冊

150000－0601－0006594　6368　子部/佛教類/諸宗之屬/天台宗

釋禪波羅密次第法門十卷　（隋）釋智者大師說　（隋）釋法慎記　（隋）釋灌頂再治　清光緒三十四年（1908）揚州藏經院刻本　四冊

150000－0601－0006595　5877　子部/佛教類/諸宗之屬/天台宗

四念處四卷　（隋）釋智凱撰　清光緒三年（1877）江北刻經處刻本　一冊

150000－0601－0006596　99373　　子部/佛教類/諸宗之屬/天台宗

四念處四卷　（隋）釋智凱撰　清光緒三年（1877）江北刻經處刻本　一冊

150000－0601－0006597　6363　　子部/佛教類/諸宗之屬/天台宗

法華經安樂行義一卷　（南朝陳）釋慧思撰
法華龍女成佛權實義一卷　（宋）釋源清撰
清光緒二十三年（1897）金陵刻經處刻本
一冊

150000－0601－0006598　99393　　子部/佛教類/諸宗之屬/天台宗

天台四教儀集注三卷　（金）釋蒙潤集　清光緒三十四年（1908）揚州刻本　四冊

150000－0601－0006599　6004　　子部/佛教類/諸宗之屬/天台宗

教觀綱宗一卷　（清）釋智旭撰　清末刻本
一冊

150000－0601－0006600　6217　　子部/佛教類/諸宗之屬/淨土宗

安樂集二卷　（唐）釋道綽撰　清光緒二十三年（1897）金陵刻經處刻本　一冊

150000－0601－0006601　6498　子部/佛教類/諸宗之屬/淨土宗

淨土十疑論一卷　（隋）釋智者大師說　**念佛三昧寶王論三卷**　（唐）釋飛錫撰　**淨土生無生論一卷**　（明）釋傳燈撰　**師子林天如和尚淨土或問一卷**　小師善遇編　清刻本　一冊

150000－0601－0006602　6634　　子部/佛教類/諸宗之屬/淨土宗

淨土論三卷　（唐）釋迦才撰　金陵刻經處刻本　一冊

150000－0601－0006603　6209　　子部/佛教類/諸宗之屬/淨土宗

西方要決釋疑通規一卷　（唐）釋窺基撰　金陵刻經處刻本　一冊

150000－0601－0006604　6224　　子部/佛教類/諸宗之屬/淨土宗

游心安樂道一卷　（唐）釋元曉撰　金陵刻經處刻本　一冊

150000－0601－0006605　50547　子部/佛教類/諸宗之屬/淨土宗

增廣龍舒淨土文十二卷　（宋）王日休撰　清乾隆四十九年（1784）京都衍法寺比丘了慰刻本　二冊

150000－0601－0006606　6213　　子部/佛教類/諸宗之屬/淨土宗

龍舒淨土文十卷　（宋）王日休撰　清光緒九年（1883）金陵刻經處刻本　一冊

150000－0601－0006607　6501　　子部/佛教類/諸宗之屬/淨土宗

西方合論一卷　（明）袁宏道撰　**念佛切要一卷**　（清）陳熙願纂述　**徹悟禪師念佛要語一卷**　（清）釋古崑摘錄　**念佛四大要訣一卷**　（清）釋古崑撰　清刻本　一冊

150000－0601－0006608　6629　　子部/佛教類/諸宗之屬/淨土宗

西方要決科注二卷　清末刻本　一冊

150000－0601－0006609　765168　子部/佛教類/諸宗之屬/淨土宗

重梓歸元直指集三卷　（明）釋宗本編　（清）樸堂居士等重編　清嘉慶二十二年（1817）刻本　二冊

150000－0601－0006610　6365　　子部/佛教類/諸宗之屬/淨土宗

受持佛說阿彌陀經行願儀一卷　（明）釋成時輯　清同治九年（1870）如皋刻經處刻本　一冊

150000－0601－0006611　879127　子部/佛教類/諸宗之屬/淨土宗

淨土資糧全集前集六卷後集一卷　（明）釋袾宏校正　（明）莊廣還輯　明萬曆二十八年（1600）刻本　五冊

150000－0601－0006612　6638　　子部/佛教類/諸宗之屬/淨土宗

西齋淨土詩四卷　（元）釋梵琦撰　金陵刻經

處刻本　一冊

150000－0601－0006613　99010　子部/佛教
類/諸宗之屬/淨土宗

西齋淨土詩四卷　（元）釋梵琦撰　金陵刻經
處刻本　一冊

150000－0601－0006614　99354　子部/佛教
類/諸宗之屬/淨土宗

淨土生無生論親聞記二卷　（明）釋受教撰
昭慶慧空經房刻本　一冊

150000－0601－0006615　99421　子部/佛教
類/諸宗之屬/淨土宗

西歸直指四卷首一卷　（清）周夢顔撰　清光
緒十二年(1886)金陵刻經處刻本　一冊

150000－0601－0006616　6216　子部/佛教
類/諸宗之屬/淨土宗

淨土警語一卷　（清）釋行策撰　清光緒六年
(1880)常熟刻經處刻本　一冊

150000－0601－0006617　5876　子部/佛教
類/諸宗之屬/淨土宗

御選雲棲蓮池袾大師語錄一卷　清末刻御選
語錄本　一冊

150000－0601－0006618　5884　子部/佛教
類/諸宗之屬/淨土宗

靈峰蕅益大師梵室偶談一卷　（清）釋智旭撰
　徹悟禪師語錄二卷　（清）釋際醒撰　清同
治十年(1871)金陵刻本　一冊

150000－0601－0006619　98956　子部/佛教
類/諸宗之屬/淨土宗

靈峰蕅益大師梵室偶談一卷　（清）釋智旭撰
　徹悟禪師語錄二卷　（清）釋際醒撰　清同
治十年(1871)金陵刻本　一冊

150000－0601－0006620　5885　子部/佛教
類/諸宗之屬/淨土宗

念佛伽陀一卷　（清）釋際醒撰　金陵刻經處
刻本　一冊

150000－0601－0006621　50559　子部/佛教
類/諸宗之屬/淨土宗

念佛往生西方公據一卷　清道光二十八年
(1848)刻本　一冊

150000－0601－0006622　99310　子部/佛教
類/諸宗之屬/淨土宗

西方公據一卷　清光緒五年(1879)刻本
一冊

150000－0601－0006623　6633　子部/佛教
類/諸宗之屬/淨土宗

重訂西方公據二卷　（清）彭際清集　清光緒
四年(1878)金陵刻經處刻本　一冊

150000－0601－0006624　99309　子部/佛教
類/諸宗之屬/淨土宗

重訂西方公據二卷　（清）彭際清集　清光緒
十三年(1887)揚州藏經禪院刻本　一冊

150000－0601－0006625　99530　子部/佛教
類/諸宗之屬/淨土宗

念佛警策二卷　（清）彭際清纂　清同治十三
年(1874)許靈虛刻本　一冊

150000－0601－0006626　99531　子部/佛教
類/諸宗之屬/淨土宗

念佛警策二卷　（清）彭際清纂　清同治十三
年(1874)許靈虛刻本　一冊

150000－0601－0006627　39701　子部/佛教
類/諸宗之屬/淨土宗

徑中徑又徑徵義三卷　（清）張師誠輯　（清）
徐槐廷徵義　徐文蔚刻本　徐文霨跋　一冊

150000－0601－0006628　6212　子部/佛教
類/諸宗之屬/淨土宗

徑中徑又徑徵義三卷　（清）張師誠輯　（清）
徐槐廷徵義　清末刻本　一冊

150000－0601－0006629　99322　子部/佛教
類/諸宗之屬/淨土宗

淨士隨學二卷　（清）釋古崑編　清光緒元年
(1875)刻本　一冊

150000－0601－0006630　99386　子部/佛教
類/諸宗之屬/淨土宗

念佛四大要訣一卷　（清）釋古崑編　清光緒

七年(1881)刻本　一冊

150000－0601－0006631　6154　子部/佛教類/諸宗之屬/淨土宗

四衆弟子淨土詩　清刻本　一冊

150000－0601－0006632　99009　子部/佛教類/諸宗之屬/淨土宗

四衆弟子淨土詩　清刻本　一冊

150000－0601－0006633　6502　子部/佛教類/諸宗之屬/淨土宗

淨土文鈔二卷　清刻本　一冊

150000－0601－0006634　5993　子部/佛教類/諸宗之屬/淨土宗

勸發菩提心文一卷　(清)釋實賢撰　清末刻本　一冊

150000－0601－0006635　99428　子部/佛教類/諸宗之屬/淨土宗

省庵法師語錄二卷　(清)釋實賢撰　**西方發願文一卷**　(明)釋袾宏撰　(清)釋實賢注　**東海若解一卷**　(唐)柳宗元撰　(清)釋實賢解　清刻本　一冊

150000－0601－0006636　6503　子部/佛教類/諸宗之屬/淨土宗

蓮宗輯要五卷　清刻本　一冊

150000－0601－0006637　6499　子部/佛教類/諸宗之屬/淨土宗

往生錄四卷　清刻本　二冊

150000－0601－0006638　6491　子部/佛教類/諸宗之屬/禪宗

壇經一卷　(唐)釋慧能說　(唐)釋法海錄　清同治十一年(1872)如皋刻經處刻本　一冊

150000－0601－0006639　99047　子部/佛教類/諸宗之屬/禪宗

永嘉集一卷　(唐)釋元覺撰　清刻永嘉詩人祠堂叢刻本　一冊

150000－0601－0006640　110993　子部/佛教類/諸宗之屬/禪宗

永嘉集一卷　(唐)釋元覺撰　清刻永嘉詩人祠堂叢刻本　一冊

150000－0601－0006641　99052　子部/佛教類/諸宗之屬/禪宗

永嘉禪宗集注二卷　(明)釋傳燈編述　清光緒二十二年(1896)刻本　一冊

150000－0601－0006642　6362　子部/佛教類/諸宗之屬/禪宗

永嘉真覺大師證道歌一卷　(元)釋宏德注頌　清光緒三十四年(1908)金陵刻經處刻本　一冊

150000－0601－0006643　99398　子部/佛教類/諸宗之屬/禪宗

永嘉真覺大師證道歌一卷　(元)釋宏德注頌　清光緒三十四年(1908)金陵刻經處刻本　一冊

150000－0601－0006644　5890　子部/佛教類/諸宗之屬/禪宗

禪源諸詮集都序四卷　(唐)釋宗密撰　清光緒十八年(1892)金陵刻經處刻本　一冊

150000－0601－0006645　99589　子部/佛教類/諸宗之屬/禪宗

禪源諸詮集都序四卷　(唐)釋宗密撰　清光緒十八年(1892)金陵刻經處刻本　一冊

150000－0601－0006646　6490　子部/佛教類/諸宗之屬/禪宗

頓悟入道要門論二卷　(唐)釋慧海撰　常州天寧寺刻本　一冊

150000－0601－0006647　5707　子部/佛教類/諸宗之屬/禪宗

宗鏡錄一百卷　(宋)釋延壽輯　清雍正十二年(1734)武英殿刻本　二十冊

150000－0601－0006648　99350　子部/佛教類/諸宗之屬/禪宗

萬善同歸集六卷　(宋)釋延壽撰　清刻本　一冊

150000－0601－0006649　6577　子部/佛教類/諸宗之屬/禪宗

注心賦四卷　（宋）釋延壽撰　清光緒三年
（1877）金陵刻經處刻本　四冊

150000－0601－0006650　6168　子部/佛教
類/諸宗之屬/禪宗

唯心五種　清末刻本　一冊

150000－0601－0006651　6556　子部/佛教
類/諸宗之屬/禪宗

唯心五種　清末刻本　一冊

150000－0601－0006652　5846　子部/佛教
類/諸宗之屬/禪宗

智證傳一卷　（宋）釋惠洪撰　清光緒二年
（1876）金陵刻經處刻本　一冊

150000－0601－0006653　98959　子部/佛教
類/諸宗之屬/禪宗

溈山警策句釋記二卷　（清）釋宏贊注　清宣
統二年（1910）常州天寧寺刻本　一冊

150000－0601－0006654　5891　子部/佛教
類/諸宗之屬/禪宗

禪門鍛煉說一卷　（明）釋戒顯撰　清同治十
一年（1872）如皋刻經處刻本　一冊

150000－0601－0006655　5906　子部/佛教
類/諸宗之屬/禪宗

禪林寶訓筆說三卷　（清）釋智祥撰　清光緒
十九年（1893）江北刻經處刻本　三冊

150000－0601－0006656　5853　子部/佛教
類/諸宗之屬/禪宗

增集人天眼目二卷　（清）釋仁岠增集　清光
緒七年（1881）長沙刻經處刻本　二冊

150000－0601－0006657　6336　子部/佛教
類/諸宗之屬/禪宗

宗範八卷　（清）錢伊庵編輯　清同治九年
（1870）金陵刻經處刻本　三冊

150000－0601－0006658　99436　子部/佛教
類/諸宗之屬/禪宗

參禪知津二卷　（元）釋智徹撰　清道光八年
（1828）源洪刻本　一冊

150000－0601－0006659　6492　子部/佛教

類/諸宗之屬/禪宗

禪關策進一卷　（明）釋袾宏輯　清光緒二十
五年（1899）金陵刻經處刻本　一冊

150000－0601－0006660　99422　子部/佛教
類/諸宗之屬/禪宗

萬法歸心錄三卷　（清）釋超溟撰　清光緒三
十四年（1908）刻本　一冊

150000－0601－0006661　6551　子部/佛教
類/諸宗之屬/禪宗

佛果圓悟禪師碧巖集十卷　清光緒二年
（1876）刻本　五冊

150000－0601－0006662　5861　子部/佛教
類/諸宗之屬/禪宗

御選語錄十九卷　（清）世宗胤禛輯　清光緒
四年（1878）刻本　十四冊

150000－0601－0006663　5996　子部/佛教
類/諸宗之屬/禪宗

御選妙覺普度和聖寒山大士詩一卷御選圓覺
慈度合聖拾得大士詩一卷御選大慈圓通禪仙
紫陽真人張平叔語錄一卷栯堂山居詩一卷
清末刻御選語錄本　一冊

150000－0601－0006664　99318　子部/佛教
類/諸宗之屬/禪宗

龐居士語錄三卷　（唐）龐蘊撰　（唐）于頔編
　清刻本　一冊

150000－0601－0006665　5881　子部/佛教
類/諸宗之屬/禪宗

高峰大師語錄一卷　（元）釋原妙撰　清光緒
十五年（1889）金陵刻經處刻本　一冊

150000－0601－0006666　6493　子部/佛教
類/諸宗之屬/禪宗

高峰大師語錄一卷　（元）釋原妙撰　清光緒
十五年（1889）金陵刻經處刻本　一冊

150000－0601－0006667　5909　子部/佛教
類/諸宗之屬/禪宗

天目中峰和尚廣錄三十卷　（元）釋慈寂編
清光緒七年（1881）姑蘇刻經處刻本　六冊

150000－0601－0006668　99424　子部/佛教類/諸宗之屬/禪宗

天目中峰和尚信心銘辟義解五卷　清同治十二年(1873)姑蘇刻經處刻本　一冊

150000－0601－0006669　6484　子部/佛教類/諸宗之屬/禪宗

龍池山幻有禪師語錄十卷　釋圓悟　釋圓修編　清宣統二年(1910)常州天寧寺刻本　四冊

150000－0601－0006670　6488　子部/佛教類/諸宗之屬/禪宗

天慧徹禪師語錄二卷　(清)釋際聖等編　清光緒三十二年(1906)刻本　二冊

150000－0601－0006671　5880　子部/佛教類/諸宗之屬/禪宗

無隱禪師略錄一卷　清光緒十六年(1890)金陵刻經處刻本　一冊

150000－0601－0006672　6312　子部/佛教類/諸宗之屬/禪宗

大覺普濟玉林禪師語錄十二卷　清同治十三年(1874)機心刻本　六冊

150000－0601－0006673　5792　子部/佛教類/諸宗之屬/禪宗

指月錄三十二卷　(明)瞿汝稷撰　清同治十年(1871)刻本　十冊

150000－0601－0006674　5802　子部/佛教類/諸宗之屬/禪宗

續指月錄二十卷首一卷尊宿集一卷　(清)聶先撰　清光緒十二年(1886)金陵刻經處刻本　六冊

150000－0601－0006675　99385　子部/佛教類/諸宗之屬/禪宗

佛祖心要節錄二卷　清同治五年(1866)刻本　一冊

150000－0601－0006676　80233　子部/佛教類/總錄之屬

釋氏稽古略四卷　(元)釋覺岸撰　釋鑒稽古略續集三卷　(明)釋大聞編　清光緒十二年

(1886)刻本　五冊

150000－0601－0006677　99146　子部/佛教類/總錄之屬

釋氏稽古略四卷　(元)釋覺岸撰　釋鑒稽古略續集三卷　(明)釋大聞編　清光緒十二年(1886)刻本　五冊

150000－0601－0006678　5875　子部/佛教類/總錄之屬

佛祖心燈一卷宗教律諸家演派一卷　(清)釋守一編　摘錄聖武記卷五湖查西藏剌麻來源一卷　(清)釋守一編　清光緒十六年(1890)金陵刻經處刻本　一冊

150000－0601－0006679　98961　子部/佛教類/總錄之屬

佛祖心燈一卷宗教律諸家演派一卷　(清)釋守一編　摘錄聖武記卷五湖查西藏剌麻來源一卷　(清)釋守一編　清光緒十六年(1890)金陵刻經處刻本　一冊

150000－0601－0006680　99435　子部/佛教類/總錄之屬

佛教初學課本一卷　(清)楊文會撰　清光緒三十二年(1906)金陵刻經處刻本　一冊

150000－0601－0006681　99167　子部/佛教類/總錄之屬/概論

法苑珠林一百卷　(唐)釋道世撰　清道光七年(1827)燕園刻本　二十四冊

150000－0601－0006682　5851　子部/佛教類/總錄之屬/概論

林間錄二卷　(宋)釋德洪集　林間錄後集一卷　(宋)釋惠洪集　清光緒二十七年(1901)刻本　二冊

150000－0601－0006683　6546　子部/佛教類/總錄之屬/概論

竹窗隨筆一卷二筆一卷三筆一卷　(明)釋袾宏撰　清光緒二十四年(1898)金陵刻經處刻本　三冊

150000－0601－0006684　10429　子部/佛教類/總錄之屬/概論

藏龍集六卷　(清)汪法如撰　(清)釋妙空編輯　病中吟一卷　(清)汪法如撰　(清)釋妙空編輯　清同治十三年(1874)刻本　六冊

150000－0601－0006685　99545　子部/佛教類/總錄之屬/概論

雜華文表三卷佛事對聯一卷　清光緒三年(1877)古杭瑪瑙經房刻本　一冊

150000－0601－0006686　99365　子部/佛教類/總錄之屬/概論

萬善先資集四卷　(清)周安士撰　清光緒五年(1879)刻本　二冊

150000－0601－0006687　99417　子部/佛教類/總錄之屬/概論

衛生集三卷　(清)華梧棲纂輯　刻本　二冊

150000－0601－0006688　99423　子部/佛教類/總錄之屬/感應

修西聞見錄八卷　東土雞園偶集　清末刻本　一冊

150000－0601－0006689　99540　子部/佛教類/總錄之屬/感應

集神州塔寺三寶感通錄四卷　(唐)釋道宣撰　清宣統元年(1909)揚州藏經院刻本　一冊

150000－0601－0006690　6571　子部/佛教類/總錄之屬/護教

廣弘明集□□卷　(唐)釋道宣集　清光緒二十二年(1896)金陵刻經處刻本　一冊　存二卷(八至九)

150000－0601－0006691　5897　子部/佛教類/總錄之屬/護教

護法論一卷　(宋)張商英撰　清光緒二年(1876)金陵刻經處刻本　一冊

150000－0601－0006692　99405　子部/佛教類/總錄之屬/護教

辯偽錄六卷　(元)釋祥邁撰　清光緒三十三年(1907)刻本　二冊

150000－0601－0006693　6074　子部/佛教類/總錄之屬/護教

續原教論二卷　(明)沈士榮撰　清光緒元年(1875)金陵刻經處刻本　一冊

150000－0601－0006694　59622　子部/佛教類/總錄之屬/音義

一切經音義二十五卷　(唐)釋元應撰　清乾隆五十七年(1792)刻本　四冊

150000－0601－0006695　60889　子部/佛教類/總錄之屬/音義

一切經音義二十五卷　(唐)釋元應撰　補訂新譯大方廣佛華嚴經音義二卷　(唐)釋慧苑撰　清末刻本　四冊

150000－0601－0006696　6017　子部/佛教類/總錄之屬/音義

翻譯名義集二十卷　(宋)釋法雲編　清光緒四年(1878)金陵刻經處刻本　六冊

150000－0601－0006697　99507　子部/佛教類/總錄之屬/音義

翻譯名義集二十卷　(宋)釋法雲編　清光緒四年(1878)金陵刻經處刻本　六冊

150000－0601－0006698　6162　子部/佛教類/總錄之屬/音義

翻譯名義集選一卷　清同治十二年(1873)江北刻經處刻本　一冊

150000－0601－0006699　99420　子部/佛教類/總錄之屬/音義

翻譯名義集選一卷　清同治十二年(1873)江北刻經處刻本　一冊

150000－0601－0006700　59626　子部/佛教類/總錄之屬/音義

佛爾雅八卷　(清)周春撰　清嘉慶二十一年(1816)刻本　一冊

150000－0601－0006701　60562　子部/佛教類/總錄之屬/音義

佛爾雅八卷　(清)周春撰　清嘉慶二十一年(1816)刻本　一冊

150000－0601－0006702　128833　子部/佛教類/總錄之屬/音義

大藏字母切韵要法一卷　抄本　一冊

150000－0601－0006703　99458　子部/佛教類/總錄之屬/音義

五大部直音三卷　刻本　二冊

150000－0601－0006704　99381　子部/佛教類/總錄之屬/音義

大悲神咒正音一卷　清刻本　一冊

150000－0601－0006705　6190　子部/佛教類/總錄之屬/禮懺

大悲心咒持誦簡法　清末刻本　一冊

150000－0601－0006706　6157　子部/佛教類/總錄之屬/禮懺

大佛頂首楞嚴懺悔行法一卷　釋諦閑撰　金陵刻經處刻本　一冊

150000－0601－0006707　99713　子部/其他宗教類/耶教之屬

舊約全書□□卷　清咸豐九年(1859)上海墨海書館排印本　一冊　存一卷(一)

150000－0601－0006708　99714　子部/其他宗教類/耶教之屬

新約全書一卷　清宣統三年(1911)聖書公會排印本　一冊

150000－0601－0006709　99636　子部/其他宗教類/耶教之屬

聖經真解十四卷　(西洋)陽瑪諾譯　清乾隆五十五年(1790)上海始胎大堂刻本　四冊

150000－0601－0006710　99715　子部/其他宗教類/耶教之屬

約書亞至歷代志略注釋一卷　(□)慕雅德撰　清光緒二十九年(1903)中國聖教書會排印本　一冊

150000－0601－0006711　99716　子部/其他宗教類/耶教之屬

舊約撒母耳前書注釋一卷　(清)杜步西注　清光緒二十八年(1902)中國聖教書會排印本　一冊

150000－0601－0006712　99633　子部/其他

宗教類/耶教之屬

聖教要理選集一卷　清嘉慶十六年(1811)刻本　一冊

150000－0601－0006713　99647　子部/其他宗教類/耶教之屬

玫瑰經義二卷　(清)李杕譯　清光緒二十二年(1896)上海慈母堂排印本　一冊

150000－0601－0006714　99640　子部/其他宗教類/耶教之屬

天主實義□□卷　(意大利)利瑪竇撰　清刻本　一冊　存一卷(下)

150000－0601－0006715　99674　子部/其他宗教類/耶教之屬

重刻畸人十篇二卷　(意大利)利瑪竇撰　清道光二十七年(1847)刻本　二冊

150000－0601－0006716　99677　子部/其他宗教類/耶教之屬

三山論學記一卷　(意大利)艾儒略撰　清刻本　一冊

150000－0601－0006717　99678　子部/其他宗教類/耶教之屬

三山論學記一卷　(意大利)艾儒略撰　清刻本　一冊

150000－0601－0006718　99679　子部/其他宗教類/耶教之屬

三山論學記一卷　(意大利)艾儒略撰　清刻本　一冊

150000－0601－0006719　99708　子部/其他宗教類/耶教之屬

口鐸日抄六卷　(西洋)艾思及　(西洋)盧磐石撰　(明)李九標筆記　清同治十一年(1872)上海慈母堂刻本　三冊

150000－0601－0006720　99694　子部/其他宗教類/耶教之屬

哀矜行詮三卷　(意大利)羅雅谷撰　清光緒三年(1877)上海慈母堂刻本　二冊

150000－0601－0006721　99696　子部/其他

七克七卷 （西洋）龐迪我撰 清嘉慶三年
（1798）刻本 四冊

150000－0601－0006722 99700 子部/其他
宗教類/耶教之屬

七克七卷 （西洋）龐迪我撰 清嘉慶三年
（1798）刻本 四冊

150000－0601－0006723 99681 子部/其他
宗教類/耶教之屬

輕世金書四卷 （西洋）陽瑪諾譯 清道光二
十八年（1848）刻本 一冊

150000－0601－0006724 99661 子部/其他
宗教類/耶教之屬

告解原義一卷 （比利時）南懷仁撰 清道光
二十九年（1849）刻本 一冊

150000－0601－0006725 99662 子部/其他
宗教類/耶教之屬

告解原義一卷 （比利時）南懷仁撰 清道光
二十九年（1849）刻本 一冊

150000－0601－0006726 99651 子部/其他
宗教類/耶教之屬

真道自證四卷首一卷 （西洋）沙守信撰 清
同治十年（1871）刻本 一冊

150000－0601－0006727 9020 子部/其他
宗教類/耶教之屬

性理真詮四卷 （西洋）孫章撰 清光緒十五
年（1889）上海慈母堂排印本 四冊

150000－0601－0006728 100863 子部/其
他宗教類/耶教之屬

照永神鏡四卷 （西洋）林德瑤撰 （清）張舒
譯 清光緒四年（1878）刻本 一冊

150000－0601－0006729 99648 子部/其他
宗教類/耶教之屬

答問錄存一卷 （清）李杕撰 地獄信證一卷
（清）沈則寬譯 清光緒十六年（1890）徐匯
印書館排印本 一冊

150000－0601－0006730 99692 子部/其他

聖教明徵八卷 （西洋）萬濟國撰 清刻本
二冊

150000－0601－0006731 99663 子部/其他
宗教類/耶教之屬

客問條答一卷 倪懷仁撰 （清）李杕譯 清
光緒八年（1882）徐家匯書館排印本 一冊

150000－0601－0006732 99676 子部/其他
宗教類/耶教之屬

仰合天主聖意二卷 （清）田文都纂輯 清光
緒四年（1878）刻本 一冊

150000－0601－0006733 99683 子部/其他
宗教類/耶教之屬

慎思指南六卷 清道光二十四年（1844）刻本
四冊

150000－0601－0006734 50627 子部/其他
宗教類/耶教之屬

教要序論一卷 清刻本 一冊

150000－0601－0006735 99682 子部/其他
宗教類/耶教之屬

教要序論一卷 清刻本 一冊

150000－0601－0006736 50624 子部/其他
宗教類/耶教之屬

兩友相論一卷 清光緒十一年（1885）華北書
會排印本 一冊

150000－0601－0006737 99645 子部/其他
宗教類/耶教之屬

聖本篤會規一卷 聖母神慰院苦修會士譯
清光緒二十年（1894）北京救世堂排印本
一冊

150000－0601－0006738 99673 子部/其他
宗教類/耶教之屬

觀光日本二卷 （西洋）夏顯德譯 清同治十
年（1871）刻本 一冊

150000－0601－0006739 99649 子部/其他
宗教類/耶教之屬

天神譜一卷 （清）李杕輯譯 清光緒十二年

（1886）上海慈母堂排印本　一冊

150000 – 0601 – 0006740　99650　子部/其他
宗教類/耶教之屬

天神譜一卷　（清）李杕輯譯　清光緒十二年
（1886）上海慈母堂排印本　一冊

150000 – 0601 – 0006741　99646　子部/其他
宗教類/耶教之屬

聖方濟各沙勿略傳六卷　清光緒二十二年
（1896）上海慈母堂排印本　一冊

150000 – 0601 – 0006742　99641　子部/其他
宗教類/耶教之屬

聖教史略俚句一卷　清宣統三年（1911）上海
土山灣石印本　一冊

150000 – 0601 – 0006743　50625　子部/其他
宗教類/耶教之屬

探道本原二卷　（英國）秀耀春撰　清光緒二
十年（1894）刻本　二冊

150000 – 0601 – 0006744　99635　子部/其他
宗教類/耶教之屬

訓真辨妄一卷　（清）黃伯祿撰　清光緒三十
年（1904）排印本　一冊

150000 – 0601 – 0006745　25694　子部/其他
宗教類/耶教之屬

集說詮真一卷提要一卷續編一卷　（清）黃伯
祿輯　清光緒三十二年（1906）上海慈母堂排
印本　一冊　殘

150000 – 0601 – 0006746　99191　子部/其他
宗教類/耶教之屬

集說詮真一卷提要一卷續編一卷　（清）黃伯
祿輯　清光緒三十二年（1906）上海慈母堂排
印本　六冊

150000 – 0601 – 0006747　99642　子部/其他
宗教類/耶教之屬

燕京開教略三卷　（清）樊國梁撰　清光緒三
十一年（1905）救世堂排印本　三冊

150000 – 0601 – 0006748　99634　子部/其他
宗教類/耶教之屬

**松江府輿圖內教堂坐落縣界汛境里數清冊一
卷**　（清）楊金龍撰　清光緒三十年（1904）邵
陽宏農氏石印本　一冊

150000 – 0601 – 0006749　99687　子部/其他
宗教類/耶教之屬

教務輯要四卷　（清）徐家幹編　清光緒二十
四年（1898）湖北官書局刻本　四冊

150000 – 0601 – 0006750　47849　子部/其他
宗教類/耶教之屬

奉天耶穌教卹賠成案一卷　清光緒二十八年
（1902）刻本　一冊

150000 – 0601 – 0006751　48072　子部/其他
宗教類/耶教之屬

奉天全省天主教案約章一卷　清光緒二十八
年（1902）盛京金銀庫街中和山房刻本　一冊

150000 – 0601 – 0006752　D5355　子部/其他
宗教類/耶教之屬

教務紀略四卷首一卷末一卷　李剛己編　清
光緒三十一年（1905）南洋官報局刻本　四冊

150000 – 0601 – 0006753　D1189　子部/其他
宗教類/耶教之屬

教務紀略四卷首一卷　李剛己編　清光緒三
十年（1904）山東印書局排印本　五冊

150000 – 0601 – 0006754　D1188　子部/其他
宗教類/耶教之屬

恩諭新彰一卷　清刻本　一冊

150000 – 0601 – 0006755　101549　集部/楚
辭類

楚辭十七卷　（漢）王逸章句　（宋）洪興祖補
注　清同治十一年（1872）金陵書局刻本
四冊

150000 – 0601 – 0006756　50712　集部/楚
辭類

楚辭十七卷　（漢）王逸章句　（宋）洪興祖補
注　清刻本　六冊

150000 – 0601 – 0006757　101571　集部/楚
辭類

楚辭集注八卷　（宋）朱熹撰　清聽雨齋刻朱墨套印本　四冊

150000－0601－0006758　129199　集部/楚辭類

楚辭八卷首一卷　（宋）朱熹集注　楚辭辯證二卷　（宋）朱熹撰　清光緒三年(1877)湖北崇文書局刻本　一冊

150000－0601－0006759　101537　集部/楚辭類

楚辭八卷　（宋）朱熹集注　楚辭後語六卷（宋）朱熹撰　楚辭辯證二卷　（宋）朱熹撰清光緒八年(1882)江蘇書局刻本　四冊

150000－0601－0006760　101541　集部/楚辭類

楚辭八卷　（宋）朱熹集注　楚辭後語六卷（宋）朱熹撰　楚辭辯證二卷　（宋）朱熹撰清光緒八年(1882)江蘇書局刻本　四冊

150000－0601－0006761　129200　集部/楚辭類

離騷一卷　（宋）錢杲之集傳　離騷箋二卷（清）龔景瀚撰　離騷草木疏四卷　（宋）吳仁傑撰　清光緒三年(1877)湖北崇文書局刻本　一冊

150000－0601－0006762　101535　集部/楚辭類

楚辭綺語六卷　（明）張之象輯　清光緒六年(1880)八杉齋刻本　二冊

150000－0601－0006763　101559　集部/楚辭類

楚辭燈四卷　（清）林雲銘撰　清康熙三十六年(1697)挹奎樓刻本　一冊

150000－0601－0006764　101560　集部/楚辭類

楚辭燈四卷　（清）林雲銘撰　清康熙三十六年(1697)挹奎樓刻本　二冊

150000－0601－0006765　101567　集部/楚辭類

楚辭約注一卷　（清）曹同春撰　清康熙二十

八年(1689)刻本　四冊

150000－0601－0006766　101566　集部/楚辭類

離騷經正義一卷　（清）方苞撰　清刻本一冊

150000－0601－0006767　50718　集部/楚辭類

屈子章句七卷　（清）劉夢鵬訂　清嘉慶五年(1800)刻本　二冊

150000－0601－0006768　101553　集部/楚辭類

屈子正音三卷　（清）方績撰　清光緒六年(1880)網舊聞齋刻本　二冊

150000－0601－0006769　128489　集部/別集類/唐以前之屬

王諫議集一卷　（漢）王褒撰　漢劉子政集一卷　（漢）劉向撰　清光緒十八年(1892)善化章經濟堂刻本　一冊

150000－0601－0006770　110375　集部/別集類/唐以前之屬

皇甫司農集一卷　（漢）皇甫規撰　（清）張澍輯　清道光元年(1821)刻本　一冊

150000－0601－0006771　110373　集部/別集類/唐以前之屬

張太常集一卷　（漢）張奐撰　（清）張澍輯清道光元年(1821)刻本　一冊

150000－0601－0006772　110374　集部/別集類/唐以前之屬

段太尉集一卷　（漢）段潁撰　（清）張澍輯清道光元年(1821)刻本　一冊

150000－0601－0006773　110364　集部/別集類/唐以前之屬

曹集銓評十卷逸文附一卷附錄一卷集說一卷（清）丁晏纂　清同治十一年(1872)刻本二冊

150000－0601－0006774　110351　集部/別集類/唐以前之屬

漢丞相諸葛武侯集二十一卷 　（明）諸葛羲輯
　清刻道藏輯要本　四冊

150000－0601－0006775　110349　集部/別
集類/唐以前之屬
諸葛武侯文集四卷 　（三國蜀）諸葛亮撰　清
同治五年(1866)福州正誼書局刻本　二冊

150000－0601－0006776　152712　集部/別
集類/唐以前之屬
武侯全書二十七卷首一卷 　（三國蜀）諸葛亮
撰　（清）趙承恩輯　清光緒十年(1884)刻本
　十冊

150000－0601－0006777　879117　集部/別
集類/唐以前之屬
潘黃門集六卷 　（晉）潘岳撰　明刻本　二冊

150000－0601－0006778　110410　集部/別
集類/唐以前之屬
陸士衡文集十卷札記一卷 　（晉）陸機撰　清
刻小萬卷樓叢書本　二冊

150000－0601－0006779　110412　集部/別
集類/唐以前之屬
支遁集二卷首一卷補遺一卷 　（晉）釋支遁撰
　清光緒十年(1884)邵武徐氏刻本　一冊

150000－0601－0006780　838197　集部/別
集類/唐以前之屬
陶淵明文集十卷 　毛氏汲古閣影刻本　四冊

150000－0601－0006781　110381　集部/別
集類/唐以前之屬
陶淵明詩集十卷 　（晉）陶潛撰　清道光二十
一年(1841)刻本　四冊

150000－0601－0006782　110385　集部/別
集類/唐以前之屬
陶淵明集八卷首一卷末一卷 　（晉）陶潛撰　清光
緒五年(1879)廣州翰墨園刻朱墨套印本　四冊

150000－0601－0006783　110389　集部/別
集類/唐以前之屬
陶淵明集八卷首一卷末一卷 　（晉）陶潛撰
清光緒五年(1879)廣州翰墨園刻朱墨套印本
　二冊

150000－0601－0006784　110391　集部/別
集類/唐以前之屬
陶淵明集八卷首一卷末一卷 　（晉）陶潛撰
清光緒五年(1879)廣州翰墨園刻朱墨套印本
　二冊

150000－0601－0006785　110393　集部/別
集類/唐以前之屬
陶淵明集八卷首一卷末一卷 　（晉）陶潛撰
清光緒五年(1879)廣州翰墨園刻朱墨套印本
　二冊

150000－0601－0006786　110395　集部/別
集類/唐以前之屬
陶淵明集八卷首一卷末一卷 　（晉）陶潛撰
清光緒五年(1879)廣州翰墨園刻朱墨套印本
　四冊

150000－0601－0006787　110405　集部/別
集類/唐以前之屬
陶淵明詩一卷 　（晉）陶潛撰　清光緒元年
(1875)影印本　一冊

150000－0601－0006788　110406　集部/別
集類/唐以前之屬
陶淵明詩一卷 　（晉）陶潛撰　清光緒元年
(1875)影印本　一冊

150000－0601－0006789　110379　集部/別
集類/唐以前之屬
陶靖節先生詩四卷附錄一卷 　（晉）陶潛撰
清會稽章氏刻本　一冊

150000－0601－0006790　110380　集部/別
集類/唐以前之屬
陶靖節先生詩四卷附錄一卷 　（晉）陶潛撰
清會稽章氏刻本　一冊

150000－0601－0006791　110376　集部/別
集類/唐以前之屬
箋注陶淵明集六卷 　（晉）陶潛撰　（明）張自
烈評　和陶一卷　（宋）蘇軾撰　明末刻本
　三冊

150000－0601－0006792　110407　集部/別集類/唐以前之屬

靖節先生集十卷　（晉）陶潛撰　（清）陶澍集注　清光緒九年(1883)江蘇書局刻本　三冊

150000－0601－0006793　170455　集部/別集類/唐以前之屬

靖節先生集十卷　（晉）陶潛撰　（清）陶澍集注　清光緒九年(1883)江蘇書局刻本　四冊

150000－0601－0006794　767530　集部/別集類/唐以前之屬

鮑參軍集二卷　（南朝宋）鮑照撰　（清）胡鳳丹校訂　清刻本　一冊

150000－0601－0006795　110488　集部/別集類/唐以前之屬

江文通集四卷　（南朝梁）江淹撰　（清）梁賓輯　清乾隆二十四年(1759)安愚堂刻本　四冊

150000－0601－0006796　110372　集部/別集類/唐以前之屬

梁元帝集五卷　（南朝梁）元帝蕭繹撰　清宣統三年(1911)上海文明書局排印本　一冊

150000－0601－0006797　110492　集部/別集類/唐以前之屬

徐孝穆全集六卷　（南朝陳）徐陵撰　（清）吳兆宜箋注　清光緒二年(1876)廣東翰墨園刻本　三冊

150000－0601－0006798　110495　集部/別集類/唐以前之屬

徐孝穆全集六卷　（南朝陳）徐陵撰　（清）吳兆宜箋注　清揚州藝古堂刻本　四冊

150000－0601－0006799　110413　集部/別集類/唐以前之屬

庾子山集十六卷　（北周）庾信撰　（清）倪璠注　清道光十九年(1839)刻本　八冊

150000－0601－0006800　9179　集部/別集類/唐以前之屬

庾子山集十六卷　（北周）庾信撰　（清）倪璠注　清光緒十六年(1890)廣州經史閣刻本　十二冊

150000－0601－0006801　110441　集部/別集類/唐以前之屬

庾子山集十六卷　（北周）庾信撰　（清）倪璠注　清刻本　八冊

150000－0601－0006802　110433　集部/別集類/唐以前之屬

庾子山集十六卷　（北周）庾信撰　（清）倪璠注　清刻本　八冊

150000－0601－0006803　110421　集部/別集類/唐以前之屬

庾子山集十六卷　（北周）庾信撰　（清）倪璠注　清刻本　十二冊

150000－0601－0006804　110449　集部/別集類/唐以前之屬

庾子山集十六卷　（北周）庾信撰　（清）倪璠注　清刻本　十一冊

150000－0601－0006805　112199　集部/別集類/唐五代之屬/初唐

王無功集三卷　（唐）王勣撰　**東皋子集補遺二卷校勘記一卷**　羅振玉撰　清光緒三十二年(1906)羅氏唐風樓刻本　一冊

150000－0601－0006806　112624　集部/別集類/唐五代之屬/初唐

王無功集三卷　（唐）王勣撰　**東皋子集補遺二卷校勘記一卷**　羅振玉撰　清光緒三十二年(1906)羅氏唐風樓刻本　一冊

150000－0601－0006807　112196　集部/別集類/唐五代之屬/初唐

盧昇之集七卷　（唐）盧照鄰撰　清鄒氏叢雅居刻本　二冊

150000－0601－0006808　126180　集部/別集類/唐五代之屬/初唐

李嶠雜咏二卷　（唐）李嶠撰　清光緒七年(1881)刻本　一冊

150000－0601－0006809　110970　集部/別集類/唐五代之屬/初唐

王子安集注二十卷首一卷末一卷　（唐）王勃
撰　（清）蔣清翊注　清光緒九年（1883）吳縣
蔣氏雙唐碑館刻本　十二冊

150000－0601－0006810　110982　集部/別
集類/唐五代之屬/初唐

王子安集注二十卷首一卷末一卷　（唐）王勃
撰　（清）蔣清翊注　清光緒九年（1883）吳縣
蔣氏雙唐碑館刻本　六冊

150000－0601－0006811　112202　集部/別
集類/唐五代之屬/初唐

陳伯玉文集三卷詩集二卷附錄一卷首一卷
（唐）陳子昂撰　清道光十七年（1837）刻本
四冊

150000－0601－0006812　837346　集部/別
集類/唐五代之屬/盛唐

孟浩然集二卷王摩詰集二卷　明刻前唐十二
家詩本　一冊

150000－0601－0006813　767841　集部/別
集類/唐五代之屬/盛唐

類箋唐王右丞詩集□□卷　（明）顧起經注
唐王右丞集外編一卷唐諸家同詠集一卷
（明）顧起經編　歷朝諸家評王右丞詩畫鈔一
卷　（明）顧起經編　明嘉靖三十五年（1556）
無錫顧氏奇字齋刻本　八冊　存八卷（一至
八）

150000－0601－0006814　110928　集部/別
集類/唐五代之屬/盛唐

王右丞集二十八卷首一卷末一卷　（唐）王維
撰　（清）趙殿成箋注　清乾隆二年（1737）刻
本　六冊

150000－0601－0006815　110934　集部/別
集類/唐五代之屬/盛唐

王右丞集二十八卷首一卷末一卷　（唐）王維
撰　（清）趙殿成箋注　清乾隆二年（1737）刻
本　十冊

150000－0601－0006816　110656　集部/別
集類/唐五代之屬/盛唐

李太白文集三十卷　（唐）李白撰　清康熙五

十六年（1717）吳門繆曰芑刻本　四冊

150000－0601－0006817　110700　集部/別
集類/唐五代之屬/盛唐

李太白文集三十卷　（唐）李白撰　清光緒元
年（1875）湖北崇文書局影刻本　四冊

150000－0601－0006818　110676　集部/別
集類/唐五代之屬/盛唐

李太白文集三十六卷　（唐）李白撰　（清）王
琦輯注　清乾隆二十四年（1759）刻本　十
六冊

150000－0601－0006819　110704　集部/別
集類/唐五代之屬/盛唐

李太白文集三十六卷　（唐）李白撰　（清）王
琦輯注　清乾隆二十四年（1759）刻本　十
八冊

150000－0601－0006820　110904　集部/別
集類/唐五代之屬/盛唐

李太白文集三十六卷　（唐）李白撰　（清）王
琦輯注　清乾隆二十四年（1759）刻本　十
六冊

150000－0601－0006821　111231　集部/別
集類/唐五代之屬/盛唐

魯國儲公詩集一卷　（唐）儲光羲撰　清光緒
十年（1884）活字本　一冊

150000－0601－0006822　10175　集部/別集
類/唐五代之屬/盛唐

顏魯公文集三十卷首一卷補遺一卷　（唐）顏
真卿撰　（清）黃本驥編　清道光十九年
（1839）刻本　十一冊

150000－0601－0006823　111226　集部/別
集類/唐五代之屬/盛唐

韋蘇州詩集二卷　（唐）韋應物撰　清刻本
一冊

150000－0601－0006824　837262　集部/別
集類/唐五代之屬/盛唐

集千家注杜工部詩集二十卷　（唐）杜甫撰
杜工部文集二卷　（唐）杜甫撰　明刻本
十冊

150000－0601－0006825　838068　集部/別集類/唐五代之屬/盛唐

杜工部分類詩十一卷　（唐）杜甫撰　（明）李齊芳等編　杜工部賦集一卷　（唐）杜甫撰（明）李齊芳等編　明萬曆二年(1574)刻本十二冊

150000－0601－0006826　110722　集部/別集類/唐五代之屬/盛唐

杜工部草堂詩箋四十卷補遺十卷外集一卷目錄二卷　（唐）杜甫撰　（宋）魯訔編次（宋）蔡夢弼會箋　杜工部草堂詩話二卷（宋）蔡夢弼輯　杜工部草堂詩譜二卷　（宋）魯訔撰　清末遵義黎氏影刻古逸叢書本　二十四冊

150000－0601－0006827　110772　集部/別集類/唐五代之屬/盛唐

杜工部集二十卷首一卷　（唐）杜甫撰　（明）王世貞等評　清光緒二年(1876)廣東翰墨園刻六色套印本　二冊

150000－0601－0006828　110858　集部/別集類/唐五代之屬/盛唐

杜工部集二十卷首一卷　（唐）杜甫撰　（明）王世貞等評　清光緒二年(1876)廣東翰墨園刻六色套印本　二十冊

150000－0601－0006829　110774　集部/別集類/唐五代之屬/盛唐

杜工部集二十卷　（唐）杜甫撰　（清）錢謙益箋注　清康熙六年(1667)刻本　十冊　存十五卷(一至十五)

150000－0601－0006830　110784　集部/別集類/唐五代之屬/盛唐

杜工部集二十卷　（唐）杜甫撰　（清）錢謙益箋注　清康熙六年(1667)刻本　十冊

150000－0601－0006831　110827　集部/別集類/唐五代之屬/盛唐

杜詩詳注二十五卷首一卷　（唐）杜甫撰（清）仇兆鰲輯注　諸家咏杜附錄一卷杜詩補注一卷　（清）仇兆鰲注　諸家論杜一卷　清康熙三十二年(1693)刻本　二十四冊

150000－0601－0006832　110798　集部/別集類/唐五代之屬/盛唐

杜詩偶評四卷　（唐）杜甫撰　（清）沈德潛評　清乾隆十二年(1747)賦閑草堂刻本　一冊

150000－0601－0006833　41581　集部/別集類/唐五代之屬/盛唐

讀杜心解六卷首二卷　（唐）杜甫撰　（清）浦起龍解　清雍正二年(1724)寧我齋刻本五冊

150000－0601－0006834　110852　集部/別集類/唐五代之屬/盛唐

讀杜心解六卷首二卷　（唐）杜甫撰　（清）浦起龍解　清雍正二年(1724)寧我齋刻本六冊

150000－0601－0006835　879123　集部/別集類/唐五代之屬/盛唐

讀杜心解六卷首二卷　（唐）杜甫撰　（清）浦起龍解　清雍正二年(1724)寧我齋刻清重修本　四冊

150000－0601－0006836　110888　集部/別集類/唐五代之屬/盛唐

杜詩鏡銓二十卷附錄一卷　（唐）杜甫撰（清）楊倫編　清乾隆五十七年(1792)刻本十二冊

150000－0601－0006837　110753　集部/別集類/唐五代之屬/盛唐

杜詩鏡銓二十卷附錄一卷　（唐）杜甫撰（清）楊倫編　讀書堂杜工部文集注解二卷（唐）杜甫撰　（清）張潽評注　清同治十一年(1872)望三益齋刻本　十冊

150000－0601－0006838　110763　集部/別集類/唐五代之屬/盛唐

杜詩鏡銓二十卷附錄一卷　（唐）杜甫撰（清）楊倫編　讀書堂杜工部文集注解二卷（唐）杜甫撰　（清）張潽評注　清同治十一年(1872)望三益齋刻本　九冊

150000－0601－0006839　110746　集部/別集類/唐五代之屬/盛唐

杜詩鏡銓二十卷附錄一卷 （唐）杜甫撰
（清）楊倫編 讀書堂杜工部文集注解二卷
（唐）杜甫撰 （清）張溍評注 清同治十一年
(1872)望三益齋刻本 七冊

150000－0601－0006840 110794 集部/別
集類/唐五代之屬/盛唐

杜詩百篇二卷 （唐）杜甫撰 （清）張燮承集
解 清咸豐九年(1859)刻本 二冊

150000－0601－0006841 110799 集部/別
集類/唐五代之屬/盛唐

杜詩論文五十六卷 （唐）杜甫撰 （清）吳見
思注 （清）潘眉評 清康熙十一年(1672)刻
本 二十四冊

150000－0601－0006842 110851 集部/別
集類/唐五代之屬/盛唐

讀書堂杜工部文集注解二卷 （唐）杜甫撰
（清）張溍評注 清讀書堂刻本 一冊

150000－0601－0006843 125525 集部/別
集類/唐五代之屬/中唐

高密李氏孟詩評選一卷 （唐）孟郊撰 （清）
董文煥輯 孟詩補遺一卷 （唐）孟郊撰
（清）董文煥輯 清同治七年(1868)洪洞董氏
刻本 二冊

150000－0601－0006844 126856 集部/別
集類/唐五代之屬/中唐

張司業樂府集一卷 （唐）張籍撰 清刻本
一冊

150000－0601－0006845 8355 集部/別集
類/唐五代之屬/中唐

唐陸宣公集二十二卷 （唐）陸贄撰 明光裕
堂刻本 六冊

150000－0601－0006846 77714 集部/別集
類/唐五代之屬/中唐

唐陸宣公集二十二卷 （唐）陸贄撰 清雍正
元年(1723)年羹堯刻本 四冊

150000－0601－0006847 78004 集部/別集
類/唐五代之屬/中唐

唐陸宣公集二十二卷 （唐）陸贄撰 清雍正

元年(1723)年羹堯刻本 八冊

150000－0601－0006848 77708 集部/別集
類/唐五代之屬/中唐

唐陸宣公集二十二卷 （唐）陸贄撰 清同治
五年(1866)楊氏問竹軒家塾刻本 六冊

150000－0601－0006849 111020 集部/別
集類/唐五代之屬/中唐

唐陸宣公集二十二卷首一卷增輯一卷附錄一
卷 （唐）陸贄撰 清光緒二年(1876)江蘇書
局刻本 六冊

150000－0601－0006850 77724 集部/別集
類/唐五代之屬/中唐

唐陸宣公集二十二卷 （唐）陸贄撰 清光緒
十二年(1886)公善堂刻本 四冊

150000－0601－0006851 77728 集部/別集
類/唐五代之屬/中唐

唐陸宣公集制誥十卷奏議七卷 （唐）陸贄撰
清光緒十七年(1891)刻本 八冊

150000－0601－0006852 77718 集部/別集
類/唐五代之屬/中唐

唐陸宣公集二十二卷 （唐）陸贄撰 清刻本
六冊

150000－0601－0006853 78012 集部/別集
類/唐五代之屬/中唐

唐陸宣公集二十二卷 （唐）陸贄撰 清刻本
六冊

150000－0601－0006854 78018 集部/別集
類/唐五代之屬/中唐

唐陸宣公翰苑集二十四卷 （唐）陸贄撰
（清）張佩芳注 清光緒九年(1883)刻本
八冊

150000－0601－0006855 115164 集部/別
集類/唐五代之屬/中唐

李元賓文集六卷 （唐）李觀撰 清嘉慶二十
三年(1818)石研齋秦氏刻本 一冊

150000－0601－0006856 111006 集部/別
集類/唐五代之屬/中唐

李元賓文集六卷　（唐）李觀撰　清嘉慶二十三年（1818）刻本　四冊

150000－0601－0006857　110956　集部/別集類/唐五代之屬/中唐

新刊權載之文集五十卷　（唐）權德輿撰　清嘉慶十一年（1806）刻本　八冊

150000－0601－0006858　110920　集部/別集類/唐五代之屬/中唐

昌黎先生詩集注十一卷　（唐）韓愈撰　（清）顧嗣立刪補　清康熙三十八年（1699）秀野草堂刻本　四冊

150000－0601－0006859　879119　集部/別集類/唐五代之屬/中唐

昌黎先生詩集注十一卷　（唐）韓愈撰　（清）顧嗣立刪補　清康熙三十八年（1699）秀野草堂刻本　四冊

150000－0601－0006860　110924　集部/別集類/唐五代之屬/中唐

昌黎先生詩集注十一卷　（唐）韓愈撰　（清）顧嗣立刪補　清道光十六年（1836）膺德堂刻朱墨套印本　四冊

150000－0601－0006861　838466　集部/別集類/唐五代之屬/中唐

韓昌黎詩集編年箋注十二卷　（唐）韓愈撰（清）方世舉注　清乾隆二十三年（1758）雅雨堂刻本　六冊

150000－0601－0006862　110622　集部/別集類/唐五代之屬/中唐

昌黎先生全集錄八卷　（唐）韓愈撰　（清）儲欣錄　清康熙四十二年（1703）刻本　十六冊

150000－0601－0006863　110638　集部/別集類/唐五代之屬/中唐

昌黎先生集四十卷外集十卷遺文一卷集傳一卷　（唐）韓愈撰　清同治八年（1869）江蘇書局刻本　十冊

150000－0601－0006864　110601　集部/別集類/唐五代之屬/中唐

韓昌黎集四十卷外集十卷　（唐）韓愈撰　清光緒二年（1876）刻毗陵劉氏初日樓彙刻唐宋八家全集本　六冊

150000－0601－0006865　110499　集部/別集類/唐五代之屬/中唐

昌黎先生集四十卷外集十卷遺文一卷　（唐）韓愈撰　韓集點勘四卷　（清）陳景雲撰　清宣統三年（1911）上海鴻文書局千頃堂書局石印本　十冊

150000－0601－0006866　110533　集部/別集類/唐五代之屬/中唐

昌黎先生集四十卷外集十卷遺文一卷　（唐）韓愈撰　韓集點勘四卷　（清）陳景雲撰　清宣統三年（1911）上海鴻文書局千頃堂書局石印本　八冊

150000－0601－0006867　110591　集部/別集類/唐五代之屬/中唐

昌黎先生集四十卷外集十卷遺文一卷集傳一卷　（唐）韓愈撰　韓集點勘四卷　（清）陳景雲撰　清宣統三年（1911）石印本　十冊

150000－0601－0006868　110607　集部/別集類/唐五代之屬/中唐

韓子粹言一卷　（唐）韓愈撰　（清）李光地講授　清康熙五十二年（1713）刻本　一冊

150000－0601－0006869　111686　集部/別集類/唐五代之屬/中唐

新刊五百家注音辯昌黎先生文集四十卷（唐）韓愈撰　清乾隆二十八年（1763）刻本（配本）　十三冊

150000－0601－0006870　110608　集部/別集類/唐五代之屬/中唐

昌黎先生集考異十卷　（宋）朱熹撰　清光緒十一年（1885）新陽趙氏刻本　二冊

150000－0601－0006871　110161　集部/別集類/唐五代之屬/中唐

韓集點勘四卷　（清）陳景雲撰　清同治九年（1870）江蘇書局刻本　一冊

150000－0601－0006872　111010　集部/別集類/唐五代之屬/中唐

劉賓客文集三十卷外集十卷　（唐）劉禹錫撰
清光緒三十一年（1905）仁和朱氏刻結一廬
朱氏賸餘叢書本　六冊

150000－0601－0006873　116259　集部／別
集類／唐五代之屬／中唐

皇甫持正文集六卷補遺一卷　（唐）皇甫湜撰
清光緒二年（1876）刻本　一冊

150000－0601－0006874　26575　集部／別集
類／唐五代之屬／中唐

唐大家柳柳州文鈔十二卷　（唐）柳宗元撰
（明）茅坤批評　明末茅一桂刻本　四冊

150000－0601－0006875　837322　集部／別
集類／唐五代之屬／中唐

唐大家柳柳州文鈔十二卷　（唐）柳宗元撰
（明）茅坤批評　明末茅一桂刻本　六冊

150000－0601－0006876　111129　集部／別
集類／唐五代之屬／中唐

宋乾道永州本柳柳州外集一卷　（唐）柳宗元
撰　清光緒四年（1878）合肥蒯氏江寧刻本
一冊

150000－0601－0006877　111151　集部／別
集類／唐五代之屬／中唐

白香山詩集長慶集二十卷後集十七卷別集一
卷補遺二卷　（唐）白居易撰　清康熙四十二
年（1703）刻本　十冊

150000－0601－0006878　111161　集部／別
集類／唐五代之屬／中唐

白香山詩集長慶集二十卷後集十七卷別集一
卷補遺二卷　（唐）白居易撰　清康熙四十二
年（1703）刻本　十二冊

150000－0601－0006879　111133　集部／別
集類／唐五代之屬／中唐

白香山詩集長慶集二十卷後集十七卷別集一
卷補遺二卷　（唐）白居易撰　清康熙四十二
年（1703）刻本　八冊

150000－0601－0006880　838151　集部／別
集類／唐五代之屬／中唐

白香山詩集長慶集二十卷後集十七卷別集一

卷補遺二卷　（唐）白居易撰　清康熙四十二
年（1703）刻本　十冊

150000－0601－0006881　126855　集部／別
集類／唐五代之屬／中唐

新雕校證大字白氏諷諫一卷　（唐）白居易撰
清光緒十九年（1893）影刻本　一冊

150000－0601－0006882　111000　集部／別
集類／唐五代之屬／中唐

李衛公會昌一品集二十卷別集十卷外集四卷
補遺一卷　（唐）李德裕撰　清光緒十三年
（1887）刻畿輔叢書本　六冊

150000－0601－0006883　112692　集部／別
集類／唐五代之屬／中唐

李長吉昌谷集句解定本四卷　（唐）李賀撰
（清）姚佺箋　（清）丘象升等評　清初刻本
二冊

150000－0601－0006884　111092　集部／別
集類／唐五代之屬／中唐

李長吉歌詩四卷首一卷外集一卷　（唐）李賀
撰　（清）王琦彙解　清乾隆二十五年（1760）
刻本　二冊

150000－0601－0006885　111097　集部／別
集類／唐五代之屬／中唐

李長吉歌詩四卷首一卷外集一卷　（唐）李賀
撰　（清）王琦彙解　清乾隆二十五年（1760）
刻本　二冊

150000－0601－0006886　111095　集部／別
集類／唐五代之屬／中唐

李長吉集四卷外卷一卷　（唐）李賀撰　（清）
黃陶庵　（清）黎二樵評點　清光緒十八年
（1892）羊城刻朱墨套印本　二冊

150000－0601－0006887　111094　集部／別
集類／唐五代之屬／中唐

唐李長吉詩集五卷首一卷　（唐）李賀撰
（明）徐渭　（明）董懋策批注　清光緒三十二
年（1906）董氏取斯家塾刻本　一冊

150000－0601－0006888　119250　集部／別
集類／唐五代之屬／中唐

劉希仁文集一卷　（唐）劉軻撰　清道光二十五年(1845)南海伍氏粵雅堂刻嶺南叢書本　一冊

150000－0601－0006889　113449　集部/別集類/唐五代之屬/中唐

洪度集一卷　（唐）薛濤撰　清靈峰草堂刻本　一冊

150000－0601－0006890　111087　集部/別集類/唐五代之屬/晚唐

樊川詩集四卷補遺一卷別集一卷外集一卷　（唐）杜牧撰　（清）馮集梧注　清嘉慶六年(1801)刻本　四冊

150000－0601－0006891　111083　集部/別集類/唐五代之屬/晚唐

樊川詩集四卷補遺一卷別集一卷外集一卷　（唐）杜牧撰　（清）馮集梧注　清光緒十六年(1890)湘南書局刻本　四冊

150000－0601－0006892　111028　集部/別集類/唐五代之屬/晚唐

樊川文集二十卷外集一卷別集一卷　（唐）杜牧撰　清光緒二年(1876)景蘇園影刻本　六冊

150000－0601－0006893　110991　集部/別集類/唐五代之屬/晚唐

重刊校正笠澤叢書四卷補遺一卷　（唐）陸龜蒙撰　清大迏山房刻本　一冊

150000－0601－0006894　54557　集部/別集類/唐五代之屬/晚唐

李義山詩三卷　（唐）李商隱撰　清宣統元年(1909)影印本　二冊

150000－0601－0006895　54559　集部/別集類/唐五代之屬/晚唐

李義山詩三卷　（唐）李商隱撰　清宣統元年(1909)影印本　二冊

150000－0601－0006896　111034　集部/別集類/唐五代之屬/晚唐

李義山詩文全集箋注　（清）馮浩編訂　清乾隆四十五年(1780)刻本　八冊

150000－0601－0006897　111070　集部/別集類/唐五代之屬/晚唐

李義山詩集三卷　（唐）李商隱撰　（清）朱鶴齡箋注　（清）沈厚塽輯評　清同治九年(1870)廣州倅署刻三色套印本　三冊

150000－0601－0006898　111073　集部/別集類/唐五代之屬/晚唐

李義山詩集三卷　（唐）李商隱撰　（清）朱鶴齡箋注　（清）沈厚塽輯評　清同治九年(1870)廣州倅署刻三色套印本　四冊

150000－0601－0006899　111060　集部/別集類/唐五代之屬/晚唐

重訂李義山詩集箋注三卷　（唐）李商隱撰　（清）朱鶴齡箋注　（清）程夢星刪補　重訂李義山集外詩箋注三卷　（唐）李商隱撰　（清）朱鶴齡箋注　（清）程夢星刪補　重訂李義山年譜一卷詩話一卷　（清）程夢星輯　清乾隆十一年(1746)東柯草堂刻本　八冊

150000－0601－0006900　838239　集部/別集類/唐五代之屬/晚唐

重訂李義山詩集箋注三卷　（唐）李商隱撰　（清）朱鶴齡箋注　（清）程夢星刪補　重訂李義山集外詩箋注三卷　（唐）李商隱撰　（清）朱鶴齡箋注　（清）程夢星刪補　重訂李義山年譜一卷詩話一卷　（清）程夢星輯　清乾隆十一年(1746)東柯草堂刻本　四冊

150000－0601－0006901　838243　集部/別集類/唐五代之屬/晚唐

重訂李義山詩集箋注三卷　（唐）李商隱撰　（清）朱鶴齡箋注　（清）程夢星刪補　重訂李義山集外詩箋注三卷　（唐）李商隱撰　（清）朱鶴齡箋注　（清）程夢星刪補　重訂李義山年譜一卷詩話一卷　（清）程夢星輯　清乾隆十一年(1746)東柯草堂刻本　四冊

150000－0601－0006902　838235　集部/別集類/唐五代之屬/晚唐

李義山詩集十六卷　（唐）李商隱撰　（清）姚培謙箋　清乾隆五年(1740)寫本　四冊

150000－0601－0006903　111042　集部/別

集類/唐五代之屬/晚唐

玉溪生詩詳注三卷 （唐）李商隱撰 （清）馮浩編訂 清乾隆四十五年（1780）刻本 四冊

150000－0601－0006904 9207 集部/別集類/唐五代之屬/晚唐

玉溪生詩詳注三卷 （唐）李商隱撰 （清）馮浩編訂 清乾隆四十五年（1780）刻同治七年（1868）重修本 四冊

150000－0601－0006905 111054 集部/別集類/唐五代之屬/晚唐

樊南文集箋注八卷 （唐）李商隱撰 （清）馮浩編訂 清乾隆三十年（1765）刻本 六冊

150000－0601－0006906 111050 集部/別集類/唐五代之屬/晚唐

樊南文集箋注八卷 （唐）李商隱撰 （清）馮浩編訂 清乾隆四十五年（1780）刻同治七年（1868）重修本 四冊

150000－0601－0006907 9203 集部/別集類/唐五代之屬/晚唐

樊南文集箋注八卷 （唐）李商隱撰 （清）馮浩編訂 清乾隆四十五年（1780）刻同治七年（1868）重修本 四冊

150000－0601－0006908 111046 集部/別集類/唐五代之屬/晚唐

樊南文集補編十二卷附錄一卷 （唐）李商隱撰 （清）錢振倫箋 （清）錢振常注 清同治五年（1866）望三益齋刻本 四冊

150000－0601－0006909 116483 集部/別集類/唐五代之屬/晚唐

孫可之文集十卷 （唐）孫樵撰 清光緒二年（1876）刻三唐人集本 一冊

150000－0601－0006910 112623 集部/別集類/唐五代之屬/晚唐

可之先生集二卷 （唐）孫樵撰 清宣統二年（1910）上海會文堂粹記石印本 一冊

150000－0601－0006911 111077 集部/別集類/唐五代之屬/晚唐

溫飛卿詩集九卷 （唐）溫庭筠撰 （明）曾益

注 （清）顧予咸補注 清康熙三十六年（1697）秀野草堂刻本 二冊

150000－0601－0006912 111081 集部/別集類/唐五代之屬/晚唐

溫飛卿詩集九卷 （唐）溫庭筠撰 （明）曾益注 （清）顧予咸補注 清康熙三十六年（1697）秀野草堂刻本 二冊

150000－0601－0006913 837320 集部/別集類/唐五代之屬/晚唐

溫飛卿詩集九卷 （唐）溫庭筠撰 （明）曾益注 （清）顧予咸補注 清康熙三十六年（1697）秀野草堂刻本 二冊

150000－0601－0006914 111079 集部/別集類/唐五代之屬/晚唐

溫飛卿詩集九卷 （唐）溫庭筠撰 （明）曾益注 （清）顧予咸補注 清光緒八年（1882）萬軸山房刻本 二冊

150000－0601－0006915 42674 集部/別集類/唐五代之屬/晚唐

溫飛卿詩集九卷 （唐）溫庭筠撰 （明）曾益注 （清）顧予咸補注 清宣統二年（1910）石印本 四冊

150000－0601－0006916 129453 集部/別集類/唐五代之屬/晚唐

唐皮日休文藪十卷 （唐）皮日休撰 清光緒八年（1882）郯城于氏影刻本 二冊

150000－0601－0006917 112200 集部/別集類/唐五代之屬/晚唐

唐皮日休文藪十卷 （唐）皮日休撰 清光緒二十一年（1895）合肥李氏蘭雪堂影刻本 二冊

150000－0601－0006918 112207 集部/別集類/唐五代之屬/晚唐

羅昭諫集八卷 （唐）羅隱撰 清康熙九年（1670）刻道光四年（1824）重修本 二冊

150000－0601－0006919 112264 集部/別集類/兩宋之屬/北宋

徐騎省集三十卷補遺一卷附錄一卷 （宋）徐

鉉撰　**徐騎省集校勘記一卷**　（清）李英元撰
清光緒十六年（1890）刻本　八冊

150000－0601－0006920　112467　集部/別
集類/兩宋之屬/北宋

苕溪集五十五卷　（宋）劉一止撰　清宣統二
年（1910）刻本　四冊

150000－0601－0006921　116016　集部/別
集類/兩宋之屬/北宋

南陽集六卷　（宋）趙湘撰　清刻武英殿聚珍
版書本　二冊

150000－0601－0006922　112122　集部/別
集類/兩宋之屬/北宋

林和靖詩集四卷拾遺一卷　（宋）林逋撰　清
同治十二年（1873）刻本　四冊

150000－0601－0006923　112117　集部/別
集類/兩宋之屬/北宋

林和靖詩集四卷拾遺一卷　（宋）林逋撰　清
宣統二年（1910）上海文瑞樓石印本　二冊

150000－0601－0006924　112120　集部/別
集類/兩宋之屬/北宋

林和靖詩集四卷拾遺一卷　（宋）林逋撰　清
宣統二年（1910）上海文瑞樓石印本　二冊

150000－0601－0006925　112258　集部/別
集類/兩宋之屬/北宋

楊大年武夷新集二十卷　（宋）楊億撰　清順
治七年（1650）刻本　六冊

150000－0601－0006926　111814　集部/別
集類/兩宋之屬/北宋

**范文正公集二十卷別集四卷政府奏議二卷尺
牘三卷年譜一卷年譜補遺一卷言行拾遺事錄
四卷鄱陽遺事錄一卷遺迹一卷義莊規矩一卷
褒賢集五卷補編五卷首一卷**　（宋）范仲淹撰
清歲寒堂刻本　九冊

150000－0601－0006927　111823　集部/別
集類/兩宋之屬/北宋

**范文正公集二十卷別集四卷政府奏議二卷尺
牘三卷年譜一卷年譜補遺一卷言行拾遺事錄
四卷鄱陽遺事錄一卷遺迹一卷義莊規矩一卷**

褒賢集五卷補編五卷首一卷　（宋）范仲淹撰
清歲寒堂刻本　十冊

150000－0601－0006928　111833　集部/別
集類/兩宋之屬/北宋

**范文正公集二十卷別集四卷政府奏議二卷尺
牘三卷年譜一卷年譜補遺一卷言行拾遺事錄
四卷鄱陽遺事錄一卷遺迹一卷義莊規矩一卷
褒賢集五卷補編五卷首一卷**　（宋）范仲淹撰
清宣統二年（1910）刻本　十冊

150000－0601－0006929　112365　集部/別
集類/兩宋之屬/北宋

宛陵先生文集六十卷　（宋）梅堯臣撰　清宣
統二年（1910）滬上石印本　十冊

150000－0601－0006930　112375　集部/別
集類/兩宋之屬/北宋

宛陵先生文集六十卷　（宋）梅堯臣撰　清宣
統二年（1910）滬上石印本　十冊

150000－0601－0006931　112385　集部/別
集類/兩宋之屬/北宋

宛陵先生文集六十卷　（宋）梅堯臣撰　清宣
統二年（1910）滬上石印本　十冊

150000－0601－0006932　112395　集部/別
集類/兩宋之屬/北宋

宛陵先生文集六十卷　（宋）梅堯臣撰　清宣
統二年（1910）滬上石印本　十冊

150000－0601－0006933　112455　集部/別
集類/兩宋之屬/北宋

新雕徂徠石先生文集二十卷補遺一卷末一卷
　（宋）石介撰　清光緒九年（1883）刻本
四冊

150000－0601－0006934　767740　集部/別
集類/兩宋之屬/北宋

歐陽文集□□卷　（宋）歐陽修撰　明刻本
一冊　存六卷（一至六）

150000－0601－0006935　767929　集部/別
集類/兩宋之屬/北宋

歐陽文忠公文抄□□卷　（宋）歐陽修撰　清
刻朱墨套印本　一冊　存四卷（七至十）

150000－0601－0006936　767917　集部/別集類/兩宋之屬/北宋

宋大家歐陽文忠公文抄□□卷　（宋）歐陽修撰　（明）茅坤評　明刻本　一冊　存五卷（二十四至二十八）

150000－0601－0006937　839737　集部/別集類/兩宋之屬/北宋

蘇文嗜五卷　（宋）蘇洵撰　明凌雲刻三色套印本　三冊

150000－0601－0006938　111592　集部/別集類/兩宋之屬/北宋

宋大家蘇文公文鈔十卷　（宋）蘇洵撰　（明）茅坤評　**歐陽文忠公五代史鈔二十卷**　（宋）歐陽修撰　（明）茅坤評　清刻本　八冊

150000－0601－0006939　111877　集部/別集類/兩宋之屬/北宋

南豐先生元豐類稿五十一卷　（宋）曾鞏撰　明萬曆二十五年(1597)刻清康熙二十七年(1688)重修本　八冊

150000－0601－0006940　9237　集部/別集類/兩宋之屬/北宋

元豐類稿五十卷首一卷　（宋）曾鞏撰　清光緒十六年(1890)慈利漁浦書院刻本　十冊

150000－0601－0006941　111885　集部/別集類/兩宋之屬/北宋

元豐類稿五十卷首一卷　（宋）曾鞏撰　清光緒十六年(1890)慈利漁浦書院刻本　十冊

150000－0601－0006942　111934　集部/別集類/兩宋之屬/北宋

司馬文公傳家集八十卷目錄二卷　（宋）司馬光撰　清乾隆六年(1741)培遠堂刻本　十六冊

150000－0601－0006943　8387　集部/別集類/兩宋之屬/北宋

司馬溫公文集八十二卷　（宋）司馬光撰　明崇禎元年(1628)吳時亮刻清同治九年(1870)遞修本　二十四冊

150000－0601－0006944　111699　集部/別

集類/兩宋之屬/北宋

王臨川全集一百卷目錄二卷　（宋）王安石撰　清光緒九年(1883)溧陽繆氏刻本　十六冊

150000－0601－0006945　111715　集部/別集類/兩宋之屬/北宋

王臨川全集一百卷目錄二卷　（宋）王安石撰　清光緒九年(1883)溧陽繆氏刻本　十六冊

150000－0601－0006946　10325　集部/別集類/兩宋之屬/北宋

王臨川全集一百卷目錄二卷　（宋）王安石撰　清光緒九年(1883)刻本　十六冊

150000－0601－0006947　111747　集部/別集類/兩宋之屬/北宋

王臨川全集一百卷目錄二卷　（宋）王安石撰　清光緒九年(1883)刻本　二十冊

150000－0601－0006948　839929　集部/別集類/兩宋之屬/北宋

新刻臨川王介甫先生詩集一百卷　（宋）王安石撰　明萬曆四十年(1612)金陵光裕堂刻本　二十四冊

150000－0601－0006949　111767　集部/別集類/兩宋之屬/北宋

王荊文公詩五十卷　（宋）王安石撰　（宋）李璧箋注　清乾隆六年(1741)武原張宗松刻本　八冊

150000－0601－0006950　111844　集部/別集類/兩宋之屬/北宋

范忠宣公全集二十卷首一卷奏議二卷遺文一卷附錄一卷補編一卷　（宋）范純仁撰　清康熙四十六年(1707)歲寒堂刻本　六冊

150000－0601－0006951　111850　集部/別集類/兩宋之屬/北宋

范忠宣公全集二十卷首一卷奏議二卷遺文一卷附錄一卷補編一卷　（宋）范純仁撰　清康熙四十六年(1707)歲寒堂刻本　五冊

150000－0601－0006952　111855　集部/別集類/兩宋之屬/北宋

范忠宣公全集二十卷首一卷奏議二卷遺文一

卷附錄一卷補編一卷 （宋）范純仁撰 清康熙四十六年（1707）歲寒堂刻本 十四冊

150000－0601－0006953 111869 集部/別集類/兩宋之屬/北宋

范忠宣公全集二十卷首一卷奏議二卷遺文一卷附錄一卷補編一卷 （宋）范純仁撰 清宣統二年（1910）刻本 六冊

150000－0601－0006954 112326 集部/別集類/兩宋之屬/北宋

伊川文集八卷附錄一卷 （宋）程頤撰 清刻本 二冊

150000－0601－0006955 111414 集部/別集類/兩宋之屬/北宋

東坡集四十卷後集二十七卷奏議十五卷外制集三卷內制集十卷樂語一卷應詔集十卷續集十二卷校記二卷 （宋）蘇軾撰 清宣統元年（1909）寶華盦影刻本 四十八冊

150000－0601－0006956 838080 集部/別集類/兩宋之屬/北宋

東坡先生全集七十五卷 （宋）蘇軾撰 明刻本 五十六冊

150000－0601－0006957 50720 集部/別集類/兩宋之屬/北宋

東坡先生全集七十五卷 （宋）蘇軾撰 東坡先生詩集注三十二卷 （宋）蘇軾撰 （宋）王十朋纂 清刻本 三十二冊

150000－0601－0006958 767679 集部/別集類/兩宋之屬/北宋

坡仙集□□卷 （宋）蘇軾撰 明刻本 二冊 存三卷（六、九至十）

150000－0601－0006959 111600 集部/別集類/兩宋之屬/北宋

宋大家蘇文忠公文抄二十八卷 （宋）蘇軾撰 （明）茅坤批評 清刻本 八冊

150000－0601－0006960 767925 集部/別集類/兩宋之屬/北宋

蘇長公合作□□卷 （宋）蘇軾撰 （明）鄭之惠評選 明末刻三色套印本 三冊 存四卷

（一至二、補二卷）

150000－0601－0006961 111563 集部/別集類/兩宋之屬/北宋

施注蘇詩四十二卷總目二卷 （宋）蘇軾撰 （宋）施元之注 （清）邵長蘅等刪補 蘇詩續補遺二卷 （清）馮景補注 王注正訛一卷 （清）邵長蘅撰 清康熙三十九年（1700）刻本 十二冊

150000－0601－0006962 111577 集部/別集類/兩宋之屬/北宋

施注蘇詩四十二卷總目二卷 （宋）蘇軾撰 （宋）施元之注 （清）邵長蘅等刪補 蘇詩續補遺二卷 （清）馮景補注 王注正訛一卷 （清）邵長蘅撰 清康熙三十九年（1700）刻本 三冊

150000－0601－0006963 765216 集部/別集類/兩宋之屬/北宋

施注蘇詩四十二卷總目二卷 （宋）蘇軾撰 （宋）施元之注 （清）邵長蘅等刪補 蘇詩續補遺二卷 （清）馮景補注 王注正訛一卷 （清）邵長蘅撰 清康熙三十九年（1700）刻本 十冊

150000－0601－0006964 838136 集部/別集類/兩宋之屬/北宋

施注蘇詩四十二卷總目二卷 （宋）蘇軾撰 （宋）施元之注 （清）邵長蘅等刪補 蘇詩續補遺二卷 （清）馮景補注 王注正訛一卷 （清）邵長蘅撰 清刻本 十五冊

150000－0601－0006965 26583 集部/別集類/兩宋之屬/北宋

古香齋鑒賞袖珍施注蘇詩四十二卷總目二卷 （宋）蘇軾撰 （宋）施元之注 （清）邵長蘅等刪補 古香齋鑒賞袖珍蘇詩續補遺二卷 （清）馮景補注 王注正訛一卷 （清）邵長蘅撰 清刻本 二十冊

150000－0601－0006966 111496 集部/別集類/兩宋之屬/北宋

東坡先生詩集注三十二卷 （宋）蘇軾撰 （宋）王十朋纂 明末刻本 十一冊

150000－0601－0006967　111507　集部/別集類/兩宋之屬/北宋

蘇文忠詩合注五十卷首一卷　（宋）蘇軾撰（清）馮應榴輯訂　清乾隆五十九年（1794）刻本　二十一冊

150000－0601－0006968　41247　集部/別集類/兩宋之屬/北宋

蘇文忠公詩編注集成四十六卷　（宋）蘇軾撰（清）王文誥輯訂　蘇文忠公詩編注集成總案四十五卷　（清）王文誥撰　諸家雜綴酌存一卷蘇海識餘四卷　清光緒十四年（1888）浙江書局刻本　二十一冊

150000－0601－0006969　111462　集部/別集類/兩宋之屬/北宋

蘇文忠公詩編注集成四十六卷　（宋）蘇軾撰（清）王文誥輯訂　蘇文忠公詩編注集成總案四十五卷　（清）王文誥撰　諸家雜綴酌存一卷蘇海識餘四卷　清光緒十四年（1888）浙江書局刻本　二十四冊

150000－0601－0006970　111528　集部/別集類/兩宋之屬/北宋

東坡先生編年詩五十卷　（宋）蘇軾撰（清）查慎行補注　清乾隆二十六年（1761）香雨齋刻本　十六冊

150000－0601－0006971　111580　集部/別集類/兩宋之屬/北宋

蘇文忠公詩集五十卷目錄二卷　（宋）蘇軾撰（清）紀昀評點　清同治八年（1869）韞玉山房刻朱墨套印本　十二冊

150000－0601－0006972　111674　集部/別集類/兩宋之屬/北宋

蘇文忠公詩集五十卷目錄二卷　（宋）蘇軾撰（清）紀昀評點　清同治八年（1869）韞玉山房刻朱墨套印本　十二冊

150000－0601－0006973　111486　集部/別集類/兩宋之屬/北宋

蘇文忠公詩集五十卷目錄二卷　（宋）蘇軾撰（清）紀昀評點　清道光十四年（1834）兩廣節署刻朱墨套印本　十冊

150000－0601－0006974　111544　集部/別集類/兩宋之屬/北宋

角山樓蘇詩評注彙鈔二十卷目錄二卷附錄三卷　（宋）蘇軾撰　（清）趙克宜輯訂　清咸豐二年（1852）刻本　十二冊

150000－0601－0006975　170466　集部/別集類/兩宋之屬/北宋

舍人集二卷　（宋）孔文仲撰　刻豫章叢書本　一冊

150000－0601－0006976　112149　集部/別集類/兩宋之屬/北宋

陶山集十六卷　（宋）陸佃撰　清刻武英殿聚珍版書本　四冊

150000－0601－0006977　170460　集部/別集類/兩宋之屬/北宋

朝散集十五卷　（宋）孔平仲撰　刻豫章叢書本　六冊

150000－0601－0006978　837514　集部/別集類/兩宋之屬/北宋

重刻黃文節山谷先生文集三十卷　（宋）黃庭堅撰　明光啓堂刻本　六冊

150000－0601－0006979　9211　集部/別集類/兩宋之屬/北宋

黃詩全集　（宋）黃庭堅撰　清乾隆五十四年（1789）樹經堂刻本　二十冊

150000－0601－0006980　111324　集部/別集類/兩宋之屬/北宋

黃詩全集　（宋）黃庭堅撰　清乾隆五十四年（1789）樹經堂刻本　二十冊

150000－0601－0006981　111344　集部/別集類/兩宋之屬/北宋

黃詩全集　（宋）黃庭堅撰　清乾隆五十四年（1789）樹經堂刻本　二十冊

150000－0601－0006982　111364　集部/別集類/兩宋之屬/北宋

黃詩全集　（宋）黃庭堅撰　清乾隆五十四年（1789）樹經堂刻本　二十冊

150000－0601－0006983　111384　集部/別集類/兩宋之屬/北宋

黃詩全集　(宋)黃庭堅撰　清乾隆五十四年(1789)樹經堂刻本　二十冊

150000－0601－0006984　111264　集部/別集類/兩宋之屬/北宋

山谷詩集注二十卷　(宋)黃庭堅撰　(宋)任淵注　**山谷外集詩注十七卷**　(宋)黃庭堅撰　(宋)史容注　**山谷別集詩注二卷**　(宋)黃庭堅撰　(宋)史季溫注　清光緒二十五年(1899)影刻本　二十冊

150000－0601－0006985　111284　集部/別集類/兩宋之屬/北宋

山谷詩集注二十卷　(宋)黃庭堅撰　(宋)任淵注　**山谷外集詩注十七卷**　(宋)黃庭堅撰　(宋)史容注　**山谷別集詩注二卷**　(宋)黃庭堅撰　(宋)史季溫注　清光緒二十五年(1899)影刻本　二十冊

150000－0601－0006986　111304　集部/別集類/兩宋之屬/北宋

山谷詩集注二十卷　(宋)黃庭堅撰　(宋)任淵注　**山谷外集詩注十七卷**　(宋)黃庭堅撰　(宋)史容注　**山谷別集詩注二卷**　(宋)黃庭堅撰　(宋)史季溫注　清光緒二十五年(1899)影刻本　二十冊

150000－0601－0006987　112296　集部/別集類/兩宋之屬/北宋

淮海集前集十七卷後集二卷詞一卷補遺一卷　(宋)秦觀撰　明萬曆四十六年(1618)李之藻刻清嘉慶十一年(1806)重修本　十冊

150000－0601－0006988　112284　集部/別集類/兩宋之屬/北宋

淮海集前集十七卷後集二卷詞一卷補遺一卷　(宋)秦觀撰　**淮海文集考證一卷**　(清)王敬之等纂　清道光十七年(1837)王敬之刻本　六冊

150000－0601－0006989　112290　集部/別集類/兩宋之屬/北宋

淮海集前集十七卷後集二卷詞一卷補遺一卷　(宋)秦觀撰　**淮海文集考證一卷**　(清)王敬之等纂　清道光十七年(1837)王敬之刻本　六冊

150000－0601－0006990　112312　集部/別集類/兩宋之屬/北宋

濟南集八卷　(宋)李廌撰　**德隅堂畫品一卷**　(宋)李廌撰　清宜秋館刻本　四冊

150000－0601－0006991　112028　集部/別集類/兩宋之屬/北宋

柯山集五十卷拾遺十二卷續拾遺一卷　(宋)張耒撰　清刻本　十冊　缺

150000－0601－0006992　112038　集部/別集類/兩宋之屬/北宋

柯山集五十卷拾遺十二卷續拾遺一卷　(宋)張耒撰　清刻本　十四冊

150000－0601－0006993　112052　集部/別集類/兩宋之屬/北宋

柯山集五十卷拾遺十二卷續拾遺一卷　(宋)張耒撰　清刻本　十二冊

150000－0601－0006994　112087　集部/別集類/兩宋之屬/北宋

後山先生集二十四卷首一卷　(宋)陳師道撰　清光緒十一年(1885)刻本　四冊

150000－0601－0006995　112082　集部/別集類/兩宋之屬/北宋

後山詩十二卷　(宋)陳師道撰　(宋)任淵注　清刻武英殿聚珍版書本　五冊

150000－0601－0006996　118489　集部/別集類/兩宋之屬/南宋

楊龜山先生集四十二卷首一卷　(宋)楊時撰　清光緒九年(1883)張國正刻本　十冊

150000－0601－0006997　80838　集部/別集類/兩宋之屬/南宋

宋宗忠簡公全集十二卷首一卷末一卷　(宋)宗澤撰　(清)宗文燦修　清康熙四十五年(1706)刻乾隆後印本　八冊

150000－0601－0006998　112363　集部/別

150000－0601－0007015　26691　集部／別集類／兩宋之屬／南宋

岳忠武王文集八卷首一卷　（宋）岳飛撰（清）黃邦寧纂修　清道光二十九年(1849)刻本　四冊

150000－0601－0007016　111956　集部／別集類／兩宋之屬／南宋

宋王忠文公文集五十卷目錄四卷　（宋）王十朋撰　清雍正六年(1728)刻本　十二冊

150000－0601－0007017　125869　集部／別集類／兩宋之屬／南宋

曾樂軒稿一卷　（宋）張維撰　安陸集一卷（宋）張先撰　清乾隆四十六年(1781)刻本一冊

150000－0601－0007018　837433　集部／別集類／兩宋之屬／南宋

盤洲文集八十卷附錄一卷拾遺一卷　（宋）洪适撰　清三瑞堂活字本　十六冊

150000－0601－0007019　111968　集部／別集類／兩宋之屬／南宋

楊誠齋詩集十六卷　（宋）楊萬里撰　清嘉慶五年(1800)刻本　六冊

150000－0601－0007020　111901　集部／別集類／兩宋之屬／南宋

劍南詩鈔一卷　（宋）陸游撰　（清）楊大鶴選　清康熙二十四年(1685)刻本　八冊

150000－0601－0007021　111895　集部／別集類／兩宋之屬／南宋

劍南詩鈔一卷　（宋）陸游撰　（清）楊大鶴選　清光緒八年(1882)刻本　六冊

150000－0601－0007022　111909　集部／別集類／兩宋之屬／南宋

劍南詩鈔一卷　（宋）陸游撰　（清）楊大鶴選　清刻本　五冊

150000－0601－0007023　9231　集部／別集類／兩宋之屬／南宋

劍南詩鈔一卷　（宋）陸游撰　（清）楊大鶴選　清宣統二年(1910)掃葉山房石印本　六冊

150000－0601－0007024　8910　集部／別集類／兩宋之屬／南宋

晦庵先生朱文公文集一百卷續集五卷別集十卷目錄二卷　（宋）朱熹撰　清康熙二十七年(1688)刻本　三十二冊

150000－0601－0007025　112551　集部／別集類／兩宋之屬／南宋

晦庵先生朱文公文集一百卷續集五卷別集十卷目錄二卷　（宋）朱熹撰　清康熙二十七年(1688)刻本　四十冊

150000－0601－0007026　112591　集部／別集類／兩宋之屬／南宋

晦庵先生朱文公文集一百卷續集十一卷別集十卷目錄二卷　（宋）朱熹撰　清同治十二年(1873)洪汝奎刻本　二十四冊

150000－0601－0007027　112615　集部／別集類／兩宋之屬／南宋

朱子文集十八卷　（宋）朱熹撰　（清）張伯行編訂　清刻本　八冊

150000－0601－0007028　90848　集部／別集類／兩宋之屬／南宋

朱子文集選目錄一卷　（清）朱澤澐編　朱子語類選目錄一卷　（清）朱澤澐編　清光緒二十三年(1897)雲間活字本　一冊

150000－0601－0007029　54180　集部／別集類／兩宋之屬／南宋

文公朱先生感興詩一卷　（宋）朱熹撰　（宋）蔡模注　清同治十二年(1873)刻西京清麓叢書本　一冊

150000－0601－0007030　112239　集部／別集類／兩宋之屬／南宋

竹軒雜著六卷　（宋）林季仲撰　清光緒二年(1876)瑞安孫氏詒善祠塾刻本　一冊

150000－0601－0007031　112233　集部／別集類／兩宋之屬／南宋

艮齋先生薛常州浪語集三十五卷　（宋）薛季宣撰　清同治十一年(1872)刻本　六冊

150000－0601－0007032　112182　集部／別

集類/兩宋之屬/南宋

羅鄂州小集六卷附錄一卷 （宋）羅願撰　清光緒十九年(1893)黟縣李氏刻本　二冊

150000－0601－0007033　112184　集部/別集類/兩宋之屬/南宋

羅鄂州小集六卷附錄一卷 （宋）羅願撰　清光緒十九年(1893)黟縣李氏刻本　二冊

150000－0601－0007034　112330　集部/別集類/兩宋之屬/南宋

陸象山先生文集三十六卷附錄一卷 （宋）陸九淵撰　清道光三年(1823)刻本　六冊

150000－0601－0007035　8942　集部/別集類/兩宋之屬/南宋

陸象山先生文集三十六卷 （宋）陸九淵撰　**少湖徐先生學則辯一卷** （清）徐階撰　**陸梭山公家訓一卷**　清同治十年(1871)刻本　八冊

150000－0601－0007036　112316　集部/別集類/兩宋之屬/南宋

舒文靖集三卷校勘記三卷附錄三卷 （宋）舒璘撰　清光緒二十二年(1896)七千卷樓刻本　四冊

150000－0601－0007037　112139　集部/別集類/兩宋之屬/南宋

絜齋集二十四卷 （宋）袁燮撰　清刻武英殿聚珍版書本　十冊

150000－0601－0007038　112175　集部/別集類/兩宋之屬/南宋

絜齋集二十四卷 （宋）袁燮撰　清刻武英殿聚珍版書本　六冊

150000－0601－0007039　112340　集部/別集類/兩宋之屬/南宋

水心文集二十九卷 （宋）葉適撰　清乾隆二十年(1755)刻本　十五冊

150000－0601－0007040　112336　集部/別集類/兩宋之屬/南宋

水心先生別集十六卷 （宋）葉適撰　清同治九年(1870)刻本　四冊

150000－0601－0007041　112355　集部/別集類/兩宋之屬/南宋

水心先生別集十六卷 （宋）葉適撰　清同治九年(1870)刻本　四冊

150000－0601－0007042　112016　集部/別集類/兩宋之屬/南宋

南軒文集四十四卷 （宋）張栻撰　**南軒先生論語解十卷** （宋）張栻撰　**南軒先生孟子說七卷** （宋）張栻撰　清咸豐四年(1854)刻本　十二冊

150000－0601－0007043　112231　集部/別集類/兩宋之屬/南宋

紹先集二卷 （宋）張栻撰　（清）張敬效輯　清光緒二十九年(1903)湘南刻本　二冊

150000－0601－0007044　112625　集部/別集類/兩宋之屬/南宋

黃勉齋先生文集八卷 （宋）黃榦撰　清同治五年(1866)福州正誼書局刻本　四冊

150000－0601－0007045　112101　集部/別集類/兩宋之屬/南宋

北溪先生全集第一門四卷第二門四卷第三門八卷第四門三十卷第五門四卷外集一卷補遺一卷 （宋）陳淳撰　**北溪先生字義二卷** （宋）陳淳撰　清乾隆四十八年(1783)刻本　八冊

150000－0601－0007046　119346　集部/別集類/兩宋之屬/南宋

龍川文集三十卷首一卷末一卷 （宋）陳亮撰　**龍川文集辨訛考異一卷** （清）胡鳳丹撰　清同治七年(1868)刻本　十冊

150000－0601－0007047　112006　集部/別集類/兩宋之屬/南宋

龍川文集三十卷附錄二卷補遺一卷札記一卷 （宋）陳亮撰　清同治八年(1869)永康應氏刻本　十冊

150000－0601－0007048　111996　集部/別集類/兩宋之屬/南宋

龍川文集三十卷附錄二卷 （宋）陳亮撰　龍

川文集辨訛考異一卷　（清）胡鳳丹撰　清光緒元年(1875)崇文書局刻本　十冊

150000－0601－0007049　111974　集部/別集類/兩宋之屬/南宋

龍川文集三十卷附錄二卷　（宋）陳亮撰　龍川文集辨訛考異一卷　（清）胡鳳丹撰　民國元年(1912)鄂官書處刻本　十冊

150000－0601－0007050　111984　集部/別集類/兩宋之屬/南宋

龍川文集三十卷附錄二卷　（宋）陳亮撰　龍川文集辨訛考異一卷　（清）胡鳳丹撰　民國元年(1912)鄂官書處刻本　十冊

150000－0601－0007051　118118　集部/別集類/兩宋之屬/南宋

崔清獻公集五卷附錄一卷　（宋）崔與之撰　清道光三十年(1850)南海伍氏粵雅堂刻嶺南遺書本　一冊

150000－0601－0007052　112283　集部/別集類/兩宋之屬/南宋

龍洲集十卷　（宋）劉過撰　清光緒七年(1881)廣漢刻本　一冊

150000－0601－0007053　112131　集部/別集類/兩宋之屬/南宋

二薇亭集一卷　（宋）徐璣撰　刻永嘉詩人祠堂叢刻本　一冊

150000－0601－0007054　112135　集部/別集類/兩宋之屬/南宋

姜堯章先生集十卷　（宋）姜夔撰　（清）姜熙輯　清道光二十三年(1843)宗祠刻本　二冊

150000－0601－0007055　112134　集部/別集類/兩宋之屬/南宋

白石詩集一卷　（宋）姜夔撰　清刻本　一冊

150000－0601－0007056　112127　集部/別集類/兩宋之屬/南宋

方泉先生詩集三卷　（宋）周文璞撰　清宣統元年(1909)國光社石印本　一冊

150000－0601－0007057　112091　集部/別

集類/兩宋之屬/南宋

鶴山文鈔三十二卷　（宋）魏了翁撰　清同治十三年(1874)望三益齋刻本　十冊

150000－0601－0007058　113821　集部/別集類/兩宋之屬/南宋

平齋文集三十二卷拾遺一卷附錄一卷校記一卷　（宋）洪咨夔撰　空洞詞一卷　（宋）洪璂撰　清同治十一年(1872)杉直櫻清之館刻本　四冊

150000－0601－0007059　40241　集部/別集類/兩宋之屬/南宋

蒙齋集二十卷　（宋）袁甫撰　清刻武英殿聚珍版書本　十冊

150000－0601－0007060　112153　集部/別集類/兩宋之屬/南宋

蒙齋集二十卷　（宋）袁甫撰　清刻武英殿聚珍版書本　十冊

150000－0601－0007061　112181　集部/別集類/兩宋之屬/南宋

芳蘭軒集一卷　（宋）徐照撰　刻永嘉詩人祠堂叢刻本　一冊

150000－0601－0007062　112128　集部/別集類/兩宋之屬/南宋

葦碧軒集（西巖集）一卷　（宋）翁卷撰　刻永嘉詩人祠堂叢刻本　一冊

150000－0601－0007063　112130　集部/別集類/兩宋之屬/南宋

葦碧軒集（西巖集）一卷　（宋）翁卷撰　刻永嘉詩人祠堂叢刻本　一冊

150000－0601－0007064　112129　集部/別集類/兩宋之屬/南宋

清苑齋集一卷　（宋）趙師秀撰　刻永嘉詩人祠堂叢刻本　一冊

150000－0601－0007065　112306　集部/別集類/兩宋之屬/南宋

仁山先生金文安公文集五卷　（宋）金履祥撰　清雍正九年(1731)金律刻本　二冊

150000－0601－0007066　112308　集部/別集類/兩宋之屬/南宋

仁山先生金文安公文集五卷　（宋）金履祥撰　清雍正九年（1731）金律刻本　一冊

150000－0601－0007067　170468　集部/別集類/兩宋之屬/南宋

仁山先生金文安公文集五卷　（宋）金履祥撰　清雍正九年（1731）金律刻本　二冊

150000－0601－0007068　767683　集部/別集類/兩宋之屬/南宋

宋文文山先生全集□□卷　（宋）文天祥撰　明刻本　一冊　存三卷（十六至十八）

150000－0601－0007069　112422　集部/別集類/兩宋之屬/南宋

廬陵宋丞相信國公文忠烈先生全集十六卷（宋）文天祥撰　清雍正三年（1725）刻本　十六冊

150000－0601－0007070　112438　集部/別集類/兩宋之屬/南宋

廬陵宋丞相信國公文忠烈先生全集十六卷（宋）文天祥撰　清雍正三年（1725）刻道光後印本　十冊

150000－0601－0007071　112132　集部/別集類/兩宋之屬/南宋

竹莊小稿一卷　（宋）胡仲參撰　（清）曹庭棟選　清刻本　一冊

150000－0601－0007072　112133　集部/別集類/兩宋之屬/南宋

東齋小集一卷　（宋）陳鑒之撰　（清）曹庭棟選　清刻本　一冊

150000－0601－0007073　112113　集部/別集類/兩宋之屬/南宋

晞髮集十卷遺集二卷補一卷　（宋）謝翺撰　**天地間集一卷**　（宋）謝翺輯　**西臺慟哭記注一卷附錄一卷**　（宋）謝翺撰　（明）張丁注　**冬青樹引注一卷附錄一卷**　（宋）謝翺撰　（明）張丁注　**謝皋羽先生年譜一卷**　（清）徐沁撰　**金華游錄注二卷**　（清）徐沁撰　**西臺**

慟哭記注一卷　（清）黃宗羲撰　**謝皋羽墓錄一卷**　（清）丁立輯　清光緒三十二年（1906）上海國學保存會排印暨石印國粹叢書本　四冊

150000－0601－0007074　112186　集部/別集類/兩宋之屬/南宋

胡少師總集六卷首一卷附錄一卷　（宋）胡舜陟撰　（清）胡培翬輯　清同治二年（1863）胡肇智刻本　二冊

150000－0601－0007075　112694　集部/別集類/兩宋之屬/南宋

宋胡正惠公遺事事迹合錄遺文一卷傳記一卷附贈賀詩什一卷　（宋）胡則撰　清庫川宗祠活字本　一冊

150000－0601－0007076　116177　集部/別集類/遼金元之屬/金

拙軒集六卷　（金）王寂撰　清刻武英殿聚珍版書本　二冊

150000－0601－0007077　118678　集部/別集類/遼金元之屬/金

滹南遺老王先生文集四十五卷續一卷　（金）王若虛撰　清光緒十二年（1886）刻本　四冊

150000－0601－0007078　113694　集部/別集類/遼金元之屬/金

遺山先生文集四十卷附錄一卷　（金）元好問撰　清康熙四十六年（1707）劍光閣刻本　二十冊

150000－0601－0007079　D2433　集部/別集類/遼金元之屬/元

湛然居士文集十四卷　（元）耶律楚材撰　清光緒二十一年（1895）漸西村舍刻本　四冊

150000－0601－0007080　112664　集部/別集類/遼金元之屬/元

湛然居士文集十四卷　（元）耶律楚材撰　清光緒二十一年（1895）漸西村舍刻本　四冊

150000－0601－0007081　112668　集部/別集類/遼金元之屬/元

湛然居士文集十四卷　（元）耶律楚材撰　清

光緒二十一年(1895)漸西村舍刻本　四冊

150000 – 0601 – 0007082　112682　集部/別集類/遼金元之屬/元

郝文忠公陵川文集三十九卷附錄一卷　(元)郝經撰　清乾隆三年(1738)刻本　八冊

150000 – 0601 – 0007083　112672　集部/別集類/遼金元之屬/元

郝文忠公陵川文集三十九卷附錄一卷　(元)郝經撰　清乾隆三年(1738)刻嘉慶三年(1798)刷印本　十冊

150000 – 0601 – 0007084　112126　集部/別集類/遼金元之屬/元

張大家蘭雪集二卷附錄一卷　(元)張玉娘撰　清南城宜秋館刻本　一冊

150000 – 0601 – 0007085　116410　集部/別集類/遼金元之屬/元

剡源集三十卷　(元)戴表元撰　**重刻剡源集札記一卷**　(清)郁松年撰　清道光二十年(1840)上海郁氏刻宜稼堂叢書本　四冊

150000 – 0601 – 0007086　116601　集部/別集類/遼金元之屬/元

剡源集三十卷　(元)戴表元撰　**重刻剡源集札記一卷**　(清)郁松年撰　清道光二十年(1840)上海郁氏刻宜稼堂叢書本　六冊

150000 – 0601 – 0007087　118364　集部/別集類/遼金元之屬/元

剡源集三十卷　(元)戴表元撰　**重刻剡源集札記一卷**　(清)郁松年撰　清道光二十年(1840)上海郁氏刻宜稼堂叢書本　八冊

150000 – 0601 – 0007088　120278　集部/別集類/遼金元之屬/元

趙文敏公松雪齋全集十卷外集一卷續集一卷　(元)趙孟頫撰　清康熙五十二年(1713)曹培廉刻本　四冊

150000 – 0601 – 0007089　112656　集部/別集類/遼金元之屬/元

松雪齋集十卷外集一卷　(元)趙孟頫撰　清清德堂刻本　八冊

150000 – 0601 – 0007090　120282　集部/別集類/遼金元之屬/元

松雪齋集十卷外集一卷　(元)趙孟頫撰　清清德堂刻本　四冊

150000 – 0601 – 0007091　D2437　集部/別集類/遼金元之屬/元

雙溪醉隱集六卷　(元)耶律鑄撰　(清)李文田箋　清光緒十八年(1892)龍氏知服齋刻知服齋叢書本　一冊

150000 – 0601 – 0007092　113714　集部/別集類/遼金元之屬/元

清容居士集五十卷目錄二卷　(元)袁桷撰　**重刻清容居士集札記一卷**　(清)郁松年撰　清道光二十年(1840)上海郁氏刻宜稼堂叢書本　十四冊

150000 – 0601 – 0007093　113728　集部/別集類/遼金元之屬/元

清容居士集五十卷目錄二卷　(元)袁桷撰　**重刻清容居士集札記一卷**　(清)郁松年撰　清道光二十年(1840)上海郁氏刻宜稼堂叢書本　十六冊

150000 – 0601 – 0007094　112997　集部/別集類/遼金元之屬/元

元張文忠公歸田類稿二十卷附錄一卷　(元)張養浩撰　清乾隆五十五年(1790)周永年、毛坤刻本　四冊

150000 – 0601 – 0007095　112695　集部/別集類/遼金元之屬/元

鐵崖詩集三種　(元)楊維楨撰　(清)樓卜瀍注　清刻光緒十四年(1888)諸暨樓氏崇德堂補刻本　十冊

150000 – 0601 – 0007096　169759　集部/別集類/遼金元之屬/元

鐵崖詩集三種　(元)楊維楨撰　(清)樓卜瀍注　清刻光緒十四年(1888)諸暨樓氏崇德堂補刻本　六冊

150000 – 0601 – 0007097　112629　集部/別集類/遼金元之屬/元

吳淵穎先生集十二卷　（元）吳萊撰　（清）王邦采　（清）王繩曾箋　清康熙六十年（1721）刻本　六冊

150000－0601－0007098　115330　集部/別集類/遼金元之屬/元

重刻吳淵穎集十二卷附錄一卷　（元）吳萊撰　清光緒三十一年（1905）活字本　四冊

150000－0601－0007099　112635　集部/別集類/遼金元之屬/元

清閟閣全集十二卷　（元）倪瓚撰　清康熙五十二年（1713）城書室刻本　四冊

150000－0601－0007100　113744　集部/別集類/遼金元之屬/元

倪高士全集十二卷　（元）倪瓚撰　清高邕刻朱印本　四冊

150000－0601－0007101　113329　集部/別集類/遼金元之屬/元

新喻梁石門先生集十卷首一卷末一卷　（元）梁寅撰　清光緒十五年（1889）鍾體志刻本　六冊

150000－0601－0007102　D2468　集部/別集類/遼金元之屬/元

雁門集六卷附一卷補遺一卷倡和錄一卷別錄一卷　（元）薩都剌撰　清宣統二年（1910）刻本　四冊

150000－0601－0007103　112639　集部/別集類/遼金元之屬/元

棲碧先生黃楊集三卷補遺一卷附錄一卷　（元）華幼武撰　清刻本　一冊

150000－0601－0007104　112690　集部/別集類/遼金元之屬/元

黃楊集三卷　（元）華幼武撰　（清）華堂編　清存裕堂活字本　二冊

150000－0601－0007105　113682　集部/別集類/遼金元之屬/元

九靈山房集三十卷補編二卷　（元）戴良撰　清乾隆三十六年（1771）刻本　十二冊

150000－0601－0007106　113748　集部/別集類/遼金元之屬/元

梧溪集七卷補遺一卷　（元）王逢撰　困學齋雜錄一卷　（元）王逢撰　清同治十三年（1874）思補樓刻本　八冊

150000－0601－0007107　113756　集部/別集類/遼金元之屬/元

梧溪集七卷補遺一卷　（元）王逢撰　困學齋雜錄一卷　（元）王逢撰　清同治十三年（1874）思補樓刻本　八冊

150000－0601－0007108　113764　集部/別集類/遼金元之屬/元

梧溪集七卷補遺一卷　（元）王逢撰　困學齋雜錄一卷　（元）王逢撰　清同治十三年（1874）思補樓刻本　八冊

150000－0601－0007109　113772　集部/別集類/遼金元之屬/元

梧溪集七卷補遺一卷　（元）王逢撰　困學齋雜錄一卷　（元）王逢撰　清同治十三年（1874）思補樓刻本　七冊

150000－0601－0007110　41634　集部/別集類/明之屬

太師誠意伯劉文成公文集二十卷　（明）劉基撰　清光緒二十六年（1900）浙江書局刻本　十冊

150000－0601－0007111　115535　集部/別集類/明之屬

青暘集四卷補遺一卷　（明）張宣撰　清光緒十八年（1892）江陰金氏刻粟香室叢書本　一冊

150000－0601－0007112　118277　集部/別集類/明之屬

滄螺集六卷　（明）孫作撰　清光緒十五年（1889）廣州刻粟香室叢書本　一冊

150000－0601－0007113　112705＋112734　集部/別集類/明之屬

青邱高季迪先生詩集十八卷遺詩一卷扣舷集一卷鳧藻集五卷　（明）高啟撰　（清）金檀輯

注 清雍正六年（1728）墨華沁池館刻本 二十四冊

150000－0601－0007114 112725 集部/別集類/明之屬

青邱高季迪先生詩集十八卷遺詩一卷扣舷集一卷鳧藻集五卷 （明）高啓撰 （清）金檀輯注 清雍正六年（1728）刻本 九冊

150000－0601－0007115 112738 集部/別集類/明之屬

青邱高季迪先生鳧藻集五卷 （明）高啓撰 （清）金檀輯注 清刻本 二冊

150000－0601－0007116 113327 集部/別集類/明之屬

眉庵詩集二卷 （明）楊基撰 清光緒三十四年（1908）有正書局石印本 二冊

150000－0601－0007117 125725 集部/別集類/明之屬

眉庵詩集二卷 （明）楊基撰 清光緒三十四年（1908）有正書局石印本 二冊

150000－0601－0007118 113286 集部/別集類/明之屬

袁海叟詩集四卷 （明）袁凱撰 清光緒十六年（1890）觀自得齋刻本 二冊

150000－0601－0007119 112740 集部/別集類/明之屬

方正學先生遜志齋集二十四卷拾補一卷補遺一卷外紀一卷校勘記一卷 （明）方孝孺撰 （清）張紹謙纂 清同治十二年（1873）孫熹刻本 十六冊

150000－0601－0007120 112756 集部/別集類/明之屬

方正學先生遜志齋集二十四卷拾補一卷補遺一卷外紀一卷校勘記一卷 （明）方孝孺撰 （清）張紹謙纂 清同治十二年（1873）孫熹浙江省城刻本 十七冊

150000－0601－0007121 112773 集部/別集類/明之屬

遜志齋集三十卷拾遺十卷續拾遺一卷附錄一卷 （明）方孝孺撰 清末刻本 十八冊

150000－0601－0007122 118056 集部/別集類/明之屬

巽隱程先生文集二卷 （明）程本立撰 清燕翼堂刻本 一冊

150000－0601－0007123 148300 集部/別集類/明之屬

簡齋朱公願學稿四卷 （明）朱鑒撰 朱簡齋公奏議二卷簡齋朱公遺迹集一卷簡齋朱公年譜一卷 清刻本 十六冊

150000－0601－0007124 113092 集部/別集類/明之屬

文清公薛先生文集二十四卷 （明）薛瑄撰 明萬曆二十四年（1596）刻本 十冊 存十八卷（一至十八）

150000－0601－0007125 112918 集部/別集類/明之屬

兩溪劉忠潜公文集二十四卷 （明）劉球撰 清宣統二年（1910）守政書局活字本 四冊

150000－0601－0007126 113597 集部/別集類/明之屬

白沙子全集六卷首一卷 （明）陳獻章撰 清康熙五十年（1711）刻本 十六冊

150000－0601－0007127 113613 集部/別集類/明之屬

白沙子全集十卷首一卷末一卷 （明）陳獻章撰 白沙子古詩教解二卷 （明）陳獻章撰 清乾隆三十六年（1771）刻本 十冊

150000－0601－0007128 112902 集部/別集類/明之屬

青溪漫稿二十四卷 （明）倪岳撰 清光緒二十六年（1900）嘉惠堂刻本 六冊

150000－0601－0007129 112908 集部/別集類/明之屬

劉忠宣公文集一卷宣召錄一卷詩集四卷附錄文二卷附錄詩一卷 （明）劉大夏撰 清光緒元年（1875）刻本 六冊

150000－0601－0007130　837610　集部/別集類/明之屬

未軒公文集六卷補遺二卷　（明）黃仲昭撰
明刻本　四冊

150000－0601－0007131　113143　集部/別集類/明之屬

蔡文莊公集八卷　（明）蔡清撰　艾庵密箴一卷太極圖說一卷河洛私見一卷　清乾隆七年(1742)蔡廷魁刻本　七冊

150000－0601－0007132　116146　集部/別集類/明之屬

胡敬齋先生文集三卷　（明）胡居仁撰　清同治八年(1869)刻本　二冊

150000－0601－0007133　116148　集部/別集類/明之屬

枝山文集四卷　（明）祝允明撰　清同治十三年(1874)刻本　二冊

150000－0601－0007134　116150　集部/別集類/明之屬

枝山文集四卷　（明）祝允明撰　清同治十三年(1874)刻本　二冊

150000－0601－0007135　113204　集部/別集類/明之屬

六如居士全集七卷補遺一卷　（明）唐寅撰
刻本　二冊

150000－0601－0007136　112922　集部/別集類/明之屬

康對山先生文集十卷附錄一卷　（明）康海撰　清乾隆二十六年(1761)刻本　六冊

150000－0601－0007137　23350　集部/別集類/明之屬

何大復先生集三十八卷附錄一卷　（明）何景明撰　明萬曆五年(1577)刻本　十二冊

150000－0601－0007138　117241　集部/別集類/明之屬

洹詞十二卷　（明）崔銑撰　明趙藩刻清乾隆三十六年(1771)黃邦寧重修本　八冊

150000－0601－0007139　113507　集部/別集類/明之屬

鈐山堂集四十卷　（明）嚴嵩撰　清嘉慶十一年(1806)刻本　十冊

150000－0601－0007140　837626　集部/別集類/明之屬

鈐山堂集四十卷　（明）嚴嵩撰　清嘉慶十一年(1806)刻本　十冊

150000－0601－0007141　113439　集部/別集類/明之屬

湛甘泉先生集三十二卷　（明）湛若水撰　清康熙二十年(1681)刻本　十冊

150000－0601－0007142　113493　集部/別集類/明之屬

鄭少谷先生全集二十四卷首一卷　（明）鄭善夫撰　清道光五年(1825)刻本　十冊

150000－0601－0007143　113478　集部/別集類/明之屬

涇野先生別集十三卷　（明）呂柟撰　清道光二十年(1840)惜陰軒刻本　六冊

150000－0601－0007144　113464　集部/別集類/明之屬

苑洛集二十二卷　（明）韓邦奇撰　清道光八年(1828)刻本　十冊

150000－0601－0007145　879093　集部/別集類/明之屬

鳥鼠山人小集十六卷　（明）胡纘宗撰　刻本　六冊

150000－0601－0007146　837379　集部/別集類/明之屬

太史升庵文集八十一卷目錄四卷　（明）楊慎撰　明萬曆十年(1582)刻本　十六冊

150000－0601－0007147　113377　集部/別集類/明之屬

太史升庵全集八十一卷目錄二卷　（明）楊慎撰　清乾隆六十年(1795)刻本　二十四冊

150000－0601－0007148　118835　集部/別

集類/明之屬

蓉川集四卷首一卷 （明）齊之鸞撰 清光緒
二十三年(1897)桐城徐氏刻本 二冊

150000－0601－0007149 112965 集部/別
集類/明之屬

甫田集三十六卷 （明）文徵明撰 清宣統三
年(1911)排印本 十二冊

150000－0601－0007150 113197 集部/別
集類/明之屬

明儒王心齋先生遺集五卷 （明）王艮撰 明
儒王一庵先生遺集一卷 （明）王棟撰 明儒
王東厓先生遺集二卷首一卷 （明）王襞撰
明儒王東垻東隅東日天真先生殘稿一卷 袁
承業輯 明儒王心齋先生弟子師承表一卷
袁承業編 清宣統二年(1910)東臺袁氏排印
本 六冊

150000－0601－0007151 113154 集部/別
集類/明之屬

重刊校正唐荊川先生文集十二卷補遺五卷外
集三卷附錄一卷 （明）唐順之撰 清江南書
局刻本 十冊

150000－0601－0007152 837604 集部/別
集類/明之屬

巾石先生類稿一卷 （明）呂懷撰 明周守愚
刻本 六冊

150000－0601－0007153 113809 集部/別
集類/明之屬

王龍溪先生全集二十卷 （明）王畿撰 清道
光二年(1822)刻本 十二冊

150000－0601－0007154 837643 集部/別
集類/明之屬

滄溟先生集三十卷附錄一卷 （明）李攀龍撰
明隆慶六年(1572)刻本 十六冊

150000－0601－0007155 113040 集部/別
集類/明之屬

滄溟先生集三十卷附錄一卷 （明）李攀龍撰
清道光二十七年(1847)刻本 八冊

150000－0601－0007156 113048 集部/別

集類/明之屬

滄溟先生集三十卷附錄一卷 （明）李攀龍撰
清道光二十七年(1847)刻本 八冊

150000－0601－0007157 112817 集部/別
集類/明之屬

明張文忠公全集奏疏十三卷書牘十五卷文集
十一卷詩集六卷女誡直解一卷附錄二卷
（明）張居正撰 清光緒二十七年(1901)紅藤
碧樹山館刻本 十六冊

150000－0601－0007158 112833 集部/別
集類/明之屬

明張文忠公全集奏疏十三卷書牘十五卷文集
十一卷詩集六卷女誡直解一卷附錄二卷
（明）張居正撰 清光緒二十七年(1901)紅藤
碧樹山館刻本 十六冊

150000－0601－0007159 112791 集部/別
集類/明之屬

新刻張太岳先生文集四十七卷 （明）張居正
撰 清刻本 十冊

150000－0601－0007160 112801 集部/別
集類/明之屬

新刻張太岳先生文集四十七卷 （明）張居正
撰 清刻本 十六冊

150000－0601－0007161 113791 集部/別
集類/明之屬

楊忠愍公全集四卷 （明）楊繼盛撰 清康熙
三十三年(1694)古吳三樂齋刻本 四冊

150000－0601－0007162 113786 集部/別
集類/明之屬

楊椒山先生集四卷 （明）楊繼盛撰 清同治
五年(1866)符離張景賢刻本 一冊

150000－0601－0007163 113787 集部/別
集類/明之屬

楊忠愍公全集四卷首一卷 （明）楊繼盛撰
清光緒十九年(1893)味菜廬刻本 四冊

150000－0601－0007164 113804 集部/別
集類/明之屬

楊忠愍公全集四卷首一卷 （明）楊繼盛撰

清光緒十九年(1893)味菜廬刻本　四冊

150000－0601－0007165　9275　集部/別集類/明之屬

楊忠愍公全集一卷附錄一卷　（明）楊繼盛撰　清光緒二十年(1894)楊定遠活字本　四冊

150000－0601－0007166　113799　集部/別集類/明之屬

楊忠愍公全集一卷附錄一卷　（明）楊繼盛撰　清光緒二十年(1894)楊定遠活字本　三冊

150000－0601－0007167　113795　集部/別集類/明之屬

楊忠愍公全集一卷　（明）楊繼盛撰　清刻本　四冊

150000－0601－0007168　10341　集部/別集類/明之屬

楊忠愍公全集一卷　（明）楊繼盛撰　清刻本　一冊

150000－0601－0007169　26623　集部/別集類/明之屬

楊忠愍公全集四卷　（明）楊繼盛撰　清刻本　四冊

150000－0601－0007170　118478　集部/別集類/明之屬

楊忠愍公集一卷　（明）楊繼盛撰　清刻本　二冊

150000－0601－0007171　113802　集部/別集類/明之屬

楊忠愍公全集四卷　（明）楊繼盛撰　清刻本　二冊

150000－0601－0007172　767932＋767952　集部/別集類/明之屬

弇州山人四部稿□□卷　（明）王世貞撰　明世經堂刻本　六冊

150000－0601－0007173　767960　集部/別集類/明之屬

弇州山人四部稿選□□卷　（明）王世貞撰　明刻本　一冊　存三卷(二至四)

150000－0601－0007174　767934　集部/別集類/明之屬

弇州山人續稿□□卷　（明）王世貞撰　明刻本　十六冊　存五十七卷(九至十六、二十至二十五、六十六至七十二、一百〇四至一百〇七、一百十九至一百二十一、一百二十五至一百三十二、一百七十一至一百七十四、一百七十九至一百八十二、一百八十六至一百八十七、一百八十九至一百九十二、二百〇一至二百〇四,目錄一至三)

150000－0601－0007175　92617　集部/別集類/明之屬

讀書後八卷　（明）王世貞撰　清乾隆二十一年(1756)味菜廬活字本　二冊

150000－0601－0007176　113212　集部/別集類/明之屬

宗子相集一卷　（明）宗臣撰　抄本　四冊

150000－0601－0007177　118916　集部/別集類/明之屬

毅齋查先生闡道集十卷　（明）查鐸撰　清乾隆三十七年(1772)刻本　五冊

150000－0601－0007178　113624　集部/別集類/明之屬

震川先生集三十卷別集十卷　（明）歸有光撰　清康熙十四年(1675)歸莊、歸玠刻本　八冊

150000－0601－0007179　113632　集部/別集類/明之屬

震川先生集三十卷別集十卷　（明）歸有光撰　清光緒六年(1880)常熟歸氏刻本　十二冊

150000－0601－0007180　767830　集部/別集類/明之屬

徐文長文集三十卷　（明）徐渭撰　明刻本　六冊　存二十四卷(一至十三、二十至三十)

150000－0601－0007181　837636　集部/別集類/明之屬

徐文長三集二十九卷　（明）徐渭撰　明萬曆二十八年(1600)刻本　七冊　存二十五卷

(一至二十五)

150000－0601－0007182　767836　集部/別集類/明之屬

徐文長三集□□卷　（明）徐渭撰　明刻本　一冊　存四卷(一至四)

150000－0601－0007183　112977　集部/別集類/明之屬

青藤書屋文集三十卷　（明）徐渭撰　清宣統三年(1911)石印本　八冊

150000－0601－0007184　113193　集部/別集類/明之屬

松石齋詩集六卷　（明）趙用賢撰　清光緒二十二年(1896)刻本　一冊

150000－0601－0007185　113164　集部/別集類/明之屬

去偽齋集十卷附錄一卷闕疑一卷　（明）呂坤撰　清道光七年(1827)刻本　十一冊

150000－0601－0007186　118645　集部/別集類/明之屬

鄒公存真集十二卷　（明）鄒元標撰　清刻本　七冊　存九卷(四至十二)

150000－0601－0007187　113272　集部/別集類/明之屬

瑞陽阿集十卷　（明）江東之撰　抄本　八冊

150000－0601－0007188　117221　集部/別集類/明之屬

崇雅堂集十五卷　（明）鍾羽正撰　清光緒三十三年(1907)鍾氏家塾刻本　四冊

150000－0601－0007189　D2442　集部/別集類/明之屬

蒼霞草十二卷　（明）葉向高撰　抄本　二十四冊

150000－0601－0007190　837459　集部/別集類/明之屬

玉茗堂全集文十六卷賦六卷　（明）湯顯祖撰　明天啟元年(1621)竹林堂刻本　十二冊

150000－0601－0007191　113413　集部/別

集類/明之屬

玉茗堂詩集十三卷　（明）湯顯祖撰　明末刻本　十冊

150000－0601－0007192　113411　集部/別集類/明之屬

玉茗堂賦集四卷　（明）湯顯祖撰　明崇禎九年(1636)刻本　二冊

150000－0601－0007193　9261　集部/別集類/明之屬

周季平先生青藜館集四卷　（明）周如砥撰　明崇禎十五年(1642)刻本　四冊

150000－0601－0007194　837471　集部/別集類/明之屬

馮少墟集二十二卷　（明）馮從吾撰　明萬曆四十一年(1613)刻本　十四冊

150000－0601－0007195　113005　集部/別集類/明之屬

高子遺書十二卷附錄一卷　（明）高攀龍撰　清光緒二年(1876)刻本　二冊

150000－0601－0007196　113007　集部/別集類/明之屬

高子遺書十二卷附錄一卷　（明）高攀龍撰　清光緒二年(1876)刻本　十三冊

150000－0601－0007197　113020　集部/別集類/明之屬

高子遺書十二卷附錄一卷　（明）高攀龍撰　清光緒二年(1876)刻本　八冊

150000－0601－0007198　156572　集部/別集類/明之屬

高子遺書十二卷附錄一卷　（明）高攀龍撰　清光緒二年(1876)刻本　八冊

150000－0601－0007199　113423　集部/別集類/明之屬

瓶花齋集十卷　（明）袁宏道撰　清宣統三年(1911)抱殘守闕齋石印本　四冊

150000－0601－0007200　113427　集部/別集類/明之屬

瓶花齋集十卷　（明）袁宏道撰　清宣統三年(1911)抱殘守闕齋石印本　四冊

150000－0601－0007201　113112　集部/別集類/明之屬

熊襄愍公集十卷首一卷末一卷　（明）熊廷弼撰　清同治三年(1864)刻本　十冊

150000－0601－0007202　839747　集部/別集類/明之屬

崇相集一卷　（明）董應舉撰　明泰昌元年(1620)呂純如刻本　二冊

150000－0601－0007203　166419　集部/別集類/明之屬

劉子全書四十卷首一卷　（明）劉宗周撰（清）董瑒編次　清道光十五年(1835)刻本　二十四冊

150000－0601－0007204　119428　集部/別集類/明之屬

靜儉堂集十卷　（明）熊化撰　清光緒二十年(1894)刻本　六冊

150000－0601－0007205　8471　集部/別集類/明之屬

增訂徐文定公集六卷首一卷　（明）徐光啓撰　清宣統元年(1909)上海慈母堂排印本　四冊

150000－0601－0007206　125946　集部/別集類/明之屬

剪桐載筆一卷　（明）王象晉撰　清刻本　一冊

150000－0601－0007207　113265　集部/別集類/明之屬

楊大洪先生文集二卷　（明）楊漣撰　清宣統二年(1910)鄂城第二中學排印本　二冊

150000－0601－0007208　113533　集部/別集類/明之屬

鹿忠節公集二十一卷　（明）鹿善繼撰　清刻本　十冊

150000－0601－0007209　117275　集部/別

從野堂存稿八卷補遺一卷附錄一卷　（明）繆昌期撰　清光緒二十一年(1895)武進盛氏刻紅印本　四冊

150000－0601－0007210　117279　集部/別集類/明之屬

落落齋遺集十卷附錄一卷　（明）李應昇撰　清光緒二十二年(1896)武進盛氏思惠堂刻紅印本　六冊

150000－0601－0007211　118287　集部/別集類/明之屬

落落齋遺集十卷附錄一卷　（明）李應昇撰　清光緒二十二年(1896)武進盛氏思惠堂刻紅印本　六冊

150000－0601－0007212　170561　集部/別集類/明之屬

彭節愍公家書一卷　（明）彭期生撰　刻適園叢書本　一冊

150000－0601－0007213　113474　集部/別集類/明之屬

餘姚黃忠端公集六卷　（明）黃尊素撰　清光緒十三年(1887)刻本　一冊

150000－0601－0007214　113028　集部/別集類/明之屬

瞿忠宣公集十卷　（明）瞿式耜撰　清光緒十三年(1887)刻本　四冊

150000－0601－0007215　113032　集部/別集類/明之屬

瞿忠宣公集十卷　（明）瞿式耜撰　清光緒十三年(1887)刻本　四冊

150000－0601－0007216　113036　集部/別集類/明之屬

瞿忠宣公集十卷　（明）瞿式耜撰　清光緒十三年(1887)刻本　四冊

150000－0601－0007217　113206　集部/別集類/明之屬

施忠愍公遺集七卷　（明）施邦耀撰　清咸豐六年(1856)施耀等刻本　二冊

150000－0601－0007218　115933　集部/別集類/明之屬

炳燭齋文集初刻一卷續刻一卷　（明）顧大韶撰　清宣統元年（1909）國學扶輪社排印本　二冊

150000－0601－0007219　120061　集部/別集類/明之屬

炳燭齋文集初刻一卷續刻一卷　（明）顧大韶撰　清宣統元年（1909）國學扶輪社排印本　二冊

150000－0601－0007220　126480＋126164　集部/別集類/明之屬

炳燭齋文集初刻一卷續刻一卷　（明）顧大韶撰　清宣統元年（1909）國學扶輪社排印本　二冊

150000－0601－0007221　837363　集部/別集類/明之屬

鴻寶應本十七卷　（明）倪元璐撰　明崇禎十五年（1642）刻本　十六冊

150000－0601－0007222　113280　集部/別集類/明之屬

倪文貞公文集二十卷首一卷　（明）倪元璐撰　清乾隆三十七年（1772）刻本　六冊

150000－0601－0007223　77755　集部/別集類/明之屬

明大司馬盧公集十二卷首一卷　（明）盧象昇撰　清光緒元年（1875）刻本　八冊

150000－0601－0007224　78065　集部/別集類/明之屬

明大司馬盧公集十二卷首一卷　（明）盧象昇撰　清光緒元年（1875）刻本　八冊

150000－0601－0007225　113235　集部/別集類/明之屬

明大司馬盧公集十二卷首一卷　（明）盧象昇撰　清光緒元年（1875）刻本　八冊

150000－0601－0007226　113647　集部/別集類/明之屬

黃漳浦集五十卷首一卷目錄二卷　（明）黃道周撰　（清）陳壽祺編　清刻本　三十冊

150000－0601－0007227　767553　集部/別集類/明之屬

黃漳浦集五十卷首一卷目錄二卷　（明）黃道周撰　（清）陳壽祺編　清刻本　十二冊　殘

150000－0601－0007228　113057　集部/別集類/明之屬

張忠敏公遺集十卷首一卷附錄六卷　（明）張國維撰　清光緒五年（1879）江蘇書局刻本　四冊

150000－0601－0007229　113456　集部/別集類/明之屬

天傭子集二十卷首一卷末一卷　（明）艾南英撰　（清）張符驤評點　清康熙三十四年（1695）刻本　八冊

150000－0601－0007230　113130　集部/別集類/明之屬

疑雨集四卷　（明）王彥泓撰　清光緒三十一年（1905）郎園葉氏刻本　二冊

150000－0601－0007231　112932　集部/別集類/明之屬

疑雨集四卷　（明）王彥泓撰　清宣統元年（1909）上海著易堂石印本　二冊

150000－0601－0007232　113062　集部/別集類/明之屬

金忠節公文集八卷　（明）金聲撰　清道光七年（1827）刻本　八冊　卷首殘

150000－0601－0007233　113070　集部/別集類/明之屬

金忠節公文集八卷　（明）金聲撰　清光緒十四年（1888）黟縣李氏刻本　四冊

150000－0601－0007234　113061　集部/別集類/明之屬

金文淺解論語二卷大學一卷中庸一卷孟子二卷　（明）金聲撰　（清）翼樓氏批注　清乾隆二十九年（1764）刻本　一冊

150000－0601－0007235　113210　集部/別

集類/明之屬

史忠正公集四卷首一卷末一卷 （明）史可法
撰　清同治七年(1868)楚醴景萊書室刻本
二冊

150000 – 0601 – 0007236　113208　集部/別
集類/明之屬

史忠正公集四卷首一卷末一卷 （明）史可法
撰　（清）史山清輯　清同治四年(1865)刻本
　二冊

150000 – 0601 – 0007237　120041　集部/別
集類/明之屬

隴首集一卷 （明）王與胤撰　清康熙二年
(1663)刻本　一冊

150000 – 0601 – 0007238　113194　集部/別
集類/明之屬

續騷堂集一卷 （明）萬泰撰　清光緒十年
(1884)翰香居刻本　一冊

150000 – 0601 – 0007239　113195　集部/別
集類/明之屬

續騷堂集一卷 （明）萬泰撰　清光緒十年
(1884)翰香居刻本　一冊

150000 – 0601 – 0007240　113224　集部/別
集類/明之屬

堵文忠公集十卷附錄一卷 （明）堵胤錫撰
清光緒十三年(1887)刻本　六冊

150000 – 0601 – 0007241　113230　集部/別
集類/明之屬

堵文忠公集十卷附錄一卷 （明）堵胤錫撰
清光緒十三年(1887)刻本　五冊

150000 – 0601 – 0007242　113567　集部/別
集類/明之屬

陳忠裕全集三十卷首一卷末一卷 （明）陳子
龍撰　清嘉慶八年(1803)斛山草堂刻本
十冊

150000 – 0601 – 0007243　113577　集部/別
集類/明之屬

陳忠裕全集三十卷首一卷末一卷 （明）陳子
龍撰　清嘉慶八年(1803)斛山草堂刻本

十冊

150000 – 0601 – 0007244　113587　集部/別
集類/明之屬

陳忠裕全集三十卷首一卷末一卷 （明）陳子
龍撰　清嘉慶八年(1803)斛山草堂刻本
十冊

150000 – 0601 – 0007245　113559　集部/別
集類/明之屬

陳臥子先生安雅堂稿十五卷 （明）陳子龍撰
　陳臥子先生兵垣奏議二卷 （明）陳子龍撰
　清宣統二年(1910)上海時中書局排印本
八冊

150000 – 0601 – 0007246　837795　集部/別
集類/明之屬

陶庵文集七卷附錄一卷詩集八卷 （明）黃淳
耀撰　清康熙十五年(1676)刻本　十二冊

150000 – 0601 – 0007247　113183　集部/別
集類/明之屬

葛中翰遺集十二卷首一卷 （明）葛麟撰　清
光緒十六年(1890)刻本　六冊

150000 – 0601 – 0007248　113243　集部/別
集類/明之屬

綠曉齋自選全集四卷末一卷 （明）卜舜年撰
　抱膝吟一卷 （明）莊汝培撰　**孟碩先生詩
文拾遺一卷** （明）卜舜年撰　（清）鄭照輯
清道光十年(1830)刻本　二冊

150000 – 0601 – 0007249　116579　集部/別
集類/明之屬

**夏節湣全集十卷首一卷末一卷補遺一卷續補
遺一卷** （明）夏完淳撰　（清）莊師洛輯　清
嘉慶十二年(1807)修竹廬刻本　六冊

150000 – 0601 – 0007250　D2413　集部/別集
類/明之屬

花王閣賸稿一卷 （明）紀坤撰　清嘉慶九年
(1804)樂叙堂刻本　一冊

150000 – 0601 – 0007251　125687　集部/別
集類/明之屬

花王閣賸稿一卷 （明）紀坤撰　清嘉慶九年

（1804）樂叙堂刻本　一冊

150000－0601－0007252　126094　集部/別集類/明之屬

花王閣賸稿一卷　（明）紀坤撰　清嘉慶九年（1804）樂叙堂刻本　一冊

150000－0601－0007253　125576　集部/別集類/明之屬

胡繩集詩鈔三卷　（明）范壺貞撰　清乾隆三十年(1765)天游閣刻光緒五年(1879)刷印本　一冊

150000－0601－0007254　118293　集部/別集類/明之屬

溪園遺稿五卷　（明）駱則民撰　梅花百咏一卷　（明）駱則民撰　清嘉慶十年(1805)活字本　一冊

150000－0601－0007255　839722　集部/別集類/明之屬

梅雪軒詩稿四卷飲酒詩一卷　（明）朱敬鑑撰　明萬曆十八年(1590)刻本　四冊

150000－0601－0007256　158083　集部/別集類/明之屬

清思集四卷　（明）李有朋撰　萍居集四卷（明）李爲稷撰　懷沙集二卷　（明）李有朋撰　清道光十六年(1836)刻本　三冊

150000－0601－0007257　5727　集部/別集類/明之屬

憨山老人夢遊集五十五卷　（明）釋德清撰清光緒五年(1879)江北刻經處刻本　二十冊

150000－0601－0007258　118786　集部/別集類/明之屬

憨山老人夢遊集五十五卷　（明）釋德清撰清光緒五年(1879)江北刻經處刻本　二十冊

150000－0601－0007259　6542　集部/別集類/明之屬

雲棲大師山房雜錄二卷　（明）釋袾宏撰　清光緒二十五年(1899)金陵刻經處刻雲棲法彙本　二冊

150000－0601－0007260　6544　集部/別集類/明之屬

雲棲大師遺稿三卷　（明）釋袾宏撰　清光緒二十五年(1899)金陵刻經處刻雲棲法彙本二冊

150000－0601－0007261　117377　集部/別集類/清之屬/清（一）

御製文四十卷總目五卷　（清）聖祖玄燁撰清光緒五年(1879)排印本　十冊

150000－0601－0007262　117387　集部/別集類/清之屬/清（一）

御製文四十卷總目五卷　（清）聖祖玄燁撰清光緒五年(1879)排印本　十冊

150000－0601－0007263　117397　集部/別集類/清之屬/清（一）

御製文四十卷總目五卷　（清）聖祖玄燁撰清光緒五年(1879)排印本　十冊

150000－0601－0007264　129264　集部/別集類/清之屬/清（一）

御製文四十卷總目五卷　（清）聖祖玄燁撰清光緒五年(1879)排印本　十冊

150000－0601－0007265　117407　集部/別集類/清之屬/清（一）

御製文第二集五十卷總目六卷　（清）聖祖玄燁撰　清光緒五年(1879)排印本　十二冊

150000－0601－0007266　117419　集部/別集類/清之屬/清（一）

御製文第二集五十卷總目六卷　（清）聖祖玄燁撰　清光緒五年(1879)排印本　十二冊

150000－0601－0007267　117431　集部/別集類/清之屬/清（一）

御製文第二集五十卷總目六卷　（清）聖祖玄燁撰　清光緒五年(1879)排印本　十二冊

150000－0601－0007268　129274　集部/別集類/清之屬/清（一）

御製文第二集五十卷總目六卷　（清）聖祖玄燁撰　清光緒五年(1879)排印本　十二冊

150000－0601－0007269　117443　集部/別集類/清之屬/清(一)

御製文第三集五十卷總目六卷　（清）聖祖玄燁撰　清光緒五年(1879)排印本　十二冊

150000－0601－0007270　117455　集部/別集類/清之屬/清(一)

御製文第三集五十卷總目六卷　（清）聖祖玄燁撰　清光緒五年(1879)排印本　十二冊

150000－0601－0007271　117467　集部/別集類/清之屬/清(一)

御製文第三集五十卷總目六卷　（清）聖祖玄燁撰　清光緒五年(1879)排印本　十二冊

150000－0601－0007272　129286　集部/別集類/清之屬/清(一)

御製文第三集五十卷總目六卷　（清）聖祖玄燁撰　清光緒五年(1879)排印本　十二冊

150000－0601－0007273　117479　集部/別集類/清之屬/清(一)

御製文第四集三十六卷總目四卷　（清）聖祖玄燁撰　清光緒五年(1879)排印本　十冊

150000－0601－0007274　117489　集部/別集類/清之屬/清(一)

御製文第四集三十六卷總目四卷　（清）聖祖玄燁撰　清光緒五年(1879)排印本　十冊

150000－0601－0007275　117499　集部/別集類/清之屬/清(一)

御製文第四集三十六卷總目四卷　（清）聖祖玄燁撰　清光緒五年(1879)排印本　十冊

150000－0601－0007276　129298　集部/別集類/清之屬/清(一)

御製文第四集三十六卷總目四卷　（清）聖祖玄燁撰　清光緒五年(1879)排印本　十冊

150000－0601－0007277　124672　集部/別集類/清之屬/清(一)

御製詩集十卷　（清）聖祖玄燁撰　清康熙四十二年(1703)内府刻本　二冊

150000－0601－0007278　129239　集部/別

集類/清之屬/清(一)

御製詩集十卷　（清）聖祖玄燁撰　清康熙四十二年(1703)内府刻本　二冊

150000－0601－0007279　124674　集部/別集類/清之屬/清(一)

御製詩第二集十卷　（清）聖祖玄燁撰　清康熙四十二年(1703)内府刻本　二冊

150000－0601－0007280　129241　集部/別集類/清之屬/清(一)

御製詩第二集十卷　（清）聖祖玄燁撰　清康熙四十二年(1703)内府刻本　二冊

150000－0601－0007281　117509　集部/別集類/清之屬/清(一)

世宗憲皇帝御製文集三十卷總目四卷　（清）世宗胤禛撰　清光緒五年(1879)排印本　十六冊

150000－0601－0007282　117525　集部/別集類/清之屬/清(一)

世宗憲皇帝御製文集三十卷總目四卷　（清）世宗胤禛撰　清光緒五年(1879)排印本　十六冊

150000－0601－0007283　117541　集部/別集類/清之屬/清(一)

世宗憲皇帝御製文集三十卷總目四卷　（清）世宗胤禛撰　清光緒五年(1879)排印本　十六冊

150000－0601－0007284　26806　集部/別集類/清之屬/清(一)

樂善堂全集四十卷目錄四卷　（清）高宗弘曆撰　清乾隆二年(1737)刻本　二十四冊

150000－0601－0007285　119173　集部/別集類/清之屬/清(一)

樂善堂全集四十卷目錄四卷　（清）高宗弘曆撰　清乾隆二年(1737)刻本　二十四冊

150000－0601－0007286　837807　集部/別集類/清之屬/清(一)

樂善堂全集定本三十卷　（清）高宗弘曆撰　清乾隆二十四年(1759)刻本　十二冊

150000 – 0601 – 0007287　119197　集部/别
集類/清之屬/清(一)

樂善堂全集定本三十卷　(清)高宗弘曆撰
清光緒五年(1879)排印本　十二冊

150000 – 0601 – 0007288　119209　集部/别
集類/清之屬/清(一)

樂善堂全集定本三十卷　(清)高宗弘曆撰
清光緒五年(1879)排印本　十二冊

150000 – 0601 – 0007289　119221　集部/别
集類/清之屬/清(一)

樂善堂全集定本三十卷　(清)高宗弘曆撰
清光緒五年(1879)排印本　十二冊

150000 – 0601 – 0007290　117557　集部/别
集類/清之屬/清(一)

御製文初集三十卷目錄二卷　(清)高宗弘曆
撰　清光緒五年(1879)排印本　八冊

150000 – 0601 – 0007291　117565　集部/别
集類/清之屬/清(一)

御製文初集三十卷目錄二卷　(清)高宗弘曆
撰　清光緒五年(1879)排印本　八冊

150000 – 0601 – 0007292　117573　集部/别
集類/清之屬/清(一)

御製文初集三十卷目錄二卷　(清)高宗弘曆
撰　清光緒五年(1879)排印本　八冊

150000 – 0601 – 0007293　117581　集部/别
集類/清之屬/清(一)

御製文二集四十四卷目錄二卷　(清)高宗弘
曆撰　清光緒五年(1879)排印本　八冊

150000 – 0601 – 0007294　117589　集部/别
集類/清之屬/清(一)

御製文二集四十四卷目錄二卷　(清)高宗弘
曆撰　清光緒五年(1879)排印本　八冊

150000 – 0601 – 0007295　117597　集部/别
集類/清之屬/清(一)

御製文二集四十四卷目錄二卷　(清)高宗弘
曆撰　清光緒五年(1879)排印本　八冊

150000 – 0601 – 0007296　117605　集部/别

集類/清之屬/清(一)

御製文三集十六卷　(清)高宗弘曆撰　清光
緒五年(1879)排印本　八冊

150000 – 0601 – 0007297　117613　集部/别
集類/清之屬/清(一)

御製文三集十六卷　(清)高宗弘曆撰　清光
緒五年(1879)排印本　八冊

150000 – 0601 – 0007298　117621　集部/别
集類/清之屬/清(一)

御製文三集十六卷　(清)高宗弘曆撰　清光
緒五年(1879)排印本　七冊

150000 – 0601 – 0007299　117628　集部/别
集類/清之屬/清(一)

御製文餘集二卷　(清)高宗弘曆撰　清光緒
五年(1879)排印本　一冊

150000 – 0601 – 0007300　117629　集部/别
集類/清之屬/清(一)

御製文餘集二卷　(清)高宗弘曆撰　清光緒
五年(1879)排印本　一冊

150000 – 0601 – 0007301　117630　集部/别
集類/清之屬/清(一)

御製文餘集二卷　(清)高宗弘曆撰　清光緒
五年(1879)排印本　一冊

150000 – 0601 – 0007302　123471　集部/别
集類/清之屬/清(一)

御製詩初集四十四卷目錄四卷　(清)高宗弘
曆撰　清光緒五年(1879)排印本　二十冊

150000 – 0601 – 0007303　123491　集部/别
集類/清之屬/清(一)

御製詩初集四十四卷目錄四卷　(清)高宗弘
曆撰　清光緒五年(1879)排印本　二十冊

150000 – 0601 – 0007304　123511　集部/别
集類/清之屬/清(一)

御製詩初集四十四卷目錄四卷　(清)高宗弘
曆撰　清光緒五年(1879)排印本　二十冊

150000 – 0601 – 0007305　837065　集部/别
集類/清之屬/清(一)

御製詩二集九十卷目錄十卷　（清）高宗弘曆撰　清內府刻本　二十一冊

150000－0601－0007306　123531　集部/別集類/清之屬/清（一）

御製詩二集九十卷目錄十卷　（清）高宗弘曆撰　清光緒五年（1879）排印本　四十冊

150000－0601－0007307　123571　集部/別集類/清之屬/清（一）

御製詩二集九十卷目錄十卷　（清）高宗弘曆撰　清光緒五年（1879）排印本　四十冊

150000－0601－0007308　123611　集部/別集類/清之屬/清（一）

御製詩二集九十卷目錄十卷　（清）高宗弘曆撰　清光緒五年（1879）排印本　四十冊

150000－0601－0007309　837200　集部/別集類/清之屬/清（一）

御製詩三集一百卷目錄十二卷　（清）高宗弘曆撰　清刻本　三十二冊

150000－0601－0007310　123651　集部/別集類/清之屬/清（一）

御製詩三集一百卷目錄十二卷　（清）高宗弘曆撰　清光緒五年（1879）排印本　四十冊

150000－0601－0007311　123691　集部/別集類/清之屬/清（一）

御製詩三集一百卷目錄十二卷　（清）高宗弘曆撰　清光緒五年（1879）排印本　四十冊

150000－0601－0007312　123731　集部/別集類/清之屬/清（一）

御製詩三集一百卷目錄十二卷　（清）高宗弘曆撰　清光緒五年（1879）排印本　四十冊

150000－0601－0007313　123973　集部/別集類/清之屬/清（一）

御製詩四集一百卷目錄十二卷　（清）高宗弘曆撰　清嘉慶二十四年（1819）內府刻本　四十八冊　存八十四卷（一至八十四）

150000－0601－0007314　123787　集部/別集類/清之屬/清（一）

御製詩四集一百卷目錄十二卷　（清）高宗弘曆撰　清光緒五年（1879）排印本　六十二冊

150000－0601－0007315　123849　集部/別集類/清之屬/清（一）

御製詩四集一百卷目錄十二卷　（清）高宗弘曆撰　清光緒五年（1879）排印本　六十二冊

150000－0601－0007316　123911　集部/別集類/清之屬/清（一）

御製詩四集一百卷目錄十二卷　（清）高宗弘曆撰　清光緒五年（1879）排印本　六十二冊

150000－0601－0007317　124183　集部/別集類/清之屬/清（一）

御製詩五集一百卷目錄十二卷　（清）高宗弘曆撰　清內府刻本　四十六冊　存六十四卷（一至四十二、四十五至四十八、六十三至八十）

150000－0601－0007318　124021　集部/別集類/清之屬/清（一）

御製詩五集一百卷目錄十二卷　（清）高宗弘曆撰　清光緒五年（1879）排印本　五十六冊

150000－0601－0007319　124077　集部/別集類/清之屬/清（一）

御製詩五集一百卷目錄十二卷　（清）高宗弘曆撰　清光緒五年（1879）排印本　五十六冊

150000－0601－0007320　124133　集部/別集類/清之屬/清（一）

御製詩五集一百卷目錄十二卷　（清）高宗弘曆撰　清光緒五年（1879）排印本　五十冊

150000－0601－0007321　124229　集部/別集類/清之屬/清（一）

御製詩餘集二十卷目錄三卷　（清）高宗弘曆撰　清光緒五年（1879）排印本　十二冊

150000－0601－0007322　124241　集部/別集類/清之屬/清（一）

御製詩餘集二十卷目錄三卷　（清）高宗弘曆撰　清光緒五年（1879）排印本　十二冊

150000－0601－0007323　124253　集部/別

集類/清之屬/清(一)

御製詩餘集二十卷目錄三卷　(清)高宗弘曆撰　清光緒五年(1879)排印本　十二冊

150000－0601－0007324　55383　集部/別集類/清之屬/清(一)

御製詩一卷　(清)高宗弘曆撰　清內府刻朱墨套印本　二冊

150000－0601－0007325　115651　集部/別集類/清之屬/清(一)

味餘書室全集定本四十卷目錄四卷隨筆二卷　(清)仁宗顒琰撰　清嘉慶五年(1800)刻本　二十冊

150000－0601－0007326　124643　集部/別集類/清之屬/清(一)

味餘書室全集定本四十卷目錄四卷隨筆二卷　(清)仁宗顒琰撰　清嘉慶五年(1800)刻本　九冊　存二十二卷(十九至四十)

150000－0601－0007327　115671　集部/別集類/清之屬/清(一)

味餘書室全集定本四十卷目錄四卷隨筆二卷　(清)仁宗顒琰撰　清刻本　二十冊

150000－0601－0007328　115691　集部/別集類/清之屬/清(一)

味餘書室全集定本四十卷目錄四卷隨筆二卷　(清)仁宗顒琰撰　清光緒五年(1879)排印本　三十二冊

150000－0601－0007329　115723　集部/別集類/清之屬/清(一)

味餘書室全集定本四十卷目錄四卷隨筆二卷　(清)仁宗顒琰撰　清光緒五年(1879)排印本　三十二冊

150000－0601－0007330　115755　集部/別集類/清之屬/清(一)

味餘書室全集定本四十卷目錄四卷隨筆二卷　(清)仁宗顒琰撰　清光緒五年(1879)排印本　三十二冊

150000－0601－0007331　117631　集部/別集類/清之屬/清(一)

御製文初集十卷　(清)仁宗顒琰撰　清光緒五年(1879)排印本　四冊

150000－0601－0007332　117635　集部/別集類/清之屬/清(一)

御製文初集十卷　(清)仁宗顒琰撰　清光緒五年(1879)排印本　四冊

150000－0601－0007333　117709　集部/別集類/清之屬/清(一)

御製文二集十四卷　(清)仁宗顒琰撰　清嘉慶二十二年(1817)內府刻本　六冊

150000－0601－0007334　117639　集部/別集類/清之屬/清(一)

御製文二集十四卷　(清)仁宗顒琰撰　清光緒五年(1879)排印本　十二冊

150000－0601－0007335　117651　集部/別集類/清之屬/清(一)

御製文二集十四卷　(清)仁宗顒琰撰　清光緒五年(1879)排印本　十二冊

150000－0601－0007336　117663　集部/別集類/清之屬/清(一)

御製文二集十四卷　(清)仁宗顒琰撰　清光緒五年(1879)排印本　十二冊

150000－0601－0007337　117679　集部/別集類/清之屬/清(一)

御製文餘集二卷　(清)仁宗顒琰撰　清光緒五年(1879)排印本　二冊

150000－0601－0007338　117685　集部/別集類/清之屬/清(一)

御製文餘集二卷　(清)仁宗顒琰撰　清光緒五年(1879)排印本　二冊

150000－0601－0007339　117691　集部/別集類/清之屬/清(一)

御製文餘集二卷　(清)仁宗顒琰撰　清光緒五年(1879)排印本　二冊

150000－0601－0007340　137909　集部/別集類/清之屬/清(一)

御製詩初集四十八卷目錄六卷　(清)仁宗顒

琰撰　清嘉慶八年（1803）內府刻本　三十冊

150000－0601－0007341　124265　集部/別集類/清之屬/清（一）

御製詩初集四十八卷目錄六卷　（清）仁宗顒琰撰　清光緒五年（1879）排印本　三十冊

150000－0601－0007342　124295　集部/別集類/清之屬/清（一）

御製詩初集四十八卷目錄六卷　（清）仁宗顒琰撰　清光緒五年（1879）排印本　三十冊

150000－0601－0007343　124325　集部/別集類/清之屬/清（一）

御製詩初集四十八卷目錄六卷　（清）仁宗顒琰撰　清光緒五年（1879）排印本　三十冊

150000－0601－0007344　124355　集部/別集類/清之屬/清（一）

御製詩初集四十八卷目錄六卷　（清）仁宗顒琰撰　清光緒五年（1879）排印本　六冊　殘

150000－0601－0007345　137939　集部/別集類/清之屬/清（一）

御製詩二集六十四卷目錄八卷　（清）仁宗顒琰撰　清嘉慶十六年（1811）內府刻本　四十冊

150000－0601－0007346　124361　集部/別集類/清之屬/清（一）

御製詩二集六十四卷目錄八卷　（清）仁宗顒琰撰　清光緒五年（1879）排印本　三十六冊

150000－0601－0007347　124397　集部/別集類/清之屬/清（一）

御製詩二集六十四卷目錄八卷　（清）仁宗顒琰撰　清光緒五年（1879）排印本　三十六冊

150000－0601－0007348　124433　集部/別集類/清之屬/清（一）

御製詩二集六十四卷目錄八卷　（清）仁宗顒琰撰　清光緒五年（1879）排印本　三十六冊

150000－0601－0007349　123771　集部/別集類/清之屬/清（一）

御製詩三集六十四卷目錄八卷　（清）仁宗顒

琰撰　清嘉慶二十四年（1819）內府刻本　十六冊　存四十四卷（一至二十八、四十九至六十四）

150000－0601－0007350　124469　集部/別集類/清之屬/清（一）

御製詩三集六十四卷目錄八卷　（清）仁宗顒琰撰　清光緒五年（1879）排印本　三十六冊

150000－0601－0007351　124505　集部/別集類/清之屬/清（一）

御製詩三集六十四卷目錄八卷　（清）仁宗顒琰撰　清光緒五年（1879）排印本　三十六冊

150000－0601－0007352　124541　集部/別集類/清之屬/清（一）

御製詩三集六十四卷目錄八卷　（清）仁宗顒琰撰　清光緒五年（1879）排印本　三十六冊

150000－0601－0007353　117675　集部/別集類/清之屬/清（一）

御製詩餘集六卷　（清）仁宗顒琰撰　清光緒五年（1879）排印本　四冊

150000－0601－0007354　117681　集部/別集類/清之屬/清（一）

御製詩餘集六卷　（清）仁宗顒琰撰　清光緒五年（1879）排印本　四冊

150000－0601－0007355　117687　集部/別集類/清之屬/清（一）

御製詩餘集六卷　（清）仁宗顒琰撰　清光緒五年（1879）排印本　四冊

150000－0601－0007356　119029　集部/別集類/清之屬/清（一）

養正書屋全集定本四十卷目錄四卷　（清）宣宗旻寧撰　清道光二年（1822）刻本　二十四冊

150000－0601－0007357　138046　集部/別集類/清之屬/清（一）

養正書屋全集定本四十卷目錄四卷　（清）宣宗旻寧撰　清道光二年（1822）刻本　二十四冊

150000－0601－0007358　138070　集部/別集類/清之屬/清(一)

養正書屋全集定本四十卷目錄四卷　(清)宣宗旻寧撰　清道光二年(1822)刻本　二十四冊

150000－0601－0007359　119053　集部/別集類/清之屬/清(一)

養正書屋全集定本四十卷目錄四卷　(清)宣宗旻寧撰　清光緒五年(1879)排印本　二十四冊

150000－0601－0007360　119077　集部/別集類/清之屬/清(一)

養正書屋全集定本四十卷目錄四卷　(清)宣宗旻寧撰　清光緒五年(1879)排印本　二十四冊

150000－0601－0007361　119101　集部/別集類/清之屬/清(一)

養正書屋全集定本四十卷目錄四卷　(清)宣宗旻寧撰　清光緒五年(1879)排印本　十八冊

150000－0601－0007362　119119　集部/別集類/清之屬/清(一)

養正書屋全集定本四十卷目錄四卷　(清)宣宗旻寧撰　清光緒五年(1879)排印本　六冊　殘

150000－0601－0007363　117705　集部/別集類/清之屬/清(一)

御製文初集十卷　(清)宣宗旻寧撰　清道光十一年(1831)內府刻本　四冊

150000－0601－0007364　117693　集部/別集類/清之屬/清(一)

御製文初集十卷　(清)宣宗旻寧撰　清光緒五年(1879)排印本　四冊

150000－0601－0007365　117697　集部/別集類/清之屬/清(一)

御製文初集十卷　(清)宣宗旻寧撰　清光緒五年(1879)排印本　四冊

150000－0601－0007366　117701　集部/別集類/清之屬/清(一)

御製文初集十卷　(清)宣宗旻寧撰　清光緒五年(1879)排印本　四冊

150000－0601－0007367　117715　集部/別集類/清之屬/清(一)

御製文餘集六卷　(清)宣宗旻寧撰　清光緒五年(1879)排印本　四冊

150000－0601－0007368　117719　集部/別集類/清之屬/清(一)

御製文餘集六卷　(清)宣宗旻寧撰　清光緒五年(1879)排印本　四冊

150000－0601－0007369　117723　集部/別集類/清之屬/清(一)

御製文餘集六卷　(清)宣宗旻寧撰　清光緒五年(1879)排印本　四冊

150000－0601－0007370　124637　集部/別集類/清之屬/清(一)

御製詩初集二十四卷目錄四卷　(清)宣宗旻寧撰　清道光九年(1829)內府刻本　六冊

150000－0601－0007371　124652　集部/別集類/清之屬/清(一)

御製詩初集二十四卷目錄四卷　(清)宣宗旻寧撰　清道光九年(1829)內府刻本　八冊

150000－0601－0007372　137886　集部/別集類/清之屬/清(一)

御製詩初集二十四卷目錄四卷　(清)宣宗旻寧撰　清道光九年(1829)內府刻本　十六冊

150000－0601－0007373　137992　集部/別集類/清之屬/清(一)

御製詩初集二十四卷目錄四卷　(清)宣宗旻寧撰　清道光九年(1829)內府刻本　十六冊

150000－0601－0007374　138030　集部/別集類/清之屬/清(一)

御製詩初集二十四卷目錄四卷　(清)宣宗旻寧撰　清道光九年(1829)內府刻本　十六冊

150000－0601－0007375　124577　集部/別集類/清之屬/清(一)

御製詩初集二十四卷目錄四卷　（清）宣宗旻寧撰　清光緒五年(1879)排印本　十六冊

150000－0601－0007376　124593　集部/別集類/清之屬/清(一)

御製詩初集二十四卷目錄四卷　（清）宣宗旻寧撰　清光緒五年(1879)排印本　十六冊

150000－0601－0007377　124609　集部/別集類/清之屬/清(一)

御製詩初集二十四卷目錄四卷　（清）宣宗旻寧撰　清光緒五年(1879)排印本　十六冊

150000－0601－0007378　124625　集部/別集類/清之屬/清(一)

御製詩餘集十二卷目錄二卷　（清）宣宗旻寧撰　清光緒五年(1879)排印本　四冊

150000－0601－0007379　124629　集部/別集類/清之屬/清(一)

御製詩餘集十二卷目錄二卷　（清）宣宗旻寧撰　清光緒五年(1879)排印本　四冊

150000－0601－0007380　124633　集部/別集類/清之屬/清(一)

御製詩餘集十二卷目錄二卷　（清）宣宗旻寧撰　清光緒五年(1879)排印本　四冊

150000－0601－0007381　124660　集部/別集類/清之屬/清(一)

御製詩集八卷文集二卷　（清）文宗奕詝撰　清末內府刻本　四冊

150000－0601－0007382　137878＋137874　集部/別集類/清之屬/清(一)

御製詩集八卷文集二卷　（清）文宗奕詝撰　清末內府刻本　六冊

150000－0601－0007383　137882＋137876　集部/別集類/清之屬/清(一)

御製詩集八卷文集二卷　（清）文宗奕詝撰　清末內府刻本　六冊

150000－0601－0007384　117727　集部/別集類/清之屬/清(一)

御製詩集八卷文集二卷　（清）文宗奕詝撰

清光緒五年(1879)排印本　六冊

150000－0601－0007385　117733　集部/別集類/清之屬/清(一)

御製詩集八卷文集二卷　（清）文宗奕詝撰　清光緒五年(1879)排印本　六冊

150000－0601－0007386　117739　集部/別集類/清之屬/清(一)

御製詩集八卷文集二卷　（清）文宗奕詝撰　清光緒五年(1879)排印本　六冊

150000－0601－0007387　124664　集部/別集類/清之屬/清(一)

御製詩集六卷文集十卷　（清）穆宗載淳撰　清末內府刻本　八冊

150000－0601－0007388　118025　集部/別集類/清之屬/清(一)

詒晉齋集八卷後集一卷隨筆一卷　（清）永瑆撰　清道光二十八年(1848)刻本　四冊

150000－0601－0007389　118029　集部/別集類/清之屬/清(一)

詒晉齋集八卷後集一卷隨筆一卷　（清）永瑆撰　清道光二十八年(1848)刻本　四冊

150000－0601－0007390　118033　集部/別集類/清之屬/清(一)

詒晉齋集八卷後集一卷隨筆一卷　（清）永瑆撰　清道光二十八年(1848)刻本　四冊

150000－0601－0007391　124892　集部/別集類/清之屬/清(一)

愛日齋集二卷隨筆一卷　（清）綿愉撰　清同治十年(1871)寶文齋刻本　二冊

150000－0601－0007392　125430　集部/別集類/清之屬/清(一)

愛日齋集二卷隨筆一卷　（清）綿愉撰　清同治十年(1871)寶文齋刻本　二冊

150000－0601－0007393　124819　集部/別集類/清之屬/清(一)

萃錦吟十三卷　（清）恭親王（奕訢）集唐　清光緒十一年(1885)刻本　十四冊

150000 – 0601 – 0007394　125944　集部/別集類/清之屬/清(一)

窻課存稿二卷　(清)和碩醇親王(奕譞)撰　清同治十二年(1873)刻本　二冊

150000 – 0601 – 0007395　50977　集部/別集類/清之屬/清(一)

偶月軒詩集十六卷　(清)奕詢撰　清同治十二年(1873)刻本　四冊

150000 – 0601 – 0007396　125295　集部/別集類/清之屬/清(一)

亭林詩集五卷　(清)顧炎武撰　清刻本　二冊

150000 – 0601 – 0007397　125052　集部/別集類/清之屬/清(一)

顧亭林先生詩箋注十七卷　(清)顧炎武撰　(清)徐嘉輯　**顧詩箋注校補一卷**　李詳　段朝瑞撰　清光緒二十三年(1897)徐氏味靜齋刻本　一冊

150000 – 0601 – 0007398　125287　集部/別集類/清之屬/清(一)

顧亭林先生詩箋注十七卷　(清)顧炎武撰　(清)徐嘉輯　**顧詩箋注校補一卷**　李詳撰　段朝瑞撰　清光緒二十三年(1897)徐氏味靜齋刻本　六冊

150000 – 0601 – 0007399　125293　集部/別集類/清之屬/清(一)

顧亭林先生詩箋注十七卷　(清)顧炎武撰　(清)徐嘉輯　**顧詩箋注校補一卷**　李詳撰　段朝瑞撰　清光緒二十三年(1897)徐氏味靜齋刻本　二冊

150000 – 0601 – 0007400　116000　集部/別集類/清之屬/清(一)

亭林文集六卷餘集一卷　(清)顧炎武撰　清刻光緒三十二年(1906)刷印本　四冊

150000 – 0601 – 0007401　115963　集部/別集類/清之屬/清(一)

亭林餘集一卷　(清)顧炎武撰　清光緒二年(1876)誦芬樓刻本　一冊

150000 – 0601 – 0007402　115964　集部/別集類/清之屬/清(一)

亭林餘集一卷　(清)顧炎武撰　清光緒十一年(1885)吳縣孫溪槐廬家塾刻本　一冊

150000 – 0601 – 0007403　115953　集部/別集類/清之屬/清(一)

亭林餘集一卷　(清)顧炎武撰　清刻本　一冊

150000 – 0601 – 0007404　115966　集部/別集類/清之屬/清(一)

南雷餘集一卷　(清)黃宗羲撰　清宣統三年(1911)順德鄧氏風雨樓排印本　一冊

150000 – 0601 – 0007405　116463　集部/別集類/清之屬/清(一)

陸桴亭先生文集五卷　(清)陸世儀撰　清光緒九年(1883)津河廣仁堂刻本　二冊

150000 – 0601 – 0007406　54566　集部/別集類/清之屬/清(一)

霜紅龕集四十卷附錄三卷　(清)傅山撰　清宣統三年(1911)山陽丁氏刻本　十二冊

150000 – 0601 – 0007407　119583　集部/別集類/清之屬/清(一)

霜紅龕集四十卷附錄三卷　(清)傅山撰　清宣統三年(1911)山陽丁氏刻本　十二冊

150000 – 0601 – 0007408　119595　集部/別集類/清之屬/清(一)

霜紅龕集四十卷附錄三卷　(清)傅山撰　清宣統三年(1911)山陽丁氏刻本　十二冊

150000 – 0601 – 0007409　129374　集部/別集類/清之屬/清(一)

南游草一卷　(清)李柏撰　**南游詩草一卷**　(清)李柏撰　清刻本　一冊

150000 – 0601 – 0007410　116611　集部/別集類/清之屬/清(一)

砥齋集十二卷　(清)王弘撰撰　清光緒二十年(1894)刻本　六冊

150000 – 0601 – 0007411　119869　集部/別

集類/清之屬/清（一）

魏叔子文集外篇二十二卷　（清）魏禧撰　魏叔子日錄三卷　（清）魏禧撰　清初刻本　十四冊

150000－0601－0007412　119841　集部/別集類/清之屬/清（一）

魏叔子文鈔十二卷　（清）魏禧撰　（清）宋犖　（清）許汝霖選　清初刻本　二冊

150000－0601－0007413　113088　集部/別集類/清之屬/清（一）

四憶堂詩集六卷　（清）侯方域撰　（清）賈開宗等選注　壯悔堂文集十卷遺稿一卷　（清）侯方域撰　（清）賈開宗　（清）徐作肅選　清刻本　四冊

150000－0601－0007414　123289　集部/別集類/清之屬/清（一）

四憶堂詩集六卷遺稿一卷　（清）侯方域撰（清）賈開宗等選注　清刻本　二冊

150000－0601－0007415　118580　集部/別集類/清之屬/清（一）

蒿庵集三卷　（清）張爾岐撰　清乾隆三十八年（1773）刻本　三冊

150000－0601－0007416　118716　集部/別集類/清之屬/清（一）

蒿庵集三卷拾遺一卷附錄一卷　（清）張爾岐撰　蒿庵閑話一卷　（清）張爾岐撰　清光緒十五年（1889）山東書局刻本　三冊

150000－0601－0007417　113341　集部/別集類/清之屬/清（一）

石臼集前集九卷後集七卷　（清）邢昉撰　清光緒十八年（1892）刻本　六冊

150000－0601－0007418　113136　集部/別集類/清之屬/清（一）

鳴鶴堂文集十卷　（清）任源祥撰　清光緒十五年（1889）刻本　五冊

150000－0601－0007419　125162　集部/別集類/清之屬/清（一）

陋軒詩十二卷詩續二卷　（清）吳嘉紀撰　清

道光二十年（1840）刻本　五冊

150000－0601－0007420　113267　集部/別集類/清之屬/清（一）

晚聞堂集十六卷　（清）余紹祉撰　清道光十七年（1837）刻本　五冊

150000－0601－0007421　116892　集部/別集類/清之屬/清（一）

翁山文外十六卷　（清）屈大均撰　清宣統二年（1910）上海國學扶輪社排印本　五冊

150000－0601－0007422　116897　集部/別集類/清之屬/清（一）

翁山文外十六卷　（清）屈大均撰　清宣統二年（1910）上海國學扶輪社排印本　五冊

150000－0601－0007423　124880　集部/別集類/清之屬/清（一）

翁山詩外二十卷　（清）屈大均撰　清宣統二年（1910）國學扶輪社排印本　十二冊

150000－0601－0007424　113484　集部/別集類/清之屬/清（一）

獨漉堂集詩集十五卷文集十五卷續編一卷（清）陳恭尹撰　清道光五年（1825）刻本　九冊　缺二卷（詩集九至十）

150000－0601－0007425　120198　集部/別集類/清之屬/清（一）

變雅堂文集四卷詩集十卷附錄一卷　（清）杜濬撰　清同治九年（1870）鄂垣旅次刻本　八冊

150000－0601－0007426　120189　集部/別集類/清之屬/清（一）

變雅堂文集四卷　（清）杜濬撰　清咸豐十年（1860）彭崧毓刻本　四冊

150000－0601－0007427　120183　集部/別集類/清之屬/清（一）

變雅堂遺集文八卷詩十卷附錄二卷　（清）杜濬撰　清光緒二十年（1894）刻本　六冊

150000－0601－0007428　117891　集部/別集類/清之屬/清（一）

寒支初集十卷首一卷　（清）李世熊撰　清同
治十三年（1874）刻本　十冊

150000－0601－0007429　115823　集部/別
集類/清之屬/清（一）

初學集一百十卷目錄二卷　（清）錢謙益撰
清宣統二年（1910）邃漢齋排印牧齋全集本
二十四冊

150000－0601－0007430　114808　集部/別
集類/清之屬/清（一）

有學集五十卷補遺二卷　（清）錢謙益撰　投
筆集一卷　（清）錢謙益撰　清宣統二年
（1910）邃漢齋排印牧齋全集本　十六冊

150000－0601－0007431　117181　集部/別
集類/清之屬/清（一）

梅村家藏稿五十八卷詩補遺一卷文補遺一卷
　（清）吳偉業撰　清宣統三年（1911）武進董
氏誦芬室刻本　八冊

150000－0601－0007432　125078　集部/別
集類/清之屬/清（一）

吳詩集覽二十卷補注二十卷　（清）吳偉業撰
　（清）靳榮藩輯　吳詩談藪二卷　（清）靳榮
藩撰　清乾隆四十年（1775）刻本　十冊

150000－0601－0007433　125096　集部/別
集類/清之屬/清（一）

吳詩集覽二十卷補注二十卷　（清）吳偉業撰
　（清）靳榮藩輯　吳詩談藪二卷　（清）靳榮
藩撰　清乾隆四十年（1775）刻本　十六冊

150000－0601－0007434　125138　集部/別
集類/清之屬/清（一）

吳詩集覽二十卷補注二十卷　（清）吳偉業撰
　（清）靳榮藩輯　吳詩談藪二卷　（清）靳榮
藩撰　清乾隆四十年（1775）刻本　十六冊

150000－0601－0007435　125088　集部/別
集類/清之屬/清（一）

梅村詩集箋注十八卷　（清）吳偉業撰　（清）
吳翌鳳箋注　清嘉慶十九年（1814）滄浪吟榭
刻本　八冊

150000－0601－0007436　125118　集部/別

集類/清之屬/清（一）

梅村詩集箋注十八卷　（清）吳偉業撰　（清）
吳翌鳳箋注　清嘉慶十九年（1814）滄浪吟榭
刻本　十六冊

150000－0601－0007437　124794　集部/別
集類/清之屬/清（一）

定山堂詩集四十三卷詩餘四卷　（清）龔鼎孳
撰　清光緒九年（1883）聽彝書屋刻本　十
六冊

150000－0601－0007438　125598　集部/別
集類/清之屬/清（一）

芝麓詩鈔三卷　（清）龔鼎孳撰　清刻江左三
大家詩鈔本　二冊

150000－0601－0007439　120819　集部/別
集類/清之屬/清（一）

倦圃曹先生尺牘一卷　（清）曹溶撰　（清）胡
泰選　清抄本　二冊

150000－0601－0007440　116651　集部/別
集類/清之屬/清（一）

桑榆集詩三卷文三卷　（清）白胤謙撰　清康
熙十年（1671）刻本　三冊

150000－0601－0007441　837614　集部/別
集類/清之屬/清（一）

寒松堂全集十二卷　（清）魏象樞撰　清康熙
四十七年（1708）刻本　十二冊

150000－0601－0007442　117865　集部/別
集類/清之屬/清（一）

寒松堂全集十二卷　（清）魏象樞撰　清嘉慶
十六年（1811）刻本　十三冊

150000－0601－0007443　117878　集部/別
集類/清之屬/清（一）

寒松堂全集十二卷　（清）魏象樞撰　清嘉慶
十六年（1811）刻本　十三冊

150000－0601－0007444　78073　集部/別集
類/清之屬/清（一）

寒松堂全集奏疏四卷　（清）魏象樞撰　清光
緒二十五年（1899）刻本　四冊

150000 – 0601 – 0007445　114976　　集部/別
集類/清之屬/清(一)

安雅堂詩一卷　(清)宋琬撰　清順治十七年
(1660)刻本　二冊

150000 – 0601 – 0007446　114974　　集部/別
集類/清之屬/清(一)

安雅堂文集二卷　(清)宋琬撰　清康熙五年
(1666)刻本　二冊

150000 – 0601 – 0007447　114866　　集部/別
集類/清之屬/清(一)

**安雅堂文集二卷又二卷未刻稿八卷未刻稿入
蜀集二卷書啓一卷**　(清)宋琬撰　清刻本
七冊

150000 – 0601 – 0007448　115595　　集部/別
集類/清之屬/清(一)

抱犢山房集六卷　(清)嵇永仁撰　**續離騷一
卷**　(清)嵇永仁撰　清同治元年(1862)長沙
刻本　二冊

150000 – 0601 – 0007449　116369　　集部/別
集類/清之屬/清(一)

海日堂集詩五卷補遺一卷文二卷　(清)程可
則撰　清道光五年(1825)刻本　四冊

150000 – 0601 – 0007450　115453　　集部/別
集類/清之屬/清(一)

林惠堂文集十二卷續刻六卷　(清)吳綺撰
清乾隆三十九年至四十一年(1774 – 1776)刻
本　九冊

150000 – 0601 – 0007451　113861　　集部/別
集類/清之屬/清(一)

七頌堂詩集十卷　(清)劉體仁撰　清同治九
年(1870)刻本　二冊

150000 – 0601 – 0007452　837789　　集部/別
集類/清之屬/清(一)

改亭集文十六卷詩六卷　(清)計東撰　清康
熙三十二年至四十七年(1693 – 1708)刻本
六冊

150000 – 0601 – 0007453　118604　　集部/別
集類/清之屬/清(一)

經義齋集十八卷　(清)熊賜履撰　清康熙二
十九年(1690)刻本　十冊

150000 – 0601 – 0007454　114224　　集部/別
集類/清之屬/清(一)

午亭文編五十卷　(清)陳廷敬撰　(清)林佶
輯錄　清康熙四十七年(1708)刻乾隆四十三
年(1778)刷印本　十六冊

150000 – 0601 – 0007455　114240　　集部/別
集類/清之屬/清(一)

午亭文編五十卷　(清)陳廷敬撰　(清)林佶
輯錄　清康熙四十七年(1708)刻乾隆四十三
年(1778)刷印本　十六冊

150000 – 0601 – 0007456　837347　　集部/別
集類/清之屬/清(一)

午亭文編五十卷　(清)陳廷敬撰　(清)林佶
輯錄　清康熙四十七年(1708)刻乾隆四十三
年(1778)刷印本　十六冊

150000 – 0601 – 0007457　117326　　集部/別
集類/清之屬/清(一)

帶經堂集九十二卷　(清)王士禎撰　清康熙
四十九年(1710)七略書堂刻本　二十四冊

150000 – 0601 – 0007458　117350　　集部/別
集類/清之屬/清(一)

帶經堂集九十二卷　(清)王士禎撰　清康熙
四十九年(1710)七略書堂刻乾隆十二年
(1747)刷印本　二十四冊

150000 – 0601 – 0007459　118682　　集部/別
集類/清之屬/清(一)

漁洋文十四卷　(清)王士禎撰　清刻帶經堂
集本　八冊

150000 – 0601 – 0007460　119326　　集部/別
集類/清之屬/清(一)

漁洋山人文略十四卷　(清)王士禎撰　清康
熙三十四年(1695)刻本　四冊

150000 – 0601 – 0007461　170644　　集部/別
集類/清之屬/清(一)

漁洋山人文略十四卷　(清)王士禎撰　清康
熙三十四年(1695)刻本　八冊

150000－0601－0007462　120241　集部/別集類/清之屬/清（一）

蠶尾集十卷　（清）王士禎撰　清康熙三十五年（1696）刻本　四冊

150000－0601－0007463　120245　集部/別集類/清之屬/清（一）

蠶尾文八卷　（清）王士禎撰　清康熙三十五年（1696）刻帶經堂集本　四冊

150000－0601－0007464　120249　集部/別集類/清之屬/清（一）

蠶尾續文二十卷　（清）王士禎撰　清刻帶經堂集本（卷首抄補）　八冊

150000－0601－0007465　126082　集部/別集類/清之屬/清（一）

雍益集一卷　（清）王士禎撰　清康熙三十六年（1697）刻本　一冊

150000－0601－0007466　126083　集部/別集類/清之屬/清（一）

雍益集一卷　（清）王士禎撰　清康熙三十六年（1697）刻本　一冊

150000－0601－0007467　39252　集部/別集類/清之屬/清（一）

王氏漁洋詩鈔十二卷　（清）王士禎撰　（清）邵長蘅選　清宣統二年（1910）時中書局石印本　八冊

150000－0601－0007468　123358　集部/別集類/清之屬/清（一）

漁洋山人精華錄十卷　（清）王士禎撰　（清）林佶編　清初刻本　三冊　存六卷（一至六）

150000－0601－0007469　123350　集部/別集類/清之屬/清（一）

漁洋山人精華錄箋注十二卷補注一卷附錄一卷　（清）王士禎撰　（清）金榮箋注　清初刻本　八冊

150000－0601－0007470　123361　集部/別集類/清之屬/清（一）

漁洋山人精華錄箋注十二卷補注一卷附錄一卷　（清）王士禎撰　（清）金榮箋注　清初刻本　六冊

150000－0601－0007471　123380　集部/別集類/清之屬/清（一）

漁洋山人精華錄箋注十二卷補注一卷附錄一卷　（清）王士禎撰　（清）金榮箋注　清初刻本　十冊

150000－0601－0007472　123421　集部/別集類/清之屬/清（一）

漁洋山人精華錄箋注十二卷補注一卷附錄一卷　（清）王士禎撰　（清）金榮箋注　清初刻本　八冊

150000－0601－0007473　123326　集部/別集類/清之屬/清（一）

漁洋山人精華錄訓纂十卷總目二卷附錄一卷　（清）王士禎撰　（清）惠棟訓纂　清紅豆齋刻本　二十四冊

150000－0601－0007474　123367＋123376　集部/別集類/清之屬/清（一）

漁洋山人精華錄訓纂十卷總目二卷附錄一卷　（清）王士禎撰　（清）惠棟訓纂　清紅豆齋刻本　十二冊

150000－0601－0007475　123390　集部/別集類/清之屬/清（一）

漁洋山人精華錄訓纂十卷總目二卷附錄一卷　（清）王士禎撰　（清）惠棟訓纂　清紅豆齋刻本　十一冊

150000－0601－0007476　123401　集部/別集類/清之屬/清（一）

漁洋山人精華錄訓纂十卷總目二卷附錄一卷　（清）王士禎撰　（清）惠棟訓纂　清紅豆齋刻本　二十冊

150000－0601－0007477　123375　集部/別集類/清之屬/清（一）

漁洋山人精華錄訓纂補□□卷　清乾隆四十二年（1777）紅豆齋刻本　一冊　存五卷（卷首、一至四）

150000－0601－0007478　117838　集部/別集類/清之屬/清（一）

寒村詩文選　（清）鄭梁撰　清刻本　十一冊
缺

150000－0601－0007479　117849　集部/別集類/清之屬/清（一）
寒村詩文選　（清）鄭梁撰　清刻本　十六冊

150000－0601－0007480　115929　集部/別集類/清之屬/清（一）
前川樓文集二卷　（清）張沐撰　清刻本
二冊

150000－0601－0007481　114371　集部/別集類/清之屬/清（一）
日知堂集四卷首一卷　（清）鄭端撰　清同治十三年（1874）保定蓮花池刻本　二冊

150000－0601－0007482　117067　集部/別集類/清之屬/清（一）
文貞公集十二卷　（清）張玉書撰　清乾隆五十七年（1792）刻本　四冊

150000－0601－0007483　129220　集部/別集類/清之屬/清（一）
文貞公集十二卷　（清）張玉書撰　清乾隆五十七年（1792）刻本　十二冊　存八卷（五至十二）

150000－0601－0007484　118558　集部/別集類/清之屬/清（一）
葉忠節公遺稿十二卷　（清）葉映榴撰　鼓瑟樓偶存一卷　（清）葉魚魚撰　清乾隆十年（1745）葉芳刻本　四冊

150000－0601－0007485　39296　集部/別集類/清之屬/清（一）
海沂詩集二十卷　（清）宋之韓撰　綠窗詩草一卷　（清）王恭人撰　清嘉慶二十五年（1820）刻本　四冊

150000－0601－0007486　115891　集部/別集類/清之屬/清（一）
青門簏稿十六卷旅稿六卷賸稿八卷　（清）邵長蘅撰　（清）顧景星批點　清康熙三十四年（1695）刻本　十二冊

150000－0601－0007487　115556　集部/別集類/清之屬/清（一）
青門簏稿十六卷旅稿六卷賸稿八卷　（清）邵長蘅撰　（清）顧景星批點　邵氏家錄二卷　清光緒二十二年（1896）武進盛氏刻本　四冊

150000－0601－0007488　115522　集部/別集類/清之屬/清（一）
青門賸稿八卷　（清）邵長蘅撰　清康熙三十八年（1699）刻本　二冊

150000－0601－0007489　115089　集部/別集類/清之屬/清（一）
朱秋厓文集一卷　（清）朱克生撰　清末刻本　一冊

150000－0601－0007490　50752　集部/別集類/清之屬/清（一）
笠翁文集十卷偶集六卷　（清）李漁撰　清雍正八年（1730）世德堂刻本　十六冊

150000－0601－0007491　117287　集部/別集類/清之屬/清（一）
笠翁文集十卷偶集六卷　（清）李漁撰　清雍正八年（1730）世德堂刻本　十冊

150000－0601－0007492　158584　集部/別集類/清之屬/清（一）
笠翁文集十卷偶集六卷　（清）李漁撰　清刻本　二十四冊

150000－0601－0007493　120103　集部/別集類/清之屬/清（一）
讀書堂綵衣全集四十六卷　（清）趙士麟撰　清光緒十九年（1893）浙江書局刻本　十二冊

150000－0601－0007494　765170　集部/別集類/清之屬/清（一）
讀書堂綵衣全集四十六卷　（清）趙士麟撰　清光緒十九年（1893）浙江書局刻本　十一冊

150000－0601－0007495　125112　集部/別集類/清之屬/清（一）
存誠堂詩集二十五卷應制五卷　（清）張英撰　清康熙四十三年（1704）刻本　六冊

150000 – 0601 – 0007496　119469　集部/別集類/清之屬/清（一）

學文堂文集十四卷詩集五卷詩餘三卷　（清）陳玉璂撰　清光緒十一年(1885)武進盛氏刻本　六冊

150000 – 0601 – 0007497　119672　集部/別集類/清之屬/清（一）

儲遯庵文集十二卷附錄一卷　（清）儲方慶撰　清光緒二年(1876)刻本　四冊

150000 – 0601 – 0007498　119693　集部/別集類/清之屬/清（一）

儲遯庵文集十二卷附錄一卷　（清）儲方慶撰　清光緒二年(1876)刻本　十冊

150000 – 0601 – 0007499　119703　集部/別集類/清之屬/清（一）

儲遯庵文集十二卷附錄一卷　（清）儲方慶撰　清光緒二年(1876)刻本　六冊

150000 – 0601 – 0007500　118765　集部/別集類/清之屬/清（一）

榕村全集一卷　（清）李光地撰　清乾隆元年(1736)刻本　十二冊

150000 – 0601 – 0007501　117055　集部/別集類/清之屬/清（一）

遂寧張文端公全集六卷首一卷　（清）張鵬翮撰　清光緒八年(1882)刻本　八冊

150000 – 0601 – 0007502　77941　集部/別集類/清之屬/清（一）

趙恭毅公賸稿八卷　（清）趙申喬撰　清乾隆三年(1738)刻本　四冊

150000 – 0601 – 0007503　113974　集部/別集類/清之屬/清（一）

三魚堂集文集十二卷附錄一卷外集六卷全集附錄一卷　（清）陸隴其撰　清刻本　八冊

150000 – 0601 – 0007504　113982　集部/別集類/清之屬/清（一）

三魚堂集文集十二卷附錄一卷外集六卷全集附錄一卷　（清）陸隴其撰　清刻本　十冊

150000 – 0601 – 0007505　113992　集部/別集類/清之屬/清（一）

三魚堂集文集十二卷附錄一卷外集六卷全集附錄一卷　（清）陸隴其撰　清刻本　八冊

150000 – 0601 – 0007506　114000　集部/別集類/清之屬/清（一）

三魚堂集文集十二卷附錄一卷外集六卷全集附錄一卷　（清）陸隴其撰　清刻本　八冊

150000 – 0601 – 0007507　114008　集部/別集類/清之屬/清（一）

三魚堂集文集十二卷附錄一卷外集六卷全集附錄一卷　（清）陸隴其撰　清刻本　八冊

150000 – 0601 – 0007508　119356　集部/別集類/清之屬/清（一）

憺園全集三十六卷　（清）徐乾學撰　清光緒九年(1883)刻本　十六冊

150000 – 0601 – 0007509　119372　集部/別集類/清之屬/清（一）

憺園全集三十六卷　（清）徐乾學撰　清光緒九年(1883)刻本　十二冊

150000 – 0601 – 0007510　119384　集部/別集類/清之屬/清（一）

憺園全集三十六卷　（清）徐乾學撰　清光緒九年(1883)刻本　十冊

150000 – 0601 – 0007511　114968　集部/別集類/清之屬/清（一）

安靜子集九卷　（清）安致遠撰　抄本　六冊

150000 – 0601 – 0007512　837509　集部/別集類/清之屬/清（一）

有懷堂詩集六卷文稿二十二卷　（清）韓菼撰　清康熙四十二年(1703)刻本　五冊

150000 – 0601 – 0007513　115976　集部/別集類/清之屬/清（一）

南畇文稿十二卷　（清）彭定求撰　**小題文稿一卷**　（清）彭定求撰　**密證錄一卷**　（清）彭定求撰　**姚江釋毀錄一卷**　（清）彭定求撰　**不謁錄一卷**　（清）彭定求編　清光緒七年(1881)刻本　六冊

150000 – 0601 – 0007514　115982　集部/別集類/清之屬/清(一)

南昀詩稿十卷乙酉集二卷丙戌集二卷丁亥集一卷戊子集一卷己丑集一卷庚寅集二卷辛卯集二卷壬辰集一卷癸巳集一卷甲午集一卷乙未集二卷　（清）彭定求撰　清光緒七年(1881)刻本　六冊

150000 – 0601 – 0007515　125667　集部/別集類/清之屬/清(一)

南昀先生詩錄二卷文錄二卷　（清）彭定求撰　（清）彭紹升訂　清同治十二年(1873)刻本　二冊

150000 – 0601 – 0007516　117172　集部/別集類/清之屬/清(一)

聊齋先生文集二卷　（清）蒲松齡撰　清宣統二年(1910)國學扶輪社排印本　二冊

150000 – 0601 – 0007517　125696　集部/別集類/清之屬/清(一)

黃葉村莊詩集八卷續集一卷後集一卷　（清）吳之振撰　清光緒四年(1878)刻本　四冊

150000 – 0601 – 0007518　126097　集部/別集類/清之屬/清(一)

東莊吟　（清）呂留良撰　清宣統三年(1911)神州國光社排印本　一冊

150000 – 0601 – 0007519　126098　集部/別集類/清之屬/清(一)

東莊吟　（清）呂留良撰　清宣統三年(1911)神州國光社排印本　一冊

150000 – 0601 – 0007520　126232　集部/別集類/清之屬/清(一)

墨井詩鈔二卷　（清）吳歷撰　清刻本　一冊

150000 – 0601 – 0007521　114060　集部/別集類/清之屬/清(一)

三巴集一卷　（清）吳歷撰　清末刻本　一冊

150000 – 0601 – 0007522　126085　集部/別集類/清之屬/清(一)

黑蝶齋詩鈔四卷　（清）沈岸登撰　清康熙六十一年(1722)刻本　一冊

150000 – 0601 – 0007523　126216　集部/別集類/清之屬/清(一)

挐鯨堂詩集樂府三卷五古三卷七古一卷五律二卷七律一卷五絕一卷排律一卷七絕一卷　（清）費錫璜撰　清刻本　二冊

150000 – 0601 – 0007524　115462　集部/別集類/清之屬/清(一)

松桂堂全集三十七卷　（清）彭孫遹撰　南沱集二卷延露詞三卷　清宣統三年(1911)掃葉山房石印本　十二冊

150000 – 0601 – 0007525　115905　集部/別集類/清之屬/清(一)

受祺堂文集四卷　（清）李因篤撰　清道光七年(1827)刻本　四冊

150000 – 0601 – 0007526　115909　集部/別集類/清之屬/清(一)

續刻受祺堂文集四卷　（清）李因篤撰　清道光十年(1830)楊浚刻本　四冊

150000 – 0601 – 0007527　118843　集部/別集類/清之屬/清(一)

潛庵先生遺稿五卷　（清）湯斌撰　清康熙二十九年(1690)刻本　四冊

150000 – 0601 – 0007528　117811　集部/別集類/清之屬/清(一)

潛庵先生全集五卷　（清）湯斌撰　潛庵先生疏稿一卷　（清）湯斌撰　湯文正公年譜定本一卷　（清）楊椿輯　困學錄一卷　（清）湯斌撰　潛庵先生志學會約補刊一卷　（清）湯斌撰　清同治十二年(1873)刻本　八冊

150000 – 0601 – 0007529　117819　集部/別集類/清之屬/清(一)

潛庵先生全集五卷　（清）湯斌撰　潛庵先生疏稿一卷　（清）湯斌撰　湯文正公年譜定本一卷　（清）楊椿輯　困學錄一卷　（清）湯斌撰　潛庵先生志學會約補刊一卷　（清）湯斌撰　清同治十二年(1873)刻本　八冊

150000 – 0601 – 0007530　117945　集部/別集類/清之屬/清(一)

遂初堂詩集十六卷文集二十卷別集四卷
（清）潘耒撰　清康熙四十九年（1710）刻本
十二冊

150000－0601－0007531　115941　集部/別
集類/清之屬/清（一）
施愚山先生學餘文集二十八卷　（清）施閏章
撰　清康熙四十七年（1708）棟亭刻本　六冊

150000－0601－0007532　120002　集部/別
集類/清之屬/清（一）
曝書亭集八十卷附錄一卷　（清）朱彝尊撰
清康熙四十七年（1708）刻本　十二冊

150000－0601－0007533　10231　集部/別集
類/清之屬/清（一）
曝書亭集八十卷附錄一卷　（清）朱彝尊撰
笛漁小稿十卷　（清）朱昆田撰　清刻本　二
十冊

150000－0601－0007534　119964　集部/別
集類/清之屬/清（一）
曝書亭集八十卷附錄一卷　（清）朱彝尊撰
笛漁小稿十卷　（清）朱昆田撰　清刻本　十
六冊

150000－0601－0007535　837499　集部/別
集類/清之屬/清（一）
曝書亭集八十卷附錄一卷　（清）朱彝尊撰
笛漁小稿十卷　（清）朱昆田撰　清刻本
十冊

150000－0601－0007536　119980　集部/別
集類/清之屬/清（一）
曝書亭集八十卷附錄一卷外稿八卷　（清）朱
彝尊撰　**笛漁小稿十卷**　（清）朱昆田撰　清
光緒十五年（1889）刻本　二十二冊

150000－0601－0007537　120014　集部/別
集類/清之屬/清（一）
曝書亭外稿八卷　（清）朱彝尊撰　清道光二
年（1822）刻本　四冊

150000－0601－0007538　125340　集部/別
集類/清之屬/清（一）
曝書亭詩錄十二卷　（清）朱彝尊撰　（清）江

浩然箋注　清乾隆五十四年（1789）刻本
六冊

150000－0601－0007539　125054　集部/別
集類/清之屬/清（一）
曝書亭集詩注二十二卷　（清）朱彝尊撰
（清）楊謙注　清刻本　八冊

150000－0601－0007540　125062　集部/別
集類/清之屬/清（一）
曝書亭集詩注二十二卷　（清）朱彝尊撰
（清）楊謙注　清刻本　六冊

150000－0601－0007541　125068　集部/別
集類/清之屬/清（一）
曝書亭集詩注二十二卷　（清）朱彝尊撰
（清）楊謙注　清刻本　二冊

150000－0601－0007542　118072　集部/別
集類/清之屬/清（一）
堯峰文鈔十卷又四十卷　（清）汪琬撰　（清）
林佶編　清康熙三十二年（1693）刻本　八冊

150000－0601－0007543　837395　集部/別
集類/清之屬/清（一）
堯峰文鈔十卷又四十卷　（清）汪琬撰　（清）
林佶編　清康熙三十二年（1693）刻本　十
二冊

150000－0601－0007544　118062　集部/別
集類/清之屬/清（一）
堯峰文鈔四十卷　（清）汪琬撰　（清）林佶編
　清刻本　十冊

150000－0601－0007545　118080　集部/別
集類/清之屬/清（一）
堯峰文鈔四十卷　（清）汪琬撰　（清）林佶編
　清刻本　六冊　存二十七卷（十四至四十）

150000－0601－0007546　115293　集部/別
集類/清之屬/清（一）
堯峰文鈔四十卷　（清）汪琬撰　（清）林佶編
　清宣統二年（1910）集成圖書公司石印本
八冊

150000－0601－0007547　114921　集部/別

集類/清之屬/清(一)

西堂雜俎一集八卷二集八卷三集八卷 （清）
尤侗撰　清康熙三十三年(1694)刻本　七冊

150000－0601－0007548　114911　集部/別
集類/清之屬/清(一)

西堂雜俎一集八卷二集八卷三集八卷 （清）
尤侗撰　清刻本　十冊

150000－0601－0007549　115370　集部/別
集類/清之屬/清(一)

艮齋倦稿文集十五卷詩集十一卷 （清）尤侗
撰　清刻本　六冊

150000－0601－0007550　120347　集部/別
集類/清之屬/清(一)

哀絃集一卷後一卷 （清）尤侗撰　清刻本
一冊

150000－0601－0007551　126046　集部/別
集類/清之屬/清(一)

哀絃集一卷後一卷 （清）尤侗撰　清刻本
一冊

150000－0601－0007552　126044　集部/別
集類/清之屬/清(一)

看雲草堂集八卷 （清）尤侗撰　清刻本
二冊

150000－0601－0007553　126043　集部/別
集類/清之屬/清(一)

西堂小草一卷 （清）尤侗撰　**論語詩一卷**
（清）尤侗撰　**右北平集一卷** （清）尤侗撰
清康熙二十三年(1684)刻本　一冊

150000－0601－0007554　126042　集部/別
集類/清之屬/清(一)

西堂賸稿二卷 （清）尤侗撰　**西堂秋夢錄一
卷** （清）尤侗撰　清康熙二十三年(1684)刻
本　一冊

150000－0601－0007555　10342　集部/別集
類/清之屬/清(一)

西堂賸稿二卷 （清）尤侗撰　**西堂秋夢錄一
卷** （清）尤侗撰　清刻本　一冊

150000－0601－0007556　114067　集部/別
集類/清之屬/清(一)

于京集五卷 （清）尤侗撰　清刻本　一冊

150000－0601－0007557　117782　集部/別
集類/清之屬/清(一)

陳迦陵文集六卷 （清）陳維崧撰　**陳迦陵儷
體文集十二卷** （清）陳維崧撰　**湖海樓詩集
十二卷補遺一卷** （清）陳維崧撰　**迦陵詞集
二十卷** （清）陳維崧撰　清光緒十七年
(1891)弇山鐸署刻本　十六冊

150000－0601－0007558　117118　集部/別
集類/清之屬/清(一)

陳迦陵文集六卷 （清）陳維崧撰　**湖海樓詩
集八卷** （清）陳維崧撰　**陳迦陵儷體文集十
卷** （清）陳維崧撰　清患立堂刻本　七冊

150000－0601－0007559　117145　集部/別
集類/清之屬/清(一)

陳迦陵文集六卷 （清）陳維崧撰　清患立堂
刻本　二冊

150000－0601－0007560　117125　集部/別
集類/清之屬/清(一)

陳檢討集二十卷 （清）陳維崧撰　（清）程師
恭注　清道光二年(1822)刻本　八冊

150000－0601－0007561　117133　集部/別
集類/清之屬/清(一)

陳檢討集二十卷 （清）陳維崧撰　（清）程師
恭注　清刻本　四冊

150000－0601－0007562　114699　集部/別
集類/清之屬/清(一)

白茅堂集四十六卷 （清）顧景星撰　清乾隆
二十年(1755)刻本　二十一冊

150000－0601－0007563　115302　集部/別
集類/清之屬/清(一)

蓮洋集十二卷補遺一卷附錄一卷 （清）吳雯
撰　清乾隆十五年(1750)劉組曾刻五十五年
(1790)重修本　六冊

150000－0601－0007564　118656　集部/別
集類/清之屬/清(一)

飴山詩集二十卷文集十二卷附錄一卷 （清）趙執信撰 禮俗權衡二卷聲調前譜一卷後譜一卷續譜一卷談龍錄一卷 清乾隆三十九年(1774)刻本 十冊

150000－0601－0007565 162484 集部/別集類/清之屬/清（一）

飴山詩集二十卷文集十二卷附錄一卷 （清）趙執信撰 禮俗權衡二卷聲調前譜一卷後譜一卷續譜一卷談龍錄一卷 清乾隆三十九年(1774)刻本 十一冊

150000－0601－0007566 114586 集部/別集類/清之屬/清（一）

正誼堂文集四十卷首一卷 （清）張伯行撰 清光緒二年(1876)刻本 二十冊

150000－0601－0007567 125297 集部/別集類/清之屬/清（一）

懷清堂集二十卷 （清）湯右曾撰 清乾隆七年(1742)刻本 四冊

150000－0601－0007568 114959 集部/別集類/清之屬/清（一）

西亭文鈔十二卷首一卷 （清）王原撰 清光緒十七年(1891)刻本 四冊

150000－0601－0007569 125736 集部/別集類/清之屬/清（一）

滄州近詩十卷 （清）陳鵬年撰 清雍正四年(1726)刻本 五冊

150000－0601－0007570 125741 集部/別集類/清之屬/清（一）

滄州近詩十卷 （清）陳鵬年撰 清雍正四年(1726)刻本 五冊

150000－0601－0007571 114766 集部/別集類/清之屬/清（一）

朱文端公文集四卷 （清）朱軾撰 清刻本 四冊

150000－0601－0007572 125840 集部/別集類/清之屬/清（一）

桐野詩集四卷 （清）周起渭撰 清咸豐二年(1852)世恩堂陳氏刻本 二冊

150000－0601－0007573 125842 集部/別集類/清之屬/清（一）

桐野詩集四卷 （清）周起渭撰 清咸豐二年(1852)世恩堂陳氏刻本 二冊

150000－0601－0007574 120055 集部/別集類/清之屬/清（一）

嚴太僕先生集十二卷 （清）嚴虞惇撰 清乾隆元年(1736)刻本 六冊

150000－0601－0007575 117832 集部/別集類/清之屬/清（一）

湛園未定稿六卷 （清）姜宸英撰 清刻本 六冊

150000－0601－0007576 118903 集部/別集類/清之屬/清（一）

澄懷園文存十五卷 （清）張廷玉撰 清光緒十七年(1891)雲間官舍刻本 八冊

150000－0601－0007577 126376 集部/別集類/清之屬/清（一）

秋影樓詩集九卷 （清）汪繹撰 清光緒二十三年(1897)鐵琴銅劍樓瞿氏刻本 二冊

150000－0601－0007578 114286 集部/別集類/清之屬/清（一）

天鑒堂一集二卷首一卷 （清）沈近思撰 清光緒二十五年(1899)刻本 一冊

150000－0601－0007579 118357 集部/別集類/清之屬/清（一）

義門先生集十二卷附錄一卷 （清）何焯撰 （清）韓崇等輯 清宣統元年(1909)平江吳氏廣州刻本 六冊

150000－0601－0007580 125872 集部/別集類/清之屬/清（一）

秋江集注六卷 （清）黃任撰 （清）王元麟注 清道光二十三年(1843)刻本 六冊

150000－0601－0007581 125368 集部/別集類/清之屬/清（一）

敬業堂詩集五十卷 （清）查慎行撰 清康熙五十八年(1719)刻本 十二冊

150000－0601－0007582　116220　集部/別集類/清之屬/清(一)

思綺堂文集十卷　(清)章藻功撰　清康熙六十一年(1722)刻本　十冊

150000－0601－0007583　114183　集部/別集類/清之屬/清(一)

望溪先生文集十八卷集外文十卷集外文補遺二卷　(清)方苞撰　清咸豐元年(1851)刻本　十冊

150000－0601－0007584　114193　集部/別集類/清之屬/清(一)

望溪先生文集十八卷集外文十卷集外文補遺二卷　(清)方苞撰　清咸豐元年(1851)刻本　十冊

150000－0601－0007585　114203　集部/別集類/清之屬/清(一)

望溪先生文集十八卷集外文十卷集外文補遺二卷　(清)方苞撰　清咸豐元年(1851)刻本　十六冊

150000－0601－0007586　114219　集部/別集類/清之屬/清(一)

望溪先生文集十八卷集外文十卷集外文補遺二卷　(清)方苞撰　清咸豐元年(1851)刻本　四冊

150000－0601－0007587　116873　集部/別集類/清之屬/清(一)

望溪先生文□□卷　(清)方苞撰　(清)王兆符輯　清刻本　一冊　殘

150000－0601－0007588　77945　集部/別集類/清之屬/清(一)

趙裘萼公賸稿四卷　(清)趙熊詔撰　清乾隆二年(1737)刻本　一冊

150000－0601－0007589　119567　集部/別集類/清之屬/清(一)

戴南山文鈔六卷　(清)戴名世撰　清宣統二年(1910)上海國學扶輪社排印本　三冊

150000－0601－0007590　113954　集部/別集類/清之屬/清(一)

二希堂文集十一卷首一卷　(清)蔡世遠撰　清道光十七年(1837)文林堂刻本　八冊

150000－0601－0007591　119635　集部/別集類/清之屬/清(一)

穆堂初稿三十卷別稿五十卷　(清)李紱撰　清道光十一年(1831)刻本　三十六冊

150000－0601－0007592　113913　集部/別集類/清之屬/清(一)

二水樓詩集十八卷　(清)李茹旻撰　清光緒十七年(1891)味憩廬刻本　五冊

150000－0601－0007593　113923　集部/別集類/清之屬/清(一)

二水樓詩集十八卷　(清)李茹旻撰　清光緒十七年(1891)味憩廬刻本　五冊

150000－0601－0007594　113918　集部/別集類/清之屬/清(一)

二水樓文集二十卷首一卷　(清)李茹旻撰　清光緒十七年(1891)味憩廬刻本　五冊

150000－0601－0007595　117147　集部/別集類/清之屬/清(一)

陳學士文集十八卷　(清)陳儀撰　清乾隆十五年(1750)蘭雪堂刻本　十冊

150000－0601－0007596　114570　集部/別集類/清之屬/清(一)

白田草堂存稿二十四卷　(清)王懋竑撰　清乾隆十七年(1752)刻本　十冊

150000－0601－0007597　115560　集部/別集類/清之屬/清(一)

孟鄰堂文鈔十六卷　(清)楊椿撰　清嘉慶二十五年(1820)刻本　六冊

150000－0601－0007598　119137　集部/別集類/清之屬/清(一)

樊榭山房集十卷續集十卷文集八卷集外詩三卷集外詞四卷集外曲一卷集外文一卷　(清)厲鶚撰　**振綺堂詩存一卷**　(清)汪憲撰　**松聲池館詩存四卷**　(清)汪潞撰　清光緒十年(1884)汪氏振綺堂刻本　十二冊

150000－0601－0007599　125231　集部/別集類/清之屬/清(一)

樊榭山房集十卷續集十卷 （清）厲鶚撰　清光緒十年(1884)錢塘汪氏振綺堂刻本　六冊

150000－0601－0007600　119131　集部/別集類/清之屬/清(一)

樊榭山房集八卷 （清）厲鶚撰　清乾隆四年(1739)刻本　六冊

150000－0601－0007601　115094　集部/別集類/清之屬/清(一)

延綠閣集十二卷附刊一卷 （清）華希閔撰　清光緒二十二年(1896)吉水官廨刻本　六冊

150000－0601－0007602　116309　集部/別集類/清之屬/清(一)

香樹齋文集二十八卷 （清）錢陳群撰　清乾隆二十九年(1764)刻本　八冊

150000－0601－0007603　124908　集部/別集類/清之屬/清(一)

香樹齋詩續集十二卷 （清）錢陳群撰　清乾隆二十四年(1759)刻本　四冊

150000－0601－0007604　122966　集部/別集類/清之屬/清(一)

香屑集十八卷首一卷末一卷 （清）黃之雋撰（清）陳邦直注　清雍正十二年(1734)刻本　四冊

150000－0601－0007605　125460　集部/別集類/清之屬/清(一)

香屑集十八卷首一卷末一卷 （清）黃之雋撰（清）陳邦直注　清雍正十二年(1734)刻本　四冊

150000－0601－0007606　116415　集部/別集類/清之屬/清(一)

唐唐集五十卷附刻一卷續八卷補遺二卷 （清）黃之雋撰　清乾隆六年(1741)刻本　十冊　存二十四卷(一至二十四)

150000－0601－0007607　116425　集部/別集類/清之屬/清(一)

唐唐集五十卷附刻一卷續八卷補遺二卷

（清）黃之雋撰　清乾隆六年(1741)刻本　十冊

150000－0601－0007608　116435　集部/別集類/清之屬/清(一)

唐唐集五十卷附刻一卷續八卷補遺二卷 （清）黃之雋撰　清乾隆六年(1741)刻本　十冊　存四十九卷(一至四十九)

150000－0601－0007609　114995　集部/別集類/清之屬/清(一)

存研樓集十六卷 （清）儲大文撰　清乾隆九年(1744)刻本　十冊

150000－0601－0007610　118088　集部/別集類/清之屬/清(一)

雅雨堂文集四卷詩集二卷 （清）盧見曾撰

雅雨山人出塞集一卷 （清）盧見曾撰　清道光二十年(1840)刻本　四冊

150000－0601－0007611　116255　集部/別集類/清之屬/清(一)

秋士先生遺集六卷 （清）彭績撰　清光緒七年(1881)刻長洲彭氏家集本　二冊

150000－0601－0007612　116295　集部/別集類/清之屬/清(一)

秋士先生遺集六卷 （清）彭績撰　清光緒七年(1881)刻長洲彭氏家集本　二冊

150000－0601－0007613　117081　集部/別集類/清之屬/清(一)

培遠堂偶存稿四十八卷 （清）陳宏謀撰　清刻本　二十四冊

150000－0601－0007614　117105　集部/別集類/清之屬/清(一)

培遠堂手札節存三卷 （清）陳宏謀撰　清同治十三年(1874)桂林唐濟刻本　三冊

150000－0601－0007615　117113　集部/別集類/清之屬/清(一)

培遠堂手札節存一卷 （清）陳宏謀撰　清光緒十七年(1891)閩藩署刻本　一冊

150000－0601－0007616　39708　集部/別集

類/清之屬/清(一)

培遠堂手札節存一卷 （清）陳宏謀撰　清光緒二十五年(1899)浙江官書局刻朱墨套印本　三冊

150000 - 0601 - 0007617　117110　集部/別集類/清之屬/清(一)

培遠堂手札節存一卷 （清）陳宏謀撰　清光緒二十五年(1899)浙江官書局刻朱墨套印本　三冊

150000 - 0601 - 0007618　117108　集部/別集類/清之屬/清(一)

培遠堂手札節存三卷附錄一卷 （清）陳宏謀撰　清廣仁堂刻本　二冊

150000 - 0601 - 0007619　126236　集部/別集類/清之屬/清(一)

海珊詩鈔一卷 （清）嚴遂成撰　清道光七年(1827)刻本　一冊

150000 - 0601 - 0007620　115191　集部/別集類/清之屬/清(一)

芝庭先生集十八卷書後一卷附錄一卷 （清）彭啓豐撰　清光緒二年(1876)刻本　六冊

150000 - 0601 - 0007621　114507　集部/別集類/清之屬/清(一)

四知堂文集三十六卷 （清）楊錫紱撰　清嘉慶十一年(1806)刻本　十六冊

150000 - 0601 - 0007622　116357　集部/別集類/清之屬/清(一)

海峰先生文十卷詩六卷 （清）劉大櫆撰　清同治十三年(1874)刻本　六冊

150000 - 0601 - 0007623　116363　集部/別集類/清之屬/清(一)

海峰先生文十卷詩六卷 （清）劉大櫆撰　清同治十三年(1874)刻本　六冊

150000 - 0601 - 0007624　116760　集部/別集類/清之屬/清(一)

海峰文集十卷補遺一卷 （清）劉大櫆撰　**海峰先生詩八卷制藝一卷** （清）劉大櫆撰　清光緒十四年(1888)桐城吳大有堂活字本　十

二冊

150000 - 0601 - 0007625　114496　集部/別集類/清之屬/清(一)

四焉齋文集八卷詩集六卷 （清）曹一士撰　**梯仙閣餘課一卷** （清）陸鳳池撰　清乾隆十五年(1750)刻本　四冊

150000 - 0601 - 0007626　114486　集部/別集類/清之屬/清(一)

四焉齋詩集六卷 （清）曹一士撰　**梯仙閣餘課一卷** （清）陸鳳池撰　清宣統二年(1910)活字本　二冊

150000 - 0601 - 0007627　114488　集部/別集類/清之屬/清(一)

四焉齋文集八卷 （清）曹一士撰　清宣統二年(1910)活字本　四冊

150000 - 0601 - 0007628　114492　集部/別集類/清之屬/清(一)

四焉齋文集八卷 （清）曹一士撰　清宣統二年(1910)活字本　四冊

150000 - 0601 - 0007629　114506　集部/別集類/清之屬/清(一)

四餘偶錄文集二卷 （清）楊仲興撰　清宣統二年(1910)刻本　一冊

150000 - 0601 - 0007630　117157　集部/別集類/清之屬/清(一)

陳文肅公遺集一卷 （清）陳大受撰　清光緒十六年(1890)浯湘求志書屋排印本　四冊

150000 - 0601 - 0007631　114568　集部/別集類/清之屬/清(一)

白鶴堂文稿一卷 （清）彭端淑撰　**雪夜詩談三卷明人詩話補一卷國朝詩話補一卷**　清同治六年(1867)彭效宗刻本　二冊

150000 - 0601 - 0007632　116785　集部/別集類/清之屬/清(一)

清芬樓遺稿四卷 （清）任啓運撰　清嘉慶二十二年(1817)金陵劉貢九家刻本　二冊

150000 - 0601 - 0007633　116779　集部/別

集類/清之屬/清(一)

清芬樓遺稿四卷 (清)任啓運撰　清光緒十四年(1888)家塾刻本　二冊

150000－0601－0007634　116781　集部/別集類/清之屬/清(一)

清芬樓遺稿四卷 (清)任啓運撰　清光緒十四年(1888)家塾刻本　二冊

150000－0601－0007635　116783　集部/別集類/清之屬/清(一)

清芬樓遺稿四卷 (清)任啓運撰　清光緒十四年(1888)家塾刻本　二冊

150000－0601－0007636　114149　集部/別集類/清之屬/清(一)

小山文稿八卷 (清)王時翔撰　清刻本　一冊

150000－0601－0007637　117963　集部/別集類/清之屬/清(一)

道古堂全集文集四十八卷詩集二十六卷集外文一卷集外詩一卷軼事一卷 (清)杭世駿撰　清光緒十四年(1888)刻本　十六冊

150000－0601－0007638　117979　集部/別集類/清之屬/清(一)

道古堂全集文集四十八卷詩集二十六卷集外文一卷集外詩一卷軼事一卷 (清)杭世駿撰　清光緒十四年(1888)刻本　二十四冊

150000－0601－0007639　118003　集部/別集類/清之屬/清(一)

道古堂全集文集四十八卷詩集二十六卷集外文一卷集外詩一卷軼事一卷 (清)杭世駿撰　清光緒十四年(1888)刻本　十六冊

150000－0601－0007640　117161　集部/別集類/清之屬/清(一)

陳星齋文稿論語一卷大學一卷中庸一卷孟子一卷 (清)陳兆崙撰　(清)蔡玉堂評注　清光緒三年(1877)刻本　二冊

150000－0601－0007641　120033　集部/別集類/清之屬/清(一)

寶綸堂文鈔八卷 (清)齊召南撰　清光緒十三年(1887)刻本　四冊

150000－0601－0007642　120042　集部/別集類/清之屬/清(一)

寶綸堂文鈔八卷 (清)齊召南撰　清光緒十三年(1887)刻本　二冊

150000－0601－0007643　120044　集部/別集類/清之屬/清(一)

寶綸堂文鈔八卷 (清)齊召南撰　清光緒十三年(1887)刻本　二冊

150000－0601－0007644　120046　集部/別集類/清之屬/清(一)

寶綸堂文鈔八卷 (清)齊召南撰　清光緒十三年(1887)刻本　二冊

150000－0601－0007645　120048　集部/別集類/清之屬/清(一)

寶綸堂詩鈔六卷 (清)齊召南撰　清光緒十三年(1887)刻本　二冊

150000－0601－0007646　125947　集部/別集類/清之屬/清(一)

寶綸堂詩鈔六卷 (清)齊召南撰　清光緒十三年(1887)刻本　二冊

150000－0601－0007647　114544　集部/別集類/清之屬/清(一)

石笥山房文集六卷補遺一卷詩集十一卷補遺二卷續補遺二卷詩餘一卷 (清)胡天游撰　清咸豐二年(1852)刻本　十冊

150000－0601－0007648　114554　集部/別集類/清之屬/清(一)

石笥山房文集六卷補遺一卷詩集十一卷補遺二卷續補遺二卷詩餘一卷 (清)胡天游撰　清咸豐二年(1852)刻本　十冊

150000－0601－0007649　125808　集部/別集類/清之屬/清(一)

睫巢後集一卷 (清)李鍇撰　清乾隆十年(1745)刻本　一冊

150000－0601－0007650　118814　集部/別集類/清之屬/清(一)

銅鼓書堂遺稿三十二卷　（清）查禮撰　清乾
隆五十七年(1792)刻本　四冊

150000－0601－0007651　118818　集部/別
集類/清之屬/清(一)

銅鼓書堂遺稿三十二卷　（清）查禮撰　清乾
隆五十七年(1792)刻本　十二冊

150000－0601－0007652　115793　集部/別
集類/清之屬/清(一)

果堂集十二卷　（清）沈彤撰　清乾隆十四年
(1749)刻本　六冊

150000－0601－0007653　124950　集部/別
集類/清之屬/清(一)

恩暉堂詩集六卷帖體詩三卷律賦一卷　（清）
王藻撰　清咸豐六年(1856)刻本　三冊

150000－0601－0007654　119757　集部/別
集類/清之屬/清(一)

鮚埼亭集三十八卷首一卷　（清）全祖望撰
清同治十一年(1872)刻本　十二冊

150000－0601－0007655　119781　集部/別
集類/清之屬/清(一)

鮚埼亭集三十八卷首一卷　（清）全祖望撰
清同治十一年(1872)刻本　十二冊

150000－0601－0007656　119793　集部/別
集類/清之屬/清(一)

鮚埼亭集三十八卷首一卷　（清）全祖望撰
清同治十一年(1872)刻本　十冊

150000－0601－0007657　119709　集部/別
集類/清之屬/清(一)

鮚埼亭集三十八卷首一卷外編五十卷　（清）
全祖望撰　清同治十一年(1872)刻本　二十
四冊

150000－0601－0007658　119733　集部/別
集類/清之屬/清(一)

鮚埼亭集三十八卷首一卷外編五十卷　（清）
全祖望撰　清同治十一年(1872)刻本　二十
四冊

150000－0601－0007659　119769　集部/別

集類/清之屬/清(一)

鮚埼亭集外編五十卷　（清）全祖望撰　清嘉
慶十六年(1811)刻本　十二冊

150000－0601－0007660　114840　集部/別
集類/清之屬/清(一)

全謝山文鈔十六卷　（清）全祖望撰　清宣統
二年(1910)國學扶輪社排印本　八冊

150000－0601－0007661　153783　集部/別
集類/清之屬/清(一)

鮚埼亭集一卷　（清）常庸纂　清刻香雪崦叢
書本　一冊

150000－0601－0007662　165802　集部/別
集類/清之屬/清(一)

板橋集　（清）鄭燮撰　清同治七年(1868)刻
本　四冊

150000－0601－0007663　115629　集部/別
集類/清之屬/清(一)

板橋集　（清）鄭燮撰　清清暉書屋刻本
四冊

150000－0601－0007664　165798　集部/別
集類/清之屬/清(一)

板橋集　（清）鄭燮撰　清清暉書屋刻本
四冊

150000－0601－0007665　116808　集部/別
集類/清之屬/清(一)

用晦文存四卷首一卷　（清）王今遠撰　清光
緒二十五年(1899)刻本　六冊

150000－0601－0007666　115967　集部/別
集類/清之屬/清(一)

南雲書屋文鈔一卷　（清）廖鴻章撰　清廖榮
奎等刻本　一冊

150000－0601－0007667　118372　集部/別
集類/清之屬/清(一)

裘文達公文集六卷補遺一卷詩集十二卷奏議
一卷　（清）裘曰修撰　清嘉慶八年(1803)刻
本　六冊

150000－0601－0007668　119477　集部/別

集類/清之屬/清（一）

迂齋學古編四卷　（清）法坤宏撰　清乾隆三十九年(1774)海上廬刻本　二冊

150000－0601－0007669　114083　集部/別集類/清之屬/清（一）

小倉山房詩集三十二卷補遺二卷　（清）袁枚撰　清刻本　八冊

150000－0601－0007670　114091　集部/別集類/清之屬/清（一）

小倉山房文集三十一卷詩集三十二卷補遺二卷外集七卷補遺一卷　（清）袁枚撰　清刻本　二十四冊

150000－0601－0007671　116558　集部/別集類/清之屬/清（一）

袁文箋正十六卷　（清）袁枚撰　（清）石韞玉箋　清嘉慶十七年(1812)刻本　四冊

150000－0601－0007672　116548　集部/別集類/清之屬/清（一）

袁文箋正十六卷　（清）袁枚撰　（清）石韞玉箋　袁文補注一卷　清嘉慶十七年(1812)刻本　四冊

150000－0601－0007673　116543　集部/別集類/清之屬/清（一）

袁文箋正十六卷　（清）袁枚撰　（清）石韞玉箋　袁文補注一卷增訂袁文箋正四卷　（清）袁枚撰　（清）魏大緒箋　清光緒十四年(1888)上海蜚英館石印本　五冊

150000－0601－0007674　116552　集部/別集類/清之屬/清（一）

袁文合箋十六卷　（清）袁枚撰　（清）王廣業集箋　清光緒八年(1882)刻本　六冊

150000－0601－0007675　114074　集部/別集類/清之屬/清（一）

小倉山房文十七卷　（清）袁枚撰　清刻本　三冊

150000－0601－0007676　116453　集部/別集類/清之屬/清（一）

袁太史時文一卷　（清）袁枚撰　清刻本　一冊

150000－0601－0007677　116537　集部/別集類/清之屬/清（一）

袁太史時文一卷　（清）袁枚撰　碧腴齋詩存八卷　（清）胡德琳撰　崇睦山房詞一卷（清）汪全德撰　綠秋草堂詞一卷　（清）顧翰撰　盈書閣遺稿一卷　清刻本　六冊

150000－0601－0007678　120814　集部/別集類/清之屬/清（一）

小倉山房尺牘八卷　（清）袁枚撰　清刻本　二冊

150000－0601－0007679　50950　集部/別集類/清之屬/清（一）

小倉山房外集八卷　（清）袁枚撰　清刻本　五冊

150000－0601－0007680　115526　集部/別集類/清之屬/清（一）

青虛山房集十一卷　（清）王太岳撰　清光緒十九年(1893)刻本　五冊

150000－0601－0007681　114720　集部/別集類/清之屬/清（一）

玉芝堂文集六卷　（清）邵齊燾撰　清光緒八年(1882)刻本　二冊

150000－0601－0007682　115392　集部/別集類/清之屬/清（一）

泊鷗山房集三十八卷　（清）陶元藻撰　清刻本　四冊

150000－0601－0007683　125388　集部/別集類/清之屬/清（一）

侯鯖集十卷　（清）李友棠撰　賞番圖百韵詩一卷　（清）李友棠撰　清末刻本　四冊

150000－0601－0007684　125506　集部/別集類/清之屬/清（一）

振綺堂詩存一卷　（清）汪憲撰　松聲池館詩存四卷　（清）汪潞撰　清光緒十五年(1889)刻本　一冊

150000－0601－0007685　125504　集部/別集類/清之屬/清（一）

振綺堂詩存一卷　（清）汪憲撰　清光緒十五

年(1889)刻本　一册

150000－0601－0007686　125505　集部/別
集類/清之屬/清(一)
振綺堂詩存一卷　(清)汪憲撰　清光緒十五
年(1889)刻本　一册

150000－0601－0007687　125527　集部/別
集類/清之屬/清(一)
顧雙溪集九卷　(清)顧奎光撰　清光緒二十
一年(1895)活字本　二册

150000－0601－0007688　126129　集部/別
集類/清之屬/清(一)
顧雙溪集九卷　(清)顧奎光撰　清光緒二十
一年(1895)活字本　二册

150000－0601－0007689　118283　集部/別
集類/清之屬/清(一)
滑疑集八卷　(清)韓錫胙撰　清刻咸豐五年
(1855)石門山房刷印本　四册

150000－0601－0007690　119505　集部/別
集類/清之屬/清(一)
綠溪初稿一卷　(清)靳榮藩撰　綠溪語二卷
綠溪詩四卷綠溪詞一卷咏史偶稿一卷　清乾
隆四十二年(1777)刻本　四册

150000－0601－0007691　117189　集部/別
集類/清之屬/清(一)
梅崖居士文集三十卷外集八卷　(清)朱仕琇
撰　清乾隆四十七年(1782)刻本　十二册

150000－0601－0007692　115859　集部/別
集類/清之屬/清(一)
知足齋詩集二十卷續集四卷文集六卷進呈文
稿二卷　(清)朱珪撰　清嘉慶十年(1805)刻
本　二十册

150000－0601－0007693　125380　集部/別
集類/清之屬/清(一)
知足齋詩集二十卷　(清)朱珪撰　清嘉慶十
年(1805)刻本　八册

150000－0601－0007694　116216　集部/別
集類/清之屬/清(一)

思補齋文集四卷　(清)劉星煒撰　清光緒二
十年(1894)刻本　四册

150000－0601－0007695　116297　集部/別
集類/清之屬/清(一)
香雪文鈔六卷　(清)曹學詩撰　清乾隆十年
(1745)刻本　六册

150000－0601－0007696　115607　集部/別
集類/清之屬/清(一)
抱經堂文集三十四卷　(清)盧文弨撰　清嘉
慶二十年(1815)刻本　八册

150000－0601－0007697　113856　集部/別
集類/清之屬/清(一)
十誦齋集詩四卷　(清)周天度撰　清乾隆三
十五年(1770)刻本　二册

150000－0601－0007698　126412　集部/別
集類/清之屬/清(一)
碧腴齋詩存八卷　(清)胡德琳撰　清刻本
一册

150000－0601－0007699　118217　集部/別
集類/清之屬/清(一)
復初齋文集三十五卷　(清)翁方綱撰　清光
緒三年(1877)刻本　十二册

150000－0601－0007700　116283　集部/別
集類/清之屬/清(一)
紀文達公遺集十六卷又十六卷　(清)紀昀撰
　清嘉慶十七年(1812)孫樹馥刻廣州鎔經鑄
史齋刷印本　十二册

150000－0601－0007701　116260　集部/別
集類/清之屬/清(一)
紀文達公遺集十六卷　(清)紀昀撰　清嘉慶
十七年(1812)刻本　六册

150000－0601－0007702　124922　集部/別
集類/清之屬/清(一)
紀文達公遺集十六卷　(清)紀昀撰　清刻本
　六册　存七卷(十至十六)

150000－0601－0007703　125001　集部/別
集類/清之屬/清(一)

紀曉嵐詩注釋四卷　（清）紀昀撰　（清）郭斌評注　清嘉慶十七年（1812）鳴鳳樓刻本　四冊　存三卷（一至三）

150000－0601－0007704　10251　集部／別集類／清之屬／清（一）

紀曉嵐詩注釋四卷　（清）紀昀撰　（清）郭斌評注　清刻朱墨套印本　四冊

150000－0601－0007705　10255　集部／別集類／清之屬／清（一）

紀曉嵐詩注釋四卷　（清）紀昀撰　（清）郭斌評注　清書業堂刻朱墨套印本　四冊

150000－0601－0007706　116266　集部／別集類／清之屬／清（一）

紀文達公遺集十六卷　（清）紀昀撰　清嘉慶十七年（1812）刻本　十七冊　存十三卷（一至十三）

150000－0601－0007707　117312　集部／別集類／清之屬／清（一）

笥河文集十六卷首一卷詩集二十卷　（清）朱筠撰　清嘉慶二十年（1815）刻本　十四冊

150000－0601－0007708　114950　集部／別集類／清之屬／清（一）

西莊始存稿三十九卷　（清）王鳴盛撰　清乾隆三十二年（1767）刻本　八冊

150000－0601－0007709　118847　集部／別集類／清之屬／清（一）

潛研堂文集五十卷詩集十卷詩續集十卷　（清）錢大昕撰　清嘉慶十一年（1806）刻本　十八冊

150000－0601－0007710　118865　集部／別集類／清之屬／清（一）

潛研堂文集五十卷詩集十卷詩續集十卷　（清）錢大昕撰　清嘉慶十一年（1806）刻本　十六冊

150000－0601－0007711　118881　集部／別集類／清之屬／清（一）

潛研堂文集五十卷詩集十卷詩續集十卷　（清）錢大昕撰　清嘉慶十一年（1806）刻本　十六冊

150000－0601－0007712　114695　集部／別集類／清之屬／清（一）

切問齋集十二卷首一卷　（清）陸耀撰　清光緒十八年（1892）江蘇書局刻本　四冊

150000－0601－0007713　124774　集部／別集類／清之屬／清（一）

白莼詩集十六卷附一卷　（清）張開東撰　清乾隆五十四年（1789）刻本　十二冊

150000－0601－0007714　50845　集部／別集類／清之屬／清（一）

粲花軒詩集二卷　（清）陸建撰　清刻本　一冊

150000－0601－0007715　126413　集部／別集類／清之屬／清（一）

粲花軒詩集二卷　（清）陸建撰　清刻本　一冊

150000－0601－0007716　124839　集部／別集類／清之屬／清（一）

恩餘堂經進初稿十二卷續稿二十二卷三稿十一卷　（清）彭元瑞撰　恩餘堂策問存課二卷　（清）彭元瑞撰　知聖道齋讀書跋尾二卷（清）彭元瑞撰　清刻本　十八冊

150000－0601－0007717　115633　集部／別集類／清之屬／清（一）

忠雅堂詩集二十七卷補遺二卷詞集二卷文集十二卷　（清）蔣士銓撰　清刻蔣氏四種本　十八冊

150000－0601－0007718　117828　集部／別集類／清之屬／清（一）

測海集六卷　（清）彭紹升撰　清嘉慶二十四年（1819）刻本　一冊

150000－0601－0007719　117829　集部／別集類／清之屬／清（一）

測海集六卷　（清）彭紹升撰　清嘉慶二十四年（1819）刻本　三冊

150000－0601－0007720　125897　集部／別

集類/清之屬/清(一)

觀河集四卷 （清）彭紹升撰　清光緒四年(1878)刻本　一冊

150000－0601－0007721　113928　集部/別集類/清之屬/清(一)

二林居集二十四卷 （清）彭紹升撰　清光緒七年(1881)刻本　九冊

150000－0601－0007722　113937　集部/別集類/清之屬/清(一)

二林居集二十四卷 （清）彭紹升撰　清光緒七年(1881)刻本　六冊

150000－0601－0007723　113943　集部/別集類/清之屬/清(一)

二林居集二十四卷 （清）彭紹升撰　清光緒七年(1881)刻本　六冊

150000－0601－0007724　125199　集部/別集類/清之屬/清(一)

理堂詩集四卷 （清）韓夢周撰　清道光四年(1824)刻本　二冊

150000－0601－0007725　50792　集部/別集類/清之屬/清(一)

十杉亭帖體詩鈔五卷續編二卷 （清）吳楷撰　　**薇雲小舍試帖詩課二卷** （清）吳之俊撰

薇雲小舍帖體續編二卷 （清）吳之俊撰　清末刻本　四冊

150000－0601－0007726　118589　集部/別集類/清之屬/清(一)

經韵樓集十二卷 （清）段玉裁撰　清光緒十年(1884)秋樹根齋刻本　六冊

150000－0601－0007727　125569　集部/別集類/清之屬/清(一)

香聞遺集四卷 （清）薛起鳳撰　清光緒十一年(1885)湖北撫署刻本　一冊

150000－0601－0007728　118562　集部/別集類/清之屬/清(一)

葆淳閣集二十四卷 （清）王杰撰　**易説二卷** （清）王杰撰　清刻本　十二冊

150000－0601－0007729　125615　集部/別集類/清之屬/清(一)

甌北集五十三卷 （清）趙翼撰　清嘉慶十七年(1812)刻本　十冊

150000－0601－0007730　125728　集部/別集類/清之屬/清(一)

篁村集十二卷 （清）陸錫熊撰　清道光二十九年(1849)陸成沅刻本　四冊

150000－0601－0007731　115005　集部/別集類/清之屬/清(一)

存吾文稿四卷 （清）余廷燦撰　清咸豐五年(1855)刻本　四冊

150000－0601－0007732　9307　集部/別集類/清之屬/清(一)

樹經堂詩初集十五卷續集八卷 （清）謝啓昆撰　清嘉慶五年(1800)刻本　六冊

150000－0601－0007733　115174　集部/別集類/清之屬/清(一)

南澗文集二卷 （清）李文藻撰　清末刻本　一冊

150000－0601－0007734　115965　集部/別集類/清之屬/清(一)

南澗文集二卷 （清）李文藻撰　清末刻本　一冊

150000－0601－0007735　116638　集部/別集類/清之屬/清(一)

重鎸草堂外集十五卷 （清）檀萃撰　（清）吳幷山評　（清）滇南蝶會諸老重批　清刻本　六冊

150000－0601－0007736　120854　集部/別集類/清之屬/清(一)

惜抱先生尺牘八卷 （清）姚鼐撰　清咸豐五年(1855)海源閣刻本　二冊

150000－0601－0007737　120857　集部/別集類/清之屬/清(一)

惜抱先生尺牘八卷 （清）姚鼐撰　清宣統元年(1909)小萬柳堂影刻本　四冊

150000 - 0601 - 0007738　120846　集部/別集類/清之屬/清(一)

惜抱先生尺牘補編二卷　(清)姚鼐撰　清刻本　一冊

150000 - 0601 - 0007739　126297　集部/別集類/清之屬/清(一)

悅親樓詩外集二卷　(清)祝德麟撰　清刻本　一冊

150000 - 0601 - 0007740　124995　集部/別集類/清之屬/清(一)

紅豆村人詩稿十四卷　(清)袁樹撰　清刻本　六冊

150000 - 0601 - 0007741　125392　集部/別集類/清之屬/清(一)

紅豆村人詩稿十四卷　(清)袁樹撰　清刻本　四冊

150000 - 0601 - 0007742　767531　集部/別集類/清之屬/清(一)

紅豆村人詩稿十四卷　(清)袁樹撰　清刻本　一冊　殘

150000 - 0601 - 0007743　117931　集部/別集類/清之屬/清(一)

尊聞居士集八卷　(清)羅有高撰　清道光十八年(1838)刻本　二冊

150000 - 0601 - 0007744　117933　集部/別集類/清之屬/清(一)

尊聞居士集八卷　(清)羅有高撰　清光緒八年(1882)刻本　二冊

150000 - 0601 - 0007745　126179　集部/別集類/清之屬/清(一)

春及堂稿一卷　(清)謝聘撰　清光緒二十三年(1897)江陰金氏粟香室刻粟香室叢書本　一冊

150000 - 0601 - 0007746　118126 + 125433　集部/別集類/清之屬/清(一)

虛白齋存稿館課詩一卷館課賦一卷　(清)吳壽昌撰　清乾隆五十五年(1790)刻本　二冊

150000 - 0601 - 0007747　114023　集部/別集類/清之屬/清(一)

三松堂集四卷又二十卷續集六卷　(清)潘奕雋撰　清同治十一年(1872)刻本　四冊

150000 - 0601 - 0007748　114031　集部/別集類/清之屬/清(一)

三松堂集四卷又二十卷續集六卷　(清)潘奕雋撰　清同治十一年(1872)刻本　十冊

150000 - 0601 - 0007749　114027　集部/別集類/清之屬/清(一)

三松堂集四卷又二十卷續集六卷　(清)潘奕雋撰　清同治十一年(1872)刻本　四冊

150000 - 0601 - 0007750　114061　集部/別集類/清之屬/清(一)

小癡遺稿一卷　(清)紀曾藻撰　清嘉慶九年(1804)刻本　一冊

150000 - 0601 - 0007751　123225　集部/別集類/清之屬/清(一)

集聖教字詩四卷　(清)馬慧裕撰　清嘉慶九年(1804)刻本　三冊

150000 - 0601 - 0007752　123228　集部/別集類/清之屬/清(一)

續集聖教字詩四卷　(清)馬慧裕撰　清嘉慶七年(1802)刻本　三冊

150000 - 0601 - 0007753　129232　集部/別集類/清之屬/清(一)

河干詩鈔二卷　(清)馬慧裕撰　清嘉慶九年(1804)刻本　一冊

150000 - 0601 - 0007754　119807　集部/別集類/清之屬/清(一)

錢南園先生遺集五卷　(清)錢灃撰　清光緒十九年(1893)浙江書局刻本　二冊

150000 - 0601 - 0007755　119809　集部/別集類/清之屬/清(一)

錢南園先生遺集五卷　(清)錢灃撰　清光緒十九年(1893)浙江書局刻本　二冊

150000 - 0601 - 0007756　126380　集部/別

錢南園先生遺集五卷　（清）錢灃撰　清光緒
十九年(1893)浙江書局刻本　二冊

150000－0601－0007757　119331　集部/別
集類/清之屬/清(一)

滄靜齋文鈔八卷詩鈔六卷　（清）龔景瀚撰
清同治八年(1869)濟南郡署刻本　八冊

150000－0601－0007758　114041　集部/別
集類/清之屬/清(一)

小峴山人文集六卷　（清）秦瀛撰　清刻本
四冊

150000－0601－0007759　115017　集部/別
集類/清之屬/清(一)

有正味齋詩十二卷駢體文二十四卷詞七卷曲
一卷律賦一卷試帖四卷駢體文删餘十二卷
(清)吳錫麒撰　清咸豐五年(1855)刻吳氏一
家稿本　十六冊

150000－0601－0007760　115049　集部/別
集類/清之屬/清(一)

有正味齋駢體文二十四卷　（清）吳錫麒撰
(清)王廣業箋　清咸豐九年(1859)青箱塾刻
本　六冊

150000－0601－0007761　115055　集部/別
集類/清之屬/清(一)

有正味齋駢體文二十四卷　（清）吳錫麒撰
(清)王廣業箋　清咸豐九年(1859)青箱塾刻
本　八冊

150000－0601－0007762　115041　集部/別
集類/清之屬/清(一)

有正味齋駢文十六卷補注一卷　（清）吳錫麒
撰　（清）葉聯芬撰　清道光二十年(1840)刻
本　八冊

150000－0601－0007763　115063　集部/別
集類/清之屬/清(一)

有正味齋駢文十六卷補注一卷　（清）吳錫麒
撰　（清）葉聯芬撰　清道光二十年(1840)刻
本　二冊

150000－0601－0007764　125043　集部/別

自怡集十二卷　（清）吳錫麟撰　嶺南詩鈔二
卷　（清）吳錫麟撰　清嘉慶十二年(1807)刻
本　六冊

150000－0601－0007765　119610　集部/別
集類/清之屬/清(一)

戴東原集十二卷覆校札記一卷　（清）戴震撰
清乾隆五十七年(1792)刻本　三冊

150000－0601－0007766　115187　集部/別
集類/清之屬/清(一)

汪子文錄十卷　（清）汪縉撰　清光緒七年
(1881)刻本　四冊

150000－0601－0007767　126215　集部/別
集類/清之屬/清(一)

吉貝居暇唱一卷　（清）施國祁撰　清刻本
一冊

150000－0601－0007768　124857　集部/別
集類/清之屬/清(一)

兩當軒集二十二卷考異二卷附錄四卷　（清）
黃景仁撰　清光緒二年(1876)家塾刻本
六冊

150000－0601－0007769　124863　集部/別
集類/清之屬/清(一)

兩當軒集二十二卷考異二卷附錄四卷　（清）
黃景仁撰　清光緒二年(1876)家塾刻本
六冊

150000－0601－0007770　124869　集部/別
集類/清之屬/清(一)

兩當軒集二十二卷考異二卷附錄四卷　（清）
黃景仁撰　清光緒二年(1876)家塾刻本
六冊

150000－0601－0007771　124875　集部/別
集類/清之屬/清(一)

兩當軒集二十二卷考異二卷附錄四卷　（清）黃
景仁撰　清光緒二年(1876)家塾刻本　五冊

150000－0601－0007772　125864　集部/別
集類/清之屬/清(一)

兩當軒詩鈔十四卷　（清）黃景仁撰　悔存詞

鈔二卷 （清）黃景仁撰 清嘉慶二十二年
(1817)刻本 四冊

150000－0601－0007773 116381 集部/別
集類/清之屬/清(一)

容齋文鈔八卷詩集二十六卷 （清）茹綸常撰
古香詞一卷 （清）茹綸常撰 清嘉慶四年
(1799)刻本 八冊

150000－0601－0007774 50976 集部/別集
類/清之屬/清(一)

南園詩選二卷 （清）何士顒撰 清刻本
一冊

150000－0601－0007775 115480 集部/別
集類/清之屬/清(一)

述學內篇三卷外篇一卷補遺一卷別錄一卷校
勘記一卷 （清）汪中撰 清同治八年(1869)
揚州書局刻本 二冊

150000－0601－0007776 115482 集部/別
集類/清之屬/清(一)

述學內篇三卷外篇一卷補遺一卷別錄一卷校
勘記一卷 （清）汪中撰 清同治八年(1869)
揚州書局刻本 二冊

150000－0601－0007777 115484 集部/別
集類/清之屬/清(一)

述學內篇三卷外篇一卷補遺一卷別錄一卷校
勘記一卷 （清）汪中撰 清同治八年(1869)
揚州書局刻本 二冊

150000－0601－0007778 115488 集部/別
集類/清之屬/清(一)

述學內篇三卷外篇一卷補遺一卷別錄一卷校
勘記一卷 （清）汪中撰 清同治八年(1869)
揚州書局刻本 四冊

150000－0601－0007779 115492 集部/別
集類/清之屬/清(一)

述學內篇三卷外篇一卷補遺一卷別錄一卷校
勘記一卷 （清）汪中撰 清同治八年(1869)
揚州書局刻本 二冊

150000－0601－0007780 115615 集部/別
集類/清之屬/清(一)

芙蓉山館詩鈔八卷詩補鈔一卷詞鈔二卷文鈔
一卷 （清）楊芳燦撰 清嘉慶十二年(1807)
刻本 十二冊

150000－0601－0007781 119617 集部/別
集類/清之屬/清(一)

嬰山小園詩集十六卷首一卷文集三卷 （清）
張誠撰 清光緒元年(1875)刻本 四冊

150000－0601－0007782 116824 集部/別
集類/清之屬/清(一)

章實齋先生遺書六卷附錄一卷 （清）章學誠
撰 清宣統二年(1910)排印本 四冊

150000－0601－0007783 126051 集部/別
集類/清之屬/清(一)

詞館賸稿二卷 （清）馮培撰 清刻本 一冊

150000－0601－0007784 119825 集部/別
集類/清之屬/清(一)

韞山堂文集八卷詩集十六卷 （清）管世銘撰
清光緒二十年(1894)刻本 五冊

150000－0601－0007785 119915 集部/別
集類/清之屬/清(一)

韞山堂文集八卷 （清）管世銘撰 清光緒十
七年(1891)刻本 四冊

150000－0601－0007786 119823 集部/別
集類/清之屬/清(一)

韞山堂文集八卷 （清）管世銘撰 清光緒二
十年(1894)刻本 二冊

150000－0601－0007787 114179 集部/別
集類/清之屬/清(一)

大桴山人偶存集一卷 （清）陳詩撰 清光緒
四年(1878)刻本 一冊

150000－0601－0007788 115498 集部/別
集類/清之屬/清(一)

述古堂集十二卷 （清）錢兆鵬撰 清光緒七
年(1881)刻本 四冊

150000－0601－0007789 115494 集部/別
集類/清之屬/清(一)

述古堂集十二卷 （清）錢兆鵬撰 民國元年

內蒙古自治區圖書館古籍普查登記目錄

(1912)鄂官書局刻本　四冊

150000－0601－0007790　119833　集部/別集類/清之屬/清(一)

雙桂堂時文稿一卷　（清）紀大奎撰　**雙桂堂稿續編九卷**　（清）紀大奎撰　**課子遺編一卷**（清）紀應鋸撰　**紀氏敬義堂家訓述錄一卷**（清）紀大奎輯　**書紳錄一卷**　（清）紀大奎輯　**枕上銘一卷**　（清）紀大奎撰　清嘉慶十四年(1809)刻本　六冊

150000－0601－0007791　D2466　集部/別集類/清之屬/清(一)

存素堂文集四卷　（清）法式善撰　清嘉慶十二年(1807)程氏揚州刻本　二冊

150000－0601－0007792　115879　集部/別集類/清之屬/清(一)

知恥齋文集二卷　（清）謝振定撰　清道光十八年(1838)刻本　二冊

150000－0601－0007793　117165　集部/別集類/清之屬/清(一)

授堂文鈔八卷　（清）武億撰　清刻粵雅堂叢書本　三冊

150000－0601－0007794　118159　集部/別集類/清之屬/清(一)

晚聞居士遺集九卷首一卷　（清）王宗炎撰　清道光十一年(1831)杭州愛日軒陸貞一刻本　六冊

150000－0601－0007795　114788　集部/別集類/清之屬/清(一)

亦有生齋集文二十卷詩三十二卷詞五卷樂府二卷　（清）趙懷玉撰　清嘉慶二十二年(1817)刻本　二十冊

150000－0601－0007796　125643　集部/別集類/清之屬/清(一)

點蒼山人詩鈔六卷　（清）沙琛撰　清嘉慶二十三年(1818)刻本　四冊

150000－0601－0007797　119831　集部/別集類/清之屬/清(一)

雙佩齋文集四卷駢體文一卷　（清）王友亮撰

清嘉慶十五年(1810)刻本　二冊

150000－0601－0007798　125831　集部/別集類/清之屬/清(一)

賞雨茅屋詩集二十二卷外集一卷　（清）曾燠撰　清刻本　八冊

150000－0601－0007799　120063　集部/別集類/清之屬/清(一)

鶴泉文鈔續選九卷　（清）戚學標撰　清嘉慶十八年(1813)刻本　四冊

150000－0601－0007800　117827　集部/別集類/清之屬/清(一)

溉亭述古錄二卷　（清）錢塘撰　清刻本一冊

150000－0601－0007801　116242　集部/別集類/清之屬/清(一)

思不辱齋廣虖揚集□□卷　（清）萬承風撰　清道光七年(1827)刻本　一冊　存一卷(一)

150000－0601－0007802　156701　集部/別集類/清之屬/清(一)

孫淵如先生全集　（清）孫星衍撰　清光緒二十年(1894)湖南思賢書局刻本　十冊

150000－0601－0007803　125647　集部/別集類/清之屬/清(一)

芳茂山人詩錄九卷　（清）孫星衍撰　**長離閣集一卷**　（清）王采薇撰　清光緒十一年(1885)長沙王氏刻本　三冊

150000－0601－0007804　156711　集部/別集類/清之屬/清(一)

芳茂山人文集十二卷詩錄十卷　（清）孫星衍撰　**長離閣集一卷**　（清）王采薇撰　清光緒十一年(1885)刻槐廬叢書本　十冊

150000－0601－0007805　115597＋114345　集部/別集類/清之屬/清(一)

芳茂山人文集十二卷詩錄十卷　（清）孫星衍撰　**長離閣集一卷**　（清）王采薇撰　清光緒十一年(1885)刻槐廬叢書本　七冊

150000－0601－0007806　116654　集部/別

集類/清之屬/清(一)

問字堂集六卷　（清）孫星衍撰　清光緒二十一年(1895)長沙王氏刻芳茂山人文集本三冊

150000－0601－0007807　129189　集部/別集類/清之屬/清(一)

岱南閣集二卷　（清）孫星衍撰　清刻芳茂山人文集本　一冊

150000－0601－0007808　125276　集部/別集類/清之屬/清(一)

頤彩堂詩鈔十卷　（清）沈叔埏撰　清光緒九年(1883)刻本　二冊

150000－0601－0007809　119562　集部/別集類/清之屬/清(一)

頤彩堂文集十五卷　（清）沈叔埏撰　清光緒九年(1883)刻本　五冊

150000－0601－0007810　125483　集部/別集類/清之屬/清(一)

瓶水齋詩集十七卷別集二卷　（清）舒位撰　瓶水齋詩話一卷　（清）舒位撰　清光緒十二年(1886)刻本　八冊

150000－0601－0007811　9301　集部/別集類/清之屬/清(一)

瓶水齋詩集十六卷別集二卷　（清）舒位撰　清光緒十二年(1886)刻本　六冊

150000－0601－0007812　118737　集部/別集類/清之屬/清(一)

嘉樹山房集二十四卷外集二卷　（清）張士元撰　清嘉慶二十四年(1819)刻本　六冊

150000－0601－0007813　117748　集部/別集類/清之屬/清(一)

淵雅堂編年詩稿二十卷詩外集二卷　（清）王芑孫撰　愓甫未定稿二十六卷　（清）王芑孫撰　淵雅堂文外集四卷外集一卷編年詩續稿一卷文續稿一卷外編一卷　（清）王芑孫撰　寫韵軒小稿二卷　（清）曹貞秀撰　波餘遺稿詩一卷雜著附錄二卷　（清）王翼孫撰　清嘉慶九年(1804)刻本　二十四冊

150000－0601－0007814　117746　集部/別集類/清之屬/清(一)

淵雅堂編年詩續稿一卷　（清）王芑孫撰　淵雅堂文續稿一卷　（清）王芑孫撰　清嘉慶二十五年(1820)刻本　二冊

150000－0601－0007815　116818　集部/別集類/清之屬/清(一)

愓甫未定稿一卷　（清）王芑孫撰　清嘉慶九年(1804)刻本　四冊

150000－0601－0007816　125651　集部/別集類/清之屬/清(一)

繞竹山房詩稿十卷詩餘一卷　（清）朱文治撰　清嘉慶二十三年(1818)刻本　一冊

150000－0601－0007817　114979　集部/別集類/清之屬/清(一)

存悔齋集二十八卷外集四卷　（清）劉鳳誥撰　清道光十年(1830)刻本　八冊

150000－0601－0007818　114987　集部/別集類/清之屬/清(一)

存悔齋集二十八卷外集四卷　（清）劉鳳誥撰　清道光十年(1830)刻本　八冊

150000－0601－0007819　118390　集部/別集類/清之屬/清(一)

揅經室一集十四卷二集八卷三集五卷四集二卷詩十一卷續集九卷外集五卷　（清）阮元撰　清道光三年(1823)文選樓刻本　二十四冊

150000－0601－0007820　118414　集部/別集類/清之屬/清(一)

揅經室一集十四卷二集八卷三集五卷四集二卷詩十一卷續集九卷外集五卷　（清）阮元撰　清道光三年(1823)文選樓刻本　十六冊

150000－0601－0007821　118430　集部/別集類/清之屬/清(一)

揅經室一集十四卷二集八卷三集五卷四集二卷詩十一卷續集九卷外集五卷　（清）阮元撰　清道光三年(1823)文選樓刻本　二十四冊

150000－0601－0007822　118454　集部/別集類/清之屬/清(一)

揅經室一集十四卷二集八卷三集五卷四集二卷詩十一卷續集九卷外集五卷　（清）阮元撰
清道光三年（1823）文選樓刻本　二十四冊

150000－0601－0007823　118378　集部/別集類/清之屬/清（一）

楚中文筆二卷附錄一卷　（清）阮元撰　清同治四年（1865）鄂渚刻本　四冊

150000－0601－0007824　116657　集部/別集類/清之屬/清（一）

酌雅齋文集一卷　（清）彭希鄭撰　汲雅山館詩鈔三卷述附一卷　（清）彭希鄭撰　清光緒十年（1884）刻本　一冊

150000－0601－0007825　126036　集部/別集類/清之屬/清（一）

逸雲居士詩編一卷　（清）孫蔚撰　清嘉慶十三年（1808）刻本　一冊

150000－0601－0007826　118136　集部/別集類/清之屬/清（一）

晚學集八卷　（清）桂馥撰　清道光二十一年（1841）刻本　二冊

150000－0601－0007827　115947　集部/別集類/清之屬/清（一）

卷施閣文甲集八卷乙集八卷　（清）洪亮吉撰　清刻本　六冊

150000－0601－0007828　115925　集部/別集類/清之屬/清（一）

卷施閣文乙集八卷續編一卷　（清）洪亮吉撰　善化章氏經濟堂刻本　四冊

150000－0601－0007829　126488　集部/別集類/清之屬/清（一）

洪北江文集四卷　（清）洪亮吉撰　清宣統二年（1910）上海國學扶輪社排印本　二冊

150000－0601－0007830　125309　集部/別集類/清之屬/清（一）

船山詩草二十卷　（清）張問陶撰　清嘉慶二十年（1815）刻本　六冊

150000－0601－0007831　125282　集部/別

集類/清之屬/清（一）

船山詩草二十卷　（清）張問陶撰　清嘉慶二十年（1815）刻本　四冊

150000－0601－0007832　125278　集部/別集類/清之屬/清（一）

船山詩草二十卷　（清）張問陶撰　清同治十三年（1874）刻本　四冊

150000－0601－0007833　125301　集部/別集類/清之屬/清（一）

船山詩草二十卷　（清）張問陶撰　清刻本　八冊

150000－0601－0007834　125315　集部/別集類/清之屬/清（一）

船山詩草補遺六卷　（清）張問陶撰　清道光二十九年（1849）刻本　二冊

150000－0601－0007835　125286　集部/別集類/清之屬/清（一）

船山詩草補遺六卷　（清）張問陶撰　清同治十三年（1874）刻本　一冊

150000－0601－0007836　115971　集部/別集類/清之屬/清（一）

退思粗訂稿二卷　（清）朱文翰撰　清刻本　二冊

150000－0601－0007837　119621　集部/別集類/清之屬/清（一）

嶺南集七卷續集一卷　（清）程含章撰　清道光元年（1821）刻本　六冊

150000－0601－0007838　116510　集部/別集類/清之屬/清（一）

校禮堂文集三十六卷　（清）凌廷堪撰　清嘉慶十八年（1813）刻本　六冊

150000－0601－0007839　118338　集部/別集類/清之屬/清（一）

烟霞萬古樓文集六卷　（清）王曇撰　清道光二十年（1840）刻本　二冊

150000－0601－0007840　118340　集部/別集類/清之屬/清（一）

烟霞萬古樓文集六卷　（清）王曇撰　清道光
二十年（1840）刻本　二冊

150000－0601－0007841　118342　集部/別
集類/清之屬/清（一）

烟霞萬古樓文集六卷　（清）王曇撰　清道光
二十年（1840）刻本　二冊

150000－0601－0007842　118344　集部/別
集類/清之屬/清（一）

烟霞萬古樓文集六卷　（清）王曇撰　清道光
二十年（1840）刻本　二冊

150000－0601－0007843　126056　集部/別
集類/清之屬/清（一）

烟霞萬古樓詩殘稿一卷　（清）王曇撰　清光
緒二十六年（1900）寒松閣刻本　一冊

150000－0601－0007844　126247　集部/別
集類/清之屬/清（一）

烟霞萬古樓詩殘稿一卷　（清）王曇撰　清光
緒二十六年（1900）寒松閣刻本　一冊

150000－0601－0007845　126055　集部/別
集類/清之屬/清（一）

仲瞿詩錄一卷　（清）王曇撰　清咸豐元年
（1851）刻本　一冊

150000－0601－0007846　158835　集部/別
集類/清之屬/清（一）

擁書堂詩集四卷　（清）張璿華撰　傳硯堂詩
存一卷　（清）張允垂撰　清光緒二十四年
（1898）刻本　一冊

150000－0601－0007847　141210　集部/別
集類/清之屬/清（一）

小謨觴館詩集八卷附錄一卷文集四卷　（清）
彭兆蓀撰　清嘉慶十一年（1806）韓江寓舍刻
本　二冊

150000－0601－0007848　114134　集部/別
集類/清之屬/清（一）

小謨觴館詩集八卷續集二卷詩餘附錄一卷文
集四卷續集二卷　（清）彭兆蓀撰　清同治十
三年（1874）刻本　六冊

150000－0601－0007849　141212　集部/別
集類/清之屬/清（一）

小謨觴館續集二卷　（清）彭兆蓀撰　小謨觴
館續集注二卷　（清）彭兆蓀撰　（清）孫元培
　（清）孫長熙注　小謨觴館詩餘附錄一卷
（清）彭兆蓀撰　（清）孫元培　（清）孫長熙
注　石埭徐士愷刻本　二冊

150000－0601－0007850　141214　集部/別
集類/清之屬/清（一）

小謨觴館文集二卷續集二卷　（清）彭兆蓀撰
　清刻本　二冊

150000－0601－0007851　114128　集部/別
集類/清之屬/清（一）

小謨觴館文集注四卷文續集注二卷　（清）彭
兆蓀撰　（清）孫元培　（清）孫長熙注　清光
緒十六年（1890）長洲黃氏流芳閣活字本
三冊

150000－0601－0007852　114131　集部/別
集類/清之屬/清（一）

小謨觴館文集注四卷文續集注二卷　（清）彭
兆蓀撰　（清）孫元培　（清）孫長熙注　清光
緒十六年（1890）長洲黃氏流芳閣活字本
三冊

150000－0601－0007853　115261　集部/別
集類/清之屬/清（一）

初月樓文鈔十卷詩鈔四卷　（清）吳德旋撰
清光緒十年（1884）刻本　四冊

150000－0601－0007854　115258　集部/別
集類/清之屬/清（一）

初月樓文續鈔八卷　（清）吳德旋撰　初月樓
遺編四卷　（清）吳德旋撰　清道光十六年
（1836）刻本　三冊

150000－0601－0007855　126050　集部/別
集類/清之屬/清（一）

韵山堂詩集七卷　（清）王文誥撰　清光緒十
四年（1888）浙江書局刻本　一冊

150000－0601－0007856　126231　集部/別
集類/清之屬/清（一）

雙樹生詩草一卷 （清）林鏑撰　清咸豐元年
（1851）刻本　一冊

150000－0601－0007857　116519　集部/別
集類/清之屬/清（一）

桂門自訂初稿十卷 （清）陳鶴撰　清刻本
四冊

150000－0601－0007858　115787　集部/別
集類/清之屬/清（一）

易園文集六卷詩集一卷 （清）李林松撰　清
道光十七年（1837）濟寧署刻咸豐五年（1855）
重修本　六冊

150000－0601－0007859　125572　集部/別
集類/清之屬/清（一）

青埵山人詩十卷 （清）洪飴孫撰　清光緒十
年（1884）閩縣陳氏西江使廨刻本　二冊

150000－0601－0007860　119851　集部/別
集類/清之屬/清（一）

簡莊文鈔六卷續編二卷 （清）陳鱣撰　河莊
詩鈔一卷 （清）陳鱣撰　清光緒十四年
（1888）海昌羊氏粵東刻本　二冊

150000－0601－0007861　119867　集部/別
集類/清之屬/清（一）

簡莊文鈔六卷續編二卷 （清）陳鱣撰　河莊
詩鈔一卷 （清）陳鱣撰　清光緒十四年
（1888）海昌羊氏粵東刻本　二冊

150000－0601－0007862　119853　集部/別
集類/清之屬/清（一）

簡莊綴文六卷 （清）陳鱣撰　清刻民國十五
年（1926）抱經堂補刻本　四冊

150000－0601－0007863　119857　集部/別
集類/清之屬/清（一）

簡莊綴文六卷 （清）陳鱣撰　清刻民國十五
年（1926）抱經堂補刻本　四冊

150000－0601－0007864　125968　集部/別
集類/清之屬/清（一）

玉笥山房要集四卷文附一卷 （清）顧廷綸撰
　清光緒十二年（1886）刻本　一冊

150000－0601－0007865　114675　集部/別
集類/清之屬/清（一）

左海文集十卷 （清）陳壽祺撰　清末刻三山
陳氏家刻左海全集本　十冊

150000－0601－0007866　118985　集部/別
集類/清之屬/清（一）

養素堂文集三十五卷首一卷 （清）張澍撰
清道光十七年（1837）刻本　十六冊

150000－0601－0007867　119531　集部/別
集類/清之屬/清（一）

邃雅堂集十卷 （清）姚文田撰　清刻本
四冊

150000－0601－0007868　115318　集部/別
集類/清之屬/清（一）

吳學士文集四卷詩集五卷 （清）吳蔚撰　清
光緒八年（1882）江寧藩署刻本　六冊

150000－0601－0007869　115324　集部/別
集類/清之屬/清（一）

吳學士文集四卷詩集五卷 （清）吳蔚撰　清
光緒八年（1882）江寧藩署刻本　六冊

150000－0601－0007870　125551　集部/別
集類/清之屬/清（一）

吳學士文集四卷詩集五卷 （清）吳蔚撰　清
光緒八年（1882）江寧藩署刻本　五冊

150000－0601－0007871　120133　集部/別
集類/清之屬/清（一）

鑑止水齋集二十卷 （清）許宗彥撰　清咸豐
八年（1858）刻本　六冊

150000－0601－0007872　120116　集部/別
集類/清之屬/清（一）

鑑止水齋集二十卷 （清）許宗彥撰　古春軒
詩鈔二卷 （清）梁德繩撰　清末刻本　六冊

150000－0601－0007873　120225　集部/別
集類/清之屬/清（一）

曝書堂文集十二卷外集二卷別集一卷筆記二
卷時文一卷筆錄六卷詩鈔二卷試帖一卷詩餘
一卷 （清）郝懿行撰　和餘集一卷 （清）郝
懿行撰　曝書堂閨中文存一卷 （清）王照圓

撰 清光緒十年（1884）東路廳署刻本 十
六冊

150000－0601－0007874 116634 集部/別
集類/清之屬/清（一）

茗柯文初編一卷二編二卷三編一卷四編一卷
（清）張惠言撰 清光緒七年（1881）刻本
二冊

150000－0601－0007875 116636 集部/別
集類/清之屬/清（一）

茗柯文初編一卷二編二卷三編一卷四編一卷
（清）張惠言撰 清光緒七年（1881）刻本
二冊

150000－0601－0007876 D2401 集部/別集
類/清之屬/清（一）

晉齋詩存二卷 （清）昇寅撰 **味經書屋詩存**
一卷 （清）寶珣撰 **知足知不足齋詩存一卷**
附一卷 （清）寶琳撰 清咸豐四年（1854）刻
本 五冊

150000－0601－0007877 117231 集部/別
集類/清之屬/清（一）

崇百藥齋文集二十卷續集四卷 （清）陸繼輅
撰 清嘉慶二十五年（1820）合肥學舍刻本
五冊

150000－0601－0007878 117236 集部/別
集類/清之屬/清（一）

崇百藥齋三集十二卷 （清）陸繼輅撰 **五真**
閣吟稿一卷 （清）錢惠尊撰 **合肥學舍札記**
十二卷 （清）陸繼輅撰 清道光八年（1828）
安徽臬署刻本 五冊

150000－0601－0007879 120072 集部/別
集類/清之屬/清（一）

鐵橋漫稿八卷 （清）嚴可均撰 清光緒十一
年（1885）長洲蔣氏刻本 四冊

150000－0601－0007880 120080 集部/別
集類/清之屬/清（一）

鐵橋漫稿八卷 （清）嚴可均撰 清光緒十一
年（1885）長洲蔣氏刻本 四冊

150000－0601－0007881 120095 集部/別
集類/清之屬/清（一）

鐵橋漫稿八卷 （清）嚴可均撰 清光緒十一
年（1885）長洲蔣氏刻本 四冊

150000－0601－0007882 126337 集部/別
集類/清之屬/清（一）

欲起竹間樓存稿三卷 （清）梅成棟撰 刻天
津志局彙刊本 一冊

150000－0601－0007883 120175 集部/別
集類/清之屬/清（一）

靈芬館雜著二卷 （清）郭麐撰 清光緒九年
（1883）蛟川張氏刻本 二冊

150000－0601－0007884 116389 集部/別
集類/清之屬/清（一）

悔庵學文八卷補遺一卷 （清）嚴元照撰 清
光緒五年（1879）刻本 二冊

150000－0601－0007885 116449 集部/別
集類/清之屬/清（一）

悔庵學文八卷補遺一卷 （清）嚴元照撰 清
光緒五年（1879）刻本 二冊

150000－0601－0007886 125659 集部/別
集類/清之屬/清（一）

柯家山館遺詩六卷詞三卷 （清）嚴元照撰
清刻本 四冊

150000－0601－0007887 126092 集部/別
集類/清之屬/清（一）

匪石山人詩一卷 （清）鈕樹玉撰 清光緒二
十一年（1895）元和江氏刻本 一冊

150000－0601－0007888 116230 集部/別
集類/清之屬/清（一）

思適齋集十八卷 （清）顧廣圻撰 清道光二
十九年（1849）上海徐氏刻本 二冊

150000－0601－0007889 116232 集部/別
集類/清之屬/清（一）

思適齋集十八卷 （清）顧廣圻撰 清道光二
十九年（1849）上海徐氏刻本 四冊

150000－0601－0007890 125857 集部/別
集類/清之屬/清（一）

歸田園居鈔□□卷 （清）瞿中溶撰 清末刻本 一冊 存一卷（一）

150000－0601－0007891 126296 集部/別集類/清之屬/清（一）

孟塗先生遺詩二卷 （清）劉開撰 清光緒十二年（1886）刻本 一冊

150000－0601－0007892 118119 集部/別集類/清之屬/清（一）

紫石泉山房文集十二卷詩鈔三卷附錄一卷 （清）吳定撰 清光緒十三年（1887）刻本 五冊

150000－0601－0007893 124756 集部/別集類/清之屬/清（一）

白鶴山房詩鈔十四卷 （清）葉紹本撰 清道光二年（1822）刻本 四冊

150000－0601－0007894 114351 集部/別集類/清之屬/清（一）

太乙舟文集八卷 （清）陳用光撰 清道光十七年（1837）刻清頌堂叢書本 四冊

150000－0601－0007895 116498 集部/別集類/清之屬/清（一）

校經廎文稿十八卷 （清）李富孫撰 清光緒六年（1880）刻本 六冊

150000－0601－0007896 114958 集部/別集類/清之屬/清（一）

西磧山房詩錄二卷文錄二卷 （清）蔡復午撰 清光緒二十八年（1902）孫桐珍石印本 一冊

150000－0601－0007897 118044 集部/別集類/清之屬/清（一）

補讀書齋遺稿十卷 （清）沈維鐈撰 清光緒元年（1875）廣州寓舍刻本 四冊

150000－0601－0007898 141120 集部/別集類/清之屬/清（一）

小萬卷齋文稿二十四卷首一卷末一卷詩稿三十二卷詩續稿八卷詩遺稿一卷經進稿四卷 （清）朱琦撰 清光緒十一年（1885）刻本 二十四冊

150000－0601－0007899 141144 集部/別集類/清之屬/清（一）

小萬卷齋文稿二十四卷首一卷末一卷詩稿三十二卷詩續稿八卷詩遺稿一卷經進稿四卷 （清）朱琦撰 清光緒十一年（1885）刻本 二十四冊

150000－0601－0007900 114069 集部/別集類/清之屬/清（一）

小萬卷齋經進稿四卷 （清）朱琦撰 清光緒十一年（1885）刻本 一冊

150000－0601－0007901 116920 集部/別集類/清之屬/清（一）

陶文毅公全集六十四卷首一卷末一卷 （清）陶澍撰 清道光二十年（1840）淮北士民公刻本 三十二冊

150000－0601－0007902 125887 集部/別集類/清之屬/清（一）

撫吳草四卷 （清）陶澍撰 清末刻本 一冊

150000－0601－0007903 126244 集部/別集類/清之屬/清（一）

藤花吟館試帖二卷 （清）梁章鉅撰 清刻本 一冊

150000－0601－0007904 119928 集部/別集類/清之屬/清（一）

邃庵文鈔一卷 （清）費蘭墀撰 清同治十二年（1873）刻本 一冊

150000－0601－0007905 119491 集部/別集類/清之屬/清（一）

篔谷文鈔十二卷詩鈔二十卷 （清）查揆撰 清道光十五年（1835）刻本 十冊

150000－0601－0007906 125249 集部/別集類/清之屬/清（一）

蕉影齋詩集四卷補遺一卷 （清）謝照撰 清光緒二年（1876）刻本 四冊

150000－0601－0007907 117225 集部/別集類/清之屬/清（一）

崇雅堂文鈔二卷駢體文鈔四卷詩鈔十卷刪餘詩一卷應制存稿一卷 （清）胡敬撰 定鄉雜

著一卷　（清）胡敬撰　清道光二十六年（1846）刻本　六冊

150000－0601－0007908　124733　集部/別集類/清之屬/清（一）

天真閣集五十四卷外集六卷　（清）孫原湘撰　長真閣集七卷詩餘一卷　（清）席佩蘭撰　清嘉慶五年（1800）刻本　十二冊

150000－0601－0007909　116644　集部/別集類/清之屬/清（一）

泰雲堂文集二卷駢體文集二卷詩集十八卷詞集三卷　（清）孫爾準撰　清道光十三年（1833）刻本　四冊

150000－0601－0007910　124991　集部/別集類/清之屬/清（一）

增評寄嶽雲齋試體詩選四卷　（清）聶銑敏撰　（清）朱兆鳳評　清光緒二年（1876）刻本　四冊

150000－0601－0007911　115236　集部/別集類/清之屬/清（一）

李養一先生文集二十四卷　（清）李兆洛撰　清咸豐元年（1851）維風堂刻本　十二冊

150000－0601－0007912　118975　集部/別集類/清之屬/清（一）

養一齋文集二十卷　（清）李兆洛撰　李養一先生詩集四卷賦一卷詩餘一卷　（清）李兆洛撰　清光緒四年至八年（1878－1882）刻本　十冊

150000－0601－0007913　118926　集部/別集類/清之屬/清（一）

養一齋文集二十卷　（清）李兆洛撰　清光緒四年（1878）刻本　八冊

150000－0601－0007914　118954　集部/別集類/清之屬/清（一）

養一齋文集二十卷　（清）李兆洛撰　清光緒四年（1878）刻本　八冊

150000－0601－0007915　125325　集部/別集類/清之屬/清（一）

李養一先生詩集四卷賦一卷詩餘一卷　（清）

李兆洛撰　清光緒八年（1882）江陰刻本三冊

150000－0601－0007916　767522　集部/別集類/清之屬/清（一）

李養一先生詩集四卷賦一卷詩餘一卷　（清）李兆洛撰　清光緒八年（1882）江陰刻本　一冊　殘

150000－0601－0007917　125332　集部/別集類/清之屬/清（一）

硯壽堂詩鈔八卷詩餘一卷續鈔二卷　（清）吳存楷撰　清光緒十二年（1886）鄂垣刻本二冊

150000－0601－0007918　114277　集部/別集類/清之屬/清（一）

止庵文一卷詩一卷詞一卷　（清）周濟撰　清宣統元年（1909）刻紅印本　一冊

150000－0601－0007919　114746　集部/別集類/清之屬/清（一）

幼學堂詩文稿詩稿十卷文稿四卷　（清）沈欽韓撰　清刻本　四冊

150000－0601－0007920　116329　集部/別集類/清之屬/清（一）

衍石齋記事稿十卷續稿十卷　（清）錢儀吉撰　刻楮集四卷旅逸小稿二卷　清道光十四年（1834）刻本　十二冊

150000－0601－0007921　116341　集部/別集類/清之屬/清（一）

衍石齋記事稿十卷續稿十卷　（清）錢儀吉撰　刻楮集四卷旅逸小稿二卷　清道光十四年（1834）刻本　六冊　存十四卷（記事稿十卷、續稿一至四）

150000－0601－0007922　124703　集部/別集類/清之屬/清（一）

是程堂集十四卷二集四卷　（清）屠倬撰　耶溪漁隱詞二卷　（清）屠倬撰　清嘉慶十九年（1814）刻本　十六冊

150000－0601－0007923　767532　集部/別集類/清之屬/清（一）

管情三義□□卷 （清）包世臣撰 清刻安吳
四種本 一冊 存四卷（一至四）

150000－0601－0007924 116754 集部/別
集類/清之屬/清（一）

唐確慎公集十卷首一卷末一卷 （清）唐鑑撰
清光緒元年（1875）刻本 六冊

150000－0601－0007925 119545 集部/別
集類/清之屬/清（一）

檉華館文集六卷詩集四卷駢體文一卷雜錄一
卷附錄一卷 （清）路德撰 清光緒七年
（1881）解梁刻本 十冊

150000－0601－0007926 126077 集部/別
集類/清之屬/清（一）

凝香室試帖偶存一卷 （清）麟慶撰 凝香室
抄本 一冊

150000－0601－0007927 119299 集部/別
集類/清之屬/清（一）

綠野齋前後合集六卷 （清）劉鴻翱撰 清道
光二十四年（1844）刻本 八冊

150000－0601－0007928 119307 集部/別
集類/清之屬/清（一）

綠野齋前後合集六卷 （清）劉鴻翱撰 清道
光二十四年（1844）刻本 八冊

150000－0601－0007929 116004 集部/別
集類/清之屬/清（一）

南村草堂文鈔二十卷 （清）鄧顯鶴撰 清咸
豐元年（1851）刻本 六冊

150000－0601－0007930 116010 集部/別
集類/清之屬/清（一）

南村草堂詩鈔二十四卷 （清）鄧顯鶴撰 清
咸豐九年（1859）刻本 六冊

150000－0601－0007931 125203 集部/別
集類/清之屬/清（一）

養默山房詩稿二十九卷 （清）謝元淮撰 清
道光六年（1826）刻本 六冊

150000－0601－0007932 126110 集部/別
集類/清之屬/清（一）

治經堂外集四卷 （清）朱錦琮撰 清刻本
一冊

150000－0601－0007933 116320 集部/別
集類/清之屬/清（一）

秋樹讀書樓遺集十六卷 （清）史善長撰 清
道光十六年（1836）刻本 四冊

150000－0601－0007934 166200＋166202
集部/別集類/清之屬/清（一）

通藝閣詩錄八卷續錄八卷三錄八卷 （清）姚
椿撰 清道光十三年（1833）刻本 三冊

150000－0601－0007935 166201 集部/別
集類/清之屬/清（一）

通藝閣和陶集三卷 （清）姚椿撰 白石鈍樵
褉帖詩一卷 （清）姚楗撰 樗寮詩話三卷
（清）姚椿撰 通藝閣詩遺編一卷 （清）姚椿
撰 清道光二十九年（1849）刻本 一冊

150000－0601－0007936 125501 集部/別
集類/清之屬/清（一）

通藝閣和陶集三卷 （清）姚椿撰 白石鈍樵
集褉帖詩一卷 （清）姚楗撰 清道光二十九
年（1849）刻本 一冊

150000－0601－0007937 118138 集部/別
集類/清之屬/清（一）

晚學齋文集十二卷 （清）姚椿撰 清咸豐二
年（1852）刻本 四冊

150000－0601－0007938 166204 集部/別
集類/清之屬/清（一）

晚學齋文集十二卷 （清）姚椿撰 清咸豐二
年（1852）刻本 二冊

150000－0601－0007939 126298 集部/別
集類/清之屬/清（一）

嗣雅齋詩存五卷 （清）王嘉祿撰 清光緒三
十二年（1906）刻本 一冊

150000－0601－0007940 125443 集部/別
集類/清之屬/清（一）

白圭堂詩鈔六卷續鈔六卷 （清）江之紀撰
清光緒十九年（1893）刻本 四冊

150000 – 0601 – 0007941　125950　集部/別集類/清之屬/清(一)

適齋居士集四卷　（清）覺羅舒敏撰　清道光二十二年(1842)刻本　二冊

150000 – 0601 – 0007942　126240　集部/別集類/清之屬/清(一)

藝庵遺詩一卷　（清）黃彥撰　清道光十三年(1833)刻本　一冊

150000 – 0601 – 0007943　125592　集部/別集類/清之屬/清(一)

六半樓詩鈔六卷　（清）蔡鵬飛撰　六半樓詞鈔一卷　（清）蔡鵬飛撰　清道光三十年(1850)刻本　二冊

150000 – 0601 – 0007944　118309　集部/別集類/清之屬/清(一)

慎其餘齋文集二十卷末一卷　（清）王贈芳撰　清咸豐四年(1854)留香書屋刻本　四冊

150000 – 0601 – 0007945　9351　集部/別集類/清之屬/清(一)

綠雪堂遺集二十卷雜錄一卷　（清）王衍梅撰　清道光二十年(1840)刻本　十冊

150000 – 0601 – 0007946　126144　集部/別集類/清之屬/清(一)

蝀廬詩鈔十卷　（清）王蔭槐撰　清光緒七年(1881)刻本　二冊

150000 – 0601 – 0007947　125334　集部/別集類/清之屬/清(一)

饅飢亭集三十二卷後集十二卷　（清）祁寯藻撰　清咸豐六年至七年(1856 – 1857)刻本　六冊

150000 – 0601 – 0007948　119244　集部/別集類/清之屬/清(一)

劉禮部集十二卷　（清）劉逢祿撰　清光緒十八年(1892)延暉承慶堂刻本　六冊

150000 – 0601 – 0007949　125894　集部/別集類/清之屬/清(一)

借閒生詩三卷詞一卷　（清）汪遠孫撰　清道光二十年(1840)錢塘振綺堂刻本　一冊

150000 – 0601 – 0007950　125895　集部/別集類/清之屬/清(一)

借閒生詩三卷詞一卷　（清）汪遠孫撰　清道光二十年(1840)錢塘振綺堂刻本　二冊

150000 – 0601 – 0007951　119687　集部/別集類/清之屬/清(一)

積石文稿十八卷　（清）張履撰　清光緒二十年(1894)刻紅印本　六冊

150000 – 0601 – 0007952　116470　集部/別集類/清之屬/清(一)

杙華館駢體文二卷　（清）董基誠撰　清光緒十四年(1888)活字本　一冊

150000 – 0601 – 0007953　118143　集部/別集類/清之屬/清(一)

萬善花室文稿六卷附錄一卷　（清）方履籛撰　清光緒十二年(1886)小岾山館刻本　二冊

150000 – 0601 – 0007954　118145　集部/別集類/清之屬/清(一)

萬善花室文稿六卷附錄一卷　（清）方履籛撰　清光緒十二年(1886)小岾山館刻本　二冊

150000 – 0601 – 0007955　114327　集部/別集類/清之屬/清(一)

介軒文鈔八卷外集二卷詩鈔十卷　（清）張振夔撰　清同治九年(1870)刻本　八冊

150000 – 0601 – 0007956　115013　集部/別集類/清之屬/清(一)

存素堂文稿四卷補遺一卷　（清）錢寶琛撰　存素堂詩稿十三卷　（清）錢寶琛撰　清同治九年(1870)刻本　四冊

150000 – 0601 – 0007957　117174　集部/別集類/清之屬/清(一)

研六室文鈔十卷補遺一卷　（清）胡培翬撰　清光緒四年(1878)世澤樓刻本　四冊

150000 – 0601 – 0007958　117178　集部/別集類/清之屬/清(一)

研六室文鈔十卷補遺一卷　（清）胡培翬撰　清光緒四年(1878)世澤樓刻本　三冊

150000－0601－0007959　141221　集部/別集類/清之屬/清（一）

小重山房詩詞全集　（清）張祥河撰　耿道沖重編　清末刻本　十二冊

150000－0601－0007960　141216　集部/別集類/清之屬/清（一）

小重山房詩續錄　（清）張祥河撰　清刻本　三冊

150000－0601－0007961　114062　集部/別集類/清之屬/清（一）

小重山房初稿一卷　（清）張祥河撰　清嘉慶十八年（1813）刻本　一冊

150000－0601－0007962　120848　集部/別集類/清之屬/清（一）

壺園雜著一卷　（清）徐寶善撰　清刻本　一冊

150000－0601－0007963　114063　集部/別集類/清之屬/清（一）

小蝸廬詩鈔二卷　（清）吳其泰撰　清同治十二年（1873）固始吳氏刻一蒂十七實齋全集本　一冊

150000－0601－0007964　115924　集部/別集類/清之屬/清（一）

洞庭集十二卷　（清）王慶麟撰　清嘉慶二十二年（1817）刻本　一冊

150000－0601－0007965　126229　集部/別集類/清之屬/清（一）

倚雲亭詩存一卷詞鈔一卷　（清）馬功儀撰　清光緒二年（1876）刻本　一冊

150000－0601－0007966　119268　集部/別集類/清之屬/清（一）

儀鄭堂殘稿二卷　（清）曹埔撰　清道光二十四年（1844）刻本　一冊

150000－0601－0007967　50844　集部/別集類/清之屬/清（一）

筱雲詩集二卷　（清）陸應宿撰　清刻本　一冊

150000－0601－0007968　116688　集部/別集類/清之屬/清（一）

躬恥齋文鈔二十卷後編六卷首一卷　（清）宗稷辰撰　躬恥齋詩鈔十四卷　（清）宗稷辰撰　躬恥齋詩鈔後編七卷　（清）宗稷辰撰　四書體味錄殘稿一卷　（清）宗稷辰撰　清咸豐元年（1851）越峴山館都下刻本　八冊

150000－0601－0007969　116040　集部/別集類/清之屬/清（一）

柏梘山房文集十六卷續一卷詩集十卷續二卷駢體文二卷　（清）梅曾亮撰　清咸豐六年（1856）刻本　八冊

150000－0601－0007970　116048　集部/別集類/清之屬/清（一）

柏梘山房文集十六卷續一卷詩集十卷續二卷駢體文二卷　（清）梅曾亮撰　清咸豐六年（1856）刻本　六冊

150000－0601－0007971　116018　集部/別集類/清之屬/清（一）

柏梘山房文集十六卷　（清）梅曾亮撰　清咸豐六年（1856）刻本　四冊

150000－0601－0007972　114124　集部/別集類/清之屬/清（一）

小安樂窩文集四卷詩存一卷　（清）張海珊撰　清道光十一年（1831）刻本　二冊

150000－0601－0007973　114126　集部/別集類/清之屬/清（一）

小安樂窩文集四卷詩存一卷　（清）張海珊撰　清道光十一年（1831）刻本　二冊

150000－0601－0007974　119284　集部/別集類/清之屬/清（一）

綠蘿書屋遺集四卷附錄一卷　（清）羅文俊撰　清光緒二十三年（1897）穗城刻本　三冊

150000－0601－0007975　120122　集部/別集類/清之屬/清（一）

聽松廬駢體文鈔四卷首一卷　（清）張維屏撰　清道光二十三年（1843）刻本　二冊

150000－0601－0007976　114669　集部/別

集類/清之屬/清(一)

世忠堂文集六卷 （清）鄒鳴鶴撰 清同治二年(1863)刻本 六冊

150000－0601－0007977 119512 集部/別集類/清之屬/清(一)

邃懷堂文集四卷 （清）袁翼撰 **邃懷堂哀忠集三編** （清）袁翼撰 **邃懷堂詩集前編六卷後編四卷** （清）袁翼撰 **邃懷堂駢文箋注十六卷補箋一卷** （清）袁翼撰 （清）朱齡注 清光緒十三年(1887)刻本 十九冊

150000－0601－0007978 124914 集部/別集類/清之屬/清(一)

海秋詩集二十六卷 （清）湯鵬撰 清刻本 八冊

150000－0601－0007979 115081 集部/別集類/清之屬/清(一)

因寄軒文初集十卷二集六卷補遺一卷 （清）管同撰 清光緒五年(1879)刻本 四冊

150000－0601－0007980 115085 集部/別集類/清之屬/清(一)

因寄軒文初集十卷二集六卷補遺一卷 （清）管同撰 清光緒五年(1879)刻本 四冊

150000－0601－0007981 50928 集部/別集類/清之屬/清(一)

檉華館試帖彙鈔輯注十卷 （清）路德撰 （清）路慎莊等輯注 清道光十四年(1834)刻本 六冊

150000－0601－0007982 125253 集部/別集類/清之屬/清(一)

蝶庵詩鈔八卷 （清）楊棨撰 清同治二年(1863)刻本 二冊

150000－0601－0007983 125602 集部/別集類/清之屬/清(一)

城北草堂詩鈔四卷詩餘二卷詞餘一卷 （清）顧夔撰 **小琅環詩室詩餘殘稿一卷** （清）王清霞撰 清光緒十四年(1888)刻本 二冊

150000－0601－0007984 126303 集部/別集類/清之屬/清(一)

城北草堂詩鈔四卷 （清）顧夔撰 清光緒十四年(1888)刻本 一冊

150000－0601－0007985 115219 集部/別集類/清之屬/清(一)

豸華堂文鈔八卷 （清）金應麟撰 清光緒元年(1875)刻本 二冊

150000－0601－0007986 115217 集部/別集類/清之屬/清(一)

豸華堂文鈔八卷 （清）金應麟撰 清光緒元年(1875)刻本 二冊

150000－0601－0007987 118962 集部/別集類/清之屬/清(一)

養一齋集文二十六卷詞三卷詩話十三卷首一卷 （清）潘德輿撰 清同治二年(1863)刻本 十三冊

150000－0601－0007988 119830 集部/別集類/清之屬/清(一)

雙白燕堂文集二卷 （清）陸耀遹撰 清光緒四年(1878)興國州署刻本 一冊

150000－0601－0007989 119861 集部/別集類/清之屬/清(一)

雙白燕堂文集二卷 （清）陸耀遹撰 清光緒四年(1878)興國州署刻本 一冊

150000－0601－0007990 D2511 集部/別集類/清之屬/清(一)

陔南池館遺集二卷 （清）喬重禧撰 清咸豐元年(1851)刻本 一冊

150000－0601－0007991 125778 集部/別集類/清之屬/清(一)

且甌集九卷 （清）項霱撰 清咸豐三年(1853)刻本 二冊

150000－0601－0007992 125449 集部/別集類/清之屬/清(一)

飛鴻閣琴意二卷 （清）趙函撰 清道光十六年(1836)刻樂潛堂集本 一冊

150000－0601－0007993 125450 集部/別集類/清之屬/清(一)

樂潛堂詩二集六卷首一卷　（清）趙函撰　清
道光八年（1828）刻本　二冊

150000－0601－0007994　126033　集部/別
集類/清之屬/清（一）

梂花盦詩二卷外集一卷附一卷　（清）葉廷琯
撰　清同治十一年（1872）刻本　一冊

150000－0601－0007995　125734　集部/別
集類/清之屬/清（一）

香南居士集六卷　（清）崇恩撰　清道光二十
二年（1842）刻本　二冊

150000－0601－0007996　115009　集部/別
集類/清之屬/清（一）

存誠齋文集十四卷　（清）何日愈撰　清同治
五年（1866）皖江藩署刻本　四冊

150000－0601－0007997　114458　集部/別
集類/清之屬/清（一）

甘泉鄉人稿二十四卷餘稿二卷　（清）錢泰吉
撰　邠農偶吟稿一卷　（清）錢炳森撰　清同
治十一年（1872）刻本　六冊

150000－0601－0007998　114464　集部/別
集類/清之屬/清（一）

甘泉鄉人稿二十四卷餘稿二卷　（清）錢泰吉
撰　邠農偶吟稿一卷　（清）錢炳森撰　清同
治十一年（1872）刻本　六冊

150000－0601－0007999　114471　集部/別
集類/清之屬/清（一）

甘泉鄉人稿二十四卷餘稿二卷　（清）錢泰吉
撰　邠農偶吟稿一卷　（清）錢炳森撰　清同
治十一年（1872）刻本　六冊

150000－0601－0008000　114477　集部/別
集類/清之屬/清（一）

甘泉鄉人稿二十四卷餘稿二卷　（清）錢泰吉
撰　邠農偶吟稿一卷　（清）錢炳森撰　清同
治十一年（1872）刻本　四冊

150000－0601－0008001　114470　集部/別
集類/清之屬/清（一）

甘泉鄉人餘稿二卷　（清）錢泰吉撰　清末刻
本　一冊

150000－0601－0008002　125989　集部/別
集類/清之屬/清（一）

蓮潔詩翰釋文一卷　（清）謝舲撰　蓮潔詩存
一卷續集不分卷　（清）謝舲撰　清咸豐五年
（1855）刻朱墨套印本　二冊

150000－0601－0008003　125871　集部/別
集類/清之屬/清（一）

蓮潔詩存一卷續集一卷　（清）謝舲撰　清刻
本　一冊

150000－0601－0008004　157132　集部/別
集類/清之屬/清（一）

倭文端公遺書八卷首二卷末一卷續刊三卷
（清）倭仁撰　清光緒元年（1875）六安求我齋
刻本　四冊

150000－0601－0008005　115404　集部/別
集類/清之屬/清（一）

定盦文集三卷　（清）龔自珍撰　定盦續集四
卷　（清）龔自珍撰　定盦文集補編四卷
（清）龔自珍撰　定盦文集補二卷續錄一卷
（清）龔自珍撰　清同治七年（1868）刻本
七冊

150000－0601－0008006　115411　集部/別
集類/清之屬/清（一）

定盦文集三卷　（清）龔自珍撰　定盦續集四
卷　（清）龔自珍撰　定盦文集補編四卷
（清）龔自珍撰　定盦文集補二卷續錄一卷
（清）龔自珍撰　清同治七年（1868）刻本
七冊

150000－0601－0008007　115418　集部/別
集類/清之屬/清（一）

定盦文集三卷　（清）龔自珍撰　清同治七年
（1868）刻本　一冊

150000－0601－0008008　40251　集部/別集
類/清之屬/清（一）

定盦文集三卷續集四卷補編四卷文拾遺一卷
文集補不分卷續錄一卷詞選一卷詞錄一卷附
孝珙手抄詞一卷　（清）龔自珍撰　清宣統元
年（1909）國學扶輪社排印本　七冊

150000－0601－0008009　115396　集部/別集類/清之屬/清（一）

校訂定盦全集十卷附錄年譜一卷　（清）龔自珍撰　清宣統元年(1909)時中書局排印本　八冊

150000－0601－0008010　126172　集部/別集類/清之屬/清（一）

定盦文集補雜詩一卷詞選一卷詞錄一卷（清）龔自珍撰　清刻本　一冊

150000－0601－0008011　115419　集部/別集類/清之屬/清（一）

定盦文集補編四卷　（清）龔自珍撰　清光緒十二年(1886)平湖朱氏刻本　二冊

150000－0601－0008012　126333　集部/別集類/清之屬/清（一）

龔定盦集外未刻詩一卷　（清）龔自珍撰　清宣統三年(1911)秋星社石印本　一冊

150000－0601－0008013　114276　集部/別集類/清之屬/清（一）

止齋文鈔二卷　（清）馬福安撰　清同治七年(1868)刻學海堂叢刻本　一冊

150000－0601－0008014　115857　集部/別集類/清之屬/清（一）

知止堂文集八卷補遺一卷　（清）朱綬撰　清道光二十二年(1842)刻本　二冊

150000－0601－0008015　D2516　集部/別集類/清之屬/清（一）

月齋文集八卷詩集四卷　（清）張穆撰　清咸豐八年(1858)刻本　四冊

150000－0601－0008016　114734　集部/別集類/清之屬/清（一）

半巖廬遺集遺文一卷遺詩一卷　（清）邵懿辰撰　清光緒三十四年(1908)刻本　二冊

150000－0601－0008017　115889　集部/別集類/清之屬/清（一）

邵位西遺文一卷　（清）邵懿辰撰　**禮經通論卷上一卷**　（清）邵懿辰撰　清同治四年(1865)望三益齋刻本　二冊

150000－0601－0008018　125474　集部/別集類/清之屬/清（一）

郘亭詩鈔六卷　（清）莫友芝撰　清咸豐二年(1852)遵義湘川講舍刻同治五年(1866)江寧三山客舍重修本　一冊

150000－0601－0008019　125475　集部/別集類/清之屬/清（一）

郘亭詩鈔六卷　（清）莫友芝撰　清咸豐二年(1852)遵義湘川講舍刻同治五年(1866)江寧三山客舍重修本　一冊

150000－0601－0008020　125477　集部/別集類/清之屬/清（一）

郘亭詩鈔六卷　（清）莫友芝撰　清咸豐二年(1852)遵義湘川講舍刻同治五年(1866)江寧三山客舍重修本　一冊

150000－0601－0008021　125476　集部/別集類/清之屬/清（一）

郘亭遺詩八卷　（清）莫友芝撰　清光緒元年(1875)刻本　一冊

150000－0601－0008022　117168　集部/別集類/清之屬/清（一）

習苦齋古文四卷詩集八卷　（清）戴熙撰　清同治六年(1867)刻本　四冊

150000－0601－0008023　118328　集部/別集類/清之屬/清（一）

慎盦詩鈔二卷文鈔二卷　（清）左宗植撰　清光緒元年(1875)刻本　二冊

150000－0601－0008024　114725　集部/別集類/清之屬/清（一）

左文襄公詩集一卷文集五卷聯語一卷　（清）左宗棠撰　清宣統元年(1909)排印本　二冊

150000－0601－0008025　116251　集部/別集類/清之屬/清（一）

恪靖侯盾鼻餘沈一卷　（清）左宗棠撰　清光緒七年(1881)長沙柳氏刻本　一冊

150000－0601－0008026　120951　集部/別集類/清之屬/清（一）

左文襄公書牘節要二十六卷　（清）左宗棠撰

清光緒二十八年（1902）刻本　十二冊

150000 – 0601 – 0008027　115580　集部/別集類/清之屬/清（一）

東塾集六卷　（清）陳澧撰　清光緒十八年（1892）刻本　二冊

150000 – 0601 – 0008028　115582　集部/別集類/清之屬/清（一）

東塾集六卷　（清）陳澧撰　清光緒十八年（1892）刻本　四冊

150000 – 0601 – 0008029　116156　集部/別集類/清之屬/清（一）

柈湖文集十二卷首一卷　（清）吳敏樹撰　清光緒十九年（1893）思賢講舍刻本　四冊

150000 – 0601 – 0008030　116160　集部/別集類/清之屬/清（一）

柈湖文集十二卷首一卷　（清）吳敏樹撰　清光緒十九年（1893）思賢講舍刻本　四冊

150000 – 0601 – 0008031　116164　集部/別集類/清之屬/清（一）

柈湖文集十二卷首一卷　（清）吳敏樹撰　清光緒十九年（1893）思賢講舍刻本　四冊

150000 – 0601 – 0008032　119501　集部/別集類/清之屬/清（一）

柈湖文集十二卷首一卷　（清）吳敏樹撰　清光緒十九年（1893）思賢講舍刻本　四冊

150000 – 0601 – 0008033　118709　集部/別集類/清之屬/清（一）

漱六山房全集十一卷　（清）吳昆田撰　清光緒十一年（1885）刻本　六冊

150000 – 0601 – 0008034　114355　集部/別集類/清之屬/清（一）

太鶴山人集十三卷　（清）端木國瑚撰　清道光二十年（1840）刻本　六冊

150000 – 0601 – 0008035　114361　集部/別集類/清之屬/清（一）

太鶴山人集十三卷　（清）端木國瑚撰　清道光二十年（1840）刻本　六冊

150000 – 0601 – 0008036　115973　集部/別集類/清之屬/清（一）

退庵賸稿□□卷　（清）沈映鈐撰　退庵隨筆一卷　（清）沈映鈐撰　清光緒八年（1882）刻本　一冊　卷首殘

150000 – 0601 – 0008037　125870　集部/別集類/清之屬/清（一）

秦川焚餘草六卷首一卷補遺一卷附刻一卷　（清）董平章撰　清光緒二十七年（1901）容齋刻本　一冊　存二卷（一、首一卷）

150000 – 0601 – 0008038　117935　集部/別集類/清之屬/清（一）

敦艮吉齋文存四卷　（清）徐子苓撰　劫餘小錄一卷　（清）徐元叔撰　清光緒十二年（1886）刻本　四冊

150000 – 0601 – 0008039　125884　集部/別集類/清之屬/清（一）

敦艮吉齋詩存二卷補遺一卷　（清）徐子苓撰　清光緒三十二年（1906）集虛草堂刻本　二冊

150000 – 0601 – 0008040　161489　集部/別集類/清之屬/清（一）

彭文敬公全集　（清）彭蘊章撰　清同治七年（1868）刻本　十五冊

150000 – 0601 – 0008041　119883　集部/別集類/清之屬/清（一）

歸樸龕叢稿十二卷續編四卷　（清）彭蘊章撰　鶴和樓制義一卷　（清）彭蘊章撰　年譜[彭蘊章]一卷　（清）彭蘊章撰　清光緒三十四年（1908）刻本　五冊　缺

150000 – 0601 – 0008042　119888　集部/別集類/清之屬/清（一）

歸樸龕叢稿十二卷續編四卷　（清）彭蘊章撰　鶴和樓制義一卷　（清）彭蘊章撰　年譜[彭蘊章]一卷　（清）彭蘊章撰　清光緒三十四年（1908）刻本　七冊

150000 – 0601 – 0008043　115437　集部/別集類/清之屬/清（一）

怡志堂文集初編六卷 （清）朱琦撰 清刻本
二冊

150000－0601－0008044 115441 集部/別
集類/清之屬/清（一）

宜蘭室時文稿論語二卷大學一卷中庸一卷孟
子一卷 （清）劉建韶撰 清刻本 四冊

150000－0601－0008045 116587 集部/別
集類/清之屬/清（一）

通甫類稿四卷續編二卷 （清）魯一同撰 通
甫詩存四卷詩存之餘二卷 （清）魯一同撰
右軍[王羲之]年譜一卷 （清）魯一同撰 補
過軒四書文一卷 （清）魯一同撰 清咸豐九
年（1859）刻本 六冊

150000－0601－0008046 156498 集部/別
集類/清之屬/清（一）

通甫類稿四卷續編二卷 （清）魯一同撰 通
甫詩存四卷詩存之餘二卷 （清）魯一同撰
右軍[王羲之]年譜一卷 （清）魯一同撰 補
過軒四書文一卷 （清）魯一同撰 清咸豐九
年（1859）刻本 六冊

150000－0601－0008047 116585 集部/別
集類/清之屬/清（一）

通甫類稿四卷 （清）魯一同撰 清刻本
二冊

150000－0601－0008048 117071 集部/別
集類/清之屬/清（一）

張亨甫全集二十七卷首一卷文集六卷 （清）
張際亮撰 清同治六年（1867）刻本 十冊

150000－0601－0008049 115143 集部/別
集類/清之屬/清（一）

沈文忠公集十卷 （清）沈兆霖撰 清同治八
年（1869）刻本 一冊

150000－0601－0008050 115575 集部/別
集類/清之屬/清（一）

東洲草堂文鈔二十卷 （清）何紹基撰 清末
刻本 五冊

150000－0601－0008051 124786 集部/別
集類/清之屬/清（一）

東洲草堂詩鈔二十七卷詩餘一卷 （清）何紹
基撰 清同治六年（1867）長沙無園刻本
八冊

150000－0601－0008052 125174 集部/別
集類/清之屬/清（一）

東洲草堂詩鈔二十七卷詩餘一卷 （清）何紹
基撰 清同治六年（1867）長沙無園刻本
六冊

150000－0601－0008053 114161 集部/別
集類/清之屬/清（一）

大小雅堂詩集一卷詩餘一卷 （清）承齡撰
清光緒十八年（1892）刻本 一冊

150000－0601－0008054 118652 集部/別
集類/清之屬/清（一）

微尚齋文集一卷 （清）馮志沂撰 清同治十
三年（1874）刻本 一冊

150000－0601－0008055 116096 集部/別
集類/清之屬/清（一）

胡文忠公遺集十卷首一卷 （清）胡林翼撰
（清）閻敬銘等編 清同治五年（1866）刻本
八冊

150000－0601－0008056 116104 集部/別
集類/清之屬/清（一）

胡文忠公遺集十卷首一卷 （清）胡林翼撰
（清）閻敬銘等編 清同治七年（1868）醉六堂
刻本 七冊

150000－0601－0008057 8532 集部/別集
類/清之屬/清（一）

胡文忠公遺集十卷首一卷 （清）胡林翼撰
（清）閻敬銘等編 清末刻本 八冊

150000－0601－0008058 78144 集部/別集
類/清之屬/清（一）

胡文忠公遺集十卷 （清）胡林翼撰 （清）閻
敬銘等編 清末刻本 四冊 存四卷（一至
四）

150000－0601－0008059 8540 集部/別集
類/清之屬/清（一）

胡文忠公遺集八十六卷 （清）胡林翼撰

（清）鄭敦謹編　（清）曾國荃編　清同治六年（1867）黃鶴樓刻本　三十六冊

150000－0601－0008060　50810　集部/別集類/清之屬/清(一)

胡文忠公遺集八十六卷　（清）胡林翼撰（清）鄭敦謹編　（清）曾國荃編　清同治六年（1867）黃鶴樓刻本　三十二冊

150000－0601－0008061　50870　集部/別集類/清之屬/清(一)

胡文忠公遺集八十六卷　（清）胡林翼撰（清）鄭敦謹編　（清）曾國荃編　清同治六年（1867）黃鶴樓刻本　二十四冊

150000－0601－0008062　116111　集部/別集類/清之屬/清(一)

胡文忠公遺集八十六卷　（清）胡林翼撰（清）鄭敦謹編　（清）曾國荃編　清同治六年（1867）黃鶴樓刻本　三十五冊

150000－0601－0008063　116054　集部/別集類/清之屬/清(一)

胡文忠公遺集八十六卷　（清）胡林翼撰（清）鄭敦謹編　（清）曾國荃編　（清）胡鳳丹重編　清光緒元年（1875）湖北崇文書局刻本　三十二冊

150000－0601－0008064　39892　集部/別集類/清之屬/清(一)

胡文忠公遺集八十六卷首一卷　（清）胡林翼撰　（清）曾國荃編　（清）胡鳳丹重編　清光緒二十七年（1901）上海圖書集成印書局排印本　八冊

150000－0601－0008065　116086　集部/別集類/清之屬/清(一)

胡文忠公遺集三十四卷　（清）胡林翼撰（清）鄭敦謹　（清）曾國荃編　刻藍印本十冊

150000－0601－0008066　125570　集部/別集類/清之屬/清(一)

江忠烈公遺集一卷　（清）江忠源撰　清咸豐六年（1856）邵陽橫舍刻本　一冊

150000－0601－0008067　114978　集部/別集類/清之屬/清(一)

江忠烈公遺集二卷附錄一卷　（清）江忠源撰清同治三年（1864）四川藩署刻本　一冊

150000－0601－0008068　125519　集部/別集類/清之屬/清(一)

巢經巢詩鈔九卷　（清）鄭珍撰　清光緒二十三年（1897）遵義黎氏羊城刻本　二冊

150000－0601－0008069　117302　集部/別集類/清之屬/清(一)

巢經巢遺稿四卷　（清）鄭珍撰　清光緒三十年（1904）貴陽文通書局排印本　二冊

150000－0601－0008070　118058　集部/別集類/清之屬/清(一)

運甓齋文稿六卷文稿續編六卷詩稿續編六卷贈言錄四卷　（清）陳勷撰　清光緒二十年（1894）刻本　四冊

150000－0601－0008071　125914　集部/別集類/清之屬/清(一)

琴隱園詩集三十六卷詞集四卷　（清）湯貽汾撰　清光緒元年（1875）刻本　八冊

150000－0601－0008072　125928　集部/別集類/清之屬/清(一)

琴隱園詩集三十六卷詞集四卷　（清）湯貽汾撰　清光緒元年（1875）刻本　三冊

150000－0601－0008073　125922　集部/別集類/清之屬/清(一)

琴隱園詩集三十六卷　（清）湯貽汾撰　清同治十三年（1874）刻本　六冊

150000－0601－0008074　126276　集部/別集類/清之屬/清(一)

曾文正公詩集四卷　（清）曾國藩撰　清同治十三年（1874）傳忠書局刻本　一冊

150000－0601－0008075　50902　集部/別集類/清之屬/清(一)

曾文正公文集四卷　（清）曾國藩撰　曾文正公詩集四卷　（清）曾國藩撰　曾文正公書札三十三卷　（清）曾國藩撰　鳴原堂論文二卷

（清）曾國藩撰　清光緒二年（1876）傳忠書局刻本　二十冊

150000 - 0601 - 0008076　77835　集部/別集類/清之屬/清（一）

曾文正公文鈔四卷首二卷　（清）曾國藩撰　清同治十二年（1873）金陵書局刻本　四冊

150000 - 0601 - 0008077　77839　集部/別集類/清之屬/清（一）

曾文正公文鈔四卷首二卷　（清）曾國藩撰　清同治十二年（1873）金陵書局刻本　四冊

150000 - 0601 - 0008078　117907　集部/別集類/清之屬/清（一）

曾文正公文鈔四卷附刻一卷　（清）曾國藩撰　清同治十二年（1873）上洋醉六堂刻本　四冊

150000 - 0601 - 0008079　117921　集部/別集類/清之屬/清（一）

曾文正公文鈔四卷附刻一卷　（清）曾國藩撰　清同治十二年（1873）上洋醉六堂刻本　四冊

150000 - 0601 - 0008080　115199　集部/別集類/清之屬/清（一）

求闕齋文鈔八卷　（清）曾國藩撰　清同治十二年（1873）刻本　二冊

150000 - 0601 - 0008081　115197　集部/別集類/清之屬/清（一）

求闕齋文鈔一卷　（清）曾國藩撰　清同治十一年（1872）刻本　二冊

150000 - 0601 - 0008082　120977　集部/別集類/清之屬/清（一）

曾文正公書札三十三卷　（清）曾國藩撰　清光緒三年（1877）刻藍印本　十六冊

150000 - 0601 - 0008083　120993　集部/別集類/清之屬/清（一）

曾文正公家書十卷　（清）曾國藩撰　**曾文正公家訓二卷**　（清）曾國藩撰　清光緒五年（1879）傳忠書局刻本　十二冊

150000 - 0601 - 0008084　50768　集部/別集類/清之屬/清（一）

曾文正公家書十卷　（清）曾國藩撰　**曾文正公家訓一卷**　（清）曾國藩撰　**曾文正公大事記四卷**　（清）王定安撰　**曾文正公榮哀錄一卷**　清光緒十八年（1892）上海凌雲閣石印本　八冊

150000 - 0601 - 0008085　121153　集部/別集類/清之屬/清（一）

曾文正公家書十卷　（清）曾國藩撰　**曾文正公家訓二卷**　（清）曾國藩撰　**曾文正公大事記四卷**　（清）王定安撰　清光緒十九年（1893）上海圖書集成局排印本　七冊

150000 - 0601 - 0008086　121021　集部/別集類/清之屬/清（一）

曾文正公家書十卷　（清）曾國藩撰　**曾文正公家訓二卷**　（清）曾國藩撰　清光緒十六年（1890）著易堂排印本　十冊

150000 - 0601 - 0008087　765656　集部/別集類/清之屬/清（一）

[曾國藩書信節錄]一卷　抄本　一冊

150000 - 0601 - 0008088　124961　集部/別集類/清之屬/清（一）

文靖公遺集十二卷補遺一卷　（清）寶鋆撰　**典試浙江紀程草一卷**　（清）寶鋆撰　**浙省還轅紀游草一卷**　（清）寶鋆撰　**奉使三音諾彥紀程草一卷**　（清）寶鋆撰　**塞上吟一卷**　（清）寶鋆撰　**吟梅閣試帖詩存二卷**　（清）寶鋆撰　**自怡悅齋試帖詩存二卷**　（清）寶鋆撰　清光緒三十四年（1908）羊城刻本　十冊

150000 - 0601 - 0008089　D2503　集部/別集類/清之屬/清（一）

佩蘅詩鈔八卷　（清）寶鋆撰　清咸豐九年（1859）刻本　四冊

150000 - 0601 - 0008090　118751　集部/別集類/清之屬/清（一）

榴實山莊文稿一卷試律二卷詩鈔六卷詞鈔一卷　（清）吳存義撰　清同治九年（1870）刻本　六冊

150000－0601－0008091　114729　集部/別集類/清之屬/清(一)

示樸齋駢體文六卷　（清）錢振倫撰　清同治六年(1867)袁浦崇實書院刻本　二冊

150000－0601－0008092　126175　集部/別集類/清之屬/清(一)

扶雅堂詩集十四卷　（清）楊炳春撰　刻本　四冊

150000－0601－0008093　116904　集部/別集類/清之屬/清(一)

荻芬書屋文稿一卷詩稿四卷　（清）董恂撰　清刻本　二冊

150000－0601－0008094　116910　集部/別集類/清之屬/清(一)

荻芬書屋文稿一卷詩稿四卷　（清）董恂撰　清刻本　四冊

150000－0601－0008095　120206　集部/別集類/清之屬/清(一)

顯志堂稿十二卷　（清）馮桂芬撰　清光緒二年(1876)校邠廬刻本　九冊

150000－0601－0008096　120215　集部/別集類/清之屬/清(一)

顯志堂稿十二卷　（清）馮桂芬撰　清光緒二年(1876)校邠廬刻本　六冊

150000－0601－0008097　115590　集部/別集類/清之屬/清(一)

劫餘勵存三卷　（清）李承霖撰　清光緒十年(1884)刻本　一冊

150000－0601－0008098　115277　集部/別集類/清之屬/清(一)

汪梅村先生集十二卷文外集一卷　（清）汪士鐸撰　梅翁詩鈔十五卷補遺一卷詩餘五卷筆記六卷　（清）汪士鐸撰　清光緒七年(1881)刻本　十冊

150000－0601－0008099　115269　集部/別集類/清之屬/清(一)

汪梅村先生集十二卷文外集一卷　（清）汪士鐸撰　清光緒七年(1881)刻本　四冊

150000－0601－0008100　115273　集部/別集類/清之屬/清(一)

汪梅村先生集十二卷文外集一卷　（清）汪士鐸撰　清光緒七年(1881)刻本　四冊

150000－0601－0008101　129209　集部/別集類/清之屬/清(一)

汪梅村先生集十二卷文外集一卷　（清）汪士鐸撰　清光緒七年(1881)刻本　四冊

150000－0601－0008102　118632　集部/別集類/清之屬/清(一)

經德堂文集六卷　（清）龍啓瑞撰　清光緒四年(1878)京師刻本　三冊

150000－0601－0008103　116702　集部/別集類/清之屬/清(一)

躬厚堂詩録十卷詩初録四卷　（清）張金鏞撰　絳跗山館詞録三卷　（清）張金鏞撰　躬厚堂雜文八卷　（清）張金鏞撰　梅花閣遺詩一卷　（清）錢蘅生撰　清同治三年(1864)刻本　六冊

150000－0601－0008104　116700　集部/別集類/清之屬/清(一)

躬厚堂雜文八卷　（清）張金鏞撰　清光緒四年(1878)刻本　二冊

150000－0601－0008105　126076　集部/別集類/清之屬/清(一)

遂園詩鈔六卷　（清）趙昀撰　清光緒二年(1876)金陵刻本　一冊

150000－0601－0008106　119803　集部/別集類/清之屬/清(一)

獨善堂文集八卷　（清）王大經撰　清嘉慶二十二年(1817)刻本　四冊

150000－0601－0008107　114307　集部/別集類/清之屬/清(一)

天岳山館文鈔四十卷　（清）李元度撰　清光緒六年(1880)刻爽溪精舍藏書本　二十冊

150000－0601－0008108　114442　集部/別集類/清之屬/清(一)

天岳山館文鈔四十卷　（清）李元度撰　清光

緒六年(1880)刻爽溪精舍藏書本　十六冊

150000－0601－0008109　125494　集部/別
集類/清之屬/清(一)

養拙齋詩十四卷附錄一卷　(清)王必達撰
桂隱詩存一卷　(清)王必蕃撰　清光緒十九
年(1893)王氏刻本　四冊

150000－0601－0008110　114824　集部/別
集類/清之屬/清(一)

百柱堂全集內集三十四卷外集十九卷　(清)
王柏心撰　**彤雲閣遺稿一卷**　(清)王家仕撰
　清光緒二十四年(1898)成山唐氏貴陽刻本
　十六冊

150000－0601－0008111　113886　集部/別
集類/清之屬/清(一)

二知軒文存三十四卷　(清)方濬頤撰　清光
緒二年(1876)刻　十四冊

150000－0601－0008112　113900　集部/別
集類/清之屬/清(一)

二知軒詩鈔十四卷　(清)方濬頤撰　清同治
五年(1866)廣州刻本　六冊

150000－0601－0008113　125561　集部/別
集類/清之屬/清(一)

**衣讔山房詩集八卷又一卷詩外集一卷賦鈔一
卷**　(清)林昌彝撰　清同治二年(1863)嶺南
廣州刻本　四冊

150000－0601－0008114　119168　集部/別
集類/清之屬/清(一)

樂志堂詩略二卷文略四卷附錄一卷　(清)譚
瑩撰　清光緒四年(1878)刻本　三冊

150000－0601－0008115　119167　集部/別
集類/清之屬/清(一)

樂志堂文略二卷　(清)譚瑩撰　清末刻學海
堂叢刻本　一冊

150000－0601－0008116　125763　集部/別
集類/清之屬/清(一)

蓬萊閣詩錄四卷　(清)陳克家撰　清同治二
年(1863)刻紅印本　二冊

150000－0601－0008117　125426　集部/別
集類/清之屬/清(一)

雲臥山莊詩集八卷末一卷　(清)郭崑燾撰
清岵瞻堂刻本　四冊

150000－0601－0008118　118086　集部/別
集類/清之屬/清(一)

雲臥山莊別集五卷　(清)郭崑燾撰　清光緒
十年(1884)湘陰郭氏岵瞻堂刻本　二冊

150000－0601－0008119　118627　集部/別
集類/清之屬/清(一)

經古籄存草四卷　(清)葉廉鍔撰　清宣統三
年(1911)刻本　二冊

150000－0601－0008120　125180　集部/別
集類/清之屬/清(一)

蒼筤初集二十一卷　(清)孫鼎臣撰　清咸豐
五年(1855)刻本　六冊

150000－0601－0008121　125580　集部/別
集類/清之屬/清(一)

西圃集十卷　(清)潘遵祁撰　清同治十一年
(1872)刻本　二冊

150000－0601－0008122　114928　集部/別
集類/清之屬/清(一)

**西圃集詩十卷續四卷補遺一卷詞續一卷詞三
續一卷題畫詩一卷續一卷文四卷補遺一卷**
(清)潘遵祁撰　清末刻本　六冊

150000－0601－0008123　114722　集部/別
集類/清之屬/清(一)

未灰齋文集八卷外集一卷　(清)徐鼒撰　清
咸豐十一年(1861)刻本　三冊

150000－0601－0008124　114752　集部/別
集類/清之屬/清(一)

未灰齋文集八卷外集一卷　(清)徐鼒撰　清
咸豐十一年(1861)刻本　三冊

150000－0601－0008125　153866　集部/別
集類/清之屬/清(一)

**思益堂集詩鈔六卷古文二卷詞鈔一卷日札十
卷**　(清)周壽昌撰　清光緒十四年(1888)刻
本　六冊

150000 – 0601 – 0008126　114621　集部/別集類/清之屬/清(一)

古微堂内集三卷外集七卷　（清）魏源撰　清刻本　十二冊

150000 – 0601 – 0008127　118330　集部/別集類/清之屬/清(一)

烟嶼樓文集四十卷　（清）徐時棟撰　清光緒元年(1875)松林居葛氏刻本　八冊

150000 – 0601 – 0008128　125746　集部/別集類/清之屬/清(一)

烟嶼樓詩集十八卷　（清）徐時棟撰　**重刻游杭合集一卷**　（清）徐元第　（清）徐時棟撰　清同治六年(1867)虎胛山房葉氏刻本　四冊

150000 – 0601 – 0008129　125655　集部/別集類/清之屬/清(一)

半溪草堂詩稿二卷　（清）傅卓然撰　清光緒十三年(1887)官書局刻本　一冊

150000 – 0601 – 0008130　119319　集部/別集類/清之屬/清(一)

濂亭文集八卷　（清）張裕釗撰　清光緒八年(1882)查氏木漸齋蘇州刻本　二冊

150000 – 0601 – 0008131　119321　集部/別集類/清之屬/清(一)

濂亭文集八卷　（清）張裕釗撰　清光緒八年(1882)查氏木漸齋蘇州刻本　二冊

150000 – 0601 – 0008132　119339　集部/別集類/清之屬/清(一)

濂亭文集八卷　（清）張裕釗撰　清光緒八年(1882)查氏木漸齋蘇州刻本　二冊

150000 – 0601 – 0008133　119317　集部/別集類/清之屬/清(一)

濂亭遺文五卷遺詩二卷　（清）張裕釗撰　清光緒二十一年(1895)遵義黎氏刻本　二冊

150000 – 0601 – 0008134　126336　集部/別集類/清之屬/清(一)

濂亭遺詩二卷　（清）張裕釗撰　清刻紅印本　一冊

150000 – 0601 – 0008135　116317　集部/別集類/清之屬/清(一)

虹橋老屋遺稿文四卷詩五卷　（清）秦緗業撰　清光緒十五年(1889)刻本　三冊

150000 – 0601 – 0008136　129190　集部/別集類/清之屬/清(一)

虹橋老屋遺集六卷　（清）秦緗業撰　清光緒十五年(1889)湘烟閣刻本　一冊　存二卷(一至二)

150000 – 0601 – 0008137　126483　集部/別集類/清之屬/清(一)

虹橋老屋遺集□□卷　（清）秦緗業撰　清刻本　一冊　存一卷(詩卷二)

150000 – 0601 – 0008138　120849　集部/別集類/清之屬/清(一)

舒藝室尺牘偶存一卷　（清）張文虎撰　清光緒十五年(1889)刻本　一冊

150000 – 0601 – 0008139　125588　集部/別集類/清之屬/清(一)

舒藝室詩存七卷　（清）張文虎撰　**索笑詞二卷**　（清）張文虎撰　清咸豐六年(1856)刻本　二冊

150000 – 0601 – 0008140　120100　集部/別集類/清之屬/清(一)

續東軒遺集文一卷詩一卷　（清）高均儒撰　清光緒七年(1881)刻本　二冊

150000 – 0601 – 0008141　125717　集部/別集類/清之屬/清(一)

沈四山人詩錄六卷附錄一卷　（清）沈謹學撰　清光緒三年(1877)八囍齋刻本　一冊

150000 – 0601 – 0008142　126035　集部/別集類/清之屬/清(一)

吉堂詩稿八卷　（清）欽善撰　清嘉慶二十五年(1820)金陵劉貢九刻本　一冊

150000 – 0601 – 0008143　8744　集部/別集類/清之屬/清(一)

李文忠公全集奏稿八十卷朋僚函稿二十卷譯署函稿二十卷遷移鼉池口教堂函稿一卷海軍

函稿四卷電稿四十卷首一卷 （清）李鴻章撰
清光緒三十一年（1905）金陵刻本 一百冊

150000－0601－0008144 149258 集部/別
集類/清之屬/清（一）

李文忠公全集奏稿八十卷朋僚函稿二十卷譯
署函稿二十卷遷移甌池口教堂函稿一卷海軍
函稿四卷電稿四十卷首一卷 （清）李鴻章撰
清光緒三十一年（1905）金陵刻本 一百冊

150000－0601－0008145 149358 集部/別
集類/清之屬/清（一）

李文忠公全集奏稿八十卷朋僚函稿二十卷譯
署函稿二十卷遷移甌池口教堂函稿一卷海軍
函稿四卷電稿四十卷首一卷 （清）李鴻章撰
清光緒三十一年（1905）金陵刻本 一百冊

150000－0601－0008146 119013 集部/別
集類/清之屬/清（一）

養知書屋文集二十八卷詩集十五卷 （清）郭
嵩燾撰 清光緒十八年（1892）刻本 十六冊

150000－0601－0008147 765117 集部/別
集類/清之屬/清（一）

養知書屋文集□□卷 （清）郭嵩燾撰 清刻
本 十冊 存二十一卷（四至二十四）

150000－0601－0008148 114879 集部/別
集類/清之屬/清（一）

朱九江先生集十卷首四卷 （清）朱次琦撰
清光緒二十三年（1897）刻本 四冊

150000－0601－0008149 114883 集部/別
集類/清之屬/清（一）

朱九江先生集十卷首四卷 （清）朱次琦撰
清光緒二十三年（1897）刻本 四冊

150000－0601－0008150 115039 集部/別
集類/清之屬/清（一）

有恒心齋駢體文六卷 （清）程鴻詔撰 清同
治十二年（1873）吳文楷刻本 二冊

150000－0601－0008151 118382 集部/別
集類/清之屬/清（一）

勤餘文牘六卷 （清）陳錦撰 東溟校伍錄二
卷 （清）陳錦撰 學廬自鏡語一卷 （清）陳

錦撰 清光緒五年（1879）刻本 六冊

150000－0601－0008152 118543 集部/別
集類/清之屬/清（一）

勤餘文牘六卷 （清）陳錦撰 東溟校伍錄二
卷 （清）陳錦撰 學廬自鏡語一卷 （清）陳
錦撰 清光緒五年（1879）刻本 五冊

150000－0601－0008153 125260 集部/別
集類/清之屬/清（一）

補勤詩存二十四卷首一卷 （清）陳錦撰 清
光緒三年（1877）刻本 六冊

150000－0601－0008154 170437 集部/別
集類/清之屬/清（一）

亢藝堂集□□卷 （清）孫廷璋撰 清刻本
一冊 存三卷（一至三）

150000－0601－0008155 119925 集部/別
集類/清之屬/清（一）

藏書樓駢體文二卷 （清）鮑桂生撰 清咸豐
二年（1852）刻本 一冊

150000－0601－0008156 118499 集部/別
集類/清之屬/清（一）

遜學齋文鈔十二卷首一卷末一卷詩鈔十卷文
鈔續五卷詩鈔續五卷 （清）孫衣言撰 清同
治十二年（1873）刻本 十冊

150000－0601－0008157 118509 集部/別
集類/清之屬/清（一）

遜學齋文鈔十二卷首一卷末一卷詩鈔十卷文
鈔續五卷詩鈔續五卷 （清）孫衣言撰 清同
治十二年（1873）刻本 四冊

150000－0601－0008158 41699 集部/別集
類/清之屬/清（一）

春在堂雜文二卷續編五卷三編四卷四編八卷
五編八卷六編十卷 （清）俞樾撰 清光緒三
十一年（1905）刻本 二十冊

150000－0601－0008159 128306 集部/別
集類/清之屬/清（一）

四書文一卷 （清）俞樾撰 清刻本 一冊

150000－0601－0008160 126151 集部/別

集類/清之屬/清(一)

曲園自述詩一卷 （清）俞樾撰　補自述詩一卷　（清）俞樾撰　清光緒十五年(1889)刻本　一冊

150000－0601－0008161　118780　集部/別集類/清之屬/清(一)

賓萌集五卷 （清）俞樾撰　清同治九年(1870)刻本　一冊

150000－0601－0008162　118778　集部/別集類/清之屬/清(一)

賓萌外集一卷 （清）俞樾撰　清同治十年(1871)刻德清俞氏書本　二冊

150000－0601－0008163　118781　集部/別集類/清之屬/清(一)

賓萌外集一卷 （清）俞樾撰　清同治十年(1871)刻德清俞氏書本　一冊

150000－0601－0008164　120086　集部/別集類/清之屬/清(一)

攜雪堂文集四卷 （清）吳可讀撰　（清）楊慶生箋注　清光緒二十六年(1900)浙江書局刻本　三冊

150000－0601－0008165　114373　集部/別集類/清之屬/清(一)

心白日齋集四卷 （清）尹耕雲撰　清光緒十年(1884)刻本　二冊

150000－0601－0008166　114436　集部/別集類/清之屬/清(一)

心白日齋集六卷 （清）尹耕雲撰　清光緒十年(1884)刻本　三冊

150000－0601－0008167　126463　集部/別集類/清之屬/清(一)

課花詞館試帖一卷 （清）張雲望撰　清刻本　一冊

150000－0601－0008168　126024　集部/別集類/清之屬/清(一)

願學堂詩存二十二卷 （清）邵亨豫撰　清光緒十年(1884)琴川刻本　四冊

150000－0601－0008169　125328　集部/別集類/清之屬/清(一)

求真是齋詩草二卷 （清）恩華撰　清咸豐十一年(1861)錫璋刻本　二冊

150000－0601－0008170　114887　集部/別集類/清之屬/清(一)

自鏡齋文鈔一卷詩鈔一卷 （清）潘曾瑋撰　養間雜錄一卷 （清）潘曾瑋撰　清光緒十三年(1887)刻本　二冊

150000－0601－0008171　114889　集部/別集類/清之屬/清(一)

自鏡齋文鈔一卷詩鈔一卷補遺一卷 （清）潘曾瑋撰　清光緒十三年(1887)刻本　一冊

150000－0601－0008172　126111　集部/別集類/清之屬/清(一)

養和山館遺稿二卷 （清）王慶楨撰　清道光二十八年(1848)王氏刻本　一冊

150000－0601－0008173　119627　集部/別集類/清之屬/清(一)

嶺上白雲集十二卷 （清）陸懋修撰　寙翁文鈔四卷 （清）陸懋修撰　清光緒二十三年(1897)刻本　四冊

150000－0601－0008174　119631　集部/別集類/清之屬/清(一)

嶺上白雲集十二卷 （清）陸懋修撰　寙翁文鈔四卷 （清）陸懋修撰　清光緒二十三年(1897)刻本　四冊

150000－0601－0008175　126228　集部/別集類/清之屬/清(一)

蘇鄰遺詩續集一卷 （清）李鴻裔撰　清光緒十七年(1891)中江李氏上洋石印本　一冊

150000－0601－0008176　124697　集部/別集類/清之屬/清(一)

白香亭詩三卷 （清）鄧輔綸撰　清光緒十九年(1893)東河督署刻本　二冊

150000－0601－0008177　116236　集部/別集類/清之屬/清(一)

思誠堂集三卷首一卷 （清）劉鴻典撰　永思

堂賸稿一卷　（清）顔懷清撰　清宣統元年(1909)刻本　四冊

150000－0601－0008178　116874　集部/別集類/清之屬/清(一)

望雲館文稿一卷詩稿一卷　（清）章鋆撰　清光緒十四年(1888)刻本　一冊

150000－0601－0008179　114731　集部/別集類/清之屬/清(一)

玉井山館文略五卷　（清）許宗衡撰　清同治四年(1865)刻本　二冊

150000－0601－0008180　114733　集部/別集類/清之屬/清(一)

玉井山館文續二卷　（清）許宗衡撰　西行日記一卷　（清）許宗衡撰　清同治九年(1870)刻本　一冊

150000－0601－0008181　126340　集部/別集類/清之屬/清(一)

張文節公遺集□□卷　（清）張洵撰　清同治十一年(1872)滂喜齋刻本　一冊　存二卷(一至二)

150000－0601－0008182　113962　集部/別集類/清之屬/清(一)

十三峰書屋全集八卷　（清）李榕撰　清光緒二十五年(1899)袖海山房石印本　四冊

150000－0601－0008183　125360　集部/別集類/清之屬/清(一)

因樹書屋詩稿十二卷　（清）沈寶森撰　清光緒二十三年(1897)刻本　八冊

150000－0601－0008184　116252　集部/別集類/清之屬/清(一)

待堂文一卷　（清）吳懷珍撰　清刻本　一冊

150000－0601－0008185　116253　集部/別集類/清之屬/清(一)

待堂文一卷　（清）吳懷珍撰　清刻本　一冊

150000－0601－0008186　126404　集部/別集類/清之屬/清(一)

心潛書屋詩存一卷詞賸一卷　（清）陳亮疇撰

清光緒三十二年(1906)杭州刻本　一冊

150000－0601－0008187　126065　集部/別集類/清之屬/清(一)

文誠公詩稿拾遺一卷　（清）丁寶楨撰　清宣統三年(1911)清芬閣排印本　一冊

150000－0601－0008188　126069　集部/別集類/清之屬/清(一)

藤香館詩鈔四卷　（清）薛時雨撰　清同治七年(1868)刻本　四冊

150000－0601－0008189　114115　集部/別集類/清之屬/清(一)

小酉腴山館文鈔九卷詩鈔二卷補錄一卷續編二卷三編二卷四編二卷外文四卷　（清）吳大廷撰　清同治三年(1864)刻本　六冊

150000－0601－0008190　114121　集部/別集類/清之屬/清(一)

小酉腴山館文鈔五卷外文二卷　（清）吳大廷撰　清同治三年(1864)刻本　三冊

150000－0601－0008191　114064　集部/別集類/清之屬/清(一)

小酉腴山館餘集外文四卷　（清）吳大廷撰　清同治三年(1864)刻本　一冊

150000－0601－0008192　116191　集部/別集類/清之屬/清(一)

退一步齋詩集十六卷文集四卷　（清）方濬師撰　蕉軒續錄二卷　（清）方濬師撰　清光緒十八年(1892)排印本　十二冊

150000－0601－0008193　119129　集部/別集類/清之屬/清(一)

遲鴻軒文弃二卷　（清）楊峴撰　清光緒十三年(1887)刻本　一冊

150000－0601－0008194　119130　集部/別集類/清之屬/清(一)

遲鴻軒詩存一卷文存一卷　（清）楊峴撰　清光緒二年(1876)吳門刻本　一冊

150000－0601－0008195　119127　集部/別集類/清之屬/清(一)

遲鴻軒詩續一卷文續一卷 （清）楊峴撰 清光緒十九年（1893）刻本 一冊

150000－0601－0008196 119128 集部/別集類/清之屬/清（一）

遲鴻軒詩續一卷文續一卷 （清）楊峴撰 清光緒十九年（1893）刻本 一冊

150000－0601－0008197 120924 集部/別集類/清之屬/清（一）

翁松禪手札一卷 （清）翁同龢撰 清宣統三年（1911）影印本 九冊

150000－0601－0008198 126117 集部/別集類/清之屬/清（一）

瓶廬詩稿六卷 （清）翁同龢撰 刻本 二冊 存四卷（三至六）

150000－0601－0008199 126256 集部/別集類/清之屬/清（一）

峴嶕山房詩集□□卷 （清）董文渙撰 清刻本 三冊 存八卷（初編三至八、續編三至四）

150000－0601－0008200 116960 集部/別集類/清之屬/清（一）

陶堂遺文一卷 （清）高心夔撰 卹誦一卷 （清）高心夔撰 清末刻本 一冊

150000－0601－0008201 117114 集部/別集類/清之屬/清（一）

陶堂志微錄五卷 （清）高心夔撰 陶堂遺文一卷卹誦一卷 清光緒八年（1882）平湖朱氏經注經齋刻高陶堂遺集本 三冊

150000－0601－0008202 9373 集部/別集類/清之屬/清（一）

期不負齋全集政書九卷文集五卷首一卷 （清）周家楣撰 清光緒二十一年（1895）刻本 八冊

150000－0601－0008203 129185 集部/別集類/清之屬/清（一）

二金蝶堂尺牘一卷 （清）趙之謙撰 清光緒三十一年（1905）小長蘆館石印本 一冊

150000－0601－0008204 114633 集部/別集類/清之屬/清（一）

田硯齋文集二卷 （清）褚榮槐撰 清宣統二年（1910）刻本 一冊

150000－0601－0008205 115162 集部/別集類/清之屬/清（一）

何子清先生遺文二卷附錄一卷 （清）何忠萬撰 清光緒八年（1882）金陵翁氏茹古閣刻本 二冊

150000－0601－0008206 115165 集部/別集類/清之屬/清（一）

何子清先生遺文二卷附錄一卷 （清）何忠萬撰 清光緒八年（1882）金陵翁氏茹古閣刻本 一冊

150000－0601－0008207 118246 集部/別集類/清之屬/清（一）

景詹闇遺文一卷 （清）姚諶撰 清同治十二年（1873）刻本 一冊

150000－0601－0008208 119257 集部/別集類/清之屬/清（一）

劍虹居文集二卷詩集二卷 （清）秦煥撰 清光緒三十一年（1905）刻本 四冊

150000－0601－0008209 126323 集部/別集類/清之屬/清（一）

靈石山房詩草一卷續吟草一卷 （清）貴成撰 清同治七年（1868）刻本 一冊

150000－0601－0008210 118940 集部/別集類/清之屬/清（一）

養晦堂文集十卷詩集二卷 （清）劉蓉撰 清光緒三年（1877）思賢講舍刻本 六冊

150000－0601－0008211 118946 集部/別集類/清之屬/清（一）

養晦堂文集十卷詩集二卷 （清）劉蓉撰 清光緒三年（1877）思賢講舍刻本 四冊

150000－0601－0008212 125888 集部/別集類/清之屬/清（一）

養晦堂詩集二卷 （清）劉蓉撰 清光緒三年（1877）思賢講舍刻本 一冊

150000 - 0601 - 0008213　125692 + 126040
集部/別集類/清之屬/清(一)

詒安堂詩初稿八卷二集八卷　(清)王慶勛撰
清咸豐三年(1853)刻本　三冊

150000 - 0601 - 0008214　118806　集部/別
集類/清之屬/清(一)

蒙泉文集四卷　(清)張九思撰　清咸豐八年
(1858)長沙刻本　二冊

150000 - 0601 - 0008215　126140　集部/別
集類/清之屬/清(一)

梅花山館詩鈔一卷　(清)徐光發撰　清光緒
三十一年(1905)鐵沙徐氏怡安堂石印本
二冊

150000 - 0601 - 0008216　125213　集部/別
集類/清之屬/清(一)

紅粟山莊詩六卷　(清)朱寶善撰　清同治九
年(1870)福州刻本　二冊

150000 - 0601 - 0008217　125556　集部/別
集類/清之屬/清(一)

伏敔堂詩錄十五卷首一卷附錄一卷　(清)江
湜撰　清同治元年(1862)刻本　四冊

150000 - 0601 - 0008218　125560　集部/別
集類/清之屬/清(一)

伏敔堂詩續錄四卷　(清)江湜撰　清同治二
年(1863)刻本　一冊

150000 - 0601 - 0008219　119452　集部/別
集類/清之屬/清(一)

嘯古堂文集八卷　(清)蔣敦復撰　清同治七
年(1868)上海道署刻本　二冊

150000 - 0601 - 0008220　119475　集部/別
集類/清之屬/清(一)

嘯古堂文集八卷　(清)蔣敦復撰　清同治七
年(1868)上海道署刻本　二冊

150000 - 0601 - 0008221　125529　集部/別
集類/清之屬/清(一)

嘯古堂詩集八卷遺集一卷雜錄一卷　(清)蔣
敦復撰　**芬陀利室詞集五卷遺集一卷**　(清)
蔣敦復撰　清光緒十一年(1885)玉鮕生淞隱

廬刻本　二冊

150000 - 0601 - 0008222　126005　集部/別
集類/清之屬/清(一)

嘯古堂詩集八卷　(清)蔣敦復撰　清光緒十
一年(1885)玉鮕生淞隱廬刻本　二冊

150000 - 0601 - 0008223　116022　集部/別
集類/清之屬/清(一)

**柏堂集前編十四卷次編十三卷續編二十二卷
後編二十二卷**　(清)方宗誠撰　清光緒六年
(1880)刻本　十六冊

150000 - 0601 - 0008224　154624　集部/別
集類/清之屬/清(一)

**柏堂集前編十四卷次編十三卷續編二十二卷
後編二十二卷**　(清)方宗誠撰　清光緒六年
(1880)刻本　三十二冊

150000 - 0601 - 0008225　19820　集部/別集
類/清之屬/清(一)

謫麐堂遺集文二卷詩二卷　(清)戴望撰　清
光緒元年(1875)刻本　一冊

150000 - 0601 - 0008226　119819　集部/別
集類/清之屬/清(一)

謫麐堂遺集文二卷詩二卷補遺一卷　(清)戴
望撰　清宣統三年(1911)神州國光社排印本
一冊

150000 - 0601 - 0008227　126220　集部/別
集類/清之屬/清(一)

藏齋詩鈔六卷　(清)何其超撰　清同治七年
(1868)刻棗花書屋集本　二冊

150000 - 0601 - 0008228　125880　集部/別
集類/清之屬/清(一)

嘯雲軒詩集五卷　(清)程畹撰　清同治十一
年(1872)刻本　二冊

150000 - 0601 - 0008229　126327　集部/別
集類/清之屬/清(一)

雪蕉齋詩鈔四卷　(清)王德馨撰　清光緒二
十六年(1900)刻本　一冊

150000 - 0601 - 0008230　125974　集部/別

生全書本　五冊

150000－0601－0008248　129243　集部/別集類/清之屬/清(一)

桐城吳先生文集四卷詩集一卷　（清）吳汝綸撰　清光緒三十年(1904)吳氏家刻桐城吳先生全書本　四冊

150000－0601－0008249　115308　集部/別集類/清之屬/清(一)

吳摯甫文集四卷　（清）吳汝綸撰　**附鈔深州風土記四篇一卷**　（清）吳汝綸撰　清宣統二年(1910)國學扶輪社石印本　五冊

150000－0601－0008250　115313　集部/別集類/清之屬/清(一)

吳摯甫文集四卷　（清）吳汝綸撰　**附鈔深州風土記四篇一卷**　（清）吳汝綸撰　清宣統二年(1910)國學扶輪社石印本　五冊

150000－0601－0008251　121031　集部/別集類/清之屬/清(一)

桐城吳先生尺牘三卷　（清）吳汝綸撰　清光緒二十九年(1903)吳氏家刻桐城吳先生全書本　二冊

150000－0601－0008252　125987　集部/別集類/清之屬/清(一)

桐城吳先生詩集一卷　（清）吳汝綸撰　清光緒三十年(1904)吳氏家刻桐城吳先生全書本　一冊

150000－0601－0008253　125683　集部/別集類/清之屬/清(一)

吳摯甫詩集一卷　（清）吳汝綸撰　清宣統二年(1910)國學扶輪社石印本　一冊

150000－0601－0008254　115376　集部/別集類/清之屬/清(一)

見在龕雜作存稿七卷附稿二卷　（清）濮文暹撰　清宣統三年(1911)山東藝文局排印本　四冊

150000－0601－0008255　115380　集部/別集類/清之屬/清(一)

見在龕雜作存稿七卷附稿二卷　（清）濮文暹撰　清宣統三年(1911)山東藝文局排印本　四冊

150000－0601－0008256　126305　集部/別集類/清之屬/清(一)

飲雪軒詩集四卷　（清）楊泰亨撰　清宣統二年(1910)經畬家塾刻本　一冊

150000－0601－0008257　118193　集部/別集類/清之屬/清(一)

復堂類集文四卷詩九卷詞二卷　（清）譚獻撰　清光緒十一年(1885)刻本　四冊

150000－0601－0008258　118197　集部/別集類/清之屬/清(一)

復堂類集文四卷詩九卷詞二卷　（清）譚獻撰　**待堂文一卷**　（清）吳懷珍撰　清光緒十一年(1885)刻本　四冊

150000－0601－0008259　162168　集部/別集類/清之屬/清(一)

復堂類集文四卷詩九卷詞二卷日記六卷　（清）譚獻撰　**待堂文一卷**　（清）吳懷珍撰　清光緒十一年(1885)刻本　六冊

150000－0601－0008260　162174　集部/別集類/清之屬/清(一)

復堂類集文四卷詩十卷詞六卷續一卷日記八卷　（清）譚獻撰　清光緒十一年(1885)刻本　十一冊

150000－0601－0008261　126034　集部/別集類/清之屬/清(一)

復堂詩四卷詞一卷　（清）譚獻撰　**待堂文一卷**　（清）吳懷珍撰　清刻本　一冊

150000－0601－0008262　39711　集部/別集類/清之屬/清(一)

璞齋集詩六卷詞一卷　（清）諸可寶撰　**清足居集一卷**　（清）鄧瑜撰　**蕉窗詞一卷**　清光緒二十二年(1896)泉塘諸氏刻本　四冊

150000－0601－0008263　167276　集部/別集類/清之屬/清(一)

璞齋集詩六卷詞一卷　（清）諸可寶撰　**清足居集一卷**　（清）鄧瑜撰　**蕉窗詞一卷**　清光

緒二十二年(1896)泉塘諸氏刻本　五冊

150000－0601－0008264　167281　集部/別集類/清之屬/清(一)

璞齋集詩六卷詞一卷　(清)諸可寶撰　**清足居集一卷**　(清)鄧瑜撰　**蕉窗詞一卷**　清光緒二十二年(1896)泉塘諸氏刻本　四冊

150000－0601－0008265　119341　集部/別集類/清之屬/清(一)

澡雪堂文鈔十卷首一卷　(清)鍾體志撰　清光緒十一年(1885)灌城刻本　五冊

150000－0601－0008266　118169　集部/別集類/清之屬/清(一)

循理堂全集六卷　(清)黃家駿撰　清光緒三十年(1904)活字本　六冊

150000－0601－0008267　118175　集部/別集類/清之屬/清(一)

循理堂全集六卷　(清)黃家駿撰　清光緒三十年(1904)活字本　六冊

150000－0601－0008268　118922　集部/別集類/清之屬/清(一)

寫經堂文鈔二卷詩鈔四卷同光集一卷　(清)蔡簛撰　(清)徐潗撰　清光緒六年(1880)刻本　二冊

150000－0601－0008269　125986　集部/別集類/清之屬/清(一)

偶齋詩草外次集十卷　(清)寶廷撰　清刻本　一冊

150000－0601－0008270　119510　集部/別集類/清之屬/清(一)

澤雅堂文集十卷　(清)施補華撰　清光緒十九年(1893)濟南刻本　二冊

150000－0601－0008271　125956　集部/別集類/清之屬/清(一)

望眉草堂詩集四卷　(清)顏嗣徽撰　清光緒十九年(1893)古筑顏氏文蔚堂刻本　二冊

150000－0601－0008272　125996　集部/別集類/清之屬/清(一)

冬暄草堂遺詩二卷　(清)陳豪撰　清宣統三年(1911)刻本　二冊

150000－0601－0008273　125998　集部/別集類/清之屬/清(一)

冬暄草堂遺詩二卷　(清)陳豪撰　清宣統三年(1911)刻本　二冊

150000－0601－0008274　126099　集部/別集類/清之屬/清(一)

圭庵詩錄一卷　(清)吳觀禮撰　清光緒五年(1879)刻本　一冊

150000－0601－0008275　126289　集部/別集類/清之屬/清(一)

蘭墅詩存二卷　(清)陳允頤撰　清光緒三十二年(1906)杭州刻本　一冊

150000－0601－0008276　125425　集部/別集類/清之屬/清(一)

寫經齋續稿一卷　(清)葉大莊撰　清光緒二十七年(1901)武昌刻本　一冊

150000－0601－0008277　126322　集部/別集類/清之屬/清(一)

鴻城集三卷　(清)李超瓊撰　清光緒二十年(1894)刻石船居士古今體詩賸稿本　一冊

150000－0601－0008278　125771　集部/別集類/清之屬/清(一)

篁韵盦詩鈔六卷　(清)顧森書撰　清光緒三十二年(1906)刻本　二冊

150000－0601－0008279　115935　集部/別集類/清之屬/清(一)

扁善齋文存二卷詩存一卷　(清)鄧嘉緝撰　清光緒二十七年(1901)刻本　三冊

150000－0601－0008280　115938　集部/別集類/清之屬/清(一)

扁善齋文存二卷詩存一卷　(清)鄧嘉緝撰　清光緒二十七年(1901)刻本　三冊

150000－0601－0008281　126246　集部/別集類/清之屬/清(一)

扁善齋詩存一卷　(清)鄧嘉緝撰　清光緒二

十七年(1901)刻本　一册

150000－0601－0008282　126086　集部/別集類/清之屬/清(一)

退思軒詩集六卷補遺一卷　(清)張百熙撰　清宣統三年(1911)京師排印本　一册

150000－0601－0008283　115226　集部/別集類/清之屬/清(一)

希古堂文甲集二卷乙集六卷　(清)譚宗浚撰　清光緒十六年(1890)羊城刻本　四册

150000－0601－0008284　126245　集部/別集類/清之屬/清(一)

荔村草堂詩續鈔一卷　(清)譚宗浚撰　清宣統二年(1910)京師刻本　一册

150000－0601－0008285　124814　集部/別集類/清之屬/清(一)

秋蟪吟館詩鈔□□卷　(清)金和撰　刻本　二册　存三卷(二至四)

150000－0601－0008286　125788　集部/別集類/清之屬/清(一)

通雅堂詩鈔十卷續集二卷　(清)施山撰　清光緒元年(1875)荆州刻本　二册

150000－0601－0008287　114619　集部/別集類/清之屬/清(一)

古紅梅閣集八卷附錄一卷　(清)劉履芬撰　**紫藤花館詩餘一卷**　清光緒六年(1880)蘇州刻本　二册

150000－0601－0008288　125693　集部/別集類/清之屬/清(一)

松夢寮詩稿六卷　(清)丁丙撰　清光緒二十五年(1899)刻本　二册

150000－0601－0008289　119813　集部/別集類/清之屬/清(一)

縵雅堂駢體文八卷　(清)王詒壽撰　**花景詞一卷**　(清)王詒壽撰　**笙月詞五卷**　(清)王詒壽撰　清光緒六年(1880)刻本　三册

150000－0601－0008290　119676　集部/別集類/清之屬/清(一)

縵雅堂駢體文八卷　(清)王詒壽撰　清光緒六年(1880)刻本　二册

150000－0601－0008291　126499　集部/別集類/清之屬/清(一)

縵雅堂駢體文八卷　(清)王詒壽撰　清光緒六年(1880)刻本　二册

150000－0601－0008292　119171＋125642　集部/別集類/清之屬/清(一)

樂志簃文錄四卷詩錄六卷詞錄一卷　(清)沈祥龍撰　**樂志簃筆記四卷**　(清)沈祥龍撰　**味經堂詩錄二卷**　(清)沈祥龍撰　清光緒二十六年(1900)文墨齋刻本　三册

150000－0601－0008293　117929　集部/別集類/清之屬/清(一)

曾惠敏公文集五卷　(清)曾紀澤撰　清光緒十九年(1893)江南製造總局排印本　二册

150000－0601－0008294　126302　集部/別集類/清之屬/清(一)

師竹軒詩集四卷　(清)劉樹棠撰　**韵香閣詩草一卷**　(清)孫祥淑撰　清光緒十一年(1885)姑蘇梓文閣刻本　一册

150000－0601－0008295　152931　集部/別集類/清之屬/清(一)

拙尊園叢稿六卷　(清)黎庶昌撰　清末刻本　二册

150000－0601－0008296　152678　集部/別集類/清之屬/清(一)

拙尊園叢稿六卷　(清)黎庶昌撰　清光緒二十三年(1897)石印本　四册

150000－0601－0008297　116203　集部/別集類/清之屬/清(一)

退補齋文存十二卷首一卷　(清)胡鳳丹撰　清同治十二年(1873)退補齋鄂州寓廬刻本　四册

150000－0601－0008298　124953　集部/別集類/清之屬/清(一)

退補齋詩存十六卷首一卷　(清)胡鳳丹撰　清同治十二年(1873)鄂州寓廬刻本　四册

150000 - 0601 - 0008299　126308　集部/別集類/清之屬/清（一）

十華小築詩鈔四卷　（清）余本愚撰　清光緒十一年(1885)刻本　一冊

150000 - 0601 - 0008300　126078　集部/別集類/清之屬/清（一）

水流雲在館詩鈔四卷　（清）周天麟撰　清光緒二十七年(1901)刻本　一冊

150000 - 0601 - 0008301　120050　集部/別集類/清之屬/清（一）

蘇盦文錄二卷駢文錄五卷詩錄八卷詞錄一卷　（清）楊葆光撰　清光緒九年(1883)杭州刻本　五冊

150000 - 0601 - 0008302　126307　集部/別集類/清之屬/清（一）

味靈華館詩六卷　（清）商廷煥撰　清宣統二年(1910)石印本　一冊

150000 - 0601 - 0008303　125468　集部/別集類/清之屬/清（一）

茶磨山人詩鈔八卷　（清）汪芑撰　清光緒十年(1884)刻本　四冊

150000 - 0601 - 0008304　125765　集部/別集類/清之屬/清（一）

茶磨山人詩鈔八卷　（清）汪芑撰　清光緒十年(1884)刻本　四冊

150000 - 0601 - 0008305　118097　集部/別集類/清之屬/清（一）

善思齋文鈔九卷　（清）徐宗亮撰　清末刻本　一冊

150000 - 0601 - 0008306　125541　集部/別集類/清之屬/清（一）

漸西村人初集詩十三卷　（清）袁昶撰　清光緒二十年(1894)避舍蓋公堂刻本　三冊

150000 - 0601 - 0008307　126270　集部/別集類/清之屬/清（一）

漸西村人初集詩十三卷　（清）袁昶撰　清光緒二十年(1894)避舍蓋公堂刻本　三冊

150000 - 0601 - 0008308　11167　集部/別集類/清之屬/清（一）

于湖小集六卷　（清）袁昶撰　金陵雜事詩一卷　（清）袁昶撰　清光緒二十年(1894)水明樓刻本　三冊

150000 - 0601 - 0008309　114065　集部/別集類/清之屬/清（一）

于湖小集五卷　（清）袁昶撰　清光緒二十年(1894)刻本　二冊

150000 - 0601 - 0008310　126007　集部/別集類/清之屬/清（一）

水明樓集一卷　（清）袁昶撰　朝隱巵衍詩支甲一卷詩支乙一卷　（清）袁昶撰　清宣統元年(1909)上海中國圖書公司排印本　一冊

150000 - 0601 - 0008311　126008　集部/別集類/清之屬/清（一）

水明樓集一卷　（清）袁昶撰　朝隱巵衍詩支甲一卷詩支乙一卷　（清）袁昶撰　清宣統元年(1909)上海中國圖書公司排印本　一冊

150000 - 0601 - 0008312　125491　集部/別集類/清之屬/清（一）

安般簃集詩續十卷附錄一卷　（清）袁昶撰　清光緒十六年(1890)小漚巢刻本　三冊

150000 - 0601 - 0008313　125498　集部/別集類/清之屬/清（一）

安般簃集詩續十卷附錄一卷　（清）袁昶撰　清光緒十六年(1890)小漚巢刻本　三冊

150000 - 0601 - 0008314　114530　集部/別集類/清之屬/清（一）

毋自欺室文集十卷　（清）王炳燮撰　清光緒十一年(1885)津河廣仁堂刻本　四冊

150000 - 0601 - 0008315　114580　集部/別集類/清之屬/清（一）

正誼堂文集二十四卷　（清）董沛撰　清光緒二十二年(1896)刻本　六冊

150000 - 0601 - 0008316　114606　集部/別集類/清之屬/清（一）

正誼堂文集二十四卷　（清）董沛撰　清光緒

二十二年(1896)刻本　六冊

150000－0601－0008317　114612　集部/別集類/清之屬/清(一)

正誼堂文集二十四卷　(清)董沛撰　清光緒二十二年(1896)刻本　六冊

150000－0601－0008318　125860　集部/別集類/清之屬/清(一)

六一山房詩集十卷　(清)董沛撰　清同治十一年(1872)刻本　二冊

150000－0601－0008319　125862　集部/別集類/清之屬/清(一)

六一山房續集十卷　(清)董沛撰　清光緒九年(1883)刻本　二冊

150000－0601－0008320　118363　集部/別集類/清之屬/清(一)

意園文略二卷　(清)盛昱撰　楊鍾羲編　清宣統二年(1910)刻紅印本　一冊

150000－0601－0008321　126373　集部/別集類/清之屬/清(一)

鬱華閣遺集四卷　(清)盛昱撰　清留垞武昌刻紅印本　一冊

150000－0601－0008322　116648　集部/別集類/清之屬/清(一)

素心簃集四卷詩集二卷補遺不分卷　(清)顧蓮撰　刻本　三冊

150000－0601－0008323　117745　集部/別集類/清之屬/清(一)

湖塘林館駢體文鈔二卷　(清)李慈銘撰　清刻本　一冊

150000－0601－0008324　124723　集部/別集類/清之屬/清(一)

白華絳柎閣詩十卷　(清)李慈銘撰　清光緒十六年(1890)刻越縵堂集本　二冊

150000－0601－0008325　124725　集部/別集類/清之屬/清(一)

白華絳柎閣詩十卷　(清)李慈銘撰　清光緒十六年(1890)刻越縵堂集本　二冊

150000－0601－0008326　119330　集部/別集類/清之屬/清(一)

澹園文集二卷首一卷　(清)虞景璜撰　清宣統三年(1911)刻本　一冊

150000－0601－0008327　125977　集部/別集類/清之屬/清(一)

磐那室詩存一卷　(清)張亨嘉撰　清宣統三年(1911)平江蘇氏排印本　一冊

150000－0601－0008328　D2420　集部/別集類/清之屬/清(一)

澹堪詩草二卷　(清)成多祿撰　清宣統元年(1909)刻本　二冊

150000－0601－0008329　119462　集部/別集類/清之屬/清(一)

燕游集一卷　(清)朱國華撰　清光緒二十八年(1902)活字本　一冊

150000－0601－0008330　125439　集部/別集類/清之屬/清(一)

傳樸堂詩稿四卷補遺一卷附錄一卷　(清)葛金烺撰　竹樊山莊詞一卷　(清)葛金烺撰　弢華館詩稿一卷　(清)葛嗣浵撰　清光緒二十一年(1895)刻本　二冊

150000－0601－0008331　50782　集部/別集類/清之屬/清(一)

高太史論鈔四卷　(清)高熙喆撰　清宣統元年(1909)刻本　四冊

150000－0601－0008332　125882　集部/別集類/清之屬/清(一)

環天室古近體詩類選五卷後集一卷　(清)曾廣鈞撰　清宣統元年(1909)刻本　二冊

150000－0601－0008333　126047　集部/別集類/清之屬/清(一)

雁影齋詩存一卷　(清)李希聖撰　清光緒三十一年(1905)京師刻本　一冊

150000－0601－0008334　126093　集部/別集類/清之屬/清(一)

雁影齋詩存一卷　(清)李希聖撰　清光緒三十一年(1905)京師刻本　一冊

150000－0601－0008335　D2498　集部/別集類/清之屬/清（一）

公餘集一卷　（清）旺都特那木濟勒撰　清光緒十一年（1885）刻本　二冊

150000－0601－0008336　50786　集部/別集類/清之屬/清（一）

公餘集一卷　（清）旺都特那木濟勒撰　清光緒十一年（1885）刻本　二冊

150000－0601－0008337　50788　集部/別集類/清之屬/清（一）

公餘集一卷　（清）旺都特那木濟勒撰　清光緒十一年（1885）刻本　二冊

150000－0601－0008338　D2500　集部/別集類/清之屬/清（一）

公餘集續編一卷　（清）旺都特那木濟勒撰　客窗存稿一卷　（清）旺都特那木濟勒撰　清光緒十七年（1891）刻本　二冊

150000－0601－0008339　50790　集部/別集類/清之屬/清（一）

公餘集續編一卷　（清）旺都特那木濟勒撰　客窗存稿一卷　（清）旺都特那木濟勒撰　清光緒十七年（1891）刻本　二冊

150000－0601－0008340　126197　集部/別集類/清之屬/清（一）

公餘集續編一卷　（清）旺都特那木濟勒撰　客窗存稿一卷　（清）旺都特那木濟勒撰　清光緒十七年（1891）刻本　二冊

150000－0601－0008341　125348　集部/別集類/清之屬/清（一）

缶廬詩九卷　（清）吳俊卿撰　缶廬別存（題畫）一卷　（清）吳俊卿撰　清光緒十九年（1893）刻本　四冊

150000－0601－0008342　125346　集部/別集類/清之屬/清（一）

缶廬詩四卷　（清）吳俊卿撰　缶廬別存（題畫）一卷　（清）吳俊卿撰　清光緒十九年（1893）刻本　一冊

150000－0601－0008343　125347　集部/別

集類/清之屬/清（一）

缶廬詩四卷　（清）吳俊卿撰　缶廬別存（題畫）一卷　（清）吳俊卿撰　清光緒十九年（1893）刻本　一冊

150000－0601－0008344　125751　集部/別集類/清之屬/清（一）

范伯子詩集十九卷　（清）范當世撰　清光緒三十四年（1908）刻本　四冊

150000－0601－0008345　126342　集部/別集類/清之屬/清（一）

蓬吟集一卷　（清）謝光綺撰　清光緒十九年（1893）刻本　一冊

150000－0601－0008346　114848　集部/別集類/清之屬/清（一）

艾廬遺稿六卷　（清）邵曾鑑撰　清光緒二十三年（1897）刻本　二冊

150000－0601－0008347　114876　集部/別集類/清之屬/清（一）

艾廬遺稿六卷　（清）邵曾鑑撰　清光緒二十三年（1897）刻本　二冊

150000－0601－0008348　126477　集部/別集類/清之屬/清（一）

艾廬遺稿六卷　（清）邵曾鑑撰　清光緒二十三年（1897）刻本　二冊

150000－0601－0008349　126219　集部/別集類/清之屬/清（一）

南涇集一卷　（清）徐步瀛撰　隑巷集一卷　（清）徐步瀛撰　清光緒二十九年（1903）平湖綺春閣排印本　一冊

150000－0601－0008350　114144　集部/別集類/清之屬/清（一）

小雅樓詩集八卷遺文二卷首一卷　（清）鄧方撰　清光緒二十六年（1900）廣州刻本　五冊

150000－0601－0008351　125992　集部/別集類/清之屬/清（一）

欽命四書詩題一卷　（清）毓隆撰　清末刻朱墨套印本　一冊

150000－0601－0008352　116243　集部/別集類/清之屬/清（一）

思兄樓文稿一卷　（清）羅長裿撰　曩餘稿一卷　（清）羅長裿撰　清末刻本　一冊

150000－0601－0008353　114344　集部/別集類/清之屬/清（一）

公言集三卷　（清）沈同芳撰　清光緒三十四年（1908）排印萬物炊累室文甲編本　一冊

150000－0601－0008354　118099　集部/別集類/清之屬/清（一）

莫宦文草一卷　（清）黃壽袞撰　清光緒三十一年（1905）石印本　一冊

150000－0601－0008355　125905　集部/別集類/清之屬/清（一）

徐烈婦詩鈔二卷書一卷回文一卷　（清）吳宗愛撰　同心梔子圖續編一卷　（清）應瑩撰　清同治十三年（1874）雲鶴仙館刻本　一冊

150000－0601－0008356　125906　集部/別集類/清之屬/清（一）

絳雪詩鈔二卷書一卷回文一卷附錄一卷　（清）吳宗愛撰　清咸豐四年（1854）刻本　一冊

150000－0601－0008357　126063　集部/別集類/清之屬/清（一）

古春軒詩鈔一卷　（清）梁德繩撰　清咸豐二年（1852）鳳城刻本　一冊

150000－0601－0008358　126268　集部/別集類/清之屬/清（一）

秋紅丈室遺詩一卷　（清）金禮嬴撰　清道光二十年（1840）刻本　一冊

150000－0601－0008359　125652　集部/別集類/清之屬/清（一）

自然好學齋詩鈔十卷　（清）汪端撰　清同治十三年（1874）刻本　三冊

150000－0601－0008360　126230　集部/別集類/清之屬/清（一）

倚雲閣詩詞存詩三卷補遺一卷詩餘三卷　（清）張友書撰　清光緒十二年（1886）刻本　一冊

150000－0601－0008361　125886　集部/別集類/清之屬/清（一）

綠雲山房詩草二卷首一卷終一卷　（清）勞蓉君撰　清光緒四年（1878）刻本　一冊

150000－0601－0008362　126212　集部/別集類/清之屬/清（一）

秋水軒詩選一卷詞一卷　（清）莊盤珠撰　清光緒二年（1876）思補樓刻本　一冊

150000－0601－0008363　125941　集部/別集類/清之屬/清（一）

焦尾閣遺稿一卷　（清）盧德儀撰　清同治九年（1870）刻本　一冊

150000－0601－0008364　126364　集部/別集類/清之屬/清（一）

佩秋閣遺稿詩稿二卷詞稿一卷駢文稿一卷　（清）吳茝撰　清光緒元年（1875）刻本　一冊

150000－0601－0008365　126306　集部/別集類/清之屬/清（一）

清足居集一卷　（清）鄧瑜撰　蕉窗詞一卷　（清）鄧瑜撰　清光緒二十一年（1895）諸氏家刻本　一冊

150000－0601－0008366　126414　集部/別集類/清之屬/清（一）

韵香閣詩草一卷　（清）孔祥淑撰　清光緒十三年（1887）石印本　一冊

150000－0601－0008367　126325　集部/別集類/清之屬/清（一）

餐鞠軒詩草一卷　（清）伍淡如撰　清光緒十四年（1888）刻本　一冊

150000－0601－0008368　124943　集部/別集類/清之屬/清（一）

翠螺閣詩稿一卷　（清）凌祉媛撰　清咸豐四年（1854）延慶堂丁氏刻翠螺閣詩詞稿本　一冊

150000－0601－0008369　156492　集部/別集類/清之屬/清（一）

傳書樓詩鎬一卷　（清）汪金順撰　壽花軒詩略一卷　（清）汪懋芳撰　重蔭樓詩集一卷

（清）戴芬撰　種玉山房詩集一卷　（清）戴福
清撰　紅蕉庵詩集一卷　（清）戴菔撰　清光
緒四年(1878)汪曰楨會稽學署刻本　一冊

150000－0601－0008370　125804　集部/別
集類/清之屬/清（一）

適吾廬詩存二卷　（清）陸瞻雲撰　清嘉慶二
十四年(1819)刻本　一冊

150000－0601－0008371　126066　集部/別
集類/清之屬/清（一）

信芳閣詩草四卷詩餘一卷　（清）陳蘊蓮撰
清咸豐元年(1851)刻本　二冊

150000－0601－0008372　126415　集部/別
集類/清之屬/清（一）

淡吟樓詩一卷詩錄一卷　（清）許誦珠撰　清
光緒三十三年(1907)刻本　一冊

150000－0601－0008373　126464　集部/別
集類/清之屬/清（一）

倚香閣詩鈔一卷　（清）俞鏡秋撰　浣薇軒夢
餘吟草一卷　（清）李恒撰　清光緒三十一年
(1905)石印本　一冊

150000－0601－0008374　113311　集部/別
集類/清之屬/清（一）

徧行堂集十六卷　（清）釋澹歸撰　清宣統三
年(1911)上海國學扶輪社排印本　八冊

150000－0601－0008375　113319　集部/別
集類/清之屬/清（一）

徧行堂集十六卷　（清）釋澹歸撰　清宣統三
年(1911)上海國學扶輪社排印本　八冊

150000－0601－0008376　125604　集部/別
集類/清之屬/清（一）

完玉堂詩集□□卷　（清）釋元璟撰　清刻本
三冊　存七卷(一至七)

150000－0601－0008377　125962　集部/別
集類/清之屬/清（一）

雪床遺詩一卷　（清）釋德亮撰　清嘉慶二十
四年(1819)養餘齋刻本　一冊

150000－0601－0008378　170471　集部/別

集類/清之屬/清（一）

雪床遺詩一卷　（清）釋德亮撰　續刻雪床遺
詩一卷　（清）釋德亮撰　清道光元年(1821)
養餘齋刻本　一冊

150000－0601－0008379　126293　集部/別
集類/清之屬/清（一）

八指頭陀詩集十卷集述一卷補遺一卷詞附存
一卷雜文一卷　（清）釋敬安撰　清光緒二十
四年(1898)刻本　二冊

150000－0601－0008380　126326　集部/別
集類/清之屬/清（一）

嚼梅吟二卷　（清）釋寄禪撰　清光緒七年
(1881)刻本　一冊

150000－0601－0008381　114540　集部/別
集類/清之屬/清（一）

石堂集十卷　（清）釋元玉撰　石堂近稿一卷
　（清）釋元玉撰　岱岳祖珍禪師金臺隨筆一
卷　（清）釋元玉撰　清光緒七年(1881)刻本
四冊

150000－0601－0008382　119509　集部/別
集類/清之屬/清（二）

學文錄一卷　（清）方漢望撰　抄本　一冊

150000－0601－0008383　126278　集部/別
集類/清之屬/清（二）

就正草一卷　（清）方昶撰　清抄本　二冊

150000－0601－0008384　119278　集部/別
集類/清之屬/清（二）

儀衛軒文集十二卷外集一卷　（清）方東樹撰
　清同治七年(1868)刻本　四冊

150000－0601－0008385　125600　集部/別
集類/清之屬/清（二）

伯山詩鈔　（清）康發祥撰　清咸豐十一年
(1861)刻本　二冊

150000－0601－0008386　126419　集部/別
集類/清之屬/清（二）

瓣薑先生自書詩稿三卷　（清）歐陽中鵠撰
清光緒二十二年(1896)石印本　一冊

150000－0601－0008387　152863　集部/別集類/清之屬/清(二)

刻鵠軒存稿一卷　（清）龍起濤撰　天霞館文存一卷　（清）龍起濤撰　南安紀錄一卷（清）龍起濤撰　清光緒二十二年(1896)刻本　六冊

150000－0601－0008388　113839＋113849　集部/別集類/清之屬/清(二)

一甌睡足詩草二卷　（清）譚龍驤撰　清宣統元年(1909)刻本　二冊

150000－0601－0008389　126346　集部/別集類/清之屬/清(二)

自怡吟初稿四卷附刊一卷　（清）謝元壽撰　清宣統三年(1911)石印本　二冊

150000－0601－0008390　120709　集部/別集類/清之屬/清(二)

東池草堂尺牘四卷　（清）謝鴻申撰　清末上海申報館排印本　一冊

150000－0601－0008391　120710　集部/別集類/清之屬/清(二)

東池草堂尺牘四卷　（清）謝鴻申撰　清末上海申報館排印本　一冊

150000－0601－0008392　125714　集部/別集類/清之屬/清(二)

雲村遺稿二卷　（清）謝九錫撰　清道光十一年(1831)刻本　一冊

150000－0601－0008393　115853　集部/別集類/清之屬/清(二)

金峨山館文集一卷　（清）郭傳璞撰　清刻本四冊

150000－0601－0008394　170441　集部/別集類/清之屬/清(二)

金峨山館文集一卷　（清）郭傳璞撰　清刻本一冊

150000－0601－0008395　125858　集部/別集類/清之屬/清(二)

天開圖畫樓試帖四卷首一卷　（清）郭伯蔭撰　清同治七年(1868)武昌節署刻本　二冊

150000－0601－0008396　126367　集部/別集類/清之屬/清(二)

聊復軒詩存一卷詩餘附存一卷　（清）施贊唐撰　清宣統三年(1911)活字本　一冊

150000－0601－0008397　119937　集部/別集類/清之屬/清(二)

攀古小廬文一卷補遺一卷　（清）許瀚撰　清光緒元年(1875)商城楊氏函青閣刻本　二冊

150000－0601－0008398　116832　集部/別集類/清之屬/清(二)

許松濱先生全集四十三卷首一卷末一卷（清）許錫祺撰　清光緒十七年(1891)刻本八冊

150000－0601－0008399　126075　集部/別集類/清之屬/清(二)

斷鐵集詩存二卷　（清）許炳勛撰　清光緒三十三年(1907)排印本　一冊

150000－0601－0008400　116152　集部/別集類/清之屬/清(二)

柳南詩鈔十卷文鈔六卷　（清）王應奎撰　清刻本　四冊

150000－0601－0008401　125780　集部/別集類/清之屬/清(二)

建陵山房詩鈔十卷　（清）王翃撰　清光緒十三年(1887)刻本　二冊

150000－0601－0008402　125679　集部/別集類/清之屬/清(二)

芬響閣初稿十卷　（清）王褧之撰　芬響閣附存稿一卷　（清）陳瑤撰　清同治七年(1868)刻本　二冊

150000－0601－0008403　119165　集部/別集類/清之屬/清(二)

樂山集二卷　（清）王崧撰　清刻本　二冊

150000－0601－0008404　125532　集部/別集類/清之屬/清(二)

銅劍堂存稿一卷　（清）王佑曾撰　班箱唱和集一卷　（清）王佑曾撰　清光緒二十八年(1902)刻本　一冊

150000 - 0601 - 0008405　125531　集部/別集類/清之屬/清(二)

銅劍堂續稿一卷　(清)王佑曾撰　清光緒三十三年(1907)刻本　一冊

150000 - 0601 - 0008406　126341　集部/別集類/清之屬/清(二)

槐蔭堂詩鈔一卷　(清)王有堂撰　鋤月山房遺稿一卷　(清)王元鑠撰　可居小草第一集一卷第二集一卷續集一卷　(清)王鼎梅撰　豳齋賸稿一卷　(清)王秉彝撰　清宣統二年(1910)排印本　一冊

150000 - 0601 - 0008407　156486　集部/別集類/清之屬/清(二)

蘅華餘詩錄五卷附存一卷　(清)王韜撰　清光緒六年(1880)天南遁窟排印弢園叢書本　二冊

150000 - 0601 - 0008408　116662　集部/別集類/清之屬/清(二)

弢園文錄外編十卷　(清)王韜撰　清光緒九年(1883)香海排印本　五冊

150000 - 0601 - 0008409　119535　集部/別集類/清之屬/清(二)

龍壁山房文集五卷　(清)王拯撰　清光緒九年(1883)善化向氏刻本　四冊

150000 - 0601 - 0008410　114256　集部/別集類/清之屬/清(二)

王壯武公遺集二十四卷首一卷　(清)王鑫撰　清光緒十八年(1892)湘鄉王氏江寧刻本　十二冊

150000 - 0601 - 0008411　114295　集部/別集類/清之屬/清(二)

王壯武公遺集二十四卷首一卷　(清)王鑫撰　清光緒十八年(1892)湘鄉王氏江寧刻本　十二冊

150000 - 0601 - 0008412　126490　集部/別集類/清之屬/清(二)

憺園草二卷外集一卷　(清)王錚撰　清道光八年(1828)百花萬卷草堂刻本　一冊

150000 - 0601 - 0008413　126277　集部/別集類/清之屬/清(二)

浮漚集　(清)夏家鏞撰　刻紅印本　一冊

150000 - 0601 - 0008414　107469　集部/別集類/清之屬/清(二)

少嵒賦草四卷　(清)夏思沺撰　清光緒元年(1875)永盛堂刻本　四冊

150000 - 0601 - 0008415　125845　集部/別集類/清之屬/清(二)

壬癸詩存一卷　(清)張丙瑩撰　清光緒二十一年(1895)張氏清暉草堂刻本　一冊

150000 - 0601 - 0008416　158836　集部/別集類/清之屬/清(二)

省愚詩草一卷　(清)張爾耆撰　味道軒詩鈔一卷　(清)張爾耆撰　夬齋近稿一卷　(清)張爾耆撰　藤寮初稿一卷　(清)張爾耆撰　浮家小草一卷　(清)張爾耆撰　悲秋集一卷　(清)張爾耆撰　刻本　一冊

150000 - 0601 - 0008417　115881　集部/別集類/清之屬/清(二)

知退齋稿七卷　(清)張瑛撰　知退齋古文補刊一卷　(清)張瑛撰　乞師日記一卷　(清)張瑛撰　清光緒二十四年(1898)刻本　四冊

150000 - 0601 - 0008418　115885　集部/別集類/清之屬/清(二)

知退齋稿七卷　(清)張瑛撰　知退齋古文補刊一卷　(清)張瑛撰　乞師日記一卷　(清)張瑛撰　清光緒二十四年(1898)刻本　四冊

150000 - 0601 - 0008419　116452　集部/別集類/清之屬/清(二)

悔廬文鈔一卷首一卷　(清)張崇蘭撰　清光緒二十三年(1897)刻本　一冊

150000 - 0601 - 0008420　126167　集部/別集類/清之屬/清(二)

悔廬詩鈔四卷　(清)張崇蘭撰　清光緒二十三年(1897)刻本　二冊

150000 - 0601 - 0008421　116451　集部/別集類/清之屬/清(二)

悔廬文補一卷 （清）張崇蘭撰 清光緒二十三年(1897)刻本 一冊

150000－0601－0008422 125890 集部/別集類/清之屬/清（二）

風雨茅堂稿一卷 （清）張澹撰 清末刻本 一冊

150000－0601－0008423 116744 集部/別集類/清之屬/清（二）

舫廬文存內集四卷首一卷外集附一卷餘集附一卷 （清）張壽榮撰 清光緒九年(1883)張氏秋樹根齋刻本 二冊

150000－0601－0008424 116746 集部/別集類/清之屬/清（二）

舫廬文存內集四卷首一卷外集附一卷餘集附一卷 （清）張壽榮撰 清光緒九年(1883)張氏秋樹根齋刻本 四冊

150000－0601－0008425 115223 集部/別集類/清之屬/清（二）

秀野山房集 （清）張世煒撰 清咸豐八年(1858)刻本 三冊

150000－0601－0008426 149915 集部/別集類/清之屬/清（二）

秀野山房集 （清）張世煒撰 清咸豐八年(1858)刻本 二冊 缺

150000－0601－0008427 126266 集部/別集類/清之屬/清（二）

蘋花水閣詩草一卷 （清）張家焱撰 **得真趣詩鈔二卷** （清）張聲駿撰 清同治十三年(1874)刻本 一冊

150000－0601－0008428 125700 集部/別集類/清之屬/清（二）

寄影軒詩鈔十八卷 （清）張觀美撰 清光緒四年(1878)刻本 四冊

150000－0601－0008429 114051 集部/別集類/清之屬/清（二）

小東山草堂駢體文鈔十卷 （清）張泰青撰 清道光五年(1825)刻本 四冊

150000－0601－0008430 114764 集部/別集類/清之屬/清（二）

仰蕭樓文集一卷 （清）張星鑒撰 清光緒六年(1880)刻本 一冊

150000－0601－0008431 114765 集部/別集類/清之屬/清（二）

仰蕭樓文集一卷 （清）張星鑒撰 清光緒六年(1880)刻本 一冊

150000－0601－0008432 126379 集部/別集類/清之屬/清（二）

竹懶山房吟稿四卷 （清）孫清載撰 清光緒十五年(1889)活字本 一冊

150000－0601－0008433 119419 集部/別集類/清之屬/清（二）

樹玉山房文稿一卷 （清）孫錦撰 清嘉慶二十四年(1819)活字本 一冊

150000－0601－0008434 115033 集部/別集類/清之屬/清（二）

用六集十二卷附錄一卷 （清）刁包撰 清道光二十三年(1843)刁懷瑾刻本 六冊

150000－0601－0008435 53612 集部/別集類/清之屬/清（二）

詳批邢退庵二十藝一卷 （清）邢曰攻撰 清嘉慶二十二年(1817)和寧堂刻本 一冊

150000－0601－0008436 767794 集部/別集類/清之屬/清（二）

九愚山房詩集一卷 （清）何東序撰 抄本 一冊

150000－0601－0008437 126074 集部/別集類/清之屬/清（二）

世濟堂遺詩一卷 （清）何明睿撰 清道光二年(1822)得修緶齋刻本 一冊

150000－0601－0008438 126263 集部/別集類/清之屬/清（二）

苾芻吟一卷 （清）衛周祚撰 清馮志清抄本 一冊

150000－0601－0008439 116562 集部/別

集類/清之屬/清(二)

恥不逮齋文集三卷首一卷附一卷補遺一卷
(清)熊其英撰　清光緒十七年(1891)刻本
三冊

150000－0601－0008440　116565　集部/別
集類/清之屬/清(二)

恥不逮齋文集三卷首一卷附一卷補遺一卷
(清)熊其英撰　清光緒十七年(1891)刻本
四冊

150000－0601－0008441　125464　集部/別
集類/清之屬/清(二)

寒松草一卷　(清)熊榮撰　**洪都雜咏一卷**
(清)熊榮撰　**南洲竹枝詞一百首一卷**　(清)
熊榮撰　清刻本　一冊

150000－0601－0008442　D2395　集部/別集
類/清之屬/清(二)

翠筠館詩存二卷　(清)魁玉撰　清同治七年
(1868)刻本　一冊

150000－0601－0008443　115109　集部/別
集類/清之屬/清(二)

在陸草堂文集六卷　(清)儲欣撰　清光緒十
七年(1891)刻本　六冊

150000－0601－0008444　116772　集部/別
集類/清之屬/清(二)

清芬閣集十卷　(清)朱采撰　清光緒三十三
年(1907)排印本　七冊

150000－0601－0008445　125467　集部/別
集類/清之屬/清(二)

盈川小草五卷　(清)朱彗撰　清嘉慶十四年
(1809)刻本　一冊

150000－0601－0008446　125892　集部/別
集類/清之屬/清(二)

六峰閣詩稿四卷　(清)朱稻孫撰　發華館刻
藍印本　一冊

150000－0601－0008447　126068　集部/別
集類/清之屬/清(二)

古月軒詩存二卷　(清)朱伸林撰　清光緒十
年(1884)刻本　一冊

150000－0601－0008448　126359　集部/別
集類/清之屬/清(二)

自怡軒遺稿一卷　(清)朱清撰　**知止軒吟草
一卷**　(清)朱鎮撰　**片玉山莊詩存一卷**
(清)朱彥臣撰　清光緒二十二年(1896)刻本
一冊

150000－0601－0008449　114776　集部/別
集類/清之屬/清(二)

朱止泉先生文集八卷　(清)朱澤澐撰　清乾
隆四年(1739)刻本　二冊

150000－0601－0008450　118355　集部/別
集類/清之屬/清(二)

游道堂集四卷　(清)朱彬撰　清同治七年
(1868)袁浦刻本　二冊

150000－0601－0008451　126538　集部/別
集類/清之屬/清(二)

游道堂集四卷　(清)朱彬撰　清同治七年
(1868)袁浦刻本　二冊

150000－0601－0008452　118347　集部/別
集類/清之屬/清(二)

游道堂集四卷　(清)朱彬撰　清光緒二年
(1876)刻本　二冊

150000－0601－0008453　118349　集部/別
集類/清之屬/清(二)

游道堂集四卷　(清)朱彬撰　清光緒二年
(1876)刻本　二冊

150000－0601－0008454　118351　集部/別
集類/清之屬/清(二)

游道堂集四卷　(清)朱彬撰　清光緒二年
(1876)刻本　四冊

150000－0601－0008455　118131　集部/別
集類/清之屬/清(二)

虛白山房駢體文二卷詩集四卷　(清)朱鳳毛
撰　清光緒十五年(1889)廣州刻本　二冊

150000－0601－0008456　118133　集部/別
集類/清之屬/清(二)

虛白山房駢體文二卷詩集四卷　(清)朱鳳毛
撰　清光緒十五年(1889)廣州刻本　二冊

150000 – 0601 – 0008457　118318　集部/別集類/清之屬/清(二)

愧訥集十二卷　(清)朱用純撰　清光緒八年(1882)津河廣仁堂刻本　四冊

150000 – 0601 – 0008458　116038　集部/別集類/清之屬/清(二)

柏廬外集四卷　(清)朱用純撰　清光緒八年(1882)津河廣仁堂刻本　二冊

150000 – 0601 – 0008459　116916　集部/別集類/清之屬/清(二)

曼陀羅花室文□□卷　(清)吳翊寅撰　清刻粵嶠集本　一冊　存一卷(二)

150000 – 0601 – 0008460　116172　集部/別集類/清之屬/清(二)

拙修集十卷　(清)吳廷棟撰　清同治十年(1871)六安求我齋刻本　四冊

150000 – 0601 – 0008461　120971　集部/別集類/清之屬/清(二)

兩罍軒尺牘十二卷　(清)吳雲撰　清光緒十年(1884)刻本　六冊

150000 – 0601 – 0008462　125435　集部/別集類/清之屬/清(二)

居易居小草二卷　(清)吳修撰　清刻本　一冊

150000 – 0601 – 0008463　126049　集部/別集類/清之屬/清(二)

守拙齋遺稿五卷　(清)吳家騏撰　**橙香書屋遺稿一卷**　(清)吳家驥撰　**杏園遺詩一卷**　(清)吳繩祖撰　清末刻本　一冊

150000 – 0601 – 0008464　125993　集部/別集類/清之屬/清(二)

拜經樓詩集續編四卷　(清)吳騫撰　**萬花漁唱一卷**　(清)吳騫撰　清嘉慶十七年(1812)刻本　一冊

150000 – 0601 – 0008465　118595　集部/別集類/清之屬/清(二)

曼殊沙館初集五卷　(清)程士經撰　清光緒三十三年(1907)石巢刻民國十年(1921)鹿川閣補刻十髪盦類稿本　一冊

150000 – 0601 – 0008466　125507　集部/別集類/清之屬/清(二)

貢棋軒詩集十一卷外集一卷　(清)程履坦撰　清道光八年(1828)貢棋軒活字本　二冊　首尾殘,存八卷(一至四、九至十一,外集一卷)

150000 – 0601 – 0008467　113837　集部/別集類/清之屬/清(二)

一齋詩草六卷　(清)倪之鏜撰　清道光七年(1827)刻本　一冊

150000 – 0601 – 0008468　126162　集部/別集類/清之屬/清(二)

聲玉山齋詩集十卷　(清)鄒熊撰　清嘉慶十五年(1810)刻本　二冊

150000 – 0601 – 0008469　125878　集部/別集類/清之屬/清(二)

紀半樵詩一卷　(清)紀大復撰　清道光二十四年(1844)刻本　一冊

150000 – 0601 – 0008470　114375　集部/別集類/清之屬/清(二)

不慊齋漫存六卷又一卷　(清)徐賡陛撰　清康熙八年(1669)南海官署刻本　六冊

150000 – 0601 – 0008471　126038　集部/別集類/清之屬/清(二)

詩賦全集一卷　(清)徐文靖撰　清刻本　一冊

150000 – 0601 – 0008472　126173　集部/別集類/清之屬/清(二)

茹芝山館詩鈔一卷　(清)徐鼎勛撰　**長春花館試帖一卷**　(清)徐元璋撰　清光緒七年(1881)刻本　一冊

150000 – 0601 – 0008473　126161　集部/別集類/清之屬/清(二)

扣舷集一卷　(清)徐楠撰　**晴軒詩鈔一卷**　(清)徐兆奎撰　清道光十四年(1834)刻本　一冊

150000 – 0601 – 0008474　126109　集部/別集類/清之屬/清(二)

古春堂詩存不分卷　(清)徐是偁撰　清光緒二十二年(1896)雲間活字本　一冊

150000 – 0601 – 0008475　118092　集部/別集類/清之屬/清(二)

確山駢體文四卷　(清)宋世犖撰　清光緒九年(1883)花雨樓刻本　二冊

150000 – 0601 – 0008476　125695　集部/別集類/清之屬/清(二)

亦園詩稿一卷　(清)汪致高撰　清嘉慶十六年(1811)刻本　一冊

150000 – 0601 – 0008477　126058　集部/別集類/清之屬/清(二)

日長山靜草堂詩存二卷補遺一卷　(清)汪達鈞撰　清光緒三十一年(1905)排印本　二冊

150000 – 0601 – 0008478　767802　集部/別集類/清之屬/清(二)

翡翠巢詩集一卷　(清)汪味根撰　抄本一冊

150000 – 0601 – 0008479　114910　集部/別集類/清之屬/清(二)

西園文集一卷詩集一卷　(清)馮夢槐撰　清乾隆五十七年(1792)刻本　一冊

150000 – 0601 – 0008480　125330　集部/別集類/清之屬/清(二)

酌雅齋詩集一卷　(清)福增格撰　清乾隆二十七年(1762)酌雅齋刻本　一冊

150000 – 0601 – 0008481　116397　集部/別集類/清之屬/清(二)

悔過齋文集七卷札記一卷續集七卷補遺一卷　(清)顧廣譽撰　清末刻本　四冊

150000 – 0601 – 0008482　116607　集部/別集類/清之屬/清(二)

悔過齋文集七卷札記一卷續集七卷補遺一卷　(清)顧廣譽撰　清末刻本　四冊

150000 – 0601 – 0008483　116393　集部/別集類/清之屬/清(二)

悔過齋續集七卷　(清)顧廣譽撰　清光緒三年(1877)刻本　二冊

150000 – 0601 – 0008484　116395　集部/別集類/清之屬/清(二)

悔過齋續集七卷　(清)顧廣譽撰　清光緒三年(1877)刻本　二冊

150000 – 0601 – 0008485　116391　集部/別集類/清之屬/清(二)

悔過齋未定稿七卷　(清)顧廣譽撰　清咸豐七年(1857)刻本　二冊

150000 – 0601 – 0008486　116617　集部/別集類/清之屬/清(二)

盍山文錄八卷詩錄二卷　(清)顧雲撰　清光緒十五年(1889)刻本　四冊

150000 – 0601 – 0008487　115566　集部/別集類/清之屬/清(二)

孟晉齋文集五卷　(清)顧壽楨撰　**周處士傳一卷**　(清)顧壽楨撰　清同治五年(1866)見素抱樸齋刻本　一冊

150000 – 0601 – 0008488　126253　集部/別集類/清之屬/清(二)

曇花一現草一卷　(清)楊文蘭撰　清宣統三年(1911)滌塵書屋排印本　一冊

150000 – 0601 – 0008489　126131　集部/別集類/清之屬/清(二)

顧鳳翔遺集一卷　(清)顧騄撰　清光緒三十二年(1906)江寧刻本　一冊

150000 – 0601 – 0008490　113854　集部/別集類/清之屬/清(二)

二壺中詩稿二卷　(清)顧曾銘撰　清光緒八年(1882)刻本　一冊

150000 – 0601 – 0008491　120093　集部/別集類/清之屬/清(二)

潘孝子鐵廬先生遺集三卷外集三卷後錄一卷後錄續編一卷　(清)潘天成撰　清光緒十八年(1892)活字本　二冊

150000－0601－0008492　120089　集部/別集類/清之屬/清（二）

潘孝子鐵廬先生遺集三卷外集三卷後錄一卷後錄續編一卷　（清）潘天成撰　清刻本（下冊以活字本配）　二冊　封面殘,留"己卯"二字

150000－0601－0008493　114165　集部/別集類/清之屬/清（二）

山瓢詩草一卷　（清）潘樹棠撰　清光緒十八年(1892)刻本　一冊

150000－0601－0008494　114166　集部/別集類/清之屬/清（二）

山瓢詩草一卷　（清）潘樹棠撰　清光緒十八年(1892)刻本　一冊

150000－0601－0008495　119434　集部/別集類/清之屬/清（二）

靜寄軒文鈔二卷　（清）潘辰雅撰　清光緒七年(1881)活字本　一冊

150000－0601－0008496　118950　集部/別集類/清之屬/清（二）

潘方伯公遺稿六卷　（清）潘駿文撰　清光緒二十二年(1896)都門刻本　四冊

150000－0601－0008497　114346　集部/別集類/清之屬/清（二）

月山遺書七卷首一卷末一卷　（清）梁㠯撰　清道光二十八年(1848)刻本　四冊

150000－0601－0008498　115903　集部/別集類/清之屬/清（二）

受恒受漸齋集六卷　（清）沈曰富撰　清咸豐九年(1859)刻本　二冊

150000－0601－0008499　120711　集部/別集類/清之屬/清（二）

六梅書屋尺牘四卷　（清）凌丹陛撰　清末上海申報館排印本　一冊

150000－0601－0008500　126251　集部/別集類/清之屬/清（二）

清虛詩集二卷　（清）洪中和撰　清光緒二十四年(1898)活字本　二冊

150000－0601－0008501　118837　集部/別集類/清之屬/清（二）

齊雲山人文集一卷　（清）洪符孫撰　清光緒九年(1883)雲自在龕刻本　一冊

150000－0601－0008502　116406　集部/別集類/清之屬/清（二）

訒齋文鈔二卷詩鈔一卷手札四卷附錄一卷　（清）褚維堂撰　清光緒二十七年(1901)刻本　二冊

150000－0601－0008503　116408　集部/別集類/清之屬/清（二）

訒齋文鈔二卷詩鈔一卷手札四卷附錄一卷　（清）褚維堂撰　清光緒二十七年(1901)刻本　二冊

150000－0601－0008504　124906　集部/別集類/清之屬/清（二）

嶼浮閣賦集十四卷　（清）溫日和撰　清咸豐七年(1857)刻本　二冊

150000－0601－0008505　126018　集部/別集類/清之屬/清（二）

湘中草六卷　（清）湯傳楹撰　清刻本　二冊

150000－0601－0008506　118527　集部/別集類/清之屬/清（二）

瑞芝堂四六八卷續補一卷　（清）左潢撰　清嘉慶八年(1803)刻本　四冊

150000－0601－0008507　116714　集部/別集類/清之屬/清（二）

師伏堂詩草六卷咏史一卷詞一卷駢文四卷　（清）皮錫瑞撰　清光緒三十年(1904)刻本　三冊

150000－0601－0008508　125943　集部/別集類/清之屬/清（二）

洑溪草堂集三卷　（清）李元貞撰　清刻本　一冊

150000－0601－0008509　116816　集部/別集類/清之屬/清（二）

寄鴻堂文集四卷　（清）李宗傳撰　清同治二年(1863)刻本　二冊

150000－0601－0008510　125893　集部/別集類/清之屬/清(二)

芝省齋吟稿八卷　(清)李遇孫撰　弢華館刻藍印本　一冊

150000－0601－0008511　119399　集部/別集類/清之屬/清(二)

邁堂文略四卷　(清)李祖陶撰　清同治七年(1868)刻本　四冊

150000－0601－0008512　119403　集部/別集類/清之屬/清(二)

邁堂文略四卷　(清)李祖陶撰　清同治七年(1868)刻本　五冊

150000－0601－0008513　125594　集部/別集類/清之屬/清(二)

求有益齋詩鈔八卷　(清)李道悠撰　清光緒二十六年(1900)刻本　四冊

150000－0601－0008514　126060　集部/別集類/清之屬/清(二)

琴語堂行卷一卷　(清)李肇增撰　清光緒元年(1875)刻本　一冊

150000－0601－0008515　126318　集部/別集類/清之屬/清(二)

留春堂餘齡漫筆一卷　(清)李士林撰　清光緒十五年(1889)李鳳翔等刻本　一冊

150000－0601－0008516　50802　集部/別集類/清之屬/清(二)

二曲集二十六卷首一卷　(清)李顒撰　清嘉慶十五年(1810)刻本　八冊

150000－0601－0008517　9291　集部/別集類/清之屬/清(二)

二曲集二十六卷　(清)李顒撰　堊室錄感一卷　(清)李顒撰　盩厔三義傳一卷　(清)李顒撰　潛確錄一卷　(清)李顒撰　歷年紀略[李顒]一卷　(清)惠霦嗣撰　清刻本　十冊

150000－0601－0008518　113906　集部/別集類/清之屬/清(二)

二曲集錄要四卷首一卷附錄一卷　(清)李顒撰　(清)倪元坦輯　清嘉慶十三年(1808)刻本　一冊

150000－0601－0008519　118308　集部/別集類/清之屬/清(二)

慎言齋文鈔□□卷　(清)李毓林撰　清光緒二十五年(1899)刻本　一冊　存一卷(一)

150000－0601－0008520　126213　集部/別集類/清之屬/清(二)

灌亭詩鈔一卷　(清)李毓林撰　清光緒二十五年(1899)刻本　一冊

150000－0601－0008521　126079　集部/別集類/清之屬/清(二)

六勿軒詩存一卷　(清)李毓林撰　清同治二年(1863)羊城富文齋刻柳堂師友詩錄本　一冊

150000－0601－0008522　118185　集部/別集類/清之屬/清(二)

無近名齋文鈔四卷二編二卷雜著一卷外編一卷　(清)彭翊撰　清道光二十二年(1842)蘇州彭氏刻本　二冊

150000－0601－0008523　126321　集部/別集類/清之屬/清(二)

看雲樓詩集一卷　(清)彭培本撰　清同治二年(1863)彭愷丞活字本　一冊

150000－0601－0008524　119479　集部/別集類/清之屬/清(二)

學聚堂初稿六卷　(清)姚祖泰撰　清光緒二十四年(1898)活字本　二冊

150000－0601－0008525　125904　集部/別集類/清之屬/清(二)

經畬堂詩集一卷　(清)姚鎮撰　清光緒十六年(1890)刻本　一冊

150000－0601－0008526　126057　集部/別集類/清之屬/清(二)

松村續草□□卷　(清)戴紹箕撰　清宣統二年(1910)排印本　一冊　存一卷(一)

150000－0601－0008527　125816　集部/別集類/清之屬/清(二)

招隱山房詩鈔八卷末一卷　（清）戴啓文撰
清宣統元年（1909）排印本　二冊

150000－0601－0008528　125171　集部/別
集類/清之屬/清（二）

正誼堂詩集五絕一卷七絕三卷七排一卷五古
二卷七古二卷五律二卷七律四卷五排三卷樂
府二卷　（清）董以寧撰　文友文選三卷
（清）董以寧撰　蓉渡詞二卷　武進盛氏刻本
　三冊

150000－0601－0008529　126084　集部/別
集類/清之屬/清（二）

巢雲軒詩草二卷　（清）范震薇撰　越吟草一
卷　（清）范震薇撰　清光緒三十年（1904）甬
上范氏後裔刻雙雲堂傳集本　一冊

150000－0601－0008530　126207　集部/別
集類/清之屬/清（二）

退思存稿文存一卷詩存四卷　（清）范志熙撰
　仕隱圖題詞一卷木犀香館詩草一卷都門唱
和詩一卷　清光緒十四年（1888）木犀香館刻
本　四冊

150000－0601－0008531　120076　集部/別
集類/清之屬/清（二）

鶴影山人文集四卷　（清）范春林撰　抄本
四冊

150000－0601－0008532　118535　集部/別
集類/清之屬/清（二）

敬孚類稿十六卷　（清）蕭穆撰　清光緒三十
三年（1907）刻本　八冊

150000－0601－0008533　124770　集部/別
集類/清之屬/清（二）

璇璣碎錦二卷　（清）萬樹撰　清光緒十四年
（1888）似靜齋刻本　二冊

150000－0601－0008534　116467　集部/別
集類/清之屬/清（二）

荔雨軒文集六卷　（清）華翼綸撰　清嘉慶九
年（1804）刻本　二冊

150000－0601－0008535　116863　集部/別
集類/清之屬/清（二）

庸盦文續編二卷　（清）薛福成撰　清光緒十
五年（1889）刻本　二冊

150000－0601－0008536　116859　集部/別
集類/清之屬/清（二）

庸盦文外編四卷　（清）薛福成撰　清光緒十
九年（1893）刻本　四冊

150000－0601－0008537　116853　集部/別
集類/清之屬/清（二）

庸盦海外文編四卷　（清）薛福成撰　清光緒
二十一年（1895）蕭山陳氏刻本　四冊

150000－0601－0008538　116866　集部/別
集類/清之屬/清（二）

庸盦海外文編四卷　（清）薛福成撰　清光緒
二十一年（1895）蕭山陳氏刻本　四冊

150000－0601－0008539　116857　集部/別
集類/清之屬/清（二）

庸盦海外文編四卷　（清）薛福成撰　清光
緒二十三年（1897）上海醉六堂石印本
二冊

150000－0601－0008540　119468　集部/別
集類/清之屬/清（二）

學詁齋文集二卷　（清）薛壽撰　清光緒十五
年（1889）廣雅書局刻本　一冊

150000－0601－0008541　119282　集部/別
集類/清之屬/清（二）

文鈔六卷　（清）黃以周撰　清刻儆季雜著本
　二冊

150000－0601－0008542　114529　集部/別
集類/清之屬/清（二）

比玉樓遺稿詩一卷文一卷詞一卷曲一卷
（清）黃振均撰　清光緒二十年（1894）甬江刻
本　一冊

150000－0601－0008543　125963　集部/別
集類/清之屬/清（二）

悔庵遺詩□□卷　（清）黃嗣翊撰　清光緒十
七年（1891）刻本　一冊　存一卷（一）

150000－0601－0008544　54181　集部/別集

類/清之屬/清(二)

隨心詩話二卷 （清）黃光耀撰　清松廬精舍刻本　一冊

150000－0601－0008545　119903　集部/別集類/清之屬/清(二)

歸安文稿八卷 （清）葉裕仁撰　清光緒八年(1882)刻本　四冊

150000－0601－0008546　119907　集部/別集類/清之屬/清(二)

歸安文稿八卷 （清）葉裕仁撰　清光緒八年(1882)刻本　四冊

150000－0601－0008547　119911　集部/別集類/清之屬/清(二)

歸安文稿八卷 （清）葉裕仁撰　清光緒八年(1882)刻本　四冊

150000－0601－0008548　126218　集部/別集類/清之屬/清(二)

醉月居詩鈔一卷詞鈔一卷 （清）葉世熊撰　清光緒三十年(1904)刻本　一冊

150000－0601－0008549　10388　集部/別集類/清之屬/清(二)

焚餘偶錄二卷 （清）林慶炳撰　清光緒八年(1882)刻本　一冊

150000－0601－0008550　53647　集部/別集類/清之屬/清(二)

雨亭尺牘六卷 （清）林欽潤撰　清綠蘋寄舫刻道光二十三年(1843)重訂本　六冊

150000－0601－0008551　25659　集部/別集類/清之屬/清(二)

雨亭尺牘六卷 （清）林欽潤撰　清文德堂刻道光二十六年(1846)重訂本　六冊

150000－0601－0008552　118734　集部/別集類/清之屬/清(二)

蓬萊集十卷 （清）樓上層撰　清道光十二年(1832)刻本　三冊

150000－0601－0008553　126073　集部/別集類/清之屬/清(二)

蘭馨室詩存二卷 （清）楊希鈺撰　清刻本　一冊

150000－0601－0008554　119941　集部/別集類/清之屬/清(二)

羅陽宦稿一卷 （清）楊人杰撰　**泰順政略一卷** （清）楊人杰撰　清乾隆十七年(1752)鱣堂刻本　一冊

150000－0601－0008555　119394　集部/別集類/清之屬/清(二)

端敏遺書四卷 （清）胡元直撰　清光緒二十年(1894)刻本　一冊

150000－0601－0008556　119287　集部/別集類/清之屬/清(二)

綠蘿山莊文集二十四卷 （清）胡浚撰　清乾隆二十一年(1756)刻本　十二冊

150000－0601－0008557　116324　集部/別集類/清之屬/清(二)

食古齋文錄一卷詩錄四卷詩餘一卷 （清）柳以蕃撰　清光緒十八年(1892)刻本　三冊

150000－0601－0008558　125237　集部/別集類/清之屬/清(二)

養餘齋初集四卷二集四卷三集六卷 （清）柳樹芳撰　清道光二十七年(1847)刻本　四冊

150000－0601－0008559　125241　集部/別集類/清之屬/清(二)

養餘齋初集四卷二集四卷三集六卷 （清）柳樹芳撰　清道光二十七年(1847)刻本　四冊

150000－0601－0008560　126280　集部/別集類/清之屬/清(二)

退密刪存稿二卷 （清）趙秉淵撰　清嘉慶十六年(1811)刻本　二冊

150000－0601－0008561　125722　集部/別集類/清之屬/清(二)

怡雲閣詩草六卷 （清）趙齡撰　清光緒二十三年(1897)刻本　一冊

150000－0601－0008562　125891　集部/別集類/清之屬/清(二)

乳初軒詩選四卷　（清）趙基撰　（清）王芑孫
（清）石韞玉選　乳初軒外集一卷　（清）趙
基撰　鶴汀遺草一卷　（清）趙齊嶧撰　莘田
遺草一卷　（清）趙雲球撰　清道光四年
（1824）刻本　一冊

150000－0601－0008563　126429　集部/別
集類/清之屬/清（二）

韵簹仙館殘稿二卷　（清）趙光弼撰　清同治
八年（1869）刻本　一冊

150000－0601－0008564　767748　集部/別
集類/清之屬/清（二）

集唐七言律詩一卷　（清）史在翶集　抄本
一冊

150000－0601－0008565　116303　集部/別
集類/清之屬/清（二）

俞俞齋文稿初集四卷詩稿初集二卷詩餘一卷
（清）史念祖撰　清光緒三十二年（1906）廣
陵刻本　六冊

150000－0601－0008566　117901　集部/別
集類/清之屬/清（二）

竢實齋文稿二卷　（清）秦寶瓚撰　霜傑齋詩
二卷補遺一卷　（清）秦寶瓚撰　清光緒十四
年（1888）刻本　二冊

150000－0601－0008567　121121　集部/別
集類/清之屬/清（二）

半園尺牘二十五卷補遺六卷　（清）靜福山人
撰　清咸豐十年（1860）刻本　二十冊

150000－0601－0008568　118094　集部/別
集類/清之屬/清（二）

盛太僕遺文一卷　（清）盛應撰　清同治三年
（1864）刻本　二冊

150000－0601－0008569　118116　集部/別
集類/清之屬/清（二）

唅敢覽館稿一卷　（清）曹應鐘撰　清同治十
一年（1872）刻本　一冊

150000－0601－0008570　126354　集部/別
集類/清之屬/清（二）

遁庵詩稿一卷續一卷補一卷　（清）曹希璨撰

團綠山房詩餘一卷　（清）曹希璨撰　清宣
統三年（1911）活字本　一冊

150000－0601－0008571　116465　集部/別
集類/清之屬/清（二）

書札雜著一卷　（清）費熙撰　清光緒二十二
年（1896）歸安周氏刻本　一冊

150000－0601－0008572　116249　集部/別
集類/清之屬/清（二）

待堂文錄一卷附錄一卷　（清）田明昶撰　清
光緒十三年（1887）刻本　一冊

150000－0601－0008573　53643　集部/別集
類/清之屬/清（二）

依樣葫蘆四卷　（清）畏壘山人撰　清桂月樓
刻本　四冊

150000－0601－0008574　125938　集部/別
集類/清之屬/清（二）

洗齋病學草擬存詩一卷附存一卷　（清）胡壽
頤撰　（清）昨非居士編　清光緒十年（1884）
刻本　二冊

150000－0601－0008575　118782　集部/別
集類/清之屬/清（二）

適可齋紀言四卷紀行六卷　（清）馬建忠撰
清光緒二十二年（1896）刻本　四冊

150000－0601－0008576　116405　集部/別
集類/清之屬/清（二）

效學樓述文三卷　（清）馬絅章撰　清光緒三
十四年（1908）排印本　一冊

150000－0601－0008577　115524　集部/別
集類/清之屬/清（二）

青溪舊屋文集十一卷　（清）劉文淇撰　清光
緒九年（1883）刻本　二冊

150000－0601－0008578　115552　集部/別
集類/清之屬/清（二）

青溪舊屋文集十一卷　（清）劉文淇撰　清光
緒九年（1883）刻本　二冊

150000－0601－0008579　115554　集部/別
集類/清之屬/清（二）

青溪舊屋文集十一卷 （清）劉文淇撰 清光緒九年（1883）刻本 二冊

150000 - 0601 - 0008580 767810 集部/別集類/清之屬/清（二）

乙照書屋試草一卷 （清）劉秉鈞撰 清刻本 一冊

150000 - 0601 - 0008581 120712 集部/別集類/清之屬/清（二）

滋園粵游尺牘□□卷 （清）劉家柱撰 清同治九年（1870）刻本 一冊 存一卷（一）

150000 - 0601 - 0008582 113517 集部/別集類/清之屬/清（二）

嶧桐文集十卷詩集十卷 （清）劉城撰 清光緒十九年（1893）養雲山莊刻本 八冊

150000 - 0601 - 0008583 118841 集部/別集類/清之屬/清（二）

廣經室文鈔一卷 （清）劉恭冕撰 清光緒十五年（1889）廣雅書局刻本 一冊

150000 - 0601 - 0008584 118842 集部/別集類/清之屬/清（二）

廣經室文鈔一卷 （清）劉恭冕撰 清光緒十五年（1889）廣雅書局刻本 一冊

150000 - 0601 - 0008585 126061 集部/別集類/清之屬/清（二）

復丁老人詩紀一卷 （清）劉炳照撰 清宣統二年（1910）刻本 一冊

150000 - 0601 - 0008586 126324 集部/別集類/清之屬/清（二）

餘園詩稿四卷 （清）陸文鍵撰 清光緒十一年（1885）樂志堂刻本 一冊

150000 - 0601 - 0008587 125995 集部/別集類/清之屬/清（二）

菜香書屋詩草一卷 （清）陸以耕撰 清光緒二十二年（1896）排印本 一冊

150000 - 0601 - 0008588 126139 集部/別集類/清之屬/清（二）

菜香書屋詩草一卷 （清）陸以耕撰 清光緒二十二年（1896）排印本 一冊

150000 - 0601 - 0008589 126315 集部/別集類/清之屬/清（二）

尊樸齋詩草僅存一卷 （清）陸獻撰 清光緒二年（1876）刻本 一冊

150000 - 0601 - 0008590 119270 集部/別集類/清之屬/清（二）

儀顧堂集二十卷 （清）陸心源撰 清光緒二十四年（1898）刻本 八冊

150000 - 0601 - 0008591 126171 集部/別集類/清之屬/清（二）

草心亭詩鈔四卷 （清）陸坊撰 刻本 一冊

150000 - 0601 - 0008592 126112 集部/別集類/清之屬/清（二）

倩景樓遺稿詩一卷詞一卷 （清）陸蒨撰 清同治二年（1863）皖南洪氏刻本 一冊

150000 - 0601 - 0008593 120067 集部/別集類/清之屬/清（二）

鐵莊文集八卷 （清）陸楣撰 疏快軒詩二卷詩餘一卷 （清）陸楣撰 清光緒二十一年（1895）活字本 五冊

150000 - 0601 - 0008594 118050 集部/別集類/清之屬/清（二）

琴海集二卷正字一卷 （清）陳玉鄰撰 清光緒二十一年（1895）刻本 一冊

150000 - 0601 - 0008595 120530 集部/別集類/清之屬/清（二）

豫立軒文集四卷首一卷 （清）陳仁言撰 清嘉慶七年（1802）刻本 一冊

150000 - 0601 - 0008596 118314 集部/別集類/清之屬/清（二）

慎節齋文存二卷 （清）陳代卿撰 清光緒三十一年（1905）排印本 二冊

150000 - 0601 - 0008597 126016 集部/別集類/清之屬/清（二）

借樹山房詩鈔附刻十卷 （清）陳福熙撰 清光緒二年（1876）刻本 二冊

150000－0601－0008598　121051　集部/別集類/清之屬/清(二)

枕善堂尺牘一隅二十卷　(清)陳大溶撰　清道光十六年(1836)刻本　十冊

150000－0601－0008599　120780　集部/別集類/清之屬/清(二)

枕善堂尺牘一隅二十卷　(清)陳大溶撰　清道光十六年(1836)刻本　十冊

150000－0601－0008600　126237　集部/別集類/清之屬/清(二)

藤花館詩二卷詩餘一卷　(清)陳克常撰　清光緒十三年(1887)刻本　一冊

150000－0601－0008601　119420　集部/別集類/清之屬/清(二)

靜遠堂集三卷首一卷　(清)陳壽熊撰　清光緒十八年(1892)刻本　二冊

150000－0601－0008602　119422　集部/別集類/清之屬/清(二)

靜遠堂集三卷首一卷　(清)陳壽熊撰　清光緒十八年(1892)刻本　一冊

150000－0601－0008603　125535　集部/別集類/清之屬/清(二)

陳來泰壽松堂詩一卷　(清)陳來泰撰　清刻留爪集本　一冊

150000－0601－0008604　170472　集部/別集類/清之屬/清(二)

小瓊海詩初集三卷二集六卷三集八卷　(清)陳赫撰　清刻本　四冊　缺五卷(三集四至八)

150000－0601－0008605　126211　集部/別集類/清之屬/清(二)

白雲山人詩草不分卷附刻文草一卷　(清)陳桂撰　清同治九年(1870)虎林紫陽書院刻本　一冊

150000－0601－0008606　126101　集部/別集類/清之屬/清(二)

心隱詩鈔四卷　(清)陳曾祉撰　清乾隆五年(1740)刻本　一冊

150000－0601－0008607　126319　集部/別集類/清之屬/清(二)

有餘地遺詩六卷　(清)邱孫錦撰　清咸豐三年(1853)刻本　二冊

150000－0601－0008608　115248　集部/別集類/清之屬/清(二)

邱邦士文集十七卷　(清)邱維屏撰　清道光十七年(1837)誰謂小齋刻本　六冊

150000－0601－0008609　126345　集部/別集類/清之屬/清(二)

歸來軒遺稿四卷　(清)邱心坦撰　清光緒三十年(1904)排印本　一冊

150000－0601－0008610　113882　集部/別集類/清之屬/清(二)

二南文集二卷　(清)周樂撰　救世苦口吟一卷　(清)周樂撰　二南制義一卷　(清)周樂撰　二南試律擬一卷　(清)周樂撰　清道光二十二年(1842)刻本　四冊

150000－0601－0008611　113875　集部/別集類/清之屬/清(二)

二南詩鈔二卷　(清)周樂撰　二南詩續鈔二卷　(清)周樂撰　二南詩續鈔三卷　(清)周樂撰　清道光九年(1829)刻本　七冊

150000－0601－0008612　115969　集部/別集類/清之屬/清(二)

春酒堂文集一卷　(清)周容撰　清宣統二年(1910)國學扶輪社排印本　一冊

150000－0601－0008613　126160　集部/別集類/清之屬/清(二)

天橋初稿一卷　(清)周虹撰　抄本　一冊

150000－0601－0008614　115813　集部/別集類/清之屬/清(二)

周壯武公遺書九卷外集三卷別集一卷首一卷附錄一卷　(清)周盛傳撰　清光緒三十一年(1905)金陵刻本　十冊

150000－0601－0008615　125356　集部/別集類/清之屬/清(二)

竹生吟館詩草十六卷　(清)周師濂撰　清道

光九年(1829)刻本　四冊

150000－0601－0008616　767745　集部/別集類/清之屬/清(二)

草亭詩集□□卷　(清)周篆撰　(清)王士禎選　抄本　一冊　存二卷(一至二)

150000－0601－0008617　116958　集部/別集類/清之屬/清(二)

陶退庵先生集二卷　(清)陶貞一撰　清光緒六年(1880)刻本　二冊

150000－0601－0008618　115475　集部/別集類/清之屬/清(二)

帛亭齋文存一卷　(清)陶時琛撰　**愛廬詩賸一卷**　(清)陶時琛撰　清宣統三年(1911)排印本　一冊

150000－0601－0008619　114855　集部/別集類/清之屬/清(二)

式古訓齋文集二卷外集一卷　(清)閔萃祥撰　清光緒三十四年(1908)海上刻本　一冊殘

150000－0601－0008620　114873　集部/別集類/清之屬/清(二)

式古訓齋文集二卷外集一卷　(清)閔萃祥撰　清光緒三十四年(1908)海上刻本　三冊

150000－0601－0008621　126226　集部/別集類/清之屬/清(二)

八指詩存二卷　(清)[閔萃祥]撰　清光緒三十四年(1908)海上刻本　二冊

150000－0601－0008622　125459　集部/別集類/清之屬/清(二)

綠野閑吟一卷　(清)關仲仁撰　清嘉慶十六年(1811)刻本　一冊

150000－0601－0008623　126192　集部/別集類/清之屬/清(二)

滄盒自娛草二卷詞賸一卷附錄一卷　(清)金應澍撰　**仲安遺草一卷**　(清)金和撰　清光緒十九年(1893)刻本　一冊

150000－0601－0008624　116802　集部/別

集類/清之屬/清(二)

清惠堂集文二卷詩六卷詞二卷　(清)金望欣撰　**清惠堂遺印詩三卷首一卷**　(清)金望欣撰　清道光二十年(1840)廣陵黃氏刻本　六冊

150000－0601－0008625　117285　集部/別集類/清之屬/清(二)

笠東草堂文稿二卷補遺一卷　(清)俞岳撰　清光緒十七年(1891)刻本　二冊

150000－0601－0008626　50973　集部/別集類/清之屬/清(二)

嫁女百韵一卷　(清)無味齋老人撰　清鐵珊刻本　一冊

150000－0601－0008627　50974　集部/別集類/清之屬/清(二)

嫁女百韵一卷　(清)無味齋老人撰　清鐵珊刻本　一冊

150000－0601－0008628　126343　集部/別集類/清之屬/清(二)

淞溪遺稿二卷　(清)鍾奭撰　清咸豐七年(1857)刻本　一冊

150000－0601－0008629　108296　集部/別集類/清之屬/清(二)

道生堂初集一卷　(清)鍾聲撰　清光緒二十一年(1895)寶善書局石印本　二冊

150000－0601－0008630　126282　集部/別集類/清之屬/清(二)

蕭雲書屋詩鈔六卷　(清)鍾景撰　清咸豐四年(1854)刻本　二冊

150000－0601－0008631　120633　集部/別集類/清之屬/清(二)

田間尺牘四卷　(清)錢秉鐙撰　清光緒三十四年(1908)排印龍潭室叢書本　一冊

150000－0601－0008632　126273　集部/別集類/清之屬/清(二)

峰青館詩鈔三卷　(清)錢國珍撰　清同治四年(1865)刻本　一冊

150000－0601－0008633　125913　集部/別集類/清之屬/清（二）

古松樓賸稿一卷附存一卷　（清）錢熙泰撰　清光緒元年（1875）刻本　一冊

150000－0601－0008634　126031　集部/別集類/清之屬/清（二）

勤有書堂賸稿一卷　（清）錢熙輔撰　蕉鹿居遺稿一卷　（清）錢銘圭撰　清光緒二年（1876）刻本　一冊

150000－0601－0008635　125846　集部/別集類/清之屬/清（二）

拜經閣詩錄二卷　（清）錢鈞撰　清光緒三十四年（1908）刻本　一冊

150000－0601－0008636　125961　集部/別集類/清之屬/清（二）

勞勞語一卷　（清）錢燁撰　清光緒二十四年（1898）刻本　一冊

150000－0601－0008637　126062　集部/別集類/清之屬/清（二）

僅存鈔三卷　（清）鄭兆龍撰　清道光二十年（1840）刻本　一冊

150000－0601－0008638　116466　集部/別集類/清之屬/清（二）

書帶草堂文集二卷補遺一卷　（清）鄭溱蘭撰　清光緒十八年（1892）刻慈溪文徵本　一冊

150000－0601－0008639　126150　集部/別集類/清之屬/清（二）

屈廬詩稿四卷　（清）鄭知同撰　清刻本　一冊

150000－0601－0008640　126037　集部/別集類/清之屬/清（二）

固庵自定草二卷　（清）舒紹基撰　清宣統元年（1909）曼陀羅花室金陵排印本　一冊

150000－0601－0008641　114153　集部/別集類/清之屬/清（二）

大雲山房文稿初集四卷二集四卷言事二卷　（清）惲敬撰　清嘉慶二十年（1815）武寧盧旬宣南昌甲戌坊刻本　八冊

150000－0601－0008642　118040　集部/別集類/清之屬/清（二）

惲子居文鈔四卷　（清）惲敬撰　清宣統元年（1909）上海國學扶輪社石印本　四冊

150000－0601－0008643　118019　集部/別集類/清之屬/清（二）

餘山先生遺書十卷附錄一卷　（清）勞史撰　清刻本　二冊

150000－0601－0008644　118021　集部/別集類/清之屬/清（二）

餘山先生遺書十卷附錄一卷　（清）勞史撰　清刻本　二冊

150000－0601－0008645　118023　集部/別集類/清之屬/清（二）

餘山先生遺書十卷附錄一卷　（清）勞史撰　清刻本　二冊

150000－0601－0008646　50975　集部/別集類/清之屬/清（二）

餘癡初稿一卷　（清）毓朗撰　清光緒三十四年（1908）京華印書局排印本　一冊

150000－0601－0008647　119609　集部/別集類/清之屬/清（二）

操養齋遺集四卷　（清）管禮耕撰　清刻南菁書院叢書本　一冊

150000－0601－0008648　767793　集部/別集類/清之屬/清（二）

[詩集]一卷　稿本　一冊　卷端鈐"琴秋"印

150000－0601－0008649　124818　集部/別集類/清以後

南海先生詩集四卷　康有爲撰　梁啟超書　清光緒三十四年（1908）刻本　一冊

150000－0601－0008650　118127　集部/別集類/清以後

虛受堂文集十五卷　王先謙撰　清光緒二十六年（1900）刻本　四冊

150000－0601－0008651　879295　集部/別集類/清以後

王顧齋先生雜著一卷　稿本　一冊

150000－0601－0008652　119426　集部/別集類/清以後

靜庵文集一卷　王國維撰　清光緒三十一年(1905)排印本　一冊

150000－0601－0008653　119427　集部/別集類/清以後

靜庵文集一卷　王國維撰　清光緒三十一年(1905)排印本　一冊

150000－0601－0008654　117772　集部/別集類/清以後

湘綺樓文集八卷詩十四卷箋啓八卷　王闓運撰　清光緒三十三年(1907)墨莊劉氏長沙刻本　十冊

150000－0601－0008655　114382　集部/別集類/清以後

湘綺樓文集八卷詩十四卷箋啓八卷　王闓運撰　清宣統二年(1910)國學扶輪社石印本　十二冊

150000－0601－0008656　125452　集部/別集類/清以後

眉韵樓詩三卷　孫雄撰　清光緒三十年(1904)京師刻本　一冊

150000－0601－0008657　125453　集部/別集類/清以後

眉韵樓詩三卷　孫雄撰　清光緒三十年(1904)京師刻本　一冊

150000－0601－0008658　156477　集部/別集類/清以後

鄭齋漢學文編六卷　孫雄撰　清光緒三十四年(1908)排印師鄭叢書本　二冊

150000－0601－0008659　116687　集部/別集類/清以後

師鄭堂駢體文存二卷　孫雄撰　清光緒二十一年(1895)刻師鄭叢書本　一冊

150000－0601－0008660　126518　集部/別集類/清以後

師鄭堂駢體文存二卷　孫雄撰　清光緒二十一年(1895)刻師鄭叢書本　一冊

150000－0601－0008661　156479　集部/別集類/清以後

師鄭堂駢體文存二卷　孫雄撰　清光緒二十一年(1895)刻師鄭叢書本　一冊

150000－0601－0008662　116708　集部/別集類/清以後

師鄭堂集六卷　孫雄撰　清光緒十七年(1891)活字師鄭叢書本　六冊

150000－0601－0008663　118671　集部/別集類/清以後

漪香山館文集一卷　吳曾祺撰　清宣統二年(1910)商務印書館排印本　一冊

150000－0601－0008664　118240　集部/別集類/清以後

程一夔文乙集四卷　程先甲撰　清宣統二年(1910)千一齋刻千一齋全集本　二冊

150000－0601－0008665　119948　集部/別集類/清以後

藝風堂文集七卷外篇一卷續集八卷外集一卷　繆荃孫撰　清光緒二十六年至宣統二年(1900－1910)刻本　八冊

150000－0601－0008666　119956　集部/別集類/清以後

藝風堂文集七卷外篇一卷續集八卷外集一卷　繆荃孫撰　清光緒二十六年至宣統二年(1900－1910)刻本　八冊

150000－0601－0008667　119944　集部/別集類/清以後

藝風堂文集七卷外篇一卷　繆荃孫撰　清光緒二十六年(1900)刻本　四冊

150000－0601－0008668　118316　集部/別集類/清以後

慎所立齋文集四卷　江瀚撰　清光緒二十六年(1900)排印本　一冊

150000－0601－0008669　118317　集部/別

集類/清以後

慎所立齋文集四卷 江瀚撰 清光緒二十六年(1900)排印本 一冊

150000－0601－0008670 126241 集部/別集類/清以後

微尚齋詩二卷 汪兆鏞撰 清宣統三年(1911)刻本 一冊

150000－0601－0008671 118706 集部/別集類/清以後

老劍文稿一卷 潘飛聲撰 清光緒二十九年(1903)仙城藥洲刻說劍堂著書本 一冊

150000－0601－0008672 116814 集部/別集類/清以後

寄簃文存八卷 沈家本撰 清光緒三十三年(1907)修訂法律館排印本 二冊

150000－0601－0008673 94054 集部/別集類/清以後

寄簃文存八卷 沈家本撰 清宣統元年(1909)修訂法律館排印本 二冊

150000－0601－0008674 125750 集部/別集類/清以後

海日樓詩二卷 沈曾植撰 刻本 一冊

150000－0601－0008675 126001 集部/別集類/清以後

宜秋館詩前編四卷後編二卷 李之鼎撰 **宜秋館詞一卷** 李之鼎撰 宜秋館刻本 二冊

150000－0601－0008676 118326 集部/別集類/清以後

慎宜軒文十二卷 姚永概撰 清刻本 二冊

150000－0601－0008677 126286 集部/別集類/清以後

居東集二卷 蔣智由撰 清宣統二年(1910)文明書局排印本 一冊

150000－0601－0008678 116210 集部/別集類/清以後

畏廬文集一卷 林紓撰 清宣統二年(1910)商務印書館排印本 一冊

150000－0601－0008679 126374 集部/別集類/清以後

無恙初稿一卷 楊無恙撰 武進董氏誦芬室刻本 一冊

150000－0601－0008680 118207 集部/別集類/清以後

復盦類稿八卷公牘四卷 曹允源撰 **鬻字齋詩略四卷** 曹允源撰 清光緒二十八年(1902)刻本 四冊

150000－0601－0008681 125936 集部/別集類/清以後

鬻字齋詩略四卷 曹允源撰 清光緒二十二年(1896)刻本 一冊

150000－0601－0008682 125952 集部/別集類/清以後

鬻字齋詩略四卷 曹允源撰 清光緒二十二年(1896)刻本 一冊

150000－0601－0008683 126523 集部/別集類/清以後

錦里詩錄一卷 易順鼎撰 **青城詩錄一卷** 易順鼎撰 **峨眉詩錄一卷** 易順鼎撰 **林屋詩錄一卷** 易順鼎撰 **游梁詩賸一卷** 易中碩撰 **游梁詩賸賸一卷** 易中碩撰 清光緒十三年(1887)京師刻楚頌樓詩本 一冊

150000－0601－0008684 117939 集部/別集類/清以後

惺諟齋初稿十卷 喻長霖撰 清宣統三年(1911)排印崧岱山館叢鈔本 六冊

150000－0601－0008685 115476 集部/別集類/清以後

抱潤軒文集十卷 馬其昶撰 清宣統元年(1909)安徽官紙印刷局石印本 一冊

150000－0601－0008686 126432 集部/別集類/清以後

藿隱詩草三卷 陳詩撰 清光緒二十五年(1899)活字本 一冊

150000－0601－0008687 126427 集部/別集類/清以後

散原精舍詩二卷　陳三立撰　清宣統元年（1909）石印本　一冊

150000－0601－0008688　125245　集部/別集類/清以後

散原精舍詩二卷　陳三立撰　清宣統二年（1910）上海商務印書館排印本　二冊

150000－0601－0008689　114739　集部/別集類/清以後

石遺室文集十二卷續集一卷三集一卷詩集十卷補遺一卷　陳衍撰　朱絲詞二卷　陳衍撰　木庵文稿一卷　陳書撰　清光緒三十一年（1905）武昌刻本　七冊

150000－0601－0008690　125770　集部/別集類/清以後

石遺室詩集三卷補遺一卷　陳衍撰　清光緒三十一年（1905）武昌刻本　一冊

150000－0601－0008691　125761　集部/別集類/清以後

花近樓詩存八編二卷　陳夔龍撰　刻本　一冊

150000－0601－0008692　125352　集部/別集類/清以後

松壽堂詩鈔十卷　陳夔龍撰　清宣統三年（1911）京師刻本　四冊

150000－0601－0008693　126152　集部/別集類/清以後

虛齋詩稿十五卷　陳榮昌撰　刻陳氏全書本　八冊

150000－0601－0008694　118096　集部/別集類/清以後

粟香室文稿一卷　金武祥撰　清光緒三十年（1904）活字本　一冊

150000－0601－0008695　126416　集部/別集類/清以後

陶廬續憶補錄一卷　金武祥撰　陶廬後憶一卷　金武祥撰　清光緒三十一年（1905）刻本　一冊

150000－0601－0008696　125815　集部/別集類/清以後

潛廬詩集四卷　金蓉鏡撰　清宣統二年（1910）長沙刻本　一冊

150000－0601－0008697　126368　集部/別集類/清以後

大鶴山人詩集二卷　鄭文焯撰　刻本　二冊

150000－0601－0008698　126064　集部/別集類/清以後

海藏樓詩一卷　鄭孝胥撰　清光緒二十八年（1902）武昌刻本　一冊

150000－0601－0008699　125706　集部/別集類/清以後

閑閑集一卷　鄭岳撰　抄本　一冊

150000－0601－0008700　114162　集部/別集類/清以後

也是集一卷　安塞齋主撰　清光緒三十三年（1907）大公報館排印本　一冊

150000－0601－0008701　106438　集部/總集類/文選之屬

文選六十卷　（南朝梁）蕭統編　（唐）李善注　明末汲古閣刻本　十二冊

150000－0601－0008702　106501　集部/總集類/文選之屬

文選六十卷　（南朝梁）蕭統編　（唐）李善注　清乾隆二十四年（1759）刻本　十二冊　過錄何焯評

150000－0601－0008703　106513　集部/總集類/文選之屬

文選六十卷　（南朝梁）蕭統編　（唐）李善注　清同治八年（1869）金陵書局刻本　十冊

150000－0601－0008704　106477　集部/總集類/文選之屬

文選六十卷　（南朝梁）蕭統編　（唐）李善注　文選考異十卷　（清）胡克家撰　清嘉慶十四年（1809）刻本　二十四冊

150000－0601－0008705　106771　集部/總

集類/文選之屬

文選六十卷 （南朝梁）蕭統編 （唐）李善注
文選考異十卷 （清）胡克家撰 清同治八
年(1869)潯陽萬氏廣東刻本 二十四冊

150000－0601－0008706 9151 集部/總集
類/文選之屬

文選六十卷 （南朝梁）蕭統編 （唐）李善注
文選考異十卷 （清）胡克家撰 清同治八
年(1869)湖北崇文書局刻本 二十四冊

150000－0601－0008707 106402 集部/總
集類/文選之屬

文選六十卷 （南朝梁）蕭統編 （唐）李善注
文選考異十卷 （清）胡克家撰 清同治八
年(1869)湖北崇文書局刻本 二十四冊

150000－0601－0008708 10259 集部/總集
類/文選之屬

文選六十卷 （南朝梁）蕭統編 （唐）李善注
文選考異十卷 （清）胡克家撰 清宣統三
年(1911)上海會文堂粹記石印本 十六冊

150000－0601－0008709 106739 集部/總
集類/文選之屬

文選六十卷 （南朝梁）蕭統編 （唐）李善注
文選考異十卷 （清）胡克家撰 清宣統三
年(1911)上海會文堂粹記石印本 十六冊

150000－0601－0008710 106755 集部/總
集類/文選之屬

文選六十卷 （南朝梁）蕭統編 （唐）李善注
文選考異十卷 （清）胡克家撰 清宣統三
年(1911)上海會文堂粹記石印本 十六冊

150000－0601－0008711 26527 集部/總集
類/文選之屬

文選六十卷 （南朝梁）蕭統編 （唐）李善注
（清）何焯評 清乾隆三十七年(1772)海錄
軒刻朱墨套印本 三十二冊

150000－0601－0008712 106426 集部/總
集類/文選之屬

文選六十卷 （南朝梁）蕭統編 （唐）李善注
（清）何焯評 清乾隆三十七年(1772)海錄
軒刻朱墨套印本 十二冊

150000－0601－0008713 106450 集部/總
集類/文選之屬

文選六十卷 （南朝梁）蕭統編 （唐）李善注
（清）何焯評 清羊城翰墨園刻朱墨套印本
十一冊

150000－0601－0008714 106461 集部/總
集類/文選之屬

文選六十卷 （南朝梁）蕭統編 （唐）李善注
（清）何焯評 清羊城翰墨園刻朱墨套印本
十六冊

150000－0601－0008715 837979 集部/總
集類/文選之屬

文選十二卷 （南朝梁）蕭統編 （明）張鳳翼
注 明萬曆八年(1580)刻本 十二冊

150000－0601－0008716 838438 集部/總
集類/文選之屬

梁昭明文選十二卷 （南朝梁）蕭統編 （明）
張鳳翼注 明萬曆四十年(1612)刻本 二十
四冊

150000－0601－0008717 51362 集部/總集
類/文選之屬

昭明文選集成六十卷首二卷 （清）方廷珪評
點 清乾隆三十年(1765)仿範軒刻本 二十
四冊

150000－0601－0008718 106549 集部/總
集類/文選之屬

文選補遺四十卷 （宋）陳仁子輯 清道光二
十五年(1845)刻本 十六冊

150000－0601－0008719 106523 集部/總
集類/文選之屬

文選旁證四十六卷 （清）梁章鉅撰 清光緒
八年(1882)吳下刻本 十二冊

150000－0601－0008720 106535 集部/總
集類/文選之屬

文選旁證四十六卷 （清）梁章鉅撰 清光緒
八年(1882)吳下刻本 十二冊

150000 – 0601 – 0008721　838462　集部/總集類/文選之屬

選詩三集補一卷　（明）顧大猷撰　明萬曆二十八年(1600)刻本　四冊

150000 – 0601 – 0008722　106547　集部/總集類/文選之屬

文選音義八卷　（清）余蕭客撰　清乾隆二十三年(1758)刻本　二冊

150000 – 0601 – 0008723　60654　集部/總集類/文選之屬

文選古字通疏證六卷　（清）薛傳均撰　清道光二十年(1840)刻本　二冊

150000 – 0601 – 0008724　151530　集部/總集類/歷代之屬/叢編

屈賈文合編　（清）夏獻雲輯　清光緒三年(1877)長沙刻本　八冊

150000 – 0601 – 0008725　138746　集部/總集類/歷代之屬/叢編

八大家文鈔　（明）茅坤輯　明末刻本　三十冊

150000 – 0601 – 0008726　54182　集部/總集類/歷代之屬/叢編

八大家文鈔　（明）茅坤輯　清刻本　三十二冊

150000 – 0601 – 0008727　155453　集部/總集類/歷代之屬/叢編

唐宋八家詩　（清）姚培謙輯　清雍正五年(1727)刻本　十二冊

150000 – 0601 – 0008728　155427　集部/總集類/歷代之屬/叢編

唐宋十大家全集錄　（清）儲欣輯　清光緒八年(1882)江蘇書局刻本　二十六冊

150000 – 0601 – 0008729　155603　集部/總集類/歷代之屬/叢編

唐宋十大家全集錄　（清）儲欣輯　清光緒八年(1882)江蘇書局刻本　二十六冊

150000 – 0601 – 0008730　767469　集部/總

集類/歷代之屬/叢編

詩詞雜俎　（明）毛晉輯　明末毛氏汲古閣刻本　十冊

150000 – 0601 – 0008731　163905　集部/總集類/歷代之屬/叢編

漢魏六朝一百三家集　（明）張溥輯　清光緒三年(1877)滇南唐氏刻本　一百冊

150000 – 0601 – 0008732　164005　集部/總集類/歷代之屬/叢編

漢魏六朝一百三家集　（明）張溥輯　清光緒三年(1877)滇南唐氏刻本　八十冊

150000 – 0601 – 0008733　9024　集部/總集類/歷代之屬/叢編

漢魏六朝百三名家集　（明）張溥輯　清光緒五年(1879)信述堂刻本　一百二十冊

150000 – 0601 – 0008734　164085　集部/總集類/歷代之屬/叢編

漢魏六朝百三名家集　（明）張溥輯　清光緒五年(1879)信述堂刻本　九十九冊

150000 – 0601 – 0008735　155465　集部/總集類/歷代之屬/合編

唐宋八大家文選十九卷　（清）張伯行輯　清同治八年(1869)福州正誼書院刻本　十冊

150000 – 0601 – 0008736　136159　集部/總集類/歷代之屬/合編

全上古三代秦漢三國六朝文　（清）嚴可均輯　清光緒二十年(1894)黃岡王氏刻本　一百冊

150000 – 0601 – 0008737　91361　集部/總集類/歷代之屬/合編

全上古三代秦漢三國晉南北朝文編目一百○三卷　（清）蔣璧撰　清光緒五年(1879)刻本　十六冊

150000 – 0601 – 0008738　106881　集部/總集類/歷代之屬/合編

斯文精萃一卷　（清）尹繼善撰　清乾隆二十九年(1764)刻本　八冊

150000－0601－0008739　108161　集部/總集類/歷代之屬/合編

古今詞略二十四卷　清同治六年(1867)合肥李氏刻本　六冊

150000－0601－0008740　51479　集部/總集類/歷代之屬/合編

古文詞略二十四卷　清光緒三十四年(1908)學部圖書局排印本　五冊

150000－0601－0008741　106605　集部/總集類/歷代之屬/合編

歷代宮閨文選二十六卷　(清)周壽昌輯訂　(清)瞿元鈞纂類　清宣統三年(1911)上海群學社排印本　六冊

150000－0601－0008742　121294　集部/總集類/歷代之屬/詩

玉臺新咏十卷　(南朝陳)徐陵輯　(清)吳兆宜注　清光緒五年(1879)宏達堂刻本　六冊

150000－0601－0008743　121300　集部/總集類/歷代之屬/詩

玉臺新咏十卷　(南朝陳)徐陵輯　(清)吳兆宜注　清光緒五年(1879)宏達堂刻本　六冊

150000－0601－0008744　121656　集部/總集類/歷代之屬/詩

樂府詩集一百卷目錄二卷　(宋)郭茂倩編　清同治十三年(1874)湖北崇文書局刻本　十六冊

150000－0601－0008745　122590　集部/總集類/歷代之屬/詩

回文類聚四卷　(宋)桑世昌輯　**織錦回文圖一卷**　(清)玉山仙史摹集　**回文類聚續編十卷**　(清)朱象賢輯　清同治十一年(1872)刻本　四冊

150000－0601－0008746　121912　集部/總集類/歷代之屬/詩

瀛奎律髓四十九卷　(元)方回輯　清康熙五十二年(1713)刻本　八冊

150000－0601－0008747　121920　集部/總集類/歷代之屬/詩

瀛奎律髓四十九卷　(元)方回輯　清康熙五十二年(1713)刻本　十六冊

150000－0601－0008748　122178　集部/總集類/歷代之屬/詩

瀛奎律髓四十九卷　(元)方回輯　清康熙五十二年(1713)刻本　五冊　缺

150000－0601－0008749　121936　集部/總集類/歷代之屬/詩

瀛奎律髓刊誤四十九卷　(元)方回輯　(清)紀昀批點　清乾隆五十三年(1788)侯官李光垣刻本　十二冊

150000－0601－0008750　838398　集部/總集類/歷代之屬/詩

詩所五十六卷　(明)臧懋循輯　明萬曆三十一年(1603)刻本　二十冊

150000－0601－0008751　838313　集部/總集類/歷代之屬/詩

古詩歸十五卷　(明)鍾惺　(明)譚元春選
唐詩歸三十六卷　(明)鍾惺　(明)譚元春選　明萬曆四十五年(1617)刻本　三十六冊

150000－0601－0008752　838383　集部/總集類/歷代之屬/詩

古詩歸十五卷　(明)鍾惺　(明)譚元春選　(明)劉敔重訂　**唐詩歸三十六卷**　(明)鍾惺　(明)譚元春選　(明)劉敔重訂　明末刻本　十五冊　存十二卷(一至十二)

150000－0601－0008753　50987　集部/總集類/歷代之屬/詩

詩紀一百五十卷目錄三十四卷　(明)馮惟訥編　(明)方天眷重訂　明末刻本　十六冊　存一百六十七卷(一至一百五十、目錄十八至三十四)

150000－0601－0008754　837148　集部/總集類/歷代之屬/詩

歷代詩發四十二卷　(清)范大士評選　清康熙三十六年(1697)刻本　十二冊

150000－0601－0008755　121322　集部/總集類/歷代之屬/詩

五言詩十七卷　（清）王士禛輯　**七言詩歌行鈔十五卷**　（清）王士禛輯　清同治五年(1866)金陵書局刻本　八冊

150000－0601－0008756　121330　集部/總集類/歷代之屬/詩

五言詩十七卷　（清）王士禛輯　**七言詩歌行鈔十五卷**　（清）王士禛輯　清同治五年(1866)金陵書局刻本　八冊

150000－0601－0008757　121338　集部/總集類/歷代之屬/詩

五言詩十七卷　（清）王士禛輯　**七言詩歌行鈔十五卷**　（清）王士禛輯　清同治五年(1866)金陵書局刻本　八冊

150000－0601－0008758　123026　集部/總集類/歷代之屬/詩

本事詩十二卷　（清）徐釚輯　清光緒十四年(1888)刻邵武徐氏叢書本　四冊

150000－0601－0008759　122259　集部/總集類/歷代之屬/詩

榕村詩選八卷首一卷　（清）李光地輯　清雍正七年(1729)杭州臬署刻本　三冊

150000－0601－0008760　50981　集部/總集類/歷代之屬/詩

古詩源十四卷　（清）沈德潛輯　清康熙五十八年(1719)刻本　六冊

150000－0601－0008761　121290　集部/總集類/歷代之屬/詩

古詩源十四卷　（清）沈德潛輯　清光緒十七年(1891)思賢書局刻本　四冊

150000－0601－0008762　121286　集部/總集類/歷代之屬/詩

古詩源十四卷　（清）沈德潛輯　清光緒十八年(1892)湘南謝文盛堂刻本　四冊

150000－0601－0008763　121952　集部/總集類/歷代之屬/詩

御選唐宋詩醇四十七卷目錄二卷　清乾隆二十五年(1760)刻本　二十四冊

御選唐宋詩醇四十七卷目錄二卷　清光緒七年(1881)江蘇書局刻本　二十冊

150000－0601－0008764　121976　集部/總集類/歷代之屬/詩

150000－0601－0008765　39420　集部/總集類/歷代之屬/詩

御選唐宋詩醇四十七卷目錄二卷　清光緒十八年(1892)益元書局刻本　二十四冊

150000－0601－0008766　121996　集部/總集類/歷代之屬/詩

御選唐宋詩醇四十七卷目錄二卷　清刻本　十四冊

150000－0601－0008767　39410　集部/總集類/歷代之屬/詩

御選唐宋詩醇四十七卷目錄二卷　清宣統二年(1910)上海書局石印本　十冊

150000－0601－0008768　122034　集部/總集類/歷代之屬/詩

五言今體詩鈔九卷　（清）姚鼐輯　**七言今體詩鈔九卷**　（清）姚鼐輯　清同治五年(1866)金陵書局刻本　二冊

150000－0601－0008769　121594　集部/總集類/歷代之屬/詩

十八家詩鈔二十八卷首一卷　（清）曾國藩纂輯　清同治十三年(1874)傳忠書局刻本　二十八冊

150000－0601－0008770　122162　集部/總集類/歷代之屬/詩

三十家詩鈔六卷　（清）曾國藩纂輯　（清）王定安增輯　清同治十三年(1874)傳忠書局刻本　六冊

150000－0601－0008771　51259　集部/總集類/歷代之屬/詩

古唐詩合解十二卷古詩四卷　（清）王堯衢注　清同治十一年(1872)刻本　六冊

150000－0601－0008772　121877　集部/總集類/歷代之屬/詩

古唐詩合解十二卷古詩四卷　（清）王堯衢注

清光緒十一年(1885)刻本　四冊

150000－0601－0008773　121881　集部/總集類/歷代之屬/詩

古唐詩合解十二卷古詩四卷　（清）王堯衢注
清光緒十七年(1891)刻本　八冊

150000－0601－0008774　121871　集部/總集類/歷代之屬/詩

古唐詩合解十二卷古詩四卷　（清）王堯衢注
清刻本　六冊

150000－0601－0008775　121889　集部/總集類/歷代之屬/詩

古唐詩合解十二卷古詩四卷　（清）王堯衢注
清文奎堂刻本　六冊

150000－0601－0008776　121895　集部/總集類/歷代之屬/詩

古唐詩合解十二卷古詩四卷　（清）王堯衢注
清刻本　四冊　存十二卷(五至十二、古詩四卷)

150000－0601－0008777　51271　集部/總集類/歷代之屬/詩

古唐詩合解十二卷古詩四卷　（清）王堯衢注
清末善成堂刻本　四冊

150000－0601－0008778　165931　集部/總集類/歷代之屬/詩

漢魏詩乘□□卷　（明）梅鼎祚編校　明末刻本　一冊　存三卷(十一至十三)

150000－0601－0008779　122264　集部/總集類/歷代之屬/詩

近光集二十八卷　（清）汪士鋐輯　（清）徐修仁注　清康熙五十八年(1719)刻本　八冊

150000－0601－0008780　122272　集部/總集類/歷代之屬/詩

近光集二十八卷　（清）汪士鋐輯　（清）徐修仁注　清保德堂刻本　十二冊

150000－0601－0008781　122045　集部/總集類/歷代之屬/詩

歷朝詩選簡金集五卷　（清）章薇點次　清乾

隆二十三年(1758)刻本　十冊

150000－0601－0008782　121766　集部/總集類/歷代之屬/詩

宛鄰書屋古詩錄十二卷　（清）張琦輯　清同治八年(1869)刻本　四冊

150000－0601－0008783　122021　集部/總集類/歷代之屬/詩

宛鄰書屋古詩錄十二卷　（清）張琦輯　清同治八年(1869)刻本　四冊

150000－0601－0008784　122040　集部/總集類/歷代之屬/詩

宋元明詩三百首一卷　（清）朱梓編輯　（清）冷昌言編輯　清光緒元年(1875)虞山黃氏藝文堂刻本　一冊

150000－0601－0008785　122589　集部/總集類/歷代之屬/詩

宋元明詩約鈔三百首二卷　（清）朱梓　（清）冷昌言編輯　（清）華黼臣注　清咸豐八年(1858)刻本　一冊

150000－0601－0008786　121534　集部/總集類/歷代之屬/詩

歷代大儒詩鈔六十卷首一卷　（清）谷際岐彙鈔　清嘉慶十九年(1814)采蘭堂刻本　六十冊

150000－0601－0008787　122284　集部/總集類/歷代之屬/詩

詩比興箋四卷　（清）陳沆撰　清光緒九年(1883)刻本　二冊

150000－0601－0008788　109941　集部/總集類/歷代之屬/詩

詩學入門四卷　（清）李滄溟評選　清刻本　一冊

150000－0601－0008789　51774　集部/總集類/歷代之屬/詩

新鐫千家詩四卷　（清）蜀東寶興堂書林重輯　清光緒二十一年(1895)刻本　一冊

150000－0601－0008790　122019　集部/總

集類/歷代之屬/詩

新鐫千家詩四卷 （清）蜀東寶書堂書林重輯
清刻本 二冊

150000－0601－0008791 9361 集部/總集
類/歷代之屬/詩

八代詩選二十卷 王闓運輯 清光緒二十年
（1894）章氏經濟堂刻本 八冊

150000－0601－0008792 114279 集部/總
集類/歷代之屬/文

文館詞林□□卷 （唐）許敬宗等輯 清光緒
十九年（1893）景蘇園刻本（原存卷一百五十
二、一百五十八、三百四十六、四百十四、六百
六十五、六百六十九） 二冊

150000－0601－0008793 837991 集部/總
集類/歷代之屬/文

古文苑二十一卷 （宋）章樵注 明萬曆二十
年（1592）刻本 四冊

150000－0601－0008794 107440 集部/總
集類/歷代之屬/文

古文苑二十一卷 （宋）章樵注 清光緒十二
年（1886）江蘇書局刻本 四冊

150000－0601－0008795 107444 集部/總
集類/歷代之屬/文

古文苑二十一卷 （宋）章樵注 清光緒十二
年（1886）江蘇書局刻本 四冊

150000－0601－0008796 107448 集部/總
集類/歷代之屬/文

續古文苑二十卷 （清）孫星衍輯 清光緒九
年（1883）江蘇書局刻本 六冊

150000－0601－0008797 107915 集部/總
集類/歷代之屬/文

續古文苑二十卷 （清）孫星衍輯 清嘉慶十
七年（1812）刻本 八冊

150000－0601－0008798 107436 集部/總
集類/歷代之屬/文

古文關鍵二卷 （宋）呂祖謙編 清同治十年
（1871）退補齋刻金華叢書本 二冊

150000－0601－0008799 107438 集部/總
集類/歷代之屬/文

東萊先生古文關鍵二卷 （宋）呂祖謙編 清
光緒二十四年（1898）江蘇書局刻本 二冊

150000－0601－0008800 108183 集部/總
集類/歷代之屬/文

謝疊山先生文章軌範七卷 （宋）謝枋得輯
清光緒八年（1882）青簡齋刻朱墨套印本
四冊

150000－0601－0008801 837584 集部/總
集類/歷代之屬/文

正續名世文宗十六卷 （明）王世貞編選
（明）陳繼儒校注 明萬曆四十五年（1617）刻
本 八冊

150000－0601－0008802 838227 集部/總
集類/歷代之屬/文

文致一卷 （明）劉士鏻選 （明）閔無頗
（明）閔昭明集解 明末閔氏刻朱墨套印本
四冊

150000－0601－0008803 838231 集部/總
集類/歷代之屬/文

刪補古今文致十卷 （明）劉士鏻選 （明）王
宇增刪 明天啟三年（1623）刻本 四冊

150000－0601－0008804 108238 集部/總
集類/歷代之屬/文

古今文致十卷 （明）劉士鏻選 （明）王宇增
刪 清光緒十年（1884）文玉山房刻朱墨套印
本 十冊

150000－0601－0008805 767838 集部/總
集類/歷代之屬/文

翠娛閣評選文奇□□卷 （明）陸雲龍評注
明崇禎四年（1631）刻本 一冊 存二卷（一
至二）

150000－0601－0008806 837592 集部/總
集類/歷代之屬/文

古文品外錄二十四卷 （明）陳繼儒選評 明
刻本 十二冊

150000－0601－0008807 837272 集部/總

集類/歷代之屬/文

古文奇賞二十二卷 （明）陳仁錫選評　明萬
曆四十六年(1618)刻本　二十四冊

150000－0601－0008808　838207　集部/總
集類/歷代之屬/文

古文奇賞二十二卷 （明）陳仁錫選評　明萬
曆四十六年(1618)刻本　二十冊

150000－0601－0008809　837342　集部/總
集類/歷代之屬/文

奇賞齋古文彙編□□卷 （明）陳仁錫選評
明刻本　四冊　存四卷(三十三至三十六)

150000－0601－0008810　837971　集部/總
集類/歷代之屬/文

漢魏別解十六卷 （明）黃澍　（明）葉紹泰選
明崇禎十一年(1638)刻本　八冊

150000－0601－0008811　879222　集部/總
集類/歷代之屬/文

經史典奧六十七卷 （明）來斯行輯　明崇禎
五年(1632)刻本　十六冊

150000－0601－0008812　839282　集部/總
集類/歷代之屬/文

古文淵鑒六十四卷 （清）徐乾學等編注　清
康熙二十四年(1685)刻四色套印本　四十
八冊

150000－0601－0008813　40149　集部/總集
類/歷代之屬/文

古文淵鑒六十四卷 （清）徐乾學等編注　清
刻五色套印本　四十八冊

150000－0601－0008814　107349　集部/總
集類/歷代之屬/文

古文淵鑒六十四卷 （清）徐乾學等編注　清
刻本　三十一冊

150000－0601－0008815　107380　集部/總
集類/歷代之屬/文

古文淵鑒六十四卷 （清）徐乾學等編注　清
刻本　三十二冊

150000－0601－0008816　767919　集部/總

集類/歷代之屬/文

古香齋新刻袖珍御選古文淵鑒六十四卷
（清）徐乾學等編注　清刻四色套印本　六冊
　存十二卷(四至六、十六至十七、三十至三
十五、五十)

150000－0601－0008817　107486　集部/總
集類/歷代之屬/文

古文雅正十四卷 （清）蔡世遠輯評　清雍正
三年(1725)刻本　六冊

150000－0601－0008818　108127　集部/總
集類/歷代之屬/文

古文雅正十四卷 （清）蔡世遠輯評　清雍正
三年(1725)刻本　六冊

150000－0601－0008819　107492　集部/總
集類/歷代之屬/文

古文雅正十四卷 （清）蔡世遠輯評　清同治
七年(1868)湘鄉曾氏刻本　八冊

150000－0601－0008820　107485　集部/總
集類/歷代之屬/文

古文雅正十四卷 （清）蔡世遠輯評　清光緒
二十二年(1896)上海圖書集成印書局排印本
　一冊

150000－0601－0008821　108728　集部/總
集類/歷代之屬/文

御選唐宋文醇五十八卷　清乾隆六年(1741)
孫嘉淦刻本　二十四冊

150000－0601－0008822　41586　集部/總集
類/歷代之屬/文

御選唐宋文醇五十八卷　清光緒三年(1877)
浙江巡撫楊昌浚刻本　二十冊

150000－0601－0008823　837296　集部/總
集類/歷代之屬/文

古文辭類纂七十五卷 （清）姚鼐纂集　清道
光五年(1825)金陵吳佑之刻本　十二冊

150000－0601－0008824　107935　集部/總
集類/歷代之屬/文

古文辭類纂七十五卷 （清）姚鼐纂集　清同
治八年(1869)刻本　十二冊

150000－0601－0008825　51395　集部/總集類/歷代之屬/文

古文辭類纂七十四卷　（清）姚鼐纂集　清光緒三十年(1904)吳縣孫溪槐廬刻席氏掃葉山房刷印本　十二冊

150000－0601－0008826　107967　集部/總集類/歷代之屬/文

古文辭類纂七十五卷附錄一卷校勘記一卷　（清）姚鼐纂集　清光緒二十七年(1901)滁州李氏求要堂刻本　十二冊

150000－0601－0008827　107959　集部/總集類/歷代之屬/文

古文辭類纂七十四卷　（清）姚鼐纂集　清合河康氏家塾刻本　八冊

150000－0601－0008828　837308　集部/總集類/歷代之屬/文

古文辭類纂七十四卷　（清）姚鼐纂集　清合河康氏家塾刻本　十二冊

150000－0601－0008829　107997　集部/總集類/歷代之屬/文

續古文辭類纂三十四卷　王先謙輯　清光緒八年(1882)王氏虛受堂刻本　八冊

150000－0601－0008830　107993　集部/總集類/歷代之屬/文

續古文辭類纂三十四卷　王先謙輯　清光緒三十三年(1907)上海商務印書館排印本　四冊

150000－0601－0008831　107947　集部/總集類/歷代之屬/文

續古文辭類纂二十八卷　（清）黎庶昌輯　清光緒二十一年(1895)金陵狀元閣刻本　十二冊

150000－0601－0008832　106615　集部/總集類/歷代之屬/文

六朝文絜四卷　（清）許槤評選　清光緒三年(1877)讀有用書齋刻朱墨套印本　二冊

150000－0601－0008833　106617　集部/總集類/歷代之屬/文

六朝文絜四卷　（清）許槤評選　清光緒三年(1877)讀有用書齋刻朱墨套印本　三冊

150000－0601－0008834　106620　集部/總集類/歷代之屬/文

六朝文絜四卷　（清）許槤評選　清光緒三年(1877)讀有用書齋刻朱墨套印本　二冊

150000－0601－0008835　106622　集部/總集類/歷代之屬/文

六朝文絜四卷　（清）許槤評選　清光緒七年(1881)適時軒刻朱墨套印本　二冊

150000－0601－0008836　51485　集部/總集類/歷代之屬/文

經史百家雜鈔二十六卷　（清）曾國藩纂　清光緒二年(1876)傳忠書局刻本　二十六冊

150000－0601－0008837　767742　集部/總集類/歷代之屬/文

經史百家雜鈔一卷　（清）曾國藩纂　抄本　三冊

150000－0601－0008838　41606　集部/總集類/歷代之屬/文

經史百家雜鈔二十六卷首一卷　（清）曾國藩纂　清光緒三十二年(1906)上海商務印書館排印本　十二冊

150000－0601－0008839　51511　集部/總集類/歷代之屬/文

經史百家簡編二卷　（清）曾國藩纂　清同治十三年(1874)傳忠書局刻本　二冊

150000－0601－0008840　108633　集部/總集類/歷代之屬/文

求志集四卷　（清）陳鼐輯　清光緒十二年(1886)刻本　二冊

150000－0601－0008841　108270　集部/總集類/歷代之屬/文

天下才子必讀書十五卷末一卷　（清）金聖嘆輯評　清初刻本　六冊

150000－0601－0008842　108167　集部/總集類/歷代之屬/文

初學辨體一卷　（清）徐與喬編　清康熙十七年(1678)易安齋刻本　十六冊

150000－0601－0008843　108230　集部/總集類/歷代之屬/文

古文觀止十二卷　（清）吳乘權　（清）吳大職輯　清末李光明莊刻本　六冊

150000－0601－0008844　51587　集部/總集類/歷代之屬/文

古文釋義新編八卷　（清）余誠評注　清刻本　四冊

150000－0601－0008845　108264　集部/總集類/歷代之屬/文

書業德重訂古文釋義新編八卷　（清）余誠評注　清光緒十一年(1885)刻本　四冊

150000－0601－0008846　25679　集部/總集類/歷代之屬/文

泰山堂重訂古文釋義新編八卷　（清）余誠評注　清光緒三十年(1904)刻本　八冊

150000－0601－0008847　107412　集部/總集類/歷代之屬/文

古文眉詮七十九卷首一卷　（清）浦起龍論次　清乾隆九年(1744)三吳書院刻本　二十四冊

150000－0601－0008848　837520　集部/總集類/歷代之屬/文

古文眉詮七十九卷首一卷　（清）浦起龍論次　清乾隆九年(1744)三吳書院刻本　二十四冊

150000－0601－0008849　107504　集部/總集類/歷代之屬/文

古文分編集評初集上二卷下三卷二集上三卷下二卷三集八卷四集四卷首一卷　（清）于光華編　清乾隆四十九年(1784)刻本　二十二冊

150000－0601－0008850　108187　集部/總集類/歷代之屬/文

古文分編集評初集上二卷下三卷二集上三卷下二卷三集八卷四集四卷首一卷　（清）于光華編　清乾隆四十九年(1784)刻本　十八冊

150000－0601－0008851　108149　集部/總集類/歷代之屬/文

古文賞音十二卷　（清）謝有輝纂　清康熙五十四年(1715)粵東古端州之菊圃刻本　十二冊

150000－0601－0008852　51565　集部/總集類/歷代之屬/文

古文喈鳳新編八卷　（清）汪基輯　清乾隆七年(1742)三多齋刻本　八冊

150000－0601－0008853　51549　集部/總集類/歷代之屬/文

古文析義十六卷　（清）林雲銘評注　清刻本　十六冊

150000－0601－0008854　108133　集部/總集類/歷代之屬/文

古文翼八卷　（清）唐德宜編　清光緒十九年(1893)湖南經國書局刻本　十六冊

150000－0601－0008855　51533　集部/總集類/歷代之屬/文

古文精言詳注合編十六卷　（清）周聘侯評選　（清）馬寬裕編輯　清枕松堂刻本　十六冊

150000－0601－0008856　108205　集部/總集類/歷代之屬/文

古文讀本前篇一卷後篇一卷　（清）吳汝綸輯　清光緒二十九年(1903)學校司排印局排印本　二冊

150000－0601－0008857　108207　集部/總集類/歷代之屬/文

古文讀本前篇一卷後篇一卷　（清）吳汝綸輯　清光緒二十九年(1903)學校司排印局排印本　二冊

150000－0601－0008858　51581　集部/總集類/歷代之屬/文

賞奇集四卷　（清）福坤輯　廣賞奇集四卷（清）福坤輯　清樹棠軒抄本　六冊

150000－0601－0008859　767849　集部/總

集類/歷代之屬/文

唐宋元明文選要□□卷 （清）徐文駒選輯
清初刻本　一冊　存八卷（七、九、十二至十
三、十五至十六、十八、二十）

150000－0601－0008860　51513　集部/總集
類/歷代之屬/文

唐宋八家文讀本三十卷 （清）沈德潛評點
清刻本　十二冊

150000－0601－0008861　107533　集部/總
集類/歷代之屬/文

唐宋八大家類選十四卷 （清）儲欣評　清嘉
慶同德堂刻本　六冊　存十一卷（一、三至
五、八至十四）

150000－0601－0008862　107539　集部/總
集類/歷代之屬/文

唐宋八大家類選十四卷 （清）儲欣評　清光
緒元年（1875）湖北崇文書局刻本　六冊

150000－0601－0008863　106102　集部/總
集類/歷代之屬/文

涵芬樓古今文鈔一百卷 吳曾祺纂　清宣統
三年（1911）上海商務印書館排印本　一百冊

150000－0601－0008864　106202　集部/總
集類/歷代之屬/文

涵芬樓古今文鈔一百卷 吳曾祺纂　清宣統
三年（1911）上海商務印書館排印本　一百冊

150000－0601－0008865　106302　集部/總
集類/歷代之屬/文

涵芬樓古今文鈔一百卷 吳曾祺纂　清宣統
三年（1911）上海商務印書館排印本　一百冊

150000－0601－0008866　6030　集部/總集
類/歷代之屬/文

佛教中學課本古文四集　金陵刻經處刻本
四冊

150000－0601－0008867　107532　集部/總
集類/歷代之屬/文

中學國文讀本初集一卷　唐家麟編　清宣統
三年（1911）徐彙公學排印本　一冊

150000－0601－0008868　767746　集部/總
集類/歷代之屬/文

國文雜抄一卷　抄本　二冊

150000－0601－0008869　107557　集部/總
集類/歷代之屬/文

四六法海十二卷 （明）王志堅編　明天啟七
年（1627）刻清乾隆二十三年（1758）重修本
十二冊

150000－0601－0008870　837995　集部/總
集類/歷代之屬/文

四六新函十二卷 （明）鍾惺選注　明刻本
六冊

150000－0601－0008871　106831　集部/總
集類/歷代之屬/文

駢體文鈔三十一卷 （清）李兆洛輯　清合河
康氏家塾刻本　八冊

150000－0601－0008872　106839　集部/總
集類/歷代之屬/文

駢體文鈔三十一卷 （清）李兆洛輯　清光緒
八年（1882）滬上刻本　二冊

150000－0601－0008873　107118　集部/總
集類/歷代之屬/文

**御定歷代賦彙一百四十卷外集二十卷逸句二
卷補遺二十二卷目錄二卷** （清）陳元龍編輯
　清康熙四十五年（1706）刻本　五十冊

150000－0601－0008874　107168　集部/總
集類/歷代之屬/文

**御定歷代賦彙一百四十卷外集二十卷逸句二
卷補遺二十二卷目錄二卷** （清）陳元龍編輯
　清康熙四十五年（1706）刻本　六十一冊

150000－0601－0008875　838247　集部/總
集類/歷代之屬/文

**御定歷代賦彙一百四十卷外集二十卷逸句二
卷補遺二十二卷目錄二卷** （清）陳元龍編輯
　清康熙四十五年（1706）刻本　六十六冊

150000－0601－0008876　107463　集部/總
集類/歷代之屬/文

六朝唐賦讀本一卷 （清）馬傳庚選注　清同

治十三年（1874）京都玉燕書巢馬氏刻本
二冊

150000－0601－0008877　107483　集部/總
集類/歷代之屬/文

六朝唐賦約編一卷　（清）華文棫　（清）華文
模輯　清咸豐二年（1852）刻本　二冊

150000－0601－0008878　107454　集部/總
集類/歷代之屬/文

古賦識小錄八卷　（清）王芑孫輯　清嘉慶二
十一年（1816）刻本　二冊

150000－0601－0008879　107553　集部/總
集類/歷代之屬/文

賦鈔六卷　（清）張惠言輯　清道光元年
（1821）合河康氏刻本　四冊

150000－0601－0008880　106728　集部/總
集類/歷代之屬/文

賦鈔箋略十五卷　（清）雷琳　（清）張杏濱箋
　清乾隆三十一年（1766）刻本　七冊

150000－0601－0008881　838418　集部/總
集類/斷代之屬/唐以前

兩漢文　（明）張采輯　明崇禎六年（1633）刻
本　二十冊

150000－0601－0008882　767565　集部/總
集類/斷代之屬/唐以前

全晉文一百六十七卷　（清）嚴可均輯　清刻
本　五冊　存三十六卷（一至三十六）

150000－0601－0008883　767570　集部/總
集類/斷代之屬/唐以前

全宋文□□卷　（清）嚴可均輯　清刻本　三
冊　存二十四卷（四十一至六十四）

150000－0601－0008884　51386　集部/總集
類/斷代之屬/唐以前

全齊文二十六卷　（清）嚴可均輯　清光緒二
十年（1894）刻本　四冊

150000－0601－0008885　51390　集部/總集
類/斷代之屬/唐以前

全隋文三十六卷　（清）嚴可均輯　清光緒二

十年（1894）刻本　五冊

150000－0601－0008886　20703　集部/總集
類/斷代之屬/唐/叢編

唐人五十家小集　（清）江標輯　清光緒二十
一年（1895）元和江氏影刻本　十六冊

150000－0601－0008887　155475　集部/總
集類/斷代之屬/唐/叢編

唐人五十家小集　（清）江標輯　清光緒二十
一年（1895）元和江氏影刻本　十六冊

150000－0601－0008888　155491　集部/總
集類/斷代之屬/唐/叢編

唐人五十家小集　（清）江標輯　清光緒二十
一年（1895）元和江氏影刻本　三十二冊

150000－0601－0008889　155523　集部/總
集類/斷代之屬/唐/叢編

唐人三家集　（清）秦恩復輯　清道光十年
（1830）江都石研齋影刻本　四冊

150000－0601－0008890　155527　集部/總
集類/斷代之屬/唐/叢編

唐人三家集　（清）秦恩復輯　清道光十年
（1830）江都石研齋影刻本　四冊

150000－0601－0008891　155531　集部/總
集類/斷代之屬/唐/叢編

唐四家詩集　（清）胡鳳丹輯　清光緒十三年
（1887）湖北官書處刻本　五冊

150000－0601－0008892　140912　集部/總
集類/斷代之屬/唐/叢編

三唐人集　（清）馮焌光輯　清光緒二年
（1876）讀有用書齋刻本　六冊

150000－0601－0008893　122465　集部/總
集類/斷代之屬/唐/詩

河岳英靈集二卷　（唐）殷璠輯　清光緒四年
（1878）遼陽賴豐烈揚州刻本　二冊

150000－0601－0008894　122286　集部/總
集類/斷代之屬/唐/詩

玉堂才調集三十卷聯章一卷佳一卷　　（五代）
韋縠輯　清同治十三年（1874）刻本　十冊

150000－0601－0008895　837739　集部/總集類/斷代之屬/唐/詩

王荊公唐百家詩選二十卷　（宋）王安石輯　清康熙四十二年（1703）刻本　十冊

150000－0601－0008896　122029　集部/總集類/斷代之屬/唐/詩

東嵒草堂評訂唐詩鼓吹十卷　（金）元好問輯　（元）郝天挺注　（清）廖文炳解　清刻本　五冊

150000－0601－0008897　121710　集部/總集類/斷代之屬/唐/詩

唐詩所前集四十七卷　（明）臧懋循編　明萬曆三十四年（1606）刻本　二十冊

150000－0601－0008898　121698　集部/總集類/斷代之屬/唐/詩

唐詩解五十卷　（明）唐汝詢選釋　明萬曆四十三年（1615）刻本　十二冊

150000－0601－0008899　51265　集部/總集類/斷代之屬/唐/詩

唐詩直解七卷　（明）李攀龍選　（清）葉羲昂解　**古詩直解十二卷首一卷**　（清）葉羲昂選解　清乾隆四十九年（1784）刻本　六冊

150000－0601－0008900　122025　集部/總集類/斷代之屬/唐/詩

唐賢三昧集三卷　（清）王士禎編　清刻本　一冊

150000－0601－0008901　879114　集部/總集類/斷代之屬/唐/詩

唐賢三昧集三卷　（清）王士禎編　（清）吳煊　（清）胡棠注　清刻本　三冊

150000－0601－0008902　121730　集部/總集類/斷代之屬/唐/詩

廣唐賢三昧集三卷　（清）王士禎編　（清）文昭補　清宣統元年（1909）荊州田氏後博古堂影印本（漁洋先生元本）　十冊

150000－0601－0008903　121770　集部/總集類/斷代之屬/唐/詩

唐人萬首絕句選七卷　（宋）洪邁輯　（清）王士禎選　清康熙四十七年（1708）玉壺堂刻本　一冊

150000－0601－0008904　121793　集部/總集類/斷代之屬/唐/詩

唐人萬首絕句選七卷　（宋）洪邁輯　（清）王士禎選　清雍正十年（1732）刻同治九年（1870）重修本　二冊

150000－0601－0008905　121795　集部/總集類/斷代之屬/唐/詩

唐人萬首絕句選七卷　（宋）洪邁輯　（清）王士禎選　清雍正十年（1732）刻同治九年（1870）重修本　二冊

150000－0601－0008906　27186　集部/總集類/斷代之屬/唐/詩

唐人萬首絕句選七卷　（宋）洪邁輯　（清）王士禎選　清光緒二十三年（1897）金陵書局刻本　一冊

150000－0601－0008907　23402　集部/總集類/斷代之屬/唐/詩

全唐詩十二函　清康熙四十六年（1707）刻本　一百二十冊

150000－0601－0008908　41503　集部/總集類/斷代之屬/唐/詩

全唐詩十二函　清刻本　七十八冊　殘

150000－0601－0008909　121354　集部/總集類/斷代之屬/唐/詩

全唐詩十二函　清刻本　一百二十冊

150000－0601－0008910　121474　集部/總集類/斷代之屬/唐/詩

全唐詩十二函　清刻本　六十

150000－0601－0008911　51003　集部/總集類/斷代之屬/唐/詩

全唐詩一卷　清光緒元年（1875）饒玉成雙峰書屋刻本　一百二十冊

150000－0601－0008912　51123　集部/總集類/斷代之屬/唐/詩

全唐詩一卷　清光緒元年（1875）饒玉成雙峰

書屋刻本　一百二十冊

150000－0601－0008913　23522　集部/總集類/斷代之屬/唐/詩

全唐詩一卷　清光緒十三年(1887)上海同文書局石印本　三十二冊

150000－0601－0008914　39310　集部/總集類/斷代之屬/唐/詩

全唐詩一卷　清光緒十三年(1887)上海同文書局石印本　三十二冊

150000－0601－0008915　121688　集部/總集類/斷代之屬/唐/詩

唐詩別裁集十卷　(清)沈德潛　(清)陳培脉選　清康熙五十六年(1717)刻本　四冊

150000－0601－0008916　121692　集部/總集類/斷代之屬/唐/詩

重訂唐詩別裁集二十卷　(清)沈德潛選　清乾隆二十八年(1763)刻本　六冊

150000－0601－0008917　838173　集部/總集類/斷代之屬/唐/詩

重訂唐詩別裁集二十卷　(清)沈德潛選　清乾隆二十八年(1763)刻本　八冊

150000－0601－0008918　121748　集部/總集類/斷代之屬/唐/詩

唐詩觀瀾集二十四卷　(清)李因培選評(清)凌應曾編注　清乾隆二十四年(1759)刻本　十八冊

150000－0601－0008919　51283　集部/總集類/斷代之屬/唐/詩

而庵說唐詩二十二卷首一卷　(清)徐增撰清乾隆二十三年(1758)文茂堂刻本　十冊

150000－0601－0008920　838001　集部/總集類/斷代之屬/唐/詩

御選唐詩三十二卷目錄四卷　(清)陳廷敬修(清)吳廷楨等纂　清康熙五十二年(1713)刻朱墨套印本　十五冊

150000－0601－0008921　838016　集部/總集類/斷代之屬/唐/詩

御選唐詩三十二卷目錄四卷　(清)陳廷敬修(清)吳廷楨等纂　清康熙五十二年(1713)刻朱墨套印本　十六冊

150000－0601－0008922　111234　集部/總集類/斷代之屬/唐/詩

御選唐詩□□卷　清刻朱墨套印本　二十四冊　存二十五卷(八至三十二)

150000－0601－0008923　839731　集部/總集類/斷代之屬/唐/詩

中晚唐詩叩彈集十二卷續三卷　(清)杜詔(清)杜庭珠輯　清康熙四十三年(1704)刻本　六冊

150000－0601－0008924　121790　集部/總集類/斷代之屬/唐/詩

唐省試詩十卷考誤一卷　(清)陳訏箋評　清刻本　二冊

150000－0601－0008925　51318　集部/總集類/斷代之屬/唐/詩

應試唐詩說詳八卷　(清)蘇寧亮注疏　清乾隆三十六年(1771)刻本　四冊

150000－0601－0008926　121792　集部/總集類/斷代之屬/唐/詩

唐七律選四卷　(清)王錫等輯　清康熙四十一年(1702)刻本　一冊

150000－0601－0008927　121788　集部/總集類/斷代之屬/唐/詩

唐詩近體四卷　(清)胡本淵評選　清光緒二年(1876)李光明莊刻本　二冊

150000－0601－0008928　121797　集部/總集類/斷代之屬/唐/詩

唐詩諧律二卷　(清)沈寶青選　清光緒十六年(1890)溧陽沈氏歸安官舍刻本　二冊

150000－0601－0008929　121800　集部/總集類/斷代之屬/唐/詩

唐詩三百首一卷　(清)蘅塘退士編　清咸豐五年(1855)刻本　一冊

150000－0601－0008930　121847　集部/總集

集類/斷代之屬/唐/詩

唐詩三百首一卷 （清）蘅塘退士編　清光緒
元年(1875)姑蘇小酉山房刻本　二冊

150000－0601－0008931　121799　集部/總
集類/斷代之屬/唐/詩

唐詩三百首六卷 （清）蘅塘退士編　清光緒
五年(1879)文星堂刻本　一冊

150000－0601－0008932　121845　集部/總
集類/斷代之屬/唐/詩

唐詩三百首六卷目錄二卷 （清）蘅塘退士編
　清光緒十一年(1885)刻本　二冊

150000－0601－0008933　121843　集部/總
集類/斷代之屬/唐/詩

注釋唐詩三百首二卷 （清）蘅塘退士編　清
末李光明莊刻本　二冊

150000－0601－0008934　121849　集部/總
集類/斷代之屬/唐/詩

唐詩三百首注疏六卷 （清）蘅塘退士編
(清)章燮注　**唐詩三百首續選六卷** （清）于
慶元編　清道光二十七年(1847)刻本　八冊

150000－0601－0008935　121857　集部/總
集類/斷代之屬/唐/詩

唐詩三百首注疏六卷 （清）蘅塘退士編
(清)章燮注　**唐詩三百首續選六卷** （清）于
慶元編　清道光二十七年(1847)刻本　四冊

150000－0601－0008936　121835　集部/總
集類/斷代之屬/唐/詩

唐詩三百首注疏六卷 （清）蘅塘退士編
(清)章燮注　**唐詩三百首續選一卷** （清）于
慶元編　清光緒十年(1884)湖南學庫山房刻
本　八冊

150000－0601－0008937　121861　集部/總
集類/斷代之屬/唐/詩

唐詩三百首注疏六卷 （清）蘅塘退士編
(清)章燮注　**唐詩三百首續選一卷** （清）于
慶元編　清光緒十年(1884)刻本　八冊

150000－0601－0008938　51275　集部/總集
類/斷代之屬/唐/詩

唐詩三百首注疏六卷 （清）蘅塘退士編
(清)章燮注　**唐詩三百首續選一卷** （清）于
慶元編　清光緒二十年(1894)刻本　八冊

150000－0601－0008939　121813　集部/總
集類/斷代之屬/唐/詩

唐詩三百首續選一卷 （清）于慶元編　清刻
本　二冊

150000－0601－0008940　121740　集部/總
集類/斷代之屬/唐/詩

唐詩選六卷 王闓運輯　清光緒二年(1876)
成都尊經書局刻本　六冊

150000－0601－0008941　106845　集部/總
集類/斷代之屬/唐/文

唐文粹一百卷 （宋）姚鉉纂　清光緒九年
(1883)江蘇書局刻本　十六冊

150000－0601－0008942　106865　集部/總
集類/斷代之屬/唐/文

文粹一百卷 （宋）姚鉉纂　清刻本　十六冊

150000－0601－0008943　106841　集部/總
集類/斷代之屬/唐/文

唐文粹補遺二十六卷 （清）郭麐輯　清光緒
十一年(1885)江蘇書局刻本　四冊

150000－0601－0008944　106861　集部/總
集類/斷代之屬/唐/文

唐文粹補遺二十六卷 （清）郭麐輯　清光緒
十一年(1885)江蘇書局刻本　四冊

150000－0601－0008945　838903　集部/總
集類/斷代之屬/唐/文

欽定全唐文一千卷總目三卷 （清）董誥等修
　(清)杜堮等纂　清嘉慶二十三年(1818)刻
本　二百五十冊

150000－0601－0008946　106819　集部/總
集類/斷代之屬/唐/文

唐駢體文鈔十七卷 （清）陳均輯　清光緒二
十一年(1895)刻本　八冊

150000－0601－0008947　106827　集部/總
集類/斷代之屬/唐/文

唐駢體文鈔十七卷　（清）陳均輯　清光緒二十一年（1895）刻本　四冊

150000－0601－0008948　149647　集部/總集類/斷代之屬/宋/叢編

宋詩鈔初集　（清）呂留良等輯　清康熙五年（1666）吳氏鑑古堂刻本　二十四冊

150000－0601－0008949　149560　集部/總集類/斷代之屬/宋/叢編

宋詩鈔初集　（清）呂留良等輯　清康熙刻本　十二冊　缺

150000－0601－0008950　149671　集部/總集類/斷代之屬/宋/叢編

宋百家詩存　（清）曹庭棟輯　清乾隆五年至六年（1740－1741）曹氏刻本　八冊　缺十五卷（一至十五上）

150000－0601－0008951　169568　集部/總集類/斷代之屬/宋/叢編

蘇門六君子文粹六種　（宋）陳亮輯　明末新安胡氏武林刻本　七冊　存五種

150000－0601－0008952　138489　集部/總集類/斷代之屬/宋/叢編

二家宮詞　（明）毛晉輯　清同治十二年（1873）刻詩詞雜俎本　一冊

150000－0601－0008953　115799　集部/總集類/斷代之屬/宋/詩

忠義集十卷首一卷　（元）趙景良編　清道光十三年（1833）刻本　二冊　缺

150000－0601－0008954　106889　集部/總集類/斷代之屬/宋/文

宋文鑑一百五十卷目錄三卷　（宋）呂祖謙輯　清光緒十二年（1886）江蘇書局刻本　四冊

150000－0601－0008955　106893　集部/總集類/斷代之屬/宋/文

宋文鑑一百五十卷目錄三卷　（宋）呂祖謙輯　清光緒十二年（1886）江蘇書局刻本　二十四冊

150000－0601－0008956　106933　集部/總

集類/斷代之屬/宋/文

南宋文範七十卷外編四卷　（清）莊仲方編　清光緒十四年（1888）江蘇書局刻本　十六冊

150000－0601－0008957　107923　集部/總集類/斷代之屬/宋/文

宋四六選二十四卷　（清）曹振鏞編　清乾隆四十一年（1776）翠微山麓刻本（芸楣定本）十二冊

150000－0601－0008958　122055　集部/總集類/斷代之屬/宋/文

宋四六選二十四卷　（清）曹振鏞編　清乾隆四十一年（1776）翠微山麓刻本（芸楣定本）八冊

150000－0601－0008959　D1053　集部/總集類/斷代之屬/遼

遼文萃七卷首一卷　（清）王仁俊輯　遼史藝文志補證一卷　（清）王仁俊撰　西夏文綴二卷　（清）王仁俊輯　西夏藝文志一卷　（清）王仁俊撰　清光緒三十年（1904）長沙刻實學叢書本　一冊

150000－0601－0008960　129457　集部/總集類/斷代之屬/遼

遼文萃七卷首一卷　（清）王仁俊輯　遼史藝文志補證一卷　（清）王仁俊撰　西夏文綴二卷　（清）王仁俊輯　西夏藝文志一卷　（清）王仁俊撰　清光緒三十年（1904）長沙刻實學叢書本　一冊

150000－0601－0008961　838187　集部/總集類/斷代之屬/金

中州集十卷　（金）元好問輯　明末汲古閣刻本　十冊

150000－0601－0008962　838056　集部/總集類/斷代之屬/金

中州集十卷　（金）元好問輯　中州樂府一卷　（金）元好問輯　明末汲古閣刻本　十二冊

150000－0601－0008963　D1067　集部/總集類/斷代之屬/金

金詩選四卷　（清）顧奎光輯　（清）陶玉禾評

清乾隆十六年(1751)刻本　四册

150000－0601－0008964　122176　集部/總集類/斷代之屬/金

金詩選四卷　(清)顧奎光輯　(清)陶玉禾評
清乾隆十六年(1751)刻本　二册

150000－0601－0008965　D1057　集部/總集類/斷代之屬/金

金文雅十六卷作者考一卷　(清)莊仲方編
清光緒十七年(1891)江蘇書局刻本　四册

150000－0601－0008966　107479　集部/總集類/斷代之屬/金

金文雅十六卷作者考一卷　(清)莊仲方編
清光緒十七年(1891)江蘇書局刻本　四册

150000－0601－0008967　106917　集部/總集類/斷代之屬/金

金文最六十卷　(清)張金吾輯　清光緒二十一年(1895)蘇州書局刻本　十六册

150000－0601－0008968　122310　集部/總集類/斷代之屬/元/叢編

元詩選　(清)顧嗣立輯　清康熙三十二年(1693)刻本　二十三册

150000－0601－0008969　142758　集部/總集類/斷代之屬/元/叢編

元詩選　(清)顧嗣立輯　清康熙三十二年(1693)刻本　三十八册

150000－0601－0008970　123154　集部/總集類/斷代之屬/元/詩

谷音二卷　(元)杜本輯　刻詩詞雜俎本一册

150000－0601－0008971　D4672　集部/總集類/斷代之屬/元/詩

元詩選六卷補遺一卷　(清)顧奎光選輯　清乾隆十六年(1751)刻本　四册

150000－0601－0008972　122302　集部/總集類/斷代之屬/元/詩

元詩選六卷補遺一卷　(清)顧奎光選輯　清乾隆十六年(1751)刻本　八册

150000－0601－0008973　D1087　集部/總集類/斷代之屬/元/詩

元詩自攜五卷　(清)姚廷謙選輯　清刻本一册　首尾殘

150000－0601－0008974　106959　集部/總集類/斷代之屬/元/文

元文類七十卷目錄三卷　(元)蘇天爵輯　清光緒十五年(1889)江蘇書局刻本　十册

150000－0601－0008975　106969　集部/總集類/斷代之屬/元/文

元文類七十卷目錄三卷　(元)蘇天爵輯　清光緒十五年(1889)江蘇書局刻本　十册

150000－0601－0008976　9265　集部/總集類/斷代之屬/明/詩

明詩歸十卷首一卷末一卷　(明)鍾惺　(明)譚元春選定　清初積秀堂刻本　十册

150000－0601－0008977　122352　集部/總集類/斷代之屬/明/詩

列朝詩集乾集二卷甲集前編十一卷甲集二十二卷乙集八卷丙集十六卷丁集十六卷閏集六卷　(清)錢謙益輯　清宣統二年(1910)神州國光社國學扶輪社排印本　五十六册

150000－0601－0008978　122106　集部/總集類/斷代之屬/明/詩

明詩綜一百卷　(清)朱彝尊輯　(清)汪森輯評　清康熙四十四年(1705)刻本　四十册

150000－0601－0008979　837759　集部/總集類/斷代之屬/明/詩

明詩綜一百卷　(清)朱彝尊輯　(清)汪森輯評　清康熙四十四年(1705)刻本　三十册

150000－0601－0008980　122090　集部/總集類/斷代之屬/明/詩

明詩別裁集十二卷　(清)沈德潛輯　(清)周準輯　清乾隆四年(1739)刻本　四册

150000－0601－0008981　122094　集部/總集類/斷代之屬/明/詩

明詩別裁集十二卷　(清)沈德潛輯　(清)周準輯　清乾隆四年(1739)刻本　四册

150000－0601－0008982　122098　集部/總集類/斷代之屬/明/詩

明詩別裁集十二卷　（清）沈德潛輯　（清）周準輯　清乾隆四年(1739)刻本　四冊

150000－0601－0008983　122102　集部/總集類/斷代之屬/明/詩

明詩別裁集十二卷　（清）沈德潛輯　（清）周準輯　清乾隆四年(1739)刻本　四冊

150000－0601－0008984　122146　集部/總集類/斷代之屬/明/詩

明三十家詩選初集八卷二集八卷　（清）汪端輯　清同治十二年(1873)薀蘭吟館刻本　八冊

150000－0601－0008985　122154　集部/總集類/斷代之屬/明/詩

明三十家詩選初集八卷二集八卷　（清）汪端輯　清同治十二年(1873)薀蘭吟館刻本　八冊

150000－0601－0008986　767490　集部/總集類/斷代之屬/明/文

皇明十六家小品　明末刻本　十六冊

150000－0601－0008987　837497　集部/總集類/斷代之屬/明/文

皇明人文類編三卷　（明）蘇濬選　（明）李廷機批點　明萬曆十一年(1583)書林宗文堂刻本　二冊

150000－0601－0008988　838040　集部/總集類/斷代之屬/明/文

皇明館課經世宏辭續集十五卷　（明）王錫爵續補　（明）陸翀之纂輯　明萬曆二十一年(1593)周曰校刻本　十六冊

150000－0601－0008989　106949　集部/總集類/斷代之屬/明/文

明文在一百卷　（清）薛熙纂　清光緒十五年(1889)江蘇書局刻本　十冊

150000－0601－0008990　158127　集部/總集類/斷代之屬/清/叢編

國朝六家詩鈔　（清）劉執玉輯　清宣統二年(1910)澄衷堂石印本　六冊

150000－0601－0008991　138704　集部/總集類/斷代之屬/清/叢編

七子詩選　（清）沈德潛輯　清乾隆十八年(1753)刻本　四冊

150000－0601－0008992　157142　集部/總集類/斷代之屬/清/叢編

友聲集　（清）王相輯　清咸豐八年(1858)信芳閣刻本　五冊

150000－0601－0008993　107043　集部/總集類/斷代之屬/清/叢編

國朝文錄續編　（清）李祖陶輯　清同治七年(1868)刻本　三十冊

150000－0601－0008994　107073　集部/總集類/斷代之屬/清/叢編

國朝文錄續編　（清）李祖陶輯　清同治七年(1868)刻本　十六冊

150000－0601－0008995　9369　集部/總集類/斷代之屬/清/叢編

八家四六文鈔　（清）吳鼒輯　清嘉慶三年(1798)刻本　四冊

150000－0601－0008996　158311　集部/總集類/斷代之屬/清/叢編

陸陳二先生詩文鈔　（清）葉裕仁輯　清光緒二年(1876)合肥蒯德模安道書院刻本　八冊

150000－0601－0008997　122932　集部/總集類/斷代之屬/清/詩

篋衍集十二卷　（清）陳維崧編　清康熙三十一年(1692)刻本　四冊

150000－0601－0008998　122936　集部/總集類/斷代之屬/清/詩

篋衍集十二卷　（清）陳維崧編　清乾隆二十六年(1761)刻本　四冊

150000－0601－0008999　82227　集部/總集類/斷代之屬/清/詩

詞科掌錄十七卷　（清）杭世駿編　**詞科餘話七卷**　（清）杭世駿編　清刻本　九冊

150000－0601－0009000　9325　集部／總集類／斷代之屬／清／詩

欽定國朝詩別裁集三十二卷　（清）沈德潛纂輯　清乾隆二十六年（1761）刻本　十六冊

150000－0601－0009001　122614　集部／總集類／斷代之屬／清／詩

欽定國朝詩別裁集三十二卷　（清）沈德潛纂輯　清乾隆二十六年（1761）刻本　八冊

150000－0601－0009002　838161　集部／總集類／斷代之屬／清／詩

欽定國朝詩別裁集三十二卷　（清）沈德潛纂輯　清乾隆二十六年（1761）刻本　十二冊

150000－0601－0009003　41725　集部／總集類／斷代之屬／清／詩

欽定熙朝雅頌集一百〇六卷首二十六卷餘集二卷　（清）鐵保纂輯　（清）法式善等編次　清嘉慶九年（1804）刻本　二十三冊　缺

150000－0601－0009004　122880　集部／總集類／斷代之屬／清／詩

欽定熙朝雅頌集一百〇六卷首二十六卷餘集二卷　（清）鐵保纂輯　（清）法式善等編次　清嘉慶九年（1804）刻本　三十二冊

150000－0601－0009005　122670　集部／總集類／斷代之屬／清／詩

湖海詩傳四十六卷　（清）王昶輯　清嘉慶八年（1803）刻本　十二冊

150000－0601－0009006　122682　集部／總集類／斷代之屬／清／詩

湖海詩傳四十六卷　（清）王昶輯　清嘉慶八年（1803）刻本　十六冊

150000－0601－0009007　837675　集部／總集類／斷代之屬／清／詩

本朝館閣詩二十卷附錄一卷續附錄一卷　(清)阮學浩　（清)阮學濬編　清乾隆二十三年（1758）刻本　十六冊

150000－0601－0009008　123183　集部／總集類／斷代之屬／清／詩

鳳池集一卷　（清）沈玉亮　（清）吳陳琰輯

清康熙四十四年（1705）刻本　三冊

150000－0601－0009009　51330　集部／總集類／斷代之屬／清／詩

本朝應制琳琅集十卷首一卷　（清）鄒一桂選評　清乾隆十九年（1754）京都同升閣刻本　八冊

150000－0601－0009010　122780　集部／總集類／斷代之屬／清／詩

本朝五言近體瓣香集十六卷　（清）許英海編注　清乾隆二十八年（1763）刻本　四冊

150000－0601－0009011　122774　集部／總集類／斷代之屬／清／詩

道咸同光四朝詩史甲集八卷首一卷　孫雄輯　清宣統二年（1910）刻本　六冊

150000－0601－0009012　123272　集部／總集類／斷代之屬／清／詩

近人詩錄一卷　清光緒二十九年（1903）上海商務印書館排印本　一冊

150000－0601－0009013　123224　集部／總集類／斷代之屬／清／詩

雲山酬唱一卷　（清）徐崧輯　清初刻本　一冊

150000－0601－0009014　123123　集部／總集類／斷代之屬／清／詩

鷗盟集甲編四卷　（清）孫瀜輯　清刻本（有補抄）　一冊

150000－0601－0009015　123165　集部／總集類／斷代之屬／清／詩

紅黎社詩鈔□□卷　清道光十一年（1831）刻本　一冊　存第十二至十四會

150000－0601－0009016　123036　集部／總集類／斷代之屬／清／詩

國朝閨秀正始集二十卷附錄一卷補遺一卷　(清)完顏惲珠輯　清道光十一年（1831）刻本　六冊

150000－0601－0009017　123173　集部／總集類／斷代之屬／清／詩

閨秀詩選六卷　（清）王慧秋輯　清光緒二十年(1894)排印本　二冊

150000－0601－0009018　108708　集部/總集類/斷代之屬/清/詩

同人集十二卷　（清）冒襄輯　清光緒八年(1882)刻本　十二冊

150000－0601－0009019　114481　集部/總集類/斷代之屬/清/詩

可作集八卷　（清）王慶勳輯　清道光二十九年(1849)刻本　四冊

150000－0601－0009020　120460　集部/總集類/斷代之屬/清/詩

篤舊集十八卷　（清）劉存仁輯　清咸豐九年(1859)蘭州刻本　八冊

150000－0601－0009021　118690　集部/總集類/斷代之屬/清/詩

感舊集十六卷　（清）王士禎選　（清）盧見曾補傳　清乾隆十七年(1752)刻本　十六冊

150000－0601－0009022　106987　集部/總集類/斷代之屬/清/文

國朝文錄八十二卷　（清）姚椿輯　清咸豐元年(1851)終南山館刻本　三十二冊

150000－0601－0009023　107019　集部/總集類/斷代之屬/清/文

國朝文錄八十二卷　（清）姚椿輯　清咸豐元年(1851)終南山館刻本　二十四冊

150000－0601－0009024　106979　集部/總集類/斷代之屬/清/文

國朝文錄八十二卷　（清）姚椿輯　清光緒二十六年(1900)掃葉山房石印本　八冊

150000－0601－0009025　107089　集部/總集類/斷代之屬/清/文

國朝二十四家文鈔二十一卷　（清）徐斐然輯評　清嘉慶元年(1796)刻本　五冊

150000－0601－0009026　107569　集部/總集類/斷代之屬/清/文

皇朝文典七十四卷　（清）李兆洛編　清嘉慶二十年(1815)刻本　二十冊

150000－0601－0009027　107653　集部/總集類/斷代之屬/清/文

國朝文匯甲前集二十卷甲集六十卷乙集七十卷丙集三十卷丁集二十卷　清宣統元年(1909)上海國學扶輪社石印本　一百〇一冊

150000－0601－0009028　107754　集部/總集類/斷代之屬/清/文

國朝文匯甲前集二十卷甲集六十卷乙集七十卷丙集三十卷丁集二十卷　清宣統元年(1909)上海國學扶輪社石印本　一百〇一冊

150000－0601－0009029　107855　集部/總集類/斷代之屬/清/文

國朝文匯甲前集二十卷甲集六十卷乙集七十卷丙集三十卷丁集二十卷　清宣統元年(1909)上海國學扶輪社石印本　六十冊　缺

150000－0601－0009030　107526　集部/總集類/斷代之屬/清/文

國朝古文正的七卷　（清）楊彝珍輯　清光緒六年(1880)獨山莫氏排印本　六冊

150000－0601－0009031　108549　集部/總集類/斷代之屬/清/文

湖海文傳七十五卷　（清）王昶輯　清道光十七年(1837)刻本　十六冊

150000－0601－0009032　108541　集部/總集類/斷代之屬/清/文

湖海文傳七十五卷　（清）王昶輯　清道光十七年(1837)刻本　八冊

150000－0601－0009033　108565　集部/總集類/斷代之屬/清/文

湖海文傳七十五卷　（清）王昶輯　清道光十七年(1837)刻本　二十冊

150000－0601－0009034　108585　集部/總集類/斷代之屬/清/文

湖海文傳七十五卷　（清）王昶輯　清道光十七年(1837)刻本　十二冊

150000－0601－0009035　D2567　集部/總集

類/斷代之屬/清/文

八旗文經六十卷　清光緒二十七年(1901)武昌刻本　十二冊

150000－0601－0009036　765782　集部/總集類/斷代之屬/清/文

八旗文經六十卷　清光緒二十七年(1901)武昌刻本　十一冊

150000－0601－0009037　47663　集部/總集類/斷代之屬/清/文

資治新書十四卷首一卷　(清)李漁輯　清刻本　八冊

150000－0601－0009038　47703　集部/總集類/斷代之屬/清/文

資治新書十四卷首一卷　(清)李漁輯　清刻本　八冊

150000－0601－0009039　41754　集部/總集類/斷代之屬/清/文

資治新書十四卷首一卷二集二十卷　(清)李漁輯　清光緒二十年(1894)上海圖書集成印書局排印本　十二冊

150000－0601－0009040　47679　集部/總集類/斷代之屬/清/文

資治新書十四卷首一卷二集二十卷　(清)李漁輯　清光緒二十年(1894)上海圖書集成印書局排印本　十二冊

150000－0601－0009041　47691　集部/總集類/斷代之屬/清/文

資治新書十四卷首一卷二集二十卷　(清)李漁輯　清光緒二十年(1894)上海圖書集成印書局排印本　十二冊

150000－0601－0009042　90028　集部/總集類/斷代之屬/清/文

資治新書十四卷首一卷二集二十卷　(清)李漁輯　清光緒二十年(1894)上海圖書集成印書局排印本　十二冊

150000－0601－0009043　48014　集部/總集類/斷代之屬/清/文

資治新書二集二十卷　(清)李漁輯　清刻本

十一冊

150000－0601－0009044　47671　集部/總集類/斷代之屬/清/文

資治新書二集二十卷　(清)李漁輯　清光緒二十年(1894)上海圖書集成印書局排印本　八冊

150000－0601－0009045　114647　集部/總集類/斷代之屬/清/文

切問齋文鈔三十卷　(清)陸耀輯　清乾隆四十年(1775)刻本　十冊

150000－0601－0009046　114685　集部/總集類/斷代之屬/清/文

切問齋文鈔三十卷　(清)陸耀輯　清乾隆四十年(1775)刻本　十冊

150000－0601－0009047　114635　集部/總集類/斷代之屬/清/文

切問齋文鈔三十卷　(清)陸耀輯　清末河南布政使司布政使崇陽楊國楨刻本　十二冊

150000－0601－0009048　114657　集部/總集類/斷代之屬/清/文

切問齋文鈔三十卷　(清)陸耀輯　清末河南布政使司布政使崇陽楊國楨刻本　十二冊

150000－0601－0009049　109026　集部/總集類/斷代之屬/清/文

皇朝經世文編一百二十卷姓名總目二卷　(清)賀長齡輯　清道光七年(1827)刻本　六十四冊

150000－0601－0009050　109137　集部/總集類/斷代之屬/清/文

皇朝經世文編一百二十卷姓名總目二卷　(清)賀長齡輯　清道光七年(1827)刻本　一百六十冊

150000－0601－0009051　109114　集部/總集類/斷代之屬/清/文

皇朝經世文編一百二十卷姓名總目二卷　(清)賀長齡輯　清光緒二十九年(1903)石印本　二十三冊

150000－0601－0009052　41644　集部/總集類/斷代之屬/清/文

皇朝經世文編一百二十卷姓名總目二卷
（清）賀長齡輯　清光緒十三年（1887）上海廣百宋齋排印本　二十三冊　缺

150000－0601－0009053　109090　集部/總集類/斷代之屬/清/文

皇朝經世文編一百二十卷姓名總目二卷
（清）賀長齡輯　清末排印本　二十四冊

150000－0601－0009054　109433　集部/總集類/斷代之屬/清/文

皇朝經世文續編一百二十卷姓名總目三卷
（清）盛康輯　清光緒二十三年（1897）思補樓刻本　八十冊

150000－0601－0009055　109513　集部/總集類/斷代之屬/清/文

皇朝經世文續編一百二十卷姓名總目三卷
（清）盛康輯　清光緒二十三年（1897）思補樓刻本　八十冊

150000－0601－0009056　41667　集部/總集類/斷代之屬/清/文

皇朝經世文續編一百二十卷　（清）葛士濬輯　清光緒十四年（1888）上海圖書集成局排印本　三十二冊

150000－0601－0009057　109369　集部/總集類/斷代之屬/清/文

皇朝經世文續編一百二十卷　（清）葛士濬輯　清光緒十四年（1888）上海圖書集成局排印本　三十二冊

150000－0601－0009058　109401　集部/總集類/斷代之屬/清/文

皇朝經世文續編一百二十卷　（清）葛士濬輯　清光緒十四年（1888）上海圖書集成局排印本　三十二冊

150000－0601－0009059　109297　集部/總集類/斷代之屬/清/文

皇朝經世文三編八十卷　（清）陳忠倚輯　清光緒二十四年（1898）寶文書局石印本　十六冊

150000－0601－0009060　109313　集部/總集類/斷代之屬/清/文

皇朝經世文三編八十卷　（清）陳忠倚輯　清光緒二十四年（1898）寶文書局石印本　十六冊

150000－0601－0009061　42516　集部/總集類/斷代之屬/清/文

皇朝經世文新編二十一卷　（清）麥仲華輯　清光緒二十四年（1898）上海譯書局石印本　二十四冊

150000－0601－0009062　109329　集部/總集類/斷代之屬/清/文

皇朝經世文統編一百二十卷　清光緒二十七年（1901）上海慎記石印本　四十冊

150000－0601－0009063　45852　集部/總集類/斷代之屬/清/文

普天忠憤全集十四卷首一卷　（清）魯陽生孔氏編　清光緒二十一年（1895）石印本　十二冊

150000－0601－0009064　879299　集部/總集類/斷代之屬/清/文

文抄一卷　抄本　二冊

150000－0601－0009065　54100　集部/總集類/斷代之屬/清/文

文章游戲初編八卷二編八卷三編八卷四編八卷　（清）繆艮選　清道光四年（1824）刻本　十六冊

150000－0601－0009066　54080　集部/總集類/斷代之屬/清/文

文章游戲初編八卷二編八卷三編八卷四編八卷　（清）繆艮選　清道光五年（1825）刻本　十六冊

150000－0601－0009067　110245　集部/總集類/斷代之屬/清/文

文章游戲初編八卷二編八卷三編八卷四編八卷　（清）繆艮選　清道光五年（1825）刻本　三十二冊

150000－0601－0009068　837659　集部/總集

集類/斷代之屬/清/文

本朝館閣賦前集十二卷 （清）程洵編 **本朝
館閣賦後集七卷附錄一卷補遺一卷** （清）程
際盛編 **稻香樓試帖二卷** （清）程際盛撰
清乾隆二十九年(1764)刻本 十六冊

150000－0601－0009069 51338 集部/總集
類/斷代之屬/清/文

詳注新賦涌雲一卷 （清）吳肖元評選 清乾
隆三十年(1765)崇德堂大中堂刻本 八冊

150000－0601－0009070 107473 集部/總
集類/斷代之屬/清/文

國朝律賦揀金錄二刻一卷 （清）朱一飛編輯
清刻本 四冊

150000－0601－0009071 108313 集部/總
集類/斷代之屬/清/文

賦學正鵠四卷評注賦學正鵠續集八卷 （清）
葉祺昌評選 **詳注賦學正鵠三集二卷** （清）
吳錫麒撰 （清）孫理評 （清）胡玉樹編注
清光緒二十五年(1899)上海富文書局石印本
九冊

150000－0601－0009072 107465 集部/總
集類/斷代之屬/清/文

律賦清華四卷 （清）吳錫麒輯注 清嘉慶二
十三年(1818)三益堂刻本 四冊

150000－0601－0009073 51689 集部/總集
類/斷代之屬/清/文

國朝律賦偶箋二卷 （清）沈豐岐箋 清刻本
二冊

150000－0601－0009074 107100 集部/總
集類/斷代之屬/清/文

國朝駢體正宗十二卷 （清）曾燠輯 清嘉慶
十一年(1806)刻本 六冊

150000－0601－0009075 107106 集部/總
集類/斷代之屬/清/文

國朝駢體正宗十二卷 （清）曾燠輯 清同治
十三年(1874)刻本 六冊

150000－0601－0009076 107112 集部/總
集類/斷代之屬/清/文

國朝駢體正宗十二卷 （清）曾燠輯 清刻本
六冊

150000－0601－0009077 107094 集部/總
集類/斷代之屬/清/文

國朝駢體正宗評本十二卷 （清）曾燠輯
（清）姚燮評 清光緒十一年(1885)刻朱墨套
印本 六冊

150000－0601－0009078 108430 集部/總
集類/斷代之屬/清/文

八家四六文注八卷 （清）許貞幹注 清光緒
十八年(1892)上海圖書集成印書局排印本
八冊

150000－0601－0009079 138738 集部/總
集類/斷代之屬/清/文

八家四六文注八卷 （清）許貞幹注 清光緒
十八年(1892)上海圖書集成印書局排印本
八冊

150000－0601－0009080 113874 集部/總
集類/斷代之屬/清/文

八家四六文補注一卷增訂一卷 陳衍撰 清
光緒十八年(1892)上海方言館排印石遺室叢
書本 一冊

150000－0601－0009081 109593 集部/總
集類/斷代之屬/清/文

皇朝駢文類苑十四卷首一卷 （清）姚燮選編
清光緒十二年(1886)刻本 二十冊

150000－0601－0009082 115449 集部/總
集類/斷代之屬/民國/文

林嚴文鈔四卷 林紓 嚴復撰 清宣統元年
(1909)國學扶輪社排印本 四冊

150000－0601－0009083 108652 集部/總
集類/斷代之屬/民國/文

實學文導二卷 （清）傅雲龍編 清光緒二十
一年(1895)石印本 二冊

150000－0601－0009084 114343 集部/總
集類/斷代之屬/民國/文

文變三卷 蔡元培選 清光緒二十八年
(1902)上海商務印書館排印本 一冊 存二

卷(上中)

150000－0601－0009085　124937　集部/總
集類/郡邑之屬

張澤詩徵三卷續編二卷　（清）章末編　（清）
吳昂錫增訂　清光緒八年(1882)刻藍印本
二冊

150000－0601－0009086　156394　集部/總
集類/郡邑之屬

容城三賢集　（清）張斐然　（清）楊涊輯　清
道光十六年(1836)正義書院刻本　十二冊

150000－0601－0009087　122594　集部/總
集類/郡邑之屬

國朝滄州詩鈔十二卷　（清）王國均輯　（清）
葉圭書編次　清道光二十六年(1846)刻本
四冊

150000－0601－0009088　126048　集部/總
集類/郡邑之屬

潞安詩鈔後編十二卷　（清）常煜輯　清道光
十九年(1839)刻本　一冊　存二卷(一至二)

150000－0601－0009089　51687　集部/總集
類/郡邑之屬

關中兩朝賦鈔二卷　（清）李元春彙選　清道
光十二年(1832)蒙天麻刻本　二冊

150000－0601－0009090　107456　集部/總
集類/郡邑之屬

原獻文錄四卷　（清）賀瑞麟編輯　**原獻詩錄
三卷**　（清）賀瑞麟編輯　清光緒五年(1879)
刻本　七冊

150000－0601－0009091　122622　集部/總
集類/郡邑之屬

國朝山左詩鈔六十卷　（清）盧見曾纂　清乾
隆二十三年(1758)雅雨堂刻本　四十八冊

150000－0601－0009092　108847　集部/總
集類/郡邑之屬

山左古文鈔八卷　（清）李景嶧　（清）劉鴻翱
輯　清道光八年(1828)刻本　八冊

150000－0601－0009093　122467　集部/總

集類/郡邑之屬

江蘇詩徵一百八十三卷　（清）王豫輯　清道
光元年(1821)刻本　三十二冊

150000－0601－0009094　122499　集部/總
集類/郡邑之屬

江蘇詩徵一百八十三卷　（清）王豫輯　清道
光元年(1821)刻本　四十冊

150000－0601－0009095　108861　集部/總
集類/郡邑之屬

南邦黎獻集十五卷　（清）鄂爾泰輯　清雍正
三年(1725)刻本　十四冊

150000－0601－0009096　108875　集部/總
集類/郡邑之屬

南邦黎獻集十六卷　（清）鄂爾泰輯　清雍正
三年(1725)刻本　七冊

150000－0601－0009097　147526　集部/總
集類/郡邑之屬

江左三大家詩鈔　（清）顧有孝　（清）趙澐輯
清康熙七年(1668)刻本　六冊

150000－0601－0009098　147532　集部/總
集類/郡邑之屬

江左三大家詩鈔　（清）顧有孝　（清）趙澐輯
清康熙七年(1668)刻本　三冊

150000－0601－0009099　122455　集部/總
集類/郡邑之屬

吳會英才集二十四卷　（清）畢沅編　清刻本
十冊

150000－0601－0009100　122408　集部/總
集類/郡邑之屬

崇川列朝詩選彙存二卷　（清）王藻編　**崇川
各家詩鈔彙存五十二卷首八卷補遺六十一卷**
（清）王藻編　清咸豐七年(1857)刻本　二
十冊

150000－0601－0009101　161107　集部/總
集類/郡邑之屬

焦山六上人詩　（清）陳任暘輯　清道光二十
九年(1849)刻光緒三十二年(1906)續刻本
六冊

150000－0601－0009102　123124　集部/總集類/郡邑之屬

白田風雅二十四卷　（清）朱彬輯　清光緒十二年(1886)金陵刻本　四冊

150000－0601－0009103　122754　集部/總集類/郡邑之屬

海虞詩苑十九卷　（清）王應奎編　清乾隆二十四年(1759)刻本　四冊

150000－0601－0009104　108906　集部/總集類/郡邑之屬

國朝常州駢體文錄三十一卷　屠寄輯　結一宦駢體文一卷　屠寄撰　清光緒十六年(1890)刻本　八冊

150000－0601－0009105　108896　集部/總集類/郡邑之屬

海陵文徵二十卷　（清）夏荃輯　清道光二十三年(1843)刻本　十冊

150000－0601－0009106　108855　集部/總集類/郡邑之屬

淮安藝文志十卷　清同治十二年(1873)刻本　六冊

150000－0601－0009107　122451　集部/總集類/郡邑之屬

徐州詩徵八卷　（清）桂中行輯　清光緒十七年(1891)刻本　四冊

150000－0601－0009108　156721　集部/總集類/郡邑之屬

徐州二遺民集十卷　馮煦輯　清光緒十九年(1893)刻本　五冊

150000－0601－0009109　156726　集部/總集類/郡邑之屬

徐州二遺民集十卷　馮煦輯　清光緒十九年(1893)刻本　五冊

150000－0601－0009110　156731　集部/總集類/郡邑之屬

徐州二遺民集十卷　馮煦輯　清光緒十九年(1893)刻本　五冊

150000－0601－0009111　122698　集部/總集類/郡邑之屬

國朝松陵詩徵二十卷　（清）費周仁　（清）周汝雨輯　（清）袁景輅編　清乾隆三十二年(1767)愛吟齋刻本　六冊

150000－0601－0009112　122704　集部/總集類/郡邑之屬

松陵詩徵續編十四卷　（清）陸日愛編　清咸豐七年(1857)刻本　四冊

150000－0601－0009113　108811　集部/總集類/郡邑之屬

松陵文錄二十四卷　（清）凌淦輯　清同治十三年(1874)刻本　八冊

150000－0601－0009114　108819　集部/總集類/郡邑之屬

松陵文錄二十四卷　（清）凌淦輯　清同治十三年(1874)刻本　八冊

150000－0601－0009115　108827　集部/總集類/郡邑之屬

松陵文錄二十四卷　（清）凌淦輯　清同治十三年(1874)刻本　十二冊

150000－0601－0009116　839726　集部/總集類/郡邑之屬

松風餘韵五十卷末一卷　（清）姚宏緒輯　清乾隆九年(1744)刻嘉慶十年(1805)補刻本　五冊　存三十七卷(五至十二、二十三至五十,末一卷)

150000－0601－0009117　123192　集部/總集類/郡邑之屬

禊湖詩拾八卷首一卷　（清）徐達源輯　清嘉慶十年(1805)刻本　二冊

150000－0601－0009118　169258　集部/總集類/郡邑之屬

廬陽三賢集　（清）張樹聲輯　清光緒元年(1875)合肥張氏毓秀堂刻本　六冊

150000－0601－0009119　123197　集部/總集類/郡邑之屬

合肥三家詩鈔二卷　（清）譚獻選　清光緒十

二年(1886)安慶刻本　一冊

150000－0601－0009120　123294　集部/總
集類/郡邑之屬

合肥三家詩鈔二卷　（清）譚獻選　清光緒十
二年(1886)安慶刻本　一冊

150000－0601－0009121　122728　集部/總
集類/郡邑之屬

兩浙輶軒錄四十卷　（清）阮元訂　清嘉慶六
年(1801)仁和朱氏碧溪草堂錢塘陳氏種榆仙
館刻本　二十冊

150000－0601－0009122　122748　集部/總
集類/郡邑之屬

兩浙輶軒錄補遺十卷　（清）阮元訂　清嘉慶
八年(1803)刻本　六冊

150000－0601－0009123　122974　集部/總
集類/郡邑之屬

兩浙輶軒續錄五十四卷　（清）潘衍桐訂　清
光緒十七年(1891)浙江書局刻本　四十冊

150000－0601－0009124　148316　集部/總
集類/郡邑之屬

西泠五布衣遺著　（清）丁丙輯　清末錢唐丁
氏當歸草堂刻本　十冊

150000－0601－0009125　126137　集部/總
集類/郡邑之屬

桐溪耆隱集一卷補錄一卷　（清）袁炯輯　清
光緒十六年(1890)春藻堂刻本　一冊

150000－0601－0009126　126361　集部/總
集類/郡邑之屬

桐溪耆隱集一卷補錄一卷　（清）袁炯輯　清
光緒十六年(1890)春藻堂刻本　一冊

150000－0601－0009127　118583　集部/總
集類/郡邑之屬

會稽掇英總集二十卷　（宋）孔延之編　清道
光元年(1821)刻本　四冊

150000－0601－0009128　123278　集部/總
集類/郡邑之屬

四明四友詩　（清）鄭梁選　清康熙四十八年

(1709)刻本　四冊

150000－0601－0009129　108616　集部/總
集類/郡邑之屬

蛟川先正文存二十卷補遺一卷　（清）陳繼聰
等編　清光緒八年(1882)刻本　十冊

150000－0601－0009130　108914　集部/總
集類/郡邑之屬

赤城集十八卷　（宋）林表民輯　清嘉慶二十
三年(1818)臨海宋氏刻本　四冊

150000－0601－0009131　123287　集部/總
集類/郡邑之屬

嚴陵集九卷　（宋）董弅輯　清光緒二十三年
(1897)于湖官舍刻本　二冊

150000－0601－0009132　123159　集部/總
集類/郡邑之屬

國朝嚴州詩錄八卷　（清）宗源瀚輯　清光緒
二年(1876)刻本　二冊

150000－0601－0009133　123219　集部/總
集類/郡邑之屬

聞湖詩鈔十卷　（清）孟彬輯　清嘉慶五年
(1800)刻本　二冊　存七卷(一至七)

150000－0601－0009134　123217　集部/總
集類/郡邑之屬

聞湖詩三鈔八卷　（清）李道悠輯　**聞湖詩三
鈔續編一卷**　（清）沈景修輯　清刻光緒十九
年(1893)重修本　二冊

150000－0601－0009135　123213　集部/總
集類/郡邑之屬

聞湖詩三鈔八卷　（清）李道悠輯　清光緒十
五年(1889)刻本　四冊　缺封面

150000－0601－0009136　122227　集部/總
集類/郡邑之屬

莆田清籟集六十卷　（清）鄭王臣輯選　清乾
隆三十七年(1772)刻本　十六冊

150000－0601－0009137　122296　集部/總
集類/郡邑之屬

重訂昭陽扶雅集六卷　（清）徐幹編　**重輯樵**

川二家詩一卷　清光緒八年(1882)邵武徐氏刻本　六冊

150000－0601－0009138　122183　集部/總集類/郡邑之屬

樵川二家詩六卷　(清)徐幹輯　清光緒七年(1881)刻本　二冊

150000－0601－0009139　142669　集部/總集類/郡邑之屬

中州名賢文表內集三十卷　(明)劉昌輯　清光緒三十年(1904)海虞邵氏刻本　六冊

150000－0601－0009140　169615　集部/總集類/郡邑之屬

續中州名賢文表　(清)邵松年輯　清光緒三十年(1904)鴻文書局石印本　二十二冊

150000－0601－0009141　158095　集部/總集類/郡邑之屬

國朝中州名賢集　(清)黃舒昺編輯　清光緒十七年(1891)睢陽洛學書院刻本　八冊

150000－0601－0009142　108884　集部/總集類/郡邑之屬

國朝中州名賢集十卷首一卷末一卷　(清)黃舒昺輯　清光緒十九年(1893)刻本　十二冊

150000－0601－0009143　108926　集部/總集類/郡邑之屬

湖南文徵元明文五十四卷國朝文一百三十六卷首一卷目錄六卷　(清)羅汝懷編　清同治十年(1871)刻本　一百冊

150000－0601－0009144　123156　集部/總集類/郡邑之屬

粵詩搜逸四卷　(清)黃子高輯　清道光十九年(1839)粵雅堂刻嶺南叢書本　一冊

150000－0601－0009145　168278　集部/總集類/郡邑之屬

嶺南三大家詩選二十四卷　(清)王隼輯　清刻本　五冊

150000－0601－0009146　113102　集部/總

集類/郡邑之屬

邱海二公合集　清同治十年(1871)刻本　十冊

150000－0601－0009147　108798　集部/總集類/郡邑之屬

蜀秀集九卷　(清)譚宗浚編　清光緒五年(1879)成都試院刻本　八冊

150000－0601－0009148　122555　集部/總集類/郡邑之屬

黔詩紀略三十三卷　(清)黎兆勳輯　(清)莫友芝傳證　清同治十二年(1873)遵義唐氏夢研齋金陵刻本　八冊

150000－0601－0009149　123129　集部/總集類/氏族之屬

高氏廑存詩鈔二卷　(清)高崇玠輯　清光緒十八年(1892)刻本　一冊

150000－0601－0009150　123149　集部/總集類/氏族之屬

許氏巾箱集　清嘉慶十八年(1813)刻本　一冊

150000－0601－0009151　169221　集部/總集類/氏族之屬

繡水王氏家藏集　(清)王相輯　清咸豐五年(1855)刻本　十冊

150000－0601－0009152　138425　集部/總集類/氏族之屬

二熊君詩賸　清光緒十七年(1891)刻本　一冊

150000－0601－0009153　122434　集部/總集類/氏族之屬

紫陽家塾詩鈔二十四卷　(清)朱琦編　清道光十二年(1832)旌邑湯美堂湯湘浦刻本　十二冊

150000－0601－0009154　126124　集部/總集類/氏族之屬

三朱遺編　(清)楊伯潤輯　清光緒十五年(1889)刻本　一冊

150000－0601－0009155　123051　集部/總集類/氏族之屬

新安先集二十卷崇祀錄一卷　（清）朱之榛編　清同治十三年（1874）蘇州刻本　八冊

150000－0601－0009156　123059　集部/總集類/氏族之屬

新安先集二十卷崇祀錄一卷　（清）朱之榛編　清同治十三年（1874）蘇州刻本　六冊

150000－0601－0009157　123065　集部/總集類/氏族之屬

新安先集二十卷崇祀錄一卷　（清）朱之榛編　清同治十三年（1874）蘇州刻本　六冊

150000－0601－0009158　164558　集部/總集類/氏族之屬

寧都三魏全集　（清）林時益輯　清道光二十五年（1845）寧都謝庭綬綏緞園書塾刻本　五十冊

150000－0601－0009159　115335　集部/總集類/氏族之屬

吳氏一家稿　（清）吳清鵬輯　清咸豐五年（1855）錢塘吳氏刻本　十四冊

150000－0601－0009160　115349　集部/總集類/氏族之屬

吳氏一家稿　（清）吳清鵬輯　清咸豐五年（1855）錢塘吳氏刻本　九冊　缺

150000－0601－0009161　166180　集部/總集類/氏族之屬

黎氏家集　（清）黎庶昌輯　清光緒十四年（1888）刻本　十一冊

150000－0601－0009162　114278　集部/總集類/氏族之屬

什一偶存　（清）徐葉昭輯　清乾隆五十六年（1791）刻本　一冊　存二種

150000－0601－0009163　161472　集部/總集類/氏族之屬

馮氏清芬集　馮煦輯　清光緒元年（1875）上海榷署刻本　一冊

150000－0601－0009164　115127　集部/總集類/氏族之屬

沈氏三先生文集　清光緒二十二年（1896）浙江書局刻本　十冊

150000－0601－0009165　148641　集部/總集類/氏族之屬

沈氏三先生文集　清光緒二十二年（1896）浙江書局刻本　十冊

150000－0601－0009166　108597　集部/總集類/氏族之屬

祖氏遺稿十卷　（清）祖之望編　清皆山草堂刻本　六冊

150000－0601－0009167　156474　集部/總集類/氏族之屬

袁氏家集　（清）袁鎮嵩輯　清末刻本　一冊　存五種

150000－0601－0009168　152739　集部/總集類/氏族之屬

金山姚氏二先生集　（清）張文虎輯　清光緒二年（1876）刻本　一冊

150000－0601－0009169　152740　集部/總集類/氏族之屬

金山姚氏二先生集　（清）張文虎輯　清光緒二年（1876）刻本　一冊

150000－0601－0009170　118517　集部/總集類/氏族之屬

瑞芝山房文鈔八卷補遺一卷詩鈔八卷補遺一卷　（清）戴燮元輯　清光緒元年至三年（1875－1877）廣陵刻本　十冊

150000－0601－0009171　108808　集部/總集類/氏族之屬

建溪集前編四卷　（清）戴聰編　清道光十三年（1833）九靈山房刻本　一冊

150000－0601－0009172　108809　集部/總集類/氏族之屬

建溪集後編二卷　（清）戴聰編　清道光十三年（1833）九靈山房刻本　一冊

150000－0601－0009173　108810　集部/總集類/氏族之屬

建溪集後編二卷　（清）戴聰編　清道光十三年（1833）九靈山房刻本　一冊

150000－0601－0009174　116469　集部/總集類/氏族之屬

柊華館駢體文四卷　（清）董基誠　（清）董祐誠撰　清道光六年（1826）刻本　一冊

150000－0601－0009175　138421　集部/總集類/氏族之屬

二藍集　（清）藍蔚雯輯　清光緒十六年（1890）刻本　四冊

150000－0601－0009176　140773　集部/總集類/氏族之屬

三蘇全集　（清）弓翊清校　清道光十二年（1832）眉州三蘇祠刻本　六十冊

150000－0601－0009177　767733　集部/總集類/氏族之屬

鼎鐫黃狀元批眉山三蘇文狐白□□卷　（清）黃士俊批選　刻本　一冊　存二卷(一至二)

150000－0601－0009178　123150　集部/總集類/氏族之屬

黃氏三世詩　清光緒十五年（1889）刻本　一冊

150000－0601－0009179　166191　集部/總集類/氏族之屬

蔡氏九儒書　（明）蔡有鵾輯　清光緒十二年（1886）刻本　九冊

150000－0601－0009180　122784　集部/總集類/氏族之屬

趙氏淵源集十卷　（清）趙紹祖編　清光緒十三年（1887）小古墨齋刻本　十冊

150000－0601－0009181　123163　集部/總集類/氏族之屬

蓮山家言一卷　清刻道光十九年（1839）補刻本　二冊

150000－0601－0009182　140926　集部/總

集類/氏族之屬

海虞三陶先生集合刻　（清）楊沂孫輯　清光緒七年（1881）海虞楊同福貴池縣署刻本　八冊

150000－0601－0009183　155827　集部/總集類/氏族之屬

海虞三陶先生集合刻　（清）楊沂孫輯　清光緒七年（1881）海虞楊同福貴池縣署刻本　六冊

150000－0601－0009184　142437　集部/總集類/氏族之屬

天津金氏家集　金鉞輯　刻本　六冊

150000－0601－0009185　168291　集部/總集類/氏族之屬

鍾家詩鈔合集　（清）鍾毓輯　清刻本　四冊

150000－0601－0009186　160173　集部/總集類/氏族之屬

陽湖錢氏家集　錢振鍠輯　清末活字本　十七冊

150000－0601－0009187　123265　集部/總集類/唱酬之屬

西崑酬唱集二卷　（宋）楊億輯　清末刻邵武徐氏叢書本　一冊

150000－0601－0009188　123297　集部/總集類/唱酬之屬

浮香亭梅花一卷　（宋）秦觀等撰　**浮香亭和韵一卷**　（清）顧溥輯　清康熙六十年（1721）刻本　一冊

150000－0601－0009189　123231　集部/總集類/唱酬之屬

千叟宴詩四卷御製千叟宴詩一卷恭和千叟宴詩一卷　清刻本　八冊

150000－0601－0009190　123089　集部/總集類/唱酬之屬

己未觴咏集　潘志詢等撰　刻本　一冊

150000－0601－0009191　100567　集部/總集類/唱酬之屬

消夏六咏一卷　（清）潘祖蔭等撰　清刻本
一冊

150000－0601－0009192　123268　集部/總
集類/唱酬之屬

秋草唱和集一卷　楊樹桴輯　刻藍印雲在山
房類稿本　一冊

150000－0601－0009193　126765　集部/總
集類/唱酬之屬

秋草唱和集一卷　楊樹桴輯　刻藍印雲在山
房類稿本　一冊

150000－0601－0009194　123194　集部/總
集類/唱酬之屬

消寒唱和詩一卷　清宣統二年（1910）排印本
一冊

150000－0601－0009195　125973　集部/總
集類/唱酬之屬

登高新唱一卷　（清）楊德昭輯　清乾隆五十
三年（1788）刻本　一冊

150000－0601－0009196　84060　集部/總集
類/唱酬之屬

西湖竹枝集一卷　（元）楊維楨輯　清光緒七
年（1881）錢唐丁氏刻本　一冊

150000－0601－0009197　123245　集部/總
集類/唱酬之屬

海濱酬唱集一卷　（清）昆池釣徒輯　清光緒
二十四年（1898）香海閣刻本　一冊

150000－0601－0009198　122954　集部/總
集類/唱酬之屬

邗上題襟集一卷　（清）曾燠輯　清乾隆五十
八年（1793）刻本　四冊

150000－0601－0009199　123157　集部/總
集類/唱酬之屬

邗上題襟集一卷　（清）曾燠輯　清乾隆五十
八年（1793）刻本　二冊

150000－0601－0009200　123139　集部/總
集類/唱酬之屬

池上題襟小集一卷　（清）譚獻編　非見齋審

定六朝正書碑目一卷四十初度述懷一卷　清
末刻復堂類集本　一冊

150000－0601－0009201　123140　集部/總
集類/唱酬之屬

池上題襟小集一卷　（清）譚獻編　非見齋審
定六朝正書碑目一卷四十初度述懷一卷　清
末刻復堂類集本　一冊

150000－0601－0009202　114150　集部/總
集類/唱酬之屬

于湖題襟集詩一卷文三卷　（清）袁昶輯　舞
雩風一卷施均父詩一卷梁節庵詩一卷王六潭
詩一卷黃公度詩一卷思舊集一卷　清光緒二
十一年（1895）小漚巢刻本　三冊

150000－0601－0009203　123254　集部/總
集類/唱酬之屬

圭塘唱和詩一卷　袁克文輯　清宣統二年
（1910）石印本　一冊

150000－0601－0009204　123242　集部/總
集類/唱酬之屬

冰泉唱和集一卷續和一卷再續和一卷附錄一
卷　金武祥輯　清光緒十五年（1889）刻粟香
室叢書本　一冊

150000－0601－0009205　123253　集部/總
集類/唱酬之屬

冰泉唱和集一卷續和一卷再續和一卷附錄一
卷　金武祥輯　清光緒十五年（1889）刻粟香
室叢書本　一冊

150000－0601－0009206　123262　集部/總
集類/唱酬之屬

恬園唱酬集二卷　（清）周長森校訂　（清）俞
敦培校訂　清同治十年（1871）刻本　一冊

150000－0601－0009207　125984　集部/總
集類/唱酬之屬

寄榆盦詩鈔一卷　（清）黃建笢輯　清光緒二
十三年（1897）津沽石印本　一冊

150000－0601－0009208　123259　集部/總
集類/唱酬之屬

都門酬唱集一卷　清刻本　一冊

150000 – 0601 – 0009209　170443　集部/總
集類/唱酬之屬

[山陰贈別集]一卷　清刻本　一冊

150000 – 0601 – 0009210　126370　集部/總
集類/唱酬之屬

鄧尉探梅詩四卷　（清）謝綏之輯　清光緒二
十年(1894)刻本　一冊

150000 – 0601 – 0009211　125640　集部/總
集類/唱酬之屬

門存倡和詩鈔十卷續刻三卷　清刻本　二冊

150000 – 0601 – 0009212　123260　集部/總
集類/唱酬之屬

雲薌酬唱集一卷　（清）葉蘭生撰　（清）伊佐
圻撰　清道光二十九年(1849)刻本　一冊

150000 – 0601 – 0009213　122944　集部/總
集類/唱酬之屬

清尊集十六卷　（清）汪遠孫輯　清道光十九
年(1839)汪氏振綺堂刻本　四冊

150000 – 0601 – 0009214　122948　集部/總
集類/唱酬之屬

清尊集十六卷　（清）汪遠孫輯　清道光十九
年(1839)汪氏振綺堂刻本　五冊

150000 – 0601 – 0009215　123275　集部/總
集類/唱酬之屬

洪崖合草二卷　（清）馬大樾編　清嘉慶二十
年(1815)刻本　一冊

150000 – 0601 – 0009216　123255　集部/總
集類/唱酬之屬

唱和三集一卷　（清）六潭居士編次　清光緒
二十九年(1903)刻本　四冊

150000 – 0601 – 0009217　123202　集部/總
集類/唱酬之屬

南園廣社詩存一卷　錢溯耆輯　清宣統元年
(1909)聽邠館刻本　一冊

150000 – 0601 – 0009218　123196　集部/總
集類/唱酬之屬

茸城九老會詩存一卷　（清）周蕚芳輯　清道

光二十四年(1844)刻本　一冊

150000 – 0601 – 0009219　879296　集部/總
集類/題詠之屬

新刊古今名賢品彙注釋玉堂詩選□□卷　明
富春堂刻本　一冊　存一卷(四)

150000 – 0601 – 0009220　837915　集部/總
集類/題詠之屬

佩文齋咏物詩選一卷　（清）張玉書等修
（清）汪霦等纂　清康熙四十五年(1706)刻本
五十六冊

150000 – 0601 – 0009221　837160　集部/總
集類/題詠之屬

佩文齋咏物詩選□□卷　（清）張玉書等修
（清）汪霦等纂　清康熙四十五年(1706)刻本
四十冊　存四十四卷(一至八、二十五至四
十、四十五至六十四)

150000 – 0601 – 0009222　838351　集部/總
集類/題詠之屬

御定歷代題畫詩類一百二十卷　清康熙四十
六年(1707)刻本　三十二冊

150000 – 0601 – 0009223　839743　集部/總
集類/題詠之屬

咏物詩選八卷　（清）俞琰輯　清雍正八年
(1730)刻本　四冊

150000 – 0601 – 0009224　123072　集部/總
集類/題詠之屬

十家咏物七律十卷　（清）徐兆鸞輯　清刻本
一冊

150000 – 0601 – 0009225　123145　集部/總
集類/題詠之屬

風木盦圖題咏一卷　（清）鄒寶傅輯　清光緒
二十六年(1900)丁氏刻本　一冊

150000 – 0601 – 0009226　125802　集部/總
集類/題詠之屬

萍因蕉夢十二圖題辭一卷　（清）金黻廷輯
松聲詩逸一卷　（清）金黻廷輯　清光緒五年
(1879)刻本　一冊

150000－0601－0009227　126243　集部/總集類/題詠之屬

萍因蕉夢十二圖題辭一卷　（清）金黻廷輯

松聲詩逸一卷　（清）金黻廷輯　清光緒五年（1879）刻本　一冊

150000－0601－0009228　123181　集部/總集類/題詠之屬

張憶娘簪華圖卷題咏一卷　清光緒二十三年（1897）靈鶼閣刻本　一冊

150000－0601－0009229　123073　集部/總集類/題詠之屬

黃花晚節圖題詞一卷續輯一卷　（清）黃榮康編　清光緒二十八年（1902）刻本　一冊

150000－0601－0009230　126090　集部/總集類/題詠之屬

來薰園十咏詩集一卷　（清）多容安等撰　清道光五年（1825）刻本　二冊

150000－0601－0009231　767813　集部/總集類/題詠之屬

遺像各題咏一卷　抄本　一冊

150000－0601－0009232　123169　集部/總集類/題詠之屬

謙山鴻印集一卷　（清）江峰青輯　清光緒二十三年（1897）刻本　一冊

150000－0601－0009233　123148　集部/總集類/題詠之屬

名山福壽編一卷　（清）徐琪輯　蘇海餘波一卷俞樓詩記一卷留雲集一卷　清光緒七年（1881）刻本　一冊

150000－0601－0009234　123296　集部/總集類/題詠之屬

松風草堂謝琴詩鈔二卷　（清）吳景潮輯　清嘉慶二十年（1815）松風草堂刻本　一冊

150000－0601－0009235　120836　集部/總集類/尺牘之屬

名賢手札　（清）郭慶藩輯　清光緒十年（1884）湘陰郭氏岵瞻堂刻本　四冊

150000－0601－0009236　120840　集部/總集類/尺牘之屬

名賢手札　（清）郭慶藩輯　清光緒十年（1884）湘陰郭氏岵瞻堂刻本　四冊

150000－0601－0009237　120734　集部/總集類/尺牘之屬

名賢手札　（清）郭慶藩輯　清光緒十九年（1893）上海寶文書局石印本　二冊

150000－0601－0009238　767681　集部/總集類/尺牘之屬

書記洞詮□□卷　（清）梅文鼎輯　清刻本　一冊　存六卷（四十六至五十一）

150000－0601－0009239　120631　集部/總集類/尺牘之屬

歷代名人小簡二卷　吳曾祺編　清宣統二年（1910）商務印書館排印本　二冊

150000－0601－0009240　120627　集部/總集類/尺牘之屬

歷代名人小簡二卷　吳曾祺編　清宣統三年（1911）商務印書館排印本　二冊

150000－0601－0009241　120629　集部/總集類/尺牘之屬

歷代名人小簡二卷　吳曾祺編　清宣統三年（1911）商務印書館排印本　二冊

150000－0601－0009242　121089　集部/總集類/尺牘之屬

賴古堂名賢尺牘新鈔十二卷　（清）高阜（清）羅耀選　清宣統三年（1911）上海國學扶輪社石印本　六冊

150000－0601－0009243　121095　集部/總集類/尺牘之屬

賴古堂尺牘新鈔二選藏弆集十六卷　（清）周在浚等輯　清宣統三年（1911）上海國學扶輪社石印本　五冊

150000－0601－0009244　121100　集部/總集類/尺牘之屬

重刻賴古堂尺牘新鈔三選結隣集十五卷　（清）周在浚等輯　清宣統三年（1911）上海國

學扶輪社石印本　五冊

150000－0601－0009245　120708　集部/總集類/尺牘之屬

勝朝越郡忠節名賢尺牘一卷　（明）何舜賓等撰　清末申報館排印本　一冊

150000－0601－0009246　120833　集部/總集類/尺牘之屬

釋氏書啓一卷　清同治十年（1871）刻昭慶寺慧空經房刷印本　一冊

150000－0601－0009247　120617　集部/總集類/尺牘之屬

近世名人尺牘教本□□卷　（清）顧新亞輯　清宣統元年（1909）文明書局石印本　三冊　存五卷（一至五）

150000－0601－0009248　120732　集部/總集類/尺牘之屬

國朝名人小簡二卷　吳曾祺輯　清宣統元年（1909）商務印書館排印本　二冊

150000－0601－0009249　170432　集部/總集類/尺牘之屬

國朝名人書札二卷　吳曾祺輯　清宣統元年（1909）商務印書館排印本　二冊　缺

150000－0601－0009250　120830　集部/總集類/尺牘之屬

國朝名人書札三卷　吳曾祺輯　清宣統三年（1911）上海文明書局排印本　三冊

150000－0601－0009251　120861　集部/總集類/尺牘之屬

昭代名人尺牘二十四卷小傳二十四卷　（清）吳修輯　清光緒三十四年（1908）西泠印社石印本　八冊

150000－0601－0009252　120869　集部/總集類/尺牘之屬

昭代名人尺牘續集二十四卷小傳二十四卷　清宣統三年（1911）天寶石印局石印本　二十二冊

150000－0601－0009253　50842　集部/總集

類/尺牘之屬

清暉閣贈貽尺牘二卷　（清）王鞏輯　清末申報館排印本　二冊

150000－0601－0009254　120729　集部/總集類/尺牘之屬

芙蓉山館師友尺牘一卷　（清）袁枚等撰　**縵雅堂尺牘一卷**　（清）王詒壽撰　清宣統三年（1911）上海文明書局排印尺牘叢刻本　一冊

150000－0601－0009255　120847　集部/總集類/尺牘之屬

袖中書二卷　（清）俞樾編　清末刻本　一冊

150000－0601－0009256　121187　集部/總集類/尺牘之屬

潛園友朋書問十二卷　刻本　二冊

150000－0601－0009257　121189　集部/總集類/尺牘之屬

潛園友朋書問十二卷　刻本　四冊

150000－0601－0009258　767807　集部/總集類/尺牘之屬

書牘叢鈔一卷　怡庭抄本　一冊

150000－0601－0009259　765636　集部/總集類/謠諺之屬

集杭諺詩一卷　（清）邵懿辰撰　清末葛氏刻邵章刷印本　一冊

150000－0601－0009260　128953　集部/總集類/謠諺之屬

越諺三卷　（清）范寅撰　**越諺賸語二卷**　（清）范寅撰　清光緒八年（1882）刻本　三冊

150000－0601－0009261　108631　集部/總集類/課藝之屬

經義模範一卷　清光緒二十七年（1901）吳門刻本　一冊

150000－0601－0009262　108641　集部/總集類/課藝之屬

程墨前選一卷　（清）李光地輯　清刻本　二冊

150000－0601－0009263　108643　集部/總

集類/課藝之屬

名文前選一卷 （清）李光地輯　清康熙四十一年(1702)刻本　六冊

150000－0601－0009264　44387　集部/總集類/課藝之屬

欽定四書文 （清）方苞選輯　清刻本　二十四冊

150000－0601－0009265　108276　集部/總集類/課藝之屬

欽定四書文 （清）方苞選輯　清刻本　二十冊

150000－0601－0009266　108635　集部/總集類/課藝之屬

榕村藏稿□□卷 （清）李光地輯　清刻本三冊　存一卷(一)

150000－0601－0009267　108638　集部/總集類/課藝之屬

榕村藏稿□□卷 （清）李光地輯　清刻本三冊　存一卷(一)

150000－0601－0009268　108324　集部/總集類/課藝之屬

榕村藏稿□□卷 （清）李光地輯　清刻本二冊　存一卷(一)

150000－0601－0009269　119671　集部/總集類/課藝之屬

舉隅集四卷 （清）徐繼畬輯　清咸豐十一年(1861)退密齋刻本　一冊

150000－0601－0009270　51525　集部/總集類/課藝之屬

精選八家時文讀本八卷 （清）白劍湖編　清咸豐元年(1851)刻本　八冊

150000－0601－0009271　115804　集部/總集類/課藝之屬

固本丸一卷 （清）周銘恩評選　清光緒八年(1882)刻本　一冊

150000－0601－0009272　114432　集部/總集類/課藝之屬

王尤合刻注釋　清嘉慶十八年(1813)刻本二冊

150000－0601－0009273　51312　集部/總集類/課藝之屬

庚辰集五卷 （清）紀昀編　**唐人試律說一卷** （清）紀昀編　清太和堂刻本　六冊

150000－0601－0009274　123093　集部/總集類/課藝之屬

試律青雲集四卷 （清）楊逢春輯　（清）沈品華等注　清咸豐八年(1858)刻本　四冊

150000－0601－0009275　51299　集部/總集類/課藝之屬

試律青雲集四卷 （清）楊逢春輯　（清）沈品華等注　清咸豐九年(1859)刻本　四冊

150000－0601－0009276　123155　集部/總集類/課藝之屬

同館試律一卷 （清）洪瑩　（清）法式善輯清末刻本　一冊

150000－0601－0009277　51322　集部/總集類/課藝之屬

雲樣集八卷 （清）高陳謨編　清嘉慶二年(1797)刻本　四冊

150000－0601－0009278　51326　集部/總集類/課藝之屬

試帖詩課選注十卷 （清）毛履謙注　（清）吳涵一注　清嘉慶十二年(1807)金陵文林堂刻本　四冊

150000－0601－0009279　51303　集部/總集類/課藝之屬

近四科同館試帖鳴盛集四卷 （清）陳枚（清）高遠詢編　（清）高術方注釋　清道光二十九年(1849)刻本　四冊

150000－0601－0009280　51307　集部/總集類/課藝之屬

近四科同館試帖鳴盛集四卷 （清）陳枚（清）高遠詢編　（清）高術方注釋　清道光二十九年(1849)刻本　四冊

150000－0601－0009281　10389　集部/總集類/課藝之屬

增廣正續試帖玉芙蓉七卷　（清）願學廬主人輯　清光緒二十二年(1896)積山書局石印本　八冊

150000－0601－0009282　10397　集部/總集類/課藝之屬

增廣正續試帖玉芙蓉七卷　（清）願學廬主人輯　清光緒二十二年(1896)積山書局石印本　八冊

150000－0601－0009283　10405　集部/總集類/課藝之屬

增廣正續試帖玉芙蓉七卷　（清）願學廬主人輯　清光緒二十二年(1896)積山書局石印本　八冊

150000－0601－0009284　53631　集部/總集類/課藝之屬

七家試帖輯注彙鈔　（清）張熙宇輯評　（清）王植桂輯注　清同治九年(1870)刻本　八冊

150000－0601－0009285　40295　集部/總集類/課藝之屬

新增七家詩輯注彙鈔　（清）張熙宇　（清）王植桂輯注　清光緒十一年(1885)刻本　八冊

150000－0601－0009286　123075　集部/總集類/課藝之屬

王批增注七家試帖輯注彙鈔　（清）張熙宇（清）王植桂輯注　清光緒十一年(1885)刻本　六冊

150000－0601－0009287　123110　集部/總集類/課藝之屬

七家試帖輯注彙鈔　（清）張熙宇　（清）王植桂輯注　清光緒十四年(1888)刻本　八冊

150000－0601－0009288　123081　集部/總集類/課藝之屬

七家試帖輯注彙鈔　（清）張熙宇　（清）王植桂輯注　清光緒十八年(1892)務本書局刻本　八冊

150000－0601－0009289　51243　集部/總集

類/課藝之屬

增注批評八家試帖詩選　（清）張熙宇　（清）王植桂輯注　清文發堂刻本　四冊

150000－0601－0009290　51247　集部/總集類/課藝之屬

增注批評八家試帖詩選　（清）張熙宇　（清）王植桂輯注　清文發堂刻本　四冊

150000－0601－0009291　9547　集部/總集類/課藝之屬

五經精義短篇　（清）蕭漢律訂　清本堂刻本　十冊

150000－0601－0009292　26883　集部/總集類/課藝之屬

縮本精選經藝淵海一卷　（清）常安室主人編　清光緒十一年(1885)上海點石齋石印本　十冊

150000－0601－0009293　92988　集部/總集類/課藝之屬

四書五經義策論初編一卷目錄三卷　（清）崇實社主人編　清光緒二十九年(1903)崇實學社石印本　四冊

150000－0601－0009294　26877　集部/總集類/課藝之屬

臚唱先聲五卷首一卷金臚策覽一卷初學題類文法合編二卷　（清）楊紀元撰　清光緒十五年(1889)刻本　六冊

150000－0601－0009295　108311　集部/總集類/課藝之屬

四書五經策論文編一卷　清末石印本　一冊

150000－0601－0009296　108327　集部/總集類/課藝之屬

成均課士錄一卷　清刻本　二冊

150000－0601－0009297　108720　集部/總集類/課藝之屬

成均課士錄第九集十六卷　（清）張百熙編　清光緒二十三年(1897)本監刻本　八冊

150000－0601－0009298　9313　集部/總集

類/課藝之屬

仁在堂全集 （清）路德評選　清光緒十八年（1892）積山書局石印本　八冊

150000－0601－0009299　51311　集部/總集類/課藝之屬

關中書院課士詩一卷 （清）路德編　清道光十八年（1838）刻本　一冊

150000－0601－0009300　108298　集部/總集類/課藝之屬

格致書院課藝彙編十三卷 清光緒二十四年（1898）上海書局石印本　十三冊

150000－0601－0009301　108654　集部/總集類/課藝之屬

詁經精舍文集十四卷 （清）阮元輯　清嘉慶六年（1801）揚州阮氏琅環仙館刻本　六冊

150000－0601－0009302　108694　集部/總集類/課藝之屬

詁經精舍續集八卷 （清）羅文俊訂　清道光二十二年（1842）刻本　四冊

150000－0601－0009303　108660　集部/總集類/課藝之屬

詁經精舍三集三卷 清刻本　四冊

150000－0601－0009304　108664　集部/總集類/課藝之屬

詁經精舍三集二卷 （清）俞樾編　清同治七年（1868）刻本　二冊

150000－0601－0009305　108666　集部/總集類/課藝之屬

詁經精舍三集二卷 （清）俞樾編　清同治八年（1869）刻本　二冊

150000－0601－0009306　108668　集部/總集類/課藝之屬

詁經精舍三集二卷 （清）俞樾編　清同治九年（1870）刻本　二冊

150000－0601－0009307　108670　集部/總集類/課藝之屬

詁經精舍四集十六卷續選一卷 （清）俞樾編

清光緒五年（1879）刻本　八冊

150000－0601－0009308　108678　集部/總集類/課藝之屬

詁經精舍課藝五集八卷 （清）俞樾編　清光緒九年（1883）刻本　四冊

150000－0601－0009309　108682　集部/總集類/課藝之屬

詁經精舍課藝六集十二卷 （清）俞樾編　清光緒十一年（1885）刻本　四冊

150000－0601－0009310　108686　集部/總集類/課藝之屬

詁經精舍課藝七集十二卷 （清）俞樾編　清光緒二十一年（1895）刻本　四冊

150000－0601－0009311　108690　集部/總集類/課藝之屬

詁經精舍課藝八集九卷 （清）俞樾編　清光緒二十三年（1897）刻本　四冊

150000－0601－0009312　108698　集部/總集類/課藝之屬

南菁文鈔三集十六卷 （清）丁立鈞編　清光緒二十七年（1901）刻本　八冊

150000－0601－0009313　108477　集部/總集類/課藝之屬

學海堂集十六卷 （清）阮元編　清道光五年（1825）刻本　六冊

150000－0601－0009314　108501　集部/總集類/課藝之屬

學海堂集十六卷 （清）阮元編　清道光五年（1825）刻本　六冊

150000－0601－0009315　108483　集部/總集類/課藝之屬

學海堂二集二十二卷 （清）吳蘭修編　清道光十八年（1838）刻本　十冊

150000－0601－0009316　108507　集部/總集類/課藝之屬

學海堂二集二十二卷 （清）吳蘭修編　清道光十八年（1838）刻本　十冊

150000－0601－0009317　108493　集部/總集類/課藝之屬

學海堂三集二十四卷　（清）張維屏編　清咸豐九年(1859)刻本　八冊

150000－0601－0009318　108517　集部/總集類/課藝之屬

學海堂三集二十四卷　（清）張維屏編　清咸豐九年(1859)刻本　八冊

150000－0601－0009319　108525　集部/總集類/課藝之屬

學海堂四集二十八卷　（清）陳蘭甫　（清）金錫齡編　清光緒十二年(1886)刻本　十六冊

150000－0601－0009320　120257　集部/總集類/課藝之屬

江南學堂課藝内編一卷　（清）錢德培輯　清光緒二十七年(1901)從新學社刻本　一冊

150000－0601－0009321　53628　集部/總集類/課藝之屬

鄉會墨大觀一卷　（清）許球評選　清道光十八年(1838)刻本　三冊

150000－0601－0009322　108322　集部/總集類/課藝之屬

直省鄉墨聯珠(同治十二年科)□□卷　（清）王緯等評選　清末刻本　二冊　存七卷(一至二、四至六、九至十)

150000－0601－0009323　108312　集部/總集類/課藝之屬

津屬試牘一卷　（清）高樹常評　清光緒二十四年(1898)天津義合堂石印本　一冊

150000－0601－0009324　48083　集部/總集類/課藝之屬

陝西鄉試朱卷(乾隆四十四年恩科)一卷　（清）趙標撰　清刻本　一冊

150000－0601－0009325　48082　集部/總集類/課藝之屬

甘肅鄉試朱卷(光緒十七年)一卷　（清）宋文林撰　清末刻本　一冊

150000－0601－0009326　48084　集部/總集類/課藝之屬

甘肅鄉試朱卷(光緒十九年恩科)一卷　（清）嚴恩榮撰　清末刻本　一冊

150000－0601－0009327　108326　集部/總集類/課藝之屬

欽定殿試策丙戌科一卷癸未科一卷庚辰科一卷　清末石印本　一冊

150000－0601－0009328　128892　集部/總集類/課藝之屬

欽取朝考卷一卷　清末刻本　二冊

150000－0601－0009329　109661　集部/詩文評類/歷代之屬

全唐詩話八卷　（宋）尤袤輯　清乾隆三十九年(1774)刻本　四冊

150000－0601－0009330　110150　集部/詩文評類/歷代之屬

三唐詩品三卷　宋育仁撰　殊雋堂刻本　一冊

150000－0601－0009331　109665　集部/詩文評類/歷代之屬

宋詩紀事一百卷　（清）厲鶚撰　清乾隆十一年(1746)刻本　三十二冊

150000－0601－0009332　129397　集部/詩文評類/歷代之屬

遼代文學考二卷　黃任恒撰　清光緒三十一年(1905)排印述桌雜纂本　一冊

150000－0601－0009333　109697　集部/詩文評類/歷代之屬

元詩紀事二十四卷　陳衍輯　清末排印本　六冊

150000－0601－0009334　109703　集部/詩文評類/歷代之屬

明詩紀事甲籤三十卷乙籤二十卷丙籤十二卷丁籤十七卷戊籤二十二卷己籤二十卷庚籤三十卷辛籤三十四卷　陳田輯　清光緒元年至宣統三年(1875－1911)陳氏聽詩齋刻本　三十八冊

150000－0601－0009335　109741　集部/詩文評類/歷代之屬

明詩紀事甲籤三十卷乙籤二十卷丙籤十二卷丁籤十七卷戊籤二十二卷己籤二十卷庚籤三十卷辛籤三十四卷　陳田輯　清光緒元年至宣統三年(1875－1911)陳氏聽詩齋刻本　三十八冊

150000－0601－0009336　124929　集部/詩文評類/郡邑之屬

閩川閨秀詩話四卷　（清）梁章鉅撰　清道光二十九年(1849)刻本　一冊

150000－0601－0009337　109969　集部/詩文評類/郡邑之屬

閩川閨秀詩話四卷　（清）梁章鉅撰　清甌郡梅姓師古齋刻本　二冊

150000－0601－0009338　168336　集部/詩文評類/詩話文話之屬

聲調三譜　（清）王祖源輯　清光緒二十六年(1900)吉林探源書舫刻吉林探源書舫叢書本　四冊

150000－0601－0009339　110140　集部/詩文評類/詩話文話之屬

詩品三卷　（南朝梁）鍾嶸撰　**書品一卷**（南朝梁）庾肩吾撰　清刻本　一冊

150000－0601－0009340　110136　集部/詩文評類/詩話文話之屬

詩品三卷　（南朝梁）鍾嶸撰　清刻本（漢魏叢書原本并校說郛本）　一冊

150000－0601－0009341　110017　集部/詩文評類/詩話文話之屬

文心雕龍十卷　（南朝梁）劉勰撰　清光緒三年(1877)湖北崇文書局刻本　二冊

150000－0601－0009342　110019　集部/詩文評類/詩話文話之屬

文心雕龍十卷　（南朝梁）劉勰撰　清光緒三年(1877)湖北崇文書局刻本　二冊

150000－0601－0009343　110021　集部/詩文評類/詩話文話之屬

文心雕龍十卷　（南朝梁）劉勰撰　清光緒三年(1877)湖北崇文書局刻本　一冊

150000－0601－0009344　129201　集部/詩文評類/詩話文話之屬

文心雕龍十卷　（南朝梁）劉勰撰　清光緒三年(1877)湖北崇文書局刻本　一冊

150000－0601－0009345　170629　集部/詩文評類/詩話文話之屬

文心雕龍十卷　（南朝梁）劉勰撰　清刻本　一冊

150000－0601－0009346　110013　集部/詩文評類/詩話文話之屬

文心雕龍十卷　（南朝梁）劉勰撰　（明）楊慎批點　（清）張松孫輯注　清乾隆五十六年(1791)刻本　四冊

150000－0601－0009347　109997　集部/詩文評類/詩話文話之屬

文心雕龍十卷　（南朝梁）劉勰撰　（清）黃叔琳輯注　清乾隆三年(1738)養素堂刻本　二冊

150000－0601－0009348　9175　集部/詩文評類/詩話文話之屬

文心雕龍十卷　（南朝梁）劉勰撰　（清）黃叔琳輯注　（清）紀昀評　清道光十三年(1833)兩廣節署刻朱墨套印本　四冊

150000－0601－0009349　109989　集部/詩文評類/詩話文話之屬

文心雕龍十卷　（南朝梁）劉勰撰　（清）黃叔琳輯注　（清）紀昀評　清道光十三年(1833)兩廣節署刻朱墨套印本　四冊

150000－0601－0009350　109993　集部/詩文評類/詩話文話之屬

文心雕龍十卷　（南朝梁）劉勰撰　（清）黃叔琳輯注　（清）紀昀評　清道光十三年(1833)兩廣節署刻朱墨套印本　四冊

150000－0601－0009351　109999　集部/詩文評類/詩話文話之屬

文心雕龍十卷　（南朝梁）劉勰撰　（清）黃叔

琳輯注　（清）紀昀評　清道光十三年（1833）
兩廣節署刻朱墨套印本　六冊

150000－0601－0009352　110005　　集部／詩
文評類／詩話文話之屬

文心雕龍十卷　（南朝梁）劉勰撰　（清）黃叔
琳輯注　（清）紀昀評　清道光十三年（1833）
兩廣節署刻朱墨套印本　四冊

150000－0601－0009353　110009　　集部／詩
文評類／詩話文話之屬

文心雕龍十卷　（南朝梁）劉勰撰　（清）黃叔
琳輯注　（清）紀昀評　清道光十三年（1833）
兩廣節署刻朱墨套印本　四冊

150000－0601－0009354　110226　　集部／詩
文評類／詩話文話之屬

文章緣起一卷　（南朝梁）任昉撰　（清）陳懋
仁注　（清）方熊集補注　清邵武徐氏刻本
一冊

150000－0601－0009355　109914　　集部／詩
文評類／詩話文話之屬

詩品一卷　（唐）司空圖撰　清趙元隆刻本
一冊

150000－0601－0009356　110137　　集部／詩
文評類／詩話文話之屬

詩品一卷　（唐）司空圖撰　**詩品詩課鈔一卷**
（清）鍾寶撰　清刻本　一冊

150000－0601－0009357　110139　　集部／詩
文評類／詩話文話之屬

司空詩品一卷　（唐）司空圖撰　清刻本
一冊

150000－0601－0009358　129984　　集部／詩
文評類／詩話文話之屬

二十四詩品淺解一卷　（唐）司空圖撰　（清）
楊廷芝解　清光緒元年（1875）刻本　一冊

150000－0601－0009359　109954　　集部／詩
文評類／詩話文話之屬

許彥周詩話一卷　（宋）許顗撰　**後山居士詩
話一卷**　（宋）陳師道撰　明末刻本　一冊

150000－0601－0009360　110062　　集部／詩
文評類／詩話文話之屬

漁隱叢話前集六十卷後集四十卷　（宋）胡仔
撰　清刻本　八冊

150000－0601－0009361　109645　　集部／詩
文評類／詩話文話之屬

詩人玉屑二十卷　（宋）魏慶之撰　清影刻本
六冊

150000－0601－0009362　103124　　集部／詩
文評類／詩話文話之屬

浩然齋雅談三卷　（宋）周密撰　清活字武英
殿聚珍版書本　一冊

150000－0601－0009363　109651　　集部／詩
文評類／詩話文話之屬

詩藪內編六卷外編六卷雜編六卷續編二卷
（明）胡應麟撰　明末刻本　十冊

150000－0601－0009364　110022　　集部／詩
文評類／詩話文話之屬

帶經堂詩話三十卷首一卷　（清）王士禎撰
清乾隆二十八年（1763）刻本　八冊

150000－0601－0009365　110030　　集部／詩
文評類／詩話文話之屬

帶經堂詩話三十卷首一卷　（清）王士禎撰
清乾隆二十八年（1763）刻本　六冊

150000－0601－0009366　109854　　集部／詩
文評類／詩話文話之屬

漁洋詩話三卷　（清）王士禎撰　清雍正三年
（1725）刻本　一冊

150000－0601－0009367　109852　　集部／詩
文評類／詩話文話之屬

漁洋詩話二卷　（清）王士禎撰　清光緒三十
三年（1907）掃葉山房書棧石印本　一冊

150000－0601－0009368　51814　　集部／詩文
評類／詩話文話之屬

隨園詩話十六卷補遺四卷　（清）袁枚撰　清
刻本　八冊

150000－0601－0009369　109903　　集部／詩

文評類/詩話文話之屬

隨園詩話十六卷補遺十卷 （清）袁枚撰　清刻本　八冊

150000－0601－0009370　109896　集部/詩文評類/詩話文話之屬

隨園詩話十六卷補遺十卷 （清）袁枚撰　清宣統三年(1911)掃葉山房石印本　六冊

150000－0601－0009371　109957　集部/詩文評類/詩話文話之屬

甌北詩話十二卷 （清）趙翼撰　清嘉慶七年(1802)刻本　一冊

150000－0601－0009372　109955　集部/詩文評類/詩話文話之屬

甌北詩話十二卷 （清）趙翼撰　清刻本　二冊

150000－0601－0009373　109613　集部/詩文評類/詩話文話之屬

柳亭詩話三十卷 （清）宋長白撰　清光緒八年(1882)天茁園刻本　五冊

150000－0601－0009374　109945　集部/詩文評類/詩話文話之屬

雨村詩話二卷 （清）李調元撰　**賦話五卷**（清）李調元撰　清光緒七年(1881)廣漢刻本　一冊

150000－0601－0009375　109944　集部/詩文評類/詩話文話之屬

鶚亭詩話一卷附錄一卷 （清）屠紳撰　**笏巖詩鈔一卷** （清）屠紳撰　清光緒十五年(1889)江陰金氏刻粟香室叢書本　一冊

150000－0601－0009376　109851　集部/詩文評類/詩話文話之屬

北江詩話六卷 （清）洪亮吉撰　清光緒三年(1877)授經堂刻本　一冊

150000－0601－0009377　109846　集部/詩文評類/詩話文話之屬

北江詩話六卷 （清）洪亮吉撰　清刻粵雅堂叢書本　一冊

150000－0601－0009378　109849　集部/詩文評類/詩話文話之屬

北江詩話六卷 （清）洪亮吉撰　清宣統元年(1909)掃葉山房石印本　二冊

150000－0601－0009379　109932　集部/詩文評類/詩話文話之屬

昭昧詹言十卷續八卷續錄二卷附考一卷（清）方東樹撰　清宣統元年(1909)安徽官紙印刷局排印本　四冊

150000－0601－0009380　110156　集部/詩文評類/詩話文話之屬

諸集揀批一卷 （清）李元春撰　刻本　一冊

150000－0601－0009381　110143　集部/詩文評類/詩話文話之屬

古今論詩絕句一卷 （清）宗廷輔撰　清刻本　一冊

150000－0601－0009382　51798　集部/詩文評類/詩話文話之屬

歷下偶談□□卷 （清）鵲華館主人編纂　清刻本　一冊　存五卷(六至十)

150000－0601－0009383　51797　集部/詩文評類/詩話文話之屬

歷下偶談續編□□卷 （清）鵲華館主人編纂　刻本　一冊　存五卷(一至五)

150000－0601－0009384　118600　集部/詩文評類/詩話文話之屬

鳴原堂論文二卷 （清）曾國藩撰　清同治十二年(1873)勸志齋刻本　一冊

150000－0601－0009385　110154　集部/詩文評類/詩話文話之屬

點勘記二卷 （清）歐陽泉撰　**省堂筆記一卷**（清）歐陽泉撰　清刻本　二冊

150000－0601－0009386　109950　集部/詩文評類/詩話文話之屬

樗寮詩話三卷 （清）姚椿撰　清韓應陛刻本　一冊

150000－0601－0009387　109855　集部/詩

文評類/詩話文話之屬

養一齋詩話十卷 （清）潘德輿撰 **養一齋李杜詩話三卷** （清）潘德輿撰 清道光十六年(1836)刻本 四冊

150000 – 0601 – 0009388 109859 集部/詩文評類/詩話文話之屬

養一齋詩話十卷 （清）潘德輿撰 **養一齋李杜詩話三卷** （清）潘德輿撰 清道光十六年(1836)刻本 三冊

150000 – 0601 – 0009389 51848 集部/詩文評類/詩話文話之屬

蠹莊詩話十卷 （清）玉堂居士撰 清嘉慶二十年(1815)刻本 七冊

150000 – 0601 – 0009390 109943 集部/詩文評類/詩話文話之屬

古今詩話選雋二卷 （清）盧衍仁輯 清光緒二十六年(1900)刻紅格套印本 一冊

150000 – 0601 – 0009391 102273 集部/詩文評類/詩話文話之屬

海天琴思錄八卷續錄四卷 （清）林昌彝撰 清同治三年(1864)刻本 十二冊

150000 – 0601 – 0009392 102285 集部/詩文評類/詩話文話之屬

海天琴思錄八卷續錄四卷 （清）林昌彝撰 清同治三年(1864)刻本 四冊 缺續

150000 – 0601 – 0009393 110056 集部/詩文評類/詩話文話之屬

初白庵詩評三卷 （清）查慎行撰 （清）張載華輯 **詞綜偶評一卷** （清）查慎行撰 （清）張載華輯 清乾隆四十二年(1777)刻本 六冊

150000 – 0601 – 0009394 126895 集部/詩文評類/詩話文話之屬

聲調譜說一卷 （清）吳紹澯纂 清光緒十八年(1892)崇川酉山堂刻本 二冊

150000 – 0601 – 0009395 110201 集部/詩文評類/詩話文話之屬

包慎伯論文二卷 （清）包世臣撰 清刻本 一冊

150000 – 0601 – 0009396 110036 集部/詩文評類/辭賦課藝之屬

四六叢話三十三卷 （清）孫梅撰 **選詩叢話一卷** （清）孫梅撰 清光緒七年(1881)吳下刻本 十二冊

150000 – 0601 – 0009397 110048 集部/詩文評類/辭賦課藝之屬

四六叢話三十三卷 （清）孫梅撰 **選詩叢話一卷** （清）孫梅撰 清光緒七年(1881)吳下刻本 八冊

150000 – 0601 – 0009398 110114 集部/詩文評類/辭賦課藝之屬

制藝叢話二十四卷 （清）梁章鉅撰 清咸豐九年(1859)知足知不足齋刻本 四冊

150000 – 0601 – 0009399 110126 集部/詩文評類/辭賦課藝之屬

制藝叢話二十四卷 （清）梁章鉅撰 清咸豐九年(1859)知足知不足齋刻本 八冊

150000 – 0601 – 0009400 110118 集部/詩文評類/辭賦課藝之屬

制藝叢話二十四卷 （清）梁章鉅撰 清刻本 八冊

150000 – 0601 – 0009401 51776 集部/詩文評類/詩文作法之屬

分類詩腋八卷 （清）李楨編 清刻本 四冊

150000 – 0601 – 0009402 51781 集部/詩文評類/詩文作法之屬

分類詩腋八卷 （清）李楨編 清刻本 四冊

150000 – 0601 – 0009403 51822 集部/詩文評類/詩文作法之屬

賦學指南十卷 （清）余丙照編輯 清道光九年(1829)刻本 四冊

150000 – 0601 – 0009404 53554 集部/詩文評類/詩文作法之屬

度針篇一卷 清光緒十三年(1887)信述堂刻本 一冊

150000 – 0601 – 0009405 53555 集部/詩文

評類/詩文作法之屬

度針篇一卷 清光緒十三年（1887）信述堂刻本 一冊

150000－0601－0009406 53556 集部/詩文評類/詩文作法之屬

度針篇一卷 清光緒十三年（1887）信述堂刻本 一冊

150000－0601－0009407 53557 集部/詩文評類/詩文作法之屬

度針篇一卷 清光緒十三年（1887）信述堂刻本 一冊

150000－0601－0009408 110222 集部/詩文評類/詩文作法之屬

彙學讀本上集二卷下集二卷 徐匯公塾編 清光緒十四年（1888）上海土山灣慈母堂排印本 四冊

150000－0601－0009409 53531 集部/詩文評類/詩文作法之屬

最新國文教科書十冊 蔣維喬 莊俞編 清光緒三十二年（1906）商務印書館排印本 十冊

150000－0601－0009410 89454 集部/詩文評類/詩文作法之屬

奏摺譜一卷 （清）饒旬宣纂 清光緒十三年（1887）刻本 一冊

150000－0601－0009411 46614 集部/詩文評類/詩文作法之屬

奏摺譜一卷 （清）饒旬宣纂 清光緒十六年（1890）刻本 一冊

150000－0601－0009412 47637 集部/詩文評類/詩文作法之屬

京外文武行文定制一卷 清刻本 一冊

150000－0601－0009413 53639 集部/詩文評類/詩文作法之屬

增注分類飲香尺牘四卷首一卷 （清）飲香居士撰 （清）白下慵隱子箋釋 清光緒十八年（1892）上海圖書集成書局排印本 四冊

150000－0601－0009414 53683 集部/詩文評類/詩文作法之屬

增補如面談新集十卷首一卷 （清）李光祚纂注 清積秀堂刻本 六冊

150000－0601－0009415 120740 集部/詩文評類/詩文作法之屬

尺牘句解二卷 （清）平江桃花館主編 清光緒二十年（1894）石印本 一冊

150000－0601－0009416 53671 集部/詩文評類/詩文作法之屬

胭脂牡丹尺牘六卷 （清）韓鄂不編 清同治九年（1870）刻本 六冊

150000－0601－0009417 26788 集部/詩文評類/詩文作法之屬

胭脂牡丹六卷 （清）韓鄂不編 清末刻本 六冊

150000－0601－0009418 120721 集部/詩文評類/詩文作法之屬

欣賞齋尺牘六卷 （清）曹仁鏡輯 清光緒十六年（1890）刻本 六冊

150000－0601－0009419 121035 集部/詩文評類/詩文作法之屬

函牘舉隅十一卷 （清）黃伯祿撰 **函牘舉隅碎錦注釋十二集檢字總目一卷** （清）黃伯祿撰 清光緒三十年（1904）上海慈母堂排印本 十六冊

150000－0601－0009420 120716 集部/詩文評類/詩文作法之屬

通問便蒙二卷 （清）南沙子虛氏輯注 清光緒十一年（1885）滬西土山灣慈母堂印書局排印本 一冊

150000－0601－0009421 120714 集部/詩文評類/詩文作法之屬

通問便集一卷 （清）南沙子虛氏輯注 清光緒七年（1881）滬西土山灣慈母堂排印本 一冊

150000－0601－0009422 120715 集部/詩文評類/詩文作法之屬

通問便集二卷　（清）南沙子盧氏輯注　清光緒二十年（1894）滬西土山灣書局排印本　一冊

150000－0601－0009423　104991　集部/詩文評類/詩文作法之屬

契券彙式一卷　綠斐齋主人輯　清宣統二年（1910）上海慈母堂排印本　一冊

150000－0601－0009424　160153　集部/詞曲類/詞之屬

詞學叢書　（清）秦恩復輯　清嘉慶十五年（1810）刻本　十冊

150000－0601－0009425　160163　集部/詞曲類/詞之屬

詞學叢書　（清）秦恩復輯　清嘉慶十五年（1810）刻本　十冊

150000－0601－0009426　27180＋28034　集部/詞曲類/詞之屬

飲虹簃癸甲叢刻　盧前輯　刻本　七冊

150000－0601－0009427　51870　集部/詞曲類/詞之屬

養默山房詩餘　（清）謝元淮撰　清道光二十四年（1844）刻朱墨套印本　四冊

150000－0601－0009428　838350　集部/詞曲類/詞之屬/別集

東坡詞一卷　（宋）蘇軾撰　抄本　一冊

150000－0601－0009429　125684　集部/詞曲類/詞之屬/別集

清真集二卷集外詞一卷　（宋）周邦彥撰　清光緒二十二年（1896）四印齋影刻本　一冊

150000－0601－0009430　127465　集部/詞曲類/詞之屬/別集

清真集二卷補遺一卷　（宋）周邦彥撰　清光緒二十六年（1900）刻本　二冊

150000－0601－0009431　127292　集部/詞曲類/詞之屬/別集

石林詞二卷　（宋）葉夢得撰　清道光十八年（1838）刻本　一冊

150000－0601－0009432　127403　集部/詞曲類/詞之屬/別集

蒲江詞一卷　（宋）盧祖皋撰　清刻永嘉詩人祠堂叢刻本　一冊

150000－0601－0009433　838349　集部/詞曲類/詞之屬/別集

白石詞一卷　（宋）姜夔撰　抄本　一冊

150000－0601－0009434　127349　集部/詞曲類/詞之屬/別集

白石道人歌曲六卷歌詞一卷　（宋）姜夔撰　清乾隆十四年（1749）刻本　一冊

150000－0601－0009435　127428　集部/詞曲類/詞之屬/別集

夢窗丙稿一卷丁稿一卷絕筆一卷補遺一卷　（宋）吳文英撰　明末汲古閣刻本　二冊

150000－0601－0009436　127448　集部/詞曲類/詞之屬/別集

夢窗甲稿一卷乙稿一卷丙稿一卷丁稿一卷　（宋）吳文英撰　清光緒二十五年（1899）四印齋刻本　一冊

150000－0601－0009437　127449　集部/詞曲類/詞之屬/別集

夢窗甲稿一卷乙稿一卷丙稿一卷丁稿一卷　（宋）吳文英撰　清光緒二十五年（1899）四印齋刻本　一冊

150000－0601－0009438　127469　集部/詞曲類/詞之屬/別集

萍洲漁笛譜二卷附一卷　（宋）周密撰　清刻知不足齋叢書本（汲古主人摹本開雕）　一冊

150000－0601－0009439　127483　集部/詞曲類/詞之屬/別集

日湖漁唱一卷補遺一卷續補遺一卷　（宋）陳允平撰　清道光九年（1829）刻本　一冊

150000－0601－0009440　127332　集部/詞曲類/詞之屬/別集

山中白雲詞八卷附錄一卷　（宋）張炎撰　山中白雲詞逸事一卷　（清）王昶撰　詞源二卷

（宋）張炎撰　清光緒八年（1882）娛園刻本
二冊

150000－0601－0009441　127423　集部/詞
曲類/詞之屬/別集

山中白雲八卷　（宋）張炎撰　清刻本　一冊

150000－0601－0009442　127405　集部/詞
曲類/詞之屬/別集

山中白雲詞八卷附錄一卷　（宋）張炎撰　玉
田先生樂府指迷一卷　（宋）張炎撰　清宣統
三年（1911）龍文閣書莊石印本　四冊

150000－0601－0009443　127440　集部/詞
曲類/詞之屬/別集

蕭閒老人明秀集三卷　（金）蔡松年撰　（金）
魏道明注　清光緒二十一年（1895）四印齋刻
本（金槧殘本）　三冊

150000－0601－0009444　127370　集部/詞
曲類/詞之屬/別集

蟻術詞選四卷　（元）邵亨貞撰　清光緒十七
年（1891）刻弟一生修梅華館叢書本　一冊

150000－0601－0009445　127343　集部/詞
曲類/詞之屬/別集

吳梅村詞一卷　（清）吳偉業撰　清宣統元年
（1909）掃葉山房石印本　一冊

150000－0601－0009446　127424　集部/詞
曲類/詞之屬/別集

百末詞六卷　（清）尤侗撰　清刻本　二冊

150000－0601－0009447　127353　集部/詞
曲類/詞之屬/別集

曝書亭集詞注七卷　（清）朱彝尊撰　（清）李
富孫注　清嘉慶十九年（1814）刻本　四冊

150000－0601－0009448　127288　集部/詞
曲類/詞之屬/別集

珂雪詞二卷補遺一卷　（清）曹貞吉撰　清康
熙十五年（1676）刻本　二冊

150000－0601－0009449　127489　集部/詞
曲類/詞之屬/別集

彈指詞二卷　（清）顧貞觀撰　清光緒四年

（1878）枕經葄史齋刻本　一冊

150000－0601－0009450　127328　集部/詞
曲類/詞之屬/別集

納蘭詞五卷補遺一卷　（清）納蘭性德撰　清
光緒六年（1880）娛園刻本　二冊

150000－0601－0009451　127330　集部/詞
曲類/詞之屬/別集

納蘭詞五卷補遺一卷　（清）納蘭性德撰　清
光緒六年（1880）娛園刻本　二冊

150000－0601－0009452　127472　集部/詞
曲類/詞之屬/別集

飲水詞鈔二卷　（清）納蘭性德撰　清光緒十
八年（1892）上海圖書集成印書局排印本
一冊

150000－0601－0009453　127350　集部/詞
曲類/詞之屬/別集

秋林琴雅四卷　（清）厲鶚撰　清光緒九年
（1883）泉唐汪氏酒邊人倚紅樓刻本　二冊

150000－0601－0009454　127427　集部/詞
曲類/詞之屬/別集

板橋詞鈔一卷　（清）鄭燮撰　清司徒文膏刻
本　一冊

150000－0601－0009455　127327　集部/詞
曲類/詞之屬/別集

忠雅堂詞集二卷　（清）蔣士銓撰　清刻本
一冊

150000－0601－0009456　127358　集部/詞
曲類/詞之屬/別集

香南雪北詞一卷　（清）吳藻撰　清刻本
一冊

150000－0601－0009457　127342　集部/詞
曲類/詞之屬/別集

箏船詞一卷　（清）劉嗣綰撰　清光緒十八年
（1892）上海圖書集成印書局排印本　一冊

150000－0601－0009458　127334　集部/詞
曲類/詞之屬/別集

靈芬館詞　（清）郭麐撰　清光緒五年（1879）

娛園刻本　二冊

150000 − 0601 − 0009459　127468　集部/詞
曲類/詞之屬/別集

捧月樓詞二卷　（清）袁通撰　**飲水詞鈔二卷**
（清）納蘭性德撰　（清）袁通選　清刻本
一冊

150000 − 0601 − 0009460　50972　集部/詞曲
類/詞之屬/別集

捧月樓詞二卷　（清）袁通撰　清刻本　一冊

150000 − 0601 − 0009461　127274　集部/詞
曲類/詞之屬/別集

捧月樓詞二卷　（清）袁通撰　清光緒十八年
（1892）上海圖書集成印書局排印本　一冊

150000 − 0601 − 0009462　127436　集部/詞
曲類/詞之屬/別集

萬善花室詞一卷　（清）方履籛撰　刻本
一冊

150000 − 0601 − 0009463　127296　集部/詞
曲類/詞之屬/別集

城北草堂詩餘二卷詞餘一卷　（清）顧夑撰
小琅環室詩餘殘稿一卷　（清）王清霞撰　清
光緒十三年（1887）刻本　一冊

150000 − 0601 − 0009464　127438　集部/詞
曲類/詞之屬/別集

洞簫詞一卷　（清）宋翔鳳撰　清刻本　一冊

150000 − 0601 − 0009465　127439　集部/詞
曲類/詞之屬/別集

碧雲盦詞二卷　（清）宋翔鳳撰　**樂府餘論一
卷**　清刻本　一冊

150000 − 0601 − 0009466　127303　集部/詞
曲類/詞之屬/別集

真松閣詞六卷　（清）楊夑生撰　清光緒元年
（1875）心禪室刻本　二冊

150000 − 0601 − 0009467　127420　集部/詞
曲類/詞之屬/別集

衍波詞□□卷　（清）孫蓀意撰　清光緒二十
二年（1896）刻本　一冊　存一卷（一）

150000 − 0601 − 0009468　127301　集部/詞
曲類/詞之屬/別集

拜石山房詞鈔四卷　（清）顧翰撰　清光緒二
年（1876）心禪室刻本　二冊

150000 − 0601 − 0009469　127359　集部/詞
曲類/詞之屬/別集

香銷酒醒詞一卷　（清）趙慶熺撰　**香銷酒醒
曲一卷**　（清）趙慶熺撰　清道光二十八年
（1848）刻本　一冊

150000 − 0601 − 0009470　127491　集部/詞
曲類/詞之屬/別集

香銷酒醒詞一卷　（清）趙慶熺撰　清道光二
十八年（1848）刻本　一冊

150000 − 0601 − 0009471　161471　集部/詞
曲類/詞之屬/別集

疏影樓詞一卷　（清）姚燮撰　清道光十三年
（1833）上湖草堂刻本　一冊

150000 − 0601 − 0009472　127481　集部/詞
曲類/詞之屬/別集

蕉心閣詞一卷　（清）周繼煦撰　清光緒二十
四年（1898）刻本　一冊

150000 − 0601 − 0009473　127486　集部/詞
曲類/詞之屬/別集

太素齋詞鈔一卷　（清）勒方錡撰　清光緒十
年（1884）刻本　一冊

150000 − 0601 − 0009474　127372　集部/詞
曲類/詞之屬/別集

樗洲詞二卷　（清）勒方錡撰　清同治四年
（1865）刻本　一冊

150000 − 0601 − 0009475　127373　集部/詞
曲類/詞之屬/別集

樗洲詞二卷　（清）勒方錡撰　清同治四年
（1865）刻本　一冊

150000 − 0601 − 0009476　127437　集部/詞
曲類/詞之屬/別集

柳下詞一卷　（清）周青撰　刻本　一冊

150000 − 0601 − 0009477　127488　集部/詞

曲類/詞之屬/別集

橫山草堂詞一卷 （清）吳唐林撰 清光緒十一年（1885）杭州刻本 一冊

150000－0601－0009478 126396 集部/詞曲類/詞之屬/別集

消愁集二卷附詩一卷 （清）沈蔣英撰 清光緒三十三年（1907）刻本 一冊

150000－0601－0009479 126039 集部/詞曲類/詞之屬/別集

詒安堂詩餘一卷 （清）王慶勛撰 **詒安堂試帖詩鈔一卷** （清）王慶勛撰 清咸豐三年（1853）刻本 一冊

150000－0601－0009480 114275 集部/詞曲類/詞之屬/別集

水仙亭詞集二卷 （清）項瓚撰 清光緒十二年（1886）刻本 一冊

150000－0601－0009481 127419 集部/詞曲類/詞之屬/別集

花影吹笙譜一卷 （清）張泰初撰 清光緒二年（1876）刻橫經草堂詩餘本 一冊

150000－0601－0009482 127417 集部/詞曲類/詞之屬/別集

藕絲詞四卷 （清）汪淵撰 清光緒七年（1881）新安茹古堂刻本 一冊

150000－0601－0009483 127357 集部/詞曲類/詞之屬/別集

悔翁詩餘五卷 （清）汪士鐸撰 清光緒九年（1883）合肥張氏味古齋刻本 一冊

150000－0601－0009484 127299 集部/詞曲類/詞之屬/別集

繡蝶庵詞鈔五卷附錄一卷 （清）汪藻撰 清光緒四年（1878）刻本 一冊

150000－0601－0009485 127378 集部/詞曲類/詞之屬/別集

紅雪詞甲集二卷乙集二卷詞餘一卷 （清）馮雲鵬撰 清嘉慶十二年（1807）刻本 十二冊

150000－0601－0009486 127297 集部/詞

曲類/詞之屬/別集

海風簫詞一卷 （清）顧復初撰 清同治四年（1865）錦城刻本 一冊

150000－0601－0009487 127496 集部/詞曲類/詞之屬/別集

養一齋詞三卷 （清）潘德輿撰 清咸豐三年（1853）刻本 一冊

150000－0601－0009488 127497 集部/詞曲類/詞之屬/別集

養一齋詞三卷 （清）潘德輿撰 清咸豐三年（1853）刻本 一冊

150000－0601－0009489 127404 集部/詞曲類/詞之屬/別集

香禪精舍集四卷 （清）潘鍾瑞撰 清咸豐五年（1855）刻本 一冊

150000－0601－0009490 127461 集部/詞曲類/詞之屬/別集

雙辛夷樓詞二卷 （清）李宗祥撰 清光緒二十四年（1898）滕王閣刻本 一冊

150000－0601－0009491 127462 集部/詞曲類/詞之屬/別集

雙辛夷樓詞一卷 （清）李宗祥撰 **花影吹笙室詞一卷** （清）李慎容撰 清光緒二十三年（1897）排印本 一冊

150000－0601－0009492 127463 集部/詞曲類/詞之屬/別集

雙辛夷樓詞一卷 （清）李宗祥撰 **花影吹笙室詞一卷** （清）李慎容撰 清光緒二十三年（1897）排印本 一冊

150000－0601－0009493 127493 集部/詞曲類/詞之屬/別集

懷青庵詞一卷 （清）李祖廉撰 刻本 一冊

150000－0601－0009494 127434 集部/詞曲類/詞之屬/別集

鏗爾詞二卷 （清）彭貞隱撰 弢華館刻藍印本 一冊

150000－0601－0009495 127435 集部/詞

曲類/詞之屬/別集

花影吹笙詞鈔二卷　（清）葉英華撰　**小游仙詞一百首一卷**　（清）夢禪居士撰　清光緒三年(1877)羊城刻本　一冊

150000－0601－0009496　126897　集部/詞曲類/詞之屬/別集

縮秀園詞選一卷　（清）杜首昌撰　清刻本　一冊

150000－0601－0009497　127278　集部/詞曲類/詞之屬/別集

留雲借月盦詞五卷　（清）劉炳照撰　清光緒十九年(1893)刻本　一冊

150000－0601－0009498　126238　集部/詞曲類/詞之屬/別集

紅豆簾琴意一卷　（清）陳克劬撰　清光緒十三年(1887)刻本　一冊

150000－0601－0009499　127495　集部/詞曲類/詞之屬/別集

水流雲在館詞鈔四卷　（清）周天麟撰　**月樓琴語一卷**　（清）蕭恒貞撰　清光緒二十一年(1895)刻本　一冊

150000－0601－0009500　127368　集部/詞曲類/詞之屬/別集

紅蕪詞鈔二卷　（清）鍾景撰　清刻本　一冊

150000－0601－0009501　127365＋127285　集部/詞曲類/詞之屬/別集

冷紅詞四卷　鄭文焯撰　清光緒耦園刻本　二冊

150000－0601－0009502　127421　集部/詞曲類/詞之屬/別集

楚頌亭詞□□卷　易順鼎撰　**琴台夢語一卷**　易順鼎撰　清刻寶瓠齋雜俎本　一冊　存第四集

150000－0601－0009503　127411　集部/詞曲類/詞之屬/別集

彊村詞二卷　朱祖謀撰　清光緒三十一年(1905)刻本　一冊

150000－0601－0009504　127345　集部/詞曲類/詞之屬/別集

邠雲詞一卷　李岳瑞撰　清光緒二十七年(1901)刻本　一冊

150000－0601－0009505　127499　集部/詞曲類/詞之屬/別集

弟一生修梅花館詞　況周儀撰　清末刻本　一冊

150000－0601－0009506　127500　集部/詞曲類/詞之屬/別集

弟一生修梅花館詞　況周儀撰　清末刻本　一冊

150000－0601－0009507　127484　集部/詞曲類/詞之屬/別集

雨屋深鐙詞一卷　汪兆鏞撰　**雨屋深鐙詞續稿一卷**　汪兆鏞撰　**雨屋深鐙詞三編一卷**　汪兆鏞撰　清宣統三年(1911)排印本　一冊

150000－0601－0009508　126854　集部/詞曲類/詞之屬/別集

樂府補亡一卷　曹元忠撰　清光緒二十七年(1901)刻雲瓻所著書本　一冊

150000－0601－0009509　127346　集部/詞曲類/詞之屬/別集

純飛館詞初稿一卷　徐珂撰　清光緒十九年(1893)刻本　一冊

150000－0601－0009510　127362　集部/詞曲類/詞之屬/別集

映盦詞一卷　夏敬觀撰　清光緒三十三年(1907)刻本　一冊

150000－0601－0009511　127433　集部/詞曲類/詞之屬/別集

玨庵詞二種　壽鑈撰　刻紅印本　一冊

150000－0601－0009512　127460　集部/詞曲類/詞之屬/別集

濯絳宧存稿（嚙椒詞）一卷　劉毓盤撰　清宣統元年(1909)刻本　一冊

150000－0601－0009513　149629　集部/詞

曲類/詞之屬/總集

四印齋彙刻宋元三十一家詞 （清）王鵬運輯
清光緒十九年(1893)四印齋刻四印齋所刻
詞本　四冊

150000－0601－0009514　160435　集部/詞
曲類/詞之屬/總集

景刊宋金元明本詞四十種　吳昌綬輯　陶湘續
輯　清宣統三年至民國六年(1911－1917)仁和
吳氏雙照樓刻民國六年至十二年(1917－1923)
武進陶氏涉園續刻本　三十一冊

150000－0601－0009515　24624　集部/詞曲
類/詞之屬/總集

宋名家詞　（明）毛晉輯　明末汲古閣刻本
六十冊

150000－0601－0009516　157863　集部/詞
曲類/詞之屬/總集

惜陰堂叢書　趙尊岳輯　刻本　七冊

150000－0601－0009517　126936　集部/詞
曲類/詞之屬/總集

小檀欒室彙刻閨秀詞　徐乃昌輯　清光緒二
十一年至二十二年(1895－1896)南昌徐氏刻
本　十二冊

150000－0601－0009518　141168　集部/詞
曲類/詞之屬/總集

小檀欒室彙刻閨秀詞　徐乃昌輯　清光緒二
十一年至二十二年(1895－1896)南昌徐氏刻
本　二十冊

150000－0601－0009519　127231　集部/詞
曲類/詞之屬/總集

浙西六家詞　（清）陳維崧輯　清刻本　三冊

150000－0601－0009520　148237　集部/詞
曲類/詞之屬/總集

西泠詞粹　（清）丁丙輯　清光緒十一年至十
三年(1885－1887)刻本　四冊

150000－0601－0009521　168301　集部/詞
曲類/詞之屬/總集

薇省同聲集　（清）彭鑾輯　清光緒十六年
(1890)刻本　二冊

150000－0601－0009522　54611　集部/詞曲
類/詞之屬/總集

宋七家詞選七卷　（清）戈載輯　（清）杜文瀾
輯　清光緒十一年(1885)曼陀羅華閣刻本
四冊

150000－0601－0009523　149637　集部/詞
曲類/詞之屬/總集

宋七家詞選七卷　（清）戈載輯　（清）杜文瀾
輯　清光緒十一年(1885)曼陀羅華閣刻本
四冊

150000－0601－0009524　149641　集部/詞
曲類/詞之屬/總集

宋七家詞選七卷　（清）戈載輯　（清）杜文瀾
輯　清光緒十一年(1885)曼陀羅華閣刻本
三冊

150000－0601－0009525　138426　集部/詞
曲類/詞之屬/總集

二家詞鈔五卷　樊增祥輯　清光緒二十八年
(1902)上海會文堂書局石印本　二冊

150000－0601－0009526　838181　集部/詞
曲類/詞之屬/總集

類編草堂詩餘四卷　（□）顧從敬編　**續編草
堂詩餘二卷**　（□）長湖外史輯　清刻本
六冊

150000－0601－0009527　767839　集部/詞
曲類/詞之屬/總集

翠娛閣評選行笈必攜詞菁□□卷　（明）陸雲
龍評選　明末刻本　一冊　存二卷(一至二)

150000－0601－0009528　126948　集部/詞
曲類/詞之屬/總集

詞綜三十六卷　（清）朱彝尊纂　清康熙十七
年(1678)刻本　四冊

150000－0601－0009529　126952　集部/詞
曲類/詞之屬/總集

詞綜三十六卷　（清）朱彝尊纂　清康熙十七
年(1678)刻本　六冊

150000－0601－0009530　126984　集部/詞
曲類/詞之屬/總集

詞綜三十八卷　（清）朱彝尊纂　清乾隆九年（1744）刻本　三冊

150000－0601－0009531　126964　集部/詞曲類/詞之屬/總集

詞綜三十八卷　（清）朱彝尊纂　清刻本　八冊

150000－0601－0009532　837544　集部/詞曲類/詞之屬/總集

御選歷代詩餘一百二十卷　（清）沈辰垣等編纂　清康熙四十六年（1707）内府刻本　四十冊

150000－0601－0009533　127234　集部/詞曲類/詞之屬/總集

詞選二卷附錄一卷　（清）張惠言輯　續詞選二卷　（清）董毅輯　清道光十年（1830）刻本　二冊

150000－0601－0009534　126891　集部/詞曲類/詞之屬/總集

詞選二卷附錄一卷　（清）張惠言輯　續詞選二卷　（清）董毅輯　茗柯詞一卷　（清）張惠言撰　立山詞一卷　（清）張琦撰　清官書處刻本　二冊

150000－0601－0009535　127236　集部/詞曲類/詞之屬/總集

詞選二卷附錄一卷　（清）張惠言輯　續詞選二卷　（清）董毅輯　詞選附錄一卷　（清）鄭善長輯　清刻本　二冊

150000－0601－0009536　51866　集部/詞曲類/詞之屬/總集

清綺軒詞選十三卷　（清）夏秉衡撰　清光緒二十一年（1895）刻本　四冊

150000－0601－0009537　126915　集部/詞曲類/詞之屬/總集

閨秀詞鈔十六卷　徐乃昌纂　清宣統元年（1909）小檀欒室刻本　八冊

150000－0601－0009538　126867　集部/詞曲類/詞之屬/總集

唐五代詞選三卷　（清）成肇麟輯　清光緒十

三年（1887）刻蒙香室叢書本　一冊

150000－0601－0009539　126882　集部/詞曲類/詞之屬/總集

花間集十卷　（五代）趙崇祚輯　明末汲古閣刻本　一冊

150000－0601－0009540　51874　集部/詞曲類/詞之屬/總集

花間集十卷　（五代）趙崇祚輯　清光緒十四年（1888）邵武徐榦刻本　二冊

150000－0601－0009541　126853　集部/詞曲類/詞之屬/總集

樂府雅詞拾遺二卷　（宋）曾慥輯　清刻本　一冊

150000－0601－0009542　170438　集部/詞曲類/詞之屬/總集

樂府雅詞拾遺二卷　（宋）曾慥輯　清刻本　二冊

150000－0601－0009543　126909　集部/詞曲類/詞之屬/總集

絕妙好詞箋七卷　（宋）周密輯　（清）查爲仁（清）厲鶚箋　絕妙好詞續鈔一卷　（清）余集輯　清道光八年（1828）杭州愛日軒刻本　四冊

150000－0601－0009544　126908　集部/詞曲類/詞之屬/總集

絕妙好詞箋七卷　（宋）周密輯　（清）查爲仁（清）厲鶚箋　絕妙好詞續鈔一卷　（清）余集輯　清同治十一年（1872）會稽章氏刻本　一冊

150000－0601－0009545　126913　集部/詞曲類/詞之屬/總集

陽春白雪八卷外集一卷　（宋）趙聞禮輯　清刻本　二冊

150000－0601－0009546　126862　集部/詞曲類/詞之屬/總集

宋六十一家詞選十二卷　馮煦輯　清光緒十三年（1887）冶城山館刻本　三冊

150000－0601－0009547　43423　集部/詞曲
類/詞之屬/總集

鳴鶴餘音九卷　（明）彭致中輯　明正統十年
(1445)刻本　九冊　經摺裝

150000－0601－0009548　126972　集部/詞
曲類/詞之屬/總集

明詞綜十二卷　（清）王昶輯　清嘉慶七年
(1802)刻本　二冊

150000－0601－0009549　126870　集部/詞
曲類/詞之屬/總集

明詞綜十二卷　（清）王昶輯　清嘉慶七年
(1802)刻本　一冊

150000－0601－0009550　127012　集部/詞
曲類/詞之屬/總集

國朝詞綜四十八卷二集八卷　（清）王昶輯
清嘉慶七年(1802)刻本　四冊

150000－0601－0009551　126974　集部/詞
曲類/詞之屬/總集

國朝詞綜四十八卷二集八卷　（清）王昶輯
清嘉慶七年(1802)刻本　十冊

150000－0601－0009552　126999　集部/詞
曲類/詞之屬/總集

國朝詞綜四十八卷二集八卷　（清）王昶輯
清刻同治四年(1865)重校本　十三冊

150000－0601－0009553　127025　集部/詞
曲類/詞之屬/總集

國朝詞綜續編二十四卷　（清）黃燮清編　清
同治十二年(1873)鄂垣旅次刻本　八冊

150000－0601－0009554　127033　集部/詞
曲類/詞之屬/總集

國朝詞綜續編二十四卷　（清）黃燮清編　清
同治十二年(1873)鄂垣旅次刻本　八冊

150000－0601－0009555　127443　集部/詞
曲類/詞之屬/總集

篋中詞六卷續四卷　（清）譚獻輯　清光緒八
年(1882)刻本　四冊

150000－0601－0009556　127430　集部/詞

曲類/詞之屬/總集

篋中詞續四卷　（清）譚獻輯　清刻本　一冊

150000－0601－0009557　127101　集部/詞
曲類/詞之屬/總集

昭代詞選三十八卷　（清）蔣重光輯　清乾隆
三十二年(1767)刻本　二十四冊

150000－0601－0009558　127313　集部/詞
曲類/詞之屬/總集

和珠玉詞一卷　（清）張祥齡等撰　清光緒二
十年(1894)刻本　一冊

150000－0601－0009559　26157　集部/詞曲
類/曲之屬/叢編

六十種曲　（明）毛晉輯　刻清道光二十五年
(1845)重修本　一百冊

150000－0601－0009560　51970　集部/詞曲
類/曲之屬/叢編

六十種曲　（明）毛晉輯　清刻本　一百二
十冊

150000－0601－0009561　51950　集部/詞曲
類/曲之屬/叢編

笠翁十種曲　（清）李漁撰　清刻本　二十冊

150000－0601－0009562　23611　集部/詞曲
類/曲之屬/叢編

笠翁十種曲　（清）李漁撰　清刻本　四十冊

150000－0601－0009563　52096　集部/詞曲
類/曲之屬/叢編

玉燕堂四種曲　（清）張堅撰　清刻本　八冊

150000－0601－0009564　51890　集部/詞曲
類/曲之屬/叢編

藏園九種曲　（清）蔣士銓撰　清刻本　十
二冊

150000－0601－0009565　127908　集部/詞
曲類/曲之屬/叢編

瓶笙館修簫譜　（清）舒位撰　清道光十三年
(1833)錢塘汪氏振綺堂刻本　二冊

150000－0601－0009566　159988　集部/詞
曲類/曲之屬/叢編

倚晴樓七種曲　（清）黃燮清撰　清光緒七年
（1881）刻本　六冊

150000－0601－0009567　127892　集部／詞
曲類／曲之屬／雜劇

瞿園雜劇續編　清宣統元年（1909）豐源印書
局排印晨風閣叢書本　一冊

150000－0601－0009568　127922　集部／詞
曲類／曲之屬／雜劇

增像第六才子書五卷首一卷　清光緒三十一
年（1905）上海育文書局石印本　六冊

150000－0601－0009569　51902　集部／詞曲
類／曲之屬／雜劇

增補箋注繪像第六才子書西廂記釋解八卷
（清）吳吳山三婦合評　清刻本　八冊

150000－0601－0009570　51884　集部／詞曲
類／曲之屬／雜劇

懷永堂繪像第六才子書八卷　清味蘭軒刻本
六冊

150000－0601－0009571　127916　集部／詞
曲類／曲之屬／雜劇

如是山房增訂金批西廂四卷首一卷末一卷
清末刻朱墨套印本　六冊

150000－0601－0009572　127560　集部／詞
曲類／曲之屬／雜劇

陌花軒雜劇一卷　（明）黃方胤撰　刻藍印本
一冊

150000－0601－0009573　52193　集部／詞曲
類／曲之屬／雜劇

馬陵道一卷　清抄本　八冊

150000－0601－0009574　26830　集部／詞曲
類／曲之屬／傳奇

小蓬萊傳奇　（清）劉清韵撰　清光緒二十六
年（1900）上海藻文石印本　六冊

150000－0601－0009575　51942　集部／詞曲
類／曲之屬／傳奇

鏡香園毛聲山評第七才子書十二卷首一卷
（元）高明撰　清金陵三美堂刻本　八冊

150000－0601－0009576　127934　集部／詞
曲類／曲之屬／傳奇

牡丹亭還魂記二卷　（明）湯顯祖撰　清光緒
十二年（1886）同文書局石印本　一冊

150000－0601－0009577　51932　集部／詞曲
類／曲之屬／傳奇

長生殿傳奇二卷　（清）洪昇撰　清康熙十八
年（1679）刻本　二冊

150000－0601－0009578　51934　集部／詞曲
類／曲之屬／傳奇

長生殿傳奇二卷　（清）洪昇撰　清刻本
四冊

150000－0601－0009579　127891　集部／詞
曲類／曲之屬／傳奇

冬青樹二卷　（清）蔣士銓撰　清乾隆四十六
年（1781）刻本　一冊

150000－0601－0009580　51876　集部／詞曲
類／曲之屬／傳奇

返魂香傳奇四卷　（清）雪香道人撰　清光緒
三年（1877）申報館排印本　四冊

150000－0601－0009581　110186　集部／詞
曲類／曲之屬／傳奇

桃溪雪二卷　（清）黃燮清撰　清光緒元年
（1875）雲鶴仙館刻本　一冊

150000－0601－0009582　127890　集部／詞
曲類／曲之屬／傳奇

桃溪雪二卷　（清）黃燮清撰　清光緒元年
（1875）雲鶴仙館刻本　一冊

150000－0601－0009583　127948　集部／詞
曲類／曲之屬／傳奇

芝龕記六卷　（清）董榕撰　清乾隆十六年
（1751）刻本　十冊

150000－0601－0009584　127942　集部／詞
曲類／曲之屬／傳奇

芝龕記六卷　（清）董榕撰　清光緒十五年
（1889）資中刻本　六冊

150000－0601－0009585　51924　集部／詞曲

類/曲之屬/傳奇

三星圓初集二卷二集二卷三集二卷四集二卷
（清）王懋昭撰　清嘉慶十五年（1810）刻本
八冊

150000－0601－0009586　127577　集部/詞
曲類/曲之屬/傳奇

紅樓夢傳奇二卷　（清）紅豆村樵撰　清道光
十七年（1837）中元堂刻本　五冊

150000－0601－0009587　127561　集部/詞
曲類/曲之屬/傳奇

紅樓夢傳奇八卷　（清）陳鍾麟撰　清道光十
五年（1835）粵東省城西湖街汗青齋刻本
八冊

150000－0601－0009588　126845　集部/詞
曲類/曲之屬/傳奇

合浦珠樂府二卷　（清）芙蓉山樵撰　清道光
十六年（1836）刻本　二冊

150000－0601－0009589　51938　集部/詞曲
類/曲之屬/傳奇

賢賢堂玉節記傳奇二卷　（清）張衢撰　清咸
豐元年（1851）刻本　二冊

150000－0601－0009590　51940　集部/詞曲
類/曲之屬/傳奇

賢賢堂芙蓉樓傳奇二卷　（清）張衢撰　清咸
豐元年（1851）刻本　二冊

150000－0601－0009591　52185　集部/詞曲
類/曲之屬/傳奇

極樂世界傳奇八卷　（清）觀劇道人撰　試香
女史參評　清光緒七年（1881）聚珍堂活字本
八冊

150000－0601－0009592　127360　集部/詞
曲類/曲之屬/散曲

香銷酒醒曲一卷　（清）趙慶熺撰　清道光二
十九年（1849）刻本　一冊

150000－0601－0009593　127880　集部/詞
曲類/曲之屬/道情

新編仙家樂事雲水道情耍孩兒一卷　（清）鄭
燮撰　**板橋道情一卷**　（清）鄭燮撰　漢口半

邊街書坊刻本　一冊

150000－0601－0009594　51922　集部/詞曲
類/曲之屬/雜曲

異方便淨土傳燈歸元鏡三祖實錄二卷　（清）
釋智達拈頌　（清）釋德日閱錄　清乾隆四十
九年（1784）刻本　二冊

150000－0601－0009595　99151　集部/詞曲
類/曲之屬/雜曲

異方便淨土傳燈歸元鏡三祖實錄二卷　（清）
釋智達拈頌　（清）釋德日閱錄　清宣統二年
（1910）刻本　二冊

150000－0601－0009596　99416　集部/詞曲
類/曲之屬/雜曲

萬音學一卷　清光緒十三年（1887）活字本
一冊

150000－0601－0009597　52243　集部/詞曲
類/曲之屬/彈詞

廿一史彈詞注十卷　（明）楊慎編著　（清）張
三異增定　（清）張仲璜注　**明紀彈詞注三卷**
（清）張三異撰　（清）張仲璜注　**類聚數考
一卷**　清道光十二年（1832）富平楊浚刻本
十二冊

150000－0601－0009598　106087　集部/詞
曲類/曲之屬/彈詞

三笑新編十二集　清光緒四年（1878）刻本
六冊

150000－0601－0009599　105902　集部/詞
曲類/曲之屬/彈詞

新刻玉蜻蜓傳奇二十卷　清乾隆三十二年
（1767）武林雲龍閣刻本　四冊

150000－0601－0009600　105793　集部/詞
曲類/曲之屬/彈詞

繪圖筆生花十六卷三十二回　（清）邱心如撰
清光緒二十年（1894）上海書局排印本　十
六冊

150000－0601－0009601　52287　集部/詞曲
類/曲之屬/彈詞

新刻五毒傳十二卷　清刻本　十二冊

150000 - 0601 - 0009602　52263　集部/詞曲
類/曲之屬/彈詞

天雨花三十回　(清)陶貞懷撰　清同治八年
(1869)文富堂刻本　二十四冊

150000 - 0601 - 0009603　105984　集部/詞
曲類/曲之屬/彈詞

天雨花三十回　(清)陶貞懷撰　清刻本　三
十冊

150000 - 0601 - 0009604　105969　集部/詞
曲類/曲之屬/彈詞

再生緣全傳二十卷　(清)陳端生撰　清咸豐
二年(1852)刻本　十五冊　存十五卷(一至
十、十六至二十)

150000 - 0601 - 0009605　105950　集部/詞
曲類/曲之屬/彈詞

再生緣全傳二十卷　(清)陳端生撰　清光緒
十七年(1891)宏道堂刻本　十九冊　存十九
卷(一至十一、十三至二十)

150000 - 0601 - 0009606　52255　集部/詞曲
類/曲之屬/彈詞

繡像何必西廂三十七卷三十七回　(清)心鐵
道人編　清嘉慶五年(1800)刻本　八冊

150000 - 0601 - 0009607　105829　集部/詞
曲類/曲之屬/彈詞

繡像何必西廂三十七卷三十七回　(清)心鐵
道人編　清嘉慶五年(1800)刻本　十一冊

150000 - 0601 - 0009608　51910　集部/詞曲
類/曲之屬/彈詞

繡像倭袍傳十二卷一百回　清乾隆五十四年
(1789)刻本　十二冊

150000 - 0601 - 0009609　105849　集部/詞
曲類/曲之屬/彈詞

新編東調螭虎釧二十卷　清刻本　二冊

150000 - 0601 - 0009610　105646　集部/詞
曲類/曲之屬/彈詞

鳳凰山七十二卷七十二回　清海陵軒刻本
三十六冊

150000 - 0601 - 0009611　105782　集部/詞
曲類/曲之屬/彈詞

金闈杰十六回　(清)香葉閣編　清道光四年
(1824)懷古堂刻本　十一冊

150000 - 0601 - 0009612　105809　集部/詞
曲類/曲之屬/彈詞

錦上花四十八回　清同治十三年(1874)學餘
堂刻本　八冊

150000 - 0601 - 0009613　105866　集部/詞
曲類/曲之屬/彈詞

燈月緣二十回　(清)戴定相撰　清道光二年
(1822)維揚二酉堂刻本　六冊

150000 - 0601 - 0009614　52334　集部/詞曲
類/曲之屬/鼓詞

花木蘭二十四部　清京都中和堂刻本　二十
四冊

150000 - 0601 - 0009615　52495　集部/詞曲
類/曲之屬/鼓詞

回唐傳四十部　清京都老二酉堂刻本　二
十冊

150000 - 0601 - 0009616　52515　集部/詞曲
類/曲之屬/鼓詞

定天山六十六部　清京都中和堂刻本　三十
六冊　存六十二部(一至六、九至三十九、四
十一至五十九)

150000 - 0601 - 0009617　52308　集部/詞曲
類/曲之屬/鼓詞

打登州四部五十回　抄本　四冊

150000 - 0601 - 0009618　52391　集部/詞曲
類/曲之屬/鼓詞

興唐傳五十部　清京都宏文閣刻本　五十冊
卷首殘

150000 - 0601 - 0009619　52358　集部/詞曲
類/曲之屬/鼓詞

五代殘唐傳三十二部　清京都老二酉堂刻本
三十三冊

150000 - 0601 - 0009620　52299　集部/詞曲

類/曲之屬/皷詞

白綾記十二卷　清泊鎮文運堂刻本　四冊

150000－0601－0009621　52303　集部/詞曲
類/曲之屬/皷詞

錦雲裘首部四卷二部四卷三部四卷四部四卷
　清京都二酉堂刻本　五冊

150000－0601－0009622　52318　集部/詞曲
類/曲之屬/皷詞

升平節孝十六卷　抄本　十六冊

150000－0601－0009623　52441　集部/詞曲
類/曲之屬/皷詞

後唐五十四部五十四卷　清京都老二酉堂刻
本　五十四冊

150000－0601－0009624　52312　集部/詞曲
類/曲之屬/皷詞

黨人碑一卷　抄本　六冊

150000－0601－0009625　105247　集部/詞
曲類/曲之屬/皷詞

新編皷詞說唱第五才子水滸傳奇書七十四卷
七十回　抄本　三十八冊

150000－0601－0009626　52201　集部/詞曲
類/曲之屬/皷詞

皷詞四十二種一卷　清抄本　四十二冊

150000－0601－0009627　54216　集部/詞曲
類/曲之屬/皷詞

怒沉百寶箱二回　抄本　一冊　存第一回

150000－0601－0009628　105917　集部/詞
曲類/曲之屬/皷詞

劉全進瓜全本一卷　清光緒二年(1876)咸林
堂刻本　一冊

150000－0601－0009629　105916　集部/詞
曲類/曲之屬/皷詞

出湯邑全本一卷　清寶成堂刻本　一冊

150000－0601－0009630　170431　集部/詞
曲類/曲之屬/皷詞

罵朗子弟書二回　清百本張抄本　一冊

150000－0601－0009631　170478　集部/詞

曲類/曲之屬/曲總集

樂府新編陽春白雪前集五卷後集五卷　（元）
楊朝英選　清光緒三十一年(1905)南陵徐乃
昌影刻南陵徐氏隨庵叢書本　一冊

150000－0601－0009632　170479　集部/詞
曲類/曲之屬/曲總集

樂府新編陽春白雪前集五卷後集五卷　（元）
楊朝英選　清光緒三十一年(1905)南陵徐乃
昌影刻南陵徐氏隨庵叢書本　一冊

150000－0601－0009633　54217　集部/詞曲
類/曲之屬/曲總集

繡像歌林拾翠□□卷　清書林奎壁堂刻本
八冊　存第二集

150000－0601－0009634　52153　集部/詞曲
類/曲之屬/曲總集

重訂綴白裘全編初集四卷二集四卷三集四卷
四集四卷五集四卷六集四卷七集四卷八集四
卷九集四卷十集四卷十一集四卷十二集四卷
　清乾隆四十六年(1781)四教堂刻本　二十
四冊

150000－0601－0009635　52104　集部/詞曲
類/曲之屬/曲總集

綴白裘初集四卷二集四卷三集四卷四集四卷
五集四卷六集四卷七集四卷八集四卷九集四
卷十集四卷十一集四卷十二集四卷　清乾隆
四十六年(1781)刻本　二十五冊　卷首殘

150000－0601－0009636　52129　集部/詞曲
類/曲之屬/曲總集

重訂綴白裘新集合編初集四卷二集四卷三集
四卷四集四卷五集四卷六集四卷七集四卷八
集四卷九集四卷十集四卷十一集四卷　清道
光三年(1823)刻本　二十四冊

150000－0601－0009637　765144　集部/詞
曲類/曲之屬/曲總集

綴白裘九集四卷十一集四卷　清光緒二十一
年(1895)上海書局石印本　二冊

150000－0601－0009638　26257　集部/詞曲
類/曲之屬/曲總集

新刻出像點板時尚昆腔雜曲醉怡情一卷
(清)青溪菰蘆釣叟點次　清初古吳致和堂刻
本　十二冊

150000－0601－0009639　127552　集部/詞
曲類/曲之屬/曲總集

審音鑑古錄一卷　清刻本　八冊

150000－0601－0009640　51880　集部/詞曲
類/曲之屬/時調

霓裳續譜八卷　(清)王廷紹點訂　清集賢堂
刻本　四冊

150000－0601－0009641　52090　集部/詞曲
類/曲之屬/時調

霓裳續譜八卷　(清)王廷紹點訂　清集賢堂
刻本　四冊

150000－0601－0009642　127203　集部/詞
曲類/曲之屬/時調

霓裳續譜八卷　(清)王廷紹點訂　清集賢堂
刻本　四冊

150000－0601－0009643　127886　集部/詞
曲類/曲之屬/時調

天籟集一卷　(清)鄭旭旦輯　清同治元年
(1862)刻本　一冊

150000－0601－0009644　9341　集部/詞曲
類/詞曲評之屬/詞韵詞譜

詞學全書　(清)查培繼輯　清乾隆十一年
(1746)刻本　十冊

150000－0601－0009645　61764　集部/詞曲
類/詞曲評之屬/詞韵詞譜

詞林正韵三卷十九部　(清)戈載撰　清同治
十二年(1873)刻本　二冊

150000－0601－0009646　61763　集部/詞曲
類/詞曲評之屬/詞韵詞譜

詞林正韵三卷十九部　(清)戈載撰　清光緒
七年(1881)四印齋刻本　一冊

150000－0601－0009647　110187　集部/詞
曲類/詞曲評之屬/詞韵詞譜

詞林正韵三卷十九部　(清)戈載撰　清光緒

七年(1881)四印齋刻本　一冊

150000－0601－0009648　126844　集部/詞
曲類/詞曲評之屬/詞韵詞譜

晚翠軒詞韵一卷　清刻本　一冊

150000－0601－0009649　127150　集部/詞
曲類/詞曲評之屬/詞韵詞譜

詞律二十卷　(清)萬樹輯　清康熙二十六年
(1687)堆絮園刻本　五冊

150000－0601－0009650　127195　集部/詞
曲類/詞曲評之屬/詞韵詞譜

詞律二十卷　(清)萬樹輯　清康熙二十六年
(1687)堆絮園刻本　四冊　存八卷(十三至
二十)

150000－0601－0009651　127158　集部/詞
曲類/詞曲評之屬/詞韵詞譜

詞律二十卷　(清)萬樹輯　詞律拾遺六卷
(清)徐本立纂　詞律補遺一卷　(清)杜文瀾
編　清光緒二年(1876)吳下刻本　十二冊

150000－0601－0009652　127146　集部/詞
曲類/詞曲評之屬/詞韵詞譜

詞律拾遺八卷　(清)徐本立纂　清同治十二
年(1873)吳下刻本　四冊

150000－0601－0009653　127192　集部/詞
曲類/詞曲評之屬/詞韵詞譜

詞律拾遺八卷　(清)徐本立纂　清同治十二
年(1873)吳下刻本　三冊　存五卷(一至五)

150000－0601－0009654　127089　集部/詞
曲類/詞曲評之屬/詞韵詞譜

白香詞譜箋四卷　(清)舒夢蘭纂　(清)謝朝
徵箋　清光緒十一年(1885)刻民國九年
(1920)補刻本　四冊

150000－0601－0009655　127079　集部/詞
曲類/詞曲評之屬/詞韵詞譜

白香詞譜箋四卷　(清)舒夢蘭纂　(清)謝朝
徵箋　清宣統二年(1910)掃葉山房石印本
四冊

150000－0601－0009656　127088　集部/詞

曲類/詞曲評之屬/詞韵詞譜

白香詞譜箋四卷 （清）舒夢蘭纂 （清）謝朝徵箋 清宣統二年(1910)掃葉山房石印本 一冊 合訂缺

150000－0601－0009657 127083 集部/詞曲類/詞曲評之屬/詞韵詞譜

詞譜三卷 （清）許寶善輯 清乾隆三十六年(1771)刻朱墨套印本 一冊

150000－0601－0009658 127508 集部/詞曲類/詞曲評之屬/曲韵曲譜

納書楹曲譜正集四卷續集四卷外集二卷 （清）葉堂撰 清乾隆五十七年(1792)刻本 十冊

150000－0601－0009659 127522 集部/詞曲類/詞曲評之屬/曲韵曲譜

納書楹曲譜正集四卷續集四卷外集二卷補遺四卷 （清）葉堂撰 清道光二十八年(1848)刻本 十六冊

150000－0601－0009660 127518 集部/詞曲類/詞曲評之屬/曲韵曲譜

納書楹曲譜補遺四卷 （清）葉堂撰 清乾隆五十九年(1794)刻本 四冊

150000－0601－0009661 52177 集部/詞曲類/詞曲評之屬/曲韵曲譜

納書楹玉茗堂四夢曲譜 （清）葉堂撰 清乾隆五十七年(1792)刻本 六冊

150000－0601－0009662 127501 集部/詞曲類/詞曲評之屬/曲韵曲譜

納書楹玉茗堂四夢曲譜 （清）葉堂撰 清乾隆五十七年(1792)刻本 七冊

150000－0601－0009663 127546 集部/詞曲類/詞曲評之屬/曲韵曲譜

納書楹玉茗堂四夢曲譜 （清）葉堂撰 清乾隆五十七年(1792)刻本 六冊

150000－0601－0009664 127538 集部/詞曲類/詞曲評之屬/曲韵曲譜

納書楹玉茗堂四夢曲譜 （清）葉堂撰 清道光二十八年(1848)刻本 八冊

150000－0601－0009665 110148 集部/詞曲類/詞曲評之屬/詞話

詞源二卷 （宋）張炎撰 清道光八年(1828)刻本 一冊

150000－0601－0009666 110149 集部/詞曲類/詞曲評之屬/詞話

詞源二卷 （宋）張炎撰 清道光八年(1828)刻本 一冊

150000－0601－0009667 127464 集部/詞曲類/詞曲評之屬/詞話

詞源二卷 （宋）張炎撰 **詞旨一卷** （元）陸輔撰 **樂府指迷一卷** （宋）沈義父撰 清刻本 一冊

150000－0601－0009668 126893 集部/詞曲類/詞曲評之屬/詞話

詞評一卷 （明）王世貞撰 清刻本 一冊

150000－0601－0009669 54215 集部/詞曲類/詞曲評之屬/詞話

介存齋論詞雜著一卷 （清）周濟撰 **詞辨一卷** （清）周濟撰 清光緒四年(1878)刻本 一冊

150000－0601－0009670 110162 集部/詞曲類/詞曲評之屬/詞話

周氏止盦詞辨二卷 （清）周濟撰 （清）譚獻評 **周氏止盦介存齋論詞雜著一卷** （清）周濟撰 （清）譚獻評 清三多刻本 一冊

150000－0601－0009671 110190 集部/詞曲類/詞曲評之屬/詞話

周氏止盦詞辨二卷 （清）周濟撰 （清）譚獻評 **周氏止盦介存齋論詞雜著一卷** （清）周濟撰 （清）譚獻評 清三多刻本 一冊

150000－0601－0009672 126894 集部/詞曲類/詞曲評之屬/詞話

周氏止盦詞辨二卷 （清）周濟撰 （清）譚獻評 **周氏止盦介存齋論詞雜著一卷** （清）周濟撰 （清）譚獻評 清三多刻本 一冊

150000－0601－0009673 127904 集部/詞曲類/詞曲評之屬/詞話

周氏止盦詞辨二卷　（清）周濟撰　（清）譚獻評　周氏止盦介存齋論詞雜著一卷　（清）周濟撰　（清）譚獻評　清三多刻本　一冊

150000－0601－0009674　109987　集部/詞曲類/詞曲評之屬/詞話

蓮子居詞話四卷　（清）吳衡照撰　清道光十二年（1832）錢塘汪氏振綺堂刻本　二冊

150000－0601－0009675　109976　集部/詞曲類/詞曲評之屬/詞話

白雨齋詞話八卷　（清）陳廷焯撰　白雨齋詞存一卷　（清）陳廷焯撰　白雨齋詩鈔一卷　（清）陳廷焯撰　清光緒二十年（1894）刻本　二冊

150000－0601－0009676　109978　集部/詞曲類/詞曲評之屬/詞話

白雨齋詞話八卷　（清）陳廷焯撰　白雨齋詞存一卷　（清）陳廷焯撰　白雨齋詩鈔一卷　（清）陳廷焯撰　清光緒二十年（1894）刻本　四冊

150000－0601－0009677　109975　集部/詞曲類/詞曲評之屬/詞話

左庵詞話一卷　（清）李佳繼昌撰　清刻紅印本　一冊

150000－0601－0009678　50969　集部/詞曲類/詞曲評之屬/詞話

集詞牌三十韵一卷　（清）藤花書屋主人撰　清光緒十四年（1888）刻本　一冊

150000－0601－0009679　50970　集部/詞曲類/詞曲評之屬/詞話

集詞牌三十韵一卷　（清）藤花書屋主人撰　清光緒十四年（1888）刻本　一冊

150000－0601－0009680　110168　集部/詞曲類/詞曲評之屬/曲話

樂府傳聲二卷　（清）徐大椿撰　清光緒七年（1881）刻本　二冊

150000－0601－0009681　49544　叢部彙編/雜纂類

說郛一百二十弓續四十四弓　（元）陶宗儀輯

說郛續四十六弓　（元）陶宗儀輯　清順治三年（1646）宛委山堂刻本　一百六十九冊

150000－0601－0009682　164191　叢部彙編/雜纂類

說郛　（元）陶宗儀輯　清順治三年（1646）宛委山堂刻本　四十八冊

150000－0601－0009683　48202　叢部彙編/雜纂類

小四書　（明）朱升輯　共賞書局刻本　四冊

150000－0601－0009684　163251　叢部彙編/雜纂類

廣漢魏叢書　（明）何允中輯　清刻本　八十冊

150000－0601－0009685　163485　叢部彙編/雜纂類

廣漢魏叢書　（明）何允中輯　清刻本　六十冊

150000－0601－0009686　39468　叢部彙編/雜纂類

增訂漢魏叢書　（清）王謨輯　清乾隆五十六年（1791）刻本　七十八冊

150000－0601－0009687　163331　叢部彙編/雜纂類

增訂漢魏叢書　（清）王謨輯　清乾隆五十六年（1791）刻本　七十七冊

150000－0601－0009688　53122　叢部彙編/雜纂類

增訂漢魏叢書　（清）王謨輯　清光緒二十一年（1895）黃元壽石印本　十六冊

150000－0601－0009689　163219　叢部彙編/雜纂類

增訂漢魏叢書　（清）王謨輯　清宣統三年（1911）上海育文書局石印本　三十二冊

150000－0601－0009690　24684　叢部彙編/雜纂類

增訂漢魏叢書　（清）藝文書局主人輯　清光緒二十年（1894）湖南藝文書局刻本　九十二冊

150000 - 0601 - 0009691　163408　叢部彙編/雜纂類

增訂漢魏叢書　（清）藝文書局主人輯　清光緒二十年（1894）湖南藝文書局刻本　七十七冊

150000 - 0601 - 0009692　158508　叢部彙編/雜纂類

莊騷合刻　（清）曹忠浩輯　清康熙二十九年（1690）刻本　四冊

150000 - 0601 - 0009693　153821　叢部彙編/雜纂類

津逮秘書　（明）毛晉輯　明末毛氏汲古閣刻本　二十七冊

150000 - 0601 - 0009694　162639　叢部彙編/雜纂類

津逮秘書第五集　（明）毛晉輯　明末毛氏汲古閣刻本　五冊

150000 - 0601 - 0009695　165884　叢部彙編/雜纂類

綠窗女史　（明）秦淮寓客輯　明刻本　十四冊　存一百五十六種

150000 - 0601 - 0009696　156842　叢部彙編/雜纂類

秘書二十一種　（清）汪士漢輯　清乾隆七年（1742）文盛堂刻本　二十四冊

150000 - 0601 - 0009697　53138　叢部彙編/雜纂類

秘書二十一種　（清）汪士漢輯　清嘉慶九年（1804）新安汪氏刻本　十六冊

150000 - 0601 - 0009698　168388　叢部彙編/雜纂類

檀几叢書　（清）王晫　（清）張潮輯　清康熙三十四年（1695）新安張氏刻本　十冊

150000 - 0601 - 0009699　154514　叢部彙編/雜纂類

昭代叢書甲集五十卷乙集四十卷　（清）張潮輯　清康熙三十六年至三十九年（1697 - 1700）刻本　十二冊

150000 - 0601 - 0009700　154353　叢部彙編/雜纂類

昭代叢書　（清）張潮　（清）張漸輯　（清）楊復吉　（清）沈楙德續輯　清道光十三年至二十九年（1833 - 1849）刻光緒二年（1876）重印本　一百六十一冊

150000 - 0601 - 0009701　52551　叢部彙編/雜纂類

正誼堂全書　（清）張伯行輯　（清）楊浚重輯　清同治五年至九年（1866 - 1870）刻本　一百五十九冊

150000 - 0601 - 0009702　145879　叢部彙編/雜纂類

正誼堂全書　（清）張伯行輯　（清）楊浚重輯　清同治五年至九年（1866 - 1870）刻本　二百〇一冊

150000 - 0601 - 0009703　D4281　叢部彙編/雜纂類

說鈴　（清）吳震方輯　清康熙四十四年至五十一年（1705 - 1712）刻本　二十九冊　存前集、後集、續集

150000 - 0601 - 0009704　164271　叢部彙編/雜纂類

說鈴　（清）吳震方輯　清康熙四十四年（1705）刻本　十九冊

150000 - 0601 - 0009705　164239　叢部彙編/雜纂類

說鈴　（清）吳震方輯　清嘉慶四年（1799）刻本　三十二冊

150000 - 0601 - 0009706　149946　叢部彙編/雜纂類

武英殿聚珍版書　清同治十年（1871）福建刻本　八百五冊

150000 - 0601 - 0009707　150751　叢部彙編/雜纂類

武英殿聚珍版書　清同治十三年（1874）江西書局刻本　一百二十四冊　缺

150000 - 0601 - 0009708　161137　叢部彙

編/雜纂類

雅雨堂藏書　（清）盧見曾輯　清乾隆二十一年(1756)雅雨堂刻本　二十二冊

150000－0601－0009709　161159　叢部彙編/雜纂類

雅雨堂藏書　（清）盧見曾輯　清乾隆二十一年(1756)雅雨堂刻本　二十八冊

150000－0601－0009710　153809　叢部彙編/雜纂類

述記　（清）任兆麟輯　清刻本　六冊

150000－0601－0009711　163209　叢部彙編/雜纂類

微波榭叢書　（清）孔繼涵輯　清刻本　十冊

150000－0601－0009712　138482　叢部彙編/雜纂類

二餘堂叢書　（清）師範輯　清嘉慶九年(1804)小停雲館刻本　七冊　存九種

150000－0601－0009713　4546　叢部彙編/雜纂類

知不足齋叢書　（清）鮑廷博輯　（清）鮑志祖續輯　清刻本　二百四十冊

150000－0601－0009714　151793　叢部彙編/雜纂類

知不足齋叢書　（清）鮑廷博輯　（清）鮑志祖續輯　清刻本　二百四十冊

150000－0601－0009715　152033　叢部彙編/雜纂類

知不足齋叢書　（清）鮑廷博輯　（清）鮑志祖續輯　清刻本　二百四十一冊

150000－0601－0009716　153624　叢部彙編/雜纂類

重刊拜經樓叢書七種　（清）吳騫輯　清光緒十一年(1885)會稽章氏鄂渚刻本　八冊

150000－0601－0009717　153632　叢部彙編/雜纂類

重刊拜經樓叢書七種　（清）吳騫輯　清光緒十一年(1885)會稽章氏鄂渚刻本　八冊

150000－0601－0009718　151236　叢部彙編/雜纂類

函海　（清）李調元輯　清光緒七年至八年(1881－1882)廣漢鍾登甲樂道齋刻本　一百九十九冊

150000－0601－0009719　162269　叢部彙編/雜纂類

經訓堂叢書　（清）畢沅輯　清光緒十三年(1887)大同書局石印本　二十冊

150000－0601－0009720　162289　叢部彙編/雜纂類

經訓堂叢書　（清）畢沅輯　清光緒十三年(1887)大同書局石印本　二十冊

150000－0601－0009721　162309　叢部彙編/雜纂類

經訓堂叢書　（清）畢沅輯　清光緒十三年(1887)大同書局石印本　十七冊

150000－0601－0009722　162545　叢部彙編/雜纂類

群書拾補初編　（清）盧文弨撰　清光緒十三年(1887)上海蜚英館石印經訓堂叢書本　八冊

150000－0601－0009723　160190　叢部彙編/雜纂類

貸園叢書初集　（清）周永年輯　清乾隆五十四年(1789)歷城周氏刻本　二十四冊

150000－0601－0009724　160214　叢部彙編/雜纂類

貸園叢書初集　（清）周永年輯　清乾隆五十四年(1789)歷城周氏刻本　十六冊

150000－0601－0009725　161541　叢部彙編/雜纂類

貸園叢書初集　（清）周永年輯　清乾隆五十四年(1789)歷城周氏刻本　九冊

150000－0601－0009726　167666　叢部彙編/雜纂類

龍威秘書　（清）馮俊良輯　清乾隆五十九年(1794)大酉山房刻本　八十冊

150000－0601－0009727　168075　叢部彙
編/雜纂類

龍威秘書　（清）馮俊良輯　清世德堂刻本
五十一冊　缺

150000－0601－0009728　152549　叢部彙
編/雜纂類

岱南閣叢書　（清）孫星衍輯　清嘉慶三年
(1798)蘭陵孫氏刻本　十五冊

150000－0601－0009729　147683　叢部彙
編/雜纂類

汗筠齋叢書第一集　（清）秦鑑輯　清嘉慶三
年至四年(1798－1799)秦氏刻本　十二冊

150000－0601－0009730　170050　叢部彙
編/雜纂類

讀畫齋叢書　（清）顧修輯　清嘉慶四年
(1799)桐川顧氏刻本　六十三冊

150000－0601－0009731　169283　叢部彙
編/雜纂類

藝海珠塵　（清）吳省蘭輯　（清）錢熙輔增輯
　清刻本　八十冊

150000－0601－0009732　169363　叢部彙
編/雜纂類

藝海珠塵　（清）吳省蘭輯　（清）錢熙輔增輯
　清刻本　五十七冊

150000－0601－0009733　160984　叢部彙
編/雜纂類

湖海樓叢書　（清）陳春輯　清嘉慶二十四年
(1819)蕭山陳氏湖海樓刻本　三十六冊

150000－0601－0009734　158546　叢部彙
編/雜纂類

得月簃叢書　（清）榮譽輯　清長白榮氏刻本
　二十冊

150000－0601－0009735　152274　叢部彙
編/雜纂類

青照堂叢書　（清）李元春輯　清道光十五年
(1835)朝邑劉氏刻本　三十冊

150000－0601－0009736　152304　叢部彙

編/雜纂類

青照堂叢書　（清）李元春輯　清道光十五年
(1835)朝邑劉氏刻本　四十一冊

150000－0601－0009737　158698　叢部彙
編/雜纂類

惜陰軒叢書　（清）李錫齡輯　清光緒十四年
(1888)長沙惜陰書局刻本　一百冊

150000－0601－0009738　52710　叢部彙編/
雜纂類

宜稼堂叢書　（清）郁松年輯　清道光上海郁
氏刻本　六十四冊

150000－0601－0009739　153104　叢部彙
編/雜纂類

春暉堂叢書　（清）徐渭仁輯　清上海徐氏刻
同治補刻本　十二冊

150000－0601－0009740　147706　叢部彙
編/雜纂類

守山閣叢書　（清）錢熙祚輯　清道光二十四
年(1844)金山錢氏刻本　八十冊

150000－0601－0009741　155629　叢部彙
編/雜纂類

海山仙館叢書　（清）潘仕成輯　清末刻本
一百二十冊

150000－0601－0009742　156193　叢部彙
編/雜纂類

海山仙館叢書　（清）潘仕成輯　清末刻本
一百二十冊

150000－0601－0009743　157523　叢部彙
編/雜纂類

連筠簃叢書　（清）楊尚文輯　清道光二十八
年(1848)刻本　三十冊

150000－0601－0009744　48482＋158495
叢部彙編/雜纂類

敏果齋七種　（清）許乃釗輯　清道光錢塘許
氏刻本　二十二冊

150000－0601－0009745　52774　叢部彙編/
雜纂類

粵雅堂叢書　（清）伍崇曜輯　清末南海伍氏粵雅堂刻本　二百二十八冊

150000－0601－0009746　159493　叢部彙編/雜纂類

粵雅堂叢書　（清）伍崇曜輯　清末南海伍氏粵雅堂刻本　三百二十一冊

150000－0601－0009747　152875　叢部彙編/雜纂類

長恩書室叢書　（清）莊肇麟輯　清咸豐四年（1854）刻本　十六冊

150000－0601－0009748　141104　叢部彙編/雜纂類

小萬卷樓叢書　（清）錢培名輯　清光緒四年（1878）刻本　十六冊

150000－0601－0009749　165130　叢部彙編/雜纂類

榕園叢書　（清）張丙炎輯　（清）張允頤重輯　清末刻民國二年（1913）重修本　三十二冊　缺

150000－0601－0009750　10309　叢部彙編/雜纂類

當歸草堂叢書　（清）丁丙輯　清末錢塘丁氏刻本　八冊

150000－0601－0009751　142406　叢部彙編/雜纂類

天壤閣叢書　（清）王懿榮輯　清末福山王氏刻本　十六冊

150000－0601－0009752　162507　叢部彙編/雜纂類

滂喜齋叢書　（清）潘祖蔭輯　清末刻本　三十二冊

150000－0601－0009753　146168　叢部彙編/雜纂類

功順堂叢書　（清）潘祖蔭輯　清末吳縣潘氏刻本　三十二冊

150000－0601－0009754　146200　叢部彙編/雜纂類

功順堂叢書　（清）潘祖蔭輯　清末吳縣潘氏刻本　三十冊

150000－0601－0009755　152624　叢部彙編/雜纂類

述古叢鈔　（清）劉晚榮輯　清同治九年至光緒五年（1870－1879）藏修書屋刻本　十四冊

150000－0601－0009756　152638　叢部彙編/雜纂類

述古叢鈔　（清）劉晚榮輯　清同治九年至光緒五年（1870－1879）藏修書屋刻本　四十冊

150000－0601－0009757　156313　叢部彙編/雜纂類

挹秀山房叢書　（清）朱克敬輯　清光緒七年（1881）長沙刻本　六冊　存四種

150000－0601－0009758　141233　叢部彙編/雜纂類

小石山房叢書　（清）顧湘輯　清同治十三年（1874）顧氏刻本　十四冊

150000－0601－0009759　141247　叢部彙編/雜纂類

小石山房叢書　（清）顧湘輯　清同治十三年（1874）顧氏刻本　二十冊

150000－0601－0009760　147536　叢部彙編/雜纂類

式訓堂叢書初集　（清）章壽康輯　清光緒會稽章氏刻本　十冊

150000－0601－0009761　147546　叢部彙編/雜纂類

式訓堂叢書初集　（清）章壽康輯　清光緒會稽章氏刻本　十六冊

150000－0601－0009762　147670　叢部彙編/雜纂類

式訓堂叢書二集　（清）章壽康輯　清光緒會稽章氏刻本　十三冊

150000－0601－0009763　139141　叢部彙編/雜纂類

十萬卷樓叢書　（清）陸心源輯　清光緒歸安

陸氏刻本　九十七冊

150000－0601－0009764　153673　叢部彙編/雜纂類

後知不足齋叢書　（清）鮑廷爵輯　清光緒常熟鮑氏刻本　三十二冊

150000－0601－0009765　141468　叢部彙編/雜纂類

大亭山館叢書十三種　（清）楊葆彝輯　清光緒陽湖楊氏刻本　三冊　存八種

150000－0601－0009766　10343　叢部彙編/雜纂類

邵武徐氏叢書　（清）徐榦輯　清光緒邵武徐氏刻本　三十九冊

150000－0601－0009767　152493　叢部彙編/雜纂類

邵武徐氏叢書　（清）徐榦輯　清光緒邵武徐氏刻本　四十冊

150000－0601－0009768　152533　叢部彙編/雜纂類

邵武徐氏叢書二集　（清）徐榦輯　清光緒刻本　十六冊

150000－0601－0009769　25166　叢部彙編/雜纂類

半厂叢書初編　（清）譚獻輯　清光緒仁和譚氏刻本　十六冊

150000－0601－0009770　146358　叢部彙編/雜纂類

半厂叢書初編　（清）譚獻輯　清光緒仁和譚氏刻本　十四冊

150000－0601－0009771　146372　叢部彙編/雜纂類

半厂叢書初編　（清）譚獻輯　清光緒仁和譚氏刻本　十九冊

150000－0601－0009772　142351　叢部彙編/雜纂類

心矩齋叢書　（清）蔣鳳藻輯　清光緒長洲蔣氏刻本　十二冊

150000－0601－0009773　5317　叢部彙編/雜纂類

咫進齋叢書　（清）姚覲元輯　清光緒九年（1883）歸安姚氏刻本　二十四冊

150000－0601－0009774　169765　叢部彙編/雜纂類

鐵華館叢書　（清）蔣鳳藻輯　清光緒長洲蔣氏影刻本　六冊

150000－0601－0009775　169771　叢部彙編/雜纂類

鐵華館叢書　（清）蔣鳳藻輯　清光緒長洲蔣氏影刻本　十二冊

150000－0601－0009776　144419　叢部彙編/雜纂類

古逸叢書　（清）黎庶昌輯　清光緒遵義黎氏日本東京使署刻本　四十九冊

150000－0601－0009777　144468　叢部彙編/雜纂類

古逸叢書　（清）黎庶昌輯　清光緒遵義黎氏日本東京使署刻本　四十九冊

150000－0601－0009778　144517　叢部彙編/雜纂類

古逸叢書　（清）黎庶昌輯　清光緒遵義黎氏日本東京使署刻本　四十冊

150000－0601－0009779　144557　叢部彙編/雜纂類

古逸叢書　（清）黎庶昌輯　清光緒遵義黎氏日本東京使署刻本　三十八冊　缺

150000－0601－0009780　42556　叢部彙編/雜纂類

嘯園叢書　（清）葛元煦輯　清光緒九年（1883）刻本　三十二冊　缺

150000－0601－0009781　168126　叢部彙編/雜纂類

嘯園叢書　（清）葛元煦輯　清光緒九年（1883）刻本　七十二冊

150000－0601－0009782　153880　叢部彙

編/雜纂類

南菁書院叢書　王先謙　繆荃孫輯　清光緒
十四年(1888)江陰南菁書院刻本　四十冊

150000－0601－0009783　153920　叢部彙
編/雜纂類

南菁書院叢書　王先謙　繆荃孫輯　清光緒
十四年(1888)江陰南菁書院刻本　三十二冊

150000－0601－0009784　168920　叢部彙
編/雜纂類

藏修堂叢書　(清)劉晚榮輯　清光緒十六年
(1890)刻本　六十二冊

150000－0601－0009785　142530　叢部彙
編/雜纂類

木犀軒叢書　李盛鐸輯　清光緒德化李氏刻
本　四十冊

150000－0601－0009786　153261　叢部彙
編/雜纂類

紀載彙編　清光緒四年(1878)申報館排印申
報館叢書本　二冊

150000－0601－0009787　146409　叢部彙
編/雜纂類

屑玉叢譚　清末申報館排印申報館叢書本
十冊

150000－0601－0009788　50439　叢部彙編/
雜纂類

硯雲甲編　(清)金忠淳輯　**硯雲乙編一卷**
(清)金忠淳輯　清光緒申報館排印申報館叢
書本　十三冊

150000－0601－0009789　161518　叢部彙
編/雜纂類

硯雲甲編　(清)金忠淳輯　**硯雲乙編一卷**
(清)金忠淳輯　清光緒申報館排印申報館叢
書本　十一冊

150000－0601－0009790　154584　叢部彙
編/雜纂類

玲瓏山館叢書　清光緒十五年(1889)文選樓
刻本　四十冊

150000－0601－0009791　162644　叢部彙
編/雜纂類

榆園叢刻　(清)許增輯　清末刻本　十六冊

150000－0601－0009792　162660　叢部彙
編/雜纂類

榆園叢刻　(清)許增輯　清末刻本　十六冊

150000－0601－0009793　10486　叢部彙編/
雜纂類

崇文書局彙刻書　(清)崇文書局輯　清光緒
三年(1877)湖北崇文書局刻本　八十冊

150000－0601－0009794　140833　叢部彙
編/雜纂類

崇文書局彙刻書　(清)崇文書局輯　清光緒
三年(1877)湖北崇文書局刻本　七十九冊

150000－0601－0009795　146080　叢部彙
編/雜纂類

正覺樓叢刻　(清)崇文書局輯　清光緒崇文
書局刻本　三十六冊

150000－0601－0009796　167184　叢部彙
編/雜纂類

學古堂日記　(清)雷浚　(清)汪之昌輯　清
光緒十六年(1890)刻二十二年(1896)續刻本
二十六冊

150000－0601－0009797　170197　叢部彙
編/雜纂類

觀自得齋叢書　(清)徐士愷輯　清光緒刻本
十六冊

150000－0601－0009798　165168　叢部彙
編/雜纂類

漸西村舍彙刊六十七種　(清)袁昶輯　清光
緒桐廬袁氏刻本　二十九冊　存十八種

150000－0601－0009799　160017　叢部彙
編/雜纂類

雲自在龕叢書　繆荃孫輯　清光緒江陰繆氏
刻本　二十六冊

150000－0601－0009800　169272　叢部彙
編/雜纂類

藕香零拾　繆荃孫輯　清末刻本　十一冊

150000 – 0601 – 0009801　161187　叢部彙編/雜纂類

結一廬朱氏膡餘叢書　（清）朱澂輯　清光緒三十一年（1905）朱氏刻本　二十冊

150000 – 0601 – 0009802　164808　叢部彙編/雜纂類

槐廬叢書　（清）朱記榮輯　清光緒朱氏槐廬家塾刻本　七十三冊

150000 – 0601 – 0009803　156425　叢部彙編/雜纂類

校經山房叢書　（清）朱記榮輯　清光緒三十年（1904）孫溪朱氏槐廬家塾刻本　三十二冊

150000 – 0601 – 0009804　12035　叢部彙編/雜纂類

廣雅書局叢書　（清）廣雅書局輯　清光緒廣雅書局刻本　三百十二冊　存六十二種

150000 – 0601 – 0009805　156406　叢部彙編/雜纂類

振綺堂叢書　（清）汪康年輯　清末泉唐汪氏刻暨排印本　十六冊

150000 – 0601 – 0009806　170378　叢部彙編/雜纂類

韓南溪四種　（清）韓超撰　清宣統二年（1910）排印振綺堂叢書本　一冊

150000 – 0601 – 0009807　170153　叢部彙編/雜纂類

靈鶼閣叢書　（清）江標輯　清光緒元和江氏湖南使院刻本　四十四冊

150000 – 0601 – 0009808　165197　叢部彙編/雜纂類

漸學廬叢書第一集　（清）胡祥鑅輯　清光緒石印本　七冊　存十種

150000 – 0601 – 0009809　170213　叢部彙編/雜纂類

觀古堂彙刻書　葉德輝輯　清光緒二十八年（1902）湘潭葉氏刻本　十四冊

150000 – 0601 – 0009810　168982　叢部彙編/雜纂類

雙梅景闇叢書　葉德輝輯　清末刻本　四冊

150000 – 0601 – 0009811　169455　叢部彙編/雜纂類

麗廔叢書　葉德輝輯　清光緒長沙葉氏刻本　八冊

150000 – 0601 – 0009812　164356　叢部彙編/雜纂類

聚學軒叢書　劉世珩輯　清光緒貴池劉氏刻本　九十八冊

150000 – 0601 – 0009813　164454　叢部彙編/雜纂類

聚學軒叢書　劉世珩輯　清光緒貴池劉氏刻本　六十九冊

150000 – 0601 – 0009814　166094　叢部彙編/雜纂類

鄦齋叢書　徐乃昌輯　清光緒二十六年（1900）南陵徐氏刻本　十二冊　缺

150000 – 0601 – 0009815　166106　叢部彙編/雜纂類

鄦齋叢書　徐乃昌輯　清光緒二十六年（1900）南陵徐氏刻本　十七冊

150000 – 0601 – 0009816　169264　叢部彙編/雜纂類

懷豳雜俎　徐乃昌輯　清末南陵徐氏刻本　八冊

150000 – 0601 – 0009817　167067　叢部彙編/雜纂類

隨庵徐氏叢書　徐乃昌輯　清末至民國南陵徐氏刻本　十八冊

150000 – 0601 – 0009818　158210　叢部彙編/雜纂類

晨風閣叢書　沈宗畸輯　清宣統元年（1909）番禺沈氏刻本　十六冊

150000 – 0601 – 0009819　158185　叢部彙編/雜纂類

晨風閣叢書第一集　沈宗畸輯　清末國學萃編社排印本　二十五冊

150000－0601－0009820　152869　叢部彙編/雜纂類

刻鵠齋叢書　（清）胡念修輯　清光緒二十六年(1900)刻本　六冊

150000－0601－0009821　162185　叢部彙編/雜纂類

集虛草堂叢書甲集　李國松輯　清光緒三十年(1904)合肥李氏刻本　二十四冊

150000－0601－0009822　161390　叢部彙編/雜纂類

粟香室叢書　金武祥輯　清末至民國江陰金氏刻本　四十二冊

150000－0601－0009823　154656　叢部彙編/雜纂類

風雨樓叢書　鄧實輯　清宣統鄧氏排印本　八冊　存二種

150000－0601－0009824　145133　叢部彙編/雜纂類

玉簡齋叢書　羅振玉輯　清宣統二年(1910)上虞羅氏刻本　二十冊

150000－0601－0009825　156633　叢部彙編/雜纂類

峭帆樓叢書　趙詒琛輯　清末至民國趙氏刻本　二十冊

150000－0601－0009826　156488　叢部彙編/雜纂類

峭帆樓叢書　趙詒琛輯　清末至民國趙氏刻本　四冊

150000－0601－0009827　138855　叢部彙編/雜纂類

又滿樓叢書　趙詒琛輯　趙氏又滿樓刻本　一冊　殘

150000－0601－0009828　158798　叢部彙編/雜纂類

張氏適園叢書初集　張鈞衡輯　清宣統三年(1911)上海國學扶輪社排印本　十冊

150000－0601－0009829　158808　叢部彙編/雜纂類

張氏適園叢書初集　張鈞衡輯　清宣統三年(1911)上海國學扶輪社排印本　七冊

150000－0601－0009830　158815　叢部彙編/雜纂類

張氏適園叢書初集　張鈞衡輯　清宣統三年(1911)上海國學扶輪社排印本　八冊　缺

150000－0601－0009831　152960　叢部彙編/雜纂類

房山山房叢書十種　陳洙輯　清末至民國浦江陳氏刻本　四冊　存五種

150000－0601－0009832　147662　叢部彙編/雜纂類

曲石叢書　李根源輯　騰沖李氏蘇州刻本　八冊

150000－0601－0009833　138490　叢部彙編/輯佚類

二酉堂叢書　（清）張澍輯　清道光元年(1821)武威張氏二酉堂刻本　十二冊

150000－0601－0009834　139238　叢部彙編/輯佚類

十種古逸書　（清）茆泮林輯　清道光十四年(1834)刻本　八冊

150000－0601－0009835　24981　叢部彙編/輯佚類

玉函山房輯佚書　（清）馬國翰輯　清光緒九年(1883)長沙琅環館刻本　九十七冊

150000－0601－0009836　145153　叢部彙編/輯佚類

玉函山房輯佚書　（清）馬國翰輯　清光緒十八年(1892)湖南思賢書局刻本　一百二十冊

150000－0601－0009837　145273　叢部彙編/輯佚類

玉函山房輯佚書　（清）馬國翰輯　清光緒十八年(1892)湖南思賢書局刻本　九十九冊

150000－0601－0009838　145372　叢部彙編/輯佚類

玉函山房輯佚書　（清）馬國翰輯　清光緒十八年(1892)湖南思賢書局刻本　八十四冊

150000－0601－0009839　145456　叢部彙編/輯佚類

玉函山房輯佚書　（清）馬國翰輯　清光緒十八年(1892)湖南思賢書局刻本　一百冊

150000－0601－0009840　163625　叢部彙編/輯佚類

漢學堂叢書　（清）黃奭輯　清刻本　二百冊

150000－0601－0009841　163825　叢部彙編/輯佚類

漢學堂叢書　（清）黃奭輯　清刻本　八十冊

150000－0601－0009842　11665　叢部彙編/郡邑類

畿輔叢書　（清）王灝輯　清光緒五年(1879)謙德堂刻本　三百七十冊　存一百五十八種

150000－0601－0009843　162676　叢部彙編/郡邑類

虞山叢刻　丁祖蔭輯　常熟丁氏刻本　十冊

150000－0601－0009844　157610　叢部彙編/郡邑類

常州先哲遺書　盛宣懷輯　清光緒武進盛氏刻本　六十四冊

150000－0601－0009845　157674　叢部彙編/郡邑類

常州先哲遺書　盛宣懷輯　清光緒武進盛氏刻本　六十四冊

150000－0601－0009846　82258　叢部彙編/郡邑類

京口掌故叢編　（清）陶駿保輯　抄本　六冊

150000－0601－0009847　161432　叢部彙編/郡邑類

揚州叢刻　陳恒和輯　揚州陳恒和書林刻本　十六冊

150000－0601－0009848　161448　叢部彙編/郡邑類

揚州叢刻　陳恒和輯　揚州陳恒和書林刻本　十六冊

150000－0601－0009849　161464　叢部彙編/郡邑類

揚州叢刻　陳恒和輯　揚州陳恒和書林刻本　五冊　殘

150000－0601－0009850　151512　叢部彙編/郡邑類

東倉書庫叢刻初編十二種　（清）繆朝荃輯　清光緒太倉繆氏刻本　六冊　存五種

150000－0601－0009851　156818　叢部彙編/郡邑類

涇川叢書　（清）趙紹祖　（清）趙繩祖輯　清道光十二年(1832)趙氏古墨齋刻本　二十四冊

150000－0601－0009852　4786　叢部彙編/郡邑類

武林掌故叢編　（清）丁丙輯　清光緒錢塘丁氏嘉惠堂刻本　二百〇九冊

150000－0601－0009853　150875　叢部彙編/郡邑類

武林掌故叢編　（清）丁丙輯　清光緒錢塘丁氏嘉惠堂刻本　二百〇八冊

150000－0601－0009854　151101　叢部彙編/郡邑類

武林往哲遺著　（清）丁丙輯　清光緒錢塘丁氏嘉惠堂刻本　十一冊

150000－0601－0009855　161020　叢部彙編/郡邑類

湖州叢書　（清）陸心源輯　清光緒湖城義塾刻本　二十四冊

150000－0601－0009856　27511　叢部彙編/郡邑類

金華叢書　（清）胡鳳丹輯　清末刻民國補刻本　二百六十四冊

150000－0601－0009857　146230　叢部彙編

編/郡邑類

永嘉叢書　（清）孫衣言輯　清末瑞安孫氏詒
善祠塾刻本　五十一冊　缺

150000－0601－0009858　146281　叢部彙
編/郡邑類

永嘉叢書　（清）孫衣言輯　清末瑞安孫氏詒
善祠塾刻本　十六冊　殘

150000－0601－0009859　160604　叢部彙
編/郡邑類

湖北叢書　（清）趙尚輔輯　清光緒十七年
(1891)三餘草堂刻本　一百冊

150000－0601－0009860　160704　叢部彙
編/郡邑類

湖北叢書　（清）趙尚輔輯　清光緒十七年
(1891)三餘草堂刻本　一百冊

150000－0601－0009861　160804　叢部彙
編/郡邑類

湖北叢書　（清）趙尚輔輯　清光緒十七年
(1891)三餘草堂刻本　一百八十冊

150000－0601－0009862　166859　叢部彙
編/郡邑類

豫章叢書　（清）陶福履輯　清末新建陶氏刻
本　七冊

150000－0601－0009863　168198　叢部彙
編/郡邑類

嶺南遺書　（清）伍元薇　（清）伍崇曜輯　清
南海伍氏刻本　八十冊

150000－0601－0009864　165901　叢部彙
編/氏族類

德州田氏叢書　（清）田雯等撰　清刻本　十
一冊

150000－0601－0009865　168496　叢部彙
編/氏族類

叢睦汪氏遺書十九種　（清）汪篪輯　清刻本
　十六冊　存八種

150000－0601－0009866　148254　叢部彙
編/氏族類

如皋冒氏叢書　冒廣生輯　清末至民國如皋
冒氏刻本　六冊

150000－0601－0009867　125964＋169722＋
170444　叢部彙編/氏族類

雙雲堂傳集　清光緒范氏刻本（配本）　七冊

150000－0601－0009868　10435　叢部彙編/
氏族類

富陽夏氏叢刻　夏震武　（清）夏鼎武撰　清
光緒刻本　四冊

150000－0601－0009869　161319　叢部彙
編/氏族類

項城袁氏家集　丁振鐸輯　清宣統三年
(1911)清芬閣排印本　四十二冊

150000－0601－0009870　161361　叢部彙
編/氏族類

項城袁氏家集　丁振鐸輯　清宣統三年
(1911)清芬閣排印本　二十八冊

150000－0601－0009871　145001　叢部彙
編/氏族類

左海全集　（清）陳壽祺撰　清刻陳紹墉補刻
本　二十八冊

150000－0601－0009872　158247　叢部彙
編/氏族類

陸氏傳家集　（清）陸乃普輯　清同治十一年
(1872)義經堂刻本　四冊

150000－0601－0009873　151542　叢部彙
編/氏族類

河南程氏全書五十二卷　（宋）朱熹輯　清康
熙石門呂氏寶誥堂刻本　十一冊　存五十一
卷(一至五十一)

150000－0601－0009874　138438　叢部彙
編/氏族類

河南程氏全書　（宋）朱熹輯　清同治十年
(1871)六安求我齋刻本　十四冊

150000－0601－0009875　138466　叢部彙
編/氏族類

二程全書十種　（宋）朱熹輯　清光緒十八年

（1892）劉傳經堂刻西京清麓叢書本 八冊
缺五種

150000－0601－0009876 162445 叢部彙
編/氏族類

董氏叢書 （清）董金鑑輯 清光緒三十二年
（1906）董氏取斯家塾刻本 十一冊

150000－0601－0009877 162698 叢部彙
編/氏族類

賈氏叢書甲集 （清）賈臻輯 清賈氏躬自厚
齋刻本 十冊

150000－0601－0009878 10317 叢部彙編/
氏族類

丹徒戴氏叢刻 （清）戴肇辰輯 清同治刻本
八冊

150000－0601－0009879 767850 叢部彙
編/獨撰類

歐陽文忠公全集 （宋）歐陽修撰 明嘉靖刻
本 八冊 存四十一卷（四十至五十八、六十
二至七十五、八十九至九十六）

150000－0601－0009880 767918 叢部彙
編/獨撰類

歐陽文忠公全集 （宋）歐陽修撰 清刻本
一冊 存七卷（七十七至八十三）

150000－0601－0009881 767858 叢部彙
編/獨撰類

歐陽文忠公集 （宋）歐陽修撰 明刻本 五
冊 存三十二卷（四十四至五十、六十三至六
十九、九十七至一百○三、一百十四至一百十
六、一百二十至一百二十七）

150000－0601－0009882 158830 叢部彙
編/獨撰類

張子全書 （宋）張載撰 （清）朱軾 （清）
段志熙校 清光緒二十三年（1897）刻朱文端
公藏書本 五冊

150000－0601－0009883 59528 叢部彙編/
獨撰類

游定夫先生集六卷首一卷末一卷 （宋）游酢
撰 清同治六年（1867）和州官舍刻本 二冊

150000－0601－0009884 161558 叢部彙
編/獨撰類

游定夫先生集六卷首一卷末一卷 （宋）游酢
撰 清同治六年（1867）和州官舍刻本 二冊

150000－0601－0009885 146309 叢部彙
編/獨撰類

石林遺書 （宋）葉夢得撰 清末葉氏觀古堂
刻本 十四冊

150000－0601－0009886 148284 叢部彙
編/獨撰類

朱子遺書 （宋）朱熹撰 清康熙禦兒呂氏寶
誥堂刻本 十六冊

150000－0601－0009887 158271 叢部彙
編/獨撰類

陸放翁全集 （宋）陸游撰 明毛氏汲古閣刻
本 四十冊

150000－0601－0009888 142334 叢部彙
編/獨撰類

文山別集四卷 （宋）文天祥撰 清宣統二年
（1910）東雅社排印本 四冊

150000－0601－0009889 168283 叢部彙
編/獨撰類

謝疊山先生評注四種合刻 （宋）謝枋得撰
清光緒八年（1882）豫章別業刻本 四冊

150000－0601－0009890 168287 叢部彙
編/獨撰類

謝疊山先生評注四種合刻 （宋）謝枋得撰
清光緒八年（1882）豫章別業刻本 四冊

150000－0601－0009891 4995 叢部彙編/
獨撰類

玉海 （宋）王應麟撰 清嘉慶十一年（1806）
江寧藩署刻本 一百二十冊

150000－0601－0009892 145556 叢部彙
編/獨撰類

玉海 （宋）王應麟撰 清嘉慶十一年（1806）
江寧藩署刻本 一百○一冊

150000－0601－0009893 145657 叢部彙

编/獨撰類

玉海 （宋）王應麟撰 清嘉慶十一年（1806）
江寧藩署刻本 八十冊

150000－0601－0009894 24513 叢部彙編/
獨撰類

玉海 （宋）王應麟撰 清光緒九年（1883）浙
江書局刻本 一百十冊

150000－0601－0009895 145737 叢部彙
編/獨撰類

玉海 （宋）王應麟撰 清光緒九年（1883）浙
江書局刻本 一百二十一冊

150000－0601－0009896 145858 叢部彙
編/獨撰類

玉海附刻 （宋）王應麟撰 清光緒十六年
（1890）刻本 二十一冊

150000－0601－0009897 158501 叢部彙
編/獨撰類

率祖堂叢書 （宋）金履祥撰 清雍正金律刻
本 六冊 存四種

150000－0601－0009898 9247 叢部彙編/
獨撰類

元遺山先生全集 （金）元好問撰 清光緒七
年（1881）讀書山房刻本 八冊

150000－0601－0009899 10186 叢部彙編/
獨撰類

元遺山先生全集 （金）元好問撰 清光緒七
年（1881）讀書山房刻本 十七冊

150000－0601－0009900 23554 叢部彙編/
獨撰類

元遺山先生全集 （金）元好問撰 清光緒七
年（1881）讀書山房刻本 九冊

150000－0601－0009901 112640 叢部彙
編/獨撰類

元遺山先生全集 （金）元好問撰 清光緒七
年（1881）讀書山房刻本 十六冊

150000－0601－0009902 142967 叢部彙
編/獨撰類

元遺山先生全集 （金）元好問撰 清靈石楊
氏陽泉山莊刻光緒八年（1882）翰文齋書坊刷
印本 十六冊

150000－0601－0009903 50894 叢部彙編/
獨撰類

許文正公遺書十二卷首一卷末一卷末又一卷
（元）許衡撰 清乾隆五十五年（1790）刻本
八冊

150000－0601－0009904 158535 叢部彙
編/獨撰類

許文正公遺書十二卷首一卷末一卷末又一卷
（元）許衡撰 清光緒六年（1880）六安求我
齋刻本 六冊

150000－0601－0009905 116880 叢部彙
編/獨撰類

許文正公遺書十二卷首一卷末一卷末又一卷
（元）許衡撰 清光緒十三年（1887）刻本
四冊

150000－0601－0009906 116884 叢部彙
編/獨撰類

許文正公遺書十二卷首一卷末一卷末又一卷
（元）許衡撰 清光緒十三年（1887）刻本
四冊

150000－0601－0009907 39228 叢部彙編/
獨撰類

王文成公全書三十八卷 （明）王守仁撰 清
末刻本 二十四冊

150000－0601－0009908 143183 叢部彙
編/獨撰類

王文成公全書三十八卷 （明）王守仁撰 清
末刻本 二十四冊

150000－0601－0009909 143159 叢部彙
編/獨撰類

王文成公全書三十八卷 （明）王守仁撰 清
末刻本 二十四冊

150000－0601－0009910 156655 叢部彙
編/獨撰類

孫文恭公遺書 （明）孫應鰲撰 清光緒六年

（1880）獨山莫氏刻本　　六冊

150000－0601－0009911　149921　　叢部彙
編/獨撰類

呂新吾全集　　（明）呂坤撰　　明萬曆刻清末重
修本　　二十四冊

150000－0601－0009912　169665　　叢部彙
編/獨撰類

顧端文公遺書　　（明）顧憲成撰　　清刻本　　十
四冊

150000－0601－0009913　158413　　叢部彙
編/獨撰類

陳處士遺書　　（清）陳貞慧撰　　清光緒二十六
年（1900）弇山鐸署刻本　　一冊

150000－0601－0009914　161087　　叢部彙
編/獨撰類

梨洲遺著彙刊　　（清）黃宗羲撰　　清宣統二年
（1910）上海時中書局排印本　　二十冊

150000－0601－0009915　117201　　叢部彙
編/獨撰類

陸桴亭先生遺書　　（清）陸世儀撰　　清光緒二
十五年（1899）京師刻本　　二十冊

150000－0601－0009916　158251　　叢部彙
編/獨撰類

陸桴亭先生遺書　　（清）陸世儀撰　　清光緒二
十五年（1899）京師刻本　　二十冊

150000－0601－0009917　153608　　叢部彙
編/獨撰類

重訂楊園先生全集五十四卷　　（清）張履祥撰
　　清同治十年（1871）江蘇書局刻本　　十六冊

150000－0601－0009918　765147　　叢部彙
編/獨撰類

重訂楊園先生全集五十四卷　　（清）張履祥撰
清同治十年（1871）江蘇書局刻本　　四冊　　殘

150000－0601－0009919　153586　　叢部彙
編/獨撰類

亭林遺書　　（清）顧炎武撰　　清遂初堂刻本
十二冊

150000－0601－0009920　169687　　叢部彙
編/獨撰類

亭林遺書　　（清）顧炎武撰　　清蓬瀛閣刻本
八冊

150000－0601－0009921　169679　　叢部彙
編/獨撰類

亭林遺書　　（清）顧炎武撰　　清刻本　　八冊

150000－0601－0009922　153598　　叢部彙
編/獨撰類

亭林遺書　　（清）顧炎武撰　　清蓬瀛閣刻吳縣
朱記榮增刻光緒三十二年（1906）彙印本
十冊

150000－0601－0009923　153576　　叢部彙
編/獨撰類

顧亭林先生遺書彙輯　　（清）顧炎武撰　　清刻
光緒朱氏槐廬彙印本　　十冊　　缺

150000－0601－0009924　153544　　叢部彙
編/獨撰類

崑山顧氏全集　　（清）顧炎武撰　　清光緒十四
年（1888）刻本　　十六冊

150000－0601－0009925　153560　　叢部彙
編/獨撰類

崑山顧氏全集　　（清）顧炎武撰　　清光緒十四
年（1888）刻本　　十六冊

150000－0601－0009926　168303　　叢部彙
編/獨撰類

謝程山全書　　（清）謝文洊撰　　清光緒十八年
（1892）刻本　　十七冊　　存九種

150000－0601－0009927　148155　　叢部彙
編/獨撰類

西堂全集　　（清）尤侗撰　　清刻本　　二十二冊

150000－0601－0009928　148177　　叢部彙
編/獨撰類

西堂全集　　（清）尤侗撰　　清刻本　　二十冊

150000－0601－0009929　154526　　叢部彙
編/獨撰類

施愚山先生全集　　（清）施閏章撰　　清刻本

三十二冊

150000－0601－0009930　154558　叢部彙編/獨撰類

施愚山先生全集　（清）施閏章撰　清宣統三年(1911)國學扶輪社石印本　二十六冊

150000－0601－0009931　11500　叢部彙編/獨撰類

船山遺書　（清）王夫之撰　清同治四年(1865)湘鄉曾氏金陵節署刻本　九十五冊

150000－0601－0009932　159046　叢部彙編/獨撰類

船山遺書　（清）王夫之撰　清同治四年(1865)湘鄉曾氏金陵節署刻本　一百二十冊

150000－0601－0009933　159166　叢部彙編/獨撰類

船山遺書　（清）王夫之撰　清同治四年(1865)湘鄉曾氏金陵節署刻本　一百十二冊

150000－0601－0009934　159278　叢部彙編/獨撰類

船山遺書　（清）王夫之撰　清同治四年(1865)湘鄉曾氏金陵節署刻本　一百十五冊

150000－0601－0009935　159393　叢部彙編/獨撰類

船山遺書　（清）王夫之撰　清同治四年(1865)湘鄉曾氏金陵節署刻本　一百冊

150000－0601－0009936　119156　叢部彙編/獨撰類

聰山集　（清）申涵光輯　清康熙二年(1663)刻本　一冊

150000－0601－0009937　168295　叢部彙編/獨撰類

聰山集　（清）申涵光輯　清康熙二年(1663)刻本　六冊

150000－0601－0009938　142678　叢部彙編/獨撰類

西河全集　（清）毛奇齡撰　清康熙刻嘉慶元年(1796)重修本　八十冊

150000－0601－0009939　166322　叢部彙編/獨撰類

湯文正公遺書　（清）湯斌撰　清道光七年(1827)刻本　六冊

150000－0601－0009940　160403　叢部彙編/獨撰類

湯文正公全集　（清）湯斌撰　清同治九年(1870)刻本　三十二冊

150000－0601－0009941　113907　叢部彙編/獨撰類

二曲集四十六卷　（清）李顒撰　清光緒三年(1877)信述堂刻本　六冊

150000－0601－0009942　149458　叢部彙編/獨撰類

二曲集四十六卷　（清）李顒撰　清光緒三年(1877)信述堂刻本　十六冊

150000－0601－0009943　158226　叢部彙編/獨撰類

陸子全書　（清）陸隴其撰　清光緒十六年(1890)刻本　二十一冊

150000－0601－0009944　143040　叢部彙編/獨撰類

王漁洋遺書　（清）王士禎撰　清刻本　九十一冊　存二十八種

150000－0601－0009945　164903　叢部彙編/獨撰類

漁洋山人著述　（清）王士禎撰　清刻本　一百冊

150000－0601－0009946　53467　叢部彙編/獨撰類

巴山七種　（清）王侃撰　清同治四年(1865)光裕堂刻本　八冊

150000－0601－0009947　168778　叢部彙編/獨撰類

朱文端公藏書　（清）朱軾撰　清刻本　七十二冊

150000－0601－0009948　168850　叢部彙

編/獨撰類

朱文端公藏書 （清）朱軾撰　清光緒二十三年(1897)刻本　七十冊

150000－0601－0009949　156736　叢部彙編/獨撰類

徐位山六種 （清）徐文靖撰　清光緒二年(1876)刻本　二十四冊

150000－0601－0009950　156760　叢部彙編/獨撰類

徐位山六種 （清）徐文靖撰　清刻本　二十四冊

150000－0601－0009951　148699　叢部彙編/獨撰類

抗希堂十六種 （清）方苞撰　清光緒二十四年(1898)琅環閣活字本　六十四冊

150000－0601－0009952　148684　叢部彙編/獨撰類

沈歸愚詩文全集 （清）沈德潛撰　清刻本(配本)　十五冊　存十一種

150000－0601－0009953　765811　叢部彙編/獨撰類

陳司業集 （清）陳祖范撰　清乾隆刻本　六冊

150000－0601－0009954　158427　叢部彙編/獨撰類

陳司業遺書三卷 （清）陳祖范撰　清光緒十七年(1891)廣雅書局刻廣雅書局叢書本　二冊

150000－0601－0009955　158623　叢部彙編/獨撰類

鹿洲全集 （清）藍鼎元撰　清雍正十年(1732)刻本　十六冊

150000－0601－0009956　158639　叢部彙編/獨撰類

鹿洲全集 （清）藍鼎元撰　清刻廣州登雲閣刷印本　十九冊

150000－0601－0009957　158658　叢部彙

編/獨撰類

鹿洲全集 （清）藍鼎元撰　清刻本　二十四冊

150000－0601－0009958　40291　叢部彙編/獨撰類

梅莊雜著四卷 （清）謝濟世撰　清同治十一年(1872)徐維益刻本　四冊

150000－0601－0009959　162468　叢部彙編/獨撰類

楚蒙山房集 （清）晏斯盛撰　清道光二十一年(1841)刻本　十六冊

150000－0601－0009960　153876　叢部彙編/獨撰類

若庵集 （清）程庭撰　清康熙六年(1667)刻本　四冊

150000－0601－0009961　151499　叢部彙編/獨撰類

杭大宗七種叢書 （清）杭世駿撰　清刻本　五冊

150000－0601－0009962　53475　叢部彙編/獨撰類

徐氏雜著 （清）徐大椿撰　清光緒十九年(1893)上海圖書集成印書局排印本　一冊

150000－0601－0009963　119157　叢部彙編/獨撰類

噉蔗全集 （清）張義年撰　清光緒十九年(1893)著易堂排印本　六冊

150000－0601－0009964　152954　叢部彙編/獨撰類

岣嶁叢書 （清）曠敏本撰　清刻本　六冊　存五種

150000－0601－0009965　5115　叢部彙編/獨撰類

隨園三十種 （清）袁枚撰　清刻本　九十六冊

150000－0601－0009966　55552　叢部彙編/獨撰類

隨園三十種　（清）袁枚撰　清刻本　一百三十四冊

150000－0601－0009967　26695　叢部彙編/獨撰類

隨園三十六種　（清）袁枚撰　清光緒八年(1882)上海圖書集成印書局排印本　四十九冊

150000－0601－0009968　144666　叢部彙編/獨撰類

古愚老人消夏錄　（清）汪汲撰　清古愚山房刻本　十八冊

150000－0601－0009969　167317　叢部彙編/獨撰類

頻羅庵遺集　（清）梁同書撰　清刻本　八冊

150000－0601－0009970　168427　叢部彙編/獨撰類

戴氏遺書　（清）戴震撰　清乾隆刻微波榭叢書本　三十二冊

150000－0601－0009971　166364　叢部彙編/獨撰類

蔣氏四種　（清）蔣士銓撰　清嘉慶二十一年(1816)刻本　三十冊

150000－0601－0009972　153068　叢部彙編/獨撰類

春融堂集　（清）王昶撰　清嘉慶刻本　十六冊

150000－0601－0009973　153084　叢部彙編/獨撰類

春融堂集　（清）王昶撰　清嘉慶刻本　二十冊

150000－0601－0009974　115287　叢部彙編/獨撰類

龍莊遺書　（清）汪輝祖撰　清同治十年(1871)刻本　六冊

150000－0601－0009975　168069　叢部彙編/獨撰類

龍莊遺書　（清）汪輝祖撰　清光緒江蘇書局刻本　六冊

150000－0601－0009976　166232　叢部彙編/獨撰類

嘉定錢氏潛研堂全書　（清）錢大昕撰　清光緒十年(1884)長沙龍氏家塾刻本　六十四冊

150000－0601－0009977　157744　叢部彙編/獨撰類

惜抱軒全集　（清）姚鼐撰　清同治五年(1866)省心閣刻本　十六冊

150000－0601－0009978　157760　叢部彙編/獨撰類

惜抱軒全集　（清）姚鼐撰　清刻同治五年(1866)重印本　二十冊

150000－0601－0009979　157780　叢部彙編/獨撰類

惜抱軒全集　（清）姚鼐撰　清刻同治五年(1866)重印本　十六冊

150000－0601－0009980　157804　叢部彙編/獨撰類

惜抱軒遺書　（清）姚鼐撰　清光緒五年(1879)桐城徐氏刻本　四冊

150000－0601－0009981　157808　叢部彙編/獨撰類

惜抱軒遺書　（清）姚鼐撰　清光緒五年(1879)桐城徐氏刻本　四冊

150000－0601－0009982　158133　叢部彙編/獨撰類

崔東壁遺書　（清）崔述撰　清刻本　三十二冊

150000－0601－0009983　106624　叢部彙編/獨撰類

高梅亭讀書叢鈔　（清）高塘選評　清乾隆五十三年(1788)刻本　八十四冊

150000－0601－0009984　142341　叢部彙編/獨撰類

心齋十種　（清）任兆麟撰　清乾隆任氏忠敏家塾刻本　八冊

150000－0601－0009985　147696　叢部彙編/獨撰類

心齋十種　（清）任兆麟撰　清乾隆任氏忠敏家塾刻本　二冊

150000－0601－0009986　148245　叢部彙編/獨撰類

有竹居集十六卷　（清）任兆麟撰　清刻本六冊

150000－0601－0009987　153952　叢部彙編/獨撰類

南野堂全集　（清）吳文溥撰　清刻本　十冊

150000－0601－0009988　158682　叢部彙編/獨撰類

授堂遺書　（清）武億撰　清道光二十三年(1843)刻本　十六冊

150000－0601－0009989　153206　叢部彙編/獨撰類

紀慎齋先生全集　（清）紀大奎撰　清刻本五十五冊

150000－0601－0009990　154269　叢部彙編/獨撰類

洪北江全集　（清）洪亮吉撰　清光緒授經堂刻本　八十四冊

150000－0601－0009991　160089　叢部彙編/獨撰類

黃勤敏公全集　（清）黃鉞撰　清蕪湖許氏廣東南海刻本　十一冊

150000－0601－0009992　119261　叢部彙編/獨撰類

劉端臨先生遺書　（清）劉台拱撰　清道光十四年(1834)世德堂刻本　四冊

150000－0601－0009993　115100　叢部彙編/獨撰類

延釐堂集　（清）孫玉庭撰　清同治十一年(1872)刻本　九冊

150000－0601－0009994　169856　叢部彙編/獨撰類

顨軒孔氏所著書　（清）孔廣森撰　清嘉慶儀鄭堂刻本　十六冊

150000－0601－0009995　169463　叢部彙編/獨撰類

犢山類稿　（清）周鎬撰　清光緒十年(1884)活字本　八冊

150000－0601－0009996　166900　叢部彙編/獨撰類

獨學廬全稿　（清）石韞玉撰　清刻本　五冊

150000－0601－0009997　166905　叢部彙編/獨撰類

獨學廬全稿　（清）石韞玉撰　清刻本　四冊

150000－0601－0009998　53242　叢部彙編/獨撰類

郝氏遺書　（清）郝懿行撰　清刻本　八冊殘

150000－0601－0009999　156878　叢部彙編/獨撰類

郝氏遺書　（清）郝懿行撰　清刻本　七十八冊

150000－0601－0010000　156956　叢部彙編/獨撰類

郝氏遺書　（清）郝懿行撰　清刻本　四十八冊　缺

150000－0601－0010001　161049　叢部彙編/獨撰類

焦氏叢書　（清）焦循撰　清光緒二年(1876)刻本　三十八冊

150000－0601－0010002　120139　叢部彙編/獨撰類

靈芬館集　（清）郭麐撰　清嘉慶十二年(1807)刻本　二十一冊

150000－0601－0010003　120160　叢部彙編/獨撰類

靈芬館集　（清）郭麐撰　清嘉慶十二年(1807)刻本　十五冊　缺

150000－0601－0010004　156606　叢部彙

編/獨撰類

桂馨堂集 （清）張廷濟撰　清刻本　四冊

150000－0601－0010005　156610　叢部彙
編/獨撰類

桂馨堂集 （清）張廷濟撰　清刻本　四冊

150000－0601－0010006　148439　叢部彙
編/獨撰類

竹柏山房十五種附刻四種 （清）林春溥撰
清竹柏山房刻本　三十九冊

150000－0601－0010007　114858　叢部彙
編/獨撰類

安吳四種三十六卷 （清）包世臣撰　清同治
十一年（1872）刻光緒十四年（1888）刷印本
八冊

150000－0601－0010008　147485　叢部彙
編/獨撰類

安吳四種三十六卷 （清）包世臣撰　清同治
十一年（1872）刻光緒十四年（1888）刷印本
十六冊

150000－0601－0010009　147501　叢部彙
編/獨撰類

安吳四種三十六卷 （清）包世臣撰　清同治
十一年（1872）刻光緒十四年（1888）刷印本
十七冊

150000－0601－0010010　138428　叢部彙
編/獨撰類

二思堂叢書 （清）梁章鉅撰　清光緒元年
（1875）浙江書局刻本　十冊

150000－0601－0010011　161510　叢部彙
編/獨撰類

棣懷堂隨筆 （清）李象鵾撰　清道光刻本
八冊

150000－0601－0010012　142675　叢部彙
編/獨撰類

中復堂全集 （清）姚瑩撰　清末刻本　三冊
　　存二種（殘）

150000－0601－0010013　166123　叢部彙

編/獨撰類

養餘齋全集 （清）柳樹芳撰　清道光勝溪草
堂刻本　十八冊

150000－0601－0010014　114934　叢部彙
編/獨撰類

西漚全集十卷外集八卷 （清）李惺撰　清同
治七年（1868）眉州劉鴻典等刻本　十六冊

150000－0601－0010015　114772　叢部彙
編/獨撰類

朱氏群書 （清）朱駿聲撰　清光緒八年
（1882）刻本　四冊

150000－0601－0010016　114439　叢部彙
編/獨撰類

方學博全集 （清）方坰撰　清光緒元年
（1875）武昌藩署刻本　三冊　缺

150000－0601－0010017　142363　叢部彙
編/獨撰類

方學博全集 （清）方坰撰　清光緒元年
（1875）武昌藩署刻本　六冊

150000－0601－0010018　143339　叢部彙
編/獨撰類

五經歲徧齋校書 （清）翟云升撰　清道光東
萊翟氏刻本　十九冊

150000－0601－0010019　168407　叢部彙
編/獨撰類

頤志齋叢書 （清）丁晏撰　清刻同治元年
（1862）彙印本　二十冊

150000－0601－0010020　92179　叢部彙編/
獨撰類

清白士集校補一卷 （清）蔡雲撰　清光緒貴
池劉氏刻聚學軒叢書本　一冊

150000－0601－0010021　158414　叢部彙
編/獨撰類

陳氏一家稿 （清）陳宗起撰　倚雲閣詩存三卷
補遺一卷詩餘三卷 （清）張友書撰　晴漪閣詩
六卷 （清）陳克劬撰　紅豆簾琴意一卷 （清）
陳克劬撰　藤花館詩二卷詩餘一卷 （清）陳克
常撰　清光緒十一年（1885）刻本　十三冊

150000－0601－0010022　151095　叢部彙
編/獨撰類

武陵山人遺書　（清）顧觀光撰　清光緒九年
（1883）莫祥芝上海刻本　六冊

150000－0601－0010023　169649　叢部彙
編/獨撰類

武陵山人遺書　（清）顧觀光撰　清光緒九年
（1883）莫祥芝上海刻本　八冊

150000－0601－0010024　162587　叢部彙
編/獨撰類

蛾術堂集　（清）沈豫撰　清道光十八年
（1838）刻本　四冊

150000－0601－0010025　114757　叢部彙
編/獨撰類

古均閣遺著　（清）許槤撰　清光緒十四年
（1888）刻本　一冊

150000－0601－0010026　162553　叢部彙
編/獨撰類

鄒叔子遺書　（清）鄒漢勛撰　清光緒九年
（1883）刻本　十二冊

150000－0601－0010027　162565　叢部彙
編/獨撰類

鄒叔子遺書　（清）鄒漢勛撰　清光緒九年
（1883）刻本　十二冊

150000－0601－0010028　146323　叢部彙
編/獨撰類

石泉書屋全集　（清）李佐賢撰　清末利津李
氏刻本　二十二冊　存十一種

150000－0601－0010029　169241　叢部彙
編/獨撰類

羅山遺集　（清）羅澤南撰　清末長沙市刻本
　八冊

150000－0601－0010030　169249　叢部彙
編/獨撰類

羅山遺集　（清）羅澤南撰　清末長沙市刻本
　九冊

150000－0601－0010031　168516　叢部彙
編/獨撰類

覆瓿集　（清）張文虎撰　清同治十三年
（1874）金陵冶城賓館刻本　十二冊

150000－0601－0010032　168528　叢部彙
編/獨撰類

覆瓿集　（清）張文虎撰　清同治十三年
（1874）金陵冶城賓館刻本　十二冊

150000－0601－0010033　168540　叢部彙
編/獨撰類

覆瓿集　（清）張文虎撰　清同治十三年
（1874）金陵冶城賓館刻本　十一冊

150000－0601－0010034　91233　叢部彙編/
獨撰類

校邠廬逸箋　（清）馮桂芬撰　清光緒十一年
（1885）上海點石齋石印本　一冊

150000－0601－0010035　158429　叢部彙
編/獨撰類

番禺陳氏東塾叢書　（清）陳澧撰　清末刻本
　九冊

150000－0601－0010036　161223　叢部彙
編/獨撰類

番禺陳氏東塾叢書　（清）陳澧撰　清末刻本
　九冊

150000－0601－0010037　161598　叢部彙
編/獨撰類

曾文正公全集　（清）曾國藩撰　清末傳忠書
局刻本　一百六十冊

150000－0601－0010038　161758　叢部彙
編/獨撰類

曾文正公全集　（清）曾國藩撰　清末傳忠書
局刻本　一百二十冊

150000－0601－0010039　161878　叢部彙
編/獨撰類

曾文正公全集　（清）曾國藩撰　清末傳忠書
局刻本　一百二十冊

150000－0601－0010040　161998　叢部彙
編/獨撰類

曾文正公全集 （清）曾國藩撰 清末傳忠書
局刻本 一百冊

150000－0601－0010041 166359 叢部彙
編／獨撰類

影山草堂六種 （清）莫友芝撰 清末刻本
五冊 缺

150000－0601－0010042 145029 叢部彙
編／獨撰類

左文襄公全集 （清）左宗棠撰 清光緒刻本
一百○四冊

150000－0601－0010043 144595 叢部彙
編／獨撰類

古桐書屋六種 （清）劉熙載撰 清末刻本
五冊

150000－0601－0010044 158572 叢部彙
編／獨撰類

通齋全集 （清）蔣超伯撰 清刻本 十二冊

150000－0601－0010045 156319 叢部彙
編／獨撰類

悔餘庵集 （清）何栻撰 清同治四年(1865)
鳩江戎幄刻本 十二冊

150000－0601－0010046 156331 叢部彙
編／獨撰類

悔餘庵集 （清）何栻撰 清同治四年(1865)
鳩江戎幄刻本 七冊

150000－0601－0010047 166394 叢部彙
編／獨撰類

劉武慎公遺書 （清）劉長佑撰 清光緒十六
年(1890)金陵刻本 二十五冊

150000－0601－0010048 152964 叢部彙
編／獨撰類

春在堂全書 （清）俞樾撰 清刻光緒七年
(1881)重定本 六十四冊

150000－0601－0010049 153982 叢部彙
編／獨撰類

春在堂全書 （清）俞樾撰 清刻光緒七年
(1881)重定本 六冊

150000－0601－0010050 153028 叢部彙
編／獨撰類

春在堂全書 （清）俞樾撰 清刻光緒七年
(1881)重定本 四十冊

150000－0601－0010051 153988 叢部彙
編／獨撰類

德清俞蔭甫所著書 （清）俞樾撰 清末刻本
二十冊

150000－0601－0010052 161469 叢部彙
編／獨撰類

寒松閣集 （清）張鳴珂撰 清末刻本 二冊

150000－0601－0010053 168512 叢部彙
編／獨撰類

魏稼孫全集 （清）魏錫曾撰 清光緒九年
(1883)刻本 四冊

150000－0601－0010054 153118 叢部彙
編／獨撰類

春雨樓叢書 （清）朱士端撰 清同治元年
(1862)寶應朱氏刻本 十二冊

150000－0601－0010055 156568 叢部彙
編／獨撰類

高陶堂遺集 （清）高心夔撰 清光緒八年
(1882)平湖朱氏經注經齋刻本 四冊

150000－0601－0010056 165619 叢部彙
編／獨撰類

廣雅堂四種 （清）張之洞撰 南皮張氏刻本
三冊 存二種

150000－0601－0010057 166328 叢部彙
編／獨撰類

儆季雜著 （清）黃以周撰 清光緒二十年
(1894)江蘇南菁講舍刻本 十一冊

150000－0601－0010058 166339 叢部彙
編／獨撰類

儆季雜著 （清）黃以周撰 清光緒二十年
(1894)江蘇南菁講舍刻本 十冊

150000－0601－0010059 167362 叢部彙
編／獨撰類

内蒙古自治區圖書館古籍普查登記目錄

賭棋山莊全集 （清）謝章鋌撰 清末至民國
刻本 三十一冊

150000－0601－0010060 158462 叢部彙
編／獨撰類

庸庵全集 （清）薛福成撰 清光緒二十三年
(1897)上海醉六堂石印本 十二冊

150000－0601－0010061 77853 叢部彙編／
獨撰類

曾惠敏公遺集 （清）曾紀澤撰 清光緒二十
年(1894)上海排印本 四冊

150000－0601－0010062 162114 叢部彙
編／獨撰類

曾惠敏公遺集 （清）曾紀澤撰 清光緒二十
年(1894)上海排印本 四冊

150000－0601－0010063 157136 叢部彙
編／獨撰類

留書種閣集 （清）黃炳垕撰 清末餘姚黃氏
留書種閣刻本 六冊 存七種

150000－0601－0010064 156614 叢部彙
編／獨撰類

荔隱山房集 （清）涂慶瀾撰 清光緒蒲陽涂
氏刻本 五冊

150000－0601－0010065 152914 叢部彙
編／獨撰類

拙盦叢稿 （清）朱一新撰 清光緒二十二年
(1896)葆真堂刻本 十七冊

150000－0601－0010066 165658 叢部彙
編／獨撰類

拙盦叢稿 （清）朱一新撰 清光緒二十二年
(1896)葆真堂刻本 十二冊 缺

150000－0601－0010067 167170 叢部彙
編／獨撰類

隨山館全集 （清）汪瑔撰 清光緒刻本 十
二冊

150000－0601－0010068 153718 叢部彙
編／獨撰類

耐安類稿 （清）陳偉撰 清光緒二十二年

(1896)諸父瀚等刻本 六冊

150000－0601－0010069 153724 叢部彙
編／獨撰類

耐安類稿 （清）陳偉撰 清光緒二十二年
(1896)諸父瀚等刻本 六冊

150000－0601－0010070 155822 叢部彙
編／獨撰類

海嶽軒叢刻 杜俞撰 清光緒三十三年
(1907)蘇省刷印總局排印本 五冊

150000－0601－0010071 148252 叢部彙
編／獨撰類

如諫果室叢刻 （清）王廷劍撰 清宣統二年
(1910)排印本 一冊

150000－0601－0010072 148253 叢部彙
編／獨撰類

如諫果室叢刻 （清）王廷劍撰 清宣統二年
(1910)排印本 一冊

150000－0601－0010073 26352 叢部彙編／
獨撰類

綺湘樓全書 王闓運撰 清末刻本 六十冊

150000－0601－0010074 169420 叢部彙
編／獨撰類

藝風堂讀書志 繆荃孫撰 江陰繆氏刻本
一冊

150000－0601－0010075 167272 叢部彙
編／獨撰類

蕙風叢書 況周頤撰 清光緒刻本 四冊
存四種

150000－0601－0010076 50852 叢部彙編／
獨撰類

五刻樊山集 樊增祥撰 清光緒三十二年
(1906)刻本 十六冊

150000－0601－0010077 12347 叢部彙編／
獨撰類

陶廬叢刻 王樹柟撰 清末至民國刻本 六
十三冊

150000－0601－0010078 141460 叢部彙

編/獨撰類

大鶴山房全書 鄭文焯撰 清末至民國刻本
八冊

150000－0601－0010079 141471 叢部彙
編/獨撰類

大鶴山房全書 鄭文焯撰 清末至民國刻本
八冊

150000－0601－0010080 161550 叢部彙
編/獨撰類

菽園著書 邱煒萲撰 清光緒二十三年
(1897)排印本 八冊

150000－0601－0010081 165048 叢部彙
編/獨撰類

箋經室叢書 曹元忠撰 清光緒刻本(配本)
二冊 存二種

150000－0601－0010082 141195 叢部彙
編/獨撰類

小雙寂庵叢書 張惟驤撰 小雙寂庵刻本
十一冊

150000－0601－0010083 128392 叢部彙
編/未錄類

合刻五函 (明)陳仁錫彙輯 (明)張溥選注
增訂 (清)吳偉業增訂 清初刻本 十
二冊

150000－0601－0010084 43932 叢部彙編/
未錄類

孝忠經注合刻 (明)王相箋注 清丙午年刻
本 一冊

150000－0601－0010085 43933 叢部彙編/
未錄類

孝忠經注合刻 (明)王相箋注 清丙午年刻
本 一冊

150000－0601－0010086 156784 叢部彙
編/未錄類

[徐刻三種]三卷 (清)徐士業輯 清光緒十
七年(1891)刻本 一冊

150000－0601－0010087 165003 叢部彙

編/未錄類

蒙學叢書 (清)汪鍾霖輯 清末上海蒙學報
館石印本 三十六冊

150000－0601－0010088 61489 叢部彙編/
未錄類

正蒙必讀 (清)陳蔚文輯 清光緒二十七年
至二十八年(1901－1902)杞廬刻本 六冊

150000－0601－0010089 165670 叢部彙
編/未錄類

質學叢書 (清)質學會輯 清光緒二十三年
(1897)質學會刻本 七冊

150000－0601－0010090 98780 叢部彙編/
未錄類

翰苑校對詩畫書品 清光緒五年(1879)滋本
堂刻本 一冊

150000－0601－0010091 53561 叢部彙編/
未錄類

三才略 清光緒二十八年(1902)上海書局石
印本 一冊

150000－0601－0010092 53562 叢部彙編/
未錄類

三才略 清光緒二十八年(1902)上海書局石
印本 一冊

150000－0601－0010093 148197 叢部彙
編/未錄類

西政叢書 梁啟超輯 清光緒二十三年
(1897)慎記書莊石印本 三十一冊 缺

150000－0601－0010094 879287 叢部彙
編/未錄類

日記錄 清末寫本 一冊

150000－0601－0010095 162586 叢部彙
編/未錄類

詮解合刻 刻本 一冊

150000－0601－0010096 152947 叢部彙
編/未錄類

松石齋集 (清)唐璡撰 清咸豐六年(1856)
刻本 七冊

150000 – 0601 – 0010097　168986　叢部彙編/未録類

歸查叢刻第一集　（清）謝希傅撰　清光緒二十四年（1898）東山草堂排印本　四冊

150000 – 0601 – 0010098　148233　叢部彙編/未録類

西學輯存六種　（清）王韜撰　清光緒十五年（1889）排印本　二冊

150000 – 0601 – 0010099　160055　叢部彙編/未録類

鄂宰四稿　（清）王筠撰　清咸豐二年（1852）刻本　二冊

150000 – 0601 – 0010100　126501　叢部彙編/未録類

篤素堂文集四卷　（清）張英撰　清湖南學庫谷氏刻本　一冊

150000 – 0601 – 0010101　166216　叢部彙編/未録類

尹健餘先生全集　（清）尹會一撰　清光緒五年（1879）謙德堂刻畿輔叢書本　十六冊

150000 – 0601 – 0010102　83387　叢部彙編/未録類

帝輿合覽　（清）何炳撰　刻本　八冊

150000 – 0601 – 0010103　162328　叢部彙編/未録類

釀齋訓蒙五種雜編　（清）鮑東里撰　清光緒二十九年（1903）戎州三義會刻本　一冊

150000 – 0601 – 0010104　115144　叢部彙編/未録類

沈端恪公遺書　（清）沈近思撰　清同治十二年（1873）浙江書局刻本　二冊

150000 – 0601 – 0010105　162626　叢部彙編/未録類

萬物炊累室類稿　（清）沈同芳撰　清宣統三年（1911）中國圖書公司排印本　五冊

150000 – 0601 – 0010106　166874　叢部彙編/未録類

獨山莫氏郘亭叢書　（清）莫友芝撰　清末刻民國三十三年（1944）書林陳履恒補刻本　二十六冊

150000 – 0601 – 0010107　147698　叢部彙編/未録類

亦步齋彙編　（清）楊江撰　清咸豐七年（1857）刻本　四冊

150000 – 0601 – 0010108　153765　叢部彙編/未録類

冒氏小品四種　（清）冒襄撰　刻冒氏叢書本　一冊

150000 – 0601 – 0010109　152738　叢部彙編/未録類

金城叢書　（日本）西師意撰　清光緒二十八年（1902）刻本　一冊

書名筆畫字頭索引

九畫

十畫

十一畫

十三畫

十四畫

十五畫

十六畫

十七畫

十八畫

書名筆畫索引

三畫

613

四畫

620

627

五畫

六畫

637

七畫

八畫

657

665

九畫

675

681

686

十一畫

693

十二畫

十四畫

十五畫

十七畫

十八畫

二十一畫

二十二畫